〈명주보월빙〉연작 3부작 중 제2부작

105책 본문에 원문교정 한자 병기 광범한 주석을 갖춘

교주본

尹河鄭三門聚錄

교주본

尹河鄭三門聚錄

5

교주 최길용

學古房

이 저서는 2012년 정부(교육부)의 재원으로 한국연구재단의 지원을 받아 수행된 연구임 (NRF-2012S1A5A2A01016873)

This work was supported by the National Research Foundation of Korea Grant funded by the korean Government (NRF-2012S1A5A2A01016873)

서 문

최 길 용

(전북대학교 겸임교수)

〈윤하정삼문취록〉은 105권 105책으로 된 거질의 대장편소설로, 100권 100책의 〈명주보월빙〉과 30권 30책의 〈엄씨효문청행록〉 등과 함께, 235권 235책의 대장편서사체인 ≪명주보월빙 연작≫을 구성하고 있다. 그리하여 연작 전체가 배경·인물·사건·주제 등에 있어 일정한 연대성을 유지하면서 한편의 작품으로 통합되어진, 하나의 거대한 예술적 총체를 이루고 있다. 그 3부작을 합하면 원문 글자 수가 도합 334만4천여 자[1](〈보월빙〉1,485,000, 〈삼문취록〉1,455,000, 〈청행록〉404,000)에 이를 만큼 방대하여, 세계문학사에서도 그 유례를 찾아볼 수 없는 대장편소설인 동시에, 1700년대 말 내지 1800년대 초의 조선조 소설문단의 창작적 역량을 한눈에 보여주는 대작이자, 한국고소설사상 최장편소설로 꼽히고 있다.

양식 면에서, ≪명주보월빙 연작≫은 중국 송나라를 무대로 하여 윤·하·정 3가문의 인물들이 대를 이어 펼쳐가는 삶을 다룬 〈보월빙〉·〈삼문취록〉과, 윤문과 연혼가인 엄문의 인물들이 펼쳐가는 삶을 다룬 〈청행록〉으로 이루어져, 그 외적양식 면에서는 〈보월빙〉-〈삼문취록〉-〈청행록〉으로 이어지는 3부 연작소설이며, 내적양식 면에서는 윤·하·정·엄문이라는 네 가문의 가문사가 축이 되어 전개되는 가문소설이다.

내용면에서 보면, 이 연작에는 모두 787명(〈보월빙〉275, 〈삼문취록〉399, 〈청행록〉113)에 이르는 수많은 인물들이 등장하여, 군신·부자·부부·처첩·형제·친구 등 다양한 인간관계에서 벌어지는 수많은 사건들을 펼쳐가면서, 충·효·열·화목·우애·신의 등의 주제를 내세워, 인륜의 수호와 이상적인 인간 공동체의 유지, 발전을 위한 善的 價値들을 권장하고 있다. 아울러 주동인물군의 삶을 통해 고귀한 혈통·입신양명·전지전능한 인간·일부다처·오복향수·이상향의 건설 등과 같은 사대부귀족계급의 현세적 이상을 시현해놓고 있다.

---

1) 〈명주보월빙〉교감본 서문에서 밝힌 글자 수와 2만1천자의 차이가 발생한 것은 〈청행록〉의 원문 실제입력 글자수 계산 결과와 〈보월빙〉의 오기정정(1,475,000→1,485,000)을 반영했기 때문이다.

이 책 『교주본 윤하정삼문취록』은 105권105책으로 필사되어 있으면서 현재까지 전국 유일본인 '낙선재본'을 원문교정, 즉 '원문 자체에 내재해 있는 오류들을 전후 문맥과 원작자 또는 필사자의 어휘사용이나 문체 등의 글쓰기관행, 속담·격언·고사성어·名句 등의 인용에 있어서의 오류 여부를 면밀히 살펴, 원문의 誤字·脫字·誤記·衍文·缺落·落張·錯寫들을 교정하는 작업'을 하고, 여기에 띄어쓰기와 한자병기 및 광범한 주석을 가해 편찬한 것이다.

그 목적은, 첫째로는 필사본 텍스트들이 갖고 있는 태생적 오류, 곧 작품의 창작 또는 전사가 手記로 이루어질 수밖에 없었던 한계 때문에, 마땅한 퇴고나 교정 수단이 없음으로 해서 불가피하게 방치해버린, 잘못 쓰고[誤字], 빠뜨리고[脫字], 거듭 쓴[衍字] 글자들과, 또 거듭 쓰고[衍文] 빠뜨린[缺落] 문장들, 그리고 문법이나 맞춤법·표준어 규정 같은 어문규범이 없었던 시대에, 글쓰기가 전적으로 필사자의 작문능력에 따라 달라질 수밖에 없음으로 해서 생겨난 무수한 비문들과 오기들, 이러한 것들을 텍스트의 원문교정, 즉 전후 문장이나 문맥, 필사자의 문투나 글씨체, 그리고 고사·성어·속담·격언·관용구·인용구 등을 비교·대조하여 바로잡음으로써, 정확한 원문을 구축하는 데 있다. 또 이러한 교정과정을 일정한 기호를 사용하여 원문에 병기함으로써, 원문을 원표기 그대로 보존하여 보여주는 한편으로, 독자가 그 교정·교주의 타당성을 판단할 수 있게 하는데 있다. 그 이유는, 이렇게 함으로써 텍스트의 불완전성을 극복할 수 있을 뿐만 아니라, 원문의 표기법을 원문 그대로 재현해 놓음으로써 원본이 갖고 있는 문학적·어학적 가치는 물론 그 밖의 여러 인문·사회학적 가치를 훼손함이 없이 보존하고 전승해 갈 수 있다고 믿기 때문이다.

둘째로는 이러한 원문교정 과정과 광범한 주석들을 제시함으로써 필사본 고소설들에 대한 해석학적 지평을 확장하고, 나아가 이 연구의 수행을 통해 '原文校訂'이라는 한·중의 오랜 학문적 전통의 하나인 텍스트 교감학2)의 유용성을 실증하여, 앞으로의 필사본 고소설들의 정리 작업[데이터베이스(data base)구축과 출판]의 한 모델을 수립하는데 있다.

셋째로는 정확한 원문구축과 광범한 주석으로 작품의 可讀性을 높이고 해석적 불완전성을 제거하여, 일반 독자들이나 연구자들이 쉽게 원문 자료에 접근할 수 있게 하는데 있다.

넷째로는 이렇게 정리 구축한 교주본을 현대어본 편찬의 저본(底本)으로 활용하기 위함이

---

2) 고증학의 한 분파로, 경전이나 일반서적을 서로 다른 판본 또는 관련 있는 자료와 대조하여 내용이나 문자·문장의 異同을 밝히고 誤記·誤傳 따위를 찾아 바로잡는 학문이다. 중국 前漢 시대의 학자 劉向에 의해 창시되었으며, 청나라 때 가장 성하였다. 우리나라에서도 고려 때 한림원에 종 9품 校勘을 두었고, 조선시대에는 승문원에 종4품 校勘을 두어 경서 및 외교 문서를 조사하고 교정하는 일을 맡아보게 하였다.

다. 현대어본 편찬의 선결과제는 정확한 원문텍스트의 구축과 원문에 대한 정확한 주석이다. 이 책은 처음부터 이 현대어본의 저본 구축을 목표로 편찬된 것이기 때문에 이점 곧 정확한 원문텍스트의 구축과 원문에 대한 정확한 주석에 각별한 정성을 쏟았다.

컴퓨터 문서통계 프로그램이 계산해준 이 책의 파라텍스트(para-text)를 제외한 본문 총글자 수는 3,470,132자다. 원문 1,415,328자(결권 15,33,39권 원문 제외)를 입력하고, 여기에 2,468개소 의 오자·탈자·오기·연문·결락 등에 대한 원문교정과 278,168자의 한자병기, 그리고 11,565개의 주석이 더해지고, 또 643,075 곳의 띄어쓰기가 가해져서 이루어진 결과다. 앞서 언 급한 것처럼 이 책은 현대어본 출판까지를 계획하고 편찬한 것이다. 현대어본 분량도 311만자 에 이른다. 전자 교주본은 전문 연구자와 국문학도들을 위한 학술도서로, 후자 현대어본은 일 반 독자들을 위한 교양도서로, 전자는 국배판(188×257㎜) 2,226쪽 5책1질[〈교감본 윤하정삼문 취록〉1-5, 학고방, 2015.04]로, 후자는 신국판(152×225㎜) 3,491쪽 7책1질[〈현대어본 윤하정삼문 취록〉1-7, 학고방, 2015.04]로 각각 간행을 눈앞에 두고 있다.

이에 앞서 필자는 지난해 100권100책의 낙선재본과 36권36책의 박순호본을 교감·주석한 〈교감본 명주보월빙〉 1-5권(학고방, 2014.02. 총 3,258쪽)과 두 이본 중 낙선재본을 현대어로 번 역·주석한 〈현대어본 명주보월빙〉 1-10권(학고방, 2014.04. 총 3,457쪽)을, 전자는 전문학술도 서 국배판 규격으로, 후자는 일반교양도서 신국판 규격으로 각각 출판한 바 있다.

또 내년 곧 2016년 4월말까지는 이 연작의 3부작인 〈엄씨효문청행록〉의 교감본과 현대어본 이 간행될 예정이다. 이 연구는 2013년 한국연구재단의 지원을 받아 수행된 것으로, 현재 그 교감본과 현대어본의 편찬이 완료된 상태이며 교정과 인쇄과정을 남겨두고 있다. 〈청행록〉은 30권30책의 낙선재본과 16권16책의 고려대본이 전하고 있는데, 교감본은 이 두 본을 단락단위 로 병치시켜 교감·주석한 것으로 그 원고분량이 1,994,000여자(낙선재본 1,026,000자, 고려대 본 918,000자)가 되며, 현대어본은 낙선재본을 주해한 것을 현대어로 옮긴 것으로 그 원고분량 은 989,000자가 된다. 이를 앞의 〈보월빙〉이나 〈삼문취록〉과 같은 형태로 출판한다면 전자는 전문학술도서 국배판 2책, 후자는 일반교양도서 신국판 3책이 될 것이다.

이 3부작을 모두 합하면 교감본 12책, 현대어본 20책이 되어, 20책1질의 현대어본을 단순히 책 수로만 비교한다면 우리 현대소설사상 최장편 소설로 평가되는 20책1질로 출판된 박경리 선생의 〈토지〉에 필적할 분량이다.

세상에 어디 인고 없이 이루어진 성취가 있으랴마는 5년이라는 긴 칩거 끝에 1부작 〈명주보 월빙〉에 이어 2부작 〈윤하정삼문취록〉을 이렇게 큰 출판물로, 또 DB화된 기록물로 세상에 내

놓게 되니, 한국문학의 위대함을 또 한 자락 열어 보인 것 같아 여간 기쁜 마음이 아니다.

아무쪼록 이 책의 출판을 계기로 이 연작이 더 많은 독자들과 연구자, 문화계 인사들의 사랑과 관심을 받게 되고, 영화나 TV드라마 등으로 제작되어 민족의 삶과 문화가 더욱 풍성해지고 더 널리 전파되어 갈 수 있기를 기대한다. 이 작품들 속에 등장하는 앵혈·개용단·도봉잠·회면단·도술·부적·신몽·천경·참요검·신장·신병 등의 다양한 상상력을 장착한 소설적 도구들은 민족을 넘어 세계인들의 사랑과 흥미를 이끌어내기에 충분할 것이다. 또 세계문학사적 대작이자 한국고소설사상 최장편소설로 평가되는 이 작품들이 대중들의 더 높은 사랑과 관심을 받을 수 있도록 국가 보물로 지정되는 날이 쉬이 오기를 기대해 마지않는다.

끝으로 어려운 출판 여건 속에서도 인문학의 위기를 걱정하며 이 책의 출판을 흔쾌히 맡아주신 도서출판 학고방의 하운근 대표님과, 편집과 출판을 맡아 애써주신 직원 여러분의 후의를 잊을 수가 없다. 이 자리를 빌려 깊은 감사를 드린다.

2015년 4월 5일
청명절 아침

✲ 일러두기 ✲

    이 책 『교주본 윤하정삼문취록』은 105권105책으로 필사된 '낙선재본' 을 원문교정, 즉 '원문 자체에 내재해 있는 오류들을 전후 문맥과 원작자 또는 필사자의 어휘사용이나 문체 등의 글쓰기 관행, 속담·격언·고사성어·名句 등의 인용에 있어서의 오류 여부를 면밀히 살펴, 원문의 誤字·脫字·誤記·衍文·缺落·落張·錯寫들을 교정하는 작업'을 하고, 여기에 띄어쓰기와 한자병기 및 광범한 주석을 가해 편찬한 것이다.

    이 때문에 이 책은 불가피하게 원문에 대한 많은 교정과 보완이 가해졌다. 따라서 이 책은 이처럼 원문에 가해진 많은 교정·보완 사항들을 일관성 있게 보여주고, 누구나 이를 원문과 쉽게 구별할 수 있게 하기 위해 다음 부호들을 사용하였다.

( ) :   한자병기를 나타내는 부호. ( )의 앞에 한글을 적고 속에 한자를 적는다.
             예) 금슬종고(琴瑟鐘鼓). 만무일흠(萬無一欠).

[ ] :   원문의 잘못 쓴 글자를 바로잡거나 빠진 글자를 보충해 넣은 부호. 오자·탈자·결락·낙장·마멸자 등의 교정에서 바로잡거나 빠진 글자를 보충해 넣을 때 사용한다.
             예) 번셩ᄒ믄들[믈], 번셩○[ᄒ]믈, 번□□[셩ᄒ]믈,

○ :   원문의 필사 과정에서 생긴 탈자를 표시하는 부호. 3어절 이내, 또는 8자 이내의 글자를 실수로 빠트리고 쓴 것을 교정하는 경우로, 빠진 글자 수만큼 '○'를 삽입하고 그 뒤에 '[ ]'를 붙여, '[ ]'안에 빠진 글자를 보완해 넣어 교정한다.
             예) 넉넉ᄒ○○○[미 이시니], 이딘○○○[ᄒ기를] ᄌ질ᄀᆺ치 ᄒ라.

{ } :   중복된 글자나 불필요하게 들어간 말을 표시하는 부호. 衍字나 衍文을 교정하는 경우로, 중복해서 쓴 글자나 불필요한 말의 앞·뒤에 '{' 과 '}'를 삽입하여 연자나 연문을 '{ }'로 묶어 중복된 글자이거나 불필요한 말임을 표시한다.
             예) 공이 쳥파의 희연히{희연히} 쇼왈, 셜우믄 {업}업ᄉ리니.

《‖》 : 원문의 필사 과정에서 두 글자 이상의 단어나 구·절 등을 잘못 쓴 오기를 교정하는 부호. 이때 '‖'의 앞은 원문이고 뒤는 바로잡은 글자를 나타낸다.

　　예) 《잠비‖잠미》를 거스리고. 상총이 일신의 《요젼‖온젼》홀 뿐아니라

○…결락○자…○ : 원문에 3어절 이상의 말을 빠뜨리고 쓴 것을 보완하여 교정할 때 사용하는 부호. '○…결락○자…○' 뒤에 '[ ]'를 붙여 보완할 말을 넣고, 빠진 글자 수를 헤아려 결락 뒤의 '○'를 지우고 결락된 글자 수를 밝힌다.

　　예) 이의 ○…결락9자…○[졔손의 혼인을 셔둘식], 남평빅 좌승상 셩닌의 장즈

○…낙장○자…○ : 원문에 본디 낙장이 있거나, 원본의 책장이 손상되어 떨어져 나간 것을 보완할 때 사용하는 부호. '○…낙장○자…○' 뒤에 '[ ]'를 붙여 보완할 말을 넣고, 빠진 글자 수를 헤아려 낙장 뒤의 '○'를 지우고 빠진 글자 수를 밝힌다.

　　예) 금평휘 황은을 감츅(感祝)ᄒ여 빅두(白頭)를 두다려 ᄉ은 왈, "노신 명연은 항쥬의 ○…낙장15자…○[미쳔흔 포의라." ᄒ니, 하회를 분셕ᄒ라] 윤하뎡삼문취록 권지일백]ᄉ

□ : 　원본의 글자가 마멸되거나 汚損으로 인해 판독이 불가능한 글자를 표시하는 부호. 오손된 글자 수만큼 '□'를 삽입하고 그 뒤에 '[ ]'를 붙여, 오손된 글자를 보완해 넣는다.

　　예) 번□□[셩ᄒ]믈,

▍①( )▍ : 원문에 필사자가 책장을 잘 못 넘기거나 착오로 쓰던 쪽이나 행을 잘못 인식하여 글의 순서가 뒤바뀐 착사(錯寫; 필사 착오)를 교정하는 부호. 필사착오가 일어난 처음과 끝에 '▍'를 넣어 착오가 일어난 경계를 표시한 후, 순서가 뒤바뀐 부분들을 '( )'로 묶어 순서에 맞게 옮긴 뒤, 각 부분들 곧 '( )'의 앞에 원문에 놓여 있던 순서를 밝혀 두어, 교정 전 원문의 순서를 알 수 있게 한다.

　　예) 원문의 글이 ▍①( )②( )③( )▍의 순서로 쓰여 있는 것이 ②( )-①( )-③( )의 순서로 써야 옳다면, 이를 옳은 순서대로 옮기고, 각 부분들의 앞에는 본래 순서에 해당하는 번호를 붙여 ▍②( )①( )③( )▍으로 교정한다.

목　차

윤하뎡삼문취록 권지팔십뉵

츠시 금평휘 졔즈의 간언을 듯고 슈루(垂淚) 장탄 왈,

"오슈불통(吾雖不通)이나 엇지 셩인의 경계와 즈교(慈敎)의 명명ᄒᆞ시믈 아지 못ᄒᆞ리오만은, 우리 모즈(母子) 별눈(別倫)은 타인 져독(舐犢)1)의 지나미 만ᄒᆞ니, 지통을 인즈(人子) ᄎᆞ아 견디지 못ᄒᆞ미라. 스스로 혜건디, 나의 불초(不肖) 명완(命頑)ᄒᆞ미 이의 비이(悲哀)ᄒᆞ므로뼈 죽기의 니르든 아닐듯 ᄒᆞ니, 여등은 명완ᄒᆞᆫ 아븨 죽을가 넘녀말나."

말노조츠 ᄯᅩ 실셩엄호(失性淹號)2)ᄒᆞ여 슬프미 좌우를 동ᄒᆞ니, 진부인의 이통ᄒᆞ미 ᄯᅩᄒᆞᆫ 공과 일쳬라. 녀부 졔손이 븟드러 관위(款慰)ᄒᆞ나, 【1】부인이 ᄯᅩᄒᆞᆫ 유년의 뎡문의 위금(委禽)3)ᄒᆞ여, 존고의 혜퇵을 목욕 감안지 오린지라. 실셩이도(失性哀悼)ᄒᆞ여 슬프믈 능히 억졔치 못ᄒᆞ니, 좌위아니 슬허ᄒᆞ리 업고, 견지 막불싀비(莫不嘶悲)러라.

흉보(凶報)를 닌니(隣里) 친권(親眷)의 보ᄒᆞ미, 틴부인 셩덕 혜화를 목욕 감은 즈는 삼셰쳑동의 니르히 아니 슬허ᄒᆞ리 업고, 윤상부의셔 듯고 호람휘 즈질 졔손을 거느려 니르러 조상ᄒᆞᄂᆞᆫ 녜를 일우미, 혈심으로 슬허ᄒᆞ미 슉당(叔堂)4)의 상ᄉᆞ를 만남과 다르미 업스며, 하상부 졍국공이 모든 즈손을 거느려 금평후를 조문ᄒᆞᆷ이 붕우의 즈별ᄒᆞ미 일가 지【2】친(一家至親) 갓흔지라.

즈쇼(自少)로 호람후와 졍국공이 금평후로 더부러 동조(同朝)의 ᄉᆞ군(事君)ᄒᆞ여 셰교(世交)의 둣허온 졍의(情誼), 쇼시로 븟허 니쳥년(李靑蓮)5)의 '쳥미(靑梅)를 닷호던 졍(情)'6)이 즈별ᄒᆞᆫ 바의, ᄯᅩ 겹겹 인친(姻親)의 후의(厚誼)○[가] '관포(管鮑)의 사괴'7)

---

1) 져독(舐犢) : 지독(舐犢). =지독지졍(舐犢之情). 어미 소가 송아지를 핥는 사랑이란 뜻으로, 자식에 대한 어버이의 지극한 사랑을 비유적으로 이르는 말
2) 실셩엄호(失性淹號) : 슬픔이 지극하여 넋을 잃고 눈물이 가득하여 욺.
3) 위금(委禽) : 기러기를 전하고 전안례(奠雁禮)를 행함. 곧 혼례를 올림.
4) 슉당(叔堂) : 숙모(叔母).
5) 니쳥년(李靑蓮) : 중국 당나라 때의 시인 이백(李白; 701~762)을 달리 이른 말. 자는 태백(太白). 호는 청련거사(靑蓮居士). 성당(盛唐) 시대의 시인으로, 칠언 절구에 특히 뛰어났으며, 이별과 자연을 제재로 한 작품을 많이 남겼다. 현종과 양귀비의 모란연(牧丹宴)에서 취중에 <청평조(淸平調)> 3수를 지은 이야기가 유명하다. 시성(詩聖) 두보(杜甫)에 대하여 시선(詩仙)으로 칭하여진다. 시문집에 ≪이태백시집≫ 30권이 있다.
6) 쳥미(靑梅)를 닷호던 졍(情) : '청매죽마(靑梅竹馬)' 즉 '청매를 가지고 소꿉장난하며 놀던 어린 시절의 벗' 또는 '그러한 벗과의 정'을 이르는 말. 이백(李白)의 시 <장간행(長干行)>의 "낭기죽마래(郎騎竹馬

과 '유종(有終)의 지음(知音)'8)의 각별ᄒᆞ미 잇거늘, 하공은 더욱 셕일 참난시(慘難時)와 지우금일(至于今日)의 문회 보젼ᄒᆞ미 다 졔왕의 셩덕이니, 진실노 은혜 놉고 덕이 깁흐니, 그 은의ᄅᆞᆯ 닐너 알 비리오.

윤·하 냥공이 금평후의 쇠모지년(衰暮之年)의 《냥산∥풍슈》 지통(風樹之痛)9)을 만나 시훼골닙(柴毀骨立)10)ᄒᆞ미 장춧 썻거지며 믜여질11) 듯ᄒᆞ니, 노력(老力)의 위위(危危)ᄒᆞ믈 보미 위비감창(爲悲感愴)12)ᄒᆞ【3】여 휘루뉴쳬(揮淚流涕)ᄒᆞ믈 마지 아니ᄒᆞ고, 진왕과 북후 하후 《룡이∥등이》 상장지ᄉᆞ(喪葬之事)ᄅᆞᆯ 친집(親執)ᄒᆞ여 반ᄌᆞ의 지극ᄒᆞ미 ᄌᆞ질의 도와 다ᄅᆞ미 업더라.

텬지 드ᄅᆞ시고 금평후의 딕효ᄅᆞᆯ 아ᄅᆞ시는 고로 크게 놀나샤 황ᄉᆞᄅᆞᆯ 보ᄂᆞ여 조위(弔慰)ᄒᆞ시고, 셩복(成服)의 딕신을 보ᄂᆞ여 조상(弔喪)ᄒᆞ시며, ᄂᆡ부의 하지(下旨)ᄒᆞ샤 일등녜장(一等禮葬)13)을 쥬어 왕후(王后)의 예(禮)로 후장(厚葬)ᄒᆞ라 ᄒᆞ시니, 셩은이 호탕ᄒᆞᆷ믄 니ᄅᆞᆫ도 말고, 만조쳔관이며 황친국족의 졔왕녈후의 조문ᄒᆞ는 슐위 도로의 니어시며, 조긱이 문의 메여시니, 삼시뉵가(三市六街)로 병구(倂俱)ᄒᆞ여 요요(擾擾)ᄒᆞ던 문졍(門庭)이 더욱 분답(紛沓)ᄒᆞ여 엇【4】게 셔로 기야이니, 그 문호의 셩만(盛滿) 부려(富麗)ᄒᆞ미 니러틋 ᄒᆞ더라.

금평휘 가지록 황은의 망극ᄒᆞ심과 텬춍(天寵)의 관유(寬裕)ᄒᆞ시믈 불승황공(不勝惶恐) 감은(感恩)ᄒᆞ나, 다시 당(堂)을 우러러 영화ᄅᆞᆯ 고홀 곳이 업ᄉᆞᄆᆞᆯ 더욱 슬허, 호텬

來; 낭군은 대나무 말을 타고 와)/ 요상농쳥매(遶床弄靑梅; 평상을 돌며 푸른 매실을 가지고 놀았네)"에서 유래하였다. 우리나라에서는 '어릴 때 한 동네에서 어울려 놀면서 친하게 사귄 벗'을 일컬어 竹馬故友(죽마고우)라 하는데, 중국에서는 '청매죽마靑梅竹馬'라는 성어가 흔하게 사용된다. 그런데 '죽마고우'가 주로 '남자끼리의 우정'을 일컫는 데 비하여, 청매죽마는 보통 '남자와 여자가 아주 어린 시절에 남녀라는 의식이 없이 서로 어울리면서 친하게 지낸 사이'를 의미한다는 점에서 차이가 있다. 위 본문에서의 "쳥미(靑梅)ᄅᆞᆯ 닷호던 졍(情)"은 '죽마고우의 정'을 말한 것이다.

7)관포(管鮑)의 사괴 : 관포지교(管鮑之交). 관중(管仲)과 포숙(鮑叔)의 사귐이란 뜻으로, 우정이 아주 돈독한 친구 관계를 이르는 말.

8)유종(有終)의 지음(知音) : 유종지음(有終知音). '아름답게 마감한 우정'이란 뜻으로, 중국 춘추 시대의 음악가인 백아(伯牙)와 종자기(鍾子期)처럼 마음이 서로 통하는 친한 벗, 또는 그러한 우정을 비유적으로 이르는 말. 즉 거문고의 명인 백아가 자기의 소리를 잘 이해해 주던 벗 종자기가 죽자, 이제 자신의 거문고 소리를 알아줄 사람이 없다고 하여, 거문고 줄을 끊었다는 데서 유래한다. ≪열자(列子)≫의 <탕문편(湯問篇)>에 나온다. 늑지음인

9)풍슈지통(風樹之痛) : =풍수지탄(風樹之嘆). 효도를 다하지 못한 채 어버이를 여읜 자식의 슬픔을 이르는 말. 공자가 당대 주(周)나라의 현인(賢人) 고어(皐魚)와 문답하는 가운데, 고어가 말한 '수욕정이풍부지(樹欲靜而)風不止; 나무는 조용히 있고 싶어 하지만 바람이 그치지 않고), 자욕양이친부대(子欲養而親不待; 자식은 부모를 봉양하고자 하나 부모님은 기다려 주시지 않네)'라는 탄식에서 유래한 말. 중국 한(漢)나라 때, 한영(韓嬰)이 편찬한 『한시외전(韓詩外傳)』 권9.에 나온다.

10)시훼골닙(柴毀骨立) : 바짝 말라 뼈만 앙상함.

11)믜여지다 : 미어지다. ①팽팽한 가죽이나 종이 따위가 해어져서 구멍이 나다. ②가득 차서 터질 듯하다. ③(비유적으로) 가슴이 찢어질 듯이 심한 고통이나 슬픔을 느끼다.

12)위비감창(爲悲感愴) : 가슴속 깊이 슬픔이 사무침.

13)일등녜장(一等禮葬) : 임금이 최고의 의례(儀禮)를 갖추어 지내도록 내린 장례.

(呼天) 통도(痛悼)ᄒᆞ믜 호모벽용지셩(呼母擗踊之聲)14)이 구텬(九天)의 ᄉᆞ못출 듯ᄒᆞ니, 닙관(入官)을 맛고 셩복(成服)을 님ᄒᆞ미는, 금후 부부의 규텬(叫天) 고디(鼓地)홈과 합문 상하의 이셩(哀聲)이 셩진텬디(聲振天地)ᄒᆞ여 원근산쳔(遠近山川)이 한가지로 동ᄒᆞᄂᆞᆫ 듯ᄒᆞ니, 일월이 위ᄒᆞ여 빗치 업고, 쳥산이 슈식(羞色)ᄒᆞ며, 뉴쉬(淚水) 오열불뉴(嗚咽不留)ᄒᆞ니, 힝뇌(行路)15) 발을 멈츄어 감비(感悲)ᄒᆞ고, 조직(弔者) 휘루(揮淚)ᄒᆞ고 견지(見者) 막불싀비(莫不嘶悲)ᄒᆞ며 문【5】지(聞者) 감탄ᄒᆞ여 뎡공의 셩효ᄅᆞᆯ 아니 감탄ᄒᆞ리 업고, ᄉᆞ싱냥디(死生兩地)의 슌티부인 복녹을 불워 아니리 업더라.

니러틋 슬픈 가온디 오늘이 가며 니일을 마즈니, 광음○[이] 신속ᄒᆞ여 임의 슈월이 지나니, 이의 길일을 갈히여 티부인 녕구(靈柩)ᄅᆞᆯ 밧드러 고향 쇼항쥐로 하향(下鄉)ᄒᆞ려 홀시, 졔왕 등 졔손이 ᄯᅩᄒᆞᆫ 옥폐(玉陛)○[에] ᄉᆞ조(辭朝)ᄒᆞ고 허다 ᄌᆞ손을 거ᄂᆞ려 하향ᄒᆞᄂᆞᆫ지라. 윤·양·니·경 등 졔부인이 존당 녕구ᄅᆞᆯ 마ᄌᆞ ᄯᅥ나게 되니 엇지 슬프지 아니ᄒᆞ며, ᄯᅩ 엇지 구고(舅姑) 좌젼(座前)을 ᄯᅥ나고져 ᄒᆞ리오만은, 졔왕 오곤계로 붓허 동졔공의 군종곤계 십셰 이상은 다 금평후와 진부【6】인을 뫼셔 힝ᄒᆞ니, 졔부인ᄂᆡ 아모리 졍셩이 지극ᄒᆞᆫ들 엇지 ᄒᆞ리오.

졔부인이 모든 아공ᄌᆞ와 녀로남복(女奴男僕)을 거ᄂᆞ려 퇴즁을 다ᄉᆞ리게 ᄒᆞ니, 졔부인의 지셩텬효로ᄡᅥ 존당 녕하(靈下)ᄅᆞᆯ 비별ᄒᆞ며, 구고ᄅᆞᆯ 원니(遠離)ᄒᆞᄂᆞᆫ 심ᄉᆞ 갓초 비상ᄒᆞᄆᆞᆯ 졔어키 어렵더라.

임의 퇴신(擇辰) 길일(吉日)이 다ᄃᆞᄅᆞ믜, 슈다 ᄂᆡ외 ᄌᆞ손의 슬픈 졔문과 졍셩을 다ᄒᆞᄂᆞᆫ 셜작(設酌)○[이] 달을 그음ᄒᆞ여 낫으로ᄡᅥ 밤을 니어시니, 그 ᄌᆞ손의 만흠과 부귀의 셩만ᄒᆞᄆᆞᆯ 견조아 비홀 곳이 업고, 텬ᄌᆞ 날마다 ᄂᆡ시(內侍)ᄅᆞᆯ 보ᄂᆡ여 금후의 《긔려∥긔거(起居)》ᄅᆞᆯ 문후ᄒᆞ시며, 녜관으로 치졔(致祭)16)ᄅᆞᆯ 쥬어 은영(恩榮)이 가지록 호【7】탕ᄒᆞ시니, 금평휘 뉵아(蓼莪)의 셜움과 풍슈지통(風樹之痛)이 흉격이 ᄉᆞ희ᄂᆞᆫ17) 듯ᄒᆞ니, 능히 초상(初喪)의 지보(支保)ᄒᆞ믜 어렵더니, 황은의 니러틋 늉셩ᄒᆞ심과, 효ᄌᆞ현손(孝子賢孫)의 슉식을 구궐(俱闕)ᄒᆞ고 좌와(坐臥)의 뫼셔 황황초젼(遑遑焦煎)ᄒᆞᄂᆞᆫ 갈셩지효(竭誠之孝)ᄅᆞᆯ 아니 감동치 못ᄒᆞ여, 스스로 지통(至痛)을 관비(款備)ᄒᆞᄂᆞᆫ 비 만하, 능히 노력(老力)을 부지(扶持)ᄒᆞ여 초상의 지보ᄒᆞ믜 되어시나, 긔운이 쇠픠(衰敗)ᄒᆞᆫ 여지업ᄉᆞ니, ᄌᆞ녀부 졔손 등이 깁흔 넘녜 방하치 못ᄒᆞ니라.

한 삭(朔)의 홀홀ᄒᆞᆫ18) 이쉬(理數)19) 임의 하향지일(下鄉之日)이라. 합문 상하의 통읍(慟泣)비만(悲滿)흔 곡읍(哭泣)이 밤으로ᄡᅥ 낫을 니어시니, 원근산쳔(遠近山川)이 위

---

14)호모벽용지셩(呼母擗踊之聲) : 어머니를 부르며 가슴을 치고 발을 구르며 슬퍼하는 소리.

15)힝뇌(行路) : 행로인(行路人). 길가는 사람.

16)임금이 제물과 제문을 보내어 죽은 신하를 제사 지내던 일. 또는 그 제사.

17)ᄉ희다 : 사위다. 다 타버리다. 불이 사그라져서 재가 되다.

18)홀홀ᄒᆞ다 : 가볍게 날듯이 뛰거나 움직이는 모양.

19)이수(理數) : 천지운행의 이치. 자연계를 지배하고 있는 원리와 법칙.

ᄒᆞ여 【8】 한가지로 늣기는듯 ᄒᆞ더라.

시셰(時歲) 임인 츄칠월 즁슌 무신일 갑즈 시의 졔뎡이 틱부인 상구ᄅᆞᆯ 맛드러 하향ᄒᆞᆯᄉᆡ, 시일(是日)의 윤·양 냥비 문양공쥬와 여러 금쟝(襟丈) 쇼고(小姑)와 아공즈(兒公子) 아쇼져(兒小姐) 등을 거ᄂᆞ려 존당 녕구ᄅᆞᆯ 곡별(哭別)ᄒᆞ며 구고ᄅᆞᆯ 빈별ᄒᆞ니, 효부효녀와 현손의 원니(遠離)ᄒᆞ는 회푀(懷抱) 슈어만(數於萬)이오, 별뉘(別淚) 분분ᄒᆞ여 비뤼(悲淚) 쳔항(千行)이니, 각각 나건(羅巾)을 젹시더라.

슈다 ᄌᆞ손이 허다 위의ᄅᆞᆯ 셩히 ᄒᆞ여 상구ᄅᆞᆯ 발힝ᄒᆞ니, 일만 ᄌᆞ로 횃불과 일쳔 ᄌᆞ로 촉농(燭籠)이 젼츠후옹(前遮後擁)ᄒᆞ고 븕은 명졍(銘旌)[20]과 그림 그린 삽션(翣扇)[21]은 압흘 인도ᄒᆞ고 슈쳔쟝 만쟝(輓章)[22]은 반싱 【9】 힝젹을 긔록ᄒᆞ미 되여 젼츠후옹(前遮後應)ᄒᆞ니, 오ᄉᆡᆨ치예(五色彩輿)[23]는 ᄶᅡᆼᄶᅡᆼᄒᆞ고, 프른 의막(依幕)은 틋글을 가리왓는ᄃᆡ, 유ᄉᆞ단(帷紗緞) 칠보쟝(七寶帳)의 틱부인 녕구(靈柩)ᄅᆞᆯ 나죽이 뫼와시며, 빅복ᄉᆞ마(白服總麻)[24]는 우부지기긔다애(又不知幾之多也)[25]오 거마치즁(車馬輜重)은 쳔승만게(千乘萬車)라.

이ᄶᅥ 진부인이 힝ᄒᆞ는 고로 ᄌᆞ부(子婦) 즁 한가ᄒᆞ니로 ᄡᅡ와 뫼시게 ᄒᆞ엿는 고로, 졔왕의 삼비 니부인과 ᄉᆞ비 경부인과 진국공의 ᄎᆞ비 쇼부인과 쇼부 부인이 모든 아쇼져 가온ᄃᆡ 영오혜힐ᄒᆞᆫ ᄌᆞ 오인을 다려 진부인을 뫼실ᄉᆡ, ᄉᆞ부인과 오쇼졔 각각 거륜(車輪)의 올나 진부인 쇼거(素車)ᄅᆞᆯ 옹호(擁護)ᄒᆞ고, 졔손이 비힝(陪行)ᄒᆞ 【10】여 나아가니, 윤·하 냥문 노쇼 졔공이며, 버거 인친(姻親) 고귀(故舊)며 문싱(門生) 고리(故吏)[26]와 조뎡 만조문무(滿朝文武) 조긱(弔客)이 다 모다 문외의 아니 젼별ᄒᆞᄂᆞ니 업ᄉᆞ니, 도로의 분답(紛沓)ᄒᆞ고 벽졔츄종(辟除騶從)이 길흘 덥허시니, 빅ᄉᆞ쟝 큰 길희 인셩(人聲)이 훤괄(喧聒)ᄒᆞ여 훤화지셩(喧譁之聲)이 빅니(百里)의 들니더라.

시비 달빗치 옥뉘(玉淚) 녕녕(玲玲)ᄒᆞ고 금풍(金風)[27]이 셔릭(西來)ᄒᆞ며 실솔(蟋蟀)이 슬피 우러 더욱 슈회(愁懷)ᄅᆞᆯ 돕더라. 슬픈 곡셩이 만산편야(滿山遍野)[28]ᄒᆞ여 도로

---

20) 명졍(銘旌) : 죽은 사람의 관직과 성씨 따위를 적은 기. 일정한 크기의 긴 천에 보통 다홍 바탕에 흰 글씨로 쓰며, 장사 지낼 때 상여 앞에서 들고 간 뒤에 널 위에 펴 묻는다

21) 삽션(翣扇) : =운불삽(雲黻翣)·운아삽(雲亞翣). 운삽(雲翣)과 불삽(黻翣)[=아삽(亞翣)]을 아울러 이르는 말. *운삽(雲翣); 발인할 때 영구 앞뒤에 세우고 가는 널판으로, 구름무늬를 그린 부채모양의 널판. *불삽(黻翣); 발인 때 상여 앞뒤에 세우고 가는 제구로, '아(亞)'자 형상을 그린 널 조각에 긴 자루가 달려 있다. =아삽(亞翣)

22) 만쟝(輓章) : 죽은 이를 슬퍼하여 지은 글. 또는 그 글을 비단이나 종이에 적어 기(旗)처럼 만든 것. 주검을 산소로 옮길 때에 상여 뒤에 들고 따라간다. 늑만사(輓詞)·상여글.

23) 오ᄉᆡᆨ치예(五色彩輿) : 오색 꽃무늬가 채색되어 있는 채여(彩輿). *채여(彩輿); 왕실 의식 때에 귀중품을 실어 옮기던 기구. 교자(轎子)와 비슷한데, 꽃무늬가 채색되어 있고, 채가 달려 있어 앞뒤에서 두 사람이 메게 되어 있다.

24) 빅복ᄉᆞ마(白服總麻) : 하얀 베옷을 입은 상인(喪人).

25) 우부지기긔다애(又不知幾之多也) : 또한 그 수를 헤아릴 수 없을 만큼 많다.

26) 고리(故吏) : 예전에, 일을 본 경력이 많은 아전.

27) 금풍(金風) : 가을바람. 오행에서 '가을'은 '금(金)'에 해당하기 때문에 이르는 말.

의 종일 힝ᄒᆞ여 남강슈변(南江水邊)의 다ᄃᆞᄅᆞ니, 발셔 히빗치 도라지고 창산의 졈은 빗치 몽몽ᄒᆞ더라.

딘촌 쥬졈의 햐쳐(下處)29)ᄒᆞ여 이 밤을 지【11】닉고, 명조 효명(曉明)의 조곡(弔哭)을 맛고 조션(朝膳)을 파ᄒᆞ미, 바야흐로 졔우(諸友) 친권(親眷) 고구(故舊) 인친(姻親)이며 윤·하 냥문 졔공을 년슈(聯手) 비별(拜別)ᄒᆞ고 도강(渡江)홀ᄉᆡ, 도ᄎᆞ(到此)의 보닉ᄂᆞᆫ 회포의 창감(愴感)홈과, 써나ᄂᆞᆫ 즈의 심ᄉᆞ 슬프미 니긔여 긔록기 어렵더라.

만조문무와 윤·하 냥문 졔공이 졔뎡의 지효딕현을 못닉 감탄ᄒᆞ고, 일시의 혁을 갈와 도라가니라.

ᄎᆞ셜 졔뎡이 금평후 부부를 뫼셔 존당 녕구를 밧드러 일노의 힝ᄒᆞ여 월여의 비로쇼 향쥐 고퇵의 니르니, 직희엿던 녀로남복(女奴男僕)이 일시의 먼니 나 【12】와 마즈 퇵부인 녕젼의 곡비 현알ᄒᆞ고, 쥬인을 영졉ᄒᆞ여 고퇵의 안돈(安頓)ᄒᆞ니, 니러구러 임의 장일이 다ᄃᆞ랏ᄂᆞᆫ지라. 이의 길디(吉地) 녕산(靈山)을 퇵ᄒᆞ여 분능(墳陵)을 널니고 셕물(石物)을 졍졔ᄒᆞ미, 퇵부인 녕구를 밧드러 고토분산(故土墳山)의 만년 유퇵을 갈히여 안장ᄒᆞ고, 한낫 뷘 치예(輜輿)의 목묘를 시러 부즁의 도라오니, 날이 갈ᄉᆞ록 간곡ᄒᆞᆫ 비회ᄂᆞᆫ 불가형언이러라.

ᄎᆞ시 졔왕 등이 부모의 긔모지년(旣暮之年)의 깁히 황산고토(荒山故土)의 슈묘(守墓)ᄒᆞ여 삼상(三喪)을 맛ᄎᆞ시미 젹막ᄒᆞ실 바를 민박ᄒᆞ여, 이의 조졍의 슈년 말믜를 어더 【13】왕모비(王母妃) 삼상이 지나기를 기다려 부모를 뫼셔 한가지로 환조ᄒᆞ기를 알외엿고, 버거 동졔공 등 졔손이 ᄯᅩᄒᆞᆫ 조뎡의 말믜를 어더 돌녀가며, 긔년(朞年)식 조부와 부슉을 뫼시게 ᄒᆞ엿ᄂᆞᆫ 고로, 닉ᄉᆞᄂᆞᆫ 니·경·소·단 ᄉᆞ부인이 모든 시비 양낭을 거ᄂᆞ려 금평후와 진부인을 봉ᄉᆞ(奉事)ᄒᆞ고, 퇵부인 증상(蒸嘗)30)을 밧들며 졔공(諸公) 의복지졀(衣服之節)을 찰힌 여가의ᄂᆞᆫ, 오쇼져 슈염·빙염·이염·긔염·소염등으로 진부인 좌젼의 뫼셔 학낭쇼어(謔浪笑語)로 비회를 위로ᄒᆞ여 셰월을 보닉더라.

션시의 경ᄉᆞ 취운산 졔궁의셔 졔왕곤계 ᄌᆞ질군죵이 다 【14】하향ᄒᆞ미, 환혁(煥赫)던 부즁이 일시의 황연(荒然)ᄒᆞ고 뎡상부와 졔궁이 다 공허ᄒᆞᆫ 듯ᄒᆞ니, 물식(物色)이 크게 감상(感傷)ᄒᆞᆫ지라. 더욱 시셰(時歲) 즁츄(仲秋)의 당ᄒᆞ여시니, 원근 산식의 가려(佳麗)ᄒᆞᆫ 츄경(秋景)과 쇼슬ᄒᆞᆫ 목엽상풍(木葉霜楓)과 반야오동(半夜梧桐)의 옥뉘(玉淚) 경경(哽哽)ᄒᆞ여, 향박(香襮)31)의 구을고, 구쥬산쳔(九州山川)32)의 상안(霜雁)33)이 슬피

---

28)만산편야(滿山遍野) : 산과 들에 가득함.
29)햐쳐(下處) : 사처. 손님이 길을 가다가 묵음. 또는 묵고 있는 그 집.
30)증상(蒸嘗) : 제사를 달리 이르는 말. '증(蒸)'은 겨울제사를, '상(嘗)'은 가을제사를 말한다.
31)향박(香襮) : 아름다운 옷깃.
32)구쥬산쳔(九州山川) : 구주(九州)의 산과 하천. *구주(九州); 중국 고대에 전국을 나눈 9개의 주. 요순시대(堯舜時代)와 하(夏)나라 때에는 기(冀)·연(兗)·청(靑)·서(徐)·형(荊)·양(揚)·예(豫)·양(梁)·옹(雍)이며, 은(殷)나라 때에는 기·예·옹·양·형·연·서·유(幽)·영(營)이고, 주(周)나라 때에는 양·형·예·청·연·옹·유·기·병(幷)이다.

우러, 무리 브르는 쇼릭 더욱 즐겁지 아닌 심회룰 도도는지라. 졔부인이 경물의 가려
(佳麗)홈과 인스의 변혁ᄒᆞᆷ믈 늣기고, 평일 존당의 양츈 혜틱으로써 이졔 쳔고활별(千
古闊別)을 지으미, 츄셰의 우로지틱(雨露之澤)을 능히 밧ᄌᆞ올 길히 업스며, 쏘 구고의
노년을 니측(離側)ᄒᆞᆫ【15】여 신혼(晨昏)의 녜(禮)룰 폐ᄒᆞ미 ᄒᆡ룰 포집을34) 쥴을 챵연
(愴然)ᄒᆞ여, ᄌᆞ미(姉妹) 금장(襟丈)이 즁당(中堂)의 모다 유유히 슬프믈 머금고, 암암히
옥누룰 나리와 한갓 상디(相對) 비읍(悲泣)홀 ᄯᆞ롬이라.

히음업시 일영(日影)이 몰셔(沒西)ᄒᆞ고 창오(蒼梧)35)의 졈은 빗치 챵챵(蒼蒼)ᄒᆞ나 졔
인이 슉식의 의ᄉᆞ 업셔 초연ᄌᆞ실(愀然自失)ᄒᆞ고 원(遠)이 챵망(悵望)ᄒᆞ여 스실(私室)의
도라올 ᄯᅳᆺ이 업더니, 모든 녀뷔(女婦) 각각 존고룰 붓드러 화안이셩(和顏怡聲)으로 위
로 관위ᄒᆞ며, 진왕비 뎡슉녈과 북후부인 슉셩비 쳐연(棲然) 타루(墮淚) 왈,

"졔졔와 우리 등의 존당을 여희읍고 부모룰 니측(離側)ᄒᆞᆫ 심ᄉᆡ 일양(一樣)이니 엇지
다룬미 이시리잇고만은, 샤【16】이이의(事而已矣)라. 슈명이 지텬ᄒᆞ고 화복이 무문
(無門)이라 ᄒᆞ미 올흐니, 엇지 디의(大義)룰 ᄉᆞ못지 못ᄒᆞ고 한갓 슬프기로 몸이 상ᄒᆞ
기룰 싱각지 아니ᄒᆞ여, 먼니 계신 야야와 ᄌᆞ위의 지통 가온디 우려룰 더으시게 ᄒᆞ미,
엇지 도로혀 불효의 갓갑지 아니 ᄒᆞ리오. 원(願) 졔졔 등은 비회룰 관억ᄒᆞ시고 각각
스실의 도라가 편히 쉬게 ᄒᆞ쇼셔."

의렬비 츄연(惆然) 함쳬(含涕) 왈,

"냥현뎨의 말ᄉᆞᆷ이 유리ᄒᆞ시나, 쳡의 졍ᄉᆞ는 오히려 다른 ᄌᆞ미(姉妹) 금장(襟丈)과
다룬지라. 유시의 엄친을 만니 타국의 참별(慘別)ᄒᆞ읍고 혈혈(孑孑)ᄒᆞᆫ ᄌᆞ모와 고뎨(孤
弟) 냥인으로 더브러 고초히 싱장ᄒᆞ여, 년긔【17】십유삼(十有三)의 존문의 입승(入
承)ᄒᆞ니, 본디 한문미질(寒門微質)노 직덕이 고루(固陋)ᄒᆞ거눌, ᄌᆞ뫼 붕셩지통을 맛나
타인의 지난 지통이 계신 고로, 능히 결을ᄒᆞ여 가(家)의 ᄌᆞ녀룰 교훈홀 의ᄉᆞ 계시리
오. 쳡이 니러틋 부훈모교(父訓母敎)의 졍디ᄒᆞ신 규측(閨側)을 드디지 못ᄒᆞ니, 불혜누
질(不慧陋質)이 빅ᄉᆞᆨ(百事) 무일가관(無一可觀)이로디, 힝혀 존당구고의 양츈혜틱을 닙
ᄉᆞ와, 허다 환난 가온디 일누(一縷)룰 지연(遲延)ᄒᆞ미 다 존문 혜틱이라. 한갓 ᄌᆞ부의
졍셩 ᄲᅮᆫ 아니라 실노 양츈우로(陽春雨露)의 혜틱이 ᄉᆞ골부육(死骨復肉)홈 갓ᄒᆞ미 그
몃번이런 쥴 알니오. 십싱구ᄉᆞ(十生九死)ᄒᆞᆫ 일누룰 보젼ᄒᆞ여 금일 외람이 휘【18】젹
의 존귀와 ᄌᆞ녀의 영홰 극ᄒᆞ니, 여린 졍셩이 존당의 셩슈만년(聖壽萬年)을 기리 뫼셔
쳔효박셩(賤孝薄誠)을 다ᄒᆞ고져 ᄒᆞ던 빅, 박셩(薄誠)이 불효ᄒᆞ여 이졔 존당을 쳔양(天
壤)의 영결(永訣)ᄒᆞ읍고 구고룰 원니(遠離)ᄒᆞ니, 심ᄉᆡ 추아(嵯峨)ᄒᆞᆷ믈 면치 못ᄒᆞ미라.

---

33)상안(霜雁) : 가을 기러기. 또는 서리 속의 기러기. 기러기는 가을에 한국에 와서 겨울을 나고 봄에 다
 시 시베리아 사할린 알래스카 등지로 돌아가는 철새다.
34)포집다 : 포개어 놓다. 거듭되다.
35)창오(蒼梧) : 창오산(蒼梧山). 중국 광서성(廣西省) 창오현(蒼梧縣)에 있는 산 이름. 순(舜)임금이 죽었
 다고 전해지는 곳.

ᄎ역(此亦) 쳡의 졍ᄉᆞ(情事) 남갓지 못ᄒᆞ미로다."

셜파의 츄연(惆然) 함체(含涕)ᄒᆞ니, 슉녈비 ᄯᅩᄒᆞᆫ 셕ᄉᆞᄅᆞᆯ 감상ᄒᆞ여 슬허ᄒᆞᄆᆞᆯ 마지 아니ᄒᆞ더라. 졔ᄉᆞ금장(娣姒襟丈)36) ᄌᆞ미(姉妹) 셔로 위로ᄒᆞ여 셕상(夕床)을 한가지로 파ᄒᆞ고, 날이 어두은 후 각각 침뎐으로 도라오니라.

진왕비 슉녈과 하부인 슉셩이 북당훤초(北堂萱草)37)의 그림ᄌᆞᄅᆞᆯ 슬허ᄒᆞ여, ᄎᆞ마 외로온 ᄌᆞ미 등【19】을 샹니(相離)코져 아니ᄒᆞ나, 진궁이며 하상부의셔 각각 거마ᄅᆞᆯ 보ᄂᆡ여 부인을 쳥ᄒᆞ니, 슉녈비와 슉셩비 모든 ᄌᆞ미 졔질노 분메(分袂)ᄒᆞ여 도라갈ᄉᆡ, 비록 가ᄉᆞ(家舍) 졉옥년장(接屋連墻)ᄒᆞ여 조왕모ᄅᆡ(朝往暮來)ᄒᆞ미 어렵지 아니ᄒᆞ나, 피ᄎᆞ 떠나ᄂᆞᆫ 비회 측냥치 못ᄒᆞ더라.

슉녈비ᄂᆞᆫ 냥질녀로 더브러 도라가고, 당상셔 부인 ᄌᆞ염과 경공ᄌᆞ 부인 셩염쇼졔 일시의 모부인과 슉모 ᄌᆞ미ᄅᆞᆯ 하직ᄒᆞ고 각각 구가로 도라가니, 졔부인이 더욱 결연ᄒᆞᄆᆞᆯ 니기지 못ᄒᆞ고, 가즁이 더욱 황연ᄒᆞ여 광활ᄒᆞᆫ 장각(莊閣)이 쳐쳐의 븨여시니, 윤·양 냥비와 졔부인이 드디여 상【20】부(上府)ᄅᆞᆯ 폐ᄒᆞ여 퇴부인 삼상 후 거긔 환경ᄒᆞ신 후 다시 거쳐ᄅᆞᆯ 졍ᄒᆞ고져 ᄒᆞ므로, 졔궁의 모다 일월을 보ᄂᆡ며 인ᄉᆞ의 뉸회(輪廻)ᄒᆞᄆᆞᆯ 신셕(晨夕)의 우탄(憂嘆)ᄒᆞ나 가즁의 흥미 ᄉᆞ연ᄒᆞ더라.

익표(益表)38) 시시(是時)의 일침국은 왜도(倭島) 한 가이오, ᄯᅡ히 머러 왕홰(王化) 밋지 못ᄒᆞ니, 이역(異域) 이젹(夷狄)과 이도뉴(異徒類)로ᄃᆡ, 본ᄃᆡ 국부민강(國富民强)ᄒᆞ여 ᄌᆡ곡(財穀)이 풍등(豊登)ᄒᆞ고 민심이 슌후(淳厚)ᄒᆞ며, 님군이 어지러 ᄃᆡ국을 기리 셤겨 년년 조공을 폐치 아니ᄒᆞ더니, 불힝ᄒᆞ여 일침왕 달목션이 죽고 셰ᄌᆞ 달목위 나히 어리니, 졍승 병관슐이 유쥬(幼主)ᄅᆞᆯ 붓드러 왕위의 올니고 졍ᄉᆞᄅᆞᆯ 셥졍ᄒᆞ여, 스ᄉᆞ로 셩【21】인현신(聖人賢臣)의 셩왕(成王)39) 보호ᄒᆞᆺ 듯 ᄒᆞ더니, 시의 일침왕 달목위 나히 십셰로ᄃᆡ 극히 총명ᄒᆞ여 병관슐노 졍승을 삼아, ᄉᆞ뷔(師父)라 ᄒᆞ여 국ᄉᆞᄅᆞᆯ 션치(善治)ᄒᆞ고, 텬조ᄅᆞᆯ 밧드러 군신의 녜ᄅᆞᆯ 일흐미 업더니, 우승상 늘한이 본ᄃᆡ 병관슐노 불목(不睦)ᄒᆞᆫ ᄉᆞ이오, ᄯᅩ 왕이 년쇼ᄒᆞ니, 그윽이 찬위(簒位)ᄒᆞᆯ 왕이 ᄯᅳᆺ이 이시나, 비록 년쇼ᄒᆞᆯ지언졍 총명ᄒᆞ고 병승상이 셥졍ᄒᆞ야 츙셩으로 나라흘 셤기니 능히 도모ᄒᆞᆯ 길히 업ᄂᆞᆫ지라. 늘한이 그윽이 원을 품어 몬져 병관슐을 죽이고, 버거 왕을 도모코져 ᄒᆞᄃᆡ 계괴 업셔 ᄒᆞ더니, 일일은 조회ᄅᆞᆯ 파【22】ᄒᆞ고 집의 도라와 조복을 벗지 아니ᄒᆞ고

---

36) 졔ᄉᆞ금장(娣姒襟丈) : 형제의 아내들의 손위 손아래의 여러 동서(同壻)들. '졔(娣)'는 손아래 동서, '사(姒)'는 손위 동서, 금장(襟丈) 손위·손아래 구분 없이 동서를 이르는 말.

37) 북당훤초(北堂萱草) : '어머니'를 이르는 말. '북당'은 집의 북쪽에 있는 건물로 집안의 주부(主婦)가 거처하는 곳이어서 어머니를 이르는 말로 쓰였다. 훤초 또한 『시경』〈위풍(衛風)〉'백혜(伯兮)'편의 "어디에서 훤초를 얻어 북당에 심을꼬.(焉得萱草 言樹之背 *背는 이 시에서 北堂을 뜻함)"라 한 시구에서 유래하여, 주부가 자신의 거처인 북당에 심고자 했던 풀이라는 데서, '어머니'를 이르는 말로 쓰였다.

38) 익표(益表) : 고소설에서 '화셜(話說)' '익셜(益說)' 등처럼 장면전환을 나타내는 화두사(話頭詞).

39) 셩왕(成王) : 중국 주나라의 제2대 왕. 이름은 송(誦). 어려서 즉위하였기 때문에 처음에는 숙부 주공 단(周公旦)이 섭정하였으나, 후에 소공(召公)·필공(畢公) 등의 보좌를 받아 주나라의 기초를 쌓았다.

즁당의 안즈 시름더니, 믄득 안히 목고시 나와 보고 왈,

"승상이 무슨 일 시름이 눈섭 스이의 밋쳣ᄂᆞ뇨?"

늉한이 탄왈

"ᄂᆡ 심곡은 남다려 의논치 못ᄒᆞ려니와, 너와 나는 부뷔라 엇지 심곡(心曲)을 은휘(隱諱)ᄒᆞ리오. ᄂᆡ 여ᄎᆞ여ᄎᆞᄒᆞ여 널노 더브러 가업ᄉᆞᆫ 부귀ᄅᆞᆯ 도모코져 ᄒᆞ나, 어린 님군은 족히 근심치 아니ᄒᆞᄃᆡ, 필부 병관슐을 제어키 어려오니 일노 근심ᄒᆞᄂᆞᆫ 비러니, 이제 ᄯᅩ 조뎡의 스름이 나�ᄲᅮ 아니로ᄃᆡ, 병 적(賊)이 믄득 날노ᄡᅥ 텬조의 조공ᄒᆞᄂᆞᆫ ᄉᆞ신을 삼아 슈일 치힝(治行)ᄒᆞ라 ᄒᆞ니, 져 【23】 ᄃᆡ국은 도뢰(道路) 요원(遙遠)ᄒᆞ여 이만여 리오, 창양ᄃᆡ히(漲洋大海)ᄅᆞᆯ 건너가니, ᄉᆞ신이 드러가면 왕반(往返)이 슈년(數年)의 밋츠니, 길흉화복(吉凶禍福)을 뎡치 못ᄒᆞ여, 혹 슈파(水波)의 침몰ᄒᆞ기도 쉽고, 도로의 젹샹(積傷)ᄒᆞ여 죽기도 쉬오니, 녜붓터 ᄃᆡ국의 드러가면 술아 도라오미 쉽지 못ᄒᆞᆫ지라. 이제 병젹이 져는 평안이 안즈 왕ᄌᆞ의 ᄉᆞ우(師友)로 부귀ᄅᆞᆯ 님군과 갓치 누리고, 날노ᄡᅥ 니런 위험지ᄂᆡ의 보ᄂᆡ려 ᄒᆞ니, ᄂᆡ 가면 엇지 다시 도라오기ᄅᆞᆯ 밋으리오. 가지 말고져 ᄒᆞ나 이는 신ᄌᆞ의 도리 아니오, 조뎡이 ᄯᅩ 죄ᄅᆞᆯ 므를 거시니, ᄂᆡ 일노ᄡᅥ 시름ᄒᆞ노라."

목 【24】 고시 ᄎᆞ언을 듯고 크게 우은ᄃᆡ, 늉한이 노왈,

"엇지 나의 진졍을 듯고 웃는다. 네 반ᄃᆞ시 어ᄂᆡ 곳의 ᄉᆞ졍(私情)을 두고 ᄂᆡ 먼니 가게 되니 깃거ᄒᆞᄂᆞᆫ다?"

목고시 왈,

"ᄂᆡ 장부의 ᄭᅬ 업ᄉᆞ믈 웃노라."

한이 노식(怒色)을 도로혀 계교ᄅᆞᆯ 므른ᄃᆡ, 목고녜 왈,

"장뷔 엇지 미혹(迷惑)ᄒᆞᆫ다. 텬조 ᄉᆞ신은 병젹이 보ᄂᆡ지 아니ᄒᆞ여도 네 맛당이 ᄌᆞ원ᄒᆞ염 즉 ᄒᆞ니라."

한 왈,

"이 므슨 ᄯᅳᆺ고?

목고녜 왈,

"네 텬조의 ᄉᆞ신이 되여시니 녜물과 조공을 싯고 가다가, 즁노(中路)의셔 ᄃᆡ국지경(大國之境)을 드ᄃᆡ지 말,고 여ᄎᆞ여ᄎᆞ 반셔(叛書)ᄅᆞᆯ 지어 말을 ᄂᆡᄃᆡ,

"일침왕이 모ᄉᆞ(謀士) 슌우형과 승샹 【25】 병관슐노 더브러 반심을 품언지 오리더니, 이제 장ᄎᆞᆺ 군마ᄅᆞᆯ 조련ᄒᆞ여 날을 갈희여 즁원의 ᄉᆞ슴을 ᄶᅵ르련다 ᄒᆞ면, 쇼식이 누셜(漏泄)ᄒᆞ여 즁원(中原)의 니ᄅᆞ면, 즁국 황뎨 필연 곳이 듯고 장슈와 군ᄉᆞᄅᆞᆯ 보ᄂᆡ여 졍벌ᄒᆞ리니, 우리 나라히 불의의 이변을 맛나면, 군민 한슉(嫺熟)지 못ᄒᆞ니 감히 ᄊᆞ홀 의ᄉᆞᄅᆞᆯ 못ᄒᆞ고 황황(遑遑)ᄒᆞᆯ 스이의, 우리 맛당이 심복을 어더 ᄂᆡ응(內應)ᄒᆞ여 일침왕과 병젹을 버혀 ᄃᆡ국 장슈의게 드리면, ᄃᆡ국이 엇지 곳이듣지 아니리오. 연즉 텬죄 반ᄃᆞ시 너ᄅᆞᆯ 봉ᄒᆞ여 일침 님ᄌᆞᄅᆞᆯ 삼을 거시니, 【26】 ᄂᆡ ᄯᅩ흔 왕휘 되여 부귀ᄅᆞᆯ 누리면

깃부지 아니랴?"

늉한이 디희 왈,

"현쳐의 묘흔 계괴 긔특ᄒ니, 늬 엇지 만셰불멸지업(萬歲不滅之業)을 도모치 못홀가 근심ᄒ리오."

ᄒ더라.

늉한이 목고녀의 계교를 조차 딕국 ᄉ신이 되여 부ᄉ 이하로 오빅여 졸을 거ᄂ려 금빅(金帛) 촉단(蜀緞)과 보비로온 물건을 만히 싯고, 거장(車帳)을 슈습ᄒ여 국왕긔 하직ᄒ고, 길흘 ᄯ여나 슈십여일 만의 나라지경을 지나 딕국지경의 니르니, 디명(地名)은 남쥬 곡명산 곡명촌이러라.

늉한이 임의 여졸(輿卒)노 더부러 언약을 두엇ᄂ지라 ᄉ신의 복식긔치를 다 업【27】시ᄒ고 상고(商賈)의 닙시로 슈위의 돈과 ᄊᆞᆯ을 싯고 냥국지경(兩國之境)의 왕ᄂᆡᄒ여 궁시(弓矢) 창검(槍劍)부치를 ᄊᆞ며, 남쥬 촌민이나 관읍 인물을 만난즉 니르디,

"우리ᄂ 왜인이러니 우리 션왕이 승하ᄒ시고 유쥬 셜닙(設立)ᄒ시니 년소무식(年少無識)ᄒ여 ᄉ쳬를 모로ᄂᆞᆫᄃᆡ, 승상 병관슐이 유군(幼君)을 달닉여 장ᄎᆞᆺ 딕국 위엄을 침범코져 ᄒᄂ 고로, 우리 무리 국왕의 명을 바다 창검 궁시를 ᄉᆞ 국도의 도라가 국왕긔 드리려 ᄒᄂ니, 불구(不久)의 병마를 니로혀리라."

ᄒ고, 빅군(百軍)을 헷쳐 남쥬 일읍의 일침 반상(叛狀)이 ᄌᆞᄌᆞᄒ니, 오릭지 아냐 쇼문이 젼파ᄒ여 변뵈(邊報) 눈【28】 날니듯 ᄒᄂ지라. 남쥬졀도ᄉ 듯고 딕경ᄒ여 급히 관군을 흣터 쇼식을 듯보니 과연 올흔지라.

"틴쉬 왈,

"일침이 비록 ᄯ히 머러 왕홰 밋지 못ᄒ나, 본디 나라히 가음열며 님군이 착ᄒ고 신히 어지러 년년 조공을 브ᄌᆞ러이 ᄒ여 폐치 아니ᄒ더니, 이졔 그 님군이 죽언지 오릭지 아니ᄒ디, 믄득 니런 일이 잇셔 금년의 발셔 조공을 폐ᄒ거ᄂᆞᆯ 늬 의심ᄒ엿더니, 원늬 니런 곡졀이 잇닷다."

ᄒ고, 급급히 장계(狀啓)ᄒ여 변보를 황셩의 비보(飛報)ᄒ니라.

늉한이 흉계를 힝ᄒ고 쇼식을 듯보아 알고 크게 깃거, 져도 아직 【29】 본국으로 도라가지 아니ᄒ고 즁노의 머므러 텬조 딕병을 기다려 흉계를 힝ᄒ려 ᄒ더라.

화셜 남쥬 틴슈와 슈령 현관(縣官)의셔 변뵈 눈갓치 나라 황셩의 밋츠니, 텬지 딕경ᄒ샤 즈졍뎐의 셜조(設朝)ᄒ시고 문무를 모화 일침의 반상(叛狀)을 니르시고 왈,

"왜국이 본디 국부민강ᄒ고 국왕 달목션이 극히 츙졍ᄒ여 텬조를 밧들미 지극ᄒ여 번신(藩臣)의 도리를 일흐미 업더니, 이졔 국왕이 죽으미 믄득 조공을 몬져 폐ᄒ고, ᄯ 반상이 이시니 가히 문죄ᄒ염 즉 ᄒ지라. 조신 즁의 뉘 가히 딕장이 되여 남토(南土)를 진졍(鎭靜)ᄒ여 번인(蕃人)【30】으로 ᄒ여금 즁국 왕화를 알게 ᄒ고, 딕국 위엄을 욕되게 아니ᄒ리오."

두셰 번 므ᄅᆞ시디 일침이 도뢰 요원ᄒ고 창히(蒼海) 망망(茫茫)ᄒ여 왕환(往還)이

어려오믈 쩌려, 지용무장(智勇武將)이 다 묵묵ᄒ여 능히 슈이 딕치 못ᄒᄂ지라. 상이 믄득 정식 노왈,

"가히 숑조의 인ᄌ 업ᄉ믈 알니로다. 졔뎡이 업ᄉ미 짐의 슈족이 업ᄉ 갓도다. 홀노 일침을 진정ᄒᆞᆯ 용무지ᄌ(勇武之才) 업ᄂ냐?"

졔신이 묵연ᄒ더니, 믄득 좌반즁(坐班中)의 일위 소년 딕신이 금관금포(金冠錦袍)의 옥ᄃᆡ(玉帶)를 도도와 뎐폐의 츄이진(趨而進)ᄒ니, 보건ᄃᆡ 월익텬졍(月額天庭)은 초ᄐᆡ우(楚大夫)40)의 츄슈골격(秋水骨格)【31】이오, 광미봉안(廣眉鳳眼)은 딕인귀격(大人貴格)이오, 뇽봉ᄌ질(龍鳳資質)은 텬일의 ᄆᆞᆰ은 긔운이라. 진승상(晉丞相)41) 여옥지모(如玉之貌)와 두ᄉ인(杜舍人)42) 헌아지풍(軒雅之風)의, 숑홍(宋弘)43)의 덕된 그릇시오, 냥미강산(兩眉江山)의ᄂ 텬디별긔(天地別氣)와 강산슈긔(江山水氣)를 먹음어시며, 흉즁(胸中)의ᄂ 졔셰경뉸딕ᄌ(濟世經綸大才)를 품어시니, 호호(浩浩)ᄒ여 ᄐᆡ허(太虛)의 ᄆᆞᆰ은 긔질이오, 왕왕(汪汪)ᄒ여 쳔경파(千頃波) 갓ᄒ니, 이 가히 국가보필지ᄌ(國家輔弼之才)오, 낭묘(廊廟)의 딕뵌(大寶) 쥴 알니러라.

이곳 ᄐᆡ학ᄉ 니부상셔 동창후 윤셩닌이니, 평진왕 쳥문의 장ᄌ라. 이의 진쥬(進奏) 왈,

"쇼신이 비록 박덕부ᄌᆡ(薄德不才)나{나} 원컨ᄃᆡ 일녀지ᄉ(一旅之士)를 빌니시면, 셩상의 홍복을 【32】 의지ᄒ와 일침을 진정ᄒ고, 쳡음(捷音)을 농뎐의 보ᄒ리이다."

상이 쳥미파(聽未罷)의 텬안이 화열ᄒ샤 흔연 왈,

"경의 ᄌ략과 튱셩은 임의 동토 치슈(治水)의 붉히 아라시니, 엇지 일침 진정ᄒ기를 근심ᄒ리오만은, 도뢰 요원ᄒ고 슈뢰 망망ᄒ다 ᄒ니, 브ᄃᆡ 젼후 왕반(往返)의 조심ᄒ여 ᄉ졸을 상ᄒᆡ(傷害)오지 말나."

ᄒ시고, 즉시 동창후를 남정딕원슈(南征大元帥) 병마졀졔ᄉ(兵馬節制使) 딕도독(大都督)을 비(拜)ᄒ시고, 좌도어ᄉ 윤봉닌으로 부원슈를 ᄒ이시고, ᄐᆡ혹ᄉ 쇼셩으로 슌무ᄉ(巡撫使)를 ᄒ이시고, 딕장군 원긔로 좌션봉을 삼아, 밍장 쳔원(千員)과 빅만 ᄉ졸을 쥬어 군졍(軍政)이 긴급【33】ᄒ니, 슈일 치ᄒᆡᆼ(治行)ᄒ라 ᄒ시니, 윤원슈 ᄉ은(謝恩) 퇴조(退朝)ᄒ여 부즁의 도라오니, 합문상ᄒᆞ(闔門上下) 냥손이(兩孫兒) 일시의 먼니 츌

---

40) 초ᄐᆡ우(楚大夫) : 중국 전국시대 초나라 대부(大夫) 송옥(宋玉). BC290-227. 중국의 대표적인 미남자의 한 사람이며, 사부(辭賦)를 잘하여 <구변(九辯)>, <초혼(招魂)>, <고당부(高唐賦)> 등의 작품을 남겼다. 굴원(屈原)과 함께 굴송(屈宋)으로 불렸으며 난대령(蘭臺令)을 지냈기 때문에 난대공자(蘭臺公子)로 불리기도 했다.

41) 진승상(晉丞相) : 중국 서진(西晉)의 미남자 반악(潘岳). 자는 안인(安仁). 승상을 지냈고 미남자의 대명사로 쓰인다.

42) 두샤인(杜舍人) : 중국 만당(晚唐)때 시인 두목지(杜牧之). 이름은 두목(杜牧). 중서사인(中書舍人)에 올랐고, 중국의 대표적 미남자로 꼽힌다.

43) 숑홍(宋弘) : 중국 후한(後漢) 광무제(光武帝) 때 사람. 『후한서(後漢書)』<송홍전>에 그가 광무제에게 한 말 곧, "가난할 때 친하였던 친구는 잊어서는 안 되고(貧賤之交不可忘), 지게미와 쌀겨를 먹으며 고생한 아내는 집에서 내보내서는 안 된다(糟糠之妻不下堂)"는 말이 널리 전해지고 있다.

수홀 바룰 놀나, 위티비 냥원슈의 숀을 잡고 뉴쳬 왈,

"노뫼 장춧 님박셔산(臨迫西山)의 여일이 무다(無多)ᄒ니, 니외 주손의 일일 상니(相離)룰 삼츄(三秋) 갓치 너기거늘 이제 너희 형데 일시의 슈만니(數萬里) 불모지디(不毛之地)의 위험ᄒ 곳을 향ᄒ니, 엇지 슬프지 아니ᄒ리오. 냥원쉬 이셩화긔(怡聲和氣)ᄒ여 딕쥬 왈,

"병긔(兵器)ᄂᆫ 흉긔(凶器)라 ᄒ오나, 슈단(壽短)44)이 직텬(在天)ᄒ고 화복(華福)이 관슈(關數)ᄒ오니, 쇼손 등이 비록 쳥슈미약(淸瘦微弱)ᄒ오나 본딕 하늘의 타나온 달 슈ᄂᆫ 하원(遐遠)ᄒ【34】가 ᄒ옵ᄂᆞ니, 왕환(往還)의 더딕미야 현마 어이ᄒ리잇고?"

조티비 쳐연(悽然) 왈,

"만ᄉᆡ(萬事) 텬야명애(天也命也)45)니, 아손(我孫) 냥인은 슈복(壽福)이 하원(遐遠)ᄒ 아ᄒᆡ니 슈화(水火)의 드러도 념녜 업거니와, 슈연(雖然)이나 셰되(世道) 극악ᄒ딕, 깁히 이젹(夷狄)의 ᄯᅥ흘 드딕니, 엇지 존당의 념녜 젹다 ᄒ리오. 노모ᄂᆫ 본딕 붕셩(崩城)의 통(痛)을 만나미 남다른 연괴니, 니런 괴로은 마딕룰 싱각ᄒ오면 엇지 명니(名利)의 구구ᄒ미 더럽지 아니 ᄒ며, 쇼허(巢許)46)의 《영쳥∥영쳔》하슈(潁川河水)47)의 탁이(濯耳) ᄒ고, 쇠 곳비룰 놉히 드러 긔산(箕山)48)의 도라가미 엇지 묽은 지취(旨趣) 아니리오."

셜파의 츄연(惆然) 주탄(自歎)ᄒ니, 이ᄂᆫ 셕일(昔日) 션군(先君) 명텬공의 금국ᄉᆞ(金國使)룰 【35】주원ᄒ여 만니 외국의 가 닙졀이ᄉᆞ(立節而死)ᄒ여, 인셰룰 바리미 각골지통이 되여시미라. 진왕과 효문이 주교(慈敎)룰 듯주오믹 시로온 통히 그음 업ᄉᆞ나, 이셩낙ᄉᆡᆨ(怡聲樂色)으로 위·조 냥티비룰 위안하더라.

윤원슈 곤계 군졍(軍政)이 긴급ᄒ니 능히 오릭 지류ᄒ여 ᄉᆞ졍(私情)을 권연(眷然)ᄒᆯ 빅 아니라. 일직(日字) 촉급ᄒ니 능히 부모 동긔룰 뉴련(留連)치 못ᄒ거든, 어닉 결을의 ᄯᅩ 규리홍안(閨裏紅顏)을 권연ᄒ리오. 슈일 군마룰 년습ᄒ여 장춧 남졍(南征)ᄒ려 ᄒ더라.

---

44) 슈단(壽短) : 수요(壽夭). 오래 삶과 일찍 죽음.

45) 만ᄉᆡ(萬事) 텬야명애(天也命也) : '세상 모든 일이 하늘의 뜻이요, 운명이다.'라는 뜻.

46) 쇼허(巢許) : 고대 중국의 은자 소부(巢父)와 허유(許由)를 아울러 일컫는 말. *쇼부(巢父) : 고대 중국의 전설상의 인물. 영수(潁水)에서 소에게 물을 먹이려다, 허유가 왕위를 맡아달라는 요(堯)임금의 말을 듣고 귀가 더러워졌다며 귀를 씻는 것을 보고, 그 귀 씻은 물을 자신의 소에게 먹일 수 없다며, 소고삐를 끌고 기산(箕山)으로 들어가 숨었다고 함. *허유(許由) : 고대 중국의 전설상의 인물. 자는 무중(武仲). 요임금이 왕위를 물려주려 하였으나 받지 않고 도리어 자신의 귀가 더러워졌다고 하여 영수(潁水)에 귀를 씻고 기산(箕山)에 들어가서 숨었다고 함.

47) 영쳔하슈(潁川河水) : =영슈(潁水). 중국 하남성(河南省)을 흐르는 강. 고대 중국의 은자 소부(巢父)와 허유(許由)가 요(堯)임금으로부터 왕위를 맡아달라는 제안을 받고, 자신의 귀가 더러워졌다며 이 강에서 귀를 씻고, 또 귀를 씻어 더러워진 물을 소에게 먹이는 것조차 포기하고 기산(箕山)에 들어가 숨었다는 고사가 전한다.

48) 긔산(箕山) : 중국 하남성(河南省)에 있는 산. 고대 중국의 은자 소부(巢父)와 허유(許由)가 요(堯) 임금으로부터 왕위 선위 제안을 뿌리치고, 이 산에 숨어 은거했다는 고사로 유명한 산이다.

어시의 남토 슌안수(巡按使) 쇼셩이 상명을 밧즈와 부즁의 도라오니, 부모 형뎨 비록 그 원니(遠離)ᄒᆞᄆᆞᆯ 놀【36】나나, 어ᄉᆞᄂᆞᆫ 도로혀 그ᄉᆞ이 흉녀 아니 보믈 다힝ᄒᆞ여 각별 근심ᄒᆞ미 업ᄂᆞᆫ지라. 녀틱흉이 이 쇼식을 듯고 딕경(大驚)ᄒᆞ여 쇼녀시 화졍으로 더브러 황샹을 참혹히 원망 왈,

"혼군(昏君)이 가히 무상ᄒᆞ니 오릭지 아녀 나라흘 업치고 죵묘를 보젼치 못ᄒᆞ리로다. 셩은 옥갓흔 션비오, 한갓 옥당한원(玉堂翰院)49)의 ᄉᆞ긔(史記) 초(抄)홀 줄만 알거든, 제 므슨 모략(謀略)으로 일침 슈만니의 광젹(狂賊)을 초안(招安)ᄒᆞ리오. 조졍의 장무지ᄌᆡ(將武之才) 무슈(無數)ᄒᆞ거놀, 무ᄉᆞ일 니런 곳의 쓰지 아니ᄒᆞ고 어늬 ᄲᆡ의 쓰리오. 알ᄑᆡ라. 이 반ᄃᆞ시 윤가 츅싱(畜生)들과 동심ᄒᆞ여 짐짓 질녀의 산긔(産氣) 님박(臨迫)【37】ᄒᆞᄆᆞᆯ 알고 분산(分産)을 못보게 희지으미로다. 광텬 필뷔 제 쓸 곳 잇더면 니러치 아니리라."

ᄒᆞ여, 셩상과 윤가를 참혹히 슈욕(數辱)ᄒᆞ니 쇼공 부뷔 딕경ᄒᆞ여, 공이 모친긔 울며 간왈(諫曰),

"군뷔(君父) 일쳬(一體)즉, 츙효(忠孝) 일체(一體)니, '보텬디ᄒᆡ막비왕토(普天之下莫非王土)요 솔토지빈(率土之濱)이 막비왕신(莫非王臣)이라'50) ᄒᆞ오니, ᄌᆞ위 비록 규즁 부인이시나 거ᄒᆞ신 ᄲᆞ 님군의 ᄯᅡ히오, 님군의 신히라. 엇지 쇼쇼ᄉᆞ졍(小小私情)의 구이(拘礙)ᄒᆞ여 여ᄎᆞ(如此) 즁디지언(重大之言)을 구두(口頭)의 올니시ᄂᆞ닛고? 속어의 '쥬언(晝言)은 문조(聞鳥)ᄒᆞ고 야언(夜言)은 문셔(聞鼠)ᄒᆞ다'51) ᄒᆞ옵○[ᄂᆞ]니, 만일 불힝ᄒᆞ여 여ᄎᆞ지언(如此之言)이 외간(外間)의 젼셜(傳說)ᄒᆞ여 언관【38】의 독흔 붓ᄭᅳᆺᄒᆡ 오를진듸, 장ᄎᆞᆺ 문호를 어늬 ᄯᅡ히 두리잇고? 복원(伏願) ᄌᆞ위ᄂᆞᆫ 말ᄉᆞᆷ의 상숀(傷損)ᄒᆞᄆᆞᆯ 삼가쇼셔."

녀흉이 노왈,

"노뫼 혼군(昏君)의 무상불통(無狀不通)ᄒᆞᄆᆞᆯ ᄉᆞ실(私室)의셔 우연이 일너든, 뉘라 드러다가 언관의게 촉ᄒᆞ리오. 너희 부지 노모를 죽이고져 ᄒᆞ면 무ᄉᆞ 일을 못ᄒᆞ리오. 셰만흔 윤광텬다려 니ᄅᆞ면 우리 슉질의 목슘이 경긱ᄂᆡ의 이시리니, 너모 져히지 말나."

쇼공이 모친의 괴려(乖戾)ᄒᆞᄆᆞᆯ 결우미 더욱 말이 될 ᄲᅳᆫ이니, 다만 쳬읍(涕泣)ᄒᆞ여 말을 아니터라.

ᄎᆞ시 쇼녀시 한번 흑ᄉᆞ의 도라보믈 닙어 잉틱ᄒᆞ여 발셔 십오삭이 되어시듸, 산겸(産

---

49)옥당한원(玉堂翰院) : 조선시대 홍문관(弘文館; =玉堂)과 예문관(藝文館; =翰院)을 말함. *홍문관(弘文館); 삼사(三司) 가운데 하나로 궁중의 경서, 문서 따위를 관리하고 임금의 자문에 응하는 일을 맡아보던 관아. *예문관(藝文館); 임금의 명을 짓는 일을 맡아보던 관아.

50)보텬디ᄒᆡ막비왕토(普天之下莫非王土)요 솔토지빈(率土之濱)이 막비왕신(莫非王臣)이라 : '온 하늘 밑이 왕의 땅 아닌 데가 없고, 온 영토 안에 사는 사람들이 다 왕의 신하 아닌 사람이 없다'는 말. 『맹자』<만장장구 상(萬章章句 上)>에 있는 글.

51)쥬언(晝言)은 문조(聞鳥)ᄒᆞ고 야언(夜言)은 문셔(聞鼠)ᄒᆞ다 : '낮말은 새가 듣고 밤말은 쥐가 듣는다.'는 뜻으로, 아무도 안 듣는 데서라도 말조심해야 한다는 말.

漸)이 업【39】스니, 녀시 슉질이 쥬야 우려ᄒᆞ여 슈이 분산ᄒᆞ기를 바라더니, 이졔 쇼흑시 왕스로 슈이 나가미, 일침이 도뢰 요원(遙遠)ᄒᆞ니 젼두(前頭) 왕반(往返)이 몃히의 밋츨 쥴 아지 못ᄒᆞᆫ지라. 쇼녀시 본ᄃᆡ 가부(家夫) 귀즁ᄒᆞ미 일일을 못보와도 여삼츄(如三秋) ᄒᆞ거늘, 여러히 지쇽(遲速)이 업다 ᄒᆞ니, 망극 셜워 군상을 무슈히 원망ᄒᆞ고, 틱홍은 질녜 '농장(弄璋)의 경ᄉᆞ(慶事)'52)를 어드니, 아뷔 슈히 보지 못ᄒᆞᆯ노라 ᄒᆞ여, 원언(怨言)이 분원쳘골(忿怨徹骨)ᄒᆞ니, 쇼흑시 가만이 부모ᄭᅴ 고왈,

"쇼지 요소이 투악(妬惡) 찰녀(刹女)의 아니ᄭᅵ온 거동을 보오니, 비위(脾胃) 눅눅ᄒᆞ여 하마 상셩위광(喪性爲狂)도 ᄒᆞᆯ 듯ᄒᆞᆸ더【40】니, 이졔 황명을 밧ᄌᆞ와 먼니 가게 되오니, 오릭다 슈년 밧 더 ᄒᆞ리잇가? 부모 좌젼(座前)을 니측(離側)ᄒᆞ오니 결연ᄒᆞ오나, 흉녀를 아니 보올 일이 다ᄒᆡᆼᄒᆞ오니, 도로 산쳔지긔(山川之氣)를 쇼챵(消暢)ᄒᆞ고, 우회(憂懷)를 져기 쇼견(消遣)ᄒᆞ오리니, 복망 ᄃᆡ인과 ᄌᆞ위ᄂᆞᆫ 믈우셩녀(勿憂聖慮) ᄒᆞ쇼셔."

공은 겸두ᄒᆞ고 부인은 탄왈,

"니 아희 쳐궁이 박ᄒᆞ여 윤시 갓흔 현쳐를 보젼치 못ᄒᆞ고 심회 어즈러오니, 엇지 인닯지 아니ᄒᆞ리오. 슈연이나 ᄌᆞ셰(子壻) 일시의 불모흉디(不毛凶地)를 향ᄒᆞ니, 우리 엇지 문의 비겨 망ᄌᆞ산(望子山)53) 졈은54) 구름을 시름ᄒᆞ지 아니리오."

공이 흔연 왈, 【41】

"오아ᄂᆞᆫ 총명(聰明) 기졔(愷悌)55)ᄒᆞ고, 아셔(我壻) 셩닌은 지모다지(智謀多才)ᄒᆞ여 반계(磻溪)56)를 쪄난 비웅(飛熊)57)이오, 늉즁(隆中)58)을 쪄난 와룡(臥龍)59)이라. 일침 쇼방(小邦)의 밋친 도적을 족히 넘여치 아니리니, 오이 쏘흔 셩닌으로 동ᄒᆡᆼᄒᆞ니, 쇼루(疏漏)ᄒᆞᆯ가 근심은 업스리니 부인은 혹ᄌᆞ 니별의 지리ᄒᆞᆷ믈60) 넘녀ᄒᆞᆯ지언졍, 그 몸이

---

52) 농장(弄璋)의 경ᄉᆞ(慶事) : 농장지경(弄璋之慶). 아들을 낳는 경사. 예전에, 중국에서 아들을 낳으면 구슬을 장난감으로 주었다는 데서 유래한다.
53) 망ᄌᆞ산(望子山) : 집 가까이에 있는 동산 따위의 어버이가 집나간 자식이 돌아오기를 기다리는 산.
54) 졈은 : 저문. *져믈다 ; 저물다. 해가 져서 어두워지다.
55) 기졔(愷悌) : 용모가 단아하고 기상이 화평하다
56) 반계(磻溪) : 중국 절강성(浙江省)에 있는 하천의 이름으로 위수(渭水)로 흘러드는 지류(支流)의 하나다. 태공망(太公望) 여상(呂尙)이 이곳에서 낚시를 드리우고 있다가 주(周)나라 문왕(文王)을 만난 곳으로 전해지고 있다.
57) 비웅(飛熊) : 중국 주(周)나라 초기의 정치가. 태공망(太公望) 강상(姜尙)의 호. 자는 자아(子牙). 여(呂) 땅에 봉해졌기 때문에 여상(呂尙), 여망(呂望) 등으로도 불려진다. 또 주(周) 문왕(文王)이 반계(磻溪)에서 그를 얻은 후, 꿈에도 바라던 인물을 비로소 얻었다 하여 '태공망(太公望)'이라는 이름이 붙여져, 태공망, 또는 강태공 등으로도 불린다. 문왕을 도와 주나라 건국에 큰 공을 세웠다.
58) 늉즁(隆中) : 중국 호북성(湖北省) 양번시(襄樊市)에 있는 지명. 중국 후한 말 유비가 이곳에 살고 있는 제갈량(諸葛亮)을 삼고초려(三顧草廬)를 하여 자신의 군사전략가로 맞이했던 고사(故事)로 유명하다.
59) 와룡(臥龍) : 중국 삼국시대 촉한의 정치가 제갈량(諸葛亮 : 181-234)의 별호(別號). 자(字)는 공명(孔明). 시호는 충무(忠武). 뛰어난 군사 전략가로, 유비를 도와 오(吳)나라와 연합하여 조조(曹操)의 위(魏)나라 군사를 대파하고 파촉(巴蜀)을 얻어 촉한을 세웠다. 유비가 죽은 후에 무향후(武鄕侯)로서 남방의 만족(蠻族)을 정벌하고, 위나라 사마의와 전쟁 중에 병사하였다

위틱홀가 넘녀는 마로쇼셔."

부인이 읍연(泣然) 탄식(歎息)ᄒ고, 냥형이 면면(面面)이 니별을 추아(嗟哦)ᄒ더라.

니러구러 야심ᄒ니, 쇼공이 삼ᄌ로 더브러 외당으로 나가 슉침ᄒ려 ᄒ더니, 믄득 졍당 시이 나아와 틱부인명으로 혹ᄉ를 녀시 슈침으로 가라 ᄒ는지【42】라. 혹ᄉ 쳥파의 화우(和宇)를 기리 영빈(停頤)ᄒ여 왈,

"디장뷔(大丈夫) 몸 우희 국가 디쟉(大爵)을 씌고 군졍이 긴급ᄒ디, 엇지 규방의 침익(沈溺)ᄒ리잇고? 디뫼 맛당이 명ᄒ여 슈화(水火)의 들나ᄒ신즉, 이는 가히 명을 밧ᄌ오려니와, 쳐ᄌ의 방의 직슉(直宿)ᄒ라 ᄒ시믄 죽을 지언졍 밧드지 못ᄒ리로쇼이다."

시녜 이디로 젼어(傳語)ᄒ니, 틱흉이 디로ᄒ나 ᄉ쳬(事體) 그러ᄒ니, ᄌ기 불의지언(不義之言)도 만히 ᄒ여시니, ᄌ참(自慚)홈도 업지 아녀 묵연ᄒ고, 화졍은 니별을 망극ᄒ여 머리 ᄡ엇더라.

시야(是夜)의 쇼혹ᄉ 부군과 냥형을 시침(侍寢)ᄒ여 싱늬(生來) 원별(遠別)이 처음이라. 공의 어【43】로만져 연ᄌ(憐慈)홈과 냥형이 힐지항지(頡之頏之)61)ᄒ여 보즁ᄒ믈 니ᄅ미, 회푀 슈어만(數於萬)이라. 능히 잠을 일우지 못ᄒ더라.

명일의 ᄯ 윤원쉬 니ᄅ러 악부모를 하직ᄒ니, 공의 부뷔 시로이 ᄉ랑ᄒ고 원별(遠別)을 넘녀ᄒ여 슐을 두어 관디(款待)ᄒ며, 부인이 츈산(春山)62)의 슈한(愁恨)을 믯고 안싴이 ᄌ상(自喪)ᄒ여 직삼 보즁ᄒ믈 당부홀ᄉ, 쳬쳬(棣棣)63)ᄒ ᄌ이와 관곡(款曲)ᄒ 말숨이 조금도 ᄌ셔(子壻)를 층등(層等)치 아니ᄒ니, ᄌ고로 빙부모의 여셔(女壻) ᄉ랑은 텬니외(天理外)의 녀쇽애(女俗也)64)어니와, 윤후의 이 빙모 디졉ᄒ믄 ᄯᄒ 옛 은혜와 신졍(新情)을 싱각ᄒ여 조금도 친지호시(親之怙恃)65)의 감(感)ᄒ【44】미 업는 고로, 니러틋 군뮈(軍務) 급흔 가온디나 가(駕)를 두로혀 입문(入門) 비현(拜見)ᄒ미니, 디긔(知己)의 빙부뫼 ᄯ 엇지 녀셔의 지심(至心)을 ᄉ못지 못ᄒ리오. 쳔금 즁이(重愛)ᄒ미 범연치 아니터라.

녀틱66) 흉인이 좌의 잇셔 통한ᄒ믈 니긔지 못ᄒ나 것ᄎ로 강잉 화답ᄒ더니, 이윽고 윤원쉬 하직 비별ᄒ고 도라가니, 틱흉이 발연 작식 왈,

"윤셩닌은 진짓 신ᄉ(紳士)로다. 빙부모를 졔어의 졔아뷔 갓치 아는고나. 셰상 텬하의 셩아갓치 박졍ᄒ랴. 일즉 질녀로 결발 오륙지(五六載)의 믯쳣건만은, 녀가의 언제 발부리나 도로혀더냐? 원간 쇼시 문풍은 【45】그러치 아냐 관인후덕(寬仁厚德)ᄒ더

---

60)지리ᄒ다 : 지루하다. 시간이 오래 걸리거나 같은 상태가 오래 계속되어 따분하고 싫증이 나다.
61)힐지항지(頡之頏之) : 새가 날면서 오르락내리락함. 늑힐항(頡頏).
62)츈산(春山) : '봄동산'이란 말로, 화장한 아름다운 눈썹을 비유적으로 표현한 말.
63)쳬쳬(棣棣) : 위의가 있는 모양. 예의에 밝은 모양.
64)여쇽(女俗) : 여성 사회의 일반적인 풍속. 또는 딸을 둔 부모들의 일반적인 풍속.
65)친지호시(親之怙恃) : 친부모. *호시(怙恃); 믿고 의지한다는 뜻으로, '부모'를 이르는 말.
66)녀틱 : '여태부인'을 줄인 말.

니라만은, 셩아의 괴벽ᄒᆞ믄 니러ᄒᆞ니 이는 벅벅이 졔 외한아뷔 텰현광 필부를 달무미라."

텰부인이 퇴부인의 공연ᄒᆞᆫ 투심(妬心)이 복발(復發)ᄒᆞ여 욕언이 션친긔 밋ᄎᆞ믈 추악(嗟愕) 경희(驚駭)ᄒᆞ나 엇지 감히 결우리오. 져두(低頭) 참슈(慙羞)○○[ᄒᆞ여] 못 듯는 듯ᄒᆞ더라.

명일 능신(能晨)67)은 ᄃᆡ군이 황셩을 ᄯᅥ나ᄂᆞᆫ 날이라. 원슈로 븟허 삼군ᄉᆞ졸(三軍士卒)68)의 가즁의셔 다 ᄒᆡᆼ니(行李)를 츌히노라 분분요요(紛紛擾擾)ᄒᆞ며 일침이 ᄒᆡ되(海道)69) 요원ᄒᆞ니, 진실노 도라올 지속을 졍치 못ᄒᆞᄂᆞᆫ지라. ᄎᆞᆯ졍장졸의 집마다 슬픈 빗치 가득ᄒᆞ더라.

녀녀 슉질은 분산이 머지 아【46】니ᄒᆞᄃᆡ 혹ᄉᆞ의 원니(遠離)를 당ᄒᆞ여 종시 뭇도 아니ᄒᆞ고 가려ᄒᆞᄆᆞᆯ 분앙골돌ᄒᆞ여, 쇼녀시 만일 아들을 나거든 브ᄃᆡ 웅현 쇼아를 졀졔ᄒᆞ여, 질녀의 싱아로 쇼시 종신을 삼으려ᄒᆞ니, 녀녀 흉인 슉질의 나죵 모계 엇더 ᄒᆞ며 필말(畢末)이 하여오.

셜표, 윤·쇼 냥부의셔 남졍(南征) 츌ᄉᆞ일(出師日)이 다ᄃᆞ르ᄆᆡ 윤원슈 곤계 냥인이 교장(敎場)의 군졸을 조련(操鍊)ᄒᆞ기를 맛고, 가즁의 니르러 존당부모 《슬허∥슬하》의 니별을 고ᄒᆞ고, 각각 부인으로 작별ᄒᆞᄆᆡ 존당부모의 냥인을 먼니 보ᄂᆞᆫ 심ᄉᆞ와, 규리(閨裏) 홍안의 쇼텬을 원니ᄒᆞᄂᆞᆫ 심회 엇지 안연ᄒᆞ리오. 위티비ᄂᆞᆫ 냥【47】슌의 광몌(廣袂)를 상악(相握)ᄒᆞ여 쳬읍뉴쳬ᄒᆞ여 ᄌᆞ긔 여일(餘日)이 무다(無多)ᄒᆞ니, 브ᄃᆡ 슈히 공을 일워 도라오기를 니르고, 조·뉴 냥조모와 호람후ᄂᆞᆫ 다만 안식이 ᄌᆞ상ᄒᆞ고 말ᄉᆞᆷ이 유열ᄒᆞ여, 원노흉디(遠路凶地)의 브ᄃᆡ 조심ᄒᆞ여 공을 셰워 슈히 도라와, 군친(君親)의 의려지망(倚閭之望)70)을 ᄭᅴ치지 말나 ᄒᆞ고, 진왕과 승상은 흔연ᄒᆞᆫ 안식으로 경계 왈,

"병긔(兵器)ᄂᆞᆫ 흉긔(凶器)라. 여등이 년쇼미거(年少未擧)ᄒᆞᆫ 지조로 힝혀 셩쥬의 밋어 맛지시ᄆᆡ 계샤 군국 즁임으로ᄡᅥ 맛지시니, 군작(軍爵)이 호ᄃᆡ(浩大)ᄒᆞᆫ지라. 슈만니 도로의 삼가 조심ᄒᆞ여 지나ᄂᆞᆫ 바의 군현을 쇼요치 말며, ᄉᆞ졸을 ᄉᆞ랑ᄒᆞ여 인의를 힘ᄡᅳ고 덕을 닷【48】가 은왕(殷王) 셩탕(成湯)71)의 큰 덕이 초목금슈(草木禽獸)의 밋ᄎᆞ시믈 효측ᄒᆞ여 공녈(功烈)72)을 셰워 슈이 도라와 우흐로 셩상의 근심과 버거 아등의 니

---

67)능신(能晨) : 새벽.
68)삼군ᄉᆞ졸(三軍士卒) : 젼군의 병사들. *삼군(三軍) : ①예젼에, 군 젼체를 이르던 말. ②현대의 육군, 해군, 공군으로 이루어진 군 체제.
69)ᄒᆡ되(海道) : 해로(海路). 바닷길.
70)의려지망(倚閭之望) : 집 나간 자녀가 돌아오기를 초조하게 기다리는 부모의 마음.
71)셩탕(成湯) : 탕(湯) 임금의 다른 이름. 중국 은나라의 초대 왕. 원래 이름은 이(履) 또는 대을(大乙). 박(亳)에 도읍을 정하고 국호를 상(商)[후에 은(殷)으로 바꿈]이라 칭하였으며, 제도와 전례(典禮)를 정비하였다. 13년간 재위하였다.
72)공녈(功烈) : 드높고 큰 공적.

문(里門)의 기다리미 졀(切)ᄒ게 말나."

냥인이 직비 슈명ᄒ니, 스위(四位) ᄌ뫼 또ᄒ 니별을 년년(戀戀)ᄒ더라. 냥원쉬 존당 부모 계친으로 일장 니별을 맛츠미, 즁당의 나아와 ○○○[부인이] 각각 ᄌ녀ᄅᆞᆯ 거ᄂᆞ려 나아오니, 냥원쉬 몬져 존당의 봉친으로ᄡᅥ 부인의게 부탁ᄒ고, 버거 ᄌ녀ᄅᆞᆯ 거ᄂᆞ려 무양ᄒᆞ믈 일ᄏᆞᆮ니, 쇼‧엄 냥부인과 뎡쇼졔 옥안뉴미(玉顔柳眉)의 슈식(羞色)을 잠간 동ᄒᆞ여 나죽이 명을 듯고, 옥셩이 유열ᄒᆞ여 원노흉디(遠路凶地)의 광젹(狂賊)【49】을 슈이 초안(招安)ᄒ고 도라오기ᄅᆞᆯ 원ᄒᆞ더라. 흔연이 읍ᄒ여 니별ᄒ고 표연이 ᄉ매ᄅᆞᆯ 떨쳐 슐위의 올나 교장으로 나아가니 일기 아연ᄒ여 일흔 거시 잇ᄂᆞᆫ 듯ᄒ더라.

냥원쉬 교장의 나아가니 임의 삼군ᄉ졸이 졍졍졔졔(整整齊齊)ᄒ여 진셰(陣勢)ᄅᆞᆯ 베풀고, 상장을 기다련지 오ᄅᆡ더라. 이날 쇼안딕(按臺)ᄂᆞᆫ 님ᄒᆡᆼ(臨行)의 존당부모와 냥형 슈로 하직 비별ᄒ나, 소녀시ᄅᆞᆯ ᄎᆞᄌᆞ 고믄ᄒᆞᆯ 의ᄉᆞ 업ᄉᆞ니, 녀흉이 낫츨 븕히고 왈,

"질네 유틱(有胎) 만삭지즁(滿朔之中)의 너의 원ᄒᆡᆼ(遠行)ᄒ여 환가(還家)ᄒᆞᆯ 지쇽(遲速)이 머러시믈 시름ᄒᆞ여, 나와 니별코져 【50】ᄒᆞ딕, 히틱과삭(解胎過朔)ᄒ니 신긔(身氣) 무거워 츌입지 못ᄒᆞᄂᆞ니, 너ᄂᆞᆫ 잠간 드러가 위로ᄒ고 가라."

안딕(按臺) 괴롭고 민망ᄒ나 마지 못ᄒ여 거름을 두로혀 녀시 침쇼로 향ᄒ더니, 쇼녀시 흑ᄉ의 종시 져ᄅᆞᆯ 위로치 아닛ᄂᆞᆫ 쥴 통한ᄒ나, 지쇽 업ᄉᆞᆫ 니별을 당ᄒ여 아니 보기ᄂᆞᆫ 아마도 결연ᄒ여 ᄎᆞᆷ기 어려오니, 이 또ᄒ 흉녕(凶獰)ᄒ 마음이나 양쉬(陽壽) 진ᄒ여 머지 아니ᄒ니, 이 역(亦) 인심이 지령(至靈)ᄒ미러라.

흑ᄉ의 오기ᄅᆞᆯ 기다리지 못ᄒ여 아마도 못보고 ᄯᅥ나기ᄂᆞᆫ 극난(極難)ᄒ니 번연이 닙더나 헛흔 머리ᄅᆞᆯ 헷쓸고 녹의홍상(綠衣紅裳)을 슈【51】습ᄒ여 보보젼경(步步顚傾)ᄒ여 졍당을 향ᄒ더니, 즁당의셔 흑ᄉ를 만난지라. 녀시 흐믓거이 반갑고 노호오미 병발(倂發)ᄒ니, 금방울 갓흔 두 눈을 두려시 ᄯᅳ고, 쇠시랑 갓흔 두손을 버려 흑ᄉ의 금포ᄌᆞ락을 드립써 잡고, 좌우ᄅᆞᆯ 고면(顧眄)ᄒ여 사ᄅᆞᆷ 업스믈 보고, 광슈(廣袖)ᄅᆞᆯ 으흐리[73] 잡고 말을 ᄒᆞ고져 ᄒᆞ딕, 니별의 망극ᄒ미 지향 업셔 눈물이 방방(滂滂)ᄒ여 굴근 비발갓치 ᄡᅥ러지고, 오열ᄒ여 능히 쇼린ᄅᆞᆯ 일우지 못ᄒᆞᄂᆞ지라.

흑ᄉ 흉코 놀나오며 딕로ᄒᆞ여, 급히 광몌ᄅᆞᆯ 떨쳐 물너셔며 졍식 왈,

"ᄒᆞᆯ 말이 잇거든 안ᄌᆞ셔 니ᄅᆞ【52】거나 셔셔 니ᄅᆞ거나, 멀즉이 좌ᄒᆞ여 닐너도, 싱이 귀먹지 아녀시니 아라드를 거시오, 눈 어둡지 아니ᄒ니 몰나보지 아니려든, 빅쥬(白晝)의 니러듯 상근(相近)ᄒ니 이 엇지 녀ᄌᆞ의 쳥한(淸閑)ᄒ 도리리오."

녀시 흑ᄉ의 박졍ᄒ미 져의 탐탐ᄒᆞᆫ 졍을 모로고 니러듯 ᄒᆞ믈, 노ᄒ고 인달와 크게 울며 왈,

"쳡이 이졔 히틱과월(解胎過月)ᄒ여 ᄉᆞᄉᆡᆼ(死生)을 졍치 못ᄒᄂᆞᆫ 즈음이어늘, 낭군이 이졔 슈만니 위디(危地)의 나아가니 부뷔 다 ᄉᆞᄉᆡᆼ을 졍치 못ᄒᄂᆞᆫ 길히라. 쳡은 니런

---

73)으흐리다 : 우그리다. 물체의 거죽을 우글쭈글하게 주름이 잡히며 줄어지게 하다.

마디를 싱각ᄒᆞ니 심담(深潭)이 바아지ᄂᆞᆫ 듯ᄒᆞ거늘, 낭군은 엇지 박졍(薄情) 미몰ᄒᆞ기 니러틋 【53】ᄒᆞ뇨? 바라건디 슈히 도라오쇼셔. 쳡은 실노 산 낫ᄎᆞ로 뵈오미 어려올 가 ᄒᆞᄂᆞ이다."

셜파의 크게 우니, 벽녁(霹靂) 갓흔 쇼ᄅᆡ 심산의 갈회(褐虎) 우ᄂᆞᆫ듯 ᄒᆞ지라. 혹ᄉᆞ 졍 식 왈,

"그디 쳥츈이 방셩(方盛)ᄒᆞ니 무스일 죽으리오. 불구(不久)의 싱이 몬져 죽으리니 쳥승74)이나 넘녀ᄒᆞ고 스스로 죽을가 겁니지 말나. 싱이 황명을 밧ᄌᆞ와 군졍이 긴급ᄒᆞ 니, 부모 니슬(離膝)도 오히려 권연(眷然)치 못ᄒᆞ거든 더더욱 부부 ᄉᆞ졍이냐? 연(然)이 나 기리 무양ᄒᆞᆯ지어다."

언파의 다시 홍녀의 디답을 기다리지 아니ᄒᆞ고, 날호여 쳔쳔이 나아가니, 쇼녀시 아 연 실망ᄒᆞ여 다만 통읍 【54】ᄒᆞᆯ ᄯᆞ름이러라.

안디 교장의 나아가니 임의 군시 졍예(整詣)ᄒᆞ고, ᄌᆞ긔 하리(下吏) 안찰ᄉᆞ 위의를 졍졔ᄒᆞ여 디진(隊陣) 후영(後營)의 머므럿더라.

이날 어긔(御駕) 문외의 힝힝ᄒᆞ샤 냥원슈를 보니실ᄉᆡ, 빅ᄉᆞ장 너른 들히 어막(御幕) 을 비셜ᄒᆞ지라. 상이 냥원슈를 탑하(榻下)의 ᄉᆞ쥬(賜酒) 위유(慰諭)ᄒᆞ시고, 만조 문무 쳔관(文武千官)이며 인친고귀(姻親故舊) 모다 작별ᄒᆞ니, 냥원쉬 감누(感淚)를 나리와 황은을 슉ᄉᆞ(肅謝)ᄒᆞ고 졔친(諸親) 종족(宗族) 고구(故舊)로 다 분메(分袂)ᄒᆞ여 임의 시긱이 느ᄌᆞ니, 디영즁(大營中)의셔 어양삼고(漁陽三鼓)75)를 크게 울녀 시긱(時刻)을 보ᄒᆞ고 힝군을 지촉ᄒᆞ니, ᄽᆡ 졍히 ᄉᆞ말오쵀(巳末午初)76)러라.

냥원쉬 셜니 옥폐(玉陛)의 빈 【55】ᄉᆞ(拜謝)ᄒᆞ고 상마(上馬)ᄒᆞ니, 힝군 북이 ᄌᆞ로 동(動)ᄒᆞ며 디군이 물미듯 진(陣)을 프러 호호탕탕(浩浩蕩蕩)이 나아가니, 빅모황월(白 旄黃鉞)이 움즉이ᄂᆞᆫ 곳의 진퇴(塵土) ᄎᆞ텬(遮天)ᄒᆞ고 금괴(金鼓) 졔명(齊鳴)ᄒᆞ니 산쳔 이 동(動)ᄒᆞᄂᆞᆫ 듯ᄒᆞ고, 긔치창검(旗幟槍劍)이 움즉이미 일광이 빗출 감ᄒᆞᄂᆞᆫ 곳의, 냥원 슈의 영풍옥골(英風玉骨)이 만군즁(萬軍中)의 쇼ᄉᆞ나고, 후군(後軍)의 쇼안디(按臺) 늉 장(戎裝)을 졍졔ᄒᆞ여 쳔니셜총마(千里雪驄馬)77)를 타고 후영의 본원(本院)78) 위의(威 儀)를 거ᄂᆞ려 조ᄎᆞ시니, 화풍경운(和風慶雲)과 슈앙탁셰(秀昂卓世)ᄒᆞᆫ 격죄(格調) ᄯᆞ흔 일디(一代) 긔군ᄌᆞ(奇君子) 옥인(玉人)이러라.

---

74)쳥승 : 청승. 궁상스럽고 처량하여 보기에 언짢은 태도나 행동.

75)어양삼고(漁陽三鼓) : 군대의 출정(出征) 알리는 세 번의 북소리. 중국 당나라 때의 시인 백낙천(白樂 天)의 <장한가(長恨歌)>에 나오는 "어양비고동지래(漁陽鼙鼓動地來; 땅을 흔드는 전고(戰鼓)소리 어양 에서 들려오더니)'에서 따온 말. 이 시에서 '어양(漁陽)의 북소리'는 안록산이 어양 땅에서 반란을 일으 켜 장안으로 쳐들어온 사건을 말한다. *어양(漁陽); 중국 하북성(河北省) 포현(蒲縣)에 있는 지명으로 안록산이 이 곳에서 반란을 일으켜 출병했다.

76)ᄉᆞ말오쵀(巳末午初) : 사시(巳時; 오전9-11시) 말에서 오시(午時; 11-13) 초 사이. 곧 11시경.

77)쳔니셜총마(千里雪驄馬) : 하루에 천리를 달리는 흰털 총이말.

78)본원(本院) : '본인이 소속된 관청'을 이르는 말.

우흐로 텬즈와 아리로 만조 문뮈 먼니 가도록 현망(懸望)ᄒ여 칭찬ᄒ기를 마지 아니터라. 날이 【56】 느즌 후 거기(車駕) 환궁ᄒ시다.

진궁의셔는 냥손이 슈만니 험디를 발으니79) 비록 냥인의 신무영지(神武英才)를 밋어 광젹(狂賊)을 근심치 아니ᄒ나, 다만 일침국이 도뢰(道路) 졀원(絶遠)ᄒ고 히되(海道) 망망ᄒ니, 도로 왕반의 힝뇌(行路) 샌르지 못홀 바를 넘녀ᄒ니, 즈연 번화흔 가즁의 근심이 깁고, 각상(閣上)의 츈풍이 변ᄒ여 슈운(愁雲)이 쳐쳐(悽悽)ᄒ더라.

이젹의 쇼녀시 화졍이 혹스의 거름 두로혀믈 보고 크게 울고, 침쇼의 도라와 식음을 젼폐ᄒ니, 구괴 크게 우이너겨 시이불견(視而不見)ᄒ고 졔시(娣姒) 모로ᄂᆫ체 ᄒ니, 틱흥이 다만 고렴(顧念)ᄒ여 《잔익이∥잔잉이》 너겨 위로ᄒ며 보호ᄒ믈 강보아(襁褓兒)갓치 ᄒ【57】더니, 니러구러 스오일이 지낫더니 일야는 녀시 산졈(産漸)이 급ᄒ니, 히틱(解胎) 십오삭(十五朔)이오 일쉬(日數) 회간(晦間)80)이니 거의 십뉵삭이러라.

녀흥이 미양 위즈(慰藉)ᄒ여 왈,

"네붓허 잉뷔(孕婦) 삭쉬(朔數) 오리면 반드시 군즈와 영쥰을 싱혼다 ᄒᄂ니, 질이 이갓치 만월(滿月)ᄒᄆᆫ 반드시 긔특흔 샹셰(祥瑞)라."

ᄒ더니, 이날 산졈이 잇서 일쥬야(一晝夜)를 신고ᄒ여 계오 분만홀시, 통셩이 진동ᄒ여 알는 쇼릭 골안히 터질듯 ᄒ더니, 익일(翌日) 유시말(酉時末)81)의 비로쇼 시산(屍産)ᄒ니 날이 졍히 어둡고져 ᄒᄂ지라.

좌위 급히 쵹을 붉히니 임의 시산ᄒ연지 시긱이 오릭나, 우는 쇼릭 업스니 시비 괴이히 너기【58】고, 틱부인이 황망ᄒ여 시비로 녀시를 붓드러 구호ᄒ라 ᄒ고, 친히 쵹을 잡아 히아(孩兒)를 드리와다보니, 처음의 혜아린 바는 녀시 비록 용녈ᄒ나 싱이(生兒) 결단코 불미흔 어믜를 담지 아냐, 아뷔 아시(兒時) 체용(體容)을 달믈 거시니 일쳑(一隻)82) 옥동(玉童)을 나하 어믜 무광흔 신셰를 회복홀노라 바라더니, 이제 보미 만만 비쇼원(非所願)이라. 평싱의 바란 바 옥슈긔린(玉樹騏驎)83)이 아니오, ᄯ 닌벽교화(璘璧嬌花)84)갓흔 녀아도 아니라. 한 덩이 육괴(肉塊), 이목구비(耳目口鼻) 칠규(七竅)만 ○○○[잇슬 쓴] ○[신]체 스지빅히(四肢百骸)85) 한 곳도 인형(人形)이 분명치 아닌 피덩이라.

틱부인이 흉음딕악(凶淫大惡)이나 이 갓흔 흉괴를 【59】 보니 엇지 놀납고 금즉지

---

79) 발으다 : 밟으니. '발다'의 어간 '발'에 원인이나 근거를 나타내는 연결어미 'ㅡ으니'가 붙은 말. *발다; 밟다.
80) 회간(晦間) : 그믐께.
81) 유시말(酉時末) : 유시(酉時; 오후 5-7시) 말. 곧 오후 7시경.
82) 일쳑(一隻) : 아이 하나. 배 한 척, 새 한 마리. *쳑(隻); 아이나 배, 새 따위를 세는 단위.
83) 옥슈긔린(玉樹騏驎) : 옥처럼 아름다운 나무와 하루에 천 리를 달린다는 말이라는 뜻으로, 재주가 남보다 뛰어난 아들을 비유(比喩)해 이르는 말. *긔린(騏驎) : 하루에 천 리를 달린다는 말.
84) 닌벽교화(璘璧嬌花) : 아름다운 옥과 예쁜 꽃이라는 말로, 딸을 비유적으로 표현한 말.
85) 스지빅히(四肢百骸) : 두 팔 두 다리와 온몸을 이루고 있는 모든 뼈를 아울러 이르는 말.

아니ᄒ리오. 헛도이 축을 바리고 뒤흐로 졋바지며, 이고 이고! 놀나올스, 금즉홀스, 셕
즈의 긔긔는 빅녹(白鹿)을 나타 ᄒ거니와, 질녜 엇지 니런 괴이ᄒ 거슬 시산(屍産)ᄒ
엿ᄂ뇨? 언츠(言次)86)의 혼졀(昏絶)ᄒ니, 쇼녀시 츠언을 듯고 쏘ᄒ 크게 놀나 긔운이
엄홀(奄忽)ᄒ니, 모든 시비 디경실싴ᄒ여 급히 쇼공과 텰부인긔 고ᄒ니, 쇼공부뷔 역
경(亦驚) 실싴(失色)ᄒ여 급히 녀시 침쇼의 니르러 보니, 육괴(肉塊)ᄂ 임의 시녀의 무
리 거두어 아숫고, 틱부인과 쇼녀시다 혼도긔싴(昏倒氣塞)ᄒ엿더라.

쇼공과 텰부인이 불승츠악(不勝嗟愕)ᄒ여 시녀로 녀【60】시롤 구ᄒ라 ᄒ고, 즈가
부부ᄂ 틱부인을 붓드러 구완(救完)홀ᄉ, 회싱단(回生丹)을 가라 드리오며 슈족을 쥐
물너 구호ᄒ더니, 식경 후 틱부인이 비로쇼 슘을 닉쉬며 졍신을 진졍ᄒ여 눈을 써 쇼
공과 텰부인을 보니, 비록 흉험(凶險) 딕독(大毒)이나 질녀의 싱산이 그릇되니, 무안
(無顔) 딕참(大慙)ᄒ미 업지 아녀 낫출 붉히고, 기리 탄왈,

"셰간의 니런 흉악ᄒ 일이 어딕 이시리오. 원늬 질아의 분만ᄒ 비 인형(人形)도 아
니오, 금슈(禽獸)도 아니오, 한덩이 혈괴(血塊)로딕, 노뫼 한번 보미 경악ᄒ믈 니긔지
못ᄒ고, 노력(老力)이 허령(虛靈)ᄒ여 믄득 긔싴(氣塞)ᄒ기롤 면치 못ᄒ엿ᄂ니, 너희
【61】ᄂ 셜니 그 놀나온 거슬 가즁(家中)의 업시ᄒ라. 슈연(雖然)이나, 산긔(産氣) 허
박(虛薄)ᄒ딕 혹 놀나미 이신즉 큰일이 날 거시니 잘 구호홀 거시라."

ᄒ고, 놀난 졍신을 진졍ᄒ여 니러나, 쇼공부부로 더부러 쇼녀시롤 붓드러 보니, 긔
운이 아조 막혀 명직경긱(命在頃刻)ᄒ니, 능히 구ᄒ기 어려온지라. 모다 딕경ᄒ여[고],
틱흉의 잔잉착급ᄒ믄 니로도 말고, 쇼공 부뷔 그 인물을 앗기미 아니로딕 지극 관인
ᄒ지라, 그 졈은 나흘 가셕(可惜)ᄒ여 임의 ᄉ지 못홀 쥴 알고, 급히 가인(家人)을 보
닉여 녀방부부롤 쳥ᄒ니, 녀급ᄉ 부뷔 기녀의 혈괴(血塊)롤 분산ᄒ고 병이 즁ᄒ믈 드
르미, 【62】 엇지 놀납지 아니리오.

부뷔 바야흐로 상딕(相對)ᄒ여 쇼흑ᄉ의 지속(遲速) 업시 슈만 니 힝도롤 일우딕,
빙가롤 찻지 아니ᄒ고 나아가믈 불승분원통ᄒ(不勝忿怨痛駭)ᄒ여 부뷔 탄왈,

"어인 팔지 그리 슌치 못ᄒ여 두 ᄯ을 두어시딕, 한 ᄯ도 남과 갓치 어버이롤 효
(孝)치 못ᄒ고, 두 ᄉ회 즈미롤 다 모르니 엇지 이닯지 아니리오."

졍히 말ᄒ더니, 믄득 쇼부 가인과 시녜 니음다라 니르러, 니런 놀나온 쇼식을 젼ᄒ
ᄂ지라. 급ᄉ부뷔 딕경ᄒ여 급히 거교(車轎)롤 출혀 부뷔 한가지로 쇼아(衙)의 니르니,
쇼공과 부인은 안흐로 피ᄒ고, 틱흉이 아의 부부롤 마즈 울며, 녀시의 시산(屍産)ᄒ
ᄉ연【63】을 즈시 니르니, 급ᄉ부뷔 츠악ᄒ여 능히 말을 못ᄒ고 밧비 녀아롤 보니,
화졍이 비록 포한(暴悍)홀지언졍 픔쉬(品數) 허박(虛薄)ᄒ고 본명(本命)이 기지 못ᄒ지
라. 임의 양쉬(陽壽) 다ᄒ여시미, 딕명(大命)이 거의라. 금니(衾裏)롤 들혀고 보니, 아
관(牙關)이 긴급(緊急)87)ᄒ고 형싴이 위위ᄒ여 ᄉ말(四末)88)이 궐닝(厥冷)ᄒ니 엇지

---

86)언츠(言次) : 말하는 도중에.

요힝인들 바랄 거시 이시리오. 다만 미미ᄒᆞᆫ 슘쇼릭 잠간 긋지 아녓거늘, 부뫼 크게 슬허 눈물을 먹음고 녀아ᄅᆞᆯ 불너 ᄌᆞ긔 부뷔 왓시믈 니ᄅᆞ니, 녀시 혼몽이 아득ᄒᆞᆫ 가온ᄃᆡ 식믹(濇脈)89)이 실낫 갓ᄒᆞ여 진(盡)ᄒᆞᄆᆡ 목젼(目前)의 이시ᄃᆡ 오히려 부모ᄅᆞᆯ 기다려 슘이 잠간 남앗더니, 쇼릭로 조ᄎᆞ 눈을 잠【64】간 치ᄠᅥ 보고 말을 ᄒᆞ고져 ᄒᆞ니, 흉격(胸膈)이 답답ᄒᆞ여 니츳지 못ᄒᆞ고, 한갓 통방울 갓ᄒᆞᆫ 눈의 눈물을 무슈히 흘니며 임의 호흡이 긋쳐지니, 급슈 부뷔 누쉬 비갓ᄒᆞ여 약을 쳐 구호ᄒᆞ며, 요힝 회ᄉᆡᆼ을 바라나 쳔호만환(千呼萬喚)의 다시 응치 아니ᄒᆞ고, 발셔 명이 진ᄒᆞ연지 오릭더라. 다시 엇지 ᄒᆞ리오.

ᄒᆡ음업시90) 상ᄉᆞ(喪事)ᄅᆞᆯ 발(發)ᄒᆞ니, 녀시 방년이 이십일셰더라. 쇼공부뷔 극진히 상슈(喪需)ᄅᆞᆯ 다ᄉᆞ려 녀시 남믹 부녀의 마음이 흡족도록 ᄒᆞ니, 그 관인ᄃᆡ체(寬仁大體)ᄒᆞᄆᆡ 여ᄎᆞᄒᆞ더라.

녀흉과 녀급ᄉᆡ 한홀 거시 업셔, 다만 녀아ᄅᆞᆯ 불너 호곡ᄒᆞ며, 님별(臨別)의 귀즁ᄒᆞ던 가부ᄅᆞᆯ 보지 못【65】ᄒᆞ고, 졔 ᄯᅩ 먼니 도라가 초상의 복졔ᄅᆞᆯ 출호지 못ᄒᆞᄆᆞᆯ 기탄하며 골돌ᄒᆞ니, 비록 흑ᄉᆞ의 젼일 박졍을 이달와 ᄒᆞ나, 녀이 팔지 무상(無狀)ᄒᆞ여 명이 단(短)ᄒᆞ고 ᄭᅵ친 골육조ᄎᆞ 육괴(肉塊) 한 덩이ᄅᆞᆯ 나하 무안참황(無顔慙惶)ᄒᆞᄆᆞᆯ ᄭᅵ쳣거니, ᄯᅩ 무슨 유독(有毒)을 부리리오.

ᄒᆞ물며 쇼공 ᄂᆡ외와 쇼시랑 곤계 한갓 상장을 찰히ᄆᆡ 지극홀 ᄲᅮᆫ 아니라, 복졔ᄅᆞᆯ 극진히 갓초아 일반 흉인의 원심이 프러지도록 ᄒᆞ니, 틱부인 흉장(凶壯)이나 홀 말이 업고, 녀방부부의 준준(蠢蠢) 무지(無知)ᄒᆞᄆᆡ나 다시 쇼공부ᄌᆞᄅᆞᆯ 한치 못ᄒᆞ더라.

셩복(成服)을 지ᄂᆡ고 일월이 유믹(流邁)ᄒᆞ여 월여의 밋ᄎᆞ니, 【66】이의 녀시 녕구ᄅᆞᆯ 붓드러 안장홀식, 쇼부 션산이 도릭 졀원ᄒᆞᆫ 고로 쇼공과 녀급ᄉᆡ 상의ᄒᆞ여 타일 안ᄃᆡ 셩공(成功) 환가(還家)ᄒᆞ거든 고향의 쳔폄(遷窆)ᄒᆞ기로 의논ᄒᆞ고, 각별 셩의(誠意)○[로] 별산(別山) 길지(吉地)ᄅᆞᆯ ᄐᆡᆨᄒᆞ여 안장○○[ᄒᆞ니], 녀부인 남믹의 슬허흄은 니로도 말고, 틱부인이 분앙(憤怏) 졀치(切齒)ᄒᆞ여 '이후의 셩이 도라와 벼슬이 놉고 다른 안ᄒᆡᄅᆞᆯ 어더 즐길노다' ᄒᆞ여, 죽은 질녀ᄅᆞᆯ 위ᄒᆞ여 투심(妬心)이 ᄃᆡ발(大發)ᄒᆞ니, 가만이 츅원ᄒᆞ여 황텬후퇴(皇天后土)91) 윤셩닌과 쇼셩을 명ᄉᆞ지옥(冥司地獄)92)으로 잡아가라 원망이 긋지 아니ᄒᆞ고[니], 쇼공과 부인은 도로혀 니런 난쳐ᄒᆞᆫ 마ᄃᆡ의 아지

---

87) 아관긴급(牙關緊急) : 파상풍(破傷風)의 초기에 나타나는 전형적인 증상. 턱의 근육이 경련을 일으키며, 입이 빨갛게 되고, 입속 양쪽 구석의 윗잇몸과 아랫잇몸이 맞닿는 부분이 벌어지지 않아 말도 못하고 먹지도 못하는 것을 말한다. 히스테리나 전간(癲癇) 따위에서도 나타난다.

88) ᄉᆞ말(四末) : '사지 말단'을 줄여 이르는 말. 곧 두 팔과 두 발의 끝.

89) 식믹(濇脈) : 색맥(濇脈). 맥상(脈象)의 하나. 체내에 진액이 부족할 때 원활하지 못하고 거칠게 느껴지는 맥이다. 늑삽맥(澁脈).

90) ᄒᆡ음업다 : 하염없다. 시름에 싸여 멍하니 이렇다 할 만한 아무 생각이 없다

91) 황텬후토(皇天后土) : 하늘의 신과 땅의 신. *황천(皇天); 하느님. 후토(后土); 토지를 맡아 다스린다는 신.

92) 명ᄉᆞ지옥(冥司地獄) : 명부(冥府) 곧 염라대왕이 관장하는 지옥을 이름. =명사계(冥司界).

보기 슬흔 쏠을 아니보고, 출하리 【67】먼니 간 줄 다힝ᄒ여 ᄒ더라.

션시의 하상부의셔 초공이[의] ○○○[퇴혼이] 관후의 신몽이ᄉ(神夢異事)는 아지 못ᄒ고, 부쇼져의 금녕일ᄉ(金鈴一事)를 츄이(推移)ᄒ여 한갓 번화를 비쳑홈만 아니라, 실노 규슈의 불현ᄒ믈 넘녀ᄒ미라. 초공이 부가 친ᄉ를 물니치고 부가의셔 ᄯᅩ 직쳥치 아니ᄒ니, 다시 심셔(心緒)의 거릿기미 업더니, 니러구러 슈월이 지낫더니, 일일은 관휘 ᄯᅩ 일몽을 어드니 신인이 닐너 왈,

"공의 부지 실노 불통혼암(不通昏暗)ᄒ도다. 텬연이 미인 바를 인녁으로 버히든 못ᄒ《고‖리니》, 그ᄃᆡ 부지 너모 고집ᄒ여 혼인을 허치 아닌 고로, 시금(時今) 가인(佳人)이 급화를 만나 【68】졀의(絕義)를 완젼ᄒ여 션초금환(扇貂金環)의 밍약을 직희고져 ᄒ미, 슉녀의 ᄉ익(死厄)이 목젼의 이시니, 그ᄃᆡ 아니면 뉘 가히 구ᄒ리오. 잠ᄌᆞ기를 취치 말고 급히 니러나 후원 가산(家山)을 둘너 취운산 곡노(曲路)의 슈상ᄒ 거슬 무심히 보지 말고 구ᄒ라. 반ᄃᆞ시 그 가온ᄃᆡ 텬뎡슉연(天定宿緣)이 위퇴ᄒ기의 잇ᄂᆞ니라."

ᄒ거늘, 관휘 번연(翻然) 경각(頃刻)ᄒ니 남가일몽(南柯一夢)이라. 신인(神人)의 교어(敎語) 십분 명명ᄒ지라. 십분 의혹ᄒ고, 스스로 심시 요동ᄒ믈 ᄭᆡ닷지 못ᄒ여 급히 니러나, 의ᄃᆡ(衣帶)를 슈습ᄒ여 드르니 오경(五更) 북이 쳐음으로 동ᄒ고, 시셰 십월 초동(初冬)이오, 일당(日當) 념【69】간(念間)이니, ᄉᆡ빙 달빗치 조요(照耀)ᄒ여 빅쥬(白晝)를 묘시(藐視)ᄒ더라.

이의 밧긔 나오니, 스스로 시험ᄒ고져 ᄒ여 졔뎨를 ᄭᆡ오지 아니ᄒ고, 시동 풍학을 ᄭᆡ와 뒤흘조ᄎ라 ᄒ고, 월하의 쳔쳔이 거러 곡난을 말미암아 후원을 넘어 취운산 곡노를 말미암아 가고져 ᄒ더니, 홀연 머지 아닌 곳의 인셩(人聲)이 ᄌᆞᄌᆞᄒ며 ᄯᅩ 발악ᄒ는 쇼ᄅᆡ 나며, 익셩(哀聲)이 쳐쳐(悽悽)ᄒ니, 관휘 몽ᄉᆡ 거의 암합(暗合)ᄒ믈 신긔히 너겨 풍학으로 더브러 섭여보를 더 나아가니, 가산(家山) 놉흔ᄃᆡ 올나 쇼ᄅᆡ 나는 곳을 바라보니, 이ᄯᆡ ᄉᆡ빙 달빗치 낫 갓ᄒ니 원근이 다 안져(眼底)의 【70】뵈ᄂᆞ지라.

압히 머지아닌 곳의 무뢰비 십여인이 큰 미를 잡아 급히 나아가니, 그 사ᄅᆞᆷ을 츄종(追蹤)홀시 분명ᄒ고, ᄯᅩ 그 알픠 ᄉᆞ오십보는 ᄉᆞ이두어 셰 사ᄅᆞᆷ이 ᄲᆞᆯ니 가는ᄃᆡ, 분명이 조ᄎ가는 거동이라. 하나흔 유건유의(儒巾儒衣)로 셔싱의 복식이오, 조ᄎᆫ 바 냥인은 셔동(書童)의 밉시러라. 다름쥬어 다라나 능히 가지 못ᄒ여 거름마다 통읍(慟泣)ᄒ니, 익셩(哀聲)이 익원(哀願)ᄒ여 ᄎᆞ마 듯지 못홀너라.

ᄌᆡ젼(在前)ᄒᆫ 쇼년이 거름이 진(盡)ᄒ고 츄종이 급ᄒ니, 능히 가지 못ᄒ여 거의 잡히게 되엿ᄂᆞ지라. 기인이 텬디 망망ᄒ여 하늘을 우러러 기리 탄식ᄒ며, 품 가온【71】ᄃᆡ로셔 삼촌(三寸) 셜잉(雪刃)이 졍광(精光)을 토ᄒ며 셤삭(閃爍)ᄒ 날이 번득이는 가온ᄃᆡ, 일진녈풍(一陣烈風)이 쇼쇼(蕭蕭)히 니러나, 곳치 급히 ᄶᅥ러지고 녈홰(烈火) 챵텬(漲天)ᄒ미 아니로ᄃᆡ, 금노(金爐)의 명향(名香)이 안기갓치 ᄉᆞ라지니, ᄯᆞ로던 냥긔 셔동이 호텬호곡(呼天號哭)ᄒ여 실셩 통곡 왈,

"쇠축(畜)이 아쥬와 무슨 원쉬 잇느뇨? 아쥬 임의 죽어시니 우리 향운 등이 무어시 두러온 거시 이시리오. 당당이 도라가 텬뎡의 이 원앙(怨怏)을 폭빅(暴白)ᄒ여 쾌히 원슈를 갑흐리라."

분미(憤罵)ᄒ는 쇼리 상쳘운쇼(上徹雲霄)홀 듯ᄒ니, 격감흔 쇼리 능히 먼니 ᄉ뭇는지라. 젹당(賊黨)이 쇼년의 ᄌ졍(自剄)ᄒ는 양을 【72】보고 크게 놀나더니, 또 냥인의 발악ᄒᄆᆯ 듯고 위슈(位首) 도젹이 디즐(大叱) 왈,

"임의 풀을 쳐 비얌을 놀닉여시니, 져 냥 요물을 쾌히 이곳의셔 질너 죽여 후환을 업시케 ᄒ라."

모든 졸되(卒徒) 일시의 응셩(應聲)ᄒ여 아오셩치고 다라드러, 큰 미와 긴 칼노 두 셔동을 마ᄌ 죽이려ᄒ는 거동이라. 관휘 밋쳐 오지 못흔 고로 인명이 몬져 상흔 줄을 ᄎ셕ᄒ고, 또 져 뉴(類)의 살인홀 쯧이 급ᄒᄆᆯ 보고, 디경ᄒ여 급히 슈목 가온디 큰 남글 쌘혀들고 나아가며, 녀셩(厲聲) 디호(大呼) 왈,

"이 곳 츈츄난셰(春秋亂世) 아니니 살인이 잇슬 비 아니오, 셩디(聖代) 치화(治化)의 법귀(法規) 삼엄ᄒ거늘, 무지【73】흔 도젹이 엇지 즁야(中夜)의 여러 인명을 살히ᄒ려 ᄒ는다?"

일셩(一聲) 음아(吟哦)[93]의 남글 둘너 지후(在後) 위슈ᄌ(位首者)의 엇게를 미이 치니, 졔젹이 무인 황산(荒山) 즁의 쳔만 무심 즁 사룸을 만나니, 엇지 놀납지 아니며, 또 져희 지은 죄 범연치 아니니, 엇지 황겁지 아니리오.

디경 황망ᄒ여 밋쳐 슈미(首尾)를 도라보지 못ᄒ고, 젼두를 싱각지 못ᄒ여, 일시의 츄죵(追從)ᄒ던 거슬 바리고, 산노(山路)를 바라며 ᄉ산분쥬(四散奔走)ᄒ더라.

관휘 목젼의 참잔(慘殘)흔 거동을 보미, 이 쏘흔 슉치(宿債) 텬연(天緣)이 심상치 아니ᄒ니 비록 마음의 거리낀 비 업스나 스스로 심동ᄒᄆᆯ ᄭ듯지 못【74】ᄒ여 밧비 나아가 구ᄒ려 ᄒ니, ᄎ하인야(此何人耶)오?

익셜. 부상셰 하부의셔 혼인을 허치 아니ᄒᄆᆯ 심앙(心怏)ᄒ여 타쳐의 가셔(佳壻)를 구코져 ᄒ는, 녀이 고집ᄒ여 만일 하시의 사룸이 되지 못ᄒ면 결단코 심규의 늙기를 긔약ᄒ니, 상셔의 이 녀아 ᄉ랑이 과도흔지라. 쏘 엇지 그 고집을 아스리오. 심니(心裏)의 울울ᄒ여 공연이 심규 녀아로뼈 일홈 업시 폐륜(廢倫)홈도 괴이ᄒ고, {져}져 집과 의혼(議婚)코져 ᄒ나 졔 허치 아니ᄒ고, 다른 디 의혼코져 ᄒ나 녀이 고집ᄒ니, ᄉ셰(事勢) 난쳐ᄒ여 믄득 한 심위(心憂) 되어, 우우(憂憂)ᄒ[흔] 시름이 광미(廣眉)를 잠가시니, 부한님 곤계【75】는 지식이 잇는 고로, 미랑(妹娘)의 초달(超達)흔 식견이 스스로 일싱을 그릇게 아닐 줄 혜아려 말이 업고, 쇠시 그윽이 그 뜻을 앗고져 홀ᄯᆞᆫ 아니라, 쇠쳐시(處士) 집이 간안ᄒ니[94], 한갓 부쇼져 지화(財貨)를 흠션(欽羨)홀 ᄯᆞᆫ 아

---

93)음아(吟哦) : ①시(詩) 따위를 음영(吟詠)하는 소리. ②싸움이나 경기에서 상대편의 기선(機先)을 제압하기 위해 내지르는 고함(高喊)소리.

94)간안ᄒ다 : 가난하다. 살림살이가 넉넉하지 못하여 몸과 마음이 괴로운 상태에 있다

니라, 실노 부귀(富貴)를 흠모ᄒᆞ여 날마다 미져(妹姐)를 보치여 아즈와 부쇼져의 인연을 일우게 ᄒᆞ라 ᄒᆞ니, 싀시 도로혀 민망ᄒᆞ나 브득이 ᄒᆞ여 허락ᄒᆞ고, 공을 권ᄒᆞ여 셩혼ᄒᆞ려 ᄒᆞ더라.【76】

윤하뎡삼문취록 권지팔십칠

ᄎ시 시시 쳐ᄉ(處士)의 보쳐ᄅᆞᆯ 도로혀 민망ᄒᆞ나 브득이 허락ᄒᆞ고, 믄득 샹셔ᄅᆞᆯ 딕ᄒᆞᆫ즉 녀아의 긔화명월(奇花明月) 갓ᄒᆞᆫ 지용으로 일홈 업ᄉᆞᆫ 졀을 직희여, 삼오·이팔지셰(三五·二八之歲)95)의 곳다온 쳥츈홍안(靑春紅顔)을 심규(深閨)의 공숑(空送)ᄒᆞ미 ᄎᆞ셕(嗟惜)ᄒᆞᆫ 바ᄅᆞᆯ 골돌ᄒᆞᄂᆞᆫ96) 쳬ᄒᆞ며, 질즈의 옥인가ᄉᆡ(玉人佳士)ᄅᆞᆯ 일ᄏᆞ라 공의 심쳔(心泉)97)을 여으니, 샹셰 ᄯᅩᄒᆞᆫ 부인의 말을 유리(有利)히 너겨 쳐음은 잠잠ᄒᆞ더니, 그 여러 번의 밋쳐ᄂᆞᆫ 믄득 우연 탄왈,

"녀의 위인이 명쾌ᄒᆞ나 일단 고집이 잇고, ᄯᅩ 강녈ᄒᆞ여 만히 슉녀와 갓지 아니ᄒᆞ니, 【1】 싱이 능히 ᄌᆞ식이나 협박98)지 못ᄒᆞ리로다."

시시 샹셔의 ᄯᅳ시 기울믈 암희ᄒᆞ여, 헌계 왈,

"연즉 어렵지 아니ᄒᆞ니 쳡이 암미(暗昧)ᄒᆞ오나 일계 이시니 여ᄎᆞ여ᄎᆞᄒᆞ여 권도(權道)로 져ᄅᆞᆯ 잠간 쇽여, 하ᄌᆞ의 허락을 바다 하가의 졍혼(定婚)ᄒᆞ노라 ᄒᆞ시고, 옥아와 결혼ᄒᆞ여 혼슈ᄅᆞᆯ 찰혀 혼인ᄒᆞ면 졔 엇지 알니오. 임의 지난 후ᄂᆞᆫ 녀의 아라도 홀일업ᄉᆞ리니 이 아니 만젼ᄒᆞ니잇가?"

샹셰 침ᄉᆞ냥구(沈思良久)의 왈,

"졍합오의(正合吾意)로ᄃᆡ, 다만 위인부(爲人父)ᄒᆞ여 ᄌᆞ식을 쇽이미 올치 아닌가 ᄒᆞ노라."

시시 쇼왈,

"범시 경권(經權)이 잇ᄂᆞ니, 권도ᄂᆞᆫ 셩인도 쓰신 비라. 샹공이 평일 부박(浮薄)ᄒᆞ 【2】신 ᄒᆡᆼ시 업ᄉᆞ니, 녀아의 죵신계활(終身契活)을 위ᄒᆞ미 부녀의 지극ᄒᆞᆫ 텬셩(天性)으로 져의 젼졍이 빗나고져 홈으로 잠간 쇽이미 므ᄉᆞᆫ 허물되미 이시리오."

샹셰 그러히 너기나 오히려 미흡ᄒᆞ여 울울ᄒᆞᆷ을 니긔지 못ᄒᆞ니, 시시 샹셔의 마음이 틱반이나 기울믈 딕회ᄒᆞ여, 더욱 쇼져의 평싱을 앗기미 간졀ᄒᆞ니, 샹셰 날이 오ᄅᆡ고 여러 번의 니ᄅᆞ미, 녀ᄌᆞ의 ᄯᅳᆺ갓치 단말이 ᄌᆞ연 소탈ᄒᆞᆫ 쟝부의 심쳔을 농낙ᄒᆞ미 그리 어려오리오.

---

95) 삼오·이팔지셰(三五·二八之歲) : 15·16세의 나이.
96) 골돌ᄒᆞ다 : 골똘하다. 한 가지 일에 온 정신을 쏟아 딴 생각이 없다.
97) 심쳔(心泉) : 마음 속. 속마음.
98) 협박 : 협박(脅迫). 겁을 주며 압력을 가하여 남에게 억지로 어떤 일을 하도록 함.

믄득 쾌허ᄒ고 혼슈(婚需)를 셩비(盛備)홀시, 샹셰 ᄎᆷ아 녀아를 속이미 불가ᄒ여 말ᄂᆡ기를 쥬져ᄒ니, 쇠시 스스로 쇼져를 【3】 불너 웃고 왈,

"녀아야 샹공이 너의 년긔 계ᄎᆞ(筓叉)99)의 도요방미(桃夭芳梅)100) 느져가믈 민울ᄒ샤, 하가의셔 허치 아닛ᄂᆞᆫ 혼ᄉᆞ를 두셰 번 쳥타가 못ᄒ여, 거일의 샹공이 친히 가 하 상국을 보고 낫ᄎᆞ로 쳥혼ᄒ여 바야흐로 쾌허ᄒ믈 어더시니, 이졔 혼슈를 찰ᄒᆞᄂᆞᆫ 비오, 길긔(吉期) 졈졈 갓가왓ᄂᆞᆫ지라. 아ᄒᆡᄂᆞᆫ 이졔란 하혼101)이 되지 못ᄒᆞᆯ가 근심치 말고, 아미(蛾眉)를 다스리고 단장ᄒᆞ기를 게얼니 말고 길일을 등ᄃᆡᄒ라. 연이나 녀의 우리집 쳔금쇼교(千金小嬌)어늘 져 하몽셩의 오ᄎᆔ(五娶)의 나ᄌᆞ라오믈 감심케 되니, 엇지 이닯지 아니 ᄒ리오."

언파의 쇼져를 눈쥬어 【4】 보며, 숡의 우슴이 면간의 둘너시니, 쇼져ᄂᆞᆫ 식견이 명달쇼통(明達疏通)ᄒᆞᆫ지라. 엇지 계모의 조치 아닌 눈츼를 모로리오. 심하(心下)의 의심이 업지 아녀 져슈묵연(低首默然)ᄒ더라.

침쇼의 도라와 향운·향난을 ᄃᆡᄒ여 의심된 바로ᄡᅥ 무르니, 냥(兩)향이 ᄃᆡ왈,

"쇼졔 혼ᄉᆞ의 진젹(眞的)ᄒᆞᆯ믈 알고져 ᄒ실진ᄃᆡ, 엇지 냥샹공긔 뭇지 아니시ᄂᆞ니잇가?"

쇼졔 《신연∥기연(其然)》ᄒᆞ여 이의 가만이 향난으로ᄡᅥ 한님을 쳥ᄒ니, 한님이 즉시 드러와 니로ᄃᆡ,

"현미 무슴 연고로 우형을 쳥ᄒ엿ᄂᆞ뇨?"

쇼졔 거거의 좌를 쳥ᄒ고, 이의 념임졍슬(斂衽整膝)ᄒ여 말ᄉᆞᆷ을 펴고져 ᄒᆞᄆᆡ, 강싀(絳腮)의 붉은 빗츨 잠 【5】 간 동ᄒ여 나죽이 갈오ᄃᆡ,

"쇼미 거거를 쳥ᄒ오믄 브ᄃᆡ 알고져 ᄒᆞᄂᆞᆫ 일이 이시미니, 복원 거거ᄂᆞᆫ 동긔년지(同氣憐之)와 골육지친(骨肉之親)을 가이(可愛)ᄒ샤, 쇼미의 알고져ᄒᆞᄂᆞᆫ 바를 긔이지 마로쇼셔. 쇼미 비록 우몽(愚蒙)ᄒ나 우흐로 부모와 냥형이 계시니, 엇지 스스로 평싱을 넘녀ᄒᆞᄂᆞᆫ 방ᄌᆞᄒᆞ미 이시리잇고만은, 어린 의ᄉᆞ 괴이ᄒ여 회푀 남다르ᄃᆡ 잇ᄂᆞᆫ지라. 곳쳐 싱각건ᄃᆡ 녀ᄌᆞ 삼종(三從)이 위ᄃᆡ(爲大)ᄒ니, 만일 비쳐(配處)의 불합ᄒᆞ미 《일실∥잇실》진ᄃᆡ, 이ᄂᆞᆫ 스스로 평싱을 판단ᄒᆞ미라. 쇼미 져즈음긔 우연이 하몽셩의 풍뉴신치(風流身彩)를 구경ᄒᆞᆫ 후ᄂᆞᆫ 주연 심ᄉᆡ 괴이ᄒ여, 출 【6】 하리 폐륜(廢倫)홀 ᄯᅳᆺ이 잇ᄂᆞᆫ지라. 쳐음의 져 하긔 퇴혼ᄒᆞᄂᆞᆫ 거슬 야애 구ᄎᆞ로이 친히 가 허혼ᄒᆞ믈 엇다 ᄒ시니, 이 진짓 일이니잇가? ᄌᆞ시 알고져 ᄒᆞ미로쇼이다."

한님이 쳥파의 비록 부몡이 계셔 긔이라 ᄒ여시나, 누의 발셔 알고 뭇ᄂᆞᆫᄃᆡ 긔이믄

---

99) 계ᄎᆞ(筓叉) : =계ᄎᆞ지년(筓叉之年). 여자가 처음 비녀를 꽂을 나이가 되었다는 뜻으로, '시집갈 나이가 되었음'을 이르는 말.

100) 도요방미(桃夭芳梅) : '활짝 핀 복숭아꽃과 향그러운 매화꽃'이라는 말로, 처녀가 '혼기(婚期)'에 이르러 있음을 비유적으로 표현한 말.

101) 하혼 : 하 가(家)와의 혼인.

심히 가치 아니니, 침음(沈吟) 쥬져ᄒ거늘 쇼제 지삼 뭇ᄌ온디, 한님이 마지못ᄒ여 가만이 계모의 계규(計揆)로뼈 니ᄅ고, 우왈(又曰),

"현미ᄂ 다만 션쳐(善處)ᄒ고 스스로 아ᄂ 양 말나. 디인이 그릇 너기실가 ᄒ노라."

쇼제 임의 짐작ᄒ 비나 경희(驚駭)ᄒᄆᆯ 마지 아니ᄒ여, 묵연(默然) 반향(半晌)의 츄연 탄식ᄒ고 말이 업스니, 한님이 위【7】로 왈,

"ᄉ이이의(事而已矣)니 현미ᄂ 무익지ᄉ(無益之事)의 심녀ᄅ 허비치 말나. 원간 현미 불통고집ᄒ미 심ᄒ도다. 연고 업시 폐륜ᄒ미 아이[니] 괴이ᄒ냐? 부뫼 하렴(下念)ᄒ시니, 현미ᄂ 첫 뜻을 곳쳐 순종ᄒ라."

쇼제 믄득 아연 탄식고, 슈식(愁色) 졔미(齊眉)ᄒ여 말이 업더니, 냥구(良久)의 믄득 일장(一場)을 탄식ᄒ며,

"《ᄌ긔∥쇼미》 그날 우연이 치루(彩樓)의 올나 원근 경식을 상완(賞玩)ᄒ다가, 관후의 화풍경운(和風慶雲)을 보고 마음의 ᄌ연 닛지 못ᄒᆯ ᄲᆫ 아니라, 모야(某夜)의 여ᄎ여ᄎ 신몽(神夢)을 어더 션비(先妣)의 신녕(神靈)이 여ᄎ여ᄎ 지교(指敎)ᄒ시며, 신몽이ᄉ(神夢異事) ᄌ못 이상ᄒ니, ᄶᆡ다ᄅ미 임의 난디 업ᄉ 【8】 '깁 션ᄌ(扇子)'102)와 옥션쵸(玉扇貂) 침변(枕邊)의 잇고, 쇼미의 지환(指環) 한방이 업ᄉ지라. 이 반ᄃ시 져곳의 이섬 즉ᄒ디, 능히 눌노 말미암아 《삼텬∥상텬(上天)》 은하(銀河)의 작교(鵲橋)103)ᄅ 노ᄒ며, 청조(靑鳥)104)의 쇼식을 바라리오. 시고(是故)로 찰하리 심규 폐륜ᄒ여 타문의 갈 뜻이 업스미로쇼이다."

셜파의 션초ᄅ 닉여 드리니, 한님이 쇼미의 명빅ᄒ 말ᄉᆷ과 션초ᄅ 보니, 신몽이ᄉ(神夢異事)ᄅ 크게 신긔히 너겨, 역탄역쇼(亦嘆亦笑) 왈,

"연즉 하의계와 현미ᄂ ᄎ역(此亦) 텬연(天緣)이라. 아직 운익(運厄)의 가리와 아름다운 긔약의[을] 셩젼(成全)ᄒ미 마장(魔障)을 일워시나, 본디 텬연이 즁ᄒ즉, 엇지 맛ᄎᆷᄂ 셩젼치 못ᄒᆯ가 근 【9】 심ᄒ리오. 슈연(雖然)이나 ᄌ당이 여ᄎ여ᄎ 쥬혼(主婚)ᄒ여 ᄉᆨ가의 퇵일이 갓가왓시니 엇지 밋쳐 션쳐(善處)ᄒ리오. 계오 뉵칠일이 걸넛ᄂ니105), ᄌ당이 힝혀 현미 알면 혼ᄉ 니지 못ᄒᆯ가 져허 니러틋 급혼(急婚)ᄒ미니라."

쇼제 청미(聽未)의 츄연 탄왈,

"ᄉᄉ(事事) 죵시(終是) 뜻갓지 못ᄒᆯ진디, 당당이 한번 죽을 ᄯ름이라. 다ᄅ 의ᄉ 업도쇼이다."

한님이 지삼 위로ᄒ고 나아가니, 쇼제 심회 ᄌ못 즐겁지 아녀 화우(華宇)106)ᄅ ᄶᆡ긔

---

102) 깁 션ᄌ(扇子) : 비단에 살을 붙여 만든 부채.
103) 작교(鵲橋) : 오작교(烏鵲橋). 까마귀와 까치가 은하수에 놓는다는 다리. 칠월칠석날 저녁에, 견우와 직녀를 만나게 하기 위하여 이 다리를 놓는다고 한다.
104) 청조(靑鳥) : 반가운 사자(使者)나 편지를 이르는 말. 푸른 새가 온 것을 보고 동방삭이 서왕모의 사자라고 한 한무(漢武)의 고사에서 유래한다.
105) 걸넛ᄂ니 : 걸려 있나니. 남아 있나니. *걸리다; 시간이 들다. 또는 남아 있다.
106) 화우(華宇) : 빛나는 이마. '우(宇)'는 얼굴에서 '이마'를 뜻함, 즉 '눈썹 주위의 이마'를 미우(眉宇)'라

고 침식을 폐흐는지라. 냥향이 진젼 고왈,

"쇼졔 엇지 이딕도록 넘녀흐시느니잇고? 쇼졔 비록 하노야룰 위흐시미 일홈이 업다 흐【10】시나, 신몽이식(神夢異事) 이시니 또 엇지 범연타 흐리오. 소비 등 쳔견(賤見)은 이 스연을 금야의 노야긔 알외여 식부 혼인을 거졀흐미 올흐니이다."

쇼졔 아미(蛾眉)룰 기리 찡긔여 왈,

"딕인이 한갓 뇌졍(牢定)홀 쓴 《이니라∥아니라》, 모부인이 그 질즈룰 위흐여 극녁 쥬션흐느니, 임의 다 된 일이라. 나의 약셕지언(藥石之言)107)이[의] 엇지 도로혀시리오. 다만 닉 뜻은 규녀의 즈최 규리(閨裏)룰 써나미 미안흐나, 이졔 일이 최급(最急)흐고 방츠(防遮)홀 길은 업스니, 닉 부즁을 써나지 아니흐고는 가히 면치 못흐리라. 여등이 능히 고인을 효측흐여 이 갓흔 위란지졔(危亂之際)의 날을 붓드러 낭픽(狼狽)의 분쥬(奔走)흐미 【11】업게 흐랴?"

냥향이 졀흐여 왈,

"고어의 왈 쥬우신욕(主憂臣辱)이요, 쥬욕신시(主辱臣死)라 흐오니, 비즈 등이 비록 불충흐오나, 아시(兒時)의 쇼져 장딕(粧臺)의 앙스(仰事)흐여, 우충(愚忠)이 외람이 고인의 '할고(割股)흔 츙(忠)'108)을 효측고져 흐옵느니, 엇지 이만 쉬온 일을 힝치 못흐리잇고? 슈연(雖然)이나 쇼졔 이 문을 나시미 장춧 어딕로 가고져 흐시느니잇가?"

쇼졔 탄왈,

"박명인(薄命人)이 팔지 무상흐여 일즉 즈안(慈顔)을 여희옵고 표문(表門)이 먼니 이시니, 이 문을 나미 장춧 어딕룰 지향흐리오. 다만 싱각건딕 슉뫼 엄슉부룰 조초 양쥬부의 가 계시니, 우리 노쥬 남의룰 기착(改着)흐【12】고 경보(輕寶)와 반젼(盤纏)109)을 품고 양쥬 가 슉모룰 의지흐엿다가, 부친이 그 스이 뉘웃츠시고 엄슉이 슈년 닉의 승직흐실 거시니, 그쎄의 도라오고져 흐노라."

냥향이 셕연(釋然) 딕오(大悟)흐여, 쇼져의 명달흔 식견을 항복흐더라.

원닉 부상셔의 일미 잇셔 시랑 엄유의 부인이 되엿더니, 엄시랑이 거년의 갓 양쥬 즈시(刺史) 되여 가솔(家率)을 거느려 부임흐엿는지라. 그 밧근 강근지친(强近之親)의 갈 곳이 업고, 셤부인 동긔 냥인이 이시나 다 외임으로 슈쳔니 싸히 부임흐여시니, 쇼졔 다른딕 갓가이 갈 곳이 업는 고로, 양쥬 엄즈스 임쇼【13】는 불과 칠팔일졍(七八日程)되니, 이의 노쥬 삼인이 남복으로 반젼을 가져 힝코져 흐미러라.

츠시 유모는 풍병(風病)이 즁흐여 즈리의 니지 못흐니 한가지로 의논의 드지 못흐

함.

107)약셕지언(藥石之言) : 약으로 병을 고치는 것처럼 남의 잘못된 행동을 훈계하여 그것을 고치는 데에 도움이 되는 말. =고언(苦言).

108)할고(割股)흔 츙(忠) : 할고지충(割股之忠). 자신의 넓적다리 살을 도려내어 주인이나 임금을 먹이는 충성이라는 뜻으로, 중국 춘추시대 개자추가 진나라 문공을 섬겨 19년 동안 함께 망명생활을 하던 중, 문공이 굶주리자 자신의 넓적다리 살을 베어서 바쳤다는 고사에서 유래한 말.

109)반젼(盤纏) : 노자(路資). 먼 길을 떠나 오가는 데 드는 비용.

니, 쇼졔 유모를 못다려 갈 바를 창연(愴然)ᄒ더라.

쇼졔 셔너 필(疋) 깁을 늬여 가만이 션비 건복(巾服)110) 일습(一襲)과 셔동의 의복 두 벌을 짓기를 맛고, 경보를 다 거두어 반젼을 후히 갓초고, 슈일 후 집을 써나려ᄒᆞᆯ 시. 그윽ᄒᆞᆫ 일은 반ᄃᆞ시 조물이 지앙(災殃)을 브르ᄂᆞᆫ지라. 쇼져 노쥬의 그윽ᄒᆞᆫ 모계(謀計)를 뉘 능히 알니오만은, 일이 맛ᄎᆞᆷ 공교ᄒ여 쇠시 혼슈【14】를 지극히 출히고, 길일이 지격슈일(只隔數日)ᄒ니, 믄득 소져의 긔식을 알고져 ᄒ여, 밤이 들고 좌위(左右) 고요ᄒᆞᆷ믈 인ᄒ여 아시비 일인만 다리고 쇼져 침쇼의 니르니, 스창(紗窓)의 촉영(燭影)이 명미(明微)ᄒ고 쇼셩(笑聲)이 낭낭(朗朗)ᄒ거늘, 부인이 의아ᄒ여 혜오ᄃᆡ,

"이 아희 평일의 침묵(沈默) 언희(言稀)ᄒ더니 무슨 말을 ᄒᄂᆞᆫ고?"

곡난(曲欄)의 발을 머츄어111) 드르니 이 믄득 쇼졔 냥향으로 더부러 탈진지ᄎᆡᆨ(脫身之策)을 의논ᄒᄂᆞᆫ지라. 쇼져ᄂᆞᆫ 명일야(明日夜)로 나가기를 긔약ᄒ고, 냥향은 {왈} 미ᄉᆞ(每事) 신속ᄒᆞ미 웃듬이니, 금야로셔 나가기를 일너, 의논을 졍치 못ᄒᄂᆞᆫ지라. 【15】

쇠시 한번 드르ᄆᆡ 디경ᄒ여 싱각ᄒᆞᄃᆡ,

"반ᄃᆞ시 간악ᄒᆞᆫ 아희 스긔를 아랏도다. 상공이 일즉 냥ᄌᆞ부부를 당부ᄒ여 누셜치 말나 ᄒᆞ시니, 비비 등도 셩친ᄒᄂᆞᆫ 날이야 니르즈 ᄒᆞ므로 알니 업스니, 하간동 쇠간동 뉘 아라 이 아희게 젼ᄒᆞ뇨? 아니 요괴로온 아희 눈ᄎᆡ를 스스로 알고 의심을 발ᄒᆞᆷ인가? 니러나 도망ᄒᆞᆯ 뜻을 두어시니 급히 상셔긔 고ᄒ여 션쳐ᄒ리라."

ᄒᆞ고, 쇼져를 보지 아니코 바로 상셔의 머므ᄂᆞᆫ 셔당의 니르니, 상셰 오히려 ᄌᆞ지 아 낫더니 부인을 보고 경문 왈,

"부인이 즁야(中夜)의 나오니 므슨 【16】연괴 잇ᄂᆞ니잇가?"

쇠시 미우를 씽긔고 쇼져 노쥬의 셜화를 드른 ᄃᆡ로 젼ᄒ고 션쳐ᄒ기를 청ᄒ니, 상 셰 ᄃᆡ경 왈,

"연즉 엇지 ᄒ리오."

쇠시 왈,

"이제ᄂᆞᆫ 발셔 스긔를 아라시니 홀일업거니와, 또 아른체 ᄒᆞᆫ 불가ᄒ니, 쳡의 쇼견 은 스긔를 모로ᄂᆞᆫ체 ᄒ고 가장 근신ᄒᆞᆫ 양낭(養娘)112) 슈삼인으로 졔 방즁의 보늬여, 밤의 잠ᄌᆞ지 말고 돌녀 가며 직쇼(直所)ᄒ여 직희게 ᄒ면, 슈일이 언마 지날 것 아니니, 밧비 핍박ᄒ여 혼ᄉᆞ를 일울 거시니이다."

상셰 올히 너겨 졉두ᄒ더라.

쇠시 즉시 드러와 스스로 쇼져 침쇼의 니르【17】니, 쇼졔 졍히 냥향으로 더브러

---

110) 건복(巾服) : 늑옷갓. 남복(男服). 웃옷과 갓을 아울러 이르는 말. 흔히 예전에 남자가 정식으로 갖추 던 옷차림을 이른다.
111) 머츄다 : 멈추다.
112) 양낭(養娘) : 여자 종. 주로 혼인한 여종을 일컫는다.

말숨ᄒ다가 모친을 마주 스긔 여젼ᄒ니, 싀시 거즛 니ᄅᄃᆡ,

"밤이 깁고 잠이 업스니 녀아의 아ᄅᆷ다온 지긔를 싱각ᄒ고 니러럿ᄂ니, ᄂᆡ 금야ᄂᆫ 녀아로 더브러 ᄌ고져 ᄒ노라."

쇼졔 민망ᄒ고, 냥향이 모계 그릇된 쥴 이달나 ᄒ나 홀 일 업더라.

싀시 초야를 이곳의셔 지ᄂᆡ니 쇼져 노쥬 이날은 감히 나갈 의ᄉ를 못ᄒ고, 그윽이 명일야(明日夜)를 긔약ᄒᆞ엿더니, 아이오 명일야의ᄂᆫ 믄득 싀시의 심복시녀 이인(二人)이 와 직쇼ᄒᄂᆫ지라. 쇼졔 아연ᄒ여 가만이 냥향다려 왈,

"계뫼 우리 【18】노쥬의 도쥬ᄒ려ᄒᄂᆫ 스긔를 아랏ᄂᆫ가 시브니 장찻 엇지 ᄒ리오."

냥향이 ᄃᆡ왈,

"연즉 ᄯᅩ 가히 쳔연(遷延)치 못홀 거시니, 져 노망ᄒᆞᆫ 두어 양낭 쳐치 므어시 어려오리잇고? 한병 슐과 한졉시 안쥬 이시면 가히 져를 ᄎᆔᄒ여 지우고, 계명(雞鳴)을 응ᄒ여 다라나면 뉘 능히 알니잇고?"

쇼졔 과연ᄒ여 이의 향난으로 약간 금젼을 쥬어 가즁이 모로게 쥬찬을 갓초아 오라 ᄒ니, 향난이 즉시 익낭(翼廊)의 나와 졔 어믜 원셥을 보아 이 말을 ᄃᆡ강 니르고, 한병 슐과 한 반 안쥬를 어더 도라와 쇼져의게 드리니, 쇼졔 ᄃᆡ희ᄒ【19】여 시야 황혼의 두어 양낭이 드러와 직슉ᄒ려 ᄒ거늘, 쇼졔 흔연이 우음을 먹음고 쳥아(靑蛾)[113]를 드리워 슐을 권ᄒ니, 양낭 등이 쇼져의 셩덕을 감격ᄒ여 고두 ᄉ례ᄒ고 슐을 다 먹으니, 다 ᄃᆡᄎᆔᄒ여 좌셕의 구러져 잠드니, 이윽고 ᄎᆔ몽이 혼혼(昏昏)ᄒ여 비셩이 여뢰(如雷)ᄒ니, 비록 쳔만군(千萬軍)이 징분(爭紛)ᄒ여도 아지 못홀 ᄃᆺ 시브더라.

쇼져 노쥬 크게 깃거 이의 ᄌ지 아니코 계명을 기다려 나가려 홀ᄉᆡ, 쇼졔 냥향다려 왈,

"우리 노쥬 다 녀의지신(女衣之身)[114]이라. 아마도 외로이셔ᄂᆞᆫ[115] 쳔니 발셥이 어려올 거시니, 스긔를 비밀【20】이 ᄒ여 유부(有婦)나 다려가고져 ᄒᄂᆞ니, 네 맛당이 빅금을 가지고 여부를 보아 의논ᄒ라."

냥향이 일시의 왈,

"쇼졔 비록 니ᄅ지 아니시나 비ᄌ 등이 임의 아뷔로 더브러 범ᄉ를 뇨리(料理)ᄒ미 잇ᄉᆸᄂᆞ니, 이졔 즁야(中夜)의 집 문을 난들 창졸이 어ᄃᆡ로 가리잇고? 아뷔 집이 머지 아니니 남문외 ᄎᆔ운산이라. 우리 노쥬 그리로 가 슘엇다가 슈삼일 지난 후의 츄죵(追從)이 긋치기를 기다려 아뷔로 더부러 먼니 가스이다."

쇼졔 졈두 왈,

"여등은 가히 나의 냥평(良平)[116]이라. 졍합오의(正合吾意)라."

---

113)쳥아(靑蛾) : 푸르고 아름다운 눈썹. 미인을 비유적으로 이르는 말.
114)녀의지신(女衣之身) : 여자의 몸.
115)외로이셔ᄂᆞᆫ : 홀로서는. 여기서는 '여자들만으로는'의 뜻.

ᄒᆞ고, 힝니(行李)를 슈습ᄒᆞ고 노쥐 복식을 곳치ᄆᆡ, 【21】일봉셔(一封書)를 닷가 셔안 우희 노코, 계셩(鷄聲)을 응ᄒᆞ여 싀비 달빗출 ᄯᅴ여 노쥐 가만이 후원문을 열고 도망ᄒᆞ여 향난의 아븨 집으로 가니라.

"원ᄂᆡ 냥향은 쇼져의 유뎨(乳弟)니 동ᄐᆡ빵싱(同胎雙生)이오, 다 쇼져와 동년이니, 지뫼 유여ᄒᆞ고 츙의 관일(貫一)ᄒᆞ여 기ᄌᆞ츄(介子推)117)의 츙(忠)이 잇더라. 기모 고파는 쇼져 유뫼니 본ᄃᆡ 션부인 골경비지(骨硬婢子)118)오, 아븨119) 니함은 니부 비리(陪吏)로 냥민(良民)이라. 위인이 극히 츙슌질박(忠順質朴)ᄒᆞ더라. 본쳐로 더브러 취운산 졔진 냥궁 동닌(洞隣)의셔 살고 고파는 쇼쳐(小妻)로 총힝(寵幸)ᄒᆞ니 잇다감 부가의 츌입ᄒᆞ더라.

몬져 냥향이 아븨를 보고 쇼져의 【22】난안ᄒᆞᆫ 졍ᄉᆞ를 니ᄅᆞ고, 양쥬 임쇼(任所)의 발셥이 어려오믈 근심ᄒᆞ니, 니함이 한가지로 가기를 가연이 허락 왈,

"이 일이 아니라도 ᄂᆡ 불구의 관문(關文)을 맛다 엄ᄌᆞ를 뵈오라 가랴 ᄒᆞ더니, 쇼져를 가는 길히 비힝(陪行)ᄒᆞ리니, 쇼졔 ᄂᆡ 집의 와 슌여일(旬餘日)을 머므러 나의 관문 맛기를 기다리고, 쇼져 ᄎᆞᆺᄂᆞᆫ 츄종도 긋춘 후의 갈거시라."

ᄒᆞ니, 냥향이 ᄃᆡ열ᄒᆞ여 드ᄃᆡ여 쇼져의게 고ᄒᆞ고, 이날 후원문을 열고 도망ᄒᆞ여 냥향이 쇼져를 뫼셔 아븨 집의 가니, 니함 부뷔 마ᄌᆞ 그윽ᄒᆞᆫ 방즁의 드리고 관졉ᄒᆞ미 지극ᄒᆞ며, 냥향의 젹뫼(嫡母) 부쇼져의 텬ᄌᆡ(天才) 【23】슈려(秀麗)ᄒᆞ믈 못ᄂᆡ 칭찬ᄒᆞ더라. 쇼져노쥐 이곳의 안신(安身)ᄒᆞ니 쳐쇠 유아(幽雅)ᄒᆞ고 마음이 평안ᄒᆞ니 가장 깃거ᄒᆞ더라.

니러구러 슌일(旬日)의 밋ᄎᆞ니 니함이 본부 앙역(仰役)120)의 졍ᄉᆞ(政事)를 다 션치ᄒᆞᆫ 후, 바야흐로 관문(關文)을 맛다 쇼져 노쥬와 한가지로 힝니를 찰혀 양쥬로 발힝코져 ᄒᆞ니, 미지하여(未知何如)오. 부쇼졔 쳔니의 힝되(行道) 장ᄎᆞᆺ 엇지 된고? ᄎᆞ하(此下) 기(其) 말인져!

ᄎᆞ셜, 부 부(府)의셔 명일이 늣도록 쇼져의 신셩(晨省)ᄒᆞᄂᆞᆫ ᄌᆞ최 업ᄉᆞ니, 상셔와 졔형이며 싀시 괴히 너겨 졍히 시비로 뭇고져 ᄒᆞ더니, 믄득 직회엿던 양낭(養娘) 슈인과 장외의 직쇼(直所)ᄒᆞ던 시녀비 분 【24】분이 드러와, 쇼져와 냥향의 ᄌᆞ최 업ᄉᆞ믈 고ᄒᆞ고, 쇼져의 셔간을 올니니, 싀시 ᄃᆡ경실ᄉᆡᆨᄒᆞ여 말을 못ᄒᆞ고, 상셔와 냥(兩)형이 ᄃᆡ경

---

116)냥평(良平) : 중국 한(漢)나라 때의 책사(策士) 장량(張良)과 진평(陳平)을 함께 이르는 말.

117)기ᄌᆞ츄(介子推) : 중국 춘추 시대의 은자(隱者). 진(晉)나라 문공(文公)을 섬겨 19년 동안 함께 망명 생활을 하였다. 이때 문공의 굶주림을 면케 하기 위해 자신의 넓적다리 살을 베어서 바쳤다는 고사가 전한다. 그러나 문공이 귀국하여 왕이 된 후 자신을 멀리하자 면산(緜山)에 들어가 숨어 살았는데, 문공이 잘못을 뉘우치고 자추가 나오도록 하기 위하여 그 산에 불을 질렀으나, 나오지 않고 타 죽었다고 한다.

118)골경비지(骨硬婢子) : 심복비자(心腹婢子). 믿을 수 있는 여종.

119)아븨 : 아비. 아버지의 낮춤말.

120)앙역(仰役) : 직접 주인의 명을 받아 노동력을 제공함. *앙역노비(仰役奴婢); 주인의 관리 하에 그 지시를 따라 직접적인 노동력을 제공하는 노비.

ᄒᆞ여 글을 거두어 보니, 셔(書)의 왈,

"불초녀 지란은 고두 ᄌᆡ비ᄒᆞ여 엄하(嚴下)ᄅᆞᆯ 쩌나옵고, 톄읍ᄒᆞ여 글월을 올니나이다. 부부ᄂᆞᆫ 인뉸의 즁ᄉᆞ(重事)오, 혼인은 오륜(五倫)의 《초관∥소관(所關)》이라. 셕ᄌᆞ(昔者)의 초공쥬(楚公主)ᄂᆞᆫ 부왕의 한번 희롱(戲弄)으로 빅뎡(白丁)의 안히 되엿ᄉᆞᄂᆞ니, 쇼녀의 '슈졀폐륜(守節廢倫)'네 ᄌᆞ(字) ᄯᅩ 엇지 근본이 업다 ᄒᆞ리잇가? 몽ᄉᆞ(夢事) 비록 허망ᄒᆞ나 션비의 명훈이 【25】 ᄌᆞᄌᆞ(藉藉)ᄒᆞ시고, 피ᄎᆞ(彼此) 신물(信物)이 이시니, 쇼녜 엇지 ᄎᆞᄉᆞᄅᆞᆯ 발셔 알외고져 아니리잇고만은, 임의 져집이 츄ᄉᆞ(推辭)121)ᄒᆞᄂᆞᆫ 혼인을 쇼녜 몬져 구ᄎᆞ히 허망ᄒᆞᆫ ᄭᅮᆷ으로 인증(認證)ᄒᆞ여 인연을 도모ᄒᆞ오믄 심히 우은 고로, 다만 션초와 부쳐ᄅᆞᆯ 깁히 감초와, 그 ᄌᆞ연지즁(自然之中)의 믈(物)이 스스로 님ᄌᆞᄅᆞᆯ ᄶᅩᆯ와가ᄂᆞᆫ ᄯᆡ를 기다려 평셩을 졍ᄒᆞ려 ᄒᆞ오므로, 일즉 부모 안젼(眼前)의 폐륜ᄒᆞ기ᄅᆞᆯ 고ᄒᆞ엿습더니, 디인이 쇼녀의 깁흔 ᄯᅳᆺ을 아지 못ᄒᆞ시고, 믄득 쇼녀ᄅᆞᆯ 모로게 디ᄉᆞ(大事)ᄅᆞᆯ 그릇 졍ᄒᆞ샤 기리 텬연(天緣)을 베오고져 ᄒᆞ시니, 이【26】ᄂᆞᆫ 난명(亂命)122)이라. 쇼녜 죽을지언졍 좃지 못ᄒᆞ여 읍혈ᄒᆞ여 슬하ᄅᆞᆯ 쩌나ᄂᆞ이다. 복원 디인은 불초녀ᄅᆞᆯ 넘녀치 마ᄅᆞ시고, 안강영슌(安康寧順)ᄒᆞ쇼셔."

ᄒᆞ엿더라. 상셰 간파(看罷)의 악연(愕然) 뉴쳬(流涕) 왈,

"노뷔 불명혼암(不明昏暗)ᄒᆞ여 녀아의 굿은 ᄯᅳᆺ을 아지 못ᄒᆞ고, 셔어(齟齬)ᄒᆞᆫ 계규(計揆)로 져ᄅᆞᆯ 속이고 셕가의 혼ᄉᆞᄅᆞᆯ 뇌약(牢約)ᄒᆞ엿더니, 졔 ᄯᅳᆺ이 금셕(金石)갓ᄒᆞ니 홀일 업거늘, 아뷔ᄅᆞᆯ 디ᄒᆞ여 심곡을 니ᄅᆞ지 아니ᄒᆞ고 규즁 녀ᄌᆡ 어듸ᄅᆞᆯ 지향(指向)ᄒᆞ려 집을 쩌낫ᄂᆞ뇨? 혹ᄌᆞ 너의 형뎨 여ᄆᆡ(汝妹)ᄅᆞᆯ 보고 춧거든 노부의 뉘웃ᄂᆞᆫ ᄯᅳᆺ을 알게ᄒᆞ고 다려오라."

이ᄌᆡ(二子) 복슈(伏首) 【27】ᄒᆞ여 실노 모로므로뼈 디ᄒᆞ니, 상셔ᄂᆞᆫ 탄식묵연ᄒᆞ고 셕시ᄂᆞᆫ 디로(大怒)ᄒᆞ여 변식 왈,

"지란이 져ᄂᆞᆫ ᄌᆞ칭 졀(節)이로라 ᄒᆞ거니와, 졀힝도 곡졀이 잇거든, 일즉 하가로 더브러 졍약(定約)도 업ᄂᆞᆫ 뷘 졀이란 말, 져도 하렴즉 ᄒᆞ니, 신몽(神夢)이니 이몽(異夢)이니 ᄶᅡᆫ 말 만히 ᄒᆞ엿ᄂᆞ니, 니런 어쳑ᄒᆞ고123) 남활(濫闊)ᄒᆞᆫ 아히 조금도 규녀의 슈습ᄒᆞ미 업ᄉᆞ니, ᄯᅩ 어듸 므슨 노릇 ᄒᆞ라 ᄯᅱ여난동124) 알니오. 국법으로 닐너도, 의혼(議婚)타가 퇴(退)마즌125) 디 슈졀ᄒᆞ고, 부뫼 졍혼ᄒᆞᆫ 신낭은 졔 스스로 나모라 퇴ᄒᆞ니, 이야 진짓 '난법(亂法)'이라. 부모의 지극ᄒᆞᆫ 경계 엇지 '난명(亂命)'이【28】라 ᄒᆞ리오. 이 반ᄃᆞ시 하가ᄅᆞᆯ 위ᄒᆞ여 다라난 거시 아니라, ᄯᅩ 어듸 ᄉᆞ졍(私情)을 긔약ᄒᆞ여 도쥬ᄒᆞ

---

121)츄ᄉᆞ(推辭) : 추사(推辭). 물러나며 사양함.
122)난명(亂命) : ①운명·천명 따위를 따르지 않고 이를 어지럽힘. ②죽으면서 흐린 정신으로 두서없이 남기는 유언.
123)어쳑ᄒᆞ다 : 어척없다. 어처구니없다. 일이 너무 뜻밖이어서 기가 막히는 듯하다. 늑어이없다.
124)ᄯᅱ여난동 : 뛰어나간 지. *'-ㄴ동'은 현대어의 '-지'에 해당하는 어미. 경상방언에 많이 남아 있다.
125)퇴(退)맞다 : 퇴(退)박맞다. 마음에 들지 아니하여 거절당하거나 물리침을 받다.

도다."

부한님 형뎨는 져슈(低首) 묵연(默然)ᄒᆞ고, 상셔는 졍싴 왈,

"녀이 비록 힝ᄉᆞ(行事) 넘나나 위인이 명쾌ᄒᆞ고 구추치 아니니, 엇지 니런 음누(淫陋)ᄒᆞᆫ 힝실이 이시리오. 닉 혼암불명ᄒᆞ여 져의 굿은 ᄯᅳᆺ을 아지 못ᄒᆞ고, 셔어ᄒᆞᆫ 의ᄉᆞ를 닉엿다가 져를 일허시니, 이 곳 나의 허물이오, 져의 죄 아니니 부인은 괴이히 셔도지 말나."

셜파의 깁히 한ᄒᆞᄂᆞᆫ 긔싴이 잇더라.

익일의 싀시 이 기별을 싀가의 보ᄒᆞ고,

"가만이 부상셰 모로게 쇼져의 ᄌᆞ최를 【29】 심방ᄒᆞ여, 추ᄌᆞ도 혼인을 광명졍딕히 홀 길흔 업ᄉᆞ니, 만일 만나거든 몬져 핍박ᄒᆞ여 긔물(己物)을 삼은 후의 녜를 일우게 ᄒᆞ라."

ᄒᆞ니, 싀쳐ᄉᆞ 부지 졍히 길일이 지격슈일(只隔數日)ᄒᆞᆷ을 깃거, 혼ᄉᆞ(婚事) 셩젼(盛典)ᄒᆞᆷ을 만심 흔열(欣悅)ᄒᆞ더니, 이 긔별을 드ᄅᆞᄆᆡ 딕경실싴(大驚失色)ᄒᆞ여 놀나오미 쳥텬(晴天)의 벽녁셩(霹靂聲)을 드ᄅᆞᆷ 갓ᄒᆞ니, 돈족(頓足) 실셩(失性) 왈,

"규즁 쇼녀지 엇지 이딕도록 담박(淡泊)ᄒᆞ리오[126]. 필연 먼니 가든 못ᄒᆞ여시리니, 가히 구싴(求索)홀 거시라."

ᄒᆞ고, 슈삼 노복(奴僕) 추환(叉鬟)을 ᄉᆞ쳐(四處)로 분쥬(奔走)ᄒᆞ여 슈상ᄒᆞᆫ 힝인을 슈싴ᄒᆞ라 ᄒᆞ니, 싀가 비복 슈인과 싀시 심복 슈 【30】 삼인이 ᄉᆞ쳐로 단이며 쇼식을 듯보더니, 일이 공교ᄒᆞ여 니ᄅᆞ듯 츄심 칠팔일의 니ᄅᆞ딕 능히 부소져 노쥬의 ᄌᆞ최를 찻지 못ᄒᆞ여, 싀시 남믹 슉질이 졍히 골돌ᄒᆞᄂᆞᆫ 즈음이러니, 이날 황혼의 믄득 깃분 쇼식을 드ᄅᆞᆫ지라.

싀시 남믹 슉질이 크게 깃거 급급히 셜계ᄒᆞ니, 원닉 쇼식을 누통(漏通)ᄒᆞᆫ ᄌᆞᄂᆞᆫ 다ᄅᆞ니 아니라 니함의 장ᄌᆞ부(長子婦) 초녜 본딕 투심이 만흔지라. 그 싀어뮈 투긔 업셔 고파로 ᄉᆞ긔미 지극ᄒᆞ고, 냥향을 ᄉᆞ랑ᄒᆞᄂᆞᆫ 줄 믹양 믜이 너기더니, 이졔 믄득 싀아뷔 니함이 부소져 노쥬를 깁히 감초고 지어 양쥬부가 【31】지 호힝ᄒᆞ려 ᄒᆞᄂᆞᆫ 줄 믜이 너겨, 가만이 졔집의 도라가 싀시 심복을 누통ᄒᆞ여 쇼식을 젼ᄒᆞ미러라.

싀쳐싀 부쇼져의 니함을 조ᄎᆞ 양쥬로 가려ᄒᆞᄂᆞᆫ 긔미(幾微)를 드ᄅᆞᄆᆡ 급급히 셜계홀ᄉᆡ, 싀시 약간 금빅을 흣허 무뢰 악쇼빅 칠팔인을 쳐결(處決)ᄒᆞ여, 싀가 부지 졔집 노복 슈인과 합ᄒᆞ여 십여인이 반야(半夜)를 승간(乘間)ᄒᆞ여 긴 믹와 창도(槍刀)를 집고, 니함의 가즁 일기 잠들기를 기다려 바로 일시의 아오셩치고 니가의 집 뒤문을 쎄쳐 후당을 ᄉᆞ못ᄎᆞ니, 본딕 녀가니민(閭家里民)[127]의 집이 그리 깁흐며 크지 아니ᄒᆞ고, ᄯᅩ 약간 가즁 상히(上下) 쳣 【32】 잠이 바야히라. 꿈결의 이 변(變)을 만나니 혼불브쳬

---

[126]담박(淡泊)ᄒᆞ다 : 담백(淡白)하다. 담담(淡淡)하다. 싱겁다. 어떤 느낌이나 무엇에 마음을 두지 않고 무관심하다.

[127]녀가니민(閭家里民) : 마을의 일반 백성의 살림집.

(魂不附體)러라.

시야(是夜)의 부쇼졔 니향니친(離鄕離親)ᄒᆞᄂᆞᆫ 심회 주못 아름답지 아니ᄒᆞ니, 엇지 침듕(寢中)의 잠이 이시리오. 쵹을 붉히고 냥향으로 더브러 죵두(從頭) 쳐치(處置)를 졍히 상의ᄒᆞ더니, 믄득 포셩이 요란ᄒᆞ거ᄂᆞᆯ 노쥬 경황실ᄉᆡᆨ(驚惶失色)ᄒᆞ여 급히 니러나 문을 열고 보니, 희미ᄒᆞᆫ 월하의 십여인 강되 큰 미와 긴 창을 잡고 바로 쎄쳐 드러오며, 웨여 왈,

"다ᄅᆞ니ᄂᆞᆫ 히(害)치 말고, 다만 부쇼져를 뫼셔 도라가게 ᄒᆞ라. 우리ᄂᆞᆫ 다른 사ᄅᆞᆷ이 아니라 쇠부인 명을 바다 쇼졔 이곳의 슘으신 쥴 알고 뫼셔 도라가려 ᄒᆞ노라." 【33】

ᄒᆞ니, 쇼져와 냥향이 쇠시의 심복이 알고 잡으라 온 츄죵인 쥴 알ᄆᆡ, 혼빅이 니쳬(離體)ᄒᆞ여 밋쳐 ᄒᆡᆼ니(行李)를 거두지 못ᄒᆞ고, 노쥬 삼인이 총총이 넛그러 후창을 열치고 원문의 젹뉘 이시니 감히 나가지 못ᄒᆞ여, 젹은 담 문허진 곳으로 쮜여나○[가]셔로 붓드러 황망이 ᄶᅩ치여 다ᄅᆞ니, 비컨디 망나(網羅)의 버셔ᄂᆞᆫ 비죄(飛鳥)오 그물의 신 고기라. 길흘 분간치 못ᄒᆞ고 다ᄅᆞ니, 쇼져 노쥬ᄂᆞᆫ 연연(軟軟) 아녀직(兒女子)라. 비록 가노라 ᄒᆞᆫ들 셤셤삭삭(纖纖趲趲)[128]ᄒᆞᆫ ᄒᆡᆼ뵈(行步) 능치 못ᄒᆞ니, 계오 수오리를 ᄒᆡᆼ하여 각녁(脚力)이 핍진(乏盡)ᄒᆞ니, 젼픿(顚沛)[129]ᄒᆞ여 능히 겻지 못ᄒᆞ여 거의 잡히 【34】 게 되어시니, 츄죵(追從)이 졈졈 ᄯᆞ라오며 놉히 웨디,

"부쇼져ᄂᆞᆫ 급히 닷지 말고 향운 등은 쥬인을 뫼셔 ᄲᆞᆯ니 승교(乘轎)ᄒᆞ라. 교직(轎子) 뒤히 조ᄎᆞ시니 ᄲᆞᆯ니 뫼셔 평안이 도라가려 ᄒᆞ노라."

ᄒᆞ며, 졈졈 ᄶᅩᆯ오니 이곳이 취운산 곡노(谷路) 하상부 후원 밧 가산(家山) 뒤히러라. 쇼졔 형셰 급ᄒᆞ고 각녁이 핍진ᄒᆞ니 다시 거를 긔운이 업ᄂᆞᆫ지라. 일즉 쥬인을 ᄯᅥ날 젹 밋쳐 ᄒᆡᆼ니를 거두지 못ᄒᆞ나, 창황듕(蒼黃中) 스싱을 결홀 의ᄉᆡ 잇ᄂᆞᆫ 고로, 방듕의 잇던 쥬인의 젹은 칼흘 거두어 픔 가온디 감초왓더니, 이의 밋쳐ᄂᆞᆫ 홀일업셔 픔 가온디 단도(短刀)를 ᄲᅢ혀 옥슈(玉手)의 【35】 빗기 쥐고, 하ᄂᆞᆯ을 우러러 기리 탄왈,

"지란이 맛춤ᄂᆡ 무고히 죽으리로다. 젼혀 나의 용우(庸愚)ᄒᆞᆷ이라. 속속히 니가를 ᄯᅥ낫던들 엇지 츄심ᄒᆞᄂᆞᆫ 화를 만나시리오. 니 엇지 젹츄(賊酋)의 핍박ᄒᆞᄂᆞᆫ 욕을 감심ᄒᆞ리오. 유체(遺體)를 도듕(道中)의 바리미 불효(不孝) 비상ᄒᆞ나 형셰 마지 못ᄒᆞ미니, 향운 등은 브디 죽지 말고 셩명을 보젼ᄒᆞ여 도라가 디인과 냥형의게 고ᄒᆞ여, 슈인(讐人)을 ᄎᆞ즈 원슈를 갑게 ᄒᆞ며, 시쳬를 거두어 도라가 션ᄐᆡᄐᆡ(先太太) 묘젼의 장(葬)ᄒᆞ게 ᄒᆞ라."

셜파의 삼촌 상인(霜刃)이 빗츨 흘니ᄂᆞᆫ 곳의 임의 향혼(香魂)이 나라나고 빙신(氷身)이 희음업시 산 【36】 하(山下)의 구러지니, 냥비지 디경실ᄉᆡᆨᄒᆞ여 실셩혼동(失性混

---

[128]셤셤삭삭(纖纖趲趲) : 곱고 가녀린 모양.
[129]젼픿(顚沛) : 엎어지고 자빠짐.

動)ᄒᆞ며 젹뉴(賊類)ᄅᆞᆯ 브릭지져 원망ᄒᆞ니, 젹되(賊徒) 급히 쇼져ᄅᆞᆯ ᄰᆞ로다가 무망(無
妄)의 이 경싴을 보니 실싴(失色)지 아니리 업고, 싀싱 부지 직후죵지(在後從之)러니,
믄득 져의 연연(軟軟) 단심(丹心)이 ᄉᆞ싱을 초기(草芥)갓치 너겨, 일진녈풍(一陣烈風)
의 곳치 ᄰᆞ러지고 옥이 바아지믈 목젼의 보믹, 싀츅(畜) 부지 비록 무상흉픽(無狀凶
悖)ᄒᆞ나 역유인심(亦有人心)이라. 엇지 놀납고 경겁(驚怯)지 아니리오.

디경ᄎᆞ악(大驚且愕)ᄒᆞ여 놀나온 가온디나, 져 비ᄌᆞ 등을 노화 보니면 후환(後患)이
될가 출하리 냥녀ᄅᆞᆯ 마ᄌᆞ 죽여 노쥬 삼인의 시쳬ᄅᆞᆯ 아오로 산즁암【37】혈(山中巖穴)
의 깁히 드리치고 도라갈 거시라 ᄒᆞ여, 독흔 슈단이 거의 냥향의게 밋게 되엿더니, 홀
연 난디 업순 사ᄅᆞᆷ이 등 뒤히 잇셔 한 쇼릭 즐타의 큰 미ᄅᆞᆯ 들어 미이 치니, 놀납고
알프믄 둘지오, 니런 가만흔 형젹(形跡)을 타인이 아라시니, 장ᄎᆞᆺ 화식박의(禍事迫
矣)130)라 엇지 놀납고 ᄎᆞ악지 아니리오. 싀가 노츅(老畜)이 디경실싴ᄒᆞ여 급급히 다라
나니, 여당(與黨)이 ᄉᆞ산분궤(四散粉潰)ᄒᆞᄂᆞᆫ지라.

다만 쇼츅싱(小畜生)이 밋쳐 다라나지 못ᄒᆞ거늘, 풍학이 니다라 활츅(活捉)ᄒᆞ여 씌
ᄅᆞᆯ 글너 결박ᄒᆞ니, 관휘 명ᄒᆞ여 본부 닝옥즁(冷獄中)의 너허 그 ᄌᆞ결흔 셔싱의 근본을
【38】안 후의 살인을 뭇게ᄒᆞ라 ᄒᆞ고, 그 셔동을 불너 근파(根派)ᄅᆞᆯ 므릭려 홀식, ᄎᆞ
시 냥향이 쥬인의 목젼(目前) 참ᄉᆞ지경(慘死之境)을 당ᄒᆞ민, 호텬호곡(呼天號哭)ᄒᆞ여
스스로 ᄉᆞ싱을 도라 보지 못ᄒᆞ고, 쥬인의 보구(報仇)ᄒᆞ기ᄂᆞᆫ 둘지오, 실노 져희 죽으미
시킥의 이시니, 노쥬 삼인의 명이 무죄히 노즁(路中)의셔 죽어 오작(烏鵲)의 밥이 되
기 쉬오믈 텬디 망극ᄒᆞ여, 졍히 고디규텬(叩地叫天)ᄒᆞ더니, 믄득 불셰(不世)의 활불(活
佛)이 불의(不意) 강셰(降世)ᄒᆞ여 져의 급화(急禍)ᄅᆞᆯ 구ᄒᆞ믈 보니, 디경디희(大驚大喜)
ᄒᆞ여 ᄰᅩ 발셔 만나지 못ᄒᆞ여 쇼져의 쇄옥낙화(碎玉落花)ᄒᆞ미 ᄰᆞ른 줄을 더욱 셜워, 익
원(哀願)이 호곡(號哭)ᄒᆞ기ᄅᆞᆯ 마【39】지 아니터니, 젹인(賊人)의 잡히임과 그 관인(官
人)의 져히 브릭믈 보고, 향운은 쇼져 시쳬ᄅᆞᆯ 보호ᄒᆞ여 칼흘 ᄰᅥᆺ히니, 비록 놀나기ᄅᆞᆯ
과히 ᄒᆞ고 분두(憤頭)의 결ᄒᆞ미 이시나, 요힝 깁히 상치 아냐 가슴 가온디 미미(微微)
흔 온긔 잇더라.

향난은 급히 나아가 관후의 압히 머리 조아 졀ᄒᆞ여 왈,

"상공은 진실노 텬신(天神)이라. 불의(不意)의 하강(下降)ᄒᆞ미 아니시면, 엇지 무인
심야(無人深夜)의 산노험곡(山路險谷)의셔 사ᄅᆞᆷ의 급화(急禍)ᄅᆞᆯ 구ᄒᆞ시리잇고? 쳔인은
본디 인가 ᄉᆞ환(使喚)이라. 젹은 ᄉᆞ고로 쥬인으로 더브러 집을 피ᄒᆞ여 도로의 방황ᄒᆞ
옵다가, 도즁의셔 무뢰강포(無賴强暴)ᄅᆞᆯ 【40】만나 쥬인이 보젼치 못ᄒᆞ고, ᄰᅩ 쳔인
등의 셩명(性命)이 위틱ᄒᆞ기의 밋쳣더니, 불의의 셩인을 만나 불힝 즁 원슈ᄅᆞᆯ 갑게 되
어시니, 엇지 싱셩디은(生性大恩)131)이 은심하힉(恩深河海)ᄒᆞ고 즁여틱산(重如泰

---

130)화식박의(禍事迫矣) : 재앙이 닥쳐올 것임.
131)싱셩디은(生性大恩) : 목숨을 살려준 큰 은혜.

山)132)이 아니리잇고? 원컨딕 당돌ᄒ오나 한번 존호(尊號)ᄅ를 듯ᄌ와 긔억ᄒ엿습다가, 요ᄒᆡᆼ 보은보덕(報恩報德)홀 시졀이 이실가 ᄒᄂ이다."

관휘 늠연(凜然) 답왈,

"나의 셩시 근각(根脚)은 여등의 아라 쓸딕 업ᄂ니 아라 무엇ᄒ리오. 다만 여쥬(汝主)의 ᄉ셩이 급ᄒᆫ가 시브니, ᄲᆞᆯ니 평안ᄒᆫ 햐쳐(下處)의 드러가 구완ᄒ여 요ᄒᆡᆼ 싱도ᄅ를 어드시게 ᄒ라."

향난이 읍왈,

"쥬인의 ᄉ셩이 시금(時今)의 위름(危懍)【41】ᄒ시고, 아직도 동방이 치 붉지 아냐시니, 어딕가 인가ᄅ를 어드며, ᄯᅩᄒᆫ 어늬 인가의셔 싱인(生人)과 달나 거의 시긱(時刻)의 위름ᄒᆫ 시체ᄅ를 용납ᄒ리잇가?"

관휘 져의 ᄉ셩이 위틱타 ᄒᆞᆷᄆᆞᆯ 드르미, 비록 혐의로오나 님ᄉ지졔(臨死之際)의 구치 아니ᄒᆞᆷ은 인졍이 아니라. 다만 셩시 근본을 니르지 아니ᄒ고, ᄯᅩ 져의 근파ᄅ를 뭇지 아냐 모로ᄂᄂ듯시 구ᄒ여 도라보닉려 ᄒᄂ는 고로, 날호여 십여 보ᄅ를 거러 쇼져의 시체 잇ᄂ는 딕로 나아가니, 향운·향난이 좌우로 붓드러 망지쇼위(罔知所爲)133)홀 ᄲᅮᆫ이러라.

니러구러 동방이 붉아오고 미월(微月)이 몽몽(濛濛)ᄒ여 창【42】산(蒼山)의 걸녀시니, 엇지 사ᄅᆷ의 용모(容貌) 쳬지(體肢)ᄅ를 분간치 못ᄒ리오. 그 셔싱(書生)이 칼흘 흉복(胸腹)의 ᄭᅩᄌ시나, 창황즁(蒼黃中) 깁히 지르지 아녀시니, 옥골셜뷔(玉骨雪膚) 즁상ᄒ여 보기의 놀나오나, 보믹는 하 깁히 상치 아녓고, 놀나기를 과히ᄒ여 긔운이 엄식(奄塞)ᄒ여시나, ᄯᅩ 아조 막히든 아녀 ᄉ싱지녀(死生之慮)는 넘녀 업더라.

관휘 왈,

"닉 잠간 의슐을 아ᄂ니, 여등이 혐의치 말고 네 공ᄌ의 좌우슈(左右手)ᄅ를 닉라. 내 맛당이 믹도(脈度)ᄅ를 보아 당졔(當劑)와 냥약(良藥)을 다ᄉ리게 ᄒ리라."

냥향이 쇼져의 결기(潔介)ᄒᆞᄆᆞᆯ 아ᄂ지라. 요ᄒᆡᆼ 회싱홀진딕 죄칙이 등한치 아닐가 겁ᄒ여 유【43】유(儒儒) 쥬져(躊躇)ᄒ고 감히 팔흘 닉지 못ᄒ거늘, 관휘 잠쇼 왈,

"닉 보아도 너희 노쥬의게 히롭지 아니ᄒ리니, 두상(頭上)의 신명(神明)이 직상(在上)ᄒ고 아릭로 빅일(白日)이 마ᄋᆞᆷ 가온딕 빗최고, 녀ᄉ(予思)134)〇[을] 젼ᄒ여시니 엇지 마음을 속이리오. 남직면 형뎨로 칭ᄒ고 녀직면 남믹로 칭ᄒ리니, 네의의 혹 숀(損)ᄒ미 업ᄉ리라."

셩음이 화(和)ᄒ고 언에(言語) 졀당(節當)ᄒ니, 냥향이 바야흐로 심신을 졍ᄒ여 눈을 드러보니, 희미ᄒᆫ ᄉ는 빗치 늠늠ᄒᆫ 풍칙 학우(鶴羽) 니빅(李白)이라. 엇지 녹녹(碌碌) 속ᄌ(俗子)의 흰 낫과 붉은 닙시울의 금슈(錦繡) 문장(文章)을 셔어히 의방(依倣)ᄒ여 아름다온 인직(人才)라 ᄒ리오.

---

132)은심하히(恩深河海) 즁여틱산(重如泰山) : 은혜가 바다와 같이 깊고, 무겁기가 태산과 같이 무겁다.
133)망지쇼위(罔知所爲) : 어찌할 바를 모름.
134)녀ᄉ(予思) : 내 생각.

냥향이 비【44】록 쳥의하뤼(靑衣下類)나 일분 지식이 잇는지라. 관후의 텬디의 쌘혀난 풍광덕질을 한번 보미 황홀뒤경ᄒ고, 두번 보미 혜셩(嘒聲)[135] 갈ᄎᆡ(喝采)ᄒ믈 ᄭᅢ닷지 못ᄒ니, 히음업시 심심(深深) 비하(拜賀)ᄒ여 고두(叩頭) 왈,

"상공은 진실노 텬신이며 셩인이시라. 쳔인노ᄌᆔ 셰셰ᄉᆡᆼ싱(世世生生)의 듸은(大恩)을 닛지 못ᄒ리로쇼이다."

ᄒ고, 쇼져의 풀홀 ᄲᅡᆮ혀 믹도롤 잠간 슬피게 ᄒ니, 관휘 공경ᄒ여 진믹기롤 맛ᄎᆞ미 이의 낭듕(囊中)의 금창약(金瘡藥)을 ᄂᆡ여 창흔(瘡痕)의 바르고, 깁을 싣쳐 ᄊᆞ미라 ᄒ고, 회ᄉᆡᆼ약(回生藥)을 쥬어 구호케 홀ᄉᆡ, ᄎᆞ시 동일(冬日)이라. 황산심쳐(荒山深處)의 삭풍(朔風)이 쇼쇼(蕭蕭)ᄒ고 춘 긔운이 사롬 【45】 침노ᄒ니, 능히 일시도 견듸여 한둔(寒屯)홀 비 아니라. 관휘 풍학을 분부ᄒ여, 풍학의 집의 한간 쇼당을 셔릇져 부쇼져 노쥬롤 다려 도라가 병쳬롤 조셥(調攝)ᄒ여, 회운(回運)ᄒ기롤 기다려 그 집을 ᄎᆞ즈 도라가게 ᄒ라 ᄒ니, 원ᄂᆡ 풍학의 집은 하상부 큰문 밧긔 잇더라.

풍학이 명을 바다 나는 드시 졔집을 슈쇄(修灑)ᄒ고, 향운 등이 쇼져의 위위(危危)ᄒ 형쳬롤 붓드러 업어 학의 집의 가니, 학의 모와 쳐지 마즈 졍결ᄒ 초당의 드리고, 냥향이 지극 구호ᄒ며, 풍학이 관후의 명으로 의약과 보미롤 갓초와 년쇽(連續)ᄒ니, 두어 식경(食頃)이 지난 후, 쇼졔 【46】비로쇼 슘을 ᄂᆡ쉬고 회운ᄒ미, 이 본듸 젹년(積年) 고질(痼疾)의 긔진(氣盡)ᄒ여 긔식(氣塞)ᄒ미 아니라, 일시 놀나기롤 과히 ᄒ고 창흔(瘡痕)이 듕단ᄒ나 원ᄂᆡᄂᆞᆫ 허약ᄒ미 업ᄂᆞᆫ 고로, 졍신은 노연(瞭然)ᄒ지라.

눈을 냥향을 보며, 이곳이 어듸며 즈긔 엇지ᄒ여 회운(回運)ᄒ고 연고롤 므르니, 향 등이 울며 지난 바롤 다 고ᄒ나, 다만 관후의 진믹(診脈) 일단은 드노치 아니ᄒ니, 이ᄂᆞᆫ 관후의 ᄂᆡ력을 모로고, 쇼졔 혐의(嫌疑)로이 너겨 힝혀 ᄉᆞ지 못홀가 ᄒ미러라.

이ᄶᅦ 관후는 부듕의 도라오니, 발셔 계초명(鷄初鳴)이 지난지 오릭고, 졔뎨군죵(諸弟群從)이 신셩(晨省)ᄒ려 ᄒ고 바야흐로 쇼셰(梳洗)ᄒᄂᆞᆫ 즈음이러라.

관후【47】롤 보고 갓던 곳을 므르니, 관휘 아즈지ᄉᆞ(俄者之事)[136]롤 듸강 니르듸, 굿ᄒ여 부쇼져의 근각을 뭇지 아녀시므로 모호히 듸답ᄒ더라.

관휘 ᄯᅩᄒᆞᆫ 쇼셰ᄒ고 졔뎨와 한가지로 신셩ᄒ고, 부슉을 뫼셔 옥셔(玉署)[137] 단궐(丹闕)의 조회롤 파ᄒ고 셔당의 도라오미, 좌위 죵용혼지라. 이의 풍학을 불너 신효(晨曉)의 잡은 젹뉴(賊類)롤 잡아오라 ᄒ니, 좌우의 비록 다른 사롬은 업스나, ᄎᆞ뎨 혜션 도위와 삼뎨 흑소 몽징이 잇더라.

슈유(須臾)의 학이 젹(賊)을 잡아 계하의 니르니, 그 쇼년이 년긔 겨오 약관을 지닉엿고, 유관유의(儒冠儒衣)롤 닙어시니 션ᄲᅵ의 복식이오, 풍ᄎᆡ 아담ᄒ며 거【48】지(擧止) 표경(慓輕)ᄒ나 요악음흉지인(妖惡淫凶지인)은 아니러라.

---

135)혜셩(嘒聲): 감탄하여 저도 모르게 희미하게 내는 소리.
136)아즈지ᄉᆞ(俄者之事): 얼마 전에 있었던 일.
137)옥셔(玉署): 홍문관(弘文館)을 달리 이르는 말.

관휘 극흉디악인(極凶大惡人)이 아니믈 보미, 그 문득 스유(士儒) 즈데로 한 마음 가지기를 불녕(不佞)이 흐여 몸이 그른 곳의 샌지믈 어엿비 너겨, 믄득 좌우로 민 거슬 그르고 당의 올녀 쥬식을 쥬어 놀나믈 위로ᄒᆞ며 경계ᄒᆞ여, 스류지덕(士類之德)과 유문지힝(儒門之行)으로 인뉸인스(人倫人事)와 녜의지도(禮儀之道)를 가죽이 경계ᄒᆞ미, 이 믄득 공밍졍쥬(孔孟程朱)¹³⁸⁾의 놉흔 좌셕을 비러 밍즈(孟子)의 셩션(性善)¹³⁹⁾을 일ᄏᆞᆯ시ᄂᆞᆫ 구변(口辯)이라도 이의 밋지 못ᄒᆞᆯ너라.

져 쇠옥 젹취(賊酋) 비록 암약불민(闇弱不敏)ᄒᆞᆯ지언졍 흉험간특지인(凶險奸慝之人)은 아니라. 다겁(多怯) 허약(虛弱)ᄒᆞ거늘, 시비 풍학의게 잡히일젹 놀나【49】기를 과히ᄒᆞ고, ᄯᅩ ᄂᆡ옥(內獄)의 가도이니 벅벅이 부쇼졔 목젼(目前)의 죽ᄂᆞᆫ 양을 보앗ᄂᆞᆫ지라, 살인지죄(殺人之罪) 호딕(浩大)ᄒᆞ니, 당당이 잡혀시니 죽기ᄂᆞᆫ 오히려 쇼식(小事)어니와, 잡혀 법관의 나아갈젹은 부지 다 딕살(代殺)의 들 거시니, 이ᄂᆞᆫ 다 슉모의 그릇 지교흔 탓시로다 ᄒᆞ여, 십딕(十代)¹⁴⁰⁾ 녕원(靈源)¹⁴¹⁾이 요요분분(擾擾紛紛)ᄒᆞ여 조협(躁狹)흔 심장이 타ᄂᆞᆫ 듯ᄒᆞ니, 눈물을 흘니고 망극ᄒᆞ믈 니긔지 못ᄒᆞ여 졍히 아모리 ᄒᆞᆯ 쥴 모로더니, 믄득 날이 미이 느즌 후 범 갓흔 가뎡(家丁)의 무리 드러와 계셜지(繫紲之)ᄒᆞ고 속박지(束縛之)ᄒᆞ여 잡아ᄂᆡ니, 쇠츅이 더욱 창황망조(蒼黃罔措)ᄒᆞ여 벅벅이 죽을노다 【50】 혜아려, 밋쳐 한 미도 더으지 아녀셔 죽을 듯, 반싱반ᄉ(半生半死)흔 시신이 되여 쓰이여 나왓더니, 졔 믄득 은의(恩誼)를 둣터이 ᄒᆞ여 글너 노코, 당의 올녀 쥬식(酒食)으로 위로 경계ᄒᆞ믈 보니, 쇠츅이 쳘장셕심(鐵腸石心)이 아니라, 엇지 감동(感動) 회심(回心)치 아니ᄒᆞ리오.

ᄯᅩ 맛춤ᄂᆡ 셩명근파(姓名根派)를 뭇지 아니ᄒᆞ니, 이 더욱 딕군즈의 관인딕량(寬仁大量)과 화홍인즈(和弘仁慈)ᄒᆞ믈 알지라. 인의딕덕(仁義大德)으로 어진 경계를 다 못 드러셔, 쇠츅의 쥬견 업슨 심장이 농낙ᄒᆞ여, 장춧 오늘날 은인의 목슘 《살을‖살온》 은혜를 싱각건디, 은심하히(恩深河海)오 덕여퇴산(德如泰山)이니, 능히 니긔여 갑【51】흘 바를 아지 못ᄒᆞᆯ 듯ᄒᆞ니, 황망(慌忙)이 피셕(避席) 고두빅비(叩頭百拜)ᄒᆞ고, 감격흔 눈물이 비갓ᄒᆞ며 왈,

"쳔싱(賤生) 쇠욱은 쳔흔 나히 이팔(二八)이니 산인(散人)¹⁴²⁾ 쇠모의 독쟈(獨子)라. 본디 집이 가난ᄒᆞ고 지죄 미ᄒᆞ니 나히 약관을 지나기의 밋쳐시딕 능히 입장(入丈)치 못ᄒᆞ엿더니, 맛춤 슉모 부상셔 부인이 그 젼츌 녀직 바야흐로 당혼(當婚)ᄒᆞ다 ᄒᆞ고 냥가(兩家) 상의ᄒᆞ여 구친(求親)코져 ᄒᆞ오나, 부상셰 싱의 《민쳔‖미쳔(微賤)》ᄒᆞ믈 미

---

138)공밍졍쥬(孔孟程朱) : 공자(孔子), 맹자(孟子), 정자(程子), 주자(朱子).를 함께 이르는 말.

139)셩션(性善) : 성선설(性善說). 사람의 본성은 선천적으로 착하나 나쁜 환경이나 물욕(物慾)으로 악하게 되다는 학설. 중국의 맹자가 주장하였다.

140)십딕(十代) : 10세에서 19세 까지의 나이. 또는 그런 나이의 사람들.

141)녕원(靈源) : 영(靈)의 근원이라는 뜻으로 '마음'을 이르는 말.

142)산인(散人) : 세상일을 멀리하고 한가하게 사는 사람. 흔히 아호(雅號) 밑에 붙여서 겸손의 뜻을 나타낸다.

흡호여 혼인을 허치 아니 호오니, 피치 쳔연(遷延)호여 결치 못홀 즈음이러니, 기후
(其後)의 여츠여츠흔 일이 잇셔 부쇼졔 공연이 심규 폐륜을 즈쳐(自處)호고, 일홈 업
손 【52】 하시믈 위호여 슈졀흔다 호고, 부공부뷔 나종은 기녀롤 긔이고 쇼싱과 혼인
을 긔약호여 《잣츳∥쟝츳(將次)》 날이 갓가왓더니, 부쇼졔 엇지호여 스긔롤 알고 믄
득 부모와 동긔롤 속이고, 두 비즈로 더브러 도망호여 니부 비리(陪吏) 니함의 집의
슘엇거늘, 니함의 즈뷔(子婦) 쇼식을 누통호니, 슈뫼 알고 약간 금빅을 쥬며 여츠여츠
계규롤 가룩치거늘, 쇼싱부지 실노 가셰 빈한호니 한갓 녀즈의 아롬다옴도 위홀 뿐
아니라, 그 부귀롤 흠앙(欽仰)호여 과연 그 계규롤 조초 니함의 집의셔 븟허 부시 노
쥬롤 쪼츳 이곳의 밋쳐, 녈부의 강렬호미 스싱을 도라 【53】 감 갓치 너겨, 스스로 즈
결호는 거죄 이실 쥴 엇지 알니잇가? 졍히 목젼의 사룸이 죽는 양을 보고 엇지 놀납
지 아니호리잇고? 창황(蒼黃)홀 스이의 노야의 호슈풍녈(虎鬚風烈)[143] 갓흔 위엄을 만
나, 잡아 옥니(獄裏)의 가도시니, 반드시 살인지죄(殺人之罪) 범연치 아닐지라. 엄위지
하(嚴威之下)의 죽을 쥴노 아랏숩더니, 노애 니러틋 관젼(寬典)을 드리오샤 도로혀 죽
을 죄롤 스(赦)호시고, 쥬식(酒食)을 먹이시며, 녜의(禮義) 교화(敎化)로 경계호시니,
싱이 쏘흔 스족일믹(士族一脈)으로 인심이며 스룸이라, 엇지 늉산혜틱(隆山惠澤)을 져
바려 다시 그르미 이시리잇고만은, 이졔 요힝 노야의 은덕을 닙스와 목슘이 【54】 무
스호오나, 부쇼졔 만일 죽으미 젹실호올진○[딘] 그 시녀비 도라가 보슈(報讐)호기롤
계규(計規)호리니, 싱이 엇지 살기롤 바라리잇가?"

셜파의 눈물을 흘니니, 관휘 져의 뉘웃고 겁(怯)호는 거동을 보미 더욱 감동호여,
흔연 위로 왈,

"족히 만일 진실노 회과즈칙(悔過自責)호미 이실진디, 이는 그디 문호(門戶)의 경시
(慶事)라. 사룸이 덕을 닷가 몸을 보젼호고 문을 보호《호리니∥홀지니》, 닉 군을 위
호여 못닉 치하호노라. 호물며 슈요궁달(壽夭窮達)은 지텬(在天)호니 인녁의 밋츨빅
아니라. 엇지 부귀의 탐연(耽然)호여 니욕(利慾)의 무들믈 싱각지 아녀, 스스로 그른
곳의 쩐지리오. 사룸 【55】 이 암스(暗邪)흔 쇠롤 힝호미 사룸이 비록 알니 업다 호나,
우흐로 반드시 샹텬신기(上天神祇) 죄롤 졍히 호시느니, 엇지 복녹을 어드리오. 부쇼
졔 죽은즉, 살인즈스(殺人者死)는 한고조(漢高祖)의 관홍딕량(寬弘大量)으로도 스(赦)
치 아녀시니 홀일업거니와, 요힝 죽지 아녀신즉 닉 맛당이 진심호여 구홀 도리 이시
리라."

드디여 도라가기롤 직촉호여 왈,

"그디 이의 잇션지 오릭니, 녕당(令堂)의 우례 간졀호실 거시니 쌜니 도라가라. 후
일은 즈연 닉 잘 쳐치호리니 겁닉지 말나."

싁욱이 빅빅 고두(叩頭) 만복(萬福)호여 목슘 살온 은혜롤 스례호고 도라가니, 이쩍

---

143)호슈풍녈(虎鬚風烈) : 호랑이의 거친 수염과 태풍의 세찬 바람.

싀쳐시 여졸(餘卒)노 더【56】부러 무류(無聊)히 허여져 도라오니, 여당(餘黨)은 다 각각 살인지죄(殺人之罪)를 두려 스쳐(四處)로 훗허 다라나고, 오직 쳐시 슈삼 노복으로 더브러 도라오나, '아직(兒子) 잡혀가시니 필연 죽으리로다' 혜아려, 부인으로 더부러 슈말(首末)을 니르고 통곡ᄒᆞ며 싀부인을 무슈히 원망ᄒᆞ고, '아직 엇지 된고?' 쇼식을 몰나 아모리 홀 쥴 모로더니, 날이 반오(半午)의 밋쳐 아직 무ᄉᆞ히 도라와, 관후의 관인후덕으로 샤(赦)ᄒᆞ며 경계ᄒᆞ던 말을 낫낫치 젼ᄒᆞ고, 뉘웃눈 눈물을 무슈히 흘니니, 쳐ᄉᆞ부뷔 ᄯᅩ흔 관후의 은덕을 감격ᄒᆞ여 무슈히 축슈ᄒᆞ고, '부상셰 ᄉᆞ【57】긔(事機)를 알면 엇더ᄒᆞ고?' 근심이 방하치 못ᄒᆞ여 넘녜 측냥업더니, 니러구러 여러 날이 되나 부부(府)의셔 쇼식이 업스니, 바야흐로 방심ᄒᆞ여 이후 감히 다시 부쇼져의 인연을 바라지 못ᄒᆞ고, 싀싱 부지 허물을 닷가 어진 곳의 나아가고, 싀욱이 문지(文才) 초월(超越)ᄒᆞ여 후의 급졔ᄒᆞ여 싀문을 현달ᄒᆞ고, 어진 쳐ᄌᆞ를 어더 복녹이 가죽ᄒᆞ니, 이 엇지 관후의 어진 교홰 아니리오. 욱이 ᄯᅩ흔 관후의 셩(盛)ᄒᆞᆫ 덕을 닛지 아니ᄒᆞ고 ᄌᆞ로 문하의 나아가 비현(拜見)ᄒᆞ더라.

싀욱을 도라보ᄂᆡᆷᄅᆡ, 도위와 혹시 바야흐로 부쇼져의 젼후 ᄉᆞ단을 알고, 쇼져의 남【58】활(濫闊)ᄒᆞᆫ 위인을 불쾌ᄒᆞ나, 그 명달ᄒᆞᆫ 식안과 강기(慷慨)ᄒᆞᆫ 녈심(烈心)을 일단 긔특이 너기더라. ᄎᆞᄉᆞ(此事)로뼈 뎡국공과 초공긔 알외니, 뎡국공은 도로혀 부시의 졍ᄉᆞ를 년측(憐惻)ᄒᆞ여 아ᄌᆞ와 손아를 권ᄒᆞ여 부시를 바리지 못ᄒᆞ리라 ᄒᆞ니, 초공이 비록 번화를 깃거 아니나 신몽이ᄉᆞ(神夢異事)는 이졔야 드럿눈 고로, 이 ᄯᅩ 텬연(天緣)의 속ᄒᆞᆫ 비니 인녁으로 베오지 못홀 쥴 알고, 드듸여 ᄯᅳᆺ을 결ᄒᆞ여 부쇼져 친ᄉᆞ(親事)를 일우려 ᄒᆞ더라.

초공과 관휘 풍학을 명ᄒᆞ여 편ᄒᆞᆫ 교ᄌᆞ의 가졍복부를 갓초와 본부로 도라보ᄂᆡ고, 초공이 친히 냥향을 불너 결혼【59】홀 ᄯᅳᆺ을 빗최고, 싀욱 방셕(放釋)ᄒᆞᆫ 쇼유와 다시 져 뉴(類)를 결우미 불가ᄒᆞᆷ믈 아라드를만치 일너 도라보ᄂᆡ니, 냥향이 비록 쳥의하뉴(靑衣下類)나 지식이 과인ᄒᆞᆫ 고로, 바야흐로 쇼졔 하후의 구ᄒᆞ미 되여 인연이 쾌히 일게 되믈 깃거ᄒᆞᆷ며, 싀싱 부ᄌᆞ의 ᄒᆡᆼ시 통한ᄒᆞ나 이졔 그 죄를 붉히고져 흔즉, 상셔의 노를 니르혀 싀부인이 평안치 못홀지라. 초공의 명을 듯ᄌᆞ오미 빅비ᄉᆞ례(百拜謝禮)ᄒᆞ여 슈명ᄒᆞ고, 도라와 쇼져긔 젼후 ᄉᆞ어를 상셰히 고ᄒᆞ며, 이졔 본부로 도라가시믈 고ᄒᆞ니, 쇼졔 크게 놀【60】나며 ᄌᆞ긔 봉변참욕(逢變慘辱)ᄒᆞ던 경식을 하휘 보앗눈 쥴 참괴송연(慚愧悚然)ᄒᆞ나, 본품 남활ᄒᆞᆷ믄 곳치기 어려온 고로, 이 가온ᄃᆡ나 인연이 셩젼(成典)ᄒᆞ게 되믈 깃거ᄒᆞ더라.

쇼졔 ᄯᅩ흔 싀가 부ᄌᆞ의 일을 ᄃᆡ인(大人)이 알으시면 계뫼 불안홀 쥴 혜아려 냥향을 경계ᄒᆞ여 불츌구외(不出口外)ᄒᆞ고, 다만 양쥬로 ᄒᆡᆼᄒᆞ랴 ᄒᆞ다가, 강포(强暴)ᄒᆞᆫ 젹뉴(賊類)를 만나 반젼(盤纏)을 일코 거의 잡히게 되니, 쇼졔 스스로 겁(怯)ᄒᆞ여 ᄌᆞ결(自決)ᄒᆞ엿더니, 젹뉘 허여지고 하휘 구ᄒᆞ여 냥향 등의게 근각(根脚)을 뭇고, 그 슈졀ᄒᆞ믈 어엿비 너겨 《혼긔를∥혼인을》 일우려 ᄒᆞ므로, 알외게 ᄒᆞ【61】니라.

풍학이 가정복부(家丁僕夫)로 더브러 쇼져 거교를 호힝(護行)ᄒ여 부부(府)의 니르니, 향등이 몬져 교ᄌ를 인ᄒ여 닉당의 드러가니, 샹셰 이ᄌ로 더브러 즁당의셔 녀아의 거쳐를 일헌지 일슌(一旬)이로되, 쇼식이 졀원(絕遠)ᄒ믈 졍히 근심ᄒ더니, 믄득 향운・향난이 교ᄌ를 붓드러 드러오니, 샹셔부ᄌ 놀나 밧비 연고를 무르니, 향등이 비읍ᄒ여 젼후 곡졀을 ᄒ비히 고ᄒ고 위급지시(危急之時)의 하휘 구ᄒ여 풍학의 집의 하쳐(下處)ᄒ여 겨오 회운(回運)ᄒ미, 이의 하부의셔 구ᄒ여 도라보닌 ᄉ어(辭語)를 다 알외니, 샹셔부ᄌ 되경ᄎ【62】악ᄒ여 급히 교ᄌ를 열고 쇼져를 붓드러 닉니, 쇼져와 냥향이 오히려 남의(男衣)를 벗지 못ᄒ엿더라.

쇼졔 겨오 몸을 니러 부모 좌하의 비례 쳬읍ᄒ여 죄를 쳥ᄒ고 말을 못ᄒ니, 샹셔와 냥형은 탄식 위로ᄒ며, 젹뉴를 졀치(切齒)ᄒ여 잡아 즁히 다ᄉ리지 못ᄒ믈 한ᄒ고, 식시ᄂ 발셔 쇼식을 아랏ᄂ 고로, 힝혀 노쥬의 닙 가온되 므ᄉ 말이 날고 ᄉ식(辭色)이 측냥업셔, 면식(面色)이 ᄌ로 변이ᄒ더라.

샹셔부ᄌ 하샹부 부ᄌ의 집혼 은혜를 감격ᄒ여, 이의 녀아를 ᄉ실의 안돈(安頓)ᄒ라 ᄒ고, 외실의 나아와 풍학을 브르니, 학【63】이 고두비현(叩頭拜見)ᄒ고 하샹국의 글월을 올니니, 부공이 바다 기간ᄒ니, 되기 왈, '《녕녀∥녀ᄋ》의 불의화익(不意禍厄)을 치위(致慰)ᄒ 수에(辭語)'오, 버거, "공교히 가아(家兒)의 구ᄒ미 되여시니 ᄎ역(此亦) 텬연인가 ᄒᄂ니, 맛당이 녕녀의 질(疾)이 쾌쇼(快蘇)ᄒ거든 셩녜ᄒ리라" ᄒ엿더라.

샹셰 간필(看畢)의 답셔(答書)를 닷가 지삼 심은후틱(深恩厚澤)이 녀아의게 망극ᄒ시믈 ᄉ례ᄒ여 도라보닉다. 샹셰 닉당의 드러와 녀아의 상쳐를 보니, 비록 것ᄎ로 상ᄒ기를 되단이 ᄒ여시나, 깁히 믹(脈)긔ᄂ 범ᄒ미 업ᄉ니 ᄉ싱(死生) 위려(危慮)ᄂ 업더라.

샹셰 져기 방심ᄒ나 오히려 넘녜 방하치 못ᄒ여 【64】어로만져 탄왈,

"닉 아희 뉴쳬(遺體)를 이러틋 상히오믄 다 나의 불명혼암(不明昏暗)ᄒ미라. 하샹국 부ᄌ의 집혼 은혜ᄂ ᄉ싱의 닛기 어렵도다. 녀아ᄂ 진실노 식견이 명달ᄒ니 가히 녀즁(女中) 진유ᄌ(陳孺子)[144]라. 스스로 평싱을 졔도ᄒ미 영화롭게 ᄒ니 엇지 긔특지 아니리오."

한님곤계 ᄯ흔 미ᄌ의 슈히 도라와 지난 비 ᄎ악ᄒ나, 가긔(嫁期)를 셩젼(成全)ᄒ믈 불승환희ᄒ되, 홀노 식시 만복(滿腹) 싀긔 가득ᄒ여 다시 히코져ᄒ여, 심복을 노화 싀쳐ᄉ 부ᄌ를 쳥ᄒ여 의논코져 ᄒ즉 싀싱부ᄌ 두로 속앗ᄂ지라. 영영 가지 아니니, 싀시 간독(奸毒)ᄒ나 홀 도리 업셔, 【65】다시 간모(奸謀)를 베프지 못ᄒ더라.

쇼졔 본부의 도라와 의약으로 치료ᄒ니 월여의 흠질(欠疾)이 쾌소ᄒ여, 단장을 다ᄉ

---

144)진유ᄌ(陳孺子) : 진평(陳平). ? - BC178. 중국 한(漢)나라 때 정치가. 한 고조 유방(劉邦)를 도와 여섯 번이나 기발한 꾀를 내, 천하를 평정케 함.

려 부친긔 신셩(晨省)ᄒ니, 샹셰 녀아의 흠질이 쇼셩(蘇醒)ᄒᄆᆯ 크게 깃거, 이의 퇴일 ᄒ여 길일을 하부의 고ᄒ니, 겨오 슈슌(數旬)이 격(隔)ᄒ엿더라. 냥가의셔 혼슈ᄅᆞᆯ 셩비 (盛備)홀ᄉᆡ, 하부의셔는 형셰 브득이 ᄒ여 혼인을 일우나, 각별 ᄃᆡ스로이 알ᄆᆞᆫ 업ᄂᆞᆫ 고로 쵸쵸(草草)히 녜ᄅᆞᆯ 베프나, 부샹셔는 녀이 만금쇼즁(萬金所重)이라. 길일이 다ᄃᆞ ᄅᆞᆷ미 범스의 부려(富麗)ᄒᄆᆞ비 비길ᄃᆡ 업더라.

관휘 이날 길복(吉服)을 졍히 ᄒ고, 금안빅마(金鞍白馬)의 만조요긱(滿朝繞客)이 위 【66】요(圍繞)ᄒ여 혼가(婚家)로 향ᄒ니, 관휘 오히려 이십여셰의 니ᄅᆞ러 쳥츈이 방 셩(方盛)ᄒ여 더욱 쇼년 영지의 지난 위의 잇스니, 도로 관지(觀者) 칙칙(嘖嘖) 탄샹 (歎賞) 왈,

"츠인의 풍광이 져러ᄒ기로, 발셔 도원(桃園)의 기러기를 안으미 여섯 번이라. 아지 못게라! 그 몬져 취ᄒ엿던 바 연부인의 박싴누용(薄色陋容)은 쟝안의 일홈나시니 의논 치 말녀니와, ᄯᆞ흔 졔왕뎐하의 쇼쥬(小珠) 하후의 부인이니, 뎡쇼쥬(小珠)의 쳔고만ᄃᆡ (千古萬代)의 희한(稀罕)ᄒᆞᆫ 셩덕광염(聖德光艶)의 일홈난 ᄌᆡ용(才容)은 유명ᄒ거니와, 버거 그 삼부인이 엇더ᄒᆞ며, ᄯᅩ 시금 싀 부인이 능히 져 갓흔 군ᄌᆞ영쥰(君子英俊)의 ᄌᆡ풍(才風)으로 【67】상젹(相敵)ᄒᆞᆫ가."

ᄒ더라.

임의 부가의 다ᄃᆞ라 젼안지녜(奠雁之禮)를 맛츠니, 이날 부샹셔의 영ᄒᆡᆼ쾌활(榮幸快 闊)ᄒᆞᆫ 일구난셜(一口難說)이러라.

아이(俄而)오[145] 부쇼졔 화장셩식(華裝盛飾)으로 승교(乘轎)ᄒ니, 관휘 봉문(封門) 샹마(上馬)ᄒ여 부즁(府中)의 도라와 쳥즁(廳中)의 교비(交拜)ᄒ고, 동방(洞房)의 ᄌᆞ하 상(紫霞觴)을 난홀ᄉᆡ, 관휘 바야흐로 ᄡᅡᆼ셩봉안(雙星鳳眼)을 잠간 흘녀 신부를 보니, 훤 훤[146] 신장이 유여(裕餘)ᄒ여 살ᄃᆡ[147] 갓고, 옥안(玉顔)이 윤퇴(潤澤)ᄒ여 벽도홍잉(碧 桃紅鸎)[148]이 니슬을 마준 듯, 냥미(兩眉) 샹낭(爽朗)ᄒ여 츈풍(春風)의 비양(飛揚)ᄒ ᄂᆞᆫ 츈숑(春松)이요, 긔질이 화려ᄒ고 거지 남활ᄒ여 슉녀의 머로미 잇고, 가인(佳人)의 뇨조(窈窕)ᄒᄆᆞ 미흡ᄒ나, 간악요【68】물(奸惡妖物)과 ᄃᆡ악투부(大惡妒婦)는 아니러 라.

관휘 심하의 그윽이 그 위인을 우이 너기나, ᄯᅩᄒᆞᆫ 화근(禍根)의 빌미 되지 아닐 바 ᄅᆞᆯ 깃거ᄒ더라. 녜파의 밧그로 나가니 신뷔 드듸여 녜ᄅᆞᆯ 잡아 존당구고긔 뵈오니, 존 당구고 슉당ᄌᆞ미 그 위인의 무익무ᄒᆡ(無益無害)ᄒᄆᆞᆯ 깃거ᄒ더라.

좌즁의 녜ᄅᆞᆯ 파ᄒᄆᆞ비 초공이 명ᄒ여 뎡·표·샹·곽 스인으로 셔로 보게 ᄒ니, 신뷔 안셔히 슈명ᄒ여 뎡부인긔 원비긔 뵈는 녜ᄅᆞᆯ ᄒᆡᆼᄒ고, 버거 삼부인으로 동녈(同列)의

---

145)아이(俄而)오 : 얼마 안 있다가. 이윽고.
146)훤훤 : 훤칠하고 시원스러움.
147)살대 : 화살대.
148)벽도홍잉(碧桃紅鸎) : 푸른 복숭아나무 위에 앉아 있는 붉은 앵무새.

의(義)와 빈쥬(賓主)의 녜로 상디ᄒᆞ미, 제부인이 각각 동녈의 어진 쥴 깃거 옥면셩안(玉面星眼)의 희긔(喜氣) 알연(戛然)ᄒᆞ여149) 우희염150)ᄌᆞ즉 ᄒᆞ더라. 【69】

존당부뫼 바야흐로 몽셩의 가시(家事) 졍치(精致)ᄒᆞ고 이갓치 아름다와 옥슈쥬화(玉水朱花)151)갓흐믈 크게 깃거, 일좌(一座)의 화긔(和氣) 방장(方壯)ᄒᆞ니, 비단 돗 우희위하지셩(爲賀之聲)이 브졀여류 ᄒᆞ더라.

날이 져믈미 셕양(夕陽)의 빈긱이 도라가고, 신부 슉쇼롤 미화루의 졍ᄒᆞ니, 신뷔 인ᄒᆞ여 혼졍지녜(昏定之禮)룰 맛고 유아시비(乳兒侍婢)152) 붓드러 스실노 퇴ᄒᆞ다.

시야의 초공이 관후롤 불너 경계 왈,

"부시 비록 부ᄒᆡᆼ(婦行)의 졍슉ᄒᆞ미 낫브나, ᄯᅩ흔 디투일악(大妬一惡)은 아니니, 족히 너의 가시 넘녀롭지 아닌 인물이라. 다만 너의 제가(齊家)ᄒᆞ기의 잇ᄂᆞ니, 오아는 모로미 여러 쳐실의 후박을 【70】 고로○[고]로 ᄒᆞ여 규녀(閨女)의 원(怨)이 업게ᄒᆞ라."

관휘 ᄇᆡᄉᆞ슈명(拜謝受命)ᄒᆞ고, 물너 신방의 니ᄅᆞ니 신뷔 쳔연이 니러마ᄌᆞ, 동셔좌졍(東西坐定)의 관휘 흔연이 좌롤 밀고 왈,

"싱은 본디 박덕부ᄌᆡ(薄德不才)ᄒᆞ여 문왕(文王)153)의 여러 후비(后妃) 거ᄂᆞ리시던 셩덕(聖德이 업고, 또 실즁이 번화ᄒᆞ여 쳐쳡이 족ᄒᆞ니, 비록 장부지심이 무염(無厭)ᄒᆞ나, 다시 쳐실의 번화롤 구치 아니터니, 이제 문득 텬연(天緣)이 긔구ᄒᆞ여 지 능히 명문화엽(名門花葉)을 구ᄒᆞ여 싱의 여럿 지 부빈을 감심ᄒᆞ니, 아지못게라! 우흐로 원비(元妃) 잇고 버거 여러 동녈(同列)이 잇ᄉᆞ니, 능히 녀영(女英)154)의 슉신지풍(淑愼之風)155)을 니어 원비롤 존경ᄒᆞ고 동녈을 【71】 화우ᄒᆞ여, 싱의 닉조의 보익(補益)ᄒᆞ미 이시랴?"

쇼졔 쳥파의 슈ᄉᆡᆨ져미(羞色著眉)156)ᄒᆞ여 ᄂᆞ죽이 디왈,

"쳡슈불혜(妾雖不慧)나 잠간 디졀(大節)을 아옵ᄂᆞ니, 엇지 감히 존명을 ᄇᆞᆮ드지 아니리잇고?"

옥셩이 화평ᄒᆞ여 반호(半毫)도 가인(佳人)의 티되 업고 한낫 인걸(人傑)의 풍치라. 관휘 도로혀 무던이 너겨 밤이 깁흐믈 인ᄒᆞ여 옥쵹(玉燭)을 장외(帳外)의 물니{치}고, 금병(錦屛)을 닷으미, 쇼져와 한가지로 옥상나요(玉床羅褥)의 나아가 원앙장(鴛鴦帳)을

---

149) 알연(戛然)ᄒᆞ다 : 소리가 맑고 아름답다.
150) 우희다 : 움키다. 움켜잡다. 손가락을 우그리어 물건 따위를 놓치지 않도록 힘 있게 잡다.
151) 옥슈쥬화(玉水朱花) : 옥수처럼 맑고 단청의 붉은 꽃잎처럼 아름답다는 뜻으로, 매우 '맑고 아름다움'을 비유적으로 표현한 말.
152) 유아시비(乳兒侍婢) : 유모(乳母)와 아시비(兒侍婢)·시비(侍婢)를 함께 이르는 말.
153) 문왕(文王) : 중국 주나라 무왕의 아버지. 이름은 창(昌). 무왕의 주나라 건국의 기초를 닦았고 고대의 이상적인 성인군주(聖人君主)의 전형으로 꼽힌다.
154) 녀영(女英) : 순임금의 비(妃). 요임금의 딸로 언니 아황(娥皇)과 함께 순임금에게 시집가 서로 투기하지 않고 화목하게 잘 살았으며, 순임금이 창오(蒼梧)에서 죽자 함께 소상강(瀟湘江)에 빠져 죽었다.
155) 슉신지풍(淑愼之風) : 맑고 삼가는 기풍.
156) 슈ᄉᆡᆨ져미(羞色著眉) : 눈썹 주변에 부끄러운 빛이 나타남.

한가지로 ᄒᆞ니, ᄯᅩᄒᆞᆫ 은ᄋᆡ(恩愛) 범연치 아니ᄒᆞ니 이 엇지 슉치연분(宿債緣分)157)이 아니리오.

명조(明朝)의 관후ᄂᆞᆫ 몬져 나가고 부쇼졔 신장을 다ᄉᆞ려 존당의 문안ᄒᆞ니, 존당구괴(尊堂舅姑) 흔연무ᄋᆡ(欣然撫愛)ᄒᆞ여 【72】졔부(諸婦)와 ᄎᆞ등(差等)치 아니니, 부쇼졔 불승감은(不勝感恩)ᄒᆞ여, 인ᄒᆞ여 머물ᄆᆡ 셩효존당(誠孝尊堂)ᄒᆞ며 화우(和友) 슉친(叔親)·ᄌᆞ민(姉妹)·금장(襟丈)ᄒᆞ고, 승슌군ᄌᆞ(承順君子)ᄒᆞ며 원비(元妃)를 존경ᄒᆞ고 동녈(同列)을 화목ᄒᆞᄆᆡ, 크게 겸손인화(謙遜仁和)ᄒᆞ니, 합문상히(闔門上下) 도로혀 긔특이 너기고, 관위 화평이 거ᄂᆞ려 가ᄉᆡ 화평ᄒᆞ니 일가의 칭셩(稱聲)이 요요(擾擾)ᄒᆞ더라.

화표(話表)158) 시시의 텬하도총병마졀졔ᄉᆞ 평남ᄃᆡ원슈 윤후셩이 부원슈 이하로 쳔원밍장(千員猛將)과 빅만웅병(百萬雄兵)을 거ᄂᆞ리고 빅모황월(白旄黃鉞)을 압셰워 일침으로 나아갈ᄉᆡ, ᄃᆡ군이 호호탕탕(浩浩蕩蕩)이 힝ᄒᆞ여 지나ᄂᆞᆫ 바의 츄호(秋毫)를 불범(不犯)ᄒᆞ니 계견(鷄犬)이 놀나지 아니ᄒᆞ고, 향【73】민부뢰(鄕民父老) 단ᄉᆞ호장(簞食壺漿)159)으로 왕ᄉᆞ(王士)를 지영(至迎)ᄒᆞ더라.

닌읍이 망풍귀슌(望風歸順)ᄒᆞ니 일노의 무ᄉᆞ히 힝ᄒᆞ여 남도ᄃᆡ히(南道大海)의 니ᄅᆞ러ᄂᆞᆫ 본쥬ᄌᆞᄉᆡ(本州刺史) 먼니 나와 ᄃᆡ군을 마ᄌᆞ 관즁(關中)의 드러가 연향관ᄃᆡ(宴饗款待)ᄒᆞ고져 ᄒᆞ거늘, 원슈 ᄃᆡ경ᄒᆞ여 굿이 말녀 왈,

"일침의 반상을 드ᄅᆞ시고 셩상이 오히려 슉취옥침(宿就玉寢)160)의 불안ᄒᆞ시거늘, 신ᄌᆞ(臣子) 엇지 만니 밧긔 군국즁임(軍國重任)을 몸 우희 싯고, 젹군을 상ᄃᆡ치 아니코 몬져 음연(飮宴) 년낙(宴樂)ᄒᆞ여 신ᄌᆞ의 힝실을 휴손(虧損)ᄒᆞ리오. 맛당이 일침을 진졍(鎭定)ᄒᆞ고 도라오ᄂᆞᆫ 길히 맛당이 승젼악(勝戰樂)을 가초고 잔치ᄒᆞ여 즐기미 늣지 아니타."

ᄒᆞᆫ디, ᄌᆞ【74】ᄉᆡ(刺史) 그 졍ᄃᆡᄒᆞᆫ 말슴을 드ᄅᆞᄆᆡ, 도로혀 참괴(慙愧)ᄒᆞ여 무언(無言) ᄉᆞ죄(謝罪)ᄒᆞ고, 약간 쥬효(酒肴)를 셩비(盛備)ᄒᆞ여 《삼구∥삼군(三軍)》을 호궤(犒饋)ᄒᆞ더라.

냥원슈 즉시 모든 ᄉᆞ졸을 명ᄒᆞ여 션쳑(船隻)을 쥰비ᄒᆞ여 남히(南海) ᄃᆡ강(大江)의 ᄯᅴ오고, ᄐᆡᆨ일(擇日) 힝션(行船)ᄒᆞᆯᄉᆡ, ᄎᆞ시 납월(臘月)161) 초슌이라. 벽누(壁壘)의 상텬(霜天)이 늠늠(凜凜)ᄒᆞ여 빅일(白日)이 《교쥬∥교교(皎皎)162)》ᄒᆞ니, 한가지로 찬 긔운이 《참텬∥창텬(漲天)163)》하여 만니 창히(滄海)의 ᄶᅦᄎᆞᆺ고164), 북풍이 쇼쇼(瀟

---

157)슉치연분(宿債緣分) : 전세에 빌린 연분. 전세에 맺은 연분. =숙세연분(宿世緣分).
158)화표(話表) : 고소설에서 새로 이야기를 시작할 때 쓰는 '화설(話說)' '익설(益說)' '각설(却說)' 따위와 같은 화두사(話頭詞).
159)단ᄉᆞ호장(簞食壺漿) : ①대나무로 만든 밥그릇에 담은 밥과 병에 넣은 마실 것이라는 뜻으로, 넉넉하지 못한 사람의 거친 음식을 이르는 말. ②백성이 군대를 환영하기 위하여 갖춘 음식.
160)슉취옥침(宿就玉寢) : 잠자리에 들어 잠을 잠.
161)납월(臘月) : 음력 섣달을 달리 이르는 말.
162)교교(皎皎) : 썩 희고 맑다.

瀟)165)ᄒ며 음운(陰雲)이 참참(參參)ᄒ니166) 슈뢰(水路) 망망(茫茫)ᄒ여 만니(萬里) 관산(關山)이 스이지고167), 히되(海濤) 츠아(嵯峨)ᄒ여 벽픠(碧波) 암암(暗暗)ᄒ고 운뮈(雲霧) 스긔(四起)ᄒ여 연운(連雲)이 슈만니라. 스히(四海)를 도라보니 만첩산즁(萬疊山中)의 창산(蒼山)【75】이 울울(鬱鬱)ᄒ고, 《앙쇼이텬‖앙쇼이텸(仰霄而瞻)168)》ᄒ니 벽텬(碧天)은 막막(漠漠)ᄒ여169) 음긔(陰氣) 응응(凝凝)ᄒ며, 하지쇼이쳠이(下地小而瞻而)170)ᄒ니 듸히(大海)ᄂ 창양(漲洋)ᄒ여 벽파(碧波)를 잠가시니, 물식(物色)이 쳐량(凄涼)ᄒ고 경물(景物)이 쇼조(蕭條)ᄒ여171) 그 무심ᄒ 마음이라도 가히 즐겁지 아닐 비어늘, 니향니가(離鄕離家)ᄒ여 슈만니 밧 히도타국(海島他國)의 니친쳑(離親戚) 기부모(棄父母)172)ᄒ여 불모흉디(不毛凶地)의 도라올 지쇽(遲速)을 졍치 못ᄒ고, 슈로창낭(水路滄浪)173)의 늉한엄상(隆寒嚴霜)을 당ᄒ여 발셥(發涉) 근도(勤棹)174)ᄒᄂ 빅만스졸(百萬士卒)의 마음이 장ᄎᆺ 엇더ᄒ리오만은, 우흐로 윤원슈 갓흔 상장(上將)이 기세(蓋世)ᄒ 튱녈(忠烈)이 가죽ᄒ여, 스스로 몸을 앗기지 아녀 한고(寒苦)를 불넘(不念)ᄒ고 【76】 스졸을 스랑ᄒ미 슈족(手足)175) 갓흐니, 비록 완장포졸(頑將暴卒)176)이라도 도로혀 상장의 혈셩(血誠)을 감화ᄌ복(感化自服)ᄒ여 슈화(水火)의 스양치 아닐 뜻이 이시니, 엇지 《셜한님등‖셜한엄동(雪寒嚴冬)177)》의 괴로오믈 일호나 고렴(顧念)ᄒ리오.

삼군(三軍) 장졸이 마음을 일쳬로 ᄒ미, 비록 일침의 반역이 현져(顯著)ᄒᆯ지라도 그 승전ᄒᄆᆯ 긔여178) 필득(必得)ᄒ려든, 더욱 일침왕의 현명홈과 병관슐의 튱직ᄒᄆ로, 반역 늉한의 모함을 닙어 한번 텬병을 슈고롭게 ᄒ여시나, 그 엇지 간졍(奸情)이 실삭(實索)ᄒ미179) 반역의 머리 시상(市上)180)의 달니이믈 면ᄒ며, 현신모싀(賢臣謀士) 튱

---

163)창텬(漲天) : 하늘에 퍼져 가득함.
164)쎄치다 : 꿰뚫다. 이쪽에서 저쪽까지 꿰어서 뚫다.
165)쇼쇼(瀟瀟) : 비바람 따위가 세차다
166)참참(參參)ᄒ다 : 빽빽이 가득 찬 모양. 왕성이 떼로 움직이는 모양.
167)스이지다 : 멀어지다. *사이; 한곳에서 다른 곳까지, 또는 한 물체에서 다른 물체까지의 거리나 공간.
168)앙쇼이텸(仰霄而瞻) : 하늘을 우러러 바라봄.
169)막막(漠漠)ᄒ다 : 아주 넓거나 멀어 아득하다.
170)하지쇼이쳠이(下地小而瞻而) : 아래로 지상을 잠깐 굽어보니.
171)쇼조(蕭條)ᄒ다 : 고요하고 쓸쓸하다.
172)니친쳑(離親戚) 기부모(棄父母) : 친척과 이별하고 부모를 버림.
173)슈로창낭(水路滄浪) : 넓고 먼 바닷길의 차고 푸른 물결.
174)근도(勤棹) : 부지런히 노를 저음.
175)슈족(手足) : 손과 발을 아울러 이르는 말로, 형제나 자식을 비유적으로 이르는 말.
176)완장포졸(頑將暴卒) : 완악(頑惡)한 장수와 포악(暴惡)한 병졸.
177)셜한엄동(雪寒嚴冬) : 눈 내리는 한 겨울의 매서운 추위.
178)긔여 : 기어이. 기어코.
179)실삭(實索)ᄒ다 : 사실을 찾아내거나 밝혀내다.
180)시상(市上) : =함양시상(咸陽市上). 함양(咸陽)의 저잣거리. *함양(咸陽); 중국 섬서성(陝西省) 장안현(長安縣) 동쪽의 위성(渭城)이라는 옛 성이 있는 땅. 진(秦)나라의 도읍(都邑)으로, 이곳에서 죄인들을

의롤 가쵹이 ᄒ여 왕소(王土)롤 녜이영ᄃᆡ(禮以迎待)ᄒᄆᆡ, 그 가히 간과(干戈)롤 【7
7】 동(動)ᄒ며 창도(槍刀)롤 움즉여 승젼(勝戰)ᄒᄆᆡ 이시리오.

임의 윤원슈의 ᄃᆡ군이 일쳔쳑 ᄃᆡ션(大船)을 슈습(收拾)ᄒ여 ᄃᆡ강(大江)의 즁뉴(中流)
ᄒ니 가업슨 챵양ᄃᆡ희(漲洋大海)의 슈셰(水勢) 늠늠ᄒ여 깁희 쳔쳑(千尺)이오, 강쉬(江
水) 망망(茫茫)ᄒ여 그 가흘 보지 못ᄒᆞᆯ너라.

ᄃᆡ군(大軍)이 졍히 힝ᄒ여 슌여일(旬餘日)만의 바로 ᄃᆡ희즁(大海中)의 니ᄅᆞ럿더라.
【78】

처형하였다.

윤하뎡삼문취록 권지팔십팔

츠시 딕군이 졍히 힝ᄒ여 슌여일(旬餘日) 만의 바로 딕희중(大海衆)의 니ᄅ럿더니, 일일(一日) 명효(明曉)의 홀연 일진광풍(一陣狂風)이 딕작(大作)ᄒ여, 슈픠(水波) 《홍홍∥흉흉(洶洶)181)》ᄒ여 놀난 물결이 어즈러이 뛰놀고, 풍위(風雨) 딕작(大作)ᄒ여 쥬즙(舟楫)이 거의 업칠 듯ᄒ니, 션즁 상히(上下) 실쇡딕경(失色大驚)ᄒ여 ᄉ공(沙工)이 급히 모든 비를 것잡고져ᄒ나, 풍셰(風勢) 하 거룩ᄒ니, ᄯᅩ 능히 힝션(行船)을 머므르지 못ᄒ여 졔인이 다 황황ᄒ더니, ᄉ공 왈,

이곳이 빅두셤이 갓가온지라. 일즉 텬디산쳔(天地山川)이 삼기실 젹 남히(南海) 딕양즁(大洋中)의 큰 셤이 빗최니, 이곳 빅두셤이【1】라. ᄒ물며 남히(南海) 딕양(大洋)은 텬디 근원을 둘너 하늘이 삼기신 곳이니, 네붓허 빅두셤 직흰 신령이 가장 녕험ᄒ여, 도로 힝션이 감히 그져 지나지 못ᄒ여, 반ᄃ시 우양(牛羊)과 쥬효(酒肴)를 갓초와 힝졔(行祭)ᄒ고 지나오ᄃᆡ, 금일 힝ᄎᄂᆞᆫ 범연ᄒᆫ 힝치 아니라, 텬조 딕장이 빅만딕군을 남힝(南行)ᄒ시니, 니런 장관과 위엄은 쇼민 등이 싱닉(生來) 처음이라. 도로 힝션과 다ᄅ니 비록 힝졔치 아니코 지나셔도 관계치 아닐가 ᄒᆞ엿ᄉᆞᆸ더니, 《딕쳑∥딕쳑(大隻)182)》이 즁뉴(中流)ᄒᆞᄆᆡ 엇지 믄득 니런 변이 이실 쥴 아라시리잇고? 복원 노야ᄂᆞᆫ ᄉ오나온【2】《신련∥신령(神靈)》의 ᄯᅳᆺ을 거ᄉ려, 만군 ᄉ졸의 화를 ᄭᅵ치지 마르시고, 섈니 우양을 잡아 졔젼(祭奠)을 갓초와 빅두셤 신령의게 졔ᄒ고 힝션ᄒ시미 올흐니이다.

원슈 밋쳐 답지 못ᄒ여 부원슈 《윤슈∥윤봉닌》계왈(啓曰),

"불가ᄒ다. 아등이 텬조딕신으로 몸우희 딕작(大爵)이 잇고, 거느린 바 군병ᄉ졸노 만셰 황명이니, 쇼쇼 힝션의 ᄉ힝(私行)이 아니어늘 히즁의 젹은 신령이 엇지 감히 방즈ᄒ리오."

즐퇴(叱退)코져 ᄒ거늘, 딕원슈 빅두셤 셰즈를 드ᄅᆞᄆᆡ, 홀연 셕년 왕애(往也)의 ᄌ가(自家) 무셩명죄인(無姓名罪人)으로 텬하의 쥬류(周遊)ᄒᆞᆯ 젹, 이 셤의 와 쥰학·녕【3】필노 더브러 진퇴를 졍치 못ᄒ여 망극던 일을 싱각ᄒᆞᄆᆡ, 믄득 완연(完然)ᄒ여 목젼지ᄉ(目前之事) 갓흔지라. 홀연 심회(心懷) 불낙(不樂)ᄒ여 안쇡이 ᄌ상ᄒᆞᆷ을 ᄭᅦ닷지 못ᄒ더니, 이ᄯᅦ 쥰학·녕필이 ᄯᅩ 원슈 가젼(駕前)의 종ᄉ(從事)ᄒᆞ엿더니, 모든 ᄉ공의

---

181)흉흉(洶洶)ᄒ다 : 물결이 세차고 물소리가 매우 시끄럽다.
182)딕쳑(大隻) : 많은 수의 배.

말을 듯고 진젼 고왈,

"노애 엇지 당년亽(當年事)를 싱각지 못ᄒ시ᄂᆞ니잇고? 쇼인 등이 기시(其時)의 노야를 뫼셔 빅두셤의 니르러 일침 亽신의 비의 올낫다가, 풍셰(風勢) 불니ᄒ므로뼈, 일침 亽신이 우리 이신 연괴(緣故)라 ᄒ여 셤 즁의 나리워 노흘 젹, 망극던 일이 이졔론 듯 ᄒ이다. 빅두셤의 【4】 올나 위란지졔(危難之際)의 거의 죽게 되엿더니, 몽고국 상고션(商賈船)을 만나 죽을 곳의 亽라나미 잇던 거시니, 이졔 혜아리ᅌᅳ건ᄃᆡ 쏘흔 빅두셤 슈신(水神)의 묵우(默祐)홈도 업지 아닌 듯시브오니, 노애(老爺) 이졔 영귀(榮貴)ᄒ여 이곳을 지닉시ᄆᆡ 슈령(水靈)183)이 한가지로 반기ᄂᆫ 듯ᄒ오니, 감히 그져 지나든 못ᄒ오리니 약간 졔젼을 갓초아 셜졔ᄒ고, 무亽히 ᄒᆡᆼ션(行船)ᄒ시미 올흐니이다."

원쉬 쏘흔 셕亽(昔事)를 감상(感傷)ᄒ더니, 냥노(兩奴)의 말을 듯고 올히 너겨, 이의 하령ᄒ여 비를 강즁(江中)의 머므르고, 우양(牛羊)을 잡으며 쥬효(酒肴)를 만히 출혀, 쥰학·녕필노 ᄒ여 【5】 금 빅두셤을 바라며 ᄒᆡᆼ졔(行祭)ᄒ니, 졔파(祭罷)의 과연 바람이 졍(靜)ᄒ고 슌풍이 화(和)히 브러 풍셰(風勢) 잔잔ᄒ니, 졔인이 크게 신긔히 너기더라.

창망(滄茫) 디희를 월여의 비로쇼 건너 남쥬 희도(海島)의 니르러, 허다 치션(彩船)을 강변의 다히고 디군이 언덕의 나리니, 본관 틱슈(太守) 슈령(守令) 방빅(方伯) 이하를 거ᄂᆞ려 디군을 지영(至迎)ᄒ여 본읍 아즁(衙中)의 드러가, 쥬식(酒食)을 베퍼 크게 삼군(三軍)을 호군(犒軍)ᄒ고 남쥬 아(衙)의셔 이 밤을 지닉고, 슈일을 머므러 군마(軍馬)를 쉬오고, 다시 틱일 ᄒᆡᆼ군홀ᄉᆡ, 니러틋 도로의 지쳬(遲滯)ᄒ여 희즁(海中)의셔 일월을 뒤이져 시졀을 밧고미 되니, 임의 【6】 셰환(歲換)ᄒ여 츈뎡월(春正月) 념간(念間)이러라. 동군(東君)이 혜풍을 밧고와시니, 믄득 텬긔(天氣) 화창ᄒ고 일긔 온화ᄒ더라.

냥원쉬 디디인마(大隊人馬)를 휘동(揮動)ᄒ여 남희(南海)를 써나 남쥬 북녕산 하(下)의 니르니, 이곳의셔ᄂᆞ 일침 국되(國都) 그리 머지 아니ᄒ더라. 이곳은 디국지경(大國之境)이오, 일침국 亽이라. 젼후 뉵빅여리 졍되(程途)로딕, 산쳔이 긔험(崎險)ᄒ고 길히 편치 아녀, 인가(人家) 끗쳐지고 인젹이 희쇼(稀少)ᄒ지라. 원쉬 산형과 지셰를 술피고 산하(山下)의 목칙(木柵)을 운젼ᄒ여 크게 디영(大營)을 셰워 평원광야(平原廣野)의 진셰(陣勢)를 굿게 ᄒ고, 일변(一變) 셰작(細作)을 보닉여 일침국 동졍을 탐보(探報)ᄒ라 【7】 ᄒ고, 일변(一邊) 격셔(檄書)를 닷가 亽쟈(使者)로 ᄒ여금 일침의 보닉니라.

홀연 군亽 보(報)ᄒ딕,

"진(陣) 밧긔 한 사ᄅᆞᆷ이 화이(華夷)의 복식을 닙고, 진문(陣門) 밧긔 와 원슈노야 가 젼(駕前)의 뵈ᅌᅩᆸ고 비밀지亽(祕密之事)를 고ᄒ렷노라 ᄒᄂᆡ이다."

---

183)슈령(水靈) : 수신(水神).

원쉬 의심ᄒ여 드러오라 ᄒ니, 슈유(須臾)의 한 사름이 드러와 장젼(將前)의 고두(叩頭) 비복(拜伏) 왈,

"쇼장 늄한은 일침국 우승상이옵더니, 일즉 선왕이 기셰(棄世)ᄒ 후의 아국 문뮈(文武) 유쥬(幼主)를 닙(立)ᄒ오니, 금왕이 나히 불과 십여셰라. 인시 용우미렬(庸愚微烈)ᄒ여 쓸 곳이 업거늘, 좌승상 병관슐이 상틔우 슌우형으로 더브러 스스로 셥졍왕(攝政王)이 되여 믄득 참월(僭越)ᄒ 의【8】시 잇셔 어린 님군을 도도와 학졍(虐政)을 힘쓰고, 불궤(不軌)를 도모ᄒ여 죵묘ᄉ직(宗廟社稷)184)이 크게 위틱ᄒ거늘, 쇼관이 그 불가ᄒ믈 직삼 말뉴ᄒ니, 왕과 병관슐이 크게 노ᄒ여, 쳐음은 날을 죽이려 ᄒ다가 문무관원이 나의 무죄ᄒ믈 어엿비 너겨 간ᄒ리 만흔 고로, 드듸여 죽기를 면ᄒ고 남히의 귀향보닉니 이 ᄯᅡ히 머므럿더니, 이졔 원쉬 텬병(天兵)을 거ᄂ려 발셥(跋涉) 도로(道路)ᄒ여 먼 ᄯᅡ히 니ᄅ시니, 엇지 슈고롭지 아니리오. 이ᄂᆞᆫ 다 병관슐 슌우형의 소오나오미 유쥬(幼主)를 어지리 인도치 못ᄒ여, 션왕이 죽어 살이 밋쳐 셕지 아녀셔, 텬위를 망녕되이 간범(干犯)ᄒ【9】니, 기죄(其罪) 불용쥐(不容誅)라. 쇼장이 스스로 아국 군신의 흉악ᄒ믈 분(憤)히 ᄒ고, 원슈의 셩덕혜화(聖德惠化)를 목욕감고져 ᄒ옵ᄂᆞᆫ 고로, 몬져 와 뵈옵ᄂᆞ니, 복원 원슈ᄂᆞᆫ 무익ᄒ 한셜노뼈 요악ᄒ 병관슐의 죄를 뭇지 마ᄅ시고, 슈이 병(兵)을 나와 치시면, 쇼장(小將)이 당당이 ᄂᆡ외로 협공ᄒ여, 국옥(국옥)과 역신을 잡아 원슈 장하의 드리리이다.

원쉬 쳥파(聽罷)의 봉안(鳳眼)을 흘녀 늄한을 보니, 긔인이 상뫼(相貌) 흉험ᄒ고 면간(面間)의 불녕(不侫)ᄒ 긔운이 가득이 둘너시며, 목직(目眥) 흉독ᄒ여 반ᄃᆞ시 현인이 아닌 쥴 알니러라.

원쉬 그 얼골을 보고 그 말을 드르니 ᄉ광(師曠)의 총【10】명(聰明)185)이 니러나, 틱공망(太公望)186)의 조마경(照魔鏡)187)을 쥬영즁(周營中)188)의 빗최미 아니로듸, 구미호(九尾狐)의 졍젹(情迹)을 엇지 판단치 못ᄒ리오.

늄한이 결비현인(決非賢人)이니, 일침왕의 반심(叛心)이 실노 괴이ᄒ거늘, 병관슐 슌우형의 일홈을 드르니, 임의 반셰(半歲) ᄉ은(私恩)으로 그 위인을 눈익여 본 바로, 몬져 그 셩명을 드ᄅ믹 반갑고 깃브믈 니긔지 못ᄒ니, 일노뼈 츄이(推移)컨듸 지ᄌ(知者)와 쳘인(哲人)의 명감(明鑑)이 엇지 만닉를 ᄉ못지 못ᄒ리오.

---

184)죵묘ᄉ직(宗廟社稷) : 왕실과 나라를 통틀어 이르는 말.
185)ᄉ광(師曠)의 총명(聰明) : 사광(師曠)은 춘추시대 진나라 음악가로, 소리를 들으면 이를 잘 분별하여 길흉을 점쳤다 한다. 따라서 사리(事理)를 잘 분별하는 것을 '사광의 총명'이라 한다.
186)태공망(太公望) : 중국 주(周)나라 초기의 정치가 여상(呂尙)의 다른 이름. 여(呂)는 그에게 봉해진 영지(領地)이며, 상(尙)은 그의 이름이다. 성은 강(姜)이고, 강태공(姜太公). 여망(呂望) 등의 다른 이름으로도 불린다. 위수(渭水)에서 10년 동안이나 낚시를 하며 때를 기다려 주 문왕을 만났다는 고사가 전하며, 저서에 ≪육도(六韜)≫가 있다.
187)조마경(照魔鏡) : 마귀의 본성을 비추어서 그의 참된 형상을 드러내 보인다는 신통한 거울. 늑조요경(照妖鏡).
188)쥬영즁(周營中) : 중국 주(周)나라 군사들의 군영(軍營) 가운데.

"반ᄃ시 기간ᄉᆡ 불측(不測)ᄒ여 필유묘믹(必有苗脈)이니, 일침왕의 반상(叛狀)이 주못 명빅지 아니ᄒ니, 너 임의 몬져 격셔를 보너여시니, 져 군신이 무어시라 ᄒ【11】ᄂᆞᆫ고, ᄉᆞ긔를 보아가며 션쳐ᄒ미 조흐리로다."

ᄒ고, 흔연 허락ᄒ고 왈,

"그ᄃᆡᄂᆞᆫ 가히 츙의지ᄉᆡ(忠義之士)로다. 여언(汝言)이 유리ᄒ니, 그ᄃᆡ로 ᄒ리니 너ᄂᆞᆫ 가히 믈너가지 말고, 영즁(營中)의 깁히 잇셔, 나의 ᄎᆞᆺᄂᆞᆫ ᄶᆡ를 기다리라."

ᄒ고, ᄉᆞ긔 타연ᄒ더라. 뇰한이 졔 계귀(計揆) 일니로다 암희ᄒ여 빅빅 ᄉᆞ례ᄒ고, 믈너 후군즁의 머므더라.

뇰한이 믈너난 후 부원슈 ᄃᆡ원슈긔 고왈,

"뇰한의 ᄒᆡᆼ지(行止) 괴이ᄒ고 면목이 불양(不良)ᄒ여 그 말이 진졍이 아닌가 시부거ᄂᆞᆯ, 형장이 져를 다스려 간졍(奸情)을 획실(覈實)치 아니시고 조히 군즁의 머므ᄅ시니잇고?"

원슈 미쇼 왈,

"우형(愚兄)이 【12】임의 혜아리미 잇ᄂᆞ니 현뎨(賢弟)ᄂᆞᆫ 의려(疑慮)치 말나. 뇰한을 이곳의 잡아두미 졔게 ᄒᆡ롭고, 우리 군즁은 유익무ᄒᆡ(有益無害)ᄒ니라."

부원슈와 졔장이 괴이히 너기나 나종을 보려 말을 아니터라.

이젹의 원슈의 ᄉᆞ쟤(使者) 격셔(檄書)를 밧드러 일침국 셩도의 드러가니, 이ᄊᆡ 텬조의 흥병문죄(興兵問罪)ᄒᄂᆞᆫ 쇼식이 발셔 국도의 니ᄅ럿ᄂᆞᆫ지라. 병관슐과 슌우형이 묘당의 안졋더니, 몬져 변보(變報)를 듯고 ᄃᆡ경ᄒ여 급히 궁너의 들어가 왕을 보고 이 쇼식을 알외니, 왕은 년쇼ᄒᆞᆫ지라. 크게 놀나 왈,

"아국(我國)이 본ᄃᆡ 션왕붓허 ᄃᆡ국 셤기믈 조【13】금도 퇴만ᄒ미 업거ᄂᆞᆯ, ᄃᆡ국 189)군하(君下) 므ᄉᆞᆫ 연고로 텬병을 니ᄅ혀리오. 상부(相府)ᄂᆞᆫ 맛당이 셰작(細作)을 브려 쇼식을 탐쳥ᄒ여 션쳐ᄒ게 ᄒ라."

병 상(相)이 왕교(王敎)를 듯고 올히 너겨, 즉시 근신(謹愼)ᄒᆞᆫ 심복을 ᄃᆡ국지경(大國之境)의 가 탐쳥ᄒ니, 과연 도라와 보ᄒᆞᄃᆡ,

"ᄃᆡ국지경의 가 사ᄅᆞᆷ의 젼ᄒᄂᆞᆫ 말을 드ᄅ니, 분분(紛紛)이 니ᄅᄃᆡ, 일침이 무상 불의ᄒ여 션왕이 죽고 신군(新君)이 즉위ᄒ미, 불츙무상(不忠無狀)ᄒ여 참월(僭越)ᄒᆞᆫ ᄯᅳᆺ을 두어, 위션(于先) 츈츄납공(春秋納貢)을 폐ᄒ고 모ᄉᆞ(謀士)를 모ᄒ며, 여당(與黨)을 훗허 모월일의 ᄃᆡ국 남쥬지경의 가 군긔와 마필을 ᄉᆞ고, ᄯᅩ 거【14】줏 왕녀○[를] 상고션(商賈船)의 밉시로 ○○[ᄒ며], 그윽이 텬조(天朝)를 엿보아 '즁원(中原)의 ᄉᆞ슴을 ᄶᅩᆯ올'190) 의ᄉᆡ(意思) 잇다ᄒ여, 반상(叛狀)이 여ᄎᆞ여ᄎᆞ 낫하나니, ᄃᆡ국이 조공이 여

---

189)군하(君下) : 임금과 신하를 함께 이르는 말.
190)즁원(中原)의 ᄉᆞ슴을 ᄶᅩᆯ오다 : =즁원츅록(中原逐鹿). '넓은 들판 한가운데서 사슴을 쫓는다'는 뜻으로, 군웅(群雄)이 제위(帝位)를 얻으려고 다투는 일을 이르는 말. *즁원(中原); ①넓은 들판의 중앙. ②경쟁하는 곳. 또는 정권을 다투는 무대. *ᄉᆞ슴; 사슴. 제위(帝位)를 상징한다.

일치 아니ᄒᄆᆯ 의심하던 ᄎ, 《니러∥니런》 변보ᄅᆯ 남쥬틔쉬 비보(飛報)ᄒ니, 텬ᄌᆡ ᄃᆡ로ᄒ샤 밍장ᄉ졸(猛將士卒)을 보니여 장ᄎᆺ 문죄ᄒ런다 ᄒ더이다."

언미죵(言未終)의 일침 군신이 ᄃᆡ경실ᄉᆡᆨ(大驚失色) 왈,

"이 엇진 말고? ᄉ신 늉한 등이 거츄(去秋)의 조공을 시러 텬조의 드러 갓시니 거의 회환(回還)ᄒᆯ 즈음이어늘, 엇지 젼언이 니러ᄐᆺ 괴이ᄒᄂᆈ? 이 아니 젼언의 과실ᄒ미냐? 늉 상뷔(相府) 어ᄃᆡ로 갓ᄉ리오."

병관슐이 쥬왈,

"ᄃᆡ국이 비록 ᄯ히 【15】 머러 왕홰(王化) 셔로 통치 못ᄒ나, 결단코 ᄇᆡᆨ일지하(白日之下)의 부언(浮言)은 창슈(唱酬)치 아니 ᄒ오리니, 조공(朝貢)이 슌(順)ᄒ면 니런 변이 어이 잇ᄉ리잇고? 늉한이 조공을 가져 텬조의 드러간 지 하마 긔년(朞年) 《의∥이니》, 죽어도 쇼식이 잇고 ᄉ라도 쇼식이 잇슬 거시로ᄃᆡ, 이졔 아조 싱ᄉ의 쇼식이 졀원(絶遠)ᄒ니, 이 가장 괴이ᄒᆫ 일이라. 신의 우혹(愚惑)ᄒᆫ 쇼견의ᄂᆞᆫ 늉한이 반ᄃᆞ시 반심(叛心)을 품어 ᄃᆡ국의 공헌ᄒᄂᆞᆫ 터라, 녜물(禮物)을 가지고 즁노의 슘어 반간(反間)을 노화, ᄃᆡ국으로 ᄒ여금 아국을 침노ᄒ여 국즁이 황황(遑遑)ᄒᆯ ᄉ이의, 무ᄉᆫ 흉계ᄅᆯ ᄭᅬᄒ여 졔 스스로 일침 【16】을 찬(簒)ᄒᆯ ᄯᆺ이 잇ᄂᆞᆫ가 ᄒᄂᆞ이다."

즁관(衆官)이 다 올히 너겨 왈,

"병승상의 말이 올타. 늉한이 본ᄃᆡ 우리 왕의 나히 어리ᄆᆯ 업슈이 너기고, 병승상의 위권(威權)을 ᄭᅥ려 심히 압두(壓頭)ᄒᆯ ᄯᆺ이 잇더니, 과연 ᄆᆞᆺ치 누ᄅᆞ지 못ᄒ여 흉계ᄅᆯ 지으미로다."

ᄒᆞᄃᆡ, 왕이 ᄎ언을 듯고 더욱 ᄃᆡ겁(大怯) 왈,

"과인이 년쇼ᄒ여 셰ᄉ(世事)ᄅᆯ 경녁지 못ᄒ엿거늘, 무죄(無罪) 무과(無過)히 니런 일을 맛나니 엇지 놀납지 아니리오. 원컨ᄃᆡ ᄉ부ᄂᆞᆫ 과인의 어린 나흘 어엿비 너겨, 진츙갈녁(盡忠竭力)ᄒ여 국가ᄅᆯ 안도(安堵)ᄒᆯ 계규(計揆)ᄅᆯ 싱각ᄒ라.

언파의 눈물을 흘니니, 병승상 【17】이 왕의 슬허ᄒᆞᄆᆯ 보ᄆᆡ 크게 감동ᄒ여, 역시 눈물을 먹음어 위로 왈,

"왕은 슬허 마로쇼셔. 우리 군신이 본ᄃᆡ 지은 죄 업ᄉ니, 현마 하늘이 무심ᄒ시며 션왕의 신녕인들 엇지 음즐(陰騭)치 아니시리잇고? ᄃᆡ왕은 하 번뇌치 마로쇼셔. 텬병이 니ᄅᆞᄂᆞᆫ 《말∥날》이면 반ᄃᆞ시 격셰(檄書) 니ᄅᆯ 거시니, 기시의 ᄌᆞ연 계귀 잇ᄉ리이다."

왕이 눈물을 먹음어 ᄉ례ᄒ더라.

니러구러 여러 날이 되니 변뵈 날마다 눈날니듯 ᄒ여, 오늘은 텬병이 물가의 님ᄒ엿다 ᄒ고, ᄂᆡ일은 힝션ᄒ다 ᄒ고, 우명일은 ᄒᆡ즁(海中)의 뉴(流)ᄒ엿다 ᄒ여, 탐미(探馬) 구름갓치 나라 ᄭᅳᆺ츨 ᄉ이 업ᄉ니, 조 【18】졍이 황황ᄒ고 ᄇᆡᆨ셩이 분분ᄒ여 녀리

---

191)반간(反間) : =이간(離間). 두 사람이나 나라 따위의 사이를 헐뜯어 서로 멀어지게 함.

(閭里) 시민(市民)이 져주룰 파ᄒ고, 조정이 계청(啓請)ᄒ여 도셩 ᄉ문(四門)을 다드니, 국닉 크게 요란ᄒᆞᆫ지라.

병관슐과 슌우형 등이 쥬야(晝夜) 우국(憂國)ᄒᆞᄂᆞᆫ 근심이 슈미(愁眉)룰 잠가, 감히 집의 도라가지 못ᄒ고, 쥬야 묘당의 모다 군졍(軍政)을 의논ᄒ니, 혹이 왈,

"아국이 본딕 무죄ᄒ거늘, 샹국(上國)이 공연이 문죄ᄒ니 일관(一貫)이 통히ᄒᆞᆫ지라. 비록 죽을지언졍 군위룰 다ᄉ려 한번 ᄡ화 승부룰 결ᄒ즈."

ᄒᆞᄂᆞ 니도 잇ᄉ며, 혹○[은] 왈,

"딕국이 아국으로 더부러 왕반(往返)이 요원(遼遠)ᄒ니, 션왕이 훙(薨)ᄒ션지 오라지 아니ᄒ고, 왕이 년쇼ᄒ여 국졍을 션치【19】치 못ᄒ니, 인심이 한갈갓지 아니ᄒ고, 이 가온딕 모ᄅᄂᆞᆫ 즁의 간신이 은복ᄒ여 반간을 노하 딕국의 누셜ᄒ여 일을 비져닉가 시브니, 텬병이 발셔 지경(地境)의 갓가왓다 ᄒ니, 만일 지경의 들거든 각별 말 잘ᄒᄂᆞᆫ ᄉ신을 보닉여, 본딕 반상이 업던 바룰 발명(發明)ᄒ미 올코, 그리ᄒ여 텬병이 듯지 아니커든, 셔로 ᄉ싱을 결ᄒ여 승부룰 결ᄒ미 올타."

ᄒ여, 의논이 졍히 분분ᄒᆞᆯ더니, 믄득 톄탐(諜探)이 급보(急報)ᄒᆞᄃᆡ,

"셩밧긔 텬조 ᄉ직(使者) 격셔룰 가져와 문열나 ᄒᄂᆞ이다."

ᄒ거늘, 병 상(相)이 급히 즁관(衆官)으로 더브러 문을 열고, ᄉ주룰 흔연이【20】관졉(款接)ᄒ여 관역(館驛)192)의 드러와 셜연관딕(設宴款待)ᄒ고, 원슈의 격셔룰 바다 보니 기셔(其書)의 왈,

"텬조딕원슈딕도독(天朝大元帥大都督) 윤모ᄂᆞᆫ 글월을 일침왕의게 올니ᄂᆞ니, 희라! 텬디지간(天地之間)의 오직 츙효위딕(忠孝爲大)ᄒᆞᆫ 인즈(人子)의 읏듬 넘위(念憂)라. 왕이 비록 변ᄉᆡ(邊塞) 이역(異域)의 싱쟝(生長)ᄒ여 녜의교화(禮義敎化)룰 아지 못ᄒ나, ᄯᅩᄒ 인면(人面)인즉 인심(人心)이리니, 샹국이 본딕 쇼방을 딕졉ᄒᆞ미 인덕을 일흐미 업거늘, 쇼방이 엇지 감히 몬져 텬위룰 항형(抗衡)ᄒ며 조공을 폐ᄒ여 반상(叛狀)이 현겨ᄒᄂᆈ? 만셰 황샹이 졍상을 통히(痛駭)ᄒ샤 특별이 지ᄉ냥【21】쟝(志士良將)으로 문죄ᄒᄂᆞ니, 만일 허물을 뉘웃거든 ᄲᆞᆯ니 셩문을 여러 왕ᄉ(王士)룰 지영(祇迎)ᄒ고, 진실노 항거ᄒᆞᆯ ᄯᅳᆺ이 잇거든 ᄯᅩᄒ 셔로 병을 드러 승부룰 결ᄒ{리}라."

ᄒᆞᆯᆻ더라.

병 상(相)이 즁관(衆官)으로 더브러 보기룰 맛ᄎᆞ미, 몬져 니러나 머리조아 ᄉ례 왈,

"지죄(知罪) 지죄(知罪)라. 엇지 딕국 허물이 잇ᄉ리오. 젼혀 쇼방(小邦)이 무상불츙(無狀不忠)ᄒᆞᆫ 연고로 션왕(先王)이 불힝 연셰(捐世)ᄒ고, 신왕(新王)이 년쇼ᄒ여 션왕의 법규룰 치 아지 못ᄒ거늘, ᄯᅩ 좌우의 돕는 신히 다 불츙무상ᄒ여 이부(伊傅)193)의 츙(忠)과 쥬쇼(周召)194)의 녈(烈)이 업셔, 유군(幼君)을 어지리 돕지【22】못ᄒ여, 불

---

192) 관역(館驛) : =역사(驛舍). 역으로 쓰는 건물.
193) 이부(伊傅) : 은나라의 전설상 인물로 탕왕을 도와 하나라의 걸왕을 멸망시키고 선정을 베푼 이윤(伊尹)과 고종(高宗)을 도와 은나라의 중흥(中興)을 이룩한 재상 부열(傳說).

미흔 일홈이 먼니 황셩을 쇼요ᄒᆞ니, 기죄(其罪) 불용쥐(不容誅)어늘, 쏘 뒤군이 슈고로
이 슈만니 졀역(絶域) 히도(海島)의 풍상을 므릅뼈 왕ᄉᆞ를 슈고롭게 ᄒᆞ니, 엇지 아조
(我朝) 군신의 용녈ᄒᆞ미 붓그럽지 아니리오. 쳥컨듸 ᄉᆞ명(使命)은 도라가 ᄉᆞ연을 니
뒤로 원슈 휘하(麾下)의 회쥬(回奏)ᄒᆞ쇼셔."

ᄒᆞ고, 은근 우뒤ᄒᆞ고 답셔를 닷가 쥬거늘, 시(使) 하직고 쥬야로 도라와 가젼(駕前)
의 뵈고 문답 슈말을 ᄌᆞ셔히 젼ᄒᆞ고 답셔를 올니니, 냥 원슈 졔군 쟝졸을 즁군 쟝듸
(將臺)의 모ᄒᆞ고 국셔를 쩌혀보니 왈,

"일침국 왕 달목은 근비(謹拜) 고두(叩頭)ᄒᆞ여 삼가 글월을 【23】 텬조 상쟝 뒤원
슈 휘하의 올니ᄂᆞ이다. 쇼방이 불ᄒᆡᆼᄒᆞ여 션왕이 궁금(宮禁)을 바리시니 과인이 년쇼부
직(年少不才)로 외람이 션왕의 업(業)을 니으니, 진실노 년쇼 박덕이 일면 쇼방(小邦)
도 진복(鎭服)ᄒᆞᆯ 덕이 업ᄉᆞ거늘, 엇지 감히 즁원(中原) 너른 ᄯᅡ흘 엿볼 흉심이 잇ᄉᆞ리
잇고? 거츄(去秋)의 쇼방(小邦) 젹은 신하 늙은 야션 등으로 뒤조(大朝)의 조공을 올
니고, ᄉᆞ신의 회국(回國)ᄒᆞ기를 날노 기다리더니, 아지못게이다! 하ᄉᆞ유변(何事有變)이
완듸, 쇼방 ᄉᆞ신의 거쳐ᄂᆞᆫ 업숩고, 쳔만 의외의 문죄(問罪)ᄒᆞᄂᆞᆫ 뒤군이 니ᄅᆞ오니, 쇼방
이 실노 작죄(作罪) 【24】 ᄒᆞ미 업ᄂᆞᆫ 바의, 엇지 놀납고 두럽지 아니리잇고? 바라건듸
원슈ᄂᆞᆫ 쇼국(小國) 군신(君臣)의 무죄ᄒᆞᆷ믈 지삼 명찰ᄒᆞ쇼셔. 만일 일ᄇᆡᆨ 번 죽을 죄를
ᄉᆞ(赦)ᄒᆞ시고 용납ᄒᆞ미 계실진듸, 맛당이 쇼방 군신이 몸을 믜여 구술을 머금고, 가시
를 져 셩문을 열고 뒤병을 마즈리라."

ᄒᆞ엿더라. 원슈 간필의 좌우를 도라보아 쇼왈,

"과연 나의 의심 밧긔 나지 아니ᄒᆞ도다."

ᄒᆞ더니, 버거 쇼졸이 보왈,

"일침왕의 ᄉᆞ직(使者) 쏘 왓ᄂᆞ이다."

ᄒᆞ거늘, 원슈 드러오라 ᄒᆞ니, ᄉᆞ직 거름마다 고두(叩頭)ᄒᆞ여 쟝듸(將臺)의 밋쳐ᄂᆞᆫ 고
두복디(叩頭伏地) 【25】 ᄒᆞ여 왓ᄂᆞᆫ ᄉᆞ연(事緣)을 쥬(奏)ᄒᆞ고, 거츄(去秋)의 뒤조(大朝)
의 조공(朝貢)ᄒᆞᆫ 녜단일긔(禮單一記)[195]를 드리거늘, 원슈 바다보니 황금이 오만 냥이
오, ᄇᆡᆨ은이 슈만 냥이오, ᄎᆡ단(綵緞)이 삼쳔 동이오, 호귀(虎裘) 삼쳔 쟝이오, 기여(其
餘) 번국 쇼산지뉴(所産之類)의 픽산진보(貝珊珍寶)와 명쥬ᄇᆡᆨ벽(明珠白璧)이 브지기슈
(不知其數)니, 문셔의 긔록ᄒᆞ미 ᄌᆞ못 명ᄇᆡᆨᄒᆞ고, 국왕의 인보(印寶)[196]를 맛쳣시며, 그

---

194)쥬쇼(周召) : 주(周)나라 초기 정치가로 성왕(成王)을 도와 주나라의 기초를 세운 주공(周公)과 소공
　　(召公)을 함께 이르는 말. *주공(周公) : 중국 주나라의 정치가. 문왕의 아들로 성은 희(姬). 이름은 단
　　(旦). 형인 무왕(武王)을 도와 은나라를 멸하였고, 무왕 사후(死後) 어린 조카 성왕(成王)을 섭정하여
　　주나라의 기초를 튼튼히 하였다. 예악 제도(禮樂制度)를 정비하였으며, ≪주례(周禮)≫를 지었다고 알
　　려져 있다. *쇼공(召公) : 소공석(召公奭). 중국 주(周)나라 성왕(成王) 때의 정치가. 산둥 반도를 정벌
　　하여 동방(東方) 경로(經路)의 사업을 이룩하여 주나라의 기초를 닦았다.
195)녜단일긔(禮單一記) : 예물을 적은 단자(單子)의 일건 기록.
196)인보(印寶) : 국새(國璽). 나라를 대표하는 도장.

아릭 소신을 조초 납공(納貢)ᄒᆞᄂᆞᆫ 공헌(貢獻)을 녕거(領去)ᄒᆞᄂᆞᆫ 관원이며 하비(下輩)의 명ᄌᆞ를 다 추례로 뼈시니, 십분 ᄌᆞ셔ᄒᆞ여 일호 희미ᄒᆞ미 업더라.

츠셜 윤원슈 간파의 쥬식(酒食)을 쥬어 ᄉᆞ인(使人)을 관ᄃᆡ(款待)ᄒᆞ고, 가연(可然)이197) 답셔를 닷가 늉한의 ᄉᆞ연【26】을 다 긔별ᄒᆞ고, 이의 그 의심된 ᄒᆡᆼ지(行止)를 유심(留心)ᄒᆞ여 군즁의 잡아 구류(拘留)ᄒᆞᆫ ᄉᆞ연을 일일히 긔록ᄒᆞ고, 기하(記下)의 명일 ᄃᆡ군을 거ᄂᆞ려 국도(國都)의 드러가 셔로 상ᄃᆡ홀 졔, 늉한의 반상을 졍히 ᄒᆞ기를 긔별ᄒᆞ엿더라.

ᄉᆞ신이 ᄉᆞ례ᄒᆞ고 원슈의 답셔를 맛다, 도라와 일침왕 군신을 보고 원슈의 위덕과 풍신ᄌᆡ화(風神才華)를 젼ᄒᆞ고 직삼 칭찬ᄒᆞᆷ믈 마지아니ᄒᆞ고, 답셔를 올니며 문답 슈말(首末)을 고ᄒᆞ니, 일침 군신이 원슈의 빗난 문치를 못니 항복ᄒᆞ며, 바야흐로 늉한의 거쳐를 알고 ᄃᆡ로ᄒᆞ여, 그졔야 사름을 보닉야 늉한의 집【27】과 사신 종ᄉᆞᄒᆞᆫ 뉴의 집을 다 ᄎᆞᄌᆞᆫ즉, 이윽고 도라와 회보ᄒᆞᄃᆡ, '집마다 다 뷔여 슈빅인기(數百人家) 황냥(荒涼)ᄒᆞ며, 혹 다ᄅᆞᆫ 사람이 드러시니, 곡졀을 모ᄅᆞᆫ즉, 다 모로노라 ᄒᆞ더이다' ᄒᆞᄃᆡ, 일침 군신이 ᄃᆡ경ᄃᆡ로(大驚大怒)ᄒᆞ여 바야흐로 늉한의 반상(叛狀)이 현져(顯著)ᄒᆞᆫ 쥴 알고, 이의 조뎡 문무로 상의ᄒᆞ여, 일변 텬병을 마즐 위의와, 흉역(凶逆)을 다스릴 긔구를 졍졔ᄒᆞ여, 다시 줌노의 녜ᄉᆞ(禮使)를 보닉여 텬병을 지영(祇迎)ᄒᆞ더라.

왕이 스스로 줌문무(衆文武)를 거ᄂᆞ려 화복(華服)을 폐ᄒᆞ고 죄인의 의복을 갓초고, 슈십니 젼도의 나아가 너른 들히 뉴진(留陣)ᄒᆞ고 텬병을 기다리더니, 장춧 일【28】 영(日影)이 츌광시(出光時)의 바야흐로 먼니 보니, 진퇴(塵土) 추텬(遮天)ᄒᆞ며 고각(鼓角)이 진동(振動)ᄒᆞ여 산쳔(山川)이 움죽이고 졍긔졀월(旌旗節鉞)이 만산편야(滿山遍野)ᄒᆞ여 히빗츨 가리오ᄂᆞᆫ 가온ᄃᆡ, 텬조ᄃᆡ병(天朝大兵)이 호호탕탕이 나아오니, 일침 군신이 몬져 그 장ᄒᆞᆫ 위엄을 경홀(驚惚)ᄒᆞ더니, 졈졈갓가이 나아오미 긔늉(紀律)이 숙숙ᄒᆞ고 기갑(介甲)이 션명ᄒᆞ여, 긔긔히 영웅호걸이라.

일침 군신이 칭찬ᄒᆞᆷ믈 마지 아니터니, 믄득 텬병이 니ᄅᆞ러 일침 진셰 몬져 일워시믈 보고, 반ᄃᆞ시 일침왕의 영ᄃᆡ(迎待)ᄒᆞᄂᆞᆫ 거동인 쥴 알고, 바야흐로 나아오기를 굿치고 이삼 니를 ᄉᆞ이두고 ᄃᆡ진(隊陣)을 베플거늘, 일【29】침왕이 병관슐 슌우형 등으로 더브러 빅의쇼ᄃᆡ(白衣素帶)로 쇼거빅마(素車白馬)를 갓초와 진젼(陣前)의 나아가 셔로 보기를 쳥ᄒᆞᄃᆡ, ᄃᆡ국 진즁의셔 ᄃᆡ포(大砲) 삼셩(三聲)의 진문(陣門)을 ᄃᆡ키(大開)ᄒᆞ고 문긔하(門旗下)의 다홍슈ᄌᆞ긔(多紅帥字旗) 붓치이ᄂᆞᆫ 곳의 냥원슈 나아오니, 각각 융복을 폐(廢)ᄒᆞ고 금관옥ᄃᆡ(金冠玉帶)로 품복을 졍졔(整齊)ᄒᆞ여시니, 몬져 쇄락ᄒᆞᆫ 신치(身彩) 동인(動人)ᄒᆞ여 영풍(英風)이 만군(萬軍)의 쇼ᄉᆞ나 셩현인걸지상(聖賢人傑之相)이오, 조초198) 좌우 시립ᄒᆞᆫ 편장(偏將)이 다 융복(戎服)이 숙숙ᄒᆞ고, 풍치 늠연ᄒᆞ

---

197)가연(可然)이 : 마땅하여 아무 주저 없이.
198)좇다 : 따르다. *조초; 좇아. 따라.

여, 반세 영웅호걸이 다 모닷거늘, 후딘(後隊)의 안무ᄉ 소공이 픔복을 졍졔ᄒ고, 쳔니오화마(千里五花馬)199)를 타시니, ᄯ오ᄒ 츌즁【30】ᄒ 인지(人材) 인즁션긱(人中仙客)200)이○[러]라. 바야흐로 일츌진방(日出辰方)201)의 뉵뇽(六龍)이 시승(侍乘)ᄒ고 샹운(祥雲)이 휘휘(輝輝)ᄒ더니, ᄎ(此) 삼인(三人)이 니ᄅ믹 일광(日光)이 슈식(羞色)ᄒ여 빗츨 감초ᄂ 듯ᄒ더라.

왕이 더욱 숑구ᄒ여 이의 하거(下車)ᄒ여 계셜속박(繫絏束縛)202)ᄒ여 냥원슈 가젼(駕前)의 나아가 고두(叩頭) 쳥죄(請罪)ᄒ니, 냥원슈 급히 민 거슬 그ᄅ고 권ᄒ여 진즁(陣中)의 드러가 쟝즁(帳中)의 좌졍(坐定)ᄒᆯ시, ᄯ오ᄒ 병관ᄉ 등 번국(蕃國) 문뮈(文武) 다 죄인의 복식으로 왕을 조ᄎᆺ더라.

냥원슈 좌졍ᄒ고 왕을 쳥ᄒᆫ디, 왕이 고두복지(叩頭伏地)ᄒ여 지삼 죄를 쳥ᄒ고, 불감승당(不堪承當)이어늘, 냥원슈 졍식 왈,

"아등이 황명을 밧ᄌ와 슈만니 히도(海道)를 겻203) 보듯【31】ᄒ고, 빅만ᄉ졸(百萬士卒)을 슈고롭게 ᄒ여 이의 니ᄅ믄, 한갓 우흐로 황조(皇詔)를 승슌(承順)ᄒᆯ ᄲᅮᆫ 아니라, 실노 외국 인심을 살펴 흉역(凶逆)의 불냥(不良)ᄒ 삭슬 젹발(摘發) 포양(襃揚)코져 ᄒ미어늘, 왕이 엇지 너모 겸ᄉ(謙辭)ᄒ기를 과히 ᄒ여 디ᄉ(大事)를 경영(經營)ᄒᄂ뇨? 진실노 일읍 군민의 바라ᄂ 바를 져바리미 만ᄒ리로다."

왕이 쳥파의 각골감은(刻骨感恩)ᄒ여 머리를 두다려 지삼 스례(謝禮)ᄒ고, 바야흐로 좌의 나아가니 원슈 ᄯ오ᄒ 병관ᄉ 등의 의관을 쥬어 평신ᄒ라 ᄒ고, 빈쥬(賓主)의 예를 졍ᄒ미 왕이 몬져 하셕 비ᄉ 왈,

"딕국과 쇼방(小邦)이 ᄉ이 《오원 ‖ 우원(迂遠)》ᄒ여 쟝강(長江)이 험조(險阻)ᄒ고 산쳔이 그음업거【32】늘, 냥위 존가(尊駕)와 빅만 웅졸(雄卒)이 발셥(跋涉) 도로(徒路)의 슈고로오믄 다 쇼방 어린 아히 나어린 연괴라. 젹은 나라흘 잘 다ᄉ리지 못ᄒ와 반신흉역(叛臣凶逆)의 무샹흉특(無狀凶慝)ᄒ 계귀(計揆) 몬져 딕조(大朝)를 놀닉여 텬위를 슈고롭게 ᄒ오니, 엇지 용우암녈(庸愚暗劣)ᄒ미 붓그럽지 아니리잇고? 복원 냥위 원슈는 과인(寡人) 군신의 용녈ᄒ 죄를 졍히 ᄒ시고, 버거 흉역(凶逆)을 다ᄉ려 법을 븱히쇼셔."

버거 병관ᄉ 등이 고두복죄(叩頭伏罪)ᄒ믈 마지 아니ᄒ니, 냥원슈 ᄯ오ᄒ 눈을 드러 왕을 보니 한갓 년쇼ᄒᆯ ᄲᅮᆫ 아니라, 극히 현냥(賢良)ᄒ고 긔질이 상낭(爽朗)ᄒ여 총명(聰明) 인쥐(人主)라 ᄒ염 즉ᄒ고, 병관ᄉ 등 문【33】뮈 다 츙의(忠義) 기셰(蓋世)ᄒ여 이윤(伊尹)204) 쥬공(周公)205)의 졍츙(貞忠)을 본바담 즉ᄒ더라. 냥원슈 흔연 위로

199) 쳔니오화마(千里五花馬) : 하루에 천리를 달리는 말로써, 오색 털을 가진 명마(名馬)
200) 인즁션긱(人中仙客) : 사람 가운데 신선임.
201) 일츌진방(日出辰方) : 동쪽 하늘에서 떠오르는 태양.
202) 계셜속박(繫絏束縛) : 죄인을 마음대로 움직일 수 없도록 몸을 형구(刑具)에 묶거나 얽어맴.
203) 겻 ; 곁. 어떤 대상의 옆. 또는 공간적·심리적으로 가까운 데.

왈,

"ㅈ고로 '증모(曾母)의 어질므로도 투져(投杼)'206)ㅎ믈 면치 못ㅎ여시니, 우리 셩텬
지(聖天子) 인명셩무(仁明聖武)ㅎ샤, 먼니 요슌우탕(堯舜禹湯)207)의 덕이 계시나, 일즉
번국이 수이 머러 왕홰(王化) 밋지 못ㅎ거늘, 쏘 엇지 쇼방의 늉한 갓흔 반신역지(叛
臣逆子) 잇셔 한갓 찬국지심(簒國之心) 쑨 아니라, 몬져 텬조의 납헌(納獻)을 수이의셔
폐ㅎ고, 니런 악역(惡逆)을 슈창(酬唱)ㅎ는쥴 아라시리오. 만싱(晚生) 등이 박덕우혼
(薄德愚昏)ㅎ미 비록 수광지총(師曠之聰)208)과 니루지명(離婁之明)209)이 업수나, 임의
이곳의 머므러 몬져 늉젹의 용식(容色)을 보미 엇【34】지 간수ㅎ믈 지긔치 못ㅎ며,
또 이제 딕왕군신(大王君臣)을 보니 엇지 현우를 분간치 못ㅎ리오. 원컨딕 누명(陋名)
을 신셜(伸雪)치 못홀가 넘녀 말고, 심회를 안정이 ㅎ여 국도를 식로이 션정(善政)ㅎ
고 반역을 다스려 민심을 진정ㅎ라."

국왕이 냥원슈의 츈풍 갓흔 긔상과 유열(愉悅)혼 말슴을 드르미, 더욱 황감(惶感)
축쳑(踧惕)ㅎ여 감누(感淚)를 먹음어 쳔만 스례ㅎ고, 이의 쥬비(酒杯)를 나와 슈슌이
지나미, 왕이 피셕ㅎ여 왈,

"쇼방 쳔신(賤臣)이 아직 죄루(罪累) 즁의 잇습거늘 엇지 텬조 딕샹(大相)으로 엄연
이 딕좌(對坐)ㅎ여 비쥬(杯酒) 달난(團欒)ㅎ리잇고? 가히 몬져 늉한을 잡아 흉역지죄
(凶逆之罪)를 정히 ㅎ【35】고, 버거 냥원슈와 한가지로 국즁의 드러가 즐기고져 ㅎ
느이다."

냥원슈 졈두ㅎ고 이의 좌우를 명ㅎ여 후영의 가 늉한을 잡아오라 ㅎ니, 이쩌 늉한
이 북녁 산 딕영(大營)의셔 냥원슈의 힝군ㅎ기를 기다리더니, 홀연 불의(不意)의 범
갓흔 스졸이 한거리 쳘삭을 가져 긴긴히 결박ㅎ는지라. 한이 딕경실식ㅎ여 연고를 무
른딕, 제군이 닝쇼ㅎ며 기간 슈말을 다 니르고, 이제 냥원슈 일쳠국왕의 글월을 보고
노ㅎ여 잡아 함거즁(檻車中)의 가도아, 국도의 드러가 왕의 군신으로 딕면혼 후 법을

---

204)이윤(伊尹) : 중국 은나라의 전설상의 인물. 이름난 재상으로 탕왕을 도와 하나라의 걸왕을 멸망시키
고 선정을 베풀었다.
205)쥬공(周公) : 중국 주나라의 정치가. 문왕의 아들로 성은 희(姬). 이름은 단(旦). 형인 무왕(武王)을 도
와 은나라를 멸하였고, 무왕 사후(死後) 어린 조카 성왕(成王)을 섭정하여 주나라의 기초를 튼튼히 하
였다. 예악 제도(禮樂制度)를 정비하였으며, 《주례(周禮)》를 지었다고 알려져 있다.
206)증모(曾母)의 투져(投杼) : 증자의 어머니가 증자가 사람을 죽였다는 말을 듣고, 처음에는 이를 믿지
않다가, 두 번 세 번까지 같은 말을 듣고는 마침내 베틀의 북을 내던지고 사건현장으로 달려갔다는 고
사. ①누구나 여러 번 말을 들으면 곧이듣게 된다는 말. ②임금이 참언을 믿는 것을 비유(比喩)해 이르
는 말.
207)요순우탕(堯舜禹湯) : 고대 중국의 성군(聖君)으로 일컬어지는 요임금과 순임금, 하(夏)의 우(禹)임금,
은(殷)의 탕(湯)임금을 함께 이르는 말.
208)수광지총(師曠之聰) : 사광(師曠)은 춘추시대 진나라 음악가로, 소리를 들으면 이를 분별하여 길흉을
정확히 점쳤다 하여, 소리를 잘 분별하는 것을 말함.
209)니루지명(離婁之明) : 눈이 매우 밝음을 비유적으로 이르는 말. 중국 황제(黃帝) 때 사람인 이루가 눈
이 밝았다는 데서 나온 말이다.

졍히 흐려흐믈 주셔히 니르고, 기즁 협긔주(俠氣者)는 다라드러 【36】힘 것 줏울히
며 쑤지져 왈,

"주고(自古)로 난신젹지(亂臣賊子) 하디무지(何代無之)리오만은, 니런 쇼방(小邦) 히
도(海島)의 너갓흔 녕한흔 흉젹이 잇셔, 한갓 졔 나라흘 찬흘 흉심뿐 아니라, 디조(大
朝) 위엄○[신]지 간범흐여, 슈만니 히도(海道) 검각(劍閣)²¹⁰)의 빅만亽졸의 노고흐믈
일위니, 디국 군하亽졸(軍下士卒)의 니르히 그 몃몃 사롬의 근심을 찌쳣느뇨? 흉한흐
미 만고 불츙역젹의 비겨도 희한흐니, 쳔고의 너 갓흔 놈이 쏘 어디 이시리오. 원슈노
얘 너의 흉역의 졍상을 드르시고 불승디로(不勝大怒)흐샤 이졔 반젹을 잡아 일침왕과
디면흔 후의 안뉼쳐亽(按律處死)흐여 그 죄를 졍히흐려 흐시느니라."

늉한이 쳥미 【37】 필(聽未畢)의 디경실식(大驚失色)흐여, 삼혼칠빅(三魂七魄)이 니
쳬(二體)흐니 능히 한 말을 못흐고 도로혀 《어릿∥어린》 듯흐더니, 쏘 지족다모(知
足多謀)흔 고로 그윽이 탈신지계(脫身之計)를 싱각흐고 각별 경동(輕動)흐믈 《곳치고
∥긋치고》 타연이 亽술을 씌고 함거(檻車)의 미이니, 그 흉심이 여차흐더라.

졔군이 슐위의 함거(檻車)를 시러 디진 후군즁의 조초 이의 니르럿더니, 믄득 원슈
의 명이 나리미 슈유(須臾)의 늉젹을 결박흐여 함거 밧긔 닉야, 큰 칼흘 씌워 장하(帳
下)의 쑬니고[니], 한이 어득흔 심신을 거두어 우러러 보니 졔²¹¹) 왕이 낭원슈와 좌
흐여시니, 각각 미우의 봄빗출 밧고와 안상(顏上)의 츄【38】상(秋霜)이 어릭어시니,
늉한 흉젹이 디간디담(大奸大膽)이나 일견쳠망(一見瞻望)의 디황디구(大遑大懼)흐여
비한(背汗)이 쳠의(沾衣)러라.

디원슈 윤후셩이 늉한을 보고 이의 왕을 도라보아 왈,

"츳젹은 디왕의 다亽릴 죄인이라. 비록 번진(藩鎭)²¹²) 쇼방(小邦)이나 국젹(國賊)
다亽리는 규구(規矩)는 다 그 님군의 법이니, 만싱 등이 간예(干預)치 아닛노라."

국왕이 늉한을 보미 분노흐미 극흔지라. 이의 원슈의게 亽례흐고 다려온 본국 즁관
(衆官)을 도라보아 본국 죄인 다亽리는 형위를 갓초라 흐니, 유亽 진경(震驚)흐여 즉
시 오형(五刑)과 부월(斧鉞)을 갓초와 뎡즁(庭中)의 위엄을 빅셜흐고, 【39】왕이 亽
스로 안즌 둧 우희셔 늉한을 형벌의 올녀 엄츄(嚴推)홀시, 병승상이 한을 가르쳐 쑤지
주디,

"불츙 반역 늉한아 네 드르라. 션왕 진시로붓허 금왕의 니르히 너 디졉이 쟝춧 엇
더흐관디, 네 감히 머리의 하늘을 니고 엇게의 신명(申明)이 지방(在傍)흐믈 두리지
아니흐고, 감히 쳥텬빅일지하(靑天白日之下)의 님군의 무죄무과(無罪無過)흔 악역죄과

---

210)검각(劍閣) : 중국 사천성에 있는 현(縣) 이름. 특히 검각현의 대검산 소검산 사이에 난 잔도(棧道)는
　　 험하기로 유명하다. 여기서는 잔도(棧道)처럼 험한 길을 말함.
211)졔 : 졔. '저의'가 줄어든 말.
212)번진(藩鎭) : 중국 당나라 때에, 변방에 설치하여 군대를 거느리고 그 지방을 다스리던 관아. 또는 그
　　 으뜸 벼슬.

(惡逆罪科)를 일워 텬조의 반간(反間)ᄒ고, 쏘 뒤국 ᄉ신을 삼아 만흔 예단을 맛져 보ᄂ기믄 군신이 다 너를 밋어 왕의 슈족 갓치 너기미니, 네 가히 진츙갈녁ᄒ여 국은을 갑흐미 올커늘, 믄득 우흐로 텬【40】조 위엄을 업슈히 너기고, 버거 나라흘 멸ᄒ고져 ᄒ여, 조공ᄒᄂ 녜단을 즁도의셔 감초고, 네 스스로 슘어 허다 악역지죄를 다 님군의게 밀워, 오늘날 텬병(天兵)을 슈고롭게 ᄒ며, 쏘 흉악ᄒᆫ 쇠를 ᄂ니여 여츳여츳 ᄒ여 텬병이 오ᄂ 길희 간슈ᄒᆫ 형적을 완연이 ᄒ여, 가지록 오군(吾君)의 죄를 더으고, 승간(乘間)ᄒ여 보위를 찬(簒)코져 ᄒ니, 너 갓흔 흉독ᄒᆫ 만고 불츙악역이 어딕 이시리오. 맛춤 뒤국 원슈노얘 신명셩무(神明聖武)ᄒ샤 일안(一眼)의 복분(覆盆)213)의 원(寃)를 붉히실식, 이졔 특별이 너 흉적을 잡아 다ᄉ리ᄂᆫ니 너ᄂ 젼젼 죄상을 붉히 직초ᄒ여 【41】한 번 쾌히 죽고, ᄉ라셔 형벌의 괴로오믈 밧지 말나.”

늉한이 이 말을 드르미 신식(神色)이 져상(沮喪)ᄒ여 감히 답지 못ᄒ거늘 엄형(嚴刑) 쥰츠ᄒ니214), 한이 임의 발명(發明)이 무익흔지라. 처음 싱각은 이곳의 오지 말고 탈신코져 ᄒ미러니, 졔군(諸軍)이 노즁의 진심ᄒ여 직희니 능히 도망치 못ᄒ고, 이의 니른 후ᄂ 임의 ᄉ지 못홀 거시니, 병관슐의 니른 바갓치 젼젼(前前) 죄상(罪狀)을 붉히 직초(直招)ᄒ여 쾌히 죽ᄂ 거시 올흐니, ᄉ라셔 형벌의 알프믄 더욱 괴로온지라. 겨오 십여장의 머리를 두다려 젼젼 흉역(凶逆)을 복초ᄒ니 젼후 악역을 【42】쇠ᄒ던 비 조금도 희미치 아니ᄒ고, 말단(末端)의 왈,

“젼혀 병관슐의 총권(寵眷)을 싀긔ᄒ고 님군의 유츙(幼沖)ᄒᆷ믈 업슈이 너겨 스스로 찬역(簒逆)고져 ᄒ나 병승상이 ᄌ상ᄒ니, 두려 감히 싱의치 못ᄒ더니, 맛춤 져를 뒤국 ᄉ신을 졍ᄒ여늘 드듸여 뒤계(大計)를 운동흔 젼후 ᄉ연이오, 스긔를 미봉(彌縫)코져 ᄒ여 졔집 가권이며 모든 죵ᄉᄒᄂ 뉴의 가권을 다 아오로 옴겨, 남녁 히도(海島) 무릉셤의 감초고 힝계ᄒ던 곡졀을 낫낫치 복초ᄒ니, 조금도 희미치 아니터라.

일침왕 군신이 보고 뒤로ᄒ여 다시 즁형을 엄츠ᄒ여215) 본국 닝옥의 【43】깁히 가도고, 어림군졸(御臨軍卒)216)을 조발(調發)ᄒ여 남히 무릉셩 동부를 쓰고, 숨엇ᄂ 적뉴여당(賊類餘黨)이며 가쇽(家屬)을 다 잡아오라 ᄒ니, 유시 왕지를 바다 쥬야로 가다.

왕이 그졔야 본국 군신으로 더부러 냥원슈와 뒤군을 마ᄌ 한가지로 국도의 드러가 크게 셜연(設宴) 관뒤(款待)홀ᄉ, 도로의 《흰긔산∥황기산(黃旗傘)217)》을 비셜(排設)

---

213)복분(覆盆) : 죄를 뒤집어쓰고 밝히지 못하고 있음.

214)쥰츠ᄒ다 : 쥰칙ᄒ다>쥰츠ᄒ다>준차하다. 매나 형장(刑杖)으로 혹독하게 매질을 하다. *'쥰(峻)+칙+ᄒ다'의 형태. '쥰(峻)'은 '준엄하다' '혹독하다', '칙'는 '매질하다'의 의미. '칙'는 '笞(매질할 태)'의 중국음[chī]이고 '태'는 그 한국음이다.

215)엄츠ᄒ다 : 엄칙ᄒ다>엄츠ᄒ다>엄차하다. =준차하다. 매나 형장(刑杖)으로 혹독하게 매질을 하다. *'엄(嚴)+칙+ᄒ다'의 형태. '엄(嚴)'은 '엄준하다' '혹독하다', '칙'는 '매질하다'의 의미. '칙'는 '笞(매질할 태)'의 중국음[chī]이고 '태'는 그 한국음이다.

216)어림군졸(御臨軍卒) : 왕이나 왕후를 호위하는 군사.

ᄒ고 집마다 향화(香火)를 베퍼 딕군을 맛더라.

냥원쉬 국도(國都)의 드러가니, 삼시뉵가(三市六街)와 녀리시상(閭里市上)의 화려ᄒᆞᆫ 문물이 완연이 즁화(中華)와 방불ᄒ니[고], 인심이 순후ᄒ더라. 냥원쉬 왕의 어린 나 히 현명ᄒᆞ믈 못닉 칭찬ᄒ고 문무졔신 가온딕 충【44】의지시(忠義之士) 만ᄒᆞ믈 흠탄 ᄒ더라.

딕닉(大內)의 니르러 통명뎐의셔 뎐조 제군(諸君)을 크게 셜연ᄒᆞ여 즐기고, 날이 졈 을민 냥원쉬 도라와 별궁의 머물식, 왕이 각별 조신즁(朝臣中)의 갈히여 냥원슈룰 뫼 셔 ᄉᆞ환(使喚)케 ᄒᆞ며, 번국의 일홈난 미녀 슈십인을 보닉여 뫼시게 ᄒᆞ나, 냥원슈와 다못 쇼안딕 유문도뎨(儒門徒弟)로 놉흔 힝실이 공안(孔顔)218)의 도(道)를 니어, 비록 본국의 잇셔도 초요월안(楚腰越顔)219)을 간딕로 유졍(有情)ᄒ미 업거늘, ᄒ물며 몸 우 회 딕장 인신(印信)을 씌고 하방(遐方) 번진(藩鎭)의 나와 미녀셩식(美女聲色)의 요동 ᄒ리오. 엄히 물니쳐 도라보닉니, 쇼【45】방 모든 창기 비록 녈인(閱人)ᄒᆞᄆᆞᆯ 적게 아 녀시나, ᄉᆞ이번디(四夷蕃地)의 어딕가 이 갓흔 옥인군ᄌ(玉人君子)를 구경인들 ᄒᆞ여시 리오.

이날 국왕의 명으로 닷호아 니르럿다가, 냥원쉬 츄텬(秋天) 갓흔 긔상으로 싁싁이 믈니쳐 도라보닉니, 제녜 악연 실망ᄒᆞ여 불감앙시ᄒ고, 비한(背汗)이 쳠의(沾衣)ᄒᆞ여 울며 도라가는 지 만터라. 쇼안딕 제녀(諸女)의 거동을 보고 가쇼로옴을 춤지 못ᄒᆞ여 잠쇼ᄒ고, 냥원슈다려 왈,

"달문·달환이 본딕 상문(相門) 귀공ᄌ로 쏘 다시 쇼년 닙조(入朝)ᄒᆞ여 작위 공후 (公侯)오, 구경지하(其慶之下)220)의 형뎨 구직(俱在)【46】오, 규각(閨閣)의 슉녀현필 (淑女賢匹)노 즐기미 극ᄒ다가, 의외의 슈만니 히도(海島)의 츌ᄉᆞ(出師)ᄒ니, 임의 집 쩌난지 긔년(朞年)이라. 변디(邊地) 히외(海外)의 녀관잔등(旅館殘燈)이 엇지 적막(寂 寞)지 아니리오. ᄒ물며 님진(臨陣) 딕젹(對敵)의 창딕(槍-)룰 베는 근심이 업고, 칼흘 갑플221)의셔 쎈히지 아니ᄒ고, 살이 시윪222)의셔 울미 업시 임의 일침을 진졍(鎭靜) ᄒ니, 실노 졔군 ᄉᆞ쵤의 이만 경ᄉᆞ(慶事) 업ᄂᆞᆫ지라. 가국의 근심이 업거니 쏘 므ᄉᆞᆫ ᄉᆞ심(私心)의 가리 씐 비 이시리오. 맛당이 국군의 후의룰 ᄉᆞ양치 아니미 가ᄒᆞ져!"

딕원쉬 희연 잠쇼 왈,

"○[고]어(古語)의 왈, 타인유심(他人有心)을 여촌탁【47】지(予忖度之)라223) ᄒᆞ미

217)황기산(黃旗傘) : 누런 빛깔의 기(旗)와 일산(日傘).
218)공안(孔顔) : 공자(孔子)와 안자(顔子)를 함께 이르는 말.
219)초요월안(楚腰越顔) : 중국 초나라 미인의 가는 허리와 월나라 미인의 아름답게 화장한 얼굴.
220)구경지하(其慶之下) : 부모가 모두 살아 있는 기쁨 가운데 있음.
221)갑플 : 칼집.
222)시윪 : 시위. 활시위. 활대에 걸어서 켕기는 줄. 화살을 여기에 걸어서 잡아당기었다가 놓으면 화살이
　　 날아간다. 늑궁현(弓弦).
223)타인유심(他人有心)을 여촌탁지(予忖度之)라 : 다른 사람이 마음속에 품고 있는 생각을 내가 헤아려

정히 쇼형을 니ᄅ미로다. 쇼뎨 우심(愚心)은 오히려 오뎨(吾弟) 달환은 몰나도 형은 알니니, 엇지 시로이 ᄉ심(私心)을 은휘ᄒ리오. 쇼뎨 비록 이제 왕공 귀ᄌ로 작위 인신(人臣)의 복이 갓다²²⁴⁾ ᄒ나, 초(初)의 시명(時命)이 건톄(愆滯)ᄒ여 강보지초(襁褓之初)의 텬뉸(天倫)을 실셔(失緒)ᄒ고, 타가(他家)○[의] 뉴락(流落)ᄒ여 반싱(半生) 무셩명(無姓名) 죄인으로 젼후 풍상을 비불니 겻거시니, 일싱 심회 호화롭지 못ᄒ기로, 이제 니ᄅ히 구경지하(具慶之下)의 왕셩(旺盛)ᄒ고 복녹(福祿)이 가죡다 ᄒ나, 당초 비고슈환(悲苦愁患) 즁 우슈울억(憂愁鬱抑)ᄒ여 무심무려(無心無慮)ᄒ던 셩(性)이니, 이제 믄득 《습어셩졍∥습여셩셩(習與性成)²²⁵⁾》ᄒ고 화여지당(和與至當)²²⁶⁾ᄒ미되【48】어, 다만 규방(閨房) 가온ᄃ 쳐지 잇ᄂ 쥴만 아ᄂ니, 가외범ᄉᆨ(家外凡色)이 꿈 갓거늘, 형언(兄言)이 엇지 가쇼(可笑) 아니리오. 아창지가(我唱之歌)를 군이 화(和)ᄒ다 ᄒ미 가히 올흐니, 형이 일즉 녀슈(嫂)의 박면누질(薄面陋質)을 념고(厭苦)ᄒ여 비항(配行)의 추오(差誤)흔 탄(嘆)이 잇고, ᄯ 아미(我妹)갓흔 슉완졀염(淑婉絕艷)을 신고(辛苦)히 취ᄒ엿다가, ᄯ 쳐궁(妻宮)이 박복(薄福)ᄒ여 틱평지셰(太平之歲)의 무고(無故)히 실산(失散)ᄒ고, 지금 이십여 셰(歲) 쳥츈장년(靑春壯年)의 '의가(宜家)의 낙(樂)'²²⁷⁾을 모로다가, ᄯ 슈만니 이각(涯角)을 즈음ᄒ여 니친니가(離親離家)ᄒ니, ᄉ군ᄉ친지심(事君事親之心)도 바히 헐타 못ᄒ려니와, 규방의 은밀흔 ᄉ졍도 ᄯ 바히 무심치 아닌가 시브니, 【49】 하 엉똥흔 말노 우리를 시아치지²²⁸⁾ 말고, 쾌히 이 가온ᄃ 눈의 찬 미녀를 갈희여, 비록 딕국(大國) 즁신(重臣)이 외국의 와 미녀를 시러가든 못ᄒ나, 이의 머믄 덧²²⁹⁾ 즐기미 조치 아니ᄒ랴?"

부원슈 니어 미쇼 왈,

"형장 말슴이 최션(最善)ᄒ시니 쇼형은 ᄉ양치 말나. 아등은 ᄯᅩᄒᆫ 눈이 고산 갓ᄒ여 일즉 무산(巫山)²³⁰⁾과 월뎐(月殿)²³¹⁾을 닉이 보아, 좀 미ᄉᆨ은 아이의 눈드러 보기도 아닛ᄂ니, 번진(藩鎭) 창아(娼兒)의 무리 비록 초요월안(楚腰越顔)인들 엇지 우리 등 군지 유졍(有情)ᄒ리오. 속셜(俗說)의 니ᄅᆫ바, 츄쳐악쳡(醜妻惡妾)도 승공방(勝空房)이라²³²⁾ ᄒ니, 쇼형이 니가(離家) 긔년(朞年)의 아마도 【50】 녀부인의 불미흔 용안도

_____

안다는 말. 『맹자』〈양혜왕장구상(梁惠王章句上)〉에 나온다.
224)갓다 : 갖추다. 갖추어져 있다. *갖추다; 있어야 할 것을 가지거나 차리다.
225)습여셩셩(習與性成) : 습관이 오래되면 마침내 천성이 됨.
226)화여지당(和與至當) : 화평한 것이 오래되면 그것이 지극히 당연한 것처럼 됨
227)의가(宜家)의 낙(樂) : 부부 사이의 화목한 즐거움. =의가지락(宜家之樂). =실가지락(室家之樂).
228)시아치다 : 헤아리다. 떠보다. 남의 속뜻을 넌지시 알아보다.
229)덧 : 얼마 안 되는 퍽 짧은 시간.
230)무산(巫山) : =무산선녀(巫山仙女). 무산은 중국 사천성(四川省)에 있는 산으로, 이곳에서 전국시대 초(楚) 나라 양왕이 꿈속에서 무산선녀를 만나 운우지락(雲雨之樂)을 나누었다는 이야기가 송옥(宋玉)의 〈고당부(高唐賦)〉에 전한다.
231)월뎐(月殿) : =월뎐쇼이(月殿素娥). 달 속에 있다고 하는 흰옷을 입은 선녀. 곧 '상아(嫦娥)'를 말한다.
232)츄쳐악쳡(醜妻惡妾)도 승공방(勝空房)이라 : 추처 악첩도 없는 것보다는 낫다는 말.

싱각ᄒᆞ미 업지 아닌가 시브니, 형이 만일 스스로 유정ᄒᆞ미 어렵거든 아등이 그 하나흘 션퇴ᄒᆞ여 각별 동방(洞房)을 비셜(排設)ᄒᆞ여 맛지미 엇더ᄒᆞ뇨?"

셜파의 냥인이 호호(浩浩)히 박쇼(拍笑)ᄒᆞ니, 쇼안디 역노역쇼(亦怒亦笑) 왈,

"너희 갓흔 호화흔 공지 니가ᄒᆞ연지 오리니, 긱관잔등(客館殘燈)도 가장 젹막홀 듯 시버, 니 바른 말 ᄒᆞ여든, 너희 엇지 도로혀 노형(老兄)을 조쇼ᄒᆞᄂᆞᆫ다? 나는 본디 비필이 불여의(不如意) 고로 일즉 금슬상화(琴瑟相和)를 두지 못ᄒᆞᄂᆞ니, 니른바 화여심상(禍與尋常)233)ᄒᆞ여 독슈공관(獨守空館)이 하 닉으니 긔년(朞年) 아녀 십년이【51】라도 능히 견디리라."

디원쉬 미급답(未及答)의 부원쉬 양노(佯怒) 변식(變色) 왈,

"형이 그르다. 비록 희롱인들 쥬비간(酒杯間)의 홀 사름이 잇ᄂᆞ니, 우리 예수 인친 형뎨(姻親兄弟)와 일가지졍(一家之情)으로 공당(空堂)이어나 ᄉᆞ실의 모다신즉, 혹즈 셔로 셜만(褻慢)ᄒᆞ미 괴이처 아니려니와, 시금 못거지234)는 ᄉᆞᄉᆞ(私事) 공당(公堂)도 아니오, 졍즁(鄭重)○[흠] 쳬면만 ᄒᆞ여도 그러치 못ᄒᆞ려든, 더욱 형장의 밧즈온 비 상방인검(尙方印劍)과 옥보금졀(玉寶金節)이니 비록 각진 졔휘라도 간디로 경만치 못ᄒᆞ려든, 형이 감히 말슴의 겸숀ᄒᆞᆷ을 삼가지 아니ᄒᆞ리오."

믈너 원슈를 향ᄒᆞ여 하셕(下席) 쳥죄 왈,

"쇼셩이 감【52】히 젹은 ᄉᆞ친과 조고만 년치(年齒)를 츄이(推移)ᄒᆞ여 상장지젼(上將之前)의 셜압(褻狎)ᄒᆞ미 여ᄎᆞᄒᆞ오니, 비록 예ᄉᆞ(例事) 일가지ᄉᆞ(一家之事)로 니른즉, 관겨치 아니ᄒᆞ오나, 군즁(軍中) 지엄흔 명분이 장ᄎᆞᆺ 엇더ᄒᆞ니잇고? 복원 형장은 ᄉᆞ졍(私情)의 구이ᄒᆞ여 당당흔 국쳬와 왕법을 굽히지 마로쇼셔."

셜파의 말슴이 쥰졀ᄒᆞ고 긔식이 싁싁ᄒᆞ여 조곰도 지어235) ᄒᆞᄂᆞᆫ 긔식 갓지 아닌지라. 쇼안디 비록 그 희롱인 쥴 아나 그 엄웅흔 긔질을 긔탄(忌憚) 션칭(善稱)ᄒᆞ여 믄득 식(色)을 슈렴ᄒᆞ고, 디원쉬 흔연이 우으며 부원슈를 붓드러 니ᄅᆞ혀 왈,

"쇼 모(某)의 무례무힝ᄒᆞᆷ믄 아란지 오릭【53】니 이졔 식로이 인ᄉᆞ로 칙망홀 비 아니라. 그 인ᄉᆞ쳐변이 스스로 허믈되고 아 등의게 간셥지 아니믈 싱각ᄒᆞ고, ᄯᅩ 장즁(莊重)○[흠] 쳬면을 아지 못ᄒᆞ니 죄 젹지 아니ᄒᆞ나, 그 쳐음이므로 용셔ᄒᆞᄂᆞ니 이후의 두번 작죄ᄒᆞ면 결연이 ᄉᆞ치 아니리라."

부원쉬 바야흐로 평신ᄒᆞ고, 안디를 향ᄒᆞ여 졍식 왈,

"금일은 비록 셜만ᄒᆞ나 쳐음이미 믈시ᄒᆞᄂᆞ니 다시 방즈치 말나. 결단코 요디(饒貸)치 아니리라."

안디(按臺) 미미(微微) 답쇼 왈,

"원슈는 존즁ᄒᆞ라. 지죄(知罪) 지죄(知罪)라. 우싱이 잘못ᄒᆞ엿ᄂᆞ니, 즈칙(自責)ᄒᆞ노

---

233)화여심상(禍與尋常) : 화(禍)가 예사로이 따라 붙음. 화(禍)를 예삿일처럼 겪음.

234)못거지 : 모꼬지. 놀이나 잔치 또는 그 밖의 일로 여러 사람이 모이는 일.

235)짓다 : 거짓으로 꾸미다.

라. 슈연이나 원슈 등이 미양 장임(將任)을 ᄌ뢰(藉賴)ᄒ는 【54】가 보리라."

뎌원슈는 완이미쇼(莞爾微笑)ᄒ고, 부원슈는 참지 못ᄒ여 잠쇼 왈,

"가지록 완만ᄒ니 엇지 쾌심치 아니리오. 슈연이나 오늘날 져리 졍뎌ᄒᄆ믈 ᄌ부ᄒ거니와 진실노 고승(高僧)은 아니리니, 만일 진짓 미식을 만나도 졍심(貞心)을 일치 아니랴?"

안뒤 잠쇼 왈,

"셰식(世事) 괴이ᄒ니, 혹ᄌ 녕미(令妹) 싱존ᄒ면 모로거니와, 그러치 아닌즉 월아(月蛾) 하강ᄒ고 셔시(西施) 지셰ᄒ나 나의 일편 졍심은 쇼쇼 미식의 동치 아니리라."

냥원쉬 다만 웃고 그 심ᄉ를 가셕(可惜)ᄒ나, 부원슈는 일단 호승이 업지 아녀 브뒤 경ᄉ의 도라간 후, 한번 크게 속여 긔관(奇觀)의 【55】 근본을 삼으려 ᄒ더라.

냥원쉬 별관의 머물ᄆ 국왕의 공경ᄒᄆ미 상션(上仙)ᄀᆞᆺ치 ᄒ며, 날마다 친히 문후ᄒ여 졍셩이 지극ᄒ니, 냥원쉬 그 번국 인물이나 현명ᄒᄆᆯ 긔특이 너기고, 년쇼ᄒᄆᆯ 어엿비 너겨, 녜의교화로뼈 지극 교유ᄒ니, 왕의 나히 바야흐로 십이셰의 극히 총명ᄒ더니, 뎌국 원슈의 녜의교화ᄅᆞᆯ 심심(深深) 감복(感服)ᄒ여 우러러 셤기ᄆ 존ᄉ(尊師)와 엄부(嚴父)ᄀᆞᆺ고, 슈이 ᄯᅥ날 바ᄅᆯ 슬허 날마다 문안을 폐치 아니ᄒ고, 승상 병관슐과 상퇴우 슌우형이 날마다 왕을 뫼셔 조석의 문후ᄒᄆᆯ 게얼니 아니ᄒ더니, 일일【56】은 냥원쉬 쇼안뒤로 더브러 왕의 군신과 말ᄉᆷᄒ여 좌위 ᄌ못 고요ᄒ더니, 뎌원쉬 문득 낫비츨 화(和)히 ᄒ고 병관슐 슌우형을 향ᄒ여 왈,

"군 등이 일즉 팔구년 젼의 히도 빅두셤 즁의셔 여ᄎᆞ여ᄎᆞᄒ던 일을 긔억홀쇼냐?"

냥인이 복디(伏地) 뒤왈,

"쇼방 쳔신(賤臣) 등이 셕년의 과연 여ᄎᆞ여ᄎᆞᄒᆫ 일이 잇셔, 풍셰(風勢) 불일(不一)ᄒ와 뎌국 조공(朝貢)이 힝치 못ᄒ거늘, 니러니러ᄒᆫ 무셩명(無姓名) 슈ᄌ(竪子)ᄅᆯ 빅두셤 즁의 두 노복과 한가지로 바리고 갓ᄉ오니, 그 ᄯᅥ 비록 《양간∥약간》 건미(乾米)[236]와 찬식(饌食)을 ᄭᅵ쳐시나, 망망 뎌양즁(大洋中)의 힝션이 이ᄀᆞᆺ치 어려오니, 외로온 슈【57】지 두 가인으로 더브러 엇지 능히 투싱(偸生)ᄒᄆ 이시리잇고? 반ᄃ시 히즁(海中)의셔 죽은가 ᄎᆞ셕(嗟惜)ᄒ와, 뎌조(大朝)의 조공ᄒ고 도라오는 길히 다시 와 듯본즉, 깁흔 바다 가온뒤 쇼식을 므를 곳이 업ᄉ와 이졔 니ᄅᆞ히 그 슈ᄌ(竪子)의 참잔(慘殘)ᄒᆫ 형상과 비상ᄒᆫ 풍신(風神)이 안져(眼底)의 버럿ᄂᆫ 듯, 쥬야(晝夜) 일념(一念)의 닛지 못ᄒ오나, ᄯᅩᄒ 셰상이 알니 업ᄂᆫ가 ᄒᆞᆸ더니, 원슈뎌애(大爺) 엇지 아ᄅᆞ시고 므ᄅᆞ시ᄂᆞ니잇고? 쇼관 등이 암미ᄒ와 능히 연고ᄅᆞᆯ 아지 못ᄒ리로쇼이다."

원쉬 왈,

"연즉(然則) 군 등이 이졔 보면 알가시브냐?"

냥인이 그 곡졀을 모로고 힝혀,

---

236)건미(乾米) : 미숫가루. 찹쌀이나 멥쌀 또는 보리쌀 따위를 찌거나 볶아서 가루로 만든 식품.

“원쉬, 그 슈즈의 【58】 지친(至親)이런가? 져희 등이 히즁(海中)의 바려 죽인 곡졀을 알고 죄 주려ᄒᆞ민가?”

ᄃᆡ경ᄒᆞ여 황망이 ᄃᆡ왈,

“엇지 지긔(知機)치 못ᄒᆞ리잇고? 그ᄣᅢ 힝션이 슌치 못ᄒᆞ니, 만만 부득이 물의 너흐믄 츰아 못ᄒᆞ여, 셤의 나리오고 갓시나 이졔 츰아 넛지 못ᄒᆞᄂᆞ이다.”

원쉬 그 의긔를 ᄎᆞ탄ᄒᆞ여 츄연(惆然) 변ᄉᆡᆨ(變色) 왈,

“군 등이 날을 보라. 젼형(全形)이 그 슈ᄌᆞ(豎子)와 엇더ᄒᆞ뇨?”

냥인이 한번 우러러 보고 더욱 황망 ᄃᆡ왈,

“여러 날 존안을 갓가이 뫼앗ᄉᆞ오나, ᄆᆡ양 황공ᄒᆞ와 감히 우러러 ᄌᆞ셔히 쳠망(瞻望)치 못ᄒᆞ여삽더니, 금일 존언으로 조ᄎᆞ 셩안(聖顔)을 쳠망ᄒᆞ오니, 비범 【59】 탁셰(非凡卓世)ᄒᆞ신 풍광이 만히 기시 쇼년으로 방불ᄒᆞᆫ 듯ᄒᆞ오ᄃᆡ, 그 슈ᄌᆞᄂᆞᆫ 연연(軟軟) 유약(柔弱)ᄒᆞ여 풍젼(風前)의 옥쉬(玉手) 바람의 휘듯ᄂᆞᆫ 듯ᄒᆞ더니, 금(今)의 노야ᄂᆞᆫ 풍의덕질(風儀德質)이 엄연 윤틱ᄒᆞ시니, 아지못게이다! 그 슈ᄌᆞ와 친쳑지간이니잇가? 복원 노야ᄂᆞᆫ 쇼관의 암ᄆᆡᄒᆞᆫ 식안(識眼)을 붉히 교회(敎誨)ᄒᆞ쇼셔.”

원쉬 져 냥인의 창졸의 아리보지 못ᄒᆞᆷ을 보고, 미미히 웃고 좌우로 쥰학·녕필을 불너 냥인을 뵈여 왈,

“군 등이 그 슈ᄌᆞ를 긔억지 못ᄒᆞ량이면, 이 양인을 아ᄂᆞᆫ다?”

냥인이 쥰학·녕필을 보ᄆᆡ 놀나 급히 문왈,

“그ᄃᆡ 냥인이 슈ᄌᆞ와 한가지로 ᄇᆡᆨ두셤의 나리 【60】 던 가인(家人)이로쇼니, 그ᄣᅢ 창망ᄃᆡ히즁(滄茫大海中)의 엇지 능히 살믈 어더 이의 니ᄅᆞ러, 져리 귀ᄒᆞᆫ ᄉᆞ환(使喚)이 되어시며, 그 슈ᄌᆞᄂᆞᆫ 어ᄃᆡ 갓ᄉᆞ며, 져 노야ᄂᆞᆫ 뉘시뇨?”

쥰학 등이 ᄯᅩ한 녯 안면을 긔지(記之)ᄒᆞᄆᆡ 반기고 깃거 졀ᄒᆞ고, 젼후 져의 노쥬의 근본을 일파(一破)237)ᄒᆞᆯᄉᆡ, 기시 무셩명 슈ᄌᆞᄂᆞᆫ 곳 목금 ᄃᆡ원슈 윤노애시니, 기시의 ᄇᆡᆨ두셤의 올낫다가 몽고 상고션(商賈船)의 올나 이젹지국(夷狄之國)의 가, 괴이ᄒᆞᆫ ᄌᆡ란악귀(災難惡鬼)를 진졍ᄒᆞ고, 여익(餘厄)이 미진ᄒᆞ여 동오국가지 뉴리(流離)ᄒᆞ다가 텬셩(天性)을 단회(團會)ᄒᆞᄆᆡ, 이 믄득 평진왕의 귀ᄌᆞ로 혁혁 존귀ᄒᆞᆫ 바와, 이졔 쇼년 닙신ᄒᆞ여 작 【61】 위 놉흠과, ᄌᆡ략의 신긔ᄒᆞᆷ을 ᄌᆞ셰히 베프니, 좌우 청문ᄌᆡ(聽聞者) 싀로이 귀를 기우려 신긔히 너기고, 일침 군히(君下) 쇽 등을 두다려 긔이ᄒᆞᆷ을 브ᄅᆞ고, 병·슌 냥인이 긔이코 이상ᄒᆞᆷ을 니긔지 못ᄒᆞ여 ᄲᆞᆯ니 ᄃᆡ하의 나려 고두ᄇᆡᆨᄇᆡ(叩頭百拜)치하 왈,

“텬상(天常)238), ᄃᆡ야(大爺)ᄂᆞᆫ 가히 텬상군션(天上君仙)이오, ᄃᆡ상(地上)의 셩인(聖人)이시라, ᄌᆞ고로 셩인군ᄌᆡ 초명(初命)이 건우(愆遇)239)ᄒᆞ다 ᄒᆞ오니, 노야의 지ᄂᆡ신

---

237)일파(一破) : 한번 설파(說破)함.

238)텬상(天常) : =천생(天生). 타고난 것처럼 아주. 이미 정하여진 것처럼 어쩔 수 없이.

239)건우(愆遇) : 그릇 만남.

바 고힝이 만히 고인(古人)으로 흡수ᄒᆞ이다. 기시(其時)의 하관 등이 눈이 이시나 망울이 업수와 틱산(泰山)을 알아보지 못ᄒᆞ옵고, 즁노의 망망 히즁(海中)의 노야의 존체 쳔금을 바리온 죄, 즁여산(重如山)이라. 원 디야【62】ᄂᆞ 하관 등의 요탄(妖誕)²⁴⁰⁾ᄒᆞ던 죄를 졍히 ᄒᆞ쇼셔."

원슈 병·슌 냥인의 과장(誇張)ᄒᆞᄆᆞᆯ 보미, ᄯᅩᄒᆞᆫ 셕ᄉᆞ를 감회ᄒᆞ여 츄연 변ᄉᆡᆨᄒᆞ고, 좌우로 냥인을 평신ᄒᆞ라 ᄒᆞ여 좌를 갓가이 쥬고, 츄연 탄왈,

"츄렴왕ᄉᆞ(追念往事)ᄒᆞ미, 심신이 ᄉᆡ로이 경난(驚亂)ᄒᆞᆫ지라. 다시 닐너 무엇ᄒᆞ리오. 외(吾)²⁴¹⁾ 기시(其時)의 현공(賢公) 등의 의긔 현덕을 지우금일(至于今日)의 몸이 영화롭고 귀ᄒᆞᆯᄉᆞ록 닛지 못ᄒᆞ여, 오ᄆᆡ불망(寤寐不忘)이로ᄃᆡ, 슈만니 이국의 능히 말미암아 음신(音信)을 젼ᄒᆞᆯ 길이 업ᄉᆞ니, 능히 ᄉᆞ은(私恩)을 한번 ᄉᆞ례치 못ᄒᆞᆯ가 슉야(夙夜) 영탄(永嘆)이러니, 엇지 늉젹의 무상ᄒᆞᆫ 연고로 복이 황지를 밧ᄌᆞ와 이 ᄯᅡ히 니ᄅᆞ【63】러 은인을 ᄌᆡ봉(再逢)ᄒᆞᆯ 쥴 알니오. 외(吾) ᄌᆞ금이후(自今以後)의 다시 한이 업ᄉᆞ리로다."

셜파의 츄연불낙(惆然不樂)ᄒᆞ니, 가월텬창(佳月天窓)²⁴²⁾의 먼 뫼 그림지 잠간 니러나고 강한(江漢)²⁴³⁾의 져믄²⁴⁴⁾ 빗치 몽몽(濛濛)ᄒᆞ여²⁴⁵⁾, 하일(夏日)의 두리온 긔상이라. 좌위(左右) 불감앙시(不敢仰視)러라.

병관슐 등이 그 풍광덕치(風光德彩)를 우러러 못ᄂᆡ 감탄션복ᄒᆞ며, 그 칭은 두ᄌᆞ를 감히 당치 못ᄒᆞ더라. 원슈 각별 옥잔(玉盞)의 향온(香醞)을 만작(滿酌)ᄒᆞ여 병·슌 냥인의 구졍(舊情)과 녯 은혜를 ᄉᆞ례ᄒᆞ고, 금보치단(金寶綵緞)과 황금옥빅(黃金玉帛)을 무슈히 쥬어 ᄉᆞ은(私恩)을 갑흐니, 냥인이 더욱 황감(惶感) 송뉼(悚慄)ᄒᆞ여 능히 좌를 안졉(安接)지 못ᄒᆞ고, 원슈 ᄯᅩ 기시 일침 ᄉᆞ졸이 병관슐【64】조ᄎᆞ던 ᄌᆞᄂᆞᆫ 다 ᄎᆞᄌᆞ 금빅(金帛)을 상(賞)ᄒᆞ고, 혹 그 쳐ᄌᆞ를 ᄎᆞᄌᆞ 쥬게 ᄒᆞ니, 일침 인민이 다 셩덕(聖德)을 열복(悅服)ᄒᆞ더라.

일노조ᄎᆞ 일침 군심(群心)이 더욱 환흡(歡洽)ᄒᆞ여 텬조 ᄃᆡ군이 도라간 후 머므던 별관을 쇄쇼(灑掃)ᄒᆞ고 윤원슈의 ᄉᆡᆼᄉᆞ당(生祠堂)²⁴⁶⁾을 안치고, 만셰불망비(萬世不忘碑)를 셰워 ᄉᆞ졀(四節) 삭망(朔望)의 분향ᄒᆞ여 향화(香火)를 폐치 아니ᄒᆞ더라.

니러구러 슌일(旬日)이 되엿더니, 국왕의 브린 ᄉᆞ명(使命)이 남히 무릉셤의 드러가

---

240)요탄(妖誕) : 괴상하고 허무맹랑함.

241)외(吾) : 나. 1인칭 대명사.

242)가월텬창(佳月天窓) : 눈썹과 눈을 달리 표현한 말. *가월(佳月); 초승달처럼 아름다운 눈썹. *텬창(天窓) : '눈'을 달리 표현한 말.

243)강한(江漢) : 중국 양자강(揚子江)과 한수(漢水)를 함께 이르는 말.

244)져믄 : 저문. 어두운.

245)몽몽(濛濛)하다 : 비, 안개, 연기 따위가 자욱하다.

246)사당(生祠堂) : 감사나 수령 등의 선정을 찬양하는 표시로 그가 살아 있을 때부터 백성들이 제사 지내는 사당(祠堂).

니, 뒤흐로 만쳡쳥산(萬疊靑山)이 울울총총(鬱鬱叢叢)ᄒ여 구만니(九萬里) 쟝텬(長天)의 졉ᄒ엿고, 압흐로 망망뒤히롤 막앗고, 좌우 녑흐로 챵숑녹듁(蒼松綠竹)이 얽혀 깁고 그윽ᄒ니, 가히 망명(亡命) 투싱ᄌ(偸生者)의 슘【65】 엄 즉흔 곳이라. 골이 깁고 쟝ᄎ니247) 츳기 가쟝 어렵더라.

틱산(太山) 샹샹봉의 오십니 긴 골이 잇고, 곡듕의 슈빅인가롤 싀로이 지어시니, 이 곳 늉한의 당뉘 웅거흔 곳이러라. ᄉ오빅 어림군(御臨軍)이 일시의 고함ᄒ고 다라드러 동부(洞部)롤 에워 ᄊ고, 젹뉴여당(賊類餘黨)을 진슈(盡數)히 착금(捉擒)ᄒ고 가직(家財)롤 젹몰(籍沒)ᄒ니 허다 문셔와 가쟝 즙물 ᄲᆞᆫ 아니라, 기여(其餘) 외월참남(猥越僭濫)흔 왕복(王服)이며, 흉교(凶狡)흔 문쟝(紋章) 믿든 것도 가쟝 만터라.

졔군이 디강 남녀노쇼 ᄲᆞᆫ 아니라 허다 즙물을 다 거두어 슐위의 싯고 쥬야로 도라와 복명(服命)ᄒ니, 국왕이 크게 셜국(設鞫)ᄒ고 졔젹을 올녀 일졔히 츄【66】문(推問)ᄒ니 졔젹이 미롤 견듸지 못ᄒ여 기기(個個) 승복ᄒ니, 젼혀 늉한의 가ᄅ치미러라.

왕이 디로ᄒ여 즉시 오형(五刑)248)을 갓초아 다못 늉한과 졔젹을 다 동시(東市)249)의 가 요참능지(腰斬凌遲)250)ᄒ여 머리와 ᄉ지롤 갈나 국듕(國中)의 뵈여 그죄롤 졍히ᄒ며, 쳐ᄌ와 노비롤 위로관비(爲奴官婢)ᄒ니, 조졍이 슉쳥(淑淸)ᄒ고 빅셩이 쾌활ᄒ더라.

일침왕이 싀로이 국젹을 쇼멸ᄒ여 조졍을 묽히니, 병관슐 등이 왕긔 고ᄒ여 특별이 셜졔(設祭)ᄒ여 종묘ᄉ직(宗廟社稷)의 고츅(告祝)ᄒ고 광녹시(光祿寺)롤 명ᄒ여 디연(大宴)을 궐듕의 비셜ᄒ며, 문무 졔신을 거ᄂᆞ려 냥원슈와 쇼안디와 텬조 군쟝ᄉ졸(軍將士卒)을 다 【67】 쳥ᄒ여, 승젼군악(勝戰軍樂)을 크게 베프러 즐기며 텬병ᄉ졸(天兵士卒)을 호궤(犒饋)ᄒ여 경하ᄒ니, 화긔 츈풍 갓고 빈쥬의 즐기미 샹하(上下)치 아니터라.

삼일을 크게 즐겨 파ᄒ고, 냥원슈 녁관(驛館)의 도라와 다시 슌일을 머므러 인심을 교유ᄒ니, 일침국이 불과 일슌지닉(一旬之內)의 크게 다ᄉ려○[져], 도불습유(道不拾遺)ᄒ여 남녜 길흘 ᄉ양(辭讓)ᄒ고 야불폐문(夜不閉門)ᄒ여 완연이 녜의 문물이 가ᄌ시니, 교홰(敎化) 디힝(大幸)흔지라.

일침 군히(君下) 다 원슈의 지덕을 우러러 항복 경찬(慶讚)ᄒ더라.

니러구러 슈슌(數巡)이 되니 능히 오릭 지류(遲留)치 못ᄒ여, 몬져 뇽젼(龍殿)의 쳡보(捷報)롤 쥬문(奏聞)ᄒ고, 쟝ᄎᆺ 힝니(行李)251)롤 타졈(打點)252)ᄒ여 회군【68】 반ᄉ

---

247)쟝ᄎ다 : 쟝(長)차다. 거리가 길고도 멀다.
248)오형(五刑) : 조선 시대에, 중국 대명률에 의거하여 죄인을 처벌하던 다섯 가지 형벌. 태형(笞刑), 장형(杖刑), 도형(徒刑), 유형(流刑), 사형(死刑)을 이른다.
249)동시(東市) : 동쪽에 있는 시장. 옛날 중국의 수도 장안(長安)에서 죄인을 처형(處刑)하던 장소. 이 때문에 '형장(刑場)'의 뜻으로 쓰임
250)요참능지(腰斬凌遲) : 죄인의 허리를 베어 죽이는 형벌[요참]과, 죄인을 죽인 뒤 시신의 머리, 몸, 팔, 다리를 토막 쳐서 각지에 돌려 보이는 형벌[능지]..

(回軍班師)253)홀시, 일침국 빅셩과 군신 상히 다 아니 슬허ᄒᆞ리 업더라.

뒤군이 장ᄎᆞᆺ 발ᄒᆡᆼ시일의 국왕이 문무ᄅᆞᆯ 거ᄂᆞ려 빅니(百里) 장졍(長程)의 나아와 잔치ᄒᆞ여 니별홀시, 왕이 감누(感淚)ᄅᆞᆯ 흘녀 ᄉᆞ례 왈,

"원쉬 슈만니 히도의 빅만 ᄉᆞ졸노 더브러 슈고로이 니ᄅᆞ샤, 거의 업더져가는 쇼방을 진졍케 ᄒᆞ시고, 어진 교화와 놉흔 셩덕으로 무례(無禮)ᄒᆞᆫ 인심을 니졍(理正)ᄒᆞ샤 쇼국 강산을 굿게 ᄒᆞ시고, 이졔 믄득 도라가시니 쇼방 졈은 님직 비컨딘 결연(缺然)ᄒᆞ미254) 젹ᄌᆡ(赤子) ᄌᆞ모(慈母)ᄅᆞᆯ 여힘 갓ᄌᆞ온지라. 아지못거이다! 금일 존안을 니별ᄒᆞ미 슈만니 이국의 음운이 우활(迂闊)ᄒᆞ오【69】니, 하일(何日) 하시(何時)의 다시 놉흔 좌셕을 밧드러 교회(敎誨)ᄅᆞᆯ 밧ᄌᆞ오리잇가? 다만 귀인은 쳔츄(千秋)ᄅᆞᆯ 안낙(安樂)ᄒᆞ쇼셔."

셜파의 감뉘(感淚) 상연(傷然)ᄒᆞ니 냥원쉬 위로 왈,

"이 엇지 아등의 공이리오. 뒤왕의 홍복이 졔텬(齊天)ᄒᆞ미라. 왕은 무익히 슬허 말고 가지록 쇼심익익(小心翼翼)255)ᄒᆞ여 덕을 닷가 뒤국을 튱의로 셤기고 빅셩을 ᄉᆞ랑ᄒᆞᆫ즉, 일침국되 기리 틱평 안낙ᄒᆞ여 만셰무강지복(萬世無疆之福)을 긔여필득(期於必得)ᄒᆞ리라."

왕이 슌슌(順順) 슈명(受命)ᄒᆞ고 ᄯᅩ 병관슐 슌우형 등이 원슈의 거륜(車輪)을 붓드러 ᄎᆞ마 ᄯᅥ나지 못ᄒᆞ니, 원쉬 면면 위유(慰諭)ᄒᆞ여 일일히 하상(賀觴)을 맛보아 은권(恩眷)을 두터이 ᄒᆞ고, 【70】일장 분슈ᄒᆞ여 손을 남북으로 난호니, 일침 군신이 먼니 가도록 바라보다가 휘루뉴쳬(揮淚流滯)ᄒᆞ여 국도로 도라가더라.

냥원쉬 쇼안되로 더브러 뒤군을 거ᄂᆞ려 속ᄒᆡᆼ(速行)ᄒᆞ고 후진의 일침 ᄉᆞ신이 시로이 텬조의 납헌(納獻) 조공녜단(朝貢禮緞)을 밧드러 텬조뒤군을 조ᄎᆞ ᄒᆡᆼᄒᆞ더라.

ᄎᆞ시 도로의 광음(光陰)이 더욱 가기ᄅᆞᆯ ᄲᆞᄅᆞ게 ᄒᆞ니, 그 덧 훌훌이 시당삼츈(時當三春)256)이오 일당슌간(日當旬間)257)이라. 텬긔(天氣) 화창ᄒᆞ여 원근젼원(遠近田園)의 봄빗치 도라완지 오릭니, 만산풍경(滿山風景)의 졀물(節物)이 쇼쇄(瀟灑)ᄒᆞ여 녹음이 골마다 쇼ᄉᆞ나고, 계슈츈숑(桂樹春松)이 셧거져 츈풍의 화무(華茂)ᄒᆞ여 봄빗츨 아【71】당(阿黨)ᄒᆞ고, 일쳔가지 양뉴(楊柳)는 쵹나상(蜀羅裳)을 둘너시며, 만슈화목(萬樹花木)은 가지마다 금ᄉᆞ(錦紗)로 ᄭᅮ며시며 옥뉴(玉流)로 비져시니, 빅홰교발(百花交發)ᄒᆞ여 시 단장을 일웟고, 황잉(黃鸎) 쳥조(靑鳥)는 츈광(春光)을 하례(賀禮)ᄒᆞ미, 잉셩(鸎聲)이 쟉쟉ᄒᆞ고258) 오식치졉(五色彩蝶)은 쳥엽홍화간(靑葉紅花間)의 넘노라 아름다온 츈

---

251)ᄒᆡᆼ니(行李) : 여행 짐. 행장(行裝). 여행할 때에 사용하는 물건과 차림.
252)타졈(打點) : 선물 따위를 준비하다. 여장(旅裝)을 꾸리다.
253)회군반ᄉᆞ(回軍班師) : 군사를 돌이켜 이끌고 돌아옴.
254)결연(缺然)ᄒᆞ다 : 무엇인가 빠지거나 잃은 것이 있는 것 같아 서운하고 섭섭하다.
255)쇼심익익(小心翼翼) : 조심하고 겸손함.
256)시당삼츈(時當三春) : 시절은 삼월에 당함.
257)일당슌간(日當旬間) ; 날짜는 열흘 경임.

향(春香)을 권년(眷戀)ᄒᄂ 듯, 원학미록(猿鶴麋鹿)은 무리지어 《장듸ǁ츈산(春山)》
의 ᄭᅩᆺ가지를 쎳그니, 지나는 바의 쳔산만슈(天山萬樹)를 것두어시니, 도로 경싴과 원
근 산쳔이, 올 졔는 슈목이 참텬(參天)ᄒ고 숑빅(松柏)이 것츤 ᄯᅡ히, 어름 빙이(氷厓)
와 눈 《진ǁ내린》 산을 괴로이 지나, 슈만니 히도이역(海島異域)의 불모지디(不毛之
地)를 즛바라259) ᄉᆞᆼ(死生)을 미가분(未可分)ᄒ고, 니친【72】 쳑(離親戚) 기분묘(棄墳
墓)ᄒᄂ 심ᄉᆞ(心思) 겹겹 즐겁지 아닌 바로뼈, 다시 졀물(節物)이 니가ᄀᆨ(離家客)의 ᄉᆞ
향슈심(思鄉愁心)을 돕ᄂ 듯ᄒ더니, 이졔 믄득 도라가미 밋쳐는, 슈만니 이국(異國)의
님진듸젹(臨陣對敵)ᄒ여 타향변싀(他鄉邊塞)의 동기(筒箇)260)를 베고 창듸를 어로만져,
반야오동(半夜梧桐)의 《현아ǁ음아(吟哦)261)》 일셩(一聲)의 영웅의 날난 장긔(壯氣)
를 쇼삭(消索)262)ᄒ미 업고, 무용(武勇)을 비약(飛躍)ᄒ여 창도(槍刀)를 움죽이미 업
시, {셔} 번이(蕃夷)를 근심 업시 진복(鎮服)ᄒ고, 위슈(渭水)263) 반계(磻溪)264)의 노
인(老人)265)이 슈고ᄒ여 쳔니(千里) 옥감(玉鑑)266)을 빗쵀미 아니로듸, 간당이 ᄌᆞ황ᄌᆞ
복(自惶自服)ᄒ여 ᄌᆞ죄복쥬(自罪伏誅)267)ᄒᄂᆞ니, 임의 ᄉᆞ이(四夷)를 ᄂᆡ공(來貢)○[케] ᄒ여
여 승젼악음(勝戰樂音)으로 빗ᄂᆡ 도라가는 길히, ᄯᅩᄒᆞ 졀물(節物) 풍경(風景)【73】이
가려(佳麗)ᄒ여 빅만군용(百萬軍容)의 웅웅(雄雄)ᄒᆫ 장긔(壯氣)와 흔흔(欣欣)ᄒᆫ 환심(歡
心)을 도도ᄂ 듯ᄒᆫ지라.

　　지나는 곳 마다 금슈쳔산(錦繡千山)이 목하(目下)의 버러시니, 빅만웅병(百萬雄兵)이
흔흔 열열(欣欣悅悅)ᄒ여 머므는 곳마다, 본읍의 연향(宴饗)을 진취(盡醉)ᄒ고, 슈무족
도(手舞足蹈)ᄒ여 져마다 깃거ᄒ니, 도로혀 무비(武備)의 웅웅ᄒᆷᆫ 바리고, 가셩(歌聲)
이 열열(悅悅)ᄒ고 무쉬(舞袖) 편편(翩翩)ᄒ더라.

---

258)작작ᄒᆞ다 : 자꾸 새가 울다
259)즛밟다 ; 짓밟다.
260)동기(筒箇) : 활과 화살을 꽂아 넣어 등에 지도록 만든 물건. 흔히 가죽으로 만드는데, 활은 반만 들
　　어가고 화살은 아랫부분만 들어가도록 만든다.
261)음아(吟哦) : 싸움이나 경기에서 상대편의 기선(機先)을 제압하기 위해 내지르는 고함(高喊)소리.
262)쇼삭(消索) : 소진(消盡). 점점 줄어들어 다 없어짐. 또는 다 써서 없앰.
263)위슈(渭水) : 중국 황하(黃河)의 큰 지류(支流). 감숙성(甘肅省) 남동부에서 시작하여 섬서성(陝西省)
　　으로 흘러 황하로 들어간다.
264)반계(磻溪) : 중국 절강성(浙江省)에 있는 하천의 이름으로 위수(渭水)로 흘러드는 지류(支流)의 하나
　　다. 태공망(太公望) 여상(呂尙)이 이곳에서 낚시를 드리우고 있다가 주(周)나라 문왕(文王)을 만난 곳으
　　로 전해지고 있다.
265)반계(磻溪)의 노인(老人) : 태공망(太公望) 여상(呂尙)을 말함. *태공망(太公望) 여상(呂尙): 중국 주
　　(周)나라 초기의 정치가. 여(呂)는 그에게 봉해진 영지(領地)이며, 상(尙)은 그의 이름이다. 성은 강(姜)
　　이고, 강태공(姜太公). 여망(呂望) 등의 다른 이름으로도 불린다. 위수(渭水)에서 10년 동안이나 낚시를
　　하며 때를 기다려 주 문왕을 만났다는 고사가 전하며, 문왕을 도와 주나라 건국에 큰 공을 세웠다. 저
　　서에 ≪육도(六韜)≫가 있다.
266)옥감(玉鑑) : 강태공의 조마경(照魔鏡)을 말함. *조마경(照魔鏡); 마귀의 본성을 비추어서 그의 참된
　　형상을 드러내 보인다는 신통한 거울.
267)ᄌᆞ죄복쥬(自罪伏誅) : 자신이 지은 죄를 순순히 자복하여 죽음을 받음.

딕군이 완완(緩緩)이 힝ᄒ여 월여(月餘)의 다시 남도(南道) 딕양즁(大洋中)의 니ᄅ러 졍히 퇵일(擇日) 힝션(行船)코져 ᄒ더니, 홀연 셧녁 큰 산 뒤흐로셔 고각(鼓角)이 딕진(大震)ᄒ여 쳔군만믹(千軍萬馬) 징분(爭紛)ᄒᄂ 곳의, ᄯ 일진(一陣)이 딕픽(大敗)ᄒ여 분황견픽(紛遑戰敗)ᄒᄂ 즈음이러라. 턴병장졸이 딕경(大驚)○○[ᄒ여] 원슈의게 보ᄒ니라. 【74】

윤하뎡삼문취록 권지팔십구

추시 텬병쟝졸이 디경(大驚)ㅎ여 원슈의게 보ㅎ니, 원쉬 또ㅎ 놀나 급히 토인(土人)을 불너오라 ㅎ여 뭇더라.

원너 남도(南道) 디양(大洋)이 북녁흔 디국지경(大國之境)이오 남녁흔 일침디경이오, 동녁흔 동국상한디경이오, 셧녁 바다 밧근 몽고국디경이러니, 이 시(時)의 몽고왕 팔목츈이 죽으니 냥지(兩子) 이시나, 밋쳐 셰즈(世子)를 셰오지 못ㅎ고 죽으니, 댱즈(長子) 탈목희는 셔궁 목목시 쇼싱이오, 추즈 탈목기는 동궁 언지 금능시의 쇼싱이라.

목희는 기시(其時)의 나히 십뉵이오, 목기는 십오셰로디, 몽고왕【1】이 스스로 늙지 아닌쥴 밋어, 냥지 더 즈라거든 위인을 갈히여 셰즈를 삼고져 ㅎ니, 셔궁 목목네 왕의 긔식(氣色)을 슷치고, 목희로 더브러 의논 왈,

"왕의 뜻이 여추여추ㅎ니, ㅎ물며 목기는 뎡궁 쇼싱으로 조뎡 인심을 만히 어더시니, 너 아희 잘못ㅎ면 한갓 큰 위를 도모치 못홀쑨 아니라, 셩명(性命)이 또ㅎ 위티홀지라."

흔디, 목희 어믜 말을 듯고 부왕을 가쟝 원망ㅎ여, 가만이 왕과 목기를 음히홀 뜻을 두엇더니, 왕이 홀연 유질ㅎ거늘 목목네 가만이 힝스ㅎ니, 왕이 인ㅎ여 스지 못흔지라. 님망(臨亡)의 조뎡 디신을 불【2】너 국스를 부탁ㅎ디,

"추즈 목기 졍궁 쇼싱이니 셰워 님즈를 숨으라."

ㅎ고 죽거늘, 조졍이 일노 인ㅎ여 왕을 쟝(壯)ㅎ고 탈목가를 마즈 님군을 삼으니, 목목녀와 목희 디로ㅎ여 드디여 당뉴를 모화 크게 치니, 몽고왕 탈목기 불의(不意)의 이 변(變)을 맛낫는지라. 약간 졍긔(精騎)를 거느려 디젹ㅎ나, 본디 준비치 아닌 군시 엇지 졍예흔 군스를 당ㅎ리오. 두어 번 쓰홈의 디픽(大敗)ㅎ여 드디여 국도를 바리고 셧녁 취봉산 관(關)의 피란ㅎ니, 목희 인ㅎ여 국도의 드러가 스스로 왕이 되고, 오히려 왕이 죽지 아녀시니 후환이 될가 두려, 다시 여당(與黨)을 모화 산관(山關)을 쳐【3】함몰(陷沒)ㅎ니, 왕이 또 능히 안신(安身)치 못ㅎ여 산관을 바리고 빅여 긔(騎) 픽잔여졸(敗殘餘卒)을 거느려, 어믜 금능시와 안히 탈목언지로 더브러 한 슐위를 타고 다라나더니, 취봉산 곡노(曲路)의 밋쳐는 좌우 복병이 니다라 츄살(追殺)ㅎ니, 좃춘 빅여 군이 다 죽고 계오 남은 거시 십여긔라. 모즈 부부 삼인이 슐위 가온디셔 셔로 붓드려 통곡ㅎ며, 삼인이 일시의 즈결코져 ㅎ더라.

시시의 윤원슈 냥군의 졉젼 징분(爭紛)ᄒ믈 보미 그 어니 곳 병미(兵馬)를 아지 못
ᄒ여 급히 근쳐 토민을 불너 므르니, 토민이 디왈,

"셧녁 큰 산 일홈은 취봉산이니, 몽고국 디경(地境)이라. 디국 디경과 일침 디【4】
경과 동국 디경이니, 스국(四國) 힝션(行船)이 다 남도(南島) 디양(大洋) 즁(中)의 잇
셔, 셔로 왕ᄂᆡᄒᆞ옵더니, 요ᄉᆞ이 갓 듯ᄌᆞ오니 몽고왕이 죽으미, 그 두 아들이 셔로 닷
호아 젼장이 니럿다 ᄒᆞ옵더니, ᄯᅩ 젹ᄌᆞ 탈목기 위왕(爲王)ᄒ엿더니268), 이졔 셔형(庶
兄) 탈목희의게 픠ᄒ여 왕셩(王城)을 일코 취봉산 산관(山關)의 슘엇다 ᄒ더니, 목희
ᄯᅩ 왕을 아조 죽이고져 ᄒ여 옛가지 ᄯᅩ라 함몰(陷沒)ᄒ엿ᄂᆞᆫ가 ᄒᄂᆞ이다."

원슈 우문 왈,

"타국 인심을 불가측(不可測)이어니와, 디긔 몽고왕 형뎨 위인이 엇더ᄒ관디 골육
(骨肉)이 상살지심(傷殺之心)을 두엇다 ᄒᄂᆞ뇨?"

토인이 디왈,

"어이 그러ᄒ리잇고? 비록 몽고와 일침이 타국(他國)【5】이나, 디쳬(地體) 상근(相
近)ᄒ고, 상고(商賈)의 무리 셔로 왕ᄂᆡᄒᆞ니 쇼식을 통ᄒ고 션악을 니ᄅᆞᄂᆞᆫ지라. 엇지
공논을 모로리잇고? 금왕 탈목가는 비록 몽고 션왕(先王)의 추ᄌᆞ나 졍궁 쇼싱으로 셩
(性)이 인효ᄒ고, 댱ᄌᆞ 탈목희는 맛나 후궁 쇼싱으로 셩이 완포(頑暴)ᄒ더니, 션왕이
밋쳐 틱ᄌᆞ(太子)를 셰오지 못ᄒ고 죽으니, 니러므로 조뎡 공논이 션왕 유언(遺言)을
조츠 목가를 마ᄌᆞ 왕을 셰웟더니, 목희 원심을 품어 골육이 상살(相殺)ᄒ니, 근본은
목희 찬역(簒逆)의 일홈을 면치 못ᄒ리러이다."

원슈 쳥파의 분연 긴긔(慷慨)ᄒ여 의긔(義氣) 격발(激發)ᄒᆞᆯ 쑨 아니라, ᄌᆞ긔 ᄯᅩᄒᆞᆫ 몽
고 션왕의 슈은(受恩)이 업다 못ᄒᆞᆯ지라. 【6】이졔 공고히 만나 그 나라히 업더지고
ᄉᆞ직(社稷)이 위퇴ᄒᆞᆫ 써의, ᄌᆞ긔 이의 만군 《용장∥용장(勇將)》을 거ᄂᆞ려 만나미 공
교ᄒ니, 이 ᄯᅩᄒᆞᆫ 텬의(天意) 유지(有志)ᄒ여 복션지니(福善之理) 명명(明明)ᄒ시미라.

싱각이 이의 밋추미 가연(可然)이 삼군을 직촉ᄒ여 몽고 젹군을 살퇴(殺退)ᄒ고 몽
고왕의 모ᄌᆞ부부 삼인을 구ᄒ니, 이ᄯᅥ 텬조 밍장ᄉᆞ졸이 다 예긔 비비(倍倍)ᄒ고 장심
(壯心)이 녁발산긔긔셰(力拔山氣蓋世)도 두리올 ᄯᅳᆺ이 업ᄂᆞᆫ지라. 원슈의 녕을 바다 일
시의 요무양위(耀武揚威)269)ᄒ여 젹군을 살퇴(殺退)ᄒ고 몽고왕을 구ᄒ니, 탈목희 졍
히 왕을 ᄯᆞ라 거의 공을 일우게 되엿더니, 믄득 남도 디양 ᄉᆞ이의 길노조츠 명【7】
나뇌고(鳴喇擂鼓)270)ᄒ며 긔치(旗幟) 창검(槍劍)이 빗난 곳의, 빅만웅병(百萬雄兵)이
물미듯 지나더니, 홀연 일표군(一表軍)271)이 닉다라 몽고왕을 구ᄒ고 져희 여졸(餘卒)
을 살퇴ᄒᆞᆯ 보고, 불승디로(不勝大怒)하여 크게 ᄭᅮ지즈디, 그 어음(語音)이 괴이하여

---

268) 위왕(爲王)ᄒᆞ다 : 왕이 되다. 왕위(王位)에 오르다.
269) 요무양위(耀武揚威) : 무예를 빛내며 위엄을 드날림.
270) 명나뇌고(鳴喇擂鼓) : 나팔을 불고 북을 두드리는 소리가 요란함.
271) 일표군(一表軍) : 잘 훈련된 한 군대(軍隊). 한 정예군(精銳軍). *표(表); 본보기. 모범.

아라듯지 못흘너라.

탈목히 어지러이 두두어려272) 꾸지즈며, 한 무리 긔 갓흔 군스를 모라 다라들거늘, 텬병이 듸쇼ᄒᆞ며 장창(長槍) 듸검(大劍)을 둘너 적군을 풀 베 듯ᄒᆞ니, 편시(片時)의 죽엄이 들히 쌀니고 피 흘너 ᄂᆡ히 되엿더라. 뇽문듸장군 손혁이 분연히 칼흘 쎄혀 탈목히를 버혀 여졸(餘卒)을 호령ᄒᆞ니, 여당(餘黨)이 ᄉᆞ산분궤(四散奔潰)러라.

이 젹의 몽고왕 탈목긔 졍히 모즈부【8】부 삼인이 붓드러 하늘을 우러러 통곡ᄒᆞ며 ᄉᆞ싱을 한 가지로 ᄒᆞ려 ᄒᆞ더니, 믄득 젹진 후군이 듸란ᄒᆞ며 나는 바 업시 일도(一徒) 신병(神兵)이 ᄂᆡ다라 살츌(殺出)ᄒᆞ여 불과 두어 시긱 ᄂᆡ의 무슈ᄒᆞᆫ 적졸과 탈목히가지 다 죽여 적뉴를 쇼쳥(掃淸)ᄒᆞ고 져회를 구ᄒᆞᆷ을 보니, 처음은 불의의 텬장(天將)이 강님(降臨)ᄒᆞᆫ가 심신이 당황ᄒᆞ더니, 나죵의 바야흐로 텬조 듸병이 일침을 진졍ᄒᆞ고 도라오는 길희, 즈가의 급ᄒᆞᆷ믈 보고 구ᄒᆞᆫ민 쥴 알고, 불승감격ᄒᆞ여 듸진(隊陣)을 바라며 쳔빅 번 머리 조아 ᄉᆞ례ᄒᆞ고, 지삼 쳥ᄒᆞ여 예셔 머지 아니니 잠간 본국의 나아가, 변방 쇼산(所産)이 아름답지 【9】못ᄒᆞ나 잠간 후은을 ᄉᆞ례코져 ᄒᆞᄂᆞᆫ 뜻을 지삼 이걸ᄒᆞ나, 쏘ᄒᆞᆫ 그 어셩(語聲)이 괴이ᄒᆞ여 텬조 장졸이 하나토 알아드르리 업더라. 오직 윤원쉬 쥰학·녕필노 더부러 초의 몽고국의 뉴리(流離)ᄒᆞ여실 젹 약간 그 어음을 귀 녀겨273) 드르미 잇는 고로, 져기274) 아라듯고 쥰학·녕필도 거의 지긔ᄒᆞ미 잇셔 의지ᄒᆞ여 아라드르나 쏘 말노뼈 니르고져 ᄒᆞ듸, 즁국 어음을 져 무리 능히 아라듯지 못ᄒᆞᄂᆞᆫ 고로, 원쉬 명ᄒᆞ여 쥰학 등으로 ᄒᆞ여금 글노뼈 뵈여 니로듸,

"텬병 스졸이 황명으로 일침을 진졍ᄒᆞ고 도라가는 길히러니, 이제 몽고왕이 골육의 변을 【10】만나 ᄉᆞ싱이 위틱ᄒᆞ미, 인ᄉᆞ(人事)의 ᄎᆞ마 목견치 못ᄒᆞ여 승승(乘勝)ᄒᆞᆫ275) 군용(軍容)을 드러 찬역을 쇼멸ᄒᆞ여, 몽고 국도를 평안케 ᄒᆞ고 도라가ᄂᆞ니, 신상(身上)의 황지(皇旨)를 씌여 왕시(往事)276) 긴급ᄒᆞ니, 엇지 ○[그] 수이 번진(藩鎭)의 일홈 업시 오릭 지류(遲留)ᄒᆞ리오, 국왕의 후의는 다감(多感)ᄒᆞ나 텬장사졸(天將士卒)의 귀환(歸還) 반ᄉᆞ(班師)ᄒᆞ미 밧브니 감히 지류치 못ᄒᆞ노라."

ᄒᆞ니, 몽고왕이 셔운ᄒᆞᆷ믈 니긔지 못ᄒᆞ여, 문무군신으로 더브러 먼니 나와 길가의 비복(拜伏)ᄒᆞ여 젼별(餞別)ᄒᆞ미, 목슘 살온 은혜○[를] 감복(感服)ᄒᆞ더라.

몽고 군히(君下) 뇽거봉년(龍車鳳輦)277)으로 위의를 갓초와 시로이 왕을 마즈 국도

---

272)두두어리다 : 중중거리다. 몹시 원망하듯 남이 알아들을 수 없는 군소리로 자꾸 중얼거리다.

273)녀기다 ; 여기다. ①마음속으로 그러하다고 인정하거나 생각하다. ②주의 깊게 생각하다. *여기서는 '주의를 기울이다'의 뜻.

274)져기 : 적이. 적지 않게. 꽤 어지간한 정도로

275)승승(乘勝)ᄒᆞ다 : 싸움 따위에서 이기는 형세를 타다. 승세(勝勢)를 타다.

276)왕시(왕사) : ①갈 일. ②지나간 일.

277)뇽거봉년(龍車鳳輦) : 왕이 타는 수레와 가마. *연(輦); 임금이 거둥할 때 타고 다니던 가마. 옥개(屋蓋)에 붉은 칠을 하고 황금으로 장식하였으며, 둥근기둥 네 개로 작은 집을 지어 올려놓고 사방에 붉은 난간을 달았다. 늑난가(鸞駕)·난여(鸞輿).

의 들어【11】가 즉위ᄒ고, 국즁(國中)의 ᄃᆡᄉᆞ(大赦)ᄒ며 목희의 가속(家屬)을 다 폐(廢)ᄒ여 졀역(絶域)의 ᄂᆡ치고, 북으로 만셰불망비(萬世不忘碑)ᄅᆞᆯ 셰우며 싱ᄉᆞ당(生祠堂)을 지어 텬조ᄃᆡ원슈 동창후 현인명덕 윤공지묘당(天朝大元帥 東昌侯 賢人明德 尹公之廟堂)이라 ᄒ고, ᄉᆞ시향화(四時香火)ᄅᆞᆯ 폐치 아니ᄒᆞ니라.

원슈의 ᄃᆡ군이 ᄒᆡᆼᄒᆞ더니, 쇼안ᄃᆡ 쇼왈,

"몽고의 인물(人物) 졔되(制度) 가장 괴악ᄒᆞ니, 져무리 쳥홀 적 아등이 한번 드러가 문물졔도(文物制度)ᄅᆞᆯ 구경ᄒᆞ미 올탓다."

원슈 미쇼 왈,

"본ᄃᆡ 이젹지국(夷狄之國)이라, 보고 듯지 아녀도 한무리 견양(犬羊)이니, 군ᄌᆡ 엇지 보암즉 ᄒᆞ리오. 형은 실업슨 말말나."

안ᄃᆡ ᄯᅩᄒᆞᆫ 잠쇼ᄒᆞ고, 다시 니ᄅᆞ지 아니터라. 이의 ᄒᆡ변(海邊)의 다【12】다ᄅᆞ미 비ᄅᆞᆯ 슈습(收拾)ᄒᆞ여 션쳑(船隻)의 오ᄅᆞ니, 빗난 위의와 셔리 갓ᄒᆞᆫ 창검이며 긔독(旗纛) 냥산(陽傘)이 휘황(輝煌)ᄒᆞ여 만장강심(萬丈江心)을 희롱ᄒᆞ니, 치운이 넘놀며 옥기둥이 쎡거지ᄂᆞᆫ 듯ᄒᆞ더라. 만니장ᄒᆡ(萬里長海)ᄅᆞᆯ 무ᄉᆞ히 득달ᄒᆞ여 월여의 니ᄅᆞ러 즁국디계(中國地界)의 비ᄅᆞᆯ 다히고, ᄃᆡ군이 일시의 뭇히 나리니, 삼군장졸이 긔년만의 고국디계ᄅᆞᆯ 드듸니, 용약희열(勇躍喜悅)ᄒᆞ여 즐기ᄂᆞᆫ 쇼ᄅᆡ 산쳔(山川)을 움즉이더라.

본쥬 ᄌᆞ시(刺史) 슈령 방빅 이하(以下)ᄅᆞᆯ 거ᄂᆞ려, 먼니 믈가의 나와 ᄃᆡ군을 영접ᄒᆞ미, 바야흐로 셜연경하(設宴慶賀)ᄒᆞ여 슈히 셩공ᄒᆞ여 무ᄉᆞ히 도라오믈 만만치하(萬萬致賀)ᄒᆞ니, 냥원【13】쉬 좌슈우답(左酬右答)의 은근(慇懃) 화답(和答)ᄒᆞ여,

"이ᄂᆞᆫ 다 셩텬ᄌᆞ의 홍복(洪福)으로 창도(槍刀)ᄅᆞᆯ 움즉이미 업시 번이(蕃夷)ᄅᆞᆯ 슌슈(巡狩)ᄒᆞ미라."

ᄒᆞ더라.

빅만군용(百萬軍戎)이 슐이 진취(盡醉)ᄒᆞ고 흥이 놉ᄒᆞ니, 셔로 창검을 어로만지며 츔츄어 고국산쳔이 넷빗치믈 노ᄅᆡᄒᆞ니, 은은이 '남훈(南薰)의 빗난 긔샹(氣像)'[278]인 듯ᄒᆞ지라. 좌샹(座上)이 한가지로 깃거 만반진슈(滿盤珍羞)로 호군(犒軍)ᄒᆞ고, 본읍 틱쉬 관고(官庫)ᄅᆞᆯ 여러 금은필빅(金銀疋帛)을 무슈히 ᄂᆡ여 ᄉᆞ졸을 상쥬니, 군즁의 즐기ᄂᆞᆫ 쇼ᄅᆡ 더욱 진동ᄒᆞ더라.

원슈의 일ᄒᆡᆼ ᄉᆞ졸이 남쥬 역관의셔 슈일을 쉬여 다시 ᄒᆡᆼᄒᆞ려 ᄒᆞ더니, 믄득 댱안(長安)으로조ᄎᆞ 만셰황야의 젼【14】진구치(戰陣驅馳)ᄅᆞᆯ 므ᄅᆞ시ᄂᆞᆫ 즁ᄉᆡ(中使) 니ᄅᆞ고, 각각 본부 셔신을 어드니, 냥원쉬 향안(香案)을 빈셜ᄒᆞ고 즁ᄉᆞᄅᆞᆯ 마즈 북향ᄉᆞ비(北向四配) 후(後) 칙셔ᄅᆞᆯ 밧ᄌᆞ와 셩의 ᄌᆞ못 온유ᄒᆞ시믈 보미, 냥원쉬 불승황감축쳑(不勝惶感蹙惕)ᄒᆞ여 머리ᄅᆞᆯ 두다려 셩은을 슈심감골(樹心感骨)[279]ᄒᆞ며, 각각 본부 가셔(家書)ᄅᆞᆯ

---

278)남훈(南薰)의 기상(氣像) ; 순임금이 오현금(五絃琴)으로 남풍시(南風詩)를 타 백성들의 불만을 어루만져주던 시절의 사람들의 태평한 기풍.

279)슈심감골(樹心感骨) : '마음에 심어 두어 뼛속 깊이 느낀다'는 뜻으로 마음과 몸에 새겨 잊지 않는다

어더 부모친쳑의 안부를 듯고 깃부미 비길디 업거늘, 쇼안디노 부친 글월과 냥형의 평셔(平書)를 밧주와 보오미, 믄득 이 가온디 쇼녀시의 흉음(凶音)이 이시니, 디강 주긔 니가(離家) 수오일 닉의 쇼녀시 산점(産漸)이 잇셔 신고히 분만ᄒᆞ미, 이 믄득 남녀 간 인형(人形)이 아니,오 괴인흔 육괴병잔(肉塊病殘)을 나하 가중 인【15】원이 놀라던 수연이며, 녀시 과도히 바라미 복중의 잇다가 드디여 흉괴를 싱ᄒᆞ니, 인ᄒᆞ여 과히 놀나 죽기의 밋추나, 주긔 힝혀 쇼쇼수힝(小小私行)이 아닌 고로 군졍(軍政)이 긴급흔 바의, 불길흔 상보(喪報)를 젼ᄒᆞ미 불가ᄒᆞ여, 즉시 젼부(傳訃)치 아니ᄒᆞ고, 이졔 환가 ᄒᆞ미 젼부ᄒᆞ느니, 녀시의 죽음이 임의 긔년이라 ᄒᆞ엿더라.

안디 시로이 부즁의 도라가 부모형뎨로 반기믄 극ᄒᆞ나, 녀시 흉물을 디홀 바 곳 싱각ᄒᆞ면, 심긔(心氣) 디발ᄒᆞ여 두통이 미리 나더니, 이 말을 드르미 놀라며 깃브믈 니긔지 못ᄒᆞ니, 디져 놀라믄 그런 흉면둔질노 돌졀구갓치 실확(實確)【16】던 흉물이 허쇼(虛疏)히 죽으믈 놀나미오, 깃거ᄒᆞ믄 그 골육이 남녀간 잇던들 주긔 싱츌(生出)이 녀방의 외숀이 되는 붓그러오미 업스며, 다시 왕모의 괴로이 금슬을 권ᄒᆞ는 호령과 흉녀의 셰염을 쎠 구가(舅家)를 압두ᄒᆞ는 믜온 거동을 아니 볼 거시니 깃거ᄒᆞ미리라.

윤원슈 곤계 쇼녀시의 죽으믈 듯고 쏘흔 놀나며, 웃고 안디를 긔롱 왈,

"녀부인이 비록 용뫼 곱지 못ᄒᆞ나 쇼형의 아시(兒時) 조강(糟糠)이라. 츄쳐악쳡(醜妻惡妾)도 승공방(勝空房)이니, 바히 금슬은 닝낙(冷落)지 아니턴가, 회잉(懷孕)가지 ᄒᆞ엿던가 시브디, 그디 쳐복(妻福)도 바히 업고 주궁(子宮)도 방졍마즈, 초마280)의 남녀 간 골육을 보젼【17】치 못ᄒᆞ고, 겸ᄒᆞ여 고분지탄(叩盆之歎)281)을 만나니, 심시 가히 즐겁다 ᄒᆞ랴? 현마 어이ᄒᆞ리오. 하 셜워 말나. 남진 되여 미싱(尾生)282) 《신슌 ‖ 신싱(申生)283)》의 졍졀(貞節) 직희믄 불가ᄒᆞ니, 쇼형이 바야흐로 이십이 갓넘은 쳥츈장년(靑春壯年)의 금현(琴絃)이 단(斷)ᄒᆞ여시니, 경스 너른 곳의 벌버듯흔284) 쥬문갑졔(朱門甲第)285)의 후취(後娶)를 구ᄒᆞ미, 수린(四隣)의 유녀지(有女者), {뉘} 형의 쇼년묘예(少年妙藝)를 [로] 쳥현아망(淸賢雅望)이 조야의 혁혁ᄒᆞ고 문장지홰(文章才華) 동인(動

는 말.

280) 초마 : 처음. 초기(初期).

281) 고분지탄(叩盆之歎) : 물동이를 두드리며 탄식한다는 뜻으로, 아내가 죽은 슬픔을 이르는 말.

282) 미싱(尾生) : 중국 춘추시대 노나라 사람으로, 고사 '미생지신(尾生之信)'의 주인공. *미생지신(尾生之信); 우직하여 융통성이 없이 약속만을 굳게 지킴을 비유적으로 이르는 말. 춘추 때 미생(尾生)이라는 자가 다리 밑에서 만나자고 한 여자와의 약속을 지키기 위하여, 홍수에도 피하지 않고 기다리다가, 마침내 익사하였다는 고사에서 유래한다. ≪사기≫의 <소진전(蘇秦傳)>에 나오는 말.

283) 신싱(申生) : 중국 춘추전국시대 진(晉)나라 헌공(獻公)의 태자(太子). 헌공의 애첩 여희(驪姬)의 모함을 받고 자결했다.

284) 벌버듯흔 : 빽빽이 늘어선. *벌버듯ᄒᆞ다; '벌(집)+ 벌+ 듯ᄒᆞ다'의 형태. 하나의 벌집 안에 여러 개의 육각형 모양의 방들이 촘촘이 벌여있는 것처럼, 집들이 빽빽이 늘어서 있는 모양. *벌다; 벌여있다. 늘어서있다.

285) 쥬문갑졔(朱門甲第) : '붉은 대문을 단 크게 잘 지은 집'이란 뜻으로, 높은 벼슬아치가 사는 집을 이르는 말.

人)ᄒᆞᆯ, 뉘 아니 흠션(欽羨)ᄒᆞ여 ᄌᆞ취(再娶)ᄅᆞᆯ 갈망치 아니리오. 경ᄉᆞ(京師)의 도라가ᄂᆞᆫ 날이면 불구(不久)의 옥 갓흔 미부인과 곳 갓흔 미녜 ᄣᅡᆼᄣᅡᆼ이 모드리니, 형은 모로미 금슬의 낙을 과도히 슬허 말나."

셜파의 ᄃᆡ쇼【18】ᄒᆞ니, 안ᄃᆡ 역쇼왈(亦笑曰),

"그ᄃᆡ 등은 너모 ᄌᆡ릉(才能)ᄒᆞᆷ을 ᄌᆞ랑 말나."

ᄯᅩ 탄왈(嘆曰),

"고왕금ᄂᆡ(古往今來)의 슉녜 흔치 아니ᄒᆞ고, 나 소셩이 본ᄃᆡ 쳐궁이 박ᄒᆞ니, 녕미 임의 쳔양인(泉壤人)286)이 되어시리니, 쇼셩이 엇지 다시 금슬의 낙과 슉녀의 비필 되기ᄅᆞᆯ 긔약ᄒᆞ리오."

셜파의 희허(噫噓) 츄연(惆然)ᄒᆞ여 심회 만단(萬端)이나 ᄒᆞ니, 이 엇지 녀시 흉물을 몽ᄆᆡ의나 싱각ᄒᆞ미리오. 젼혀 윤쇼져 션화의 션염미질(鮮艷美質)과 셩덕광휘로ᄡᅥ, 쇽졀업시 슈즁월(水中月) 경니화(鏡裏花) 갓흐믈 각골통박(刻骨痛迫)ᄒᆞ미라.

냥원쉬 엇지 기심(其心)을 아지못ᄒᆞ리오. 심하의 ᄎᆞ셕ᄒᆞ나 늬도히 모로ᄂᆞᆫ 쳬ᄒᆞ고, 다함 녀시의 흉보(凶報)ᄅᆞᆯ 듯고 【19】 과도히 슬허ᄒᆞ미라 조롱ᄒᆞ더라.

익표. 션시의 윤원쉬 졔군ᄉᆞ졸(諸軍士卒)노 더부러 즁ᄉᆞᄅᆞᆯ 조ᄎᆞ 한가지로 금편(金鞭)을 바야 환경ᄒᆞᆯᄉᆡ, 니친니가(離親離家) 긔년이라. 효ᄌᆞ츙신의 ᄉᆞ군ᄉᆞ친지심(事君事親之心)이 간졀ᄒᆞ니, 도로 풍경이 비록 안져(眼底)의 버러시나, 능히 한유(閒遊)ᄒᆞᆯ 의ᄉᆡ 잇ᄉᆞ리오.

벽텬(碧天)의 흐르ᄂᆞᆫ 별빗츨 ᄯᅡ로고, 뉴슈(流水)의 흐르ᄂᆞᆫ 물쇼ᄅᆡᄅᆞᆯ 조ᄎᆞ, 만니쳥풍{운}(萬里淸風)의 치ᄅᆞᆯ ᄌᆞ로 젹여287), ᄃᆡ도(帝都)로 도라올ᄉᆡ, 부원슈 이하로 삼군ᄉᆞ졸(三軍士卒)의 마음이 역시 한가지라. 귀심(歸心)이 살 갓흐니 능히 도로의 지류ᄒᆞ리오. 군장(軍將) 샹히 한가지로 원노산쳔(遠路山川)의 긔험(崎險)홈과 【20】 만니힝역(萬里行役)의 갓브믈 아지 못ᄒᆞ고, 쇽쇽비도(速速倍道)ᄒᆞ여 일노의 무ᄉᆞ히 득달ᄒᆞ노라 ᄒᆞ나, 도뢰 요원ᄒᆞ고 원노힝역의 ᄌᆞ연 ᄉᆞ졸이 뇌고(勞苦)ᄒᆞ니 만하, 잇다감 힝도ᄅᆞᆯ 즁지ᄒᆞ미 되엿더라. 임의 힝ᄒᆞ여 ᄃᆡ도(帝都)ᄅᆞᆯ 바라보미, 발셔 시셰(時歲) 즁츄가졀(仲秋佳節)이 되엿더라.

반ᄉᆞ(班師)ᄒᆞᄂᆞᆫ 션셩(先聲)이 몬져 황셩(皇城)의 니르니, 텬지 드르시고 슈히 환귀(還歸)ᄒᆞᆷ을 깃거ᄒᆞ시며, 일쳠 반상(叛狀)이 본ᄃᆡ 무거ᄒᆞ던 쥴 드르시고 무익지ᄉᆞ(無益之事)의 왕ᄉᆞ(王士)ᄅᆞᆯ 슈고롭게 ᄒᆞᆷ을 통히ᄒᆞ샤, 뉴한의 난역 흉픽ᄒᆞ던 쥴 흉히 너기샤, 져런 쇼방변디의도 흉역지신이 이시믈 가연(慨然)ᄒᆞ시더【21】라. 친히 가(駕)ᄅᆞᆯ 동ᄒᆞ여 맛고져 ᄒᆞ시더니, 맛ᄎᆞᆷ 옥쳬 셔열(暑熱)의 쳠상(添傷)ᄒᆞ사 뇽휘(龍候) 슈일을 불평ᄒᆞ시니, 즉일의 츈궁이 만조문무ᄅᆞᆯ 거ᄂᆞ리시고 난예(鑾輿)ᄅᆞᆯ 갓초아 문외의 힝힝

---

286)쳔양인(泉壤人) : 저승사람. 죽은 사람.
287)젹이다 : 제기다. ①팔꿈치나 발꿈치 따위로 지르다. ②가볍게 치거나 깎다. ③물이나 국물 따위를 조금씩 부어 떨어뜨리다.

(行幸)ᄒᆞ시니, 뇨량(嘹喨)ᄒᆞᆫ 경필(警蹕)288)과 화려ᄒᆞᆫ 위의며 긔둑졀월(旗纛節鉞)과 황나보기(黃羅寶盖)289), 텬즈의 버금으로 일인지하(一人之下)오, 만인지상(萬人之上)인 줄 알니러라.

티지 익일 명신(明晨)의 문외(門外)의 님(臨)ᄒᆞ시니 일ᄉᆡᆨ(日色)이 오히려 일넛더라. 빅ᄉᆞ쟝 광야의 빅운ᄎᆞ일(白雲遮日)을 놉히고 금쟝슈막(錦帳繡幕)을 베퍼 포진(鋪陳)을 비셜ᄒᆞ시고, 막ᄎᆞ(幕次)ᄅᆞᆯ 일워 틱군을 기다리시더라.

아이오 먼니셔 븟허 진퇴(塵土) ᄎᆞ텬(遮天)ᄒᆞ여 운쇼(雲霄)【22】의 등텬(登天)ᄒᆞ며, 졍긔졀월(旌旗節鉞)이 만산편야(滿山遍野)ᄒᆞ여 일광(日光)을 가리오ᄂᆞᆫ 곳의, 윤원슈의 틱군이 도라오더라.

윤·쇼 삼인이 삼군 ᄉᆞ졸노 더브러 뎨도ᄅᆞᆯ 바라보니, 샹하의 환심은 불문가라. 졔군이 크게 용약ᄒᆞ여 일시의 북을 즈로 울녀 ᄒᆡᆼ군긔뉼(行軍紀律)을 도으니 션명ᄒᆞᆫ 긔갑(介甲)과 졍북고각(錚-鼓角)290)은 산쳔이 문허지ᄂᆞᆫ 듯, 즁군의 빗난 긔발이 쇼쇼히291) 쳥풍의 움즉이고, 창창(槍槍)《ᄒᆞᆫ‖마다》 흰 날이 히빗츨 조롱ᄒᆞ니, ᄯᅩᄒᆞᆫ 긔특ᄒᆞᆫ 쟝관이러라.

믄득 젼군이 보ᄒᆞ딕 문외 광야의 보기(寶盖) 븟치이고 경필(警蹕)이 은은ᄒᆞ니, 반드시 어가(御駕) 친님(親臨)이라 ᄒᆞ니, 냥원슈 듯고 년【23】망(連忙)이 하거(下車)ᄒᆞ여 거러 농뎐의 나아갈ᄉᆡ, 냥원슈 임의 하거ᄒᆞᄆᆡ 기여 쟝졸이 일시의 말을 바리고 샹쟝(上將)을 조ᄎᆞ 보ᄒᆡᆼᄒᆞ니, 긔긔히 한 무리 옹호 갓더라.

냥원슈 ᄉᆞᆯ니 단지(丹墀)의 밋쳐는 티지신 줄 알고 ᄉᆞᆯ니 고두 빈례ᄒᆞ고 산호만셰(山呼萬歲)ᄒᆞ니, 티지 비록 츈취 졈으시나 텬픔이 노셩신오(老成神奧)ᄒᆞ신지라. ᄉᆞᆯ니 냥원슈ᄅᆞᆯ 가죽이 나아오라 ᄒᆞ샤, 어슈(御手)로써 집슈(執手)ᄒᆞ시고, 팔ᄎᆡ농미(八彩龍眉)의 반기시ᄂᆞᆫ ᄉᆡᆨ을 동ᄒᆞ시고, 옥음이 유열(愉悅)ᄒᆞ샤 면유(面諭) 왈,

"경등의 신긔지모(神技才謀)ᄂᆞᆫ 거의 짐작ᄒᆞᆫ 비나, 엇지 쇼년 다직ᄒᆞᄆᆡ 원노 변【24】ᄉᆡ의 나아가, 일안(一眼)의 능히 타국 인물의 현불쵸(賢不肖)ᄅᆞᆯ 아라, 변ᄉᆡᆨ(邊塞) 흉당을 믓질너 일침 국도ᄅᆞᆯ 평안이ᄒᆞ고, 즁국 교화ᄅᆞᆯ 너비 베퍼 셩텬즈의 왕화(王化)ᄅᆞᆯ 널니고, 틱국 위덕을 빗나게 ᄒᆞ니, 엇지 츙의 아름답지 아니ᄒᆞ며, ᄯᅩ 도라오ᄂᆞᆫ 길히 몽고 위란(危亂)을 구ᄒᆞ여 ᄉᆞ이번지(四夷蕃地)로 ᄒᆞ여금 틱국 위덕과 인ᄌᆞ 셩ᄒᆞᆷ을 알게 ᄒᆞ니, 일노조ᄎᆞ 화이(華夷)의 흉완ᄒᆞᆫ 무리 감히 다시 텬위ᄅᆞᆯ 항형(抗衡)치 못ᄒᆞ리니 엇지 아름답고 긔특지 아니리오. 만셰(萬歲)292) 경등의 열의(烈義)ᄅᆞᆯ 아름다이 너기샤, 맛당이 난기(鸞駕) 친힝ᄒᆞ샤 위로코져 ᄒᆞ시더니, 맛춤 옥휘(玉候) 흠화(欠

---

288) 경필(警蹕) : 임금이 거둥할 때에 경호하기 위하여 통행을 금하던 일. 또는 그 소리.
289) 황나보기(黃羅寶盖) : 누런 비단으로 된 덮개.
290) 졍북고각(錚-鼓角) : 군중(軍中)에서 호령할 때 쓰던 꽹과리·북·장고·나발.
291) 쇼쇼히 : 곧추. 곧게곧게. 여럿이 곧게 늘어서 있는 모양.
292) 만셰(萬歲) : 황제나 임금을 달리 이르는 말.

和)293)【25】 홍신 고로 능히 친힝(親幸)치 못ᄒᆞ시고, 과인이 셩궁(聖躬)을 디힝(代行)ᄒᆞ여 이의 니ᄅᆞ럿ᄂᆞ니, 경등은 우리 황야의 권권(眷眷)ᄒᆞ신 황은을 삼가 닛지 말나."

냥원슈 고두 ᄇᆡᄉᆞ 왈,

"신등은 녹녹용지(碌碌庸才)라. 한갓 ᄉᆞ관의 붓ᄎᆞ츨 둘너 옥당한원(玉堂翰苑)의 ᄉᆞ긔(史記) 초(草)ᄒᆞᆯ 쥴만 아오니, 무슨 능ᄒᆞᆫ 지모(才謀)로 불모흉디(不毛凶地)ᄅᆞᆯ 말미암고져 ᄒᆞ오리잇가만은, 처음붓허 일침의 반상이 심히 몽농ᄒᆞ고, 국왕이 년쇼ᄒᆞᄆᆡ 신하 강셩ᄒᆞ여 국식 어즈러온 듯ᄒᆞ온 고로, 쇼년 혈긔의 힝혀 젹은 지혜로 일침 어린 님군과 강ᄒᆞᆫ 신하를 교유ᄒᆞ와 셩텬ᄌᆞ의 왕화를 빗ᄂᆡ고져 ᄒᆞ오미러【26】니, 이 곳의 가긔미를 ᄉᆞᆯ피온즉 과연 싱각밧긔 나지 아니ᄒᆞ와, 졍상이 여ᄎᆞ여ᄎᆞᄒᆞ온지라, 드듸여 늘한 흉젹을 계규(計揆)로 유인ᄒᆞ와 후군 즁의 가도고, 격셔로ᄡᅥ 일침국의 보ᄂᆡ여 실졍(實情)을 ᄉᆞ획(査覈)ᄒᆞ온즉, 일침 군신의 쇼답(所答)이 여ᄎᆞ여ᄎᆞᄒᆞ온지라. 인ᄒᆞ여 흉노 역신의 반간(反間)ᄒᆞ던 계귀를 씨다라, 즉시 군ᄉᆞ를 모라 국도의 니ᄅᆞ러 민심을 진졍ᄒᆞ오니, 일침왕 달목션은 십여셰 츙위(沖幼)나 인현지군(仁賢之君)이오, 승상 병관슐과 상틔우 슌우형은 츙냥지ᄌᆡ(忠良之材)라. 왕이 연쇼ᄒᆞ온 고로 병관슐이 그 션왕이 유셔를 바다 유군을 셤기ᄆᆡ 【27】 셕ᄌᆞ의 쥬쇼(周召)294)와 이윤(伊尹)295)·부열(傅說)296)갓ᄉᆞ온 고로, 늘젹이 병·슌 냥인의 권춍(權寵)을 싀오(猜惡)ᄒᆞ며 님군의 어리믈 업슈히 너겨, 찬역지심(簒逆之心)을 품어, 몬져 텬조의 진공(進貢)ᄒᆞᄂᆞᆫ 녜단(禮緞)을 감초고, 져의 여당을 모화 깁히 슘어 디조디계(大朝之界)의 와 군긔(軍器)를 ᄉᆞ며 반간(反間)을 노ᄒᆞ미더이다. 일침 군희(君下) 젼후 ᄉᆞ상(事狀)을 고ᄒᆞ고, 신등이 늘젹과 다못 여당을 ᄉᆞ획(査覈)ᄒᆞ여, 일쳐(一處)의 디질(對質)ᄒᆞ와 명졍기죄(明正其罪)ᄒᆞ와[고] 흉역(凶逆)을 시(弑)ᄒᆞ미, 일침군신이 디조 황은을 감열ᄒᆞ여 다시 녜단을 갓초고 별ᄉᆞ(別使)를 보ᄂᆡ여 신등의 뒤흘 조ᄎᆞ시니, 이ᄂᆞᆫ 다 셩텬ᄌᆞ의 교홰 먼니 흐ᄅᆞ시미라. 신【28】등이 므슨 근노(勤勞)ᄒᆞᆫ 공이 이시리잇고? 버거 몽고ᄂᆞᆫ 도라오는 길히 듯ᄉᆞ오니, 비록 이젹금슈(夷狄禽獸)나 골육이 상살지심(相殺之心)을 두오ᄆᆡ, 인심의 통완ᄒᆞ와 한 번 줏질너 몽고왕 탈목가 모ᄌᆞ부부 삼인의 급ᄒᆞᆫ 거슬 구ᄒᆞ와, 이젹지국(夷狄之國)을 화평케 ᄒᆞ니, 그 공이 ᄉᆞ졸의 잇고 신등의게 잇지 아니ᄒᆞ오니, 텬춍(天寵)이 과유(過裕)ᄒᆞ시미 엇지 황감치 아니리잇고? 복원 뎐하ᄂᆞᆫ 일즉이 환궁ᄒᆞ신즉, 신등이 뫼셔 텬

---

293)흠화(欠和) : 병이 들어 편찮음.

294)쥬쇼(周召) : 주(周)나라 초기 정치가로 성왕(成王)을 도와 주나라의 기초를 세운 주공(周公)과 소공(召公)을 함께 이르는 말. *주공(周公) : 중국 주나라의 정치가. 문왕의 아들로 성은 희(姬). 이름은 단(旦). 형인 무왕(武王)을 도와 은나라를 멸하였고, 무왕 사후(死後) 어린 조카 성왕(成王)을 섭정하여 주나라의 기초를 튼튼히 하였다. 예악 제도(禮樂制度)를 정비하였으며, ≪주례(周禮)≫를 지었다고 알려져 있다. *쇼공(召公) : 소공석(召公奭). 중국 주(周)나라 성왕(成王) 때의 정치가. 산둥 반도를 정벌하여 동방(東方) 경로(經路)의 사업을 이룩하여 주나라의 기초를 닦았다.

295)이윤(伊尹) : 은나라의 전설상 인물로 탕왕을 도와 하나라의 걸왕을 멸망시키고 선정을 베풀었다.

296)부열(傅說) : 은나라 고종(高宗) 때의 재상으로, 고종을 도와 은나라의 중흥(中興)을 이룩했다.

안의 조회ᄒᆞᆸ고, 버거 원노의 노고ᄒᆞᆫ 스졸이 각각 도라가 부모쳐ᄌᆞᄅᆞᆯ 반기게 ᄒᆞ시미 셩덕(聖德)일가 ᄒᆞᄂᆞ이다.”

퇴ᄌᆞ와 시위졔인(侍衛諸人)이 개【29】용안식(改容顏色)ᄒᆞ여 시로이 치셩(致誠)ᄒᆞ고, 퇴지 근시로 향온을 나리오샤 냥원슈와 쇼안뒤를 ᄎᆞ례로 ᄉᆞ쥬(賜酒)ᄒᆞ시고, 삼군 스졸을 다 쥬찬을 먹이샤 원노구치(遠路驅馳)를 위로ᄒᆞ시고, 인ᄒᆞ여 환궁ᄒᆞ실식, ᄎᆞ시 냥원슈와 쇼안뒤의 동긔친쳑(同氣親戚)과 친붕고리(親朋故吏) 문외의 몌여시나, 지쳑 뎐안의 감히 ᄉᆞ졍을 베프지 못ᄒᆞ더라.

뒤뒤인마(大隊人馬) 츈궁(春宮)을 뫼셔 입궐ᄒᆞ여 금난뎐(金鑾殿)의 조회홀식, 상이 오히려 옥휘(玉候) 미ᄎᆞ(未差)ᄒᆞ시나 윤원슈의 입조ᄒᆞᄆᆞᆯ 드ᄅᆞ시고, 텬심이 흔흡(欣洽)ᄒᆞ샤 도로혀 질(疾)을 니즈시고 외뎐의 님어(臨御)ᄒᆞ시니, ᄢᅵ 졍히 즁츄(中秋) 습슌(拾旬)이라. 냥풍(涼風)【30】은 셔긔(徐起)ᄒᆞ고 일식이 옥누금뎐(玉樓金殿)의 ᄇᆞᆰ아시며, 상셔의 긔운이 보각(寶閣)의 둘너시니, 퇴평긔상(太平氣像)을 일윗ᄂᆞᆫ지라.

만셰황얘 옥탑(玉榻)의 어좌를 일우시고 좌우 졔신의 반항(班行)을 도라보샤 스스로 숑조의 인지 셩ᄒᆞᄆᆞᆯ 깃그샤 옥식(玉色)이 화열ᄒᆞ시니, 냥원슈와 쇼안뒤 옥계하의 츄진 녜알(禮謁)홀식, 팔비 고두(叩頭)ᄒᆞ고 산호만셰ᄒᆞ니, 삼인의 쇄락ᄒᆞᆫ 풍치와 쳥월(淸越)ᄒᆞᆫ 셩음이 웅건활낭(雄健豁朗)ᄒᆞ여, 의의히 봉쇼(鳳簫)²⁹⁷ 일곡(一曲)의 뉵뉼(六律)²⁹⁸ 이 화창(和暢)홈 갓ᄒᆞ니 텬지 긔용변식(改容變色)ᄒᆞ샤 질(疾)을 니즈시ᄂᆞᆫ지라. ᄲᆞᆯ니 옥음을 나리와 평신ᄒᆞᄆᆞᆯ 명ᄒᆞ시고, 옥폐(玉陛)의 슈돈(繡墩)을 갓가이 【31】ᄒᆞ시며, 텬에(天語) 은조(慇詔)ᄒᆞ샤 왈,

“경등이 년쇼미질(年少美質)노 슈만니 불모지디(不毛之地)의 군국뒤임(君國大任)을 맛타 보ᄂᆡ고 짐이 엇지 침좌(寢坐)의 평안ᄒᆞ리오. 경 등이 츌ᄉᆞ 이후로 미양 몽혼이 경경(耿耿)터니, 일년지 후의 경등이 힝녁이 비록 슈고로오나 짐의 만군젹ᄌᆞ(萬軍赤子)로 ᄒᆞ여금 병혁의 괴로옴과 간과의 위퇴로오믈 면ᄒᆞ미라. 짐은 번진(藩鎭)의 완졍(完定)ᄒᆞᄆᆞᆯ 더욱 깃거ᄒᆞ노라. 연이나 이 ᄯᅩᄒᆞᆫ 경등의 지모직략이 과인(過人)ᄒᆞ고, 식안(識眼)이 고명ᄒᆞ미 능히 일안의 늇ᄒᆞᆫ 흉젹을 아라 보고, 악역을 노치 아냐 군즁의 엄쳐(嚴處)ᄒᆞ고 격문을 보ᄂᆡ여 일침의 간졍을 획발ᄒᆞᆫ【32】후 님시응변ᄒᆞ며, 조각의 뒤면질졍(對面質正)ᄒᆞ여 번국의 찬역(簒逆)을 쥬멸(誅滅)ᄒᆞ고 뒤국왕화(大國王化)를 널니며 ᄉᆞ이(四夷)○[를] ᄂᆡ공(來貢)○[케]ᄒᆞ니, 텬조 위엄을 손(損)치 아니코, ᄯᅩ 회군ᄒᆞᄂᆞᆫ 길히 몽고의 위란을 구ᄒᆞ여 뒤국 덕음을 널니 베프니, 이 니ᄅᆞᆫ바 님군의 덕을 길

---

297) 봉소(鳳簫) : 소(簫)를 아름답게 이르는 말. 아악기에 속하는 관악기의 하나로, 봉의 날개 모양처럼 생겨서 봉소라고 부른다. 춘추전국시대 한나라 유향(劉向)이 지은 『열선전(列仙傳)』상권 <소사(蕭史)>를 보면, 소사(蕭史)라는 사람은 무척 피리를 잘 불어 봉의 울음소리를 내었는데, 진나라 목공(穆公)의 딸인 농옥(弄玉)을 아내로 얻어 봉루(鳳樓)를 짓고, 농옥에게 피리 부는 법을 가르쳐 주었다고 한다. 그들이 부는 피리 소리에 이끌려 봉과 학이 모여들면 농옥은 봉을 탔으며 소사는 용을 탔다고 한다.

298) 뉵뉼(六律) : 『음악』 십이율 가운데 양성(陽聲)에 속하는 여섯 가지 소리. 황종, 태주, 고선, 유빈, 이칙, 무역을 이른다. 늑양률(陽律)

우고, 드른 거슬 쥬으며, 어두온 거슬 붉히미니, 짐이 비록 요슌(堯舜)의 셩(聖)과 우
탕(禹湯)의 덕(德)이 업스나, 경 갓흔 긔지 보필을 두어시니, 국부민안(國富民安)을 엇
지 근심ᄒ리오. 그 공뇌를 갑흘 바를 아지 못ᄒ리로다. 짐이 슈일 신긔(身氣) 흠화(欠
和)ᄒ나, 경 등의 입조ᄒᄆᆯ 드ᄅ니 짐심이 상쾌ᄒ여 뉵월념텬(六月炎天)의 쳥【33】풍
(淸風)을 마즌 듯ᄒ니, 불편ᄒᄆᆯ 닛고 조회를 여럿노라. 밧비 일침 별ᄉ(別使)를 니조
ᄒ게 ᄒ라.”

냥원쉬 고두복디(叩頭伏地)ᄒ여 황은을 빅빅ᄉ은(百拜謝恩)ᄒ고, 이의 좌우로 ᄒ여
금 일침 ᄉ신을 입조ᄒ라 ᄒ니, 일침 상ᄉᄂᆫ 일침왕의 슉부 능신군 달목녹이오, 부ᄉ
ᄂᆫ 상셔령 병풍국이니, 승상 병관슐의 장지러라. 냥ᄉ신이 황국뎐 옥계하의셔 고두빅
비ᄒ여 면관쳥죄ᄒ온디, 상이 흔연이 관(冠)을 쥬어 평신(平身)ᄒ라 ᄒ시고, 뎐젼의 올
녀 원노의 무ᄉ히 힝ᄒᄆᆯ 일ᄏᄅ시고, 은비(恩庇)[299]를 두터이 ᄒ시며, 지난 흉변의
무상ᄒᄆᆯ 인ᄒ여 짐이 하마 【34】‘증모(曾母)의 투져(投杼)’[300]의 갓갑던 바를 니르
시니, 냥사신이 쳐음으로 텬조의 드러와 거룩흔 위엄을 보며 셩텬즈의 관인디량(寬仁
大量)을 보미 디경 신긔ᄒ고, 셩권(盛眷)을 밧즈오미 비록 ᄉ이 번진의 싱장ᄒ여 디국
녜의교화(禮義敎化)를 아지 못ᄒ던 비나, 황혼흑야(黃昏黑夜)ᄂᆫ 금슈(禽獸)도 어두오ᄆᆯ
알고, 쳥텬빅일(靑天白日)은 노예하쳔(奴隷下賤)도 역지기명(亦知其明)이라 ᄒ니, 번인
(蕃人)이 역유인심(亦有人心)이라. 엇지 셩텬즈(聖天子)의 녜양(禮樣)과 치화(治化)를
아지 못ᄒ리오. 빅비고두(百拜叩頭) ᄉ은ᄒ고 조공녜단지물(朝貢禮緞之物)을 슈습(收
拾)ᄒ여 싸코, 일긔(一記)를 올니니, 텬지 어람ᄒ시고 호부의 하지(下旨)ᄒ샤 번국 녜
단을 다 호부(戶部)로 드【35】려 어고(御庫)의 장ᄒ라 ᄒ시고, 광녹시(光祿寺)를 명
ᄒ여 번국 ᄉ신을 관역(館驛)의 머므러 셜연관디ᄒ여 도라보니라 ᄒ시고, 진보금슈(珍
寶錦繡)를 만히 상ᄉ(賞賜)ᄒ시다. 번ᄉ(藩使) 등이 슉ᄉ(肅謝)ᄒ고 물너 옥화관의 가
쉬니라.

상이 이의 냥원슈로붓허 삼군ᄉ졸을 다 ᄉ쥬(賜酒)ᄒ시고, 디원슈 윤경닌으로 본직
동창후의 녜부상셔 남평빅을 더으샤 식읍(食邑) 슈쳔호(數千戶)를 더으시고, 부원슈
윤봉닌으로 본직 도어ᄉ의 다시 병부상셔 디ᄉ마 호위ᄉ를 더으시고, 남평슌무초안ᄉ
쇼셩으로 지제교 디제학 도찰ᄉ를 ᄒ이시고, 기여 제군장졸을 추례로 작상을 나리오
시니, 제【36】군ᄉ졸이 즐겨 슈무족도(手舞足蹈)ᄒ고, 윤・쇼 삼인은 면관고두 왈 신
등이 한마(汗馬)의 슈고흔 공이업슨 바의, 후록(厚祿) 은영(恩榮)이 과도ᄒ시믈 고ᄉ
(固辭)ᄒ니, 상이 불윤ᄒ샤 왈,

---

[299]은비(恩庇) : 윗사람이 아랫사람에게 은혜를 끼침. 조상의 보우(保佑)를 입음.
[300]증모(曾母)의 투져(投杼) : 증자의 어머니가 증자가 사람을 죽였다는 말을 듣고, 처음에는 이를 믿지
않다가, 두 번 세 번까지 같은 말을 듣고는 마침내 베틀의 북을 내던지고 사건현장으로 달려갔다는 고
사. ①누구나 여러 번 말을 들으면 곧이듣게 된다는 말. ②임금이 참언을 믿는 것을 비유(比喩)해 이르
는 말.

"경등이 국가를 위호여 슈만니 히도(海道)의 풍상을 므릅뼈, 어진 교화로 딕국을 빗 닉고 도라오믹, 장찻 갑흘 바룰 아지 못호딕, 경등의 고결쳥심(高潔淸心)을 아눈 고로, 쇼쇼(小小) 관작을 더으미니, 괴로이 너모 스양호여 짐의 뜻을 불안케 호느뇨?"

셜파의 뇽식(龍色)이 불예(不豫)호시니, 졔인이 감히 다시 사양치 못호고 종일 군젼 의 뫼셧더니, 니러구러 일낙함디(日落咸池)301)호니, 조회룰 파호시믹 졔신이 퇴조【3 7】홀식, 윤후 형뎨 거름이 젼도호여 부슉을 뫼셔 취운산으로 도라가고, 쇼지졔는 부 형을 빗시(陪侍)호여 옥셕교 본부로 도라가니라.

동창후곤계 부슉졔뎨로 더브러 부즁의 도라오니, 즐거온 의식 빗기302) 흔득이더 라303).

어시의 진궁의셔 위·조 냥틱비 비록 고루화당의 슈다 졔손의 영양(榮養)을 바다 부귀 극호니 무슴 시룸 이시리오만은, 셩·봉 냥손이 슈만니 졀히의 가 지속을 졍치 못호니, 앗기눈 넘녜 방하치 못호여 근심호니, 틱우 등 졔손이 학낭쇼어(謔浪笑語)로 빵빵이 유치(幼稚)룰 닛그러 북당츈훤(北堂椿萱)304)의 즐기시믈 요구호니, 조틱비눈 【38】 본딕 관홍인덕(寬弘仁德)혼 부인이라. 딕의룰 깁히 아눈 고로 냥손의 힝역을 근심홀지언졍, 이곳 신주의 직분이라 호여, 각별 스식을 낫하닉지 아니나, 위틱비눈 젼일 그런 극악흉심을 곳친 후눈, 어질미 유별호여 너모 무릉(無能)호고 졔손 스랑이 변(變)져온지라305). 원슈 형뎨 츌졍 후로눈 우우(憂憂)히 싱각눈 빗치 간졀호니, 졔부 인 졔쇼졔 다 이셩낙식(怡聲樂色)으로 위로호고, 왕이 웃고 쥬왈,

"복원 왕모눈 졀녀(絕慮)호쇼셔. 셩닉은 조쇼로 풍상을 만히 겻거 유시의 쥬류텬하 (周遊天下)호여 슬핀 곳이 만코, 일즉 동토치슈(東土治水)의 슈변진란(水變災難)도 능 히 진졍호여시니, 일침 【39】 젹은 광젹(狂賊)은 족히 지혜로 항복 바들만 호옵고, 봉 닉이 쏘혼 나히 젹수오나, 셩졍(性情)이 굉원(宏遠)호고 영웅의 긔상이 이시니, 족히 쇼방(小邦) 번진(藩鎭)의 오합지졸(烏合之卒)은 진졍(鎭靜)호오리니, 왕모눈 졀우(絕憂) 호쇼셔. 도라오미 오라지 아니리이다."

부인이 탄왈,

---

301)일낙함디(日落咸池):해가 서 쪽 바다에 떨어짐. 함지:해가 목욕한다고 하는 하늘에 있는 못.
302)빗기다 : 비끼다. 얼굴에 어떤 표정이 잠깐 드러나다.
303)흔득이다 : 흔들리다.
304)북당춘훤(北堂椿萱) : 북당(北堂)과 춘당(椿堂)과 훤당(萱堂)을 아울러 이르는 말. 곧 부모를 이르는 말. 여기서 '북당'과 '춘훤'을 함께 쓴 것은 앞의 '북당'은 '생모'를, 뒤의 '춘훤' 곧 춘당과 훤당은 '숙부 모' 또는 '양부모'를 지칭한 것임. *북당(北堂) : '어머니'를 이르는 말. 집안의 북쪽에 있는 당(堂)이란 뜻으로, 집안의 주부가 이곳에 거처하였기 때문에 '어머니'를 지칭하는 말로 쓰였다. =자당(慈堂). *춘 당(椿堂); 남의 아버지를 높여 이르는 말. =춘부장(椿府丈). =춘장(椿丈). *훤당(萱堂); 남의 어머니를 높여 이르는 말. 훤(萱)은 훤초(萱草) 곧 '원추리'로 어머니를 상징하는 화초(花草). =북당(北堂). =자당 (慈堂).
305)변(變)접다 : 변(變)스럽다. 이상스럽다. *'변+ 접다'의 형태. *-접다; -스럽다. 일부 명사의 뒤에 붙 어 '그런 것을 느끼게 하는 데가 있음'의 뜻을 더하고 형용사를 만드는 접미사.

"여언이 최션(最善)ᄒ나 병긔ᄂ 흉다라. 나의 냥손이 싱어귀골(生於貴骨)ᄒ고 쟝어호치(長於豪侈)어ᄂᆯ, 히도 슈만니 졀역(絶域)의 불모흉디(不毛凶地)를 당ᄒ여 도라올 지속을 졍치 못ᄒ니, 노뫼 님박셔산(臨迫西山)이라. 졔손의 원별을 짓ᄂ 일이 악연ᄒ도다."

셜파의 츄연(惆然) 하루(下淚)ᄒ니, 호람후와 왕의 곤계 틱부인의 안식이 ᄌ상(自傷)ᄒ시고 언에(言語) 불길(不吉)【40】ᄒ시믈 보미, 효ᄌ현손(孝子賢孫)의 츌텬디효(出天大孝)로뼈 학발고안(鶴髮孤顔)과 쇠모지년(衰暮之年)의 쳐긔(悽氣)306)ᄒ신 말ᄉᆷ을 드ᄅ미, 엇지 놀납지 아니리오. 근간 틱부인 안모(眼眸)의 허홰(虛火) 동ᄒ고 졍긔(精氣) 쇼감(少減)ᄒ믈 보미, 왕의 명견달식(明見達識)과 승상의 ᄌ상신명(仔詳神明)ᄒᄆ로 엇지 왕모(王母)의 텬연(天緣)이 다ᄒ고져 ᄒ시믈 아지 못ᄒ리오.

이의 기용화긔(改容和氣)ᄒ여 위로ᄒ고, 제부인이 감회(感懷) 변식(辨色)ᄒᄂ지라. 월화·옥화 냥쇼졔 존당부모의 비이(悲哀)ᄒ시믈 보고, 믄득 치슈(彩袖)를 붓치고 옥결(玉玦)을 울녀 디왕모(大王母) 좌우 슬하의 나아가 보험(補臉)307)이 영ᄌ(盈滋)ᄒ여 향긔로온 우음을 머금고, '두 졈(點) 단ᄉ(丹砂)'308)를 움죽이ᄂ 곳의 쇄옥(碎玉)이 낭낭(朗朗)【41】ᄒ여, 쇼이쥬왈(笑而奏曰),

"왕모ᄂ 하 넘녀 마로쇼셔. 냥거게(兩哥哥) 풍치 신뉴(新柳)갓ᄒ나 지략(才略)의 신능(神能)ᄒᆷ 한신(韓信)309) 쥬아부(周亞夫)310) 갓고, 지족다능(知足多能)ᄒᆷ 한디(漢代) 졔갈(諸葛)311)의 칠종칠금(七縱七擒)312)ᄒ던 위덕(威德)과 뉵츌긔산(六出祁山)313)의 용병(用兵) 파적(破敵)ᄒ던 슬긔 이시니, 일침이 비록 수오납다 ᄒ나 결단코 번진(藩鎭)○[의] 녹녹(碌碌)ᄒ 무리 밍확(孟獲)314)의 흉한흉포(凶悍凶暴)ᄒᆷ 밋지 못ᄒᆯ 거시오, ᄉ마즁달(司馬仲達)315)의 슬거온 식견은 밋지 못ᄒ오리니, 반ᄃ시 우리 냥형

---

306) 쳐긔(悽氣) : 처연(悽然)한 기색을 띔.

307) 보험(補臉) : 보검(補臉). 뺨. *'臉'의 음은 '검'이다.

308) 두 졈(點) 단ᄉ(丹砂) : 단사처럼 붉은 두 입술.

309) 한신(韓信) : ? - BC196. 중국 한(漢)나라 때의 무장(武將). 한 고조를 도와 조(趙)·위(魏)·연(燕)·제(齊)나라를 멸망시키고 항우를 공격하여 큰 공을 세웠다. 한나라 건국 후 개국공신으로 초왕(楚王)에 봉해졌으나, 회음후(淮陰侯)로 강등되고, 뒤에 여후(呂后)에게 살해되었다.

310) 쥬아부(周亞夫) : 중국 전한(前漢) 전기의 무장, 정치가. 오초칠국(吳楚七國)의 난을 평정해 공을 세웠고 승상에 올랐다.

311) 졔갈(諸葛) : 중국 삼국 시대 촉한의 정치가 제갈량(諸葛亮; 181-234). 자(字)는 공명(孔明). 시호는 충무(忠武). 뛰어난 군사 전략가로, 유비를 도와 촉한(蜀漢)을 세웠다.

312) 칠종칠금(七縱七擒) : 마음대로 잡았다 놓아주었다 함을 이르는 말. 중국 촉나라의 제갈량이 맹획(孟獲)을 일곱 번이나 사로잡았다가 일곱 번 놓아주었다는 데서 유래한다.

313) 뉵츌긔산(六出祁山) : 촉한(蜀漢) 때 제갈량(諸葛亮)이 북벌(北伐; 위나라 정벌)을 위해 여섯 번 기산(祁山)으로 출병한 일. *기산(祁山); 중국 섬서성(陝西省) 서부에 있는 산.

314) 밍확(孟獲) : 제갈량(諸葛亮)의 칠종칠금(七縱七擒) 고사(故事)에 등장하는 남만(南蠻)의 장수. 제갈량에게 일곱 번을 사로잡히고 풀려나기를 반복한 끝에, 마침내 승복하고 더 이상 대항하지 않았다.

315) ᄉ마즁달(司馬仲達) : 179~251. 중국 삼국 시대, 위(魏)나라의 명장, 정치가. 이름은 의(懿), 자는 중달(仲達)이다. 조비(曹丕)의 유언을 받아 명제 및 제왕을 보좌하였다. 특히 촉한(蜀漢)의 제갈공명을 오

이 오리지 아녀 쳡음(捷音)이 조졍의 오르리이다."

언파의 낭연(朗然) 잠쇼(暫笑)ᄒᆞ니, 냥쇼졔 바야흐로 십셰 초츈(初春)이라. 홀난(惚爛)ᄒᆞᆫ ᄌᆞ틱(姿態) 금봉(金鳳)316)이 함담(菡萏)317)을 기균(開均)318)치 못ᄒᆞ고, 신월(新月)이 뚜렷지 못ᄒᆞ여【42】시니, 고고결결(高高潔潔)ᄒᆞ여 찬 눈이 연지산(燕支山)319)의 ᄲᅮ리이고 '미신(梅神)이 나부쳔(羅浮川)의 도라온'320) 듯, 슈국(水國)의 난최(蘭草) 향긔롭고 츄상(秋霜)의 계쉬(桂樹)321) 빗나니, 보험(輔臉)이 ᄌᆞ약히 움즉이는 곳의 년꽃○○[갓흔] 우음이 동ᄒᆞ니, '교쇼쳔혜(巧笑倩兮)여 미목변혜(美目盼兮)'322)는 위후(衛后) 장강(莊姜)323)으로 흡ᄉᆞᄒᆞ고, 단일셩장(單一誠莊)324)은 진나부(秦羅敷)325)로 방불ᄒᆞ고 유한졍슌(幽閑貞順)은 등가녀(登伽女)326)로 얼풋ᄒᆞ니, 두 송이 년꽃치오, 한 ᄡᅡᆼ 일월이라. 우희염즉ᄒᆞᆫ 화긔와 알연(戞然)327)ᄒᆞᆫ 쇼음(笑音)이 낭낭ᄒᆞ여 옥반(玉盤)의 진쥬를 구을니고, 단쇼(丹霄)328)의 유봉(遊鳳)이 어이329)를 브르는 듯ᄒᆞ니, 향염미질(香艶美質)이 군종ᄌᆞ미(群從姉妹) 팔인 가온ᄃᆡ 웃듬이니, 버거 모든 아쇼졔 층층이 진

장원에서 막아 그의 의도를 꺾었고, 위나라 말 승상이 되어 실권을 잡았다. 손자인 사마염(司馬炎)이 진(晋)을 세우고 세조(世祖)에 즉위한 뒤, 진나라 고조(高祖)에 추존(追尊)되었다.

316) 금봉(金鳳) : 금봉화(金鳳花). 봉선화(鳳仙花). 봉숭아꽃.

317) 함담(菡萏) : 연꽃의 봉오리. *여기서는 꽃봉우리를 뜻함.

318) 기균(開均) : 꽃봉오리가 활짝 피다.

319) 연지산(燕支山) : 중국 감숙성(甘肅省) 난주(蘭州)의 북쪽, 장액(張掖)의 동남쪽에 있는 산. 붉은 색 안료인 연지(臙脂)의 산지로 유명하다.

320) 미신(梅神)이 나부텬(羅浮泉)의 도라오니 : '매화꽃이 나부천에 다시 피었다'는 말로, 나부지몽(羅浮之夢)을 이른 말. 즉, 중국 수(隋)나라 때 조사웅(趙師雄)이 나부산(羅浮山)의 한 샘가에서 졸다가 꿈에 소복(素服)을 한, 한 미인의 영접을 받고 함께 술집에 가서 즐겁게 노는데 푸른 옷을 입은 동자가 노래를 불렀다. 사웅이 취하여 자다가 새벽에 깨어보니 매화나무에 푸른 새가 지저귀고 있었다는 것으로, 여기서 소복미인은 화신(花神) 곧 매신(梅神)이다. *나부산(羅浮山) : 중국 광동성(廣東省) 혜주부(惠州府)에 있는 명산으로, 진(晉)나라 때 갈홍(葛洪)이 이 산에서 선술(仙術)을 얻었다고 한다.

321) 계쉬(桂樹) : '달'을 달리 표현한 말. 달 속에 계수나무가 있다는 전설에서 유래하였다.

322) 교쇼쳔혜(巧笑倩兮), 미목변혜(美目盼兮) : '예쁘게 웃는 미소 보조개가 아름답고'. '아름다운 눈매 눈동자가 또렷하네'. 『시경』<위풍(衛風)> '석인(碩人)'편에 나오는 시구로 위(衛)나라 장공(莊公)의 처 장강(莊姜)의 아름다움을 노래한 것.

323) 장강(莊姜) : 중국 춘추시대 위(衛)나라 장공(莊公)의 처. 아름답고 덕이 높았고 시를 잘하였다.

324) 단일셩장(單一誠莊) : 단정하고 한결같으며 성실하고 엄숙함.

325) 진나부(秦羅敷) : 중국 전국시대(戰國時代) 조(趙)나라 관원 왕인(王仁)의 아내로 빼어난 미인이었다. 남편이 출정(出征)한 사이 누에를 치며 생활하고 있는 데, 마침 태수(太守)가 지나다가 뽕잎을 따고 있는 그녀의 미모에 반해 유혹하자, <맥상상(陌上桑)>이라는 노래를 불러 단념케 하였다. 한대(漢代)에 나온 악부시(樂府詩) <맥상상(陌上桑)>에 그 내용이 전한다.

326) 등가녀(登伽女) : 불교의 아난존자(阿難尊者)를 유혹해 고행에 빠트린 마등가지녀(摩騰加之女), 곧 마등가의 딸을 말함. 마등가(摩騰加)란 고대 인도에서 가장 천한 신분의 남자를 이르는 말로, 이 마등가의 딸[보통 '마등가(摩騰加)'로 호칭된다]이 부처의 제자인 아난존자를 유혹해 고행에 들게 하였는데, 뒤에 부처의 설법을 듣고 깨달음을 얻어, 모든 애욕에서 벗어나 아라한(阿羅漢; 聖者)이 되었다.

327) 알연(戞然) : 소리가 맑고 아름다움

328) 단소(丹霄) : 저녁놀과 같이 붉은 하늘.

329) 어이 : ①짐승의 어미. ②'어버이'를 가리키는 경우도 있다.

치(眞彩)와 보옥(寶玉)【43】으로 화미(華美)를 다스리고, 홍상치슈(紅裳彩袖)로 좌우의 버러시니, 비컨딩 요지금원(瑤池禁苑)330)의 도리화봉(桃李花-)331)이 작작(綽綽)흠갓고, 제부인의 옥틴월광(玉態月光)은 참치상하(參差上下)332)흐여 위쥬(魏珠)333) 화벽(和璧)334)이 징휘(爭輝)흐는 듯흐니, 좌즁의 구픠 일업슨 늙으니로 한가히 안즈 어린 드시 제부인 졔쇼져의 텬향아팅(天香雅態)와 교연(嬌然)이 웃는 빗과 작작(嚼嚼)335)히 옥(玉) 마으는 쇄옥셩을 드르미 히음업시 웃는 닙을 쥬리지 못흐더니, 이윽고 냥쇼졔 쇄옥(碎玉)을 긋치미, 믄득 보험(酺臉)이 젹뇨(寂寥)흐고 쥬슌(朱脣)이 함홍(含紅)흐여 월아(月蛾) 슈졍창(水晶窓)의 비겻는 듯, 복비(宓妃)336) 낙포(洛浦)337)의 조으는 듯흐여, 긔긔묘묘(奇奇妙妙)흐여 혼즈 보기 앗가온지라.

구픠 춤지 못【44】흐여 나아가 냥쇼져의 옥슈(玉手)를 잡고 운빈(雲鬢)을 어로만져 교구(嚙口)338) 칭션(稱善) 왈,

"아름답다! 냥쇼져야. 광한뎐(廣寒殿)의 직녜(織女) 나렷느냐? 항아(姮娥) 계슈변(溪水邊)의 나리미냐? 요지션지(瑤池仙子) 아니면 요지금뫼(瑤池金母)로다. 우리 왕과 승상이 쇼명(所名) 왈(曰) '월화' '옥화'라 흐미 과연 헛되지 아니토다. 아지못게라! 하쳐(何處)의 옥인영걸(玉人英傑)이 잇셔 우리 진왕과 승상의 동상(東床) 옥뉸(玉輪)을 참예흐여 문난(門欄)의 광치를 도으리오."

도라 틴비(太妃)긔 고왈,

"틴비는 무익히 시름 마른시고 이 두 숑이 긔화를 보쇼셔. 냥쇼졔 쳥파의 슈괴흐여 옥안(玉顔)이 난난(赧赧)이 붉고, 머리를 숙이미 눈셥을 그린 드시 낫초니, 틴비 근심

---

330) 요지금원(瑤池禁苑) : 요지(瑤池)에 있는 동산. *요지(瑤池); 곤륜산에 있다고 하는 연못으로, 서왕모(西王母)가 살고 있다고 하며, 주(周) 목왕(穆王)이 이곳에서 서왕모(西王母)를 만났다는 전설이 전하고 있다. *금원(禁苑); 예전에, 궁궐 안에 있던 동산이나 후원을 이르던 말.

331) 도리화봉(桃李花-) : 도화(桃花; 봉숭아꽃)와 이화(梨花; 배꽃)의 꽃봉오리.

332) 참치상하(參差上下) : 길고 짧고 들쭉날쭉함

333) 위쥬(魏珠) : 위(魏)나라 혜왕(惠王)의 십이주(十二珠)을 말함. 곧 위(魏)나라 혜왕(惠王)이 조(趙)나라 위왕(威王)에게 자랑하였다고 하는 위나라의 보배. 지름이 1촌(寸) 쯤 되는 구슬로, 수레 12대를 비출 수 있다고 하여 '십이주(十二珠)'라는 이름으로 불린다. 사기(史記)』 卷四十六, '田敬仲完世家' 第十六에 나온다.

334) 화벽(和璧) : 명옥(名玉)의 일종. 전국시대 초(楚)나라 변화씨(卞和氏)의 옥(玉)으로, '완벽(完璧)', '화씨지벽(和氏之璧)' 등으로 불리기도 한다. 그 후 이 '화벽'은 조(趙)나라 혜문왕(惠文王)의 손에 들어갔으나, 이를 탐내는 진(秦)나라 소양왕(昭襄王)이 진나라 15개의 성(城)과 이 옥을 교환하자고 한 까닭에 '연성지벽(連城之璧)'이라는 이름이 붙기도 하였다.

335) 작작(嚼嚼)흐다 : 맑고 산뜻하다.

336) 복비(宓妃) : 중국 고대 전설상의 인물인 복희씨(伏羲氏)의 딸이자 하백(河伯)의 아내로, 하남성(河南省)의 낙수(洛水)를 건너다 빠져 죽어 낙수의 여신이 되었다. 하(夏)의 신궁(神弓)인 예(羿)와 사랑에 빠지기도 하였는데, 빼어난 미모 때문에 그녀의 아름다움을 예찬한 시들이 많이 전하고 있다.

337) 낙포(洛浦) : 중국 하남성(河南省) 낙수(洛水) 가에 있는 지명. 복희씨(伏羲氏)의 딸 복비(宓妃)가 이곳에 빠져죽어 수신(水神)이 되었다고 함.

338) 교구(嚙口) : 입이 비틀어지기에 이름.

을 두로혀 환【45】연(歡然) 쇼왈,

"구파는 가히 변식(辯士)라 ᄒ리로다. 연이나 나의 근심을 위로코져 ᄒ미 나의 두 숀이 과도히 슈습(收拾)ᄒ니 그 거동이 엇지 어엿부지 아니리오."

구픠 흔흔 쇼왈,

"쳡이 엇지 쇼낭ᄌ를 보치고져 ᄒ리잇고? 진졍 쇼발(所發)노 져 갓흔 긔화이질(奇花異質)노뼈 힝혀 상젹ᄒᆫ 가랑을 만나지 못홀가 혈심(血心)으로 발ᄒ미니, 쳡의 노혼(老昏)ᄒ믈 죄치 마로쇼셔."

퇴비 졈두ᄒ더라.

니러틋 일월을 보ᄂ더니 발셔 가을이 진ᄒ고 겨울이 오며 ᄯ 봄이 도라왓더니, 믄득 남으로조ᄎ 쳡뵈 농뎐의 오ᄅ고, 냥숀의 형셰 본부의 니ᄅ니, 가국(家國)이 크게 깃거 환셩이 여류(如流)ᄒ【46】미, 위퇴비 굴지계일(屈指計日)ᄒ여 일월이 더듸믈 한ᄒ더니, 니러구러 시셰 즁양가졀(重陽佳節)³³⁹을 당ᄒ여, 냥원슈의 환경ᄒᄂ 션셩(先聲)이 니ᄅ니, 가국의 환셩이 측냥업더라.

시일의 진왕곤계 모든 ᄌ질노 더브러 만조로 나가 난가를 뫼셔 문외의 나가 냥ᄌ를 보미, 별후 긔년의 부슉졔친의 반기미 극ᄒ여, 츈궁(春宮)을 뫼셔 입궐ᄒ여 군신 상희 즐기믈 다ᄒᆫ 후, 황혼의 퇴조ᄒ여 부즁의 도라오니, 츠시 원셩뎐의 보진(鋪陳)을 널니고, 위퇴비 조·뉴 냥부와 숀부 뎡·진·남·화 ᄉ비며 하·장 냥부인과 층층ᄒᆫ 아쇼 져들을 거ᄂ려, 냥원슈의 도라오믈 기다리더니, 니【47】러구러 셕상을 파ᄒ미 황혼의 밋ᄎ니, 닉외 당즁(堂中)의 쵹을 붉히미, 비로쇼 벽졔빵곡(辟除雙曲)이 느러지며 알되(喝道) 동곡(動谷)ᄒ고 균텬광악(鈞天廣樂)이 어즈럽더니, 닉외 비복이 젼경(顚傾)ᄒ여 원슈 형뎨의 도문(到門)ᄒ믈 알외니, 위퇴비 이 말을 드ᄅ미 둔탁(鈍濁)ᄒᆫ 몸이 《경쳥‖경녕(鶊鴒)³⁴⁰》ᄒ미 날듯ᄒ여, 급히 니러나나 본듸 둔질(鈍質)이 ᄯ 노골(老骨)이라. 엇지 슈이 니러나리오. 겨오 움즉여 일고져 홀 ᄎ 발셔 졔숀의 농힝호뵈(龍行虎步) 편편(翩翩)이 슬하의 다ᄃ랏더라.

진왕과 승상이 왕모의 존쳬 동ᄒ시믈 딕경ᄒ여, 급히 나아가 붓드러 좌ᄒ시게 ᄒ고, 동창후와 병뷔 슈려ᄒᆫ 광미의 반기ᄂ 우음이 【48】영ᄌ(盈滋)ᄒ여 밧비 위퇴비와 호람후긔 지비ᄒ고, 조·뉴 냥조모와 구파며 ᄉ위(四位) 모비(母妃)와 냥위 슉모와 졔슈 졔미(諸嫂諸妹)로 녜필ᄒᆫ 후, 긔년 존후를 뭇ᄌ오니, 위퇴비 희긔 만면ᄒ여 연망이 냥인의 숀을 가로잡고 반기며 깃부미 넘지니, 도로혀 감회ᄒ여 탄식(歎息) 희허(噫嘘)왈,

"고인이 니로듸, 인간 칠십이 고릭희(古來希)라 ᄒ니, 셕의 안ᄌ(顔子) 갓흔 셩현도 슈(壽)를 안(安)치 못ᄒ여 계시거늘, 노모의 미망여싱(未亡餘生)으로 박덕불인(薄德不

---

³³⁹중양가졀(重陽佳節) : 중양절(重陽節). 세시 명절의 하나로 음력 9월 9일을 이르는 말. 이날 남자들은 시를 짓고 각 가정에서는 국화전을 만들어 먹고 놀았다.

³⁴⁰경녕(鶊鴒) : 꾀꼬리와 할미새. 또는 그처럼 날렵한 모양.

人)이 슈복이 여츳 장원ᄒᆞ믄 실노 효부현손(孝婦賢孫)의 지셩듸효를 힘 닙으미라. 노모의 젼젼 과악으로 뼈 금일 영복이 극히 과분ᄒᆞ니, 엇지 그 밧글 바라리오만은, 그려도 '농촉(隴蜀)【49】의 무염(無厭)ᄒᆞᆫ 욕심'341)이 족ᄒᆞᆫ 쥴 아지 못ᄒᆞ여, 층층이 ᄌᆞ라ᄂᆞ 졔손의 남취녀가(男娶女嫁)ᄂᆞᆫ 치 못볼 듯ᄒᆞ니, 엇지 욕심이 무염치 아니며, 더욱 여등 낭인이 슈만니 히도절역(海島絶域)의 츌정ᄒᆞ여 환가ᄒᆞ미 더딀가 초황민우(焦遑悶憂)ᄒᆞ더니, 오늘날 여등이 년쇼듸ᄌᆡ(年少大才)로 졀히(絶海) 광젹(狂的)을 슈히 쇼안(騷安)ᄒᆞ고 도라오니, 엇지 깃부지 아니리오. ᄯᅩᄒᆞᆫ 밧비 젼ᄒᆞᆯ 말이 잇ᄂᆞ니, 쇼랑(蘇郞)이 남ᄒᆡᆼ(南行) 스오일의 녀시 산후(産後) 즉ᄉᆞ하다 ᄒᆞ니, 남이 죽으미 깃블 거시 아니로듸, 녀시 임의 죽은 후ᄂᆞ 홀일업ᄉᆞ니, 남지 엇지 슈의(守義)ᄒᆞ리오. 반ᄃᆞ시 지취를 구ᄒᆞ리니, 타쳐의 구혼치 아냐셔 쇼공 부ᄌᆞ【50】와 샹의ᄒᆞ고, 션화를 도라보닉여, 노모의 싱젼의 져의 ᄡᅡᆼ이 완젼하믈 보게ᄒᆞ라."

동창후와 병뷔 나죽이 슈명(受命)ᄒᆞ고 긔년(幾年) 별회를 베플ᄉᆡ, 진왕이 ᄯᅩᄒᆞᆫ 션화 쇼져와 쇼싱의 냥익(兩厄)이 거의 진코져 ᄒᆞ믈 아ᄂᆞᆫ 고로, 쇼싱이 도라오거든 쇼공과 샹의ᄒᆞ고 녀아를 도라보닉고져 ᄒᆞ나, 녀노(老)의 독쉬 오히려 아모듸 밋츨 쥴 아지 못ᄒᆞ니, 심녜(心慮) 번다(煩多)ᄒᆞ나, 굿ᄒᆞ여 언닉(言內)의 일ᄏᆞ르미 업더니, 츳일 퇴비 말ᄉᆞᆷ으로조ᄎᆞ 좌우 공논이 분분ᄒᆞ여, 퇴부인 셩괴(聖敎) 맛당ᄒᆞ시다 ᄒᆞ니, 진왕이 혜아리던 비 잇ᄂᆞᆫ 고로, 다만 유유(儒儒) 슈명ᄒᆞ니, 동창후와 병뷔 쇼지졔의 환가시【51】의 ᄒᆞ던 말과 거동을 싱각고, 한번 희롱코져 ᄒᆞᆯ ᄲᅮᆫ 아니라, 졔윤이 비록 쇼부인 안면을 보아 말을 아니나, 녀퇴흉(太兇)을 흉악히 너기미 심ᄒᆞᆫ 고로, 이 가온듸 쇼지졔도 속이려니와, 션화쇼졔 슈년지닉(數年之內)의 신장쳬지(身長體肢) 닉도히 장셩ᄒᆞ여시니, 녀가 흉물이 ᄯᅩ 능히 아라보ᄂᆞᆫ가, 그 거동을 보고져 ᄒᆞ여, 왕긔 두어 말ᄉᆞᆷ을 고ᄒᆞ니, 왕이 미쇼 졈두ᄒᆞ고, 구파ᄂᆞᆫ 손벽 쳐 묘타 묘타ᄒᆞ니, 일좨 듸쇼ᄒᆞ고, 진비 맛춤닉 녀아의 평싱이 슌치 못홀가 ᄒᆞ나, 왕의 위풍을 두려 감히 말을 못ᄒᆞ더라.

동창후 병뷔 단슌옥치(丹脣玉齒) ᄉᆞ이로 청음(淸音)이 도도ᄒᆞ여, 일침국 문물【52】 졔도와 남도(南道) 졀셔(節序) 풍경(風景)이며, 몽고의 히이(駭異)ᄒᆞᆫ 졔도풍속과 도로문견(聞見) ᄒᆡᆼ젹(行蹟)을 젼ᄒᆞᆯᄉᆡ, 텬하를 드리고 장강(長江)을 거후름 갓ᄒᆞ니, 위·조 냥퇴비와 뉴부인이며 일좨(一座) 그 닙을 우러러 졍신을 일허시니, 츄야(秋夜)의 길믈 ᄭᆡ닷지 못ᄒᆞ더니, 믄득 옥쳠(屋簷)의 금계(金鷄)342) 싀비를 보ᄒᆞᄂᆞ지라.

좌위 비로쇼 밤이 다ᄒᆞ믈 ᄭᆡ다라 존당의 노고(勞苦)ᄒᆞ시믈 경녀(驚慮)ᄒᆞ여, 이의 금니(衾裏)를 바로ᄒᆞ여 퇴비의 안침(安寢)ᄒᆞ시믈 보온 후, 각기 ᄉᆞ실(私室)홀ᄉᆡ, 동창후

---

341) 농촉(隴蜀)의 무염(無厭)ᄒᆞᆫ 욕심 : '농(隴)과 촉(蜀)까지 차지하려는 끝없는 욕심'이라는 뜻으로, '그칠 줄 모르는 욕심'에 대한 비유로 쓰인다. *농촉(隴蜀)은 중국 사천성과 섬서성 사이에 있는 지명으로, 후한(後漢) 광무제(光武帝)가 한중(漢中)을 평정하고도 다시 농촉을 정벌하려는 욕심을 냈던 고사에서 온 말.

342) 금계(金鷄) : ①'닭'의 미칭(美稱). ②꿩과에 속한 새.

와 병부는 제데군종(諸弟群從)으로 더부러 빅화헌의 나와, 부슉을 시침ᄒ여 안휴ᄒ시
물 보온 후 제데군종이 댱침(長枕)을 년(連)ᄒ고 휴슈졉체(携手接體)ᄒ여 간【53】간
체체(懇懇棣棣)343)ᄒ 우이(友愛), 엇지 홀노 빅강(伯康)의 녕이(嬰兒)344)와 ᄉ마시(司
馬氏)의 우공엄부(友恭嚴父)345)ᄒ믈 긔특다 ᄒ리오. 긔년 별후 니회(離懷) 그음업ᄉ니
능히 잠을 일우지 못ᄒ더라.

명조의 일346) 니러 소셰ᄒ고 신셩(晨省)ᄒ니, 위틱비 작일 야심토록 졉목지 못ᄒ엿
ᄂ지라. 늣도록 니지 못ᄒ엿더니 남녀 졔손이 당즁(堂中)의 디후(待候)ᄒ미, 위틱비 비
로쇼 니러 침병(枕屛)을 의지ᄒ고 졔손을 드러오라 ᄒ여 왈,

"노뫼 작야(昨夜)의 침슈(寢睡)를 잠간 폐ᄒ 고로, 신식(身事) 게얼너 늣도록 니지
못ᄒ엿ᄂ니, 여등은 힝혀 노모로ᄡ 불평ᄒᄂ가 넘녀말나."

ᄒ니, 남녀 ᄌ손이 틴비의 신긔(神氣) 평셕갓ᄒ시믈 환열ᄒ여 시좌(侍坐)ᄒ엿더니,
믈너나【54】동창후 곤계 옥계의 슉ᄉᄒ고 퇴ᄒ여 각각 외가와 친쳑붕우를 ᄎ즐ᄉ,
동창휘 졔궁의 나아가니 졔뎡이 하향(下鄕) 시묘(侍墓)ᄒ여 밋쳐 도라오지 못ᄒ여시
나, 졔슉뫼(諸叔母) 반기미 측냥업더라.

뫼셔 이윽이 말ᄉᆷᄒ다가 하직고 가(駕)를 두로혀 셕·하 냥부의 니르러 비알ᄒ니,
녕능공부인과 하승샹부인의 반기며 ᄉ랑ᄒ미 친ᄌ의 감치 아니터라.

ᄯ 이의 쇼부의 비알ᄒ니, 쇼공부부의 반기고 귀즁ᄒ믄 그 친ᄌ(親子) 지졔(知
製)347)를 ᄯ낫다가 보니의셔 더ᄒ더라.

어시의 쇼지졔 부친과 냥형으로 더브러 부즁의 도라오니, 발이 즁문(中門)의 넘지
못ᄒ여셔 니루(內樓)로조ᄎ 흉장(凶狀)ᄒ 곡셩이 골이【55】터질 듯ᄒ며, 녀흉이 니
ᄃ라 지졔의 금포ᄌ락을 잡고, 어ᄌ러이 브르지져 왈,

"가련ᄒᆯ ᄉ 질녀여! 어엿부다 질녀여! 슬프다 화졍아, 너의 유령(幽靈)이 어디셔 보

---

343) 간간체체(懇懇棣棣) : 매우 정성스럽고 화기애애(和氣靄靄)함.
344) 빅강(伯康)의 녕이(嬰兒) : 백강이 아우 사마광(司馬光)을 영아(嬰兒; 어린아이) 보살피듯 보호하였던
고사(故事)를 말함. 『소학(小學)』〈선행편(善行篇)〉에 나온다. *백강(伯康); 사마단(司馬旦)의 자(字).
중국 북송 때의 정치가 사마광(司馬光)의 형. 사마광 보다 15세 위였는데, 아우를 어린아이 보살피듯
보호하여 형제의 우애가 지극하였다.
345) ᄉ마시(司馬氏)의 우공엄부(友恭嚴父) : 사마씨 곧 사마광(司馬光)이 형인 사마단(司馬旦)을 아버지처
럼 공경하며 우애하였던 고사를 말함. 소학(小學)』〈선행편(善行篇)〉에 나온다. *사마씨(司馬氏); 사마
광(司馬光). 중국 북송(北宋)의 정치가 사학자. 자 군실(君實). 호 우부(迂夫). 시호 문정(文正). 속수선
생(涑水先生)이라고도 하며, 죽은 뒤 온국공(溫國公)에 봉해져, 사마온공(司馬溫公)이라고도 한다. 재상
이 된 후 구법당(舊法黨)의 영수로서 왕안석(王安石)의 신법당(新法黨)과 대립하였다. 《자치통감(資治
通鑑)》으로 사마천(司馬遷)과 나란히 역사가로 이름을 날렸다. 저술로는《자치통감》《속수기문(涑水
紀聞)》《사마문정공집(司馬文正公集)》 등이 있다.
346) 일 : 일찍.
347) 지졔(知製) : 지제교(知製敎). 조선 시대에, 왕에게 교서(敎書) 따위의 글을 기초하여 바치는 일을 맡
아보던 벼슬. 고려 시대의 지제고를 고친 것으로, 홍문관의 부제학(副提學; 정3품)이하 부수찬(副修撰;
종6품)까지의 관원이 겸직하였다. 내지제교(홍문관 관원)와 외지제교(초계문관)로 나뉜다.

눈다? 네 가븨 영화로이 도라왓거든, 너는 어이 청츈홍안(靑春紅顔)의 원亽호 넉시 되어, 유졍 낭군을 반기지 못ᄒ고, 속졀업시 쳔양인(泉壤人)이 되엿ᄂᆞᆫ다. 네 아름이 이실진ᄃᆡ 미망가부(未忘家夫)를 남의게 亽양치 아니리니, 엇지 슬프지 아니리오.”

ᄒ고, 통곡ᄒ며 언언이, ‘질이 죽어시니 손이 홀노 亽라시미 브졀업다’ ᄒ여, ‘질녀의 샹시 미망ᄒ던 바로, 발셔 냥셰(陽世)를 하직ᄒ엿다’ ᄒ고, 통곡ᄒ니, 눈물이 비갓고 밍회(猛虎) 님즁(林中)의【56】셔 날치고, 늙은 승냥이 슈플 아ᄅᆡ셔 응으리ᄂᆞᆫ듯 희괴망측ᄒ니, 공과 삼쇠 일시의 붓드러 빅단이걸(百端哀乞)ᄒ며 쳔단기유(千端開諭)ᄒ여 계오 우름을 긋치니, 니러구러 야심ᄒ엿ᄂᆞᆫ지라. 틴부인이 계오 강잉ᄒ여 슈어(數語) 한담(閑談)의, 싀로이 지졔의 쥰호발월호 긔상을 더욱 질오(嫉惡)ᄒ며 이달오미 극ᄒ여, 거줏 넘녀ᄒᄂᆞᆫ 체ᄒ여 왈,

“손이 원노(遠路)의 구치(驅馳)ᄒ여 갓브리니 물너가라. 노뫼 질녀의 명단(命短)ᄒ믈 셜워ᄒ미 아니라, 평일 너의 박졍ᄒ던 바를 한ᄒᄂᆞ니, 명이 그만홀 인싱이 무죄히 쟝신궁(長信宮) 고단을 감심타가 조졸(早卒)ᄒ니, 엇지 참연치 아니리오. 네 亽오년 결발부븨(結髮夫婦)어【57】늘, 그 망(忘)ᄒ믈 드ᄅᆞᄃᆡ 일호(一毫) 비련(悲憐)ᄒᄂᆞᆫ 亽식(辭色)이 업고, 도로혀 웃ᄂᆞᆫ 빗과 화(和)호 말숨이 가히 비인졍(非人情)의 갓갑지 아니냐? 네 져러ᄒ고 다시 취실혼들 일븨(一婦) 함원(含怨)이 오월비상(五月飛霜)이라 ᄒ니, 슈삼기(數三個) ᄌᆞ손이 슈복(壽福)이 쟝원(長遠)ᄒ리오.”

털부인은 듯ᄂᆞᆫ 말마다 심한골경(心寒骨驚)ᄒ나 감히 므어시라 ᄒ리오. 지졔ᄂᆞᆫ 다만 亽죄ᄒ더라. 쇼공부ᄌᆞ와 털부인이 냥식부로 더브러 틴부인 침슈(寢睡)를 살피고 퇴ᄒ여, 털부인 고부(姑婦)ᄂᆞᆫ 亽실노 도라오고, 공의 亽부ᄌᆞ와 졔손은 셔헌(書軒)으로 나오니, 츠시 샤랑은 냥ᄌᆞ를 두엇고, 한님은 일ᄌᆞ일녜 잇더라.

공이 지졔를 겻히 누여 어로만져 필ᄌᆞ(畢子)로 귀즁ᄒ【58】미 측냥업스나, 그 비항(配行)이 츠라ᄒ믈 깁히 한ᄒ고, 윤쇼졔 싱존ᄒ여 진부의 머므ᄂᆞᆫ 쥴 알오ᄃᆡ, 아직 아ᄌᆞ다려 니ᄅᆞ지 아니믄 힝혀 즐에348) 경박호 거죄 이실가 ᄒ미오, 이졔 흉녜 임의 업셔시니 진왕부ᄌᆞ로 샹의ᄒ여 식부를 다시 마ᄌᆞ 오고져 ᄒ나, 쇼져의 셤셤(纖纖) 약질노 틴부인 험악호 손시의 너흘 빈 참담ᄒ고, 말고져 ᄒ나 아직 미셰혼 셔싱과 달나 닉권(內眷)349)이 업지 못홀지라. 여러 가지로 넘녜 호번(浩繁)ᄒ여 능히 잠을 일우지 못ᄒ니, 지졔 비록 윤쇼졔 싱존ᄒ여 그 표문(表門)의 잇ᄂᆞᆫ 쥴은 망연브지 ᄒ나 부친의 은우(隱憂)ᄒ시ᄂᆞᆫ 빈 반ᄃᆞ시 ᄌᆞ긔로 비로스민 쥴 짐작【59】고, 심하의 불효를 ᄌᆞ탄ᄒ여 심회 만단이나 ᄒ니, ᄯᅩ 능히 줌을 일우지 못ᄒ여 부지 다 젼젼불미(輾轉不寐)러라.

니러구러 날이 붉으미 니러 쇼셰ᄒ고, 존당의 문후ᄒ고 옥궐의 조회ᄒ미, 퇴ᄒ여 윤

348)즐에 : 지레. 어떤 일이 일어나기 전 또는 어떤 기회나 때가 무르익기 전에 미리.
349)닉권(內眷) : ‘아내’를 달리 이르는 말.

부의 니르니, 위·조 냥퇴비와 제부인이며 호람후와 진왕곤계와 동창후 등 곤계 반기미 측냥업더라. 쥬찬을 셩비ᄒ여 졉ᄃᆡᄒ고 이윽이 안ᄌ 한담ᄒ다가, 본부로 도라와 부모긔 뵈옵고 물너 셔당의 나와 질아들을 가ᄎᆞᄒ며, ᄌᆞ긔 의가(宜家)의 낙(樂)350)이 미몰ᄒᆞ믈 탄식(歎息) ᄌᆞᄎᆞ(咨嗟)ᄒ더라.

쇼녀시ᄂᆞᆫ 죽고 윤쇼져ᄂᆞᆫ 실산(失散)ᄒ여 ᄉᆞᆼ을 미가분(未可分)ᄒᆡ, 쇼지【60】제의 실중(室中)이 븨여시믈 알고, 유녀ᄌᆞᄂᆞᆫ 지졔의 쇼년영풍(少年英風)과 쳥현아망(淸賢雅望)을 뉘 아니 흠션(欽羨)ᄒ리오. ᄉᆞ회 삼고져 마음이 이시나, 녀부인 ᄉᆞ오나오미 만셩의 편힝(遍行)ᄒ여시니, 결혼코져 ᄒ리 업ᄉᆞᄃᆡ, 혹 모로ᄂᆞᆫ ᄌᆞᄂᆞᆫ 쇼쇼지ᄉᆡᆯ를 개회(介懷)치351) 아니코, 신낭의 비범ᄒᆞ믈 흠경(欽敬)ᄒ여 구혼ᄒᆞᄂᆞᆫ 미픠(媒婆) 문의 몌여시ᄃᆡ, 쇼공이 그윽ᄒᆫ 은위(隱憂) 잇ᄂᆞᆫ 고로 동셔(東西)로 츄탁(推託)ᄒ고, 녀퇴부인이 질녀ᄅᆞᆯ 위ᄒ여 신인의 ᄌᆞ최ᄅᆞᆯ 밧비 보고져 아니므로 강권치 아니ᄒ니, 지졔의 의복지졀과 졉빈ᄃᆡ킥의 틸부인과 냥형쉬 보살피나, 모부인은 퇴부인 감【61】지(甘旨)와 봉ᄉᆞ(封祀) ᄃᆡ킥(待客)이며 공의 의식(衣食)의 ᄌᆞ연 다ᄉᆞ(多事)ᄒ고, 셜·오 냥부인도 각각 군ᄌᆞ의 의복지졀의 한헐치 못ᄒ니, 지졔ᄂᆞᆫ 의복의 한셔(寒暑)ᄅᆞᆯ 밋지 못ᄒᆞᆯ 적이 만ᄒ니, 부뫼 우려ᄒ고 지졔 스스로 쳐궁이 박ᄒᆞ믈 탄ᄒ여, 윤쇼져의 텬향아틱와 셩덕ᄌᆞ질노뼈, 틱평지셰의 무고히 실산ᄒ여시믈 춤연ᄒ여, ᄌᆞᄎᆞ(咨嗟) 탄식 왈,

"이졔 비록 다른 ᄃᆡ 취(娶)ᄒᆫ들 윤시 갓기 쉬오리오. 다만 예ᄉᆞ로와 용뫼 단아(端雅)ᄒ고 힝실 온슌ᄒᆞᆯ 만ᄒ여도 만힝이렷만은, 힝혀 셩되 간교(奸巧)ᄒ거나 왕양(汪洋)ᄒ거나 흉녀 갓흔 박식누질(薄色陋質)을 만나면, 닉 반ᄃᆞ시 우분셩질(憂憤成疾)ᄒ【62】기의 밋ᄎᆞ리니, 출하리 환거(鰥居)ᄒᆞ미 올치 아니랴."

니러틋 ᄉᆞᄉᆞ난녜(事事亂廬) 빅츌(百出)ᄒ더니, 일일은 남평빅이 니르러 닉당의셔 악부모ᄅᆞᆯ 비현ᄒ고 삼쇼로 한담ᄒᆞᆯᄉᆡ, 믄득 지졔ᄅᆞᆯ 도라보아 미쇼ᄒ고 쇼공긔 고왈,

"삼형이 녀부인이 조셰(早世)ᄒ시니 실즁이 븨여 닉ᄉᆞ(內事)ᄅᆞᆯ 쇼임ᄒᆞᆯ 가뫼(家母) 업ᄉᆞᆫᄂᆞᆫ지라. ᄒᆞᆯ믈며 형이 미셰ᄒᆫ 셔싱과 달나 직임이 ᄎᆞᄃᆡ(且大)ᄒ고, 의복한셔(衣服寒暑)와 졉빈ᄃᆡ킥(接賓待客)의 ᄉᆞ번(事煩)ᄒ니, 아지못게이다! 일즉 명문화엽(名門花葉)의 슌향352)을 졈복(占卜)ᄒ신 곳이 잇ᄂᆞ니잇가?"

공이 빈미(顰眉) 왈,

"비록 구혼ᄒᆞᄂᆞ니 만흐나, 규슈의 현불초ᄅᆞᆯ 알기 어려온지라. 아직 허혼ᄒᆫ【63】곳이 업ᄉᆞ나, 졔 닉ᄉᆞᄅᆞᆯ 쇼임ᄒᆞᆯ 가뫼 업ᄉᆞ니 근심ᄒ노라."

남빅이 쇼왈,

"쇼셰 삼형을 위ᄒ여 일쳐(一處)의 아름다온 슉녀ᄅᆞᆯ 쳔거ᄒ오리니 악장이 허ᄒ시리잇가?"

---

350) 의가(宜家)의 낙(樂) : 의가지락(宜家之樂). 실가지락(室家之樂). 부부 사이의 화목한 즐거움.
351) 개회(介懷)ᄒ다 : 개의(介意)하다. 어떤 일 따위를 마음에 두고 생각하거나 신경을 쓰다.
352) 슌향 : 신랑감. *슌향을 졈복(占卜)ᄒ다; 신랑감을 정하다.

공이 그 쯧을 짐작고 흔연 쇼왈,

"현셔의 쳔거ᄒᆞᄂᆞᆫ 혼쳬 가히 맛당홀 거시오, 규쉬 ᄯᅩ흔 슉녀현완(淑女賢婉)이리니 노븨 엇지 허치 아니리오. 뭇ᄂᆞ니, 인옹(姻翁)이 엇던 사름이며, 규슈의 현뷔(賢否) 하여오?"

남빅이 ᄃᆡ왈,

"혼쳐는 다르니 아니라 낙양후 진공의 부즁이오, 규슈는 진후의 숀녜니 진평장의 ᄃᆡ삼녜라. 진쇼져의 옥ᄐᆡ화질(玉態花質)은 인즁션ᄌᆞ(人中仙子)오, 유한뇨조(有閑窈窕)ᄒᆞᆫ 셩덕은 임 【64】 강마등(任姜馬鄧)353)의 후셕(後席)을 드ᄃᆡ염 죽ᄒᆞ니, 진평장이 과이ᄒᆞᄂᆞ니 엇지 지취(再娶)를 쥬고져 ᄒᆞ리오만은, 진쇼져의 ᄉᆞ쥐(四柱) 셰다 ᄒᆞ고, 부인니 무녀복ᄌᆞ(巫女卜者)의 말을 신지(信之)ᄒᆞ고 부듸 년장(年長)흔 신낭을 갈히여 그 슈복(壽福)이 하원(遐遠)케 ᄒᆞ려ᄒᆞ니, 시고(是故)로 평장이 삼형의 쳥현ᄌᆡ예(淸賢才藝)로 실즁(室中)이 공허ᄒᆞ믈 아는 고로, 특별이 쇼져를 보니여 위미(爲媒)ᄒᆞ라 ᄒᆞ시더이다. 진쇼져는 쇼셔의 ᄌᆞ모의 친질녜(親姪女)오, 미뎨(妹弟)의 표뎨(表弟)라. ᄌᆞ미운치(姿美韻致) 미뎨와 만히 흡ᄉᆞᄒᆞ다 ᄒᆞ더이다."

공이 졈두 왈,

"현셔(賢壻)의 아로미 어둡지 아니리니 쾌허ᄒᆞ노라. 현셔는 진후 부ᄌᆞ의게 나의 말ᄉᆞᆷ으로 【65】 후의(厚意)를 ᄉᆞ례ᄒᆞ라."

남빅이 흔연 응낙ᄒᆞ니, 삼쇼는 남빅의 쳔거ᄒᆞᄂᆞᆫ 빅, 필연 용우(庸愚)치 아닐 쥴 지긔ᄒᆞ고, 부친의 ᄒᆞ시는 바를 볼 ᄯᆞ름이러라.

이윽고 남빅이 도라가니, 공의 부뷔 삼ᄌᆞ로 더부러 다만 진쇼져의 현부를 죄올지언졍, 윤쇼져의 싱존을 일큿지 아니니, 지졔 과연 곳이듯고, 심하의 윤시를 앗겨 슬허ᄒᆞ미 간졀ᄒᆞ더라.

믄득 진부의셔 ᄐᆡᆨ일(擇日)을 보ᄒᆞ니, 길긔(吉期) 일슌이 가려시니, 쇼·윤 냥부의셔 가긔슈이되믈 깃거ᄒᆞ더라. 이의 혼슈(婚需)를 셩비(盛備)ᄒᆞ여 길긔 다ᄃᆞ르미, 공이 일가친쳑을 모호고 졍당의 드러가 틱부인긔 고왈,

"삼이 【66】 낙양후 진모의 숀녀로 졍혼ᄒᆞ여 길일이 금일이니 틱틱(太太)긔 알외ᄂᆞ이다."

부인이 ᄎᆞ언을 듯고 믄득 면식(面色)이 여토(如土)ᄒᆞ여 상을 박ᄎᆞ고 ᄃᆡ로 왈,

"불쵸ᄌᆞ(不肖子) 무힝ᄒᆞ미 여ᄎᆞᄒᆞ여, ᄃᆡᄉᆞ(大事)354)를 가져 노모의게 취픔치 아니니, 엇지 인ᄌᆞ(人子)의 도리리오. 미망여싱(未亡餘生)이 긔츌(己出)이 업고, 노력(老力)

---

353)임강마등(任姜馬鄧) : 중국 주(周) 문왕(文王)의 모친 태임(太姙)과, 주(周) 선왕(宣王)의 비(妃) 강후(姜后), 동한(東漢) 명제(明帝)의 후비 마후(馬后), 동한(東漢) 화제(和帝)의 후비(后妃) 등후(鄧后)를 함께 이르는 말. 모두 어진 덕으로 이름이 높다.

354)대ᄉᆞ(大事) : 큰일. 결혼, 회갑, 초상 따위의 큰 잔치나 예식을 치르는 일. 여기서는 '대례(大禮)' 곧 '혼인'을 말함.

이 긔진(氣盡)호믈 업슈이 너기미니, 엇지 통히치 아니리오. 질녀의 초상젹븟허 남힝(南行)호여 부부의 도로 복졔를 갓초지 아녓고, 님스(臨死)의 부뷔 영결(永訣)치 못호여시니, 노모의 뜻의는 쾌히 져의 삼상(三喪)이 지나거든 질녀의 쳥츈 원혼을 슈륙쳔도(水陸薦度)[355]호여 싱스의 유한이나 업【67】시혼 후, 동셔(東西)로 취실(娶室)호나 노모의 알 빈 아니어늘, 이졔 노모의게 취품치 아니코 스스로 총단(總斷)호리오."

공이 나죽이 스죄 왈,

"이는 다 히아(孩兒)와 텰시의 이완(弛緩)혼 죄로쇼이다. 녀시 비록 스랏셔도 남아의 번화호미 괴이치 아니호옵거늘, 호물며 녀시 조스(早死)호고 윤이 스싱존망(死生存亡)을 모로오니, 삼이 미셰(微細)홈과 달나, 의복지졀과 졉빈되긱의 번다호믈 당호리 업스오니, 형셰 마지 못호여 진시를 취호미니, 굿호여 신인을 취호며 고인을 니즈려호미 아니니이다. 지어(只於) 녀시의 혼빅(魂帛)을 쳔도(薦度)호옵기는, 히아의 녹봉가지 드리라 호셔【68】도 명되로 호리이다. 호물며 신부는 윤아의 표종뎨(表從弟)라. 윤낭이 여츳여츳 작민호온 비오니, 《출히리∥출호리》 기시(其時)의 허혼치 아님과 달나, 길일의 파혼호믄 만만치 아니호오니, 지삼 싱각호쇼셔."

호고, 이걸호고 모든 친쳑이 일시의 권위(勸爲)호니, 녀흥이 즁인 쇼시(所視)의 너모 미미호미 즈긔 부즈(不慈)호미 드러나기시므로, 비로쇼 허호니, 공의 부지 비스(拜謝)호고 즁당의 나와 신낭을 보닐시, 뉵녜(六禮)를 구힝(具行)호나 십분 간냑히 호여, 녀흥의 원을 맛츠니, 녀흥이 깃거 신부의 츄용누질(醜容陋質)을 죄와 혜오되,

"진녀는 【69】윤쳥문의 계비(繼妃) 진시의 친질이오, 윤가 요녀의 표종(表從)이오, 겸호여 셩닌이 작민호다 호니, 규쉬 범연튼 아니려니와, 결단코 윤녀의 별물(別物) 요식(妖色)은 밋지 못호리라."

호고, 즁빈(衆賓)은 쇼부 모즈(母子) 고식(姑息)의 거동을 괴이히 너기더라.

날이 느즈미 쇼지졔 길복을 졍히 호고, 은안빅마(銀鞍白馬)의 만죄(滿朝) 위요(圍繞)호여 옥션항 진부의 나아가니, 이날 진궁의셔 우·조·뉴 삼부인과 뎡·진·남·화·장 졔부인이 즈녀부를 거느려 진부의 모다, 션화쇼져를 닛그러 쳥즁(廳中)의 셰오고 신로이 신부의 화장셩식(華裝盛飾)[356]을 갓초니, 쇼졔 괴롭고 불열(不悅)혼【70】나 쏘혼 슈습호미 과도혼 고로, 보험(䩉臉)이 젹뇨(寂寥)호고 단슌(丹脣)이 함홍(含紅)호여 말숨이 업더라.

윤·진 냥부 졔부인이며 졔쇼져와 부슉 등이며 표슉들이 일시의 쇼져를 보니, 쇼졔 바야흐로 삼오(三五)를 당호엿는지라. 쳔틱만염(千態萬艶)이 겸발(兼發) 승(勝)호여, 즈라미 뉵쳑신(六尺身)을 다 호여시니, 완젼 신즁호여 견즈로 승비졀(勝倍絶)이라. 위·

---

355)슈륙쳔도(水陸薦度) : 죽은 영혼을 수륙재(水陸齋)를 올려 천도(薦度)함. *수륙재(水陸齋): 물과 육지 의 홀로 떠도는 귀신들과 아귀(餓鬼)에게 공양하는 재. 늑수륙굿. *천도(薦度): 죽은 사람의 넋이 정토 나 천상에 나도록 기원하는 일. 불보살에게 재(齋)를 올리고 독경, 시식(施食) 따위를 한다.

356)화장셩식(華裝盛飾) : 화려하고 성대한 차림.

조 냥틔비 어로만져 쟝셩(長成) 슈미(秀美)ᄒᄆᆯ 두굿겨, 츠후나 마장이 업시화락ᄒᄆᆯ 원ᄒᄃ라.

이윽고 신낭이 니르러 녜위(禮偶)357)를 텬디(天地)긔 젼홀시, 임의 뎐안지녜(奠雁之禮)를 맛츠미 신부의 상교를 기다릴시, 진평쟝의 회히(詼諧) 【71】 즐기믄 모년(暮年)의 니를ᄉ록 감치 아냣ᄂ지라. 신낭의 손을 잡고 쇼왈,

"노뷔 쇼녀의 약년미질(弱年微質)노 외람이 현셔(賢婿) 갓흔 군ᄌᆯ 의탁ᄒ니, 바라건딕 현셔ᄂᆫ 기리 '가옹(家翁)의 귀먹고 눈 어두믈 효측(效則)ᄒ여' 군ᄌ의 문(門)의 죵신(終身)ᄒᄆᆯ 바라노라."

쇼지제 넘슬(斂膝) 칭ᄉ홀 ᄲᆞ니, 윤틔우 창닌이 춤지 못ᄒ여 미쇼 왈,

"쇼형이 칠셕가회(七夕嘉會)아니로듸, 은하(銀河)의 작교(鵲橋)를 비셜ᄒᄆᆯ 업시, 텬손(天孫)을 친영(親迎)ᄒᄂ 깃브미 잇거늘, 엇진 고로 화긔 ᄉ연ᄒ뇨358)? 아니 녀부인의 셩덕광휘를 ᄉᆞᆷ상(參商)359)ᄒᄆᆫ야? 우리 죵미(從妹)의 거쳐 업ᄉᄆᆯ 슬허ᄒᄆᆫ야? 엇지 쟝 【72】 부의 긔운을 쥬졉들게360) ᄒ느뇨?"

어ᄉ 웅닌이 니어 쇼왈,

"달평의 말이 금옥(金玉)갓흐니 남진 엇지 부인을 싱각고 구구(區區)ᄒ ᄉ식(辭色)을 낫ᄒᄂ리오. 슈연(雖然)이나 아미 유명지간(幽明之間)의 알오미 이실진듸, 군ᄌ의 유신ᄒᄆᆯ 감격ᄒ리로다. 우리 표미 ᄯᅩ흔 명가셰츌(名家勢出)361)노 지용셩덕(才容盛德)이 ᄯᅩ흔 용쇽(庸俗)지 아니ᄒ여, '달이 무광(無光)ᄒ고 꼿치 붓그리며'362), '고기 잠기이고 기러기 ᄲᅥ러지ᄂ'363) 틱되 잇ᄂ니, 오히려 아미의 더으리니 하 슬허말나."

ᄒ고, 회히(詼諧)ᄒ더니, 아이(俄而)오364) 진쇼제 웅장셩식으로 화교(華轎)의 오르니, 신낭이 봉교상마(封轎上馬)ᄒ여 도라오니, 시위복 【73】 쳡(侍衛僕妾)이 납향(蠟香)365) 보쵹(寶燭)366)을 잡아 쳥즁의 나아가 합환교ᄇᆡ(合歡交拜)367)를 파ᄒ미, 신낭이

---

357)녜위(禮偶) : 예식의 진행을 위해 나무나 헝겊 쇠붙이 따위로 만든 사물 또는 사람의 형상. 여기서는 전안례(奠雁禮)를 행하기 위해 '나무로 만든 한 쌍의 기러기'를 말함.

358)ᄉ연ᄒ다 : 어떤 생각 따위가 싹 가시다. 씻은 듯이 없어지다.

359)ᄉᆞᆷ상(參商) : ①삼성(參星)과 상성(商星)을 아울러 이르는 말. ②삼성(參星)과 상성(商星)이 동서(東西)로 멀리 떨어져 있는 데서, 멀리 떨어져서 그리워함을 이르는 말.

360)쥬졉들다 : 주접들다. 궁상(窮狀)맞다. 옷차림이나 몸치레가 초라하고 너절하다.

361)명가셰츌(名家勢出) : 세도(勢道) 있는 명문가 출신.

362)달이 무광(無光)ᄒ고 꼿치 붓그리며 : '폐월수화(閉月羞花)'를 번역한 말. 달도 빛이 없고 꽃도 부끄러워한다는 뜻으로, 그만큼 여인의 얼굴과 맵시가 매우 아름다움을 비유적으로 이르는 말.

363)고기 잠기이고 기러기 ᄲᅥ러지ᄂ : '침어낙안(沈魚落雁)'을 번역한 말. 물 위에서 놀던 물고기가 부끄러워서 물속 깊이 숨고, 하늘 높이 날던 기러기가 부끄러워서 땅으로 떨어졌다는 뜻으로, 그만큼 여인의 용모가 아름다움을 이르는 말. ≪장자≫ <제물론(齊物論)>에 나오는 말이다.

364)아이(俄而)오 : 얼마 안 있어. 이윽고.

365)납향(蠟香) : 벌집을 만들기 위해 꿀벌이 분비하는 물질인 밀랍으로 만든 향.

366)보쵹(寶燭) : 혼례 제례 등의 의식이나 불당(佛堂), 신전(神殿) 등에서 켜는 촛불.

367)합환교ᄇᆡ(合歡交拜) : 전통 혼례식에서 신랑 신부가 서로 잔을 바꾸어 마시는 합근례(合卺禮)와 서로

밧그로 나가고 쇼졔 단장을 곳쳐 구고긔 폐빅지녜(幣帛之禮)를 힝ᄒᆞᄆᆡ 만목이 관쳠(觀瞻)ᄒᆞ니, 이 본ᄃᆡ 고문셰덕(高門世德)은 녕지방향(靈芝芳香)이오, 명가긔믹(名家氣脈)은 형옥녀졍(荊玉餘精)368)이라 범연이 일ᄏᆞᆯ 비리오. '쳔틱(千態) 겸발승(兼發勝)ᄒᆞ고 만염(萬艶)이 득기진(得其盡)ᄒᆞ니'369), 오늘날 광윤쇄락(光潤灑落)ᄒᆞᆫ 진쇼져를 뉘 능히 셕일(昔日) 뇨뇨셤셤(夭夭纖纖)ᄒᆞ여 셰류(細柳)갓치 연약ᄒᆞ더[던] 윤쇼져라 ᄒᆞ리오.

공의 부부와 셜·오 등은 임의 아ᄂᆞ 비나, 오늘날 그 풍완호질(豐婉好質)의 진슉(進熟)ᄒᆞᄆᆡ 더어시믈 보믹, 젼일 연미(姸美)ᄒᆞᆫ 긔질과 닉도ᄒᆞ믈 몰나【74】보기실370) 듯ᄒᆞ거늘, 더욱 틱흉의 노쇠ᄒᆞᆫ 안녁(眼力)과 졔긱(諸客)의 셕ᄌᆞ(昔者)의 지닉여 본 바로, 엇지 옛 안면을 기억ᄒᆞ리오. 틱흉이 신인(新人)의 이딕도록 긔특ᄒᆞ믈 보믹, 흉회(胸懷) 분분ᄒᆞ나 거줏 ᄉᆞ랑ᄒᆞᆫ 체ᄒᆞ더라.

신뷔 녜파(禮罷)의 좌의 나아가니, 만좌(滿座) 년셩(連聲) 치하(致賀)ᄒᆞᄃᆡ 구괴 환희ᄒᆞ더라. 졔긱으로 종일 진환(盡歡)ᄒᆞ다가 일낙셔산(日落西山)ᄒᆞ여 야ᄉᆡᆨ(夜色)이 창창(蒼蒼)ᄒᆞ니371) 졔긱이 도라가고, 신부 슉소를 윤쇼져 침쇼의 졍ᄒᆞ니, 신뷔 혼졍을 맛고 물너가믹, 추야(此夜)의 공이 지졔를 불너 경계 왈,

"금일 신뷔 진짓 쳘부슉녜(哲婦淑女)라. 그 완뉸(玩潤)ᄒᆞᆫ 복덕(福德)과 풍염(豐艶)ᄒᆞᆫ 셩덕【75】을 보건ᄃᆡ, 셕일 윤아의 셤셰(纖細)ᄒᆞᄆᆡ의셔 나으미 이시니, 윤아는 쳥슈미약(淸秀微弱)ᄒᆞ여 슈골(壽骨)이 아니런지라. 오아는 무익히 싱각지 말고 진시를 후ᄃᆡ(厚待)ᄒᆞ라. 지졔(知製) 슈명ᄒᆞ고 물너나고져 ᄒᆞ더니, 믄득 졍당 시녜 나와 틱부인 쇼명(召命)을 젼ᄒᆞ더라.

【76】

에게 절을 하고 받는 교배례(交拜禮)를 함께 이르는 말.

368) 형옥여정(荊玉餘精) : 중국 전국시대에 변화씨(卞和氏)라는 사람이 형산(荊山)에서 돌 위에 봉황이 깃들이는 것을 보고 얻었다는, 천하의 이름난 옥(玉)인, 화씨벽(和氏璧)의 정채(精彩)가 있음.

369) 쳔틱(千態) 겸발승(兼發勝)ᄒᆞ고 만염(萬艶)이 득기진(得其盡)ᄒᆞ니 : 천 가지 자태가 어우러져 그 뛰어남을 발산하고, 만 가지 예쁜 것이 그 아름다움을 다함.

370) 몰나보기실 : 몰라보았을

371) 창창(蒼蒼)ᄒᆞ다 : 빛이 어둑하다.

윤하뎡삼문취록 권지구십

츳시 지제(知製) 슈명호고 믈너나고져 호더니, 믄득 뎡당 시녜 나와 틱부인 쇼명(召命)을 젼호는지라. 지제 거룸을 두로혀 존당의 드러가니, 틱흥이 누슈여우(淚水如雨)호여 왈,

"노뫼 긔츌(己出)이 업고 다만 의탁홀 비 너희 부지라. 질녀로뻐 너의 비필을 삼앗더니, 나의 팔지 가지록 무상호여 질녀조츳 보젼치 못호니, 엇지 슬프지 아니리오. 노뫼 금일 신부를 보니 틱진(太眞)372)의 남은 틱되(態度)오, 미간(眉間)의 요음(妖淫)혼 거동이 미달(妹妲) 갓호니, 너는 싱심도 진녀의게 고혹(蠱惑)지 말나."

지제 슈명호【1】고 말업시 날호여 신방(新房)의 니르니, 옥인이 완연이 의희(依俙)혼 듯호더라. 쇼졔 안셔히 니러 마즈 동셔 분좌호니, 유모 시녜 옥상(玉床) 나요(羅褥)의 비쥐빵금(翡翠雙衾)을 빗셜(排設)호고 장외로 퇴호니, 지제 슈일(斜日)을 잠간 흘녀 술피건디, 이 믄득 듯던바의 셰번 더으니, 옥골방향(玉骨芳香)이오. 진슈(蠻首)373) 아미(蛾眉)의 월광화틱(月光花態) 촉하(燭下)의 바이고, 의의히 토계삼등(土階三等)374)의 '모즈(茅茨)를 부젼(不剪)'375)호시던 지풍(才風)이니, 비록 젼일 윤쇼져로 동방화촉(洞房華燭)의 쏨갓치 디호여시나, 기시(其時)는 윤시 나히 어려, 유란혜초(柔蘭蕙草) 갓거늘, 또 흉녕(凶獰)혼 노고(老姑)의 집히 가도믈 만나, {계손힝인의 납관을 디읍호미 【2】 아니로디 진황손의 도라가지 못홈 갓흐여}376) 존당 협실의 갓치인 죵이 되어시니, 즁목쇼시(衆目所視)의 면목도 즈로 어더보지 못호다가, 일장풍파(一場風波)로 원앙(鴛鴦)이 실셔(失緖)호여시니, 금츳지시(今此之時)호여 신부의 풍완윤틱(豊婉潤澤)호미 닉도호니, 져 무심혼 군지 엇지 진위(眞僞)를 히셕호리오.

일견쳠망(一見瞻望)의 크게 칭찬 왈,

---

372)틱진(太眞) : 양귀비(楊貴妃). 중국 당나라 현종(玄宗)의 비(妃)(719~756). 이름은 옥환(玉環). 도교에서는 태진(太眞)이라 부른다. 춤과 음악에 뛰어나고 총명하여 현종의 총애를 받았으나 안녹산의 난 때 죽었다.

373)진슈(蠻首) : '매미의 머리'라는 뜻으로, 아름다운 용모를 이르는 말.

374)토계삼등(土階三等) : 중국의 요임금이 검소한 생활을 하여, 궁전을 높고 화려하게 짓지 않고, 궁전의 계단을 '흙으로 세 계단만 쌓은 것'을 말함.

375)모즈(茅茨) 부젼(不剪) : 중국 요임금이 궁전을 검소하게 지어, 지붕을 띠(茅)로 이고 그 띠지붕도 끝을 가지런히 깎지 않고 들쑥날쑥하게 두었던 것을 말함.

376)"계손힝인의…갓흐여"는 수식어구로, 그 의미를 밝히지 못하여, 부득이 연문(衍文) 처리하였다.

"져의 아룸다오미 윤시의 하등이 아니로딕, 윤시 불힝ᄒ여 젹슈(賊手)의 맛ᄎ니, 미ᄉ지젼(未死之前)의 플니지 못ᄒ리라. 혹ᄌ 싱환(生還)ᄒ미 이시면, ᄎ인과 한쌍이 되리로다."

ᄒ다가 개연이 옥쵹을 믈니고 의건(衣巾)을 ᄒᆡ탈(解脫)ᄒ고 옥인을 닛그러 옥상나요(玉床羅褥)【3】의 나아가니, 쇼지졔 당시 이십여셰의 쳔고(千古) 슉완셩녀(淑婉聖女)로 삼싱슉ᄎᆡ(三生宿債)ᄅᆞᆯ 기리 믹ᄌᄂᆞ니, 그 진즁(鎭重)ᄒᆞᆫ 믓지아녀 알지라. ᄎ야 회실(會室)의 믄득 옥셔(玉書)377)의 샹셔(祥瑞)ᄅᆞᆯ 응ᄒ여, 웅비(熊羆)378)의 길셩(吉星)을 졈득(占得)ᄒ니, 부뷔 얼픗ᄒᆞᆫ 침변(枕邊) 일몽(一夢)의 홀연 텬디(天地) 진쳡(震疊)ᄒ고 풍운(風雲)이 회식(晦塞)ᄒᆞᆫ 가온딕, 옥뇽(玉龍)이 윤쇼져 침즁(寢中)의 다라드니, 지졔와 쇼졔 일시의 경동니각(驚動而覺)ᄒ니 몽ᄉᆡ(夢事) ᄌᆞ못 명명(明明)ᄒᆞᆫ지라. 지졔 임의 진시 복경(腹慶)379)이 금야(今夜)의 이시믈 혜아리더라.

명조의 부뷔 한가지로 존당의 신셩ᄒ니 부뫼 두굿기나 녀흉은 딕한(大恨) 졀치(切齒)ᄒ더라. 윤쇼졔 인ᄒ여 구가의 머물믹 【4】 신셩예쳘(神聖睿哲)ᄒᆫ 힝ᄉᆡ(行事) 시로오니, 지졔 공경즁딕(恭敬重待)ᄒ나 믹양 윤쇼져ᄅᆞᆯ 닛지 못ᄒ여 ᄒ니, 쇼졔 불안ᄒ여 슈미(愁眉)ᄅᆞᆯ 펴지 못ᄒ니, 구괴 지긔ᄒ고 이련ᄒ더라.

ᄎ시 녀흉이 종종 쇼져ᄅᆞᆯ 불너 무고(無故)ᄒᆫ 즐ᄎᆡᆨ(叱責)이 ᄀᆞᆽ지 아니나, 쇼졔 유화유슌ᄒ믈 위쥬ᄒ더라.

셰월이 여류(如流)ᄒ여 뎡상부○○[의셔] 슌틱부인 초긔(初忌) 지나니, 졔왕곤계 감회ᄒ미 비길딕 업더라. 텬직 녜관을 보닉샤 부례(賻禮)ᄅᆞᆯ 두터이 ᄒ시고 위문ᄒ시며, 임의 틱부인 초긔 지나시니 졔왕 오곤계ᄂᆞᆫ 삼상(三喪)을 머무러 노친(老親)을 밧들게 ᄒ고, 동졔공 북평공 등은 그만ᄒ 【5】여 직임을 찰히라 ᄒ시니, 동졔공 등이 노년 존당과 부슉을 써나미 졀민ᄒ나, 셩지(聖旨)ᄅᆞᆯ 역명치 못ᄒ여 계츄(季秋) 회간(晦間)의 군종형졔 십여인이 상경ᄒ여 예궐슉ᄉ(詣闕肅謝)ᄒ니, 텬직 반기샤 그덧 ᄉᆞ이 니별이 지리ᄒ믈 일ᄏᆞᄅᆞ샤, 옥비의 향온을 ᄌᆞ로 권ᄒ시니, 황황ᄒᆫ 은영이 당시의 윤·하·뎡 삼부의 오ᄅᆞᄂᆞ니 업더라.

날이 느ᄌᆞᆫ 후 본부의 도라오니 《친쳥∥친쳑(親戚)》 고귀(故舊) 모다시믹, 한가지로 승당(昇堂) 취실(就室)ᄒ여, 비비(霏霏)ᄒᆫ380) 졍셜(情說)이 도ᄎ(到此)의 긔록기 어렵더라.

졔졍이 졔우친붕(諸友親朋)을 ᄉ례ᄒ여 보닉고, 닉각(內閣)의 니ᄅᆞ러 각각 ᄌᆞ부인(慈

---

377) 옥셔(玉書) : 신선이 전하는 글. 공자(孔子)가 태어나기 전, 어머니 안징재(顏徵在)의 꿈에, 기린(麒麟)이 집에 들어와 옥서(玉書)를 토(吐)하여 주고 가, 비범한 아이가 태어날 것임을 예시(豫示)하였다는 설화에서 유래한 말. 여기서는 소성·윤선화 부부가 옥룡이 달려드는 꿈을 꾼다.

378) 웅비(熊羆) : '아들 낳을 꿈'을 꿈을 말함. 『시경(詩經)』 「소아(小雅)」 <사간(斯干)>에 '웅비(熊羆)'의 꿈을 아들을 낳을 길몽이라 했다.

379) 복경(腹慶) : 임신을 한 경사.

380) 비비(霏霏) : 눈이 펄펄 내리는 모양. 풀이 무성한 모양

夫人)과 슉모롤 비현ᄒ고 버【6】거 부인과 졔슈(諸嫂) 졔미(諸妹)로 니졍(離情)을 베
풀며, 틱부인 초긔 홀홀ᄒᄆᆞᆯ 일컷고, 졔공이 긔년 ᄉᆞ이나 각각 ᄌᆞ안을 우러러 반가오
ᄆᆞᆯ 형상치 못ᄒ고, 졔뎨(諸弟) 군종(群從) 쇼미(小妹) 등이 그 ᄉᆞ이 슈미(秀美)ᄒᄆᆞᆯ 일
너 깃거ᄒ더라.

졔공이 비록 어하(御下)ᄒᄆᆡ 위의 슉연ᄒ여 규닉 쥬졉들미 업고, 임ᄉᆞ(姙似)381) 반
쇼(班昭)382) 갓흔 부인이 이시나, 경박ᄒᆞᆫ 거조와 희롱된 일이 업고, 상경여빈(相敬如
賓)ᄒ며 부슌쳐졍(夫淳妻貞)383)ᄒ여 각결(郤缺)384)의 부부 갓고, 옥슈닌벽(玉樹驎璧)
갓흔 아들과 긔화명월(奇花明月) 갓흔 ᄯᆞᆯ이 슬하의 빵빵이 넘노라, 심즁의 귀즁ᄒᆞᆯ지언
졍 낫빗치 낫하닉여 ᄌᆞ의의 구구(區區)ᄒᄆᆡ 업더라.

야심토록 말【7】ᄉᆞᆷᄒ다가 ᄌᆞ부인을 밧드러 뎡침(正寢)의 안휴(安休)ᄒ시ᄆᆡ 물너 각
각 ᄌᆞ녀를 닛그러 ᄉᆞ실노 향ᄒᆞᆯᄉᆡ, 상부(上府) 뎡뎐(正殿)을 바라보아 틱왕모의 거쳐ᄒᆞ
시던 곳을 우러러, 츄원영모(追遠永慕)ᄒᄂᆞᆫ 심ᄉᆞ 촌촌(寸寸)ᄒ더라385). 초야롤 지닉고
명신의 졔인이 옥궐의 조회ᄒ고 도라와 진궁과 하부의 비현ᄒ니, 진궁의셔 호람후와
왕의 곤계 가즁닉의(家中內外) 졔졍(諸鄭)을 보ᄆᆡ, 셰월의 홀홀홈과 니졍(離情)의 훌연
턴 바롤 일ᄏᆞ라, 금평후의 긔거와 졔왕 등의 무ᄉᆞᄒᄆᆞᆯ 뭇고, 슉녈비ᄂᆞᆫ 졔질을 붓드러
왕모의 초긔 덧업슴과 부모의 노력(老力)을 문후ᄒ여 쥬뤼(珠淚) 화협(花頰)【8】을
젹시고 셜화 탐탐ᄒ니, 하부인이 ᄯᅩ흔 양부모(養父母) 츄모ᄒᄆᆡ 슉녈과 만히 감치 아
니니, ᄌᆞ녜 위로ᄒ더라.

하상부의셔 뎡국공 오부지 졔뎡을 반기고, 금평후의 긔거롤 뭇고 츠탄ᄒᄆᆞᆯ 마지 아
니터라. 슉셩비 ᄯᅩ흔 졔궁의 나아가 졔질노 니회(離懷)롤 베풀며 부모의 긔쳬 강건ᄒᆞ
시믈 ᄌᆞ시 므러, 영모ᄒᄂᆞᆫ 옥뉘 쳠금(沾襟)ᄒ니, 몽현 등이 모부인을 조초 니르러 모
비롤 위로ᄒ더라. 졔궁닉외의 비환(悲歡)이 상반(相反)ᄒᆞᆫ 가온뒤 오히려 위회(慰懷)ᄒᆞ
ᄂᆞᆫ 바ᄂᆞᆫ, 윤ㆍ하 냥부로 옥와(玉瓦)롤 년ᄒ여 장원(牆垣)을 졉ᄒ고, ᄌᆞ미 형뎨 모다 쇼
일ᄒᆞᆯ 젹이 만ᄒ니 ᄌᆞ연 위로ᄒᄆᆡ【9】되고, 시금은 틱부인 초긔 지나고 동졔공 등이
입조ᄒ여 조ᄉᆞ(朝事)룰 다ᄉᆞ리고 국뎡을 션치ᄒ니, 고요ᄒ던 부즁이 도로 환역(煥赩)

381)임ᄉᆞ(姙似) : 중국 주(周)나라 현모양처(賢母良妻)인 문왕의 어머니 태임(太姙)과 무왕(武王)의 어머니
태사(太姒)를 함께 일컫는 말.
382)반쇼(班昭) : 중국 후한(後漢)의 시인(?49~?120). 자는 혜희(惠姬). 반고(班固)와 반초(班超)의 여동생
으로, 남편 조세숙(曹世叔)이 죽은 후 궁정에 초청되어 황후ㆍ귀인의 스승이 되었으며, 당시 화제(和
帝)의 희등(熹鄧)태후가 그녀에게 '대가(大家)'라는 호를 하사하여 '조대가(曹大家)'로 불리었다. 반고의
유지(遺志)를 이어 ≪한서≫를 완성하였으며, 저서에 ≪조대가집≫이 있다.
383)부슌쳐졍(夫淳妻貞) : 남편은 맑고 아내는 곧음.
384)각결(郤缺) : 춘추시대 진(晉)나라의 대부. 기(冀) 땅에서 아내와 함께 농사를 지으며 살았는데, 부부
가 서로 공경하기를 손님을 대하듯 하였다. 진(晉)나라 사신 구계(臼季)가 그 부부의 상경여빈(相敬如
賓)하는 모습을 보고, 문공에게 그를 천거하여, 대부가 되고, 문공을 도와 당대의 패자가 되게 하였다.
『춘추좌씨전』 희공(僖公)33년조(條)에 나온다.
385)촌촌(寸寸)ᄒ다 : 마디마디 끊어지다.

ᄒᆞ더라. 시인(時人)이 개왈(皆曰),

"윤·하·뎡 삼문의 명월쥬(明月珠) 모다시니, 만일 진짓 셩녀슉인을 보고져 ᄒᆞ거든, 반ᄃᆞ시 윤·하·뎡 삼문 졔부인 졔쇼져의 곳다운 셩홰 닌니(隣里)의 풍동(風動)ᄒᆞ○○○○[믈 드를지]니, 니른바 지란(芝蘭)이 야초(野草)의 셧기나 향긔(香氣)를 감초지 못홈 갓다."

ᄒᆞ더라.

화셜. 진국공 동월후 죽암공의 장녀 슉염의 ᄌᆞᄂᆞᆫ 현괴니 원비 양부인 쇼싱애라. 쇼져의 사름되오미 빅셜긔부(白雪肌膚)ᄂᆞᆫ 징쳥결조(澄淸潔澡)[386]ᄒᆞ여 현포(玄圃)[387]의 눈이 싼【10】힌 듯, 일빵 아미ᄂᆞᆫ 치필(彩筆)의 공을 허비치 아냐시나 츈산(春山)의 닉 흔젹이 몽농ᄒᆞ니, 아미산(蛾眉山) 반뉸월(半輪月)을 묘시(藐視)ᄒᆞ고, 일빵 셩안(星眼)은 광능(廣陵)[388] 짜 보경(寶鏡)을 묽게 닷가 실벽(室壁)의 거럿ᄂᆞᆫ 듯, 두짝 보조기ᄂᆞᆫ 요지션원(瑤池仙苑)의 두 송이 금봉(金鳳)[389]이 함담(菡萏)[390]을 버리ᄂᆞᆫ 듯, 칠보로 쑴이며 진쥬로 몌온 듯ᄒᆞ며, 도쥬(桃朱)[391] 잉슌은 도솔궁(兜率宮)[392] 금단(金丹)을 흐억히 졈쳣ᄂᆞᆫ 듯, 쳔틱만염(千態萬艶)이 득긔진(得其盡)ᄒᆞ고 즁긔셩(中其盛)ᄒᆞ여 진무빵이졀셰상(眞無雙而絶世上)[393]ᄒᆞ니, 한갓 용모의 슈츌(秀出)홈만 아니라, 셩ᄒᆡᆼ(性行)이 졍슌(貞順)ᄒᆞ고 규범이 찬연ᄒᆞ여 공강(共姜)[394]의 졀조와 빅희(伯姬)[395]의 고집이 이시며, 침션(針線)이 졍묘(精妙)홈과 문장의 【11】초월(超越)ᄒᆞ미 위부인 쇼약난(蘇若蘭)[396]의 직금묘지(織錦妙才)[397]를 우스며, 하우(夏禹)의 촌음(寸陰)을 앗기시던

---

386) 징쳥결조(澄淸潔澡) : 매우 맑고 깨끗함.
387) 현포(玄圃) : 중국 곤륜산 위에 신선이 산다는 곳.
388) 광릉(廣陵) : 중국 강소성(江蘇省) 양주시(揚州市) 광릉구(廣陵區)에 있는 지명.
389) 금봉(金鳳) : 금봉화(金鳳花). 봉선화(鳳仙花). 봉숭아꽃.
390) 함담(菡萏) : 연꽃의 봉오리. 또는 일반 꽃봉오리.
391) 도쥬(桃朱) ; 붉게 핀 복숭아꽃.
392) 도솔궁(兜率宮) : 도솔천(兜率天)에 있는 궁전.
393) 진무빵이졀셰상(眞無雙而絶世上) : 참으로 세상에 견줄 것이 없을 만큼 빼어남.
394) 공강(共姜) : 중국 춘추 때 위(衛)나라의 열녀. 위(衛)나라 희후(僖侯)의 아들 공백(共伯)과 결혼하였는데 남편이 뜻하지 않게 요절하자, 공강의 친정어머니는 젊어서 청상과부가 된 딸의 앞날이 걱정되어 딸에게 여러 번 개가(改嫁)를 종용하였다. 그러나 공강은 그 때마다 어머니의 종용을 거부하고 '백주(柏舟)'라는 시를 지어 끝까지 절의를 지켰다. 그녀의 기사는 『소학』〈명륜(明倫)〉편에, 시 '백주(柏舟)'는 『시경』〈용풍(鄘風)편에 나온다.
395) 빅희(伯姬) : 중국 춘추시대 노(魯)나라 선공(宣公)의 딸. 송나라 공공(恭公)에게 시집갔다가 10년 만에 홀로 됐다. 궁궐에 불이 났을 때 관리가 피하라고 했으나 부인은 한밤에 보모 없이 집을 나설 수 없다고 고집해서 결국 불속에서 타 죽었다. 『열녀전(烈女傳)』〈정순전(貞順傳)〉'송공백희(宋恭伯姬)'조(條)에 기사가 보인다.
396) 쇼약난(蘇若蘭) : 소혜(蘇惠). 중국 동진 때 진주자사(秦州刺史) 두도(竇滔)의 아내. 자(字)는 약란(若蘭). 남편이 진주자사로 있다가 유사(流沙)라는 곳으로 유배를 갔는데, 남편을 그리워하여 비단을 짜고 그 위에다 840자로 된 회문시(回文詩)〈직금회문선기도(織錦回文璇璣圖)〉를 수놓아 보내, 남편을 감동케 한 이야기로 유명하다. 『진서(晉書)』에 이야기가 전한다. *회문시(回文詩); 머리에서부터 내리읽으나 아래에서부터 올려 읽으나 뜻이 통하고, 평측(平仄)과 운(韻)이 맞는 한시(漢詩).

셩덕(聖德)이 이시니, 힝년일긔(行年一期)의 바야흐로 쳥하부용(淸河芙蓉)이 함담(菡
萏)을 버리고져 ᄒᆞ고, 벽누쇼월(碧樓素月)이 두렷고져 ᄒᆞ니, 빙졍(氷晶)혼 ᄌᆞ질(資質)
과 윤염(潤艶)혼 ᄐᆡ되 갓지 아닌 곳이 업ᄉᆞ니, 시쳠(視瞻)이 씌롤 넘지 아니코, 발이
계젼(階前)을 드듸지 아니ᄒᆞ며, 언쇼롤 간듸로 아니ᄒᆞ여, 단슌(丹脣)이 미기(未開)의
보험(輔臉)이 젹뇨(寂寥)ᄒᆞ니, 닝담혼 긔운과 녈일(烈日)혼 ᄐᆡ되 젼혀 모풍(母風)이라.
군종ᄌᆞ미 졔쇼졔(諸小姐) 이십여인이로ᄃᆡ, 졔쇼져ᄂᆞᆫ ᄯᅩ혼 각각 ᄌᆞ부인 옥모염ᄐᆡ롤 습
(襲)ᄒᆞ여 긔긔히 옥슈보벽(玉手寶璧) 갓ᄒᆞᄃᆡ, 오직 【12】 셩힝규모(性行規模)ᄂᆞᆫ 다 각
각 단쳬(短處) 이시니, 혹 유화ᄒᆞ며, 혹 강녈ᄒᆞ며, 혹 화려ᄒᆞ고, 혹 상낭(爽朗)ᄒᆞ여, 긔
긔 뇨조가인(窈窕佳人)이나, 고고(孤高)히 졀빅ᄒᆞ고 쇼쇄ᄒᆞᆷ은 슉염쇼졔 읏듬이니, 존당
부슉이 긔이(奇愛)ᄒᆞ고 군종형뎨와 모든 거거 등이 긔경(起敬) 흠탄(欽歎)ᄒᆞ더라.
  진공이 이 ᄯᆞᆯ ᄉᆞ랑이 과도ᄒᆞ여 마리보쥬(摩尼寶珠)[398]와 년셩보벽(連城寶璧)[399] 갓
치 너기니 싱녀의 한번 낫빗츨 곳쳐 경계ᄒᆞ미 업고, 공의 엄즁ᄒᆞᄆᆞ로도 녀아 ᄉᆞ랑이
병되여, 보면 웃ᄂᆞᆫ 닙을 쥬리지 못ᄒᆞ여 특별이 후원벽쳐(後園僻處)의 졍쇄(精灑)혼 치
루(彩樓)롤 졍(淨)ᄒᆞ고 빅옥현판(白玉懸板)의 쥬홍젼ᄌᆞ(朱紅篆字)로 졔익(題額)ᄒᆞ여 강
【13】 션뉘(降仙樓)라 ᄒᆞ여 녀아롤 머므르게 ᄒᆞ니, 모든 곤계 긔롱ᄒᆞ여 ᄌᆞ익의 쥬졉
들믈 웃고, 양부인이 공의 이 갓ᄒᆞ믈 도로혀 깃거 아냐 왈,
  "규법은 고요ᄒᆞ여 예셩(譽聲)이라도 즁문 밧긔 들지 아니미 올ᄒᆞ니, 녀이 비록 텬픔
이 용우ᄒᆞᆷ을 면ᄒᆞ여시나, 이 불과 셰상 홍분미식(紅粉美色)이어늘 샹공이 엇지 당호
(堂號)롤 참남(僭濫)이 ᄒᆞ여 방인의 치쇼롤 싱각지 아니시며, 너모 니러틋 ᄒᆞ시므로
조ᄎᆞ 규즁의 참덕(慙德)을 씨쳐 녀아의 규법의 뉘(累) 될가 져허ᄒᆞᄂᆞ이다."
  공이 미쇼 왈,
  "아녀(我女)ᄂᆞᆫ 션원(仙苑)의 아혜[희](兒孩)오 계궁명월(桂宮明月)이라. 졔질부 졔질
녜 비록 아름다오나 오이 승ᄒᆞ미 【14】 이시니, 니러므로 그 아름다온 직용을 과이ᄒᆞ
여 당호롤 지엇ᄂᆞᆫ지라, 긔 므슴 규법의 뉘 되리오? 녀이 죡히 션낭(仙娘)의 붓그럽지
아니니, 복이 당당이 니빅(李白) 두목지(杜牧之) 갓흔 호긔(豪氣) 츌즁혼 ᄉᆞ회롤 틱ᄒᆞ
여, 문난지경(門欄之慶)을 빗ᄂᆡ게 ᄒᆞ고, 쇼교의 평싱이 쾌(快)케ᄒᆞ리라."
  ᄒᆞ니, 부인이 심ᄂᆡ(心內)의 더욱 불열ᄒᆞ나, 공의 쥰호(峻豪)혼 고집을 아ᄂᆞᆫ 고로 다

---

397) 직금묘지(織錦妙才) : 소약란(蘇若蘭)의 840자로 된 회문시(回文詩) <직금회문선기도(織錦回文璇璣
    圖)>를 지은 신묘한 재주.
398) 마리보쥬(摩尼寶珠) : 마니보주(摩尼寶珠). 마니주(摩尼珠). 보주(寶珠). ①『불교』위가 뾰족하고 좌우
    양쪽과 위에 불꽃 모양의 장식을 단 구슬. ②여의주(如意珠).
399) 년셩보벽(連城寶璧) : 연성지벽(連城之璧). 화씨지벽(和氏之璧)을 달리 이르는 말. 화씨지벽은 전국
    때 변화씨(卞和氏)라는 사람이 형산(荊山)에서 돌 위에 봉황이 깃들이는 것을 보고 얻었다는 천하의
    이름난 옥을 말하는데, 후대에 진(秦)나라 소양왕(昭襄王)이 이 옥을 탐내, 당시 이 옥을 가지고 있던
    조(趙)나라 혜문왕(惠文王)에게 진나라 15개의 성(城)과 바꾸자는 제안을 했다는 데서, '연성지벽(連城
    之璧)'이라는 이름이 붙게 되었다고 한다.

시 말솜이 업더라.

숙염쇼졔 초구지셰(初九之歲)의 슌틱부인이 별셰ᄒᆞ니, 졔람공 죽현 등 곤계 부모를 비후ᄒᆞ여 틱모 녕구를 밧드러 하향ᄒᆞᄆᆡ, 상부와 졔궁이 다 뷘 듯ᄒᆞ지라. 일가 졔쇼졔 주로 【15】모다 친위(親位)를 위열(慰悅)ᄒᆞ니, 왕ᄂᆡ 주연 빈빈(頻頻)ᄒᆞᄆᆡ 되고, ᄯᅩ 이 ᄯᅢ를 당ᄒᆞ여 슌틱부인 초긔 지나시니, 동졔공 북평공 군종이 환경ᄒᆞᄆᆡ, 문졍(門庭)이 요요ᄒᆞ고 문ᄉᆡᆼ(門生) 가긱(家客)이 외당의 ᄭᅳᆾ츨 ᄉᆡ이 업스니, 이 가온ᄃᆡ 월장찬혈(越牆竄穴)의 음황탕지(淫荒蕩子) 잇셔, 뎡쇼져 숙염의 금옥(金屋) 도장400)을 돌입ᄒᆞ여 일장풍파를 비져ᄂᆡ니, 진국공의 과격ᄒᆞᆫ 분뇌 일시의 발ᄒᆞᄆᆡ, 평ᄉᆡᆼ 쇼교의 일명도 장ᄎᆞᆺ 요ᄃᆡ홀 ᄯᅳᆺ이 업스니 시하인(是何人)이며, ᄎᆞ하인야(此何人也)오? 이 ᄯᅩᄒᆞᆫ 풍뉴가랑(風流佳郎)이니, 막비텬의(莫非天意)오, ᄎᆞ역(此亦) 연분(緣分)이 업다 못ᄒᆞ리러라.

화셜. 형부상셔 《구명슉∥구몽슉》은 고문명족(高門名族)으로 교목【16】셰가(喬木世家)로ᄃᆡ, 일즉 상션부모(上鮮父母)ᄒᆞ고 하션형뎨(下鮮兄弟)ᄒᆞ며 무타종족(無他宗族)ᄒᆞ더라. 상셰 부훈모교(父訓母敎)를 아지 못ᄒᆞ고 무례히 타문의셔 ᄌᆞ라나ᄆᆡ, 금평후와 낙양후 갓흔 군ᄌᆞ명유(君子名儒)의 셩학ᄃᆡ도(聖學大道)를 [로] 인도ᄒᆞ믈 비호지 아니코, 그릇 요ᄉᆞ(妖邪)를 니웃ᄒᆞ며 군ᄌᆞ를 먼니 ᄒᆞ여 비은망덕ᄒᆞᄆᆡ 심ᄒᆞ니, 평졔왕의 셩인군ᄌᆞ 유풍(遺風)을 ᄃᆡ(大) 질오(嫉惡)ᄒᆞ고, 요리(妖尼)를 ᄉᆞ괴여 붕당을 쳐결ᄒᆞ여 뎡문을 어육(魚肉)고져 ᄒᆞ던 셜화와, 텬의 번뒤쳐 경긱의 슈악(首惡)의 단셔(端緖)를 갈희잡아 옥셕(玉石)을 구분ᄒᆞᄆᆡ, 졔뎡의 무죄ᄒᆞᆫ 표표히 빅일(白日)갓고 몽슉의 암밀요ᄉᆞ(暗密妖邪) 극흉ᄃᆡ악(極凶大惡)은 당당이 【17】텬쥬(天誅)를 바들너니, 현인군ᄌᆞ의 이ᄌᆞ지원(睚眦之怨)401)을 필보(必報)치 아닛ᄂᆞᆫ 덕으로, 힝혀 졔왕의 관인ᄃᆡ량(寬仁大量)이 몽슉의 당여(當如) 가살지죄(可殺之罪)를 조금도 긔회(介懷)치 아니코, 혈심진졍(血心眞正)으로 탑젼(榻前)의 극녁간징(極力諫爭)ᄒᆞ여 악인의 죄루(罪累)를 구ᄒᆞᄆᆡ 못밋츨 듯ᄒᆞ여, 졔왕의 덕으로 폄적(貶謫)ᄒᆞᄆᆡ, 왕이 두곳 요얼을 평졍ᄒᆞ고 도라오는 길히, 그 햐쳐(下處)의가 지셩으로 경계ᄒᆞ여[고] 신긔ᄒᆞᆫ 지략을 가ᄅᆞ쳐, 악인을 감화ᄒᆞ고 다시 녕ᄒᆡ(嶺海) 슈졸(戌卒)이 되ᄆᆡ, 부월(斧鉞)의 남은 목슘이 스라남도 졔왕의 은틱(恩澤)이니, ᄯᅩ 엇지 ᄉᆞ족(士族)의 츙슈(充數)ᄒᆞ며 요ᄉᆞ(妖邪)의 ᄌᆞ최 뉵경(六卿)402) 지렬(宰列)403)의 이시리오만은, 현인의 악인 감화【18】ᄒᆞᆷ은, ᄉᆞᄉᆞ(事事)의 양츈(陽春)이 우로(雨露)를 마존 듯ᄒᆞ여, 빅가지 어려온 가온ᄃᆡ 구ᄒᆞ여, 뎨향(帝鄉)의 도라와 맛춤ᄂᆡ 회진기셩(回進其性)ᄒᆞ여 일홈이 ᄉᆞ류의 다시 참녜(參預)ᄒᆞ고 몸이 뉵경

---

400)도장 : =규방(閨房). 부녀자가 거처하는 방.
401)이ᄌᆞ지원(睚眦之怨) : 한번 흘겨보는 정도의 원망이란 뜻으로 아주 작은 원망을 말함.
402)뉵경(六卿) : 육조판서. 고려·조선 시대에, 국가의 정무(政務)를 나누어 맡아보던 여섯 관부(官府)의 으뜸벼슬. 이조, 호조, 예조, 병조, 형조, 공조의 판서를 이른다.
403)지렬(宰列) : 재상의 반열(班列). 벼슬의 품계가 재상(宰相; 영의정과 좌·우의정)과 같은 서열임을 이른다.

(六卿)의 오유(遨遊)ᄒᆞ여 업더진 문을 니ᄅᆞ혀고, 일쳔장(一千丈) 깅참(坑塹)의 ᄡᅥ러졌던 몸이, 곳쳐 비등(飛騰)ᄒᆞᄆᆡ 졔왕 뎡듁쳥의 늉은혜틱(隆恩惠澤)이라.

몽슉이 조히 ᄉᆞ죄(死罪)를 면ᄒᆞ고 졔왕의 관인후덕(寬仁厚德)ᄒᆞᄆᆡ 옛 허물을 긔회(介懷)치 아니코, 구교(舊交)의 졍을 두터이 ᄒᆞ니, 몽슉이 크게 감동ᄒᆞ고 ᄱᆡ다라 그 관인후덕(寬仁厚德)을 싱젼ᄉᆞ후(生前死後)의 결초보은(結草報恩)홀 ᄯᅳᆺ이 잇셔, 종신토록 그 문하의 츄쥬(趨走)ᄒᆞ던 셜홰(說話) 임의 디셜(大說)404)의 힌비(賅備)405)○○○[ᄒᆞ므로], 그 디략을 베프노라. 【19】

구샹셰 비록 졔왕의 후덕을 닙어 뎡진 냥문의 낫갓츨 둣거이 ᄒᆞ고, 셰교(世交)를 두터이 ᄒᆞ여, 그 덕을 불망(不忘)ᄒᆞ나, 진평장 삼곤계와 뎡각노 듁현션싱 ᄉᆞ곤계 심듕의 졀통ᄒᆞᆷ은, 미양 한구셕의 유심ᄒᆞᄆᆡ 되고, 진국공 듁암은 호승(豪勝)이 틱과(太過)ᄒᆞᆫ 고로, 만난즉 멸시ᄒᆞ니, 금평후와 졔왕이 그러틋 ᄒᆞᄆᆡ 군ᄌᆞ의 관인후덕이 아니라 경계ᄒᆞᄆᆡ ᄌᆞᆺᄂᆞ니, 니러틋 하여 셰월이 오리ᄆᆡ, 듁텬 듁명 등은 어진 군ᄌᆡ라 부형의 관홍딕덕을 감동ᄒᆞ여 역시 구샹셔 딕졉이 평상ᄒᆞ나, 진공은 죵시 히노(解怒)치 아냐, 보면 불평지ᄉᆡᆨ(不平之色)이 ᄌᆞᆺᄂᆞ니, 구공이 스ᄉᆞ로 졔죄 즁【20】ᄒᆞ니, 감히 진공을 한치 못ᄒᆞ여 즁인공회(衆人公會)에 혹ᄌᆞ 만난즉, 국튝(跼縮)ᄒᆞ여 미양 몸둘 바를 아지 못ᄒᆞ니, 오히려 졔왕과 듁텬을 딕ᄒᆞ면 언쉬 평셕ᄒᆞ되, 진공을 딕ᄒᆞ면 과도히 두리며 져허 ᄒᆞᄂᆞᆫ지라.

졔왕이 진공을 크게 미온ᄒᆞ며 지삼 경계ᄒᆞ니, 진공이 도로혀 가련이 너겨 ᄌᆞ연 셰월이 오리ᄆᆡ, 졈졈 옛일을 닛ᄂᆞᆫ 듯ᄒᆞ여 타연ᄒᆞ니, 구샹셰 져기 방심ᄒᆞ여 가ᄉᆞ를 취운산 근쳐의 일우고, 조왕모릭ᄒᆞ여 지셩으로 셤겨 ᄉᆞ즁구싱(死中求生)ᄒᆞᆫ 은혜를 닛지 아니홀ᄉᆡ, 구샹셔부인 양시ᄂᆞᆫ ᄯᅩ흔 명문계츌(名門繼出)노 부덕이 졍슌(貞順)ᄒᆞ여 크게 온슌ᄒᆞ니, 구샹셰 ᄯᅩ흔 양시의 어지○[리]406) 닉조【21】의 공도 만흐니, 금슬이 ᄌᆞ못 진즁ᄒᆞ여 이ᄌᆞ일녀(利子一女)를 두어시니, 장ᄌᆞ의 명은 챵윤이오, ᄌᆞᄂᆞᆫ 계익이오, 츠ᄌᆞ의 명은 셩윤이오, ᄌᆞᄂᆞᆫ 계초오, 녀아의 명은 보옥이니, ᄌᆞ녜 다 특이ᄒᆞ여 젼혀 모풍이오, 불녕간ᄉᆞ(不逞奸邪)ᄒᆞᆫ 아뷔를 품슈치 아녓ᄂᆞᆫ지라.

챵윤이 어려셔븟허 얼골이 관옥(冠玉) 갓고, 안뫼 두렷ᄒᆞ여 츄텬(秋天) 계슈(桂樹)407)갓고, 풍치 늠늠ᄒᆞ여 젹션지풍(謫仙之風)408)과 두목지(杜牧之)409) 허랑ᄒᆞᆷ믈 가

---

404)대셜(大說) : 연작소설에서 전편(前篇)을 이르는 말. 여기서는 <명주보월빙>을 기리킴.

405)힌비(賅備) : 갖추어진 것이 넉넉함.

406)어질다 : 마음이 너그럽고 착하며 슬기롭고 덕행이 높다.

407)계슈(桂樹) : 계수나무. 여기서는 '달'을 달리 표현한 말로, 달 속에 계수나무가 있다는 전설에서 유래한 말이다.

408)젹션지풍(謫仙之風) : 이적선(李謫仙) 곧 이백(李白)의 풍채를 이르는 말. 이백을 '이적선'이라 칭하는 것은 중국 당나라의 시인 하지장(賀知章)이 이백의 시를 읽고는 경탄하여 사람이 지은 것이 아니라 하늘나라에서 귀양 온 신선의 작품이라고 평 한데서 온 별명이다.

409)두목지(杜牧之) : 803~852. 이름은 두목(杜牧). 당나라 만당(晚唐)때 시인. 미남자로, 두보(杜甫)에 상대하여 '소두(小杜)'라 칭하며, 두보와 함께 '이두(二杜)'로 일컬어지기도 한다.

젓고, 위인이 걸호(傑豪)ᄒ여 당세 한낫 옥인영걸(玉人英傑)이오 풍뉴걸식(風流傑士)
니, 이 가히 간악츄루(奸惡醜陋)ᄒᆫ 아븨를 셜치(雪恥)ᄒ여 구문을 흥늉(興隆)홀 바 쳔
니긔린(千里騏驎)이러라.

몽슉이 스스로 아들의 츌셰ᄒᆫ 지풍을 과이(過哀)【22】ᄒ여 일마다 두굿기니, 창윤
이 더욱 발호ᄒᆫ 긔상을 것잡지 못ᄒ여 학업을 젼폐ᄒ고, 쥬야 닌니(隣里)의 나가 노리
ᄒ니, 모친 양시 알고 ᄌ로 칙ᄒ나, 아븨 약ᄒ여 능히 금치 못ᄒ더니, 이쩍 창윤이 나
히 칠셰라. 방탕이 거러나가 노상의셔 방황ᄒ더니, 믄득 졔왕이 조회를 파ᄒ고 도라오
는 위의를 만나, 먼니셔 졔왕의 풍광 위의를 보믹, 어린 마음이나 흠앙(欽仰)ᄒ여 갓
가이 나아가 보고져 ᄒ여, 방약히 거러 바로 무슈ᄒ 하리 가온딕 쎼쳐 거젼(車前)의
다다르니, 모든 하리(下吏) 딕로(大怒)ᄒ여 미러 닉랴 홀젹, 창윤이 실족ᄒ여 짜히 것
구러진지라. 불승딕로(不勝大怒)ᄒ여 넓더【23】나 딕믹(大罵) 왈,

"너희 비록 왕공(王公)○[의] 하리(下吏)나 졔왕도 셩텬ᄌ 신히○[오], 나도 셩텬ᄌ
신히라. 닉 비록 쇼장(少長)이 닉도ᄒ나 일쳬 신지오, 본딕 군신이 아니니, 여등이 엇
지 ᄉ문 공ᄌ를 능멸ᄒᄂᆫ다?"

ᄒ니, 그 쇼릭 밍녈ᄒ고 위의 늠연ᄒ여 쇼아의 유약ᄒ미 업더라. 졔왕이 거상(車上)
의 단좌ᄒ여 져 거동을 보고 크게 긔특이 너겨, 하리로 다려오라 ᄒ여 그 닉력을 므
르니, 이곳 상셔 구몽슉의 지(子)라 ᄒᄂᆫ지라. 왕이 크게 귀히 너기나, 그 위인이 크게
화려ᄒ믈 본(本)ᄒ니, 엇지ᄒ면410) 군ᄌ(君子) 인걸(人傑)이 될 거시오, 불연즉(不然
則), 함위경박지(咸爲輕薄者)411) 될지라. 여ᄎ(如此)ᄒᆫ 위인을 혼약(昏弱)ᄒᆫ 아븨【2
4】가르치지 《못ᄒ게 되어시믈‖못ᄒ고 두어시믈》 가련ᄒ여, 이의 구상셔를 쳥ᄒ여
창윤으로쎠 졔ᄌ(諸子) 항(行)의 두어 졔ᄌ와 갓치 교혹(敎學)ᄒ믈 니르니, 상셰 불감
쳥(不敢請)이언졍 고쇼원(固所願)얘라. 빅비 고두ᄉ례(叩頭謝禮)ᄒ고, 창윤을 드듸여
졔궁의 와 졔공ᄌ와 슈학게 ᄒ니, 창윤이 일노조ᄎ 졔궁 왕닉 빈빈ᄒ고, 모든 뎡셩으
로 교계(交契) 심후(深厚)ᄒ더라.

창윤이 문장 학업이 크게 비상ᄒ여 십오셰의 알셩급졔(謁聖及第)ᄒ여 갑과(甲科)412)
졔일(第一)이 되여 벼슬이 한님혹ᄉ(翰林學士)의 니르고, 쳥망직졀(淸望直節)이 강명졍
직(剛明正直)ᄒ여 긔부의 은악양션(隱惡佯善)홈과 다르니, 우흐로 상툥(上寵)이 늉즁
(隆重)ᄒ시고, 아릭로 동뉴(同類) ᄉ랑ᄒ여, 몽슉의 젼【25】과(前過)를 아는 ᄌᄂᆫ 다
ᄎ탄ᄒ여 고슈지ᄌ(瞽瞍之子) 슌(舜)갓다 ᄒ더라.

구상셰 기ᄌ(其子)의 풍신지홰 이만ᄒ니 며느리 갈희미 ᄌ못 과도ᄒ여 너비 구ᄒ나,

---

410) 엇지ᄒ면 : 어떻게 잘 해보면.
411) 함위경박지(咸爲輕薄者) : '두루 모든 면에서 경박한 사람이 될 것이다'는 뜻.
412) 갑과(甲科) : 조선 시대에, 과거 합격자를 성적에 따라 나누던 세 등급 가운데 첫째 등급. 정원은 세
   명으로, 일등인 장원랑(壯元郞)은 종6품, 이등인 방안(榜眼)과 삼등인 탐화랑(探花郞)은 각각 정7품의
   품계를 받았다.

조뎡지렬의 유녀지 하나 둘히 아니로되, 혹 창윤의 풍신지화는 ᄉ회 삼고져ᄒ 리 만 흐나, 기부의 불인과악을 흉히 너기리 만흔 고로, 직상 문미(門楣)의ᄂ 하나토 고기 조으리 업ᄉ니, 계오 구ᄒ여 쳐ᄉ 뉴완의 녀ᄅ 마ᄌ오니, 뉴시 비록 황시(黃氏)413)의 황발흑면(黃髮黑面)은 아니라. 용뫼 평상ᄒ고 긔질이 쳥약(淸弱)ᄒ여 인ᄉᆞ 변변치 아 니니, 상셔부뷔 실망ᄒ여 탄식ᄒ고, 한님이 평ᄉᆞᆼ 쇼원이 텬하 졀염슉완(絶艶淑婉) 곳 아니면, 부부의 낙ᄉᄅ 닐【26】우지 아니려 ᄒᄂᆞᆫ 고로 뉴시 현부(賢婦) 죄오미 간졀 ᄒ더니, 이의 마ᄌ오믜, 이 믄득 바란바 ᄌᆞ미운치(姿美韻致)의 뇨조가인(窈窕佳人)이 아니오, 한낫 용우불미(庸愚不美)ᄒ 녀지라. 되 실망ᄒ여 화긔 ᄉ연ᄒ니, 이의 ᄉᆞ믜ᄅ 썰쳐 나와 심심(深深) 불낙(不樂)ᄒ니, 추일 빈긱이 신부의 불미ᄒᄆᆞᆯ 보믜 크게 픽흥 (敗興)ᄒ여 일즉 훗허지니, 구한님이 뉴시ᄅ 마ᄌ오믜 한번 심당의 드리친 후ᄂᆞ 한번 고문(叩門)ᄒ미 업ᄉ니, 상셰 능히 경계치 못ᄒ고, 다만 모부인이 본되 어진 녀지라. 식부의 박명(薄命)을 가련이 너기고, 아ᄌᆞ의 긔상이 호방ᄒ니 힝혀 방외의 남ᄉᆞ 이실 가 넘녀ᄒ여 죵용이 한님을 경계【27】ᄒ여,

"뉴시 비록 외뫼 졀셰치 못ᄒ나 위인이 현슉ᄒ니 너모 박딕치 말나."

ᄒ니, 한님이 쳐음은 불낙ᄒ여 유유(儒儒)ᄒ더니, 부인의 경계 여러번의 밋쳐ᄂ 한 님이 텬셩이 인효ᄒᆞᆫ지라, 모의(母意)ᄅ 슌슈ᄒ여, 잇다감 ᄉᆞ실(私室)의 왕ᄂᆞ이ᄒ여 겨오 부부의 도ᄅ 일우나, 비항의 ᄎᆞ오(差誤)ᄒᄆᆞᆯ 슉야의 우탄(憂嘆)ᄒ여 그윽이 직ᄎᆔ(再娶) ᄅ 유의ᄒ나 맛당ᄒ 혼쳐ᄅ 만나지 못ᄒ여 민민ᄒ더니, 니러구러 일월이 신속(迅速)ᄒ 여 슈년이 지나믜, 한님의 년긔 십칠셰오, ᄎᆞᄌ 셩윤이 십ᄉ셰라.

상셰 춍부(冢婦)의 불미ᄒᄆᆞᆯ 보믜 ᄎᆞᄌᆞ의 비필은 ᄌᆞ못 심상치 아냐, 형【28】부ᄉᆞ 랑 위학의 녀로 셩친ᄒ니, 위시 십삼유년의 ᄌᆞ미(姿美) 가려(佳麗) 쇼담ᄒ니414), 비록 졀염(絶艶)이라 니르지 못ᄒ나 가히 미식(美色)이라 니ᄅ 거시오, 셩힝이 쳥졍단일(淸 靜端壹)ᄒ니 진짓 셩윤의 비위라. 구괴 깃거ᄒ고 일노조ᄎᆞ 장ᄌᆞ의 츌뉴ᄒ 풍신지화(風 神才華)로뻐 비우의 부젹ᄒᄆᆞᆯ 탄ᄒ며 한님의 깁흔 한은 셰월노조ᄎᆞ 더욱 싀롭더니, 뉴 시 한님의 희쇼(稀少)ᄒ 은졍 가온되 믄득 회잉(懷孕)ᄒ미 이시니, 구괴 오히려 깃거 한 아들이나 나하 기모의 불미ᄒᄆᆞᆯ 쇽(贖)홀가 ᄒ더니, 뉴시 만월ᄒ여 분산ᄒ미 이 믄 득 박명ᄒ 어믜 삼죵의 바라던 남이 아니오, 한낫 무용(無用)○[ᄒ] 녀이로【29】되, 요힝 기모의 불미(不美)ᄒᄆᆞᆯ 담지 아니코 부풍을 젼습ᄒ여 극히 아름다오니, 구고ᄂ 깃거ᄒ나 한님은 불관(不關)이 너기더니, 뉴시 쳥슈약질(淸秀弱質)이라. 산후(産後) 원 긔 허약ᄒ여 겨오 일칠일(一七日)을 지닌고 홀연 유질ᄒ여 망(亡)ᄒ니, 구괴 ᄎᆞ셕ᄒ고 그 졈은 나흘 앗겨 슬허ᄒ며 그 부뫼 크게 셜워ᄒ나, 한님은 쇠훤ᄒ미 등의 진 가싀 ᄅ 버슨 듯ᄒ여 ᄒ더라.

---

413)황시(黃氏) : 중국 삼국시대 촉의 정치가 제갈량의 처. 용모는 몹시 추(醜)녀였으나 재주가 뛰어났다 고 한다.

414)쇼담ᄒ다 : 소담하다. 생김새가 탐스럽다.

상셔부뷔 식부의 쳥년요믈(靑年夭歿) 가셕(可惜)ᄒᆞᄂᆞᆫ 밧, 강보(襁褓) 히졔(孩提)의 졍ᄉᆞ를 츄연ᄒᆞ여, 근실ᄒᆞᆫ 유모를 졍ᄒᆞ여 양휵(養慉)ᄒᆞ며 상슈(喪需)를 지극히 다ᄉᆞ려 셩복(成服)을 지닉고 션산의 안장(安葬)ᄒᆞ니라.

상셔부뷔 아ᄌᆞ의 환거(鰥居)【30】ᄒᆞᆷ을 민측(憫惻)ᄒᆞ여, 이의 미파를 불너 아ᄌᆞ의 지취를 구ᄒᆞ나, 맛당ᄒᆞᆫ 혼쳐를 맛나지 못ᄒᆞ여 울울ᄒᆞ더라.

ᄎᆞ시 뎡상부의셔 하향ᄒᆞᆫ 쩌라. 구한님이 졔궁 외당이 뷔여시니 츌입지 못ᄒᆞ더니, 오라지 아냐 틱부인 초긔 지난 후 졔왕오곤계ᄂᆞᆫ 부군을 뫼셔 환향치 아냐시나, 동졔공 북평후 등이 일시의 환경ᄒᆞ니, 날마다 그 문싱고리(門生故吏) 붕우친쳑(朋友親戚)이 졔궁의 몌엿고, 구상셔ᄂᆞᆫ 더욱 졔왕의 즁산딕혜(重山大惠)를 [가] ᄉᆞᄉᆞ의 은심하히(恩深河海)오, 덕여텬디(德如天地)니, 구교(舊交)와 은혜(恩惠)를 아오라, 졔뎡(諸鄭)으로 더브러 타인지교(他人之交)와 다른지라. 쇼년 졔뎡 등의 몬져 환경ᄒᆞᆷ을 듯고, 【31】 이의 냥ᄌᆞ로 더브러 졔궁의 나아가 동졔공 군죵졔뎨(群從諸弟)로 셔로 보고, 틱부인 초긔 훌륭ᄒᆞᆷ을 인ᄉᆞᄒᆞ고, 버거 금평후의 노력(老力) 긔거(起居)를 므러, 그 노경(老境)의 지통(至痛)을 니긔지 못ᄒᆞ여 위위(危危)ᄒᆞ던 바의 다ᄃᆞ라는 상연하루(傷然下淚)ᄒᆞ니, 희(噫)라! 사름이 엇지 인을 힘쓰고 덕을 씨쳠 즉지 아니리오. 구몽슉 갓흔 별물악종이 니러틋 회진기셩(回進其性)415)ᄒᆞ고 감화ᄌᆞ복(感化自服)ᄒᆞᆷ은 젼혀 평졔왕의 관인후덕ᄒᆞ미러라.

쇼년 졔뎡이 구공의 당년 과악을 잠간 드러시나, 오히려 그딕도록 흉ᄉᆞ간독(凶邪奸毒)ᄒᆞ여 뎡·진 냥문을 어육(魚肉)ᄒᆞ려 ᄒᆞ던 줄은 ᄌᆞ시 아지 못ᄒᆞ【32】므로, 쏘ᄒᆞᆫ 부조(父祖)의 셰교(世交)로 친익ᄒᆞ시는 셩의(聖意)를 니어 구공을 딕졉ᄒᆞ며, 구한님 창윤의 풍신직홰(風神才華) 츌뉴(出類)ᄒᆞ고 문장이 탁셰ᄒᆞ며 호긔(豪氣) 츌즁(出衆)ᄒᆞᆷ을 친익(親愛)ᄒᆞ여 동창동학(同窓同學)의 교계(交契) 범연치 아닌지라. 이의 악슈 년몌(連袂)ᄒᆞ며, 친익ᄒᆞ미 지친(至親)으로 다르미 업ᄂᆞᆫ지라.

구공은 즉시 도라가나 구한님은 년일 왕닉ᄒᆞ여 친의를 두터이 ᄒᆞ니, 졔뎡이 쏘ᄒᆞᆫ 존당과 부슉이 먼니계셔 신혼셩졍(晨昏省定)의 쩨를 일흐니, 심회 울읍(鬱邑)416)ᄒᆞ여 쩨쩨 윤·하 냥부 졔쇼년과 구한님 형뎨를 쳥ᄒᆞ여 쇼일ᄒᆞ며, 혹 잇다감 밤도 머므니, 구【33】싱은 더욱 실즁(室中)이 뷔여 집의 도라가나, 독슉공관(獨宿空館)이 무류(無聊)ᄒᆞ고 좌왜(坐臥) 젹막ᄒᆞ니, 심회 번민ᄒᆞ여 졔뎡의 말뉴(挽留)ᄒᆞᆷ을조ᄎᆞ, 역시 마음을 위로코져 ᄒᆞ므로 뎡부의 머물젹이 만터라.

구한님이 일일은 신긔 불평ᄒᆞ여 슈일 조회를 폐ᄒᆞ고 집의 드럿더니, 두어 날이 지나미 질셰 가헐(可歇)ᄒᆞ나, 병회(病懷) ᄌᆞ못 울울ᄒᆞᆫ지라. 졔뎡의 풍싱운집(風生雲集)ᄒᆞᆫ 담쇼와 회히(諧謔)를 싱각ᄒᆞ고, 이의 가(駕)를 쵹ᄒᆞ여 졔궁의 니ᄅᆞ니, 이ᄯᅥ 졔공과 북

---

415)회진기셩(回進其性) : 잘못을 돌이켜 그 본성에 나아감.
416)울읍(鬱邑) : 수심에 찬 상태에 있음.

후 어스 등이 다 조당의셔 도라오지 못ᄒ엿고, 모든 아공지 아춤 조식을 먹노라 밋쳐 나오지 아녀시니, 셔헌이 븨엿고 셔동【34】비도 각각 밥을 찻노라 셔헌(書軒)이 황연이 븨엿ᄂ지라.

구한님이 홀노 안즈시미 무류ᄒ여 외로이 후졍(後庭)의 산보(散步)ᄒ여 졈졈 깁히 드러가믈 씨닷지 못ᄒ더니, 믄득 머리를 두로혀 보니 후창 장원(牆垣)을 년(連)ᄒ여, 담이 ᄂ원(內園)을 스이두엇ᄂ 듸, 담 안히 포도・가자(茄子)417)를 심거 가장 셩(盛)ᄒ여, 여름이 먹엄 즉ᄒ지라. 한님이 쇼년지심(少年之心)의 실과(實果)를 보니 스(赦)홀 ᄯᅳᆺ이 업셔 ᄂ원(內園)이 지근ᄒ믈 씨닷디 아니ᄒ고 편편이 거러 당하(堂下)의 나아가, 원비(猿臂)418)를 늘히여 포도가지를 휘여 여름을 ᄎᆔ커져 ᄒ나, 장원이 놉고 스이 머러 ᄯᅳ기 어려온지라. 한님【35】이 여름을 ᄎᆔ홀 ᄯᅳᆺ이 《극‖급》ᄒ니, 타스(他事)를 호의(狐疑)치 아니코, 가연이 몸을 한번 쇼쇼아 장상(墻上)의 반만 오ᄅ미, 과연 가지를 잡으미 슈고롭지 아닌지라. 한님이 몸을 반만 장상(墻上)의 걸치고 여름을 잠착(潛着)419)ᄒ여 ᄯᅡ 스미의 너터니, 우연이 눈을 드니 먼니 화목총즁(花木叢中)의 일좌 치뤼(彩樓) 반공(半空)의 표묘(縹緲)ᄒᆞᆯ, 단쳥(丹靑)이 화려(華麗) 녕농(玲瓏)ᄒ여, 굴곡ᄒᆞᆫ 난간과, 뉴리(琉璃) 기동이며 아로삭인 쳠하의 진쥬(眞珠) 발을 지워시니, 의의히 요지(瑤池) 광한뎐(廣寒殿) 갓더라.

한님이 ᄂ각이 갓가온 줄 놀나 급히 나리고져 ᄒ더니, 다시 보니 빅옥 쳠하(檐下)의 현판을 놉히 걸고 쥬홍(朱紅) 젼ᄌ(篆字)로 크게 메여시듸, 【36】'강션뉘(降仙樓)'라 ᄡᅥ거늘, 한님이 쇼왈,

"이 아니 규슈의 장각인가? 이 녀지 엇던 사름이완듸 니런 외람ᄒᆫ 당호(堂號)를 참칭(僭稱)ᄒᆞ엿ᄂ고? ᄯᅩ 싱각ᄒ듸,

"ᄂᆡ 잇다감 시인(時人)의 문견(聞見)을 드ᄅᆞ니 텬하미ᄉᆡᆨ(天下美色)과 슉녀는 다 윤・하・뎡 삼문 녀부(女婦)420)의 나리지 아니타 ᄒ니, ᄂᆡ 맛당이 한번 구경ᄒᆞ미 묘치 아니랴?"

ᄒ고, 몸을 움쳐 슈플 가온듸셔 이윽이 바라보더니, 아이오, 슉ᄎᆡ텬연(宿債天緣)421)이 지즁(至重)ᄒ고, 월뇌(月老)422) 홍스(紅絲)를 흙셩구지 미즈시니 엇지 우읍지 아니며, ᄯᅩᄒᆫ 죠물(造物)이 희롱겨워 진공 셰홍이 너모 호승(豪勝)이 틱과(太過)ᄒ여, 평싱 사름을 지목(指目)지 아냐 능경능쇼(凌輕凌笑)423)ᄒᆞᄂᆞᆫ 바, 구몽슉으로 인【37】아(姻

---

417)가자(茄子) : 『식물』=가지. 가짓과의 한해살이풀. 높이는 60~100cm이며, 온몸에 털이 나 있고, 잎은 어긋난다. 줄기와 잎은 검은 자주색이고 6~9월에 흰색이나 엷은 자주색 따위의 통꽃이 핀다. 열매는 식용한다.

418)원비(猿臂) : 원숭이의 팔이라는 뜻으로, 길고 힘이 있어 활쏘기에 좋은 팔을 이르는 말.

419)잠착(潛着) : 한 가지 일에만 정신을 골똘하게 씀. =참척.

420)녀부(女婦) : 딸과 며느리를 함께 이르는 말.

421)슉ᄎᆡ텬연(宿債天緣) : 전세로부터 하늘이 맺어준 연분. =숙세천연(宿世天然).

422)월뇌(月老) : 월하노인(月下老人). 부부의 인연을 맺어 준다는 전설상의 늙은이.

娥)424)를 밋게 ᄒ니 엇지 가쇼롭지 아니리오.

믄득 쳥향(淸香)이 옹비(擁鼻)ᄒ여 일진쳥풍(一陣淸風)이 션향(仙香)을 인도ᄒ여 옥가(玉駕)를 젼ᄒᄂ 곳의, 스오빵 쳥의녀동(靑衣女童)이 슈졍념(水晶簾)을 산호(珊瑚) 갈고리의 놉히 걸고 벽스창(碧紗窓)을 여ᄂ 곳의, 일위 미쇼졔(美小姐) 션삼인듸(蟬衫璘帶)425)로 홍초상(紅綃裳)426)을 ᄯ을고, 뇨뇨졍졍(夭夭貞靜)427)이 나아와 년보(蓮步)428)를 예예(芮芮)히429) 옴겨, 시아(侍兒)로 더부러 츙츙ᄒᆫ 곡난(曲欄)을 둘너 니당을 향ᄒᄂ 거동이니, 먼니 바라보건듸 아라ᄒᆫ 팁도와 휘황ᄒᆫ 광염이 눈이 현황ᄒ니, 그 팁도를 일필난긔(一筆難記)라 한님이 일관쳠시(一觀瞻視)의 심혼이 표탕(漂蕩)ᄒ여 어린 ᄃ시 바라보더니, 믄득 미인의 힝뵈(行步) 쳔쳔ᄒ여 급ᄒ【38】미 업스듸, 져비 나ᄂ 듯ᄒ여 슌식간의 여향(餘香)이 표표(漂漂)ᄒ고 텬향(天香)이 스긔(四起)ᄒ며, 션원(仙苑)의 ᄌ최 묘연(渺然)ᄒ지라.

싱이 여취여실(如醉如失)ᄒ여 어린 ᄃ시 가던 곳을 바라고 도라갈쥴 니졋더니, ᄯ 엇지 곁히 사ᄅᆷ이 니ᄅᄂ줄 알니오. 홀연 일인이 크게 불너 왈,

"계익이 므어슬 보ᄂ다? 니원(內園)이 갓갑거늘 무례(無禮)ᄒᆷ을 싱각지 아닛ᄂ뇨?"

싱이 놀나 도라보니 뎡한님 년긔러라. 구싱이 바야흐로 창하의 나리며 쇼왈,

"쇼뎨 무례ᄒ여 부러 형의 니원을 술피고져 ᄒ미 아니라, 우연이 장하(墻下)의 포도가지 셩ᄒᆷ믈 보니, 년쇼지심(年少之心)의 두어 낫 여름을 탐ᄒ【39】여 취ᄒ려 ᄒ더니라. 다만 뭇ᄂ니 먼니 뵈ᄂ 강션뉘란 장각(莊閣)이 너의 어ᄂ 슈시(嫂氏) 쳐쇼(處所)오[뇨]? 실노 유아졍결(幽雅淨潔)ᄒ도다."

뎡싱이 구싱의 동년(同年)이라. 졍히 상득(相得)ᄒᆫ 고로 무심히 디왈,

"이곳 죵미(從妹)의 장각이니, 죵미 금년 십셰라. 직용(才容)이 가장 초셰(超世)ᄒ니 우리 계뷔 과이(過愛)ᄒ샤 희언(戲言)으로 당호(堂號)를 지으시니라."

구싱이 졈두(點頭)ᄒ고 우문 왈,

"형의 죵미라 ᄒ니 어ᄂ 션싱 녜(女)시뇨?"

뎡싱 왈,

"삼슉부 진공 《계부∥즁부(仲父)》의 장녜니라."

구싱이 다시 말 아니ᄒ고 뎡한님의 광슈(廣袖)를 닛그러 셔당의 도라오니 졔뎡이 발셔 다 모닷더라. 졔뎡이 구한님을 보고 문 왈,

---

423)능경능쇼(凌輕凌笑) : 깔보아 경멸하고 비웃고 함.
424)인아(姻婭) : 사위 쪽의 사돈과 사위 상호간. 곧 동서(同壻) 쪽의 사돈을 아울러 이르는 말. '인(姻)'은 사위의 아버지. '아(婭)'는 사위 상호간을 말함.
425)션삼인듸(蟬衫璘帶) : 매미 날개 같은 옷과 옥색 띠라는 말로, 아름답고 화려한 복장을 말함.
426)홍초상(紅綃裳) : 붉은 비단으로 지은 치마.
427)뇨뇨졍졍(夭夭貞靜) : 앳되고 아름다우며 바르고 조용함.
428)년보(蓮步) : =금련보(金蓮步). 미인의 정숙하고 아름다운 걸음걸이를 비유적으로 이르는 말.
429)예예(芮芮)히 : 사뿐사뿐. 매우 가볍게 잇따라 움직이는 모양.

"계익【40】이 언졔 와 어듸 갓더뇨?"

구싱이 이쩌 경 졍혼(精魂)이 요양(搖揚)ᄒ여 다 미인의게 도라가시나, 강잉 쇼왈,

"완지 오라듸 졔형이 잇지 아니니, 무류ᄒ여 후졍(後庭)의 산보(散步)ᄒ다가 죵최롤 만나 왓노라."

ᄒ더라.

구싱이 마음 업시 슈작(酬酢)ᄒ나 심회(心懷) 요요(擾擾)ᄒ여430), 넉시 다 장하(墻下) 미인의게 얽미여 말ᄉᆞᆷ의 뜻이 업스니, 믄득 신긔 불평ᄒᆞ믈 일ᄏᆞ라 하직고 도라가니, 졔인이 다 무심ᄒᆞ듸 홀노 동졔공의 ᄌᆞ상ᄒᆞᆷ과, 북평후의 명달ᄒᆞ미 구싱의 동지(動止) 죨연이 표홀(飄忽)ᄒᆞ믈 의괴(疑怪)ᄒ나, 엇지 호졉(胡蝶)의 ᄌᆞ최 죵미의 장각의 ᄉᆞ못ᄎᆞ, 십쥬리(十柱裏)431) 금옥도장의 히변(駭變)이 니러날 줄 알니오.

어시의 구싱이 집【41】의 도라와 부모긔 뵈옵고 셔직의 도라오니, 아이 위공의 쳥ᄒᆞ믈 조ᄎᆞ 위부의 나가고 심히 죵용ᄒᆞᆫ지라. 히음업시 침ᄉᆞ(寢厓)의 쓰러져 광슈로 낫ᄎᆞᆯ 덥고 빅가지로 혜아리나, 뎡쇼져의 인연은 도모키 어려오니,

"져 녀ᄌᆞ 범범 ᄉᆞ문(士門)의 규쉬 아니라. 듸가(大家) 왕후지엽(王侯之葉)이오 진국공 만금 쇼괴라. 그 아룸다오미 범범ᄒ여도 그 부슉의 권춍부귀(權寵富貴)를 당키 어렵고, ᄯᅩ 년긔 부젹(不適)ᄒᆞᆫ ᄌᆞ가의 후취(後娶)를 허치 아니려든, 더욱 쇼졔 하늘의 타난 텬ᄌᆞ방용(天姿芳容)이 만고의 무빵ᄒᆞ고, 직용(才容) 덕셩(德性)이 겸비ᄒ여 도지요요(桃之夭夭)ᄒᆞ고 작작기화(灼灼其華) 바야히니432) ᄒᆞ물며 뎡상부 부귀권춍(富貴權寵)【42】으로 ᄉᆞ회룰 구ᄒᆞ미, 쥬문갑졔(朱門甲第)의 옥인가랑이 뉘 아니 고기 조으리오. 듁암션싱의 츌즁ᄒᆞᆫ 호긔(豪氣) 결비타인(決非他人)이니, 엇지 이 갓흔 긔완현녀(奇婉賢女)를 두고 니젹션(李積善) 왕ᄌᆞ안(王子安)433) 갓흔 ᄉᆞ회 엇기롤 근심ᄒ여, 구가 쇠잔ᄒᆞᆫ 문미(門楣)의 불인요음(不仁妖淫)으로 지목ᄒᆞᄂᆞᆫ 구몽슉지ᄌᆞ를 가져 동상의 유의ᄒᆞ리오. 창윤이 비록 부친의 젼젼ᄒᆡᆼ악(前前行惡)을 다 아지 못ᄒ나, 일즉 부뫼 상듸(相對)ᄒᆞᆫ즉, 반ᄃᆞ시 평졔왕의 활은듸혜(活恩大慧)롤 일ᄏᆞ라 언언이 구싱지인(求生之人)이라 ᄒᆞ니, 그 ᄌᆞ셔ᄒᆞᆷ믄 모로듸, 듸강 부뫼 뎡가 슈은(受恩)이 깁흔 줄은 듸강 알고, ᄯᅩ 부뫼 뎡가 졔쇼져(諸小姐)의 셩화(聲華)룰 간간이 【43】일ᄏᆞ라 유의ᄒᆞᆷ도 업지 아니나, ᄯᅩ 감히 의혼ᄒᆞᆯ 의ᄉᆞ를 닉지 못ᄒᆞᄂᆞᆫ 줄 거의 아ᄂᆞᆫ지라. 더욱 년치 브젹(不敵)ᄒᆞ니, 진공이 셜ᄉᆞ 다른 혐의 업다 ᄒᆞᆫ들, 십셰 약녀(弱女)를 가져 이십이 거의 당ᄒᆞᆫ 장셩 남아의게 가(嫁)ᄒᆞ리오."

---

430)요요(擾擾)ᄒ다 : 뒤숭숭하고 어수선하다.

431)십쥬리(十柱裏) : 10개의 기둥을 세워 지은 집의 내부.

432)바야히다 : 무르녹다. 한창이다.

433)왕ᄌᆞ안(王子安) : 왕발(王勃). 중국 당나라 초기의 시인(650~676). 자는 자안(子安). 양형(楊炯)·노조린(盧照隣·낙빈왕(駱賓王)과 함께 초당사걸(初唐四傑)의 한 사람으로, 특히 오언 절구에 뛰어났다. 작품에 <등왕각서(滕王閣序)>가 유명하며, 시문집 ≪왕자안집(王子安集)≫ 6권이 있다.

쳔스만상(千思萬想)의 인연을 도모ᄒ미 칠야(漆夜) 갓고, 미인의 용틱염광(容態艷光)
은 안져(眼底)의 버러시니, 비록 닛고져 ᄒ나 닛지 못ᄒ여, 이날노붓허 슉식의 맛슬
아지 못ᄒ고 날노 풍용(豊容)이 환탈(換奪)ᄒ고 긔뷔(肌膚) 쇼삭(消索)ᄒ니, 부뫼 우려
ᄒ여 빅방 치료ᄒ디 약회 업고, 본디 싱의 긔운이 산악 갓튼 고로 몸져 눕든 아나,
심위(心憂) 날노 즁ᄒ니, 부뫼 병근을 모로나 싱【44】이 불미흔 힝ᄉᄅᆯ 고치 못ᄒ더
라.

잇다감 강질(強疾)ᄒ여 뎡부의 츌입ᄒ여 미인의 여향(餘香)을 다시 어더 구경ᄒ려
ᄒ나, 뎡쇼졔 규범이 슘엄ᄒ거니, 한번은 괴이ᄒ여 월하옹의[이] 인연을 흠셩구지 밋
고져 ᄒ므로, 우연이 광긱(狂客)의 눈을 놀닉엿스나, 엇지 다시 인연ᄒ여 화월지용(花
月之容)을 구경ᄒ미 이시리오.

구싱이 미양 속졀업시 분쥬ᄒ여 도라오니, 일일은 졔궁의 단여와 의관을 버셔 후리
치고 스스로 앙텬(仰天) 탄왈(嘆曰),

"뎡쇼져는 날노 더브러 삼싱원가(三生怨家)랏다! 하늘이 엇지 창윤을 삼기고 쏘 뎡
시를 나리오미, 쏘 엇지 인연을 빌니지 아냐【45】날노뼈 맛춤니 황양(黃壤)의 상ᄉ
원귀(相思寃鬼)되여, 부모긔 불회 막디(莫大)ᄒ리란 말가? 연즉 옥인의 평싱이 맛춤니
타문의 도라가 부귀를 안낙(安樂)홀가 너기ᄂᆞ냐?"

셜파의 희허(噫嘘) 초창(怊悵)ᄒ여 영웅의 장심(壯心)이 쇼삭(消索)ᄒ고, 장부의 눈
물이 쇼쇼(昭昭)ᄒ믈[434] 씌닷지 못ᄒ더니, 믄득 비후(背後) 일인이 광슈(廣袖)를 잡아
왈,

"형장이 무슴 연고로 니러틋 은위(隱憂) 만복(滿腹)ᄒ시디, 일즉 심ᄉᄅᆯ 긔휘(忌諱)
ᄒ샤 부모동긔를 쇼(疎)히 ᄒ시ᄂᆞ니잇고? 쇼뎨 발셔 형장의 아즈 쇼원(所願)을 아라시
니, 원컨디 긔이지 마로쇼셔. 혹즈 드러 유익ᄒ미 잇실동[435] 어이 알니잇고?"

한님이 도라보니 이곳 셩윤이러라.【46】한님이 아의 아랏ᄂᆞᆫ 쥴 보고 각별 은휘치
아냐, 기리 탄식고 즈긔 쇼유를 니ᄅ고, 뎡쇼져의 인연이 《슈즁화(水中花) 경니월(鏡
裏月) ‖ 슈즁월(水中月) 경니화(鏡裏花)》[436] 갓흐믈 일ᄏᆞ라 츄연 장탄ᄒ니, 구공즈 형
의 말을 듯고 역시 아연(啞然)ᄒ여, 침음냥구(沈吟良久)의 위로 왈,

"형장은 하 슬허마로쇼셔. 지셩(至誠)이 감텬(感天)이라 ᄒ니, 형장이 만일 뎡쇼져와
텬연이 즁ᄒ면, 반다시 셩젼(成全)ᄒ리니, 진국공의 규슈 아녀 만승텬즈(萬乘天子)의
일공쥬(一公主)ᄂᆞᆯ 엇지 인연이 되지 못홀가 근심ᄒ리오. 슈연이나 당당흔 디장뷔 녀ᄌ
ᄅᆯ ᄉ모ᄒ여 병드다 ᄒ믄 심히 녹녹(碌碌)ᄒ니, 형장은 심ᄉᄅᆯ 널니ᄒ여 방인(傍人)의

---

434) 쇼쇼(昭昭)ᄒ다 : 또렷하다.
435) -ㄹ동 : '-ㄹ지'의 뜻을 나타내는 어미로 무지(無知), 미확인의 경우에 흔히 쓰인다.
436) 슈즁월(水中月) 경니화(鏡裏花) : '물속에 비친 달'과 '거울 속에 비친 꽃'이라는 뜻으로, 각각 실제
로 '잡아보거나 만져볼 수 없는 것'과 '상상 속에만 있고 현실에는 존재하지 않는 것'을 비유로 이르는
말이다.

치쇼(嗤笑)를 췌치 마르시고, 셰셰【47】히 상냥(商量)ᄒ여 부모긔 알외여 인연을 도
모치 못ᄒ량이어든, 비록 녜의의 휴손(虧損)ᄒ나 권도(權道)로 여ᄎ여ᄎ하여, 다만 뎡
쇼져로뻐 타문의 도라가지 못ᄒ게 ᄒ면, 진공이 아모리 긔승(氣勝)ᄒᄂ들 그 똘을 무죄
히 죽이지 못ᄒ거시오, 심규(深閨)의 폐륜치 못ᄒ리니, 여ᄎ즉 형장의 긔물을 삼지 아
니ᄒ고 장ᄎ 엇지 ᄒ리오."

한님이 셕연(釋然) 디오(大悟)ᄒ여, 연망이 칭ᄉ 왈,

"묘진(妙才) 긔진(奇才)라 현뎨 계귀(計揆) 가장 묘ᄒ다. 뎡쥭암이 졔 아모리 긔승ᄒᄂ
들 기녀를 살(殺)치 못ᄒ즉, 그 어니 ᄯᅡ히 두리오."

형뎨 니러틋 문답ᄒ 젹, 니당 시녀 츈셤이 듯고 양부인긔 고ᄒ딘, 부인이 딘【48】
경ᄒ여 이의 상셔를 딘ᄒ여 냥ᄌ의 문답ᄉ를 젼ᄒ고, 뎡부의 무안ᄒ 바를 탄ᄒ니, 상
셰 딘경 왈,

"이 아히 불통무식ᄒ미 엇지 니러홋ᄒ뇨? 만만 되지 못ᄒ리로다. 뎡쥭암 여러 곤계
알진딘, 쥭쳥은 관인군진라, ᄉ사(私私)의 관홍디도(寬弘大度)ᄒ니, 우리 부ᄌ의 허물
을 용셔ᄒ 법 잇거니와, 쥭암은 셩벽이 셰ᄎ고, 호긔 츌즁ᄒ여 사름의 불의지ᄉ를 용
셔치 아니코, 이졔라도 웃는 가온디 나의 젼젼과악(前前過惡)을 은노(隱怒)ᄒ미 깁허
언간(言間)의 멸디(蔑待)ᄒ미 잇거늘, 창이 믄득 괴이ᄒ 의ᄉ를 닉여 일장풍파를 빗고
져 ᄒ니, 결연이 되지 못ᄒ리로다."【49】

"부인이 탄왈,

"불힝ᄒ여 져 뎡시 임의 창아의 호방ᄒ 그물의 유의(留意)ᄒ미 되어시니, 엇지 놀납
지 아니리오. 슈연(雖然)이나 후싱(後生)을 딘ᄒ여 녯말을 ᄒ야 비록 부ᄌ지간이나 과
악을 창누ᄒ미 불가ᄒ나, 이리치 아닌즉 이 아히 호일ᄒᄆᆯ 썩지르지 못ᄒ리니, 상공은
냥아(兩兒)를 불너 죵용이 여ᄎ여ᄎ 경계ᄒ시고, 감히 뎡부의 작죄(作罪)치 못ᄒ게 엄
히 니르쇼셔. 창이 본디 활연(豁然)ᄒ 아히니 회심홀가 ᄒᄂ이다."

상셰 부인의 말을 듯고 올히 너겨, 냥ᄌ를 명쇼(命召)ᄒ여 슬하의 니르미, 이의 원
인벽좌우(遠人辟左右)[437]ᄒ고, 상연(傷然) 뉴쳬(流涕) 왈,

"여등(汝等)은 가히 【50】'슉믹(菽麥)을 불변(不辨)이라'[438]. 당초 여부(汝父)의 무
상불초(無狀不肖)홈과 뎡·진 냥가의 허다 슈은(受恩)이며, 뎡쥭쳥의 관인디덕(寬仁大
德)을 엇지 알니오. 우리 부진(父子) 셰셰싱싱(世世生生)의 견마(犬馬) 되여도 뎡쥭쳥
의 활인디덕(活人大德)을 다 못 갑흘 거시오, 젼후 나의 쥭쳥 져바린 죄악은 '동히슈
(東海水)를 기우리고 남산쥭(南山竹)을 버힌들 엇지 산(算)두리오'[439]. 여뷔 스스로 죄

---

437) 원인벽좌우(遠人辟左右) : 밀담(密談)하기 위해 주변에 있는 사람들을 멀리 물리침.
438) 슉믹불변(菽麥不辨) : '콩인지 보리인지를 구별하지 못한다'는 뜻으로, 사리 분별을 못하고 세상 물정
　　을 잘 모름을 이르는 말.
439) 동히슈(東海水)를 기우리고 남산쥭(南山竹)을 버힌들 엇지 산(算)두리오 : 죄가 하도 많아 동해의 물
　　을 다 기울여 씻어도 씻을 수가 없을 만큼 많고, 남산(南山)에 있는 대나무를 다 베어서 죽간(竹簡)을

룰 안 후는 미양 지난 일긔(日記)룰 긔록ᄒ여 너희 등을 쥬고져 ᄒ되, 스스로 싱각ᄒ면 실노 ᄌ참뉵니(自慙忸怩)440)ᄒᆫ 고로, ᄌ연 천연셰월(遷延歲月)ᄒ미러니, 이제 여등이 여ᄎ(如此) 불미지ᄉ(不美之事)룰 계규(計揆)ᄒ미 잇다ᄒ니, 엇지 놀납지 아니리오. 네 모로미 ᄎ후 슈신셥ᄒᆼ(修身攝行)ᄒ여 뎡가 혼ᄉ【51】룰 싱심도 바라지 말나.”

셜파의 쳐연(悽然) 탄식ᄒ니, 부인이 ᄯᅩᄒᆫ 냥ᄌ룰 디ᄒ여 당년ᄉ(當年事)룰 누누히 베퍼, 창윤이 뎡쇼져 혼인 도모ᄒ미 만만(萬萬) 되지 못ᄒᆯ 바룰 경계ᄒ니, 이ᄌ(二子) 슌슌(順順) 슈명(受命)ᄒ여 황공ᄉ죄ᄒ고 믈너나더라.

한님형뎨 부군의 젼젼과악을 듯ᄌ오미, 되경 한심ᄒ고 졔왕의 늉은디덕(隆恩大德)을 감은《객골 ǁ 국골》(感恩刻骨)ᄒ니, 이의 묵묵히 믈너나와 셩윤이 강기 뉴쳬 왈,

“아등이 우미(愚妹)ᄒ여 부친의 당년ᄉ(當年事) 이되도록 ᄒᆫ 쥴은 아지 못ᄒ고, 부뫼 미양 언간(言間)의 졔뎡을 삼싱의 닛지 못ᄒᆯ 은인이라 ᄒ시나, 니러ᄒᆫ 쥴이야 아라시리잇고? 뎡쇼져【52】는 은인의 ᄌ손이라, 져 집이 몬져 오가룰 유의흔즉, 만구응슌(滿口應順)ᄒ여 은혜룰 슌슈(順守)ᄒ려니와, 져집이 고집ᄒᆯ진디 형장이 몬져 니리ᄒ시믄 비은망덕(背恩忘德)이 되는 듯ᄒ니, 아ᄌ(俄者) 계규ᄒ던 비 헛곳의 도라가리로쇼이다.”

한님이 묵연 장탄 왈,

“현뎨의 명논(明論)이 금옥 갓도다. 우형이 ᄯᅩ 엇지 아지 못ᄒ리오만은, 우형이 그날 우연이 뎡쇼져의 규각을 ᄉ못ᄎ 그 방향(芳香)을 구경ᄒ미 잘못ᄒ미니, 엇지 감히 인연을 바라리오. ᄎ후 관심(關心) 억지(抑止)ᄒ여 잇기룰 공부ᄒ려니와, 종시 잇지 못ᄒᆫ즉 ᄎ역 원가(怨家)니, 한번 죽을 ᄯᆞ름【53】이로다.”

셜파의 츄연탄식(惆然歎息)ᄒ니, 공ᄌ 지삼 위로ᄒ며, 한님이 ᄎ후 심ᄉ룰 관억ᄒ여, 뎡쇼져 잇기룰 공부ᄒ나, ᄎ역(此亦) 텬연(天緣)이니 능히 강잉키 어렵더라.

ᄎ셜. 쇼지졔 윤쇼져룰 진쇼져로 알아, 금슬이 화명(和明)ᄒᆫ 가온디나, 일념의 윤쇼져 ᄉ싱존문을 아지 못ᄒ여 신셕(晨夕)의 장탄단우(長歎傋憂)441)ᄒ여 그윽ᄒᆫ 근심이 슈미(愁眉)룰 펴지 못ᄒ니, 쇼졔 심하의 우이 너기고, ᄯᅩᄒᆫ 불안ᄒ여 시녀비 ᄌ연 젼셜ᄒ여 진왕부 상하의 알오미 되니, 진왕이 녀셔의 심ᄉ룰 그윽이 어엿비 너기고, ᄯᅩ 원니 녀흥을 속이고져 ᄒ미오, 녀셔룰 속이려 ᄒ미 아니【54】라. 졔ᄌ질을 디ᄒ여 희롱의 지리ᄒ믈 니ᄅ니, 모든 ᄌ질이 웃고 슈히 진졍(眞情)을 셜파ᄒᆞ믈 고ᄒ더라.

일일은 쇼지졔 니ᄅ러 니당의 비알ᄒ고 믈너 셔당의 나와 졔윤으로 담쇼ᄒ더니, 졔인이 좌우로 쥬비(酒杯)룰 나와 통음(痛飲)ᄒ더니 이윽고 졔윤은 낫문안을 인ᄒ여 안ᄒ로 드러가고, 지졔는 져기 췌(醉)ᄒ여 난간의 비겻더니, 홀연 취즁 회푀 상감(傷感)

만들어 적어도 적을 수가 없을 만큼 많아 이루 다 헤아릴 수가 없다는 말. *산두다; 산 놓다. 셈하다. 헤아리다.

440)ᄌ참뉵니(自慙忸怩) : 자신의 부끄러움을 부끄러워하고 창피해함.

441)장탄단우(長歎傋憂) : 길이 탄식하고 근심하기를 마지아니함.

ᄒᆞ여 쳑연(慽然) 장탄ᄒᆞ더니, 이ᄶᅵ 남평빅 셩녀의 장ᄌᆞ 명현이 ᄉᆞ셰로ᄃᆡ 극히 영민ᄒᆞ더니, 웃고 왈,

"표슉(表叔)이 므슨 일○[로] 탄식ᄒᆞ시ᄂᆞ니잇가?"

지졔 어로만져 ᄉᆞ랑 왈,

"너 쇼ᄋᆞ이 어룬의 눈츼를 어이 알고 뭇ᄂᆞᆫ다? 나의 【55】슬허ᄒᆞᆷ믄 너희 슉모를 ᄉᆡᆼ각ᄒᆞ고 슬허ᄒᆞ노라."

쇼ᄋᆞ이 쇼왈,

"우리 슉뫼 표문(表門)의 가 계시거ᄂᆞᆯ, 또 어ᄃᆡ 슉뫼 계시니잇가?"

졍언간(停言間)의 공ᄌᆞ 슉녀·복녀·긔린·필녀 등 오공지 나오다가, 쇼아의 말을 듯고 즐왈(叱曰),

"너 쇼ᄋᆞ이 무어슬 아노라 잡말 ᄒᆞᄂᆞᆫ다?"

쇼ᄋᆞ이 슉부 등의 ᄭᅮ지ᄌᆞᆷ믈 듯고 무안ᄒᆞ여 옥면을 붉히고 《묵여∥묵연(默然)》ᄒᆞ거ᄂᆞᆯ, 지졔 믄득 졔공ᄌᆞ의 어언과 쇼아의 말을 괴이히 너겨, 묘믹(苗脈) 잇ᄂᆞᆫ 줄 알고 윤쇼졔 진궁의 슘엇ᄂᆞᆫ 줄노 아라, 기즁(其中)의 긔린·필녀이 다 나히 어리고, 위인이 경망ᄒᆞ여 말 참기를 못ᄒᆞᄂᆞᆫ지라.

쇼지졔 나오혀 좌우의 버려 안치고 【56】간절이 문왈,

"너희 엇지 날을 긔이ᄂᆞᆫ다? 여미 진실노 당일 젹환(賊患)의 실니(失離)ᄒᆞ여시량이면, 너희 일기 엇지 그ᄃᆡ도록 슬허ᄒᆞᄂᆞᆫ 눈츼 업고, 쏘 여형이 진가의 즁미를 ᄌᆞ임ᄒᆞᄃᆡ, 조금도 동긔를 위ᄒᆞ여 비쳑(悲慽)ᄒᆞᄂᆞᆫ 긔식이 업더뇨? 닉 실노 쇼암(疏暗)ᄒᆞ여 의심이 업더니, 아ᄌᆞ 우연이 질아의 말을 드ᄅᆞ니, 비록 쇼아의 말이 분명치 아니나, 필유묘믹(必有苗脈)이니 진실노 여미 어ᄃᆡ 잇ᄂᆞ뇨? 긔이지말나."

냥공지 임의 가ᄅᆞ치믈 드럿ᄂᆞᆫ지라. 셔로 도라보며 미미히 웃고 말을 ᄒᆞ고져 ᄒᆞ나, 쥬져ᄒᆞ거ᄂᆞᆯ, 지졔 더욱 의심ᄒᆞ여 뭇기를 지리히 ᄒᆞ니, 긔린이 믄득 쇼왈, 【57】

"진졍 이졔야 바로 니ᄅᆞ리니, 형이 므어스로 쇼뎨의 공을 갑흐려 ᄒᆞ시ᄂᆞ니잇고?"

지졔 바야흐로 ᄌᆞ긔 의심과 암합(暗合)ᄒᆞ믈 깃거 밧비 니ᄅᆞᄃᆡ,

"닉 비록 빈한ᄒᆞ나 여등의 구ᄒᆞᄂᆞᆫ 거슬 욕심을 치올 거시니, 아모려나 여미의 잇ᄂᆞᆫ 곳만 가ᄅᆞ치라."

긔린이 웃고 왈,

"우리 져졔(姐姐) 기시 젹화(賊禍)를 엇지 면ᄒᆞ여 겨시던지, 쇼뎨 유츙ᄒᆞ니 ᄌᆞ시 아지 못ᄒᆞ거니와, 지금 후원 미화루의 깁히 쳐ᄒᆞ샤 인뉸(人倫) 셰ᄉᆞ(世事)를 아조 폐졀ᄒᆞ믈 결단ᄒᆞ시니, 존당 부뫼시나 능히 고집을 히유(解諭)치 못ᄒᆞ시ᄂᆞ니, 진소졔 혼인 쳔거ᄒᆞᆷ도 다 져져의 쥬션ᄒᆞ시미니, 근닉 진【58】부로조ᄎᆞ 진쇼져의 유랑 시녀 등이 젼ᄒᆞᄃᆡ, 형이 비록 진쇼져로 화락ᄒᆞ시는 가온ᄃᆡ나, 미양 슈우쳑쳑(愁憂慽慽)ᄒᆞ샤 우리 져져를 ᄉᆡᆼ각ᄒᆞ신다 ᄒᆞ고, 쏘 진쇼졔 슈셔로 져져를 기유(開諭)ᄒᆞ여 황영(皇英)[442]의 ᄌᆞ민(姉妹) 갓기를 쳥ᄒᆞ나, 져졔 고집을 두로혀지 아니ᄒᆞ니, 존당 부뫼 권(勸)타 못ᄒᆞ

여 도로혀 노(怒)ᄒ샤 바려두어 계시이다. 형이 이졔는 싀훤이 아라시니 마ᄋᆞᆷ의 거리
끼지 마ᄅᆞ쇼셔. 쇼뎨 벽운누 ᄌᆞ위를 ᄯᅡ라 진부의 가, 진쇼져를 아ᄉᆞᆨ젹 보아시니 그 텬
ᄌᆡ방용(天才芳容)이 각별 우리 져져긔 지지 아니ᄒ니, 현마 어이ᄒ리잇고? 형은 괴망
ᄒᆞᆫ 져져를 싱각지【59】마ᄅᆞ시고, 진부인으로 조히 화락ᄒ쇼셔."

지뎨 밋쳐 답지 못ᄒ여셔, 슉닌이 문득 졍식 왈,

"이 아히 엇지 말 만히 구ᄂᆞᆼ뇨? 종져(從姐)의 ᄒᆡᆼ시 실노 괴망(怪妄)ᄒ시니, 빅뷔 미
안이 너기시ᄂᆞ니, ᄒᆞᆯ물며 군ᄌᆞ지심(君子之心)이냐?"

도라 지뎨긔 고왈,

"현형은 장뷔라. 너모 구구치 마ᄅᆞ쇼셔. 빅뷔 져져를 가장 미온ᄒ시ᄂᆞ니이다."

지뎨 져 무리 쇼이 동심(同心)ᄒ여 속이믈 엇지 알니오. 본셩이 온즁졍딕ᄒ여 궤휼
(詭譎)을 싱각지 못ᄒᄂᆞᆫ지라. 크게 곳이듯고 심하(心下)의 싱각ᄒ되,

"윤시 일긔(一期)⁴⁴³ 츙년(沖年)의 오가(吾家)의 드러와 신혼초일븟허 조모의 싀험
(猜險)ᄒᆞᆫ 호령과 녀시의 궤상【60】육(机上肉)⁴⁴⁴이 되어, 연연약질(軟軟弱質)이 심히
보치이고 졸녀 하로도 편ᄒᆞᆷ믈 엇지 못ᄒ다가, 믄득 졸연이 귀령ᄒ노라 ᄒᆞᆫ 거시 간
젹(奸賊) 요인(妖人)의 슈즁(手中)의 옥부방신(玉膚芳身)이 위틱ᄒᆞᆯ 번ᄒ고, 엇지ᄒ여
면(免)ᄒᆞᆫ지, 친측(親側)의 편히 이시미 마ᄋᆞᆷ이 한가ᄒᆞᆫ지라. 어린 녀지 밋쳐 셰졍(世情)
을 아지 못〇[ᄒ]고 한갓 몸이 편ᄒᆞᆷ미 슬프던 구가를 싱각지 아닛ᄂᆞᆫ 쥴노 혜아려, ᄯᅩ
ᄒᆞᆫ 기졍(其情)을 쳐의(悽矣)ᄒ여,"

번연(翻然)이 광미(廣眉)를 ᄣᅵᇰ긔고 쳐연(悽然) 탄왈,

"이 엇지 녕ᄆᆡ(令妹)의 홀노 괴망(怪妄)ᄒᆞᆫ 허믈이리오. 실노 나의 불민(不敏)ᄒ미 가
졔(家齊)를 어지리 못ᄒᆞᆫ 연고로, 여ᄆᆡ(汝妹)의 화란을 비져 하마면 옥부방신(玉膚芳身)
이 위틱【61】ᄒᆞᆯ 번 ᄒ고, 겨오 보젼ᄒᆞᆷ믈 어드나 약년미질(弱年微質)의 놀나기를 과
히 ᄒ여 셰렴을 쓴코져 ᄒ미라. 니 홀노 녕ᄆᆡ를 그르다 아닛ᄂᆞ니, 요ᄒᆡᆼ 싱존ᄒ미 분명
ᄒ면 만ᄒᆡᆼ(萬幸)이라. 엇지 츄렴왕ᄉᆞ(追念往事)ᄒ리오. 여등은 날을 인도ᄒ여 셔로 보
게ᄒ라."

공지 왈,

"형이 시하인(侍下人)이라. 금일 밋쳐 방쇼(方所)를 녕당(令堂)의 고치 못ᄒ여시리
니, 이 밤을 이의 머므러 가지 못ᄒᆞᆯ지라. 존당부뫼 쇼뎨 등의 엄명젼(嚴命前) 다언(多
言)ᄒᆞᆷ믈 칙ᄒ시리니 못ᄒᆞᆯ쇼이다. 형이 엄칙(嚴責)을 쇼뎨 등이 밧줍지 아니케 ᄒ시려
ᄒ거든, 니런 셜화를 아른 양(樣) 마ᄅᆞ시고, 가만이 【62】 잇다가 쇼뎨 등 인도ᄒᆞᄂᆞᆫ

---

442) 황영(皇英) : 중국 순(舜)임금의 두 왕비이자 요(堯)임금의 두 딸인 아황(娥皇)과 여영(女英)을 함께 이
  르는 말.
443) 일긔(一期) : 일생(一生). 한평생 살아 있는 동안.
444) 궤상육(机上肉) : =조상육(俎上肉. 도마에 오른 고기라는 뜻으로, 어찌할 수 없게 된 운명을 이르는
  말.

디로 ᄒᆞ시고, 그리 슬커든 도라가 아른 체 마로쇼셔. 존당이 셔셔히 져히며 달닉여 존부로 도라보닉려 ᄒᆞ시ᄂᆞ니이다."

지졔 ᄎᆞ언을 드ᄅᆞᄆᆡ 그 옥모화안(玉貌花顔)을 반길 ᄯᅳᆺ이 일시 밧분지라. 졀졀이 쇼아 등의 계규의 속아 왈,

"닉 엇지 여등 쇼비를 죄칙이 잇게 ᄒᆞ리오. 닉 금일 맛ᄎᆞᆷ 교외의 친우를 젼숑(餞送)ᄒᆞ고 도라오ᄂᆞᆫ 길히 이의 니ᄅᆞ럿ᄂᆞ니, 부즁의 아니 도라가나 존당이 문외(門外)의셔 못밋쳐 도라오ᄂᆞᆫ가 아ᄅᆞ시리니, 너의 슈고로오나 금야(今夜)의 인도ᄒᆞ여 녕믹를 보게 ᄒᆞ라."

졔공지 【63】 허락ᄒᆞ고, 지삼 당부ᄒᆞ여 왕부와 부슉긔 고치 말나 ᄒᆞ니, 지졔 슌슌 허락ᄒᆞ더라.

이윽고 남평빅 북평공 등 곤계(昆季) 군종(群從)이 진왕과 승상을 뫼셔 나오니, 졔공주와 쇼지졔 일시의 니러 마ᄌᆞ 좌졍(坐定)ᄒᆞᄆᆡ, 진왕이 문왈,

"군이 발셔 갓ᄂᆞᆫ가 ᄒᆞ엿더니 그져 잇닷다?"

싱이 념슬(斂膝) 딕왈,

"쇼싱이 앗춤의 교외의 가 친붕(親朋)을 젼별(餞別)ᄒᆞ고 도라오옵ᄂᆞᆫ 길히러니, 존부의 밋쳐는 심시 심히 괴로오니 금야를 머므러 가려 ᄒᆞᄂᆞ이다."

왕이 졈두ᄒᆞ고, 졔윤은 각별 거취를 뭇지 아니터라.

니러구러 날이 졈을ᄆᆡ 쇼지졔 셕반을 이곳의 【64】셔 졔윤과 한가지로 쳘음(啜飮)ᄒᆞ고, 쵹을 니어 한담ᄒᆞ더니, 믄득 슉닌 등이 부슉긔 고왈,

"쇼형이 신긔 불안ᄒᆞ여 금야를 이곳의셔 쉬고져 ᄒᆞ오니, 쇼형이 본셩이 고요ᄒᆞ기를 취ᄒᆞ오니 쇼주 등이 더브러 독셔지(獨書齋)445)의셔 힐슉ᄒᆞ게 ᄒᆞᄉᆞ이다."

왕이 졈두ᄒᆞ니, 드딕여 말ᄉᆞᆷᄒᆞ다가 야심ᄒᆞ여늘 졔인이 각각 ᄉᆞ실노 가고, 슉닌·복닌·긔린 등 ᄉᆞ공지 지졔를 다려 층층ᄒᆞᆫ 곡난(曲欄)을 둘너 장활ᄒᆞᆫ 닉루(內樓)446)를 신고히 지나, 후원 믹화루(梅花樓)의 니ᄅᆞ니, 가장 은심유벽(恩深幽僻)ᄒᆞ여 진짓 피화체(避禍處)니, 일좌치뤼(一座彩樓) 운간(雲間)의 표묘(縹緲)ᄒᆞ고, 단쳥(丹靑)이 휘황 【65】ᄒᆞ여 왕후가(王侯家) 은실(隱室)이믈 알니러라.

ᄎᆞ시 심츄초동(深秋初冬)이라. 미월(微月)이 몽농ᄒᆞ여 벽ᄉᆞ창(碧紗窓)의 희미ᄒᆞ고 옥난쥬함(玉欄珠檻)447)의 슈졍념(水晶簾)을 거럿ᄂᆞᆫ 딕, 깁창의 쵹영이 명멸ᄒᆞ고, 만뇌(萬籟) 구젹(俱寂)ᄒᆞ며 솔닙히 찬셔리 분비(紛霏)ᄒᆞ니, 한긔 습습(濕濕)ᄒᆞ여448) 깁창의 ᄉᆞ못고, 슈호(繡戶)449)를 굿이 다다, 희미히 반쳡예(班婕妤)450) 장신궁(長信宮)451) 고단

---

445)독셔지(獨書齋) : 한 사람이 책을 읽는 방.
446)닉루(內樓) : 안채. 안집. 한 집 안에 안팎 두 채 이상의 집이 있을 때, 안에 있는 집채.
447)옥난쥬함(玉欄珠檻) : 옥(玉)과 구슬로 꾸민 난간(欄干). *난함(欄檻): =난간(欄干). 欄; 난간 난, 檻; 난간 함.
448)습습(濕濕)ᄒᆞ다 : 축축하다.

을 늣기는 듯, 문군(文君)452) 이 오경계(五更鷄)453) 삼창(三唱)의 청신(清晨) 빅두음(白頭吟)454)을 조문(弔問)ᄒᆞ는 듯ᄒᆞ니, 경식(景色)의 쳐량(凄涼)ᄒᆞ미 몬져 유졍낭(有情郎)의 감회ᄒᆞᆷᄅ 더으거늘, 지졔 심혼이 감비(感悲)ᄒᆞ여 평싱 신즁틴 힝뵈(行步) 젼도(顛倒)ᄒᆞ여 난간(欄干)의 오ᄅᆞ며, 졔아(諸兒)ᄅᆞᆯ 도라보아 왈,

"이졔 옛가지 【66】 와시니 너희는 물너가 ᄌᆞ라."

졔이 응낙고 물너가는 체ᄒᆞ고 가만이 함ᄂᆡ(檻內)455)의 숨더라.

지졔 슈호(繡戶)ᄅᆞᆯ 가바야이 열고 보니, 슈장(繡帳)을 ᄌᆞ옥히 지웟거늘, 고요 젹막ᄒᆞᆷᄅ 더욱 창감(愴感)ᄒᆞ여 밧비 깁창을 들혀고 드러가니, 과연 방즁의 일위 청약(清弱)○[흔] 쇼부인이 머리의 치봉관(彩封冠)456)을 슉이고, 봉익(鳳翼)의 《촉금삼 ‖ 촉금삼(蜀錦衫)》을 착(着)ᄒᆞ고, 초요(楚腰)457)의 홍초상(紅綃裳)을 두로며, 옥슈(玉手)의 녈녀젼(烈女傳)을 들고 빅옥(白玉) 셔안(書案)의 의지ᄒᆞ여 쇼릭 업시 술피니, 셩안(星眼)이 나죽ᄒᆞ고 유미(柳眉) 졔졔(齊齊)ᄒᆞ여 시쳠(視瞻)이 씌ᄅᆞᆯ 넘지 아니ᄒᆞ여, 마음이 젼혀 글 가온딕 잇고, 사ᄅᆞᆷ 술피기의 잇지 아니ᄒᆞ니, 능히 방즁【67】의 인젹(人跡)이 밋ᄎᆞᆯ 어이 알니오.

월익뉴미(月額柳眉)의 어렴풋ᄒᆞᆫ 슈운(愁雲)이 은은ᄒᆞ여시니, 션ᄌᆞ이질(仙姿異質)이 촉영지하(燭映之下)의 더욱 쇄락ᄒᆞ여, '약쇼월(若素月)이 운니명(雲裏明)이오'458), '사환빙(似紈冰)이 《일미 ‖ 셜리미(雪裏梅)》라'459).

유졍군ᄌᆞ(有情君子)의 다졍(多情)○[흔] 봉목(鳳目)을 밧비 들미, 쳔연ᄌᆞ약(天然自

---

449)슈호(繡戶) : 수놓은 비단을 바른 지게문
450)반쳡여(班婕妤) : 중국 한(漢)나라 성제(成帝)의 후궁. 시가(詩歌)를 잘하여 성제의 총애를 받았으나 조비연(趙飛燕)에게 참소를 당하여 장신궁(長信宮)에 있으면서 부(賦)를 지어 상심을 노래하였다.
451)장신궁(長信宮) : 중국 한(漢)나라 때 장락궁 안에 있던 궁전. 여기서는 한(漢) 성제(成帝)의 후궁 반쳡여(班婕妤)가 이곳으로 물러나 시부(詩賦)로 마음을 달랬던 고사를 말함. 원가행(怨歌行)이란 시가 전한다.
452)문군(文君) : 탁문군(卓文君). 한(漢)나라 부호 탁왕손의 딸로 과부로 있다가 사마상여(司馬相如)와 사랑에 빠져 결혼하였으나, 나중에 상여(相如)가 무릉인(茂陵人)의 딸을 첩으로 삼으려 하자 <백두음(白頭吟)>이란 시를 읊어 이를 단념케 했다.
453)오경계(五更鷄) : 오경(五更; 새벽 3시부터 5시까지)에 우는 닭이란 뜻.
454)빅두음(白頭吟) : 중국 전한(前漢) 때 사마상여(司馬相如)의 처 탁문군(卓文君)이 남편이 첩을 얻으려 하자 남편의 변심을 야속해하는 마음을 시로 읊어 남편의 마음을 돌이켰다는 시,
455)함ᄂᆡ(檻內) : 난간의 안쪽. *난간(欄干): 층계, 다리, 마루 따위의 가장자리에 일정한 높이로 막아 세우는 구조물. 사람이 떨어지는 것을 막거나 장식으로 설치한다. 늑구란(拘欄)·난함(欄檻).
456)치봉관(彩封冠) : 아름답게 꾸민 족두리. *족두리; 부녀자들이 예복을 입을 때에 머리에 얹던 관의 하나. 위는 대개 여섯 모가 지고 아래는 둥글며, 보통 검은 비단으로 걸을 싸서 만들고 구슬로 꾸민다. 한국 고소설에서는 이것을 '봉작(封爵)을 받은 부인'이 쓰는 관(冠)이란 뜻으로 '봉관(封冠)'이란 말로 쓰고 있다.
457)초요(楚腰) : 미인의 가느다란 허리를 이르는 말. 중국 초나라의 영왕이 허리가 가는 미인을 좋아하여, '가는 허리'가 초나라 미인의 기준이 된 데서 유래한다.
458)약쇼월(若素月) 운니명(雲裏明) : 하얀 달이 구름 속에서 빛남 같음.
459)사환빙(似紈冰) 셜리미(雪裏梅) : 마치 하얀 얼음이 눈 속 매화 같음

若)ᄒ미 녯 얼골을 밧고왓시나, 풍완윤퇴(豊婉潤澤)ᄒ믄 오히려 젼즈의 더으니, 엇지 오미불망(寤寐不忘)ᄒ던 윤쇼졔 아니라 ᄒ며, 빅년동쥬(百年同住)의 ᄉ즉동혈(死卽同 穴)을 긔약던 텬뎡옥인(天定玉人)이 아니라 ᄒ리오. 하마 일별(一別) 삼년(三年)의 셤 셤연미(纖纖軟美)ᄒ던 긔뷔(肌膚) 져기 츙실타 ᄒ미 괴이치 아니ᄒ고, 풍완호질(豊婉好 質)이 찬연쇄락(燦然灑落)ᄒ미 의희(依俙) 방불(彷彿)【68】ᄒ니, 쇼지졔 엇지 무망(無 妄)의 그 진가(眞假)를 알리오.

반가온 심신(心身)이 요요(擾擾)ᄒ고 일변 감창(感愴)ᄒ여 년망(連忙)이 나아가 집기 슈(執其手) 《침기슬∥년기슬(連其膝)》ᄒ여 장탄(長歎) 슈셩(數聲)의 영웅의 한이 길 고 장부의 눈물이 셜셜ᄒ니460), 부인이 바야흐로 경동(驚動)ᄒ고, 좌우의 일쌍 녀동 (女童)이 ᄉ후(伺候)ᄒ더니 분분이 물러나ᄂᆞᆫ지라.

부인이 지졔를 한번 보미 문득 쳔연(遷延)이 강싀(絳腮))의 슈식(羞色)을 동ᄒ고, 츄 연이 진슈(蠑首)461) 아미(蛾眉)의 안기 몽농ᄒ○[더]니, 아연(俄然)이 실싴(失色)ᄒ고 닝연(冷然)이 ᄉ미를 썰쳐 좌를 물니ᄂᆞᆫ지라. 지졔 엇지 노ᄒ리오. 옥슈(玉手)를 굿이 잡고 나슈(羅袖)를 닛그러 좌(坐)를 근(近)ᄒ고, 길게 탄식고 쇼릭를 나【69】즉이 ᄒ 여 왈,

"그딕ᄂᆞᆫ 상문(相門) 규녜(閨女)라. 부귀의 싱장ᄒ여 금달공쥬(禁闥公主)462)를 불워 아닐 거시어늘, 그룻 필부의 그물을 면치 못ᄒ여 한문(寒門)의 드러온 후ᄂᆞᆫ, 즈연 시 운(時運)이 불니ᄒ고, 싱의 쇼죄(所遭) 긔구ᄒ여 만고(萬古) 딕악찰녀(大惡刹女)를 만 난 연고로, 부인으로 ᄒ여금 하로도 평석(平席)ᄒ믈 엇지 못ᄒ게 ᄒ고, 싱이 감히 즁 졍(重情)을 발뵈지463) 못ᄒ엿더니, 한번 귀령(歸寧)ᄒ미 믄득 적환(賊患)의 실니(失離) ᄒᆫ 참보(慘報)를 드르니, 닉 그쩌 부인의 쳥심(淸心) 녈조(烈操)를 혜아리미 엇지 능히 명철보신(明哲保身)ᄒ여 신여명(身與命)이 구젼(俱全)ᄒᆞᆯ 줄 알리오. 결단코 독슈(毒手) 를 면치 못ᄒ고, 쇼향쇄옥지탄(燒香碎玉之嘆)464)이 잇ᄂᆞᆫ가? 싱【70】각이 이의 밋ᄎ 미, 한갓 즈의 셩덕문광(聖德文光)을 앗길쓴 아니라, 실노 싱의 불명무식ᄒ미 젼두(前 頭) 형셰를 싱각지 못ᄒ고, 슉녀의 평싱을 맛ᄎᆞᆫᄂᆞᆫ지라. 이 니른바 빅인(伯仁)이 유아 이식(由我而死)니465), 싱이 딩셰ᄒ여 다시 인뉸낙ᄉ(人倫樂事)의 ᄯᅳᆺ이 업거늘, 쳔연(天

---

460) 셜셜 : 굵은 눈물이 끊임없이 흘러내리는 모양. 벌레 따위가 거볍게 기어 다니는 모양.
461) 진슈(蠑首) : '매미의 머리'라는 뜻으로 '아름다운 이마'를 이르는 말.
462) 금달공쥬(禁闥公主) : 궁궐에서 사는 공주. *금달(禁闥) : 궐내에서 임금이 평소에 거처하는 궁전의 앞 문.
463) 발뵈다 : '발보이다'의 준말. *발보이다; 무슨 일을 극히 적은 부분만 잠간 드러내 보이다.
464) 쇼향쇄옥지탄(燒香碎玉之嘆) : 향을 살라 향기가 사라지고 옥을 깨트려 아름다움을 잃는 탄식.
465) 빅인(伯仁)이 유아이식(由我而死)니 : 백인(伯仁; 중국 동진 때 사람)은 나로 인해 죽었다'는 뜻으로, 직접적으로 사람을 죽이지는 않았지만 죽은 사람에 대해 자신이 적극적으로 구하지 않은 책임이 있음 을 안타까워하거나, 어떤 사건에 간접적으로 연관되어 있는 것을 비유적으로 나타낸 말. 《진서(晉 書)》 열전(列傳), 주의(周顗) 조(條)에 나오는 중국 동진(東晋)사람 왕도(王導)와 주의(周顗: 字 伯仁)사 이의 고사에서 유래했다. 즉 왕도는 그의 종형(從兄) 왕돈(王敦)의 반역에 연좌되어 죽을 위기에 있을

緣)이 긔구ᄒ여 녕형(令兄)의 다ᄉᄒ미 진시 인연을 일우니, 진시 ᄯᅩᄒᆫ 그딕와 타인이 아니니, 비록 싱이 니ᄅ지 아니나, 부인이 ᄯᅩ 엇지 그 위인을 모로리오. 임의 췌ᄒ여 현슉(賢淑)ᄒ니 무고히 쇼원(疏遠)ᄒᆷ 가치 아닌 고로 마지 못ᄒ여 실가(室家)의 낙ᄉ(樂事)를 폐치 아니나, 능히 부인의 빙ᄌ옥질(氷姿玉質)노 무고히 맛츤 바를 닛지 【71】못ᄒ여, 심곡의 은위(隱憂)되니 만일 금셰(今世)의 ᄌ봉(再逢)치 못ᄒᆫ즉, 미ᄉ지젼(未死之前)의 닛기 어려올가 ᄒ더니, 아지못게라! 금셕(今夕)이 하셕(何夕)이완딕, 삼쳔니(三千里) 은하(銀河)의 작교(鵲橋)466)를 인연ᄒ미 아니로딕, 텬손(天孫)과 견우(牽牛)의 긔봉(奇逢)을 어드뇨? 드ᄅ니 ᄌ의 철옥금장(鐵玉襟腸)467)이 여ᄎ여ᄎᄒ기의 밋쳤다 ᄒ니, 이 엇지 부인녀ᄌ의 셰쇄(細瑣)ᄒ미 아니리오. 바라건딕 부인은 불통(不通)ᄒᆫ 고집을 두로혀 본부의 도라가, 진시로 더부러 황영(皇英)의 ᄌ미(姉妹)갓치 화우(和友)ᄒ여 싱의 닉조(內助)를 규졍(糾正)ᄒ라. 이졔ᄂᆞᆫ 녀가 투뷔(妬婦) 업ᄉ니 ᄌ의 괴로오미 젼 갓지 아니리라."

부인이 쳥파의 가쇼로오믈 ᄎᆷ지 못ᄒ나, 【72】짐짓 발연(勃然) 작식(作色)ᄒ고 ᄉᄆᆡ를 ᄲᅮ리치며 옥셩(玉聲)이 녈녈(烈烈)ᄒ여 왈,

"쳡이 본딕 탁시(卓氏)468)의 다졍ᄒ미 업고, 군ᄌ 상여(相如)469)의 호긔(豪氣) 업ᄉ니, 군은 타문 남ᄌ오 쳡은 진궁 만금농쥬(萬金弄珠)니, 귀코 존ᄒ미 황녀 공쥬와 만히 감치 아니ᄒ고, ᄒ믈며 쳡이 십셰(十歲) 츙유(沖幼)의 셰졍(世情)을 아지 못ᄒ고, 다만 부왕의 교이(嬌愛)를 씌고 모비의 회리(懷裏) 익이(溺愛)ᄒ여 이리홀470) 쥴만 아랏거ᄂᆞᆯ, 군ᄌ 쳡의 프른 머리와 흰 낫치 박면(薄面)이 누츄(陋醜)치 아니믈 드ᄅ시고, 반계곡경(盤溪曲徑)으로 구ᄎ히 인연을 도모ᄒ미, 무어시 유익ᄒ미 잇더뇨? 쳡이 화벌명예(華閥名裔)로 타인의 하풍(下風)을 감심홈도 오히려 욕되거ᄂᆞᆯ, 녀가 흉완【73】투뷔 한미ᄒᆫ 가문과 더러온 용모로 외람이 존당(尊堂)의 셰를 씌고, 원위(元位)를 ᄌ셰(藉勢)ᄒ여, 신혼 초일노븟허 쳡을 능멸(陵蔑) 쳔답(踐踏)ᄒ믈 노예갓치ᄒ니, 쳡이 엇

때 백인[주의]의 변호로 살아났는데, 왕돈의 반역이 성공한 뒤, 백인[주의]이 죽게 되었을 때 자신이 그를 구명해줄 수 있는 위치에 있었음에도 구하지 않고 외면하였다가, 뒤에 주의가 자신을 구명해주어 살아난 사실을 알고, 위와 같이 탄식하였다 함.

466)작교(鵲橋) : 오작교(烏鵲橋). 까마귀와 까치가 은하수에 놓는다는 다리. 칠월칠석날 저녁에, 견우와 직녀를 만나게 하기 위하여 이 다리를 놓는다고 한다.

467)철옥금장(鐵玉襟腸) : 쇠나 옥처럼 굳은 마음. *금장(襟腸): 마음. 충심.

468)탁시(卓氏) : 탁문군(卓文君). 한(漢)나라 부호 탁왕손의 딸로 과부로 있다가 사마상여(司馬相如)와 사랑에 빠져 결혼하였으나, 나중에 상여(相如)가 무릉인(茂陵人)의 딸을 첩으로 삼으려 하자 <백두음(白頭吟)>이란 시를 읊어 이를 단념케 했다.

469)상여(相如) : 사마상여(司馬相如). 중국 전한(前漢)의 문인(B.C.179~B.C.117). 자는 장경(長卿). 그의 사부(辭賦)는 한(漢)·위(魏)·육조(六朝) 문인의 모범이 되었다. 작품에 〈자허지부(子虛之賦)〉 따위가 있다. 무제의 비(妃)인 진아교(陳阿嬌)가 장문궁(長門宮)에 유폐되어 있을 때, 그녀가 다시 무제의 총애를 얻기 위해, 자신의 처지를 형상화한 노래를 지어 무제의 마음을 돌이키게 해 달라는 청을 받고, <장문부(長門賦)>라는 시를 지어준 일로 유명하다.

470)이리ᄒ다 : 아양 떨다. *아양; 귀염을 받으려고 알랑거리는 말. 또는 그런 짓.

지 분ᄒ고 이닯지 아니리오만은, 임의 농즁(籠中)의 잠기인 잉무(鸚鵡)갓흐니, 능히 날기ᄅᆞᆯ 썰치지 못ᄒ고, 슈셰(數歲)ᄅᆞᆯ 투부(妬婦)의 졀졔ᄅᆞᆯ 감심(甘心)ᄒᆞ엿거니와, 이제 요ᄒᆡᆼ 친당의 도라와 존당 슬하의 뫼셔 졔형ᄌᆞ미(諸兄姉妹)로 무ᄎᆡ지낙(舞彩之樂)471)이 흡연ᄒᆞ니, 이곳 쳡의 평ᄉᆡᆼ 쇼원이라. 젼일 군가(君家)의셔 ᄉᆞ환(使喚)ᄒᆞ여 투부(妬婦)의 만단슈욕(萬端羞辱)을 감심턴 빅 ᄉᆡᆼ각ᄒᆞ면 심골(心骨)이 경한(驚寒)ᄒᆞ니, 엇지 마음의 업슨 바로【74】뼈 다시 존부의 나아가리오. 쳡이 ᄎᆞ고(此故)로 부모의게 심곡(心曲)을 ᄋᆡ고(哀告)ᄒᆞ고, 빅형(伯兄)으로 ᄒᆞ여금 진미의 월노(月老)ᄅᆞᆯ 자임(自任)케 ᄒᆞᆷ도 ᄯᅩᄒᆞᆫ 쳡의 쇼쳥(所請)이니, 비록 고금이 현격(懸隔)ᄒᆞ고 남녀의 지취(志趣) 다ᄅᆞ나, 셕의 셔셰(徐庶)472) 님ᄒᆡᆼ(臨行)의 와룡(臥龍)473)을 쳔거ᄒᆞ고, 쇼해(蕭何)474) 님ᄉᆞ(臨死)의 조참(曹參)475)을 쳔거ᄒᆞ니, 쳡이 외람이 고인을 닙늬 녀겨, 진미ᄅᆞᆯ 쳔거ᄒᆞ여 군(君)의 실즁(室中)을 빗늬게 ᄒᆞ엿ᄂᆞ니, 진미ᄂᆞᆫ 한갓 ᄌᆡ용(才容)이 비범ᄒᆞᆯ ᄲᅮᆫ 아니라, 녀ᄒᆡᆼ(女行)이 졍슉ᄒᆞ여 진짓 군ᄌᆞ호귀(君子好逑)라. 쳡의 좀 ᄌᆡ용과 불미(不美)ᄒᆞᆫ ᄒᆡᆼ실의 비겨 의논ᄒᆞ리오. 장ᄇᆡ 임의 이 갓흔 슉녀로 닉조ᄅᆞᆯ 빗늬미 족ᄒᆞ니, 【75】엇지 농촉(隴蜀)의 무염지욕(無厭之慾)476)으로 그 밧글 바라시ᄂᆞ뇨? 쳡이 지난 바ᄅᆞᆯ ᄉᆡᆼ각ᄒᆞ면 심골(心骨)이 경한(驚寒)ᄒᆞ여 다시 셰렴(世念)이 ᄉᆞ연ᄒᆞᆫ지라. 군지 궁극(窮極)히 ᄎᆞᄌᆞ시니 후의(厚意) 다ᄉᆞ(多謝)477)ᄒᆞ나, 실노 쳡의 바라ᄂᆞᆫ 빅 아니라. 딕장부의 ᄒᆡᆼ신(行身)이 맛당이 광풍졔월(光風霽月)478) 갓흘 거시니, 구구히 일녀ᄌᆞᄅᆞᆯ 거릿겨 위의(威

---

471)무ᄎᆡ지낙(舞彩之樂) : 색동옷 입고 춤을 추어 어버이를 즐겁게 해 드림. 중국 춘추 때 초나라 사람 노래자(老萊子)가 70세에 색동옷을 입고 어린애 장난을 하여 늙은 부모를 즐겁게 해드렸다는 고사에서 유래한 말.

472)서서(徐庶) : ? ~ 234년. 중국 후한 말 ~ 삼국시대 위(魏)나라의 정치가. 자는 원직(元直)이며 본명은 서복(徐福)이다. 뛰어난 지략가로 효성이 지극하였다. 처음 유비(劉備)를 섬겼으나 조조(曹操)가 어머니를 볼모로 잡자 유비와 작별하고 조조에게 가 위나라에서 벼슬하여 어사중승(御史中丞)을 지냈다. 유비에게 있을 때 제갈량(諸葛亮)을 유비에게 천거하였다.

473)와룡(臥龍) : 제갈량(諸葛亮). 181-234. 중국 삼국시대 촉한(蜀漢)의 정치가. 자 공명(孔明). 시호 충무(忠武). 와룡(臥龍)은 그의 별호(別號). 뛰어난 군사 전략가로, 유비를 도와 오(吳)나라와 연합하여 조조(曹操)의 위(魏)나라 를 대파하고 파촉(巴蜀)을 얻어 촉한을 세웠다

474)소하(蕭何) : 중국 전한의 정치가. ?~B.C.193. 개국공신(開國功臣). 유방을 도와 한(漢)나라 건국에 공을 세웠고 초대 재상(宰相)에 올라 한나라의 기틀을 세웠으며, 한신(韓信)・장량(張良)과 함께 서한 삼걸(西漢三傑)로 칭해진다. 율구장(律九章)이란 법률을 만들었고, 죽기 전 조참(曹參)을 자신의 뒤를 이을 재상에 천거했다.

475)조참(曹參) : 중국 전한의 명장이자 개국공신. ?~B.C.190. 유방(劉邦)을 도와 한(漢)나라 건국에 공을 세웠고 평양후(平陽侯)에 책봉되었다. 고조(高祖) 유방이 죽은 뒤에는 소하(蕭何)의 추천으로 재상에 올랐다.

476)농촉(隴蜀)의 무염지욕(無厭之慾) : : '농(隴)과 촉(蜀)까지 차지하려는 끝없는 욕심'이라는 뜻으로, '그칠 줄 모르는 욕심'에 대한 비유로 쓰인다. *농촉(隴蜀)은 중국 사천성과 섬서성 사이에 있는 지명으로, 후한(後漢) 광무제(光武帝)가 한중(漢中)을 평정하고도 다시 농촉을 정벌하려는 욕심을 냈던 고사에서 온 말.

477)다ᄉᆞ(多謝) : 길이 감사함.

478)광풍졔월(光風霽月) : 비가 갠 뒤의 맑게 부는 바람과 밝은 달이란 뜻으로, 마음이 넓고 쾌활하여 아

儀)룰 숀상치 마로쇼셔. 첩이 그윽이 항복지 아니 ᄒᄂ이다.”

셜파의 거동이 한텬(寒天) 녈일(烈日) 갓ᄒ니, 엇지 젼일 유슌졍졍(柔順貞靜)ᄒ던 긔질과, 잇다감 ᄌᄀᆡ룰 되ᄒ나 과도히 슈습(收拾)ᄒ여 몸 둘 바룰 업셔 ᄒᆞᆯ 졔와 갓ᄒ리오. 지졔 쳥파(聽罷)의, 본되 총명ᄒᆞᆫ지라. 【76】

___

무 거리낌이 없는 인품을 비유적으로 이르는 말. 황정견이 주돈이의 인품을 평한 데서 유래한다.

윤하명삼문취록 권지구십일

ᄎ시 윤시 셜파의, 거동이 한텬(寒天) 열일(烈日) ᄀᆞᆺᄒᆞ니, 엇지 젼일 유슌졍졍(柔順貞靜)ᄒᆞ던 긔질과, 잇다감 ᄌᆞ긔ᄅᆞᆯ 디ᄒᆞ나 과도히 슈습(收拾)ᄒᆞ여 몸 둘 바ᄅᆞᆯ 업셔 ᄒᆞᆯ 졔와 ᄀᆞᆺᄒᆞ리오.

지졔(知製) 쳥파(聽罷)의, 본ᄃᆡ 총명ᄒᆞᆫ지라. 져의 홀연(忽然) 다셜(多說)홈과 활낭(豁朗)479)ᄒᆞᆯ믈 의괴(疑怪)ᄒᆞ여, 문득 의심이 동ᄒᆞ여 일ᄬᅡᆼ명안(一雙明眼)이 길게 빗최며 경히(驚駭)ᄒᆞ여 유심(留心) 찰지(察之)ᄒᆞᄂᆞᆫ지라. 혜린이 우음기ᄅᆞᆯ 참지 못ᄒᆞ고, ᄯᅩ 졔 ᄌᆞ긔 의심ᄒᆞᄂᆞᆫ 눈츼ᄅᆞᆯ 보ᄆᆡ, 본젹이 픠루(敗漏)ᄒᆞᆯ가 두려 급히 나상(羅裳)을 ᄯᅥᆯ쳐 니러나니, 지졔 굿이 잡고 노치아니니, 공지 비록 다라나고ᄌᆞ 【1】ᄒᆞ나 블과 십여셰 동몽(童蒙)이니 엇지 지졔의 장셩(長成)ᄒᆞᆯ믈 당ᄒᆞ리오. 지졔 공ᄌᆞ의 향몌(香袂)ᄅᆞᆯ 굿이 잡고 옥비(玉臂)ᄅᆞᆯ ᄲᅢ혀보니 잉혈(鶯血)이 업ᄂᆞᆫ지라. 그졔야 속은 줄 알고 넛그러 화관(華冠)을 벗기고 보니, 이 믄득 진왕의 졔십일ᄌᆞ 혜린이니, 션화쇼졔 동복 뎨남(弟男)이라.

혜린이 비록 남ᄌᆡ나 의형(儀形)이 져져(姐姐)와 흡ᄉᆞᄒᆞᆫ 고로, 졔싱이 지졔의 쇼져 몰나보믈 우이 너겨, 공ᄌᆞᄅᆞᆯ 녀복ᄒᆞ여 미화루의 감초와 희롱ᄒᆞ고 승시(乘時)ᄒᆞ여 진졍(眞情)을 니ᄅᆞ고져 ᄒᆞ미라.

지졔 견파(見罷)의 어히업셔 도로혀 활연(豁然) 디쇼 왈,

"요악(妖惡)ᄒᆞᆫ 아희 공교로오미 여ᄎᆞ(如此)ᄒᆞ냐? 필연 네 누의 종젹을 알니니, 바로 니ᄅᆞ지 아 【2】 니면 밤낫 《하달∥한 달》이라도 노치 아니코, 늬 ᄯᅩ 이 당즁을 ᄯᅥ나지 아니ᄒᆞ여, 브ᄃᆡ 복초(服招)ᄅᆞᆯ 밧고 말니라."

셜파의 공ᄌᆞᄅᆞᆯ 잡아 ᄌᆞ긔 ᄯᅴᄅᆞᆯ 글너 결박ᄒᆞ려 ᄒᆞ니, 공지 힘이 밋지 못ᄒᆞ여 소ᄅᆡ질너 왈,

"졔형은 쇼뎨ᄅᆞᆯ 구ᄒᆞ라."

ᄒᆞ니, 임의 합장(閤牆)480) ᄉᆞ이의 숨엇던지라. 일시의 쵹을 붉히고 우음이 훤ᄌᆞ(喧藉)ᄒᆞ여 드러오니, 지졔 졔윤(諸尹)을 보고 졍식 왈,

"쇼뎨 평싱의 졔군 알오미 니러치 아닌가 하엿더니, 군ᄌᆞ의 ᄒᆡᆼ실이 이러ᄒᆞ냐? 이즁

---

479)활낭(豁朗) : 활발하고 밝음.
480)합장(閤牆) : 건물 출입문과 연결되어 있는 담장.

의 더옥 달문아 네 날을 {네날을} 속이느냐? 남빅이 무장(撫掌)디쇼(大笑) 왈,

"가위(可謂) 긔관(奇觀)이라. 닉 엇지 형을 속여시리오. 임의 한 누의룰 【3】《슌연이‖슌연(順然이)》 도라 보닛엿거날, 또 어더 닉라 보치니, 우리 엇지 분신법(分身法)을 힝ᄒ리오. 시이(是以)로 혜뎨 즈원ᄒ여 형의 안히 되고즈 ᄒ미니, 시속(時俗)의 궐즁 궁녀비 뉴츈(遊春)ᄒᄂᆫ 무리 왕왕이 녀부뷔(女夫婦)481)잇다 ᄒᄂ니, 쇼형이 혜뎨룰 다려가 남부뷔(男夫婦)482) 되미 묘치 아니랴?"

지졔 양노(佯怒)변식 왈,

"네 사름 업슈이 너기미 여ᄎᄒ니 닉 엇지 두 번 속으리오."

혜린을 쯰로 슈족을 단단이 미여 가슴의 눌너 안즈 ᄭᅮ지져 왈,

"요악ᄒᆫ 아희 간○○[ᄉ혼] 혀룰 놀녀 군즈룰 조롱치 말고, 어셔 여미(汝妹) 잇ᄂᆫ 곳을 가ᄅ치라."

졔윤이 졀도ᄒ기룰 마지 아니코 혜린이 틱산(泰山)의 지질닌 【4】 듯, 갑갑ᄒᆷ믈 닉긔지 못ᄒ여 크게 쇼릭 질너 왈,

"쇼형은 실노 블명추이(不明醜異)483)ᄒᆫ 거시로다. 우리 져졔 어듸로 가시리오. 셕일(昔日) 윤쇼졔 금일 진쇼졔니 동방화쵹(洞房華燭)의 조히 마즈 슈장금니(繡帳衾裏)의 날마다 상듸ᄒᄂᆫ 부뷔, 신인(新人)인동 고인(古人)인동 분간치 못ᄒ고, 공연ᄒᆫ 듸 와 아비(兒輩)룰 달닉여 업ᄂᆫ 져져룰 달나 ᄒ니, 뉘 아랑곳치런가484). 하 보치니 견듸다 못ᄒ여 잠간 긔롱코즈 ᄒ미미[니], 스스로 싱각ᄒ면 식안(識眼)이 혼모(昏暮)ᄒᆷ믈 붓그려 코흘 쓰고 쥐 숨듯 다라나리니, 아등(我等)다려 져져 거쳐 뭇기 실노 붓그럽도 아니니잇가? 이졔야 진졍을 올녀시니 그만ᄒ여 노ᄒ쇼 【5】 셔."

지졔 닝쇼 왈,

"너 쇼이 어룬을 속인 죄 즁ᄒ니 엇지 경ᄉ(輕赦)ᄒ리오."

공지 쇼릭질너 왈,

"바로 닐너도 사름을 괴롭게 ᄒ니 쓸픱지 아니리오. 졔형쟝은 이 광증 들닌 쇼형을 미러닉고 쇼뎨룰 구ᄒ쇼셔."

츄밀ᄉ 창닌과 병부 봉닌이 나아드러 지졔룰 밀치고 혜린을 아ᄉ니, 지졔 짐즛 노ᄒ바리고 ᄭᅮ지져 왈,

"어듸 보즈 너희 쇼아비 감희 노형(老兄)을 희롱ᄒ니 엇지 관셔(寬恕)ᄒ리오. 너희 믹양 닉게 잡히지 아닐다?"

크게 벼ᄅ니, 공지 홍상(紅裳)을 버셔 후리치고 운환(雲鬢)을 나리와 옥ᄎ(玉釵)룰 썩거 더지며 왈,

---

481) 녀부뷔(女夫婦) : 여자끼리 사랑을 하는 동성애(同性愛) 부부.
482) 남부뷔(男夫婦) : 남자끼리 사랑을 하는 동성애(同性愛) 부부.
483) 블명추이(不明醜異) : 멍청하고 못난 별종.
484) 아랑곳치런가 : 아랑곳이나 하던가. 일에 나서서 관심이나 갖던가.

"쇼군은 가져가쇼셔. 타일 금야 인연을 옥츠(玉釵)로 【6】 다시 셩젼(成全)ᄒᆞᄉᆞ이다."

셜파의 낭낭이 우스며 안흐로 다라나니, 슉닌 복닌 등이 다 작죄(作罪)ᄒᆞ엿ᄂᆞᆫ지라. 힝혀 지졔의게 잡힐가 두려, 일시의 혜린을 조ᄎᆞ 다라나며, 쇼셩(笑聲)이 훤ᄌᆞ(喧藉)ᄒᆞ더라.

졔인이 셔로 넛그러 당(堂)의 나오니 발셔 밤이 깁헛더라. 졔인이 공연이 분쥬ᄒᆞ여 단잠을 폐ᄒᆞ믈 닐너, 크게 웃고 지졔를 조롱ᄒᆞ여 혹 쳥밍(青盲)485)이라 ᄒᆞ여 혹 폐밍(廢盲)이라 ᄒᆞ여 어즈러이 희롱ᄒᆞ니, 지졔 졔윤의 궤휼(詭譎)ᄒᆞ믈 ᄭᅮ짓고, 진시를 쳐음 보와 윤쇼져와 만히 방불ᄒᆞ나, 군지 궤비(詭鄙)ᄒᆞᆫ 쇠를 의심치 아녀, 진시 이죵ᄌᆞ미간(姨從姉妹間)이니 혹 ᄌᆞ 방불ᄒᆞ던가 아랏노라 【7】ᄒᆞ니, 니러틋 쇼셩(笑聲)이 훤화(喧譁)ᄒᆞ여 밤이 가는 쥴 ᄭᆡ닷지 못ᄒᆞ더니, 문득 계셩(鷄聲)이 악악(喔喔)ᄒᆞᆫ지라. 바야흐로 놀나 각각 안침(安寢)ᄒᆞ니라.

명조(明朝)의 졔싱이 신셩(晨省)ᄒᆞ고 부슉을 뫼와 셔헌의 모드니, 지졔 하직고 도라가미, 졔싱이 작야 긔관(奇觀)을 알외니, 가즁샹히 웃기를 마지 아니코, 츄후 년쇼빈 등이 혜린을 긔롱ᄒᆞ여 쇼실(小室)이라 ᄒᆞ더라.

혜린이 ᄯᅩᆫ 지릉(才能)ᄒᆞᆫ 고로 이후붓터 지졔를 맛나면, 금포ᄌᆞ락을 잡고 익원이 슬허 박명(薄命)을 공치(攻治)ᄒᆞ고486) 발악(發惡)ᄒᆞ니, 가즁이 더옥 웃기를 마지 아니터라.

시시(是時)의 쇼지졔 도라가 존당부모긔 신셩ᄒᆞ고 침소의 나아가니, 윤쇼졔 【8】 졍히 존당의 문안을 갓 파ᄒᆞ고 도라와, 옥슈(玉手)의 금쳑(金尺)을 들고 깁을 펴 즈긔 동의(冬衣)를 마련ᄒᆞ니, 앗츰 단장이 셩가(盛佳)ᄒᆞ고 보광(寶光)이 영농ᄒᆞᆫ지라. 유의ᄒᆞ여 술핀즉 신인 진쇼졔 아니오, 고인 윤쇼졔라.

싱이 도로혀 속으믈 실쇼(失笑)ᄒᆞ여 시로온 은이 취즁(醉重)ᄒᆞ믈 ᄭᆡ닷지 못ᄒᆞ여, ᄉᆞ식이 흔연ᄒᆞ여 나아가니, 쇼졔 잡은 거슬 노코 셔연(徐然)이 니러마ᄌᆞ니, 지졔 좌를 밀고 슉시(熟視) 냥구(良久)의 이셩(怡聲) 문 왈,

"싱이 드ᄅᆞ니 진궁의 ᄯᆞᆯ이 너모 만흔 고로, 부인이 진평장의게 츌계(出系)ᄒᆞ다 ᄒᆞ니 그말이 올흐니잇가?"

쇼졔 쳥미(聽未)의 졔 발셔 ᄌᆞ긔를 아라시믈 불안 슈괴(羞愧)ᄒᆞ여 면홍(面紅)이 ᄌᆞ져(自著)ᄒᆞ믈 면치 못ᄒᆞ나, 【9】 아니 딕ᄎᆡ 못홀지라. 마지 못ᄒᆞ여 아미를 슉이고 안셔히 딕 왈,

"사ᄅᆞᆷ이 비록 ᄌᆞ식이 빅이 잇신들 바릴니 잇시며, 표슉(表叔)이 ᄯᅩ ᄌᆞ녜 만흐니 엇

---

485)쳥밍(青盲) : 청맹과니(青盲과니). ①겉으로 보기에는 눈이 멀쩡하나 앞을 보지 못하는 눈. 또는 그런 사람. 늑청맹·당달봉사. ②사리에 밝지 못하여 눈을 뜨고도 사물을 제대로 분간하지 못하는 사람을 비유적으로 이르는 말.

486)공치(攻治)ᄒᆞ다 : 타박하다. 헐뜯다. 허물이나 결함을 나무라거나 핀잔하다.

지 첩을 위여(爲女)ᄒ리오487)만은, 기간 ᄉ괴 여ᄎ여ᄎᄒ여, 친당의셔 당일 첩의[이] 화를 버셔시나 바로 친측(親側)으로 도라간즉, 힝혀 블인의 엿보미 되여 일후지홰(日後之禍) 년면(連綿)ᄒ가 져허, 감히 본부로 가지 못ᄒ고 진부의 가 머므더니, 모일의 홀연 부모친족이 표문(表門)의 모다 첩을 다시 본부의 도라보니시되, 첩이 암미(暗昧)ᄒ여 ᄉ긔(事機)를 감히 부모 졔형의게 뭇잡지 못ᄒ엿더니, 군지 ᄯ 진시로 아르시니 첩이 의혹ᄒᄂ 가 【10】 온디 블안ᄒ미 일층 더ᄒ오나, 이 반ᄃ시 졔형의 희롱인듯 시브온지라. 군ᄌ지젼(君子之前)의 뵈오믈 황괴ᄒ올지언졍, 감히 향인(向人)ᄒ여 니르지 못ᄒ더니, 금일 군ᄌ지언이 이의 밋ᄎ시니, 스스로 블민(不敏)ᄒ믈 ᄌ참(自慙)ᄒ올 ᄯ름이로쇼이다."

언파의 옥안셩모(玉顔星眸)의 슈란(愁亂)ᄒᆫ 빗치 가득ᄒ니, 지졔 평싱 미망옥인(未忘玉人)을 상딕ᄒ미 유한(遺恨)이 플니니, 쳐음의 몰나본 일이 진실노 ᄌ긔 식안이 블명ᄒ미오, 져의 탓시 아니라. 그 과도히 슈괴(羞愧) 불안(不安)ᄒ믈 보미, 견권(繾綣)ᄒᆫ 은이 시로오니, 화연(和然) 쇼왈,

"이곳 녕형 등의 ᄉ오나오미오, 부인의 탓시 아니라. 슈연이나 긔특이 싱존ᄒ여 부뷔 복합(複合)ᄒ니 【11】 극ᄒᆫ 경ᄉ라. 왕ᄉ(往事)ᄂ 이의(已矣)니, 다시 일ᄏᆞᆯ 무엇ᄒ리오, ᄎᆞ후나 마장(魔障)업시 빅년화락(百年和樂)ᄒ여 유ᄌ싱녀(有子生女)ᄒ믈 바라노라."

인언(因言)의 쇼져 옥슈를 년(連)ᄒ고 작야(昨夜)의 진궁의 가 혜린의게 속든 슈말(首末)을 니르고, 쇼아의 쾌ᄒ믈 크게 우으니, 쇼졔 역시 함쇼(含笑)ᄒ고 지졔의 그딕도록 속던 줄 우이 너기나, 말을 아니ᄒ더라.

지졔 ᄎᆞ후 만ᄉ 무흠(無欠)ᄒ여, 조ᄉ봉친(祖祀奉親)488) 여가(餘暇)의ᄂ 슈유블니(須臾不離)ᄒ니, 쇼졔 도로혀 깃거 아니ᄒ고, 냥형이 남평빅의 쇼젼(所傳)으로 조ᄎ, 혜린이 지긔로이 지졔를 속이믈 듯고 실소ᄒ여 지졔를 희롱ᄒ믈 마지 아니ᄒ니, 공의 부뷔 ᄯᅩᄒᆫ 【12】 알고 우으며, 아ᄌ의 비위 상젹ᄒ믈 깃거ᄒ미 극ᄒ니, 홀노 녀틱흉이 윤시며 진시를 아지 못ᄒ나, 연고업시 믭고 분ᄒ믈 니긔지 못ᄒ여 쇼져를 빅단(百端)으로 조르며 쳔단(千端)으로 괴롭게 ᄒ여, 지졔의 은이를 독당(獨當)ᄒ믈 믜이 너겨, 브딕 그 부부의 마장(魔障)을 일위고져 ᄒ여, 가만이 심복을 식여 어딕 흉면나찰(凶面羅刹) 갓흔 흉상(凶相)을 구ᄒ여, 질녀의[를] 박딕ᄒ던 한을 갑고져 ᄒ여, 갈구ᄒ여 한곳을 어드니, 틱상경 박공의 필녜(畢女) 텬하박싴(天下薄色)이라 ᄒ믈 듯고, 뇌졍(雷霆) 갓흔 위엄으로 공의 부ᄌ를 호령ᄒ여, 박아(衙)의 구혼ᄒ라 ᄒ니, 공의 부지 마지 못ᄒ여 박부의 쳥혼 【13】 ᄒ미 허ᄒ니, 드딕여 박시를 마ᄌ 도라오미, 과연 흉상괴질(凶狀怪疾)이 쇼녀시의 지지 아니ᄒ딕, 다만 긔특ᄒᆫ 바ᄂ 일단 현슉(賢淑) 투털(透徹)

---

487)위여(爲女)ᄒ다 : 딸을 삼다. 양녀(養女)하다.
488)조ᄉ봉친(祖祀奉親) : 선조를 제사하고 부모를 봉양함.

ᄒᆞ여 녀시의 뉘(類) 아니니, 구괴 블평즁(不平中) 다ᄒᆡᆼᄒᆞ고, 지졔 역시 그 외모ᄅᆞᆯ 거리
ᄭᅵ지 아니코 어질믈 깃거 박ᄃᆡ치 아니ᄒᆞ니, 녀흉이 아연 실망ᄒᆞ여 다시 흉계ᄅᆞᆯ 지으
려 ᄒᆞᄂᆞᆫ 즈음의, ᄌᆞ연 여러 셰월의 밋쳐 기간 윤쇼져의 시로온 화익과 퇴흉의 흉악ᄒᆞᆫ
작난이 <쇼시가록(蘇氏家錄)>의 ᄒᆡ비(賅備)ᄒᆞ니, ᄎᆞ젼(此傳)은 블과 윤·하·뎡 삼문
ᄌᆞ녀 가록(家錄)인 고로, 이의 ᄃᆡ강을 긔록ᄒᆞ미 되고, 퇴흉이 악ᄉᆞᄅᆞᆯ 치 못 ᄒᆡᆼᄒᆞ여셔,
그 두 오라뷔 녀방 녀슉이 기녀(其女) 슈졍·혜【14】졍으로 더부러 악역을 도모ᄒᆞ다
가 발각ᄒᆞ여 합문(闔門)이 쥬멸(誅滅)ᄒᆞ니, 퇴흉의 흉악이 쥬러져, 쥬야 동긔ᄅᆞᆯ 브ᄅᆞ지
지고 가슴을 두다려 궁텬(穹天)을 브ᄅᆞ기의 골몰ᄒᆞ여, 악ᄉᆞᄅᆞᆯ 다시 ᄒᆡᆼ치 못ᄒᆞ니, 공이
[의] 부부와 졔손이 비로소 슈미(愁眉)ᄅᆞᆯ 썰쳐 가ᄂᆡ 져기 화평ᄒᆞ고, 시랑 쇼슌이 셜부
인으로 화락ᄒᆞ여 냥ᄌᆞ이녀(兩子二女)ᄅᆞᆯ 싱ᄒᆞ니, 쟝ᄌᆞ 응현이 텬졍긔연(天定奇緣)으로
관뇌후 하몽셩의 쟝녀 셩아와 셩친ᄒᆞ니, 셩아ᄂᆞᆫ 쇼(小) 년시(氏)의 쇼싱이오, 쇼공지
초의 연시와 칭모ᄌᆞ(稱母子)ᄒᆞ엿시나, 이 본ᄃᆡ 친지의(親之義)○[의] 간셥ᄒᆞ미 업고,
ᄯᅩ 하공부ᄌᆞ의 모로ᄂᆞᆫ 비오, 결혼ᄒᆞ미 블가ᄒᆞᆷ 업ᄉᆞ니, 냥기(兩家) 구혼시 의【15】
논이 분분ᄒᆞ여 결치 못ᄒᆞᆯ ᄎᆞ(次), 쇼공과 하승샹이 각각 긔몽을 어드니 뇽닌(龍驎)이
ᄌᆡ합(再合)ᄒᆞᄂᆞᆫ 양을 보고, ᄯᅩ 신인(神人)이 명명(明明)이 지교(指敎)ᄒᆞ여 홍ᄉᆞ(紅絲)ᄅᆞᆯ
미ᄌᆞ며, 쇼ᄌᆞ와 하아ᄂᆞᆫ 텬졍냥필(天定良匹)이라 ᄒᆞ고, ᄯᅩ 퇴ᄒᆡᆼ산 화도인이 쳔니ᄅᆞᆯ 블
원ᄒᆞ고 니르러 냥가 인연을 간권(懇勸)ᄒᆞ니, 드ᄃᆡ여 혐의(嫌疑)ᄅᆞᆯ 파(破)ᄒᆞ고 혼인을
일우미, 쇼공ᄌᆞ의 풍신ᄌᆡ화 츌뉴(出類)ᄒᆞ고 문쟝ᄌᆡ덕과 《문문∥문무》젼ᄌᆡ(文武全
才)489) 겸젼(兼全)ᄒᆞ니, 약관(弱冠) 젼의 문무 졔일지(第一枝)ᄅᆞᆯ ᄭᅥᆺ거 뇽갑(龍甲)490)의
쾌방(快榜)ᄒᆞ고, 츌쟝입샹(出將入相)ᄒᆞ여 화형닌각(畫形麟閣)ᄒᆞ여[며] 공긔텬하(功蓋天
下)ᄒᆞ고 명진ᄒᆡ닉(名震海內)ᄒᆞ며 규각(閨閣)의 삼부인과 칠희(七姬)ᄅᆞᆯ ᄀᆞ촌던 긔긔묘묘
(奇奇妙妙)ᄒᆞᆫ 셜화ᄂᆞᆫ <쇼시가【16】록>의 잇고, 한님 쇼영이 오부인으로 금슬이 샹화
(相和)ᄒᆞ여 삼ᄌᆞ삼녀ᄅᆞᆯ 나하 남혼녀가(男婚女嫁)와 닙신현달(立身顯達)ᄒᆞ던 ᄉᆞ어(辭語)
와, 지졔교 니부샹셔 쳬찰ᄉᆞ 쇼셩이 윤부인으로 화락ᄒᆞ여 오ᄌᆞ이녀ᄅᆞᆯ 싱ᄒᆞ니, ᄌᆞ녜 부
풍모습ᄒᆞ여 긔긔히 옥슈닌벽(玉樹驎璧) ᄀᆞᆺ고 단산(丹山)의 봉조(鳳鳥) ᄀᆞᆺᄒᆞ니, ᄎᆞ비 박
시 오ᄌᆞᄅᆞᆯ 싱ᄒᆞ니 모친을 담지 아녀, 용뫼 긔긔히 아름다오니 지졔 냥부인긔 십ᄌᆞ이
네라.

쇼아 등의 닙신가취(立身嫁娶)ᄒᆞ던 셜화와 녀흉(凶)의 난가(亂家)ᄒᆞ던 ᄉᆞ에(辭語),
다 <쇼문명현츙의록(蘇門名賢忠義錄)>의 명ᄇᆡᆨᄒᆞᆫ 고로, 이의 ᄃᆡ기만 긔록ᄒᆞ노라.

셜표(說表)491), 어시의 진궁 윤샹부의셔 영화(榮華) 길셩(吉星)492)이 다다(多多)ᄒᆞ니

---

489)문무젼ᄌᆡ(文武全才) : 문장과 무예에 관한 완전한 재능.
490)뇽갑(龍甲) : 과거 갑과. *갑과(甲科): 조선 시대에, 과거 합격자를 성적에 따라 나누던 세 등급 가운
　　데 첫째 등급.
491)셜표(說表) : 고소설에서 새로 이야기를 시작할 때 쓰는 '화셜(話說)' '화표(話表)' '각셜(却說)' 따위와
　　같은 화두사(話頭詞).

엇지 조물(造物)의 니극지싀(已極之猜)와 텬도【17】의 휴영지니(虧盈之理)를 면ᄒ리오. 위태비의 당초 흉험잔포(凶險殘暴)ᄒ므로 악질의 흉ᄉ치 아니믄 젼혀 효ᄌ 현손 효부의 지셩달효(至性達孝)를 신기(神祇) 감동ᄒ시미라. 슈복(壽福) 영녹(榮祿)이 지극ᄒ거니, 엇지 다시 동방삭(東方朔)493)의 삼쳔갑ᄌ(三千甲子)494)와 핑조(彭祖495))의 칠ᄇᆡᆨ여셰(七百餘歲) 쟝슈(長壽)를 바라리오.

ᄎ년(此年) 하말츄초(夏末秋初)의 홀연 위틔비 유질(有疾)ᄒ여 날노 위독(危篤)ᄒ니, 진궁과 샹부(上府) 닉외(內外) 진경(震驚)ᄒ여 텬하묘방(天下妙方)으로 다스릴ᄉᆡ, ᄌ부 졔손의 니ᄅ히 쥬야 블탈의ᄃᆡ(不脫衣帶)ᄒ고 구호ᄒ나, 임의 양쉬(養壽) 진ᄒ엿거니, 엇지 슈복(壽福)을 두로혀리오. 크게 미류(彌留)ᄒ여 슌여(旬餘)의 밋쳐ᄂᆞᆫ 날노 위즁(危重)ᄒ고 ᄇᆡ약이 무효ᄒ니, 틔비 스스로 니지 못홀 줄 알고, 요요(遙遙)ᄒᆞᆫ 졍신을 거두어 【18】 ᄌ부(子婦)를 ᄃᆡᄒ여 왈,

"노뫼 임의 텬명이 다ᄒ엿ᄂᆞᆫ지라. 비록 화틔(華佗)496) 부싱(復生)ᄒ고, 편작(扁鵲)497)의 영공(靈功)이나, 노모의 쓰쳐진 명을 닛지 못ᄒ리니, 여등은 너모 초젼(焦煎)ᄒ여 질을 일위지말나. '인지장ᄉ(人之將死)의 기언(其言)이 션(善)ᄒ고, 조지장사(鳥之將死)의 기셩(其聲)이 쳐의(悽矣)라.'498) ᄒ니, 노모의 당초 쳔흉만악(千凶萬惡)을 헤아리건ᄃᆡ, 무한ᄒᆞᆫ 영녹(榮祿) 가온ᄃᆡ 평싱이 무흠(無欠)ᄒ다가 금일 안와이ᄉ(安臥而死)499)ᄒ미, 노모의 악힝으로 비겨 의논컨ᄃᆡ 엇지 못홀 영화(榮華)라. 노모는 조금도 슬퍼 아닛ᄂᆞ니 여등은 ᄯᅩᄒᆞᆫ 무익ᄒᆞᆫ 근심을 과도히 말나. 다만 진연(塵煙)이 오리지 아니리니, 닉외졔손(內外諸孫)을 안젼(眼前)의 모화 여일(餘日)을 죵(終)코져 ᄒ노라."

ᄌ부졔손(子婦諸孫)이 이 말ᄉᆞᆷ을 【19】 듯ᄌ오ᄆᆡ, 더옥 비졀(悲切)ᄒ여 체읍(涕泣)ᄒ믈 마지 아니ᄒ고, 일노조ᄎ 졔왕비 의렬과 녕능후부인과 하승샹부인이며 쇼지졔부인 등이 위태부인의 환휘(患候) 침즁(沈重)ᄒ믈 듯고 크게 놀나, 일시의 귀령ᄒ니, 닉외손의 번셩ᄒ미 거의 ᄇᆡᆨᄌ쳔손(百子千孫)의 셩(盛)ᄒ미 잇더라.

---

492)길셩(吉星) : 길하고 상서로운 별. 이 별이 비치는 곳은 좋은 일이 있다고 한다. *여기서는 '경사'를 뜻한다.

493)동방삭(東方朔) : 중국 전한 시대의 문인. 속설에 서왕모의 복숭아를 훔쳐 먹어 죽지 않고 장수하였다 하며, '삼천갑자 동방삭'이라 함.

494)삼쳔갑ᄌ(三千甲子) : 1갑자가 60년이므로 18만년의 긴 시간이다.

495)핑조(彭祖) : 중국 은나라 때의 전설적 인물로, 도교적(道敎的) 수도(修道)와 양생(養生)을 통해 800세의 수(壽)를 누렸다고 한다.

496)화틔(華陀) : 중국 후한(後漢) 말기에서 위나라 초기의 명의(名醫)(?~208). 약제의 조제나 침질, 뜸질에 능하고 외과 수술에 뛰어났으며, 일종의 체조에 의한 양생 요법인 '오금희(五禽戲)'를 창안하였다.

497)편작(扁鵲) : 중국 전국 시대의 의사. 성은 진(秦). 이름은 월인(越人). 임상 경험을 바탕으로 치료하였다. 장상군(長桑君)으로부터 의술을 배워 환자의 오장을 투시하는 경지에까지 이르렀다고 전한다.

498)인지장ᄉ(人之將死)의 기언(其言)이 션(善)ᄒ고, 조지장사(鳥之將死)의 기셩(其聲)이 쳐의(悽矣)라 : 사람이 죽을 때가 되면 그 말이 착하고, 새가 죽을 때가 되면 그 소리가 슬프다.

499)안와이ᄉ(安臥而死) : 편안히 누운 상태에서 죽음을 맞음.

니러구러 초츄염간(初秋念間)의 위틱비 졍셕(定席)의 안와기셰(安臥棄世)ᄒᆞ니 츈츄(春秋) 팔십칠셰러라. 가즁상히(家中上下) 발상거이(發喪擧哀)ᄒᆞ니, 이셩(哀聲)이 진긔(振起)500)ᄒᆞ더라. 조태비 비록 초(初)의 존고의 흉포(凶暴)ᄒᆞ믈 즈심히 겻거, 《쳔상만고∥쳔신만고(千辛萬苦)》의 놀난 심장이나 도금(到今)ᄒᆞ여ᄂᆞᆫ 틱부인이 회과칙션(悔過責善)ᄒᆞ여 의연(依然)이 의합슈젹(意合手適)501)ᄒᆞᆫ 고식(姑媳)이러니, 이졔 존괴 연셰(捐世)【20】ᄒᆞ시미 조부인의 지셩인효(至誠仁孝)로ᄡᅥ, 붕셩지통(崩城之痛)502) 우희 '풍슈(風樹)의 지통(至痛)'503)이 '뇨아(蓼莪)의 우름'504)을 겸ᄒᆞ니, 녯 셜움과 시 지통(至痛)이 겸발(兼發)ᄒᆞ민, 싀훼골닙(柴毀骨立)505)ᄒᆞ여 노력(老力)이 위위(危危)ᄒᆞ며, 진왕과 호람후의 지셩디효(至誠大孝)로셔 호텬뇨아(呼天蓼莪)506)의 양신(兩身)507)〇[이] 지통이 겸발(兼發)ᄒᆞ여 장ᄎᆞᆺ 보젼키 어려오니, 조질졔손(子姪諸孫)이 황황(遑遑)ᄒᆞ여 좌와(坐臥)의 붓드러 빅단관위(百端寬慰)ᄒᆞ며, 승상은 부공(父公)이 쥭음(粥飮)을 나오지 아니신즉, 조긔 쏘ᄒᆞᆫ 먹지 아니ᄒᆞ고, 주지 아니면 조긔도 침슈(寢睡)ᄅᆞᆯ 폐ᄒᆞ고, 공이 우름을 시작ᄒᆞ여 긋치지 아니미, 왕과 승상이 곡읍을 긋치지 아니ᄒᆞ니, 왕은 본디 츙텬장긔(衝天壯氣) 고로, 여러날 침식을 구궐(久闕)ᄒᆞ나 오히려 부지(扶持)ᄒᆞ디, 【21】승상은 조쇼(自少)로 쳥약(淸弱)ᄒᆞᆫ 고로 크게 쇠픽(衰敗)ᄒᆞ여 용뫼 쵸췌(憔悴)ᄒᆞ니, 츄밀이 우황(憂惶)ᄒᆞ믈 니기지 못ᄒᆞ며, 호람휘 망극 즁, 조질의 니러틋 과쳑(過慽)홈과 승상의 슈약(瘦弱)ᄒᆞᆷ을 보미, 도로혀 넘녀ᄒᆞ여 조질(子姪)을 보호코조 ᄒᆞ미, 스스로 지통을 관억(寬抑)ᄒᆞ여 써써 쥭음(粥飮)을 나오고, 조질을 권쥭(勸粥)ᄒᆞ여 초상(初喪)의 지보(支保)ᄒᆞ미 되고, 뉴부인은 본디 조쇼(自少)로 존고와 상득(相得)ᄒᆞ여 젼후 악힝도 한가지오, 회과칙션(悔過責善)홈도 한가지니, 고식지졍(姑媳之情)이 범연치 아니턴지라. 이통과상(哀痛過傷)ᄒᆞ여 장ᄎᆞᆺ 지보키 어려오니, 녀부졔손(女婦諸孫)과 남빅 등이

---

500) 진긔(振起) ; 진동(振動). 소리나 바람 따위가 크게 일어남.
501) 의합슈젹(意合手適) : 서로 뜻이 합치하고 손이 맞음.
502) 붕셩지통(崩城之痛) : 성이 무너질 만큼 큰 슬픔이라는 뜻으로, 남편이 죽은 슬픔을 이르는 말
503) 풍슈(風樹)의 지통(至痛) : 풍슈지통(風樹之痛). 풍수지탄(風樹之嘆). 효도를 다하지 못한 채 어버이를 여윈 자식의 슬픔을 이르는 말. 공자가 당대 주(周)나라의 현인(賢人) 고어(皐魚)와 문답하는 가운데, 고어가 말한 '수욕정이풍부지(樹欲靜而風不止; 나무는 조용히 있고 싶어 하지만 바람이 그치지 않고), 자욕양이친부대(子欲養而親不待; 자식은 부모를 봉양하고자 하나 부모님은 기다려 주시지 않네)'라는 탄식에서 유래한 말. 중국 한(漢)나라 때, 한영(韓嬰)이 편찬한 『한시외전(韓詩外傳)』 권9.에 나온다.
504) 뇨아(蓼莪)의 우름 : 육아지통(蓼莪之痛). 중국 전국시대 진(晉)나라 사람 왕부(王裒)가 아버지가 비명(非命)에 죽은 것을 슬퍼하여 일생 묘 앞에 여막(廬幕)을 짓고 살며 추모하였는데, 『시경』<육아편(蓼莪篇)>을 외우며, 그 때마다 아버지를 봉양치 못하는 자신의 처지를 슬퍼하여 눈물을 흘렸다는데서 유래한 말. 육아(蓼莪) 시(詩)의 내용은 부모가 고생하며 나를 낳고 길러주신 은혜와 그 은혜를 갚지 못하는 효자의 슬픔을 표현하고 있다.
505) 싀훼골닙(柴毀骨立) : 바짝 말라 뼈만 앙상함.
506) 호텬뇨아(呼天蓼莪) : 하늘을 우러러 부르짖으며 육아시(蓼莪詩)를 외움. *육아시(蓼莪詩): 『시경』<육아편(蓼莪篇)>을 말함.
507) 양신(兩身) : 두 몸. 즉 진왕과 호람후.

조·뉴 냥부인을 시호(侍護)ᄒ니 빅단관위(百端寬慰)ᄒ더라.

텬지 진왕과 호람후의 지상(在喪)ᄒᄆᆯ 드ᄅ시고, 디경ᄒ【22】샤 부위(賻慰)508)ᄅᆯ 후히 ᄒ시고, 녜관(禮冠)을 보ᄂᆡ샤 조상(弔喪)ᄒ시고, 시호(諡號)ᄅᆯ 놉혀 진국틱군졍덕왕후(晉國太君貞德王后)ᄅᆯ 츄증(追贈)ᄒ라 ᄒ시고, 각별 녜장(禮葬)을 나리와 제왕후비녜(諸王后妃禮)로 ᄒ시다.

셩복(成服)509)을 맛ᄎᆞ미, 뎡·하 냥부 졔인이며 인친고귀(姻親故舊) 다 문녀(門閭)510)의 ○○[나와] 조상(弔喪)ᄒ니, 만조거경의 곡셩(哭聲)이 긋지 아니터라.

니러구러 슈월(數月)의 밋ᄎ니, 위틱비 녕구(靈柩)ᄅᆯ 밧드러 항쥬로 나릴ᄉᆡ, 뒤히 호람후와 왕이 쇼거(素車)의 오ᄅᆞ미, 버거 승상이 제ᄌᆞ제질(諸子諸姪)노 더부러 조ᄎᆞ시니, 빅복(白服) 싀아ᄌᆡ(侍兒子) 블가승쉬(不可勝數)더라.

어ᄉᆡ의 호람후와 진왕곤계 제ᄌᆞ질노 더브러 틱비 녕구ᄅᆯ 뫼셔, 무ᄉᆞ히 힝ᄒᆞ여 슌여(旬餘)의 항쥬 고틱의 니ᄅᆞ니, 직희엿던 가졍복뷔 쇼【23】의(素衣)ᄅᆯ ᄀᆞᆺ초고 슈빅니의 나와 마ᄌᆞ니, 상하의 슬픈 곡셩(哭聲)이 쳐량(凄涼)ᄒ더라.

어ᄉᆡ의 금평후와 제왕곤계 경ᄉᆞ 소식을 드ᄅᆞ니, 진궁 위틱비 연셰(捐世)ᄒᆞ미 호람휘 ᄌᆞ질을 거ᄂᆞ려 하향ᄒᆞᆫ다 ᄒᆞᄂᆞᆫ지라. 금휘 제왕 등 오ᄌᆞᄅᆯ 보ᄂᆡ여 즁노(中路)의 가 마ᄌᆞ 조상(弔喪)ᄒ라 ᄒ고, ᄌᆞ긔ᄂᆞᆫ 친히 십니장졍(十里長程)의 가 윤공을 마ᄌᆞ 악슈(握手) 상통(相痛)ᄒᆞ미 피ᄎᆞ 반기ᄂᆞᆫ 졍이 의의(依依)ᄒ고, 슬픈 누쉬(淚水) 비비(霏霏)ᄒ니, 냥공의 지통은 텬눈 밧긔 ᄌᆞ별(自別)ᄒᆞ미 잇더라.

냥구(良久)의 비로소 셔ᄅᆞ 위로 권면ᄒᆞ여, 마두(馬頭)ᄅᆯ 갈와 부즁의 도라올ᄉᆡ 녕구ᄅᆯ 밧드러 고틱의 뫼시고, 다시 틱일ᄒᆞ여 션산의 안장ᄒᆞ고, 목묘(木廟)ᄅᆯ 밧드러 부즁(府中)의 봉안ᄒ고, 조【24】셕증상(朝夕蒸嘗)511)을 밧들ᄉᆡ, 슈녈비의 동동촉촉(洞洞屬屬)ᄒᆞᆫ 셩효ᄂᆞᆫ 틱비의 ᄉᆞ싱냥긔(死生兩期)의 다ᄅᆞ미 업ᄉᆞ니, 닌니향당(隣里鄕黨)이 칭션ᄒ고, 호람휘 질부의 봉ᄉᆞ의 지극ᄒᆞᆫ 졍셩을 보미 크게 긔특이 너겨, 즁이(重愛)ᄒᆞ미 친ᄌᆞ부(親子婦)의 감치 아니터라.

일월이 홀과(忽過)ᄒᆞ여 이 ᄒᆡ 지ᄂᆞ고 명츈(明春)을 당ᄒ니, 윤·뎡 냥노공의 궁텬(窮天) 영모지통(永慕之痛)이 깅가일층(更加一層)ᄒ더라.

하ᄉᆞ월(夏四月)의 밋쳐ᄂᆞᆫ 뎡상부 슌틱비 삼긔(三忌) 님박ᄒ니, ᄂᆡ외손증(內外孫曾)이 ᄃᆡ회(大會)ᄒᆞ여 셜제(設祭)홀ᄉᆡ, 어ᄉᆡ의 경ᄉᆞ(京師) 본부의셔 제뎡(諸鄭)이 말미ᄅᆯ 어더 하향ᄒᆞ여 왕모(王母) 향ᄉᆞ(享祀)ᄅᆯ 지닐ᄉᆡ, 슬픈 누쉬(淚水) 산산(潸潸)ᄒᆞ여 강하(江

---

508)부위(賻慰) : 부의(賻儀)와 조위(弔慰)를 함께 이른 말. *부의(賻儀): 상가(喪家)에 부조로 보내는 돈이나 물품. 또는 그런 일. *조위(弔慰): 죽은 사람을 조문(弔問)하고 유가족을 위문함.

509)셩복(成服) : 초상이 나서 상인(喪人)들이 처음으로 상복(喪服)을 입는 일. 보통 입관(入棺)을 마친 후 입는다.

510)문녀(門閭) : 동네 어귀에 세운 문.

511)조셕증상(朝夕蒸嘗) : 아침저녁으로 올리는 제사. 증상(蒸嘗)은 제사(祭祀)를 뜻하는 말로, '증(蒸)'은 겨울제사를, '상(嘗)'은 가을제사를 말한다.

河)를 봇퇼 듯ᄒ니, 금후부부의 노력지시(老力之時)의 시로이 망극ᄒ믄 닐【25】너 알
비 아니라.

제파(祭罷)의 일시의 곡읍을 긋치나, 홀노 금휘 오ᄅ도록 니지 아니ᄒᄂᆫ지라, 졔왕
형뎨 놀나 나아가 붓드러 보니, 장ᄎᆺ 긔운이 엄졀(奄絶)ᄒ엿ᄂᆫ지라. 졔ᄌ졔손이 딕경
창황ᄒ여 급히 쳥심환(淸心丸)512)을 나와 드리오고, 슈족(手足)을 쥐믈너 구완ᄒᄆᆡ,
식경이 지난 후 공이 비로소 숨을 ᄂᆡ쉬며, 눈을 드러 모든 ᄌ손의 슈안쳑용(瘦顔瘠容)
을 보고 감동ᄒ여 츄연(惆然) 희허(唏噓) 왈,

"ᄌ텬ᄌ(自天子)로 지어셔인(至於庶人)히 뉘 호텬뉵아지통(呼天蓼莪之痛)513)이 업ᄉ
리오만은, 노뷔(老父) 스스로 강잉치 못ᄒ니, 이ᄂᆫ 아시(兒時)의 엄군(嚴君)을 여희옵
고 선비(先妣)를 의앙(依仰)ᄒᄆᆡ 남다ᄅᆫ 연괴라. 연이나 명완(命頑)ᄒᄆᆡ 초목 갓ᄒ니
임의 삼상(三喪)을 지보(支保)ᄒ【26】ᄆᆡ 이시니, 노력(老力)이 혼모(昏暮)ᄒ여 일시
혼도(昏倒)ᄒᄆᆡ 잇시나, ᄉᆞᆼᄉ지녀(死生之慮)ᄂᆫ 업ᄉ리니, 여등은 근심말나."

왕이 야야(爺爺)의 회운(回運)ᄒ샤 말슴이 분명ᄒ시믈 드ᄅᆞ며, 역희(亦喜) 감비(感
悲)ᄒ여 쳬루(涕淚)를 거두어 이셩(怡聲) 위로(慰勞) 쥬왈(奏曰),

"딕인의 츌텬딕효로셔 금일 종ᄉ(終祀)를 지ᄂᆡ오ᄆᆡ 엇지 니러치 아니시리잇고만은,
ᄌ고(自古)로 《위‖ᄌ》텬ᄌ(自天子) 셔인(庶人)의 니ᄅᆞ히514), 젼(全)515) 소식(素
食)516)ᄒ며, 치소식(菜蔬食)517)은 삼상녜(三喪禮)의 덛덛ᄒᆫ 딕례(大禮)라. 'ᄌ공(子
貢)518)이 뉵년(六年) 상복(喪服)을 ᄒᄆᆡ 공ᄌ의 뜻이 아니라'519) ᄒ엿ᄉᆞᄂᆞ니, 야야(爺
爺)의 니ᄅᆞᆺ 과훼(過毀)ᄒ시ᄆᆡ 왕모(王母)의 님종(臨終) 경계(警戒) 아니시고, 또 엇지
아히(兒孩) 등의 민박(憫迫)ᄒᆫ 졍ᄉᆞ를 도라보지 아니시ᄂᆞ니잇고? 복【27】원(伏願) 딕
인은 지통을 관억(寬抑)ᄒ샤 셩쳬를 조보(調保)ᄒ시믈 바라ᄂᆞ이다."

말슴을 니어 졔ᄌ(諸子) 호언(好言)으로 위안ᄒ기를 마지 아니니, 금휘 졔ᄌ의 간위
(懇慰)ᄒᄂᆫ 졍셩을 감동ᄒ여, 긔운을 슈습ᄒ고 일긔(一器) 보미(寶米)를 나와 진음(進
飮)ᄒ니, 졔ᄌ손이 깃거ᄒᄆᆡ 비길딕 업더라.

---

512)쳥심환(淸心丸) : 한의학에서, 심경(心經)의 열을 푸는 환약. =우황청심환(牛黃淸心丸).

513)호텬뉵아지통(呼天蓼莪之痛) : 하늘을 우러러 부르짖으며 육아시(蓼莪詩)를 외우는 슬픔이란 말로, 부
모를 여읜 슬픔을 말한다.

514)ᄌ텬ᄌ(自天子) 셔인(庶人)의 니ᄅᆞ히 : 천자로부터 서인에 이르기까지.

515)젼(全) ; 모두. 모두가.

516)소식(素食) : 소밥(素-). 소반(素飯). 고기반찬이 없는 밥

517)치소식(菜蔬食) : 채식(菜食). 고기류를 피하고 주로 채소, 과일, 해초 따위의 식물성 음식만 먹음.

518)ᄌ공(子貢) : 중국 춘추 시대 위나라의 유학자(?B.C.520~?B.C.456). 성은 단목(端木), 이름은 사(賜).
공문십철(孔門十哲)의 한 사람으로 언어에 뛰어났으며, 노나라와 위나라의 재상(宰相)을 지냈다. 공자
사후(死後) 묘 곁에 여막(廬幕)을 짓고 6년을 시묘(侍墓)하였다.

519)ᄌ공(子貢)이 뉵년(六年) 상복(喪服)을 ᄒᄆᆡ 공ᄌ의 뜻이 아니라 : 공자는 3년상을 천하의 통상(通喪;
인간의 도리에 맞는 떳떳한 상례)이라 하였다(子曰, … 夫三年喪 天下之通喪也. 『논어(論語)』〈양화편
(陽貨篇)〉). 그러므로 자공이 6년간 시묘를 한 것은 공자가 가르친 상례(喪禮)에 어긋난다.

추일 윤노공과 진왕곤계며 제윤이 니르러, 금후룰 보고 삼긔(三忌) 덧업스믈 치위(致慰)ᄒᆞ믹, 윤·뎡 냥노공의 노년(老年) 뉵아지통(蓼莪之痛)의 츄원영모지회(追遠永慕之懷) 한셜(閑說)노 조ᄎᆞ 더ᄒᆞ니, 각각 ᄌᆞ손이 이셩낙ᄉᆡᆨ(怡聲樂色)으로 관위(款慰)하더라.

이 적의 조뎡의셔 윤·뎡 냥뷔(兩府) 슈상(守喪)ᄒᆞ믹, 제·진 냥왕과 튀각즁신(太閣重臣)의 뉵경직렬(六卿宰列)이 이 가온딕 만히 ᄉᆞ직(辭職)ᄒᆞ엿ᄂᆞᆫ【28】지라. 묘당(廟堂)520)이 황연이 뷘 듯ᄒᆞ니, 만셰 황애 슉취(宿就) 옥침(玉枕)의 경경(耿耿)ᄒᆞ샤, 제윤은 오히려 초긔(初忌)도 못지나시니 입조(入朝)ᄒᆞ기 머럿거니와, 제뎡은 임의 삼긔(三忌)룰 맛ᄎᆞ시니, 이제 담ᄉᆞ(禫祀)521)룰 마즈 지닌 후 즉시 환경ᄒᆞ믈 직촉ᄒᆞ시ᄂᆞᆫ 황ᄉᆞ(皇使) 도로의 니어시니, 금휘 엇지 훌훌이 묘하(墓下)룰 ᄯᅥ나고져 ᄒᆞ리오만은, 텬총(天寵)이 관유(寬裕)ᄒᆞ시믈 보믹 엇지 감히 신ᄌᆞ의 도리 안안(安安)ᄒᆞ리오. 이의 슈월 후 튀부인 담ᄉᆞ룰 지닉면 장ᄎᆞᆺ 환조(還朝)ᄒᆞ려 ᄒᆞ더라.

시ᄎᆞ(時此)의 취운산 졔궁의셔 동졔공 모든 군종 졔뎨 왕모 삼긔 님박ᄒᆞ믹, 말믹룰 어더 하향(下鄕)ᄒᆞ여, 담ᄉᆞ룰 지닉고 왕부모와 부슉을 뫼셔 환경【29】ᄒᆞ려 ᄒᆞᄂᆞᆫ 고로, ᄌᆞ연 여러 달의 밋쳣더라.

이ᄯᅥ 구한{한}님이 뎡쇼져의 션연 미모룰 한번 보므로 슉식침좌(宿食寢座)522)의 암암(暗暗)ᄒᆞ여523) 진실노 닛기 어려오니, 우연이 심ᄉᆞ룰 《지젹∥지졉(止接)524)》지 못ᄒᆞ여 아아525)로 상의ᄒᆞ여 문득 부모의 알믹 되어, ○○○[부친이] 스스로 젼과(前過)룰 니르며 뎡부의 슈은(受恩)을 일ᄏᆞ라 싱심도 뎡쇼져 도장을 침범치 못홀 줄과, 죽암의 호승(豪勝)이 튀과(太過)ᄒᆞ니, 결연이 ᄌᆞ긔와 결혼치 아닐 바룰 경계ᄒᆞ고, ᄎᆞ후 망녕된 의ᄉᆞ룰 닉지 말나 ᄒᆞ며, 일노조ᄎᆞ 무슈흔 믹파룰 블너 동셔로 졀염가인(絶艶佳人)을 구ᄒᆞᄂᆞᆫ지라.

한님이 부모의 경계(警戒)로조ᄎᆞ 심긔 져삭(沮削)ᄒᆞ【30】니, ᄯᅩᄒᆞᆫ 바라미 망단(望斷)ᄒᆞ여 닛기룰 공부ᄒᆞ나, 이 ᄯᅩ 능히 임의치 못ᄒᆞ여, 눈을 감으면 문득 뎡상부의 닉원(內園)을 인ᄒᆞ여 강션누룰 꿈ᄭᅮ어 옥인의 방향(方向)을 바라보ᄂᆞᆫ지라.

일일은 더욱 심예(心慮) 번다ᄒᆞ여 능히 잠을 일우지 못ᄒᆞ더니, 눈을 잠간 감으믹 문득 일위 미인이 션삼인딕(蟬衫璘帶)526)로 압히 셧거늘, 보니 이곳 뎡쇼졔라. 몽혼이

---

520)묘당(廟堂) : 의정부를 달리 이르던 말.
521)담ᄉᆞ(禫祀) : =담제(禫祭). 대상(大祥)을 치른 다음다음 달 하순의 정일(丁日)이나 해일(亥日)에 지내는 제사. 초상(初喪)으로부터 27개월 만에 지내나, 아버지가 생존한 모상(母喪)이나 처상(妻喪)일 때에는 초상으로부터 15개월 만에 지낸다.
522)슉식침좌(宿食寢座) : 자고 먹고 눕고 앉고 하는 일상사(日常事)
523)암암(暗暗)ᄒᆞ다 : 기억에 남은 것이 눈앞에 아른거리는 듯하다.
524)지졉(止接) : (몸을) 붙이어 의지함.
525)아아 : 동생.
526)션삼인딕(蟬衫璘帶) : 매미 날개 같은 옷과 옥색 띠라는 말로, 아름답고 화려한 복장을 말함.

경각ᄒ니, 각별 줌들미 업시 눈을 잠간 감앗더라. 한님이 심혼이 더욱 경난(驚亂)ᄒ여 홀노 장탄회허(長嘆唏噓)ᄒ고 심지(心志) 셔로 말ᄒ여 왈,

"닉 처음의 우연이 년쇼지심(年少之心)의 과픔(果品)을 탐ᄒ다가, 뎡부 닉원을 조ᄎ 평싱 원가(怨家)를 한번 본【31】 후는 과연 닛기 어려오니, 비록 부모의 명이 엄ᄒ시나 실노 강잉(強仍)527)치 못ᄒ고, 셜ᄉ 부월(斧鉞)이 님ᄒ나 닛기 어려올 듯ᄒ니, 이 ᄯᅩ한 나의 본심이 아니로다."

ᄒ니,

"이 ᄯᅩ한 나 구챵윤이 뎡쇼져로 더부러 텬졍슉연(天定宿緣)이 즁(重)타 ᄒ시거든, 금야의 맛당이 신긔한 증험(證驗)이 잇게 ᄒ쇼셔. 연즉(然卽) 챵윤이 죽을지언졍 인연을 도모ᄒ여, 광탕취킥(狂蕩醉客)의 누명을 어들지언졍 슉녀를 남의게 ᄉ양치 아니리라."

ᄒ고, 침상(寢床)의 나아갓더니, 과연 시야(是夜)의 일몽을 어드니 졍혼(精魂)이 유유탕탕(悠悠蕩蕩)ᄒ여 가는 바 업시 뎡상부 닉화원을 ᄉ못ᄎ 강션누의 니르니, 즁쳥(中廳)의 포진(鋪陳)을 널니고 교빅셕(交拜席)【32】의 합환연(合歡宴)을 비셜(排設)ᄒ엿ᄂᆞᆫ듸, 일위 션관이 금관조복(金冠朝服)으로 운무의(雲霧衣)를 졍(整)히 ᄒ고, ᄌᆞ가(自家)528)와 뎡쇼져를 인도ᄒ여 쳥즁(廳中)의 교빅(交拜)ᄒ고 홍ᄉ(紅絲)를 가져 밋기를 단단이 ᄒ니, 한님이 혼ᄉ(婚事) 셩젼(成全)ᄒᆷ을 몽즁이나 만심환흡(滿心歡恰)ᄒ여 다졍한 봉안(鳳眼)이 기리 뎡쇼져 신상의 머믈러, 옥안화틱(玉顔花態)를 우러러 황홀한 졍흥(情興)이 요양(搖揚)ᄒ니, 션인이 홍ᄉ를 거드며 호호히 쇼왈,

"녕쳥도군과 옥녀셩은 본듸 옥뎨 명ᄒ신 텬졍가연(天定佳緣)이로듸, 다만 도군이 발원을 잘못ᄒ여 구상셔의 젼셰의 조고만 ᄉ(事)를 위ᄒ여 브듸 구가의 탄싱ᄒ여, 쇠문(衰門)을 현달ᄒ렷노라 ᄒ고, 구상셔의 아들된 연고【33】로 옥녀셩으로 인연이 ᄎ라ᄒ니529) 엇지 텬도를 원(怨)ᄒ리오. 슈연(雖然)이나, 졍도로 연분을 일우고져 ᄒ즉 그 어려오미 칠야(漆夜) 갓ᄒ리니, 도군은 여ᄎ여ᄎᄒ여 옥녀셩의 도장을 출입ᄒ여 삼싱슉연을 도모ᄒ라. 비록 슌(順)치못ᄒ여 진공의 놉흔 노(怒)를 일위나, 평졔왕은 관인군ᄌᆞ(寬仁君子)라. 반드시 기뎨(其弟)를 히유(解諭)ᄒ여 셰월을 쳔연(遷延)ᄒ나 ᄯᅩ한 슉 치연업(宿借緣業)을 셩젼ᄒ기 어렵지 아니ᄒ리라."

졍언간(停言間)의 홀연 일위 호상(豪爽)한 장뷔 만면노긔(滿面怒氣)로 급히 드러오며 녀셩딕호(厲聲大號) 왈,

"월노(月老)는 망녕도이 구지말나. 아녀는 명가긔믹(名家氣脈)이라. 엇지 구몽슉의 아들과 혼인ᄒ리오. 이【34】는 구치(狗彘)로셔 뇽닌(龍鱗)과 ᄧᆨᄒ미라."

ᄭᅮ짓는 소릭 산악(山嶽) 갓흔지라. 한님이 몽즁의 넉시 놀나 씩다ᄅᆞ니 남가일몽(南

---

527)강잉(強仍) : 억지로 참음. 또는 마지못하여 그대로 함.
528)ᄌᆞ가(自家) : 자기 자체.
529)ᄎ라ᄒ다 : 어긋나다. 아득히 멀다.

柯一夢)이라. 몽시(夢事) 십분 명명ᄒ여 반호(半毫) 희미치 아닌지라. 한님이 만심의 의혹ᄒᄆᆯ 마지아냐, 추탄 왈,

"진실노 텬연이 여ᄎᆞᄒ면 현마 어이ᄒ리오. 뎡쥭암 아냐 텬ᄌᆞ의 위엄인들 하늘이 뎡ᄒ신 연업(緣業)을 엇지 버히리오."

시로이 계젼(階前)의 나와 방황ᄒ며[니], 미인의 ᄌᆞᄐ퇴 눈의 삼ᄉᆞᆷᄒ지라. 드듸여 가연이 ᄯᆮ을 결ᄒ여, 뎡쇼져 장각을 돌입ᄒ여 일을 져즐녀 ᄒ미, 듸장뷔 엇지 셰쇄(細瑣)ᄒᆫ 호의(狐疑)를 두리오. 맛당이 한번 규각(閨閣)의 돌입ᄒ여 뇨조가인(窈窕佳人)을 질족ᄌᆞ(疾足者)의【35】게 아이치 아니리라. 쥬의를 뎡ᄒ미 타연ᄒ여 슈우쳑쳑(愁憂惕惕)ᄒᆫ 거동이 업ᄉ니, 부뫼 아ᄌᆞ의 깁흔 쥬의는 모로고, 진실노 회심(回心)ᄒ미라 ᄒ여, 더옥 깃거 퇴부(擇婦)ᄒᆷᄋᆯ 밧비ᄒ더라.

구싱이 ᄎᆞ후ᄂᆞᆫ 더옥 졔궁과 상부의 왕뇌 빈빈ᄒ여 그윽ᄒᆫ 긔회를 엿보더니, 과연 오릭지 아녀 졔뎡이 퇴부인 향ᄉᆞᄅᆯ 지닉려 조뎡의 말미를 바다 일시의 하향ᄒ니, 가ᄌᆞᆼ의 모든 부인뇌 잇셔 닉외 고요ᄒ지라. 구한님이 조각을 만난 쥴 다ᄒᆼᄒ나, 무고히 져 곳의 나아가 외당이 뷔엿ᄂᆞᆫ 듸 밤을 머믈미 괴이ᄒ여, 유유지지(儒儒遲遲)ᄒᆯ ᄉᆞ이의 날이 ᄯᅩᄒᆫ 오릭니, 니럭구러 두어 달【36】이 되니, 싱각건듸 졔뎡의 환경 지속(遲速)이 졈졈 갓갓와 오ᄂᆞᆫ지라.

한님이 민민(悶悶)ᄒ더니, 문득 한 계규를 ᄉᆡ다라, 일일은 조회를 파ᄒ고 집의 도라와 부모긔 고ᄒ듸,

"맛ᄎᆞᆷ 친위 교외의 모다 야화(夜話)ᄒ기를 쳥ᄒ여시니 명일 도라오리이다."

ᄒ고, 공복(公服)을 닙고 쳥녀(靑驢)를 타고 진공의 부듕으로 나아가니, ᄎᆞ시 엇지 된고, 하회를 보라.

원뇌 진공 부듕 격닌(隔隣)의 운션이란 녀ᄌᆞᄂᆞᆫ 구싱이 일시 유졍ᄒᆫ 녀지라. 싱이 혜오듸,

"닉 운션을 보아 의논ᄒ면 졔 반ᄃᆞ시 동닌(同隣)의 잇고 겸ᄒ여 진공 부듕의 왕뇌ᄒ며 쇼져의 유랑과 족의(族誼) 잇다 ᄒ던 거시니, 닉 ᄌᆞ시 므릭리라."

ᄒ고, 운션의 집【37】의 니르러 운션을 블너 셔로 반길ᄉᆡ, 운션이 고왈,

"상공이 관복(官服)으로 쳔쳡(賤妾)을 신근(愼謹)이 ᄎᆞᄌ시니, 블승감격ᄒ이다."

한님이 쇼왈,

"맛ᄎᆞᆷ 친우를 만나 쥬비(酒杯)를 날니다가 날이 느즈미 니리 왓노라."

션이 쳥ᄒ여 쥬효(酒肴)를 갓초와 듸졉ᄒᆯᄉᆡ, 한님이 잠간 햐져(下箸)하고 상을 물닌 후, 종용이 문왈,

"닉 젼일 잠간 드릭니 진궁의 녀아 뎡쇼져의 유랑이 너와 쳑의(戚義) 잇다 ᄒ던 거시니, 그 유랑이 너와 엇지되ᄂᆞ냐?"

션 왈,

"상공이 엇지 므릭시ᄂᆞ니잇가?"

한님 왈,

"늬 알 일이 이시니 그 유랑의 위인과 위쥬츙심(爲主忠心)이 엇더뇨?"【38】

션 왈,

"극히 어질고 츙의과인(忠義過人)ᄒ니이다. 연(然)이나, 노애 쳡의 족분(族分)과 아즈뮈 위인을 ᄌ시 무러 무엇ᄒ려 ᄒ시ᄂ니잇고?

한님이 쇼왈,

"늬 부듸 알고져 ᄒᄂ 일이 이시미라. 무ᄉ530) 일이 이시리오."

운션은 가장 영오(穎悟)ᄒ지라. 셩모(星眸)를 흘녀 한님의 긔식을 가장 의심ᄒ여 간졀이 므르니, 한님이 져의 졍다이 므름믈 보미 ᄯᅩ흔 긔이지 아냐, 진졍으로셔 니르고, 왈,

"늬 처음의 입장(入丈)ᄒ미 블미(不美)ᄒ 녀ᄌ를 취ᄒ여 의가지낙(宜家之樂)531)이 업더니, 《그러ᄉ‖그러ᄂ》 단명ᄒ여 쳥연조요(靑年早夭)ᄒ니, 시금(是今) 여러 달의 니르히 상젹ᄒ 혼쳐를 엇지 못ᄒ더【39】니, 모월일의 우연이 여츠여츠하여 뎡쇼져를 보니, 이 진실노 쳔고(千古) 졀ᄉᆨ셩녜(絶色聖女)니, 늬 다만 미파로 쳥혼코져 ᄒ나 두어가지 쾌치 못ᄒ 곳이 이시니, 일ᄌᄂ 나의 풍신ᄌ덕(風神才德)이 엇지 진공의 나모랄 비리오만은, 나ᄂ 년긔 장셩(長成)ᄒ고 져쇼져ᄂ 유츙(幼沖)ᄒ니, 나의 진실을 삼지 아닐 듯ᄒ고, 이ᄌᄂ 가간(家間)의 연괴(緣故) 잇셔 가친이 졔뎡으로 더부러 졍의 골육 갓ᄒ시나 셔로 인아(姻婭)로 의논지 못홀 곡졀이 이시니, 일노 츄탁(推託)홀 듯ᄒ 고로 감히 쳥혼을 못ᄒ나, 나의 ᄉ상일념(思相一念)은 뎡시를 취치 못ᄒ면 당당이 황양(黃壤)의 원귀(冤鬼)되리니, 이졔 너다【40】려 므르믄 '네 아즈뮈532) 위인이 엇던고?' 라, 이 가온듸 혹ᄌ 가망(可望)이 이실가 ᄒ미로다."

션이 쳥파의 실ᄉᆨ(失色)ᄒ여 말을 아니 ᄒ더니, 냥구의 왈,

"이 과연 어렵고 어려오니, 뎡쇼져ᄂ 진실노 범연흔 미식이 아니라. 쳡이 아즈미를 인연ᄒ여 뎡쇼져 명광(明光)을 한번 구경ᄒ오니, 과연 만고(萬古) 슉완현완(淑婉賢婉)이라. 쳡슈무식(妾雖無識)ᄒ오나, 약간 식ᄌ(識字)를 통ᄒ여 옛말을 듯ᄌ오니, 셩녀(聖女) ᄉ시(姒氏)533) 규슈로 겨실 젹은 엇더ᄒ시던지 모로거니와, 쳡의 고루ᄒ 식견의ᄂ 당금 뎡쇼져의 더으신 줄 아지 못ᄒ옵ᄂ니, ᄯᅩ 아즈미 말을 듯ᄌ오니, 한갓 외모(外貌) ᄉᆨ용(色容) 뿐 아니라, 늬ᄌ(內才) 현슉ᄒ【41】시미 임강마등(任姜馬鄧)534)의 셩

---

530)무ᄉ : 무슨.

531)의가지락(宜家之樂) : 부부 사이의 화목한 즐거움. =실가지락(室家之樂).

532)아즈뮈 : 아자미. 아주미. '아주머니'의 낮춤말.

533)ᄉ시(姒氏) : 사씨(姒氏). 중국 주(周)나라 문왕(文王)의 비(妃) 태사(太姒)의 성씨. 주나라의 창건자인 무왕(武王)의 어머니로, 정숙한 덕성을 가져 성녀(聖女)로 추앙된다.

534)임강마등(任姜馬鄧) : 중국 주(周) 문왕(文王)의 모친 태임(太姙)과, 주(周) 선왕(宣王)의 비(妃) 강후(姜后), 동한(東漢) 명제(明帝)의 후비 마후(馬后), 동한(東漢) 화제(和帝)의 후비(后妃) 등후(鄧后)를 함께 이르는 말. 모두 어진 덕으로 이름이 높다.

덕이 계시다 ᄒᆞᄂᆞᆫ지라. 만일 이 갓흔 슉녀를 취ᄒᆞ시면 한갓 노야의 복이 놉흐실 ᄲᅮᆫ 아니라, 실노 쳔쳡이 어진 녀군을 어더 평싱을 우러오미 소원이로ᄃᆡ, 노야의 싱각ᄒᆞ신 바와 갓흐여, 뎡쇼졔 금년 일긔지셰(一期之歲)535)의 연미(軟美)ᄒᆞ시미 모츈(暮春)536)의 셰류(細柳) 갓흐시니, 진국공 노야와 양부인의 쳔금농옥(千金弄玉)이라. 이제 튁셔(擇婿)ᄒᆞ시미 각별 옥인군ᄌᆞ를 년치(年齒) 상당ᄒᆞ니로 유의ᄒᆞ시거늘, 셜ᄉᆞ 노애 넘치를 넛고 구혼ᄒᆞ신들, 뎡노애 엇지 허ᄒᆞ실니 이시리오. 만만(萬萬)코 뎡쇼져의 인연을 도모ᄒᆞ기 승텬입디(昇天入地)537)도곤 어려오리이다. 노애 만일 넛기를 공부【42】ᄒᆞ샤 타문의 슉녀가인(淑女佳人)을 구ᄒᆞ시미 올코, 블연즉 다른 계귀 업술가 ᄒᆞᄂᆞ이다.”

한님이 쳥미(聽未)의 악연(愕然) 장탄(長歎) 왈,

“연즉(然卽) 닌 당당이 싱셰지염(生世之念)이 돈무(頓無)ᄒᆞ리니, ᄯᅩᄒᆞᆫ 널노 더부러 니별이 오ᄅᆡ지 아니리로다.”

셜파의 상연슈류(傷然垂淚)ᄒᆞ니, 션이 한님의 ᄯᅳᆺ이 굿으믈 드르미 가이업셔538) 왈,

“연즉 쳔쳡이 원컨ᄃᆡ 약슈삼쳔니(弱水三千里)539)의 쳥조(靑鳥)540)를 ᄃᆡ신ᄒᆞ여, 노야의 브리시믈 감심ᄒᆞ리이다.”

한님이 ᄃᆡ희ᄒᆞ여 집슈(執手) 스레 왈,

“네 실노 여ᄎᆞ즉 그 공을 갑흐미 범연ᄒᆞ리오. 졔뎡이 도라오거든 졔왕의게 쳥ᄒᆞ여 너를 기젹(妓籍)의 ᄲᅢᆫ치고 나의 소실지위를 허(許)ᄒᆞ리라.”

션이 스레ᄒᆞ고 명을 쳥ᄒᆞᆫ ᄃᆡ, 한【43】님이 이의 일봉 셔간을 ᄂᆡ여 주며 여ᄎᆞ여ᄎᆞ ᄒᆞ라 ᄒᆞ니, 션이 쇼 왈,

“이 ᄯᅩᄒᆞᆫ 하 어렵지 아닌 일이니, 쳡이 아ᄌᆞ믜를 ᄎᆞᄌᆞ 잇다감 뎡쇼져 장각 근쳐의 왕ᄂᆡᄒᆞ여시니, 발이 셔지541) 아니커니와, 만일 발각ᄒᆞ면 국공 노야의 위엄의 엇지 살니잇고?”

한님이 ᄌᆡ삼 비밀ᄒᆞ믈 당부ᄒᆞ고 이 밤을 운션의 집의 머므러 명일 도라오니라.

운션이 구한님의 주던 셔간을 품고 뎡상부의 드러가 바로 강션누의 드러갈ᄉᆡ, 후원 문을 조ᄎᆞ 인젹이 업ᄂᆞᆫ ᄃᆡ로 인연ᄒᆞ여 강션누의 니ᄅᆞ니, 쇼졔 유아 시비 등으로 더부

---

535)일긔지셰(一期之歲) : 지금까지 살아온 세월. 또는 그 나이. 일기(一期); 한평생 살아 있는 동안.

536)모츈(暮春) : 음력 3월을 달리 이르는 말.

537)승텬입디(昇天入地) : 하늘로 오르고 땅속으로 들어간다는 뜻으로, 자취를 감추고 없어짐을 이르는 말.

538)가이업다 : ①가없다. 끝이 없다. ②가엾다. 마음이 아플 만큼 안되고 처연하다. 늑가엾다. ③어쩔 수 없다.

539)약수삼쳔니(弱水三千里) : 사람이 건널 수 없는 강. 신선이 살았다는 중국 서쪽의 전설 속의 강. 길이 가 3,000리나 되며 부력이 매우 약하여 기러기의 털도 가라앉는다고 하여, 속인(俗人)은 건너지 못한 다고 한다.

540)쳥조(靑鳥) : 반가운 사자(使者)나 편지를 이르는 말. 푸른 새가 온 것을 보고 동방삭이 서왕모의 사 자라고 한 한무(漢武)의 고사에서 유래한다.

541)셔다 : 설다. 낯설다. 익숙하지 못하다. 사물이 눈에 익지 아니하다

러 신셩(晨省)ㅎ라 드러가고, 아시비(兒侍婢) 수삼 인이 화원의 낙화를 쥬으【44】며 셔로 희롱ㅎ노라 사름의 즈최를 아지 못ㅎ더라. 운션이 나는다시 강션누 후창을 열고 드러가 봉셔를 경딕(鏡臺)우히 노코 급히 닉다라 또 후졍으로 도라 나오니 알니 업더라.

ᄎ시 쇼졔 졍당의 드러가 신셩ㅎ고 말슴ㅎ더니, 맛춤 졔졍이 도라오지 아냐 가즁(家中)이 젹연(寂然)흔 고로 하실 월염부인과 댱실 즈염부인과 셩실 초염쇼졔 등이 일시의 귀령ㅎ여 군종즈민로 한담ㅎ더니, 문득 날이 느즈미 졔쇼졔 각각 유모를 명ㅎ여 침쇼의 가 옷슬 가져오라 ㅎ여 가라닙을신, 숙염쇼져의 유모 순피 ᄯ흔 쇼져의 명으로 강션누의 니르러 쇼져의 의복【45】을 닉려 홀신, 홀연 흔봉 셔간이 노혀시딕, 피봉의 '필부구싱(匹夫寇生)은 근비셔(謹拜書) 우뎡쇼져장딕하(于鄭小姐粧臺下)'542)라 ᄒ엿거늘, 유뫼 ᄯ흔 식즈(識字)를 아는지라. 그 딕기를 살피미 크게 아름답지 아닌 스에(辭語)라. 딕강 갈와시딕,

"텬의(天意) 유지(有志)ㅎ니 '월하(月下)의 늙으니'543) 한 ᄭ움을 인연ㅎ여 두 혼(魂)을 닛그러 신션(神仙)의 누상(樓上)의셔 텬졍숙연(天定宿緣)을 졈복(占卜)ㅎ도다. 오직 두 마음이 명명(明明)ㅎ여 텬졍옥낭(天定玉娘)의 깁흔 졍은, 임의 션원(仙苑)의 방향(芳香)을 몬져 흠모ㅎ고, 후의 긔몽(奇夢)을 ᄭ움ᄭ니, '월하(月下)의 연업(緣業)'544)이 깁흔 쥴 알니로다. 유유히 졍을 머금으나 쇼져는 《십규리∥십쥬리(十柱裏)545)》 금옥도장(金玉ᅳᅳ)546) 안【46】히 이시니, 외간 남지의 소식을 엇지 알니오. 쇼졔 비록 년쇼ㅎ시나 거의 아르실지니, 모야(某夜) 신몽(神夢)을 죡히 긔억(記憶)흔 즉, 싱이 ᄯ흔 몽즁 인연으로 만나미 잇던 쥴 쇼연(昭然) 명지(明知)ㅎ시리이다. 이졔 망녕도이 글월 노뼈 몬져 알외믄, 빅년긔약(百年期約)을 언약ㅎ여 신믈(神物)을 삼아 녕존딕인(令尊大人)이 환경ㅎ시나, 쇼져는 텬연(天緣)을 어기지 못ㅎ실 쥴 붉이 아르시게 ㅎᄂ이다."

ㅎ엿더라.

유뫼 간필의 딕경ㅎ여 싱각ㅎ딕,

"구싱즈는 엇던 광뷔(狂夫)완딕, 니런 망녕된 의ᄉᆞ(意思) 잇ᄂᆞ뇨? 이글을 쇼졔 몬져 보시더면 큰일이 나리랏다. 쇼졔 비록 년유ㅎ시나 법문딕가(法門大家)【47】의 싱장ㅎ여 니런 비례(非禮)의 셔간을 보신즉 엇지 믈시(勿視)ㅎ리오. 닉 아직 이글을 깁히 간슈ㅎ여 쇼져긔 알외지 말고, 졔노애 환경ㅎ시거든 알외고, 요인(妖人)을 ᄎᆞᄌᆞ 명졍기죄(明正其罪)ㅎ리라."

---

542)필부구싱(匹夫寇生)은 근비셔(謹拜書) 우뎡쇼져장딕하(于鄭小姐粧臺下) : 필부 구생은 삼가 절하고 글을 정소저 화장대 아래에 올립니다.
543)월하(月下)의 늙으니 : 월하노인(月下老人). 부부의 인연을 맺어 준다는 전설상의 늙은이.
544)월하(月下)의 연업(緣業) : 월하노인이 맺어준 인연. 즉 혼인의 숙명.
545)십쥬리(十柱裏) : 10개의 기둥을 세워 지은 집의 내부. 정면 3칸 측면 2칸 크기의 한옥을 짓는데 바깥쪽에 세우는 기둥 수는 10개다.
546)금옥도장(金玉ᅳᅳ) : 금옥(金玉)으로 잘 꾸민 규방(閨房). *도장; 규방(閨房). 부녀자가 거처하는 방.

ᄒ고, 셔간을 감초고 도라와 쇼져긔 의상을 드리니, 쇼졔 왈,

"어뮈 엇지 더듸온다?"

유뫼 왈,

"맛춤 복통이 급ᄒ여 여측(如厠)ᄒ고 오이다."

쇼졔 졈두ᄒ더라.

이후는 유뫼 쇼져 ᄉ침을 일시도 뷔오지 아냐 샹심주밀(詳審周密)ᄒ니, 운션이 감히 긔식(氣色)을 낫호지 못ᄒ고, 소식을 알고져 ᄒ나 능히 듯지 못ᄒ더라.

원닉 뎡쇼졔 ᄯᅩᄒᆫ 당일야(當日夜)의 일장 신몽(神夢)을 어드민, ᄌ긔 신부의 복식을 닙고 구한님【48】이라 ᄒᆞᄂᆞᆫ 남ᄌ로 교비(交拜) 합환(合歡)ᄒᆞᆯ 졔, 부친이 만면 노긔로 드러와 월노(月老)를 즐퇴(叱退)ᄒᆞᄂᆞᆫ 소릭의 경각(驚覺)ᄒ니, 쇼졔 심히 의혹ᄒ나 ᄯᅩᄒᆫ 년쇼ᄒ민 슈습ᄒᆞ미 과도ᄒ여, 감히 ᄌ부인긔도 몽ᄉ(夢事)를 알외지 못ᄒ엿거든, 엇지 유뫼 알니오.

니러구러 슈월이 지나니 임의 슌틱비 담ᄉ(禫祀)를 지닉엿ᄂᆞᆫ지라. 텬지 즁ᄉ(中使)를 항쥬(杭州)의 보닉스 졔뎡의 환죠(還朝)ᄒᆞᆷ을 지촉ᄒ시니, 졔뎡이 감히 상명을 위월(違越)치 못ᄒ여 이의 도라오는 션문(先聞)이 본부의 밋ᄎ니, 졔궁 상하의 식로이 셕ᄉ(昔事)를 《상상∥회상(回想)》ᄒᆞ민, 비희상반(悲喜相反)ᄒ고, 텬지 크게 깃그샤 졔뎡이 《경조∥환경(還京)》ᄒᆞᄂᆞᆫ 날 거긔 문외(門外)의 나샤, 금후를 마즈려【49】ᄒ시니, 이ᄂᆞᆫ 쳔고의 업ᄉᆞᆫ 별녜(別禮)니, 만조문뮈(滿朝文武) 일노조ᄎ 더옥 윤·하·뎡 삼가(三家)의 셩총이 늉셩ᄒ신 줄 아더라.

한님 구창윤이 ᄌ운션을 달닉여 겨오 셔간을 뎡쇼져 도장의 븟치고, 날노 소식을 듯보나 긔식이 죵시 업고, 쳔연셰월(遷延歲月)ᄒ여 졔뎡의 환죠(還朝)ᄒᆞᄂᆞᆫ 소식을 드ᄅᆞ민, 형혀 일이 니지 못ᄒᆞᆯ가 ᄒ여, 일야는 밤을 타 운션을 보고 계규(計揆)를 므르니, 운션이 죵시 긔식을 알 길 업ᄉᆞᆷ을 니ᄅᆞ고, 스스로 쇼져의 장각을 드러가는 길을 일일히 가ᄅᆞ치니, 한님이 ᄒᆞᆯ일 업셔 장속(裝束)을 가ᄇᆞ야이 ᄒ고, 운션의 가ᄅᆞ친 딕로 뎡부 후원을 인연(夤緣)ᄒ여 담을 넘어 곡난(曲欄) 뒤흐로 숨어 힝ᄒ니, ᄎ시【50】팔월습슌(八月十旬)이라. 미월(微月)이 몽농(朦朧)ᄒ고 야식(夜色)이 창창ᄒ더라.

구싱이 층층(層層)ᄒᆫ 곡난(曲欄)을 신고(辛苦)이 힝ᄒ여 강션누의 밋쳐는, ᄉ창(紗窓)의 옥쵹(玉燭)이 명낭(明朗)ᄒ고 쇼셩(笑聲)이 낭낭ᄒ니, 밤이 오히려 깁지 아냐시므로 사ᄅᆞᆷ이 ᄭᅵ여시믈 알너라.

싱이 강션누를 ᄇᆞ라보민 졍흥(情興)이 요양(搖揚)ᄒ나 밤이 깁지 아니니, 당마다 인젹이 이시믈 ᄭᅥ려 가만이 합장(閤牆)547) ᄉᆞ이의 숨엇더니, 이윽고 삼경(三更) 북이 동ᄒᆞ민 밤든 줄 알고, 언년(偃然)이 나아가 창 굼글 브뷔여 ᄯᅮᆯ고 여어보니, 유랑시비 다 장밧긔 단잠이 ᄇᆞ야히오, 쇼졔 ᄇᆞ야흐로 의상을 그ᄅᆞ고 침셕의 나아가고져 ᄒᆞᆯ식, 냥긔

---

547)합장(閤牆) : 건물 출입문과 연결되어 있는 담장.

(兩個) 아시비를 명호여 상하의 슉직호【51】라 호고, 문득 혼주말노 니르딕,

"금야(今夜)의 엇지 마음이 블안호고 잠이 오지 아닛ᄂᆞ뇨? 그러나 신시(身事) 곤뇌(困勞)호니 옷슬 그르지 못호리로다."

호고, 상의 오른딕 경경(耿耿)호여 잠을 일우지 못호는 거동이라. 싱이 이의 담을 크게 호고 깁지게548)를 열고 드러셔니, 이찍 쇼졔 심신이 경난(驚亂)호고 봉안(鳳眼)이 명명(冥冥)호여 잠이 오지 아니커늘 젼젼반측(輾轉反側)호더니, 홀연 깁지게 훌훌549)이 열니며 일위(一位) 미장직(美長者) 완연이 입실호니, 훤훤호550) 신장과 표일(飄逸)호 풍칙, 몽즁(夢中) 상견호 안면이 의희(依俙)호더라.

쇼졔 ᄌᆞ쇼(自少)로 엄부형(嚴父兄)의 교훈과 현ᄌᆞ모(賢慈母)의 녀교(女敎) ᄂᆡ측(內則)으로 규법을 《의도호여∥숨아》 셩문(聖門)의 싱장호니, 비【52】록 우미(愚迷)호여도 족히 그 도(道)의 나아갈 거시어날, 더욱 뎡쇼져의 텬싱녀질(天生麗質)노 츌셰탁이(出世卓異)호미냐[랴]. 년보(年甫) 슈삼 셰의 발셔 시를 비호고, 칠팔 셰의 니르러는 유랑 시비 등을 거느려 강션누의 쳐호ᄆᆡ, ᄉᆞ시(四時)551) 문안 밧근 발이 간딕로 당(堂)의 나리지 아니니, 일가(一家) 복뷔(僕夫)라도 그 용화를 ᄌᆞ로 보지 못호고, ᄯᅩ 셩졍(性情)이 침엄(沈嚴)호여 언쇼(言笑)를 간딕로 아니며, 텬픔이 단즁호여 졔형 군종이라도 무관이 상딕호믈 슬히 너기던 빅어늘, 금야의 홀연 곡졀 업시 ᄉᆞ문(四門)552)이 블상급(不相及)553)호던 타문(他門) 남지 언연이 돌입호니, 쳘구금심(鐵軀金心)554)이나 엇지 놀납지 아니리오.

신ᄉᆡᆨ(神色)이 찬지 갓흐여 능히【53】말을 못호거늘, 구싱이 흔연이 졀호고 왈,

"쇼져는 놀나지 마르쇼셔. 싱이 감히 옥체의 간범치 아니리니, 다만 금야(今夜)의 한 마딕 옥셩(玉聲)으로 타문(他門)의 가지 아니믈 밍셰호신즉, 쇼싱이 즉긱의 나가리니, 싱은 다르니 아니라 곳 구상셔의 장ᄌᆞ 한님 구창윤이니, 쇼졔 비록 심규(深閨) 도장 가온딕 쳐호여시나, ᄯᅩ흔 슉믹블변(菽麥不辨)555)이 아니시리니, 거의 싱의 셩명을 드러 계실듯 호고, ᄯᅩ 모일야(某日夜)의 신몽이ᄉᆡ(神夢異事) 잇ᄂᆞ니, 쇼졔 능히 ᄯᅩ 지긔호미 계실지라. 이 본딕 텬연(天緣)이니 엇지 셩젼(成全)치 못호리오만은, 기간의 ᄉᆞ괴 허다호믄 도ᄎᆞ(到此)의 베프지 아니나, 쇼졔 어이 모르시며, ᄯᅩ【54】흔 쇼싱은 년장(年長)호고 쇼져는 유년(幼年)이니 녕존딕인이 도라오시나 반ᄃᆞ시 거리끼미 만흐신

---

548)깁지게 : 문짝에 비단을 바른 지게문.
549)훌훌 : 가볍게 움직이거나 흔들리는 모양.
550)훤훤ᄒᆞ다 : 시원스럽다. 훤칠하다.
551)ᄉᆞ시(四時) : 하루 중의 네 때. 단(旦)·주(晝)·모(暮)·야(夜)를 이른다
552)ᄉᆞ문(四門) : 사방의 문. 또는 네 개의 문.
553)블상급(不相及) : 서로 이른 일이 없음. 곧 서로 마주친 일도 없을 만큼 아무런 관계도 없다는 말.
554)쳘구금심(鐵軀金心) : 쇠같이 단단한 몸과 금같이 변치 않는 마음.
555)슉믹블변(菽麥不辨) : 콩인지 보리인지를 구별하지 못한다는 뜻으로, 사리 분별을 못하고 세상 물정을 잘 모름을 이르는 말.

[실] 고로, 한번 구약(舊約)을 셩젼(成全)코져 ᄒᆞ여 일만 넘위(念憂)와 녜의(禮義)를 닛고 이의 션원(仙苑)의 드러왓ᄂᆞ니, 복원 쇼져는 빅년가약(百年佳約)을 졍ᄒᆞ쇼이다.”

쇼졔 놀난 넉시 비월(飛越)ᄒᆞ니 반향(半晌)이나 어린듯 ᄒᆞ더니, 구싱의 말을 듯고 바야흐로 졍신을 슈습ᄒᆞ여 옥셩을 여러 유랑 시비를 브르니, 상하의 슉직ᄒᆞ던 시비 몬져 씨여 이 광경을 보미 역시 딗경실식ᄒᆞ여 썰기를 마지 아니코, 장외의 잠드럿던 유랑 시녜 쇼져의 소리를 듯고 일시의 놀나, 급히 장(帳) 안히 드러가니, 일위 남직 셧고 쇼져는 금금(錦衾)【55】으로 몸을 두로고, 향벽(向壁)ᄒᆞ여 안즈시ᄃᆡ, 신식(身色)이 ᄎᆞ악(嗟愕)ᄒᆞ지라.

모든 시비 딗경ᄒᆞ여 크게 소리질너, 익고! 익고! 쇼져 장각(莊閣)의 도적이 드럿다 웨지지니, 반야무인(半夜無人)556)의 지져괴는 소리 요란ᄒᆞ니, 모든 시녀는 비록 구싱을 아지 못ᄒᆞ나, 유모는 젼일 외당 츌입의 구한님부즈를 닉이 아ᄂᆞᆫ지라, 이의 졍식 왈,

“상공이 유문도뎨(儒門徒弟)로 엇지 무례ᄒᆞ미 니러틋 ᄒᆞ시뇨? 블구(不久)의 졔왕뎐하와 졔노애 환경ᄒᆞ신즉, 잡아 유스(有司)의 알외여 법을 졍히 ᄒᆞ시리니, 나가고 너모 방즈치 마르쇼셔.”

구싱이 깁히 참괴(慙愧)ᄒᆞ나 흔연 쇼왈,

“ᄌᆞ고로 미식(美色)은 남아의 ᄉᆞ랑ᄒᆞᄂᆞᆫ 빅라. 다만 몬져 【56】투셔(投書)ᄒᆞ여 쇼식이 업ᄉᆞ니, 두 번지 투향(偸香)ᄒᆞ믄 쳔고가인(千古佳人)을 남의 손의 ᄉᆞ양치 아니려 ᄒᆞ미니, 진공이 비록 도라오시나 네 쇼져는 곳 구창윤의 빅년가인이니, 감히 타인을 싱각지 못ᄒᆞ리라.”

셜파의 텬텬이 거러 밧그로 나가니, 이쩍 모든 시비의 웨지지는 소리의 각당이 쇼요ᄒᆞ니, 가졍장확(家丁臧獲)이 모다 잡으려ᄒᆞ니, 싱이 광슈(廣袖)를 썰치고 잠미(蠶眉)를 거ᄉᆞ려 졔노(諸奴)를 즐퇴ᄒᆞ니, 위풍이 규규(赳赳)ᄒᆞ고, 한번 ᄎᆞ 더지니 모든 가졍(家丁)이 표풍착영(漂風着影)557) ᄀᆞᆺ치 쓰러지더라.

졔뇌 바야흐로 구한님인 쥴 알고 그 용녁을 ᄯᅩ 당치 못ᄒᆞ여 힘힘이 노하바리니, 싱은 완연이 거러 밧그로 나【57】가나, 졔공이 다 하향(下鄕)ᄒᆞ엿고, 모든 아빅 즁의도 칠팔세 이상은 다 부슉을 조ᄎᆞ 하향ᄒᆞ엿고, 다만 모든 부인닉와 ᄉᆞ오셰 쇼아들이 잇ᄂᆞᆫ지라. 뉘 감히 구싱을 조당(阻攩)ᄒᆞ리오. 한님이 쾌히 운션의 집의와 식비북을 기다려 집으로 도라가니라.

이쩍 졔궁의셔 구한님이 도라간 후 니러구러 졔부인이 강션누의 니르러 쇼져를 보니, 쇼졔 침이(寢厓)의 몸을 더져 낫츨 닉지 아니니, 졔부인이 구싱의 작난이런 쥴 알고, 유랑 시비의 젼어로 조ᄎᆞ 구싱의 언어동지를 드르미, 어히업셔 양부인이 녀아의

---

556)반야무인(半夜無人) : 사람이 없는 한밤중.
557)표풍착영(漂風着影) : '그림자를 두르고 바람에 떠 흘러간다'는 말로 정처 없이 떠돎을 이르는 말.

금금(錦衾)을 열고보니, 쇼졔 오읍(嗚泣) 왈,

"쇼녜 지신(持身)을 【58】비박(鄙薄)히 ᄒᆞ여 금일 변고ᄅᆞᆯ 만나오니, 이 붓그러온 ᄂᆞᆺ출 들고 세상의 셔리잇고? 쇼녀 일인은 업스나 형뎨ᄌᆞ미 번셩ᄒᆞ오니 복원 틱틱는 블초녀ᄅᆞᆯ 싱각지 마ᄅᆞ쇼셔."

옥셩이 뇨료(嘹嘹)ᄒᆞᆫ 가온ᄃᆡ 뉴쉬(淚水) 년낙(連落)ᄒᆞ니 졔위슉뫼(諸位叔母) 좌우로 어로만져 이련○[히] ᄒᆞ고, 양부인은 희허장탄(噫噓長歎)홀 ᄲᅮᆫ이니, 의렬비 흔연이 옥 슈ᄅᆞᆯ 잡아 왈,

"만ᄉᆞ(萬事) 텬야명애(天也命也)니558), 질이(姪兒) 비록 년유ᄒᆞ나, 인가의 남녜 ᄌᆞ라미 취혼취부(娶婚娶夫)ᄒᆞᄂᆞᆫ 바ᄂᆞᆫ 거의 알니니, 져 구챵윤이 ᄯᅩᄒᆞᆫ 명문셰벌(名門世閥)노 풍신직홰(風神才華) 결비하등(決非下等)이라. 질이(姪兒) 엇지 초슌홍옥(初旬紅玉)559)의 공연이 옥질(玉質)을 헛도【59】이 맛츠려 ᄒᆞᄂᆞᆢ? 아히 어린 마음의 무망(無妄) 괴변(怪變)을 만나니, 일시 분ᄒᆞ고 이달오믈 참지 못ᄒᆞ나, 이ᄂᆞᆫ 필부(匹婦)의 용녈ᄒᆞᆫ 혜아림이라. 사ᄅᆞᆷ이 엇지 굿ᄒᆞ여 죽어든 쾌ᄒᆞ다 ᄒᆞ리오. 문군(文君)560){교홍}은 만고(萬古) 지녀(才女)니 욕되이 너와 비길 빅 아니 어니와, 아질(我姪)은 규합(閨閤)의 옥 갓흔 슉녜라. 경강(敬姜)561)의 역(閾)을 넘지 아니턴 녈의(烈義)와 빅희(伯姬)562)의 블하당(不下堂)ᄒᆞ던 고결ᄒᆞ미 이시니, 금야 변괴 비록 히이(駭異)ᄒᆞ나, 졔 스스로 상여(相如)563) 될지언졍, 네 문군(文君)이 되지 아니리니, 무ᄉᆞᆷ 연고로 죽어 부모의 역니지통(逆理之痛)564)을 ᄭᅵ치리오. 네 비록 년미(年微)565)ᄒᆞ나 상시(常時) 쇼통명달(疏通明達)ᄒᆞ므로 엇지 싱각【60】기ᄅᆞᆯ 잘못ᄒᆞᄂᆞᆢ?"

니비 ᄯᅩᄒᆞᆫ 윤비 말ᄉᆞᆷ을 니어 양부인 모녀ᄅᆞᆯ 히유(解諭) 왈,

---

558)만ᄉᆞ(萬事) 텬야명애(天也命也)니 ; 세상 모든 일이 하늘의 뜻이고 운명이라는 말.
559)초슌홍옥(初旬紅玉) : 연지 따위로 홍옥(紅玉)처럼 붉게 화장을 한 열 살 어린 나이.
560)문군(文君) : 탁문군(卓文君). 한(漢)나라 부호 탁왕손의 딸로 과부로 있다가 사마상여(司馬相如)와 사랑에 빠져 결혼하였으나, 나중에 상여(相如)가 무릉인(茂陵人)의 딸을 첩으로 삼으려 하자 <백두음(白頭吟)>이란 시를 읊어 이를 단념케 했다.
561)경강(敬姜) : 중국 춘추시대 노나라 계손씨의 처. 일찍 남편을 사별하였으나 수절(守節)하며 아들을 잘 교육했다. 『열녀전(烈女傳)』<모의전(母儀傳)> '노계강경(魯季敬姜)' 조(條)에 기사가 보인다.
562)빅희(伯姬) : 중국 춘추시대 魯(노)나라 宣公(선공)의 딸. 송나라 恭公(공공)에게 시집갔다가 10년 만에 홀로 됐다. 궁궐에 불이 났을 때 관리가 피하라고 했으나 부인은 한밤에 보모 없이 집을 나설 수 없다고 고집해서 결국 불속에서 타 죽었다. 『열녀전(烈女傳)』<정순전(貞順傳)>'송공백희(宋恭伯姬)' 조(條)에 기사가 보인다.
563)상여(相如) : 사마상여(司馬相如). 중국 전한(前漢)의 문인(B.C.179~B.C.117). 자는 장경(長卿). 그의 사부(辭賦)는 한(漢)·위(魏)·육조(六朝) 문인의 모범이 되었다. 작품에 〈자허지부(子虛之賦)〉 따위가 있다. 무제의 비(妃)인 진아교(陳阿嬌)가 장문궁(長門宮)에 유폐되어 있을 때, 그녀가 다시 무제의 총애를 얻기 위해, 자신의 처지를 형상화한 노래를 지어 무제의 마음을 돌이키게 해 달라는 청을 받고, <장문부(長門賦)>라는 시를 지어준 일로 유명하다.
564)역니지통(逆理之痛) : 순리(順理)를 거스르는 일을 당한 슬픔이라는 말로, 자식을 잃은 부모의 슬픔을 말함.
565)년미(年微) : 나이가 많지 않음.

"윤비 말솜이 금옥뎡논(金玉正論)이시니 우미(愚迷)흔 쳡이 의논홀 빅 아니로딕, 이제 졔위 슉슉과 졔질 졔아 등이 존당을 뫼와 환경(還京)홀 날이 지격수일(只隔數日)이어눌, 부닉(府內)의 여츳 변괴이시니 엇지 추악지 아니리오. 져 구싱이 문득 심규도장을 스뭇츠니, 이 엇지 우연흔 일이며, 쳡이 젼일 부즈(夫子)의 젼어(傳語)로 조츳 드르니, 미양 추탄 왈,

"구창윤은 당셰 인걸이라. 젼일 긔부의 당년 과악을 졔즈 즁의 힝혀도 졔긔치 말나. 창윤이 나의 슈쳔 문인 가온딕 웃듬이니, 반드시 닙신현달(立身顯達)흔【61】미 국가를 보익ᄒ여 명망이 히닉(海內)의 《낫타닉리라‖낫타ᄂ리라》 ᄒ시던 빈니, 부즈의 명감이 벅벅이 그릇 보지 아니시리니, 쳡은 싱각건딕 구싱은 반드시 영걸인가 ᄒᄂ니, 일시 허물을 과도히 칙망홀 거시 아니니, 부인은 식노(息怒)ᄒ고 슉슉이 환가ᄒ시믈 기다려 션쳐ᄒ미 가ᄒ니이다."

모든 금장소괴(襟丈小姑)566) 양부인을 지삼 히유ᄒ니, 부인은 심하의 구싱을 통한ᄒ나 녀아의 빙쳥옥결지심(氷淸玉潔之心)이 스싱을 홍모(鴻毛)갓치 너기는 즈음의, 블호(不好)ᄒᄂ는 말을 아니ᄒ고, 십분 강잉ᄒ여 지삼 위로ᄒ니, 쇼졔 읍쳬여우(泣涕如雨)ᄒ여 딕치 못ᄒ고, 일단 부군의 별뉸즈익(別倫慈愛)로셔 부젼의【62】졀ᄒ기를 기다리다가, 이졔 홀연 일야간(一夜之間)의 봉변(逢變)ᄒ미 일시지분(一時之憤)으로 슈일을 참지 못ᄒ여 쇄옥낙화지탄(碎玉落花之嘆)이 이실진딕, 부군의 문을 드디시는 날 그 상명지통(喪明之痛)567)이 엇더ᄒ리오. 쇼졔 이 마딕를 싱각ᄒ미, 오실 덧568)이나 일 수를 지연ᄒ여 산 낫츠로 반긴 후 스싱을 결ᄒ려 ᄒ므로, 몸을 침셕의 더져 슉식을 젼폐ᄒ니, 모든 슉뫼 지삼 위로ᄒ며 유모시녀를 신칙(申飭)ᄒ여 쩌나지 말믈 당부ᄒ니, 유랑비 쥬야 보호ᄒ고 모부인이 침누를 폐ᄒ고 쥬야 강션누의 잇셔 녀아를 히유ᄒ니, 쇼졔 모부인 텬뉸지즈(天倫之慈)를 크게 감동ᄒ여 스스로 블효막딕(不孝莫大)ᄒ믈 슬【63】허 ᄒ더라.

여츳여츳 소식이 윤·하 냥부의 젼파ᄒ여 창윤의 힝스를 통히(痛駭)ᄒ고, 진평장과 양참졍도 딕경 왈,

"이 가히 몽슉지지로다."

ᄒ고, 분믹(忿罵)ᄒ믈 마지 아니ᄒ고, 소년 졔싱은 뉼(律)딕로 쳐치ᄒ리라 ᄒ더라.

이ᄶ 구상셔는 이일을 젼부지(全不知)ᄒ고 졔뎡의 환경ᄒ믈 딕희ᄒ더라.

낙양휘 졔즈 졔손을 당부ᄒ여 몽슉다려 이일을 일컷지말나 ᄒ여시므로, 졔인이 존명을 두려 함구(緘口)ᄒ나, 문득 구상셔를 본즉 함노작식(含怒作色)ᄒ여 그윽이 블쾌흔 스식(辭色)이 현져ᄒ니, 구상셰 심니(心裏)의 의괴ᄒ나 감히 곡졀을 뭇지 못ᄒ고,

---

566)금장소괴(襟丈小姑) : 동서와 시누이를 함께 이르는 말.
567)상명지통(喪明之痛) : 눈이 멀 정도로 슬프다는 뜻으로, 아들이 죽은 슬픔을 비유적으로 이르는 말. 옛날 중국의 자하(子夏)가 아들을 잃고 슬피 운 끝에 눈이 멀었다는 데서 유래한다.
568)덧 : 얼마 안 되는 퍽 짧은 시간.

다만 혜오딕,

"즈긔 당년 과악을 어닉 다스흔 지 포【64】셜(布說)ᄒᆞ여 졔진이 즈시 알고 져러틋 ᄒᆞ민가."

즈괴(自愧) 송구ᄒᆞ더라.

얼픗 수이 슈일이 지나니 졔뎡이 존당을 밧드러 도라오는 션셩(先聲)이 경도(京都)의 니르니, 일가 상히 환열ᄒᆞ는 즁이나 구셩의 작난이 한 근심이 되엿더라.

익일의 상이 난가(鑾駕)를 갓초와 동문 밧긔 힝힝(行幸)ᄒᆞ샤 금후 부즈를 마즈시니, 이 갓흔 별녜(別禮)는 쳔고의 쳐음이러라.

어시의 금평휘 제즈졔손으로 더부러 즈부인(慈夫人) 담스(禫祀)를 맛츠믹 시로온 비회 가이 업스나, 시러금 황은을 져바리지 못ᄒᆞ여 장ᄎᆞ 퇴일 환조(還朝)홀식, 윤노공이 즈질 졔손을 거느려 뎡노공 부즈를 상니(相離)ᄒᆞᄂᆞᆫ 회푀(懷抱) 상하치 아니코, 슉녈【65】비 부모형뎨를 써나는 심식 결연(缺然)[569]ᄒᆞ더라.

겨오 손을 난화 환경홀식, 이씨 윤부의셔 구픽 병드러 죽으니, 시년(時年)이 팔십이라. 윤노공 조·뉴 냥부인과 모든 젹즈손(嫡子孫)들이 크게 슬허ᄒᆞ며, 조틱비는 더욱 환난의 상보(相保)한 졍이 범연치 아닌 고로 크게 슬허ᄒᆞ믹, 위틱비 상ᄉᆞ(喪事)의 못ᄒᆞ미 업더라. 초상을 다스려 입관(入棺) 셩복(盛服)ᄒᆞ고 장ᄉᆞ(葬事)를 지닉믹, 삼상긔구(三喪器具)의 부려(富麗)ᄒᆞ믹 측냥업더라.

구파의 부음이 경셩 본부의 니르니 일가 족친이 다 크게 슬허ᄒᆞ더라.

어시의 졔뎡이 임의 황도의 니르러 먼니 바라보니, 평원광야(平原廣野)의 황나우기(黃羅羽蓋)[570] 붓치이믈 보믹, 텬즈의 친님【66】ᄒᆞ시믈 알고 황공감은ᄒᆞ여 쌜니 하마(下馬)ᄒᆞ여 뇽젼(龍殿)의 팔빅고두(八拜叩頭)ᄒᆞ고 산호만셰(山呼萬歲)ᄒᆞ기를 맛고, 금휘 고두(叩頭)ᄒᆞ여 빅슈쇼안(白首素顔)[571]의 감누(感淚)를 드리워 일즉이 환궁ᄒᆞ시믈 쳥ᄒᆞ니, 상이 별후(別後) 슈년의 금후의 쇼안(素顔)이 만히 쇠로(衰老)ᄒᆞ믈 보시믹, 그 셩효를 감탄ᄒᆞ시며, 이의 졔뎡을 ᄎᆞ례로 ᄉᆞ쥬(賜酒)ᄒᆞ샤 군신의 니회지심(離懷之心)이 상하(上下)치 아니터라.

졔신이 지삼 알외여 날이 느즈믹 장ᄎᆞ 환궁ᄒᆞ시니, 졔뎡이 뫼셔 옥궐의 드르신 후 본부로 도라오니, 시의 졔부인의 힝ᄎᆞᄂᆞᆫ 모든 공지 빅힝(陪行)ᄒᆞ여 부즁의 도라왓더라. 궐문의 하·진 등 졔친 졔붕이며 문싱(門生) 고리(故吏)[572] 졔【67】뎡의 슐위를 옹후(擁後)ᄒᆞ여 부즁의 도라와, 빅화헌의 빈쥬(賓主) 딕회(大會)ᄒᆞ니, 구상셰 쏘흔 기즈(其子) 한님으로 더부러 니르러, 뎡노공긔 뵈옵고 슈년 삼상거려(三喪居廬)[573]의 존

---

569) 결연(缺然) : 무엇인가 모자라거나 빠진 것이 있는 것 같아 서운하거나 불만족스러움.
570) 황나우기(黃羅羽蓋) : 황금색 비단과 새의 깃으로 만든 황제가 타는 수레의 덮개.
571) 빅슈쇼안(白首素顔) : 하얗게 센 머리와 흰 낯의 야윈 얼굴.
572) 고리(故吏) : 예전에, 관청에서 함께 일을 한 경력이 있어 친분이 있는 관리(官吏)들.
573) 삼상거려(三喪居廬) : 여막(廬幕)에서 지내며 삼년상을 치름.

후(尊候)롤 뭇줍고, 버거 제왕 등으로 별회(別會)롤 니루미, 그 지극흔 정의(情誼) 슉질군종(叔姪群從)으로 다루미 업스니, 아는 즈는 시로이 져의 회진기과(回進棄過)574)ᄒ여 져러틋 졔뎡과 교계(交契) 심후(深厚)ᄒ미 젼혀 졔왕의 관인후덕(寬仁厚德)ᄒᄆᆞᆫ 줄 시로이 일ᄏᆞᆺ고, 졔뎡은 밋쳐 구셩의 작변이 가ᄂᆡ(家內)의 밋춘 쥴 아지 못ᄒ여, 쏘흔 져 부ᄌᆞ롤 ᄋᆡ디(愛待)ᄒ미 젼일과 다루미 업더라.

구상셔는 아들의 힝ᄉᆞ롤 아지 못ᄒ니 이 진짓 등하블명(燈下不明)이러라. 구셩이 【68】 쏘흔 심ᄂᆡ의 근심ᄒᆞ는 쥬, 각별 흔연ᄒ여 동졔공 곤계 등으로 더부러 말ᄉᆞᆷᄒ미, 빗난 풍용(豐容)의 현하지{지변}(懸河之辯)과 의논이 상쾌ᄒ니, 졔뎡이 칭이ᄒ여 구창윤은 쳔고 인걸이니 승어뷔(勝於父)라 ᄒ더라.

황혼의 비로소 졔긱이 도라가니, 금휘 바야흐로 졔ᄌᆞ졔손을 거ᄂᆞ려 ᄂᆡ헌(內軒)의 드러오니, 이�ᆞᆫᆫᆫᆫᆫᆫ 윤·니 냥비와 문양공쥬 금장ᄌᆞ미(襟丈姉妹)로 더부러 녀부(女婦) 졔질(諸姪)을 거ᄂᆞ려 진ᄐᆡ부인과 니·경·쇼 등 금장ᄌᆞ미롤 마ᄌᆞ 슈년 별졍을 펴고, 슌ᄐᆡ비 삼겨 훌훌(欻欻)575)ᄒᄆᆞᆯ 일ᄏᆞᄅᆞ미, 모든 부인 쇼졔 각각 존당셩덕을 츄모ᄒ여 쥬뤼(珠淚) 방방(滂滂)ᄒ고, 진ᄐᆡ비 녀부 졔손을 ᄃᆡᄒᄆᆡ 쏘흔 존 【69】 고의 ᄌᆞᄋᆡ지은(慈愛之恩)을 싱각ᄒ여 읍쳬여류(泣涕如流)ᄒ니, 녀부 졔손이 도로혀 존고의 감회ᄒ시믈 보ᄆᆡ ᄌᆞ가 등의 블민ᄒᄆᆞᆯ 씨다라, 즉시 쳥누(淸淚)롤 거두고 이셩(怡聲)으로 위로ᄒ더라.

ᄐᆡ비 좌즁의 슉염쇼졔 업스믈 보고 괴이히 너겨 문왈,

"슉염이 어ᄃᆡ 블평ᄒ냐? 엇지 좌즁의 업ᄂᆞ뇨?"

양부인이 슈용졍금(修容整襟)ᄒ여 슈일 젼의 구셩의 작변과 슉염의 ᄉᆞ셩을 결ᄒ려 ᄒ던 쥬의롤 상셰히 알외니, ᄐᆡ비와 모든 부인 쇼졔 다 경ᄒᆡ(驚駭)ᄒ고, 진부인이 통ᄒᆡ(痛駭) 왈,

"당년의 몽슉 필뷔 흉픽ᄒ여 뎡·진 냥가의 비은(背恩)ᄒ미 심ᄒᆞᄃᆡ, 오히려 오뎨(吾弟)와 텬이 조금도 ᄉᆞ혐을 두지아냐, 져의 업더진 문을 붓들고 국법의 남 【70】 지못홀 목숨을 술왓거늘, 이제 쏘 니러틋 흉음흔 일을 힝ᄒ리오. 연(然)이나, 구ᄌᆞ의 위인은 젼ᄌᆞ의 드ᄅᆞ니 승어뷔(勝於父)가 시부거니와, 블힝즁(不幸中) 년치(年齒)나 상젹(相敵)ᄒ면 슉이 공믈(空物)이나 엇지 ᄒ리오만은, 혜건ᄃᆡ 구셩은 년긔 이십이나 되엿실 듯ᄒ고 십일초슌(十一初旬)576)이니, 져와 상젹(相敵)지 아니며, 쏘 셰아의 과격흔 셩되 ᄆᆡ양 구몽슉을 ᄶᆞ리거늘, 엇지 즐겨 인아(姻婭)롤 의논ᄒ리오. 노뫼 슉염을 블너 보고져 ᄒ나, 어린 아ᄒᆡ 블의의 탕ᄌᆞ의 욕을 만나 과도히 슈습ᄒ고 슬퍼 죽고져 ᄒ리니, 금일은 졈으러시니 명일 친히 제 침소의 가보리라."

ᄒ더라.

황혼의 금휘 졔긱을 별송(別送)ᄒ 【71】 고 ᄌᆞ손으로 더부러 ᄂᆡ당의 드러오니, 윤·

---

574)회진기과(回進棄過) : 허물을 버리고 선에 나아감.
575)훌훌(欻欻) : 덧없이 빠름. 덧없음. 허전함.
576)십일초슌(十一初旬) : 이제 갓 십대 초반인 십일세라는 말.

니 냥비 녀부(女婦) 졔질(諸姪)을 거느려 금후긔 지비ᄒᆞ고, 슈연(數年) 존후를 뭇ᄌᆞ오니, 금휘 졔부졔녀 졔손아를 면면이 나호여 무익ᄒᆞ더니, 기즁 슉염쇼졔 업ᄂᆞᆫ지라. 의아ᄒᆞ여 양부인 ᄃᆞ려문 왈,

"슉염 손이 좌의 업ᄉᆞ니 어듸 블평ᄒᆞ미 잇ᄂᆞ냐?"

양부인이 이셕(離席) 유유(儒儒)ᄒᆞ여 밋쳐 디치 못ᄒᆞ여셔, 진퇴비 뉴미(柳眉)를 씽긔고 구창윤의 작난과 슉염의 ᄌᆞ분필ᄉᆞ(自憤必死)코져 ᄒᆞᄆᆞᆯ 일장 셜파ᄒᆞ니, 금휘 대경ᄒᆞ고 졔왕곤계 면면이 실식ᄒᆞᄆᆞᆯ 면치 못ᄒᆞ니, 츠시 진국공이 닉당의 드러오미 졔슈졔미(諸嫂諸妹) ᄌᆞ녀졔질(子女諸姪) 【72】을 거느려 존당을 마ᄌᆞ 녈좌(列坐)ᄒᆞ여시ᄃᆡ, 홀노 평싱 귀즁ᄒᆞ던 녀아 슉염이 업ᄂᆞᆫ지라. 심하의 의아ᄒᆞ나 밋쳐 뭇지 못ᄒᆞ엿더니, 쳔만 념외(念外)의 구창윤의 블측지ᄉᆞ(不測之事)를 드ᄅᆞ미, 디경디로(大驚大怒)ᄒᆞ여 목직(目眥) 진녈(瞋裂)ᄒᆞ고, 두발(頭髮)이 상지(上之)라. 밋쳐 젼두(前頭)를 싱각지 아니코, 분(憤)이 츙관(衝冠)ᄒᆞ니, 이의 벽상의 장검을 ᄲᅢ혀 몽슉부ᄌᆞ를 가ᄅᆞ쳐 졀치분미(切齒憤罵) 왈,

"슉염을 죽여 탕ᄌᆞ의 마음을 슷츠리라."

언필의 몸을 두로혀 강션누로 향ᄒᆞ니, 금후와 졔왕이 ᄯᅩᆫ 통한ᄒᆞᄆᆞᆯ 니긔지 못ᄒᆞ나, 진공의 과격흔 노를 도도지 아니려 ᄒᆞ므로, 졔왕이 문득 안식을 곳치고 일장을 졍도 【73】로 경계ᄒᆞ고, 금휘 아ᄌᆞ의 거동을 블열ᄒᆞ여 니ᄅᆞᄃᆡ,

"졔손의 만흔 가온ᄃᆡ 슉이 탕ᄌᆞ의 눈의 뵈기를 잘못ᄒᆞ엿거니와, 츠역텬애(此亦天也)라[577]. 셰아의 블통ᄒᆞ믄 나히 츨ᄉᆞ록 혬이 드지아냐, 광픽(狂悖)ᄒᆞ미 심어(甚於) 구몽슉이니, 셕일 무죄히 현쳐를 박살ᄒᆞ려 ᄒᆞ던 모진 슈단이 오히려 《ᄭᅡ지∥ᄭᅵ지》 아냐 ᄌᆞ식의게 시험하려 ᄒᆞᄂᆞᆫ도다. 너ᄂᆞᆫ 스스로 빅힝이 츌즁컨 쳬ᄒᆞ여 몽슉을 나모라 ᄒᆞ거니와, 몽슉은 너의 힝ᄉᆞ를 드ᄅᆞ미 어이 밋치게 너기지 아니리오."

셜파의 안식이 싁싁ᄒᆞ니, 진공이 부친의 칙교(責教)를 밧줍고, 빅시(伯氏)의 졀당흔 경계를 드ᄅᆞ미, 그릇ᄒᆞᄆᆞᆯ ᄭᅢ다라 칼을 더지 【74】고 긔운을 나리와, 탄식 ᄉᆞ죄 왈,

"쇼지 ᄌᆞ유(自幼)로 셩졍이 블통ᄒᆞ와, 분흔 일을 보오면 능히 강잉치 못ᄒᆞ오니, 금일 디인 셩교와 빅형의 경계를 밧ᄌᆞ오니 엇지 황공치 아니리잇고? 츠후 경심계지(警心戒志)ᄒᆞ리이다. 수연(雖然)이나 몽슉의 젼젼악ᄉᆞ(前前惡事)를 싱각흔즉, 미양 분울(憤鬱)ᄒᆞ와 ᄉᆞ실(私室)의 디ᄒᆞ온즉, 마지못ᄒᆞ여 면강흔연(勉強欣然)ᄒᆞ오나, 그 요음간계(妖陰奸計) 빅츌ᄒᆞ여 뎡・진 냥문을 어육(魚肉)ᄒᆞ려 ᄒᆞ던 일을 싱각ᄒᆞ면 심골이 경한(驚寒)ᄒᆞ옵거늘, 기지(其子) 아모리 긔특흔들 춤아 어이 져와 인아(姻姫)를 의논ᄒᆞ며, 더옥 창윤은 십팔셰니 슉염과 년치 부젹(不適)《ᄒᆞ니∥흔디》 ᄯᅩ 엇지 빅필노 의논ᄒᆞ리잇고? 니러 【75】므로 블통흔 고집이 발ᄒᆞ와 츌ᄒᆞ리 슉염을 죽여 분을 플고져 ᄒᆞ미라. 비록 스스로 녀아를 죽이지 못ᄒᆞᆯ지언졍, ᄯᅩᆫ 져의 ᄌᆞ진(自盡)ᄒᆞ믄 말닐 ᄯᅳᆺ이

---

577)츠역텬애(此亦天也)라 : 이 또한 하늘의 뜻이다.

업도소이다."

금휘 졍싀 왈,

"가지록 블통고집(不通固執)ᄒ니 일너 쓸디업도다."

ᄒ더라. 【76】

윤하뎡삼문취록 권지구십이

추시 금휘 쳥파의 졍식 왈,

"가지록 블통고집(不通固執)ᄒ니 일너 쓸듸업도다. 손녜 하유죄(何有罪)로 십유약예(十幼弱女) 죽어 앗갑지 아닌 죄 잇ᄂᆞ뇨? 노부ᄂᆞᆫ 노혼(老昏)ᄒ여 그 죄의 경즁을 아지 못ᄒᆞᄂᆞ니, 너의 달통ᄒᆞᆫ 의논을 드러지라."

졔왕이 니어 졍식 왈,

"부녀텬셩(父女天性)은 인쇼상졍(人所常情)이라 셕(昔)의 고슈(瞽瞍)의 완(頑)ᄒᆞ미 상욕살슌지심(常欲殺舜之心)이니, 이 ᄯᅩ 고슈의 본심이 아니라. 후쳬(後妻) 어지지 못ᄒᆞ미니, 현뎨의 목금(目今) 활단ᄌᆞ익(割斷自愛)ᄒ여 상살(殤殺)ᄒᆞ려ᄒᆞᆷ믄 아모되도 당치 못ᄒ니, 장부의 쳐ᄉᆞ(處事) 엇지 이 갓ᄒ며, 지어(至於) 허믈을 【1】 뉘웃ᄎᆞᆫ 셩문(聖門)의 용납ᄒᆞ신 비니, 몽슉이 임의 회과ᄌᆞ칙(悔過自責)이 극진ᄒᆞ미, 님군이 관젼(寬典)으로 죠뎡의 용납ᄒᆞ시○[니], 동녈(同列)의 허장(許獎)ᄒᆞ믈 어덧ᄂᆞᆫ지라. 현뎨의 어려오믄 셩인의 더ᄒᆞ관듸, 셰구(歲久)ᄒᆞᆫ 일노 사람의 허물을 칙망ᄒᆞ미 가지록 이러ᄒ냐? 블통ᄒᆞᆫ 고집을 나ᄂᆞᆫ 딕로 말고, 질아를 위로ᄒ며 망녕된 힝ᄉᆞ(行事)를 긋치게 ᄒᆞ라. 구챵윤이 ᄯᅩᄒᆞᆫ 문지가벌(門地家閥)이 하등이 아니니, 결혼ᄒᆞ다 무어시 히로오리오. 범ᄉᆞᆨ다 텬야명애(天也命也)니, 인녁의 밋지 못ᄒᆞᆯ 쥴을 엇지 아지 못ᄒᆞᄂᆞ다?"

진공이 ᄉᆞ빅(舍伯)의 교어(敎語)를 듯고, 져두(低頭) 장탄(長歎) 왈,

"현마 어이 ᄒᆞ리잇고? 져의 팔지(八字) 슌(順) 【2】치 못ᄒ니 탕ᄌᆞ의 욕이 이의 밋쳐시니, 《의의‖임의》 타문은 싱각지 못ᄒᆞᆯ 거시오, ᄯᅩ 참아 구몽슉과 인아는 의논치 못ᄒ리니, 녀아를 죵신토록 취가(娶嫁)치 아냐, 평싱을 심규의 늙히려 ᄒᆞᄂᆞ이다."

금후ᄂᆞᆫ 묵연(默然)ᄒᆞ고, 왕은 블가ᄒ나 아578)의 분울(憤鬱)ᄒᆞᆫ 긔운이 바야히니, 본셩 호승(豪勝)이 틱과(太過)ᄒᆞᆷ므로 ᄯᅩ 여ᄎᆞᄒᆞ미 괴이치 아닌지라. ᄌᆞ레 여러가지의 의논이 블가ᄒᆞᆫ 고로 다시 말이 업고, 추형 쥭현션싱은 본듸 단묵ᄒᆞᆫ 고로 구싱의 힝ᄉᆞ를 히연(駭然)ᄒ나 말이 업고, ᄉᆞ뎨(四弟) 틱학ᄉᆞ 쥭운션싱과 필뎨(畢弟) 쇼부 쥭명션싱은 어히업고 가이업슨 가온듸나, 도로혀 쇼왈,

"본듸 조물(造物)이 시옴바ᄅᆞ 【3】다579) ᄒᆞ더니, 과연 허언(虛言)이 아니로소이다.

---

578)아 : 아우. 동생.
579)시옴바르다 : 샘바르다. 샘이 심하다. *샘; 남의 처지나 물건을 탐내거나, 자기보다 나은 처지에 있는

사름이 반드시 타인을 심히 흉보면 기지승(其子勝)이라 ᄒᆞᄂᆞ니, 쇼뎨 등이 상상(常常)의 삼형의 구몽슉 심히 빈쳑ᄒᆞᄆᆞᆯ 미양 의심ᄒᆞ여, 필연 므슨 보응(報應)이 이실노다 ᄒᆞ더니, 과연 혬 밧긔 나지 아니ᄒᆞ니, 삼형의 틱과(太過)ᄒᆞ신 호승으로 니런 난쳐흔 경계ᄅᆞᆯ 맛나미, 조물의 희롱이 아니니잇가?"

진공이 마ᄋᆞᆷ의 업시 역쇼(亦笑) 탄왈,

"ᄉᆞ뎨 와 필뎨지언이 졍합(正合)ᄒᆞ다."

ᄒᆞ더라.

니러틋 한담ᄒᆞ여 밤이 깁흐니, 드듸여 각기 ᄉᆞ실(私室)ᄒᆞᆯ시, 진공이 젼젼블ᄆᆡ(輾轉不寐)ᄒᆞ여 잠을 일우지 못ᄒᆞ더라.

명조의 금휘 ᄌᆞ여손(子與孫)을 거ᄂᆞ려 궐하의 슉ᄉᆞ(肅謝)ᄒᆞ고, 부즁의 도라【4】오니 식로이 인친(姻親) 졀위(切友) 모닷는 듸, 이 즁의 구상셰 니르러시니 진공이 보고 작식무언(作色無言)이라. 구상셔는 망연이 아즈의 소실(所失)을 모로는지라. 금후긔 야ᄅᆡ(夜來)ᄅᆞᆯ 문침(問寢)ᄒᆞ고 버거 졔왕곤계ᄅᆞᆯ 므ᄅᆞᄆᆡ, 문득 진공의 다ᄃᆞ라 졸연(猝然) 발노(發怒)ᄒᆞ여 변식(變色) 부답(不答)ᄒᆞᄆᆞᆯ 보믜, 의혹(疑惑) 무안(無顔)ᄒᆞᄆᆞᆯ 니긔지 못ᄒᆞ여, 스스로 지은 죄 업시 면홍(面紅)이 ᄌᆞ져(自著)ᄒᆞᄆᆞᆯ ᄭᆡ닷지 못ᄒᆞ니, 좌즁졔긱(座中諸客)이 밋쳐 진공의 긔식을 아라보지 못ᄒᆞ되, 낙양휘 아라보고 이의 가만이 구상셔의 옷슬 ᄃᆡᆼ긔여 후당(後堂)의 나아가 진공의 노식(怒色)ᄒᆞᄂᆞᆫ 곡졀을 ᄃᆡ강 니르니, 구상셰 쳥미의 ᄃᆡ경ᄃᆡ히(大驚大駭)ᄒᆞ여 면식(面色)이 여토(如土)ᄒᆞ니, 눈믈을 흘니고 낙양【5】후긔 지빈, 쳥죄 왈,

"몽슉이 ᄌᆞ초(自初)로 블초무상(不肖無狀)ᄒᆞ와 ᄉᆞ부(師父)의 어진 교훈을 져바리옵고, 죄ᄅᆞᆯ 인눈의 엇고, 다못 ᄉᆞ부와 죽쳥의게 득죄(得罪) 여산(如山)ᄒᆞᆫ 남산죽(南山竹)⁵⁸⁰)을 버히고 북ᄒᆡ(北海)ᄅᆞᆯ 기우리나 속(贖)지 못ᄒᆞᆯ 거시어늘, 힝혀 뎡·진 냥ᄃᆡ인 관홍이인(寬弘愛人)ᄒᆞ심과 죽쳥형의 호싱지덕(好生之德)을 닙ᄉᆞ와 지우금일(至于今日)의 문호ᄅᆞᆯ 보젼ᄒᆞ와, 임의 젼과ᄅᆞᆯ 뉘웃춘 후는 셰셰싱싱(世世生生)의 견마(犬馬)되여 갑고져 ᄒᆞ옵더니, 엇지 블초픽ᄌᆞ(不肖悖子) 음픽(淫悖)혼 작난이 이의 밋츨 쥴 아라시리잇고?"

셜파(說罷)의 참식(慙色)이 만안(滿顔)ᄒᆞ여 밧그로 나와 가(駕)ᄅᆞᆯ 직촉ᄒᆞ여 본부로 도라가니, 아지 못게라 구싱의 ᄉᆞᆼᆼ(死生)이 엇지 된고?

원닉 구싱이 이날【6】은 졔뎡이 져의 작난을 아랏실 쥴 혜아려 칭병(稱病)ᄒᆞ고 조회ᄅᆞᆯ 폐ᄒᆞ여 부친을 ᄯᅩ오지 아니미러라.

졔궁의셔 날이 느즈믜 졔긱이 다 하직고 도라가되, 홀노 구상셰 하직이 업시 갓는지라. 금휘 괴이 너겨 구상셔ᄅᆞᆯ ᄎᆞᄌᆞ니, 낙양휘 그 도라간 슈말을 니르니, 금휘 ᄃᆡ경

사람이나 적수를 미워함. 또는 그런 마음.

580)남산죽(南山竹) : 남산에 나는 대나무라는 뜻으로, 끝이 없는 '무한수(無限數)'를 말한다.

왈,

"연즉 창윤의 亽싱(死生)이 위틱ᄒ리로다."

제왕이 역경(亦驚)왈,

"창윤이 긔운이 견강(堅强)ᄒ니 미 마亽 간디로 죽든 아니려니와, 틱져 즁장(重杖)은 면치 못홀 거시니, 졈은 아희 방일(放逸)ᄒᆫ 죄 즁ᄒ나, 엇지 亽싱이 넘녀롭지 아니리잇고?"

츠즉 사쳔후를 도라보와 왈,

"오익(五兒) 가지 아니면 져의 급ᄒᆫ 노를 두로혀지 못ᄒ리니, 썔니 가 여츠여츠 【7】 말을 젼하라."

쳔휘 슈명ᄒ여 구가로 나아가다.

금휘 ᄌ손으로 더부러 닉당의 드러와 조션(朝膳)을 파ᄒ고 바야흐로 졔쇼져를 명ᄒ여 슉염을 브르라 ᄒ니, 슈유(須臾)의 회보 왈,

"손녀는 인뉴(人類)의 죄인이라. 블초비박(不肖鄙薄)ᄒᆫ 힝신(行身)이 임의 조션명덕(祖先明德)을 상ᄒᆡ와시니, 하면목(何面目)으로 존당부슉(尊堂父叔) 존젼의 등비(登拜)ᄒ리잇고? 다만 일누(一縷)를 지연금일(遲延今日)ᄒᆷ믈 붓그리ᄂᆞ이다. 왕부모와 부슉이 다 틱왕모 삼긔를 맛ᄎ시고 환가(還家)ᄒ시니, 쇼손이 엇지 슈년(數年) 격셰니슬(隔歲離膝)의 영모하회(永慕下懷) 범연(凡然)ᄒ리잇고만은, 진실노 누연(陋然)ᄒᆫ 낫갓츨 드러 즁인공 【8】 회(衆人共會)의 나지 못ᄒ리로소이다."

졔쇼졔 회보ᄒ고, 쇼져의 익원ᄒᆫ 거동이 싱블여亽(生不如死)ᄒ던 쥴 고ᄒ고, 오쇼져 혜염은 슉염의 친뎨(親弟)오, 년이 칠셰라. 울며 조모긔 알외되,

"져졔 반ᄃ시 죽을가 시부더이다. 모든 군죵ᄌ미(群從姊妹) 다 가보되, 형이 금니(衾裡)의 썻혀 보지 아니며, 유랑 시비의 말을 듯ᄌ오니, 졀곡(絶穀)ᄒ연지 삼亽일이라 ᄒ더이다."

금후 부뷔 쳥파의 이련(哀憐) 잔잉ᄒ여581), 부부 냥인이 ᄌ부졔손을 거느려 강션누의 나아가니, 슈호난챵(繡戶襴窓)이 젹젹ᄒ여 깁지게 닷쳣ᄂᆞ딕, 념젼(簾前)의 유아시비 연망이 퇴ᄒ고 존당상히 일시의 입실ᄒ여 쇼져를 보니, 쇼졔 옥상나요(玉床羅褥)의 향신(香身)을 더져 【9】 줌연고와(潛然孤臥)ᄒ여 사룸이 갓가이 나아가나 동(動)ᄒᆞᆷ이 업고, 쳔호만환(千呼萬喚)의 요동ᄒᆞᆷ이 업ᄂᆞᆫ지라.

틱부인과 졔슉뫼 일시의 금금을 열고보니, 쇼졔 운환(雲鬟)이 어즈러워 난침(鸞枕)582)의 더져시니 진슈아미(螓首蛾眉)의 일만 근심을 믹ᄌ시며, 옥협강싀(玉頰絳腮)의 슈싴이 은영(隱映)하여 존당(尊堂) 슉친(叔親) ᄌ미(姊妹) 좌우의 버러시믈 보믹, 장ᄎᆺ 치신무디(置身無地)라. 존당이 친님ᄒ샤 위로ᄒ시믈 보믹 마지 못ᄒ여 몸을 니ᄅ

---

581)잔잉ᄒ다 : 자닝하다. 애처롭고 불쌍하여 차마 보기 어렵다.
582)난침(鸞枕) : 베갯모에 난(鸞)새의 모양을 수놓은 베개

혀 왕부모 슬젼(膝前)의 비례ᄒ고, 부군(父君)의 광슈ᄅᆞᆯ 붓들고 실셩오읍ᄒ여 다만 죽기ᄅᆞᆯ 쳥ᄒ니, 이원ᄒᆞᆫ 틱도와 참담ᄒᆞᆫ 경상이 셕목(石木)이[도] 농준(濃蠢)583)ᄒᆞᆯ지라.

존당 부슉이 이런 잔잉ᄒᆞᆷ을 니기지 못ᄒ고, 진공【10】이 본ᄃᆡ 이 ᄯᆞᆯ ᄉᆞ랑이 과도ᄒ여, 브ᄃᆡ ᄉᆞ회ᄅᆞᆯ 갈ᄒᆞᆷ이 텬하(天下) 옥인가랑(玉人佳郞)을 퇵ᄒ여 녀아의 평싱을 쾌히 ᄒ고져 ᄒ엿더니, 쳔만 념외의 구싱의 호쇠방일(好色族逸)ᄒ미 금옥도장을 돌입ᄒ여 ᄌᆞ긔 쳔금교옥(千金嬌玉)을 오욕(汚辱)ᄒ여 평싱을 작희ᄒᆞᆷ을 드ᄅᆞ니, ᄌᆞ긔 쇼망의 크게 어긔미 되고, ᄯᅩ 반싱 호긔로셔 ᄌᆞ긔 쇼교ᄅᆞᆯ 가져 구몽슉의 며느리 삼으미 각골통원(刻骨痛寃)ᄒ니, 출하리 녀이 죽으면 부녀지졍(父女之情)이 일시 참졀(慘切)ᄒ나 긴 날 분ᄒᆞᆷ을 보지 아니ᄒ리라, 의ᄉᆞ 이의 밋쳐 녀아의 거동을 보지 아녀신 적은, ‘출하리 쾌히 죽으나 현마 어이 ᄒ리오’ ᄒ엿더니, 밋 녀아의 옥골화뫼(玉骨花貌) 초췌ᄒ【11】고 합연(溘然)584)코져 ᄒᄂᆞᆫ 거동을 보니 비록 싱쳘지심(生鐵之心)이나 엇지 동치 아니리오.

츄연이 낫빗츨 곳치고 편편(翩翩)ᄒᆞᆫ 광몌(廣袂)로 녀아의 셤신(纖身)을 나오혀 슬하의 교무(攪撫)ᄒ며, 쳑연함쳬(慽然含涕)ᄒᆞᆷ을 씨닷지 못ᄒ여 왈,

“슈한슈원(誰恨誰怨)이리오. 젼혀 여부(汝父)의 쇼활(疎闊)ᄒᆞᆫ 탓시라. ᄂᆡ 너희 교염(嬌艶)ᄒᆞᆫ ᄌᆡ용(才容)을 너모 닉이(溺愛)ᄒᆞᄆᆞ로, 믄득 일시 희롱을 인ᄒ여 당호(堂號)ᄅᆞᆯ 괴이히 지으니, 기시의 졔형뎨 희언이 여ᄎᆞ여ᄎᆞᄒ더니, 이제 곳곳치 맛ᄎᆞᄂᆞᆫ지라. 엇지 여부(汝父)의 블통우암(不通愚暗)ᄒ기로조ᄎᆞ 비로ᄉᆞ ᄌᆡ앙이 아니리오. 슈연이나 ᄂᆡ ᄎᆞ마 널노셔 구가의 결혼치 못ᄒ리니, 녀아ᄂᆞᆫ 모로미 심ᄉᆞᄅᆞᆯ 널니ᄒ여 ᄉᆞ싱(死生)을 결ᄒᆞᆯ 의ᄉᆞ【12】ᄅᆞᆯ 망녕도이 ᄂᆡ지 말고, 다만 심ᄉᆞᄅᆞᆯ 안졍이 ᄒ고 방신(芳身)을 가지록 쳥졍(淸淨)이 ᄒ여, 다시 인뉸셰ᄉᆞ(人倫世事)ᄅᆞᆯ 춤예ᄒ려 말고, 심규의 유발승(有髮僧)이 되여 평싱을 우리 슬하의셔 맛게 ᄒ라.”

존당 졔슉은 블가ᄒᆞᆷ을 알오ᄃᆡ, 아직 히유ᄒᆞ미 밧부다ᄒ여 ᄯᅩᄒᆞᆫ 이갓치 위로ᄒ여, 부녀의 분울ᄒᆞᆫ 심회ᄅᆞᆯ 기유(開諭)ᄒ며, 졔왕은 질녀ᄅᆞᆯ 칙ᄒ며 달ᄂᆡ고 겨혀, 맛춤ᄂᆡ 죽은 즉 부모의게 블효죄인이오, ᄌᆞ신의 명박(命薄)을 ᄌᆞ췌(自取)ᄒ여 유익ᄒ미 업ᄉᆞᆷ을 닐너, 빅가지로 히위(解慰)ᄒ니, 진공은 탄식ᄒ고 쇼져ᄂᆞᆫ 존당과 빅부의 ᄃᆡ의로 졀칙히유(切責解諭)ᄒ여 계경(戒警)ᄒ시믈 보니, 감히 죽어 블효ᄅᆞᆯ 씨치지 못ᄒᆞᆯ지라. 다만【13】실셩오읍(失性嗚泣)ᄒ여 슈명ᄇᆡᄉᆞ(受命拜謝) 왈,

“아희 비록 년쇼(年少) 미거(未擧)ᄒ오나 엇지 감히 존당과 빅부의 명셩지교(明聖之敎)ᄅᆞᆯ 져바리리잇고? 삼가 일누(一縷)ᄅᆞᆯ 지연(遲延)ᄒ오리니, 복원(伏願) 존당부모ᄂᆞᆫ ᄯᅩᄒᆞᆫ 히아(孩兒)의 소원을 용납ᄒᆞ샤 평싱을 슬하의 뫼시기ᄅᆞᆯ 바라오며, 조초 이 당즁의 잇기ᄅᆞᆯ 원치 아니ᄒ옵ᄂᆞ니, 쳐소ᄅᆞᆯ 옴겨 ᄌᆞ모의 협실(夾室)의 쳐ᄒ여, 일싱을 맛ᄎᆞ

---

583)농준(濃蠢) : 안개나 구름, 물결 따위가 굼실대며 움직임.
584)합연(溘然) : 죽음이 뜻하지 않게 갑작스럽게 닥침.

미 원이로소이다."

존당부뫼 더욱 가이(可愛)ᄒ여 ᄌᆡ삼 위로ᄒ고, 이날 즉시 쇼져를 옴겨 셔삼뎡 협실노 도라가게 ᄒ고, 강션누를 봉쇄(封鎖)ᄒ니라.

슌픠 드듸여 젼일 구셩의 셔간을 드리고 어든 ᄉ연을 고ᄒ니, 졔인이 더욱 놀나며 가즁의 반【14】 드시 '초군(楚軍)의 좌ᄉ마(左司馬)'585)를 노화, 녀아의 장각(莊閣)을 엿보민가 의심ᄒ되, ᄯᅩ 능히 ᄌ운션의 작용인 쥴을 ᄭᆡ닷지 못ᄒ고, 셔즁ᄉ(書中辭)의 긔몽(奇夢)이란 말을 의심ᄒ나, 진공은 소탈ᄒᆫ 장뷔라. 다만 구셩의 무상(無狀)ᄒ미 허언을 쥬츌(做出)ᄒ므로 알고, 졔왕은 본딕 투쳘명투(透徹明透)586)ᄒᆫ 고로, 기간(其間) 곡졀이 이시믈 밍지(萌知)ᄒ고, 창윤의 긔셰츌인(蓋世出人)ᄒ미 결비하등(決非下等)이니 슉염으로 녁긔 부젹(不適)ᄒ나, 본딕 텬연이 잇돗던가 의심이 업지 아니ᄒ되, 질녜 과도히 슈습ᄒ고 분ᄒ여 죽고져 ᄒᄂᆞᆫ 딕, 어룬의 체위(體威)로셔 허망ᄒᆫ 말을 인증(引證)ᄒ여 므릇믄 블가ᄒᆫ 고로, 다만 젼두ᄉ셰(前頭事勢)를 보려ᄒ므로 잠잠ᄒ더라.

어【15】시의 구상셰 분분이 집의 도라오니, ᄂᆡ각의 드러가지 아니ᄒ고 바로 외당의 나아가 밋쳐 옷슬 벗지 아니ᄒ고, 뎡하(庭下)의 금녕(金鈴)을 흔드러 약간 ᄉ예(司隸)○[와] 나졸(羅卒)을 모흐고 형장긔구(刑杖器具)를 출히니, 구상셰 본딕 소시로 븟터 요악ᄒ지언졍 거가(居家)의 온화ᄒ여, 긔습(氣習)이[을] 비비(卑輩)의 힝ᄒ미 업더니, 더욱 ᄉ화(死禍)를 지ᄂᆡ고 회과 이후로는 텬픔이 그음업시 인약온후(仁弱溫厚)ᄒ여, 호령이 견마(犬馬)의 힝ᄒ미 업고, 비복을 은혜로 거ᄂᆞ리며, ᄯᅩ 양부인이 ᄂᆡᄉ(內事)를 션치(善治)ᄒ여 가장(家長)을 ᄂᆡ조ᄒ미, 강명녈슉(剛明烈淑)ᄒ여 호령이 즁문 밧긔 나지 아니나, 비비의게 ᄌ연ᄒᆫ 은위(恩威) 병ᄒᆡᆼᄒ니, 가졔(家齊) 슉연ᄒ여 일【16】즉 츄호지말(秋毫之末)도 분난(紛亂)ᄒ여 죄ᄌ(罪者)를 다스리미 업다가, 금일 상셰 졸연이 발노(發怒)ᄒ여 외당(外堂)의 ᄉ졸(士卒)을 모흐고 형장을 빅셜ᄒ믈 보니, ᄂᆡ외 비복이 그 어ᄂᆡ 죄의 당ᄒᆫ 쥴 아지 못ᄒ여 진경(震驚)ᄒ고, 부인이 의혹ᄒ나 밋쳐 연고를 뭇지 못ᄒ더니, 이ᄯᅥ 한님이 금일 야애 뎡상부의 가시미 필유ᄉ단(必有事端)ᄒᆯ 쥴 혜아려, 칭병ᄒ고 집의 잇셔 형뎨 한가지로 식상(食床)을 바닷더니, 비비(婢輩) 분분이 젼ᄒᄂᆞᆫ 빅 크게 조치 아닌지라.

그 죄칙(罪責)이 ᄌᆞ긔 밧긔 나지 아닌 쥴 혜아려 쳔연(天然)이 식상을 믈니고, 밋쳐 명을 기다리지 아냐 외당의 나오니, 공ᄌ 셩윤이 ᄯᅩᄒᆫ 형의 긔식을 괴이히 너겨 미조【17】ᄎ 나오니, 상셰 한님을 보미 발연 디로ᄒ여 좌우 시노(侍奴)를 ᄭᅮ지져 ᄲᆞᆯ니 잡아 ᄂᆞ리오라 ᄒ고, 결박ᄒ여 형벌의 올니고 산장(散杖) 열흘 잡으라 ᄒ니, 위엄이 싁싁ᄒ고 셩음이 밍널ᄒ여, ᄌᆡ하ᄌ(在下者)로 ᄒ여금 송구ᄒ믈 니긔지 못ᄒ너라. 한님

---

585)초군(楚軍) 좌ᄉ마(左司馬) : 중국 춘추시대 초(楚)나라 장수이자 전략가인 좌사마 심윤술(沈尹戌)을 말함. 당시 오(吳)나라와의 백거(柏擧) 전투에서 자신의 전략이 지켜지지 않아 초군이 대패하자 자결하였다.

586)투쳘명투(透徹明透) : 사리에 밝고 처신이 분명함.

이 블변안식(不變顏色)ᄒ고 관을 벗고 씌를 글너 슈죄(受罪)홀 시, 긔운을 정히ᄒ여 고왈,

"아히 우몽(愚蒙)ᄒ와 죄범(罪犯)을 씨닷지 못ᄒ리로소이다."

상셰 진목(瞋目) 즐왈(叱曰),

"음황픽ᄌ(淫荒悖子)의 무상블의(無狀不義) 비은망덕(背恩忘德)ᄒᆫ 죄를 싱각ᄒ면, 닉 몬져 심골(心骨)이 경한(驚寒)ᄒ니, 닉 스ᄉᆞ로 니ᄅ지 아니나, 네 작죄흔 비 범연치 아니니 엇지 씨닷지 못ᄒ리오. 다만 지상 규각(閨閣)의 돌입ᄒ여 스ᄉᆞ로 힝 【18】신이 그릇되고, 아뷔로 ᄒ여금 만목쇼시(萬目所視)의 허다 블안ᄒᆞᄆᆞᆯ 보게 ᄒ니, 픽ᄌ의 음악흔 죄 엇지 범연ᄒ며, ᄒᆞᆯᄆᆞ며 졔뎡은 오가의 블망딕덕지은인(不忘大德之恩人)이라. 닉 졍히 텬디신기(天地神祇)의 발원도쥭(發願禱祝)ᄒ여 셰셰싱싱(世世生生)의 견마(犬馬)되여도 그 바다 갓흔 슈은(受恩)을 다 갑지 못홀가 져허ᄒ거늘, 이졔 믄득 너 픽ᄌ(悖子)의 연고로 쥭암의 쳔금(千金) 쇼교(小嬌)[587] 여ᄎᆞ여ᄎᆞ ᄉᆞ싱이 위틱타 ᄒ니, 져 뎡시는 법문명가의 고결흔 녀ᄌ라. 만일 결부(潔婦)[588]의 쥭으믈 효측(效則)홀진딕, 졔뎡이 ᄯᅩ 셜ᄉᆞ 관인후덕으로 너를 ᄉᆞ흔다 일너도 '빅인(伯仁)이 유아이ᄉᆞ(由我而死)'[589]니, 네 만일 규문(閨門)을 돌입지 아녀시면, 뎡시 엇【19】지 쥭으리오. '살인ᄌᆞᄉᆞ(殺人者死)'는 한고조(漢高祖) 약법삼장(約法三章)[590]의 졍ᄒᆞᆫ 빅니, 네 가히 딕살(代殺)을 면치 못홀 거시오, 셜ᄉᆞ 쥭지 아니나 쥭암의 남다른 결증(潔症)과 호긔(豪氣)로 우리 부ᄌᆞ를 금슈(禽獸)만도 못 너기리니, 연즉 구교(舊交)의 안면이 무안ᄒᆞ미 그 엇더ᄒ리오. 니러므로 닉 음황(淫荒) 블초(不肖)를 크게 다ᄉᆞ려 죄를 졍히ᄒ고, 나의 훈ᄌᆞ(訓子)의 블엄(不嚴)ᄒᆞᆷ을 졔뎡의게 ᄉᆞ례ᄒ려 ᄒᄂᆞ니, 픽ᄌᄂᆞᆫ 날을 원치말나."

셜파의 노긔 가득ᄒ여 ᄉᆞ예를 직쵹ᄒ여 미마다 고찰ᄒ니, 한님이 홀 말이 업셔, 고기를 숙여 고요히 미를 바드나, 틱장(笞杖)의 괴로오믄 싱닉(生來) 쳐음이라. 【20】 한미의 연흔 살이 ᄲᅥ러지고 피흐르ᄂᆞᆫ지라, 수십장의 밋쳐는 피육(皮肉)이 후란(朽爛)ᄒᆞ고 셩혈(腥血)이 좌우의 ᄲᅮ리이니, 공지 망극ᄒ여 나아가 형의 죄를 난호기를 이걸

---

587)쇼교(小嬌) : 어린 딸.

588)결부(潔婦) : 중국 춘추시대 노(魯)나라 사람 추호자(秋胡子)의 아내. 추호자는 결부와 결혼한 지 5일 만에 진(陳)나라의 관리가 되어 집을 떠났다, 5년 뒤 집으로 돌아오다가 집 근처 뽕밭에서 뽕을 따는 여인을 비례(非禮)로 유혹한 일이 있는데, 집에 돌아와 아내를 보니 조금 전 자신이 수작한 그 여인이 었다. 크게 실망한 결부는 남편의 행동을 꾸짖은 뒤 강물에 몸을 던져 자결하였다. 『열녀전』에 나온다.

589)빅인(伯仁)이 유아이ᄉᆞ(由我而死) : 백인(伯仁; 중국 동진 때 사람)은 나로 인해 죽었다'는 뜻으로, 직접적으로 사람을 죽이지는 않았지만 죽은 사람에 대해 자신이 적극적으로 구하지 않은 책임이 있음을 안타까워하거나, 어떤 사건에 간접적으로 연관되어 있는 것을 비유적으로 나타낸 말.

590)한고조(漢高祖) 약법삼장(約法三章) : 중국 한(漢)나라 고조가 진(秦)나라 군사를 격파하고 함양(咸陽)에 들어가서 지방의 유력자들과 약속한 세 조항의 법. 곧 ①사람을 살해한 자는 사형에 처하고, ②사람을 상해하거나 남의 물건을 훔친 자는 처벌하며, ③그 밖의 모든 진나라의 법은 폐지한다는 내용이다.

ᄒᆞ나, 상셰 엇지 드리리오.

고셩(高聲) 즐퇴(叱退)ᄒᆞ고 가지록 고찰ᄒᆞ여, 팔십여장(八十餘杖)의 니르러는 옥골셜
뷔(玉骨雪膚) 미란(糜爛)ᄒᆞ여 젹혈이 님니(淋漓)ᄒᆞ니, 싱이 비록 장긔튱텬(壯氣衝天)ᄒᆞ
나 엇지 긔력이 안안(安安)ᄒᆞ리오. 면식이 여토(如土)ᄒᆞ고 알프믈 니기지 못ᄒᆞ나, 감히
일언을 못ᄒᆞ고 죽은 ᄃᆞ시 수장(受杖)ᄒᆞ니, 공지 창황망극(蒼黃罔極)ᄒᆞ여 졍히 눈물을
흘녀 아모리 ᄒᆞᆯ 줄 모로더니, 믄득 과갈(過喝)591)이 텬명(天鳴)ᄒᆞ고 벽졔(辟除) 【2
1】 동곡(動谷)ᄒᆞ더니, 가인(家人)이 ᄲᆞᆯ니 수쳔후 뎡노야의 ᄂᆡ림(來臨)ᄒᆞ믈 알외니, 구
공이 비록 졀노 더부러 부집(父執)의 존ᄒᆞ미 이시나, 져는 지위 일존(一尊)ᄒᆞ여 황각
(黃閣)592)의 웃듬ᄌᆞ리를 웅거ᄒᆞ엿고, ᄌᆞ긔는 블과 뉵경지렬(六卿在列)이라. 졍즁쳬면
(廷中體面)이 그러치 못ᄒᆞ여, 연망이 ᄉᆞ예(司隷)를 ᄭᅮ지져 믈니치고, 의관(衣冠)을 졍
히ᄒᆞ여 하당영지(下堂迎之)ᄒᆞ니, 수쳔휘 발셔 계(階)의 다ᄃᆞ라 읍손겸양(揖遜謙讓) 왈,

"년슉(緣叔)은 부집존항(父執尊行)593)이시라. 졍즁쳬면이 비록 즁ᄒᆞ오나, 장유유셰
(長幼有序) ᄯᅩ흔 오륜의 즁ᄒᆞ거늘, 엇지 이디도록 과례(過禮)를 ᄒᆡᆼᄒᆞ시ᄂᆞ니잇가? 쳥컨
ᄃᆡ 니러치 마ᄅᆞ시미 원이로소이다."

셜파의 쇄 【22】 락(灑落)흔 셩음과 탁셰(卓世)흔 풍광(風光)이 몬져 사ᄅᆞᆷ의 블평흔
긔운을 슬와바리ᄂᆞᆫ지라. 구상셔의 표등(剽騰)흔 노긔(老氣) 츈셜(春雪)갓치 스러져, 거
슈(擧手) ᄉᆞ 왈,

"비인(鄙人)은 녹녹용지(碌碌庸者)라. 외람이 녕존뒤왕의 관인뒤량(寬仁大量)으로 놉
히 교도를 허ᄒᆞ시믈 닙어시나, 엇지 감히 현공(賢公)의 놉흔 덕망을 우러러, 외람이
장유유셔(長幼有序)를 인증(引證)ᄒᆞ여 졍즁쳬면을 손상ᄒᆞ리오."

쳔휘 지삼 졍식 겸양ᄒᆞ여, 구상셰 몬져 승당ᄒᆞ니, 쳔휘 바야흐로 당의 올나 공경(恭
敬) 예필(禮畢)의, 드듸여 부왕의 젼어(傳語)를 누누히 베퍼 한님을 ᄉᆞᄒᆞᆷ믈 고ᄒᆞ니, 구
상셰 아ᄌᆞ를 통한ᄒᆞ미 깁허, 가장 즁치(重治)ᄒᆞ여 비 【23】 록 죽으나 앗길 ᄠᅳ지 업더
니, 수쳔후의 만뉴(挽留)ᄒᆞᆷ과 졔왕의 젼어로 ᄒᆡ유ᄒᆞᆷ믈 드르니, 엇지 거역ᄒᆞ리오.

이의 쳐연하루(凄然下淚) 왈,

"녕존의 은틱은 ᄉᆞᄉᆞ(事事)의 니러ᄐᆞᆺ ᄒᆞ여, 구몽슉의게 ᄉᆞ골부흑지은(死骨復惚之恩)
이 텬디 갓흔지라. 몽슉이 맛당히 쇄신분골(碎身粉骨)흔들 니ᄌᆞ리오만은, 픠즈의 비은
망덕(背恩忘德)ᄒᆞ미 블인간악(不仁奸惡)흔 아뷔를 습(襲)ᄒᆞ여, 음황(淫荒)흔 작난이 녕
종미(令從妹) 신상의 밋ᄎᆞ니, 엇지 놀납고 붓그럽지 아니리오. 시고(是故)로 블초ᄌᆞ를
죽여 죄를 속(贖)ᄒᆞ고, 녕슉딘하(令叔臺下)의 육단부형(肉袒負荊)594)코져 ᄒᆞ더니, ᄯᅳᆺ밧

---

591)과갈(過喝) : =갈도(喝道)・갈도(喝導). 고관의 길을 인도하는 하인이 앞장서서 길을 비키라고 외치는
소리.
592)황각(黃閣) : 행정부의 최고기관인 의정부(議政府)를 달리 이르는 말.
593)부집존항(父執尊行) : 아버지의 친구로 아버지와 나이가 비슷한 어른이라는 뜻.
594)육단부형(肉袒負荊) : 윗옷의 한쪽을 벗고, 등에 가시나무 형장(刑杖)을 지고 가 사죄함. 곧 지고 간

긔 현공이 좌굴관기(坐屈冠蓋)595)ᄒᆞ여 녕딕인 명을 뎐ᄒᆞ니, 몽슉이 비록 ᄉᆞ디(死地)라도 블감역명(不敢逆命)이려든, 이【24】만 쉬온 일을 엇지 좃지 아니리오. 공은 도라가 이디로 회보ᄒᆞ라. 비인이 명일의 당당이 귀궁의 나아가 녕존긔 회ᄉᆞ(回謝)ᄒᆞ고, 죽암공의게 블초(不肖) 완ᄌᆞ(頑子)596)의 무상ᄒᆞᄆᆞᆯ ᄉᆞ죄(謝罪)ᄒᆞ리라.”

드디여 아ᄌᆞ를 ᄉᆞ(赦)ᄒᆞ여 문밧긔 닉쳐 안전의 용납지말나 ᄒᆞ니, 싱이 계오 졍신을 출혀 의디(衣帶)를 슈습ᄒᆞ고 쳔후를 보미 참괴ᄒᆞᄆᆞᆯ 니긔지 못ᄒᆞ나, 강잉ᄒᆞ여 부젼의 ᄉᆞ죄ᄒᆞ고 다시 시립고져 ᄒᆞ나, 상셰 ᄉᆞ긔 싁싁ᄒᆞ여 용납지 아니ᄒᆞ니 무류히 퇴ᄒᆞ여 셔당으로 믈너가니, 공ᄌᆞ 셩윤이 ᄯᆞ라가 형을 구호ᄒᆞ더라.

쳔휘 쥬인이 블안ᄒᆞ니 오릭 머믈미 가치 아녀, 총총이 하직【25】고 도라와 존당 부슉긔 뵈옵고, 구가의 가 ᄒᆞ던 슈말(首末)과 구상셔의 말ᄉᆞᆷ과 거동을 알외니, 금후와 왕은 묵연 졈두(點頭)ᄒᆞ고, 진공은 닝쇼(冷笑) 블열(不悅) 왈,

“가위(可謂) 긔관(奇觀)이랏다! 몽슉지언이 여츈치ᄌᆞ명(如春雉自鳴)597)이로다. 졔 아모리 긔특ᄒᆞ고 장부다온 쳬ᄒᆞ나 맛ᄎᆞᆷ닉 군ᄌᆞ 아니로소니, 몽슉지ᄌᆞ 창윤이 기부지ᄌᆞ(其父之子)라. 얼골이 사ᄅᆞᆷ 갓흔들 기심(其心)은 여시금슈(如是禽獸)니 그만 더ᄒᆞ리오. 녀아의 만니젼졍(萬里前程)은 임의 볼 거시 업ᄉᆞ니, 음황픽ᄌᆞ(淫荒悖子)의 ᄉᆞ싱(死生)이 무어시 관겨ᄒᆞ관디, 형장은 부졀업시 근노(勤勞)ᄒᆞ시고, 질이 가장 슈고로이 분쥬(奔走)ᄒᆞ엿도다. 몽슉부지 짐짓 교긔(驕氣)ᄒᆞ여시리로다. 비록 틱산(泰山)【26】이 평디(平地)되나, 이 뎡쥭암의 뜻은 변치 아니리니, ᄉᆞ즁(舍中) 니괴(尼姑) 잇시니, 현마 어이 ᄒᆞ리오. 슉염은 다만 심규(深閨)의 유발승(有髮僧)598)이 될 ᄯᅮᆫ이라. 창윤의 ᄉᆞ싱을 엇지 교계(較計)ᄒᆞ리오.”

졔형(諸兄)이 쇼왈,

“속담의 묘젼필언(墓前必言)599)이라 ᄒᆞᄂᆞ니, 졔ᄉᆞ(諸事)는 블가측(不可測)이라. 창윤이 아직은 년쇼(年少) 호방(豪放)ᄒᆞ여 월장투향지ᄉᆞ(越墻偸香之事)600) 범남(汎濫)ᄒᆞᆫ 듯ᄒᆞ나, 이 ᄯᅩ흔 년쇼 남이 졀식가인을 ᄉᆞ모ᄒᆞᆷ이 괴이치 아니ᄒᆞ니, ᄌᆞ연이 셰구년심(歲

형장으로 매를 맞아 사죄하겠다는 뜻을 나타내는 말.
595)좌굴관기(坐屈冠蓋) : 자기가 찾아가야 할 것을 찾아가지 아니하고, 도리어 상대방이 수레를 타고 찾아오게 하는 수고를 끼침. *관개(冠蓋); 높은 벼슬아치가 타고 다니던 수레. 말 네 필에 멍에를 매어 끌게 했다.
596)완ᄌᆞ(頑子) : 성질이 억세고 고집스럽고 사나운 아이.
597)여츈치ᄌᆞ명(如春雉自鳴) : ‘봄철의 꿩이 스스로 우는 것과 같다’는 뜻으로, 제 허물을 제 스스로 드러냄으로써 남이 알게 된다는 말.
598)유발승(有髮僧) : ‘머리를 깎지 않은 승려’라는 말로, 결혼을 포기하고 사는 속인(俗人)을 낮잡아 이르는 말.
599)묘젼필언(墓前必言) : 입찬말(장담)은 반드시 무덤 앞에 가서 하라는 뜻으로, 쓸데없는 장담은 하지 말라는 말. 늑입찬소리는 무덤 앞에 가서 하라.
600)월장투향지ᄉᆞ(越墻偸香之事) : 담을 넘어 들어가 남녀가 사통을 하는 일. *투향(偸香): 향을 훔친다는 뜻으로, 남녀 간에 사사로이 정을 통함을 비유적으로 이르는 말.

久年深)ᄒᆞ면 져런 싱쳘 갓ᄒᆞᆫ 마음이 두로혀, 구싱을 조히 싱관(甥館)601)의 마즈 문난(門欄)602)의 경ᄉᆞ를 두굿겨홀동 알니오."

진공이 심담(心膽)이 오히려 분분(紛紛)ᄒᆞ여 놀난 거슬 진졍치 못ᄒᆞ니, 마음의 업시 역 【27】탄역쇼(亦歎亦笑)ᄒᆞ여 졔형뎨 희언(戲言)을 마지 아니터라.

이젹의 구상셰 아ᄌᆞ를 다스리고 ᄉᆞ쳔휘 도라간 후 ᄂᆡ당의 드러오니, 부인이 마즈 바야흐로 아ᄌᆞ의 득죄ᄒᆞᆫ 곡졀을 알고, ᄎᆞ악(嗟愕) 경ᄒᆡ(驚駭)ᄒᆞ여 탄왈,

"ᄎᆞ익 ᄌᆞ쇼(自少)로 호긔(豪氣) 발양(發揚)ᄒᆞ고 셩질이 왕양(汪洋)ᄒᆞ나 본품(本稟)이 활달ᄃᆡ도(豁達大度)ᄒᆞ고 총명ᄒᆞ여 녜의를 아더니, 엇지 니런 블미지ᄉᆞᆨ(不美之事) 잇실 쥴 알니오. 뎡공의 은노(隱怒)ᄒᆞ미 그릇지 아니ᄒᆞ니 엇지 져를 한ᄒᆞ리잇고? 다만 스스로 ᄌᆞ식 잘못 나흐믈 원홀 ᄯᆞ름이로소이다."

상셰 탄왈,

"우리 쇼루(疏漏)ᄒᆞ여 식뷔 죽은 후 즉시 한낫 아름다온 녀ᄌᆞ를 갈희여 호방ᄒᆞᆫ 아히 마음을 【28】진졍치 못ᄒᆞ고, 너모 완이(緩易)히 구다가 니런 변을 맛나시니, 이졔 ᄯᅩ 졸연이 다른 ᄃᆡ 구혼치 못ᄒᆞ리니, 진공의 ᄯᅳ시 엇더ᄒᆞᆫ 쥴 아지 못ᄒᆞ고, ᄌᆞ레 다른 녀ᄌᆞ를 취치 못홀 거시오, 뎡시ᄂᆞᆫ 아모려도 타문을 싱각지 아니리니, 져를 등ᄃᆡ(等待)코져 ᄒᆞᆫ즉, 쥭암의 긔승(奇勝)으로 창윤의 픠ᄒᆡᆼ(悖行)을 분(憤)히ᄒᆞ미, 고집이 슈히 히혹(解惑)홀 쥴 밋지 못ᄒᆞ고, 뎡시ᄂᆞᆫ 더옥 년유(年幼)ᄒᆞᆫ지라. 졔뎡이 짐짓 혼ᄉᆞ를 밧비 아니홀 거시오, 창아ᄂᆞᆫ 년긔 장셩ᄒᆞ니 취쳐ᄒᆞ미 엇지 밧브지 아니리오."

부뷔 니러듯 의논ᄒᆞ며 아ᄌᆞ의 비위(配位) 여ᄎᆞ지지(遲遲)ᄒᆞ믈 탄ᄒᆞ여 능히 잠을 일우지 못ᄒᆞ더라. 명죠【29】의 구상셰 옥궐의 조회ᄒᆞ고 바로 졔궁의 니르니, 졔뎡이 바야흐로 조당(朝堂)의셔 도라와 밋쳐 조복(朝服)을 벗지 아녓더니, 가인(家人)이 구상셔의 ᄂᆡ림ᄒᆞ믈 고ᄒᆞ니, 진공이 발연 변ᄉᆡᆨᄒᆞ여 피코져 ᄒᆞ더니, 구상셰 텬텬이 거러드러와 능히 승당치 못ᄒᆞ고, 즁계(中階)의셔 금후를 바라 공슈 비례ᄒᆞ고, 버거 졔왕과 진공을 향ᄒᆞ여 관을 벗고 옷슬 메와603), 고두 쳥죄 왈,

"비인 구몽슉이 감히 쥭쳥과 쥭암공긔 작죄여산(作罪如山)ᄒᆞ오니, 감쳥(敢請) ᄉᆞ죄(死罪)로소이다. 복원 냥위 존형은 훈ᄌᆞ(訓子) 블엄(不嚴)ᄒᆞᆫ 죄를 다스리시고, 다시 구교의 조흔 안면을 고렴(顧念)ᄒᆞ시믈 바라ᄂᆞ이다." 【30】

셜파의, 참식(慙色)이 만안(滿顔)ᄒᆞ여 욕ᄉᆞ무디(欲死無地)ᄒᆞᄂᆞᆫ 거동이라. 금휘 져 거동을 보고 셜니 졔손을 명ᄒᆞ여 붓드러 올나라 ᄒᆞ니, 도찰ᄉᆞ 은긔 등이 미미ᄒᆞᆫ 우음을 먹음고 일시의 하당ᄒᆞ여 구공을 붓드러 오르시믈 쳥ᄒᆞ니, 구상셰 마지 못ᄒᆞ여 승당 비ᄉᆞᄒᆞ여 금후긔 교ᄌᆞ(敎子) 블엄(不嚴)ᄒᆞ믈 만만 ᄉᆞ죄ᄒᆞ니, 금휘 상셔의 광슈를 닛그

---

601)싱관(甥館) : '사위가 거처하는 방'을 이르는 말

602)문난(門欄) : 문루(門樓)의 난간(欄干)을 뜻하는 말로 가문(家門)을 달리 이르는 말.

603)메다 : 어깨에 걸치거나 올려놓다. 여기서는 육단(肉袒) 곧, 윗옷의 한쪽을 벗어 어깨에 걸치고 사죄하는 것을 말한다.

러 겻히 안치고 흔연 위로 왈,

"즈고(自古)로 요슌지즈(堯舜之子)도 블초ᄒ니, 위인부모(爲人父母)ᄒ여 싱아(生兒)ᄒ미 비록 것츨 나흐나 그 속을 낫치 못ᄒ다 ᄒ니, 속셜의 니른 말이 헛되지 아닌지라. 연이나 창윤이 호ᄉ긔쥬(好色嗜酒)ᄒ미 흠ᄉ(欠事)언【31】졍, 텬싱품슈(天生稟受)는 디즁믈(池中物)604)이 아니니, 아직은 쇼년 호방ᄒ여 삼가지 못ᄒ니, 힝신의 디흠(大欠)이어니와, 만일 기심슈덕(改心修德)ᄒ면 당셰 영웅쥰걸이 되리니, ᄒ믈며 이 아히 풍뉴 신광이 녹녹ᄒ 무리 아니라. 귀격달표(貴格達表)이시니 반ᄃ시 영현조션(榮顯祖先)ᄒ믄 오히려 현계(賢契)의게셔 나으리니, 이 가히 승어뷔(勝於父)라. 조금도 넘녀 말나. 돈아(豚兒)등이 슈용암(雖庸暗)이나 거의 현계의 허믈이 아닌 쥴 아ᄂ니, 엇지 겨죠(擧措) 화긔(和氣)를 상(傷)히오리오."

말ᄉ미 화평ᄒ니, 구상셰 블승감격ᄒ여 츄연 비ᄉ 왈,

"년슉(緣叔)의 심인후ᄐᆡ(深仁厚澤)이 ᄉᄉ여ᄎ(事事如此)ᄒ시니 몽슉부지 쇄신분골(碎身粉骨)ᄒ오나 다 갑숩지 못ᄒ리【32】로소이다. 블초 픠즈ᄂ 죽으나 무슨 앗가오미 이시리잇가만은, 다만 춤셕(慘惜)ᄒ온 바ᄂ 녕손(令孫) 귀쇼졔 음황난즈(淫荒亂子)의 슈즁(手中)의 과도히 놀나, 반ᄃ시 ᄉ셩을 결홀 ᄯᅳᆺ이 잇다 ᄒ니, 엇지 놀납지 아니ᄒ며, 쥭암의 은노ᄒ미 올치 아니리잇고? 쇼질이 맛당이 픠즈를 아조 죽여 디인과 쥭암긔 녕손 교아의 일싱 그릇 민든 죄를 속고져 ᄒ옵더니, 쳔만 의외의 명쵸 니르러 쥭쳥형의 명을 젼ᄒ오미, 블초즈를 ᄉ(赦)ᄒ엿ᄉ오니[나], 결연이 부즈텬셩을 ᄯᅢᆺ츠려 ᄒᄂ이다."

금휘 흔연 왈,

"ᄎ시(此事) 등한치 아녀 피ᄎ(彼此) 블힝ᄒ나 업친 믈 갓ᄒ니, 싀로이 드ᄅᆯᄉ록 ᄎ악ᄒ고 【33】문견(聞見)이 ᄒᆡ이(駭異)ᄒ니 다시 거론치 말나."

졔왕형뎨 니어 면면이 인ᄉᄒ니, 구상셰 만면괴ᄉᆨ(滿面愧色)으로 겨오 ᄃᆡ답ᄒ고, 진공을 향ᄒ여 만만 ᄉ죄ᄒ니, 공이 작ᄉᆨ(作色) 닝쇼(冷笑) 왈,

"녕낭 창윤은 가히 인면슈심(人面獸心)이니 사름으로 ᄎᆡᆨ망ᄒᆯ ᄇᆡ 아니오, 탕즈로 인ᄒ여 나의 쳔금일교(千金一嬌) 평싱을 아조 판단ᄒ여시니, 창윤은 우리 부녀와 진짓 블공ᄃᆡ텬지슈(不共戴天之讎)라. 외(吾) 가히 창윤의 ᄉ셩을 넘녀ᄒᆯ ᄇᆡ 아니오, 그ᄃᆡ 아녀(我女)의 ᄉ셩을 넘녀ᄒᆯ ᄇᆡ 아니니, 니ᄅᆞᆺ 거리껴 뭇지 말나."

셜파의 긔ᄉᆨ이 쥰엄ᄒ여 다시 말븟치기 어려온지라. 구상셰 더옥 ᄃᆡ참(大慙)ᄒ여 안ᄉᆨ이 여토(如土)ᄒ니, 금휘 졍ᄉᆨ 췩왈,

"네 엇지 가지록 블【34】통고집(不通固執)ᄒᆫ다? 창윤의 방일ᄒ 탓만 아니라, 진실

---

604)디즁믈(池中物) : '연못 속에 있는 교룡'이라는 뜻으로, 아직 승천하지 못한 용, 곧 '평범한 사람'을 이르는 말. 〈삼국지〉에서 주유(周瑜)가 손권(孫權)의 누이동생과 혼인하여 오(吳)나라에 머물고 있는 유비(劉備)를 빗대어 이른 말로, 만약 유비가 오나라를 떠나 형주로 가게 되면 그는 교룡이 구름과 비를 얻게 되어 더 이상 지중물 곧 연못속의 교룡이 아닌 것이 될 것이라고 한 데서 유래한 말.

노 손아의 쇼조(所遭)의 다험(多險)홈도 업지 아니미라. 너모 블통ᄒᆞ미 아녀자의 혐냥(狹量)이라. 노뷔 도로혀 구 현계(賢契)를 보미 붓그럽지 아니랴?"

언파의 안식이 싁싁ᄒᆞ니 진공이 황공ᄒᆞ여 묵연(默然) ᄉᆞ죄ᄒᆞ고 구상셔ᄂᆞᆫ 블승감격ᄒᆞ여 ᄒᆞ더라. 금휘 좌우로 쥬찬을 셩비ᄒᆞ여 빈쥬통음(賓主痛飮)ᄒᆞᆯᄉᆡ, 구상셰 심히 무안ᄒᆞ여 도로혀 쥬식의 맛슬 몰나 초초히 슈삼 비를 거ᄃᆡ르며, 드듸여 하직(下直)ᄒᆞ고 집의 도라와, 기리 탄식ᄒᆞ여 슈회(愁懷) 만만(萬萬)ᄒᆞ니, 부인이 위로ᄒᆞ더라.

구한님이 알프믈 강잉ᄒᆞ여 의ᄃᆡ(衣帶)를 슈렴ᄒᆞ고, 공주로 더부러 ᄂᆡ당의 드러가 당하의셔 부젼의 쳥죄【35】ᄒᆞ니, 상셰 딕로ᄒᆞ여 좌우로 등 미러 ᄂᆡ쳐, 안젼(眼前)의 용납지말나 ᄒᆞ니, 한님이 황괴ᄒᆞ여 유유히 믈너나 셔직의 도라오믹, 상쳬(傷處) 크게 덧나 알프믈 니긔지 못ᄒᆞ고, 일노조ᄎᆞ 뎡쇼져의 텬연(天緣)이 셩젼(成全)ᄒᆞ기 어려오믈 혜아리미, 심회(心懷) 겸발(兼發)ᄒᆞ고 가긔(佳期)를 셩젼키 어려오믈 쥬야 상심(傷心)ᄒᆞ미, 날노 노심(勞心)ᄒᆞ여 슉식을 졔폐(諸廢)ᄒᆞ니, 니러구러 월여의 밋쳐ᄂᆞᆫ 병이 크게 즁ᄒᆞ니, 공주 셩윤이 쥬야 근심ᄒᆞ여 부모의게 고ᄒᆞ고 의약으로 치료ᄒᆞ믈 알외나, 상셔ᄂᆞᆫ 증한(憎恨)ᄒᆞ미 깁흔 고로 쥰칙(峻責)ᄒᆞ여 음황픽ᄌᆞ(淫荒悖子)ᄂᆞᆫ 죽어도 앗갑지 아니타, 즐퇴(叱退)ᄒᆞ고, 모부인은 평일 아ᄌᆞ의 혈긔 강장홈【36】믈 밋어 쏘흔 방일홈믈 썩지르고져 ᄒᆞ여 용납지 아니니, 한님이 두로 넘녜 번다ᄒᆞ여 병셰 졈졈 더으니, 공지 우황(憂惶)ᄒᆞ여 울며 부인긔 고왈,

"형이 비록 년쇼 호신(豪身)으로 삼가지 못ᄒᆞ미 잇ᄉᆞ오나, 임의 딕인긔 즁장(重杖)을 밧ᄌᆞ와 슈죄(數罪)ᄒᆞ엿습고, 이졔 뉘웃ᄂᆞᆫ 한(恨)과 장쳬(杖處) 셩농(成膿)ᄒᆞ여 병셰 위독ᄒᆞ니, ᄉᆞ셩이 위틱ᄒᆞᆸ거늘, 딕인과 틱틱 엇지 부위ᄌᆞ은(父爲子隱)605)ᄒᆞᄂᆞᆫ 셩덕으로 져 ᄌᆞ식의 ᄉᆞ셩을 일호(一毫) 관념(關念)치 아니시ᄂᆞ니잇고? 형이 진실노 명믹(命脈)이 조셕(朝夕)의 잇ᄉᆞ오니 복원 틱틱ᄂᆞᆫ 슬피쇼셔."

부인이 바야흐로 우려ᄒᆞ여 공ᄌᆞ로 더브러 셔당의 나와 한님을【37】보미, 나금(羅衾)의 몸을 ᄇᆞ려 통셩이 의의(依依)ᄒᆞ더니, 모친의 니ᄅᆞ시믈 보고 강잉ᄒᆞ여 니러 마ᄌᆞ나, 좌와(坐臥) 블평ᄒᆞ여 능히 안졉(安接)지 못ᄒᆞ여, 모부인 슬상(膝上)의 머리를 언고 손으로 부인 ᄡᅡᆼ슈(雙手)를 붓드러 쳬뤼방타(涕淚滂沱)ᄒᆞ여 블효를 슬허ᄒᆞ니, 슈슌지ᄂᆡ(數旬之內)의 화풍(和風)이 소삭(消索)606)ᄒᆞ여 냥협홍슌(兩頰紅脣)의 혈식이 돈감(頓減)ᄒᆞ여, 마른 플과 니운607) 쏫 갓ᄒᆞ니, 윤틱ᄒᆞᆫ 풍골(風骨)이 초고(憔槁)ᄒᆞ여 크게 환형(換形)ᄒᆞ엿ᄂᆞᆫ지라. 부인이 비록 아ᄌᆞ의 병이 이시믈 아라시나, 진실노 이딕도록 슈

---

605)부위ᄌᆞ은(父爲子隱) : '부모는 자식을 위하여 숨겨준다'는 뜻으로, 『논어』 〈자로(子路)〉 편에 나오는 말. 즉, 엽공(葉公)이 공자에게 자신의 무리 중에 그의 아버지가 양을 훔치자, 아들이 그것을 증언한 정직한 사람이 있다고 말하자, 공자가 자신의 무리의 정직이란 이와 다르다면서 "아버지가 자식을 위하여 숨겨주고 자식이 아버지를 위하여 숨겨주니, 정직함은 그 가운데 있는 것이다.(父爲子隱, 子爲父隱, 直在其中)"라고 말한 구절에서 따온 것임.
606)소삭(消索) : 다 사라져 없어짐.
607)니울다 : 이울다. 꽃이나 잎이 시들다.

히 홀 줄은 싱각지 아녓더니, 이졔 보건딕 엇지 놀납지 아니리오.

악연(愕然) 왈,

"너 아히 슈슌(數旬) 침병(沈病)의 이딕도록 디단【38】ᄒ뇨? 평일의 쇼년 장긔로 견강ᄒᆞᆷ믈 밋어 넘녀치 아녓더니, 엇지 이의 니르럿ᄂᆞ뇨?"

싱이 ᄌᆞ안(慈顔)을 우러러 비뤄쳠금(悲淚沾衾)터니, 냥구(良久)의 머리ᄅᆞᆯ 두다려 ᄉᆞ죄 왈,

"블초이 무상ᄒᆞ와 초의 뎡시ᄅᆞᆯ 만나믄 과실을 탐ᄒᆞ여 뎡 상부(相府) 너원을 ᄉᆞ못ᄎᆞ ○○[미나], 져ᄅᆞᆯ 한번 본 후ᄂᆞᆫ 진실노 월하(月下)의 연분(緣分)이 즁(重)톳던지608) 삼싱(三生)의 원슈ᄅᆞᆯ 맛나민지, 쥬야 안져(眼底)의 버러시니 능히 임의치 못ᄒᆞᄂᆞᆫ 바의, 모일야(某日夜)의 여ᄎᆞ여ᄎᆞ ᄒᆞ온 신몽(神夢)을 어드니, 일시 허탄(虛誕)ᄒᆞᆫ 몽시(夢事)ᄅᆞᆯ 씨닷지 못ᄒᆞ고, 이 가온딕 혹ᄌᆞ 텬연(天緣)이 잇ᄂᆞᆫ가, ᄆᆞ음이 더옥 닛기 어려워, 진짓 가인을 질족ᄌᆞ(疾足者)의게 아일가 궁진(窮盡)【39】ᄒᆞᆫ 의ᄉᆞ 월장투향(越墻偸香)ᄒᆞ기의 밋쳣ᄉᆞᆸ더니, ᄉᆞ긔(事機) 이의 밋출 줄 알니잇고? 혼ᄉᆞ는 셩젼(成全)치 못ᄒᆞ고 쥭암의 밋친 뇌(怒) 니러나니, 히아(孩兒)의 몸만 히로올 ᄯᆞ름이라. 심긔(心氣) 여러가지로 발ᄒᆞ여 장ᄎᆞᆺ ᄉᆞ지 못홀가 시브오니, 부모긔 블회 극홀 ᄲᅮᆫ 아니라, 히이 이구쳥츈(二九靑春)이 ᄯᅩ 엇지 슬프지 아니리잇고?"

셜파의 누쉬 만면ᄒᆞ니, 부인이 아ᄌᆞ의 장체 덧나 진실노 ᄉᆞ싱이 위퇴ᄒᆞᆷ믈 보민, 가장 놀나 이의 화ᄒᆞᆫ 낫빗ᄎᆞ로 어로 만져 위로ᄒᆞ고, 미쥭(糜粥)을 가져 친히 권ᄒᆞ나 조금 먹은즉 거ᄉᆞ려 슌강(順降)치 못ᄒᆞᄂᆞᆫ지라. 부인이 크게 근심ᄒᆞ여 도라【40】와 상셔ᄅᆞᆯ 딕ᄒᆞ여 아ᄌᆞ의 병셰 ᄌᆞ못 침즁ᄒᆞᆷ믈 젼ᄒᆞ고 치료홀 바ᄅᆞᆯ 의논ᄒᆞ니, 상셔 ᄯᅩᄒᆞᆫ 놀나 바야흐로 은심(隱心)을 프러 아ᄌᆞ의 병소의 와 보니, 밧그로 상체 즁ᄒᆞ고 안흐로 병셰 비경(非輕)ᄒᆞᆫ지라.

상셰 가장 경녀(驚慮)ᄒᆞ여 비로소 죄ᄅᆞᆯ ᄉᆞᄒᆞ고, 의원을 블너 침약으로 치료홀식, 상쳐 셩농(成膿)ᄒᆞᆫ 거슨 침약(鍼藥)으로 곳치나, 안흐로 심위(心憂) 즁ᄒᆞᆫ 거시야 화편(華扁)609)이 부싱(復生)ᄒᆞᆫᄃᆞᆯ 엇지 ᄒᆞ리오. 시일(時日)노 즁ᄒᆞ니, 의약의 촌회(寸效) 업고, 약음을 슌강(順降)치 못ᄒᆞ여, 눈 곳 감으면 다만 안젼의 버럿ᄂᆞᆫ 거시 다 뎡쇼졔라. 능히 닛고져 ᄒᆞ나 ᄌᆞ연이 싱각ᄒᆞ여 심우(心憂)ᄅᆞᆯ 졍치 못ᄒᆞ니, 이 【41】 엇지 텬연이 아니리오.

니런 소문이 ᄌᆞ연 젼파ᄒᆞ여 졔궁과 뎡상부의 밋ᄎᆞ니, 졔·뎡610) 냥가의 노쇠 다 놀

---

608) 즁(重)톳던지 : 즁(重)ᄒᆞ둇던지. 즁(重)하던지.

609) 화편(華扁) : 중국 고대의 명의(名醫)인 화타(華佗)와 편작(扁鵲)을 함께 이르는 말. *화타(華佗); 중국 후한(後漢) 말기에서 위나라 초기의 명의(名醫)(?~208). 약제의 조제나 침질, 뜸질에 능하고 외과 수술에 뛰어났으며, 일종의 체조에 의한 양생 요법인 '오금희(五禽戲)'를 창안하였다. *편작(扁鵲) : 중국 전국 시대의 의사. 성은 진(秦). 이름은 월인(越人). 임상 경험을 바탕으로 치료하였다. 장상군(長桑君)으로부터 의술을 배워 환자의 오장을 투시하는 경지에까지 이르렀다고 전한다.

610) 졔·뎡 : 제왕궁과 정부(鄭府).

나고 츠셕ᄒ딕, 홀노 진공이 놀나지 아니ᄒ여 왈,

"임의 아녀ᄂᆞᆫ 심규폐륜지인(深閨廢倫之人)으로 최워시니, 엇지 시로이 탕긱(蕩客)의 ᄉᆞ셩을 넘녀ᄒ리오. 이ᄂᆞᆫ 몽슉 부지 간ᄉᆞᄒᆞᆫ 계규(計揆)로 나의 심쳔(心淺)을 엿보고, 혼인의 가망이 이실가 ᄒᆞ여 소문을 닉미라. 챵윤이 슈화(水火)의 너허도 죽을 위인이 아니니 몽슉의 조고만 장측이 죽도록 니ᄅᆞ리오. 츅싱부ᄌᆞ(畜生父子)의 졍상(情狀)이 가지록 통히ᄒᆞ다."

ᄒᆞ니, 금후와 졔왕이 그 블통각박(不通刻薄)ᄒᆞᆷ믈 ᄭᅮ짓고, 동졔공 등 ᄌᆞ질을 분부ᄒ여 【42】한번 가 보믈 명ᄒᆞ니, 졔뎡이 슈명ᄒ여 구가의 니ᄅᆞ러 몬져 구상셔를 보고 한님의 병을 므르니, 상셔 쳐연(悽然) 왈,

"블초ᄌᆞ(不肖子)의 죄ᄂᆞᆫ 족히 죽어 앗갑지 아니나, 그 병인즉 여츳여츳 즁ᄒ여 진실노 ᄉᆞ셩의 밋쳐시니, 부ᄌᆞ텬뉸(夫子天倫)이 그러치 못ᄒᆞ여 오히려 일분 넘녜 업지 아니ᄒᆞ니, 이ᄂᆞᆫ 나의 인약(仁弱)ᄒᆞᆷ미라. 도로혀 군등을 보미 참괴(慙愧)ᄒᆞ도다."

졔뎡이 흔연 손샤(遜謝)ᄒᆞ고 보기를 쳥ᄒᆞ니, 구공지 인도ᄒ여 병소의 니ᄅᆞ니, 이ᄶᅥᄂᆞᆫ 한님의 병셰 더옥 위름(危懍)ᄒᆞ여 하로도 엄홀(奄忽)ᄒ기를 ᄉᆞ오슌(四五順)[611]을 ᄒᆞᄂᆞᆫ지라. 졔뎡을 보미 붓그리고 슬허 능히 말을 못ᄒᆞ니, 모다 보건딕 【43】구싱이 침병월녀(寢病月餘)의 화풍(和風)이 소삭(消索)ᄒᆞ고 용뫼 초췌ᄒ미 심ᄒᆞ거늘, 또 금니를 열고 니의(裏衣)를 헷쳐 장쳐(杖處)를 상고(相顧)ᄒ니, 상쳐ᄂᆞᆫ 침약으로 다ᄉᆞ려 져기 완합고져 ᄒ여시나, 안흐로 은위(隱憂) 만복(滿腹)ᄒᆞ여 병이 ᄌᆞ못 심상치 아니니, 졔뎡이 그 풍신ᄌᆡ덕(風神才德)을 앗기며 병을 우려ᄒ여, 블미지ᄉᆞ(不美之事)를 조금도 아ᄅᆞᆫ쳬 아니코, 나아가 집슈(執手) 위로 왈,

"그딕 년급이구(年及二九)[612]의 셩장지년(盛壯之年)이 바야히라. 엇지 조고만 병의 이딕도록 침잠ᄒ미 되엿ᄂᆞ뇨? 아등이 발셔 와 문병ᄒ염 즉ᄒ딕, 요ᄉᆞ이 환졍ᄒ연지 오릭지 아닌고로 직임의 분쥬ᄒ고, 봉친여가(奉親餘暇)의 셰괴년다(世故連多)하여 능히 여의치 못ᄒ니, 비【44】린지밍(鄙吝之盲)[613]이 간졀홀 ᄲᅮᆫ 아니라, 그딕 일졍 아등의 동학(同學)의 교분이 박ᄒ믈 ᄭᅮ지ᄌᆞ리로다. 시금(時今)은 긔운이 엇더ᄒᆞ관딕 져리 혼혼(昏昏)ᄒᆞ엿ᄂᆞ뇨?"

한님이 함누(含淚) 장탄 왈,

"쇼뎨의 블미흔 힝ᄉᆞᄂᆞᆫ 족히 죽어 앗갑지 아니ᄒᆞ니, 엇지 널위 졔형의 낫이[614] 므르시믈 바라리오. 슈연(雖然)이나 죽기ᄂᆞᆫ 셟지 아니ᄒᆞ딕, 북당 ᄬᅡᆼ친긔 블회 막딕ᄒ고, 졔형을 다시 보지 못홀가 슬허ᄒᆞ더니, 금일 하힝(何行)으로 널위 졔형이 누디(陋地)의

---

611)ᄉᆞ오슌(四五順) : 사오 차례.

612)년급이구(年及二九) : 나이 십팔 세에 이름.

613)비린디밍(鄙吝之盲) : 서로 보는 것을 인색하게 하기를 소경처럼 하였다는 뜻으로, 오랫동안 서로 보지 못한 아쉬움을 표현한 말.

614)낫이 : 낮이. (귀한 사람이 자기 몸을) 낮추어서.

니르러 쇼뎨의 병을 므르시니, 블승황괴(不勝惶愧) 감격ᄒᆞ여라. 제형은 슈고로오나 촌심을 베프ᄂᆞ니, ᄉᆞ부(師父)긔 고(告)ᄒᆞ여 존가(尊嘉)를 잠간 굴ᄒᆞ샤 쇼뎨로 ᄒᆞ여금 님ᄉᆞ지졔(臨死之際)의 한(恨)이 업게 ᄒᆞ 【45】시면, 제형의 디덕(大德)일가 ᄒᆞᄂᆞ이다.”

셜파의 츄연(惆然) 희허(噫噓)ᄒᆞ여 회푀 만단(萬端)이나 ᄒᆞ디, 감히 향인(向人)ᄒᆞ여 니르지 못ᄒᆞᄂᆞᆫ 거동이라. 제뎡이 그 병이 ᄌᆞ못 즁ᄒᆞ고 은위(隱憂) 만복ᄒᆞᄆᆞᆯ 가련○○[ᄒᆞ여] 흔연 위로 왈,

“그ᄃᆡ 나히 바야○○[흐로] 쳥츈이오, 평일 긔운이 견강(堅强)ᄒᆞ니 엇지 과도히 슬허 블길ᄒᆞᆫ 말을 ᄒᆞᄂᆞ뇨?”

한님이 쳐연 장탄ᄒᆞ고 함한(含恨) 묵묵(默默)ᄒᆞ여 말이 업더라. 제뎡이 이윽이 안ᄌᆞ 위로ᄒᆞ다가 이의 도라와 존당 부슉긔 뵈옵고, 구싱의 거동과 젼어를 고ᄒᆞ고, 싱의 병셰 진실노 비경ᄒᆞᄆᆞᆯ 고ᄒᆞ고, 동졔공 ᄉᆞ쳔후ᄂᆞᆫ 부왕긔 고왈,

“구창윤의 병셰 비경ᄒᆞ오나, 상쳐ᄂᆞᆫ 거의 완합지경의 니르러ᄉᆞ오ᄃᆡ, 다만 경경(耿耿)【46】ᄒᆞᆫ 탄셩과 은은(隱隱)ᄒᆞᆫ 슈미(愁眉) 간졀ᄒᆞ오니, 이ᄂᆞᆫ 픔은 회푀 간졀ᄒᆞᆷ이라. 희아 등이 그 좌우슈(左右手) 믹도(脈度)를 잠간 술피오니, 젼혀 은위(隱憂) 만복(滿腹)ᄒᆞ여 깁히 복즁의 셩괴(成塊)ᄒᆞ게 되어시니, 만일 그 당졔(當劑)로 곳치지 못ᄒᆞ면 반ᄃᆞ시 ᄉᆞ싱이 넘녀롭더이다. 져의 ᄃᆡ인을 뵈옵고져 ᄒᆞ오미 ᄯᅩ 별단 쇼회이시니, 각별 션쳐ᄒᆞ샤 져의 쳥츈을 어엿비 너기시면, 맛ᄎᆞᆷᄂᆡ 복션지리(福善之理)의 유희ᄒᆞᆷ이 업슬가 ᄒᆞᄂᆞ이다.”

왕이 냥ᄌᆞ의 말을 듯고 져두 침음(沈吟)이어늘, 맛ᄎᆞᆷ 진공이 좌의 잇지 아닌지라. 진공의 장ᄌᆞ 한님 유긔 ᄯᅩ 왕부(王父)긔 고왈,

“쇼미 이졔ᄂᆞᆫ 의(義)의 타문을 싱각지 못ᄒᆞ오리니, ᄃᆡ인이 고집ᄒᆞ샤 심규폐인을 삼【47】으려 ᄒᆞ시나, 창윤이 출하리 쇼미를 더져 두어 싱각지 말면 오히려 무방홀 듯ᄒᆞ오ᄃᆡ, 이ᄂᆞᆫ 그러치 아녀 구싱이 병이 즁ᄒᆞ여 장ᄎᆞᆺ 님ᄉᆞ지졔(臨死之際)의 밋ᄉᆞ온즉, 이곳 쇼미의 신상의 유히무익(有害無益)ᄒᆞᆫ 일이라. 평일 왕부와 빅부의 관후ᄒᆞ신 덕을 힘쓰샤, 야야를 긔유(開喩)ᄒᆞ샤 쇼미의 혼ᄉᆞ를 창윤의게 허ᄒᆞ신즉, 구공부ᄌᆞ 엇지 오문젹덕(吾門積德)을 감격지 아니ᄒᆞ오며, 왕부와 빅부의 관홍디량(寬弘大量)을 더옥 항복지 아니리잇고?”

금후와 졔왕이 ᄌᆞ손의 말을 드르미 역탄(亦嘆)ᄒᆞ고, 금휘 이의 진공을 브르니 진공이 졍히 침소의 옷 가라닙으라 드러갓더니, 부명을 니어 디셔헌의 니르니, 형뎨 ᄌᆞ질이 다 모혓더【48】라.

금휘 진공을 보고 이의 졔손의 젼어를 니르고,

“창윤의 방탕(放蕩) 무례(無禮)ᄒᆞ미 괘심ᄒᆞ나, 맛ᄎᆞᆷᄂᆡ 그 풍광ᄌᆡ홰(風光才華)즉 당셰 인걸이라. 년소 풍뉴로 슉염의 용화(容華)를 보미 능히 ᄋᆡ식지심(愛色之心)을 것줍지 못ᄒᆞ여 규방의 돌입ᄒᆞ미 그르나, 이졔 그 병이 ᄉᆞ싱의 갓갑다ᄒᆞ니, 셜ᄉᆞ 그르나 인명이 가히 잔잉ᄒᆞᆫ지라. 우리 스스로 죽이지 아니ᄒᆞ나 엇지 젹블션(積不善)이 아니리오.

오이 고집ᄒᆞ여 손녀의 평싱을 심규(深閨)의 맛ᄎᆞ렷노라 ᄒᆞ나, 이ᄂᆞᆫ 만만 되지 못ᄒᆞᆯ 의 논이라. 연이나 창윤이 이 가온ᄃᆡ 오히려 살미 이신즉 슉아의 평싱이 가련ᄒᆞ나 현마 어이ᄒᆞ리오만은, 창윤이 이졔 죽기의 니ᄅᆞ럿다 ᄒᆞ니, 만【49】일 ᄉᆞ지 못ᄒᆞᆫ즉, 이ᄂᆞᆫ 빅인(伯仁)이 유아이ᄉᆡ(由我而死)니 한갓 문견의 괴희(怪駭)ᄒᆞᆯ ᄲᅮᆫ 아니라, 몽슉부ᄌᆞ부 뷔 원을 품지 아녓노라 ᄒᆞᆫ들, 엇지 한이 깁지 아니ᄒᆞ며, 오문의 젹덕(積德)이 유희(有 害)ᄒᆞ고, 슉아의 평싱은 아조 의논ᄒᆞᆯ 거시 업ᄉᆞ리니, 이 엇지 인ᄌᆞ(仁者)의 관인ᄃᆡ되 (寬仁大度)리오. 오아ᄂᆞᆫ 모로미 범ᄉᆞ의 관홍(寬弘)ᄒᆞᄆᆞᆯ 위본(爲本)ᄒᆞ여 져의 병이 일분 가망이 이실 ᄯᅢ의 혼인을 쾌허ᄒᆞ여, 구교(舊交)의 조흔 화긔ᄅᆞᆯ 상히(傷害)오지 말고, 피ᄎᆞ 일이 슌편키ᄅᆞᆯ 취ᄒᆞ라.”

졔왕이 ᄯᅩᄒᆞᆫ 이갓치 권유ᄒᆞ여 창윤이 맛ᄎᆞᆷᄂᆡ 타일 문난(門欄)의 광치 범연치 아닐 바ᄅᆞᆯ 지삼 베퍼 희유(解諭)ᄒᆞ니, 진공이 고집을 브ᄃᆡ 셰워 녀아ᄅᆞᆯ【50】심규의 맛기 ᄅᆞᆯ 계규ᄒᆞᆯ지언졍, ᄎᆞ마 구몽슉의 며ᄂᆞ리ᄅᆞᆯ 삼으며, 탕ᄌᆞ의 비필을 삼지 못ᄒᆞ리라 ᄒᆞ 여, 졔 비록 죽을지언졍 녀아의게 간셥지 아니타 ᄒᆞ여, 약블동념(若不動念)ᄒᆞ니, 양부 인이 부ᄌᆞ(夫子)의 깁흔 고집을 아ᄂᆞᆫ 고로, 일양(一樣) 묵묵ᄒᆞ여 만ᄉᆞᄅᆞᆯ 텬니시운(天理 時運)의 븟쳐 다만 시말(始末)을 보고져 ᄒᆞᄆᆡ오, 금후와 졔왕이 ᄯᅩᄒᆞᆫ 급히 기유ᄒᆞᄆᆡ 업셔, 니러구러 누월(累月)의 밋ᄎᆞ니, 진공의 강항(强項)615)ᄒᆞᆫ 심위(心憂) 져기 프러지 고, 그 쇼활(疎豁)ᄒᆞᆫ 셩졍(性情)이로ᄃᆡ 녀아의 변난 이후로ᄂᆞᆫ 심녜(心慮) ᄌᆞ못 요요(擾 擾)ᄒᆞ여, 졍히 쳔ᄉᆞ빅위(千思百憂) 층싱(層生)ᄒᆞᆯ 즈음이러니, ᄃᆡ인과 빅시의 경계ᄅᆞᆯ 듯 ᄌᆞ오미, 유유(儒儒)ᄒᆞ여 탄식 ᄃᆡ왈,

“희이(孩兒) 평【51】싱 고집이 이상ᄒᆞ고 호긔(豪氣) 퇴과(太過)ᄒᆞ오믄 ᄃᆡ인과 형뎨 의 붉이 아ᄅᆞ시ᄂᆞᆫ 비라. 스ᄉᆞ로 고집을 ᄌᆞ랑ᄒᆞ미 아니오라, 실노 슉아의 젼졍을 아조 맛츨지언졍 몽슉과 인친이 되지 아니려 ᄒᆞ엿ᄉᆞᆸ더니, ᄉᆞ셰(事勢) 여ᄎᆞ즉 마지 못ᄒᆞ여 평싱 졍심(貞心)을 헐우리로소이다. 슈연(雖然)이나 쇼지 ᄉᆞ십이 거의로ᄃᆡ 셰상 우락 (憂樂) 뉸회(輪廻)의 괴이ᄒᆞᄆᆞᆯ 오히려 모로ᄋᆞᆸ더니, 이졔 슉염의게 니ᄅᆞ러 비로소 다남 ᄌᆞ다귀(多男者多咎)616)ᄅᆞᆯ ᄭᆡ닷ᄂᆞ이다. 이졔 젹셔(嫡庶)의 ᄌᆞ녀 아오로 열다ᄉᆞᆺ 아들이 이시니, 젹셔의 여덟 ᄯᆞᆯ은 아이의 아니 숨겨도 무던ᄒᆞ�..옵거늘, 몬져 슉염이 니ᄅᆞ틋 쇼 ᄌᆞ의 심우ᄅᆞᆯ ᄭᅵ치오니, 원간 쳔녀삼아(賤女三兒)ᄂᆞᆫ 유뮈(有無) 블관(不關)【52】ᄒᆞ니, 져의 종부가취(從夫嫁娶)의 넘녀ᄅᆞᆯ 허비ᄒᆞᆯ빈 아니로ᄃᆡ, 버거 ᄉᆞ녀(四女) 층층이 장셩 ᄒᆞ니 슉염갓치 심우ᄅᆞᆯ ᄭᅵ치량이면, 쇼지 우분치ᄉᆞ(憂憤致死)ᄒᆞᆯ듯 시브이다. ᄃᆡ인과 빅 시의 명교ᄅᆞᆯ 엇지 거역ᄒᆞ리잇고? 비록 분(憤)ᄒᆞ나 마지못ᄒᆞ여 탕ᄌᆞ의 긔믈(奇物)○ [을] 삼으리로소이다.”

셜파의 역탄(亦嘆) 역쇼(亦笑)ᄒᆞ여 심회ᄅᆞᆯ 《지젹‖지졉(止接)617)》지 못ᄒᆞ니, 졔형

---

615) 강항(强項) : 올곧아 여간하여서는 굽힘이 없음.
616) 다남ᄌᆞ다귀(多男子多咎) : 아들이 많으면 그만큼 걱정거리가 많음.
617) 지졉(止接) : (몸을) 붙이어 의지함.

데 셔로 눈쥬어 호긔(豪氣) 만히 져삭(沮削)ᄒ믈 우으니, 공이 형뎨의 거동을 보고 도로혀 잠쇼 왈,

"고인이 다남즈다욕(多男子多辱)이라 ᄒ더니, 나는 쏠둔 탓스로 평싱지긔(平生志氣)를 굴(屈){긔}ᄒ여 형뎨의 지쇼(指笑)를 밧노라."

ᄒ니, 형뎨즈질이 무장618) 듸쇼ᄒ고, 금후와 졔왕은 진공의 회혹(悔惑)ᄒ믈 깃거 지삼 프러 【53】 니ᄅ더라. 진공이 스쳔후를 도라보아 왈,

"고어의 왈 결지(結者) 히(解)라 ᄒ니, 여등이 원간 이 붓치 다스ᄒ 일을 즐기니, 네 맛당이 아름답지 아닌 혼인이나 즁미 되기를 스양치 말고, 구몽슉 부즈다려 나의 허혼ᄒ믈 젼ᄒ라."

쳔휘 흔연 슈명(受命)ᄒ니, 진공이 다시 부젼의 고왈,

"마지 못ᄒ여 슉아의 혼스를 일우고져 ᄒ오나, 우흐로 홍긔 만긔 등 냥이 이시니 엇지 ᄒ리잇고?

금휘 졈두 왈,

"츳 냥아 쑨 아니라, 졔손의 히를 니어 층층이 장셩ᄒ 아히 뉵칠인이라. 입장(入丈) 가혼(嫁婚) 쌔를 지나시ᄃ, 노뷔 션상(先喪) 삼년을 필ᄒ노라 ᄒ니, 즈연 여러 아히 【54】 과시(過時)ᄒ미 되엿ᄂᆞᆫ지라. 금년은 맛당이 졔손 남녀의 짱을 일우미 올코, 버거 슉염의 혼인을 구가의 허ᄒᄂᆞᆫ 줄만 알게 ᄒ고, 졔아의 혼취를 몬져 지니고 슉아의 혼인을 일우게 ᄒ라."

진공이 부명을 듯고 믄득 깃거, 비스 왈,

"셩괴 지당(至當)ᄒ시니, 맛당이 졔질과 냥아의 혼스를 몬져ᄒ 후의, 슉아는 년긔 유츙홀 쑨 아니라, 구가부즈의 졍상(情狀)을 히이(孩兒) 실노 졀치(切齒)ᄒ여 슈이 허혼홀 뜻이 업스ᄃ, 창윤의 병이 스싱의 밋고 부명이 계시니 마지 못ᄒ와 허혼코져 ᄒ오나, 실은 아름답지 아닌 신낭을 밧비 마즐 뜻이 업숩더니, 듸인 셩의 지연(至然)ᄒ시니, 다만 허혼 【55】 ᄒᄂᆞᆫ 줄만 알뇌여619) 창윤의 스싱지졔(死生之際)나 면케 ᄒ고, 길월냥신(吉月良辰)은 명년으로 일우즈 ᄒ스이다."

금휘 졈두ᄒ고, 졔왕이 쏘흔 창윤의 풍신지화를 가이ᄒ여 아을 권유ᄒ여 혼스를 권장ᄒ나, 일념의 미흡히 너기믄 업지 아니흔 고로, 진공의 구싱을 조릭다가 혼스를 지니려 ᄒᄂᆞᆫ 눈칙를 알고, 심하(心下)의 실쇼(失笑)ᄒ나 그윽이 올히 너겨 다만 묵연 미소ᄒ더라.

쳔휘 명일 셕양의 구아의 나아가니, 츠일 창윤의 병셰 더옥 즁(重)ᄒ여 혼혼(昏昏)이 인스를 바리며[여], 셤어(譫語)의 니ᄅᄂᆞᆫ 말이 다 뎡쇼져의 화월지광(花月之光)이라. 쳘구금심(鐵軀金心)이 아조 여지업시 침금(寢衾)의 몸을 더져, 비록 부모 【56】 형

---

618)무장 : 더욱 더, 갈수록 더.
619)알뇌다 : 알리다. 알게 하다.

데 좌의 이시나 아지 못ᄒᆞᆫ지라.

상셔부뷔 도로혀 참연 잔잉ᄒᆞᄆᆡ 돌흘 삼킨 듯ᄒᆞ나, 므슨 안면으로 졔뎡을 딕ᄒᆞ여 혼ᄉᆞ를 청ᄒᆞ리오. 한낫 속슈딕명(束手待命)ᄒᆞᆯ ᄯᅮᆫ이라. 구공지 초조ᄒᆞ여 신기(神祇)의 ᄌᆞ긔 몸을 딕ᄒᆞ여 부모의 상쳑(喪慽)을 ᄉᆞ라져 보지 말기를 원ᄒᆞ나, 엇지 밋ᄎᆞ리오.

부뫼 좌우로 둘너 안ᄌᆞ 그 유녀를 겻히 안치고, 아ᄌᆞ의 거의 진ᄒᆞᆯ 듯ᄒᆞᆫ 거동을 참아 보지 못ᄒᆞ여 눈물이 방방ᄒᆞ고, 부인은 혹ᄌᆞ 계왕의 관인후덕(寬仁厚德)ᄒᆞᆫ 마음을 바라ᄆᆡ 딕한(大旱)의 운예(雲霓) ᄀᆞᆮ고, 한님도 혼혼블셩(昏昏不省)ᄒᆞᆫ 가온ᄃᆡ나 요힝 ᄉᆞ부(師父)의 어엿비 너기시믈 죄오ᄂᆞᆫ 마음이 초【57】갈(焦葛)ᄒᆞ기의 밋쳣더니, 믄득 가인이 ᄉᆞ쳔후 뎡노야 와시믈 고ᄒᆞ니, 부인은 ᄂᆡ당으로 피ᄒᆞ고 상셰 공ᄌᆞ로 ᄒᆞ여금 뎡승상을 마ᄌᆞ ᄂᆡ셔당(內書堂)의 드러와 한님의 병을 볼ᄉᆡ, 한님의 형뫼(形貌) 일야지간의 더옥 환탈(換奪)ᄒᆞ여, 아조 위틱ᄒᆞᆷ믈 보ᄆᆡ, 관인딕도ᄒᆞ므로 심하의 그 쳥년을 어엿비 너기나, 장부의 힝ᄉᆡᆨ 너모 구구ᄒᆞ여 아녀ᄌᆞ를 ᄉᆞ렴(思念)ᄒᆞ여 신상의 질을 일위믈 기탄ᄒᆞ여, 이의 안식을 슉연(肅然)이 ᄒᆞ고 말ᄉᆞᆷ을 뎡딕히 ᄒᆞ여 한님의 병을 뭇고, 드디여 계부의 허혼ᄒᆞ시ᄂᆞᆫ 뜻을 젼ᄒᆞ니, 구상셰 젼혀 ᄉᆡᆼ각지 아닌 비라. 깃부미 망외(望外)의 바라나니[620] 황홀【58】ᄒᆞᆫ 졍신이 요양(搖揚)ᄒᆞ여, 년치(年齒) 다쇼(多少)를 ᄉᆡᆼ각지 아니ᄒᆞ고 밧비 니러 졀ᄒᆞ고, 머리 조아 왈,

"이ᄂᆞᆫ 다 우리 어진 형 쥭쳥의 관인후덕ᄒᆞᆫ 셩덕으로, 쥭암의 과도ᄒᆞᆫ 고집을 두로혀 허혼ᄒᆞ시니, 이ᄂᆞᆫ 몽슉부지 삼ᄉᆡᆼ(三生)의 엇지 못ᄒᆞᆯ 영홰라. 엇지 녕존 딕왕의 관홀딕덕(寬弘大德)을 니ᄌᆞ리오."

쳔휘 급히 븟드러 곳치고, 몸을 굽혀 공슈(拱手) 직ᄇᆡ(再拜)ᄒᆞ고 졍식 왈,

"년슉이 엇진 거죄(擧措)시니잇가? 쇼ᄉᆡᆼ 등이 엄명을 밧ᄌᆞ와 니럿ᄉᆞᆸ더니, 도로혀 년슉의 니럿ᄐᆞᆺ 과례(過禮)ᄒᆞ시믈 당ᄒᆞ오니, 이 곳 쇼질 등의 평ᄉᆡᆼ 의앙(依仰)ᄒᆞ오미 아니로소이다."

상셰 슌슌이 머리조아 왈,

"현계(賢契)의 인ᄌᆞ화홍(仁慈和弘)ᄒᆞᆷ믄 진짓 쥭쳥 형의 【59】여풍(餘風)이라. 하늘 이 진짓 젹덕지가(積德之家)의 미몰치 아니믈 아ᄂᆞ니, 녕곤계(슈昆季) 등의 기기히 츌뉴탁셰(出類卓世)ᄒᆞᆷ과 가돈(家豚)의 블초블미(不肖不美)ᄒᆞᆯ 혜아리ᄆᆡ, 쇼양(霄壤)[621]이 현슈(懸殊)ᄒᆞᆷ ᄀᆞᆮᄒᆞᆯ ᄉᆡᆼ각ᄒᆞᄆᆡ, 이 역(亦) 젹션지가(積善之家)의 복션명응(福善明應)이 쇼연(昭然)ᄒᆞ고 젹악지가(積惡之家)의 필유여홰(必有餘禍)믈 씨닷ᄂᆞ니, 이 실노 나의 진졍으로 감은감덕(感恩感德)ᄒᆞᄆᆡ니, 엇지 과장ᄒᆞ미리오. 현계ᄂᆞᆫ 모로미 도라가 녕존당과 부슉긔 나의 감은(感恩) 쇼유(所由)를 가득이 고ᄒᆞ여, 쳔금옥슈(千金玉樹)로셔 잔열(屑劣)ᄒᆞᆫ 미돈(迷豚)의게 낫이 허ᄒᆞ시믈 만만(萬萬) ᄉᆞ례ᄒᆞ라."

---

620)바라나다 : 치열하게 나다. 용솟음치다. 솟구치다.

621)쇼양(霄壤) : 천지(天地). 하늘과 땅.

승상이 비스(拜謝)ㅎ고, 또 한님 와상(臥床)의 나아가 금니(衾裏)를 열고 좌우슈를 잡아 믹도(脈度)를 술피고, 소【60】릭를 나죽이 ㅎ여 야간 병후를 뭇고, 계부의 고집을 두로혀 허혼(許婚)ㅎ시믈 명명(明明)이 니르니, 한님이 혼혼 즁이나 엇지 몰나 드르리오만은, 즈가의 병일윈 근각(根脚)이 실노 아름답지 아니ㅎ니, 슈참ㅎ미 업지 아녀 눈을 감고 통셩(痛聲)이 미미ㅎ여 혼혼이 인스를 바려, 어언(語言)을 알아 듯는 듯 마는 듯ㅎ니, 쳔휘 홀일 업셔 상셔를 딕ㅎ여 싱이 졍신을 슈습ㅎ는 씩, 츠스를 닐너 그 병이 슈이 회츈케 ㅎ기를 쳥ㅎ고 도라갈식, 구상셰 지삼 층스(稱謝)ㅎ여 도라보닉다.

뎡승상이 도라간 후 이윽고 한님이 졍신을 슈습ㅎ여 눈을 드러 부뎨(父弟)를 보니, 즈긔 유녀(幼女)를 안【61】아 좌우의 버러 안즉, 눈믈이 하슈(河水) 갓흐며, 뎡부의셔 허혼ㅎ믈 의논ㅎ는지라. 한님이 이 말을 드르믹 깃부미 망외(望外)의 나니, 졍긕의 스지 경쾌ㅎ고 알프던 몸이 잠시의 운비등텬(雲飛登天)홀 듯ㅎ나, 희식(喜色)을 참고 겨오 미(微)혼 소릭로 죽음(粥飮)을 구ㅎ니, 부뫼 연망(連忙)이 미음(米飮)과 향다(香茶)를 나오고, 모친은 머리를 집흐며 손을 잡고, 부친은 만면 희식으로 니르딕,

"뎡죽암이 비록 결증(潔症)이 틱과(太過)ㅎ나 본딕 관인후덕ㅎ믄 뎡·진 냥문여풍(兩門餘風)이라. 날이 오릭믹 믄득 너의 음황(淫荒)혼 죄를 죡가(足枷)622)치 아녀, 임의 혼인을 허ㅎ니 이졔는 블힝 즁 혼인이 가망(可望)이 잇는지라. 오아(吾兒)는 모로미 병심을 죠【62】호(調護)ㅎ여 슈이 츠도(差度)의 밋게ㅎ라."

한님이 바야흐로 알아 듯는 쳬ㅎ고, 겨오 몸을 움직여 소릭 왈,

"아히 블초ㅎ와 쳐음 남의 규각(閨閣)의 돌입ㅎ믈 잘못ㅎ엿스오나, 임의 그른 줄 아옵느니 엇지 다시 상스(相思)ㅎ여 스질(死疾)을 《닐웟시‖닐위》리잇고만은, 맛춤 장칙(杖責) 가온딕 실셥(失攝)ㅎ고, 겸ㅎ여 익회 즁혼 고로 우연혼 병이 깁스오믹, 모독지목(冒瀆之目)623)이 여츠ㅎ오니 쇼직 실노 항복지 아닛느이다. 뎡시 만일 기부(其父)의 습이 잇실진딕 엇지 슉녀되기를 바라리잇고. 뎡시 죽암공의 소싱이런 줄 아던들 바로 월녀셔시(越女西施)624)갓흐나 쇼직 눈이나 치쩌보리잇가. 히이 도로혀 츠혼이 깃브믈 아지 못ㅎ느이다. 상【63】셔는 츠언을 듯고 아지 뎡시를 취ㅎ나, 죽암의 쥰격(峻激)ㅎ믈 노ㅎ여 힝혀 블평ㅎ미 신부의게 밋출가 미리 넘녀ㅎ여, 믄득 졍식 왈,

"블초이 가지록 무상ㅎ여 져의 블인혼 힝실은 싱각지 아니ㅎ고, 도로혀 죽암의 과도ㅎ믈 공치(攻治)ㅎ느냐?"

---

622)죡가(足枷) : ①예전에 죄수를 가두어 둘 때 쓰던 형구(刑具)로 발에 채우던 죡가(足枷; 차꼬)나 죡쇄(足鎖; 쇠사슬) 따위. ②죡가(足枷)하다; 죡가(足枷)나 죡쇄(足鎖)를 채우다. 아랑곳하다. 참견하다. 다그치다. 탓하다.

623)모독지목(冒瀆之目) : 모욕하는 명목. 욕된 명목.

624)월녀셔시(越女西施) : 중국 춘추시대의 월(越)나라의 미인 서시(西施). 오나라에 패한 월나라 왕 구천이 서시를 부차에게 보내어 부차가 그 용모에 빠져 있는 사이에 오나라를 멸망시켰다.

부인이 쳑연 장탄 왈,

"뎡가 슈은(受恩)은 실노 은심하히(恩深河海)오 덕여텬디(德如天地)625)니, 한갓 너와 부즈의게 니를 쑨 아니라, 구시 문호를 보젼흔 셰딕은인(世代恩人)이니, 츠혼(此婚)이 셩젼흐미 뎡부는 범연흔 빙가(聘家) 아니어늘, 오익(吾兒) 아모리 일시 회언인들 무신 블의(無信不義)흔 말○[을] ㅎᄂ다?"

한님이 겨두 부답이러라.

시일(是日)노붓터 한님이 심곡의 밋치인 은우(恩遇)를 쳑탕(滌蕩)ㅎ니, 즈연 약 【64】음이 슌ㅎ고 병셰 날노 쳑탕ㅎ고 신긔(身氣) 쇼셩(蘇醒)ㅎ여, 니러구러 슌일이 지나니 긔게(起居) 평상ㅎ나 심하의 모든 치소의 근본이 될가 두려, 짐짓 슈슌(數旬)이나 양병(養病)ㅎ여 바야흐로 니러, 관쇼(盥梳)ㅎ고 병침(病寢)을 쇄소(灑掃)ㅎ미, 비로소 부모쯰 신성(晨省)ㅎ니, 부뫼 딕열ㅎ고 상셰 시로이 경계ㅎ여 추후를 계칙(戒飭)ㅎ니, 싱이 황공(惶恐) 스죄(赦罪)ㅎ고, 상셰 이의 아즈로 더브러 졔궁의 나아가 금후와 졔왕을 보여, 아즈의 픽ᄒᆡᆼ(悖行)을 용스(容赦)ㅎ고 허혼ㅎ믈 만구 칭스러니, 금후 졔왕은 흔연 화답ㅎ여 이 또흔 텬졍(天定)이믈 일큿고, 진공은 분앙(憤怏)ㅎ미 오히려 업지 아녀, 앙연(怏然) 닝쇼(冷笑) 왈,

"구형의 부즈는 【65】본딕 지릉다모(知能多謀)ㅎ니, 인인이 가히 비홤 즉흔 지죄 만흔지라. 나의 나의 혼암 노둔홈과 블초녀로 감히 《놉히∥놉흔》 가문의 군즈 건즐(巾櫛)을 소임ㅎ미 맛당치 아닐가 두릴지언졍, 엇지 감히 녕낭의 산악갓흔 긔상을 나모라 ㅎ리오. 슈연이나 아녜(我女) 극히 유약(柔弱) 년미(軟美)ㅎ고, 또 져희 우흐로 가즁 졔이(諸兒) 만흐니 가히 역혼(逆婚)치 못홀지라. 금년의 졔즈질(諸子姪)의 가혼(嫁婚)을 일운 후, 녀아의 혼스는 명년으로 긔약ㅎᄂ니, 형은 다만 아녜 구시의 사름일 쥴만 알고, 혼인 조만(早晚)을 밧바 말나. 녕낭(令郎)은 긔상이 뇌락(磊落)ㅎ고 년긔 장슉ㅎ며, 겸ㅎ여 옥당한원(玉堂翰苑)의 풍뉴화식(風流華士)라, 비록 【66】혼인을 일우나 미약흔 쇼녜(小女) 능히 당치 못홀 거시오, 딕장뷔 일쳐로 늙을 빅 아니니, 금년의 맛당흔 혼쳐를 갈히여 슉녀를 몬져 취하여 녕낭의 실즁(室中)을 졍ᄒᆞ라. 기회(介懷)치 아냣ᄂ니, 아녜(我女)는 명년이나 우명년(又明年)이나 조만(早晚)이 급지 아니토다."

구상셰 쳥파의 아연(啞然) 딕경ㅎ여 묵연 냥구의 왈,

"형의 다른 말숨은 인졍의 즈연(自然)ㅎ거니와, 다만 돈아로셔 타쳐의 취(娶)ㅎ라 ㅎᄂᆞᆫ 만만 당치 아닌 말숨이니, 쇼뎨 부지 엇지 봉승ㅎ리오. 명년을 니르지 말고 십년을 기다리라 ㅎ여도 맛당이 녕녀를 마즈 돈아의 원위(元位)를 존(尊)흔 후, 버거 쳐쳡은 각각 인연의 미이미 잇 【67】ᄂ니, 엇지 블호지언(不好之言)을 만히 ㅎ시ᄂ뇨?"

안식이 겸공(謙恭)ㅎ고 말숨이 화열(和悅)ㅎ니, 진공의 쥰상(峻霜)ㅎ미나 도라 쓸의

---

625)은심하히(恩深河海) 덕여텬디(德如天地) : 은혜가 하해(河海)보다도 깊고, 덕이 천지와 같이 크다.

뎐졍을 싱각ㅎ미 져기 구속ㅎ미 업지 아녀 묵연 부답ㅎ고, 구한님은 진공의 너모 쥰급(峻急)ㅎ믈 심노(心怒)ㅎ나, 감히 ᄉᆞ식지 못ㅎ고 면관졍금(免冠整襟)ㅎ여시니, 늠연ㅎᆫ 신치(身彩) 만고 영걸의 낫브미 업스나, 다만 이달은 바ᄂᆞᆫ 년긔(年期) 브젹(不適)ㅎ미라.

금휘 흔연(欣然)이 쥬찬을 나와 구상셔 부ᄌᆞ를 관ᄃᆡ하며, 흔연이 니ᄅᆞ딕,

"가아 등이 본딕 현계로 더브러 구교의 두터온 바로, 이제 ᄯᅩ 인아(姻婭)의 후(厚)를 미ᄌᆞ니 비록 창윤과 손녀의 년긔 부젹ㅎ미 져기 낫브나, ᄎᆞ역(此亦) 텬연(天緣)이라. 이졔ᄂᆞᆫ 업친 믈 갓【68】ㅎ니, 셰홍과 구현계 금일노븟허 더옥 ᄌᆞ별(自別)ㅎ믈 미ᄌᆞ, 이후 반졈 블호ㅎ미 업게 ᄒᆞ라."

언파의 친히 잔을 잡아 구상셔와 진공을 쥬며 왈,

"노뷔 너희 냥인을 위비(慰杯)를 쥬어 인친(姻親)의 화긔를 권ㅎ노라."

구상셔ᄂᆞᆫ 가지록 감격ㅎ여 연망이 ᄢᅮᆯ 꾸러 밧ᄌᆞ와 거후ᄅᆞ고, 진공은 딕인의 여ᄎᆞㅎ시믈 황공블안ㅎ여 공경ㅎ여 밧ᄌᆞ오니, 금휘 ᄯᅩᄒᆞᆫ 잔을 잡아 구상셔와 진공을 쥬어 위로ㅎ고, 진평장이 웃고 하비(賀杯)를 잡아 구상셔를 쥬며, 쇼왈,

"뎡가 질녀ᄂᆞᆫ 진실노 셩덕지용(聖德之容)이 당금(當今)의 무가뵈(無價寶)라. 죽암의 틱셔ㅎᆫ 고안(高眼)이 너모 유별(類別)ㅎ기로 조믈(造物)이 시옴발【69】나626) 년치 부젹ㅎᆫ 신낭의 후취(後娶)를 삼게 ㅎ니, 죽암의 이달나 홈도 인졍의 괴이치 아닌지라. 구빅무ᄂᆞᆫ 조금도 혐의치 말고, 다만 며느리 지목이 실노 네게 과분(過分)ㅎ믈 알나."

구상셰 졔인의 잔을 ᄉᆞ양치 아냐 ᄉᆞ례 왈,

"졔형의 의논이 금옥 졍논(正論)이라. 우뎨(愚弟) 엇지 감히 후빅의 이달나ㅎ믈 일호(一毫)나 치원(置怨)ㅎ리오. 신부ᄂᆞᆫ 쇼뎨 아직 보지 아녀시나 본딕 명문 화엽(花葉)이니 엇지 범연ㅎ리오. 이곳 졔형이 니ᄅᆞ지 아니나 몽슉의 과분ㅎᆫ 며느리오, 용우(庸愚)ㅎᆫ 창아의 외람ㅎᆫ 쳐ᄎᆞᆯ 엇ᄎᆞ 모로리오."

이ᄢᅵ 졍히 구공이 슐이 취ㅎ엿ᄂᆞᆫ지라. 홀연 셕일 ᄌᆞ긔 과악을 싱각ㅎ【70】고 뎡·진 냥문 은틱을 싱각ㅎ미, ᄉᆡ로이 슬프며 감동ㅎ여 감뉘여우(感淚如雨)ㅎ니, 좌우 도로혀 위로ㅎ더라. 상셰 취즁의 죽암을 향ㅎ여 다시 ᄉᆞ례 왈,

"후빅의 은틱은 우리 부ᄌᆞ 삼싱(三生)의 엇지 다 갑ㅎ리오. 다만 돈아(豚兒)로 ㅎ여금 슉녀의 평싱을 괴롭게 아니 ㅎ리이다."

진공이 강잉 쇼왈,

"셰ᄉᆞ를 블가측이니 형은 니리 니ᄅᆞ지 말나. 녕낭은 긔상이 풍늉(豊隆)ㅎ니 형의 인약홈을 담지 아녓ᄂᆞᆫ가 ㅎ노라."

구상셰 흔연 쇼왈,

---

626)시옴바ᄅᆞ다 : 샘바르다. 샘이 심하다. *샘; 남의 처지나 물건을 탐내거나, 자기보다 나은 처지에 있는 사람이나 적수를 미워함. 또는 그런 마음.

"돈이 아모리 호쥰(豪俊)혼들 형은 범연혼 빙악(聘岳)이 아니라. 제 엇지 만모(慢侮)
ᄒ리오."

드듸여 낭즁(囊中)으로조츠 홍옥쳔(紅玉釧)627) 일ᄡᅡᆼ(一雙)을 니여 진공긔 젼ᄒ여 왈,
"ᄎᆞ【71】물이 비록 쇼쇼ᄒ나 본디 구시의 셰젼지뵈(世傳之寶)라. 몽슉이 초의 상
션부모(上鮮父母)ᄒ고 혈혈무탁(孑孑無託)ᄒᆞᆯ 시졀의나[도] 오히려 ᄎᆞ믈(此物)은 업시
치 아녓더니, 후의 실인(室人)을 빙(聘)ᄒ고 이졔 녕녀(令女)의게 젼ᄒ니, 형은 거두
어 녕녀의 장렴(粧匳)의 두쇼셔."

진공이 깁부지 아니나 마지 못ᄒ여 밧고, 칠보금션초(七寶錦扇貂)628)로 답ᄒ니라.
졔뎡이 혼ᄉᆞ를 뇌약(牢約)ᄒᆞᆯ지언졍 길신(吉辰)을 밧비 너기지 아니ᄒ고, 진공은 명년
으로 셩녜를 츌히노라 ᄒ니, 구상셔부ᄌᆞᄂᆞᆫ 심히 졀망(絶望)ᄒ나 아직 진공의 호승(豪
勝)을 관속(關束)ᄒ여 허락을 받음도 하 깁브니 ᄯᅩ 엇지 혼녜를 지촉ᄒ리오. 다만 종
일 진취(盡醉)ᄒ여 날이 졈은 후 허여져 도라가【72】다.

구상셔부지 도라가 부인을 보고 혼ᄉᆞ 의심업시 된 바를 니르니, 부인이 역시 깃거
ᄒ나 길긔 ᄎᆞ라ᄒᆞᆷ믈 한ᄒ더라.

션시의 졔왕이 날노 문호의 영춍부귀 셩만(盛滿)ᄒᆞᆷ믈 깃거 아녀, 졔ᄌᆞ(諸子)의 번화
를 블구(不求)ᄒ며, 더옥 장ᄌᆞ 동졔공 좌승상 현긔ᄂᆞᆫ 당셰 아현(亞賢)이라. 공밍(孔孟)
이 지셰(在世)ᄒᆞ시나 다시 그 학힝도덕을 하ᄌᆞ(瑕疵)치 못ᄒᆞᆯ 거시오, 셩졍이 온즁ᄒ여
기뎨(其弟) ᄉᆞ쳔후 운긔의 남활(濫闊)혼 셩졍과 크게 다르니, 임의 규합(閨閤)의 냥부
인을 두어, 원비(元妃) 장시 임강마등(任姜馬鄧)629)의 덕이 잇셔 ᄂᆡ조(內助)의 빗나미
'쥬아(周雅)의 명풍(名風)'630)이 혁혁ᄒ고, 겸ᄒ여 옥동화녀(玉童華女)를 년싱(連生)ᄒ
여 존당구고의 춍이 완젼ᄒ며, 공이 【73】상경상화(相敬相和)ᄒ고, ᄎᆞ비(次妃) 연시
비록 당초의 우람광픽(愚濫狂悖)ᄒ여 쇼쇼과실(小小過失)이 이시나, 동졔공의 가졔(家
齊) 어하(御下)ᄒ미 슉연ᄒ여 부녀의 원을 미치미 업고, 조초631) 당부인 갓흔 슉녜 상
두를 웅거ᄒ여 어진 교화로 동녈을 화우ᄒ니, 엇지 한 연시의 우람광픽혼 인물을 진
압지 못ᄒ리오.

---

627)홍옥쳔(紅玉釧) : 붉은 옥으로 만든 팔찌. 팔찌; 팔목에 끼는, 금·은·옥·백금·구리 따위로 만든
  고리 모양의 장식품. 늑비환(臂環)·완천(腕釧)·팔가락지·팔쇠
628)칠보금션초(七寶錦扇貂) : 칠보로 장식한 비단선초(錦扇貂). *선초(蟬貂); 늑선추(扇錘). 부채고리에 매
  어 다는 장식품.
629)임강마등(任姜馬鄧) : 중국 주(周) 문왕(文王)의 모친 태임(太姙)과, 주(周) 선왕(宣王)의 비(妃) 강후
  (姜后), 동한(東漢) 명제(明帝)의 후비 마후(馬后), 동한(東漢) 화제(和帝)의 후비(后妃) 등후(鄧后)를 함
  께 이르는 말. 모두 어진 덕으로 이름이 높다.
630)쥬아(周雅)의 명풍(名風) : 중국 주(周)나라 문왕의 비(妃)인 태사(太姒)의 부덕(婦德)과 같은 훌륭한
  가풍(家風)을 이르는 말. 곧 태사는 현모양처(賢母良妻)로 문왕을 잘 내조하여 성군(聖君)이 되게 하였
  는데, 특히 남편의 많은 후궁들을 덕으로 잘 거느려 화목한 가정을 이룬 일로, 후대의 무수한 글들에
  그녀의 부덕이 칭송되고 있다.
631)조초 : 좇아. 따라. 뒤따라.

연시 당초의는 원비의 식덕(色德)과 총권(寵眷)을 싀오(猜惡)ᄒᆞ여 간ᄉᆞ요음(奸邪妖淫)ᄒᆞᆫ 곡계(曲計)를 비져ᄂᆡ미 한두 번이 아니로ᄃᆡ, 군ᄌᆞ의 통달(通達)홈과 슉녀의 신이ᄒᆞ미 능히 간인의 조각을 여어 방어ᄒᆞ기를 신긔이 ᄒᆞ고, 보신ᄒᆞ기를 금옥갓치 ᄒᆞ기로, 능히 요ᄉᆞ를 진정ᄒᆞ고 몸이 보젼ᄒᆞ며, 연시 맛춤ᄂᆡ ᄌᆞ연지도(自然之道)【74】의 회진기셩(回進其性)632)ᄒᆞ미 되니, 일노조ᄎᆞ 공의 가ᄉᆡ(家事) 진졍(鎭靜)ᄒᆞ고, 도금(到今)ᄒᆞ여는 부부 삼인의 온즁(穩重)ᄒᆞᆫ 화락이 가ᄂᆡ의 츈풍을 일워시니, 존당구괴 두굿기고, 공의 위인이 단일ᄒᆞ여 다시 '농촉(隴蜀)의 무염(無厭)ᄒᆞᆫ 욕심'633)을 두지 아냐 번ᄉᆞ(繁事)의 쓧이 업ᄉᆞ나, ᄌᆞ연 텬연(天緣)의 ᄆᆡ인 바를 인녁으로 못ᄒᆞ여, 시임(時任) ᄃᆡ홍노(大鴻臚)634) 화흡의 녀를 텬ᄌᆞ ᄉᆞ혼(賜婚)ᄒᆞ샤, 마지 못ᄒᆞ여 녜로 마ᄌᆞ 도라오니, 화쇼졔 용안(容顔)이 초츌(超出)ᄒᆞ고 셩질이 잔약(孱弱)ᄒᆞ나 온슌인혜(溫順仁惠)ᄒᆞ니, 비록 원비의 희셰(稀世)ᄒᆞᆫ 셩덕긔질을 밋지 못ᄒᆞ나, 버거 금장(襟丈) 니시 등의게는 ᄎᆞ등치 아니ᄒᆞ고, 도찰 은긔의 부인 단시의 뉴는 아니라.

구괴 그 현슉ᄒᆞ믈 깃거 무【75】ᄋᆡ(撫愛)ᄒᆞ믈 각별이 ᄒᆞ고, 졔공이 ᄋᆡ증(愛憎)을 고로게 ᄒᆞ여 규ᄂᆡ의 편벽ᄒᆞ미 업ᄉᆞ니, 연・화 냥인의 장부인 셤기믄, ᄒᆡ음업시 병갑(兵甲)을 바리고 유젹(遺籍)635)을 드려 개호만셰(皆呼萬歲)ᄒᆞ니, 이 엇지 상국(相國)의 놉흔 교홰(敎化) 아니리오. 셔로 화우돈목(和友敦睦)ᄒᆞ여 쇼쇼ᄋᆡ경(小小厄境)도 일홈난 빅 업시 종요로오니, 합문상하(闔門上下)의 밀위여 츄ᄃᆡ(推戴)ᄒᆞ미 범연치 아니터라.

ᄎᆞ시 졔왕의 십삼ᄌᆞ 효긔의 ᄌᆞ는 긔최니, ᄉᆡᆼ셩ᄒᆞᆫ빅 셜부빙골(雪膚氷骨)이오, 남젼(藍田)636)의 옥슈(玉樹)637)더라.【76】

---

632)회진기셩(回進其性) : 그 본성에 돌이켜 나아감.

633)농촉(隴蜀)의 무염(無厭)ᄒᆞᆫ 욕심 : '농(隴)과 촉(蜀)까지 차지하려는 끝없는 욕심'이라는 뜻으로, '그칠 줄 모르는 욕심'에 대한 비유로 쓰인다. *농촉(隴蜀)은 중국 사천성과 섬서성 사이에 있는 지명으로, 후한(後漢) 광무제(光武帝)가 한중(漢中)을 평정하고도 다시 농촉을 정벌하려는 욕심을 냈던 고사에서 온 말.

634)ᄃᆡ홍노(大鴻臚) : 조선시대 중추부(中樞府)의 으뜸벼슬인 중추부영사(中樞府領事)를 달리 이르던 말.

635)유젹(遺籍) : 옛사람이 남긴 서적.

636)남젼(藍田) : 중국(中國) 섬서성(陝西省)에 있는 산 이름으로 옥의 명산지.

637)옥슈(玉樹) : '옥처럼 아름다운 나무'라는 뜻으로, 재주가 남보다 뛰어난 아들을 비유(比喩)해 이르는 말

윤하뎡삼문취록 권지구십삼

츠시 졔왕의 십삼즈 효긔ᄂᆞᆫ 즈ᄂᆞ 긔최니, 싱셩흔빙 셜부빙골(雪膚氷骨)이오, 남뎐옥쉬(藍田玉樹)638)니 초셰(超世)흔 학힝과 츌인(出人)흔 효위(孝友) ᄯᅩ흔 슈다(數多) 군죵곤계(群從昆季)의 상하치 아니ᄒᆞ니, 이곳 ᄉᆞ비(四妃) 경시의 졔삼즈오, 십ᄉᆞ즈 명긔의 즈ᄂᆞ 의최니, 이 ᄯᅩ흔 닌아봉취(麟兒鳳雛)오 금지여엽(金枝餘葉)이니, 오비(五妃) 문양공쥬의 쇼산애(所産也)라. 엇지 상녜지엽(常例枝葉)과 갓흐리오. 옥모화풍과 학힝지덕이 갓초 싼혀나더라.

낭공지 다 동년이로ᄃᆡ, 효긔 달노 맛이니 형이 되더라. 금년 십ᄉᆞ셰니 혼긔 늦기ᄂᆞᆫ 슌틱부인 삼긔를 지니므로뼤라.

졔왕의 ᄉᆞ녀 낭염은 싱셩ᄒᆞᆷ이 운빈화안(雲鬢花顔)이오, 졀【1】셰화질(絶世花質)이니, 침묵단졍(沈默端整)ᄒᆞ고 유슌졍졍(柔順貞靜)ᄒᆞ여 고금(古今) 슉인셩ᄉᆞ(淑人聖士)639)로 흡흡(恰恰)ᄒᆞ니, 방년이 십이셰니[오], 효긔공즈의 뎨미(諸妹)오[니], 경비의 장녜라. 졔왕이 즈녀의 층층이 장셩ᄒᆞᄆᆞᆯ 근심ᄒᆞ여 넙이 미부(美婦)와 가랑(佳郎)을 퇴ᄒᆞ더니, 버거 퇴ᄉᆞ공 죽현의 ᄉᆞ즈 옥긔의 즈ᄂᆞ 쥬최오, 오즈 완긔의 즈ᄂᆞ 셜최니, 동틱빵싱(同胎雙生)이니 이 곳 쇼(小)ᄂᆞ니부인 탄싱애라.

형뎨 낭인이 셜부빙골(雪膚氷骨)이 쇄락ᄒᆞ여 한판의 박은 듯ᄒᆞ고, 셩되(性度) 쥰엄호상(峻嚴豪爽)ᄒᆞ고 학문이 초츌(超出)ᄒᆞ니 금슈(錦繡) 문장이라. 퇴ᄉᆞ부뷔 냥아 이줌ᄒᆞᆷ이 나니 족족640) 긔이ᄒᆞ니 군ᄌᆞ슉녀의 텬뉸 져독(舐犢)641)이 엇지 범연ᄒᆞ리오. 금년 십삼셰의 신장쳬지(身長體肢) 엄연(儼然) ○[셕]딕(碩大)ᄒᆞ니, ᄯᅩ【2】흔 줌영문미(簪纓門楣)의 슉녀를 구ᄒᆞ고, 진국공 동월후 죽암의 오즈 홍긔와 뉵즈 만긔 십ᄉᆞ 십삼셰니, 즈ᄂᆞ 후초 싱최라. 다 화지용뉴지풍(花之容柳之風)642)이오, 문장 혹힝이 광박(廣博)ᄒᆞ여 영뮈(英武) 개셰(蓋世)ᄒᆞ고 총명다ᄂᆞᆼ(聰明多能)ᄒᆞ니, 츠비 쇼시의 츠지오, 만

---

638)남뎐옥쉬(藍田玉樹) : 옥의 명산지인 중국(中國) 섬서성(陝西省)의 남전(藍田)에서 나는 옥처럼, '빼어난 인물'을 비유(比喩)로 이른 말

639)슉인셩ᄉᆞ(淑人聖士) : 맑은 행실와 거룩한 덕행을 남긴 여류명사(女流名士)들.

640)족족 : 어떤 일을 하는 하나하나.

641)져독(舐犢) : 지독(舐犢). '소가 제 새끼를 핥는다'는 뜻으로, 자식에 대한 어버이의 지극한 사랑을 비유로 나타낸 말. =지독지애(舐犢之愛).

642)화지용뉴지풍(花之容柳之風) : 꽃 같은 얼굴과 버들 같은 풍채라는 뜻으로 아름다운 얼굴과 날씬한 몸매를 가리킴.

긔는 삼비 한시의 ᄎᄌ리라. 퇴혹ᄉ 듁운션싱 필녀 효염과 소부 듁명션싱 원비 두부인 장녀 요염과 ᄎ비 화시의 장ᄌ 진긔의 ᄌᄂ ᄌ최오, ᄎᄌ 셰긔의 ᄌᄂ 뉴최니 ᄯᅩ흔 동퇴쌍싱(同胎雙生)이라. 냥쇼져 냥공지 다 부풍모습(父風母習)ᄒ여 냥염 효염 요염 등의 ᄉ덕부도(四德婦道)의 슉진(熟眞)ᄒᄆ 임ᄉ번월(妊姒樊越)643)노 후셕(後席)을 갈올644) 거시오. 화부인 쌍ᄌ의 교염슈츌(嬌艶秀出)ᄒᄆ 벽오(碧梧)의 난봉(鸞鳳)【3】 갓고 학상신동(鶴上神童)645) 갓흐니, 이 본딕 형옥여졍(荊玉餘精)646)이니 엇지 뎡시 덕문의 ᄌ손이 일인이나 그 범연ᄒ리오.

제공ᄌ 제쇼졔 다 십삼ᄉ 초츈(初春)이니, 도지요요(桃之夭夭)의 작작기엽(灼灼其葉)이 닷호아 픠고져 ᄒ니, 동군일미(東君一梅)647)를 졈복(占卜)ᄒᄆ 엇지 밧부지 아니리오. 각각 비필을 구ᄒᆯᄉᆡ 제왕의 십삼ᄌ 효긔로써 녕능공의 필녀와 졍혼ᄒ니 효긔 쳐ᄂ 셕공 ᄎ비 오부인 일네오, 명긔 쳐ᄂ 셕공 원비 윤부인의 필네니, 이곳 호람후 윤공의 외손네라. 셕가 냥쇼졔 교ᄌ염질(嬌資艶質)이 낙포신녀(洛浦神女)648) 갓고 부덕규힝(婦德閨行)이 진짓 각각 가부(家夫)의 상젹(相敵)흔 비위(配位)라. 제왕의 ᄉ녀 냥염은 셕공의 원비 윤부인 【4】 일ᄌ 셰광과 셩혼ᄒ니, 부부의 아름다온 긔질이 쥬화옥슈(珠花玉樹) 갓흐여 외모(外貌) 풍용(豊容)의 ᄎ등(次等)ᄒᄆ 업ᄉ나, 부뷔 지픔(才稟)은 크게 상젹(相敵)지 아니ᄒ니, 쇼져ᄂ 유한졍졍(幽閑貞靜)ᄒ여 부녀 ᄉ덕(四德)의 미흡(未洽)ᄒᄆ 업ᄉ되, 셕공ᄌᄂ 호협방낭(豪俠放浪)ᄒ고 ᄎᆔ식경박(取色輕薄)ᄒ며 호쥬기식(好酒嗜色)ᄒ여 크게 광망(狂妄)ᄒ니, 뎡쇼져 냥염이[의] 무슈흔 곤익(困厄)을 비포(排布)ᄒ니, 셜화 하편(下篇)의 져긔 긔록ᄒ니라.

셕공이 식부(息婦)의 아름다오믈 크게 ᄉ랑ᄒ나, 아ᄌ(兒子)의 호일(豪逸)ᄒᄆ를 딕로(大怒)터라. 조치 아닌 거죄 ᄯᅩ 하회(下回)의 딕강 긔록ᄒ고, 버거 <셕시가록(石氏家錄)>의 잇ᄂ니라.

듁현공의 쌍ᄌ 유긔 완긔로써 닙이 슉녀를 구ᄒ더니, 화금오(金吾)649)의 냥녀【5】

---

643)임ᄉ번월(妊姒樊越) : 중국 주(周)나라 현모양처(賢母良妻)인 문왕의 어머니 태임(太姙)과 무왕(武王)의 어머니 태사(太姒), 그리고 초나라 장왕(莊王)의 비(妃)인 번희(樊姬)와 소왕(昭王)의 비 월희(越姬)를 함께 이르는 말. 모두 어진 마음으로 남편을 내조한 현모양처의 전형(典型)으로 부덕(婦德)으로 유명하다.

644)갈오다 : (어깨를) 나란히 하다.

645)학상신동(鶴上神童) : 학(鶴)을 탄 신령한 동자(童子).

646)형옥여정(荊玉餘精) : 중국 전국시대에 변화씨(卞和氏)라는 사람이 형산(荊山)에서 돌 위에 봉황이 깃들이는 것을 보고 얻었다는, 천하의 이름난 옥(玉)인, 화씨벽(和氏璧)의 정채(精彩)가 있음.

647)동군일미(東君一梅) : 봄의 화신(花神)인 매화.

648)낙포신녀(洛浦神女) : 중국 하남성(河南省) 낙수(洛水) 가에 있는 낙포(洛浦)의 신녀(神女)라는 말로, 복희씨(伏羲氏)의 딸 복비(宓妃)가 이곳에 빠져죽어 수신(水神)이 되었다고 한다. 미모의 여신으로 일컬어진다.

649)금오(金吾) : 의금부. 조선 시대에, 임금의 명령을 받들어 중죄인을 신문하는 일을 맡아 하던 관아. 태종 14년(1414)에 의용순금사를 고친 것으로 왕족의 범죄, 반역죄·모역죄 따위의 대죄(大罪), 부조(父祖)에 대한 죄, 강상죄(綱常罪), 사헌부가 논핵(論劾)한 사건, 조관(朝官)의 죄 따위를 다루었는데,

로써 구혼ᄒ니, 화금오는 슈쳔후 운긔의 삼비 화시의 부친이오, 구혼ᄒ는 이쇼져(二小姐)는 화부인 친뎨(親弟)라. 화금외(金吾) 뉵즈칠녀니 늣게야 ᄯᅡᆼ티ᄅᆞᆯ 어드니 갈온 금벽은벽이니, 졀세화용(絶世花容)이 셰딕의 희한(稀罕)ᄒ고 단즁침졍(端重沈靜)ᄒ여 옥 갓ᄒᆫ 슉녀라. 졔궁 샹히 화부인으로 인ᄒ여 ᄯᅡᆼ쇼져의 졀염인 쥴 아는 고로 화공의 구혼ᄒᆞᆯ 인ᄒ여 일어의 쾌허ᄒ여, 즉시 퇵일ᄒ여 냥신부ᄅᆞᆯ 한날의 마즈니 옥틱화질(玉態花質)과 면모샹광(面貌相光)이 셔로 바이니, 존당구괴 딕희(大喜)ᄒ고 졔긱의 치하(致賀) 분분ᄒ니, 좌슈우응(左酬右應)의 하비(賀拜)ᄅᆞᆯ 슈양치 아니터라.

진공의 냥즈 홍긔 만긔로써 슉녀현부(淑女賢婦)ᄅᆞᆯ 갈희【6】더니, 승샹 초국공 하원광의 ᄎᆞ비 연군쥬의 쟝녀 양강쇼져로 홍긔와 졍혼 셩친ᄒ니, 하쇼졔 힝혀도 기모(其母)의 츄용누질(醜容陋質)과 무힝픽도(無行悖道)ᄅᆞᆯ 담지아녀, 틱진(太眞)[650]의 완혜지용(婉慧之容)과 비연(飛燕)[651]의 경신(輕身)[652]ᄒᆞᆯ 아오라, 슈단이 합도(合道)ᄒ고 능셤(能贍)[653]이 득즁(得中)ᄒ며, 긔질(氣質)이 샹낭(爽朗)ᄒ고 텬셩이 화려ᄒ여, 일딕(一代) 뇨조슉녀(窈窕淑女)라. 공지 크게 깃거 즁딕여산(重大如山)ᄒ고 존당구괴 ᄉᆞ랑ᄒ여 여화긔뵈(如花奇寶)러라.

만긔공즈로 틱샹경 ᄉᆞ마슉의 녀ᄅᆞᆯ 취ᄒ니 ᄉᆞ마쇼졔 덕문여엽(德門餘葉)으로 계츌명가(繼出名家)ᄒ여 향년 십이의 옥안(玉顏) 운빈(雲鬢)이 이원뇨나(哀願姚娜)ᄒ여 츄상(秋霜)의 계홰(桂花)[654]오, 《츄국‖슈국(水國)》[655]의 난최(蘭草)라. 유아흔 법도와 찬연흔 덕셩이 츈츄(春秋)[656]의 녀ᄉᆞ(女士)【7】로 졔명(齊名)[657]ᄒ염 즉ᄒᆞᆫ지라. 존당구괴 크게 ᄉᆞ랑ᄒᆞ미 졔부(諸婦)의 ᄂᆞ리지 아니ᄒ고, 공지 공경즁딕ᄒ여 은이 여산(如

고종 31년(1894)에 의금사로 고쳤다.

650)태진(太眞) : 양귀비(楊貴妃). 중국 당나라 현종(玄宗)의 비(妃)(719~756). 이름은 옥환(玉環). 도교에서는 태진(太眞)이라 부른다. 춤과 음악에 뛰어나고 총명하여 현종의 총애를 받았으나 안녹산의 난 때 죽었다.

651)비연(飛燕) : 조비연(趙飛燕). 한나라 성제의 황후(皇后). 태생이 미천하나 가무(歌舞)에 뛰어난 절세의 미인으로서 여동생 합덕과 후궁(後宮)이 되어 임금의 총애를 서로 다투었다.

652)경신(輕身) : 몸이 날씬하고 가볍다는 뜻으로, 조비연(趙飛燕)이 몸이 몹시 가벼워서 임금의 손바닥에서 춤을 추었다는 고사에서 유래한 말.

653)능섬(能贍) : 재능이 풍부함.

654)계화(桂花) : ①계수나무의 꽃. ②'달'을 비유적으로 이르는 말. 위 본문의 '츄상(秋霜)의 계홰(桂花)'는 가을 서리처럼 맑은 하늘의 달을 비유적으로 표현한 말이다. 실제로 계수나무의 꽃은 4-5월에 걸쳐 잎보다 먼저 핀다.

655)《츄국‖슈국(水國)》 : '츄국'을 '슈국'으로 교정한 것은 같은 표현이 앞 89권에 나온 것을 근거로 한 것이다. "슈국(水國)의 난최(蘭草) 향긔롭고 츄상(秋霜)의 계쉬(桂樹) 빗나니..."(89권;43쪽) *슈국(水國) : ①바다의 세계. ②=물나라. 강이나 호수 따위가 많거나 바다로 둘러싸인 나라를 비유적으로 이르는 말.

656)츈츄(春秋) : ①역사(歷史)를 달리 이르는 말 ②『책명』유학 오경(五經)의 하나. 공자가 노나라 은공(隱公)에서 애공(哀公)에 이르는 242년(B.C.722~B.C.481) 동안의 사적(事跡)을 편년체로 기록한 책이다.

657)졔명(齊名) : 이름이 같은 지위에 있음. 명예가 같음.

山)ᄒᆞ더라.

화셜 어ᄉᆞ틱우(御史大夫) 하원상이 부인으로 화락ᄒᆞ여 ᄉᆞᄌᆞ이녀를 싱ᄒᆞ니, 기기히 《부풍모즈‖부풍모습(父風母習)658)》ᄒᆞ여 곤산(崑山)659)의 보벽(寶璧)이오 녀슈(麗水)660)의 겸금(兼金)이라. 조물이 헌ᄉᆞᄒᆞ여 하가의 간간이 작화ᄒᆞᄂᆞᆫ 발부(悖婦)를 삼기시니, 추역텬애(此亦天也)라.

어시의 이랑이 외왕모 틱부인으로 한가지로 잇셔 쥬야 울며 보치니, 목시 이런 잔잉ᄒᆞᆷ을 니긔지 못ᄒᆞ여 임참졍 부즈 형뎨를 못견ᄃᆡ게 보치여, 만일 이랑으로써 하어ᄉᆞ의게 가취(嫁娶)치 아니ᄒᆞᆫ즉, 즈긔 장ᄎᆞᆺ ᄌᆞ경(自剄)ᄒᆞ여 손녀의 잔잉ᄒᆞᆫ 【8】거동을 보지 아니ᄒᆞ고, 참졍의게 어뮈 죽인 죄를 도라보닉럿노라 ᄒᆞ여, 울며 발악ᄒᆞ니, 임공이 민망ᄒᆞ여 ᄒᆞ나, '도금(到今)ᄒᆞ여는 녀이 군즈로 화락ᄒᆞ여 ᄌᆞ녜 션션(詵詵)ᄒᆞ고, 남즈의 풍뉴호신(風流豪身)ᄒᆞᆫ 지 칠쳐십이희(七妻十二姬)도 갓초니, 하어시 《지졍‖진졍(眞正)》 군즈나 한 이랑으로 빈실(嬪室) 한즈리를 허ᄒᆞ미 무어시 방ᄒᆡ로오리오' ᄒᆞ여, 친히 뎡국공을 보고, ᄌᆞ위(慈闈)의 졀박ᄒᆞᆫ ᄉᆞ졍과 이랑이 ᄉᆞ고무친(四顧無親)ᄒᆞ여 비원(悲願)ᄒᆞᆫ 졍ᄉᆞ(情事)를 누누히 베퍼, 비록 블미츄악(不美醜惡)ᄒᆞ여 무일가취(無一可取)나 군즈의 관젼으로 측하의 용납《ᄒᆞ니‖ᄒᆞ키를》 이걸ᄒᆞ니, 뎡국공은 관후장ᄌᆡ라 인용옹(姻翁) 졀민ᄒᆞᆫ ᄉᆞ졍【9】을 각박히 믈니치지 못ᄒᆞ여 미쇼ᄒᆞ고, 드듸여 허락ᄒᆞ고 다려올식, 초초히 녜를 출혀 이랑을 마즐식, 어시 그런 츄악ᄒᆞᆫ 용모를 다시 동방화촉(洞房華燭)의 상ᄃᆡᄒᆞ여 합환교비(合歡交杯)ᄒᆞᆷ은 참아 못홀지라. 이의 부젼의 고왈,

"흥인이 히아(孩兒)로 쳐음 만나미 아니라. 젼일은 비록 닉력을 몰나ᄉᆞ오나, 임의 임시로 알고 빅냥친영(百兩親迎)의 녜ᄂᆞᆫ 힝ᄒᆞ엿ᄉᆞ오니, 이제 시로이 우은 거조를 ᄒᆞ오믄 실노 원치 아니하옵ᄂᆞ니, 복원 ᄃᆡ인은 여ᄎᆞ여ᄎᆞ 임부의 긔별ᄒᆞ샤, 다만 혼셔만 일우고 거마를 보닉여 흥상을 다려다가 한구셕의 두게 ᄒᆞ쇼셔."

하공부뷔 역시 이랑을 블관이 너기는 고【10】로, 이의 어ᄉᆞ의 말 ᄃᆡ로 혼셔만 보닉고, 거류(車輪)과 약간 위의를 출혀 빅리하관(陪吏下官)과 ᄎᆞ환(叉鬟) 복쳡(僕妾)만 보닉여 이○[랑]을 다려오니, 흥인 조손이 한갓 하부의셔 다시 춧ᄂᆞᆫ 쥴만 쳔만 ᄃᆡ덕(大德)ᄒᆞ니, 엇지 도라가는 녜귀(禮規) 하나토 업ᄉᆞ믈 알니오.

이랑이 목틱부인을 ᄌᆞ심히 보치여 부인의 ᄉᆞ지를 다 거훌너 의복 슈식(首飾)을 십분 ᄉᆞ치히 ᄒᆞ고, 박면츄용(薄面醜容)의 연분(鉛粉)을 얽밀 굼기 메이도록 바르고, 엄연이 교ᄌᆞ의 올나 하부의 니르러 구고 슉믹긔 비현ᄒᆞ고, 버거 빅ᄉᆞ(伯姒)661)삼부인과 금장(襟丈)으로 녜ᄒᆞ니, 구괴 명 왈,

---

658)부풍모습(父風母習) : 모습이나 언행이 아버지와 어머니를 고루 닮음.
659)곤산(崑山) : 곤륜산(崑崙山). 중국의 전설상의 산으로, 중국 서쪽에 있으며, 옥(玉)이 난다고 한다.
660)여슈(麗水) : 중국 양자강(揚子江) 상류인 운남성(雲南省)의 금사강(金砂江)을 이르는 말로. <천자문> '금생여수(金生麗水)'에서 말한 금(金)의 산지(産地)로 유명하다.
661)빅ᄉᆞ(伯姒) : 남편의 형제 가운데 맏형의 아내. 여자 동서들 가운데 맏동서를 이른다.

"신뷔 비록 임현부로 일가친의(一家親誼)나 이곳은 뎡【11】즁체면(廷中體面)662)과 갓흐여 법졔 잇느니, 임현부로 더부러 처음 보는 녜를 폐치말나."

ᄒᆞ고, 찬녜관(贊禮官)이 원비긔 뵈는 녜를 힝ᄒᆞ라 ᄒᆞ니, 이랑이 흉장(胸臟)이 분분ᄒᆞ나 바야흐로 은악양션(隱惡佯善)ᄒᆞ기를 쥬(主)ᄒᆞ여 구가의 예셩(譽聲)을 엇고, 임부인 총셰를 그윽이 닷호고져 ᄒᆞ므로, 쳔만 잉분ᄒᆞ여 손슌(遜順)이 힝녜(行禮)ᄒᆞ나, 《분부∥분분(紛紛)》ᄒᆞᆫ 안졍(眼睛)이 뒤룩여 큰 눈망울이 시윪663) 밧긔 들낙날낙ᄒᆞ고, 황잡(荒雜)ᄒᆞᆫ 눈셥을 츔츄이고, 건슌노치(乾脣露齒)664)를 응무러시니665), 단ᄉᆞ(丹砂)를 홀난이 씩어시나 더욱 프르고 검어 흉ᄒᆞ기 흑살텬신(黑煞天神) 갓흐니, 가즁상히(家中上下) 흉히이 너기고 임부인이 그 불현ᄒᆞᆷ을 붉이 아는【12】지라. 그윽이 은위(隱憂) 만복(萬福)ᄒᆞ여 아황(蛾黃)666)의 슈운(愁雲)이 희미ᄒᆞ니, 타인은 무심ᄒᆞ나 빅ᄉᆞ(伯姒) 윤부인이 지긔ᄒᆞ고 근심ᄒᆞ더라.

어ᄉᆞ 이랑을 조ᄎᆞ온 ᄎᆞ환은 낫낫치 모라닉치고 다만 흉녀만 후당 벽츈뎡의 머믈게 ᄒᆞ고, 본부 츙슌(忠順)ᄒᆞᆫ 시비 슈삼인을 갈희여 ᄉᆞ환(使喚)케 ᄒᆞ니, 이랑이 분앙ᄒᆞ나 일노조ᄎᆞ 심복을 모호지 못ᄒᆞ고, 목퇴부인긔 통신치 못ᄒᆞ니, 속졀업시 톱을 감초와 되악을 간되로 발뵈지 못ᄒᆞ나, 흉음되○[악](凶淫大惡)은 다 바리지 못ᄒᆞ여 속의 가득ᄒᆞᆫ 흉심이 《츙졸∥층츌(層出)》ᄒᆞ되, 독블장군(獨不將軍)이라 히(害)오미 업ᄉᆞ니, 우혈업시667) 두【13】로 한유ᄒᆞ여 닉외로 두로 단이며, 궁극히 어ᄉᆞ의 ᄌᆞ최를 ᄉᆞ로나, 어ᄉᆞ 죵시 블견(不見)ᄒᆞ여 한번 고문ᄒᆞ미 업ᄉᆞ니, 이랑이 분ᄒᆞ고 셜우미 극ᄒᆞ나, 실노 ᄌᆞ최 외롭고 형셰 쇠잔ᄒᆞ니 감히 임부인긔 셜분치 못ᄒᆞ고, 반ᄃᆞ시 죵용이 임부인 ᄌᆞ녀 즁 만나면, 블문곡직(不問曲直)ᄒᆞ고 다라드러 머리를 기둥의 브듸이즈며, 혹 돌노 치며 계하의 것구로ᄎᆞ 피흐른 후 긋치니, 쇼아들이 니러틋 두어번 식 속은 후는 이랑 곳 만나면 피ᄒᆞ여 다라나니, 이랑이 분용ᄒᆞ여 잡지 못ᄒᆞ면 팔믜ᄒᆞ여 두골이나 면모나 맛쳐 피흐른 후 긋치니, 【14】모든 쇼이 블과 ᄉᆞ오셰 히졔(孩提)668)로되 하날의 타난 츌인ᄒᆞᆫ 셩효는 범연치 아닌 고로, 힝혀도 이랑의 작ᄉᆞ라 ᄒᆞ미 업고 모친이라도 친히 보지 아닌 후는 바로 고치 아냐, 후졍이나 외졍의 한유(閒遊)ᄒᆞ여 쇼아들과 가리음ᄒᆞ다669)가 실족ᄒᆞ여 닷첫노라 ᄒᆞ고, 혹 팔믜ᄒᆞ고 노다가 그릇 맛챳노라 ᄒᆞ니, 임부인이

---

662) 뎡즁체면(廷中體面) : 조정 조신들 간의 서로 대하는 떳떳한 도리나 예절.
663) 시윪 : '언저리'의 옛말.
664) 건슌노치(乾脣露齒) : 윗입술이 위로 들려서 이가 드러나 보임. *건순(乾脣); 위로 들린 입술.
665) 응물다 : 옥물다. 단단히 결심하거나 무엇을 참아 견딜 때에 힘주어 이를 꾹 마주 물다.
666) 아황(蛾黃) : 여자의 분바른 얼굴.
667) 우혈(禹穴)업시 : 마음 없이. 지향 없이. *우혈(禹穴) : 중국 하(夏)나라 우왕(禹王)이 회계산(會稽山)에 사냥을 나갔다가 죽어 그곳에 장사지냈는데, 묘 뒤에 암혈(巖穴) 있어 사람들이 그것을 우혈(禹穴)이라 하여 우임금 묘에 대한 징표를 삼았다, '우혈(禹穴) 없다'는 여기서 유래한 말로, '어떤 징표나 생각·뜻 따위가 없다'는 것을 나타낸다.
668) 히졔(孩提) : 어린아이.
669) 가리음 하다 : 장난질 치다. *가리다 : 장난치다. 까불다. 날뛰다.

엇지 모르리오만은 아즈 등의 지효를 긔특이 너기고, 이랑의 흉픠흐믈 통히흐나 역시 모르는체 흐여 추후나 조심흐고 닷치지 말나 흐니, 제이 빅스흐더라.

즈연 니런 일이 젼파흐고 여러 번의 밋쳐는 가즁 의논이 분분【15】흐여 이랑을 지목흐리 만흐니, 구고와 어시 더욱 증한 흐여 가칙(呵責)이 즈즈니, 흉녜 날노 발악흐여 픠언(悖言)이 긋지 아니니, 임부인이 이 가온디 괴로옴은 비길디 업스나, 이랑의 픠악흔 힝스룰 족슈(足數)흐미670) 업셔, 그 졍스룰 도로혀 연측(憐惻)흐고, 왕모 목태부인의 슈셔(手書) 간간이 니르러 '이랑의 평싱{이} 안과흐미 네 손의 잇다'흐여, 블호지언(不好之言)이 부졀여류(不絶如縷)흐니, 임부인이 두로 거리쪄 이랑을 두호흐미 못 밋츨 듯흐디, 흉상은 눈쵀룰 바히 모로고 희괴지식(駭怪之事) 블가형언(不可形言)이라.

넘냥(炎涼)671)이 슉홀(倏忽)흐여672) 임부인의 즈녜 장셩흐니, 장즈 몽열의 즈는 【16】 스원이니, 옥모영풍(玉貌英風)과 문장학힝(文章學行)이 초셰(超世)흐여 군종형뎨 즁 지모다릉(才謀多能)흐믄 공즈룰 밋지 못흐리 만흐니, 왕부뫼 춰즁(取重) 과이(過愛)흐미 관닉후와 혜션도위 버금이오, 어시 또흔 아즈의 슈발(秀拔)흐믈 두굿기나 너모 지릉(才能)흐믈 깃거아냐 침묵흐믈 경계흐니, 공지 엄교 즁의 쳐흐여 빅힝 만식 더옥 초츌(超出)흐더라. 방년 십일셰○[의] 체형이 언건(偃蹇)흐여 입장(入丈)흐미 미진흐미 업스니, 정국공부뷔 화환녀싱(禍患餘生)으로 졈졈 쇠모지년(衰耗之年)의 여일(餘日)이 무다(無多)흐니, 졔손의 가춰(嫁娶)룰 심히 밧바흐는지라.

츠시 초궁공 졔오즈 몽표의 즈는 스졍이니 삼비 경시의 장지오, 삼녀 월【17】강은 몽표와 동틱빵싱(同胎雙生)이니 공즈 남미의 츌인흔 지용이 옥슈닌벽(玉樹驎璧) 갓더라. 북빅후 원창의 장즈 몽현은 원비 뎡시 일산얘(一産也)오. 이곳 금평후 외손이오, 평졔왕의 싱질(甥姪)이라. 초의 슉셩비 공즈룰 잉신시(孕身時)의 만고(萬古) 디악찰녀(大惡刹女) 셩난화의게 참혹흔 지경으로 잡히여, 오궁 누실(陋室) 고초 즁 공즈룰 싱흐니, 텬디의 별의(別意)673)오, 건곤(乾坤)의 일졍(一精)674)이라. 싱셩(生成)흐미 초틱우(楚大夫)675)의 츄슈골격(秋水骨格)과 진승상(晉丞相)676)의 관옥지모(冠玉之貌)와 두스인(杜舍人)677)의 헌아지풍(軒雅之風)이라. 만일 여츠 별긔이질(別奇異質)이 아닌즉

---

670)족슈(足數)흐다 : 꾸짖다. 아랑곳하다.
671)넘냥(炎涼) : 더위와 서늘함. 여기서는 '세월'을 뜻한다.
672)슉홀(倏忽)흐다 : 홀홀하다. 문득 갑작스럽다. 매우 빠르다.
673)별의(別意) : 특별한 뜻.
674)일졍(一精) : 하늘과 땅에 하나밖에 없는 신성한 정기(精氣) 또는 정령(精靈).
675)초틱우(楚大夫) : 중국 전국시대 초나라 대부(大夫) 송옥(宋玉). BC290-227. 중국의 대표적인 미남자의 한 사람이며, 사부(辭賦)를 잘하여 <구변(九辯)>, <초혼(招魂)>, <고당부(高唐賦)> 등의 작품을 남겼다. 굴원(屈原)과 함께 굴송(屈宋)으로 불렸으며 난대령(蘭臺令)을 지냈기 때문에 난대공자(蘭臺公子)로 불리기도 했다.
676)진승상(晉丞相) : 중국 서진(西晉)의 미남자 반악(潘岳). 자는 안인(安仁). 승상을 지냈고 미남자의 대명사로 쓰인다.
677)두샤인(杜舍人) : 중국 만당(晚唐)때 시인 두목지(杜牧之). 이름은 두목(杜牧). 중서사인(中書舍人)에

엇지 음부(淫婦) 셩녀와 묘화 요리(妖尼)의 독슈룰 버셔나며, 오궁 궁인 틱셤의 의긔현심(義氣賢心) 곳 아니면 엇지 보젼(保全)ᄒᆞᆷ믈 【18】 어드리오.

시고(是故)로 간당(奸黨)이 파멸ᄒᆞ고 뎡슉셩이 참누(慙累)룰 신셜(伸雪)ᄒᆞ여 화당난실(華堂暖室)의 부귀룰 누리미, 틱셤의 은혜룰 만히 갑흐미 되고, 셰구년다(歲久年多)토록 한갈갓치 신을 닞지 아니터라.

니러틋 셰월이 무졍ᄒᆞ니 슬하의 난옥(蘭玉)이 빵빵ᄒᆞ여 히룰 니어 장셩ᄒᆞ니 긔긔히 옥슈쥬화(玉樹珠花) 갓더라.

몽현이 십이셰의 니{니}ᄅᆞ니 잠미봉안(蠶眉鳳眼)이오 월익단슌(月額丹脣)이라. 츌텬ᄒᆞᆫ 셩효와 광박(廣博)ᄒᆞᆫ 문장이 족히 도흑진유(道學眞儒)의 후셕(後席)을 니을지라. 뎡국공부뷔 밧비 셩췌ᄒᆞᆷ믈 보고져 ᄒᆞ여 넙이 슉녀룰 구ᄒᆞ더니, 시의 오왕 조모ᄂᆞᆫ 황실지친(皇室之親)이오, 젼ᄌᆞ 음녀 셩난화로 양녀(養女)ᄒᆞ여 셰ᄌᆞ 【19】 룰 비명원ᄉᆞ(非命寃死)케 ᄒᆞ니, 기시(其時)의 음녀의 고기룰 맛보와 원슈룰 갑흐나 오왕부부의 역니지통(逆理之痛)은 셰월노 조ᄎᆞ 더으더라. 오셰ᄌᆞ 비록 블의횡ᄉᆞ(不意橫死)ᄒᆞ나, 셰ᄌᆞ비 니시 ᄌᆞ녀룰 갓초 두어시니 이ᄌᆞ일녜라. 왕이 비록 아ᄌᆞ(兒子) 업ᄉᆞ나 손이(孫兒) 당당ᄒᆞᆫ 장손젹통(長孫嫡統)이니, 법듸로 장손 화로 오국 셰ᄌᆞ(世子)룰 칙닙(冊立)ᄒᆞ야 타일(他日) 국군(國君)을 삼으려 ᄒᆞ니, 셰ᄌᆞ 년이 십오셰라. 임의 취쳐(娶妻)ᄒᆞ엿고, 츠ᄌᆞ우ᄂᆞᆫ 십삼셰오, 녀아 요쥬ᄂᆞᆫ 명슉군쥐니 년이 십일셰라. 이 곳 유복녜(遺腹女)라. 니빈이 잉틱 슈삼삭의 셰ᄌᆞ 참망(慘亡)ᄒᆞ니, 니빈이 붕셩지통(崩城之痛)을 니긔지 못ᄒᆞ나, 구고의 관위(寬慰)ᄒᆞ시믈 의뢰ᄒᆞ여 억만지통(億萬之痛)을 【20】 셔리담아 셰월을 보ᄂᆡ더니, 십삭만의 일쳑교옥(一尺嬌玉)을 싱ᄒᆞ니, 이 곳 명슉군쥐라. 텬디(天地)의 별긔(別氣)오, 건곤(乾坤)의 일졍(一精)이라.

오왕부뷔 탐혹귀즁(耽惑貴重)ᄒᆞᆷ믈 니긔지 못ᄒᆞᄂᆞᆫ 즁, 셰ᄌᆞ의 비명횡ᄉᆞ(非命橫死)ᄒᆞ여 여ᄎᆞ 긔화(奇花)룰 보지 못ᄒᆞᆷ믈 슬허, 난화 음녀룰 ᄉᆡ로이 졀치분미(切齒忿罵)ᄒᆞ더라. 왕의 부뷔 신부룰 보호ᄒᆞ여 삼칠일이 지나미 니빈이 신긔(神氣) 여상(如常)ᄒᆞ고 유이(乳兒) 날노 교연(嬌然)ᄒᆞ니 드듸여 명을 요쥬라 ᄒᆞ고, ᄌᆞ룰 긔화라 ᄒᆞ니, 오왕부뷔 슈즁보옥(手中寶玉) 갓치 기ᄅᆞ더니, 요쥐 칠셰의 궐즁의셔 진풍연(進豊宴)678)을 ᄒᆞ이시니, 오왕비 손녀룰 다리고 입궐ᄒᆞ엿더니, 틱휘 보시고 ᄉᆡᆨ모셩덕(色貌聖德)을 크게 익 【21】 모(愛慕)ᄒᆞ샤 상ᄉᆞ(賞賜)룰 만히 ᄒᆞ시고, 호룰 명슉군쥐라 ᄒᆞ샤 직쳡(職牒)을 나리오시다.

군쥐 방년(芳年)이 십일 초츈(初春)의 밋ᄎᆞ니 용안이 초범(超凡)ᄒᆞ고 셩덕이 탁이(卓異)ᄒᆞ여 효힝이 겸비ᄒᆞ니, 왕부모의 교익(嬌愛) 셰ᄌᆞ의 지나더라. 오궁 ᄉᆞ지상궁(事知尙宮)679) 틱셤이 본ᄃᆡ 뎡슉셩의게 슈은(授恩)이 깁흔 고로 통신이 닞지 아니ᄒᆞ고, 상

올랐고, 중국의 대표적 미남자로 꼽힌다.
678)진풍연(進豊宴) : 궁중연회 중 가장 규모가 크고 화려한 잔치.
679)사지상궁(事知尙宮) : 궁의 일에 밝은 간부 상궁.

궁이 또혼 쟝간(長間)680)을 어든 후 하상부의 나아가 슉셩비로 상견ᄒᆞ므로, 하부 졔공
ᄌᆞ의 아름다오믈 익이 아ᄂᆞᆫ지라. 슉셩비 아ᄌᆞ 몽현은 더옥 비샹 특이ᄒᆞ믈 유의ᄒᆞ여,
오군쥬의 셩덕을 ᄌᆞ로 뎡비의게 젼ᄒᆞ미 되엇더니, 이제 냥가 아희 다 쟝셩ᄒᆞ여 하공
ᄌᆞᄂᆞᆫ 십【22】이셰오, 오군쥬ᄂᆞᆫ 십일셰니 하부의셔 퇵부(擇婦)ᄒᆞ미 분분ᄒᆞ고, 오궁의
셔 가랑을 구ᄒᆞ미 심상치 아닌지라. 퇵셤이 드듸여 냥가 즁미ᄅᆞᆯ ᄌᆞ임ᄒᆞ니, 오궁과 하
부의셔 손상궁의 츙슌현명(忠純賢明)ᄒᆞᆷ을 아ᄂᆞᆫ 고로 각별 호의(狐疑)치 아니ᄒᆞ고 피ᄎᆞ
쾌허ᄒᆞ고, 길월냥신(吉月良辰)을 퇵ᄒᆞ여 셩녜ᄒᆞ려 ᄒᆞᆯᄉᆡ, 오왕부부와 니빈과 졔손의 지
통(至痛)은 더옥 시롭더라.

하부의셔 몽현의 혼인을 뎡ᄒᆞ미 크게 깃거, 또 몽표 몽녈과 원강쇼져의 혼쳐ᄅᆞᆯ 구
ᄒᆞᆯᄉᆡ, 슉셩비 질아의 초츌ᄒᆞᆫ 지용을 타문의 보ᄂᆡ믈 앗겨, 북후ᄅᆞᆯ 듸ᄒᆞ여 ᄉᆞ형(四兄)
듁운션싱의 쇼녀 효염과 오형(五兄) 소부의 쟝녀 요염의 셩【23】덕식ᄐᆡ(聖德色態)
갓초 현미(賢美)ᄒᆞᆷ을 일ᄏᆞ라 몽녈 몽표 등 냥아로 졍혼ᄒᆞᆷ을 쳥ᄒᆞ니, 북휘 또ᄒᆞᆫ 냥소져
의 아름다오믈 닉이 아ᄂᆞᆫ 고로 흔연 쾌허ᄒᆞ고, 냥형을 듸ᄒᆞ여 뎡쇼져의 아름다오믈
젼ᄒᆞ듸, 초공과 어ᄉᆞ 또ᄒᆞᆫ 닉이 아ᄂᆞᆫ 비라. 이의 뎡부의 통혼ᄒᆞ니, 뎡부의셔 크게 깃
거 타의(他意) 업시 허혼ᄒᆞ니라.

초공이 또 녀아 월강으로써 뎡쇼부의 ᄎᆞᄌᆞ 진긔로 졍혼(定婚)ᄒᆞ니, 뎡쇼뷔 ᄌᆞ녀의
혼ᄉᆞᄅᆞᆯ 일시의 뇌졍(牢定)ᄒᆞᆷ을 깃거ᄒᆞ나, 삼ᄌᆞ 계긔의 혼ᄉᆞᄅᆞᆯ 졍치 못ᄒᆞ여 울울ᄒᆞ더
니, 듁운공 부인 쥬시 뎨남(弟男) 튀우 환의 녜(女) 아름답다 ᄒᆞ여 혼ᄉᆞᄅᆞᆯ 졍ᄒᆞ니, 냥
가의 깃거ᄒᆞ미 측냥업더라. 졔부(諸府)681)의셔 퇵【24】일ᄒᆞ니 공교히 졔공ᄌᆞ 졔쇼져
길긔 한날이니, 뎡·하 냥부의셔 더옥 깃거ᄒᆞ더라. 《졔궁‖뎡부》의 즐거오미 무궁ᄒᆞ
나, 하상부 괴란(壞亂)은 긋기682) 어려온지라. 이랑 흉녜 아모려나 임부인 ᄌᆞ녜 ᄌᆞ라
지 아닌 젼의 낫낫치 졀졔(切除)ᄒᆞ려 ᄒᆞ여 싱각ᄒᆞ듸,

"나의 신셰 무광(無光)ᄒᆞ미 젼혀 임녀의 얼골 고은 탓ᄉᆞ로, 옥 갓흔 낭군을 혼ᄌᆞ 쳔
ᄌᆞ(擅恣)ᄒᆞ여 긔화옥슈(奇花玉樹)갓흔 ᄌᆞ녀ᄅᆞᆯ 만히 나하시니, 만일 임녀 곳 업ᄉᆞ면 ᄂᆡ
맛당이 하어ᄉᆞ의 쳐실이 되어 져 갓흔 영총부귀ᄅᆞᆯ 쳔ᄌᆞᄒᆞ고, 긔린보벽(麒麟寶璧) 갓흔
ᄌᆞ녜 다 ᄂᆡᄌᆞ식으로 둘 거슬 그리 못되기ᄂᆞᆫ 임가 요녀의 죄라. ᄂᆡ맛당이 모진 손시로
요괴로온 씨ᄅᆞᆯ 다 【25】업시ᄒᆞᆫ즉, 임녜 필연 인병치ᄉᆞ(因病致死)ᄒᆞ리니, ᄂᆡ 비로소
득총(得寵)ᄒᆞ여 하어ᄉᆞ의 은총을 젼일(專一) ᄒᆞᆫ즉, ᄂᆡ 나히 오히려 삼십이 못되여시니
또 엇지 싱산치 못ᄒᆞ며, 빅ᄉᆞ(伯姒) 연군쥬의 흉상도 그 ᄌᆞ녀ᄂᆞᆫ 아름다오니, 이ᄂᆞᆫ 그
모시ᄅᆞᆯ 담지 아냐 하문의 긔특ᄒᆞᆫ 풍용(風容)을 젼습ᄒᆞ미라. ᄂᆞᆫ들 ᄌᆞ녀 곳 나흐면 엇지
연군쥬 ᄌᆞ녀만 못ᄒᆞ리오. 니러틋 혜아려 우혹(愚惑)ᄒᆞᆫ 흉심이 발ᄒᆞ니, 임부인 ᄌᆞ녀ᄅᆞᆯ
히홀 ᄯᅳᆺ이 급ᄒᆞ니, 친히 칼과 노흘 잡아 상살지심(傷殺之心)이 몃번인 쥴 알니오만은,

---

680)쟝간(長間) : 비교적 긴 시간 동안의 휴가나 말미.
681)졔부(諸府) : 모든 가문. 즉 졍·하·쥬씨 가문.
682)긋다 : 끊다. 그치다.

임부인의 신성예쳘(神性睿哲)ᄒᆞ미 가만ᄒᆞᆫ 가온ᄃᆡ ᄌᆞ녀를 위급지시(危急之時)의 능히 구ᄒᆞ미 귀신이 돕ᄂᆞᆫ 듯ᄒᆞ여, 여러 ᄌᆞ【26】녜 다 보젼ᄒᆞ미 되니, 니를 바 셩인은 무위이화(無爲而化)ᄒᆞ미라.

임부인이 상(常)히 희로ᄋᆡ락(喜怒哀樂)을 동ᄒᆞ미 업스나, 신긔ᄒᆞᆫ 지모(智謀)와 쳐변(處變)이 사ᄅᆞᆷ이 능히 밋지 못ᄒᆞᆯ지라. 가즁이 오히려 아지 못ᄒᆞᄃᆡ, 홀노 어ᄉᆞ의 총명이 엇지 눈츼를 모로리오만은, 이랑 흉녜 한갓 흉험음악(凶險淫惡)ᄒᆞᆯ지언졍 간ᄉᆞᆮ 아니ᄒᆞ고, 크게 드러난 죄 업스니 쇼쇼투악(小小妬惡)을 가장이 간예(干預)ᄒᆞᆯ 빅 아니라 ᄒᆞ여, 다만 슉녀의 진압(鎭壓)ᄒᆞᄂᆞᆫ 셩덕을 기다리고, 일양슉묵(一樣肅黙)ᄒᆞ여 가ᄉᆞ의 간예ᄒᆞ미 업스니, 임부인이 그윽이 군ᄌᆞ의 지긔(知己)를 감격ᄒᆞ여 갈ᄉᆞ록 상경여빈(相敬如賓)ᄒᆞ니, 이랑 흉녀는 가지록 눈츼를 모로고, 다만 비호고ᄌᆞ ᄒᆞᄂᆞᆫ 빅 연부인【27】이라.

날마다 취셩각의 나아가 투쥬(投住)683)ᄒᆞ니 연부인의 우랑광픽ᄒᆞ미 진짓 뉴(類)를 만낫ᄂᆞᆫ지라. 크게 의합(意合)ᄒᆞ여 셔로 심곡을 거훌너 말ᄉᆞᆷᄒᆞᆯᄉᆡ, 이랑이 희희히 우으며 건슌노치(乾脣露齒)를 들먹여 어ᄌᆞ러이 두더리고684) 칭하 왈,

"져져나 쇼뎨나 외모야 바른 말노 무어시 아름다오리오만은, 져져는 실노 복을 두터이 타 나 연부마와 영안옥쥬의 쳔금일교(千金一嬌)로 부귀호치(富貴豪侈) 즁 싱장ᄒᆞ여, 초국공 좌승상의 부인으로 원비 못되신 쥴이 잠간 흠ᄉᆞ(欠事)나, 슉슉(叔叔)의 즁ᄃᆡ(重待) 여산(如山)ᄒᆞ시고 팔좌명부(八座命婦)로 위치(位次) 존즁(尊重)ᄒᆞ시고 닌봉옥슈(麟鳳玉樹) 갓ᄒᆞᆫ ᄌᆞ녀와 슉녀가랑(淑女佳郞)을 ᄡᅡᆼ득(雙得)ᄒᆞ여 부귀영총(富貴榮寵)이 극ᄒᆞ시니, 동【28】셔의 두릴 거시 업스실지라. 당셰의 희한ᄒᆞᆫ 복인이 아니시리오. 쇼뎨 갓ᄒᆞ니는 명박(命薄)ᄒᆞ미 아시로붓터 ᄌᆞ심(滋甚)ᄒᆞ여 조상부모(早喪父母)685)ᄒᆞ고 종션형뎨(終鮮兄弟)686)ᄒᆞ니, 혈혈인싱(孑孑人生)이 구추히 남의 집의 싱장ᄒᆞ여 하문의 입승니, 군ᄌᆞ 능히 슉슉의 너른 덕을 본밧지 못ᄒᆞ시고, 임녜 요괴로온 안식을 밋고 교만방ᄌᆞᄒᆞ야 낭군의 총ᄋᆡ를 젼일(專一)ᄒᆞ고, ᄌᆞ녀의 셰를 ᄡᅥ 쳡을 경멸ᄒᆞ니, 엇지 셟지 아니리오. 져져의 놉흔 복을 쥬야 블워ᄒᆞᆫ들 밋ᄎᆞ리잇고? 바라건ᄃᆡ 어엿비 너기쇼셔."

연부인이 이 말을 듯고 더욱 몸이 크고 귀ᄒᆞ미 비길ᄃᆡ 업슨 듯ᄒᆞ나, 이랑의 언간의 ᄌᆞ긔를 원비 못된 쥴이 흠이【29】라 ᄒᆞ믈 듯고, 믄득 황잡(荒雜)ᄒᆞᆫ 눈셥을 츄츄어 희희(喜喜) 쇼왈,

---

683)투쥬(投住) : 집과 같은 남의 거주시설에 들어가 지내며 살다시피 함.
684)두더리다 : 주절거리다. 주절대다. 낮은 목소리로 말을 계속하다
685)조상부모(早喪父母) : 일찍 부모를 여읨.
686)종션형뎨(終鮮兄弟) : 형제가 적다는 말. 『시경』<정풍(鄭風)> '양지수(揚之水)'시의 '終鮮兄弟 維予與女(형제도 적어 나와 너뿐이다)'와 이밀(李密)의 <진정표(陳情表)>'旣無叔伯 終鮮兄弟(숙부나 백부도 없고 형제도 없다)'에 나오는 말.

"굿ᄒ여 원비(元妃) 되여든 무어시 조흐리오. 윤부인의 봉효봉ᄉ(奉孝奉祀)의 분쥬ᄒ고, 이졔 모년(暮年)의 니ᄅ도록 슉흥야미(夙興夜寐)ᄒ며 동동촉촉(洞洞燭燭)ᄒ여 일시 한가ᄒ믈 못보니, 실노 부럽지 아닌지라. 엇지 한가로이 고루화당(高樓華堂)의 쳐ᄒ여, 눕고 시브면 눕고 먹고 시브면 먹고, 금슈쥬옥(錦繡珠玉)이 진토(塵土) 갓ᄒ니, 윤부인이 비록 원비의 존ᄒ미 이스시나 한가롭고 복되믄 날만 못ᄒ고, 종요로온 유복(有福)은 날을 밋지 못ᄒ거든, 더옥 그ᄃᆡ를 니ᄅ랴? 우흐로 부뫼 업ᄉ며 가온ᄃᆡ로 가부의 은의를 모로고, 버거 ᄌ식이 업ᄉ니 삼종(三從)687)의 바랄 거시 【30】 업ᄂ지라 그ᄃᆡ 오히려 성픔이 눅으럽도다688). 날갓흔 성픔이면 삼종계활(三從契活)이 이갓치 아득흔즉, ᄉ성을 결흠만 갓지 못ᄒ리니, 엇지 견ᄃᆡᄂ뇨?"

이랑이 믄득 누쉬 방방ᄒ여 말을 못ᄒ니, 연부인이 도로혀 위로ᄒ더라. 이랑 흉인이 임부인 ᄌ녀를 히코져 ᄒᄂ는 마음이 만복ᄒ나, 하아 남미의 달슈영복(達壽榮福)이 그음 업시 눕ᄒ니, 이랑이 졔 엇지 싱살(生殺)을 임의로 ᄒ리오. 몽열 등 남미 뉵인이 흉녀의 독슈를 버셔나 무ᄉ 장성ᄒ니, 장ᄌ 몽녈노ᄡᅥ 뎡각노 필녀와 졍혼ᄒ니, 이랑이 그 무ᄉ히 ᄌ라 왕부귀가(王府貴家)의 쳔금(千金) 이셰(愛婿)되믈 각골이 이닯고, 임부인 영총부귀를 날 【31】 노 싀이(猜畏)ᄒ고, 져의 신셰 무광ᄒ믈 스스로 싱각ᄒᄃᆡ,

"몽녈 등 요물을 아시(兒時)의 졀졔치 못ᄒ여시니, 금ᄎ지시(今此之時)ᄒ여는 무가닉하(無可奈何)라. 유유(悠悠)흔 텬디신기(天地神祇) 엇지 홀노 일편도이 임녀의게만 복녹을 나리오신고?"

하ᄂᆞᆯ을 브ᄅ지져 신셰를 늣겨 무시곡읍(無時哭泣)이 ᄭᅳᆺ지 아냐, 의연이 연군쥬를 입ᄂᆞᆨᄂ는지라. 가즁 상히 긔괴(奇怪)ᄒ믈 니긔지 못ᄒ여 지쇼(指笑)ᄒᄂ는 손가락이 분분ᄒᄃᆡ, 이랑이 아지 못ᄒ고, 홀노 ᄉ침(私寢)의 이신즉 곡읍이 무상(無狀)ᄒ고, 블연즉 연부인 침쇼의 잠겨시니, 우두나찰(牛頭羅刹)과 흑살텬신(黑煞天神)이 상딕ᄒ여 날마다 슐을 취ᄒ고 광언망셜(狂言妄說)을 ᄭᅳᆺ지 아니ᄒ니, 연군쥬는 여러 【32】 ᄌ부의게 날마다 진찬(珍饌)을 징식(徵索)ᄒ와 만반진슈(滿盤珍羞)를 상마다 노코, 종일 진취ᄒ여 안즈미 ᄌ녀부(子女婦) 등 졔손이 환낙지셜(歡樂之說)이 날가는 쥴 ᄭᆡᄃᆞᆺ지 못ᄒ고 즐기니, 이를 보건ᄃᆡ, '그런 팔ᄌ는 텬하의 희한흔 복경(福慶)○○○○○[이니, 그 복경]을 이로 측냥치 못ᄒᆯ노다. 아름답다! 이러ᄂ는 하ᄂᆞᆯ이 ○○[엇지] 니리 영귀ᄒ게 ᄂᆡ신고?' ᄒ며, ᄌ긔 팔ᄌ를 싱각흔즉, '○○[엇지] 남과 갓지 못ᄒ여 니리 고초ᄒᄂ는고? ᄒ며, 경솔흔 심의(心意)를 것줍지 못ᄒ며, 다시금 만만 칭복ᄒ믈 결을치 못ᄒ니, 건슌노치(乾脣露齒)의 춤을 흘니며 손등을 두다려 왈,

"져져는 실노 만복지인(萬福之人)이라."

---

687)삼종(三從) : 삼종지도(三從之道). 예전에 여자가 따라야 할 세 가지 도리를 이르던 말. 결혼하기 전에는 아버지를, 결혼해서는 남편을, 남편이 죽은 후에는 자식을 따라야 하였다. ≪예기≫의 의례(儀禮) <상복전(喪服傳)>; 婦人有三從之義, 無專用道 故未嫁從父, 旣嫁從夫 夫死從子.
688)눅으럽다 : 너그럽다. 움직임이 완만하다.

ᄒ니, 군줴 우긔(愚氣) 더옥 빅빅(倍倍)ᄒ여 반만 우어 왈,

"현뎨ᄂᆞᆫ 【33】 날을 블워말고, 이제ᄂᆞᆫ 몽녈 등이 아모리 뮈올지라도 잘 딕졉ᄒ여, 며ᄂᆞ리ᄅᆞᆯ 엇거든 날 쳐로 쥬찬을 징싁ᄒ여 효도ᄅᆞᆯ 슬토록 바다먹으라. 그리ᄒ여 조곰이나 블슌(不順)ᄒ거든, 쳘편으로 싀부아냐 텬손인들 혜아리고 두다리랴? 그러므로 나ᄂᆞᆫ 은위(恩威) 병ᄒᆡᆼ(竝行)ᄒ여, 다ᄅᆞᆫ 싀부ᄂᆞᆫ 니ᄅᆞ도 말고, 혜션공쥬ᄂᆞᆫ 당당ᄒᆞᆫ 뎡궁 황녀로 위엄 긔세 작ᄒᆞᆯ가만은, 나의 위엄을 겨허ᄒᆞᄂᆞ니, 니러므로 졔부의 날 딕졉ᄒ미 오히려 윤부인 우희 두ᄂᆞ니, 닉 어이 존즁치 아니리오. 현뎨ᄂᆞᆫ 신세 심히 젹막ᄒ고 가련ᄒ니, 닉 심히 어엿비 너기노라. 연이나 현마 어이 ᄒ리오. 그딕 【34】 의 쇠잔ᄒᆞᆫ 형셰로 다ᄅᆞᄂᆞᆫ 졔어치 못ᄒᆞᆫ들, ᄌᆞ녀 등과 드러오ᄂᆞᆫ 며ᄂᆞ리야 그리 무셔오랴? ᄒᆞ믈며 블구의 몽녈이 뎡각노의 녀셰 되니, 뎡문 부귀호화ᄂᆞᆫ 당셰의 결우리 업ᄉᆞ니, 현뎨ᄂᆞᆫ 뎡시 드러오거든 보치여 졔궁의 흔흔 진찬화미(珍饌華味)ᄅᆞᆯ 만히 징싁ᄒ야 광복(廣腹)을 치오라. 본딕 이집 버릇손 괴이ᄒ여 믈 갓흔 금은직빅(金銀財帛)이라도 쓰기ᄅᆞᆯ 일싱 존졀(撙節)이 ᄒ여, 믹반쇼찬(麥飯疏饌)을 계오 면ᄒᆞᆯ만 ᄒ니, 닉가 맛춤 슬거울ᄉᆡ, 하문의 드러오므로 블의의 괴로오믈 어이 측냥ᄒ리오만은, 도금(到今)ᄒ여ᄂᆞᆫ 견딕기도 만히 ᄒ고, 모든 아희 장셩ᄒ고 졔부(諸婦)의 효양이 긋칠 쩌 업ᄉᆞ니, 근간은 【35】 쥬리지 아녓ᄂᆞ니, 현뎨도 어셔 며ᄂᆞ리 엇기ᄂᆞ 기다리라. 친싱(親生)이 아니라도 효도야 못 바다먹으랴?"

이랑이 ᄎ언을 듯고 크게 깃거 ᄉᆞ례ᄒ더라.

니러구러 길일이 다ᄃᆞ르니, 뎡·하 냥부의셔 딕연(大宴)을 긔장(開場)ᄒ고 빈긱을 취회(聚會)ᄒ미, 닉외의 장녀ᄒ미 블가측냥(不可測量)이러라. 날이 느즈미 하부의셔 삼공ᄌᆞ를 길복을 졍졔ᄒ여 각각 혼가(婚家)로 나아가 신부ᄅᆞᆯ 마ᄌᆞ며, 월강쇼져로 군ᄌᆞ지문(君子之門)의 위금(委禽)[689]ᄒᆞᆯᄉᆡ, 초국공 졔오ᄌᆞ 몽표 뉵녜(六禮) 빅냥(百輛)으로 뎡쇼져 요염을 마ᄌᆞ오고, 월강쇼졔 뎡공ᄌᆞ 진긔 빅냥우귀(百輛于歸)[690]ᄒ여 도라가니, 남풍녀치(男風女彩) 발월특이(發越特異)ᄒ여 일월(日月)이 징광(爭光) 【36】 ᄒᆞᆷ 갓더라.

하공ᄌᆞ 몽녈이 옥모영풍의 길복을 졍졔ᄒ고 뎡쇼져를 마ᄌᆞ 도라오니, 효염쇼져의 션염아틱(嬋艶雅態) 뇨뇨ᄌᆞ약(嫋嫋自若)ᄒ여 요염쇼져로 일빵슉녀오, 난형난뎨(難兄難弟)라. 존당구괴 블승딕희(不勝大喜)ᄒ고 좌긱의 하언이 분답(紛沓)ᄒ더〇[니], 북후 장ᄌᆞ 몽현이 길복을 졍졔ᄒ고 오궁의 나아가 군쥬ᄅᆞᆯ 빅냥우귀〇〇[ᄒ니], 손상궁 틱셥이 군쥬의 아뵈(阿保)[691]되여 좃ᄎ더라. 본부의 도라와 합환교빅(合歡交拜)ᄒ미 남풍녀뫼(男風女貌) 교교발월(嬌嬌發越)ᄒ여 벽누(碧樓)의 일월이 흰긔 붉앗ᄂᆞᆫ 듯ᄒ더라.

녜파의 조률(棗栗)을 밧드러 존당구고긔 진헌(進獻)ᄒᆞᆯᄉᆡ, 만목(萬目)이 일시의 거안시지(擧眼視之)ᄒ니, 이 진짓 셩녀슉완이라. 존당구괴 블승 【37】 흔열(不勝欣悅)ᄒ고

---

689) 위금(委禽) : 기러기를 전하는 예(禮)를 행함. 곧 혼례를 올림.
690) 빅냥우귀(百輛于歸) : 백량(百輛)의 수레에 둘러싸여 신부가 처음으로 시집에 들어감.
691) 아뵈(阿保) : ①보모(保姆). ②보호하고 부양하다. ③가까운 신하.

제긱이 홀홀(忽忽) 역식(易色)ᄒ여 하언(賀言)을 일우미, 닙이 하나히믈 한ᄒ더라. 날이 졈을미 제긱이 각귀기가(各歸其家)ᄒ고, 신부 슉쇼를 각각 졍ᄒ여 도라보ᄂᆡ며, 촉을 니어 각각 화긔(和氣) 늉늉(融融)ᄒ더라.

시야의 삼공지 각각 존명을 니어 향방(香房)의 나아가 옥인을 ᄃᆡᄒ니, 각각 ᄲ앙이 상젹(相敵)ᄒ지라. 심니의 바라던 바의 지나믈 깃거ᄒ더라. 존당부뫼 졔손의 부뷔 한갈갓치 상화ᄒ믈 두굿겨 ᄒᄃᆡ, 이랑이 뎡시 드러오면 효도를 무한 바들 줄노 아더니, 본ᄃᆡ 뎡부 풍속이 청검졀ᄎ(淸儉切磋)ᄒ여 신혼(晨昏)의 효봉ᄒ미 업스니, 이랑이 연부인의 꿀 갓흔 말을 혹(惑)히 드러, 뎡가의 만흔 지보와 진찬을 【38】 슬토록 먹어 광복(廣腹)을 지오리라 혜아렷다가, 헴밧긔 크게 어긋나니 악연 실망ᄒ여, 일일은 ᄎ환다려 존당과 임부인 모로게 뎡쇼져의게 쥬찬을 징식ᄒ여 오라 ᄒ니, 뎡쇼제 구가의 입승(入承) 삼ᄉ일의 니런 거죄 이시믈 경히ᄒ나, 발셔 그 위인의 흉픽ᄒ믈 아랏ᄂᆞᆫ지라, 말을 아니ᄒ고 만반진슈(滿盤珍羞)를 갓초와 보ᄂᆡ니, 이랑이 포복(飽腹)도록 먹고 가장 조화ᄒ더라.

이ᄯᅥ 제궁의셔 진긔공지 하쇼져를 마ᄌ 도라오니, 쇼져의 션염아질이 쥬쇼져와 일ᄲᅡᆼ 슉녜라. 존당구괴 만심 환희ᄒ고 냥공ᄌ의 금슬이 환흡ᄒ더○[라].

임의 제공ᄌ 졔쇼져의 혼인을 날을 니어 지ᄂᆡ니 시셰 초동(初冬)【39】의 니ᄅᆞᆯ럿더라. 구상셔 부지 그윽이 뎡부 졔ᄌ녀의 혼인을 무ᄉ히 지ᄂᆡ믈 깃거ᄒ며, 상셔부뷔 아ᄌ의 환거ᄒ믈 일죽이 밧부나, 감히 촉혼(促婚)치 못ᄒ고 울울블낙ᄒ믈 마지 아니나 홀일업고, 금후와 제왕이 다시 진공을 기유치 아니ᄒ거든, 뉘 능히 니를 지 이시리오. 울울히 명년을 기다릴 ᄯᆞ름이러라.

효염쇼져ᄂᆞᆫ 구가(舅家)의 입문 슈삼일붓터 이랑의게 보치여 괴로오미 날노 극ᄒ니, 날마다 쥬찬을 징식ᄒ여 먹을시 처음은 구괴 알가 져허 가만가만이 ᄒ더니, 나종은 졈졈 방ᄌᄒ여 슐을 진ᄎᆔ(盡醉)케 먹고, 쥬졍(酒酊)을 낫ᄌ히 ᄒ여 일마다 연부인을 본밧고져 ᄒ【40】ᄂᆞᆫ지라. 구고와 어ᄉᆡ 아이의 족슈(足數)치 못홀 인믈노 아른 체 아니ᄒ고, 임부인이 크게 우이너겨 시이블견(視而不見)ᄒ여 아조 ᄇᆞ려두엇더라.

연부인은 당초부터 연궁 일군쥬로 부귀권셰로ᄡᅥ 혼인이 비록 졍도로 니ᄅᆞᆯ지 못ᄒ나, 녜로ᄡᅥ 초공의게 의법(依法)이 도라와, 위인의 ᄎᆔ신(取信)홀 거슨 업스나 부귀 존즁ᄒ고, 도금(到今)ᄒ여ᄂᆞᆫ ᄌ녀의 셰를 ᄭᅵ고 모년(暮年)의 밋쳐시니, ᄯᅩ 가히 존즁타 홀 거시오, 공후의 ᄌ부인으로 문지가벌(門地家閥)692)인즉 금지옥엽(金枝玉葉)이라. 엇지 져 이랑의 좀 먹은 가문과 하시의 입승ᄒᆫ 곡졀인즉 더옥 참측(慘惻)ᄒ니, 엇지 연부인의 비기미 외람 당돌치 아니리오. 일가 노쇼비비(老少婢輩) 연부【41】인 힝ᄉᆞ도 오히려 지쇼(指笑)ᄒ거든, 이랑의 위인과 힝ᄉᆞ를 더옥 무엇만 너기리오. 아조 금슈 갓치 아라 능답(陵踏)ᄒ믈 마지 아니ᄒ고, 그 허믈을 창셜(唱說)ᄒᄂᆞᆫ지라.

---

692)문지가벌(門地家閥) : 문벌(門閥). 대대로 내려오는 그 집안의 사회적 신분이나 지위.

어시 알오미 쇼연(昭然)ㅎ딕, 죵말을 보려ㅎ여 모로는 쳬ㅎ니, 져 흉녀는 사룸의 눈
치 모로고 혜오딕,

"져 연부인도 츄용박식(醜容薄色) 이로딕 위엄이 져리 거록ㅎ니, 닉 엇지 져룰 쫄오
지 못ㅎ리오."

니려틋 우은 의시 발작ㅎ니, 날노 괴괴지시 만하 졈졈 의긔 방약(傍若)ㅎ여 일일은
슐을 미란이 취(醉)ㅎ고 분연이 싱각ㅎ딕,

"닉 엇지 문지가벌(門地家閥)이 져 임녀만 못ㅎ리오만은, 팔지 박ㅎ여 부뫼 업슨 탓
스로 남의 하풍(下風)【42】을 감심ㅎ여, 평싱 사상(思相) 낭군으로써 홀노 임녀의 복
을 삼아시니 엇지 익닯고 분치 아니리오. 닉 가부의 은이룰 미양 바라는 거시 아니라,
일야동낙(一夜同樂)을 어들진딕 사무여한(死無餘恨)이라. 금야의 닉 맛당이 임녀룰 희
박(해박)ㅎ여 여츠여츠 니루고 인ㅎ여 임녀의 방의 머므러 낭군으로 동낙ㅎ리라."

쥬의(主意)룰 뎡ㅎ고 가연 이 몸을 니러 빗득거리며 임부인 침쇼의 니루니, 날이 발
셔 황혼이라. 임부인은 뎡당의 혼뎡(昏定)ㅎ라 드러가셔 밋쳐 도라오지 아냣고, 츠환
빈는 다 장외의셔 직사(職事)룰 찰히노라 분쥬ㅎ거늘, 이랑이 어즈러이 비거룸693)ㅎ며
잔기츰【43】ㅎ고 코츔 밧흐며 쳥상의 겨오 올나갈시, 방즁의 긔여드러가니, 시비보
고 놀나 왈,

"날이 졈으럿거늘 엇지 니루시니잇고?"

이랑이 진목(瞋目) 즐왈,

"네 쥬인 임녀 투뷔(妬婦) 나의 반싱 미망옥낭(未忘玉郎)을 홀노 슈즁(手中)의 농낙
(籠絡)ㅎ여 남즈룰 미혹게 ㅎ여 날노써 무고흔 쳥등박명(靑燈薄命)이 문군(文君)의 빅
두시(白頭詩)룰 읇게ㅎ니, 닉 분을 참지 못ㅎ여 금야의는 투부(妬婦)룰 보아 죄룰 므
르려 왓노라."

시녀 상잉은 셩되 강녈쵸직(强烈峭直)흔지라. 이랑의 부졍흔 거동과 음픽흔 말을 드
르미, 블승딕로ㅎ여 눈셥을 거스리고 닝쇼 왈,

"가위(可謂) 긔관(奇觀)이로다. 속담의 일너시딕, '아창지가(我唱之歌)룰 군(君)이 화
(和)ㅎ다' ㅎ니, 진짓 낭즈 갓【44】흔 넘치룰 니루미랏다. 우리 부인이 엇지 찰녀투
뷔(刹女妬婦)리오. 금옥 도장 속의 녀힝부덕(女行婦德)을 닷가 부명으로 군즈의 뉵녜
(六禮) 빅냥(百輛)으로 마즈 도라온 빅, 만고 간음투뷔(姦淫妬婦)되랴? 규슈의 몸으로
셔 빅일지하(白日之下)의 남의 졍혼가부(定婚家夫)룰 여어보고, 풍치룰 흠앙ㅎ여 넘치
룰 닛고 반계곡경(盤溪曲徑)으로 구츠히 도라온 음부갓 ㅎ랴? 아등 갓흔 쳔빅(賤輩)는
무식ㅎ여 사리룰 아지 못ㅎ거니와, 낭즈는 유식달니(有識達理)ㅎ여 사쳬(事體)룰 잘
아르실지니, 원컨딕 그 고하룰 드러지라."

이랑이 비록 블통무식흔들 니런 쉬온 말이야 아라듯지 못ㅎ리오. 상잉이 져룰 비쇼

---

693)비거룸 : 비틀걸음. 몸을 바로 가누지 못하고 이리저리 쓰러질 듯이 걷는 걸음

조롱ᄒᆞᆷ믈 듯고 듸로 왈,

"요괴로온 아희 【45】쳔ᄒᆞᆫ 죵년조ᄎᆞ 감히 날을 욕ᄒᆞᆫ다? 닉 맛당이 너ᄅᆞᆯ 몬져 쳐치ᄒᆞ고, 임녀ᄅᆞᆯ 인톄(人彘)694)룰 밑드라 나의 박명ᄒᆞᆫ 분을 플니라."

셜파의 상두(床頭)의 노혓ᄂᆞᆫ 쳘여의(鐵如意)695) 들어 상잉에게 다라드니, 잉이 기리 닝쇼ᄒᆞ고 한 번 잡아 밀치고져 ᄒᆞ더니, 믄득 향풍이 진울ᄒᆞ며696) 한 ᄬᅡᆼ 녀동(女童)이 옥쵹(玉燭)을 잡아 길흘 인도ᄒᆞ며, 일위 부인이 요요졍졍(夭夭貞靜)히 나아오니, 이곳 임부인이라. 부인이 혼졍을 파ᄒᆞ고 도라오노라 ᄒᆞ니 ᄌᆞ연 어두엇더라.

부인이 이의 다드라 보니, 이랑이 만면 췩ᄉᆡᆨ(醉色)으로 의상이 부졍ᄒᆞ고 한 손의 쳘여의ᄅᆞᆯ 들고, 흉장ᄒᆞᆫ 쇼릭ᄅᆞᆯ 우뢰697)ᄀᆞᆺ치 질너 상잉과 【46】힐난ᄒᆞᄂᆞᆫ지라. 부인이 식로이 경희(驚駭)ᄒᆞ여 션 거슬 믈녀 묵연슉시(默然熟視)ᄒᆞ니, 이랑이 졍히 상잉을 햐슈(下手)코져 ᄒᆞ니, 상잉이 ᄯᅩ 이랑을 협졔(脅制)홀 ᄯᅳᆺ이 급ᄒᆞ더니, 믄득 부인을 보믹 감히 햐슈치 못ᄒᆞ고, 상잉은 므릅써698) 셔고, 이랑은 크게 쇼릭질너 왈,

"임녀ᄂᆞᆫ 닉말을 드르라. 네 비록 하군의 빙칙(聘采)699)ᄅᆞᆯ 몬져 바다 고인이로라 ᄒᆞ나, 닉 몬져 하군의 뉵녜(六禮) 빅냥(百輛)의 마ᄌᆞ미 이시니, 나ᄂᆞᆫ 원비(元妃)오, 너ᄂᆞᆫ 부실(副室)이어늘 닉 팔지 긔박ᄒᆞ여 부모 동긔 업고, 형졔 고단ᄒᆞ며 용뫼 곱지 못ᄒᆞᆫ 탓스로, 구고의 ᄌᆞ익ᄅᆞᆯ 일코 가부의 즁딕ᄅᆞᆯ 엇지 못ᄒᆞ여, 힘힘【47】히 너 요녀의 하풍(下風)을 감심(甘心)ᄒᆞ니, 요녜 일분 인심이 이신즉, 엇지 안연ᄒᆞ여 나의 상ᄉᆞ 낭군의 은춍을 젼일ᄒᆞ여 동널을 압두ᄒᆞ리오. 장장셰월(長長歲月)의 잉분(忍忿)ᄒᆞ연지 오릭ᆫ지라. 금야ᄂᆞᆫ 참다 못ᄒᆞ여 니ᄅᆞ러 너다려 뭇ᄂᆞ니, 네 임의 하군의 춍이ᄅᆞᆯ 쳔ᄌᆞ(擅恣)ᄒᆞ연지 여러 희의, ᄌᆞ녜 갓고700) 은춍이 극ᄒᆞ니, 그만ᄒᆞ여 닉게 ᄉᆞ양ᄒᆞ미 엇더ᄒᆞ뇨? 블연즉 닉 비록 형셰 쇠잔ᄒᆞ나, 한ᄌᆞ 흰 날을 가다듬아 당당이 요녀와 ᄉᆞᄉᆡᆼ을 결ᄒᆞ랴 ᄒᆞᄂᆞ니, 네 셜니 믈너가라. 닉 금야ᄂᆞᆫ 이곳의셔 미망낭군으로 더부러 네 몸을 딕신ᄒᆞ야 운우지졍(雲雨之情)을 잠간 【48】알고져 ᄒᆞ노라. 일야동슉(一夜同宿)의 텬디음양지니(天地陰陽之理)와 원앙이 녹슈(綠水)의 즐거오믈 본바드랴 ᄒᆞᄂᆞ니, 음녀ᄂᆞᆫ 잔 말을 날희라."

부인이 말마다 츄비(醜卑)ᄒᆞᆷ믈 더러이 너겨, 이윽이 말을 ᄒᆞ니ᄒᆞ고, ᄯᅩ 져와 결워 능히 방즁의 잇지 못홀지라. 일언을 부딕(不對)ᄒᆞ고, 날호여 연보(蓮步)ᄅᆞᆯ 옴겨 질녀

---

694)인톄(人彘) : '인간돼지'라는 뜻으로 중국 한(漢) 고조(高祖) 비(妃) 여후(呂后)가 고조의 애첩 척부인 (戚夫人)을 팔다리를 자르고 눈을 뽑는 혹형을 가한 후, 측간에 처넣고 그녀를 지칭해 부르게 한 이름.

695)쳘여의(鐵如意) : 자기 마음대로 휘두를 수 있는 쇠몽둥이.

696)진울ᄒᆞ다 : 바람이나 냄새 따위가 어떤 기류(氣流)를 타고 움직여 밀려오다.

697)우레 : 우레. =천둥.

698)무릅쓰다 : 무릅쓰다. 힘들고 어려운 일을 참고 견디다.

699)빙칙(聘采) : 빙물(聘物). 납채(納采). 혼인례에서 정혼이 이루어진 증거로 신랑 집에서 신부집에 보내 는 예물.

700)갓다 : 갖추다. 갖추어져 있다. *갖추다; 있어야 할 것을 가지거나 차리다.

옥강의 침쇠 갓가온 고로 화운각으로 도라가니, 상잉이 쏘흔 결우기 슬희 너겨 일시의 훗터지는지라. 이랑이 크게 깃거 스스로 나아가 쵹을 도도와 어스를 기다리더니, 맛춤 어시 홍녜 상잉으로 힐난홀 제, 임부인 몬져 도라오다가 음흉흔 의스를 【49】 짐작ᄒᆞ고 외당으로 갓거든, 엇지 다시 드러올 니 이시리오. 이랑이 야심토록 어스를 기다리나 종젹이 업스니 가장 분분ᄒᆞ며, 취즁 음졍(淫情)이 딕발(大發)ᄒᆞ니, 스스로 것줍지 못ᄒᆞ여 어즈러이 혼ᄌᆞ말노 쑤어리며 쵹하(燭下)의 도축(禱祝) 왈,

"이랑이 본딕 혈혈(孑孑)흔 인싱이라. 텬디 초판(初判) 후의 음양이 삼겨시니, 만믈지즁(萬物之衆)의 오직 인눈(人倫)이 읏듬이어늘, 이랑이 하원상의 옥모영풍을 과이ᄒᆞ여 반계곡경(盤溪曲徑)으로 외왕모를 다릭여, 겨오 하가의 도라온 지 팔구년의, 한 번도 낭군의 침셕 궂히 도라보믈 엇지 못ᄒᆞ여시니, 힝년(行年) 스십이 거의로딕, 부부호합(夫婦好合) 【50】 과 인눈낙스(人倫樂事)를 아지 못ᄒᆞ니, 슬프고 가련치 아니리오. 금야의 임녀의 침실이나 비러 어스의 일야(一夜) 은졍(恩情)을 어들가 바랏더니, 괴독(怪毒)○[흔] 박졍낭(薄情郎)이 또 엇지 오지 아닛느뇨? 임녀의 요괴로온 쇠를 브려 나의 예 왓는 줄을 어스의게 통ᄒᆞ민가."

스스난녜(事事亂盧) 빅츌(百出)ᄒᆞ더니, 믄득 야심ᄒᆞ연지 오릭지라. 원근의 계셩(鷄聲)이 악악ᄒᆞ니, 음녜 어시 종시 아니 드러오는 줄 씨다라. 음화(淫火)와 증분(憎憤)이 일시의 겸발ᄒᆞ니, 엇지 스체(事體)를 도라 싱각홀 인물이리오. 발연이 닓써나 당즁의 버린 긔완즙믈(器玩什物)과 아로삭인 난간을 다 씨 두다려 바리고, 무슈히 작난ᄒᆞ딕 말니리 업스니, 홀노 쥬광(酒狂) 【51】 을 겸ᄒᆞ여 밤시도록 작난ᄒᆞ며, 스스로 몸을 부딕이져 머리 씨여지고, 또 난함(欄檻)의 것구러져, 흉면이 웃쳐지고 코히 씨여져 뉴혈이 만면ᄒᆞ니, 믄득 알프믈 씨다라 부뷔701) 씻고 닓더나려 ᄒᆞ더니, 술이 바야흐로 극취(極醉)ᄒᆞ엿는지라. 다리 브드러워 난간밧긔 졋바져 층층흔 셤702)하의 나리구으니, 비록 경영(鶊鴒)703)흔 셰신(細身)이라도 상홀 거시어늘, ᄒᆞ믈며 둔탁비긔(鈍濁肥肌)흔 흉녀를 니르리오.

취즁의 거두칠 나위 업시 쓸 아릭 나리구으러 낫치 상ᄒᆞ고 허리 가믓고704) 오장(五藏)이 터지는 듯, 비각(臂脚)이 트러져 알프기 만신을 즛치는 듯ᄒᆞ니, 쇼릭도 닉츠지 못ᄒᆞ고 다만 두어 마딕 '이고이고 날 구 【52】 ᄒᆞ라' ᄒᆞ고, 인ᄒᆞ여 긔식(氣塞)ᄒᆞ여 난간 밋히 졋바져시니, 뉘 능히 아라 구ᄒᆞ리오. 속졀업시 초야를 난간 밋히셔 반싱반스(半生半死)ᄒᆞ엿는지라.

ᄎᆞ시 임부인이 시녀로 더브러 화운각의 니르니, 옥강쇼졔 마즌 왈,

"슉뫼 엇지 즁야(中夜)의 니르스 침슈(寢睡)를 폐ᄒᆞ시고 분쥬ᄒᆞ시ᄂᆞ니잇고?" 부인이

---

701)부뷔다 : 비비다. 두 물체를 맞대어 문지르다.
702)셤 : 섬. 돌층계의 계단.
703)경영(鶊鴒) : 꾀꼬리와 할미새. 또는 그와 같이 날렵한 미인의 몸매를 비유적으로 표현한 말.
704)가믓다 : 삐다. 몸의 어느 부분이 접질리거나 비틀려서 뼈마디가 어긋나다.

미쇼 왈,

"맛춤 잠이 업셔 현질의 긔이흔 긔질을 싱각ᄒ고 니ᄅ래라."

쇼졔 슉모의 말ᄉᆞᆷ이 니ᄅᆞᄒ시나, 평일 단졍ᄒ신 힝ᄉᆞ로써 반야의 분쥬(奔走)ᄒ시믈 의아ᄒᄃᆡ 감히 뭇잡지 못ᄒ더니, 시녀 등이 이랑의 긔관을 젼ᄒ고 졀도ᄒ믈 마지 아니니, 쇼졔 비로소 곡졀을 알고, 이랑의 힝ᄉᆞ를 시로이 히【53】연(駭然)ᄒ나, 본ᄃᆡ 단묵졍졍(端默貞靜)흔지라. 묵연블어(黙然不語)라. 임부인이 드듸여 질녀로 더브러 헐슉(歇宿)ᄒ나, 화운각이 임부인 침쇼로 ᄉᆞ이 지근흔 고로, 이랑의 작난ᄒᄂᆞᆫ 쇼릭 낫낫치 들니ᄂᆞᆫ지라. 임부인과 쇼졔 능히 잠을 일우지 못ᄒ더라.

날이 붉기의 밋ᄎᆞ미 부인은 시녀로 더부러 신셩(晨省)ᄒ라 졍당의 드러가고, 모든 시녜 모혀 가 보니, 방즁 모든 긔완즙믈(器碗什物)과 슈장금병(繡欌錦屏) 가지 남은 거시 업시 파훼(破毁)ᄒ엿고, 경식(景色)이 슈참(愁慘)ᄒ나 이랑의 종젹은 업ᄉᆞ니, 상잉 등 졔녜 이랑이 졔 용심 것 작난ᄒ고 침쇼로 도라간가 ᄒ더라.

이의 파훼(破毁)흔 긔완을 다 셔ᄅᆞ져 앗고, 방즁을 시로이 슈리ᄒ【54】여 병장을 슈습ᄒ더니, 믄득 이랑의 시녀 슈 삼인이 이랑의 거쳐를 ᄎᆞ즈 분쥬ᄒᄂᆞᆫ지라. 상잉 등이 닝쇼 왈,

"어듸로 가시리오. 이의 와 죵야토록 작난ᄒ다가 종젹이 업ᄉᆞ니, ᄉᆞ실(私室)노 가신가 ᄒ엿노라."

ᄎᆞ환이 ᄎᆞ언을 듯고 더욱 긔이(奇異)히 너겨 두로 엇다가 못ᄒᆞ여 졍당의 알외니, 존당 상희 더욱 희연이 너겨, 시비를 명ᄒ여 각당 후졍(後庭) 원님(園林)을 다 도라 ᄎᆞ즈ᄃᆡ, 거쳬 업ᄉᆞ니, 가즁이 더욱 경희ᄒ여 의논이 분분ᄒ더니, 윤부인 왈,

"난함곡난(欄檻曲欄)과 아릭를 보라."

ᄒ니, 과연 임부인 침쇼 난간 밋ᄒᆡ 것구로 박혀, 면뫼 피 엉긔여 혼졀ᄒ엿ᄂᆞᆫ지라. 모든 시【55】녀 ᄎᆞ환 등이 시로이 흉히 너겨 ᄎᆞᆷ아 보지 못ᄒ여 ᄒ나, 홀일 업셔 겨오 븟드러 침쇼의 도라와 더운ᄃᆡ 누이고, 슈족을 쥐므르며 온미(溫米)를 드리워 구ᄒ니, 가장 오릭게야 슘을 닉쉬고 인ᄉᆞ를 찰히나, 일신을 ᄌᆞ통(刺痛)ᄒᄂᆞᆫ지라. ᄎᆞ환이 그 알는 곳을 므르니 이랑 왈,

"닉 비분(悲憤)이 막혀 취즁(醉中)의 놉흔 난간의 나리 박히니, 인ᄒ여 놀나 긔식(氣塞)ᄒ여시니 아모란 쥴 모로리러니, 졍신을 출히미 만쳬(萬處) 즛마즌 ᄃᆞ시 알프고, 허리 간간ᄒ며705) 비각(臂脚)이 픠어져 움즉이지 못ᄒᆞᆯ노다."

ᄎᆞ환이 《이로ᄃᆡ∥이ᄃᆞ로》 졍당의 고ᄒ니, 다만 의약으로 치료ᄒ라 ᄒ더라.

몽녈공지 졔뎨로 더브러 【56】 벽츈당의 나아가 문후ᄒ고, 계모의 위인이 비록 무일가취(無一可取)나 그러나 그 졍식(情事) 갓초 비고(悲苦)ᄒ믈 감동ᄒ여 지셩으로 의약을 다스리나, 이랑이 맛춤닉 허리가 《믓허∥믄허져706)》 쓰지 못ᄒ여, 겨오 힝보

---

705)간간ᄒ다 : 시다. 시큰거리다. 관절 따위가 삐었을 때처럼 거북하게 저리다.

룰 일우나 엉긔여707) 단이고, 닙만 스라 임부인 모즈룰 즐욕홀 쑨이오, 젼일 쳐로 미와 줄을 드러 상희오지 못하니, 가즁 상히 그 욕언을 긔괴히 너기나, 그 몸을 임의로 쓰지 못홈을 가장 깃거하더라.

임부인의 즈녀 뉵남미 츄후는 이랑의 독흔 미룰 맛지 아니하딕, 흉픽○[흔] 욕셜이야 어이 측냥하리오. 닙 밧긔 나는 말인즉 츄비음픽(醜鄙淫悖)하여 상한쳔녀(常漢賤女)도 춤아 못【57】홀 욕셜이라, 듯는 지 아니 흉픽히 너기리 업고, 가즁 차환의 어린 즈식들은 흉언난셜(凶言亂說)을 비화 져희기리 욕언이 년속흔지라. 초공과 윤부인이 딕경하여 졔시비룰 엄칙(嚴飭)하여, 가니의 다시 흉언을 못하게 하니, 시녀 등은 금녕(禁令)을 겨허 즈식들의 욕언을 못하게 하나, 이랑은 더욱 승흥(乘興)하여 흉독흔 욕언이 무슈부지(無數不知)하여 임부인 모즈룰 참혹히 악담을 긋치지 아니코, 블연즉 건슌노치(乾脣露齒)의 츔을 가로 흘니고, 칙칙(嘖嘖)708)이 일콧는 말이 어스의 긔특흔 풍광이라.

"부딕 《허‖하》어스의 풍광을 겻지어 빅년화락은 비록 바라지 못하나, 일야(一夜) 동실지낙(同室之樂)이나 하여 평싱 샹스【58】지심(相思之心)이나 플가 바라더니, 이제는 더욱 병잔지인(病殘之人)이 되어시니, 이제는 어스의 풍광을 추셰(此世)의는 겻짓지 못하리로다."

말노조차 누쉬(淚水) 여우(如雨)하여 봉인(逢人) 즉, 이갓치 일쿠라 망극홈믈 니긔지 못하는지라. 보느니 가쇼로이 녀기고, 쇼아비(小兒輩)는 입니《여여‖니여》 졀도(絶倒)709)홈믈 마지 아니터라.

일일은 뎡슉셩의 필즈 몽옥이 년이 슈셰나 극히 영오(領悟)하더니, 믄득 쇼셔동(小書童) 운산을 다리고 이랑의 침당(寢堂) 합장(閤牆) 뒤흘 지나거놀, 이랑이 맛춤 차환을 뎡쇼져 침쇼의 쥬찬을 징식하라 보니니, 뎡쇼졔 존당의 드러가 밋쳐 도라오지 못하엿는 고로, 차환이 기다려 어더오랴 하니 즈연 더딘지라.【59】이랑이 쥬식(酒食)을 기다리나, 씨 오리니 졍히 착급하더니, 몽옥의 지나물 보고 반겨 손쳐 블너 왈,

"몽옥아 네 닌 말을 드르라. 홍운각의 가 차환 원셤을 블너달나."

몽옥이 닝쇼하고 드룬쳬 아니코 지나가니, 이랑이 분분딕로(忿憤大怒)하여 꾸지져 왈,

"원챵 필부와 뎡녜 즈식을 엇지 져갓치 요악히 나핫느뇨? 져희 부부 즈녜 다 날을 업슈이 너기거니와, 블구(不久)의 텬앙(天殃)을 닙어, 앙급즈손(殃及子孫)하고 앙필급신(殃必及身)하여, 합몰폭스(合沒暴死)하리라."

하고, 참측(慘惻)흔 욕셜이 부졀여류(不絶如流)하더니, 맛초아 어식 후당으로 문셔

---

706)문허지다 ; 무너지다. 허물어져 내려앉다.
707)엉긔다 : 엉기다. 매우 힘들게 간신히 기어가다.
708)칙칙(嘖嘖) : 크게 외치거나 떠드는 소리. *칙칙(嘖嘖)이 : 큰소리로, 시끌벅적하게.
709)졀도(絶倒) : ①까무러쳐 넘어짐. ②=포복졀도(抱腹絶倒). 배를 그러안고 넘어질 정도로 몹시 웃음

상고홀 일이 잇서, 벽츈당 후챵하(後窓下)로 지나더니, 믄득 이랑의 흉픠혼 욕셜【6
0】을 다 드르며, 심니(心裏)의 되로흐여, '화가녀싱(禍家餘生)' 네 즈(字)의 심골이 경
히흐니, 스스로 귀를 가리와 듯지 아니코, 번신(飛身)흐여 나와 정당의 드러가 문안홀
식, 오히려 신싴이 져상흐고 긔운이 분분흐니, 조부인이 괴이히 너겨 문왈,

"오ᄋㅣ(吾兒) 무ᄉ 일노 신싴이 블안흐뇨?"

어시 복슈(伏首) 쳥미(聽未)의 츄연블낙(惆然不樂)흐여 하셕(下席) 비ᄉ(拜謝) 왈,

"히이 부모의 젹덕여음(積德餘蔭)으로 쇼년입신(少年立身)흐여 즈녜 션션(詵詵)흐오
니, 영귀흐미 극흐고, 구경지하(俱慶之下)의 안항(雁行)이 가족흐오니, 무삼 블편(不便)
혼 일이 잇셔, 되인(大人)과 즈위(慈闈) 슬하(膝下)의 승안화긔(承顏和氣)를 일흐리잇
고만은, 사름이 싱셰의 오복(五福)710)이 구젼(俱全)흐오미 어려온지라. 하늘이 특별이
쇼즈의게 지【61】앙을 빌니시니, 우두나찰(牛頭羅刹) 갓흔 흉녜(凶女) 어듸로셔 삼겨
나셔, 히아(孩兒)의 심우(深憂)를 씨칠 쥴 알니잇고?"

드듸여 아즈 이랑의 흉언참셜(凶言讒說)을 고흐고, 우왈,

"쇼지 한녀(悍女)의 픠악흐오믄 아온지 오라거니와, 도금(到今)흐여 시로이 족슈(足
數)흐오미 블가흐오듸, 드ᄅ미 심골(心骨)이 경한(驚寒)흐오믄 '화가여싱' 네 지라. 되
인과 형장이 니ᄅ시듸, '관인후덕을 힘쓰라' 흐시나, 찰녀(刹女)의 이 말을 드른 후ᄂ
춤아 흉인을 가ᄂㅣ의 두지 못흐리로소이다."

좌위 시로이 츠악 경희흐고, 공이 탄 왈,

"츠역(此亦) 명운(命運)이오, 가운(家運)이 블힝흐미니 슈한슈원(誰恨誰怨)이리오. 연
(然)이나 《인‖고인(古人)이》 '유쇼취(人有所娶) 무쇼귀(無所歸)면 블거(不去)'711)를
일너 계시니, 【62】졔 남의 집의 구츠히 의지흐여, 남의 인연을 작희(作戲)흐여 반계
곡경(盤溪曲徑)으로 도라왓시나, 실은 '상션부모(上鮮父母)흐고 하션형뎨(下鮮兄弟
)'712)흐여 도라갈 곳이 업ᄂ 져 병신츄악지질(病身醜惡之質)을 어듸로 도○○[라보]ᄂㅣ
리오. 슈악슈광(雖惡雖狂)이나 능히 홀일업도다."

조부인이 악연(愕然) 왈,

"오문이 본듸 화환여싱(禍患餘生)으로 참난(慘難)의 놀난 심신이, 오히려 놀난 가슴
이 지금것 벌덕이ᄂ 마음을 진졍치 못흐거날, 발부(潑婦)의 흉언을 드르미 엇지 경악
지 아니리오. 쳡의 우혹(愚惑)혼 쇼견은 상이 가ᄂㅣ의 업시코져 흠도 괴이치 아니흐오
니, 졔 도라갈 곳이 업슨즉, 무쇼귀(無所歸)를 거(去)흐오미 군즈의 덕이 아니오니, 춤

---

710) 오복(五福) : 유교에서 이르는 다섯 가지의 복. 보통 수(壽), 부(富), 강녕(康寧), 유호덕(攸好德), 고종
명(考終命)을 이른다.
711) 유쇼취(有所取) 무쇼귀(無所歸)면 블거(不去) : 삼불거(三不去)의 하나. 맞이해온 곳이 있었으나 그 부
모가 죽어 돌아갈 곳이 없으면 출거(黜去)해서는 안 된다는 말. *삼불거(三不去): 유교에서, 칠거지악을
범한 아내일지라도 버리지 못하는 세 가지 경우. 부모의 삼년상을 같이 치렀거나, 장가들 때 가난했다
가 나중에 부자가 되었거나, 아내가 돌아가도 의지할 데가 없는 경우이다.
712) 상션부모(上鮮父母) 하션형뎨(下鮮兄弟) : 위로 부모가 없고 아래로 형제가 없음.

아 힝치 못ᄒ려【63】니와, 져 갓흔 흉인을 부ᄂᆡ(府內)의 두어 긴 날의 그 참혹(慘酷)
흔 욕언을 감슈ᄒᆞᆷᄂᆞᆫ, 한갓 졔아 ᄲᆞᆫ 아니라, 쳡이 드ᄅᆞᄆᆡ 심한 골경(心寒骨驚)ᄒᆞ온지라.
상공은 맛당이 졔아 등과 상의ᄒᆞ샤, 후졍 원문(園門) 밧긔 가ᄉᆞ(家舍)ᄅᆞᆯ ᄯᆞ로 어더, 슈
삼 노복을 맛져 보ᄂᆡ고, ᄆᆡ월 의식이나 공급ᄒᆞ여 병츄여싱(病醜餘生)을 고요히 맛게
ᄒᆞ시면, 부ᄂᆡ의 더러온 ᄌᆞ최ᄅᆞᆯ 업시ᄒᆞ고, ᄯᅩ흔 젹덕의 손상ᄒᆞᄆᆡ 업슬가 ᄒᆞᄂᆞ이다.”
  국공이 부인의 말ᄉᆞᆷ을 올히 너겨, 졔ᄌᆞᄅᆞᆯ 도라보아 각각 쇼견을 므ᄅᆞ니, 초공이 함
쇼(含笑) ᄃᆡ왈,
  “ᄎᆞᄂᆞᆫ 아713)의 가ᄉᆡ(家事)라 쇼지 엇지 간예ᄒᆞ리잇고?”
  북휘 ᄃᆡ쥬 왈,
  “ᄃᆡ인과 ᄌᆞ위 쳐ᄉᆡ(處事) 명졍언슌(名正言順)ᄒᆞ시【64】니, 형뎨골육(兄弟骨肉)은
동긔년지(同氣連枝)714)의 일신(一身) 갓흐니, 빅시(伯氏) 엇지 즁시(仲氏)의 ○○○[가
ᄉᆞᄅᆞᆯ] 아ᄅᆞᆫ 쳬 아니시리오. 쇼뎨ᄂᆞᆫ 남다른 결증(潔症)이라. 형장이 만ᄉᆞ의 너모 유화
(柔和)ᄒᆞ시믈 답답이 너기ᄂᆞ이다.”
  어시 부모의 명슉(明肅)ᄒᆞ신 쳐치ᄅᆞᆯ 밧ᄌᆞ오ᄆᆡ, 이의 슈명ᄇᆡᄉᆞ(受命拜謝)ᄒᆞ고 믈너와
가졍복부(家丁僕夫)로 후원 문밧긔 뉵칠간 젹은 집을 어드라 ᄒᆞ엿더니, 슈유(須臾)의
원문 밧 슈리(數里)의 젹은 가ᄉᆡ(家舍)이시니, 갑ᄉᆞᆫ 슈빅금이라 ᄒᆞᄂᆞᆫ지라. 어시 다쇼ᄅᆞᆯ
뭇지 아니코 ᄲᆞᆯ니 갑슬 쥬고 약간 긔완즙믈(器碗什物)을 갓초고, 쇼교(小轎)의 ᄋᆡ랑을
너허 보ᄂᆡ려 ᄒᆞ니, ᄋᆡ랑이 힝혀 ᄂᆡ치ᄂᆞᆫ가 ᄒᆞ여 ᄃᆡ경발악 왈,
  “ᄂᆡ 무삼 죄 잇관ᄃᆡ 【65】‘유쇼취(有所取) 무쇼귀(無所歸)’ᄅᆞᆯ ᄉᆡᆼ각지 아니코 어ᄃᆡ
로 보ᄂᆡ려 ᄂᆡ리 구박ᄒᆞᄂᆞ뇨? ᄂᆡ 몸이 병잔지인(病殘之人)이 되여시니 구가(舅家)의셔
용납지 아닌즉 뉘 거두랴? 죽어도 못갈노라.”
  발악ᄒᆞ니 ᄎᆞ환(叉鬟) 등이 달ᄂᆡ여 왈,
  “부인은 넘녀 마ᄅᆞ쇼셔. 상공이 ᄂᆡ치시미 아니라, 병질(病疾)이 부인 귀톄의 침즁ᄒᆞ
시니 여ᄎᆞ 번화흔 부즁의셔 의치(醫治)와 조셕식찬(朝夕食饌)이 ᄯᆡ의 밋지 못ᄒᆞᆯ가 넘
녀ᄒᆞ샤, ᄐᆡ노야와 ᄐᆡ부인이 비고(悲苦)흔 졍ᄉᆞ(情事)ᄅᆞᆯ 츄연(惆然)ᄒᆞ샤 원문(園門) 밧
종용흔 곳의 가ᄉᆡ(家舍)ᄅᆞᆯ 졍ᄒᆞ시고, 부인을 보ᄂᆡ여 병을 치료케 ᄒᆞ시미니, 환휘(患候)
ᄎᆞ복(差復)ᄒᆞ시면 즉시 도라오시리이다.”
  ᄋᆡ랑이 곳이 듯고 우긔(愚氣) 발작(發作)ᄒᆞ여 잠쇼 왈,
  “감【66】격ᄒᆞᆯᄉᆞ 구고여! 빅슈안낙(百壽安樂)ᄒᆞ시리로다. 그럴진ᄃᆡ 병이 깁허 몸을
운동ᄒᆞ기 어려오나, 존당의 하직이나 ᄒᆞ고 가ᄌᆞ ᄒᆞ니, 시비 닝쇼 왈,
  “부인이 귀톄 불평ᄒᆞ실가 넘녀ᄒᆞ샤, 존당의셔 하직지 말고 바로 가라 ᄒᆞ시더이다.”
  ᄋᆡ랑이 과연 그러히 너겨 즐겨 좌우로 붓들녀 교즁(轎中)의 드러 안ᄌᆞ니, 교뷔(轎

---

713)아 : 아우.
714)동긔년지(同氣連枝) : 한 뿌리에서 나와 같은 기운이 통하는 이어진 나뭇가지.

夫) 나는ᄃ시 메워 원문을 나 집의 니ᄅ니, 집이 비록 크지 아니나 닉외 분명ᄒ고 심히 졍결ᄒ더라. 츄환이 인도ᄒ여 방즁의 드리고, 긔용즙믈(器用什物)이 다 가즈시니 이랑이 딕희ᄒ더라.

이랑이 이의 온 후 인ᄒ여 하부의셔 춧지 아니ᄒ고, ᄯᅩ 아조 병잔지인이 되니 비로소 【67】 져를 속여 닉친 줄 알고, 딕로대분(大怒大憤)ᄒ여 무슈즐욕(無數叱辱)ᄒ나 드리리 업스니 한갓 제 구셜(口舌)만 허비홀 ᄯᅳᆷ이러라.

후릭의 몽녈 등 곤계 닙신(立身)ᄒ여 벼슬이 놉흐민, 이랑의게 보닉는 거시 만흐니, 이랑이 비록 가부의 은이(恩愛)를 아지 못ᄒ나, 맛ᄎᆷ닉 하부 셩명을 의지ᄒ여 일신이 평안ᄒ다가 삼십오셰의 안과안ᄉ(安過安死)ᄒ니라.

ᄎ시 북후 부인 뎡슉셩은 춍부(冢婦) 명슉군쥬의 보모(保姆) 손상궁 틱셤의 후은을 각골 명심ᄒ는 고로, 손상궁이 이의 온 후는 가즁 상히 딕졉이 ᄌᆞ못 후홀 ᄲᅮᆫ 아냐, 슉셩비 ᄌᆞ녀 등은 손시를 ᄌᆞ부인 은인이라 ᄒ여 공경후딕ᄒ【68】미, 즈긔 등 유모의게 지나니, 버거 여러 부인 ᄌᆞ녀 등이 다 뎡슉셩 ᄌᆞ녀 ᄒ는 딕로 손상궁을 지극히 딕졉ᄒ니, 손시 크게 황공ᄒ여 군쥬를 셤기며 졍당을 밧들미 츙의관일(忠義貫一)ᄒ니 부즁 상히 크게 칭찬ᄒ더라.

이후 오릭지 아냐 국가의셔 경과(慶科)를 베퍼 인지를 ᄲᆡᆼ시니, 하·뎡 냥문 졔공지 일시의 구슬 ᄭᅦᆫᄃ시 참방(參榜)ᄒ니, 몽현은 장원이오, 몽녈·몽표는 희원(解元)715), 탐화(探花)716)를 ᄒ고, 기여(其餘) 뎡홍긔 등은[의] 군종곤계 참방ᄒ엿더라.

삼일유가(三日遊街) 후 몽현은 한님혹ᄉ를 ᄒᆞ이시고, 몽녈 등을 한님원과 시강원(侍講院)의 승탁(陞擢)ᄒ여 경악(經幄)의 근【69】시(近侍)를 삼으시니, 뎡·하 졔인의 쇼년직예(少年才藝)로 쳥현아망(淸顯雅望)이 일셰의 유명○○[ᄒ고], 조야(朝野)의 명망(名望)이 ᄌᆞᄌᆞᄒ고[며] 긔ᄉ신한(氣士宸翰717))이 당시를 진복ᄒ더라.

한님 몽현이 본딕 온즁졍딕(穩重正大)ᄒ여 진유(眞儒)의 풍(風)이 잇고, 뉴하혜(柳下惠)718)의 놉흔 힝실이 잇ᄂᆞᆫ지라. 엇지 기부(其父)의 쇼시젹 호일 방탕ᄒ던 힝싴 이시리오만은, ᄯᅩ흔 텬연의 미인 바를 인녁으로 못ᄒ여 츄밀ᄉ(樞密使) 한휴의 녀를 직취(再娶)ᄒ니, 이 한시는 곳 ᄉ쳔후의 ᄎ비 한시의 이복 뎨니, 한츄밀 계실 관시의 싱녀

---

715) 희원(解元) : 중국에서 각 성(省)에서 시행하는 향시(鄕試)에 1등으로 급제한 자를 이르는 말. 한국 고소설에서는 임금 앞에서 치르는 전시(殿試)의 2등 합격자를 이르는 말로 쓰고 있는데, 때로는 3등급 제자인 탐화(探花)와 혼용되어 쓰이기도 한다.
716) 탐화(探花) : 과거 최종시험인 전시(殿試)의 3등 급제자를 이르는 말. 1등은 장원(壯元), 2등은 해원(解元)이라 한다. 그런데 고소설에서는 전시(殿試)의 2등 합격자를 이르는 해원(解元)과 혼용되어 쓰이기도 한다.
717) 긔ᄉ신한(氣士宸翰) : 기절(氣節)과 문장(文章). *기사(氣士); =사기(士氣). 선비의 꿋꿋한 기상과 절개. *신한(宸翰); 임금의 교서(敎書). 여기서는 교서 속에 드러나는 지은이의 문장력.
718) 뉴하혜(柳下惠) : 중국 춘추시대 노(魯) 나라의 명재상(名宰相). 맹자(孟子)는 그를 '더러운 임금을 섬기는 일도 부끄럽게 여기지 않을 만큼 화해와 조화의 기질을 가진 성인'이라 하였다. 그러나 그도 천하의 대도(大盜)였던 자신의 아우 도척(盜跖)을 교화하지는 못했다.

(生女)러라. 한쇼져의 지용이 관셰(冠世)ᄒ고, 셩되(性度) 유한(幽閑)ᄒ여 기모의 블현
흠과 크게 갓지 아닌지라. 비록 원비 명슉군쥬【70】의 ᄉᆡ광덕질(色光德質)은 밋지
못ᄒ나, 일셰 뇨조현쳘(窈窕賢哲)ᄒᆫ 부인이니, 존당구괴 쳐음은 신뷔 관시의 쇼싱이미
그 위인을 넘녀ᄒ더니, 밋취ᄒᆞ미 니러틋 현미(賢美)ᄒᆷ을 깃거 무이ᄒᆞ미 지극ᄒ고, 한
님이 즁듸ᄒ며 명슉이 한쇼져로 더부러 화우돈목(和友敦睦)ᄒ니 쥬아(周雅)의 명풍(名
風)719)이 혁연(赫然)ᄒ더라.

ᄎ년 동의 산셔(山西)와 히동(海東)이 크게 요란ᄒ여 변뵈 눈날니듯 ᄒᄂᆫ지라. 상이
크게 근심ᄒ샤 우우(憂憂)히 시름ᄒ시니, ᄉ쳔후 좌승상 뎡운긔와 북빅후 하원창과 관
늬후 하몽셩이 일시의 ᄌ원츌졍(自願出征)ᄒ니, 상이 딕희ᄒ샤 뎡운긔로 산셔딕도독
(山西大都督)을 ᄒ이시고, 하원창으로 북번딕원슈(北蕃大元帥)를 【71】 ᄒ이시고, 하
몽셩으로 하동딕도독병마ᄉ(河東大都督兵馬使)를 ᄒ이샤, 뇽문딕장군(龍門大將軍) 문
환으로 부원슈를 ᄒ이샤, 각각 웅병밍장(雄兵猛將)을 거ᄂ려 토디(土地)를 평졍ᄒ라
ᄒ시니, 졔인이 ᄉ은ᄒ고 각각 본부의 도라와 틱일츌ᄉ(擇日出師)ᄒᆯ신, 상이 하조(下
詔)ᄒ샤,

"ᄎ시 일긔(日氣) 엄한(嚴寒)ᄒ니 장졸이 만니히도(萬里海濤)의 풍우상셜(風雨霜雪)
을 무릅써 힝키 어려올지라. 맛당이 일이슌(一二旬)을 지쳬ᄒ여, 긔츈(開春)ᄒᆷ을 기다
려 츌ᄉ(出師)ᄒ라."

ᄒ시니, 군장ᄉ졸(軍將士卒)이 졍히 님박신졔(臨迫新歲)ᄒ미 가향(家鄉)을 써나믈 슬
허ᄒ리 만터니, 이갓흔 셩지(聖旨)를 밧ᄌ오미, 셩쥬(聖主)의 인명(仁明)ᄒ시미 초츙비
부(草蟲鄙夫) 갓흔 말ᄌ하졸(末者下卒)의 니ᄅ히 곤고(困苦)를 슬펴 【72】 통쵹(洞燭)
ᄒ시믈 보미, ᄉ셔인민(士庶人民)이 슈무족도(手舞足蹈)ᄒ여 셩텬ᄌ의 셩슈만년(聖壽萬
年)을 아니 츅슈(祝壽)ᄒ리 업고, ᄎ시 뎡・하 냥부의셔 졔공의 츌ᄉᄒ믈 근심ᄒ며 힝
니(行李)를 분분이 타졈(打點)ᄒ니, 일가(一家) 별장(別章)이 분분ᄒ더니, 본디 기다리
지 아니ᄒᄂᆫ 날이 오기를 썰니 ᄒᄂᆫ지라.

일슌(一旬)이 젹은덧 지나니, 임의 신년 셰쵀(歲初)라. 가국의 신년을 하례ᄒ미 번답
(繁遝)ᄒ더라 셰초를 휼휼이 지닉치고, 쏘 상원일(上元日)이 지나미 졔인이 츌졍ᄒᆯ 날
이 다ᄃᆞ르니, 이 곳 밍츈(孟春) 십구일 신ᄉ(辛巳)일이러라.

어시의 북번딕원슈 하원창과 북호(北胡) 히동딕도독겸 병마ᄉ 하몽셩이 ᄎ일 존당
의 빅별(拜別)ᄒᆯ신, 뎡국 【73】 공부뷔 좌우슈로 아ᄌ와 손아의 손을 잡고, 니별을 연
연(戀戀)ᄒ여 왈,

"우리 노부쳬 나흔 비록 희년(稀年)의 밋지 아냐시나, 뉵슌이 지난지 오릭니, 엇지
늙지 아니며, ᄒ믈며 화란여싱(禍亂餘生)으로 놀난 넉시 상(傷)ᄒ연지 오릭지라. 아등

---

719)쥬아(周雅)의 명풍(名風) : 중국 주(周)나라 문왕의 비(妃)인 태사(太姒)의 부덕(婦德)과 같은 훌륭한
가풍(家風)을 이르는 말.

의 뉴십이 타인의 빅셰나 다르지 아닌지라. 실노 다시 셰상 비환고락(悲歡苦樂)과 쳘마지셩(鐵馬之聲)720)이 괴로오미 만코, 여등이 쏘 국가를 위ᄒ여 남졍북벌(南征北伐)의 공을 셰워 신ᄌ의 츙졀을 다ᄒ미 아름다오나, 엇지 북당학발(北堂鶴髮)을 도라보지 아니ᄒᄂ뇨? 여등은 유톄(遺體)를 조심ᄒ여 공을 일워 슈이 도라와, 우리 노부쳐로 ᄒ여금 니문(里門)의 기다리미 졀(切)ᄒ게 말나." 【74】

원슈와 도독이 존교(尊敎) 비졀(悲切)ᄒ시믈드르며, 크게 감회ᄒ여 원쉬 몬져 이셩화긔(怡聲和氣)로 위로 왈,

"ᄒ이 셩텬ᄌ 늉은(隆恩)과 부모의 셩덕을 힘 닙ᄉ와 번이광젹(蕃夷狂賊)을 슈이 토멸(討滅)ᄒ옵고 승젼기가(勝戰凱歌)로 도라오오리니, 복원 티인과 ᄌ위는 믈우셩녀(勿憂聖慮)ᄒ시고, 그 ᄉ이 셩쳬 안강ᄒ시믈 바라ᄂ이다."

도독이 쏘흔 만면화긔(滿面和氣)로 쥬 왈,

"쇼손이 비록 브ᄌ박덕(不才薄德)ᄒ오나, ᄒ이동슈변(海東水邊)의 젹은 도젹은 족히 두렵지 아니ᄒ오리니, 흥ᄉ(興師) 일년이 ᄎ 못ᄒ여 반ᄃ시 기가(凱歌)를 블너 도라오오리니, 복원 왕부모는 믈우셩녀ᄒ시고, 셩쳬 만복ᄒ쇼셔."

노공부뷔 ᄌ여손(子與孫)의 승안열의(承顔悅意)를 보미, 더욱 긔【75】특고 이즁ᄒ여 역시 쳑용(慽容)을 거두어, 지삼 보즁ᄒᄆᆯ 니르더라. 버거 일가 졔친과 부슉을 니별홀식, 초공은 다만 졍ᄃᆡᄒ 낫빗과 유화흔 말슴으로 ᄌ뎨를 경계ᄒ더라. 슉질 냥인이 존당 졔친으로 별한(別恨)을 니르미, 즁당(中堂)의 나와 졔부인과 ᄌ녀부(子女婦)를 총총이 니별ᄒ고, 거름을 두로혀 밧그로 나가, 거상(車上)의 올나 교장(敎場)으로 향ᄒ니라. 【76】

---

720)쳘마지셩(鐵馬之聲) : 쳘갑으로 무장한 말들이 내는 소리.

윤하뎡삼문취록 권지구십

추시 하원슈 슉질 냥인이 존당(尊堂) 졔친(諸親)과 졔부인(諸夫人) 즈녀부(子女婦)를 총총이 니별ᄒ고, 거름을 두로혀 밧그로 나가 거상의 올나 교장으로 향ᄒ니, 치즈(稚子)와 종복(從僕)이 닷토와 문외의 송별ᄒᆯ시, 별뉘(別淚) 년쥬(連珠)ᄒ되, 냥인은 조금도 도라 유렴(留念)ᄒ미 업스니, 츙졀이 관일(貫一)ᄒ지라. 타연이 힝마(行馬)를 두로혀니 싁싁 엄웅(嚴雄)ᄒ미 《조두∥조둔(趙盾)》의 하일지위(夏日之威)721)이시니, 견지 막감앙시(莫敢仰視)러라.

추시 ᄉ쳔후 퇴상경 좌승상 산셔듸도독 총병마ᄉ 뎡의쳥이 황지(皇旨)를 밧즈와 산셔를 초무(招撫)ᄒᆯ시, 듸도록 인슈(印綬)를 밧즈와 부즁의 도라오니, 존【1】당부뫼 우려ᄒ며 상하의 결홀(缺欻)722)ᄒᆷ믈 측냥치 못ᄒ니, 신년 셰초(歲初)의 취회(聚會) 경하(慶賀)ᄒ나, 도독(都督)의 만니힝도를 근심ᄒ여 일흥이 ᄉ연(索然)ᄒ더라.

니러구러 츌졍일(出征日)이 다드르니, 도독이 존당부모긔 하직ᄒ고 좌즁의 각각 니별을 맛추미, 가연이723) ᄉ미를 썰쳐 문외의 나와 거상의 오르니, 허다 하리(下吏) 위의(威儀)를 딕후(待候)ᄒ엿다가, 젼ᄎ후옹(前遮後擁)ᄒ여 년무쳥(鍊武廳)의 나아가니, 북문 밧 화쳥산 평원광야의 삼노듸진(三路大陣)을 크게 베퍼 진셰(陣勢)를 일워시니, 긔치(旗幟) 창검(槍劍)이 졍졍졔졔(整整齊齊)ᄒ여 일광(日光)을 가리오고, 고각함셩(鼓角喊聲)은 텬디 진동ᄒᄂ 듯ᄒ더라. 삼진 도독이 한가지로 모히미, 각각 부하장【2】졸을 지휘ᄒ여 진셰를 일우미, 졍히 시긱을 기다려 발군ᄒ랴 ᄒ더니, 믄득 먼니 바라보미 난긔(鸞旗) 장장(章章)ᄒ며724) 경필(警蹕)725) 쇼리 은은ᄒᆫ 가온듸, 황나산(黃羅傘)726)이 표동(表動)ᄒ니 어가(御駕) 친님(親臨)ᄒ시믈 알지라.

---

721)조둔(趙盾)의 하일지위(夏日之威) : ‘조둔의 여름날의 이글거리는 해와 같은 높은 위엄’이란 뜻으로, 중국 춘추시대 진(晉)나라 정치가 조둔의 인품을 평한 말. 즉 당시 적(狄)나라 재상 풍서가 진나라에서 적(狄)에 도망온 가계(賈季)라는 사람에게 진나라의 두 정치인 조둔과 조쇠(趙衰) 중 누가 더 어진 사람인가를 묻자, 조쇠는 겨울날의 태양이고(冬日之日)이고, 조둔은 여름날의 태양(夏日之日)이라고 대답했는데, 이 말에 대하여 남북조시대 진(晉)나라 학자 두예(杜預)가 겨울 해는 사랑스럽지만(冬日之愛) 여름 해는 위엄[두려움]이 있다(夏日之威)라는 주석(註釋)을 붙여 두 사람의 인품을 나타냈다.

722)결홀(缺欻) : 무엇인가를 잃은 것 같은 서운한 마음이 일어남.

723)가연이 : 서슴없이. 결연(決然)히.

724)장장(章章)ᄒ다 : 선명하다. 표가 나게 뚜렷하고 명백하다.

725)경필(警蹕) : 임금이 거둥할 때에 경호하기 위하여 통행을 금하던 일. 또는 그 소리.

삼노쥬장(三路主將)이 연망(連忙)이 진문(陣門) 밧긔 나와 어가(御駕)를 지영(祇迎)
ᄒᆞ여 장즁(帳中)의 드러와 뎐좌(殿座)ᄒᆞ시고, 상이 친히 광녹시(光祿寺)를 명ᄒᆞ샤 셜연
(設宴)ᄒᆞ여 젼송(餞送)ᄒᆞ실ᄉᆡ, 상이 쇼황문(小黃門)727)을 명ᄒᆞ샤 옥비(玉杯)의 난향(蘭
香)728)을 만쟉(滿酌)ᄒᆞ여 삼노(三路) 쥬장과 ᄉᆞ졸을 ᄎᆞ례로 ᄉᆞ쥬(賜酒)ᄒᆞ샤, 은비(恩
庇)729)를 두터이 ᄒᆞ시며, 슈히 승쳡(勝捷) 환조(還朝)ᄒᆞ믈 쵹부(屬付)ᄒᆞ샤 텬어(天語)
ᄌᆞ못 슌슌은근(諄諄慇懃) ᄒᆞ시니, 하·뎡 삼인이 빅빈 ᄉᆞ은ᄒᆞ여 어긔 일즉 황궁ᄒᆞ시믈
쳥ᄒᆞ고 믈너 시【3】립ᄒᆞ니, 믄득 삼노 뒤진의셔 '어양(漁陽) 북'730)을 ᄌᆞ로 울니고
시긱(時刻) 느ᄌᆞ믈 보ᄒᆞ니, 삼인이 ᄲᆞ니 상마(上馬) 힝군홀ᄉᆡ, 삼노군이 뒤포를 노ᄒᆞ며
북을 울녀 일시의 진을 프러 나아가니, 진퇴(塵土) ᄎᆞ텬(遮天)ᄒᆞ며 삼노군이 졈졈 머
러지며, 상이 만조문무로 더부러 먼니 가도록 관망ᄒᆞ샤 직삼 칭찬ᄒᆞ시고, 날이 느ᄌᆞ미
드듸여 환궁ᄒᆞ시다.
ᄎᆞ시 졔궁의셔 ᄉᆞ쳔휘 부즁을 써나미 합문상히(闔門上下) 깁흔 넘녀 능히 침좌슉식
(寢坐宿食)의 닛지 못ᄒᆞ더라. 믄득 구상셔 부지 니르러 금후긔 배알ᄒᆞ고 뎨뎡의게 각
각 녜필 후, ᄉᆞ쳔후의 만니히도(萬里海濤)의 츌ᄉᆞ(出師)ᄒᆞᄆᆞᆯ 일ᄏᆞ라, 한셜(閑說)이 슈
어조(數語條)의 밋쳐【4】는, 구상셰 넘슬위좌(斂膝危坐)ᄒᆞ고 금후를 향ᄒᆞ여 복슈(伏
首) 궤고(跪告) 왈,

"연슉딕인(緣叔大人)과 졔형이 몬져 니르지 아니시ᄂᆞᆫ 바의, 쇼싱이 감히 발언ᄒᆞ오미
참괴(慙愧) 당돌ᄒᆞ오나, 속담의 니른바 '한번 목메기로ᄡᅥ 밥먹으믈 폐치 못ᄒᆞᆫ다' ᄒᆞ오
니, 졍히 쇼싱부ᄌᆞ를 니ᄅᆞ미로소이다. 쥭암 형이 언약ᄒᆞ되, 명년으로 가돈(家豚)의 혼
ᄉᆞ를 일우즈 ᄒᆞ던 거시오니, 임의 셰환(歲換)ᄒᆞ엿ᄉᆞᆫ지라. 녕손(令孫)은 비록 년유ᄒᆞ
오나, 가돈은 셩장지년(盛壯之年)의 뉘상(內相)이 뷔엿ᄉᆞ오니 일긱(一刻)이 밧브온지
라. 감히 년슉긔 취품(就稟)ᄒᆞ옵ᄂᆞ니, 후빅의게 명을 나리오샤 슈히 퇵일 셩녜ᄒᆞᄆᆞᆯ 바
라ᄂᆞ이다."【5】
금휘 쳥파의 흔연 왈,

"임의 졍혼 혼ᄉᆞ라. 엇지 타의(他意) 잇셔 쳔연ᄒᆞ미리오만은, 운긔 블의의 먼니 츌
ᄉᆞᄒᆞ니 가즁이 ᄌᆞ연 슈황즁(愁惶中)의 잇셔 넘블급타(念不及他)731)ᄒᆞ미러니, 현계(賢

---

726) 황나산(黃羅傘) ; 왕이나 왕세자 등이 행차할 때에 의장(儀裝)을 위해 받쳐 드는, 누런 비단을 씌워
만든 일산(日傘).
727) 쇼황문(小黃門) : 나이 어린 환관(宦官). 황문(黃門)은 중국 후한(後漢) 시대에 금문(禁門)을 맡아보는
관리였는데 이를 내시(內侍)가 맡아보면서 환관의 칭호로 바뀌었음.
728) 난향(蘭香) : 난향주(蘭香酒). 난초꽃을 넣어 빚은 술.
729) 은비(恩庇) : 윗사람이 아랫사람에게 은혜를 끼침. 조상의 보우(保佑)를 입음.
730) '어양(漁陽) 북 : =어양삼고(漁陽三鼓). 군대의 출정(出征) 알리는 세 번의 북소리. 중국 당나라 때의
시인 백낙천(白樂天)의 <장한가(長恨歌)>에 나오는 "어양비고동지래(漁陽鼙鼓動地來; 땅을 흔드는 전
고(戰鼓)소리 어양에서 들려오더니)"에서 따온 말. 이 시에서 '어양(漁陽)의 북소리'는 안록산이 어양
땅에서 반란을 일으켜 장안으로 쳐들어온 사건을 말한다. *어양(漁陽); 중국 하북성(河北省) 포현(蒲縣)
에 있는 지명으로 안록산이 이 곳에서 반란을 일으켜 출병했다.

契)의 졍셰(情勢) 그러틋 급홀진딕, 맛당이 슈히 퇴일ᄒ여 셩녜 ᄒ리라.”

구상셰 딕희(大喜)ᄒ여 칭스ᄒ더라. 금휘 즉시 진공을 명ᄒ여 손녀의 길일을 퇴ᄒ라 ᄒ니, 진공이 일념의 미흡(未洽)ᄒᄆ 플니지 아냐, 악초구(惡草具)732)ᄅᆯ 맛본 듯ᄒ나, 스이이의(事已而矣)라. 마지 못ᄒ여 슈명빗스(受命拜謝)ᄒ고 즉시 퇴일ᄒ니, 이월 즁슌이니 길긔 슈월이 격ᄒ엿더라. 구상셔 부지 만심환열ᄒ여 지삼 스례ᄒ고 말숨ᄒᆯ식,

【6】금휘 좌위(左右)로 쥬빈ᄅᆯ 나오라 ᄒ여 빈쥐 통음ᄒ고 즐기다가 느즌 후 파ᄒ다.

ᄎ야의 진공이 닉당의 드러와 녀아의 옥슈ᄅᆯ 잡고 부인을 도라보아 탄왈,

“복이 엇지 슉아ᄅᆯ 길너 구몽슉의 집을 빗닐 쥴 알니오, 셰스ᄅᆯ 블가측(不可測)이라 ᄒᄆ 졍히 올탓다.”

부인이 역탄 왈,

“ᄎ역(此亦) 텬연(天緣)이라. 셕즈의 초녀(楚女)ᄂᆫ 빅졍(白丁)의 안히 되고, 진희(晉姬)733)ᄂᆫ 텬승왕희(千乘王姬)로딕 조시(趙氏)의 쳡(妾)이 되어시니, 구공이 초(初)의 비록 어지지 못흔 힝식(行事)이시나 임의 기과(改過)ᄒᄂᆫ 어질미 잇고, 문지가벌(門地家閥)이 혁혁ᄒ니 져의 며ᄂᆞ리 되나 무어시 히로오리오. 다만 익달은 바ᄂᆫ 져 구셩은 이십을 당흔 장년(壯年) 남【7】지라. 긔상(氣像)이 농호(龍虎) 갓거ᄂᆞᆯ, 아녀ᄂᆫ 초츈셰류(初春細柳) 갓ᄒ니, 맛ᄎᆷᄂᆡ 상젹(相敵)지 아닌 비필이라 가탄(可嘆)이로소이다.”

진공이 탄식ᄒᄆᆯ 마지 아니ᄒ고 녀아ᄅᆯ 보니, 이씨 쇼졔 구셩의게 놀난 후ᄂᆫ 붓그럽고 익달오미 실노 죽을 뜻이 만ᄒ딕, 존당부모의 권이(眷愛)ᄒ시ᄂᆫ 싱셩구로지은(生成劬勞之恩)734)을 ᄎᆷ아 져바리지 못ᄒ여, 지우보명(至于保命)ᄒ나 일념의 누연(陋然)흔 마음이 미스지젼(未死之前)의 플니지 아닐지라. 다만 부군의 명명(明明)ᄒ신 교에(敎語) 심규(深閨)의 폐륜(廢倫)ᄒ라 ᄒ시던 바ᄅᆯ 밋으미러니, 금일 니러틋 ᄒ신 말ᄉᆷ을 듯ᄌᆞ오미, 임의 져의게 허혼ᄒ여 길스(吉事) 갓가오믈 알지라.

크게 놀나고 붓그리며 구셩의 【8】거동을 싱각ᄒᄆᆡ, 심골(心骨)이 식로이 경한(驚寒)흔지라. ᄒᆡ옴업시 머리ᄅᆯ 슉이고 아미ᄅᆯ 낫초미, 희미흔 슈운(愁雲)이 월아(月蛾)735)ᄅᆯ 둘너시니 빅틱가려(百態佳麗)ᄒ여 촉하(燭下)의 더욱 빗난지라. 부뫼 볼스록

---

731)념블급타(念不及他) : 생각이 다른 데에 미치지 못함.

732)악초구(惡草具) : 고기 없이 푸성귀로만 차린 맛없는 음식.

733)진희(晉姬) : 중국 춘추시대 진(晉)나라 문공(文公)의 누이동생. 문공은 자신의 패업(霸業) 달성의 1등 공신인 조최(趙衰)의 공을 갚기 위해, 누이동생을 그에게 시집보냈다. 그런데 당시 조최는 이미 적(翟)나라의 여인과 혼인을 한 몸이어서, 국왕의 누이동생과 혼인을 한 조최는 어쩔 수 없이 적녀(翟女)와 이혼을 할 수 밖에 없었다. 그러나 진희가 어진 덕으로 적녀와 함께 조최를 섬기기를 원해, 결국 진문공이 적녀를 조최의 부인으로 허락함으로써, 세 사람이 함께 결혼생활을 할 수 있게 되었다, 위 본문에서 '진희(晉姬)가 조시(趙氏)의 첩(妾)이 되었'함은, 바로 이 일을 말한 것으로, 진희(晉姬)는 진문공의 누이동생이고 조씨(趙氏)는 조최(趙衰)를 말한다. 첩(妾)이라 한 것은 조최의 본부인 곧 원비(元妃)가 적녀(翟女)인 까닭이다.

734)싱셩구로지은(生成劬勞之恩) : 낳아주고 길러주신 은혜.

735)월아(月蛾) : 초승달처럼 아름다운 눈썹.

이이년지(愛而憐之)ᄒ여 져 갓흔 긔질노ᄡᅥ 비필이 ᄎ오(差誤)ᄒ믈 객골연셕(刻骨憐惜)ᄒ더라.

진공이 녀아를 어로만져 심회(心懷) 만단(萬端)이나 ᄒ니, 쇼졔 더욱 부모의 마음을 편히 밧드지 못ᄒ믈 탄ᄒ여, 인뉸셰ᄉ(人倫世事)의 의시 수연ᄒ나736) 안식을 변ᄒ미 업더라. 공의 부뷔 야심ᄒᆫ 후 쇼져를 믈너가라 ᄒ니, 유랑 시아 등이 쇼져를 뫼셔 침쇼로 도라오니라.

ᄎ시 구상셰 아ᄌᆞ로 더부러 본부의 도라와 부인【9】과 ᄌᆞ녀를 ᄃᆡᄒ여 아ᄌᆞ의 길긔 갓가오믈 젼ᄒ고, 졔뎡의 인덕을 만만 일ᄏᆞ르니, 양부인은 드를ᄉᆞ록 뎡부 은혜를 긱골감덕(刻骨感德)ᄒ여, 한님을 경계ᄒ여 뎡시를 취ᄒ미 범연ᄒᆫ 쳐ᄌᆞ로 ᄃᆡ졉지 말며, 졔뎡을 예ᄉ(例事) 빙가(聘家)로 아지말나 ᄒ더라.

구싱이 ᄯᅩ한 ᄌᆞ긔 부ᄌᆞ를 진공이 너모 비쳑ᄒ믈 은노(隱怒)ᄒ나, 졔뎡은 본ᄃᆡ 은인이니 감히 쇼쇼사한(小小私恨)을 유심치부(留心置簿)치 못ᄒᆯ 쥴 알고 슌슌 슈명ᄒ더라.

니러구러 길일(吉日)이 다ᄃᆞ르니, 구상셔부뷔 녜단(禮緞)과 문명(問名)을 졍결이 갓초아 납폐(納幣)를 이송ᄒ고, 오릭지 아냐 길긔(吉期) 다ᄃᆞ르니, 냥긔 ᄃᆡ연을 긔장(開場)ᄒ고 신낭을 보니며 신부를 마〇[ᄌ], 【10】이날 구한님이 길복(吉服)을 졍히ᄒ고 혼가(婚家)로 나아갈시, 신낭의 위의 뎡부 문의 니르니, 진국공의 장ᄌᆞ 한님혹ᄉᆞ 유긔 광의ᄃᆡᄃᆡ(廣衣大帶)로 신낭을 기리 팔 미러 젼안비셕(奠雁拜席)의 나아갈시, 신낭이 옥안셩모(玉顔星眸)의 츈풍화긔(春風和氣) 우흴 ᄃᆞᆺᄒ니, 졔뎡 년쇼빈 우음을 참지 못ᄒ고, 혹ᄉᆞ 유긔 괘심ᄒ믈 니기지 못ᄒ여, 봉안을 길게 흘녀 즐왈(叱曰),

"가장 완만(頑慢)ᄒᆫ 신낭이로소니, 아모리 남진들 입장초일(入丈初日)의 져리 조화 쌘쌘ᄒᆫ 낫츨 츄혀들고, 님을 함박만치 버릴 긔신(氣神) 조흔 신낭이 어ᄃᆡ 이시리오. 가장 범남(汎濫)코 괘심토다."

구한님이 희연 미쇼 왈,

"그러면 너희 가풍은 신낭은 슈습(收拾)ᄒ여 머리【11】를 드지 못ᄒ고, 신부는 능히 가부(家夫)를 졔어ᄒᄂᆞᆫ 규귀(規矩) 잇ᄂᆞ냐?"

셜파의 희이장쇼(喜而長笑)ᄒ고 텬텬이 거러 젼안비셕(奠雁拜席)의 나아가, 옥상(玉床)의 홍안(鴻雁)을 젼(奠)ᄒ고, 텬디(天地)긔 참비(參拜)를 맛ᄎ미, 신부의 상교(上轎)를 기다릴시, 뎡혹ᄉᆞ 구한님의 광메(廣袂)를 닛그러 좌즁의 나아가니, 뎡쇼뷔 쇼왈,

"이 신낭이 가히 이집 문의 오미 작히 시스러오랴737). 슈연(雖然)이나 넌긔 장셩ᄒ고 문니(文理) 장진(長進)ᄒ리니, 맛당이 일슈 최장시(催裝詩)를 지어 좌즁의 우음을 도으라."

---

736) 수연ᄒ다 : 어떤 생각 따위가 싹 가시다. 또는 씻은 듯이 없어지다.
737) 시스럽다 : 스스럽다. 수줍고 부끄러운 느낌이 있다.

구한님이 미쇼 왈,

"긔 무어시 어려오리잇가? 쇼싱이 맛당이 최장시(催裝詩)738)를 지을 거시니, 녕질은 ᄯᅩᄒᆫ 합증시(合卺詩)739)를 지으라 ᄒᆞ쇼셔."

쇼뷔 미급답(未及答)의, 뎡도찰은 긔 션ᄌᆞ(扇子)【12】를 드러 구한님의 등을 미이쳐 ᄯᅮ지져 왈,

"가지록 완만 범남(氾濫)ᄐᆞ소니, 너는 일기 풍뉴(風流) 경박지(輕薄子)니 가히 최장시를 지엄즉 ᄒᆞ거니와, 아미(我妹)는 하쥬(河洲)740)의 옥 갓ᄒᆞᆫ 슉녜라. 비록 명되(命途) 긔험(崎險)ᄒᆞ여 그릇 너 갓흔 탕긱(蕩客)의 비필이 될지언졍, 네 과분ᄒᆞᆫ 쳐지믈 싱각지 못ᄒᆞ고 ᄌᆡ녀가인(才女佳人)의 비겨 욕ᄒᆞᄆᆞᆯ 잘ᄒᆞᄂᆞ냐?"

구한님이 응셩 답왈,

"형이 한갓 호변쥬론(好辯主論)741)을 ᄌᆞ랑ᄒᆞ여 쇼졔만 구속고져 ᄒᆞ나, ᄯᅩᄒᆫ 텬니를 아지 못ᄒᆞᄂᆞᆫ도다. ᄌᆞ고로 군ᄌᆡ 나믹 슉녜 잇고, ᄌᆡᄌᆡ(才子)이시믹 가인(佳人)이 나고, 탕ᄌᆡ(蕩子)이시믹 음뷔(淫婦) ᄯᅳᄅᆞᄂᆞ니, 니러므로 문왕(文王)742)이 나시믹 ᄉᆞ휘(姒后)743)계시고 상예(相如)744)이시믹 문군(文君)745)이 ᄯᅮ로ᄂᆞ니, 텬디상응지되(天地相應之道)【13】본ᄃᆡ 여ᄎᆞᄒᆞ니라. 녕종믹(令從妹) 진짓 슉별(淑女)진ᄃᆡ 날 갓흔 탕ᄌᆞ의게 도라오지 아니리니, 여ᄎᆞ(如此) 고로 녕믹 슉녜 아닌 줄 아노라."

흑ᄉᆞ 유긔 변쉭 양노(佯怒) 왈,

"아미(我妹)는 녀즁셩식(女中聖士)라 팔지 긔구ᄒᆞ고 월하옹(月下翁)이 흑셩구져 인

---

738)최장시(催裝詩) : 신랑이 친영(親迎)을 위해 신부에게 단장을 빨리 하고 나올 것을 재촉하는 시. 옛 혼인례에서 신부 집에서 신랑의 시재(詩才)를 시험하고 하객들을 웃기기 위해 신랑에게 시키던 장난거리의 하나.

739)합증시(合卺詩) : 전통 혼례의 교배례(交拜禮)에서 신부가 신랑이 건네는 술잔을 받아 마시기 전에 좌중을 웃기기 위해 장난으로 짓게 하던 시. *'卺'의 음(音)은 '근'이다.

740)하쥬(河洲) : 강물 가운데 있는 모래톱. 『시경』<관저(關雎)>편의 "관관저구 재하지주(關關雎鳩 在河.之洲)"에서 따온 말.

741)호변쥬론(好辯主論) : 자신의 주장을 논리적으로 잘 말하는 솜씨. 유창한 언변. =맹변주론(孟辯朱論).

742)문왕(文王) : 중국 주나라 무왕(武王)의 아버지. 이름은 창(昌). 기원전 12세기경에 활동한 사람으로 은나라 말기에 태공망 등 어진 선비들을 모아 국정을 바로잡고 융적(戎狄)을 토벌하여 아들 무왕이 주나라를 세울 수 있도록 기반을 닦아 주었다. 고대의 이상적인 성인 군주의 전형으로 꼽힌다.

743)ᄉᆞ휘(姒后) : 중국 주(周)나라 문왕(文王)의 비(妃) 태사(太姒). 무왕(武王)의 어머니로 현모양처(賢母良妻)의 전형으로 추앙된다.

744)상여(相如) : 사마상여(司馬相如). 중국 전한(前漢)의 문인(B.C.179~B.C.117). 자는 장경(長卿). 그의 사부(辭賦)는 한(漢)·위(魏)·육조(六朝) 문인의 모범이 되었다. 작품에 <자허지부(子虛之賦)> 따위가 있다. 무제의 비(妃)인 진아교(陳阿嬌)가 장문궁(長門宮)에 유폐되어 있을 때, 그녀가 다시 무제의 총애를 얻기 위해, 자신의 처지를 형상화한 노래를 지어 무제의 마음을 돌이키게 해 달라는 청을 받고, <장문부(長門賦)>라는 시를 지어준 일로 유명하다.

745)문군(文君) : 탁문군(卓文君). 한(漢)나라 부호 탁왕손의 딸로 과부로 있다가 사마상여(司馬相如)와 사랑에 빠져 결혼하였으나, 나중에 상여(相如)가 무릉인(茂陵人)의 딸을 첩으로 삼으려 하자 <백두음(白頭吟)>이란 시를 읊어 이를 단념케 했다.

연을 그릇 미즈시나, 엇지 감히 경만(輕慢)ᄒ리오."

흑사 쥰긔 니어 쇼왈,

"갓득 슬믜온746) 신낭이 말마다 어쳑업시747) 믜오니 맛춤ᄂ 계부의 증셰(憎婿)되리로다."

말을 니어 졔뎡이 호변긔담(好辯奇談)으로 회희(詼諧)를 시작고져 ᄒ더니, 믄득 신부의 상교를 보ᄒᄂ지라. 구한님이 슈려흔 광미의 희운(喜雲)이 만안(滿顏)ᄒ여 금쇄(金鎖)를 가져 봉교상마(奉驕上馬)ᄒ여 도라오니, 이날 진공부뷔 신낭의 쇄락흔 풍치와 비범【14】흔 영풍쥰골(英風俊骨)을 보미, 또흔 인졍이 즈연흔지라. 미안지심(未安之心)이 프러져 두굿기믈 마지 아니니, 졔긱이 쾌셔(快婿) 어드믈 치하ᄒ더라.

어시의 구한님이 평싱 미망옥인(未忘玉人)을 반계곡경(盤溪曲徑)으로 누셰(累歲)를 경영ᄒ여 일장괴란(一場乖亂)을 지닉고, 겨오 긔연(奇緣)을 셩젼(成全)ᄒ여 오미ᄉ복(寤寐思服)ᄒ던 슉녀를 뉵녜빅냥(六禮百輛)으로 마즈 도라오미, 즐겁고 깃브미 운비등텬(雲飛登天)ᄒᄂ 듯흔지라.

본부의 도라오니 구상셰 딕연을 비셜ᄒ고 친쳑을 딕회(大會)ᄒ여 신부를 마즈 쳥즁의셔 교비ᄒ고, 동방(洞房)의 나아가 즈하상(紫霞觴)을 난홀시, 신낭이 깃분 눈을 밧비 들미 신부의 쳔틱만염(千態萬艷)이 웅장셩식(雄粧盛飾) 가온딕 더욱 아름다오니, 유졍군즈(有情君子)의 다【15】졍흔 눈을 놀닉ᄂ지라.

한님이 견파(見罷)의 희식이 우휠748) 듯ᄒ여, 녜파(禮罷)의 밧그로 나가더라. 금쥬션(錦珠扇)을 반기(半開)ᄒ고 폐빅(幣帛)을 밧드러 구고긔 진헌(進獻)ᄒ니, 상셔부뷔 희안(喜安)을 밧비 드러보니, 이 믄득 듯던 바의 셰 번 더흔지라. 식광덕질(色狂德質)이 만고의 희셰(希世)ᄒ니, 일견 쳠망(瞻望)의 황홀긔이(恍惚奇愛)ᄒ여 연망(連忙)이 옥슈를 잡고 션빈(仙鬢)을 어로만져, ᄋᆡ이년무(愛而軟撫) 왈,

"신부ᄂ 고문법가(高門法家)의 쳔금교와(千金嬌瓦)749)어늘 인연(因緣)이 긔구ᄒ여 호방흔 아즈의 비위(配偶)되여 아등의 슬하를 빗닉니, 엇지 돈아의 과분흔 쳐실이 아니며, 아등의 외람흔 며느리 아니리오. 녕존이 이 갓흔 긔녀를 주어 오문의 쥬종(主宗)을 창셩흘 근본을 삼으니【16】존문 은혜 ᄉᄉ(事事)의 엇지 젹으리오."

언파의 희블즈승(喜不自勝)ᄒ니 만좌 빈긱이 졔셩칭하(齊聲稱賀)ᄒ여 닙이 하나히믈 한ᄒ니, 상셔부뷔 좌슈우응(左酬右應)의 ᄉ양치 아니터라. 구상셰 금보치단(金寶彩緞)을 닉여 신부의 좌우(左右)를 상ᄉ(賞賜)ᄒ니, 뎡부 복쳡(僕妾)이 딕희ᄒ더라.

날이 느즈미 졔긱이 각산기가(各散其家)ᄒ미 신부 슉쇼를 명월각의 졍ᄒ여 도라보

746)슬믜오다 : 싫고 밉다.
747)어쳑업다 : 어처구니없다. 일이 너무 뜻밖이어서 기가 막히는 듯하다. 늑어이없다.
748)우회다 : 움키다. 움켜잡다. 손가락을 우그리어 물건 따위를 놓치지 않도록 힘 있게 잡다.
749)쳔금교와(千金嬌瓦) : 천금(千金)에 비할 만큼 귀하고 예쁜 딸. '와(瓦)'는 딸을 비유한 말. ☞농와지경(弄瓦之慶).

니고, 시야(是夜)의 아즈를 경계ᄒ여 '신부를 공경즁딕ᄒ라' ᄒ니, 한님이 슈명비소(受命拜謝)ᄒ고 신방의 나아가 금병슈막(錦屏繡幕)의 쳔고슉완(千古淑婉)을 딕ᄒ니, 의시(意思) 젼도(轉倒)홀지라. 야심ᄒ믈 일ᄏ라 쵹을 믈니고 쇼져를 닛그러 옥상나요(玉床羅褥)의 나아가니, 쇼제 젼일을 크게 블복(不服)ᄒ여 【17】 죽기로써 벙으리와드나, 십여셰 츙년 약질이 장셩 남아의 슈즁의 쩌러지민, 미기화(未開花) 광풍(狂風)의 붓치이니 엇지 능히 면ᄒ리오. 원앙금침(鴛鴦錦寢)의 비취(翡翠)750) 노름을 한 가지로 ᄒ니, 쇼져의 딕황딕구(大惶大懼)ᄒ믄 여림침상(如臨針床)ᄒᆫ 듯ᄒ나 한님의 환오득의(歡娛得意)ᄒ믄 여교여칠(如膠如漆)ᄒ더라.

명조의 한님이 쇼셰(梳洗)ᄒ고 밧그로 나가고, 신뷔 셩장(盛裝)을 다ᄉ려 구고긔 문안ᄒ니, 옥틱월광(玉態月光)이 볼ᄉ록 신신(新新)ᄒ지라. 구괴 만심 환희ᄒ여 간간쳬쳬(懇懇棣棣)751)ᄒᆫ ᄉ랑이 손 가온딕 긔보(奇寶)를 어든 듯ᄒ더라. 뎡쇼졔 인뉴구가(因留舅家)의 션봉구고(善奉舅姑)ᄒ고 화우즈미(和友姉妹)ᄒ고[며] 돈목친쳑(敦睦親戚)ᄒ며[고] 승슌(承順)군즈ᄒ며 하쳔비비(下賤婢輩)의 은위(恩威) 병힝ᄒ고 한님 초 【18】 비(初妃) 뇨시의 일녀 교쥬를 은휼ᄒ니, 한님의 공경즁딕ᄒ미 여산약히(如山若海)ᄒ믄 니르도 말고, 구고의 만금 쇼즁(所重)은 년셩지벽(連城之璧)752)과 조승지쥬(趙城之珠)753) 갓ᄒ니, 닌니향당(隣里鄕黨)의 예셩(譽聲)이 즈즈ᄒ여 본부의 밋ᄎ미, 존당부모의 깃거ᄒ미 비길딕 업더라. 구한님이 조왕모릭(朝往暮來)ᄒ여 빙부모(聘父母)긔 ᄌ별ᄒᆫ 졍셩이 ᄌ질(子姪)의 감치 아니ᄒ니, 진공이 ᄌ연 미안ᄒ던 ᄯᅳ시 졈졈 스라져 지극ᄒᆫ 옹셔지간(翁婿之間)이 되고, 구한님이 이후의 쟉위 졈졈 놉하 국가의 공을 만히 셰워, 벼슬이 승상 위국공의 니르고, 뎡쇼져로 화락ᄒ여 오ᄌ이녀를 싱ᄒ고, ᄉ즉동혈(死則同穴)을 긔약ᄒ미, 싱닉(生來)의 한 번 낫빗츨 밧고미 업 【19】 고, 다시 번ᄉ(繁事)의 ᄯᅳᆺ을 두지 아냐 취쳐작쳡(娶妻作妾)의 번화를 구치 아니ᄒ디, 다만 주운션의 옛 언약을 져바리지 못ᄒ야 부모긔 고ᄒ고 부인으로 상의ᄒ여, 운션으로써 쇼셩(小星) 한 ᄌ리를 허ᄒ며[미], 부인이 무휼(撫恤)ᄒ믈 두터이 ᄒ고 운션이 녀군 셤기믈 노쥬(奴主)갓치 ᄒ니, 가닉 화평ᄒ고 규문이 거울 갓ᄒ며, 옥동화녀를 년싱(連生)ᄒ여 기기히

---

750) 비취(翡翠) : 물총새. 물총샛과의 새. 몸의 길이는 17cm 정도이며, 등은 어두운 녹색을 띤 하늘색, 목은 흰색이고 배는 밤색이며 부리는 흑색, 다리는 진홍색이다. 물가에 사는 여름새로 강물 가까운 벼랑에 굴을 파고 사는데 민물고기, 개구리 따위를 잡아먹는다.

751) 간간쳬쳬(懇懇棣棣) : 매우 정성스럽고 화기애애(和氣靄靄)함.

752) 년셩지벽(連城之璧) : 화씨지벽(和氏之璧)을 달리 이르는 말. 화씨지벽은 전국 때 변화씨(卞和氏)라는 사람이 형산(荊山)에서 돌 위에 봉황이 깃들이는 것을 보고 얻었다는 천하의 이름난 옥을 말하는데, 후대에 진(秦)나라 소양왕(昭襄王)이 이 옥을 탐내, 당시 이 옥을 가지고 있던 조(趙)나라 혜문왕(惠文王)에게 진나라 15개의 성(城)과 바꾸자는 제안을 했다는 데서, '연성지벽(連城之璧)'이라는 이름이 붙게 되었다고 한다.

753) 조승지쥬(趙城之珠) : 조(趙)나라에 있는 구슬이라는 뜻으로 화씨지벽(和氏之璧)을 이르는 말. 위의 연성지벽(連城之璧)과 같은 구슬을 말하고 있으나 그것을 갖고자 하고 아끼는 주체가 진(秦)나라 소양왕(昭襄王)과 조나라 혜문왕(惠文王)이라는 사실이 다르다.

문장학힝이 쏀혀나 후릭의 크게 영현존귀(榮顯尊貴)ㅎ니, 일노조차 구상셔의 문회(門戶) 크게 현달ㅎ고, 즈운션이 쏘 즈녀를 갓초 두어 가장 아름답더라.

구상셔부뷔 냥즈일녀의 영효(榮孝)를 바다 칠십여셰의 안과션종(安過善終)ㅎ니, 희라! 구창【20】윤의 츌뉴탁셰(出類卓世)혼 긔상은 실노 승어부(勝於父)ㅎ니, 이 한갓 구시의 효질(孝子) 쓴 아니라, 실은 양부인의 어진 덕을 명텬(明天)이 감응ㅎ여 구승상 갓흔 긔린영즈(麒麟英子)를 싱ㅎ여, 놉히 셩덕지문의 뎡쇼져 갓흔 숙완현부(淑婉賢婦)를 비(配)ㅎ여 쥬종(主宗)의 창셩홀 근본을 비즈미 아니리오. 만셩亽셰(滿城士庶) 혹이 구상셔의 당초 亽젹을 아는 지, 몬져 양부인 덕을 일크릭니, 가히 니른바 '가빈(家貧)의 亽현체(思賢妻)라'754) ㅎ믄 양부인긔 일넘 즉ㅎ고, 붕우칙션(朋友責善)을 구상셔와 뎡쥭쳥의게 일크름 즉ㅎ다 ㅎ니, 가히 쳔츄의 미감(美鑑)이 되염 즉ㅎ더라. 구상셔 몽슉【21】의 암약용亽(闇弱用事)ㅎ므로도 이의 니르믄 젼혀 졔왕 은틱이오, 양부인 닉조의 어진 덕이러라.

션시의 항쥬 윤상부 졔틱(第宅)의셔 일월이 슉홀(倏忽)ㅎ여 위틱비 삼긔(三朞)를 맛고 담亽(禫祀)를 필ㅎ니, 조틱비와 윤노공부부와 평진왕 오위부부의 최마(衰麻)로써 화의(華衣)를 밧고는 지통이 갈스록 식롭더라. 니러구러 구파의 삼긔를 쏘 맛츠미 되니, 조틱비 윤노공부부로븟터, 졔윤 상하의 구파의 어진 덕을 일크라 슬허ㅎ미, 위틱비 삼상(三喪)을 종(終)ㅎ는 망극ㅎ므로 만히 감치 아니터라.

윤노공이 즈부인 삼긔를 맛츠나 즐겨 환노(宦路)의 쓰【22】이 업셔 능히 슈이 상경치 못ㅎ니, 진왕이 쏘흔 계부를 써나 홀노 환경홀 쓰이 업亽니, 상국이 쏘 엇지 부모를 써나고져 ㅎ리오. 시고로 이의 항쥬셔 삼동(三冬)을 지닉미 되니라.

경亽 쇼식과 뎡·하 졔공의 평셔(平書)로조차 뎡·하 졔인이 북노(北虜)와 산젹슈젹(山賊水賊)을 졍토츌亽(征討出師)ㅎ믈 알고, 졔인의 웅지딕략(雄才大略)으로 셔졀구투(鼠竊狗偸)755)를 족히 탕멸(蕩滅)홀 줄 아나, 만니힉도(萬里海道)의 젼진구치(戰塵驅馳)를 넘녀ㅎ더라.

어시의 텬지 진왕 슉질의 슈상(守喪)을 맛춘지 오릭딕, 슈히 환조(還朝)치 아니믈 노ㅎ샤 즁亽(中使)를 보닉여 슈조(手詔)756)로 칙ㅎ시고, 환경찰직(還京察職)을 지촉ㅎ시미 亽오초【23】의 밋츠니, 윤노공이 텬은의 권유(勸諭)ㅎ시믈 망극하미, 시러금 마지 못ㅎ여 신년 뎡초의 조션다례(祖先茶禮)를 지닉고, 드딕여 발힝홀식, 일긔 분분이 힉니, 행니(行李)를 타졈(打點)ㅎ여 신츈념간(新春念間)의 거긔(擧家) 환경ㅎ니, 션셩(先聲)이 뎨도(帝都)의 밋츠미, 텬지 깃그亽 딕신을 보닉여 마즈시고, 만조빅관이며 인친고귀(姻親故舊)며 뎡·하 졔인이 십니 장졍의 나와 마즈, 슈연지닉(數年之內) 비고익

---

754) 가빈(家貧)의 亽현체(思賢妻)라 : '집이 가난해지면 어진 아내를 생각하게 된다'는 뜻으로, 집안이 궁해지거나 어려워지면 어진 아내의 내조를 새삼 생각하게 된다는 말.
755) 셔졀구투(鼠竊狗偸) : 쥐나 개처럼 몰래 물건을 훔친다는 뜻으로, '좀도둑'을 이르는 말.
756) 슈조(手詔) ; 제왕이 손수 쓴 조서.

락(悲苦哀樂)을 닐너, 졔공은 다 윤노공의 노년 거려(居廬)의 풍슈지통(風樹之痛)757)
즁 능히 지보(支保)ᄒ여 신식(神色)이 의구(依舊)ᄒ믈 일큿고, 윤노공은 츄연히 허(虛)
ᄒ여 ᄌ긔 명완블ᄉ(命頑不死)ᄒ여 구원(九原)758)의 션친(先親)과 션형(先兄)을 쓸오지
못ᄒ고, 【24】능히 지우보명(至于保命)ᄒ여 다시 뎨도(帝都)의 도라와 졔공을 반기
고, 인셰 명니(名利)를 다시 탐연(貪戀)ᄒ니 인욕(人慾)이 무량(無量)ᄒ믈 일큿고, 하노
공과 금후로 셔로 손을 잡아 운긔와 원챵 몽셩의 북노(北虜)와 산젹슈젹(山賊水賊)의
강흔 ᄃᆡ 나아가, 젼진구치(戰塵驅馳)를 넘녀ᄒ고 치위ᄒᄂᆞᆫ 말ᄉᆞᆷ이 이윽ᄒ믹, 윤노공이
인친졔붕(姻親諸朋)으로 약간 쥬빅(酒杯)를 파ᄒ믹, ᄌ질을 거ᄂᆞ려 졔빅관(諸百官)으로
더부러 녜궐ᄉ은(詣闕謝恩)홀ᄉᆡ, 이쩍 ᄂᆡᄒᆡᆼ(內行)은 몬져 진궁으로 도라가니라.

호람휘 진왕과 승상을 다려 궐하의 비알ᄒ니, 상이 드르시고 밧비 인견ᄒ샤 뇽안의
반기시ᄂᆞᆫ 희식이 가득ᄒ샤, 셩안을 드러보시【25】니 슈년지ᄂᆡ의 윤노공의 귀밋히 녹
발(綠髮)이 쇠ᄒ여 셔리빗치 희희(凞凞)ᄒ고, 긔뷔(肌膚) 슈고(瘦槁)ᄒ여시니 지통의
슬프믈 뭇지 아녀 알거시오, 진왕과 승상의 윤퇴던 긔뷔 다 슈픽(瘦敗)ᄒ여시니, 츈식
이 만히 졈을고져 ᄒ엿ᄂᆞᆫ지라. 상이 가장 앗기고 놀나샤 밧비 평신ᄒ믈 니르시고, 옥
계(玉階)의 슈돈(繡墩)을 갓가이 쥬시고, 어슈로써 진왕과 승상을 집슈(執手)ᄒ시고,
윤공을 딕ᄒ여 옥식(玉色)이 츄연(惆然)ᄒ샤 위로 왈,

"ᄌ텬ᄌ(自天子)로 지어셔인(至於庶人)히 부모를 여희믄 ᄌ고상식(自古常事)라. 녕션
틱부인(令先太夫人)이 츈취 고심(高甚)ᄒ고, 인간복녹(人間福祿)이 극ᄒ니, 그 ᄌ손 된
ᄌ의 지통이 엇지 져러틋 과도ᄒ여, 노션【26】싱(老先生) 부ᄌ 슉질의 형뫼 환탈ᄒ
믹 이 지경의 밋쳣ᄂᆞ뇨? 쳥문은 본딕 긔운이 강장(强壯)ᄒ거니와, 노션싱은 나히 놉
고, 효문은 약질이라. 긔뷔(肌膚) 져갓치 슈뷔(瘦膚)ᄒ여시믈 보니 짐심(朕心)이 깁히
넘녀ᄒᄂᆞ니, 모로미 집의 도라가 양병조보(養病調補)ᄒ여 찰임(察任)ᄒ라."

ᄒ시고, 옥비(玉杯)의 난향(蘭香)을 만작ᄒ여 ᄉ쥬(賜酒)ᄒ시며, 상방어션(尙房御膳)
을 나리와 원노ᄒᆡᆼ도(遠路行道)를 위로ᄒ시니, 호람후 부ᄌ슉질(父子叔姪)이 텬춍의 관
유(寬裕)ᄒ시믈 블승황공ᄒ여 감뉘여우(感淚如雨)ᄒ니[고], 삼인이 일시의 고두빅비(叩
頭百拜) ᄉ은(謝恩)ᄒ여 셩은을 갑ᄉ올 바를 아지 못ᄒ더라.

이윽이 뫼셔 말ᄉᆞᆷᄒ믹, 군신상하의 니졍(離情)이 가득ᄒ여 날이 졈으믈 씨닷지 못
【27】ᄒ더니, 이윽고 일낙함디(日落咸池)759)ᄒ믹 바야흐로 퇴조ᄒ여 본부의 도라오

---

757) 풍슈지통(風樹之痛) : =풍수지탄(風樹之嘆). 효도를 다하지 못한 채 어버이를 여읜 자식의 슬픔을 이
르는 말. 공자가 당대 주(周)나라의 현인(賢人) 고어(皐魚)와 문답하는 가운데, 고어가 말한 '수욕졍이
풍부지(樹欲靜而風不止; 나무는 조용히 있고 싶어 하지만 바람이 그치지 않고), 자욕양이친부대(子欲
養而親不待; 자식은 부모를 봉양하고자 하나 부모님은 기다려 주시지 않네)'라는 탄식에서 유래한 말.
중국 한(漢)나라 때, 한영(韓嬰)이 편찬한 『한시외전(韓詩外傳)』 권9.에 나온다.

758) 구원(九原) : =저승.

759) 일낙함디(日落咸池) : 해가 함지에 떨어진다는 뜻으로, 해가 짐을 이르는 말. *함지(咸池): 해가 진다
고 하는 서쪽의 큰 못.

니, 가즁 상히 마즈 닉각의 드러가니, 씌의 진궁의 하상부 부인과 졔왕비 의렬과 녕능
공 부인이 다 모다 하·장 냥부인으로 더부러 녀부졔손(女婦諸孫)을 거느려 됴틱비와
뉴틱부인을 마즈 졍당의 뫼시민, 위틱비 삼긔 덧업스믈 셔로 일ᄏ라 모녀 슉질 졔녀
(諸女) 금장(襟丈)이 츄원영모(追遠永慕)ᄒᆞᄂᆞᆫ 눈믈○[이] 옷깃슬 젹시더라.

일모(日暮)의 호람후와 진왕곤계 ᄌᆞ질졔손을 거느려 환가ᄒᆞ니, 상하의 환셩이 여류
(如流)ᄒᆞ여 니회(離懷) 슈어만(數於萬)이니 다 긔록기 어렵더라. 졔인이 야심토록 환쇼
ᄒᆞ다가 각각 녯 침쇼의 도라오니 【28】믈식을 상감(傷感)ᄒᆞ미 시롭더라.

명조의 텬지 닉시(內侍)를 보닉샤 윤노공부ᄌᆞ 슉질의 긔거를 므르시고, 상방진찬(尙
方珍饌)을 보닉샤 조병(調病)ᄒᆞ라 ᄒᆞ시니, 텬춍의 관유ᄒᆞ시미 가지록 이갓더라.

날을 니어 외당의 모든 손이 낙역브졀(絡繹不絶)ᄒᆞ니 이로 응졉기 어렵더라. 녕능후
셕공이 ᄌᆞ셔를 거느려 니르고, 평졔왕 하승상 등이 다 ᄌᆞ셔를 거느려 니르러 윤노공
긔거를 문침ᄒᆞ고, 닉당의 드러가 조·뉴 냥부인긔 뵈올ᄉᆡ, 됴틱비의 뎡·셕·하 삼인
을 이딕ᄒᆞ여 친셔(親壻) 질셔(姪壻)를 츠등치 아니믄, 본딕 셩덕인ᄌᆞᆫ 연괴니, 이졔
다시 니를 거시 업거니와, 뉴부인의 알연(戛然)760)ᄒᆞᆫ 화긔와 낭장(朗暲)761)ᄒᆞᆫ 【29】
말ᄉᆞᆷ으로 졔왕과 ᄌᆞ긔 냥셔를 츠등치 아니믄 니르도 말고, 동졔공과 하부마 귀즁ᄒᆞ믈
일톄로ᄒᆞ며, 모든 외손 뎡·하 졔인이 다 니르러시나, 오직 셕공ᄌᆞ 셰광이 오지 아녓
ᄂᆞᆫ지라.

뉴부인이 괴이히 너겨 셕부인을 도라보아 문왈,

"셰이 무ᄉᆞᆷ 병이 잇ᄂᆞ냐? 엇지 오지 아니ᄒᆞ뇨?"

녕능공 부인이 모부인의 므르시믈 보고 믄득 뉴미(柳眉)를 빈츅(嚬蹙)ᄒᆞ고 봉관(封
冠)을 슉여 슈히 답지 못ᄒᆞ더니, 냥구(良久)의 안식이 ᄌᆞ상(自傷)ᄒᆞ여 ᄂᆞ죽이 딕왈,

"고인이 양지휵지(養之慉之)ᄒᆞ미 몬져 틱교(胎敎)의 어질믈 니르거날, 쇼녜 블초박
덕ᄒᆞ여 고인의 어진 틱교를 밋지 못ᄒᆞ오미 만흐니, 블초【30】이(不肖兒) 요ᄉᆞ이 더
욱 실셩ᄒᆞ여 뎡식부의 아름다오믈 아지 못ᄒᆞ고, 가졍의 득죄ᄒᆞ여 죄즁(罪中)의 쳐ᄒᆞ온
고로 능히 츌입을 간딕로 못ᄒᆞᄂᆞ이다."

뉴부인이 쳥파의 아연(啞然) 딕경(大驚)ᄒᆞ여 묵연블어(默然不語)ᄒᆞ니, 됴틱비 낼호여
탄 왈,

"쇼년남아(少年男兒)의 풍뉴호신(風流豪身)이 녜ᄉᆡ라. 긔 무ᄉᆞᆷ 깁흔 넘녀리오. 현뎨
와 질녀ᄂᆞᆫ 과도히 넘녀치말나."

뉴부인은 침음 묵묵ᄒᆞ고 셕부인은 쳐연(悽然) ᄉᆞᄉᆞ(謝辭)홀 ᄲᅮᆫ이니, 평졔왕이 광미
봉안(廣眉鳳眼)의 미(微)ᄒᆞᆫ 우음을 머금고, 셕공을 도라보아 잠간 웃고 뉴틱부인을 향
ᄒᆞ여 넘슬공경(斂膝恭敬) 왈,

---

760)알연(戛然) : 학의 울음소리 따위가 맑고 아름다움. 또는 악기 소리가 맑고 은은함.
761)낭장(朗暲) : 성격 따위가 맑고 밝아 구김살이 없음.

"셕낭은 당셰의 풍뉴걸시(風流傑士)라. 두스인(杜舍人)의 풍치(風彩) 잇습거늘, 쇼싱이 잔미흔 쇼녀롤 가져 【31】 외람이 진진(秦晋)의 조흐믈 미줏습더니, 약녜(弱女) 셩졍이 혼암(昏暗) 노둔(魯鈍)ᄒᆞ여 능히 풍뉴군즈(風流君子)롤 진압지 못ᄒᆞ고, 셰광이 년쇼 호신으로 쇼년 부뷔 셔로 견과(見過)ᄒᆞ미 잇ᄂᆞᆫ가 시브옵거니와, 이 듸단흔 허믈이 아니옵거늘, 셕형이 과도히 치쥑(治責)ᄒᆞ여 부즈의 화긔롤 상히온가 ᄒᆞ옵ᄂᆞ니, 녀셰(女壻) 니러틋 져의 가졍의 득죄ᄒᆞ여 용납지 못ᄒᆞ오니, 그 쳐지 엇지 안연ᄒᆞ리잇고? 시고로 녀이 쏘흔 존부(尊府) 일긔 환가ᄒᆞ시믈 알오듸 슈히 존젼의 알현치 못ᄒᆞ미로소이다."

뉴부인이 미급답(未及答)의 녕능휘 안싴이 싁싁ᄒᆞ여 왈,

"쥭쳥은 엇지 니런 말을 ᄒᆞᄂᆞ뇨? 셰광은 블 【32】 초픽즈(不肖悖子)라. 아뷔 이시믈 아지 못ᄒᆞ거든 ᄒᆞᄆᆞᆯ며 쳐지 이시믈 엇지 알니오. 싱이 무상ᄒᆞ여 즈식을 어지리 나하 가ᄅᆞ치지 못흔 연고로, 슉녀현부의 평싱이 쾌치 못ᄒᆞ니, 졍히 쥭쳥 보믈 붓그리고 현부의 일싱을 앗기거늘, 쥭쳥이 어이 의외지언(意外之言)을 만히 ᄒᆞᄂᆞ뇨? 속어의 '쥬언(晝言)은 문조(聞鳥)ᄒᆞ고 야언(夜言)은 문셔(聞鼠)흔다' ᄒᆞ니, 쥭쳥의 ᄉᆞ실지언(私室之言)이 픽즈의 귀의 들니면 더욱 방즈치 아니리오. 원컨듸 쥭쳥은 ᄉᆞ즁(寺中) 니괴(尼姑) 슬며 궐즁 궁녜 이실 거시 아니니, 녕아로써 일싱 직녀(織女)의 고단을 감심케 홀지언졍, 블초즈로써 그 쇼텬(所天)으로 아지말고, 부도롤 【33】 젼폐ᄒᆞ나 싱이 쏘흔 허믈치 아니리라."

셜파(說罷)의 긔위(氣威) 싁싁ᄒᆞ고 안싴이 참엄ᄒᆞ니, 뉴부인은 더욱 구연(懼然)ᄒᆞ여 말이 업고, 녕능공 부인은 아연 변싴ᄒᆞ여 봉관(封冠)을 숙여 묵연ᄒᆞ니, 졔왕이 뉴부인 모녀의 심스를 혜아리고, 본셩이 관홍인즈흔지라, 뉴부인 거동을 우이 너기나 셕공의 과격흔 언스로 조ᄎᆞ 윤부인의 과도히 무안흔 거동을 가셕ᄒᆞ여, 믄득 너그러이 웃고 프러 니ᄅᆞ듸,

"셕형과 쇼데ᄂᆞᆫ 본듸 범연흔 인친이 아니라, 고인은 지긔롤 맛나미 일셕지간(一夕之間)의도 허심(許心)ᄒᆞ니, ᄒᆞᄆᆞᆯ며 우리 냥인은 쇼년의 다 이 집의 모다 한가 【34】 지로 입막지빈(入幕之賓)762)이 되고, 후의 다시 즈녀롤 가져 밧고나 겹겹 인친지졍(姻親之情)이 그 엇지 범연ᄒᆞ며, 우데 평일 현공(賢公) 알오믈 명달군즈(明達君子)오 식니장부(識理丈夫)로 아랏더니, 금일지언(今日之言)을 드ᄅᆞ니 무식흔 필부로 다ᄅᆞ미 업도다. 녕낭이 비록 년쇼호방ᄒᆞ여 셩문유도(聖門儒道)롤 어긔오미 만흐나, 셩인이 허(許)ᄒᆞ스듸 사ᄅᆞᆷ이 쳐음이 그ᄅᆞ나 다시 곳치미 이신즉, 몬져 어진 즈의 낫다ᄒᆞ니, 녕낭이 쏘한 호일방탕(豪逸放蕩)ᄒᆞ미 흠ᄉᆞ(欠事)나 본셩○[은] 총명흔 아희니, 반ᄃᆞ시 허믈을 곳친즉 한낫 지ᄉᆞ인걸(才士人傑)이 되리,니 엇지 그 부형의 쇼활(疎豁) 쥰 【35】 급(峻急)

---

762)입막지빈(入幕之賓) : 잠자는 휘장 안으로까지 들어오는 손님이라는 뜻으로, 사위 또는 특별히 가까운 손님을 이르는 말.

《ᄒᆞ미∥흠》의셔 낫지 아니ᄒᆞ리오."

진왕이 니어 짐짓 잠쇼(暫笑) 칭지(稱之) 왈,

"뎡형의 말ᄉᆞᆷ이 금옥졍논(金玉正論)이라. 셰광이 과연 그 부형의셔 나흔 아희어날, 셕형이 미양 너모 나모라 ᄒᆞ니 엇지 이닯지 아니리오. 셕ᄌᆞ(昔者)의 고슈(瞽瞍)763)도 슌(舜)764)을 나모라 ᄒᆞ니, 더욱 시쇽(時俗)을 니ᄅᆞ랴."

셕공이 쳥파의 어히업셔 무장ᄃᆡ쇼(撫掌大笑)765) 왈,

"듁쳥의 의논은 져기 ᄉᆞ쳬(事體) 과연(果然)ᄒᆞᆫ 듯ᄒᆞ거니와, ᄉᆞ원의 광망(狂妄)ᄒᆞᆫ 말은 가위 우치(愚痴)로다. 닉 비록 용녈ᄒᆞ나 고슈(瞽瞍)의 완포(頑暴)ᄒᆞ미 이시며, 셰광이 더욱 말셰의 비부탕ᄌᆞ(鄙夫蕩子)어늘, 외람이 고ᄌᆞ셩인(古者聖人)766)의 비겨 셩인의 일흠을 욕되게 【36】ᄒᆞᄂᆞ뇨?"

진왕이 미쇼ᄒᆞ고 다시 슈작고져 ᄒᆞ더니, 믄득 외당의 하긱(賀客)이 이음ᄎᆞ 진왕을 쳥ᄒᆞ니, 평졔왕과 녕능후 하승상 등이 드듸여 닉당의 하직ᄒᆞ고, 진왕과 한가지로 외당으로 나아가더라. 동졔공 뎡현긔 오곤계와 혜션도위 하몽닌의 ᄉᆞ곤계 다 니ᄅᆞ러 각각 외왕모를 뵈오며, ᄌᆞ부인(慈夫人)을 문후ᄒᆞ니, 원닉 졔왕비 의렬(義烈)과 하승상부인이 친안을 뵈오려 작일의 진궁의 모닷ᄂᆞᆫ지라. 각각 ᄌᆞ녜 조ᄎᆞ 니ᄅᆞ러시니, 그 아름다오믄 년셩보벽(連城寶璧) 갓고, 아들은 위거(位居) 공후왕상(公侯王上)767)이며 쳥ᄉᆞ명환(靑史名宦)768)이오, ᄯᆞᆯ은 명부복식(命婦服色)으【37】로 위의(威儀) 쳬쳬(棣棣)ᄒᆞ거늘769), 셕공 부인은 다만 ᄉᆞ녜(四女) 조ᄎᆞ 니ᄅᆞ러시나, 일ᄌᆞ 셰광이 호일방탕(豪逸放蕩)ᄒᆞ여 뎡쇼져로 금슬(琴瑟)이 크게 블화(不和)ᄒᆞ고 쳥누쥬식(靑樓酒色)의 쥬야 잠겨시ᄃᆡ, 셕공이 쳐음은 다 아지 못ᄒᆞ고, 아직 혹 쳐가의 가 머므ᄂᆞᆫ가도 ᄒᆞ며, 진궁의 가 머므ᄂᆞᆫ가 ᄒᆞ엿더니, 최후의 알오미 되여 드듸여 잡아다가 팔십장을 밍타ᄒᆞ여, 원즁(園中) 벽실(僻室)의 깁히 가도고, 만일 회과ᄌᆞ쳑(悔過自責)지 아닌 젼은 부ᄌᆞ(父子) 싱닉(生來)의 보지 아닐 줄을 일너 가도니, 뎡쇼졔 비록 가부의 그른 줄을 모로지 아니ᄒᆞ고, 엄구(嚴舅)의 쳐치 당연ᄒᆞᆷ을 모로미 아니로ᄃᆡ, 싱이 죄루의 쳐ᄒᆞ【38】여 엄교즁(嚴敎中) 이시니, 녀ᄌᆞ의 도리 능히 안연치 못ᄒᆞ여 단장을 폐ᄒᆞ고, 비실(鄙室)의 나려 죄를 쳥ᄒᆞ고 구고존당의 신혼셩졍(辰昏省定)도 폐ᄒᆞ여, 즁인공회(衆人公會)의 츌입지 아니

---

763) 고슈(瞽瞍): 중국 순임금의 아버지의 별명. 어리석어 아들 '순(舜)'을 죽이려했기 때문에 이 '고수(瞽瞍)' 곧 '눈먼 노인'이란 별명이 붙여졌다 한다.

764) 슌(舜): 순임금. 중국 고대 성군(聖君)의 한사람으로 효자(孝子)로 추앙받는 인물. 성은 우(虞)·유우(有虞). 이름은 순(舜) 또는 중화(重華). 요(堯)임금의 뒤를 이어 천하를 잘 다스려 태평 시대를 이루었다.

765) 무장ᄃᆡ쇼(撫掌大笑): 손뼉을 치며 크게 웃음. =박장대소(拍掌大笑).

766) 고ᄌᆞ셩인(古者聖人): 옛 성인(聖人).

767) 공후왕상(公侯王上): 황제가 다스리는 나라의 관작(官爵) 가운데 최고위 작위(爵位)인 왕작(王爵)과 공작(公爵) 후작(侯爵)을 아울러 이르는 말. *왕상(王上); 왕(王)의 높임말.

768) 쳥ᄉᆞ명환(靑史名宦): 역사에 남을 중요한 벼슬.

769) 쳬쳬(棣棣)ᄒᆞ다: 행동이나 몸가짐이 너절하지 아니하고 깨끗하며 트인 맛이 있다.

ᄒ더라.

윤부인이 가부(家夫)의게 갓득 무광(無光)ᄒᆫ 신세 더욱 빗치 업셔 쥬야 슬허ᄒ니, 다만 위로ᄒ는 빅 스네라. 뎡·셕·하 삼공이 나가미, 뉴부인이 녀아의 손을 잡고 하루 왈,

"슈한슈원(誰恨誰怨)이리오. 도시 우리 모녀의 젹앙(積殃)이 심즁(深重)ᄒ미로다."

셕부인이 쳐연 탄식ᄒ여 말이 업스니, 조틱비와 의렬비 직삼 위로ᄒ고 하승상 부인이 유화ᄒᆫ 말숨으로 모형(母兄)을 위로 왈,

"츳역 운쉬라. 세광이 본딕 년【39】쇼호방ᄒ나 총명ᄒᆫ 아희니 엄부형(嚴父兄)의 교훈의 회과칙션이 더딕지 아닐거시오. 뎡질부는 더욱 명문네가(名門禮家)의 현부(賢婦) 싱훈(生訓)이라. 직용(才容)이 초셰(超世)ᄒ고 셩덕(聖德)이 츌인(出人)ᄒ니, 반드시 호방ᄒᆫ 가부를 진졍(鎭靜)ᄒ여 종시의 복녹이 무량(無量)ᄒ며, 져졔 필경은 효ᄌ현부의 영효를 바드시리니, 엇지 사롬의 젼졍을 미리 예탁(豫度)홀 거시라, ᄌ졍(慈庭)과 져졔(姐姐) 과도히 근심ᄒ시ᄂ니잇고?"

뉴부인이 츳녀의 말을 듯고 역쇼역탄(亦笑亦嘆) 왈,

"너는 다복지인(多福之人)이라. 유복(有福) 쇼치(所致)로 말숨이 다 비로스미어니와, 여형(汝兄)의 신세는 실노 당초붓터 쾌치 못ᄒ니, 본딕 박명ᄒᆫ 신세 【40】쇼텬(所天)의 ᄠᅳᆺ을 일헛고 ᄌ식이 광픽(狂悖)ᄒ니 필경을 어이 바라리오."

제왕비 의렬이 위로 왈,

"셕져졔 초의 박명이 흠ᄉ(欠事)나 이졔 ᄌ녀를 두어 며느리 용속(庸俗)지 아니니, 필경 계활(契活)이 ○○[엇지] 남만 못홀 거시라, 슉뫼 과도히 넘녀ᄒ시ᄂ니잇고? 세광의 쳐는 비록 쇼질이 나치 아녀시나, 쇼질이 그 ᄌ모의 모쳠(冒忝)ᄒ여 엇지 ᄌ식의 현우를 아지 못ᄒ리잇가? 녀아는 진실노 단슉(端肅)ᄒᆫ 가인(佳人)이오, 복녹이 가즌 아희니, 져희 부뷔 맛춤ᄂᆡ 져져 슬하의 블효를 ᄭᅵ치지 아니리이다."

뉴부인 모네 기리 탄식ᄒ여 말이 업더라. 윤상부 합문 상히 다시 모다 화긔 늉늉ᄒᆫ 【41】가온딕나, 시식(時事) 변역(變易)ᄒ여 위틱비 관세(捐世)770)ᄒ고 구픽(婆) 닛지 아니ᄒ니, 가즁 상히 즐기는 가온딕나 미양 존당을 츄모(追慕)ᄒ며 구파를 싱각ᄒ여 흥미 져삭(沮索)771)홀 젹이 만터라. 뎡·진·남·화 ᄉ비와 제부인의 지셩현효(至誠賢孝)로뼈 동긔ᄌ민(同氣姉妹) 악슈상봉(握手相逢)의 비희(悲喜) 교집(交集)ᄒ믈 ᄆᆞᆺ지 아녀 알니러라.

날이 어둡도록 합문(閤門) 제인(諸人)이 한당의 니회(離懷)를 일ᄏᆞᆺ더니, 명조의 진왕 곤계 ᄌ질을 거느려 궐하의 슉ᄉ(肅謝)ᄒ고 각각 옛 벼슬의 나아가 찰직(察職)ᄒ니 국식(國事) 날노 션졍(善政)ᄒ더라.

---

770)관세(捐世) : '세상을 버리다'는 뜻으로 '죽음'을 이르는 말. =연세(捐世)
771)져삭(沮索) : 기가 꺾이다. 흥미나 관심 따위가 없어지다.

이쎠 어ᄉ틴우 동궁시독(東宮侍讀) 윤창닌이 실즁의 ᄉ부인을 두니, ᄉ비 경난아 갓흔 뉴는 인즁지말(人中之末)이니 의논 【42】ᄒᆞ여 쓸딘 업거니와, 원비 엄시ᄂᆞᆫ 잠영딘가(簪纓大家)의 화벌명예(華閥名裔)772)오 동오왕의 쳔금쇼교(千金小嬌)로 동창후 윤후셩의 ᄎᆞ비 엄시로 일쌍농쥬(一雙弄珠)로딘, 귀코 죤ᄒᆞ미 금지여엽(金枝餘葉)으로 상하치 아니ᄒᆞ고, 하늘의 타난 바 용모의 찬연ᄒᆞᆷ과 셩덕의 초츌ᄒᆞ미 한갓 금고(今古)의 쒸여날 ᄲᅮᆫ 아니라, 더욱 쇼엄시(小嚴氏)의게 밋쳐ᄂᆞᆫ 용안(容顏)의 슈이(秀異)ᄒᆞᆫ 지앙을 바드미 혹과(酷過)773)ᄒᆞ여 강보시(襁褓時)의 관학 흉노의 블츙블의(不忠不義)ᄒᆞᆫ 연고로 텬뉸(天倫)을 실셔(失緒)ᄒᆞ고 타문쳔녀(他門賤女)의 흑양(慉養)ᄒᆞ미 되어, 맛춤닌 윤어ᄉᆞ의 시쳡항(侍妾行)의 츙슈(充數)ᄒᆞ여, 기간 허다(許多) 만상긔고(萬象奇苦)를 갓초 격거, 하마면 옥이 바아지고 향이 ᄉᆞ라질 번ᄒᆞᆫ 가온딘, 힝혀 양희와 니유 【43】인(孺人)774) ᄲᅡᆼ셤의 보호ᄒᆞᄆᆞᆯ 닙어, 허다(許多) 위화(危禍) 가온딘 잔명을 보젼ᄒᆞ여 그 부친 오왕이 텬조의 조회ᄒᆞ라 드러왓다가, 관학 흉노를 잡아 ᄎᆞᄎᆞ 근파(根派)를 ᄎᆞᆽᄌᆞ 텬뉸을 단췌(團聚)ᄒᆞ고, 다시 뉵녜빅냥(六禮百輛)으로 윤어ᄉᆞ의 원비의 도라오니, 엄쇼졔 바야흐로 텬뉸이 단합ᄒᆞᆷ과 골육동긔 일가(一家)의 모다 안항을 비기니775) 져기 한이 플니나, 오히려 모후(母后)의 음용(音容)이 만니 이국을 즈음ᄒᆞ여, 싱니ᄉᆞ별(生離死別)의 아득ᄒᆞ미 유명(幽明)의 격(隔)ᄒᆞᆷ과 다ᄅᆞ지 아니ᄒᆞ니, 이 엇지 효녀의 쳔고활별(千古活別)의 《국텬∥궁텬》유한(窮天遺恨)776)이 《밋치이지 아니홀∥밋칠》 조각이 아니리오.

그러나 오왕이 삼년 일조(一朝)의 형뎨부녜 단회(團會) 【44】ᄒᆞ미 왕왕(往往)ᄒᆞ고 낭엄시 빅부 엄틴ᄉᆞ 부즁을 친당(親堂)갓치 왕닌ᄒᆞ여 부녀의 늣기ᄂᆞᆫ 졍을 슉부모긔 완젼(完全)ᄒᆞ더니, ᄎᆞ시 엄공ᄌᆞ 창의 ᄌᆞᄂᆞᆫ 긔빅이니 엄틴ᄉᆞ의 계ᄌᆞ(繼子)오, 동오왕의 ᄎᆞ지라. 창의 위인이 경ᄌᆞ옥골(瓊姿玉骨)777)이오 슈구금심(繡軀錦心)778)이라. 빗난 문장은 소동파(蘇東坡)779)의 지나고, 츙텬셩효ᄂᆞᆫ 증ᄌᆞ(曾子)780) 왕상(王祥)781)의 지나

---

772)화벌명예(華閥名裔) : 세상에 알려진 높은 문벌의 뛰어난 후손.
773)혹과(酷過) : 가혹하리만큼 지나치게 과도함.
774)유인(孺人) : ①생전에 벼슬하지 못한 사람의 아내. ②조선 시대에, 구품 문무관의 아내에게 주던 외명부(外命婦)의 품계.
775)비기다 : 비스듬하게 기대다. 의지하다.
776)궁텬유한(窮天遺恨) : 하늘에 사무칠 만큼 큰 한.
777)경ᄌᆞ옥골(瓊姿玉骨) : 옥같이 아름다운 외모와 골격.
778)슈구금심(繡軀錦心) : 몸과 마음이 비단에 수를 놓은 것처럼 아름다움.
779)소동파(蘇東坡) : 중국 북송의 문인 소식(蘇軾). 1036~1101. 자는 자첨(子瞻). 호는 동파(東坡). 당송 팔대가의 한 사람으로, 구법파(舊法派)의 대표자이며, 서화에도 능하였다. 작품에 <적벽부>, 저서에 ≪동파전집(東坡全集)≫ 따위가 있다.
780)증자(曾子) : 이름은 삼(參), 자는 자여(子輿). 중국 노나라의 유학자. 공자의 덕행과 사상을 조술(祖述)하여 공자의 손자인 자사(子思)에게 전하였다. 후세 사람이 높여 증자(曾子)라고 일컬었으며, 저서에 ≪증자≫, ≪효경≫ 이 있다.
781)왕상(王祥) : 184-268. 중국 삼국-서진 시대의 관료. 효자. 자는 휴징(休徵). 서주 낭야국(琅琊國) 임

니, 일즉 강보초(襁褓初)의 그 양부(養父) 엄틱시 즈셩(子星)782)이 단박(短薄)ᄒᆞ여 부인 최시긔 다만 냥녀를 두고 다른 즈녜 업ᄂᆞᆫ 고로, 드듸여 공즈를 츌계(出系)783)ᄒᆞ니, 공지 양모 슬하의 잇셔, 친싱고비(親生考妣)를 만니 이국의 영결ᄒᆞ여 화조월셕(花朝月夕)의 ᄉᆞ친지회(思親之懷) 가업스나, 요힝 동긔냥【45】ᄆᆡ(同氣兩妹) 다 윤부의 위금(委禽)784)ᄒᆞ여 남ᄆᆡ 삼인이 셔로 회포를 난홀 적이 만흐니, 오국군의 즈녀 삼인의 초츌ᄒᆞᆫ 지덕을 비로셔785) 지앙을 빌니시ᄂᆞᆫ 고로, 엄틱시 비록 공즈 ᄉᆞ랑이 과도ᄒᆞ여 오히려 친싱 녀아의 지나게 ᄒᆞ나, 양모 최부인은 크게 늬외 갓지 아닌지라. 은악양션(隱惡佯善)을 위쥬(爲主)ᄒᆞ여 틱ᄉᆞ 보ᄂᆞᆫ 듸ᄂᆞᆫ 공즈 ᄉᆞ랑이 간간체체(懇懇棣棣)ᄒᆞ여 친싱의 지나게 ᄒᆞ나, 틱시 업ᄂᆞᆫ 쎄면 미스의 가췩(苛責)지 아닛ᄂᆞᆫ 날이 업스니, 약장연심(弱腸軟心)이 날노 져식(沮塞)ᄒᆞ나 흐르ᄂᆞᆫ 셰월노 조츠 장셩슈미(長成秀美)ᄒᆞ미 시일노 더ᄒᆞ니, 임의 나히 십ᄉᆞ셰라. 늠늠ᄒᆞᆫ 풍칙 당셰의 옥인군지(玉人君子)라.

틱【46】시 공즈의 장셩ᄒᆞᄆᆞᆯ 깃거 밧비 슉녀를 퇵ᄒᆞ여 작쇼(鵲巢)786)의 즈미를 보고져 홀ᄉᆡ, 그윽이 윤·하·뎡 삼부 졔쇼져를 유의ᄒᆞ여 구ᄒᆞ더니, 이쩍 진왕의 ᄎᆞ녀 월화쇼져의 즈ᄂᆞᆫ 즈옥이니 원비 뎡슉녈의 장녀라. 모비의 교즈션풍(嬌姿仙風)을 오로지 픔슈(稟受)ᄒᆞᆫ지라. 년급십ᄉᆞ(年及十四)의 빅틱(百態) 긔려(奇麗)ᄒᆞ여, 진왕의 ᄎᆞ녀 귀즁ᄒᆞᆷ믄 텬셩 밧긔 즈별ᄒᆞᆫ 졍이 잇고, 쇼졔 텬픔이 온화ᄒᆞ여 존당의 과이ᄒᆞ미 졔손의 즈별ᄒᆞ여, 조퇵비의 만금농쥬로 일가의 이경ᄒᆞ미 우히 업스니, 진왕이 본듸 엄공즈 창의 츌뉴(出類)ᄒᆞᆫ 지화(才華)를 유의ᄒᆞ미 잇던 고로, 이의 냥기 의논【47】ᄒᆞ여 졍혼ᄒᆞ니, 냥가 부뫼 듸희ᄒᆞ여 즉시 퇵일ᄒᆞ여 납폐문명(納幣問名)을 몬져 힝ᄒᆞ고, 동오왕의 ᄎᆞ년 츈말의 승조(承朝)ᄒᆞ기를 기다려 셩녜(成禮)ᄒᆞ려 홀ᄉᆡ, ᄎᆞ시 진왕의 ᄉᆞ부인 즈녀와 승상의 냥부인 즈녜 다 층층이 장셩ᄒᆞ여, 년년(年年) 가취(嫁娶)를 일울 거시로듸, 이 ᄉᆞ이 위틱비 삼상을 지니노라 ᄒᆞ니, 공즈 쇼져 등이 장셩ᄒᆞ니 만흔지라.

왕의 칠즈 경닌의 즈ᄂᆞᆫ 달춰니 ᄎᆞ비 진비의 졔삼지오 년이 십ᄉᆞ셰오, 팔즈 긔린은 년이 십신니 ᄉᆞ비 화시의 장지오, 구즈 의린은 달경이니 년이 십삼이니 삼비 남시의 ᄎᆞ지오, 십즈 희린의 즈ᄂᆞᆫ 달연이니, 년이 십이셰니 원【48】비 슉녈의 졔사지라. ᄉᆞ공지 다 동근일엽(同根一葉)으로 긔긔히 문장도덕이 초월(超越)ᄒᆞ여 공밍(孔孟)이 지좌(在坐)시나 하즈(瑕疵)치 못홀너라.

왕이 졔아(諸兒)의 일시의 장셩ᄒᆞᄆᆞᆯ 근심ᄒᆞ여 미부(美婦)를 퇵홀ᄉᆡ, 그러나 희린은

월화쇼져의 뎨남(弟男)인 고로 오왕이 밋쳐 니조(來朝)치 못ᄒ엿ᄂ 고로, 희린은 정혼ᄒ엿다가 녀아를 셩녜 후 입장ᄒ려 ᄒᄆ로, 여러 곳의 슉녀를 구ᄒ더니, 하승상 부인이 졔질의 츌뉴ᄒᄆᆯ 스랑ᄒ여 타문의 보닉기를 앗겨, 승상을 권ᄒ여 공의 삼비 경부인 추주 몽창으로 윤승상 녀아 옥화쇼져와 정혼ᄒ고, 희린으로 어ᄉ 하원상의 장녀 명강쇼 【49】져와 정혼ᄒ여, 우ᄒ로 졔공ᄌ 졔쇼졔 가혼(嫁婚)ᄒᆫ 후 지닉기를 계규(計揆)ᄒ더라.

경닌은 동궁셰마(東宮洗馬)787) 니환의 녀를 취ᄒ니, 니쇼져ᄂ 곳 졔왕 삼비 니비의 질녀라. 니쇼졔 ᄯ흔 싁덕이 겸비ᄒ여 경닌의 텬뎡가위(天定佳偶)니, 존당구괴 크게 스랑ᄒ고 공지 즁딕ᄒ더라. 긔린은 즁셔령 등우의 장녀를 취ᄒ고, 의린은 등즁셔의 ᄎ녀를 취ᄒ니, 등시 냥쇼졔 년광(年光) 십삼의 슉덕이 뇨조(窈窕)ᄒ여 각각 가부의 빵을 일치 아냣더라.

조믈(造物)이 ᄭᆡᄭᆡ 니러나 작희(作戱)ᄒᄂ지라. 이젹의 녀녀 슈졍이 봉암요도로 더부러 쳥션요리 죽은 후의 가만ᄒ 스졍(私情)을 몬져 통ᄒ고, 밤인즉 의연(依然)ᄒ 【50】 부뷔오, 낫인즉 요되 인가 노ᄎ환(老又鬟)의 복싁으로 요녀를 보호ᄒ니, 능시 부녜 엇지 알니오. 젼싱부녜 묘아를 보옥갓치 스랑ᄒ여 혼암ᄒ 관시랑의 텬뉸을 비러, 윤가의 인연을 다시 도모코져 ᄒ더니, 하늘이 ᄯ흔 요악(妖惡)을 돕지 아냐, 의외(意外)의 진궁의셔 위틱비 상ᄉ를 만나, 일기 하향ᄒ여 슈년만의 도라오니, 요녀 슈졍이 아연 실망ᄒ여 ᄭᅮ지져 왈,

"위가 노흉이 오릭도록 스다가 ᄯᅩ 엇지 나의 가긔를 희짓ᄂ뇨?"

이달나ᄒᆯ 마지 아니터니, 셰월이 여류ᄒ여 위틱비 삼상을 지닉고 졔윤이 겨오 상경ᄒ여, 요녜 졍히 딕계(大計)를 일우고져 ᄒᆯ 즈음의, 관 【51】 시랑이 홀연 ᄎ년(此年) 하말(夏末)의 녀역(癘疫)을 어더 죽으니, 능싱 부녜 다시 바랄거시 업고, 요녜 아연망극(啞然罔極)ᄒ여 스스로 통곡ᄒᄆᆯ 마지 아니니, 이 엇지 관시랑의 죽으믈 슬허ᄒ며 능싱 부녀의 의지업시 망지소위(罔知所爲)ᄒᄆᆯ 긍측(矜惻)ᄒ미리오. 실로 져의 쇼지(所遭) 험조(險阻)ᄒ여 딕시 슈히 일기 어려오믈 셜워ᄒ나, 묘랑의 슬허ᄒᄆᆯ 보니, 어린 아히 비록 친싱부뫼 아니나 져러틋 셜워ᄒ미 반ᄃ시 양부의 죽음을 슬허ᄒ미라 ᄒ여, 울며 위로ᄒ더니 능시 본딕 박복ᄒ미 무빵ᄒ지라. 약ᄒ 녀지 텬붕지통(天崩之痛)을 맛나니 능히 지보(支保)치 못ᄒᄂ 가온딕, 원비의 위엄을 두려 감히 가 【52】 부의 초상도 드러가 친집(親執)지 못ᄒ고, 외(外)오셔 셩복(成服)을 맛ᄎ니 각골이 셜움과 분ᄒ미 겸발ᄒ여, 인ᄒ여 병이 즁ᄒ여 인병치ᄉ(因病致死)ᄒ니, 능싱이 ᄉ회와 ᄯᆯ이 다 죽으니 더욱 망극ᄒ나 홀일업셔, 겨오 녀아를 입관셩복(入官成服)ᄒ딕, ᄯᅩ 감히 관부 션산의 드러갈 싱각을 못ᄒ여 제집 분산(墳山)의 뭇고 슬허ᄒᄆᆯ 니긔지 못ᄒ나, 녀이 죽은 후ᄂ 더욱 의지업셔 묘아를 진짓 손녀만 너겨 의거(依據)ᄒ여 셰월을

---

787)동궁셰마(東宮洗馬) : 고려 문종 때에, 동궁(東宮)에 속한 종오품 벼슬.

보닐ᄉᆡ, 묘이 심하의 우어 싱각ᄒᆞ되,

"닉 스스로 평싱계활을 계교ᄒᆞ노라 ᄒᆞ던 비, 도로혀 공연ᄒᆞᆫ 능시부부의 거상(居喪)을 닙으니, 닉 일이나 긔괴 가쇼롭지 【53】아니리오. 긔괴ᄒᆞᆫ 거상을 닉 부뫼 지당ᄒᆞ신딕 오릭 닙을 거시 아니니, 가히 계규(計規)로 농판 된 능노롤 달닉여 가쇼로온 거상(居喪)을 벗고, 젼졍계활(前程契活)을 쎨니 도모ᄒᆞᄂᆞᆫ 거시 올치 아니랴."

ᄒᆞ고, 일일은 능싱을 딕ᄒᆞ여 이루(哀淚)룰 나리와 왈,

"이제 부뫼 일시의 구몰(俱沒)ᄒᆞ시고 조뷔(祖父) 외로이 누실(陋室)의 벽쳐(僻處)ᄒᆞ샤, 싱업(生業)이 영졍(零丁)ᄒᆞ니 엇지 슬프지 아니ᄒᆞ며, 쇼녀의 신셰 무광ᄒᆞ미 장춧 엇더ᄒᆞ리잇고? 냥젼(兩全)ᄒᆞᆯ 도리룰 싱각ᄒᆞ미 조흐리로소이다."

능싱이 뉴쳬 왈,

"닉 ᄌᆞ유(自幼)로 빈한고초(貧寒苦楚)ᄒᆞ여 의지ᄒᆞᆫ 비 겨오 한 쏠이러니, 이제 말년의 팔지 긔박ᄒᆞ여 녀이 마ᄌᆞ 죽으니, 박명ᄒᆞᆫ 【54】늙으니 엇지 묘복다험(眇福多險)788)치 아니리오. 노인이 혼모ᄒᆞᆫ 졍신이 더욱 아득ᄒᆞ니 조흔 계교룰 싱각지 못ᄒᆞ노라."

요녜 눈셥을 찡긔고 긴말을 펴고져 ᄒᆞ거늘, 봉암이 가만이 눈을 흙긔여 왈,

"냥ᄌᆞᄂᆞᆫ 다ᄉᆞ(多事)ᄒᆞᆫ 말 말고 다만 나의 쳐치룰 보라."

ᄒᆞ고, 손으로 능싱을 가릭치며, ᄯᅩ ᄯᅡᄒᆞᆯ 가릭치거늘, 요녜 아라 듯고 미쇼ᄒᆞ고 말을 긋치더라.

ᄎᆞ야의 봉암요되 요녀와 획계ᄒᆞ고 능싱을 박살(撲殺)ᄒᆞ여 한 닙 초셕(草席)의 휘마라 건넌 굴형의 너코, 능가의 집의 잇셔 요녀와 의법(依法)○[ᄒᆞᆫ] 부뷔 되여 화락ᄒᆞ고, 타의(他意) 업스니, 슈졍이 날마다 울며 보치여 '만일 윤가의 다시 드러가지 못ᄒᆞ【55】면 결단코 죽으렷노라' 져히니, 봉암이 민망ᄒᆞ여 그윽이 계규룰 싱각ᄒᆞ더니, 이ᄯᅥ 동닌(同鄰)의 한 지상기 이시니 공부상셔 뉴앙의 집이라. 뉴상셰 아들이 업고 다만 냥녀룰 두어시니 다 졀식이라. 쟝녀 화협은 일즉 초방(椒房)의 승은(承恩)ᄒᆞ여 귀비(貴妃)되엿고, ᄎᆞ녀 화츈은 셩힝이 온슌ᄒᆞ고 용뫼 슈려ᄒᆞ더라.

뉴상셔부뷔 아들이 업고 냥녀룰 두어 지용이 니러틋 아름다오니, 부딕 상젹ᄒᆞᆫ 가셔(佳壻)룰 어더 신후(身後)룰 의탁고져 ᄒᆞ더니, 장녜 그릇 초방(椒房)789)의 승은(承恩)ᄒᆞ니 상셔부뷔 크게 이달나, 브딕 ᄎᆞ녀의 가셰(佳壻)나 상젹ᄒᆞᆫ 곳을 어더 일신 신후(身後)와 녀아의 평싱을 쾌히 ᄒᆞ고 【56】져 ᄒᆞ더니, 한님흑ᄉᆞ 즁셔령 윤몽닌의 옥인영걸지풍(玉人英傑之風)을 듯고 여러 번 구혼ᄒᆞ여 진왕의 허락을 엇지 못ᄒᆞ고, 심니(心裏)의 앙앙(怏怏)ᄒᆞ여 부인으로 상의ᄒᆞ여 글월을 닷가 딕닉의 보닉여, 쟝녀 뉴귀비

---

788)묘복다험(眇福多險) : 복력(福力)이 변변치 못하고 험(險)한 일을 많이 겪음.

789)초방(椒房) : 산초나무 열매의 가루를 바른 방이라는 뜻으로, 왕비가 거처하는 방이나 궁전, 또는 왕실 등을 이르는 말. 산초나무는 온기가 있고 열매가 많은 식물로서, 자손이 많이 퍼지라는 뜻에서 그 열매의 가루를 왕비의 방 벽에 발랐다.

룰 촉ᄒ여 ᄉ혼은지(賜婚恩旨)룰 어드니, 진왕이 디경(大驚) 블쾌(不快)ᄒ나 여러 번 ᄉ양ᄒ여 능히 엇지 못ᄒ니, 우우(憂憂)히 슈미(愁眉)룰 펴지 못ᄒ고, 즁셔ᄂᆞᆫ 두 쇼져의 용뫼 블미ᄒᆞᄆ을 실노 넘고ᄒ여 그윽이 직취의 ᄯᅳᆺ이 잇던 고로, 의외의 ᄉ혼은지룰 어드니 실노 깃브미 망외(望外)라.

부왕의 위엄을 두려 타연ᄒᆞᆷ을 낫ᄒᆞᄂᆞ나, 희식(喜色)이 현져ᄒ니 왕이 엇지 긔【57】식을 모로리오. 두시 본디 용뫼 블미(不美)ᄒ니, 아직 금슬이 미흡ᄒ다가 도금(到今)ᄒ여ᄂᆞᆫ 나히 ᄎᆞ고, 두시의 어진 덕을 감동ᄒ여 부뷔 화락ᄒ여 임의 냥지이시니 져기 근심을 니졋던 바로ᄡᅥ, 이졔 ᄉ혼은지 ᄂᆞ려 뉴상셔 녀아와 셩혼ᄒ라 ᄒᆞ시니, 요ᄒᆡᆼ져 뉴시 어질면 ᄒᆡᆼ(幸)이어니와 블ᄒᆡᆼᄒ여 어지지 못ᄒ면 즁셔의 가시 어ᄌᆞ러올가 넘녀ᄒ니, 승상이 미쇼 왈,

"형장은 무익지ᄉ(無益之事)룰 넘녀 마ᄅᆞ쇼셔. 봉닌이 비록 블통고집(不通固執)ᄒᆞᆫ 듯ᄒ나 질뷔 현쳘슉뇨(賢哲淑窈)ᄒ여 지앙이 업ᄉᆞᆫ 아희니, 한 뉴시 아녀 빅미인과 쳔요만괴(千妖萬怪) 모힌다 ᄒ여도, 질【58】부 신상은 무ᄒᆡᄒ리니 형장은 믈우쇼려(勿憂消慮)ᄒ쇼셔."

즁셔ᄂᆞᆫ 그윽이 뉴쇼져의 현부(賢否)룰 죄오니, 아지 못게라! ᄎᆞ시 ᄒ여오?

봉암요뫼 이 긔미룰 알고 깃거 가만이 요녀룰 가ᄅᆞ쳐 셜계(設計)ᄒᆞᆷ을 그윽이 ᄒ엿더니, 이ᄯᅥ 진궁의셔 비록 원치 아니나 은명(隱名)이 계시니 감히 만홀(慢忽)치 못ᄒ여, 뉴가의셔 길긔룰 보ᄒᆞᄆ로 조ᄎᆞ 혼슈(婚需)룰 셩비ᄒᆞᆯᄉᆡ 두쇼졔 즁셔의 길의(吉衣)룰 친집ᄒ여 조금도 블호지식(不好之色)이 업ᄉᆞ니, 존당구괴 크게 긔특이 너기고 즁셰 그 셩덕을 항복ᄒ여 은의(恩誼) 즁ᄒ더라.

오릭지 아녀 길일이 다드라 뉴쇼져를 【59】마ᄌ 도라올ᄉᆡ, 뉴부의셔 쏘ᄒᆞᆫ 혼슈룰 셩비ᄒ여 디연을 기장(開場)ᄒ고 졍히 신낭을 기다리더니, 이윽고 신낭이 니ᄅᆞ러 젼안지녜(奠雁之禮)룰 파ᄒᆞ민, 신뷔 셩장옥틱(盛裝玉態)로 구슬덩의 오르니, 즁셰(中書) 금쇄(金鎖)룰 드러 봉교(封轎) 상마(上馬)ᄒ여, 부즁(府中)의 도라와 쳥즁의셔 독좌(獨坐)[790]ᄒ고 'ᄌᆞ하상(紫霞觴)을 난호민'[791] 신낭이 밧그로 나가니, 신뷔 폐빅을 밧드러 존당구고긔 비헌(拜獻)ᄒ니, 신부의 옥안운빈(玉顔雲鬢)이 요라(姚娜)ᄒ여 복덕이 가죽ᄒᆞ디, 믄득 미간(眉間)의 푸른 긔운 한 줄기 니러나 지앙이 명명ᄒ니, 범안(凡眼)은 그 지앙의 급ᄒᆞᆷ을 아지 못ᄒ나[여], 다만 용안식광(容顔色光)의【60】슈미(秀美)ᄒᆞᆷ을 칭찬ᄒ여 위ᄒᆞ지셩(爲賀之聲)이 분분ᄒ니, 존당구고의 쳘견명식(哲見明識)이야 엇지

---

790)독좌(獨坐) : 독좌례(獨坐禮). 혼인례에서 대례(大禮)를 달리 이른 말. 즉 신랑과 신부가 대례를 행할 때 각각의 앞에 음식을 차려 놓은 독좌상(獨坐床)을 놓고 교배(交拜)·합근(合巹) 등의 의례를 행하는 것을 비유하여 쓴 말이다.

791)ᄌᆞ하상(紫霞觴)을 난호민 : 신랑신부가 대례에서 합근례(合巹禮; 신랑신부가 서로 술잔을 주고 받는 의식)를 행하는 것을 이르는 말. *ᄌᆞ하상(紫霞觴) : 자하주(紫霞酒). 자하동(紫霞洞) 신선들이 붉은 노을로 빚어 마신다는 술.

아지 못ᄒ리오.

벅벅이 디익(大厄)이 당젼(堂前)ᄒ엿는 쥴 디경ᄒ여 희긔(喜氣) 쇼삭(消索)ᄒ니, 제
긱이 크게 괴이히 너기더라. 신뷔 녜파의 두쇼져로 셔로 보게ᄒ니 신뷔 원비ᄅᆞᆯ 향ᄒ
여 공슈(拱手) 직비(再拜)ᄒᆫ디, 두쇼졔 쏘ᄒᆫ 쳔연 답녜ᄒ여 화긔 우희염 즉ᄒ니, 좌긱
이 크게 칭찬ᄒ고, 하승상부인이 칭찬 왈,

"봉닌의 두 안히 하나흔 덕이 잇고 하나흔 ᄉᆡᆨ덕이 가ᄌᆞ니, 이 엇지 봉질의 쳐복이
둣겁지 아니ᄒ리오."

좌위(左右) 년셩(連聲)ᄒ여 하부인 말ᄉᆞᆷ이 올타 ᄒ더라.

신【61】뷔 모든 졔ᄉᆞ금장(娣姒襟丈)792)○[과] 쇼고(小姑)로 녜필 좌졍의 참치(參
差)ᄒᆫ 픔복과 장장(鏘鏘)ᄒᆫ 옥결이 나죽ᄒ여, 상운(祥雲)이 녕녕(盈盈)ᄒ고 셔뮈(瑞霧)
몽몽(濛濛)ᄒ더라.

종일 진환(盡歡)ᄒ고 셕양의 제긱이 훗터지니, 신부 슉쇼ᄅᆞᆯ 영셜당의 졍ᄒ여 도라보
ᄂᆡ니, 시녜 뉵쇼져ᄅᆞᆯ 붓드러 혼졍지녜(昏定之禮)ᄅᆞᆯ 맛고 신방으로 도라가니, 초야의
쥼셰 부명을 니어 신방의 나아갈ᄉᆡ, 거름이 젼도(顚倒)ᄒ여 나아간 비, 이경(二更)793)
ᄉᆞ이의 엇지 쳔고흉변이 잇셔, 녹빙신인(綠鬢新人)794)은 누항(陋巷)의 ᄲᅥ러지고, 만고
(萬古) 간음찰녜(奸淫刹女) 완연이 요형ᄉᆞ골(妖形邪骨)○[을] 드러 옥인풍뉴랑(玉人風
流郎)의 종고금슬(鐘鼓琴瑟)795)을 져희(沮戲)ᄒᆯ796) 쥴 알니오.

윤싱이 신방의 나아가니, 【62】좌위(左右) 분분이 마ᄌᆞ 방즁의 드러가ᄆᆡ, 신뷔 단
의홍군(單衣紅裙)으로 쵹하(燭下)의 안즛다가 니러 마ᄌᆞ니, 쥼셰 눈을 드러 보니 이
엇지 독좌(獨坐) 합환(合歡)의 ᄃᆡ(對)ᄒ여 슉녀로 보던 비리오. 용안(容顔)이 가려(佳
麗)ᄒ나 미간(眉間)의 살긔(殺氣) 은은(隱隱)ᄒ고, 쳬지(體肢) 한아(閒雅)ᄒ나 표경(剽
輕)ᄒ여797) 셕상(夕上) 신부와 다ᄅᆞᆫ지라.

윤싱이 비록 쇼활(疎豁)ᄒ나 텬싱 지긔(才氣)는 부슉여풍(父叔餘風)이라. ᄆᆞᆫ득 화긔
쇼삭(消索)ᄒ여 믁연이 좌ᄅᆞᆯ 졍ᄒᄆᆡ, 냥구(良久) 예시(銳視)ᄒ여 그 거동을 살피니, 음
누비쳔(淫陋鄙賤)ᄒ여 졈졈 밤들ᄆᆡ 일신을 안졉지 못ᄒᄂᆞᆫ 거동이 현져ᄒ니, 싱이 더욱
블열ᄒ여 그 거동을 ᄎᆞ보고져 ᄒ여, ᄆᆞᆫ득 의딕【63】ᄅᆞᆯ 그르고 침상의 나아가ᄃᆡ 신부
ᄅᆞᆯ 도라보지 아니ᄒ고, 상의 누어 ᄌᆞ는 쳬ᄒ고 살피니 신뷔 엇지 알니오.

져ᄅᆞᆯ 아른 쳬 아니ᄒᄆᆞᆯ 보ᄆᆡ 져의 젹년신고(積年辛苦)ᄒᆞ미 '그린 ᄯᅥᆨ'798)이 된 쥴 이

---

792) 졔ᄉᆞ금장(娣姒襟丈) : 손위 손아래의 여러 동서(同壻)들을 통틀어서 이르는 말. '제(娣)'는 손아래 동
서, '사(姒)'는 손위 동서, 금장(襟丈)은 손위·손아래 구분 없이 동서를 이르는 말이다.

793) 이경(二更) : 밤 9시부터 11시 사이. 또는 '4시간 정도의 시간'(1경은 2시간).

794) 녹빙신인(綠鬢新人) : 푸른 귀밑머리의 신부.

795) 종고금슬(鐘鼓琴瑟) : 종과 북소리, 거문고와 비파소리가 잘 어울리는 것과 같이, 부부가 서로 화목하
여 즐거워하는 것을 이르는 말.

796) 져희(沮戲)ᄒ다 : 방해하다.

797) 표경(剽輕)ᄒ다 : ①몸이 가볍고 날래다. ②매우 경솔하다.

달나, 믄득 분앙흔 눈믈이 방방ᄒ여, 닉츠799) 늣기기를 마지아니니, 믄득 장외로 조츠 일기 청의(靑衣) 냥낭(養娘)800)이 《빗비∥밧비》 드러와 븟드러 위로 왈,

"《조져∥쇼져》는 조급히 구지말나. 힝혀 알니 이실가 두려ᄒ노라."

쇼졔 이 말을 듯고 브답ᄒ고 쇼리○[를] 삼켜 강잉코져 ᄒ나 능히 잘 춤기 어려워 ᄒᄂ는 거동이라. 싱이 희연경악(駭然驚愕)ᄒ여 혜오ᄃᆡ,

"닉 실노 쳐궁(妻宮)이 박ᄒ닷다. 져런 음녀는 찰하【64】리 츄쳐악쳡(醜妻惡妾)만 도 못ᄒ니, 셕상의 닉 보기를 잘못ᄒ여 첫눈의 미싴만 보앗더니, 신혼초야의 거동이 발셔 져러ᄒ니 이는 참측(慘-)흔801) 음녜로다. 두시 비록 외뫼 아름답지 못ᄒ나 극히 졍졍단일(貞正端壹)흔 녀ᄌ니, 이야 가히 슉녜랏다. 니러흔 쥴 아더면 황명 아녀 옥황 이 벽녁(霹靂)을 나리와 일신을 분쇄흔들 엇지 상의(上意)를 슌죵ᄒ리오."

ᄉᆞᄉ난녜(思思亂慮) 빅츨ᄒ여 더욱 잠이 곤흔 쳬ᄒ여 긔싴을 살피니, 요녀 ᄉᄃᆡ(師弟) 진실노 윤즁셰 ᄌᄂ는가 ᄒ여, 요녜 믄득 쳬읍 왈,

"ᄉ부야! 나의 젹년(積年) 묘계(妙計) 장촛 어ᄃᆡ 잇ᄂ뇨? 쳡이 두 번지 윤가의 드러와 죵시(終是) 계활이 구【65】추흔즉 다시 ᄉ라 무엇ᄒ리오."

그 냥낭(養娘)이 위로 왈,

"쇼져는 슬허 말나. 한 번 목메기로 《박∥밥》 먹기를 폐치 못ᄒᄂ니, 빈되 이시니 엇지 쇼져의 평싱을 도모치 못홀가 근심ᄒ리오. ᄌ고로 젹국(敵國)이라도 병갑을 다ᄉ려 셩도의 드지 못ᄒ면, 텬하를 도모키 어렵거니와, 쇼져는 임의 셩 안히 드러시니, 셕상(夕上)의 두시갓흔 ᄌᄂ는 반ᄃ시 병갑(兵甲)을 움즉이지 아녀, 속슈(束手) ᄃᆡ명(待命)ᄒ리니, 엇지 젼두(前頭)를 미리 근심ᄒ리오. 낭ᄌ의 쇼원 ᄃᆡ로 두시와 셰린과 셜시를 다 쇼졔(掃除)ᄒ여, 몬져 《슈원∥슉원(宿怨)》을 갑흔 후의, 봉닌 필뷔 죵시 미 몰ᄒ거든 바야흐로 모진 손씨를 움즉【66】여 봉닌을 죽이고, 졔윤을 쥬멸(誅滅)ᄒ여 ᄉ원(私怨)을 쾌히 ○[갑]ᄒ미 올흐니, 엇지 즐에802) 초젼(焦煎)ᄒ여 옥용(玉容)을 상(傷)히오리오."

요녜 진진(津津) 이읍(哀泣)ᄒ여 긔운이 막힐 듯ᄒ니, 봉암이 요녀의 므릅흘 년ᄒ고 손을 닛글미 스스로 음졍이 황홀ᄒ니, '아ᄌ(俄者)803)의 장외의 괴로이 업ᄃᆡ여, 져의 ᄉ랑ᄒᄂ는 미인을 윤싱의게 ᄉ양ᄒ여, 그 졍이 초ᄃᆡ(楚臺)804) 운우(雲雨)를 화홀 젹○

---

798)그린 쩍 : 그려놓은 떡. 그림의 떡. 아무리 마음에 들어도 이용할 수 없거나 차지할 수 없는 경우를 이르는 말.

799)닉츠다 : 내차다. 앞이나 밖으로 향하여 차거나 힘껏 밀어내다.

800)냥낭(養娘) : 양낭(養娘). 여자 종. 주로 혼인한 여종을 일컫는다.

801)참측ᄒ다 : 참으로 추악하다. '참+측ᄒ다'의 형태. *참; 참으로. 측ᄒ다 : 추악하다.

802)즐에 : 지레. 어떤 일이 일어나기 전 또는 어떤 기회나 때가 무르익기 전에 미리.

803)아ᄌ(俄者) : 아까. 조금 전, 이전, 지난번, 갑자기.

804)초대(楚臺) : 중국 전국시대 초양왕(楚襄王)이 꿈에 무산신녀(巫山神女)를 만나 운우지정(雲雨之情)을 나눴다는 누대 이름.

[은], 춤아 익닯고 분ᄒᆞ여 엇지 보리오' ○○[ᄒᆞ여], 흉장(胸臟)이 분분(忿憤)터니, 져 윤싱의 닝낙(冷落)ᄒᆞᆫ 거동을 보니, 이 져의 복(福)인 듯, 연망이 드러가 빅단 위로ᄒᆞ며 스스로 졍을 니긔지 못ᄒᆞ여, 믄득 닛글어 장외(帳外)의 나아가 금병(錦屛)을 즈음ᄒᆞ여 크게 음난(淫亂)ᄒᆞ니, 더러【67】온 졍튀 블가형언(不可形言)이라.

윤싱이 그 시종을 다 보고 드릭믹 크게 괴이히 너기고, 윤가의 두 번 드러오노라 말과 요도의 나종 윤시를 어육(魚肉)ᄒᆞᆺᄒᆞᆯ 믈 드릭니, 그 어인 곡졀이며 엇던 요인(妖人)이믈 아지 못ᄒᆞ나, 요악 흉피ᄒᆞᆫ 언단(言端)을 딕경딕로(大驚大怒)ᄒᆞ여, 곳{의} 잡아 나리와 죄를 뭇고져 ᄒᆞ다가, 그 시종(始終)과 근각(根脚)805)을 치 아지 못ᄒᆞ니, 더욱 잠이 즁(重)ᄒᆞᆫᄃᆞ시 ᄒᆞ여 살피더니, 믄득 셔로 닛그러 장 밧그로 나가는 거동이 흉히(凶害)ᄒᆞ니, 싱이 의괴(疑怪) 막측(莫測)ᄒᆞᆫ 의심이 밍동(萌動)ᄒᆞ여 가만이 니러 상 밋히 가 슬피니, 과연 그 쳥의 냥낭즈(養娘者)는 녀지 아니라. 일기 호쥰(豪俊)ᄒᆞᆫ 남지니, 그 녀즈【68】를 닛그러 냥졍(兩情)이 교합(交合)ᄒᆞᄆᆡ 흉음(凶淫)ᄒᆞᆫ 거동이 춤아 군즈의 졍시치 못ᄒᆞᆯ 비라.

싱이 딕경딕로ᄒᆞ여 싱각ᄒᆞ되,

"이 음녀(淫女)는 하등지인(何等之人)이완ᄃᆡ 감히 니런 음측(淫-)806)ᄒᆞᆫ 계규로 오문을 어즈러이려 ᄒᆞᄂᆞᆫ고, 가히 즉긱의 형젹(形跡)을 판단ᄒᆞ여 음녀와 흉한의 머리를 버혀 그 음악흉피(淫惡凶悖)ᄒᆞᆫ 죄를 다亽리고 셩셰풍화(聖世風化)를 묽히리라."

ᄒᆞ더니, 믄득 ᄯᅩ 드릭니 그 남지 왈,

"낭즈는 젼졍을 조금도 넘녀 말나. 빈되(貧道) 호풍환우(呼風喚雨)ᄒᆞᄂᆞᆫ 직조와 쳔변만화(千變萬化)의 신긔ᄒᆞᆫ 직죄 이시니, 엇지 낭즈의 원(願)을 일워 윤가를 어육(魚肉)지 못ᄒᆞᆯ가 근심ᄒᆞ리오."

ᄒᆞ거늘, 싱이 쳥파의 ᄯᅩ 환술(幻術)ᄒᆞᆫ【69】ᄂᆞᆫ 요인인 쥴 알고 딕경ᄒᆞ여 싱각ᄒᆞ되,

"원닉 환술ᄒᆞᄂᆞᆫ 요인이랏다. 닉 져긔 잘○[못]ᄒᆞ더면 요인을 일흘낫다. 비록 음악흉피ᄒᆞᆫ 거동이 분히(憤駭)ᄒᆞ나, '쇼블인즉난딕뫼(小不忍則難大謀)'807)라 ᄒᆞ니, 져근덧 춤아 날이 시기를 기다려 딕인과 계부게 고ᄒᆞ여 쳐치ᄒᆞ시믈 쳥ᄒᆞ리라."

ᄒᆞ고, 거름을 두로혀 누엇던 곳의 와 즈는 쳬ᄒᆞ더니, 이윽고 음녜 홀노 드러와 안줏던 즈리의 곳쳐 《앗는∥안는》지라. 싱이 더럽고 아니쏘오믈 니긔지 못ᄒᆞ여, 근본은 아지 못ᄒᆞ고 뉵상셔의 무상ᄒᆞ믈 가만이 ᄭᅮ짓더니, 아이오 쳘괴(鐵鼓)808) 늄늄ᄒᆞ고809) 계셩(鷄聲)이 악악ᄒᆞ니810), 싱이 번연동신(飜然動身)ᄒᆞ여 음녀를 도라【70】보지 아

---

805)근각(根脚) : ①'뿌리와 다리'를 함께 이른 말로, 어떤 일의 '근거'나 '기미'를 뜻하는 말. ②조선 시대에, 죄를 범한 사람의 죄상·이름·생년월일·인상 및 그의 조상에 관한 사항을 기록한 표.
806)음측(淫-) : 음란하고 추악함.
807)쇼블인즉난딕뫼(小不忍則難大謀) : 작은 일을 참지 못하면 큰 꾀를 이룰 수 없다.
808)쳘괴(鐵鼓) : 쳘고(鐵鼓.). '쇠북'을 한자로 옮긴 말. *쇠북; 큰 종(鐘).
809)늄늄ᄒᆞ다 : 사찰이나 종각 등에서 타종하는 소리가 큰 울림으로 멀리 넓게 퍼져나가다
810)악악ᄒᆞ다 : 몹시 기를 쓰며 자꾸 소리를 내지르다.

니코 나가니, 음녀의 노분(怒忿)이 츙장(充壯)ᄒ여 악악○[흔] 즐언(叱言)이 긋지 아니
ᄒ더라.

이젹 봉암이 슈졍의 괴로이 보치{이}믈 어긔지 못ᄒ여 흉계ᄅᆞᆯ 궁구(窮究)ᄒ더니, ᄆᆞᆫ
득 동닌의 뉴상셔의 규슈 윤즁셔의 지취로 혼인ᄒ다 ᄒ고, 길일의 위의 ᄌᆞ못 번화ᄒ
니, 요녀와 봉암이 이날이야 뉴상셔의 규슈 잇셔 길일(吉日)인 쥴 알고, 싀비(柴扉)의
비겨 그 신영(新迎)ᄒᄂᆞᆫ 위의ᄅᆞᆯ 구경ᄒ더니, 윤즁셰 쇼년 영풍(英風)의 지상의 관ᄌᆞ
(貫子)ᄅᆞᆯ 빈상(鬢上)의 븟치고, 신낭의 복식을 닙어시니 풍치 동탕(動蕩) 쇄락(灑落)ᄒᆞ
지라. 신부의 치뎡(彩-)을 옹위ᄒ여 지나ᄂᆞᆫ 양을 보니, 음녀의 담(膽)이 츠고 빅(魄)이
표탕ᄒ여 ᄆᆞᆫ【71】득 공교흔 계귀(計規) 니러나니, 먹음은 계규ᄅᆞᆯ 봉암다려 니ᄅᆞ고,
즉시 봉암으로 더브러 인가 쳥의(靑衣)[811]의 복식을 닙고, 신영ᄒᄂᆞᆫ 위의ᄅᆞᆯ 조ᄎᆞ 진
궁의 드러가니, 쳔만인(千萬人) 가온듸 뉘 요괴로온 졍젹(情迹)을 알니오. 진궁의셔ᄂᆞᆫ
뉵가 비ᄌᆞ로 알고, 뉵가 비비 등은 진궁 ᄎᆞ환으로 아더라.

두 요인이 진궁의 드러와 모든 셩인군ᄌᆞ와 셩녀의 붉은 총명을 두려 감히 갓가이
나아가지 못ᄒ고, 먼니셔 관망ᄒ여 장흔 거동을 보나, 셕상(夕上)의ᄂᆞᆫ 감히 하슈(下
手)ᄒᆞᆯ 의ᄉᆞᄅᆞᆯ 못ᄒ고, 신뷔 ᄉᆞ실노 믈너가기ᄅᆞᆯ 기다리다가, 즉시 조ᄎᆞ 신방의 오니,
쇼져ᄂᆞᆫ 유모로 더브러 방즁의【72】잇고, 모든 시비ᄂᆞᆫ 장외의 딕후(待候)ᄒᆞ거늘, 요
인이 급히 요슐을 발ᄒ여 졔녀의 눈을 가리오고, 슈졍이 급히 긔용단(改容丹)을 삼켜
뉵시의 얼골이 되여[며], 봉암이 급히 다라드러 유랑과 신부ᄅᆞᆯ 일시의 활착(活捉)ᄒ여
공즁의 ᄡᅱ여올나, 취운산 상봉 북츈봉의 가 박살(撲殺)ᄒ더니, 홀연 난듸업슨 일조(一
條)[812] 빅운(白雲)이 니러나 산상(山上)을 덥흐며 쇼져 노쥬(奴主)ᄅᆞᆯ 일흔지라.

봉암이 뉵쇼져의 노쥬ᄅᆞᆯ 일흐미 딕경ᄒ여 거쳐ᄅᆞᆯ 춫지 못ᄒ고 밧비 도라오니, 가뉵
시ᄂᆞᆫ 발셔 신부의 장딕(粧臺) 속의 의상(衣裳)을 닉여 기장(改裝)ᄒ고 쳔연(天然)이 쵹
하(燭下)의 안ᄌᆞ시니, 뉘 가히 분간ᄒ리오. 요【73】되 용약ᄒ여 역시 몸을 변ᄒ여 유
뫼 되여 장(帳) 밧긔 의구히 딕후(待候)ᄒ니, 장후(帳後)의 ᄒᆞᆫ 가지로 잇던 시녀도 능
히 아지 못ᄒ더라.

괴로이 신낭을 기다려 ᄆᆞᆫ득 영악(獰惡)ᄒ미 이 갓ᄒ니, 요녀의 젼셰 과보지심(果報
之心)[813]과 금싱(今生) 악한(惡恨)이 경긱(頃刻)의 병발(竝發)ᄒ니[미], 능히 춤지 못
ᄒ여 스스로 반싱ᄒᆡᆼ악(半生行惡)을 ᄌᆞ문ᄌᆞ답(自問自答)ᄒ여, 져[814]의 신긔흔 총명은
창졸의 씨닷지 못ᄒ고, 엄형국문(嚴刑鞫問)ᄒ의[여] 져쥬미 업시, 《졔희∥져희》냥인
이 스스로 젼젼ᄒᆡᆼ악(前前行惡)을 복초(服招)ᄒ니 이 니른 텬고쳥비(天高聽卑)[815]라.

---

811)쳥의(靑衣) : 푸른 빛깔의 옷. 예전에 천한 사람이 입었던 옷으로, '천인(賤人)'을 상징한다.

812)일조(一條) : 한 줄기.

813)과보지심(果報之心) : 인과응보(因果應報)에 따른 마음가짐. *인과응보; 전생에 지은 선악에 따라 현
재의 행과 불행이 있고, 현세에서의 선악의 결과에 따라 내세에서 행과 불행이 있는 일.

814)져 : 삼인칭 대명사 '저'. 여기서는 '봉린'을 가리킨 말이다.

이 ᄯᅩ 져희 ᄒᆞ고져 ᄒᆞ미 아니로ᄃᆡ, 창텬(蒼天)이 진노ᄒᆞ샤 귀신이 져쥬ᄂᆞᆫ듯 ᄒᆞ미러라.

윤싱이 바로 셔당의 니르니, 졔형(諸兄)【74】군종(群從)이 바야흐로 니러 관쇼(盥梳)ᄒᆞ고 신셩(晨省)ᄒᆞ려 ᄒᆞ더니, ᄢᅢ 너모 일너 시인(是因)ᄒᆞ여 밋쳐 드러가지 아냣다가, 싱을 보고 놀나 왈,

"밤이 오히려 머럿거든 형이 엇지 너모 일즉 나왔ᄂᆞ뇨?"

즁셰 면ᄉᆡᆨ이 여토(如土)ᄒᆞ고 긔운이 분분(忿憤)ᄒᆞ여 왈,

"이만치 잇다가 나오기도 늬 가장 관홍(寬弘)ᄒᆞ여 이졔야 나왔ᄂᆞ니, 현뎨 등은 엇지 못ᄂᆞ뇨?

ᄉᆞ형(四兄) 혹ᄉᆞ 문닌이 쇼왈,

"네 그리면 늬쇼박(內疏薄)816)마ᄌᆞᆺ도다. 네 슈슈(嫂嫂)의 염미(艶美)치 못ᄒᆞ시믈 한ᄒᆞ여 미양 지취의 ᄠᅳ지 잇더니, 이졔 뇩슈(嫂)ᄂᆞᆫ 졀념가인(絶艶佳人)이라. 네 신슈(新嫂)의 미모ᄅᆞᆯ 과○[혹](過惑)ᄒᆞ여 너모 덤벙여, 밍녈ᄒᆞᆫ 부인의 견과(見過)ᄒᆞ미817) 되여 일즉 쫏겨나오고 엉쭝ᄒᆞᆫ 말ᄒᆞᄂᆞᆫ도다."【75】

즁셰 냥미(兩眉)ᄅᆞᆯ 기리 축합(顣合)ᄒᆞ여 졍ᄉᆡᆨ 왈,

"형장은 괴이ᄒᆞᆫ 말ᄉᆞᆷ 긋치쇼셔. 두시ᄂᆞᆫ 당셰의 졍슌(貞順)ᄒᆞᆫ 녀지라. 쳥한(淸閑)ᄒᆞᆫ ᄉᆞ덕(四德)이 뇨조(窈窕)ᄒᆞ니, 엇지 져 뇩가 음부로 비기리잇고?"

졔형뎨 쳥파의 ᄃᆡ경 왈,

"엇지 니르미뇨? 신뷔 입문초일(入門初日)의 드러난 과실이 업거ᄂᆞᆯ, 졸연(猝然)이 더러온 말노 졍실을 욕ᄒᆞ리오."

즁셰 빈미(嚬眉)냥구의 작야ᄉᆞ(昨夜事)ᄅᆞᆯ 일일히 셜파ᄒᆞ니, 좌위 ᄃᆡ경실ᄉᆡᆨᄒᆞ여 희연(駭然)ᄒᆞ믈 마지 아니ᄒᆞ더라.【76】

---

815)텬고쳥비(天高聽卑) : 하늘은 높이 있어도 낮은 곳에서 일어나는 일들을 다 들어 알고 있다는 말.
816)늬쇼박(內疏薄) : 아내가 남편을 박대함.
817)견과(見過)ᄒᆞ다 ; 허물을 보이다.

윤하뎡삼문취록 권지구십오

추시 즁셰 빈미(嚬眉) 냥구(良久)의, 작야스(昨夜事)를 일일히 셜파ᄒᆞ니, 좌위 ᄃᆡ경 실식ᄒᆞ여 면면(面面) 희연(駭然)ᄒᆞᆷ믈 마지 아니ᄒᆞ고, 동창휘 번연이 니러 안ᄌᆞ 왈,

"연즉(然則) 풍화(風化)의 ᄃᆡ변이라. 요인의 언닉의 두 번지 윤문의 드러오다 ᄒᆞ니, 그 언단이 아니 괴이ᄒᆞ냐? 우리 집의 두 번 츌입흔 요인이 뉘 잇섬즉 ᄒᆞ뇨? 이 ᄯᅩᄒᆞᆫ 진짓 뉵시 아니로다."

어스 셰린이 믄득 기연(蓋然) 득오(得悟)ᄒᆞᄂᆞᆫ 빗치 잇셔 왈,

"셰스(世事)를 난측(難測)이라, 종뎨(從弟) 말을 드르니 쇼뎨 ᄯᅩᄒᆞᆫ 의심이 가ᄂᆞᆫ 곳이 잇ᄂᆞᆫ지라."

창휘 졈두(點頭) 왈,

졍합아심(正合我心)이라. 시독 창닌이 돈연(頓然) 【1】기오(開悟)ᄒᆞ여 기리 고기 조아 왈,

"과연 올흐니 형장과 졔뎨ᄂᆞᆫ 다셜(多說)ᄒᆞᆷ믈 긋치라. 요인이 힝혀 탐문(探聞)홀가 ᄒᆞ노라. 이곳의셰[셔] 호란(胡亂)이 시비홀 ᄇᆡ 아니니, ᄲᆞᆯ니 존당의 알외여 쳐치ᄒᆞ미 냥젼(良全)ᄒᆞ리라."

졔인이 올히 너겨 일시의 관쇼(盥梳)ᄒᆞ고 ᄃᆡ셔헌(大書軒)의 드러가니, 진왕곤계 호람후를 뫼셔 시침(侍寢)ᄒᆞᄋᆞ더니, 왕과 승상은 바야흐로 니러 쇼셰ᄒᆞ고, 윤노공은 오히려 침상의 니지 못ᄒᆞ엿더라.

동창후곤계 군종이 일시의 나아가 문안ᄒᆞ고 시좌(侍坐)ᄒᆞᄆᆡ, 즁셰 안식이 찬지 갓ᄐᆞ여 부젼의 복슈(伏首)ᄒᆞ여 작야스(昨夜事)를 다 알외니, 호람후와 왕의 곤계 쳥미(聽未)의 희연(駭然) 실식(失色)ᄒᆞ여 【2】ᄯᅩᄒᆞᆫ 의심이 각각 도라가ᄂᆞᆫ 곳이 잇더라.

진왕곤계 ᄌᆞ질을 거느려 총총이 닉당의 드러가, 조·뉴 냥ᄐᆡ비ᄭᅴ 신셩(晨省)ᄒᆞ고 스괴(事故) 관긴(關繫)ᄒᆞᆷ믈 알외여 즉시 퇴ᄒᆞ니, 바야흐로 졔부인 졔쇼졔 모닷고, 가뉵시 신부의 복식을 다스리고 봉암요도로 더브러 의구히 뉵가비즈를 거느려 졍당으로 드러오ᄂᆞᆫ지라. 진왕곤계 ᄌᆞ질 등이 졍히 신셩ᄒᆞ고 퇴ᄒᆞ여 나오더니, 요인의 안연(晏然)이 졍당으로 향ᄒᆞᆷ믈 보고, 발연ᄃᆡ로(勃然大怒)ᄒᆞ여 급히 셔당의 나아가 시노(侍奴)를 명ᄒᆞ여 신방의 가 신부의 좌우를 ᄯᅥ지니 업시 잡아오라 ᄒᆞ여, 일변 졔양(猪羊)818)의 피

---

818)졔양(猪羊) : 저양(猪羊). 돼지와 양.

와 쥬필부작(朱筆符作)819)을 가져 가즁뇌외(家中內外)의 【3】샏리고, 뇌당시녀를 명
ᄒ여 신부를 잘 직희여 일치 말나 ᄒ니, 졔뇌(諸奴) 쳥녕(聽令)ᄒ여 나는 두시 영셜당
의 가보니, 신븨 뎡당의셔 밋쳐 도라오지 못ᄒ엿거늘, 도로 나오더니 합문(閤門) 안희
셔 만나니, 요녜요도(妖女妖道)와 뉵부 시아 등으로 더부러 도라오다가, 범 갓ᄒᆫ 가뎡
이 블문곡직(不問曲直)ᄒ고 다다르러, 슈리820) 미821) 츠듯 뉵가 시녀 십여 인과 다못
봉암을 잡아가니, 뉵가시녀 등은 지은 죄 업ᄂᆞᆫ지라, 아모란 곡졀을 몰나 실식대경ᄒ여
아모리 홀 쥴 모로고, 봉암은 즈작지죄(自作之罪) 잇ᄂᆞᆫ지라. 스스로 놀나믈 마지 아니
ᄒ나 쏘ᄒᆫ 평싱 지조를 밋으미 잇셔, 타연이 놀나지 아니ᄒ고 잡혀 나가니, 요【4】녀
(妖女)는 듸경실식ᄒ여 듸셩(大聲) 발악(發惡) 왈,

"뉘 어졔 날 신븨라. 입문(入門) 냥일(兩日)의 좌셕이 미란(迷亂)ᄒ여 이 무슴 연괴
뇨? 죄나 아라지라."

졔뇌 쳥이블문(聽而不聞)ᄒ고 다만 좌우(左右)를 다 잡아 가ᄂᆞᆫ지라. 요녜(妖女) 독안
(毒眼)을 독(毒)히 쓰고, 장ᄎᆞᆺ 일신을 안졉(安接)지 못홀 듯ᄒ여, 급급히 탈신지계(脫
身之計)를 싱각고 침쇼로 도라오더니, 양희빈 등 십인이 건장ᄒᆫ 시비 십여인을 거느려
가뉵시를 쏠와 직희기를 엄히 ᄒ니, 요녜 엇지 그 뜻을 아지 못ᄒ리오. 듸셩발악(大聲
發惡)ᄒ여 죄를 아라지라 ᄒ니, 양희 등이 닝쇼 왈,

"죄ᄌᆞ(罪者) 스스로 알니니, 아등은 다만 존명을 밧ᄌᆞ와 무슨 연괸지 아지 못ᄒ되,
직희라 【5】ᄒ시니 직흴 ᄯᆞ름이라. 낭ᄌᆞ의 유죄무죄를 엇지 알니오."

가뉵시 즈참즈괴(自慚自愧)ᄒ여 역시 낫ᄎᆞᆯ 붉혀 말을 못ᄒ고, 묵연이 스긔를 보아
탈신지계(脫身之計)를 싱각ᄒ더라.

이ᄯᅥ 졔뇌(諸奴) 봉암과 뉵가 시녀 등을 잡아 만슈헌의 니르니, 졔윤이 단상(壇上)
의 열좌(列坐)ᄒ고, 뎡하(庭下)의 형위(刑威)를 비셜ᄒ고, 하관(下官) 빅리(陪吏)822) 아
역(衙役)이며 나졸(羅卒)이 모다 큰 미를 단단이 쥐고, 몬져 봉암을 형장(刑杖)의 올닐
시, 일변 쏙뒤히 부작(符作)을 븟치며 졔양(猪羊)의 피를 샏리니, 요되 감히 요슐을 발
뵈지 못ᄒ여 힘힘히 형벌의 나아갈시, 진왕이 일변(一邊) 시즈로 뉵공을 쳥ᄒ여 니르
럿더라.

뉵【6】상셰 당젼(堂前)의 니르러 보니, 경식이 크게 조치 아니ᄒ고 듸하(臺下)의

---

819)쥬필부작(朱筆符作) : 붉은 글씨로 쓴 부작. =주필부적(朱筆符籍). *부작(符作) : '부적(符籍)'의 변한
　　말. 잡귀를 쫓고 재앙을 물리치기 위하여 붉은색으로 글씨를 쓰거나 그림을 그려 몸에 지니거나 집에
　　붙이는 종이.
820)슈리 : 수리. 수릿과의 독수리, 참수리, 흰꼬리수리, 검독수리 따위를 통틀어 이르는 말. 몸이 크고
　　힘이 세며, 크고 끝이 굽은 부리와 굵고 날카로운 발톱이 있다. 들쥐, 토끼 따위를 잡아먹는다.
821)미 : 매. 맷과의 새. 편 날개의 길이는 30cm, 부리의 길이는 2.7cm 정도로 독수리보다 작으며 등은
　　회색, 배는 누런 백색이다. 부리와 발톱은 갈고리 모양이며, 작은 새를 잡아먹고 사냥용으로 사육되기
　　도 한다. 우리나라의 해안이나 섬 절벽에 서식한다.
822)빅리(陪吏) : 고을의 원이나 지체 높은 양반이 출입할 때 모시고 따라다니던 아전이나 종.

결박훈 죄인은 다 녀아의 시인(侍人)이라. 일견의 그 연고를 아지 못ᄒ고 괴이ᄒ믈 니긔지 못ᄒ여, 녜필(禮畢) 좌뎡(坐定)의 몬져 연고를 뭇고져 ᄒ더니, 진왕이 뉵공의 블안훈 ᄉ식을 보고 흔연이 몬져 말ᄉᆞᆷ을 펴 왈,

"셰되(世道) 험악ᄒ고 셰ᄉ(世事) 난측이니, 금일지ᄉ(今日之事)ᄂ 믉은 셰상의 머므르지 못ᄒᆯ 변ᄉ(變事)니, 명공이 오히려 아지 못ᄒ실 ᄃᆺᄒ고, 아등이 ᄯᅩ 엇지 비로ᄉᆞ믈 아지 못ᄒ니, 이졔 모든 죄쥬를 다ᄉ려 옥셕(玉石)을 갈희고져 ᄒ므로, 명공을 쳥ᄒ여 한가지로 ᄉᆞ괴(事故)를 참뎡(參聽)코져 ᄒ미니, 명공은 괴이 너겨 즈레 알녀 마ᄅᆞ쇼【7】셔."

뉵상셰 의황난측(疑遑難測)ᄒ여 한 말을 못ᄒ고 묵연ᄉᆞᄉ(默然謝辭)ᄒ고 좌의 나아가 ᄉᆞ괴를 한 가지로 보려ᄒᆞᆯᄉᆡ, 봉암 요인이 크게 쇼ᄅᆡ 질너 왈,

"비지 쥬인을 뫼셔 귀궁의 드러완지 블급슈일(不及數日)이어늘 무슴 범죄ᄒ미 잇습관ᄃᆡ 혹형(酷刑)으로 뭇고져 ᄒ시ᄂᆞ니잇가?"

쥼셰 진목ᄃᆡ즐(瞋目大叱) 왈,

"요젹(妖賊)이 감히 죄를 은닉(隱匿)고져 ᄒᄂᆞᆫ다? 늬 임의 너 요젹(妖賊)의 간졍(奸情)을 작야(昨夜)의 붉히 아랏ᄂᆞ니, 네 엇지 간혀(姦-)를 놀녀 픽흉음악지죄(悖凶淫惡之罪)를 발명(發明)코져 ᄒᄂᆞᆫ다?"

좌우로 치기를 지쵹ᄒ니, ᄉᆞ네 일시의 명을 밧고 큰 미를 드러 치기를 시작ᄒ니, 한 미의 피육(皮肉)이 후란(朽爛)ᄒ고, 직장(再杖)의 ᄲᅧ 씌여지니, 봉암이 본【8】ᄃᆡ 산즁의 슈도ᄒ고 치약(採藥)ᄒ여 셰간의 독훈 형벌을 엇지 구경이나 ᄒ여시리오. 평싱 지조를 밋어 아모려나 탈신(脫身)ᄒ려 버ᄅᆞ져기나 몸 우희 제양(猪羊)의 피를 《잠가∥ᄲᆞ려》 누리며 비린닉 아니쑵고, 쏙뒤의 한 장 쥬필부작의 ᄃᆡ군주의 졍양지긔(正陽之氣) 당당ᄒ여, 감히 요슐 변화를 발뵈지 못ᄒ여, 히옴업시[823] 독형 아ᄅᆡ 본형이 픽루(敗漏)ᄒ니, 쳥의나삼(靑衣羅衫) 가온ᄃᆡ 일기 쥼년 노양낭(老養娘)이 변ᄒ여 요형ᄉ골(妖形邪骨)의 쥰호(俊豪)훈 장년 남지 녀복을 기착(改着)ᄒ미라.

졔윤은 거의 지긔(知己)훈 빈니 다시 놀날 거시 업거니와, 뉵상셔와 ᄃᆡ하(臺下)의 삼 셔 ᄃᆺ한 ᄉᆞ졸이 다 죄인의 변화ᄒᄆᆞᆯ 아니 놀나리 업더라. 요되 임의【9】본젹이 픽루(敗漏)ᄒ니 져의 발명ᄒ여 밋출 빈 업슬 쥴 알고, 미급십여장(未及十餘杖)의 복초(服招) 왈,

"빈도 봉암은 셩명이 ᄎ슌위라. 본ᄃᆡ ᄉᆞ고무친(四顧無親)ᄒ니 일신이 졈어셔붓터 유우방낭(流寓放浪)[824]ᄒ여 ᄌᆞ쳐 졍훈 곳이 업더니, 동졍심산의 드러가 스싱을 만나 긔특훈 슐(術)을 만히 빅호니, 그졔야 스싱을 반ᄒ고 경ᄉᆞ의 드러와 동문 밧 텬진관이란 도관(道觀)의셔 약간 도뎨(徒弟)를 모화 법을 강(講)ᄒ더니, 모월일의 묘화 니고(尼姑)

---

823) 히음업다 : 하염없다. 속절없다. 시름에 싸여 멍하니 이렇다 할 만한 아무 생각이 없다. 또는, 단념할 수밖에 달리 어찌할 도리가 없다.

824) 유우방낭(流寓放浪) : 방랑하여 떠돌아다니다가 객지에서 머물러 지냄.

룰 만나 〈데(師弟) 되엿더니, 묘홰 그 후의 경궁귀튁(京宮貴宅)825)의 왕닉호여 현인
을 만히 히호고, 쇼인과 악인으로 통모(通謀)호야 지은 죄 만흔 고【10】로, 모월일의
국법의 잡혀 죽습고, 조뎡의셔 또 텬진관 관즁(觀中)을 뭇지르고 빈도의 주최룰 구식
(求索)호오니, 빈되 드듸여 도망호여 닌니(隣里)의 슘으니, 원닉 작일 뉵쇼져룰 여추여
추 히호고 신부룰 딕신흔 주는 본셩이 녀시니, 셕일 셜왕의 양녀 가칭 녕능군쥐라 호
더이다. 뎨주 묘홰 〈라실 제 구가(舅家)의 실의(失義)흔 녀지라 호옵고, 녀시의 부모
녀급〈 부뷔 거즛 쏠을 죽다 호고, 먼니 감초와 다시 윤시의 졔낭(諸郎) 즁 인연을 니
으련다 호옵고, 빈도룰 맛져 능시 부녀의게 의탁호고, 계귀(計揆) 치 니지 못호여셔
묘홰 죽고, 녀시 또 복이 업던 양호여 양부모로 칭【11】호던 관시랑 부체(夫妻) 죽
으니, 계귀 치 니지 못호믈 앙앙호여 능노(老)룰 즛질너 죽이고, 년쇼 녀지 춘졍을 니
긔지 못호거늘, 빈되 스스로 더브러 부뷔되여, 어제날 뉵쇼져 신영시(新迎時)의 인가
추환(叉鬟)의 복식으로 이의 와, 셕상(席上)은 이목(耳目)이 허다호니 감히 햐슈(下手)
치 못호옵고, 황혼 씨의 신방의 믈너온 후, 환슐(幻術)노 시녀빅룰 속이고 쇼져룰 히
호니, 쇼져와 유모룰 후려다가 취운산 북츈봉 우희 가 싀살(弑殺)호려 호더니, 여추여
추 괴이흔 빅무(白霧)가온딕 일허시니, 거쳐(去處)룰 아지 못호고, 츳고져 호나 왕환
(往還)이 더듸면 녀시 초조홀지라, 드듸여 거쳐룰 일【12】코 도라와 녀시 다려는 죽
엿노라 호고, 녀시는 의구히 신뷔되고 빈도는 유뫼(乳母)되여 〈후호더니, 시랑이 드
러와 쯧밧긔 거죄 여추여추 닝낙호여 스스로 잠드니, 녀시 원분(怨憤)이 텰텬(徹天)호
여 능히 강잉(强仍)치 못호거늘, 빈되 여추여추 호여 히유(解諭)흔 〈에(私語) 잇습더
니, 엇지 이딕도록 발각호미 시긔이 치 넘지 못홀 쥴 알니잇가? 빈도는 이밧긔 아는
일이 업〈오니, 뉵쇼져 노쥬 반드시 죽든 아녀시리니, 이제 사룸을 훗터 밧비 추즈시
고, 빈도의 잔명(殘命)을 용〈(容恕)호쇼셔. 당당이 악〈룰 다시 힝치 아니호고, 곳쳐
산즁의 도라가 슈도흐【13】여 졔위 노야의 호싱지은(好生之恩){은}을 져바리지 아니
리이다.”

  호엿더라.

  당샹당하(堂上堂下)의 슈풀 갓흔 제인(諸人)이 딕경히연(大驚駭然)치 아니리 업고,
뉵샹셰 더옥 딕경실식호여 면식이 여토호고, 긔운이 막혀 좌셕의 것구러지니, 윤싱 등
이 딕경호여 쓸니 붓드러 구호호미, 이윽고 씨여 통흉실셩(痛胸失性) 왈,

  “옥갓흔 닉 아희 벅벅이 죽어시리로다. 인언(因言)의 블승비호(不勝悲呼)호니, 진왕
곤계와 졔윤 등이 져 거동을 보미 무슨 말노 위로호리오. 요도의 초〈룰 바드미 추환
등은 곡졀을 모로미 연무즁(煙霧中) 사룸 갓흔지라. 좌우룰 명호여 프러 노흐라 호
【14】니, 뉵샹셰 졔녀의 블찰(不察)호민가 심긔(心氣) 딕발(大發)호여 졍셩딕미(正聲
大罵) 왈,

825)경궁귀튁(京宮貴宅) : 황셩(皇城) 귀족들의 저택.

"여등이 쥬인을 되셔 엇지 조심ᄒᆞ미 업셔 니런 흉변을 맛나거뇨? 이제 여등이 요젹 니ᄅᆞᄂᆞᆫ 곳의 가 쥬인을 ᄎᆞᄌᆞ오지 못ᄒᆞ면, 죄 가비압지 아니리라."

제녜 역시 쇼져의 무거쳐존망(無去處存亡)ᄒᆞ믈 황황망극(遑遑罔極)ᄒᆞ여 울며 일시의 티만ᄒᆞ믈 ᄉᆞ죄ᄒᆞ고, ᄉᆞ쳐로 훗터질ᄉᆡ, 진왕이 ᄯᅩᆫ 가졍복부를 명ᄒᆞ여 시녀 등과 한가지로 보ᄂᆡ고, 일변 녀녀 요인을 잡아ᄂᆡ여 결박ᄒᆞ여 봉암과 한 가지로 옥의 나리오고, 왕이 스스로 일장쇼(一張疏)를 지어 요인의 죄를 텬졍의 알외려 홀ᄉᆡ, 졔윤 등이 [의] ᄎᆞ악흠과 뉵상셔의 비통ᄒᆞᆷ믄 니ᄅᆞ지 【15】말고, 흑ᄉᆞ와 줌셔ᄂᆞᆫ 분발(憤髮)이 돌관(突冠)826)ᄒᆞ니 면여ᄉᆞ회(面如死灰)827)ᄒᆞ며 셰린은 고장분분(鼓掌忿憤)828)ᄒᆞ여 음녀를 곳{의} 죽일 듯ᄒᆞ니, 승상이 아즈의 블통광망(不通狂妄)829)ᄒᆞᆫ 거동을 미온(未穩)ᄒᆞ여, 한 ᄲᅡᆼ ᄉᆞ일(斜日)을 길게 흘녀 출시(察視)ᄒᆞ니, 밉고 ᄎᆞᆫ 긔운이 ᄉᆞ좌(四座)의 ᄡᅵ이ᄂᆞᆫ지라. 흑ᄉᆞ 야야의 긔식을 블승황공ᄒᆞ여 ᄉᆞ식을 낫초더라.

ᄎᆞ시 녀녜 흉계 픠루ᄒᆞ여 즁목 쇼시(所視)의 본젹(本迹)이 픠루(敗漏)ᄒᆞᄂᆞᆫ 터라. 붓그러움을 다시 보고 젼젼 음모곡계(陰謀曲計) 아모려나 져의 젼졍(前程)이 남의셔 더 조코 빗나고져 ᄒᆞ던 비, 다 헛곳의 도라가 봉암 요도로 한 가지로 미이여 누옥(陋獄)의 엄슈(嚴囚)ᄒᆞ고, 옥니 나졸을 각별 신칙ᄒᆞ여 엄히 가도니, 허다 아역의 타비(唾誹) 즐미(叱罵)【16】ᄒᆞ여 조쇼능답(嘲笑陵踏)ᄒᆞᆷ믄 니ᄅᆞ도 말고, 옥즁의 깁히 가도이니 그 나죵 쳐치 아모랄 줄 아지 못ᄒᆞ니, 텬디망망(天地茫茫)ᄒᆞ여 쳔방빅계(千方百計)로 다 라나고져 ᄒᆞ나, 냥요(兩妖)의 ᄯᅩ뒤 우회 쥬필츅ᄉᆞ(朱筆祝辭) 눌너시니, 요슐이 엇지 발뵈리오. 쳔변만화(千變萬化)의 아니 시험ᄒᆞᆫ 거시 업스ᄃᆡ 무가ᄂᆡ히(無可奈何)라.

한갓 ᄉᆞ지(四肢)를 뒤트러 분원(忿怨)ᄒᆞᆫ 눈믈이 환난(汍亂)ᄒᆞ고 녀녀ᄂᆞᆫ 악악흔 욕언이 ᄉᆞᆽ지 아니ᄒᆞ니, 졔노(諸奴) 아역(衙役) 등이 노(怒)ᄒᆞ여 큰 미로 슌치(脣齒)를 ᄶᅵᄒᆞ니, 닙시욹이 터지고 부러져 혈흔이 낭ᄌᆞᄒᆞ더라.

진왕곤계 만슈헌의셔 졍히 쇼초(疏草)를 작(作)ᄒᆞ더니, 믄득 뉵쇼져 ᄎᆞᄌᆞ라 갓던 가졍이 연망이 회고(回告) 왈,

"쇼복 등이 존명을 밧ᄌᆞ와 취운산 북【17】츈봉의 가와 심산곡곡(深山曲曲) ᄎᆞᆽ ᄉᆞ오나, 쇼져와 유랑의 거쳐를 찻지 못ᄒᆞ여 도라오려 ᄒᆞ옵더니, 산하(山下) 고암(古庵) 즁의셔 한 늙은 도인이 나아와 쇼져와 유랑이 무ᄉᆞᄒᆞ여 묘당(廟堂)의 계시니 쇼복 등으로 교부를 ᄉᆞᆯ니 출혀오라 ᄒᆞ더이다."

졔윤과 뉵상셰 ᄃᆡ경ᄃᆡ희(大驚大喜)ᄒᆞ여 ᄉᆞᆯ니 교ᄌᆞ(轎子)와 가인(家人)을 ᄎᆞ혀 묘당으로 보ᄂᆡ며 조초,

"그 도인을 쳥ᄒᆞ여 오게 ᄒᆞ라. 맛당이 은혜를 ᄉᆞ례ᄒᆞ리라."

---

826)돌관(突冠) : =충관(衝冠). 머리카락이 갓을 뚫고 나옴.
827)면여ᄉᆞ회(面如死灰) : 얼굴이 꺼진 잿빛 같음.
828)고장분분(鼓掌忿憤) : 손바닥을 치며 분을 이기지 못해함.
829)블통광망(不通狂妄) : 통달하지 못하고 미치고 망령되이 행동함.

ᄒ니, 모든 가뎡 추환이 승명(承命)ᄒ여 밧비 가니라.

원ᄂᆡ 이 도인은 윤부의 셰ᄃᆡ 은인으로, 션(先)명텬 윤공의 고우(故友) 퇴운진인 화도ᄉᆡ라. 진인(眞人)이 일즉 슈도 참션ᄒ여 ᄌ최 ᄉ희의 방낭(放浪)ᄒ여 아니 가는 곳이 업ᄉ니, 앗츰의 안 【18】 긔를 모라 동ᄒᆡ상(東海上)의 놀고 져녁의 구름을 타 창오(蒼梧)830)의 잠ᄌ니, 신긔ᄒᆞᆫ 법녁(法力)과 신이ᄒᆞᆫ 조화 광텬(光天)을 손으로 어로만지고 건곤(乾坤)을 ᄉ믜의 너ᄒ며, 귀신을 제어ᄒᆞᄂᆞᆫ 법녁이 만터니, 이날 뉵쇼져의 혼ᄇᆡᆨ이 등신(等身)831)이 되여 굴헝의 바리여시믈 보ᄆᆡ, 호흡이 통치 못ᄒ고, 유모도 ᄯᅩᄒᆞᆫ 졍신을 일허 것구러졋ᄂᆞᆫ지라.

도인이 이의 쇼져 노쥬를 거두어 묘당의 누이고, 지극 구호ᄒᆞᆯᄉᆡ, 그 ᄉ단을 아ᄂᆞᆫ지라. 뉵시의 신혼초일의 이변을 당ᄒ믈 ᄎᆞ악ᄒ고, ᄯᅩ ᄉᆡᆼ이 시긱의 이시믈 참연ᄒ여 이의 ᄒᆡ독약(解毒藥)을 ᄂᆡ여 쇼져○[를] 구ᄒ려 ᄒᆞᆯᄉᆡ, 그 졍신을 찰히면 가장 놀날가 져 【19】 허 몬져 유모를 회운단(回運丹)을 먹여 졍신을 ᄭᆡ치게 ᄒ니, 유뫼 몬져 ᄭᆡ다라 이곳이 어ᄂ 곳이며 져의 노쥬 엇지 ᄒ여 이곳의 왓ᄂᆞᆫ 쥴 몰나 실ᄉᆡᆨᄃᆡ경(失色大驚)ᄒ거ᄂᆞᆯ, 진인이 이의 유모로 더브러 약을 가져 쇼져를 구ᄒᆞᄆᆡ, 쇼졔 이윽고 졍신을 출혀 눈을 ᄠᅥ 보고, ᄯᅩᄒᆞᆫ ᄃᆡ경ᄒ여 아모리 ᄒᆞᆯ 쥴 모로거ᄂᆞᆯ, 진인이 젼후슈말(前後首末)을 명ᄇᆡᆨ히 ᄒᆡ셕(解釋)ᄒ니 일호 희미ᄒ미 업거ᄂᆞᆯ, 유뫼 그졔야 알고 져의 노쥬 ᄒᆞ마면 ᄉᆡᆼ이 위ᄐᆡᄒᆞᆯ 번ᄒ던 바를 ᄎᆞ악ᄒ여, 도로혀 현인셰존(賢仁世尊)을 만나 ᄉ라난 쥴 다ᄒᆡᆼᄒ니, ᄇᆡᆨᄇᆡᆨ 고두ᄒ여 칭은송덕ᄒ믈 마지 아니ᄒ니, 진인이 블열(不悅) 【20】 왈,

"나는 믈외(物外)의 버셔난 손이라. 다만 아는 ᄇᆡ 도가(道家)의 쳥졍(淸淨)ᄒᆞᆫ 법(法)이오. ᄌᄇᆡ지심(慈悲之心) ᄲᅮᆫ이니, 엇지 쇽인(俗人)의 어ᄌᆞ러이 칭은ᄒ믈 듯고져 ᄒ리오. 모로미 두 번 일컷지 말나. 필연 ᄎᆞᆺᄂᆞᆫ 사ᄅᆞᆷ이 이실 거시니, 쇼져를 평안이 뫼셔 도라가 구호ᄒ라. 쇼졔 이제 일시 놀나기를 과히 ᄒ고, 요인의 독긔의 졍신이 현난ᄒ여 긔운을 슈습지 못ᄒᄆᆡ 잇ᄉ나, 본ᄃᆡ 삼ᄉᆡᆼ슉연(三生宿緣)이 윤가의 깁고, 복녹이 가쥭ᄒ니, 오날날 놀나믄 일시 운익(運厄)으로 말ᄆᆡ암으미라. 일노ᄡᅥ 슈복(壽福)의 유히ᄒᆞᆷ믄 업ᄉ리니, 안심믈녀(安心勿慮)ᄒ라."

유뫼 듯고 더옥 신긔 【21】 히 너겨 복복(復復)832) 칭ᄉᆞᄒ믈 마지 아니ᄒ고, 쇼져의 혼혼(昏昏)ᄒ믈 ᄎᆞ악ᄒ여 눈믈을 흘니고, 옥비(玉臂)를 어로만져 오읍(嗚泣)ᄒ믈 마지 아니커ᄂᆞᆯ, 진인이 조흔 말노 위로ᄒ더니, 과연 명효(明曉)의 산상산하(山上山下)의 인셩이 훤ᄌ(喧藉)ᄒ며, 남녀졔인이 ᄉ면으로 분쥬ᄒ니 분명이 인젹을 츄심(推尋)ᄒᆞᄂᆞᆫ 긔식이라. 진인이 지긔ᄒ고 이의 블너 소유를 무러 알고, 쇼져의 노쥬 이의 이시믈 ᄌ

---

830)창오(蒼梧) : 창오산(蒼梧山). 중국 광서성(廣西省) 창오현(蒼梧縣)에 있는 산 이름. 순(舜)임금이 죽었다고 전해지는 곳.

831)등신(等身) : 나무, 돌, 흙, 쇠 따위로 만든 사람의 형상.

832)복복(復復) : 거듭거듭. 반복하여.

시 니르니, 뉵가 비비(婢輩)들이 진인의 니르는 말을 듯고 일시의 모다 쇼져를 보고, 깃브믈 측냥치 못ᄒᆞ여 도로혀 감회(感懷)ᄒᆞᆫ 눈물을 흘녀 진인의 심인후덕(深仁厚德)【22】을 복복(復復) 빈하(拜賀)ᄒᆞ더니, 이윽고 가뎡(家丁) 복뷔(僕夫) 거교를 갓초와 묘듕(廟中)의 니르고, 진궁 가인이 진왕의 말ᄉᆞᆷ으로 존ᄉᆞ의 닉림ᄒᆞ시믈 간쳥ᄒᆞ여시니, 도인이 쳥파의 쇼왈,

"윤쳥문이 비록 슈고로이 쳥치 아니나 빈되 임의 이곳의 온 후는 맛당이 고우(故友)를 반기리니, 엇지 과문블입(過門不入)ᄒᆞ리오. 여등은 부인을 뫼셔 도라가라. 니 맛당이 후ᄒᆡᆼ(後行)ᄒᆞ리라."

졔복(諸僕)이 쳥녕(聽令)ᄒᆞ고, 뉵가 시녀비 쇼져를 붓드러 교듕의 편히 뫼셔 도라가니, 모든 추환이 일시의 조ᄎᆞ 진궁으로 도라가더라.

진○[인]이 바야흐로 몸을 니러, 셕장(錫杖)을 한 번 두로치는 바의, 발셔 진궁 부문【23】의 님ᄒᆞ엿더라.

슈문쟤(守門者) 셜니 노ᄉᆞ(老師)의 와시믈 비보(飛報)ᄒᆞ고 노시 텬텬이 거러 뎡하(庭下)의 니르니, 졔인이 거안시지(擧眼視之)ᄒᆞ니 이 다ᄅᆞ니 아니라 이 곳 블셰은인(不世恩人) 퇴운산 화션싱이라. 호람후와 진왕곤계와 쇼년 졔싱들이 다 놀나 일시의 하당영지(下堂迎之)ᄒᆞ니, 뉵상셰 그 젼일을 아지 못ᄒᆞ나 윤노공과 진왕 등의 존듕(尊大)ᄒᆞᆫ 톄위로ᄡᅥ, 뎌 산야노인(山野老人)을 보고 뎌러틋 공경ᄒᆞᆷ을 고이히 너기나, ᄯᅩᄒᆞᆫ 녀아의 위급지시의 구활(救活)ᄒᆞᆫ 은덕이 진실노 젹지 아닌지라. 이의 몸을 니러 역시 하당ᄒᆞ여 승당 입실ᄒᆞᆷᄆᆡ 공경 빈례ᄒᆞ고 존후를 뭇ᄌᆞ오니, 공경 존듕ᄒᆞ【24】미 슉빅존항(叔伯尊行) 갓고, 윤노공은 광슈를 상악(相握)ᄒᆞ고 므릅흘 년ᄒᆞ여 셔로 반기미 넘ᄣᅵ니 탐탐ᄒᆞᆫ 별졍이 가득ᄒᆞ고, 진왕곤계 목금ᄉᆞ(目今事)의 ᄌᆞ부의 급화 구ᄒᆞ시믈 ᄉᆞ례ᄒᆞ여, 언에(言語) 슈어만(數於萬)이니, 진인이 ᄯᅩᄒᆞᆫ 윤공으로 집슈(執手) 희연(喜然) 왈,

"별후(別後) 팔구ᄌᆡ(八九載)의 긔셰(氣勢) 약하(若何)오. 비인(鄙人)833)은 믈외(物外)의 버셔난 손이라. 무륜무도지인(無倫無道之人)이 본듸 인간셰ᄉᆞ(人間世事)를 참녜(參預)ᄒᆞᆷ이 업ᄂᆞᆫ지라. 녕션(令先) 퇴부인의 연셰(捐世)ᄒᆞ시믈 깁히 산야의 뭇쳐시나 엇지 아지 못ᄒᆞ여시리오만은, 믈외(物外)의 부운 갓흔 ᄌᆞ최 ᄒᆡ외(海外)의 두로 노라 능히 말미암아 한 번 나아오믈 엇지 못ᄒᆞ니, 비록 현형 부【25】ᄌᆞ 슉질의 관인디량(寬仁大量)으로 산야 비인을 허믈치 아닐 쥴 헤아리나, 오직 마음의 결연ᄒᆞ믈 측냥치 못ᄒᆞ더니, 금일 형의 부ᄌᆞ 슉질을 디ᄒᆞ미 참괴(慙愧)치 아니리오."

ᄯᅩ 진왕을 향하여 왈,

"녕ᄌᆞ부(令子婦)의 일시 ᄋᆡᆨ운(厄運)이 참악(慘愕)ᄒᆞ나 일노쎠 복녹의 유히ᄒᆞᆷᆫ 업ᄉᆞ리니, 쳥문과 효문은 각각 ᄌᆞ부의 지난 화ᄋᆡᆨ과 오는 참ᄋᆡᆨ을 넘녀말나. 이는 실노 냥공의 ᄌᆞ녀뷔(子女婦) 다 홍안(紅顔)의 슈츌(秀出)ᄒᆞᆫ 지앙을 면치 못ᄒᆞ미오, 가듕의 간간

---

833)비인(鄙人) : 비루한 사람이라는 뜻으로, 남자가 자기를 낮추어 이르는 일인칭 대명사.

이 요인(妖人)의 작희흥믄 젼셰의 요괴로온 무리, 《화도‖환도(還道)》 직셰(再世)흥여 젼셰과보(前世果報)를 갑고져 흥미나, 본디 군즈셩녀의 달슈영복【26】(達壽榮福)이 직텬(在天)흥니 산야 요도의 무리와 쇽셰(俗世) 요인찰녀(妖人刹女)의 무리 궁흉극악(窮凶極惡)흥미 그 아모 지경의 《밋츨들‖밋춘들》 관겨흥리오."

호람휘 쳑연(慽然) 함체(含涕) 왈,

"쇼뎨의 호텬(昊天) 뇩아지통(蓼莪之痛)은 싱각흥미 시로이 심담(心膽)이 붕녈(崩裂)흥니, 니르미 무익흥고, 또흔 형이 니르지 아니나 쳥운과 빅운이 길이 다르니 엇지 믈외의 쳥졍흔 즈최 탁셰(濁世)의 하굴흥믈 도라 싱각흥리오. 다만 슈다(數多) 즈손의 위관지시(危關之時)834)의 능히 아라 구활흥미 지극흥시니, 쇼뎨 부즈 슉질이 엇지 니즈미 이시리오."

진왕곤계 말솜을 니어 스례 왈,

"년슉(緣叔)은 쇼싱 등의게 블셰은인(不世恩人)이라. 즈비딕덕(慈悲大德)이 본디 은【27】심하히(恩深河海)오 덕여텬디(德如天地)시니835) 엇지 금일 쇼쇼히 즈질부(子姪婦) 구흥신 은혜 쑨이리잇고?"

뇩상셰 바야흐로 져 노시 윤부 셰교은인(世交恩人)인 줄 알미, 그 도덕쳥힝(道德淸行)을 항복(降服)흥고 녀아 구흔 딕덕을 쳔만 스례흥더라. 진인이 답언이 흔연흥여 《궁지‖긍지(矜持)》치 아니터라.

믄득 가뎡복뷔(家丁僕夫) 쇼져의 교즈를 메여 드러오며 당상(堂上)을 우러러 보미, 션싱이 직후(在後)러니, 어느 스이 몬져 니르러시믈 놀나며 신긔히 너기더라.

제윤이 쇼져의 무스이 도라오믈 깃거흥나, 져의 입문 초일의 니런 희괴흔 변난을 만나시니, 구가합문 제인으로 안면도 친친(親親)치 아니니 이【28】제 구호흥미 져의 블안흥믈 혜아려, 일인도 드러가지 아니흥고, 다만 뇩상셔를 인도흥여 신방(新房)으로 드러가 녀아를 구호케 흥니, 뇩상셰 역시 밧비 녀아의 교즈를 압셰워 영셜각의 니르니, 교즈를 함젼(檻前)의 브리오고, 비즈 등이 쇼져를 붓드러 방즁의 드러가 침상의 누이나, 쇼졔 긔운이 혼혼(昏昏)흥여 아지 못흥더라.

상셰 본디 즈네 만치 아니흥고 다만 냥녀를 두어 즈익 간간흥미 텬뉸 밧긔 즈별턴 바로, 신혼 초일의 쳔고긔변(千古奇變)을 만나 옥골방신(玉骨芳身)이 거의 맛기의 밋츨 번흥고, 또 스싱(死生){싱}의 남은 목슘이 엄엄(奄奄)흥믈 목견(目見)흥니, 비록 타인이라도 놀납【29】고 잔잉흥려든, 흥믈며 부녀텬뉸(父女天倫)의 즈별(自別)흔 져독지심(舐犢之心)이 장츳 엇더 흥리오.

광미봉안(廣眉鳳眼)의 누쉬(淚水) 삼삼흥여836) 친히 붓드러 와상(臥床)의 누이고 화도인의 쥬는 바 신약을 가져 온미(溫米)의 화흥여 구호흥나, 쇼졔 작일 신장복식(新粧

---

834) 위관지시(危關之時) : 위험에 처해 있을 때.
835) 은심하히(恩深河海) 덕여텬디(德如天地) : 은혜가 바다와 같이 깊고, 덕이 천지와 같이 넓고 크다.
836) 삼삼흥다 : 또렷하다.

服色)837)을 밧고미 업고 연홍(鉛紅)838)을 씻지 아냣는지라. 일빵 셩목(星目)이 잠연(潛然)ᄒᆞ여 사일(斜日)의 그림ᄌᆞ를 감초고, 부용냥협(芙蓉兩頰)이 고요ᄒᆞ여 두졈 단ᄉᆞ(丹砂)839)를 뇨연(窈然)이 합ᄒᆞ여 《호셔션친∥호셔션치(瓠犀鮮齒)840)》를 가리와시며, ᄉᆞ말(四末)이 궐닝(厥冷)ᄒᆞ여 싱인(生人)의 모양이 아니오, 완연이 면시(面屍)841)ᄒᆞᆫ 거동이라.

뇩상셰 쳔균지심(天君之心)이나 엇지 놀납지 아니리오. 누쉬(淚水) 빅포광삼(白袍廣衫)을 적【30】시나, 강잉ᄒᆞ여 유랑시비로 더부러 냥구(良久)히 구호ᄒᆞ니, 슈식경(數食頃)이나 지난 후 바야흐로 면식(面色)이 호윤(晧潤)842)ᄒᆞ며 슈족(手足)의 온긔 잇더니, 이윽고 숨을 닉쉬며 뇨연(瞭然)이 눈을 떠 경식을 살피고, 거동의 고이홈과 야야의 친님ᄒᆞ샤 갓가이 안ᄌᆞ 누흔(淚痕)이 현져(顯著)ᄒᆞ시믈 보고 크게 놀나, ᄲᆞᆯ니 니러 안ᄌᆞ 뭇ᄌᆞ오ᄃᆡ,

"야애(爺爺) 하고(何故)로 이의 니르ᄉᆞ 안쉭이 블예(不豫)ᄒᆞ시니잇고? 히ᄋᆡ(孩兒) 작일 ᄃᆡ례(大禮) 후 각별 신긔(神氣) 불안ᄒᆞ미 업더니, ᄉᆞ실(私室)의 도라오니 홀연 졍신이 아득ᄒᆞ여 인ᄒᆞ여 기후ᄉᆞ(其後事)를 젼연 망민(茫昧)ᄒᆞ오니, 이는 반ᄃᆞ시 아히 긔운이 허박(虛薄)ᄒᆞ여 일시 막히미라. 원간 ᄃᆡ단치 아니니 야【31】야(爺爺)는 졀녀(絶慮)ᄒᆞ쇼셔."

ᄒᆞ더라.

뇩상셰 녀아의 졍신이 뇨연(瞭然)ᄒᆞ나 작야ᄉᆞ를 망연부지(茫然不知)ᄒᆞ고, '일시 막혓던가' 아는 줄 보미, 더옥 요적(妖賊)의 요악ᄒᆞᆫ 환슐을 알지라. 더옥 흉인을 통히ᄒᆞ여 유랑을 블너, 아ᄌᆞ(兒子)843) 졍신이 엇더ᄒᆞ며 능히 요인의 슈즁의 ᄲᅥ러졋든 줄 아는가 므르니, 유랑의 ᄃᆡ답이 역시 한 가지라.

상셰 가지록 흉괴히 너겨 녀아의 졍신이 요연ᄒᆞ믈 보고, 바야흐로 옥슈를 어로만져 탄식ᄒᆞ며 아ᄌᆞ(俄者)844) 변고의 흉악ᄒᆞ믈 ᄌᆞ시 젼ᄒᆞ니, 쇼졔 쳥파의 경희ᄎᆞ악(傾駭嗟愕)ᄒᆞ여 희연냥구(駭然良久)의 ᄯᅩᄒᆞᆫ 탄식 쳑연(慽然) 왈,

"요【32】적의 간악ᄒᆞ미 무원무은(無冤無恩)ᄒᆞᆫ 바의 무고ᄒᆞᆫ 인명을 음히코져 ᄒᆞ오니, 엇지 흉험간악지 아니리잇고만은, 고어의 왈, 'ᄉᆞ블범졍(邪不犯正)이라' ᄒᆞ오니, 쇼네 힝실이 비박용우(菲薄庸愚)ᄒᆞ여 요얼(妖孽)의 히를 닙어 속으믈 면치 못ᄒᆞ오니, 니런 혼암ᄒᆞᆫ 힝신(行身)이 셩녀진완(聖女眞婉)845)의 좌셕의 붓그럽지 아니리잇가? 아지

---

837)신장복식(新粧服色) : 신부단장과 그 의복.
838)연홍(鉛紅) : 여자들의 얼굴화장에 쓰는 분(粉)과 붉은 연지(臙脂).
839)단ᄉᆞ(丹砂) : '붉은색 안료(顏料)'를 뜻하는 말로, 여기서는 붉게 화장을 한 '입술'을 표현한 말이다.
840)호셔션치(瓠犀鮮齒) : 박 속처럼 하얗고 깨끗한 이.
841)면시(面屍) : 주검 앞에 당면함.
842)호윤(晧潤) : 밝은 빛이 돎.
843)아ᄌᆞ(兒子) : 아이. 남에게 자기 자식을 낮추어 이르는 말.
844)아ᄌᆞ(俄者) : 이전, 지난번, 조금 전.

못게이다! 어늬 곳 엇던 요인 이런고? 지뫼(智謀) 궁흉극악(窮凶極惡)ᄒ이다.”

상셰 요인의 초ᄉ(招辭)와 본듸 간인음뷔(奸人淫婦) 윤부의 화변을 쟉ᄉᄒᄂᆫ 요인이런 줄 니ᄅᆞ니, 쇼졔 쳥파의 녀녀의 흉음ᄒᆞᄆᆞᆯ 힝연 경악ᄒ여 말을 아니ᄒ더라.

상셰 녀아의 졍신이 상연(爽然)ᄒ믈 보ᄆᆡ 닉【33】당 갓가이 오ᄅᆡ 머믈 ᄇᆡ 아니라. ᄌᆡ삼 어로만져 조호(調護)ᄒ믈 니ᄅᆞ고 외당으로 나오니, 이ᄯᅵ 존당구괴며 슉당ᄌᆞᄆᆡ 졔ᄉ(娣姒) 등이 뉵쇼져의 일야 ᄉ변(死變) 지닉믈 경히치 아니리 업고, 요도의 초ᄉ로조ᄎᆞ 녀녀 흉인의 ᄌᆞ최 다시 부즁의 돌입ᄒ여 화란을 비져닉려 ᄒ던 줄 듸경분히ᄒ여, 상하노쇼와 쇼장미확지뉴(小臧微獲之類)846) 다 즐ᄆᆡ타비(叱罵唾誹)ᄒ고, 존당 상히 뉵쇼져의 ᄉ변(死變) 지닉믈 이련ᄒ여, ᄉ지양낭(事知養娘)847)을 보닉여 문후(問候)ᄒ고 의약 보미848)로 치료ᄒᆞᄆᆡ 극ᄒ나, 그 난안(赧顔)ᄒᆞᆫ 심ᄉᆞ를 혜아려 존당은 친님ᄒᆞ여 므ᄅᆞᄆᆡ 업스나, 졔ᄉᄌᆞᄆᆡ(娣姒姉妹) 금장(襟丈)들은 문후ᄒ여 우이를 두터히 【34】ᄒᆞ니, 뉵시 블승감은(不勝感恩)ᄒ여 존당 혜퇵을 긱골(刻骨)ᄒ며, 졔부인의 지우셩ᄌᆞ(至友盛慈)를 감격ᄒ여 쳥아(靑蛾)849)를 드리워 존당혜퇵을 ᄉᆞ례ᄒ고, 졔ᄉ쇼고(娣姒小姑)850)를 딕ᄒ여 인ᄉᆡ 우용(愚庸)ᄒ여 이ᄆᆡ망냥(魑魅魍魎)의 희롱ᄒᆞᄆᆞᆯ 닙어시믈 일ᄏᆞᆯ라, 스스로 ᄌᆞ긔의 용우ᄒᆞᄆᆞᆯ 니ᄅᆞᆯ지언졍 힝혀도 타인을 원ᄒᆞᄆᆡ 업스니, 졔부인 졔쇼졔 그 위인의 유슌(柔順) 나죽ᄒᆞᄆᆞᆯ ᄉᆞ랑ᄒ여 우이ᄒᆞᄆᆡ 골육갓더라.

뉵공이 외당의 나오ᄆᆡ 진왕곤계와 졔윤이 마즈, 쇼져의 신긔 여상ᄒᆞ믈 무러 깃거ᄒ고, 뉵상셔ᄂᆞᆫ 화도인의 놉흔 덕을 감격ᄒᆞᄆᆡ 여산(如山)ᄒ나, 져의 위인이 쳥고낙낙(淸高落落)ᄒ여 눈회의 《버션난∥버셔난》 쳥졍 도【35】ᄉᆡ니 감히 칭은 두ᄌᆞ로ᄡᅥ 니ᄅᆞ지 못ᄒ나, 이 ᄯᅩ흔 금보옥빅(金寶玉帛)으로 예ᄉ 쇽인과 갓치 ᄉ은(私恩)을 갑지 못ᄒᆞᆯ지라. 다만 하히지은(河海之恩)과 틱산지덕(泰山之德)을 즁심장지(中心藏之)ᄒ여 하일망지(何日忘之)리오.

빈쥬 쥬찬을 닉여 죵일 즐길ᄉᆡ 화도인은 화식(火食)을 불어(不御)851)ᄒ니 다만 ᄉᆞᆷ츠일죵(蔘茶一鐘)852)과 향긔로온 과실만 맛보더라. 날이 느즌 후 상셔ᄂᆞᆫ 도라가고 화도인은 이의 머므러 왈,

“비인이 셕일 문강형으로 더브러 이곳의 와 벼기를 한 가지로 ᄒᆞᄌᆞ ᄒᆞᆫ 언약이 이시니, 형이 이졋ᄂᆞ냐?”

---

845)셩녀진완(聖女眞婉) : 셩스럽고 아름다운 슉녀.
846)쇼장미확지뉴(小臧微獲之類) : 어리고 작은 남녀종들. *장확(臧獲) : 종. 장(臧)은 사내종을, 획(獲)은 계집종을 말함.
847)ᄉ지양낭(事知養娘) : 노숙한 여자 종.
848)보미 : 미음(米飮).
849)쳥아(靑蛾) : 푸르고 아름다운 눈썹. 여기서는 ‘맑고 아름다운 얼굴’을 비유적으로 이른 말.
850)졔ᄉ쇼고(娣姒小姑) : 동서와 시누이들. *제사(娣姒) : 손윗동서와 손아랫동서. 소고(小姑) : 시누이.
851)불어(不御) : 존귀한 사람이 음식 따위를 먹지 않는 것을 높여 이르던 말. 진어(進御)의 반대말.
852)ᄉᆞᆷ츠일죵(蔘茶一鐘) : 인삼차 한잔.

호람휘 흔연이 깃거 왈,

"쇼데는 탁쇽(濁俗)의 뭇치며 셰고(世苦)의 골몰ᄒᆞ니 진환(塵寰)의 아득ᄒᆞᆫ 졍신이 노모(老耄)【36】ᄒᆞ여 엇그졔 ᄒᆞᆫ 일도 다 이졋더니, 현형은 진실노 이인(異人)이로다. 거의 십년 된 일을 긔억(記憶)ᄒᆞᄂᆞᆫ도다. 쇼데 바야흐로 션도(仙道)의 미묘ᄒᆞᆫ 곳을 씨닷ᄂᆞ니, 만일 긔력이 밋ᄎᆞ량이면 현형의 뒤흘 조ᄎᆞ 무량ᄒᆞᆫ 션법(禪法)을 비호리랏다."

도ᄉᆡ 요두(搖頭) 왈,

"블가블긔(不可不可)로다. 쳥운(靑雲)과 빅운(白雲)이 길히 다ᄅᆞ니, 비록 희언인들 형이 엇지 궁박야인(窮迫野人)을 이웃ᄒᆞ리오."

윤공이 잠쇼 왈,

"현형이 쇼데의 진환탁쇽(塵寰濁俗)의 므드러시믈 넘고비쇼(厭苦鼻笑)ᄒᆞ미로다. 블연즉(不然卽) 엇지 과장ᄒᆞ믈 너모 과도이 ᄒᆞ시ᄂᆞ뇨?"

니러틋 환쇼(歡笑)ᄒᆞ여 지긔지음(知己知音)의 관흡(款洽)ᄒᆞ미 비길ᄃᆡ 업더라.

이날 진왕곤계의 쇼【37】치(疏剳)853) 만셰옥탑(萬歲玉榻)의 오ᄅᆞ니, 텬지 진왕곤계의 무관ᄒᆞᆫ 쇼표(疏表)를 고이히 너기샤 친히 어람(御覽)ᄒᆞ시니, 이 곳 다ᄅᆞᆫ 쇼에(疏語) 아니라 급ᄉᆞ낭즁(給事郞中) 녀방의 ᄯᆞᆯ 녀녀의 젼후 음악픽ᄒᆡᆼ(淫惡悖行) 난눈멸상지죄(亂倫滅常之罪)니, 즈초지종(自初至終)히 심심셰셰(深深歲歲)ᄒᆞ여 젼후곡졀을 누루(縷縷)히 베프럿고, 요도의 초ᄉᆞ 아오로 올넛ᄂᆞᆫ지라.

텬지 남필의 크게 ᄒᆡ연(駭然)ᄒᆞ샤 쇼표를 나리와 만조졔신을 보라 ᄒᆞ시고, 옥ᄉᆡᆨ이 엄녀(嚴厲)ᄒᆞ샤 왈,

"난신젹ᄌᆞ(亂臣賊子)와 음녀발뷔(淫女潑婦) 하ᄃᆡ무지(何代無之)리오만은, 녀방의 무상홈과 녀녀의 음악ᄒᆞ미 금고의 희한ᄒᆞᆫ가 ᄒᆞᄂᆞ니, 특별이 형부상셔의게 하지(下旨)ᄒᆞ여 녀방을 하옥ᄒᆞ고, 녀녀와【38】요도 봉암을 잡아 엄형츄문(嚴刑推問)ᄒᆞ여, 젼후 죄상을 유ᄉᆞ(有司)로 ᄒᆞ여곰 붉히 알게 ᄒᆞᆫ 후, 유ᄉᆞ로 뉼젼(律典)을 상고ᄒᆞ여 법 ᄃᆡ로 쳐치ᄒᆞ리[라]."

ᄒᆞ시니, 만조문뮈(滿朝文武) ᄒᆡ연(駭然)치 아니리 업셔 녀방은 이젹(夷狄) 돈견(豚犬)의 뉘라 ᄒᆞ더라.

형뷔 봉명ᄒᆞ여 익일의 나졸아역을 보ᄂᆡ여 진궁 옥즁의 가 요도와 녀녀를 잡아가고, 녀방의 벼슬을 앗고 나졸노 구박ᄒᆞ여 옥의 나리오고, 날이 졈으러 명일노 다ᄉᆞ리려 ᄒᆞ더니, 이 가온ᄃᆡ 긔긔괴괴(奇奇怪怪)ᄒᆞᆫ 옥ᄉᆡ(獄事) ᄯᅩ 니러나, 녀방 녀슉 형뎨의 집이 일시의 픽망(敗亡)ᄒᆞ미 되니, 일노 조ᄎᆞ 쇼부(蘇府) 녀틱흠의 흉ᄒᆞᆫ 긔운이 쥬러져, 다시 즈부졔손의[을] 음ᄒᆡ홀【39】ᄯᅳᆺ을 두지 못ᄒᆞ고, 두낫 동긔 픽멸(敗滅)ᄒᆞ여 이향텬이(異鄕天涯)의 슈졸이 되고, 만금갓치 너기던 졔질(諸姪)이 다 국법 아릭 업ᄃᆡᆫ 고기덩이 갓흐믈 보니, 슬프고 익달오미 창지 촌촌(寸寸)이 슨쳐지고 두 눈의 혈

853)쇼치(疏剳) : 상소(上疏)와 차자(剳子)를 아울러 이르는 말.

뉘(血淚) 마룰 스이 업스니, 드듸여 참참(慘慘)흔 궁원지통(窮遠之痛)854)의 ᄡᅵ이여 다시 궁흉곡계(窮凶曲計)룰 슈창(酬唱)치 못ᄒᆞ고 회과즈칙(悔過自責)ᄒᆞ노라, 《엄시∥녀시》 다시 소부의 화익을 비즈미 업스니 이 ᄯᅩ흔 소부 가란이 진졍ᄒᆞ고 가시 시로이 화평ᄒᆞᄆᆞᆯ 하ᄂᆞᆯ이 허(許)ᄒᆞ시미러라.

형부샹셔 조희빅은 진궁 조틱비 증손이오, 뎡의쳥 부인 조셩녈(聖烈)의 종남(從男)이니, 위인이 강명졍직(剛明正直)ᄒᆞ더라. 샹명을 밧【40】ᄌᆞ와 죄인을 잡아 하옥ᄒᆞ고, 날이 어두어{시니} 명일 좌긔(坐起)855)룰 졍ᄒᆞ고 본부로 도라오더니, ᄶᅥ 황혼이 거의라, 날빗치 희미흔듸 샹셔의 조츤 츄종(騶從)이 길을 열며, ᄡᅡᆼ알(雙喝)856)이 훤괄(嚾聒)ᄒᆞ여 날호여 듸로룰 지나더니, 믄득 곡노(曲路)로 조ᄎᆞ 일인이 머리룰 플고 발벗고 《블항븐명∥블항블명(不降不命)857)》ᄒᆞ여 길을 건너니, 형조하리(刑曹下吏) 듸로(大怒)ᄒᆞ여 급히 잡으니, 기인(其人)이 듸호(大號) 왈,

"늬 셩텬ᄌᆞ(聖天子) 치화(治化) 아릭 극원지한(極怨之恨)이 잇셔, 밋쳐 명일(明日)을 기다리지 못ᄒᆞ고, 졍(正)히 형부아문(衙門)을 ᄎᆞᄌᆞ가 명졍지하(明正之下)의 지원(至冤)을 할고져858) ᄒᆞ거늘 너희는 엇던 관인(官人)의 하인(下人)이완듸 감히 날을 잡는다? 늬 ᄯᅩ 인【41】가쳔인(人家賤人)이 아냐, ᄉᆞ족(士族) 틱우(大夫)859)의 공지로라."

하리 등이 무장듸쇼(撫掌大笑) 왈,

"가위(可謂) 우치(愚癡)로다. 네 거동이 져리 츄악(醜惡) 긔괴(奇怪)ᄒᆞ니 엇던 밋친 ᄉᆞ부(士府) 공지(公子) 져러 ᄒᆞ리오. 네 분명 샹한쳔인(常漢賤人)이로소니, 져런 범남(氾濫)흔 말을 ᄒᆞᄂᆞᆫ다?"

기인이 노왈(怒曰),

"나는 젼임 형부시랑 녀공의 일ᄌᆞ(一子)러니, 골육의 모히(謀害)룰 만나 부모의 늬친 ᄌᆞ식이 되니, 셜우믈 니긔지 못ᄒᆞ여 맛당이 법ᄉᆞ(法司)의 고장(告狀)ᄒᆞ고 셰간(世間) 텬디간(天地間)의 비부(背夫) 난뉸찰녀(亂倫刹女)와 간부(奸夫)룰 잡아 셩딕치화(聖代治化)룰 ᄆᆞᆰ히과져 ᄒᆞ거늘, 늬 엇지 ᄉᆞ족이 아니리오. 너희는 ᄲᆞᆯ니 날을 노흐라. 형부 관문(官門)을 닷지 아냐셔 고장(告狀)ᄒᆞ려 ᄒᆞ노라."

하리(下吏)·아역(衙役)이 기인【42】의 남누흔 의복과 희참(駭慘)흔 거동으로 칭(稱)이 ᄉᆞ부 공지로라 ᄒᆞᄆᆞᆯ 긔괴히 너겨, 노화 보ᄂᆞ지 아니ᄒᆞ고 어즈러이 닛그러 샹셔 가젼(尙書駕前)의 나아가 슈말을 고ᄒᆞ니, 《셩셰∥샹셰》 쳥필(聽畢)의 눈을 드니, 기

---

854)궁원지통(窮遠之痛) : 끝이 없는 슬픔.

855)좌긔(坐起) : 관아의 으뜸 벼슬에 있는 이가 출근하여 일을 시작함.

856)ᄡᅡᆼ알(雙喝) : 두 명의 갈도(喝道). '喝'의 음(音) '알'은 '갈'의 변음(變音)이다. *알도(喝道); '갈도(喝道)'의 변음. 조선 시대에, 높은 벼슬아치가 다닐 때 길을 인도하는 하인이 앞에서 소리를 질러 행인들을 비키게 하던 일. 또는 그 일을 맡은 하인.

857)블항블명(不降不命) : '항복도 없고 명령도 없다'는 뜻으로, '명을 듣지 않음'을 이르는 말.

858)할다 : ①호소하다. 하소연하다. ②참소하다. 헐뜯다

859)틱우(大夫) : =대부(大夫) *태우 : '대부(大夫)'의 옛말.

인이 나히 이십숨스는 ᄒᆞ고, 작인(作人)이 가장 용우(庸愚)ᄒᆞᄃᆡ, 발 벗고 머리 플고 의복이 남누ᄒᆞ고 형뫼 초췌(憔悴)ᄒᆞ더라.

거동이 가장 부졍(不正)ᄒᆞ거늘, 상세 믄득 우이 너겨 쳐음은 노화 보ᄂᆡ고져 ᄒᆞ더니, 곳쳐 헤아리미 졔 칭(稱)이 '녀시랑 ᄌᆞ(子)로라' ᄒᆞ고, '지원(至冤)ᄒᆞᆫ 셜음이 잇셰라' ᄒᆞ며, ᄯᅩ '셩ᄃᆡ치화(聖代治化)의 난뉸찰녀(亂倫刹女)와 간뷔(奸夫) 잇다' ᄒᆞ니, 그 언단(言端)의 쇼근(所根)이 심상치 아냐, 필유묘믹(必有苗脈)ᄒᆞᆷ믈 ᄭᆡ다라미, 무【43】단(無斷)이 노화 보ᄂᆡ지 못ᄒᆞᆯ지라. 이의 하리(下吏)를 명ᄒᆞ여,

"ᄎᆞ인을 본부 닝옥의 슈금(囚禁)ᄒᆞ여 두라. ᄂᆡ일 좌긔(坐起)후 므ᄅᆞ리라."

ᄒᆞ리(下吏) 쳥녕(聽令)ᄒᆞ여 슈리 미 ᄎᆞ듯 기인을 닛그러 본부 옥즁의 착슈(捉囚)ᄒᆞ니, 《녀옥∥기인(其人)》이 아모란 곡졀을 모로고, 아모리 발악ᄒᆞ나 능히 버셔나지 못ᄒᆞ다.

원ᄂᆡ ᄎᆞ인은 다ᄅᆞ니 아니라, 시랑 녀슉의 아들 녀옥이라. 혜졍 음녜 진궁의 츌화(黜禍)를 만나 졔집의 도라가미, 도로혀 조심 되미 업셔 의구히 간부(姦夫)를 다리고 부모슬하의 녀셔(女婿)의 도를 일우고, 교언녕식(巧言令色)으로 부모를 달ᄂᆡ여 오라비를 니간(離間)ᄒᆞ니, 녀슉부쳬 두낫 농판[860] 육괴(肉塊)[861]로 '오관(五官)의 쉬 슬고 《녕통∥념통》【44】의 보믜 ᄭᅵᆫ 거시라'[862] 무슨 쥬견(主見)이 이시리오.

그러나 본ᄃᆡ 이 ᄯᆞᆯ의 말인즉 ᄉᆞᄉᆞ언쳥(事事言聽)ᄒᆞ고, 인간 만믈의 견조아 비홀 거시 업ᄂᆞᆫ지라. 아들의 용우(庸愚)ᄒᆞ미 ᄯᆞᆯ의 총혜(聰慧)홈과 갓지 못ᄒᆞ고, 옥의 용상(庸常)ᄒᆞ미 혜졍의 아름다옴과 갓지 못ᄒᆞᆷ믈 낫비 너기며, 조초 혜졍의 간부 원금을 보미, 비록 본이 상한(常漢)이나 미목(眉目)이 미려ᄒᆞ고 풍치 빗나믈 ᄉᆞ랑ᄒᆞ여, 오히려 원금과 혜졍 ᄉᆞ랑ᄒᆞᆷ믈 옥의 우희 두어, 녀슉부쳬 미양 디ᄒᆞ여 왈,

"옥이 비록 아들이나 인식 블민블쵸(不敏不肖)ᄒᆞ여 효셩이 바히 업고, 혜졍부뷔 비록 ᄯᆞᆯ과 ᄉᆞ회나 인믈이 아름답고 효셩이 긔특ᄒᆞ니, 우리 가히 【45】조션봉ᄉᆞ(祖先奉祀)와 신후(身後)를 의탁ᄒᆞ리라."

ᄒᆞ니, 혜졍이 부모의 긔식을 알고 더옥 효셩을 낫토니, 녀츅(畜) 부쳬(夫妻) 녀아의 효슌ᄒᆞᆷ믈 깃거 이후붓터 가ᄉᆞ를 맛지미 되니, 혜졍이 양양ᄌᆞ득(揚揚自得)ᄒᆞ여 오라비는 아조 업슨 것 갓치 너겨, 녀츅(畜)의 반싱(半生) 탐ᄌᆡ(貪財)로 모흔 금보옥빅(金寶玉帛)을 훗터, 화미진찬(華味珍饌)을 장만ᄒᆞ여 녀츅 부쳐와 져의 부뷔 먹을지언졍, 녀옥은 쥬지 아니니, 옥이 ᄃᆡ로ᄒᆞ여 날마다 원금과 누의로 더부러 ᄊᆞ화 젼장이 니러시ᄃᆡ, 져 부뫼 능히 금치 못ᄒᆞ고, 원금은 본이 미쳔ᄒᆞᆫ 고로 구속ᄒᆞ미 만하, 옥의게 지ᄂᆞᆫ

---

860)농판 : 멍청이.
861)육괴(肉塊) : =고깃덩어리. 사람의 몸을 속되게 이르는 말.
862)오관(五官)의 쉬 슬고 념통의 보믜 ᄭᅵᆫ 거시라 : 오관(五官)에 쉬가 슬고 염통에 녹이 끼었다는 말로, 감각기관(五官)과 마음(心腸)에 병통이 생겨, 제대로 느끼고 생각하지도 못한다는 말. *오관(五官) : 다섯 가지 감각 기관. 눈, 귀, 코, 혀, 피부를 이른다. *쉬 : 쉬. 파리의 알. *보믜; 녹(綠)..

젹이 만흐니, 혜뎡이 앙앙ᄒ여 크게 발악ᄒ여, 【46】옥으로 더부러 크게 ᄊᆞ화 니기니, 부뫼 ᄯᅩ ᄌᆞ식을 결우게 ᄒ며 ᄭᅮ짓지 못ᄒ고, 반ᄃᆞ시 쎨의 역슬863) 드니, 혜뎡은 더옥 승승(乘勝)ᄒ고 옥은 부모조ᄎᆞ 져룰 외오 너기니 분한ᄒ여, '녀부의 만흔 지산이 다 누의 긔믈(器物)이 되고 져ᄂᆞ 무용지인(無用之人)이 될노다' 혜아리미, 우혹(愚惑)흔 소견의 읻닯고 셜우미 쳘텬(徹天)ᄒ여, 반ᄃᆞ시 누의 흉을 니ᄅᆞ고 근본을 들츄어 타인의 드ᄅᆞ믈 조금도 휘(諱)치 아니 ᄒ니, 니러틋 ᄒ여 닌니(隣里)의 악언이 졈졈 편힝(遍行)ᄒ더라.

원금은 크게 두려 나가기룰 니ᄅᆞ딕, 혜뎡이 잇지 아니코 초진으로 상의ᄒ여 가만이 쳔금을 쥬고 요괴로온 약을 구ᄒ여, 녀【47】슉부쳐룰 미혼단(迷昏丹)을 나오니864) 본딕 용녈흔 돈견(豚犬)들이 더옥 알 거시 이시리오. 크게 졍신을 일허 《혜뎌‖혜뎡》 부부룰 ᄉᆞ랑ᄒ미 더어 인ᄉᆞ룰 니즐 듯ᄒ고, 녀옥을 믜여 날마다 치쳑(治責)865)이 ᄌᆞᄌᆞ니, 옥이 쥬야 울며 부모룰 원망ᄒ고 누의룰 욕ᄒ여 나죵은 셔로 치더니, 일일은 옥이 나갓다가 드러오니 혜뎡이 고즁(庫中)의 능나치단(綾羅彩緞)을 ᄂᆡ여 마련ᄒᄂᆞᆫ 거시 다 져의 부부의 의복이라.

옥이 딕로ᄒ여 가만이 홍노(紅爐)866)의 블을 가져다가 더지니, 그런 금슈(錦繡) 다 탓ᄂᆞᆫ지라. 이후로ᄂᆞᆫ 남ᄆᆡ지간이 구슈(仇讐) 되어, 혜뎡이 가ᄉᆞ룰 총단(總斷)ᄒᄂᆞᆫ 고로 조흔 옷ᄉᆞᆫ 져희 닙고, 굵고 더러【48】온 거ᄉᆞᆫ 옥의 깃867)식 도라가니, ᄉᆞ미진찬은 져희 부뷔 먹고 여찬(餘饌)은 제 부모룰 먹이고, 옥은 여찬도 남겨 먹이지 아니니, 옥이 우분(尤憤)ᄒ여 그릇 아니 ᄭᆡ치ᄂᆞᆫ 날이 업고, ᄊᆞ호지 아닐 날이 업ᄉᆞ니, 부뫼 도로혀 믜워 죽이고져 ᄒᄂᆞᆫ지라.

혜뎡이 승시(乘時)ᄒ여 날마다 옥을 참쇼ᄒ니, 비록 명쳘흔 장뷔라도 요약(妖藥)을 맛보미 심졍이 상치 아니리 업거늘, 이 한 무리 돈견을 니ᄅᆞ리오. 혜뎡의 한 말이 닙 밧긔 난즉, 감히 거스리지 못홀 쥴 아ᄂᆞᆫ지라. 녀슉부뷔 일일은 잠이 업셔 ᄭᆡ엿더니, 홀연 녀옥이 만면 노긔로 문을 박츠고 큰 칼을 들고 드러오며 ᄭᅮ지【49】져 왈,

"부친과 모친이 요ᄉᆞ이 만고 음녀 혜뎡만 ᄌᆞ식으로 알고 날을 쳔딕ᄒ니, 아모리 ᄌᆞ식인들 읻닯고 노홉지 아니리오. 니 오늘은 분을 참다가 못ᄒ여 드러왓ᄂᆞ니, 늙은 텬눈 모로ᄂᆞᆫ 부모룰 몬져 죽이고, 니 ᄯᅩ 이 칼의 죽어 혼뵉이 한가지로 놀니라."

셜파의 칼을 빗겨 하슈(下手)ᄒ려 ᄒᄂᆞᆫ지라. 부뫼 이 광경을 보고 딕경실식ᄒ여 썰며 말을 못ᄒ니, 《혜뎡‖녀옥》이 거줏 칼을 둘너 왈,

---

863) 엿 : 역셩. 옳고 그름에는 관계없이 무조건 한쪽 편을 들어 주는 일.
864) 나오다 : ①(음식을) 내오다. 드리다. 바치다. ②(음식을) 들다. 먹다.
865) 치쳑(治責) : 꾸중. 책망(責望).
866) 홍노(紅爐) : 빨갛게 달아오른 화로.
867) 깃 : 몫. 무엇을 나눌 때, 각자에게 돌아오는 부분..

"부뫼 이졔도 혜졍을 스랑하고 날을 쳔딕하려 하시는가? 한 말을 드러지라. 만일 혜졍부쳐를 먼니 닉쳐 이 집의 두지 말고 날을 네갓치 스랑하면 닉 이졔 나가리라." 【50】

녀슉부쳬 일시의 손을 부뷔여 니르딕,

"닉 아히야! 우리 잘못 하여시니 너는 늙고 망녕된 어버이를 족가(足枷)치 마라, 붉는 날이여든 혜졍부부를 먼니 닉쳐 다시 용납지 아니리라."

옥이 거즛 깃거 왈,

"진실노 이 쯧이 잇거든 즁밍(重盟)을 두쇼셔. 부뫼 현마 쇼즈를 속이리잇가?"

녀슉이 밋쳐 답지 못하여셔 김시 갑갑 망극하여 급히 닙더 왈,

"우리 아즈를 속이면 참 돈견이지, 사름 갑시 가랴."

슉이 쏘 니르딕,

"너 곳 속이면 인면슈심(人面獸心)이 되리라."

하니, 옥이 그졔야 웃고 칼을 들고 나가는지라. 녀슉이 김시다려 왈,

"이 즈식이 이딕도록 무상하리오. 붉는 【51】 날 녀셔(女壻)와 의논하고 죽여 업시 하미 올토다."

김시 비록 인면슈심이나, 즈모의 유유(幽幽)한 졍이 업지 못하여 뉴쳬 왈,

"다만 일지라. 졔 비록 못 쓸 거시나 참아 엇지 죽이리오."

녀슉이 노왈,

"그딕는 실노 녹녹한 녀진로다. 져를 죽이지 아니면 가련한 녀셔(女壻)868) 부부를 닉칠 거시오? 졔 말을 분명 허락하고 듯지 아니면, 못쓸 즈식이 벅벅이 명일야(明日夜)의는 우리를 죽일 거시니, 우리 공연이 두 목숨이 죽느니, 져 하나흘 죽여 집안을 진졍하면, 긔 아니 무던하냐?"

김시 그러히 너기나, 아마도 츄연하여 말을 못하더라.

혜졍이 단약(丹藥)을 삼키고 옥이 【52】 되여 부모를 속이고 나와, 후창하의 가만이 숨어 부모의 스어(辭語)를 다 듯고, 암희(暗喜)하여 침쇼의 도라와 원금다려 슈말을 다 니르고, 져의 지릉다모(智能多謀)함을 즈랑하니, 금이 크게 깃거 칭찬 왈,

"낭즈는 가히 녀즁(女中) 진유즈(陳孺子)869)로다."

명조(明朝)의 혜졍이 일즉 니러 다스한 미쥭(糜粥)과 아름다온 찬션(饌膳)을 갓초와 가지고 드러가 부모를 딕하여 졍다이 권하니, 슉의 부뷔 가장 즐겨 아냐 근심이 가득하엿거늘, 혜졍이 모르는 쳬하고 효슌(孝順)한 낫빗초로 나죽이 뭇즈오딕,

"부뫼 무스일노 즐기지 아니시느니잇가?"

녀슉부쳬 쏠의 므릇믈 보고 기리 탄식고 눈물을 흘니 【53】며 작야스(昨夜事)로써

---

868)녀셔(女壻) : 딸과 사위를 함께 이르는 말.
869)진유즈(陳孺子) : 진평(陳平). ? − BC178. 중국 한(漢)나라 때 정치가. 유자(孺子)는 그의 별명. 한 고조 유방(劉邦)를 도와 여섯 번이나 기발한 꾀를 내, 천하를 평정케 하였다.

니르고,

"맛당이 법부(法部)의 알외여 죽이려 ᄒ노라."

혜졍이 양경(佯驚)ᄒ여 슬허 고왈,

"진실노 블가ᄉ문어타인(不可使聞於他人)이로소이다. 거게(哥哥) 엇지 이딕도록 히이(駭異)ᄒᆯ 줄 알니잇고? 임의 부모를 시(弑)ᄒ고져 ᄒ오니, 이ᄂᆞᆫ 텬디간(天地間) 딕역부되(大逆不道)라. 맛당이 법부의 고ᄒ여 법 딕로 다ᄉ렴즉 ᄒ디, 일이 이의 밋ᄎᆞᆫ즉, ᄉ셰(事勢) 난쳐ᄒ미 여러 가지라. 일ᄌ(一者)ᄂᆞᆫ 법부의 고ᄒ여 나라히 알외여 국법으로 쳐치ᄒᆞᆯ 거시니[면], 반ᄃᆞ시 형쳬를 완젼이 못ᄒ올 거시니, 부모유쳬(父母遺體) 엇지 앗갑지 아니ᄒ오며, 이ᄌ(二者)ᄂᆞᆫ 야야(爺爺)의 훈ᄌ(訓子) 못ᄒ 허믈이 《만셔(萬庶)∥만셩(萬姓)》의 편ᄒᆡᆼ(遍行)ᄒ【54】여 용널ᄒᆫ 죄를 몬져 므를 거시오. 삼ᄌ(三者)ᄂᆞᆫ 조션쳥덕(祖先淸德)을 아조 ᄡ러 버려 문회(門戶) 멸망ᄒ리니 엇지 슬프고 난쳐ᄒ미 아니리잇고? 쇼녀의 어린 ᄯᆺ의ᄂᆞᆫ 각별 냥편(兩便)ᄒᆯ 도리를 싱각ᄒ미 조흐리로소이다."

녀슉부쳬 연망이 문왈,

"닉 아히 무슴 계귀(計揆) 잇ᄂᆞ뇨? 우리ᄂᆞᆫ 블초ᄌ의 경상을 보니 심혼이 아득ᄒ여 아모리 ᄒᆯ 줄 모로니, 너ᄂᆞᆫ 가ᄅ치라."

혜졍이 옥을 조히 셔ᄅᆺ게 되니 십분 암희ᄒ나, 거즛 슬픈 ᄉ식(辭色)으로 뉴미(柳眉)를 ᄶ긔고 소릭를 나죽이 ᄒ여, 기리 탄왈,

"이 계귀 져를 장ᄎᆺ 위ᄒ여 싱각ᄒ오미나, 동긔골육지졍니(同氣骨肉之情理)의 엇지 참담치 아니리【55】잇고만은, 부모의 노년을 위ᄒ미 마지못ᄒ미로소이다. 다만 소문 업시 쳐치ᄒ여야 시속(時俗)의 시비(是非)를 면ᄒ고 거거의 형쳬를 완젼ᄒ오리니, 여ᄎ여ᄎ ᄒ여 가만이 죽여 무ᄉ이 션쇼(先所)[870]의 장(葬)ᄒ미 아니 만젼(萬全)ᄒ니잇가?"

녀슉부뷔 올히 너겨, 말마다 칭찬ᄒ여 왈,

"닉 아히ᄂᆞᆫ 녀즁(女中) 졔갈(諸葛)이라. 우리 블효ᄌ를 죽여 업시ᄒ고 너 갓흔 효녀 현셔의게 후ᄉ를 의탁ᄒ리라."

ᄒ고, 이의 가졍을 분부ᄒ여 녀옥을 잡아 닉옥(內獄)의 가도려 ᄒ더니, {금야의 혜졍이 요괴로온 거동으로 부모를 위로ᄒ니 크게 어지리 너겨 도로혀 위로ᄒ더라} 이날은 맛【56】춤 녀옥이 ᄒᆯ 일이 잇셔 앗춤의 나가더니, 혜졍이 각별 미쥬셩찬(美酒盛饌)을 장만ᄒ고 졔일(第一) 독약을 셧거노코 옥을 기다리디, 옥이 졈으도록 오지 아니터니 황혼의 도라오니, 혜졍이 교만투싀(驕慢妬猜)ᄒ여 일즉 하비(下輩)의게 인심을 일헛ᄂᆞᆫ지라. 가만이 원망ᄒ리 만터니, 이날 혜졍이 옥을 히ᄒ려 ᄒᄂᆞᆫ 눈칙를 알고, 옥이 도라와 문을 치 드지 아냐셔 ,시비 가만이 나와 니ᄅ디,

---

870)션쇼(先所) : 선영(先塋). 조상의 무덤. 또는 그 근처의 땅

"노야와 부인이 쇼져로 더부러 여추여추 의논ᄒ고, 음식의 독을 셧거 공주를 죽이려 ᄒᄂ니라."

ᄒ디, 옥이 청미(聽未)의 분긔 돌관(突冠)ᄒ여, 눈을 브름쓰고 팔을 뽐늬여 니를 갈고 닉당(內堂)의 드리다루니, 부【57】모와 혜졍이 만흔 진찬을 알픠 버리고 옥의 드러오기를 기다리더니, 옥이 만면 노긔로 드리다루며 좌우로 박추 그런 음식을 다 업치니, 쥬육(酒肉)이 훗터져 당즁(堂中)의 난만ᄒ며 프른 블꼿치 어즈러이 니러나ᄂ지라. 옥이 딕믹(大罵) 왈,

"혜졍 음녀(淫女)야! 너와 닉 골육동긔(骨肉同氣)어늘, 무슴 원쉬 잇관딕 부모를 달닉여 날을 죽이려 ᄒᄂ다? 용녈흔 부모와 요괴로온 동싱이 동심(同心)ᄒ여 무죄흔 날을 죽이려 ᄒ니, 이ᄂ 필연 부즈동긔(父子同氣) 아냐 실위구젹(實爲仇敵)[871]이라. 부모동긔 날을 죽이려 ᄒ니, 닉들 무슨 졍이 이시리오. 닉 이제 법부의 고장ᄒ여 간교무상(奸巧無狀)흔 죄를 붉히리라."

ᄒ니, 부【58】모와 음녜 일이 발각흔 줄 알고, 노하두면 큰 일이 날지라. 슉의 부쳐와 혜졍부체 급히 니러나 옥을 구박(毆縛)ᄒ여 후당벽실(後堂僻室)의 가도고 문을 밧그로 잠으니, 옥이 힘써 발악ᄒ나 여러 사름을 홀노 엇지 당ᄒ리오. 힘힘이 갓치이믈 만나니, 이 밤의 혜졍이 옥을 죽이려 ᄒ미러라.

녀옥다려 니루던 추환이 옥의 갓친 방밧긔 와 쏘 니루딕,

"원싱과 쇼졔 금야(今夜)의 공주를 하슈(下手)ᄒ려 ᄒᆯ거시니, 공주ᄂ 후벽을 뚯고 샐니 도망하라."

옥이 이 말을 듯고 올히 너겨 즉시 바람[872]을 박추니 벽이 써러지거늘, 드듸여 그믈의 버셔난 고기와 집 일흔 기갓치 집을 바【59】리고 쒸여 닉다루니, 임의 부모와 누의로 더브러 실난홀[873] 젹, 머리 프러지고 발을 버셧더라.

바로 문밧글 닉다라 창졸의 갈 곳이 업스니, 슉부 녀방의 집으로 가고져 ᄒ다가 믄득 분발ᄒ여 싱각ᄒ디,

"부모와 동싱이 날을 죽이려 ᄒ니 이제 바로 법부의 고ᄒ여, 원금과 혜졍을 죽여 닉 분을 플고, 부뫼라도 혜졍 곳 업스면 날을 향ᄒ여 이딕도록 야속지 아니리라."

우혹(愚惑)흔 의식 발작ᄒ니, 급히 큰 길노 향ᄒ여 뉵부(六部) 다히로 가더니, 셜운 눈믈이 방방ᄒ여 앏히 어두어 천방지방(千方地方)[874] 닷다가, 그릇 조상셔의 지나ᄂ 길을 건너 잡【60】히미 되니, 형부 닉옥(內獄)의 엄슈(嚴囚)ᄒ미 되니라.

혜졍 음녜 추야의 야심키를 기다려 원금다려 후당의 가 옥을 햐슈ᄒ라 ᄒ니, 금이 머리를 흔드러 왈,

---

871) 실위구젹(實爲仇敵); 사실은 원수임.
872) 바람; 벽(壁). 집이나 방 따위의 둘레를 막은 수직 건조물
873) 실난ᄒ다 : 실랑이하다. 승강이하다. 서로 옳으니 그르니 하며 다투다.
874) 천방지방(千方地方) : 천방지축(天方地軸). 너무 급하여 허둥지둥 함부로 날뜀.

"촘아 엇지 사름을 죽이리오."

ᄒᆞ고, 가지 아니니, 혜경이 ᄃᆡ로ᄒᆞ여 장부의 용녈ᄒᆞ믈 ᄭᅮ짓고, 야심ᄒᆞ기를 기다려 스ᄉᆞ로 칼을 들고 후당의 드러가 문을 열고 보니, 벽이 다 졋바지고[875] 옥의 거체 업ᄂᆞᆫ지라.

혜경이 ᄃᆡ경(大驚)ᄒᆞ여 발굴너 왈,

"형이 다라낫시니 장ᄎᆞᆺ 큰 일이 나리로다."

ᄒᆞ고, 도라와 원금과 의논ᄒᆞ니 금이 ᄯᅩᄒᆞᆫ 놀나더라. 혜경 왈,

"형이 위인이 본ᄃᆡ 허박다겁(虛薄多怯)[876]ᄒᆞ여 심히 용우(庸愚)ᄒᆞ니, 겨요 셩명(性命)을 도망ᄒᆞᆫ 【61】 들 어드로 감즉 ᄒᆞ리오. 벽벽이 슉부 ᄐᆡᆨ즁 밧근 갈ᄃᆡ 업ᄉᆞ리라."

금 왈,

"녕형(令兄)이 무뢰도박(無賴到泊)ᄒᆞ니 어ᄃᆡ를 못 가리오. 반ᄃᆞ시 동뉴를 ᄯᆞᆯ와 먼니 가리라."

혜경 왈,

"만일 그리나 ᄒᆞ면 작ᄒᆞ리오만은[877], 만일 슉부의게로 갓시면 우리 허믈을 창셜(唱說)ᄒᆞᆯ 거시니, 슉뷔 본ᄃᆡ 우리 집과 동긔시나 우ᄋᆡ 박ᄒᆞ니, 도로혀 남만도 못ᄒᆞᆫ지라 니러므로 셔로 부즁ᄉᆞ를 긔이ᄂᆞ니라.[878]"

니러ᄐᆞᆺ 말ᄒᆞ여 옥의 간 곳을 몰나 능히 잠이 편치 못ᄒᆞ더라. 날이 ᄇᆞᆰ으니 원금 혜경이 부모를 드러가 보고, 옥의 다라난 쥴 니ᄅᆞ고 근심ᄒᆞ여 왈,

형이 발셔 심졍이 크게 변ᄒᆞ여 사름이 되지 못【62】ᄒᆞ여시니 어ᄃᆡ 가 무ᄉᆞ일을 져즐동 알니잇고, 젹지 아닌 화근이로소이다. 부뫼 ᄯᅩᄒᆞᆫ 놀나 근심ᄒᆞ며, 일변(一邊) 가인(家人)을 녀방의 집의 보ᄂᆡ여 옥의 거쳐를 아라오라 ᄒᆞ더니, 아이오 홀연 형부로 조ᄎᆞ 범갓ᄒᆞᆫ 나졸이 다라드러 녀슉과 녀녀 원금을 다 잡아ᄂᆡ니, 슉과 혜경이 ᄃᆡ경실ᄉᆡᆨ ᄒᆞ여, 혜경이 담ᄃᆡᄒᆞ미 결비범인(決非凡人)이라. 크게 쇼ᄅᆡ 질너 모든 나졸을 ᄭᅮ지져 왈,

"이 집이 피폐ᄒᆞ나 ᄉᆞ부(士府) ᄐᆡᆨ상(宅上)이오. 노애 퇴ᄉᆞᄒᆞ여시나 형부고관의 계시던 ᄇᆡ오, ᄂᆡ 비록 약ᄒᆞ나 초의 음양을 밧고와 뇽갑(龍甲)을 밧드러 한원진신(翰苑搢紳)이 되엿던 거시어ᄂᆞᆯ, 너희 등이 엇지 유죄【63】무죄의 곡직(曲直)도 니ᄅᆞ지 아니ᄒᆞ고, 니러ᄐᆞᆺ 셜만(褻慢)이 구ᄂᆞᆫ다?"

모든 하졸(下卒)이 ᄂᆡᆼ쇼 왈,

"형부시랑과 옥당(玉堂) 명신(名臣)을 니ᄅᆞ지 말나. 만승텬ᄌᆞ라도 독부지악(獨夫之

---

875)졋바지다 : 자빠지다. 서 있던 물체가 모로 기울어져 쓰러지다.

876)허박다겁(虛薄多怯) : 허약하고 겁이 많음.

877)작ᄒᆞ다 : =오작ᄒᆞ다. 오죽하다. 정도가 매우 심하거나 대단하다. *작ᄒᆞ리오만은; (그렇게나 하였으면) 오죽이나 좋으리오마는.

878)긔이다 : 기이다. 어떤 일을 숨기고 바른대로 말하지 않다.

惡)과 잔적지힝(殘賊之行)이 이시면 능히 위엄을 즈뢰(藉賴)지 못ᄒ니, 녀시랑부인이 아모리 존ᄒ여도 블과 한 ᄉ뷔(士婦)라. 그러나 ᄃ죄(大罪)의 걸니미 등한치 아니ᄒ니, 엇지 고즈(顧藉)ᄒ미 이시리오. 부ᄃ 죄를 알과져 ᄒ면 무어시 어려오리오. 녀시랑의 아들 녀옥이 여ᄎ여ᄎ ᄒ여 형부상셔 조노야긔 지원(至冤)을 하리ᄒ니, 조상셰 듯고 ᄃ로ᄒ샤 난눈픠상발부(亂倫敗常潑婦)와 간부(奸夫)를 다 잡고, 《용통∥불통(不通)》 블명(不明) 무식(無識)ᄒ기 금슈(禽獸) 갓흔 녀공ᄉ【64】지 다 잡아오라 ᄒ시기 왓노라."

ᄒ고, 잡아가니, 옥이 일을 져줄민 줄 알고 ᄃ경실식ᄒ나 홀일업고, 형부 ᄒ리 녀슉부녀와 원금 초진을 결박ᄒ여 풍우(風雨)갓치 잡아가니, 김시ᄂ 텬디망극(天地罔極)ᄒ여 헤다히며879) 아모리 홀 줄 모로더라.

ᄎ셜 형부 조상셰 '녀옥을 하옥ᄒ라' ᄒ고, 부즁의 도라와 밤을 지니고, 명조의 옥졀의 조회하고 바로 본부의 나아가 좌긔(坐起)ᄒ고, 몬져 봉암 요도(妖道)와 슈졍을 엄츄국문(嚴推鞫問)ᄒ니, 요인 등이 임의 한 긋츨 복초(服招)ᄒ여시니, 다시 독형(毒刑)을 바드미 무익ᄒ지라. 봉암의 초ᄉ(招辭)ᄂ 진왕의게셔 온 초ᄉ와 갓고, 슈졍 음녀ᄂ 울며 【65】전후 힝악을 즈즈(字字)히 복초ᄒ니, 조상셰 바다 보미 초(初)의 윤셰린의 풍치를 흠모ᄒ여, 아븨880) 녀방이 친히 윤학ᄉ를 간쳥ᄒ여 ᄉᄉ로이 음간코져 ᄒ며, 버거 윤상부의 친히 가 혼인을 쳥ᄒᄃ 밍낭지언으로 억늑(抑勒)ᄒ여 혹ᄉ와 제 쏠이 ᄉᄉ언약(私私言約)이 잇다 ᄒ고 구혼ᄒ다가, 승상 부즈형뎨의게 허다 면칙(面責)을 보고 무류히 도라와, 《방계∥반계》 곡경(盤溪曲徑)으로 셜궁의 양녀(養女)되여 구ᄎ히 인연을 도모ᄒ여, 윤셰린의 지실이 되여 쳥션요리로 동모ᄒ여 셜쇼져를 참혹히 히ᄒ던 바와, 그 후 간젹(奸跡)이 픠루(敗漏)ᄒ여 츌화(黜禍)를 만나니, 쏘 다시 윤가를 바【66】라지 못ᄒ여 관시랑 계비 능시의 텬눈을 비러 봉암으로 힝계ᄒ여, 다시 윤문의 투입ᄒ여 아조 윤문을 업치려 ᄒ던 악ᄉ(惡事)를 낫낫치 고ᄒ여시니, 조상셰 간필(看畢)의 블승ᄃ로(不勝大怒)ᄒ여 이의 쏘 녀방을 잡아 ᄃ하(臺下)의 니르미, 상셰 안식을 싁싁이 ᄒ고 결칙 왈,

"공은 텬하(天下) ᄉ유(士類)로 작위 츈경(春卿)881)이오, 년긔 노셩(老成)ᄒ니 인눈풍화(人倫風化)와 녜의념치(禮義廉恥)를 알만 ᄒ거늘, 엇지 일녀를 가ᄅ치미 녜의 풍화를 손상ᄒ고, 식니장뷔(識理丈夫)되여 음녀와 동심ᄒ여 젼후악힝을 한 가지로 ᄒ니, 이 엇지 ᄉ틱우(士大夫)의 힝실이리오. 황상이 녀 【67】 녀의 젼후악ᄉ를 드ᄅ시고 통히(痛駭)ᄒ샤 날노써 죄즈(罪者)를 다ᄉ려 풍화(風化)를 졍히 《하리∥ᄒ라》 ᄒ시니, 싱이 황명을 밧즈와 몬져 음녀와 간부를 다ᄉ려 실초(實招)를 바다시니, 공은 숨기지 말고 젼일을 바른 ᄃ로 직초(直招)ᄒ라."

879)헤다히다 : 헤대다. 허둥대다. 공연히 바쁘게 왔다 갔다 하다.
880)아븨 : 아비. '아버지'의 낮춤말
881)츈경(春卿) : 예조판서(禮曹判書). 중국 예부상서. *춘조(春曹); 예조(禮曹)를 달리 이르는 말.

녀방 츅싱(畜生)이 도시담(都是膽)882)이나 감히 무슨 말을 ᄒ리오. 다만 고기 조아
왈,

"지죄지죄(知罪知罪)라. 만싱이 그룻 녀식을 가르쳐 스림의 니런 븟그러오믈 보니
인면슈심(人面獸心) 갓흔 마음이나, 엇지 븟그럽지 아니리오. 스스로 죄롤 혜아리느니,
우흐로 황상 쳐분과 아리로 명공의 쳐치ᄒ시믈 바랄 ᄯ롬이로소이다."

조상셰 쳥파의 ᄯ 다【68】시 무롤 거시 업셔, 하리롤 분부ᄒ여 셰 죄인을 다 하옥
(下獄)ᄒ고, '텬ᄌ의 쳐치롤 기다리라' ᄒ고, '작일 노즁(路中)의셔 길 건넌 ᄌ롤 잡아
드리라' ᄒ니, 슈유(須臾)의 닛그러 뎡하(庭下)의 ᄭ을니고, '원졍(原情)이 잇거든 알외
라' ᄒ니, 녀옥이 울며 고장(告狀) 왈,

"쇼싱 녀옥은 젼임 형부시랑 녀슉의 ᄌ라. 다른 형뎨 업고 다만 일미(一妹)이시니
이곳 젼ᄌ(前者)의 《산∥션》이 녀모의 아들이라 칭ᄒ고 남복(男服)으로 닙조(入朝)
ᄒ던 지(者)니, 뉵경(六卿)이 다 혜졍을 아ᄂ니, 은상(恩尙)883)이 ᄯ 엇지 발부(潑婦)
롤 모르시리잇가? 혜졍이 초의 음양을 변쳬(變體)ᄒ며 이제 텬뉸을 밧고고, 셩시롤 곳
치믄 다 곡졀이 잇ᄂ니, 【69】어ᄉ복야(御史僕射) 소문환의 계모 녀시ᄂ 쇼싱의 슉
뫼(叔母)러니, 슉뫼 ᄯ 심슐이 부졍ᄒ온 고로, 그윽이 문환 부부·부ᄌ롤 희코져 ᄒᄂ
지라. 문환의 녀ᄂ 윤쳥문의 춍부(冢婦)오, 동챵후 윤챵닌의 쳐실이니, 슉뫼 스스로 손
녀의 츌인(出人)ᄒ 지예(才藝)롤 일ᄏ르며, 쇼싱의 혼인을 일우려 ᄒ여 구ᄒ라 ᄒ딕,
소공이 윤셩닌을 아시의 어더 기른 졍이 범연치 아니ᄒ고, 버거 그 문장ᄌ화(文章才
華)롤 ᄉ랑ᄒ고, 쇼싱의 용우ᄒ믈 나모라 퇴ᄒ니, 슉모와 부뫼 통원(痛冤)ᄒ여, 부딕
쇼녀롤 탈취ᄒ여 긔믈(器物)을 삼고져 홀 ᄎ, 소공의 필ᄌ 셩이 진왕의 녀셰 되어 진
궁 혼【70】ᄉ롤 일우ᄂ지라. 슉뫼 넌ᄌ시 ᄌ모롤 쳥ᄒ여 무슨 계귀(計揆) 잇노라 ᄒ
니, ᄌ뫼 소·윤 냥인 즁 하나흘 탈취ᄒ려 소가의 나아가니, 누의 규녀의 몸으로 ᄌ모
롤 ᄶ와 소가의 갓다가, 여ᄎ여ᄎ 윤셩닌의 풍치롤 여어보고, 기야(其夜)의 여ᄎ여ᄎ
힝계(行計)ᄒ다가, 삼 쇼싱과 윤싱의게 허다 견욕낭픽(見辱狼狽)롤 보고, 겨요 죽기롤
면ᄒ여 집의 도라오믹, 인뉸 찰히기롤 원치 아냐, 윤싱 곳 아니면 타문의 가지 아니련
다 ᄒ고, ᄌ원ᄒ여 남복을 긔착(改着)ᄒ고 외람이 뇽갑(龍甲)884)을 밧드럿더니, '작심
(作心)이 삼일(三日)885)이라. 윤셩닌을 딕닉(大內) 입직(入直)홀 졔 여【71】ᄎ여ᄎ 핍
박ᄒ여, 《방계∥반계》 곡경(盤溪曲徑)으로 혼인을 도모ᄒ여 윤가의 도라가나, 맛춤닉
가부의 춍(寵)을 엇지 못ᄒ고, 원금이란 냥인지ᄌ(良人之子)롤 잠통(潛通)ᄒ다가, 난음
(亂淫)ᄒ 졍젹(情迹)이 픽루ᄒ니, 윤가 부ᄌ 납폐문명(納幣問名)을 ᄎᄌ 쇼화ᄒ고, 영

---

882)도시담(都是膽) : 매우 담이 크고 뻔뻔함.

883)은상(恩尙) : 은혜로운 상서(尙書). *상서(尙書); 육부(六部)의 으뜸벼슬.

884)뇽갑(龍甲) : 과거(科擧) 가운데 '문과(文科)'를 달리 이른 말.

885)작심(作心)이 삼일(三日) : 작심삼일(作心三日). 단단히 먹은 마음이 사흘을 가지 못한다는 뜻으로, 결
    심이 굳지 못함을 이르는 말.

영 츌거(黜去)ᄒ니, 혜졍이 집의 도라온 후로ᄂᆞᆫ 간부로 더부러 즐기미 긔탄(忌憚) 업
ᄉᆞᄃᆡ, 부뫼 조금도 말니지 아니ᄒ여 혜졍부부로 가ᄉᆞ(家事)ᄅᆞᆯ 맛지고, 여ᄎᆞ여ᄎᆞ ᄒ여
싱을 아조 죽이려 ᄒ오니, 텬디간 혜졍 ᄀᆞᆺᄒᆞᆫ 간음난뉸발뷔(姦淫亂倫潑婦) 어ᄃᆡ 이시리
잇고? 쳥텬빅일지하(靑天白日之下)의 ᄉᆞ부녀지(士府女子) 비부난뉸음ᄒᆡᆼ(背夫亂倫淫行)
ᄒᆞ옵고 노혼(老昏)ᄒᆞᆫ 부모ᄅᆞᆯ【72】달닉여 동긔(同氣)ᄅᆞᆯ 암살(暗殺)ᄒ려 ᄒ오니, 쇼싱
이 ᄎᆞᆷ아 안ᄌ셔 못쓸 음녀의 독슈(毒手)의 긴명을 맛지 못ᄒ와, 지원(至冤)ᄒᆞᆫ 원상(冤
狀)을 은상노야(恩尙老爺) 안젼(顏前)의 알외여, 맛당이 셩셰치화(聖世治化)ᄅᆞᆯ 어ᄌᆞ러
이ᄂᆞᆫ 난뉸발부(亂倫潑婦)와 흉음간부(凶淫奸夫)ᄅᆞᆯ 잡아 명셰(明世)ᄅᆞᆯ 뮑히고, 죄ᄅᆞᆯ 졍
히ᄒ쇼셔."

두두어리ᄂᆞᆫ[886] 말이 변변치 아니 ᄒ나, ᄌᆞ못 ᄎᆞ셰(次序) 잇고, ᄉᆞ단(事端)은 젹지
아닌 말이라. 당상당하(堂上堂下)의 듯ᄂᆞ니 ᄎᆞ악지 아니리 업고, 조상셔 쳥파의 싱각
ᄒᆞᄃᆡ,

"녀가 형뎨 슉질은 긔시(皆是) 돈견(豚犬)이오 이젹금쉬(夷狄禽獸)로다. 요슌지ᄌᆞ(堯
舜之子)[887]도 블초(不肖)ᄒ고, 쥬문(周門)의 관채(管蔡)[888] 잇더라 ᄒ니, 인가(人家)의
혹 하나 둘은 블【73】초ᄒ기 괴이치 아니커니와, 사ᄅᆞᆷ마다 음악블인(淫惡不仁)ᄒ니
엇지 져갓치 더러온 뉘잇ᄂᆞ뇨?"

ᄒ고, 희연(駭然) 분히(憤駭)ᄒ여 이의 ᄎᆞᄉᆞ(差使)ᄅᆞᆯ 발ᄒ여 녀슉부녀와 원금·초진
을 다 잡아오니, 조상셔 녀슉의 무상ᄒᆞᄆᆞᆯ 뮈이 너기나, 졔 국가 역뉼(逆律)의 간범(干
犯)ᄒᆞᆫ 죄ᄂᆞᆫ 업ᄉᆞ니, 텬ᄌᆞ긔 고치 못ᄒᆞᆫ 젼은 급히 형벌(刑罰)노 더으지 못ᄒ올지라. 몬져
녀옥을 딕질(對質)케 ᄒ니, 녀슉부녜 옥의 이의 이시믈 보ᄆᆡ 딕경(大驚)ᄒ여 안쉭(顏
色)이 여토(如土)ᄒ더라. 슉 왈,

"싱이 피폐(疲弊)ᄒ나 본ᄃᆡ ᄉᆞ족으로 명공으로 더브러 동조(同朝)의 안면이 잇거ᄂᆞᆯ,
《ᄎᆞ발‖ᄎᆞ관(差官)[889]》을 보닉여 욕되이 구박ᄒ【74】시뇨?"

상셔 졍쉭 왈,

"이ᄂᆞᆫ 싱이 교인(敎人)ᄒᆞ미 아니라, 공의 가졔(家齊) 무상(無狀)ᄒᆞ미니, 싱이 법관이
되여 엇지 다ᄉᆞ리기ᄅᆞᆯ 폐ᄒ리오. 공은 식니(識理) 남지어ᄂᆞᆯ, 엇지 왕법(王法)의 삼엄ᄒᆞᆫ
녜ᄅᆞᆯ 아지 못ᄒ고, 니런 무식ᄒᆞᆫ 말을 ᄒᆞᄂᆞᆫ다?"

드듸여 옥의 고장(告狀)을 나리와, '보라' ᄒ니, 슉은 묵연ᄒ여 아모 말도 못ᄒ고,

---

886)두두어리다 : 더듬거리다. 버벅거리다. 말을 하거나 글을 읽을 때 자연스럽게 하지 못하고 자꾸 틀리
거나 머뭇거리다.
887)요슌지지(堯舜之子) : 요임금의 아들 단주(丹朱)와 순임금의 아들 상균(商均)을 말함. 둘 다 못나고
어리석어 왕위를 물려받지 못했다.
888)관채(管蔡) : 중국 주나라 문왕(文王)의 아들이자 무왕(武王)의 동생인 관숙(管叔)과 채숙(蔡淑)을 함
께 이르는 말. 무왕(武王)이 죽고 형제 가운데 주공(周公)이 무왕의 어린 아들 성왕(成王)을 도와 섭정
을 하자, 주공을 의심하여 반란을 일으켰다가, 관숙은 죽음을 당하고 채숙은 추방당했다.
889)ᄎᆞ관(差官) : 관차(官差). 관아에서 파견하던 군뢰(軍牢), 사령(使令) 따위의 아전.

혜뎡이 블변안식(不變顔色)ᄒ고 오라븨 블효 무상ᄒᆫ 죄ᄅᆞᆯ 졀졀(切切) 니언(利言)이 베
프니, 교힐간능(狡黠奸能)ᄒᆫ 언에(言語) 지족다모(智足多謨)ᄒ여 두로ᄯᅳ리기890)ᄅᆞᆯ 잘ᄒ
ᄂᆞᆫ지라.

녀옥이 듯고 고장(鼓掌) 분분(忿憤)ᄒ여 녀셩ᄃᆡ미(厲聲大罵) 왈,

"음부ᄂᆞᆫ 밍낭(孟浪)○[ᄒ] 《허안‖허언(虛言)》으로 빅옥무하(白玉無瑕)ᄒᆫ 날을 죄
의 밀치ᄂᆞᆫ다? 네 진실노 착ᄒ량 【75】 갓ᄒ면 져 원금은 엇던 스름고? ᄌᆞ시ᄂᆞ라."

도라 아븨ᄅᆞᆯ 향ᄒ여 왈,

"부친은 ᄉᆞ뎡(私情)을 거릿겨 혜뎡을 두호(斗護)치 말으시고, 바른 말ᄒᄉᆈ셔. 쇼ᄌᆡ 언
제 칼을 들고 부모ᄅᆞᆯ 지ᄅᆞ라 갓더잇가?"

녀슉이 비록 용우(庸愚)ᄒᆫ 인시 요약(妖藥)의 상ᄒ여 더옥 못 되여시나, ᄎᆞᆷ아 아들
을 ᄉᆞ디(死地)의 너치 못ᄒ여 모호히 답ᄒ더라. 【76】

---

890)두로ᄯᅳ리다 : 두루 끌어대다. 둘러대다. 그럴듯한 말로 꾸며 대다.

윤하뎡삼문취록 권지구십뉵

 ᄎ시 녀슉이 모호히 ᄃᆡ답ᄒᆞᄃᆡ,

 "ᄌᆡ작야(再昨夜)의 사름이 칼흘 들고 드러왓던 쥴 아나, 네런 쥴이야 엇지 알니오."

 혜뎡이 져의 젼후음악(前後淫惡)을 졀졀(節節)이 창누(唱漏)홈과 부친의 답언이 모호ᄒᆞ믈 ᄃᆡ로(大怒)ᄒᆞ여, 독안(毒眼)을 놉히 ᄡᅳ고 아미(蛾眉)ᄅᆞᆯ 거ᄉᆞ려 왈,

 "닉 비록 윤셩닌 젹츄(賊酋)의게 도라 갓시나, 오히려 비홍(臂紅)891)이 완젼ᄒᆞ여시므로, 원금을 네로 마ᄌᆞ시니 긔 무슴 허믈이리오. 칠국(七國)892) 시(時)의 진시황(秦始皇)의 셩(姓)이 영간(嬴哥)동 녀간(呂哥)동893) 엇지 알니오만은, 쥬휘(朱后)894)오히려 《진쇼왕∥장양왕(莊襄王)》의 휘(后) 되엿고, 한고휘(漢高后)895) 만승국뫼(萬乘國母)

---

891)비홍(臂紅) : 팔에 있는 붉은 점이라는 뜻으로 '앵혈'을 말함. *잉혈 : 중국의 '수궁사(守宮砂)'를 한국 고소설에서 창작적으로 변용하여 쓴 서사도구의 하나. 도마뱀의 피에 주사(朱砂)를 섞어 만든 것으로, 이것을 팔에 한번 찍어 놓으면 성관계를 맺기 전까지는 절대로 없어지지 않는 속설 때문에, 고소설에서 여성의 동정(童貞)이나 신분(身分)의 표지(標識) 또는 남녀의 순결 확인, 부부의 합궁여부 판단 등의 사건 서사에 다양하게 활용되고 있다. 주표(朱標)·비홍(臂紅)·홍점(紅點)·주점(朱點)·앵홍·앵점 등 여러 다른 말로도 쓰이고 있다.

892)칠국(七國) : =오초칠국(吳楚七國). 중국 한나라 경제(景帝) 때의 일곱 제후국. 오(吳), 초(楚), 교서(膠西), 교동(膠東), 치천(淄川), 지난(濟南), 조(趙)를 이른다.

893)진시황(秦始皇)의 셩(姓)이 영간(嬴哥)동 녀간(呂哥)동 엇지 알니오 : 진시황의 성씨가 진나라 장양왕(莊襄王)의 성씨인 영씨(嬴氏)인지, 당시 재상 여불위(呂不韋)의 성씨인 여씨(呂氏)인지 알 수 없다는 말. 이 의혹은 진나라 재상 여불위와 여불위의 애첩으로 진나라 장양왕의 비(妃)가 된 주희(朱姬), 그리고 장양왕 사이의 삼각관계에서 비롯된 것인데, 여불위는 전국시대(戰國時代) 말기 한(韓)나라의 거상(巨商)으로, 장양왕이 조(趙)나라에 볼모가 되어 있을 때 만나, 자신의 애첩인 주희(朱姬)를 장양왕에게 보내 부인을 삼아주고, 또 자신의 재력을 이용해 장양왕을 귀국시켜 왕위에 오르게 하였다. 그런데 주희가 장양왕의 부인이 될 당시 그녀는 여불위의 아들을 임신하고 있었는데, 이 아이가 곧, 후에 장양왕의 뒤를 이어 왕위에 오른 시황제(始皇帝)이다. 이러한 공으로 여불위는 장양왕과 시황제, 2대에 걸쳐 재상이 되어 진나라 통일대업 완성에 크게 기여하였는데, 여불위와 주희는 이러한 진시황제의 출생 비밀에 대하여 끝까지 분명하게 밝히지 않았다.

894)쥬휘(朱后) : 중국 진(秦)나라 장양왕(莊襄王)의 비(妃)이자, 진나라 시황제(始皇帝)의 생모 주희(朱姬)를 말함, 본래 거상(巨商) 여불위(呂不韋)의 애첩이었으나, 진나라 장양왕이 조(趙)나라에 볼모가 되어 있을 때, 여불위에 의해 장양왕에게 보내져, 뒤에 왕후에 올랐는데, 장양왕에게 보내질 당시 이미 여불위의 아들을 임신하고 있었다. 이 아들이 바로, 후에 장양왕의 뒤를 이어 왕위에 오른 시황제(始皇帝) 정(政)이다. 장양왕이 일찍 죽자, 태후로서 재상 여불위, 환관 노애(嫪毐) 등과 사통(私通)하는 등 문란한 생활을 하였다.

895)한고후(漢高后) : 중국 한(漢) 고조(高祖) 유방(劉邦)의 비(妃) 여후(呂后). 성은 여(呂). 이름은 치(雉).

로딕 심【1】이긔(審食其)896)를 사통(私通)ᄒᆞ엿ᄂᆞ니, 나의 사름 두 번 셤기미 비록 슉네라 니르든 못ᄒᆞ나, 직녀가인(才女佳人) 되믄 붓그럽지 아니려든, 엇지 음녀(淫女)라 지목(指目)ᄒᆞᄂᆞ뇨? 셜ᄉᆞ 무상(無狀)ᄒᆞ나 거거(哥哥)쳐로 시부난뉸지죄(弑父亂倫之罪)897)는 져즐지 아냣노라."

옥이 딕로(大怒)ᄒᆞ여 발연이 닓더 다라드러, 두 손을 버려 혜졍의 두 ᄲᅡᆷ을 나라가게 치며, 즐왈(叱曰),

"요괴로온 혜졍아! 니 너의 음특(陰慝)ᄒᆞᆷ믄 짐작ᄒᆞ미 오리나, 간악ᄒᆞ미 니딕도록 ᄒᆞᆷ믄 싱각지 아니ᄒᆞ와. 너와 니 동복남ᄆᆡ(同腹男妹)라. 아모리 졍(情)이 업다 ᄒᆞᆫ들 빅쥬(白晝)의 이미 ᄒᆞᆫ 말노 동긔를 모함ᄒᆞᄂᆞ냐? 네 머리 우희 신기(神祇) 직방(在傍)ᄒᆞ고 일월이【2】조림(照臨)ᄒᆞ고[며] 냥익(兩翼)898)의 직ᄒᆞᆫ 거시 이시믈 싱각지 아니ᄒᆞ니, 한갓 인간혹형(酷刑)을 바들 ᄲᅮᆫ 아니라, 가히 텬앙(天殃)이 두렵지 아니랴?"

도라 조형부를 향ᄒᆞ여 졀ᄒᆞ고 통곡 왈,

"쇼싱이 과연 츄호(秋毫)도 범죄ᄒᆞ미 업셔도, 못쓸 동싱의 ᄉᆞ오나오미 빅쥬의 허언으로 모히ᄒᆞ미 여ᄎᆞᄒᆞ오니, 복원 명상딕야(明尙大爺)899)는 붉이 쳐치ᄒᆞ시믈 바라ᄂᆞ이다."

셜파의 크게 우러 브릭지지고, 혜졍은 무망(無妄)의 ᄆᆞᆺ기를 마이ᄒᆞ여, 두 눈이 샌지ᄂᆞᆫ ᄃᆞᆺᄒᆞ고 냥협(兩頰)이 부어오릭니, 놀납고 알프기ᄂᆞᆫ 니르도 말고, 붓그럽고 노(怒)ᄒᆞ오미 병발(竝發)ᄒᆞ니, 딕셩발악(大聲發惡)ᄒᆞ여 크게 요란ᄒᆞᆫ지라.

조상셰 간녀(奸女)의【3】무상간흉(無狀奸凶)ᄒᆞᆫ 졍틱를 보미 블승딕로(不勝大怒)ᄒᆞ여 광미(廣眉)를 거ᄉᆞ리고 봉안을 놉히 ᄡᅥ 모든 나졸을 호령ᄒᆞ여, 딕하(臺下)의 요란ᄒᆞ믈 금ᄒᆞ라 ᄒᆞ고, 형위(刑威)를 빅셜ᄒᆞ고, 몬져 원금 초진을 형장의 올니고, 형뷔 노긔 엄녈(嚴烈)ᄒᆞ여 미마다 고찰ᄒᆞ니, 원금은 한낫 허박(虛薄)ᄒᆞᆫ 위인이라. 본딕 냥민지ᄌᆞ(良民之子)로 녀염(閭閻)의 한가히 ᄌᆞ라나, 미쳔(微賤)이 분쥬(奔奏)ᄒᆞᆯ지언졍 독ᄒᆞᆫ 형장(刑杖)이야 엇지 구경인들 ᄒᆞ여시리오. 블급ᄉᆞ오장(不及四五杖)의 가족이 써러지고 ᄲᅨ ᄡᅵ여지니, 원금이 쳐음은 견딀 ᄯᅳᆺ이 잇더니 능히 알프믈 견딕지 못ᄒᆞ여, 읍고

고조를 보좌하여 진말(秦末)·한초(漢初)의 국난을 수습하였으나, 고조가 죽은 뒤 실권을 장악하여, 심이긔(審食其; 전한 초의 정치가, 개국공신)를 사통(私通)였고 고조의 애첩인 척부인(戚夫人)과 척부인 소생 왕자 조왕(趙王)을 죽이는 등 포악을 일삼아, 측천무후(則天武后), 서태후(西太后)와 함께 중국의 3대 악녀로 꼽힌다.

896)심이긔(審食其) : ? ~ 기원전 177년. 전한 초의 정치가로, 패(沛) 땅 출신. 개국공신으로 벽양후(辟陽侯)에 봉해졌다. 한고조의 집사(執事)로서 고조 사후(死後) 여후(呂后)의 총애를 받았고 승상에까지 올랐다.

897)시부난뉸지죄(弑父亂倫之罪) : 아버지를 시해하여 인륜을 어지럽힌 죄.

898)냥익(兩翼) : =조지양익(鳥之兩翼). 새는 두 날개로 날기 때문에, 한 쪽 날개라도 없으면 날지 못한다. 이처럼, 서로 떨어질 수 없는 밀접한 관계에 있음을 이르는 말. *냥익(兩翼)의 직힌 것; 형제 사이에 지켜야 할 인륜(人倫).

899)명상딕야(明尙大爺) : 밝은 상서(尙書) 대감.

(泣告) 왈,

"복원 노야는 뇌졍(雷霆)의 급ᄒᆞᄆᆞᆯ 거두쇼셔. 【4】쇼인이 실초(實招)ᄅᆞᆯ 고ᄒᆞ리이다."

상셰 명ᄒᆞ여 미ᄅᆞᆯ 늣츄라 ᄒᆞ고 초ᄉᆞ(招辭)ᄅᆞᆯ 바드니, 원금이 울며 초ᄉᆞᄅᆞᆯ 쎠 올니거늘, 상셰 바다보니 ᄒᆞ여시되,

"쳔인 원금은 본이 냥민지ᄌᆞ(良民之子)라, 일즉 상션부모(上鮮父母)900)ᄒᆞ고 하션형뎨(下鮮兄弟)901)ᄒᆞ며 무타죵족(無他宗族)ᄒᆞ니, 텬하의 의지업고 ᄉᆞ히(四海)의 무가긱(無家客)이라. ᄌᆞ최 졍쳐 업셔 의뢰무탁(依賴無託)ᄒᆞ옵더니, 녀시랑 퇴즁(宅中) 초진은 쇼인의 죵미(從妹)라. 일일은 우연이 와 쳥ᄒᆞ거ᄂᆞᆯ ᄯᆞᆯ와 가오니, ᄯᅩ 진궁 니각으로 블너 녀시 친근이 ᄉᆞ졍(私情)을 통(通)ᄒᆞ옵거ᄂᆞᆯ, 쳔인이 엇지 외람 당돌ᄒᆞᄆᆞᆯ 모로리잇고마ᄂᆞᆫ, 쇼인이 셩년남ᄌᆞ(成年男子)로 쳐ᄌᆞ 업ᄉᆞ오니, 금슬(琴瑟)의 낙(樂)902)을 아지 못ᄒᆞ다가, 【5】졀염미인이 은근이 블너 졍을 통ᄒᆞ오니, 남진 미몰치 못ᄒᆞ와 인ᄒᆞ여 부뷔 되오나, 녀시 명회(名號) 윤상공 쳐실이나, 비홍(臂紅)은 완젼ᄒᆞ여 규슈로 잇ᄂᆞᆫ 거ᄉᆞᆯ, 쇼인이 몬져 그 비상일홍(臂上一紅)을 씨ᄉᆞ미 되어시니, 혹ᄌᆞ 누셜ᄒᆞᆫ즉, 녀시 한갓 디화(大禍)ᄅᆞᆯ 만날 ᄲᅮᆫ 아냐, 쇼인이 ᄯᅩ 엇지 무ᄉᆞᄒᆞ리잇고? 시고(是故)로 쇼인이 남화위녀(男化爲女)ᄒᆞ여 인가ᄉᆞ환(人家使喚)의 복식으로 녀시ᄅᆞᆯ 조ᄎᆞ, 낫은 협실(夾室)의 잇고 밤이면 나와 의구ᄒᆞᆫ 부뷔 되엿더니, 모일(某日)의 윤부졔인이 엇지 가만ᄒᆞᆫ 긔미ᄅᆞᆯ 아랏던지, 녀시 좌우ᄅᆞᆯ 잡아 죄ᄅᆞᆯ 무러, 음누(淫陋)ᄒᆞᆫ 졍젹을 안 후, 납폐문명(納幣問名)을 소화(燒火)ᄒᆞ고, 녀시 【6】ᄅᆞᆯ 영영츌거(永永黜去)ᄒᆞ니, 믄득 초진을 방셕(放釋)ᄒᆞ고 쇼인을 춧지 아냐 한 가지로 도라보니니, 쇼인이 진궁의셔 뭇지 아닛ᄂᆞᆫ 줄 다 힝ᄒᆞ나, ᄯᅩ 녀시랑 ᄯᅳᆺ을 몰나 녀가로 가기ᄅᆞᆯ ᄌᆞ져(趑趄)ᄒᆞ오니, 녀시 욱여 한 가지로 가온즉, 녀시랑 부쳐는 과연 무힝무례(無行無禮) 츄비(麤鄙)ᄒᆞᆫ 농통지인(儱侗之人)903)이러이다. ᄯᆞᆯ의 음힝을 과최(過責)지 아니ᄒᆞ고, 소인을 마즈 화당고루(華堂高樓)의 《안도ǁ안돈(安頓)》ᄒᆞ고 의법셔랑(依法婿郎)으로 되졉ᄒᆞ니, 쳔인(賤人)이 엇지 황감불안(惶感不安)치 아니리잇고? 스스로 근본이 쳔ᄒᆞᄆᆞᆯ 싱각ᄒᆞ여, 비녜하쳔(婢女下賤)의 게라도 공슌ᄒᆞ기ᄅᆞᆯ 위쥬(爲主)ᄒᆞ오니, 엇지 녀옥을 겨루리 【7】잇고마ᄂᆞᆫ, 녀시 남미 스스로 블화ᄒᆞ여 징단(爭端)이 날마다 니러나니, 그 부뫼 능히 금치 못ᄒᆞ거든, 쇼인이 엇지 금ᄒᆞ리잇고? 녀가 남미 졈졈 크게 블화ᄒᆞ미 되니, 나죵은 징힐(爭詰)ᄒᆞ여 셔로 허믈을 니ᄅᆞᄂᆞᆫ지라. 녀시 옥의 허믈 니ᄅᆞᄂᆞᆫ 줄 분ᄒᆞ여, 죽일 ᄯᅳᆺ을 두어 여ᄎᆞ여ᄎᆞ 졍신

---

900)상션부모(上鮮父母) : 위로는 부모가 많지 않음. 곧 부모의 형제들 백부모, 숙부모, 고모, 고모부, 이모 이모부 등이 많지 않음.
901)하션형뎨(下鮮兄弟) : 아래로는 형제가 많지 않음.
902)금슬(琴瑟)의 낙(樂) : 금슬지낙(琴瑟之樂) : 거문고와 비파가 서로 어우러져 내는 음악이라는 뜻으로, 부부간의 사랑을 이르는 말.
903)농통지인(儱侗之人) : 미숙하고 미련한 사람.

밧고는 요약을 어더 녀시랑 부부를 먹이니, 믄득 농통(儱侗)904)흔 인시 더옥 흐리눅
어, 아들을 믜워흐고 딸을 스랑흐니 쇼인을 쏘 녀셔(女壻)라 흐여 이딕흐더이다. 지작
야(再昨夜)의 녀시 옥을 죽이고져 흐여, 궁구흔 계귀(計揆) 밋지 아니미 업셔, 단약(丹
藥)을 먹어 【8】옥의 얼골이 되여 칼을 들고 드러가 시랑부부를 놀닉고, 이튼날 닉
도이 모로는 체흐고 드러가 그 부모를 보니, 시랑부뷔 거야(去夜)의 본 바를 아들만
너겨 녀시다려 죽이기를 의논흐니, 녀시 여츳여츳 셜계흐여 죽이려 흐다가, 옥이 엇지
흐여 치독(置毒)흔 줄 알고, 믄득 먹지 아니코 작난흐니, 녀시랑부뷔 옥을 구박흐여
후당(後堂)의 가도니, 녀시 쏘 밤의 부모도 모로게 칼을 들고 후당의 드러가니, '옥이
간딕 업더라' 흐고, 무류히 도라오더이다. 그 밧근 알욀 말슴이 업스오니, 기젼스(其前
事)는 초진다려 힐문흐쇼셔."

흐엿더라. 【9】

상셰 간파(看罷)의 녀녀의 요악흐믈 블승딕로(不勝大怒)흐여 이의 초진을 올녀 져쥬
싀, 미마다 고찰흐여 죽기를 혜지 말나 흐니, 초진이 처음은 이미흐믈 브릇지져 녀옥
과 원금을 원(怨)흐는지라.

상셰 봉안을 놉히 쓰고 졍셩딕미(正聲大罵) 왈,

"요비(妖婢)의 악착흐미 여츳흐니, 져 쳔녀의 스싱(死生)을 엇지 앗기리오. 샐니 독
형(毒刑)을 나오라."

흐니, 초진이 견딕지 못흐여 초스(招辭)를 써올니니, 기초(其招)의 왈,

"쳔비 초진은 본이 녀부 비지(婢子)라. 일죽 부인을 셤기미 쇼제 안싴의 고음과 지
졍(才情)이 총혜(聰慧)흐고 문쟝이 통달흐여 셩현경젼(聖賢經傳)905)의 모롤 거시 업스
딕, 【10】일편 마음 가지믈 녜로 못흐여, 스스로 흠모흐는 비 고금(古今) 직녀가인
(才女佳人)이러니, 우연이 모부인을 쌀와 쇼복야(蘇僕射) 퇴즁(宅中)의 가 계시다가,
동창후 윤노야 풍신직화를 한 번 보미, 딕경(大驚) 흠모흐여, 너모 급히 《조조∥조동
(早動)》흐여 옥인군즈(玉人君子)를 유의(有意)흐고, 소쇼져를 앗고져 흐여 여츳여차
셜계흐다가, 윤노야의 냥안졍칙(良眼精採)로 요스흔 졍적(情迹)을 즉긱의 판단흐여, 삼
(三) 소상공을 쳥흐여 블문근각(不問根脚)906)흐고 바로 날닌 칼을 목 우희 시험코져
흐니, 명직슈유(命在須臾)어늘, 소부 녀틱부인이 여츳여츳흐여 도라보닉시니, 쇼제 분
앙 골돌흐시고 윤노야 화풍을 춤아 【11】닛지 못흐여, 부딕 비쳡지녈(婢妾之列)의라
도 잇고져 흐여, 쳔흉만악(千凶萬惡)이 아니 밋츤 곳이 업셔, 지어(至於) 녀화위남(女
化爲男)흐고 닙신(立身)가지 흐여 음계곡경(陰計曲徑)907)이 아니 《밋츠∥밋촌》곳이

904)농통(儱侗) : 미숙하고 마련함.
905)셩현경젼(聖賢經傳) : 셩경현젼(聖經賢傳). 유학의 셩현(聖賢)이 남긴 글. 셩인(聖人)의 글을 '경(經)'이
    라고 하고, 현인(賢人)의 글을 '젼(傳)'이라고 한다. ≒경젼(經傳)
906)블문근각(不問根脚) : 근각(根脚)을 캐묻지 않음. *근각(根脚): 조선 시대에, 죄를 범한 사람의 죄상·
    이름·생년월일·인상 및 그의 조상에 관한 사항을 기록한 표.

업서 굿호여 인연을 일우시나, 윤노애 박정미몰(薄情埋沒)호미 심호시니, 쥬인의 음난 (淫亂)호 정틱(情態)롤 아는 듯호샤, 비록 황명(皇命)으로 마즈시나. 한 번 심당(深堂) 의 드리친 후는 일번 고문(叩門)호미 업스니, 아쥬(我主) 홍안(紅顔)을 늣기시미, 쳔비 (賤婢) 마지 못호여 종남(從男) 원금을 다리여 쳔거호시 올코, 원금을 남화위녀(男化爲 女)908)호여 협실(夾室)의 감초고, 셔셔(徐徐)히 도모호여 소・엄 냥부인을 졀졔(切除) 호며, 윤문을 【12】어육(魚肉)고져 호더니, 하늘이 돕지 아냐 쏘 간졍(奸情)이 픽루 (敗漏)호여 영출(永黜)호는 지경○[에] 이○[르]며, 기후스(其後事)는 원금의 초소(招 辭)와 갓숩고, 녀상공 고장(告狀)이 다 올스오니, 복원(伏願) 형부노야(刑部老爺)는 쇼 비(小婢)의 위쥬츙심(爲主忠心)을 어엿비 너기쇼셔."

호엿더라.

형뷔 간필(看畢)의 딕로(大怒) 왈,

"녀시 비록 스문녀지(士門女子)나 음악요스(淫惡妖邪)호 힝실이 연화분두(煙花粉 頭)909)의 송구영신(送舊迎新)호는 무리의 가(可)호니, 무슨 스족(士族)을 고즈(顧藉)홀 니 이시리오."

호고, 좌우로 호여금 구박(毆縛)호여 옥즁의 나리오라 호니, 모든 나졸이 타비즐미 (唾誹叱罵)호여 꾸짓기롤 마지 아니호며, 녀슉부녀와 원금 초진을 다 닛그러 옥의 가 도니, 촌【13】시 녀방부녀와 봉암요리 다 한 가지로 만낫는지라.

녀방형뎨 셔로 보니 비록 동긔(同氣) 스이나 우이 박호여 셔로 가쥼스롤 긔이던지 라. 이졔 만나미 경괴츳악(驚愧嗟愕)호여 피치(彼此) 져두묵묵(低頭默默)호여 무르며 니롤 말이 업더라.

조형뷔 모든 죄인을 옥의 나리오고 초소(招辭)롤 거두어 계달(啓達)호온딕, 텬지 어 람호시고 녀방형뎨의 난음교악(亂淫狡惡)호믈 딕로(大怒)호스, 이의 하조(下詔)호샤,

"유스(有司)의[는] 늉젼(律典)을 상고(詳考)호여 음녀간부와 네의넘치○[롤] 모로는 죄인을 명졍(明正)○[히] 쳐결(正處決)호라."

호시니, 법뷔(法部) 조지(詔旨)롤 밧즈와 여쭈오딕,

"녀방형뎨 용우무상(庸愚無狀)호여 네【14】의넘치롤 아지 못호고, 능히 즈식을 교 훈치 못호여 음창(淫唱)이 낭즈호니, 스문의 욕되미 측냥 업스오나, 쏘흔 역늉의 간셥 호믄 업스오니, 죽이믄 너모 과도호오니, 녀방형뎨로 맛당이 스류(士類)의 일홈을 업 시호고, 각각 졀히(絶海)의 안치(安置)호여 관쇽(官屬)이 되게 호고, 영영 뎨도(帝都)의 도라오지 못호게 호고, 녀녀 슈졍은 스족지녀(士族之女)로 힝실의 더러오미 노류장화 (路柳墻花)910)도곤 더호여, 처음 윤셰린의게 도라가고, 후의 닉치미 산간요도의게 더

---

907)음계곡경(陰計曲徑) : 흉한 꾀와 바르지 못한 방법
908)남화위녀(男化爲女) : 남자를 여자로 변장시킴.
909)연화분두(煙花粉頭) : 분(粉)을 발라 곱게 꾸민 얼굴의 기녀(妓女.). *연화(煙花); 연화세계(煙火世界) 의 꽃이란 말로, '기녀(妓女)'를 달리 이르는 말.

러인 몸이 되고, 다시 무죄흔 녀즈를 히ᄒ여 봉닌의 쳐실이 되니, 이는 녜의풍화(禮義風化)를 아지 못ᄒ고[는] 난뉸 【15】멸상(亂倫滅常)ᄒᄂ 음녜라. 셩ᄃᆡ치화(聖代治化) 아릭 하로도 두지 못홀지라. 쳐참효시(處斬梟示)ᄒ여 그 죄를 졍히 ᄒ고, 차슌우 요도(妖道)는 산간의 슈도(修道)ᄒ여 힝실을 닷지911) 아니 ᄒ고, 진환믈욕(塵寰物慾)912)의 분쥬ᄒ여, 요약(妖藥)을 작환(作丸)ᄒ며 요인을 동모(同謀)ᄒ여 민간의 화(禍)를 지으며, ᄯᅩ 능 노(老)를 죽여 사ᄅᆞᆷ 죽이믈 능ᄉ로 ᄒ니, ᄌᆞ고로 술인ᄌᆡᄉᆞ(殺人者死)라. 가히 목슘을 ᄉᆞ(赦)ᄒ여 셰상의 머므르지 못홀 거시니, 쳐참효시(處斬梟示)ᄒ여 셰간(世間)의 요괴로온 ᄌᆞᄎᆡ를 업게 ᄒ시고, 녀슉의 블인무상(不人無狀)흔 죄(罪) 기형(其兄) 녀방과 일쳬니, ᄯᅩ흔 졀도의 안치ᄒᆞᄃᆡ, 형장 슈ᄎᆞ(數次) 식 더어 닉치게 ᄒᆞ며, 【16】녀녀 혜졍이 음난무상(淫亂無狀)ᄒᆞ미 슈졍의 지지 아니ᄒᆞ나, 오히려 원금을 ᄉᆞ통(私通)ᄒᆞ미 비례(非禮) 아니니, 비록 죽이나 ᄉᆞᄉᆞ(賜死)ᄒ여 형쳬(形體)를 완젼ᄒ게 ᄒ고, 초진은 형장 삼ᄎᆞ(三次) 후 졀역(絶域)의 안치(安置)ᄒ게 ᄒ고, 원금은 각별(各別) 졔죄 아니나, 쳔인(賤人)으로셔 감히 ᄉᆞ문ᄂᆡ각(士門內閣)을 ᄉᆞ못츤 죄 즁ᄒ니, ᄉᆞᄉᆞ로이 믈시튼 못홀지라. 형장(刑杖) 슈ᄎᆞ(數次)의 츙군(充軍)ᄒ라 ᄒ시고, 녀옥은 부모를 한(恨)ᄒᆞ며 동긔(同氣)를 고장(告狀)ᄒᆞ니 가히 블통블륜(不通不倫)흔 죄인이라. 형장 일ᄎᆞ(一次)ᄒ여 쇼쥐 원찬케 ᄒᆞᄉᆞ이다."

쥬파(奏罷)의, 상이 조상셔의 명쾌흔 쳐ᄉᆞ를 크게 일ᄏᆞᄅᆞ시고, 즉시 텬문(天門)의 결ᄉ(訣辭)를 ᄂᆞ리오시【17】니, 만조졔신이 셩명(聖明) 쳐치 고명ᄒ시믈 블승항복ᄒᆞ더라.

조상셰 셩지(聖旨)를 밧ᄌᆞ오ᄆᆡ, ᄉᆞ은(謝恩)ᄒ고 믈너나 본부의 좌긔(坐起)ᄒ고, 크게 형위를 비셜ᄒ고 죄인을 다ᄉᆞ릴ᄉᆡ, 옥ᄂᆡ나졸(獄吏羅卒)이 일졔히 죄인을 잡아 관젼(官前)913)의 올녀, 각각 엄형홀ᄉᆡ, 녀방형뎨 스스로 붓그러오믈 니긔지 못ᄒ여 님형의 머리를 슉여 참ᄉᆡᆨ(慙色)이 만안(滿顔)ᄒ여 한 말을 못ᄒ고 ᄆᆡ를 바드나, 녀옥의게 밋쳐는 본ᄃᆡ 허박(虛薄)흔 위인이라. 능히 일(一) ᄎᆡ914)를 견ᄃᆡ지 못ᄒ여, 첫 ᄆᆡ븟터 혀를 ᄲᅢᆯ지오고, 머리를 흔들고 눈물을 흘니며, 손을 부뷔며 당상을 바라, 어ᄌᆞ러이 브ᄅᆞ지져 【18】 왈,

"쇼싱이 비록 이제 잔피(屛疲)ᄒ나 본인즉 녀시랑 쳔금일ᄌᆡ(千金一子)라. 어믜 복즁의 난 후로 젹은 틱(笞)도 아지 못ᄒ니, 엇지 이런 독형(毒刑)을 알니잇고? 만일 일ᄎᆡ를 마ᄌᆞ면 아조 죽으리로소이다. 바라건ᄃᆡ 은상합ᄒᆞ(恩尙閣下)는 어엿비 너기샤 호

---

910)노류장화(路柳墻花) : 아무나 쉽게 꺾을 수 있는 길가의 버들과 담 밑의 꽃이라는 뜻으로, '기생'을 비유적으로 이르는 말.
911)닷다 : 닦다.
912)진환믈욕(塵寰物慾) : 인간세상의, 재물을 탐하는 등의, 속된 욕심.
913)관젼(官前) : 관청의 장(長)이 보는 앞.
914)ᄎᆡ : 매질. 죄인을 신문할 때 공포감을 주어 자백을 강요할 목적으로 한바탕 가하는 매질. 또는 그러한 매질의 횟수를 세는 단위. 'ᄎᆡ'는 '笞(매질할 태)'의 원음, '태'는 그 속음(俗音)임.

싱지덕(好生之德)을 드리오쇼셔."

잔잉히 이걸호기를 마지 아니호니, 좌우 나졸이 우읍기를 마지아니호고, 상셰 그 긔괴흔 거동을 우이 너겨 바야흐로 명호여 미를 긋치라 호니, 일칙의 반이 못호엿더라.

또 초진을[이] 슈형(受刑)호니, 모든 나졸이 믜이 너겨 치기를 마이 호미, 초진이 심히 약흔 고로 드듸여 장하의 죽【19】으니, 명호여 관문 밧긔 닉치라 호고, 원금을 올녀 형벌을 더을시 원금이 당형(當刑)의 양텬 탄왈,

"늬 몸이 일시 편키를 탐호여 초진의 다리옴을 곳이 드르미니, 오날날 악형이 유체(遺體)를 상히오니 슈한슈원(誰恨誰怨)이리오."

호더라.

임의 치기를 다호고, 녀방 녀슉 녀옥 원금은 다 블살방셕(不殺放釋)호여 즉일의 각각 젹쇼(謫所)로 가라 호고, 슈정 혜정과 봉암은 극뉼(極律) 디로 안법(按法)홀시, 삼인(三人)을 칙거(輜車)915)의 올녀 졍히 함양동시(咸陽東市)916)의 나아가 안뉼(按律)호려 호더니, 믄득 공즁으로셔 일진괴풍(一陣怪風)이 니러나며, 음뮈(陰霧) 참참(參參)호여 빅일(白日)을 가리오고, 비스쥬셕(飛砂走石)917)호니, 지나는 힝인과 져【20】즈 사람과 힝형관(行刑官) 이하 나졸이, 다 눈을 쓰지 못호고 낫츨 쏘고 업듸엇더니, 이윽고 바람이 즈고 구름이 거드니 졍신을 출혀보미, 다만 힝형지구(行刑之具)는 완연호디 세 죄인은 간디 업더라. 힝형관 이히 디경실식()大驚失色호여 즉시 도라와 일흔 쥴노 복명○○[호니], 텬지 디로호샤 십삼싱(十三省)918)의 힝이(行移)919)호샤, 세 요인을 잡으라 호시더니, 또 금의(禁義)920) 《치발∥치관(差官)921)》이 알외디,

"젹거죄인(謫去罪人) 녀방 녀슉을 공즁으로셔 큰 범이 나려와 무러가니이다."

상이 디경호시고 만조졔신이 크게 요악히 너겨 의논이 분분호디, 홀노 윤하뎡 삼문 졔인이 놀나지 아냐, 일반 흉젹(凶賊) 요인(妖人)의 도쥬호미 심상【21】치 아닌 변괴니, 가국(家國)의 일후지환(日後之患)이 젹지 아닐 쥴 지긔(知機)호고, 초탄(嗟歎)호믈 마지 아니터라.

다만 원금 녀옥이 남아 각각 젹소로 가니라. 녀옥은 다만 어뮈 김시로 더브러 젹쇼의 가 영영 텬스(天赦)를 닙지 못호고, 녀옥은 장스질호며, 김시는 폼파라 즈싱(自生)

---

915)칙거(輜車) : 짐짓는 수레. 여기서는 죄수를 가두어 싣는 함거(檻車)를 말함.
916)함양동시(咸陽東市) : '형장(刑場)'을 비유적으로 표현한 말. 옛 중국 진(秦)나라의 도읍(都邑)이었던 섬서성(陝西省) 장안현(長安縣) 함양시(咸陽市)의 동쪽 시장이라는 말로, 진나라 때에 이곳에서 죄인을 처형하였기 때문에 '형장(刑場)'의 뜻으로 쓰인다.
917)비스쥬셕(飛砂走石) : 모래가 날리고 돌멩이가 구른다는 뜻으로, 바람이 세차게 붊을 이르는 말 늑양사주석(揚砂走石).
918)십삼싱(十三省) : 중국 명나라 때에는 전국을 산동, 산서, 하남, 협서, 호광, 강서, 절강, 복건, 광동, 광서, 귀주, 사천, 운남 등 13성으로 나누었다.
919)힝이(行移) : 행문이첩(行文移牒). 상급관청에서 하급관청에 문서를 발송하여 조회(照會)함.
920)금의(禁義) : =의금부(義禁府)
921)치관(差官) : 관차(官差). 관아에서 파견하던 군뢰(軍牢), 사령(使令) 따위의 아전.

ᄒᆞ더니, 스오년후 여역(癘疫)을 어더 모지 일시의 죽으미 되고, 원금은 젹소(謫所)의 가 능히 살 도리 업셔 삭발위승(削髮爲僧)ᄒᆞ니라.

어시의 나라히셔 하조(下詔)ᄒᆞ사 십삼셩(十三省)이 구식(求索)ᄒᆞ나 죵시 요인 등을 찻지 못ᄒᆞ니라. 진궁 졔인은 요인의 다나나믈 크게 근심ᄒᆞ며, 셰린 봉닌은 졀치ᄒᆞ믈 마지 아니 ᄒᆞᄂᆞᆫ지라.

화도시 쇼왈,

"ᄎᆞ역텬의(此亦天意)라. 【22】엇지 인녁으로 밋츠리오. 슈년 후면 가국(家國)이 일장 쇼요ᄒᆞ려니와, 이 ᄯᅩ 윤하뎡 삼문 졔공의 영명(英名) 츙의(忠義)를 빗닐 시졀이니, 현마 어이ᄒᆞ리오."

ᄒᆞ더라.

화도시 이의 슈일을 탐탐ᄒᆞᆫ 별졍(別情)을 베퍼 호람후로 더부러 밤이면 한 탑(榻)의셔 즈고, 낫이면 한 상(床)의셔 시식(侍食)ᄒᆞ니 도인은 일졀 화식(火食)을 블어(不御)ᄒᆞ여 조셕의 먹는 거시 향ᄎᆞ일죵(香茶一鍾)과 향과(香果)ᄲᅮᆫ이라. 졔인이 져의 쳥졍도골(淸靜道骨)이 션범(仙範)이 다 일워시믈 항복(降服)ᄒᆞ며, 화도시 슈일 후 하직ᄒᆞ고 도라갈ᄉᆡ, 윤공의 손을 잡고 츄연(惆然) 왈,

"산야비인(山野鄙人)은 슈명(壽命)이 여텬디무궁(如天地無窮)이라. 싱ᄉᆞ의 념녜 업거니와, 현형은 진환명니(塵寰名利)의 쳐ᄒᆞ여시니 엇【23】지 한 번 도라가기를 면ᄒᆞ리오. 이후의 진실노 ᄎᆞ싱(此生) 상봉을 긔약지 못ᄒᆞᄂᆞ니, 금일 니별이 만셰활별(萬世闊別)이라. 바라건ᄃᆡ 현형은 만슈무강(萬壽無疆)ᄒᆞ여 텬년(天年)을 션죵(善終)ᄒᆞ라. 비인(鄙人)이 맛당이 현형의 승긔운텬(乘氣運天)[922]ᄒᆞᄂᆞᆫ 날 옥쳥녕계(玉淸玲階)[923]의 셔로 모다 반기믈 다 ᄒᆞ리라."

윤공이 악슈쳑연 왈,

"아지못게라! 일별분슈(一別分手)의 쇼양(霄壤)[924]이 현슈(懸殊)ᄒᆞ니 ᄎᆞ싱(此生) 상봉이 난득(難得)이라. 쇼뎨 ᄯᅩ 셰월을 조ᄎᆞ 년노쇠로(年老衰老)ᄒᆞ미 심ᄒᆞ니, 홀홀ᄒᆞᆫ 빅구광음(白駒光陰)[925]이 언마ᄒᆞ리오. 현형은 션범(仙凡)[926]을 어더시니, 승되빅운(乘韜白雲)[927]ᄒᆞ여 긔이상션(期頤上仙)[928]ᄒᆞ믈 긔어필득(期於必得)[929]이리니, 피ᄎᆞ(彼此)

---

922)승긔운텬(乘氣運天) : 기운을 타고 하늘에 오름.

923)옥쳥녕계(玉淸玲階) : 옥쳥궁의 옥으로 된 계단. *옥쳥궁(玉淸宮); 도교에서, 옥황상제가 살고 있다고 하는 궁.

924)쇼양(霄壤) : 천지(天地)'를 달리 이르는 말. 높은 하늘과 넓은 땅이라는 뜻이다

925)빅구광음(白駒光陰) : 흰 망아지가 빨리 지나쳐 가듯, 덧없이 빨리 흘러가는 세월.

926)션범(仙凡) : 선인(仙人)과 속인(俗人) 또는 선계(仙界)와 속계(俗界)를 아울러 이르는 말.

927)승되빅운(乘韜白雲) : 백운을 타고 자취를 감춤. *백운(白雲) : '색깔이 흰 구름'이란 뜻으로, 속세를 떠나 부나 명예와 같은 현실적인 이익을 추구하는 마음으로부터 벗어난 탈속적 삶을 비유적으로 이르는 말

928)긔이상션(期頤上仙) : 백세를 살고 신선이 되어 하늘에 오름. *긔이(期頤); 백 살의 나이. 또는 그 나이의 사람. 늑기이지수.

탁셰비린(濁世鄙吝)930)을 헌신 갓치 바린 후, 옥누금각(玉樓金閣)931)의 조회(朝會)ᄒ
【24】여 반기믈 긔약 ᄒ리라."

피ᄎᆡ(彼此) 분슈(分手)ᄒᄂ 졍(情)이 의의(依依)ᄒ고932), 진왕형뎨 졔ᄌ로 더브러 공
경비례(恭敬拜禮)ᄒ여 니별을 고ᄒ믹, 상하니졍(上下離情)의 ᄎ아(嵯峨)ᄒ933) 심ᄉᆞ(心
思) 지친간(至親間) 니별(離別)의 조곰도 감치 아니터라.

일장 분슈ᄒ기를 맛ᄎᆞ믹, 도인이 가연이 광슈를 썰치고 표연(飄然)이 문을 나, 셕장
(錫杖)934)을 한 번 더지믹, 션젹(仙迹)이 표표(飄飄)ᄒ여 경긱(頃刻)의 ᄌ최를 감초니,
윤공이 ᄌ질졔손으로 더부러 먼니 가도록 현망(懸望)ᄒ여 창결(悵缺)ᄒᆫ 심회를 졍치
못ᄒ더라.

퇴운도인이 도라가는 길의 임병마 부즁의 단여 산으로 도라가니라.

ᄎᆞ시 뉵쇼졔 슈일 후 신긔여상(神氣如常)ᄒ니, 바야흐로 병장(屛帳)을 것고 쇼셰(梳
洗)를 나【25】와 단장(丹粧)을 다ᄉᆞ리고 존당의 문안ᄒᆞᆯ식, 슈일 존후를 문침(問寢)ᄒ
고, 믈너 렴용피셕(斂容避席)ᄒ여, 존문의 입현(入見) 삼ᄉᆞ일의 블효 ᄭᅵ치믈 ᄉᆞ죄ᄒ니,
뉴미(柳眉) 나죽ᄒ고 옥안(玉顔)이 온유ᄒ니, 일ᄃᆡ가인(一代佳人)이오. 쳔고묘완(千古
妙婉)이라.

존당구괴 뉵시를 신혼초일 디례시(大禮時)의 보고, 뉵쇼졔 젼셰과보(前世果報)를 밧
노라 한 겁(劫)935) 뉸회(輪廻)를 요인의 독슈(毒手) 가온디 지닉고, 퇴운도인의 신명ᄃᆡ
은(神明大恩)을 힘닙어 노쥬 냥인의 ᄉᆞ즁구ᄉᆡᆼ(死中求生)ᄒ 목슘이 이의 보젼ᄒ여, 슈
일 병후(病候)를 조셥ᄒ므로, 바야흐로 금일이야 구문존당(舅門尊堂)의 비시(陪侍)ᄒᄂ
지라. 그 아름다온 ᄉᆡᆨ광(色光)과 유아(幽雅)ᄒ 픔슈(稟受)의 덕용(德容)이 겸【26】비
ᄒᆞᆯ믈 크게 긔특이 너기고, 지난 바를 참셕(慘惜)ᄒ여 흔연(欣然) 무휼(撫恤)ᄒ여, 약질
이 ᄭᅮᆷ갓치 ᄉᆞ경(死境) 지닉믈 이련ᄒ며, 졔ᄉᆞ금장(娣姒襟丈) 쇼괴(小姑) 각각 옥안셩모
(玉顔星眸)의 쇼ᄉᆡᆨ(笑色)이 영ᄌᆞ(盈藉)ᄒ고, 쳥아(靑蛾)를 드리워 인디(愛待)ᄒ믈 마지
아니니, 뉵가 ᄎᆞ환비비(叉鬟婢輩) 크게 즐겨ᄒ고, 쇼졔ᄂᆞ 존당구고의 혜퇴과 ᄌᆞ미(姉
妹) 금장(襟丈) 졔쇼져(諸小姐)의 셩우(誠憂)를 감격ᄒ더라.

쇼졔 죵일 시호(侍護)러니, 느즌 후 퇴거ᄉᆞ실(退去私室)ᄒ믹, 시야(是夜)의 즁셰(中
書) 바야흐로 뉵쇼져 침쇼의 나아갈식, 졔형이 희롱 왈,

---

929)긔어필득(期於必得) : 반드시 이루거나 얻음.
930)탁셰비린(濁世鄙吝) : 세속의 인색함.
931)옥누금각(玉樓金閣) : 금과 옥으로 화려하게 꾸민 누각(樓閣).
932)의의(依依)ᄒ다 : 헤어지기가 서운하다.
933)차아(嵯峨)ᄒ다 : 아득하다. 막막하다.
934)셕장(錫杖) : 승려가 짚고 다니는 지팡이. 밑부분은 상아나 뿔로, 가운데 부분은 나무로 만들며, 윗부
분은 주석으로 만든다. 탑 모양인 윗부분에는 큰 고리가 있고 그 고리에 작은 고리를 여러 개 달아 소
리가 나게 되어 있다
935)겁(劫) : 어떤 시간의 단위로도 계산할 수 없는 무한히 긴 시간. 하늘과 땅이 한 번 개벽한 때에서부
터 다음 개벽할 때까지의 동안이라는 뜻이다.

"현뎨 본딕 인싯(人事) 미거(未擧)ᄒ거늘, 년미약관(年未弱冠)의 너모 조달(早達)ᄒ여 놉히 단계(丹桂)936)롤 썻거, 작위(爵位) 뉵경(六卿)937)ᄒ고, 닉상(內相)의 두슈갓흔 슉녀명염을 두【27】고 옥갓흔 두 아ᄒᆡ 잇거늘, 무어시 부족ᄒ여 쏘 지취ᄒ니 조믈(造物)이 본딕 싀음발나938) 평디의 풍파롤 만나기롤 잘ᄒ니, 뉵슁 공연이 현뎨의 지앙운슈의 진얼(災孼)을 면치 못ᄒ여, 현뎨의 《우금∥우귀(于歸)》 초일(初日)의 남 아니 격는 희귀흔 참익(慘厄)을 지니니 엇지 놀납지 아니리오. 거야(去夜)의 신방의 ᄌ고와 우슈울억(憂愁鬱抑)ᄒ던 거동을 화원(畫員)이 이시면 그려두고 보암즉 ᄒ니, 한번 단여 나온 후는 공연이 신방의 ᄌ최롤 쓴쳐 어닉덧 슈삼일이 되니, 아등이 형뎨지간의 남의 스실 못고지롤 권ᄒ믄 녜(禮)의 블가ᄒ여, 비록 닉셜(內說)939)은 아니나 심즁의 혜오딕, '네 반다【28】시 신방변괴(新房變怪)롤 과도히 놀나, 일노써 뉵슈 향흔 은이 쇼원(疎遠)키의 밋츨가 념녜 깁더니', 원닉 뉵슈의 신상흠질을 념녀ᄒ고 스스로 놀난 마음을 진뎡ᄒ미랏다. 금야의 드러가미 신졍(新情)이 황홀ᄒ여 몽혼(夢魂)이 초딕산(楚臺山)940)의 젼도(顚倒)ᄒ고 '양왕(襄王)의 쑴'941)이 우딕(雨臺)942)의 화(和)ᄒ리니, 아등이 현뎨의 놉흔 복을 치하ᄒ노라."

즁셰 완이미쇼(莞爾微笑)943) 왈,

"제위 형장은 하 비는 쳬 마ᄅ쇼셔. 모든 존슁 다 쳔고희셰(千古稀世)흔 명완(明婉)이시딕, 제위 형장은 다 여러 부인을 두시니, 엇지 쇼뎨의 무염박쳐(無艶薄妻)롤 두고 지취ᄒ믈 변(變)져이 우으시ᄂᆞ니잇고? 이는 제형이 쇼뎨롤 ᄉᆞ랑ᄒ여 희롱【29】ᄒ시미 아니라, 묘복(眇福)ᄒ믈 비쇼(誹笑)ᄒ시미니, 평일 바라던 빅 아니로소이다."

셜파의 딕쇼(大笑)ᄒ고 완완이 신을 쓰어 영셜각으로 향ᄒ니, 제형곤계 상고함쇼(相顧咸笑)944)ᄒ더라.

즁셰 뉵쇼져 침당(寢堂)의 드러가니, 쇼제 안셔(安舒)이 니러 마ᄌ 먼니 좌뎡ᄒ미, 즁셰 눈을 드러보니, ᄌ약(自若)흔 틱도와 슉ᄌ아질(淑姿雅質)이 초셰탁이(超世卓異)ᄒ여 낭원(閬苑)945)의 시봄이 도라온 듯ᄒ니, 즁셰 옥면셩모(玉面星眸)의 희긔영농(喜氣

---

936)단계(丹桂) : 붉은 계수나무. 조선시대에 임금이 과거 급제자에게 종이로 만든 계수나무 꽃을 하사하였다.
937)뉵경(六卿) : 육조판서(六曹判書). 이조, 호조, 예조, 병조, 형조, 공조의 판서.
938)싀음바르다 : 샘바르다. 샘이 심하다. *샘; 남의 처지나 물건을 탐내거나, 자기보다 나은 처지에 있는 사람이나 적수를 미워함. 또는 그런 마음.
939)닉셜(內說) : 마음속에 있는 생각을 드러내어 이야기함.
940)초딕산(楚臺山) : 중국 초(楚)나라 양왕(襄王)이 무산신녀(巫山神女)를 만나 운우(雲雨)의 정을 나누는 꿈을 꾸었다는 초대(楚臺)가 있는 산. 곧 무산(巫山).
941)양왕(襄王)의 쑴 : 초나라 양왕(襄王)이 양대(陽臺)에서 무산신녀(巫山神女)를 만나 운우(雲雨)의 정을 나눈 꿈. *양대(陽臺)를 초대(楚臺)라고도 한다.
942)우딕(雨臺) : 초나라 양왕(襄王)이 운우(雲雨)의 꿈을 꾼 누대. 곧 '양대(陽臺)=초대(楚臺)'를 말함.
943)완이미쇼(莞爾微笑) : 빙그레 웃다.
944)상고함쇼(相顧咸笑) : 서로 바라보고 웃음.
945)낭원(閬苑) : 곤륜산(崑崙山)의 꼭대기에 있다는, 신선이 산다는 곳. 늑낭풍요지(閬風瑤地).

玲瓏)ᄒᆞ여 져갓흔 슉뇨가인(淑窈佳人)을 하마면 음녀의 독ᄒᆡ(毒害)의 맛츨번 ᄒᆞ고, 쏘 흔 만고(萬古) 음악상뉸(淫惡傷倫) 발부(潑婦)를 일방의 상ᄃᆡ(相對)ᄒᆞ여, 분명 뉵시로 지목(指目)ᄒᆞ여 공연이 일야를 블목(不睦)ᄒᆞ고 심회(心懷) 분울(憤鬱)턴 바를, 일【3 0】변(一邊) 가쇼로오며 한심ᄒᆞ니, 믁연냥구(默然良久)의 제 괴이히 너길가 ᄒᆞ여 다시 안식을 슈렴(收斂)ᄒᆞ고, 날호여 칭소 왈,

"녕엄ᄃᆡ인(令嚴大人)이 학ᄉᆡᆼ의 용우(庸愚)ᄒᆞᄆᆞᆯ 나모라 아니시고, 규리옥슈(閨裏玉 秀)946)로써 위굴하등(位屈下等)ᄒᆞ샤 ᄉᆡᆼ의 ᄌᆡ취(再娶)를 삼으시니, 후의(厚意)를 엇지 다감(多感)치 아니리오. 당당이 ᄇᆡᆨ년동쥬(百年同住)를 긔약ᄒᆞ여 슉녀의 평ᄉᆡᆼ을 져바리 지 아니ᄒᆞ고, 악장의 지우(知遇)를 닛지 아니려 ᄒᆞ엿더니, 부인이 일시 운ᄋᆡᆨ(運厄)이 긔구(崎嶇)ᄒᆞᆫ 연고로 요인(妖人)의 흉변이 니러나, 일야지간이나 부인의 옥질(玉質)이 위ᄐᆡ홀 번ᄒᆞ니, ᄉᆡᆼ각건ᄃᆡ 엇지 심골이 경한(驚寒)치 아니리오. 이제 방신이 무ᄉᆞᄒᆞᄆᆞᆯ ᄉᆡᆼ각ᄒᆞ니, 젼혀 틱운【31】화션ᄉᆡᆼ의 은혜라. ᄌᆞᄌᆞ손손(子子孫孫)이 그 은혜를 엇지 니 졈 즉ᄒᆞ리오."

쇼졔 슈용졍금(修容整襟)ᄒᆞ여 듯기를 다ᄒᆞᄆᆡ, 은연ᄒᆞᆫ 홍광이 옥셜(玉雪)의 무로녹으 니, 더옥 쇼담가려ᄒᆞᆫ지라. ᄉᆡᆼ이 은ᄋᆡ 주못 진즁ᄒᆞ여 촉을 믈니고, 쇼져를 닛그러 옥상 나위(玉床羅幃)의 나아가니, 신졍의 황홀ᄒᆞᄆᆡ 비길ᄃᆡ 업스니, 쇼졔 과도이 슈습ᄒᆞ더라.

창외의 ᄇᆡᆨ시 등이 그윽이 규시(窺視)ᄒᆞ고 그 부부의 진즁(鎭重)ᄒᆞᆫ 거동을 보ᄆᆡ 두굿 기믈 니긔지 못ᄒᆞ여, 도라와 명조의 조ᄐᆡ비긔 고ᄒᆞ니, 조ᄐᆡ비 쇼ᄉᆡᆨ(笑色)이 만면ᄒᆞ여 바야흐로 그 ᄯᅡᆼ이 상젹ᄒᆞᄆᆞᆯ 두굿기더라.

뉵쇼졔 인뉴구가(因留舅家)ᄒᆞᄆᆡ, 셩질이 온슌겸공(溫順謙恭)ᄒᆞ고 부덕(婦德)【32】 이 청한(淸閑)ᄒᆞ여 션ᄉᆞ존당구고(善事尊堂舅姑)ᄒᆞ며, 승슌군ᄌᆞᄒᆞ(承順君子)며 화우졔ᄉᆞ 금장쇼고(和友娣姒襟丈小姑)ᄒᆞ며 돈목친쳑(敦睦親戚)ᄒᆞ고 존경원비(尊敬元妃)ᄒᆞ니 존 당구괴 크게 어엿비 너기고, 가ᄇᆡ 즁ᄃᆡᄒᆞ며, 두쇼졔 친ᄋᆡᄒᆞᄆᆡ 동긔ᄌᆞᄆᆡ 갓흐여, 부부 삼인이 금슬종괴(琴瑟鍾鼓) 화명(和鳴)ᄒᆞ니, 슬하의 ᄌᆞ녜 션션(詵詵)ᄒᆞ여, 두부인이 삼 ᄌᆞ일녀를 ᄉᆡᆼ하고, 뉵부인이 삼ᄌᆞ이녀를 ᄉᆡᆼᄒᆞ니, 냥부인 ᄌᆞ녜 긔기히 옥슈닌벽(玉樹驎 璧) 갓흐여 문장ᄌᆡ화(文章才華) 일셰의 유명ᄒᆞ더라.

어시의 광음이 슌뉴(順流)ᄒᆞ여 ᄇᆡᆨ구지과극(白駒之過隙)947)이라. 시셰(是歲) 초츈슌간 (初春旬間)의 니르럿더니, 믄득 동오왕 엄ᄇᆡᆨ경이 ᄂᆡ조(來朝)ᄒᆞᄂᆞᆫ 션셩(先聲)이 경도의 니르니, 엄틱ᄉᆞ곤계와 공ᄌᆞ 창의 반기고 깃거ᄒᆞᆷ믄 블문가지(不問可知)러【33】라. ᄌᆞ 질(子姪) 친쳑을 거느려 십니졍(十里程)의 나가 마ᄌᆞ 드러오니, 동창후와 윤 시독(侍 讀) 곤계 쏘흔 졔엄과 한가지로 가 마ᄌᆞ니, 형졔골육이 단취(團聚)ᄒᆞᄆᆡ 격셰니졍(隔歲 離情)이 상하(上下)치 아니터라.

---

946)규리옥슈(閨裏玉秀) : =규슈(閨秀). 혼기에 이른 남의 집 처녀를 점잖게 이르는 말.
947)ᄇᆡᆨ구지과극(白駒之過隙) : =백구과극(白駒過隙). 흰 망아지가 빨리 달리는 것을 문틈으로 본다는 뜻으 로, 인생이나 세월이 덧없이 짧음을 이르는 말.

오왕이 모든 인친제우(姻親諸友)와 형뎨즈질노 병익년비(竝翼聯臂)ᄒᆞ여 슐위ᄅᆞᆯ 갈와 옥궐의 조회ᄒᆞ니, 텬지 오국군의 늬조ᄒᆞᄆᆞᆯ 드ᄅᆞ시고, 크게 반기샤 즈졍젼(資政殿)의 조회ᄅᆞᆯ 여르시고 만조졔신을 모화 광녹시(光祿寺)의 셜연(設宴)ᄒᆞ샤 황봉어쥬(黃封御酒)948)와 진찬어션(珍饌御膳)949)을 갓초와 오왕을 ᄉᆞ쥬(賜酒)ᄒᆞ시며, 군신이 연음(宴飮) 즈락(自樂)ᄒᆞ여 셩춍(聖寵)이 관유(寬裕)ᄒᆞ시더라.

종일 진환(盡歡)ᄒᆞ고 셕양의 파연(罷宴)ᄒᆞᄆᆡ, 오왕이 퇴조(退朝)ᄒᆞ여 냥형 졔질노 【34】더부러 퇴ᄉᆞ공 부즁의 도라오니, 합ᄉᆞ(闔舍)의 반기ᄂᆞᆫ 환셩(歡聲)이 여류(如流)ᄒᆞ고, 동창후부인 딩엄시와 시독부인 쇼엄시 혹ᄉᆞ 즁닌쳐 엄시 등이 다 귀령(歸寧)ᄒᆞ여 퇴ᄉᆞ부즁의 모다 부슉을 기다리더니, 셕양 ᄯᆡ의 왕기(王駕) 늬입부문(內入府門)ᄒᆞ니 복예(僕隸) 츄환(叉鬟)이 보보젼경(步步顚傾)ᄒᆞ여 고ᄒᆞ니, 공지 젼도이 큰 문의 나맛고, 냥쇼졔 년보(蓮步)ᄅᆞᆯ 즈로 옴겨 즁문의 나, 부왕을 마즈 승당비알(昇堂拜謁)ᄒᆞ니, 왕이 희운(喜雲)이 늉늉ᄒᆞ여 냥녀와 아즈ᄅᆞᆯ 반기며, 냥슈(兩嫂)긔 녜필ᄒᆞᄆᆡ 남녀 졔인이 ᄎᆞ례로 비알ᄒᆞ니, 상니활별(相離闊別)의 무궁ᄒᆞᆫ 회푀 불가형언(不可形言)이라.

모든 별회(別懷)ᄅᆞᆯ 딩강 펴ᄆᆡ, 냥녀의 옥슈ᄅᆞᆯ 잡고 아즈【35】ᄅᆞᆯ 나호여 슬하의 교무ᄒᆞᄆᆡ, 블승긔이(不勝奇愛)ᄒᆞᄂᆞᆫ 즁, 장즈의 블인블초(不仁不肖)ᄒᆞᄆᆞᆯ 싱각ᄒᆞᄆᆡ 쇼양(宵壤)이 현슈(懸殊)ᄒᆞ니 그 반ᄃᆞ시 실기국(失其國)ᄒᆞ고 망기신(亡其身)ᄒᆞᄆᆡ 쉬올지라. 먼 근심이 유동ᄒᆞ고 식 즐기미 극ᄒᆞ니, 즈녀의 손을 잡고 최부인을 향ᄒᆞ여, '친졍(親庭)을 원니(遠離)ᄒᆞ여 고혈(孤孑)ᄒᆞᆫ 졍ᄉᆞ(情事) 갓초 비고(悲苦)ᄒᆞ거ᄂᆞᆯ, 슈슈의 셩덕과 형장의 지즈(至慈)ᄒᆞ시미 텬뉸의 지지 아닌 고로, 냥녜 친졍을 원니ᄒᆞᆫ 슬프믈 니즈믈' ᄉᆞ례ᄒᆞ고, 조초 아즈의 무ᄉᆞ히 장셩ᄒᆞ여 힝ᄉᆞ(行事)의 갓초 아름다오미 다 형장의 셩덕이라 ᄒᆞ여 만만 ᄉᆞ례ᄒᆞ니, 최부인이 얄연(戛然)ᄒᆞᆫ 낫빗과 냥연(朗然)ᄒᆞᆫ 말숨으로 ᄉᆞ례ᄒᆞ더라.

이【36】ᄯᆡ 최부인이 년급ᄉᆞ십오의 잉ᄐᆡᄒᆞ여 일기 영즈ᄅᆞᆯ 어더 싱지슈셰(生之數歲)러니, 명은 영이라. 쇼이 가장 영오슈발(穎悟秀拔)ᄒᆞ더니, 이의 나아와 왕의 슬하의 졀ᄒᆞ고 창의 겻ᄒᆡ 안즈니, 왕이 나호여 ᄉᆞ랑ᄒᆞ미 친즈의 감치 아니니, 쇼이 ᄯᅩᄒᆞᆫ 극히 아름다오니 퇴시 과이ᄒᆞᄂᆞᆫ지라.

최부인이 영이 츌셰(出世)950)치 아냐실 젹븟터 본ᄃᆡ 창을 싀오ᄒᆞᄂᆞᆫ ᄯᅳᆺ이 잇더니, 기즈(己子)ᄅᆞᆯ 어드ᄆᆡ, 더옥 츌셰(出世)ᄒᆞᄆᆞᆯ 잇달나 그윽이 파양(罷養)ᄒᆞᆯ ᄯᅳᆺ이 잇셔, 두어 말노 퇴ᄉᆞᄅᆞᆯ 시험ᄒᆞ니, 퇴시 졍식 딩언(大言) 졀ᄎᆡᆨ(切責)ᄒᆞ여 다시 용납지 아니니, 부인이 퇴ᄉᆞ의 ᄯᅳᆺ이 쳘셕 갓ᄒᆞ여 기즈(己子)ᄅᆞᆯ 블관이 너기고, 창아 ᄉᆞ【37】랑이 오히려 몸 우희 두ᄂᆞᆫ 줄 딩로딩분(大怒大憤)ᄒᆞ고 앙앙ᄒᆞ여 셰셰히 긔틀을 여어 히홀 ᄯᅳᆺ이

---

948)황봉어쥬(黃封御酒) : 임금 하사하는 술. 황봉(黃封)은 임금이 하사한 술을 단지에 담고 황색 천으로 봉(封)한 것으로 임금이 하사한 술을 뜻한다.
949)진찬어션(珍饌御膳) : 임금에게 올리는 진귀하고 맛이 좋은 음식.
950)츌셰(出世) : ①세상에 태어남. ②사회적으로 높은 지위에 오르거나 유명하게 됨.

이시나, 위인이 교악ᄒ(狡惡)여 님보(林甫)951)의 구밀복검(口蜜腹劍)을 장(藏)ᄒ여시나, 것치 온슌겸공(溫順謙恭)ᄒ여 은악양션(隱惡佯善)ᄒ니, 뉘 능히 그 표리블동(表裏不同)ᄒ믈 알니오. 보ᄂᆞᆫ 지 최부인의 현슉ᄒ믈 일ᄏᆞ라 공ᄌᆞ ᄉᆞ랑ᄒ미 긔ᄌᆞ(己子)의 지나다 ᄒ나, 공ᄌᆞ의 가만ᄒᆞᆫ 괴로옴은 비길 곳이 업ᄉᆞᄃᆡ, 그 양모의 과악을 낫ᄒᆞ니지 아니터라.

최부인이 창아 ᄉᆞ랑이 왕의 보ᄂᆞᆫ ᄃᆡᄂᆞᆫ 밋츨 듯ᄒ여, 교협(狡頰)의 웃ᄂᆞᆫ 빗츨 쥬리지 못ᄒ여, 공ᄌᆞ의 아름다오믈 못ᄂᆡ 일ᄏᆞᆯ며, 진왕 윤쳥문 ᄎᆞ녀로 뎡혼ᄒ믈 니ᄅᆞ고, 두【38】굿기ᄂᆞᆫ 우음이 안식의 넘지니, 왕이 슈슈(嫂嫂)의 ᄂᆡ외 갓지 아니믈 골돌ᄒ나, 감히 ᄉᆞ식지 못ᄒ여 흔연 칭사ᄒ더라.

왕이 즁당의셔 형뎨 병좌(竝坐)ᄒ여 ᄌᆞ녀를 가ᄎᆞ하며 쥬식을 맛보아 즐기더니, 믄득 동창후와 시독이 니ᄅᆞ니, 왕이 쳥ᄒ여 ᄂᆡ당의 드러와 녀셔(女婿)의 상젹(相敵)ᄒ믈 크게 두굿기며, 이ᄶᆡ 뎌쇼졔 싱산의 길흘 여러 냥ᄌᆞ일녀를 두엇고, ᄎᆞ쇼졔 삼ᄌᆞ일녀를 두어 긔긔히 옥슈닌벽 갓ᄒ니, 왕이 두굿기미 측냥업ᄉᆞᆫ 가온ᄃᆡ, 장후의 먼니 잇셔 ᄌᆞ녀셔(子女婿)의 이갓치 긔이ᄒᆞᆷ믈 부븨 한가지로 보지 못ᄒ믈 ᄎᆞ탄ᄒ더니, 날이 졈을ᄆᆡ 윤【39】싱 등이 하직고 도라가려 ᄒ거ᄂᆞᆯ, 왕이 말뉴 왈,

"과인이 경도(京都) 츌입이 일년일도(一年一度)의 한 번이라. 현셔 등이 엇지 ᄉᆡᆨ칙(塞責)952)ᄒ고 가려 ᄒᆞᄂᆢ? 녕존이 아ᄅᆞ시나 이곳셔 머므다 ᄒ고 칙(責)지 아니시리니, 금야를 이의 머므러 별회를 펴미 가ᄒ도다."

이인이 마지 못ᄒ여 ᄇᆡᄉᆞᄒ고 이의 머무니라. 왕이 냥녀와 졔ᄌᆞ를 안흐로 드러가라 ᄒ고, 외각의 나와 냥형과 ᄌᆞ질녀셔(子姪女婿)로 더부러 셕반(夕飯)을 한 가지로 파ᄒ고, 쵹을 니어 환쇼달난(歡笑團欒)ᄒ미, 능히 밤이 가는 줄 아지 못ᄒ더니, 옥쳠(屋簷)의 계셩(雞聲)이 악악ᄒ니, 졔인이 야심ᄒ믈 ᄭᆡ다라 각각 금니(衾裏)의 나【40】아가 잠간 취슉(就宿)ᄒ고 명조의 윤싱 등이 도라가고, 왕이 냥형으로 더부러 옥궐의 조회ᄒ고, 파조ᄒ여 도라오미 문젼의 인친친붕(姻親親朋)의 거마(車馬) 분분ᄒ며 하셩(賀聲)이 녈녈(咽咽)ᄒ니, 왕의 삼곤계 마ᄌᆞ 이로 응답기 어렵더라.

니ᄅᆞ듯 ᄒ여 슈일의 밋ᄎᆞ니, 윤·하·뎡 졔공은 입경초일(入京初日)의 셔로 보미 이시나, ᄯᅩ 가히 회ᄉᆞ(回謝)ᄒᆞᆯ 상녜(常例) 업지 못ᄒ여, 삼일만의 문젼의 하긱이 져기 긋쳐지미, 왕이 거륜을 ᄌᆡ촉ᄒ여 윤·하·뎡 삼부 졔공을 회ᄉᆞᄒᆞᆯᄉᆡ, 몬져 뎡부의 나아가 계왕곤계를 회ᄉᆞᄒ고, 버거 하부의 나아가 뎡국공긔 뵈옵고 초공을 회ᄉᆞᄒ며,【41】진궁의 나아가니 진왕곤계와 졔윤이 마ᄌᆞ 만슈헌의 드러가니, 호람후를 비알ᄒ미 윤

---

951) 님보(林甫) : 이림보(李林甫). 중국 당나라 현종(玄宗) 때의 정치가. 아첨을 잘하여 재상에까지 올랐고, 현종의 유흥을 부추기며, 바른말을 하는 신하는 가차 없이 제거하는 등으로 조정을 탁란(濁亂)하여 간신(奸臣)의 전형으로 꼽힌다. 그가 정적을 제거할 때는 먼저 상대방을 한껏 칭찬하여 방심하게 만들고 뒤통수를 쳤기 때문에, 당시 사람들이 그를 일러 구밀복검(口蜜腹劍)한 사람이라 하였다.
952) ᄉᆡᆨ칙(塞責) : 책임을 면하기 위하여 겉으로만 둘러대어 꾸밈.

노 공이 크게 반겨 흔연 스례 왈,

"뎌왕이 격셰 후 입조ᄒ시미 ᄌ질졔손은 비견ᄒ미 《지츠‖피츠》 《슌슌‖수순(數順)》이로듸, 만싱(晩生)은 쓸듸 업슨 나히 희년(禧年)이라. 노인의 츌입이 신싴(身事) 게어르미 만한 능히 긔거ᄒ여 나아가 서로 반기미 업거늘, 도로혀 뎌왕의 관기 몬져 욕님(辱臨)ᄒ시니 블승감ᄉ(不勝感謝)ᄒ여이다."

왕이 흠신(欠身) 칭ᄉ 왈,

"싱이 비록 몸 우희 왕작(王爵)이 이시나, 션싱은 싱의 부집존장(父執尊長)이어시늘, 엇지 니러틋 ᄒ시믈 감당ᄒ리잇고? 임의 입경(入京)ᄒ오미 발셔 나아와 합하【42】긔 뵈얌즉 ᄒ오듸, 동긔지친(同氣至親)으로 상니(相離)ᄒ엿다가 단회(團會)ᄒ오미, 일가지ᄉ(一家之事)의 ᄉ괴(事故) 년쳡(連疊)ᄒ고 일신이 분망(奔忙)ᄒ여 능히 말미암지 못ᄒ여, 금일이야 나아와 뵈오니 도로혀 블민ᄒ믈 슈괴(羞愧)ᄒᄂ이다."

윤공이 흔연 칭ᄉᄒ고 진왕과 승상이 말ᄉᆷ을 니어 은근(慇懃) 슈답(酬答)ᄒ며, 졔윤이 ᄎ례로 나아와 왕긔 비례필(拜禮畢)의 공경(恭敬) 시립(侍立)ᄒ미, 한갈 갓치 풍신(風神)의 슈앙(秀昻)홈과 녜양(禮讓)의 슉슉(肅肅)ᄒ미, 완연이 도흑유풍(道學遺風)이오, 셩니지힝(性理之行[953])이라. 왕이 좌고우면(左顧右眄)의 블승칭도(不勝稱道)ᄒ믈 마지 아니ᄒ고, 빈쥬(賓主) 상듸(相對)ᄒ여 쥬비(酒杯)를 통음ᄒ여, 한셜(閒說)이 이윽ᄒ여 왕이 진왕을 【43】향ᄒ여 칭ᄉ 왈,

"돈아(豚兒)의 용우ᄒ믈 바리지 아니ᄒ고, 규리옥슈(閨裏玉樹)로써 허ᄒ시믈[니] 만만 《칭ᄉᄒ니‖감ᄉᄒ여이다》."

진왕이 흔연 겸ᄉ 왈,

"녕낭은 당셰의 옥인군ᄌ라. 쇼뎨 녕윤의 츌범혼 긔상을 보미 감히 외람ᄒ믈 닛고, 약녀(弱女)의 년미블혜(年微不慧)혼 긔질을 가져 군ᄌ의 빵을 졍ᄒ니, 졍히 감당치 못홀가 두리거늘, 존형이 엇지 이디도록 과장(誇張)ᄒ시리잇고? 기리 바라던 비 아니로소이다."

오왕이 지삼 칭ᄉᄒ고, 종일 한담홀시 오·진 냥왕이 모도미 길월(吉月)을 슈히 튁ᄒ여 ᄌ녀의 가긔(佳期)를 셩젼(成全)홀 바를 만심환희(滿心歡喜)ᄒ여, 날이 어둡도록 즐기다가 셕양의 도라가니, 진궁【44】의셔 길신(吉辰)을 튁ᄒ니, 엄왕의 급혼 마ᄋᆷ을 맛쳐 길긔(吉期) 지격일슌(只隔一旬)이라. 엄부의 보ᄒ니 튁ᄉ곤계 길긔 촉박ᄒ믈 깃거 ᄒ더라.

냥가의셔 혼구를 셩비홀시, 최부인이 만늬(晚來)의 아ᄌ를 어드미, 창아를 증염(憎念)ᄒ미 숨킬 듯ᄒ나, 튁ᄉ 파양(破養)치 아니ᄒ미 홀일업셔, 밍셰코 용납지 아닐 마ᄋᆷ이 이실지언졍, 은악양션(隱惡佯善)ᄒ여 명예를 구ᄒᄂ지라. 창아의 길긔 슈이 되믈

가장 깃거 ᄒᆞᄂᆞᆫ 체ᄒᆞ고 혼슈를 십분 ᄉᆞ치(奢侈)히 ᄒᆞ니, ᄐᆡᄉᆞᄂᆞᆫ 쇼탈ᄒᆞᆫ 장뷔라.

부인의 니 갓흔 셩힝을 깃거ᄒᆞ나, 오왕은 명달ᄒᆞᆫ 군지라. 십분 지긔ᄒᆞ미 잇셔 슈슈의 ᄂᆡ외 【45】 갓지 못ᄒᆞᆷ을 기탄ᄒᆞ더라.

이ᄢᅵ 동창후 ᄎᆞ비 디엄시와 시독부인 쇼엄시와 흑ᄉᆞ부인 엄시 다 ᄐᆡᄉᆞ부즁의 모다, 아의 길녜(吉禮)를 보고 쇼고의 셔의(鸕意)ᄒᆞᆷ을 위로코져, 각각 존당의 상셔ᄒᆞ여 쇼유(所由)를 진고(盡告)ᄒᆞ미 존당구괴 허ᄒᆞ니, 삼쇼졔 머므러 길셕을 참예ᄒᆞᆯᄉᆡ 져근덧 슌일이 다드ᄅᆞ니, 엄ᄐᆡᄉᆞ곤계 디연을 기장ᄒᆞ고 닌니친쳑을 디회ᄒᆞ니, 연셕의 장녀(壯麗)ᄒᆞ미 비길ᄃᆡ 업더라.

일영(日影)이 장반(將半)의 엄공지 길복을 졍졔(整齊)ᄒᆞ고 은안빅마(銀鞍白馬)로 만조빅관이 위요(圍繞)954)ᄒᆞ여 진궁의 니ᄅᆞ러 녜안(禮雁)955)을 젼ᄒᆞ고 텬디긔 참빈ᄒᆞ기를 맛ᄎᆞ미 신부의 상교를 기다릴 【46】 ᄉᆡ, 이윽고 쇼졔 칠보웅장(七寶雄裝)을 갓초와 교즁의 오ᄅᆞ니, 신낭이 금쇄(金鎖)를 드러 봉교ᄒᆞ미 호송ᄒᆞ여 부즁의 도라오니, 녹의분면(綠衣粉面)이 납향보촉(蠟香寶燭)을 잡아 신낭신부를 인도ᄒᆞ여 교비셕(交拜席)의 나아가 합환교비(合歡交拜)ᄒᆞ여 녜파(禮罷)의 신낭은 밧그로 나가고, 신븨 단장을 곳쳐 냥구(兩舅)와 최부인긔 폐빅지녜(幣帛之禮)956)를 맛고, 버거 만좌(滿座)의 녜를 베플ᄉᆡ, 만목이 일시 눈을 드러보니 이 범범ᄒᆞᆫ 용식이 아니라. 셩덕문명(聖德文明)이 ᄌᆞ연(自然)ᄒᆞᆫ 광염(光艶)을 아올나 복덕완젼지상(福德完全之相)이 가족ᄒᆞ여, 식덕이 가진 슉녀현완(淑女賢婉)이라. 좌긱의 하례(賀禮)ᄒᆞᄂᆞᆫ 쇼ᄅᆡ 여루(如縷)ᄒᆞ여 이로 응졉기 어렵더라.

최부인이 【47】 신부의 이갓치 긔특ᄒᆞᆷ을 보미 시오지심(猜惡之心)이 디발(大發)ᄒᆞ여 ᄉᆡᆼ각ᄒᆞᄃᆡ,

"니 졍히 창아를 슈이 졀졔ᄒᆞ고 오아(吾兒)를 셩닙(成立)고져 ᄒᆞ니, 일믈이 동으로 흐ᄅᆞ거늘 져 윤녀의 식ᄐᆡ 져러틋 ᄒᆞ니, 이 ᄯᅩ한 나의 근심이 젹지 아니리로다."

ᄒᆞ여, 가장 블열ᄒᆞ나, ᄐᆡᄉᆞ곤계 의심ᄒᆞᆯ가 져허ᄒᆞ고, 즁빈이 괴이히 너길가 슬히 너겨, 아연이 화긔(和氣)를 작위(作爲)ᄒᆞ여 신부의 옥슈(玉手)를 잡고 좌즁의 ᄌᆞ랑ᄒᆞ며 ᄉᆞ랑ᄒᆞ미 친녀의 지나니, 졔긱이 다 최부인 현덕을 칭찬ᄒᆞ더라.

종일 진환ᄒᆞ미 졔긱이 각산(各散)ᄒᆞ니, 신부 슉쇼를 화쳥각의 졍ᄒᆞ고 그 좌우를 상ᄉᆞᄒᆞ여 도 【48】 라보ᄂᆞ니, 양낭복쳡(養娘僕妾)이 깃거 쇼져를 뫼셔 혼졍지녜(昏定之禮)를 파ᄒᆞ고 ᄉᆞ침으로 퇴ᄒᆞ니, ᄐᆡᄉᆞ 삼곤계 공ᄌᆞ를 닛그러 외당의 나와 셕식을 파ᄒᆞ

---

954) 위요(圍繞) : 혼인 때에 가족 중에서 신랑이나 신부를 데리고 가는 사람. ≒상객(上客). 요객(繞客).
955) 녜안(禮雁) : 혼인례의 예물로 신랑이 신부 집에 바치는 기러기. 기러기는 한번 짝을 지으면 죽을 때까지 짝을 바꾸지 않는다 하여 신랑이 백년해로 하겠다는 서약의 징표로서 신부의 어머니에게 기러기를 드린다. 산 기러기를 쓰기도 하나, 대개는 나무로 만든 것을 쓴다.
956) 폐빅지녜(幣帛之禮) : 현구고례(見舅姑禮). 혼인례에서 대례(大禮)를 마친 신부가 폐백(幣帛)을 가지고 처음으로 시부모와 신랑가의 웃어른을 뵙는 예절. *폐빅(幣帛) : 신부가 처음으로 시부모를 뵐 때 큰절을 하고 올리는 예물로 주로 대추나 포 따위를 드린다.

고, 왕이 신부의 초츌ᄒᄆᆞᆯ 보미 아ᄌᆞ의 ᄲᅡᆼ이 상젹(相敵)ᄒᆞᄆᆞᆯ 두굿기고, 장후의 먼니셔
이 갓흔 긔셔현부(奇壻賢婦)를 보지 못ᄒᆞᄆᆞᆯ 아연ᄒᆞ더라.

티ᄉᆞ와 왕이 야심후 공ᄌᆞ를 명ᄒᆞ여 신방으로 가라 ᄒᆞ니, 공지 믄득 낫빗츨 곳치고
ᄇᆡ스 왈,

"부부ᄂᆞᆫ 인뉸초관(人倫初關)957)이라. 한 번 만나미 ᄇᆡᆨ 년을 동쥬(同住)ᄒᆞ올 거시오.
히아와 윤시 다 고인의 유ᄎᆔ지년(有娶之年)이 아니니 부부호합(夫婦好合)이 그리 밧부
리잇가. 이졔 귀국ᄒᆞ실 날이 졈졈 다닷고, 【49】일 년의 한 번 회합이 심히 결연ᄒᆞ
온지라. 야야를 시침ᄒᆞᄆᆞᆯ 원ᄒᆞ나이다."

티시 쳥파의 크게 두굿겨 손을 잡고 등을 어로만져 왕을 향ᄒᆞ여 왈,

"ᄂᆡ 아희 셩회 니러틋 아름다오니 엇지 긔특지 아니리오."

도라 공ᄌᆞ다려 왈,

"부부는 오륜(五倫)의 읏듬이오. 뉵녜(六禮) ᄒᆡᆼ빙(行聘)의 셩혼ᄎᆔ실(成婚娶室)은 싱
민지시(生民之始)며 만복지원(萬福之原)이니 엇지 신방 삼일을 븨오리오."

왕이 ᄯᅩ 이셩(怡聲) {답}왈,

"아희 졍인즉 인ᄌᆞ지심(人子之心)의 괴이치 아니커니와, 삼일 젼 신방을 븨오미 가
치 아니니, 아희ᄂᆞᆫ 고집지 말고 신방을 븨오디 말나."

공지 쳔만 원치 아니나, 냥 ᄃᆡ인의 간졀ᄒᆞ신 명교를 위 【50】역(違逆)지 못ᄒᆞ여 ᄇᆡ
ᄉᆞᄒᆞ고, 날호여 화쳥각의 니ᄅᆞ니, 쇼졔 긴단장958)을 벗고 단의홍군(單衣紅裙)으로 촉
하의 단좌(端坐)ᄒᆞ엿다가, 삼쇼져를 마ᄌᆞ 말슴ᄒᆞ더니, 믄득 창외의 예리지셩(曳履之聲)
이 완완(緩緩)ᄒᆞ여 공지 긔호입실(開戶入室)ᄒᆞ니, 신뷔 나즉이 니러 맛고 삼쇼졔 공ᄌᆞ
의 ᄉᆞ미를 잡아 안쳐 왈,

"우리 쇼괴 ᄉᆡ로 니ᄅᆞ러 ᄉᆞ면의 친ᄒᆞ니 업스니, 셔의(齟意)ᄒᆞᄆᆞᆯ 위로코져 니ᄅᆞ럿더
니, 이졔 현뎨 드러왓시니 쥬인이 잇거ᄂᆞᆯ 괴로온 긱이 엇지 머믈니오. 도라가려 ᄒᆞ노
라."

공지 잠쇼 왈,

"쇼뎨 엇지 삼위 져져를 괴로와 ᄒᆞ리잇고? 실노 이 싱각은 업ᄂᆞ니 머므러 말숨이나
ᄒᆞ쇼셔."

삼부인이 낭 【51】쇼 왈,

"군ᄌᆞᄂᆞᆫ ᄂᆡ외를 달니 아니 ᄒᆞ거ᄂᆞᆯ 엇지 현뎨ᄂᆞᆫ 졸연이 간ᄉᆞ(奸邪)ᄒᆞᆫ 말을 ᄒᆞᄂᆞ뇨?
우져(愚姐) 등이 비록 머믈고져 ᄒᆞ나, 현뎨 니ᄅᆞ러시미 아름다온 못거지959) 픿흥(敗
興)ᄒᆞ엿고 신뷔 반ᄃᆞ시 현뎨를 혐의ᄒᆞ여 향염(香艶)ᄒᆞᆫ 옥셩을 발치 아니리니, 아등이
말업슨 그림을 ᄃᆡᄒᆞ여 무엇 ᄒᆞ리오. ᄎᆞ고로 이졔 도라가려 ᄒᆞ노라. 다만 쳥ᄒᆞᄂᆞ니 현

---

957)인뉸초관(人倫初關) : 부부와 같은 인간의 가족관계를 맺는 첫 관문.
958)긴단장 : 온갖 단장. 특히 혼인 때 신부의 머리에 족두리나 봉관을 씌워 단장하는 일을 이름.
959)못거지 : 모꼬지. 모임. 놀이나 잔치 또는 그 밖의 일로 여러 사람이 모이는 일.

데는 쥬인노룻슬 잘ᄒ라."

셜파의 낭낭이 웃고 시녀로 쵹을 잡히고 일시의 도라가니, 공지 난두(欄頭)의 나와 공경비송(拜送)ᄒ고, 삼져져의 덕질(德質)을 블승흠찬(不勝欽讚)ᄒ고 실의 드니, 신뷔 삼져져룰 도라보닉고 심히 훌【52】연ᄒ여 일흔 거시 잇ᄂ 듯ᄒ더니, 공지 입실ᄒ여 신부의 셧시믈 보고 이의 팔미러 안ᄌ믈 쳥ᄒ니, 쇼졔 쳔만 슈괴ᄒ믈 씌여 나죽이 쵹하의 좌룰 일우니, 공지 비로소 봉졍(鳳睛)을 더져 살피건딕, 황홀흔 식덕이 슈츌찬연(秀出燦然)ᄒ니 공지 일견의 크게 아룸다이 너기나, 믄득 깃거 아냐 혜오딕,

"녀ᄌ의 식이란 거시 원간 블관(不關)ᄒ니, 부인은 복어인(服於人)이라. 군직 식을 취홀 거시 아니니, 용뫼 박식(薄色)을 면홀 만ᄒ고 덕이 졍졍온슌(貞靜溫順)ᄒ미 읏듬이어늘, 져 윤시 가히 졀염슉녜(絶艶淑女)라 ᄒ려니와 너모 긔이ᄒ미 흠식(欠事)니, 맛ᄎ닉 홍안지화(紅顔之禍)룰 엇지 면ᄒ리【53】오."

그윽이 차탄ᄒ나, ᄯᆞ흔 뇨조슉녀ᄂ 문왕(文王) 갓흔 셩인도 오미구지(寤寐求之)ᄒ고, 젼젼반측(輾轉反側)ᄒ샤 관져편(關雎篇)을 지으신 빅니, 쇼년남익(少年男兒) 뇨조슉녀룰 화쵹하의 딕ᄒ미 ᄯᅩ 엇지 무심ᄒ리오. 냥구침ᄉ(良久沈思)의 낫빗츨 졍히 ᄒ고 념슬(斂膝) 공슈(拱手) 왈,

"싱은 일딕(一代) 졸식(卒士)라. 본딕 직덕이 쇼우(疏愚)960)ᄒ거늘 녕존딕왕의 외람이 굴ᄒ시믈 닙어 옥슈규와(玉秀閨娃)로써 허(許)ᄒ시니, 쇼져ᄂ 진왕의 만금쇼교(萬金小轎)요. 싱은 녹녹용식(碌碌庸士)961)라. 녀딕인 지우룰 져바리고 슉녀의 평싱을 져바릴가 두려 ᄒᄂ이다."

쇼졔 슈용졍금(修容整襟)ᄒ여 드룰 ᄯ룸이오. 답ᄒ미 업슬지언졍 옥안이 홍광이【54】난만ᄒ니 쵹하의 더옥 긔이ᄒ지라. 공지 냥구 관쳠(觀瞻)의 완이미쇼(莞爾微笑)ᄒ고 쵹을 멸ᄒ미, 신부룰 권ᄒ여 옥상나요(玉床羅褥)의 나아가미 견권이즁(繾綣愛重)ᄒ미 여교여졀(如膠如切)962)ᄒ나 ᄯᅩ흔 일호(一毫)도 부박(浮薄)ᄒ미 업스니, 가히 니룬바, '군ᄌᄂ 묵묵(默默)ᄒ고 슉녀ᄂ 졍졍(貞靜)ᄒ니' 진실노 니런 곳의 일넘 즉ᄒ더라.

최부인이 심복시녀로 그윽이 규시ᄒ고 더옥 깃거 아니ᄒ니, 아지못게라! 최부인의 교험(狡險)ᄒ미 여ᄎᄒ니 일노조ᄎ 엄공ᄌ 창과 윤쇼져 월화의 일장화란(一場禍亂)이 어닉 곳의 밋츤고? 하회룰 분셕ᄒ라.

명효(明效)의 공ᄌᄂ 외당으로 나가고, 쇼져ᄂ 신장을 다스려【55】구고긔 문안ᄒ니, 최부인의 황홀이 ᄉ랑ᄒ미 밋츨 듯ᄒ고, 틱ᄉ와 왕은 아룸다오며 귀즁ᄒ믈 니긔지 못ᄒ더라.

윤쇼졔 부가(夫家)의 도라오나 조금도 셔의(齟齬)ᄒ미 업셔 삼쇼졔 셔로 조ᄎ 보호ᄒ믈 여린 옥갓치 ᄒ니, 최부인이 더옥 아쳐ᄒ나 아직 오왕이 머므럿고 질녀 등이 도

---

960)쇼우(疏愚) : 통달하지 못하고 어리석음.
961)녹녹용식(碌碌庸士) : '보잘 것 없는 용렬한 선비'라는 말.
962)여교여졀(如膠如切) : 매우 친밀하고 정성스러움.

라가지 아냐시니, 엄963)을 쥬리고 톱을 감초와시니 기심(其心)을 블가탁(不可度)이러라.

오왕이 형뎨상슈(兄弟相隨)ᄒ며 슬하의 옥슈신월(玉樹新月) 갓흔 ᄌ녀부셔(子女婦壻)964)와 닌아봉츄(驎兒鳳雛) 갓흔 졔손이 층층ᄒ니, 만ᄉ를 파탈(擺脫)ᄒ고 틱ᄉ부(太師府)의 머므더니, 니러틋 즐기ᄂ 가온듸 기다리【56】지 아닛ᄂ 날은 본듸 오기를 더옥 셜니 ᄒᄂ지라.

니러구러 왕의 니국ᄒ연지 칠삭의 밋ᄎ니 시셰(是歲) 초츄넘휘(初秋念後)라. 오왕이 츤년 초츈의 ᄂ조(內朝)ᄒ엿더니, 발셔 쳣가을의 니를럿더라. 오왕이 곤계ᄌ녀졔질(昆季子女諸姪)노 니별ᄒᄆ를 식로이 늣기나, 임의 국즁(國中)이 뷔연지 오리고 셰지 블초ᄒ니, 나라히 근심이 깁고 ᄌ긔 본듸 대조(大朝)965) 사름이라. 임의 봉왕(封王) 귀국(歸國)ᄒ여시니, 외국 번신(藩臣)이 되엿ᄂ지라. 번왕(蕃王)이 국도를 뷔오고 오릭 장안(長安)966)의 뉴(留)ᄒ홀 빅 아닌 고로 마지못ᄒ여 힝니(行李)를 타뎜(打點)ᄒ여 장ᄎ 귀국ᄒ려 홀ᄉ, 엄틱시 쇼연을 기장ᄒ고【57】인친봉비(姻親朋輩)와 친쳑을 모화 형뎨 상별(相別)홀ᄉ 만조공경(滿朝公卿)이 거의 다 모드니, 광실이 터질듯 ᄒ더라.

하·뎡 냥문졔공과 진왕곤계 ᄌ질을 거느려 니르러 오왕을 상별홀ᄉ, 종일 진환(盡歡)ᄒ고 낙극진취(樂極盡醉)ᄒᄆ, 셕양(夕陽)의 졔인이 훗터지고 촉을 니으니, 왕의 형뎨ᄌ질(兄弟子姪)이 니별을 니룰ᄉ, 왕이 쥬감(酒酣)의 기리 감회(感懷)ᄒ여 냥녀를 나아오라 ᄒ여, 옥슈를 잡고 운환을 어로만져 츄연 함쳬(含涕)ᄒ여, 냥형을 도라보아 왈,

"고어의 왈, 텬눈져독(天倫舐犢)은 인인(人人)의 상졍(常情)이니 범연타 ᄒ홀 거시 아니로듸, 쇼뎨의 ᄌ익ᄂ 실노 변(變)져온 듯ᄒ오나, 이 ᄯ또한【58】ᄌ식 ᄉ랑이 과ᄒᄆ 아니라, 쇼뎨 슈쇼ᄌ녀(數少子女)의[를] ○○[두고] 만니이국(萬里離國)을 즈음ᄒ여, 쎠날 젹은 만코 모들 젹은 드므니 미양 심회 아름답지 아니ᄒ고, 더옥 월혜게 밋쳐ᄂ 강보(襁褓)의 실산(失散)ᄒ여 부모의 안면과 셩시를 아지 못ᄒ{옵}거늘, 요힝 텬우신조ᄒ여 텬셩(天性)을 단회(團會)ᄒ여 부녀의 한이 업ᄉ나, 일 년의 회합이 심히 훌훌ᄒ거늘, 장시ᄂ 더옥 만니이국의 잇셔 녀이 강보젹 안면을 긔지(機知)홀 ᄯ뿐이라. 녀아ᄂ 진실노 ᄌ모의 안면을 아지 못ᄒ니, 기졍(其情)이 쳐의(悽矣)라. 쇼뎨 즁심의 심히 비련(悲憐)ᄒᄂ 빅오, 챵아ᄂ 강보의 형장과 존슈긔 의탁ᄒ여【59】시니, 은양무이(恩養撫愛)ᄒ시ᄆ 오히려 쇼뎨의셔 더ᄒ고, 덜ᄒ지 아닐 줄 아오듸, 표아(兒)의 블초ᄒᄆ 국본듸ᄉ(國本大事) 그른 곳의 도라갈가 깁흔 넘녜 노히지 아니 ᄒ더이다. 쇼뎨 근ᄂ 심ᄉᆡ 미양 즐겁지 아니ᄒ고 넘녜 번다ᄒ여, 혜아리건듸 인셰지낙(人世之樂)이 거의

---

963)엄 : 어금니.
964)ᄌ녀부셔(子女婦壻) : '아들·딸·며느리·사위'를 함께 이르는 말.
965)대조(大朝) : 대국(大國)의 조정. 여기서는 대국, 즉 중국의 조정이라는 뜻.
966)장안(長安) : ①중국 섬서성(陝西省) 서안시(西安市)의 옛 이름. 한(漢)나라·당나라 때의 도읍지. ② 수도라는 뜻으로, '서울'을 이르는 말.

다흘듯 ᄒᆞ오니, 두리건ᄃᆡ 냥위형장(兩位兄丈)으로 금일 샹별(相別)이 쳔고활별(千古闊別)을 지을가, 심시 스스로 황난ᄒᆞᆷ믈 니긔지 못ᄒᆞ리로소이다. 복원 냥위 형장은 기리 만슈무강하시고, 창아ᄂᆞᆫ 임의 빅시괴 드려시니 부ᄌᆞ디륜(父子大倫)이 명빅ᄒᆞᆫ온지라. 쇼뎨 각별 념녀치 아니 ᄒᆞ옵거니【60】와, 바라건ᄃᆡ 냥녀를 어엿비 너기샤 이휼ᄒᆞ시믈 바라ᄂᆞ이다."

언파의, 광미디샹(廣眉大相)의 슈운(愁雲)이 은은(隱隱)ᄒᆞ고 말ᄉᆞᆷ이 쳐창(悽愴)ᄒᆞ니, ᄌᆞ녜 우러러 황황(遑遑)ᄒᆞᆫ 이뤼(哀淚) 《교쥬∥교류(交流)》ᄒᆞ고, 틱ᄉᆞ와 츄밀이 왕의 언에 블길ᄒᆞᆷ믈 깃거 아냐, 츄연이 낫빗츨 곳치고 졍식 왈,

"현뎨 엇지 우형을 디ᄒᆞ여 니런 블길지언(不吉之言)을 만히 ᄒᆞᄂᆞ뇨? 현뎨 년장ᄉᆞ십(年將四十)이 치 못ᄒᆞ고, 졍녁(精力)이 쇠모(衰耗)치 아냣고, 셜샤(設使) 블ᄒᆡᆼ(不幸)○○[ᄒᆞ야] 단슈(短壽)ᄒᆞ미 이신들, 화갑지연(華甲之年)이야 못슬 거시라, 여ᄎᆞ 블길지언(不吉之言)을 ᄒᆞ여 우형 등의 심ᄉᆞ를 비황(悲況)케 ᄒᆞᆯ 쑨 아니라, 창아 남ᄆᆡ의 비울(悲鬱)ᄒᆞᆫ 심ᄉᆞ를 도도【61】ᄂᆞ뇨?"

왕이 츄연 디왈,

"냥위 형장의 명괴(明敎) 지연(至然)ᄒᆞ시고, 쇼뎨 ᄯᅩ 엇지 ᄉᆞ쳬(事體)를 바히 아지 못ᄒᆞ리잇고만은, 스스로 니별의 셜셜(屑屑)ᄒᆞᆷ믈 면키 어려오니, ᄯᅩᄒᆞᆫ 임의치 못ᄒᆞ미로소이다."

틱ᄉᆞ와 츄밀이 지삼 호언으로 위로ᄒᆞ고, 공ᄌᆡ 기용화긔(改容和氣)ᄒᆞ여 위로 쥬왈,

"디인이 이졔 장년(壯年)이 졈으지 아니시고 셩쳬(聖體) 강건ᄒᆞ시거늘, ᄒᆞᆷ믈며 ᄎᆞ별(此別)을 당ᄒᆞ오믄 셰구년다(歲久年多) ᄒᆞ오니, 당시 쳐음이 아닌 바로써 금일 홀연 슈우쳑쳑(愁憂慽慽)ᄒᆞ샤 불길ᄒᆞᆫ 말ᄉᆞᆷ이 여ᄎᆞᄒᆞ시니, 한갓 디야(大爺)와 계부디인(季父大人)의 쳑감ᄒᆞ시믈 도을 쑨 아니오라, 실노 ᄒᆡ아【62】 등의 우황(憂惶)ᄒᆞᆫ 졍ᄉᆞ를 도라보지 아니시ᄂᆞ니잇고?"

왕이 쳥파의 더옥 감샹ᄒᆞ여 탄왈,

"ᄌᆞ고급금(自古及今)의 화복(禍福)은 무문(無門)이라. 조셕(朝夕)의 변ᄒᆞ미 잇고, 궁달(窮達)은 유슈(有數)ᄒᆞ니 비인녁지쇼관(非人力之所關)967)이오, 슈단(壽短)968)은 ᄌᆡ텬(在天)ᄒᆞ니, 《ᄯᆞᆯ∥달》가지념(達家之念)969)의 밋츌것가? 안ᄌᆞ(顔子)970) 지현(至賢)ᄒᆞᄉᆞ디 조요(早夭)ᄒᆞ고, 무후(武候)971)의 영ᄌᆡ디략(英才大略)으로도 칠등ᄌᆡ계(七燈齋

---

967)비인녁지쇼관(非人力之所關) : 사람의 힘으로 어찌할 수 있는 일이 아님.
968)슈단(壽短) : 수요(壽夭). 오래 삶과 일찍 죽음.
969)달가지념(達家之念) : 세상의 이치에 두루 통달한 사람의 생각.
970)안자(顔子) : 공자의 수제자였던 안회(顔回)를 높여 이르는 말. 공문십철(孔門十哲) 가운데 한사람이나, 단명하여 일직 죽었다.
971)무후(武侯) : 제갈무후(諸葛武侯). 181~234. 중국 삼국 시대 촉한의 정치가. 이름 량(亮). 자(字)는 공명(孔明). 시호는 충무(忠武). 뛰어난 군사 전략가로, 유비를 도와 오(吳)나라와 연합하여 조조(曹操)의 위(魏)나라 군사를 대파하고 파촉(巴蜀)을 얻어 촉한을 세웠다. 유비가 죽은 후에 무향후(武鄕侯)로

戒)972)의 슈명(壽命)을 임의치 못ᄒᆞ여 장셩(將星)973)이 오장원(五丈原)974)의 ᄣᅥ러지니, 만고 셩현과 인덕으로도 니러틋 텬졍지슈(天定之數)를 도망치 못ᄒᆞ엿거늘, ᄒᆞᄆᆞᆯ며 여부(汝父)는 속셰의 일기 필뷔라. 일즉 지덕이 업ᄉᆞ되 쇼년의 단계(丹桂)의 승영(承榮)ᄒᆞ여 《은디ᄌᆞ팔∥은디ᄌᆞ달(恩臺紫闥)975)》의 셩【63】총이 혁연(赫然)ᄒᆞ시던 바로, ᄯᅩ 쇼쇼(小小) 공뇌로 외람이 왕작(王爵)을 밧ᄌᆞ와 위극인신(位極人臣)ᄒᆞ고 위고금다(位高金多)ᄒᆞ니, 엇지 부족ᄒᆞ리오."

ᄒᆞ고, ᄯᅩ 윤쇼져를 나아오라 ᄒᆞ여 왈,

"아부(我父)는 명문화엽(名門花葉)으로 츙현여믹(忠賢餘脈)이라. 한갓 외모덕셩(外貌德成)ᄲᅮᆫ 아니라 빅힝이 초츌ᄒᆞ리니 창이 감히 바라지 《못ᄒᆞ리니∥못홀 비라》. 모로미 빅두종시(白頭終時)976)의 화락ᄎᆞ담(和樂且湛)977)ᄒᆞ여, 혹ᄌᆞ 셰시(世事) 난측(難測)ᄒᆞᆷ이 이시나 《쳘부슉녀(哲婦淑女)를∥셔로》 져바리지 말고 기리 화락(和樂)ᄒᆞ여 유ᄌᆞ싱녀(有子生女)ᄒᆞ여 쥬종(主宗)을 챵셩케 ᄒᆞ라."

ᄒᆞ니, 윤쇼제 블승황공(不勝惶恐)ᄒᆞ여 ᄒᆞᄂᆞᆫ 즁, 존구의 언참(言讖)이 블길(不吉)ᄒᆞ시믈 아쳐ᄒᆞ여978), 옥협향혈(玉頰香頰)의 유연이 【64】븕은 빗치 더으니, 쇼쇄(瀟灑)ᄒᆞᆫ 방용(芳容)이 일비승졀(一倍勝絶)이라. 왕이 이런ᄒᆞᆯ믈 니기지 못ᄒᆞ고, ᄂᆞᆼ쇼졔 부왕이 평일 슉엄ᄒᆞ시던 바로 처음 먼 니별을 당ᄒᆞ여 니러틋 ᄒᆞ시믈 놀나, 각각 쳐황(悽惶)ᄒᆞᆫ 심ᄉᆞ를 지졉(止接)지 못ᄒᆞ여, 옥면셩안(玉面星眼)의 이뤼(哀淚) 년쥬(連珠)ᄒᆞ니 왕이 ᄌᆞ녀의 심ᄉᆞ를 어엿비 너겨, 《십부∥십분》 작위화ᄉᆡᆨ(作爲和色)ᄒᆞ여 슈답(酬答)이 흔연ᄒᆞ더라.

야심후 졔인이 각거기쇼(各去其所)ᄒᆞ고 왕이 ᄂᆞᆼ형을 뫼셔 광금장침(廣衾長枕)의 힐항지졍(頡頏之情)979)이 가즉ᄒᆞ여, 금니(衾裏)의 아희(兒戲)ᄒᆞ여 엄부(嚴父)의 쳬위를 닛고, ᄌᆞ모의 간간(懇懇)ᄒᆞᆫ ᄌᆞ이를 겸ᄒᆞ여시니, 가히 인심의 지령(至靈)ᄒᆞ미러라.

명효【65】의 ᄂᆞᆼ슈 졔질과 녀부로 일장 분슈(分手)ᄒᆞᆷ, 니별의 유유(儒儒)ᄒᆞᆷ이 쳔셔만단(千緖萬端)이니 이로 긔록기 어렵더라. 겨오 손을 난화 옥궐의 비ᄉᆞᄒᆞ온디, 텬

서 남방의 만족(蠻族)을 정벌하고, 위나라 사마의와 대전 중에 병사하였다
972)칠등지계(七燈齋戒) : 종교적 의식 따위를 치르기 위하여 일곱 등을 밝히고 몸과 마음을 깨끗이 하여 부정(不淨)을 멀리하며 기도(祈禱)를 함
973)장성(將星) ; 「천문학」에서, 이십팔수(二十八宿)의 스물여섯째 별자리의 별들. 제갈량(諸葛亮)이 오 장원의 전투에서 죽음을 맞이했을 때 떨어졌다는 별.
974)오장원(五丈原) : 중국 산서성(陝西省) 서안시(西安市) 서부, 기산현(岐山縣) 서남쪽에 있는 삼국 시대 의 전쟁터. 촉나라의 제갈공명이 위나라 사마의와 싸우다가 병들어 죽은 곳임.
975)은디ᄌᆞ달(恩臺紫闥) : 홍문관 또는 승정원을 달리 이르는 말. *은대(銀臺); =홍문관(弘文館). =승정원 (承政院). *자달(紫闥); =궁중(宮中)
976)빅두종시(白頭終時) : 늙어 죽을 때까지.
977)화락ᄎᆞ담(和樂且湛) : 형제나 부부가 서로 화목하며 즐김.
978)아쳐ᄒᆞ다 : 안타깝게 여기다. 애처롭게 여기다. 싫어하다. 미워하다.
979)힐항지졍(頡頏之情) : 새가 날면서 오르락내리락하는 것처럼, 형제가 서로 장난치며 올라타고 내려뜨 리고 하며 노는 정.

지 인견면유(引見面諭)ᄒ사 옥비 삼ᄎ(蔘茶)를 사(赦)ᄒ시고, 치단표리(綵緞表裏)980)로 견송(餞送)ᄒ시니, 왕이 빅비 슉ᄉ이퇴(肅謝而退)ᄒ여 팔마금눈(八馬金輪)으로 위의를 거ᄂ려 문외의 나니, 친쳑(親戚) 고구(故舊) 닌친(姻親)이 다 모다시미, 이쩌 동창후와 윤시독이 나아오니 진왕과 상국을 향ᄒ여 왈,

"쇼뎨 블초ᄒᆫ ᄌ녀 등으로써 외람이 냥위 현형의 셩덕을 닙ᄉ와 냥셔를 마즈미, 셩현군ᄌ와 영웅인걸이니 블초녀 등의 봉비하체(葑菲下體)981)를 감당ᄒ리잇고만은, 【66】셩문은틱과 군ᄌ의 틱도로 어하(御下)ᄒᆷ을 관홍이 ᄒ여 져의 평싱이 쾌활ᄒᆷ은 니로도 말고, 진국 군 형이 돈아의 우미ᄒᆷ을 나모라지 아니시고, 규옥(閨玉)을 허ᄒ샤 가아(家兒)의 실즁을 빗ᄂ고, 아등 형뎨의 슬하를 영화롭게 ᄒ니 현부는 니른 바 쳔츄긔완(千秋奇婉)이오 만고셩사(萬古聖士)라. 쇼녀의 블용누질(不用陋質)의 비기리오. 이ᄂ 오문의 복경이오, 쥬종(主宗)982)의 영창홀 징죠(徵兆)니, 쇼뎨의 ᄌ녀남미의 영화로오미 다 존형 등의 쥬시미라. 맛ᄎᆷᄂᆡ 나의 ᄌ녀를 교학(敎學)ᄒᆷ을 바라ᄂᆞ이다."

도라 냥셔(兩壻)다려 왈,

"화복(禍福)이 문(門)이 업고 슈단(壽短)이 지텬(在天)이라. 진실노 셰간(世間)의 알기 어려온 거슨 사름의 화【67】복길흉(禍福吉凶)이라. 사름이 오늘 보아 ᄂᆡ일 만나기 어렵다 ᄒᆞ미 그릇지 아닌 말이라. 나의 냥셔(兩壻)는 셩현인걸(聖賢人傑)이니 녀아 등의 만니이각(萬里涯角)을 즈음ᄒ여 화조월셕(花朝月夕)의 영모지회(永慕之懷) 간절ᄒᆷ을 년측(憐惻)ᄒ고, 더욱 츠셕(嗟惜)ᄒᆫ 바ᄂ, 져의 실셔(失緒)ᄒ여 무모이친(無母二親)ᄒᆷ을 긍년(矜憐)ᄒ여 아녀ᄌ의 쇼쇼 허믈을 괘념치 말나."

언파의 좌위(左右) 틴경(大驚)ᄒ고, 진왕과 승상은 흔연 위로 왈,

"아등이 냥부와 녕낭의 어질믈 위ᄒ여 하상(賀觴)을 나와 하례(賀禮)코져 ᄒ거늘, 존형이 하언(賀言)을 일위시니, 아등이 용우(庸愚)ᄒ나 엇지 니러틋 니ᄅᆞᄂᆈ?"

ᄒ더니, 동창후와 시독이 쪼ᄒᆫ 잔을 잡아 화셩【68】유어(和聲柔語)로 위로ᄒ며, 공지 부왕의 광몌(廣袂)를 붓들어 ᄎᆞᆷ아 분슈(分手)치 못ᄒ니, 왕이 쳑연(慽然) 감오(感悟)ᄒ여 어로만져 써나기를 앗기더니, 이의 필연(筆硯)을 나와 별시(別詩)를 지으니, 이 블과 ᄉ운눌시(四韻律詩)로틱 비졀(悲絶)ᄒ고 언언이 쳐초(凄楚)ᄒ니, 견자로 ᄒ여금 막블싀비(莫不嘶悲)홀지라.

좌긱이 다 감상(感傷)ᄒ고 각각 별시(別詩)를 지어 화답(和答)ᄒ니 긔긔히 금슈문장(錦繡文章)이라. 금일 니별(離別)이 쳔고활별(千古闊別)을 즈음ᄒ미, 비졀ᄒ여 능히 분

---

980) 치단표리(綵緞表裏) : 온갖 비단의 겉감과 안감.
981) 봉비하체(葑菲下體) : '무의 밑 등'이란 뜻으로 못생긴 사람의 비유로 쓰인다. 『시경』〈패풍(邶風)〉 곡풍(谷風)편의 "채봉채미 무이하체(採葑採菲 無以下體; 무를 뽑을 때 밑 등만 보고 뽑지 말라)"에서 온 말로, 무를 뽑을 때 무의 밑 등이 비록 잘 생기지 못하였을지라도 맛이 좋을 수도 있고 또 잎을 요긴하게 쓸 수도 있는 만큼, 겉만 보고, 또는 부분만 보고, 전체를 평가하지 말라는 말. '봉(葑)', '비(菲)'는 둘 다 무의 일종.
982) 쥬종(主宗) : 종가(宗家). 족보로 보아 한 문중에서 맏이로만 이어 온 큰집.

메(分袂)치 못ᄒ더니, 일영(日影)이 장반(將半)의 오국 군희(君下) 진(陣)을 졍졔ᄒ고, 군즁(軍中)의 북을 ᄌ로 울녀 도라가믈 직촉ᄒ니, 왕이 마지 못ᄒ여 면면(面面)이 일장(一場)을 니별ᄒ고, ᄉ미ᄅᆯ 셜【69】쳐 힝거(行車)의 오ᄅ니, 친쳑(親戚) 고귀(故舊) ᄎ탄ᄒ여 도라오고, 엄티ᄉ 형뎨와 공ᄌ 군종이 부왕을 조ᄎ 일일(一日) 동힝(同行)ᄒ여 빅니장졍(百里長程)의 가 니별ᄒ고, 부슉(父叔)을 뫼셔 부즁(府中)의 도라오니, 심시 시로이 비황(悲惶)ᄒ믈 니긔지 못ᄒ니, 티ᄉ형뎨 ᄉ리(事理)로 경계(警戒)ᄒ더라.

ᄎ시 진왕의 오ᄌ 희린과 상국의 장녀 옥화의 길긔(吉期) 다ᄃᄅ니 윤·하 냥부의셔 딕연을 긔장(開場)ᄒ고 딕회빈긱(大會賓客)ᄒ니, 광실(廣室)이 터질듯 ᄒ지라. 날이 반오(半午)의 윤공ᄌ 희린이 하쇼져ᄅᆯ 신영(新迎)ᄒᄂᆫ 위의(威儀)와, 하공ᄌ 몽창이 윤쇼져ᄅᆯ 친영(親迎)ᄒᄂᆫ 위의(威儀) 셔로 다ᄃᄅ니, 두 집이 다 왕공후빅(王公侯伯)이라. 윤·하 졔공이 비록 쳥【70】검졀ᄎ(淸儉節次)ᄒ나, ᄌ녀 가ᄎᆔ(嫁娶)의 당ᄒ여 녜규(禮規)의 조ᄎ ᄌ연 부려(富麗)ᄒ더라.

희린이 하쇼져ᄅᆯ 마ᄌ 도라오더니, 노상(路上)의셔 하공ᄌ 몽창이 옥화ᄅᆯ 친영ᄒᄂᆫ 위의ᄅᆯ 만나, 동셔(東西)로 길흘 난화 도라오니, 도로 관진(觀者) 그 장녀(壯麗)ᄒ믈 경찬(慶讚)ᄒ더라. 윤공지 부즁의 도라와 냥신인이 합환교비(合歡交拜)ᄅᆯ 맛고 신낭이 밧그로 나가미, 신뷔 단장을 곳쳐 존당구고긔 폐빅(幣帛)을 진졍(進呈)ᄒ니, 존당과 만목이 일시의 거안시지(擧眼視之)ᄒ니, 이 ᄯᅩᄒ 하시 셰딕명풍(世代名風)으로 싱혹(生惑)ᄒᆫ 빅 엇지 범연ᄒ리오. 찬찬(燦燦)ᄒᆫ 용식(容色)과 셩덕(盛德)이 츌어외모(出於外貌)ᄒ니, 존【71】당구괴(尊堂舅姑) 블승딕희(不勝大喜)ᄒ고 좌긱(座客)이 분분경찬(紛紛慶讚)ᄒ여 하셩(賀聲)이 여루(如縷)ᄒ더라.

종일 진환(盡歡)ᄒ고 졔긱이 각산(各散)ᄒ고 신부 슉쇼ᄅᆯ 화화각의 졍ᄒ여 도라보닉니, 하부시녜 쇼져ᄅᆯ 뫼셔 혼졍지녜(昏定之禮)ᄅᆯ 맛고 믈너 침소로 도라가다. 시야(是夜)의 공지 존명을 니어 신방의 나아가 신인을 상딕ᄒ니, 평싱소원의 족의(足意)라. 깃브믈 니긔지 못ᄒ여 부부지낙(夫婦之樂)이 흡연(洽然)ᄒ여 여산약히(如山若海)ᄒ니, 합문 상히 크게 두굿기더라.

이젹의 하공ᄌ 몽창이 윤쇼져ᄅᆯ 친영ᄒ여 부즁의 도라와 냥신인이 합졸교비(合卒交拜)ᄅᆯ 맛ᄎ미, 신낭이 밧그로 나가고 신뷔 조률(棗栗)을 밧드러 【72】존당과 ᄉ위 구고긔 진졍(進呈)ᄒ니, 뇨라(嫋娜)ᄒᆫ 틱도와 셩덕광홰(聖德光華) 어리엿시니, 가히 효문공의 싱츌(生出)이며 댱부인의 쇼산(所産)이믈 알지라. 졔긱이 치히(致賀) 분분(紛紛)ᄒ니 존당부뫼 치하ᄅᆯ ᄉ양치 아니터라. 셕양의 졔긱이 각산기가(各散其家)ᄒ니 신부 슉소ᄅᆯ 화월졍의 졍ᄒ다.

시야의 몽창이 부명을 니어 향방(香房)의 나아가 신인을 딕ᄒ미, 쇼망(所望)의 족ᄒᆫ지라. 신인을 닛그러 옥상나요(玉觴羅褥)의 ᄭᅮᆷ을 한 가지로 ᄒ니, 여교여칠(如膠如漆)983)ᄒ여 관져(關雎)의 미담(美談)984)이 가즉ᄒ더라.

명효(明曉)의 부뷔 신셩(晨省)ᄒ니 존당구괴(尊堂舅姑) 탐혹(耽惑)ᄒᆫ ᄉ랑이 비길딕 업더라. 윤쇼졔 인ᄒᆞ여 머므러 션ᄉᆞ존당(善事尊堂)ᄒᆞ고 승슌군【73】ᄌᆞ(承順君子)ᄒᆞ며 화우슉ᄆᆡ(和友叔妹)ᄒᆞ여985) 곳다온 예셩(譽聲)이 닌니(隣里)의 《픔동‖풍동(風動)》ᄒᆞ더라.

화셜 승상 윤효문의 ᄎᆞ녀 운화쇼져의 ᄌᆞ는 현피니 원비 하부인 일네라. 년시이륙(年是二六)의 ᄉᆞ덕규ᄒᆡᆼ(四德閨行)이 완연ᄒᆞ여 슉녀의 방향(芳香)이 족(足)ᄒᆞ더라. 부뫼 긔이(奇愛)ᄒᆞᆯ 쑨 아니라, 호람후 부뷔 과도ᄒᆞᆫ 사랑이 제손 즁 ᄌᆞ별ᄒᆞ더라.

승상이 녑이 가셔(佳壻)ᄅᆞᆯ 퇴홀ᄉᆡ 평장ᄉᆞ 범문졍의 장ᄌᆞ 범현회와 셩혼ᄒᆞ니, 범싱이 ᄯᅩᄒᆞᆫ 명가계츌(名家繼出)노 옥안영풍(玉顔英風)이 초셰(超世)ᄒᆞ고, 겸ᄒᆞ여 온즁졍ᄃᆡ(穩重正大)ᄒᆞ여 도ᄒᆞᆨ진유(道學眞儒)의 풍ᄎᆡ(風彩)이시니, 진짓 운화쇼져의 텬졍가위(天定佳偶)라. 존당부뫼 크게 깃거ᄒᆞ고 쇼졔 구가의 나아가미, 그 ᄌᆡ용덕【74】질(才容德質)을 구괴 ᄉᆞ랑ᄒᆞ고 슉ᄆᆡ(叔妹) 이즁ᄒᆞ며 상ᄒᆡ(上下) 긔경(起敬)ᄒᆞ고 부뷔 진즁(鎭重)ᄒᆞ더라.

범싱이 문장이 초츌ᄒᆞ여 년미약관(年未弱冠)의 놉히 단계(丹桂)ᄅᆞᆯ 썼거 《은ᄃᆡᄌᆞ팔‖은ᄃᆡᄌᆞ달(恩臺紫闥)986)》의 쳥현(淸賢)을 ᄌᆞ임ᄒᆞ고 졈졈 벼슬이 놉하 참지졍ᄉᆞ 틱ᄒᆞᆨᄉᆞ 좌각노의 니ᄅᆞ고, 윤쇼져로 화락ᄒᆞ여 칠ᄌᆞ삼녀(七子三女)ᄅᆞᆯ 두니 긔긔히 부풍모습(父風母襲)ᄒᆞ여 옥쳥군션(玉淸群仙)과 젹강션아(謫降仙兒) 갓더라.

어시의 북변ᄃᆡ원슈 하원창과 부원슈 윤봉닌이 졍벌 긔년의 늉젹을 항복바다 승젼긔가(勝戰凱歌)로 도라오니, 만셰황애 문외(門外)의 힝힝(行幸)ᄒᆞ샤 마ᄌᆞ시니, 호호(浩浩)ᄒᆞᆫ 녕광(榮光)이 비길ᄃᆡ 업고, 군신의 반기미 상하(上下)치 아니터라.

텬지 특별이 하원창의【75】두 번 북젹을 쇼멸ᄒᆞᆫ 공뇌ᄅᆞᆯ 포장ᄒᆞ샤 본직 북빅후의 다시 안국공을 더으시고, 우승상 쳥능후ᄅᆞᆯ 봉ᄒᆞ샤 식읍 ᄉᆞ쳔호ᄅᆞᆯ 더으시고, 은영(恩榮)과 봉작(封爵)이 부모 쳐ᄌᆞ의 밋게 ᄒᆞ시니, 하휘(侯) 텬은을 황감(惶感)ᄒᆞᄂᆞᆫ 즁, 여ᄎᆞ(如此) 봉작(封爵)을 ᄃᆡ경(大驚)ᄒᆞ여 힘써 ᄉᆞ양ᄒᆞ나 밋지 못ᄒᆞ고, 봉작과 후록(厚祿)을 밧ᄌᆞ와 도라오니, 뎡국공 부부로붓터 형뎨상하 합문의 깃부고 즐겨ᄒᆞᆷ믄 니ᄅᆞ도 말고, 인친(姻親) 고붕(故朋)의 ᄒᆞ례ᄒᆞᄂᆞ니 문의 메여, 밤으로써 낫츨 니어시니, 분분(紛紛)ᄒᆞ여 이로 응졉(應接)기 어렵더라.【76】

---

983) 여교여칠(如膠如漆) : =교칠(膠漆). '아교와 옻칠 같다'는 뜻으로, 매우 친밀하여 서로 떨어질 수 없는 관계를 비유적으로 이르는 말
984) 관저(關雎)의 미담(美談) : 부부 사이의 아름다운 사랑 이야기. 관저(關雎)는 『시경(詩經)』 '주남(周南)'편에 실린 노래 이름. 문왕(文王)과 태사(太姒)의 사랑을 주제로 한 노래.
985) 션ᄉᆞ존당(善事尊堂)ᄒᆞ고 승슌군ᄌᆞ(承順君子)ᄒᆞ며 화우슉ᄆᆡ(和友叔妹)ᄒᆞᆷ : 여자가 시집가서 시집 어른들을 잘 섬기고 남편의 뜻을 잘 따르며 시누이들과 잘 우애함.
986) 은ᄃᆡᄌᆞ달(恩臺紫闥) : 홍문관 또는 승정원을 달리 이르는 말. *은대(銀臺); =홍문관(弘文館). =승정원(承政院). *자달(紫闥); =궁중(宮中)

윤하뎡삼문취록 권지구십칠

추시 하긱(賀客)이 문뎡(門庭)의 가득ᄒ여 밤으로ᄡ 낫을 니어시니, 분분(紛紛)ᄒ여 니로 응접기 어렵더라. 텬지 부원슈 윤봉닌으로 북안후를 봉ᄒ시니, 셩쥬(聖主)의 관홍명덕(寬弘明德)ᄒ신 상벌이 여ᄎᄒ시니, 만셩ᄉ셔인(萬姓士庶人)이 열복(悅服)ᄒ더라.

니러구러 슌여일(旬餘日)이 지난 후, 산셔듸도독 뎡운긔와 희동듸도독 하몽셩이 일시의 승젼반ᄉ(勝戰班師)ᄒ니, 듸기 ᄎ(此) ᄉ인이 일시의 뎨도(帝都)를 ᄣ낫시나, 하원창의 초안(招安)ᄒᆫ 바 북번(北蕃)이 비록 듸국 변방이나 한 무리 오합지졸(烏合之卒)이오, 삭북(朔北) 오랑키 무리 모다 무지ᄒ미 심【1】ᄒᆫ 고로, 원슈 블과 흔북987)의 초안(招安)ᄒ미 되어시듸, 졍되(程道) 멀므로 긔년(朞年)의 밋ᄎ미오, 산셔와 희동은 비록 듸국지경(大國地境)이나 인심이 영한(獰悍)ᄒ고, 산님의 취쇼(聚巢)ᄒᆫ 무리 녹님여당(綠林餘黨)988)이로듸, 지모용ᄉ(智謀勇士) 만코 신병귀졸(神兵鬼卒)을 부려 조홰(造化) 블측(不測)ᄒ니, 셕즈 한말(漢末)의 황건젹(黃巾賊)989) 댱각(張角)990)의 일뉘(一類)라. 만일 뎡운긔 하몽셩의 신지모략(神才謀略) 곳 아니면 ᄎ디(此地)를 어이 평뎡ᄒ리오.

뎡도독 운긔 산셔를 초안(招安)ᄒᆯ시 산셔 둔취(屯聚)ᄒᆫ 젹장의 셩명은 황슈인이니, 참칭(僭稱) 후초왕(後楚王)이라 ᄒ더라. 본듸 션황(先皇) 틱조시(太祖時)의 반신(叛臣) 황혁의 후손이라. 송틱조(宋太祖) 닙국지초(立國之初)의 ᄉ방의 도젹이 【2】 벌 니듯 ᄒ거ᄂᆯ, 틱죄 삼쳑검(三尺劍)을 잡흐시고, 모려(茅廬)의셔 니러나샤 텬하를 졍벌ᄒ시미, 놉흔 훈업(勳業)이 쳥ᄉ(靑史)의 빗나거ᄂᆯ, 슈의젼위(繡衣傳位)991)를 밧ᄌ와 진교

---

987) 흔북 : 전투 신호로 북을 한 바탕 쳐서 군사들의 사기를 돋우는 것을 뜻하는 말로, '단 한 번의 싸움'을 비유적으로 이르는 말.
988) 녹님여당(綠林餘黨) : 도둑의 무리. *녹림(綠林); ①푸른 숲. ②화적이나 도둑의 소굴을 이르는 말. 중국 후한 말 왕광(王匡), 왕봉(王鳳) 등 망명자가 녹림산에 숨어 있다가 도둑이 되었다는 데서 유래한다.
989) 황건젹(黃巾賊) : 중국 후한(後漢) 말기에, 장각(張角)을 우두머리로 하여 하북(河北)에서 일어난 유적(流賊). 모두 머리에 누런 수건을 쓴 데서 유래하며, 태평도라는 종교를 세워 반란을 일으켰다
990) 댱각(張角) ; 중국 후한 말기의 도사(?~184). 민간 종교인 태평도를 창시하여 수십만의 신도를 포섭하고, 후한 말엽의 혼란을 틈타 184년에 한(漢)나라를 전복하려는 황건의 난을 일으켰다.
991) 슈의젼위(繡衣傳位) : '수놓은 비단 옷으로 황위(皇位)를 전하다'는 뜻으로, 송나라 개국공신 조보(趙

역(陳橋驛)992)의셔 황푀(黃袍)993) 몸을 덥허 데위(帝位)의 나아가샤 만민을 안보(安保)ᄒ시니, 텬하인심이 망풍귀슌(望風歸順)ᄒ고 국티민안(國泰民安)ᄒ여 응텬슌인(應天順人)ᄒ거늘, 홀노 낙양졀도ᄉ 황혁이 망녕되이 텬시를 아지 못ᄒ고 당돌이 병을 드러 송조(宋朝) 텬하(天下)를 닷ᄒ고져 ᄒ니, 송조 긔국공신 무혜왕(武惠王) 조빈(曺彬)994)과 듸장군 셕슈신(石守信)995)과 무양후 뎡운 등이 ᄌ원이고(自願而告)ᄒ여 황혁갓흔 무도(無道) 시역(弑逆)ᄒᄂᆞᆫ 흉인을 잡아 멸ᄒ고, 그 쳐로(妻孥)를 위비관속(爲婢官屬)996) 【3】 홀시, 틔지 ᄯᅩ 혁의 일ᄌ 황의를 살ᄒᆞ엿더니, 황의 쳐 남궁시 황기(黃家) 참멸시(慘滅時)의 잉틱 슈삼삭이러니, 산셔(山西)의 위로(爲奴)ᄒ미 되어, 그후 십삭만의 아들을 나흐니 가장 범범무지(凡凡無智)ᄒᆞᆫ지라.

남궁시 구가함멸(舅家陷滅)ᄒ미 그윽이 바란 비 복즁의 잇셔 긔특ᄒᆞᆫ 아들을 나하 송조의 보슈(報讐)코져 ᄒᆞ더니, 비록 남아를 어드나 이갓치 용우ᄒ니 가장 슬허ᄒ나, 홀일업셔 다만 기를시 명을 후긔라 ᄒᆞ여, ᄌ라미 촌민쳔한(村民賤漢)과 결혼ᄒ여 슈삼ᄃᆡᅵ 밋쳣더니, 남궁시 이후의 나히 만하 님종(臨終)의 유셔(遺書)한 장을 쎠 후긔를 맛기며, 왈,

"증손(曾孫)의 니르러ᄂᆞᆫ 반ᄃᆞ시 영【4】웅이 날 ᄃᆞᆺᄒ니, 이ᄂᆞᆫ ᄂᆡ ᄭᅮᆷ 가온ᄃᆡ 신인(新人)을 만나 아랏ᄂᆞᆫ지라. 너희ᄂᆞᆫ 닛지 말고 이 유셔를 간슈ᄒ여 젼ᄂᆡ(傳來)ᄒᆞᄆᆞᆯ 보믈갓치 ᄒᆞ엿다가, 증손이 나거든 명을 슈인이라 ᄒᆞ고 이 글을 쥬라. 반ᄃᆞ시 션셰 원슈를 갑고 후ᄉ(後嗣)를 빗ᄂᆡ리라."

ᄒᆞ더라.

남궁녜 망흔 후 긔ᄌ 후긔 유셔를 간슈ᄒ여 긔ᄌ(其子)의게 젼ᄒᆞ엿더니, 긔지 ᄯᅩ 싱ᄌᄒ니 이 곳 황슈인이라. 밋 츌셰(出世)ᄒ미 영웅쥰걸(英雄俊傑)의 긔상(氣像)이 초셰(超世)ᄒᆞ더라. 졈졈 ᄌ라 나히 십오의 니르러 신장이 팔쳑이오, 힘이 능히 만인젹(萬人敵)을 ᄒ지라. 미양 무예(武藝)와 진법(陳法)을 닉이며 뉵도병셔(六韜兵書)997)를 비호니, 지죄 긔특ᄒᆞ더라.

본관(本官)의【5】셔 슈인의 무예 긔이ᄒᆞᄆᆞᆯ 듯고 블너 막하(幕下)의 군장(軍將)을

普·조광의(趙匡義) 등이 출병중(出兵中) 진교역(陳橋驛)에서 술에 취해 자고 있는 조광윤(趙匡胤)에게 황포(黃袍)를 입혀 황제로 추대한 사건을 말함.

992) 진교역(陳橋驛) : 중국 하남성(河南城) 봉구현(封丘縣)에 있는 역(驛) 이름.

993) 황포(黃袍) : 예전에, 임금이 예복으로 입는 누른 색깔의 곤룡포를 이르던 말.

994) 조빈(曺彬) : 후주(後周)·송초(宋初)의 무장(武將)·정치가. 송나라 때 태사(太師)를 지냈고 노국공(魯國公)에 봉해졌다. 시호(諡號)는 무혜(武惠), 제양군왕(濟陽郡王)에 추봉(追封)되었다.

995) 셕수신(石守信) : 후주(後周)와 송초(宋初)의 무장(武將). 후주에서 홍주방어사(洪州防禦使)를 지냈고 송 태조(太祖) 때 위국공(魏國公)에 봉해졌다.

996) 위비관속(爲婢官屬) : 여종을 삼아 지방 관청에 소속시킴.

997) 뉵도병셔(六韜兵書) : 중국 주(周)나라 태공망이 지은 병법서(兵法書). 무경칠서(武經七書)의 하나로 문도(文韜), 무도(武韜), 용도(龍韜), 호도(虎韜), 견도(犬韜), 표도(豹韜)의 6장으로 되어 있다. 6권 60편.

삼고져 ᄒ거ᄂᆞᆯ, 슈인이 듯지 아니ᄒ고 산셔 북청산 벽슈동의 은거ᄒᆞᆫ 산젹 울목회의
부하의 투신ᄒ니, 울목회 쳐음은 아장(亞將)을 삼앗더니, 그 지죄 만코 무예 가즌 줄
보고, ᄯᅩᄒᆞᆫ 즈식이 업ᄂᆞᆫ 고로 인ᄒᆞ여 슈인을 양ᄌᆞ를 삼아 산쳐(山寨) 듸쇼 군무를 맛
지고 큰 일을 다 졔 결단케 ᄒᆞ엿더니, 오ᄅᆡ지 아냐 울목회 망(亡)ᄒ니, 슈인이 드듸여
큰 ᄯᅳᆺ을 두어 갑ᄉᆞ(甲士)를 쵸모(招募)ᄒᆞ여 병마를 조련ᄒᆞ여 산쳐의 읏듬이 되니, 일
이년 ᄉᆞ이의 군셰듸진(軍勢大振)ᄒ니, 드듸여 참칭 후초왕이라 ᄒ고, 스스로 무예와
지략이 숀오양져(孫吳穰苴)998)【6】의 지날와 ᄒᆞ여셔, 초픿왕(楚覇王)999)의 녁발산긔
긔세(力拔山氣蓋世)1000)ᄒᆞ던 용녁을 겸ᄒᆞ엿ᄂᆞᆫ지라. 니ᄅᆞ틋 일ᄏᆞ라 참칭 후최(後楚)라
ᄒ고 듸갑(帶甲)1001)이 슈십만이오, 밍장(猛將)이 쳔여원이니, 긔긔히 녹님(綠林)1002)
의 취쇼(聚巢)ᄒᆞᄂᆞᆫ 무리오, 호협방낭(豪俠放浪)ᄒᆞᆫ 강포(强暴)의 셰 모다 무리를 일워시
니, ᄯᅩᄒᆞᆫ 호걸(豪傑)과 의협(義俠)의 무리 만터라.

후초왕 황슈인이 스스로 병강마장(兵强馬壯)ᄒᆞᆷᄅᆞᆯ 밋어, 슈년지닉의 크게 강셩ᄒᆞ여
북청산 벽슈동 산쳐를 ᄯᅥ나 산셔 병쥬 듸촌의 영칙(營寨)를 셰우고, 승승장구(乘勝長
驅)ᄒᆞ여 근쳐 군현(郡縣)을 노략ᄒ니, 산셔 졔읍이 능히 당치 못ᄒᆞ여 일젼의 살(殺)ᄒᆞ
며 싱금(生擒)ᄒᆞᆫ 비 되니, 산셔 닌읍(鄰邑)이 듸란ᄒᆞ여【7】후초 병이 니ᄅᆞᄂᆞᆫ 바의
망풍귀항(望風歸降)ᄒ더라.

반년지닉의 산셔 스십팔군을 앗고 황슈인이 스스로 격셔(檄書)를 지어 텬하의 포고
ᄒᆞ여 듸조(大朝) 텬ᄌᆞ의 무덕(無德) 황음(荒淫)ᄒᆞᆷ과 텬쉬(天數) 임의 도라간 곳이 잇다
ᄒᆞ여, 반셔(叛書)를 녈국 졔읍의 아니 보닌 곳이 업ᄉᆞ니, 텬하 졔휘 혹 ᄯᅥ히 머러 듸
국 왕화를 치 아지 못ᄒᆞᄂᆞᆫ 즈는 유유미결(儒儒未決)ᄒᆞ여, 그 종말을 보와 귀슌코져 ᄒᆞ
여 달니 칭탁(稱託)ᄒ고 병을 나오지 아닛ᄂᆞ니도 잇고, 혹 듸조(大朝) 텬ᄌᆞ의 인명(仁
明)ᄒᆞᆷ심과 텬시(天時)를 아는 즈는 황슈인의 블궤반상(不軌叛狀)을 듸로(大怒)ᄒᆞ여 격
문을 믜치고 ᄉᆞᄌᆞ를 박츅(迫逐)ᄒᆞ여 도라보닉니, 슈인이【8】분분듸로(紛紛大怒) 왈,

"닉 반드시 숑뎨(宋帝)를 ᄉᆞᆯ오잡고 텬하를 일광(一匡)ᄒᆞᆫ 후의 이 한 무리 필부젹츄
(匹夫賊酋)를 믓질너 금일 분을 플니라."

<hr/>

998)손오양져(孫吳穰苴) : 중국 춘추 전국 시대의 병법가인 손무(孫武)·오기(吳起)·사마양저(司馬穰苴)를
  아울러 이르는 말.
999)초패왕(楚覇王) : 항적(項籍). 자(字)는 우(羽). 기원전 209년에 군사를 일으켜 진(秦)나라를 쳐서 멸
  한 다음 스스로 서초(西楚)의 패왕(覇王)이라 하였음. 뒤에 유방과 불화하여 해하(垓下)에서 패하여 오
  강(烏江)에서 자결함.
1000)녁발산긔긔세(力拔山氣蓋世) : 힘은 산을 뽑을 만큼 매우 세고 기개는 세상을 덮을 만큼 웅대함을
  이르는 말. ≪사기≫의 <항우본기(項羽本紀)>에 나오는 말로, 항우가 해하(垓下)에서 한(漢)나라 군사
  에게 포위되었을 때 적군들이 사방에서 초나라 노래를 부르는 것을 듣고 읊었다는 시의 한 구절이다.
  늑발산개세
1001)듸갑(帶甲) : 갑옷을 입은 장졸 늑개갑(介甲)
1002)녹님(綠林) : ①푸른 숲. ②」 화적이나 도둑의 소굴을 이르는 말. 중국 후한 말 왕광(王匡), 왕봉(王
  鳳) 등 망명자가 녹림산에 숨어 있다가 도둑이 되었다는 데서 유래한다.

ᄒᆞ더라.

산셔 쥬군(州郡)이 진동ᄒᆞ여 능히 관군으로ᄂᆞ 힘이 브족ᄒᆞ여 슐오잡지 못ᄒᆞᆯ 쥴 알고, 조뎡의 계달(啓達)ᄒᆞ엿더니, 북평후 뎡의쳥이 가연이 산셔도독을 ᄌᆞ원ᄒᆞ여 쳔원딍쟝과 빅만 비호군을 거ᄂᆞ려 산셔디계(山西地界)의셔 젹인(賊人)과 교젼ᄒᆞ민, 황슈인이 처음은 뎡의쳥의 년쇼빅면(年少白面)을 업슈이 너겨 교젼ᄒᆞ엿더니, 뎡의쳥의 신츌귀몰ᄒᆞᄂᆞᆫ 지죄 빅젼빅승ᄒᆞ여 님진딕칙(臨陣對策)의 허다 신긔묘산(神技妙算)이 제갈무후(諸葛武侯)1003)【9】의 뉵츌긔산(六出祁山)1004)의 명박(命薄)ᄒᆞᆯ 우이 너기고, 칠종칠금(七縱七擒)1005)의 등갑군(藤甲軍)1006)을 뭇질너, 살벌(殺伐)이 틱과ᄒᆞ(太過)믈 가연(可憐)ᄒᆞ니, 방불(彷彿)이 의논컨딕 회음후(淮陰侯)1007)의 구리산(九里山)1008) 십면믹복(十面埋伏)1009)의 영웅이 긔셰(蓋世)홈과, 쟝ᄌᆞ방(張子房)1010)의 계명산츄야월(雞鳴山秋夜月)1011)의 옥쇼일곡(玉蕭一曲)1012)으로 강동팔쳔ᄌᆞ뎨(江東八千子弟)1013)를 믈니치고, 쟝즁(帳中)의 잠든 픽왕(覇王)의 ᄭᅮᆷ 가온딕 넉시 다라나게 ᄒᆞ던 신무지략(神武才略)의 방블(彷彿)ᄒᆞ니, 슈삼ᄎᆞ 교젼의 젹슈(賊首)를 버히며 싱금(生擒)ᄒᆞ고, 슈졸(士卒)을 항복바드며 산치(山寨)를 뭇지ᄅᆞ고, 산셔(山西)를 초안(招安)ᄒᆞ던 허다 셜화와 닌읍(隣邑)을 진정ᄒᆞ며 ᄉᆞ민(四民)을 교유(敎諭)ᄒᆞ여 왕화를 베프며 츙효녜의(忠孝禮義)를 권쟝ᄒᆞ민, 블과 일년지니【10】의 교화(敎化) 딕힝(大行)ᄒᆞ고 위덕이 병힝ᄒᆞ며 명만텬하(名滿天下)ᄒᆞ고 위진히닉(威振海內)ᄒᆞ니, 번이(蕃夷) 셔국(西國)의 편힝(遍行)ᄒᆞ여 보ᄂᆞᆫ 지 잔젹지심(殘賊之心)과 독부지힝(毒夫之行)을 픔은 지라도 딕군ᄌᆞ(大

1003) 제갈무후(諸葛武侯) : 제갈량(諸葛亮). 181~234. 중국 삼국 시대 촉한의 정치가. 자(字)는 공명(孔明). 시호는 충무(忠武). 뛰어난 군사 전략가로, 유비를 도와 오(吳)나라와 연합하여 조조(曹操)의 위(魏)나라 군사를 대파하고 파촉(巴蜀)을 얻어 촉한을 세웠다. 유비가 죽은 후에 무향후(武鄕侯)로서 남방의 만족(蠻族)을 정벌하고, 위나라 사마의와 대전 중에 병사하였다

1004) 뉵츌긔산(六出祁山) : 촉한(蜀漢) 때 제갈량(諸葛亮)이 북벌(北伐; 위나라 정벌)을 위해 여섯 번 기산(祁山)으로 출병한 일. *기산(祁山); 중국 섬서성(陝西省) 서부에 있는 산.

1005) 칠종칠금(七縱七擒) : 마음대로 잡았다 놓아주었다 함을 이르는 말. 중국 촉나라의 제갈량이 맹획(孟獲)을 일곱 번이나 사로잡았다가 일곱 번 놓아주었다는 데서 유래한다.

1006) 등갑군(藤甲軍) : 중국 남부지방에서 자라는, 등나무로 만든 갑옷을 입은 군대. 《삼국지연의》에 등장하는 오국국 소속인 가공(架空)의 병사들.

1007) 회음후(淮陰侯) : 중국 한(漢)나라 개국공신 한신(韓信)의 작위(爵位).

1008) 구리산(九里山) : 중국 강소성(江蘇省) 동산현(銅山縣)에 있는 산. 항우(項羽)가 한신(韓信)의 십면매복(十面埋伏)의 포위망에 갇혀 고전(苦戰)했던 산.

1009) 십면믹복(十面埋伏) : 한신(韓信)이 구리산(九里山)에서 항우(項羽)를 10면에서 매복하여 포위하였다는 고사(故事)에서 유래한 말로 '겹겹이 매복하여 포위하다'의 뜻.

1010) 쟝ᄌᆞ방(張子房) : 장량(張良). BC ?-189. 중국 한나라의 정치가, 건국공신. 이름은 량(良). 자는 자방(子房). 유방의 책사로 홍문연(鴻門宴)에서 유방을 구하고 한신을 천거하는 등, 유방이 한나라를 세우고 천하를 통일할 수 있도록 도왔다. 소하·한신과 함께 한나라 건국 3걸로 불린다.

1011) 계명산츄야월(雞鳴山秋夜月) : 계명산(雞鳴山)의 달 밝은 가을밤.

1012) 옥쇼일곡(玉蕭一曲) : 장량이 항우의 군사들의 마음을 흔들어 놓기 위해 자국 병사들로 하여금 초나라 노래를 부르게 하고 스스로 불었다는 구슬픈 옥통소소리.

1013) 강동팔쳔ᄌᆞ뎨(江東八千子弟) : 항우가 강동(江東)에서 기병할 때 따랐던 강동 땅의 군사 8천명.

君子)의 인화지덕(人和之德)을 습복치경(慴伏致敬)치 아니리 업스니, 도적이 화ᄒ여 냥민이 되고 죄지(罪者) ᄌ칙ᄌ과(自責自過)ᄒ여 부월(斧鉞)의 복법(伏法)ᄒᄆ를 ᄉ양치 아니ᄒ고, 악뉴(惡類) ᄌ복(自服)ᄒᄆᆡ 되어, 슈악(首惡)을 스스로 미여 장젼(帳前)의 납공(納供)ᄒ니, 황슈인을 버혀 여당(與黨)을 항복 밧던 ᄉ어(辭語) 갓초 긔이ᄒᄆᆡ 만흐나, 젼이 너모 지리ᄒᄆ를 ᄭᅥ리고 보ᄂᆞᆫ 번잡히 너길가 ᄒ여 듕긔만 초략(抄略)ᄒ고 긔이ᄒ 셜화ᄂᆞᆫ 다 ᄲᅢᄒᄆᆡ 되니 가탄(可嘆)이러라. 【11】

어ᄉ의 ᄒᆡ동ᄃᆡ도독(海東大都督) 하문계 쳔병만마(千兵萬馬)를 거ᄂᆞ려 일노(一路)의 무ᄉᆞ히 ᄒᆡᆼᄒ여 ᄒᆡ동 졀ᄒᆡ셤 듕의 니ᄅᆞ니, 지나ᄂᆞᆫ 바의 계견(鷄犬)이 부동(不動)ᄒ고 츄호(秋毫)를 블법(不法)ᄒ니, 각읍이 망풍귀슌(望風歸順)ᄒ고 향민부뢰(鄕民父老) 단ᄉ호장(簞食壺漿)1014)으로 마ᄌ 인ᄌ(仁慈)의 군이라 ᄒ더라.

ᄎ셜 ᄒᆡ동 졀ᄒᆡ셤 듕의 칭(稱) 동진왕 ᄌ(者)ᄂᆞᆫ 본ᄃᆡ ᄒᆡ동 슈적(水賊)의 무리니, 셩명은 비관쳘이라. ᄃᆡᄃᆡ로 이 ᄯᅡ희 웅거ᄒ여 여러 ᄃᆡ 슈적이 되니, 쟝슈와 군시와 홍건홍의(紅巾紅衣)로 홍긔(紅旗)를 가졋고, 슈하(手下)의 십만즁(十萬衆)을 거ᄂᆞ려, 녯날은 홍범쟝군(紅帆將軍)이라. 미양 닌현(隣縣)과 부가(富家)를 노략ᄒ여 지물을 아ᄉ가니, 사름이 별명ᄒ 【12】여 홍범적(紅帆賊)이라 ᄒ더라. 니러틋 여러 ᄃᆡ의 니러러 ᄌ손이 ᄃᆡ를 니어 강호의 유탕(游蕩)ᄒ여 셤 듕의 ᄃᆡ적(大賊)이 되니, ᄒᆡᆼ인이 능히 졀ᄒᆡ셤을 지나리 업ᄂᆞᆫ지라. ᄒᆡᆼ인 듕의 지믈이 만흔 즉 반ᄃᆞ시 질너 믈의 드리치고 아ᄉ며, 혹 녀력(膂力)이 잇셔 셤1015) 즉흔 ᄌᄂᆞᆫ 항복 바다 적졸(賊卒)을 삼으니, 그 ᄒᆡ를 밧ᄂᆞ니 하나 둘이 아니라.

니러틋 셔로 젼ᄒᄆᆡ 도로 긱인(客人)이 ᄭᅳᆺ쳐지고 아조 폐읍(弊邑)이 되엿ᄂᆞᆫ지라. 본 쥬 틱슈와 디현방빅(知縣方伯)이 근심ᄒ여 관군을 여러 번 발ᄒ나 죵시 잡지 못ᄒ고, 도로혀 관군만 ᄒᆡ를 닙으니 훌 일 업셔 바려두미 되엿고, 졔읍이 셔로 의논ᄒ여 【13】셩곽을 놉히고 ᄒᆡᄌ(垓字)를 깁게 ᄒ여 직희기만 공부ᄒ더니, 홍범적의 칠ᄃᆡ손의 니러러 비관쳘이 나니, 얼골이 흉악ᄒ여 낫빗치 먹쟝지른 듯ᄒ고, 코굼기 셰히오, 엄니 브ᄅᆞᆺ돗고, 나롯시 창ᄃᆡ 갓흐며, 신쟝이 십쳑이 지나고 몸픠 셰 아름이나 ᄒ고, 일 빅근 둔쟝편(鈍長鞭)을 쓰니 녀력(膂力)이 과인(過人)ᄒ여 만부부당지용(萬夫不當之勇)이 잇더라.

스스로 참칭(僭稱) 동진왕이로라 ᄒ고, 일명 왈 흑살텬ᄃᆡ왕(黑煞天大王)이라 ᄒ더라. 슈하의 삼쟝(三將)이 이시니, 갈온 노각·딩찬·비후쳘이니, 비후쳘은 비관쳘의 아이라. 얼골이 웅쟝ᄒ고 쇼릭 우뢰 갓흐며, 큰칼 쓰기를 잘ᄒ여 만군즁(萬軍中)이라도 【14】쟝슈 머리 버히기를 플버히 듯ᄒ며, 은신법(隱身法)으로 츌입거ᄅᆡ(出入去來)의 사름이 아지 못ᄒ게 ᄒᄂᆞᆫ 지쥐 잇고, 노각은 용뫼 흉흔ᄒ며 두귀의 ᄲᅮᆯ이 도다시니, 니

1014)단ᄉ호장(簞食壺漿) : ①대나무로 만든 밥그릇에 담은 밥과 병에 넣은 마실 것이라는 뜻으로, 넉넉하지 못한 사람의 거친 음식을 이르는 말. ②백성이 군대를 환영하기 위하여 갖춘 음식.
1015)ᄲᅧ다 ; 쓰다.

른 바 노각(鹿角)1016)이오, 킈 젹어 삼쳑(三尺)이 ᄎ지 못ᄒ며, 팔 힘이 강장(强壯)ᄒ여 빅근 철퇴를 능히 쓰며, 밍찬은 진법이 정슉(整肅)ᄒ며 구궁팔괘(九宮八卦)와 팔문오힝(八門五行)이며 진퇴교젼(進退交戰)의 빅젼빅승ᄒ니, 능히 뒤젹홀 지 업더라.

각셜 히동뒤도독 하몽셩이 웅장ᄉ졸(雄將士卒)을 거ᄂ려 호호탕탕(浩浩蕩蕩)이 힝ᄒ미, ᄂ읍이 위덕(威德)을 츄앙ᄒ여 블감앙시(不敢仰視)러라. 본쥬ᄌ ᄉ 곽흡이 하도독의 ᄌ원ᄒ여 이의 니ᄅ【15】믈 듯고, 먼니 나가 마ᄌ 젹진 근본과 형셰를 고ᄒ고, 뒤영(大營)을 졀히셩 남녁히 뒤강(大江)을 ᄉ이 두어 영치를 셰우니, 이 강 일홈은 히동녕심강이니, 쥬회(周回)ᄉ만여 리오, 동히 뒤강을 년(連)ᄒ 바 큰 믈이라. 슈셰 늠늠ᄒ여 깁희를 알기 어렵고 근원이 심슈(深邃)ᄒ니 비록 엄동이라도 어지 아니 ᄒ더라.

졀히셤이 녕심강 히즁의 잇셔 셩곽을 놉히고 각식(各色) 슈목(樹木)을 가득이 심거시니, 원ᄂ 셤이 히즁의 이시나 쥬회 가장 널너 팔빅여리러라. 네 븟터 슈젹이 히즁 너른 거슬 인ᄒ여 셩곽을 놉히고 목각을 셰워 산치를 일우니, 【16】궁궐이 장녀(壯麗)ᄒ여 치식단쳥(彩色丹靑)과 화동조란(畵棟雕欄)1017)이며 굴곡(屈曲)ᄒ 난간(欄干)이 의연이 왕ᄌ의 도읍으로 다ᄅ지 아니ᄒ고, 빅만가호(百萬家戶)를 일워 오륙십만인이 용납(容納)ᄒ더라.

비관쳘이 스스로 닐오ᄃ,

"진시황(秦始皇)의 만니장셩(萬里長城)을 일우ᄂ 인녁(人力)이라도 져희 셤 즁 산치만 못ᄒ리라."

ᄒ더라.

ᄎ시 정히 ᄂ읍을 노략ᄒ며 날을 혜여 장ᄎ 황셩을 범코져 ᄒ더니, 믄득 쳬탐(採探)이 보ᄒᄃ 황셩의셔 지용냥ᄉ(智勇良士)를 보ᄂ여 히동을 탕멸ᄒ려 ᄒ니, 읏듬 뒤장의 셩명이 하몽셩이라 ᄒᄃ, 비관쳘이 듯고 닝쇼 왈,

"송황뎨의 무도(無道)ᄒ미 가히 니러ᄒ냐? 망녕되이 시무(時務)를 아지 못ᄒ고 엇【17】던 무명 쇼ᄌ를 보ᄂ여 감히 닉 칼날을 더러이려 ᄒᄂ뇨. 명일 당당이 님진(臨陣)ᄒ리라."

ᄒ더라.

하도독이 뒤녕(大營)을 믈가의 셰우고, 젼션(戰船) 빅여 쳑을 준비ᄒ여 장ᄎ 뒤강 즁의 즁뉴(中流)ᄒ여 젹으로 교젼ᄒ려 홀ᄉ, 근쳐 초인(楚人)이 모다 닐오ᄃ,

"이 강이 본뒤 직흰 농신(龍神)이 가장 ᄉ오나와 근간은 힝인이 슈젹(水賊)의 난을 두려 긋쳣거니와, 사름이 힝션(行船)홀 젹은 반ᄃ시 우양(牛羊)과 쥬효(酒肴)를 갓초와 농신의게 셜졔(設祭)ᄒ 후야 힝션ᄒ고, 홍범젹이 츌입홀 젹은 반ᄃ시 만흔 슐과 사름의 머리로써 슈신의게 졔ᄒ 후 힝션ᄒᄂ니, 노애 ᄯ 션쳑(船隻)을 슈습ᄒ여 히젹(海

1016)노각(鹿角) ; 사슴의 뿔.
1017)화동조란(畵棟雕欄) : 채색한 마룻대와 조각해 세운 난간.

賊)과 승【18】부를 닷호려 ㅎ시니, 이는 텬ㅎ듸싀(天下大事)라, 더옥 쇼루(疏漏)히 못
ㅎ시리이다."

도독이 쳥파(聽罷)의 블열(不悅) 왈,

"하늘이 사름을 가장 귀히 너기시거늘, 역텬무지(逆天無知)흔 홍범젹이 망녕되이 텬
시를 아지 못ㅎ고 니러틋 ㅎ나, 이는 도로혀 사름을 희ㅎ여 하늘을 무함(誣陷)ㅎ미라.
반젹(叛賊)이 가지록 무상(無狀)ㅎ미 여츳(如此)ㅎ니, 엇지 텬염지로(天厭地怒)1018)치
아니리리오. 니 엇지 쏘 반역(叛逆)을 닙닉니여 하늘을 희ㅎ리오."

ㅎ고, 이의 삼군의 젼녕(傳令)ㅎ여 양쥬(羊酒)를 갓초고 한상졔갈(漢相諸葛)1019)의
츄야(秋夜) 노슈(瀘水)1020)의셔 셜졔(設祭)ㅎ던 일을 닙닉니여, 양육(羊肉)과 우육(牛
肉)을 갓초와 작탕(作湯)ㅎ여 인두(人頭) 슈십기【19】를 민드라 젼션(戰船) 우희 졔
젼(祭奠)과 한듸 버리고, 친히 졔문 지어 슈신(水神)의게 졔ㅎ니, 등광(燈光)이 휘황
(輝煌)흔듸 야식(夜色)이 혼흑(昏黑)ㅎ고, 음풍(陰風)이 쇼쇼(蕭蕭)ㅎ여 은은이 흠향ㅎ
는 듯ㅎ더라.

졔(祭)를 파ㅎ미, 도독이 군스를 명ㅎ여 허다 졔젼(祭奠)을 다 강즁의 드리치고 션
즁(船中)의 도라와 쉬더니, 츠야의 도독이 믄득 일몽을 어드니, 젹갑젹의(赤甲赤衣) 신
인(神人)이 드러와 부복 왈,

"쇼룡(小龍)은 강희의 조고만 신녕(神靈)이라. 셩군(星君)은 텬상의 셩신(星辰)이오,
디상의 영웅인걸이라. 놉흔 덕이 하늘 우희 낫하고, 놉흔 일홈이 텬하의 진동ㅎ시
니, 산금야슈(山禽野獸)의 니르히 셩【20】덕을 목욕감지 아니리 업거늘, 이졔 귀흔
힝치 츠디(此地)의 니르시니, 빅만스졸이 힘을 다ㅎ여 돕습거늘, 지어슈즁쇼츅(至於水
中小畜)이 엇지 감히 놉흔 위엄을 범할 거시라, 외람이 졔젼(祭奠)으로써 쥬시니, 젹
은 신녕이 감당치 못ㅎ리로소이다. 듸쇼슈족(大小水族)이 다 셩덕을 감격ㅎ여, 반드시
보조(保調)ㅎ믈 싱각ㅎ옵느니, 듸쇼교젼(大小交戰)의 님시응변(臨時應變)ㅎ여 뇽궁슈족
(龍宮水族)이 힘을 한 가지로 ㅎ여 돕는 쥴을 아르쇼셔."

셜파의 고두스례(叩頭謝禮)ㅎ고 믈너가더라.

도독이 끼다라 크게 신긔히 너겨 이의 즁장(衆將)을 모화 몽스를 니르니, 모든 장졸
이 쏘흔【21】긔특이 너겨 반드시 승젼홀 쥴 알고 셔로 치하ㅎ믈 마지 아니터라.

츠일(此日) 조조(早朝)의 삼군을 빅블니 먹이고 십여쳑 듸션을 닉여 쓰홈을 도돌싀,
삼츠 방포(放砲)의 진문을 크게 열고, 격셔(檄書)를 살의 미여 젹진 젹션(敵船)의 쏘아

1018)텬염지로(天厭地怒) : 하늘이 싫어하고 땅이 성을 냄.
1019)한상졔갈(漢相諸葛) ; 촉한(蜀漢)의 재상 제갈량(諸葛亮). 181~234. 중국 삼국 시대 촉한의 정치가.
  자(字)는 공명(孔明). 시호는 충무(忠武). 뛰어난 군사 전략가로, 유비를 도와 오(吳)나라와 연합하여 조
  조(曹操)의 위(魏)나라 군사를 대파하고 파촉(巴蜀)을 얻어 촉한을 세웠다.
1020)노슈(瀘水) : 오늘날 베트남 북부에 있는 강으로, 삼국지(三國志)에 제갈량(諸葛亮)이 남만(南蠻)을
  정벌하고 돌아오는 길에 이 강에서 홍수(洪水)를 만나, 밀가루 반죽에 소・양 등의 고기를 다져넣어
  사람의 머리 모양을 만들어 이 강의 신령에게 제사한 후, 강을 무사히 건너는 이야기가 나온다.

보니니, 홍범젹의 말졸이 어더 비관철의게 드리니, 젹이 바다 보미 ᄒᆞ여시ᄃᆡ,

"셩텬지 관인후덕ᄒᆞ샤 우로지퇵(雨露之澤)이 초목곤츙(草木昆蟲)이 빗기 더으시ᄂᆞᆫ 고로, 너희 무리 젼의 산슈간의 둔취(屯聚)ᄒᆞ여 닌읍(隣邑)을 침폐(沈廢)ᄒᆞᄃᆡ, 이 블과 산님의 취쇼(聚巢)ᄒᆞᄂᆞᆫ 여당(餘黨)이라 ᄒᆞ샤, 만일 조뎡의 히롤 짓지 아닌즉 죄【22】롤 뭇지 아니려 ᄒᆞ시거늘, 산간 무지흔 도젹이 감히 텬시롤 아지 못ᄒᆞ고, 셩텬ᄌᆞ의 일월혜퇵을 져바려 망녕되이 즁원을 엿보고져 ᄒᆞ니, 이ᄂᆞᆫ 쳔살무셕지죄(千殺無惜之罪)라. 텬위(天威) 진쳡(震疊)ᄒᆞ샤 특별이 날노ᄡᅥ 인병솔군(引兵率軍)ᄒᆞ여 무지흔 쇼젹(小賊)을 문죄(問罪)ᄒᆞ라 ᄒᆞ시민, 몬져 격셔룰 보니ᄂᆞ니, 완젹(頑賊)이 오히려 죄롤 ᄭᆡ닷고 허믈을 뉘웃쳐 항복흔즉, 니 ᄯᅩ 일분 관젼을 드리워 셩명(性命)을 용셔ᄒᆞ고, 텬ᄌᆞ긔 알외여 각별 션쳐ᄒᆞ려니와, 죵시 텬위롤 항거흔즉 텬병이 님ᄂᆞᆫ 곳의 창승지두(蒼蠅之頭)롤 용납지 아니리라. 텬죠 【23】상장군 ᄃᆡᄉᆞ마 ᄃᆡ도록 하모ᄂᆞᆫ 산왕(山王) 비관철의게 보니노라."

ᄒᆞ엿더라.

관철이 견필의 ᄃᆡ로ᄒᆞ여 젼셔(戰書)롤 믜쳐 바리고 크게 ᄭᅮ지ᄌᆞ며, 큰 비롤 지쵹ᄒᆞ여 비후쳘·노각·밍찬으로 더부러 나아가 교젼홀ᄉᆡ, 냥진 고각(鼓角)은 산이 문허지고 바다히 뒤치ᄂᆞᆫ 듯ᄒᆞ더라.

숑진(宋陳) 젼션(戰船) 문긔(門旗) 아ᄅᆡ 일원 쇼년ᄃᆡ장이 두삽ᄌᆞ금봉시(頭揷紫金鳳翅)투고1021)ᄒᆞ고, 신착황금쇄ᄌᆞ갑(身着黃金鑠子甲)1022)의 슈은젼포(繡銀戰袍)1023)롤 ᄡᅥ닙고, 일요(逸腰)의 통쳔셔ᄯᅴ(通天犀帶)1024)롤 두로고, 요하(腰下)의 《난궁∥단궁(檀弓)》 비금젼(飛禽箭)을 갓초고, 발의 몽두무우훼(蒙頭無憂靴)1025)롤 신고, 좌슈(左手)의 죽쳘산호편(竹節珊瑚鞭)1026)을 들고 우슈(右手)의 ᄃᆡ도(大刀)롤 빗겨【24】시며, 쳔니ᄃᆡ완마(千里大宛馬)1027)롤 타시니, 보건ᄃᆡ 잠미봉안(蠶眉鳳眼)이며 월익단슌

1021) 두삽ᄌᆞ금봉시(頭揷紫金鳳翅)투고 : 머리에 봉황의 깃으로 꾸민 자금(紫金)투구를 씀. *투구; 예전에, 군인이 전투할 때에 적의 화살이나 칼날로부터 머리를 보호하기 위하여 쓰던 쇠로 만든 모자.

1022) 신착황금쇄ᄌᆞ갑(身着黃金鑠子甲) : 몸에 황색 명주옷에 사방 두 치 정도 되는 돼지가죽으로 된 미늘을 작은 고리로 꿰어 붙여서 만든 갑옷을 입음.

1023) 슈은젼포(繡銀戰袍) : 은색 비단에 화려하게 수를 놓아 지은 전포(戰袍). *전포(戰袍); 장수가 입던 긴 웃옷.

1024) 통텬셔ᄃᆡ(通天犀帶) : 무소의 뿔로 장식한 허리띠. *통천서(通天犀); =무소. =코뿔소. 무소의 뿔의 길이는 24cm가 넘고 물이 잘 묻지 않으며 단도의 손잡이나 약제로 쓰인다. 코 위에 뿔이 있는데 인도에서 사는 것은 하나, 아프리카에 사는 것은 두 개가 있다. 초식성으로 무리를 지어 강이나 연못가의 숲 속에 산다.

1025) 몽두무우훼(蒙頭無憂靴) : 목이긴 가죽장화. *몽두(蒙頭) : 조선 시대에, 죄인을 잡아 올 때 죄인의 얼굴을 싸서 가리던 물건으로, 도포 소매자락을 잘라서 머리에서 목까지 내리 씌웠다. *무우화(無憂靴) : 목이 길게 올라오는 가죽장화로. 가죽으로 만들어 비가 올 때나 말을 탈 때에 신는다.

1026) 죽쳘산호편(竹節珊瑚鞭) : 손잡이 부분을 산호로 꾸민, 대나무 뿌리로 만든 채찍.

1027) 쳔니대완마(千里大宛馬) : 하루에 천리를 간다고 하는 명마. *대완마(大宛馬) : 일명 한혈마(汗血馬). 피땀을 흘릴 정도로 매우 빨리 달리는 말이라는 뜻으로, 한혈마(汗血馬)라 불리기도 하며, 아라비아 대

(月額丹脣)이니, 영풍옥골(英風玉骨)이 즁즁(衆中)의 초츌(超出)ᄒᆞ여 쟉즁지디붕(雀中之大鵬)[1028]이오, 어즁지교룡(魚中之蛟龍)이라. 쏘진법(陣法)이 졍졔(整齊)ᄒᆞ고 긔치검극(旗幟劍戟)이 삼나(森羅)ᄒᆞ며 일싁의 바이러라.

적군 샹히 바라보고 블승칭찬(不勝稱讚)ᄒᆞ더라. 적진 문긔하(門旗下)의 홍긔(紅旗) 붓치이고 홍나산(紅羅傘)이 표동(飄動)ᄒᆞᄂᆞᆫ 가온ᄃᆡ, 위슈디쟝(位首大將) 동진왕 비관철이 적금(赤金)투고의 홍금갑(紅金甲)을 닙고, 냥슈(兩手)의 쟝창디도(長槍大刀)ᄅᆞᆯ 빗기고, 블빗 갓흔 적토마(赤兎馬)[1029]ᄅᆞᆯ 타고 나아오니, 샹뫼(相貌) 흉쟝ᄒᆞ여 낫촌 먹빗 갓고, 냥안은 홰블 갓ᄒᆞ며, 쥰국(準局)[1030]코굼기라 이 셰 굼기오, 엄니 브ᄅᆞ【25】돗고, 나룻시 창디 갓고, 신쟝이 십쳑이 넘고, 몸픠 셔너 아름이나 되고, 좌우의 삼쟝(三將)이 쏘흔 적금(赤金)투고의 홍갑(紅甲)을 닙고, 궁시(弓矢)ᄅᆞᆯ 갓초고 디도(大刀)ᄅᆞᆯ 드러시니, 풍용(風容)이 다 녕한(獰悍)ᄒᆞ며 인믈이 괴이ᄒᆞ더라.

디외(隊伍) 착난(錯亂)치 아니ᄒᆞ고 긔치(旗幟) 졍졔(整齊)ᄒᆞ니 텬병 샹히 바라보고 가만이 칭찬ᄒᆞ더라. 비관철이 텬병을 바라보고 진법위의(陣法威儀)ᄅᆞᆯ 칭찬ᄒᆞ나 도독의 빅면셔싱(白面書生)인 쥴 업슈이 너겨, 이의 치ᄅᆞᆯ 드러 가ᄅᆞ쳐 왈,

"갑쥐지신(甲冑在身)ᄒᆞ매 녜ᄅᆞᆯ 폐ᄒᆞᄂᆞ니 현쟝(賢將)은 힝혀 허믈치 말나. 슈연(雖然)이나 그ᄃᆡᄅᆞᆯ 보건ᄃᆡ 블과 빅면셔싱【26】이라. 옥슈(玉手)의 치필(彩筆)을 드러 경악(經幄)의 근시(近侍)ᄒᆞ여 ᄉᆞ관(史官)의 붓 두로기나 쇼임홀 ᄯᆞ름이지, 엇지 만니 젼진의 창디ᄅᆞᆯ 쓰을고 말을 달녀 님진디적(臨陣對敵)ᄒᆞᄂᆞᆫ 지용(智勇)이 잇ᄉᆞ리오. 숑뎨(宋帝) 가히 무식블통(無識不通)ᄒᆞ도다. 과인이 그ᄃᆡ 청춘약년(靑春弱年)을 앗기ᄂᆞ니, 셸니 도라가 숑뎨 다려 니ᄅᆞ고, 각별 지모용쟝(智謀勇將)을 틱ᄒᆞ여 다시 보ᄂᆡ여 우리 영웅을 디적게 ᄒᆞ라."

언파의 쳘편을 두로며 요무양위(耀武揚威)[1031]ᄒᆞ여 텬병(天兵)을 업슈이 너기ᄂᆞᆫ 거동이라, 텬조 쟝졸이 디로ᄒᆞ여 져마다 분긔ᄅᆞᆯ 니긔지 못ᄒᆞ나, 하도독은 디쇼ᄒᆞ고 치ᄅᆞᆯ 드러 왈,

"완적지언(頑賊之言)도 션애(善也)라 ᄒᆞ려【27】니와, 네 쏘 옛글을 보지 아냣ᄂᆞᆫ다? 뉵빅언(陸伯言)[1032]이 빅면셔싱이로ᄃᆡ 무안왕(武安王)[1033]을 믹셩(麥城)의 가도고 형

완국(大宛國)에서 나는 말이라 하여 대완마(大宛馬)라 불리기도 한다.

1028) 쟉즁지디붕(雀中之大鵬) : 참새 무리 가운데 큰 붕새라는 말로, 무리 가운데서 특히 뛰어난 것을 이르는 말. *대붕(大鵬): 하루에 구만 리(里)를 날아간다는, 매우 큰 상상(想像)의 새. 북해(北海)에 살던 곤(鯤)이라는 물고기가 변해서 되었다고 한다. 늑붕새

1029) 적토마(赤兎馬) : 중국 삼국 시대에 관우가 탔다는 준마의 이름. 늑적토(赤兎).

1030) 쥰국(準局) : 콧구멍.

1031) 요무양위(耀武揚威) : 무예를 빛내며 위엄을 드날림.

1032) 뉵빅언(陸伯言) : 중국 삼국시대 오(吳)나라 장수 육손(陸遜). 183 ~ 245. 본명은 육의(陸議). 자는 백언(伯言). 양주(揚州) 오군(吳郡) 오현(吳縣) 사람이다. 촉한(蜀漢)과 위(魏)나라의 침공을 여러 차례 격퇴하여 오나라를 지켜냈으며, 여몽을 도와 관우(關羽)를 사로잡는데 공을 세웠고, 이후 원한을 갚고자 침공한 유비(劉備)의 군을 물리치는데 큰 역할을 하였다.

양구군(荊襄九郡)1034)을 탈취ᄒ고, 무후(武侯)1035)의 약골(弱骨)노도 조아만(曹阿滿)1036)의 빅만웅병(百萬雄兵)을 적벽일젼(赤壁一戰)의 만군(萬軍)의 놀난 넉시 강어(江魚)의 복즁(腹中)을 치와시니, 네 나의 빅면(白面)을 업슈이 너기거니와, 너 갓흔 영웅의 머리 졍히 호흡지간(呼吸之間)의 이실가 두리노라. ᄌ고로 슌텬ᄌ(順天者)ᄂ 창(昌)ᄒ고 역텬ᄌ(逆天者)ᄂ 망(亡)이라. 닉 임의 황명을 밧ᄌ와 녹님산적(綠林山賊)○[을] 《탄멸∥탕멸(蕩滅)》코져 ᄒᄆ, 니른 바 응텬슌인(應天順人)1037)ᄒᄆ라. 너희 비록 용밍이 긔특ᄒ고 병강마장(兵强馬壯)ᄒ와 ᄌ랑ᄒ나, 시무(時務)를 아지 못ᄒᄂ 역텬(逆天)ᄒᄂ 무리라. 엇지 【28】 능히 픠망치 아니리오."

홍범적이 듸로 왈,

"과인이 진실노 하몽셩의 졈은 나흘 어엿비 너겨 의리로 기유ᄒ여 도라가라 ᄒ엿거늘, 필뷔 무상ᄒ여 도로혀 날을 욕ᄒᄂ냐? 가히 요딕(饒貸)치 못ᄒ리니, 제장 즁의 뉘 가히 져 쇼젹을 잡아 머리를 버혀 욕을 씨슬고?"

블언종시(不言終時)의 션봉 비후철이 장창을 두로며 쇼리를 크게 지ᄅ고 젼션(戰船)을 쎨니져어 나아드니, 노각·밍찬이 일시의 분용ᄒ여 ᄯ라 숑진 딕치(大寨)의 밋츠니, 숑진상의셔 좌익장 공손회와 우익장 홍긔텬과 호위장군 위길이 창을 두로고 일시의 닉다라 교봉(交鋒)ᄒ니, 냥진 즁의셔 크게 【29】 명나뇌고(鳴螺擂鼓)1038)ᄒ여 위엄(威嚴)을 도으니, 포셩이 진디(震地)ᄒ고 졍북이 훤텬(喧天)ᄒ여, 금산(錦山)이 문허지고 옥기동이 썻거지ᄂ 듯ᄒ며, 창히(蒼海) 뒤눕고 교룡이 벽파(碧波)를 희롱ᄒᄂ듯 ᄒ더라.

젼블ᄉ오합(戰不四五合)의 숑진 삼장이 능히 적장을 당치 못ᄒ여, 창법이 졈졈 어ᄌ

1033)무안왕(武安王) : 무안(武安)은 관우(關羽)의 시호(諡號). 관우는 중국의 역대 황제에게 충의의 본보기였기 때문에 송·원·명·청에이르도록 여러 황제들에 의해 15차례나 시호가 봉해졌는데, 그 중 하나가 송(宋) 휘종(徽宗)이 1107년에 봉한 '무안왕(武安王)'이다. 또 도교에서는 관우를 신격화하여 관성제군(關聖帝君)이라 하여 무묘(武廟) 또는 관왕묘(關王廟)를 세워 제사를 받들고 있다. *관우(關羽); 중국 삼국 시대 촉한의 무장(?~219). 자는 운장(雲長). 장비·유비와 의형제를 맺고 적벽전에서 조조의 군대를 격파하는 등 많은 공을 세웠다. 뒤에 형주 맥성(麥城)에서 위나라와 오나라의 동맹군에게 패한 뒤 살해되었다.
1034)형양구군(荊襄九郡) : 중국 동한(東漢) 말 – 삼국시대 때의 형주(荊州)의 행정구역. 되어있었는데, 동한 때 형주는 남양군(南陽郡), 남군(南郡), 강하군(江夏郡), 영릉군(零陵郡), 계양군(桂陽君), 무릉군(武陵郡), 장사군(長沙郡) 등 일곱 개의 군으로 되어 있었는데, 동한 말엽에 남양군과 남군을 나누어 양양군(襄陽郡)과 장릉군(章陵郡) 두 곳을 늘림으로써, 구군(九郡)이 되었는데, 이를 형양구군(荊襄九郡)이라 부른다.
1035)무후(武侯) : 제갈량(諸葛亮).
1036)조아만(曹阿瞞) : 조조(曹操). 삼국 시대 위나라의 시조(始祖)(155~220). 자는 맹덕(孟德). 아만(阿瞞)은 아이 때의 이름. 황건의 난을 평정하여 공을 세우고 동탁(董卓)을 벤 후 실권을 장악하였다. 208년에 적벽(赤壁) 대전에서 유비와 손권의 연합군에게 크게 패하여 중국이 삼분된 후 216년에 위왕(魏王)이 되었다. 권모에 능하고 시문을 잘하였다.
1037)응텬슌인(應天順人) : 하늘의 뜻에 순응하고 백성의 뜻을 따름.
1038)명나뇌고(鳴喇擂鼓) : 나팔을 불고 북을 두드리는 소리가 요란함.

럽고 정신이 산난ᄒᆞ여 각각 다라나고져 ᄒᆞ거ᄂᆞᆯ, 도독이 진상의셔 보다가 삼장의 픽쥬ᄒᆞ려 ᄒᆞ믈 보고, 급히 쳘편을 두로며 말을 쒸여 삼장을 돕고져 ᄒᆞ더니, 믄득 음운이 ᄉᆞ긔(四起)ᄒᆞ며 광풍이 ᄃᆡ작ᄒᆞ여 송진상의 ᄶᅵ치니, 장졸이 능히 슈미(首尾)를 도라보지 못ᄒᆞ고 눈을 �지 못ᄒᆞ여, 각각 머리를 싸고 ᄉᆞ산분【30】궤(四散粉潰)ᄒᆞ니, 도독이 무망(無妄)의 이변을 만나ᄆᆡ 밋쳐 방비치 못ᄒᆞ고 ᄃᆡ경실ᄉᆡᆨᄒᆞ더니, 또 흑무광풍(黑霧狂風) ᄉᆞ이로 조ᄎᆞ 큰 칼이 나려와 ᄌᆞ긔를 범코져 ᄒᆞ더니, 홀연 반공운무(半空雲霧) ᄉᆞ이로셔 블빗 갓흔 젹뇽(赤龍)이 닌갑(鱗甲)을 거ᄉᆞ리고 쥬홍 갓흔 닙을 버리고, 갈기를 ᄯᅥᆯ쳐 칼흘 쳐 믈니치니, 칼이 믄득 비다라[1039], 젹진 삼장의 머리를 넌ᄒᆞ여 버혀 시체를 강두(江頭)의 나리치니, 그런 음운과 광풍이 ᄉᆞ면으로 흣터지고, 젹군이 ᄃᆡ란ᄒᆞ여 젼션(戰船)이 무ᄅᆞ다ᄅᆞ며[1040] 스ᄉᆞ로 즛바ᄅᆞ며[1041] 믈의 ᄡᅥ러지니 부지기쉬라. 이 칼은 비관쳘의[이] 몸을 감초와 칼흘 날녀 텬장(天將) 삼ᄉᆞ인의 셩명을 【31】앗고져 ᄒᆞ더니, 뇽신(龍神)이 보응(報應)ᄒᆞ미 명명ᄒᆞ여 그 칼을 아ᄉᆞ 도로 젹진의 더져, 젹장 삼인을 일시의 버히미 되엿더라.

관쳘이 평ᄉᆡᆼ 미든 바 ᄌᆡ죄 칼날니미 쇼장(所長)이라. 젼후 닌읍 쥬군의 작난홀 젹마다 이 칼흘 날녀 이쳐로 시험ᄒᆞᄆᆡ ᄇᆡᆨ젼ᄇᆡᆨ승(百戰百勝)ᄒᆞ여 사ᄅᆞᆷ의 머리 버히믈 낭즁취믈(囊中取物)갓치 ᄒᆞ엿거ᄂᆞᆯ, 오ᄂᆞᆯ날 ᄃᆡ픽ᄒᆞ여 슈족갓치 밋엇던 삼장을 일시의 죽이고, 장졸이 만히 상ᄒᆞ니 ᄃᆡ경실ᄉᆡᆨᄒᆞ고, 스ᄉᆞ로 정신이 산난(散亂)ᄒᆞ여 감히 졉젼치 못ᄒᆞ고, 무류히 징(錚)쳐 군을 거두니 송진이 ᄯᅩᄒᆞᆫ ᄯᆞ로지 아니코 군을 거두니라.

관쳘이 군을 거두어 졈고ᄒᆞ니 【32】ᄉᆞ쟈 칠쳔여명이오 상ᄒᆞᆫ쟈 슈쳔여인이니, 앙텬(仰天) 탄왈(嘆曰),

"ᄂᆡ 일즉 군을 ᄂᆡ므로븟터 금일갓치 픽ᄒᆞᆫ 날이 업ᄉᆞ니, 나의 평ᄉᆡᆼ ᄇᆡ혼 바 ᄌᆡ죄 엇지 무명 쇼장을 만나 이갓치 픽홀 쥴 알니오."

ᄒᆞ더라.

하도독이 쳣ᄊᆞ홈의 크게 니긔고 본진의 도라와, 양쥬(羊酒)를 갓초와 삼군을 호궤(犒饋)ᄒᆞ고 크게 잔치ᄒᆞ여 즐기더라.

익일의 관쳘이 다시 군을 정히ᄒᆞ여 진밧긔 와 ᄊᆞ홈을 쳥ᄒᆞ거ᄂᆞᆯ, 도독이 일계(一計)를 ᄉᆡᆼ각고 병을 ᄂᆡ지 아냐 ᄉᆞ졸노 ᄒᆞ여금 다만 군즁의셔 크게 웨ᄃᆡ,

"우리 슈고로이 ᄊᆞ호지 아니ᄒᆞ나 텬병(天兵)은 본ᄃᆡ ᄇᆡᆨ신(百神)이 돕ᄂᆞ니, 너희 반젹을 엇지 ᄃᆡ젹지 못ᄒᆞ리오. 【33】가만ᄒᆞᆫ 가온ᄃᆡ 텬신이 각별 보조ᄒᆞ미 이시리니 엇지 굿ᄒᆞ여 슈고로이 너와 ᄊᆞ호리오. 다만 하ᄂᆞᆯ이 도와 승젼키를 기다리노라."

ᄒᆞ고 진문(陣門)을 닷고 나지 아니 ᄒᆞ니, 비관쳘이 홀일업셔 도라와 날마다 ᄊᆞ홈을 도도나 종시 나지 아니니, 관쳘이 군ᄉᆞ를 시켜 ᄇᆡᆨ단(百端)으로 슈욕(數辱)ᄒᆞ여, 니러틋

1039)비다라다 : 날아가다.
1040)무ᄅᆞ다ᄅᆞ ; 물러 달아나다.
1041)즛발다 ; 짓밟다.

ᄒ기를 달이 지나미 관쳘이 긔미를 측냥치 못ᄒ여 가만이 쇼식을 듯보니, 셰작(細作)이 보왈,

"텬병 상히 첫 ᄡ홈의 신병귀졸이 도와 인녁을 허비홀 비 업시 니긔믈 ᄌ득ᄒ여, 젼혀 ᄡ홀 의ᄉ를 아니코, 하도독이 니ᄅ듸, '하늘이 도와 ᄌ연 슈적(水賊)을 파【34】홀 날이 이시리라' ᄒ고, 쥬야 군즁의셔 슐먹고 연낙(宴樂)ᄒ다 ᄒ더이다."

비관쳘이 쳥파의 깃거 스스로 혜오듸,

"져의 히틱(解怠)ᄒᆫ 쎄를 타 금야의 맛당이 겁치(劫寨)ᄒ여 필부 쇼장을 잡아 만편(萬片)의 ᄡ뎌 삼장의 원슈를 갑흐리라."

ᄒ고, 초야 삼경의 군ᄉ를 비블니 먹이고, ᄉ경의 본진을 떠나 숑진의 니를싀, 듸쇼 젼션을 직촉ᄒ여 나아가듸, 군ᄉᄂᆫ 함민(銜枚)1042)ᄒ고 말은 방울을 쩌혀 나아가니, 슌풍이 고요ᄒ여 비 살가 듯ᄒ니, 관쳘이 스스로 즁군(中軍) 듸상(臺上)의셔 크게 우으며,

"하늘이 도으미라."

ᄒ더라.

임의 숑진의 다다ᄅ니 션즁(船中)이 죵용ᄒ고 등광(燈光)이 명【35】미(明明)ᄒ며, 조두(俎豆) 쇼리 나죽ᄒ니, 밤이 깁고 만뢰구젹(萬籟俱寂)ᄒᆷ믈 알니러라. 관쳘이 바야흐로 방포삼셩(放砲三聲)의 금고(金鼓)1043)를 울니고, 졔군을 지휘ᄒ여 장쳘퇴(長鐵鎚)를 두루며 숑진 듸치(大寨)의 쮜여드더니, 홀연 ᄉ면(四面)으로 뇌고명나(雷鼓鳴喇)ᄒ며 무슈ᄒᆫ 복병이 니러나고, 광풍이 듸작ᄒ며 흑무(黑霧) ᄌ욱ᄒ여 홍범젹을 뭇지ᄅ니, 초야 한 ᄡ홈의 젹션(賊船) 만여 쳑이 몰슈(沒數)이 파션(破船)ᄒ고 젹군(賊軍)이 함몰(陷沒)ᄒ니, 관쳘이 졍히 숑진 즁의 깁히 ᄡᆞ히여 진퇴를 졍치 못ᄒ더니, 홀연 텬혼디함(天昏地陷)ᄒ며 쵹광(燭光)이 명미(明微)ᄒᆫ 가온듸, 일원 쇼년 듸장이 와줌미(臥蠶眉)를 거스리고 단봉안(丹鳳眼)을 놉히 ᄡᅳ고, 【36】ᄡᅡᆼ검(雙劍)을 츔츄어 나아드러 일셩음아(一聲吟哦)1044)의 비관쳘을 참(斬)ᄒ니 이ᄂᆞᆫ 하도독이라.

관쳘을 조촛던 약간 여졸(餘卒)이 일시의 항복ᄒ거늘, 도독이 다 은비(恩庇)로 노화 보닉고 군을 거ᄂᆞ려 나아갈싀, 흑무 거드며 일광이 명낭(明朗)ᄒ니 발셔 ᄉ시(巳時) 말(末)의 밋쳣고, 젹군이 편갑(片甲)1045)도 남지 아냐시니, 강슈(江水) 붉은 빗치 되엿더라.

도독이 비관쳘의 머리를 강변의 놉히 다라 삼군을 호령ᄒ고, 군마를 직촉ᄒ여 비를

1042)함민(銜枚) : 군사가 행진할 때에 떠들지 못하도록 군졸들의 입에 나무 막대기를 물리던 일

1043)금고(金鼓) : 고려·조선 시대에, 군중(軍中)에서 호령하는 데 사용하던 징과 북. 늑금구.

1044)일셩음아(一聲吟哦) : '으랏차', '얏' 따위의 한 마디 고함소리. *음아(吟哦); 싸움이나 경기에서 상대편의 기선(機先)을 제압하기 위해 내지르는 고함(高喊)소리.

1045)편갑(片甲) : ①갑옷의 조각. ②'싸움에 지고 난 군사'를 비유적으로 이르는 말로, '-도 …않다' 와 함께 쓰여 '한 사람도 남지 않다'의 강한 부정의 뜻을 나타낸다..

졀히셤의 다히라 ᄒ고, 되쇼 장졸을 거ᄂ려 셤 즁의 드러가니, 쥬회(周回) 가업시 너르고, 셩곽이 장녀(壯麗)ᄒ며 인기(人家) 부요(富饒)ᄒ니 가히 젹이 웅거ᄒ엄 즉 【37】ᄒ더라.

궁즁의 드러가니 단쳥치각(丹靑彩閣)의 범남ᄉ치(氾濫奢侈)ᄒᆫ 니르도 말고, 부고(府庫)의 금은옥빅(金銀玉帛)이 누거만(累巨萬)이오, 직곡치단(財穀彩緞)이 무슈ᄒ더라.

도독이 군ᄉᆯ 호령ᄒ여 셩즁의 비관쳘의 가쇽(家屬)과 친쳑을 다 ᄎᆞ즈 버히고, 셤 즁의 무고히 노략ᄒ여 온 인민들을 창고의 금은직빅(金銀財帛)을 쥬어 각각 본토의 도라가 살게 ᄒ고, 그 셩곽과 인가를 블질너 업시ᄒ고, 이의 승젼곡을 울니며 기가(凱歌)를 블너 뭇히 ᄂ려 본영 되쳐의 니르니, 곽ᄌᆞ시 먼니 나와 마ᄌᆞ 슐과 우양을 잡아 삼군을 크게 호상(犒賞)ᄒ여 승젼ᄒᆞᆷᄋᆞᆯ 하례ᄒ더라.

도독이 곽ᄌᆞᄉᆞ로 더부러 닌읍 【38】졔현관(諸縣官)을 모화 오일(五日)을 되연ᄒ여 즐기고, 방붓쳐 토민(土民)을 진졍ᄒ매 비로소 삼군을 거ᄂ려 반ᄉ(班師)ᄒᆞᆯ시, ᄉ졸의 도라가ᄂᆞᆫ 예긔 양양ᄒ더라.

일노의 무ᄉ히 힝ᄒ여 경셩 오륙일 졍도를 ᄉ이 두고, 산셔 도독 뎡의쳥을 만나 냥쳐 군미 ᄒᆞᆫ되 다드르니, 냥인의 격셰 니별의 반기ᄂᆞᆫ 졍이 상하치 아니터라.

냥노군(兩路軍)이 갈와 힝ᄒ여 황도(皇都)의 다드라 뎨셩(帝城)을 바라보니, 츙신효ᄌᆞ의 격셰니슬(隔歲離膝)의 ᄉ군ᄉ친지회(事君思親之懷) 간졀ᄒ던 바로쎠, 희약환열(喜躍歡悅)ᄒᆞᆫ 블문가지(不問可知)러라.

졍히 금편(金鞭)을 바야 문외 셕교(石橋)목의 미쳣더니, 믄득 먼니 바라보니 황나우기(黃羅羽駕) 붓치이ᄂᆞᆫ 【39】곳의 만셰황애 친님ᄒ시ᄂᆞᆫ지라.

냥인이 연망(連忙)이 하거(下車)ᄒ여, 나아가 뇽젼(龍殿)의 츄진ᄇᆡ무(趨進拜舞)ᄒ고 산호만셰(山呼萬歲)ᄒᆞᆯ시, 냥노(兩路) 군장ᄉ졸(軍將士卒)의 승흥(乘興)ᄒᆞᆫ 예긔ᄂᆞᆫ 더옥 비비(倍倍)ᄒ여 일시의 슈무족도(手舞足蹈)ᄒ며 승젼곡(勝戰曲)을 크게 울니고, 기가(凱歌)를 진쥬(進奏)ᄒ니 뇨량(寥亮)ᄒᆞᆫ 싱가(笙歌)와 풍악이 셧도라 반공의 들네고, 산쳔이 움즉이ᄂᆞᆫ 듯ᄒ니, ᄎᆞ일 군신상하의 격셰니별(隔歲離別)을 단회(團會)ᄒ매, 군의신츙(君義臣忠)의 환환열열(歡歡悅悅)ᄒ며, 어쉬상합(魚水相合)[1046]ᄒ여 쳔지일시(千載一時)[1047] ᄀᆞᆺ더라.

상이 갓가이 옥폐(玉陛)의 슈돈(繡墩)을 쥬시고 어슈(御手)로쎠 냥인의 광슈(廣袖)를 잡으시고 텬안이 화열ᄒᆞᄉ 흔연이 닐너 왈,

"짐이 부 【40】덕ᄒ여 번진(藩鎭)[1048]이 ᄌᆞ로 반(叛)ᄒ고, 더옥 산님여당(山林與黨)

1046) 어쉬상합(魚水相合) : 고기와 물의 관계처럼 신하와 어진 임금, 또는 아내와 남편 서로 뜻이 맞아 화합함.
1047) 쳔지일시(千載一時) : =천재일우(千載一遇). 천 년 동안 단 한 번 만난다는 뜻으로, 좀처럼 만나기 어려운 좋은 기회를 이르는 말.
1048) 번진(藩鎭) : 중국 당나라 때에, 변방에 설치하여 군대를 거느리고 그 지방을 다스리던 관아. 또는

과 슈젹(水賊)이 닷토와 강셩ㅎ여 텬위를 항형(抗衡)ㅎ니, 짐이 능히 슉식(宿食)이 평
안치 못ㅎ거늘, 경등이 쇼년딕지(少年大才)로 블모흉디(不毛凶地)의 나아가 흉젹을 탕
쇼(蕩掃)1049)ㅎ여 일시의 도라오니, 짐이 극히 아롬다이 너기노라. 슌일젼(旬日前)의
원창이 몬져 븍노(北虜)를 항복 바다 도라오니 짐이 그 지략을 포장ㅎ여 안국공을 ᄒ
이엿더니, 이졔 뎡운긔와 하몽셩의 산셔 히동을 탄멸(吞滅)1050)ᄒᆫ 공뇌는 하원창의 지
난지라. 짐이 엇지 옛사롬의 공신 봉(封)ㅎᄂᆞᆫ 딕의(大義)를 폐ㅎ리오."

ᄒ시고, 특별이 옥비난향(玉杯蘭香)1051)을 【41】츠례로 나리오시고, 산셔도독 뎡의
쳥으로 평초왕을 봉ㅎ시고, 그 부인 조셩녈노 명현왕비(明賢王妃)를 삼으시고 한·화
냥부인으로 좌우부인을 삼으시고, 하문계로 평동왕을 봉ㅎ시고 부인 뎡시로 인현왕비
(仁賢王妃)를 삼으시고[며], 버거 표·상·곽·부 ᄉ인으로 후비(後妃) 직쳡(職牒)을
쥬시고, 버거 냥인의 거ᄂᆞ렷던 장졸을 다 츠례로 후록(厚祿)과 작상(爵賞)을 더으시니,
냥노(兩路) 장졸의 즐기는 쇼릭 진동ㅎ여 옥계(玉階)의셔 산호비무ㅎ니, 훤화지셩(喧譁
之聲)이 산쳔을 동(動)ㅎ더라.

홀노 뎡의쳥과 하문계 왕작(王爵)으로써 더으시믈 블승딕경(不勝大驚)ㅎ여 일시의
고두ᄉ양(叩頭辭讓)ㅎ여 직삼 혈셩(血誠)의 【42】밋츠딕, 상이 졍식블윤(正色不允)ㅎ
시고 농메(龍袂)를 썰쳐 난가(鸞駕)를 직촉ㅎ여 환궁ㅎ시니, 냥인이 블열블쾌(不悅不
快)ㅎ나 상의 여츠(如此) 블낙(不樂)ㅎ시믈 보믹 할 일업고, 또 스스로 ᄌᆞ긔 등 젼졍을
예탁(豫度)ㅎ믹 명명ㅎ니, 괴로이 ᄉ양ㅎ나 밋츨 빅 아니오, 텬여블슈(天與不受)는 도
로혀 쳘인(哲人)의 명견(明見)이 아니라. 헤아리믹 이의 밋츠믹 가연 탄식ㅎ고, 문무쳔
관(文武天官)과 한 가지로 어가(御駕)를 호힝(護行)ㅎ여 궁닉의 드릭시믈 보온 후, 각
각 부슉졔친(父叔諸親)을 뫼셔 본부의 도라오니, 임의 일낙셔줌(日落西岑)일너라.

평초왕 뎡의쳥이 부슉곤계(父叔昆季)로 더부러 본부의 도라오니, 합문(閤門) 상하노
위(上下老幼) 틱원 【43】뎐의 딕회(大會)ㅎ여 경하ᄒᆞᆯ시, 졔왕이 아ᄌᆞ룰[로] 더부러 몬
져 문묘(門廟)의 드러가 션셰묘우(先世廟宇)의 비알(拜謁)ㅎ기를 맛ᄎ, 문묘의 나려 졍
당의 드러가 존당의 뵈올시, 금평후와 진튁부인이 쏘ᄒᆞᆫ 손아의 영화복녹(榮華福祿)이
무량(無量)ㅎ믈 당ㅎ니, 반기며 두굿기는 가온딕 《고닥‖고당》학발(高堂鶴髮)을
츄모ㅎ믹 간졀ㅎ여, 싀로온 비회를 금억(禁抑)기 어려오니, 다만 부부냥인이 병좌ㅎ여
손아의 졀ㅎᄂᆞᆫ 머리 슬상(膝上)의 다흐믹, 뎡노공은 밧비 광슈(廣袖)를 드러 초왕의
우슈를 잡고, 진튁비ᄂᆞᆫ 좌슈를 잡아 일희일비(一喜一悲)ㅎ니, 좌우의 비시ᄒᆞᆫ ᄌᆞ녀부
(子女婦) 졔손(諸孫)이 노공과 부인의 【44】노감(老感) 쇼치(所致)로 츄원영모(追遠永
慕)의 뇩아지통(蓼莪之痛)이 여츠(如此)ㅎ시믈 블승감오(不勝感悟)ㅎ며, 쏘ᄒᆞᆫ 틱모(太

그 으뜸 벼슬. 늑졀도사.
1049)탕쇼(蕩掃) : =소탕(掃蕩). 휩쓸어 죄다 없애 버림.
1050)탄멸(吞滅) : 다른 나라의 영토를 빼앗아 제 것으로 만듦.
1051)옥비난향(玉杯蘭香) : 난초향기 그윽한 술잔.

母)의 무이(撫愛)ᄒ시던 셩자(聖慈)ᄅᆞᆯ 츄감(追感)ᄒᆞ여 경ᄉᆞᄅᆞᆯ 당ᄒᆞᆫ 가온ᄃᆡ 비희교잡(悲喜交雜)ᄒᆞ여 이락(哀樂)이 병발(竝發)ᄒᆞ니, 일좌(一座)의 화긔 잠시간의 변ᄒᆞ여 비풍(悲風)이 쇼슬ᄒᆞ니, 촉광(燭光)이 혼흑(昏黑)ᄒᆞᆷ믈 보리러라.

졔왕이 역(亦) 감상(感傷)ᄒᆞᆷ믈 니기지 못ᄒᆞ나, 강잉ᄒᆞ여 이셩화어(怡聲和語)로 부모ᄅᆞᆯ 위로 왈,

"ᄃᆡ인과 ᄌᆞ졍의 츌텬디효(出天之孝)로ᄡᅥ 금일 운아의 외람ᄒᆞᆫ 작녹을 당ᄒᆞ오미 엇지 니러치 아니ᄒᆞ시며, 쇼ᄌᆞ 등이 ᄯᅩ 엇지 왕모의 평일 운긔ᄅᆞᆯ 과이ᄒᆞ시던 셩ᄌᆞᄅᆞᆯ 싱각ᄒᆞ옵고, 금ᄌᆞ(今者) 영화ᄅᆞᆯ 당ᄒᆞ【45】여 셕ᄉᆞᄅᆞᆯ 혜아리오미, 틱모(太母)의 음용(音容)이 망미(亡妹)ᄒᆞ시믈 츄모ᄒᆞ옵ᄂᆞᆫ 심ᄉᆡ 헐ᄒᆞ미리잇고만은, 고인이 유운(有云) 왈,

"인싱이 비빅년(非百年)이니, ᄌᆞ텬ᄌᆞ(自天子)로 지어셔인(至於庶人)히 일싱일ᄉᆞ(一生一死)ᄂᆞᆫ 믈화텬보(物華天寶)1052)의 상니(常理)라1053). ᄃᆡ인과 ᄌᆞ위 엇지 니러틋 과상(過傷)ᄒᆞ샤 노년의 셩체 블안ᄒᆞ실 바ᄅᆞᆯ 싱각지 아니시며, 버거 아히 등의 민박(憫迫)ᄒᆞᆫ 졍ᄉᆞᄅᆞᆯ 민(憫)치 아니시ᄂᆞ니잇고?"

초왕이 ᄯᅩᄒᆞᆫ 부왕의 말ᄉᆞᆷ믈 니어, 이셩화긔(怡聲和氣)로 왕부모ᄅᆞᆯ 위로 왈,

"틱왕모의 향일 블초 쇼숀(小孫)을 과이ᄒᆞ시던 셩ᄌᆞᄅᆞᆯ 츄모ᄒᆞ온즉, 엇지 ᄌᆞ숀지심(子孫之心)의 안연(晏然)ᄒᆞ리잇고만은, 임의 츈취(春秋) 고심(高甚)ᄒᆞ샤 안가(晏駕)ᄒᆞ시고, 왕【46】부뫼 역유학발(亦有鶴髮)1054) 노년이시라. 금이 쇼숀이 니슬(離膝) 긔년(朞年)의 존당 부모의 젹덕여음(積德餘蔭)을 닙ᄉᆞ와 박덕부ᄌᆡ(薄德不才)로, 촌공(寸功)이 업시 셩쥬의 과히 포장(褒獎)ᄒᆞ시ᄂᆞᆫ 은영을 밧ᄌᆞ와 년쇼미신(年少微身)의 위작(位爵)이 과분ᄒᆞ오ᄃᆡ, ᄯᅩ 텬셩이 우둔ᄒᆞ와 과장(誇張)ᄒᆞ시ᄂᆞᆫ 은우(恩遇)ᄅᆞᆯ ᄉᆞ양치 못ᄒᆞ옵고, 외람ᄒᆞ온 왕작을 밧ᄌᆞ와 도라오니, 비록 쇼숀의 묘복(眇福)의 감당치 못ᄒᆞ올 비나, 일분 영ᄒᆡᆼ(榮幸)ᄒᆞ오믄 왕부모 존하(尊下)의 영화ᄅᆞᆯ 뵈올가 ᄒᆞ오미러니, 왕부뫼 도로혀 니러틋 감회ᄒᆞ샤 셩심이 번뇌ᄒᆞ실 쥴 알니잇고? 도로혀 블초숀의 셩회 쳔박ᄒᆞ오믈 붓그리ᄂᆞ이다."

언파의 셩음이 유열(愉悅)ᄒᆞ여 쳥【47】음봉셩(淸音鳳聲)이 사ᄅᆞᆷ의 일만 근심을 펴 바리게 ᄒᆞᄂᆞᆫ지라.

ᄎᆞᄎᆞ 말을 니어 졔ᄌᆞ졔숀이 각각 호언으로 위로ᄒᆞ미, 쇼부 죽현공의 온화ᄒᆞᆫ 말ᄉᆞᆷ과 진공 죽암의 쾌활ᄒᆞᆫ 말ᄉᆞᆷ이며, 각노 죽운의 화평ᄒᆞᆫ 말ᄉᆞᆷ과 샹셔령 죽명의 유열ᄒᆞᆫ 셩음이며, 동졔공의 온즁졍딕ᄒᆞᆫ 위인이며, 버거 졔숀의 면면ᄒᆞᆫ 호언이 부졀여류(不絶如

1052)화텬보(物華天寶) : 만물의 아름다움은 다 하늘이 내린 보배다.
1053)인싱이 비빅년(非百年)이니, ᄌᆞ텬ᄌᆞ(自天子)로 지어셔인(至於庶人)히 일싱일ᄉᆞ(一生一死)ᄂᆞᆫ 믈화텬보(物華天寶)의 상니(常理)라 : 사람이 세상에 사는 것이 백년을 넘지 못하니, 천자로부터 일반 백성에 이르기까지 한번살고 한번 죽는 것은, 하늘이 낸 만물의 변함없는 이치이다. *믈화텬보(物華天寶) : 만물의 아름다움은 다 하늘이 내린 보배다
1054)역유학발(亦有鶴髮) : 또한 백발임.

流)ᄒ여 기기히 밍변쥬론(孟辯朱論)1055)이라. 노공부부의 약셕(藥石)갓흔 간쟝을 여지 업시 농낙(籠絡)ᄒᄂᆫ 듯ᄒ니, 뎡노공 부뷔 슈안쳑용(愁顔慽容)을 두로혀 부인이 몬져 잠쇼 왈,

"노부쳐(老夫妻)의 금일 운아의 경ᄉᄅᆯ 당ᄒ여 엇지 니러치 아니ᄒ며, 여등의 ᄉ친지심(事親之心)이 ᄯᅩ 【48】 엇지 위인ᄌᆞ(爲人子)ᄒ여 니러치 아니리오. 오아ᄂᆫ 졔ᄌᆞ졔ᄉᆫ의 이친지셩을 긍지(矜之)ᄒᄂᆞ니, 복원 상공은 비회(悲懷)ᄅᆯ 관심(寬心)ᄒ쇼셔."

금휘 함체함비(含涕含悲) 왈,

"오역인심(吾亦人心)1056)이라 엇지 ᄉ쳬(事體) 여ᄎᆞ흔 쥴 모로리오만은, 나의 션비(先妣)ᄅᆯ 츄모ᄒᄂᆫ 졍ᄉᄂᆫ 타인과 다ᄅᆞ미 만흐미라. 유년(幼年)의 션군(先君)을 여희ᄋᆞᆸ고, 모친이 텬붕지통(天崩之痛) 가온ᄃᆡ 불초ᄅᆯ 어로만져 은휼(恩恤)ᄒ시미 밍모(孟母)의 삼쳔지교(三遷之敎)로ᄡᅥ 주ᄉ, 지우금일(至于今日)의 ᄌᆞᄉᆫ의 번화ᄒ며 문호의 셩만(盛滿)ᄒ미 나의 박덕의 비로ᄉ미 아니라, 젼혀 션비의 셩덕여음(聖德餘蔭)이 슈다ᄌᆞᄉᆫ(數多子孫)의 밋고, 조션신녕(祖先神靈)과 션군의 지텬지령(在天之靈)이 복우(伏佑)ᄒ【49】샤 ᄌᆞᄉᆫ이 나니 마다 지풍(才風)이 츌셰(出世)ᄒ고, 기기히 품슈흔 비 지즁믈(池中物)1057)이 아니라. 부귀작녹(富貴爵祿)이 미문(微門)의 극(極)ᄒ고, 셩쥬의 블초ᄅᆯ 되ᄒ시ᄂᆫ 은젼이 인신의 감당치 못ᄒᆯ 곳이 만흐니, 이 엇지 나의 묘복(眇福)과 박덕(薄德)의 비로ᄉ미리오. 젼혀 션고비(先考妣)의 젹덕여음이 흘너 여등 ᄌᆞᄉᆫ의 밋ᄎᆞ미라. 고인이 구로싱지(劬勞生之)ᄅᆯ 호텬망극(昊天罔極)이라 ᄒ니, 부모의 은혜ᄂᆫ 인인(人人)의 덧덧흔 상니(常理)로ᄃᆡ, 더옥 노부의 양휵싱셩지은(養慉生成之恩)을 밧ᄌᆞ오믄 유별어타인(有別於他人)1058)이니, 션비 지시(在時)의 학발쇠년(鶴髮衰年)ᄒ시고, 노뷔 ᄯᅩ 희년(稀年)의 니르러 유ᄌᆞ유손(有子有孫)ᄒ기의 밋ᄎᆞ나, 오히려 년다(年多)ᄒ믈 싱각지 못ᄒ【50】여, 오직 늬 나히 유년의 션비ᄅᆯ 밧드러 슬하의 어린 쳬ᄒ던 마음이 업지 아니ᄒ더니, 블효(不孝)1059)의 시명(時命)이 부박(浮薄)ᄒ여 션비(先妣) 진셰(塵世)ᄅᆯ 바리시니, 노부의 황텬강할지통(皇天强割之痛)1060)이 그 장ᄎᆞᆺ 무ᄉ 거시 의방(依倣)ᄒ리오만은, 효의(孝義) 쳔박(淺薄)ᄒ여 능히 션친을 디ᄒᆞ의 ᄯᅩ라 뫼시지 못ᄒ고, 명완블ᄉ(命頑不死)ᄒ미 지우금일(至于今日)ᄒ니, 금의 운아의 녈토봉왕(列土封王)

1055)밍변쥬론(孟辯朱論) ; 맹자의 변설(辨說)과 주자(朱子) 논설(論說)을 함께 이르는 말. 또는 사리에 맞고 논리가 정연하여 흠잡을 데가 없는 유창한 언변을 이르는 말.

1056)오역인심(吾亦人心) : '나 또한 사람의 마음'이라는 말.

1057)지즁물(池中物) : '연못 속에 있는 교룡'이라는 뜻으로, 아직 승천하지 못한 용, 곧 '평범한 사람'을 이르는 말. <삼국지>에서 주유(周瑜)가 손권(孫權)의 누이동생과 혼인하여 오(吳)나라에 머물고 있는 유비(劉備)를 빗대어 이른 말로, 만약 유비가 오나라를 떠나 형주로 가게 되면 그는 교룡이 구름과 비를 얻게 되어 더 이상 지즁물 곧 연못속의 교룡이 아닌 것이 될 것이라고 한 데서 유래한 말.

1058)유별어타인(有別於他人) : 다른 사람과 다름이 있음.

1059)블효(不孝) : 효도하지 못함. 또는 불효자.

1060)황텬강할지통(皇天强割之痛) : '하늘이 찢어지는 슬픔'이라는 뜻으로, '더할 나위 없이 큰 슬픔'을 이르는 말.

ᄒᆞ는 경ᄉᆞ를 당ᄒᆞ여 두굿기믈 모로미 아니라, 우연이 감회지심(感懷之心)이 발ᄒᆞ여 츄렴왕ᄉᆞ(追念往事)ᄒᆞ니, 션비의 운긔 과이ᄒᆞ시던 셩ᄌᆞ를 싱각건ᄃᆡ, 슬하의 빈시(陪侍)ᄒᆞ여 명셩지교(明聖之敎)를 밧줍던 빅, 앗춤의 지난 일 갓ᄒᆞᄃᆡ, 믄득 유음(幽陰)의 【51】지격(只隔)ᄒᆞ믄 쳔ᄃᆡ(泉臺)의 묘망(渺茫)ᄒᆞ미 이시니, 츠회(嗟乎)라! 우리 션비의 화안이셩(和顔怡聲)으로 셩ᄌᆞ혜화(聖姿惠化)를 하일하시(何日何時)의 다시 밧ᄌᆞ오리오. 시이(是以)로 능히 진심(在心)ᄒᆞᆫ 지통을 관억지 못ᄒᆞ미니, 엇지 일시 비회를 동ᄒᆞᄆᆞ로ᄡᅥ 긔운이 간ᄃᆡ로 상ᄒᆞᆯ가 근심ᄒᆞ리오. 노뷔 비록 쇠년이나 긔운이 견강ᄒᆞ고 ᄯᅩ 명완ᄒᆞ미 극ᄒᆞ니, 쇼쇼ᄒᆞᆫ 비회를 동ᄒᆞᄆᆞ로 졸연이 여등의 넘녀를 ᄭᅵ치지 아니리니, 여등은 과려(過慮)치 말나."

셜파의 희허(噫嘘) 탄식(歎息)ᄒᆞ믈 마지 아니ᄒᆞ니, ᄌᆞ녀부(子女婦) 졔손(諸孫) 등이 블승감동ᄒᆞ여 지삼 호언으로 위안ᄒᆞ더라.

임의 황혼이라, 당즁(堂中)의 쵹을 붉히고 노공부부를 쥬【52】셕(主席)의 뫼시미, ᄌᆞ녀부졔인이 각각 니외손 등을 거ᄂᆞ려 남좌녀우(男左女右)를 분ᄒᆞ여 별회를 베플ᄉᆡ, 좌상의 위하지셩(慰賀念聲)이 다다(多多)ᄒᆞ고, 탐탐ᄒᆞᆫ 니회(離懷) 슈어만(數於萬)이니, 쇼쇼(小小) ᄉᆞ실지셜(私室之說)을 니ᄅᆞ 긔록기 어려워, 드ᄃᆡ여 그 ᄃᆡ기만 베플고 만히 샌히미 되니라. 별언(別言)이 다다ᄒᆞ여 능히 밤드는 쥴 ᄭᆡᄃᆞᆺ지 못ᄒᆞ고 담쇼ᄒᆞ더니, 이윽고 옥쳠(屋簷)의 계셩(鷄聲)이 악악ᄒᆞ니, 샹하 졔인이 바야흐로 놀나 존당 냥위를 밧드러 졍침(正寢)의 안쇼(安所)ᄒᆞᆫ신후 각거(各去) ᄉᆞ침(私寢)ᄒᆞ다.

명조의 초왕이 존당의 신셩(晨省)ᄒᆞ고 옥궐의 슉ᄉᆞ(肅謝)ᄒᆞ미, 믈너 부즁의 도라오니 문녀(門閭)의 하긱이 몌엿고, 【53】즁시 황지를 봉조(奉詔)ᄒᆞ여 졔궁의 젼ᄒᆞ고, 황명을 밧드러 졔궁을 년(連)ᄒᆞ여 운산 별퇵승디(別擇勝地)의 슈쳔 간 광실을 식로 일워 평초왕궁을 일우며, ᄯᅩ 평동왕 하몽셩의 궁을 한 가지로 감역(監役)ᄒᆞ니, 본ᄃᆡ 취운산이 장활(長闊)ᄒᆞ여 쥬회(周回) ᄉᆞ빅니오, 녜붓터 인가(人家) 번화ᄒᆞ고 녀염(閭閻)이 즐비ᄒᆞ더니, 윤·하·뎡 삼부의셔 이곳의 복거쳐쇼(卜居處所)를 일운 후는, 더옥 갑졔쥬문(甲第朱門)이 벌버듯ᄒᆞ더니[1061], 도금(到今)ᄒᆞ여 삼문의 긔ᄌᆞ신손(奇子神孫)이 ᄃᆡ마다 셩번(盛繁)ᄒᆞ여 니러틋 녈토봉왕(裂土封王)ᄒᆞᄂᆞ니 만흐니, 나라히셔 녀가(閭家)를 용납치 아니ᄒᆞ고, 다 갑슬 쥬어 보ᄂᆡ고, 그 집을 ᄉᆞ 헐고 【54】궁뎐을 일워 윤·하·뎡 삼문 봉왕ᄒᆞ는 뉴(類)는 다 ᄎᆞ디(此地)의{의} 별궁(別宮)을 일워 쥬시니, 금ᄎᆞ시(今此時)ᄒᆞ여는 운산이 더옥 화려ᄒᆞ여 너른 동부(洞部)의 븕은 문의 분칠(粉漆)ᄒᆞᆫ 현판이 별 갓고, 고루걸각(高樓傑閣)이며 쥬문픾궐(朱門貝闕)이 즁즁(重重)ᄒᆞ여 단쳥화각(丹靑華閣)이 일영(日影)의 조요(照耀)ᄒᆞ니, 일촌(一村)이 거의 다 윤·하·뎡 삼부의 거쳬(居處)러라. 이후로붓터 취운산(聚雲山)을 별명(別命)ᄒᆞ여 삼문녈회촌(三門列會

1061)벌버듯ᄒᆞ다 : ᄤᅢᆨᄤᅢᆨ이 늘어서 있다. '벌(집)+벌+듯ᄒᆞ다'의 형태. 하나의 벌집 안에 여러 개의 육각형 모양의 방들이 촘촘이 벌여있는 것처럼, 집들이 ᄤᅢᆨᄤᅢᆨ이 늘어서 있는 모양. *벌다; 벌여있다. 늘어서있다.

村)이라 ᄒ더라.

시시의 평동왕 하문계 조뎡의 딕공을 셰워 니국니가(離國離家) 긔년(朞年)의 빗닉 도라와 셩쥬의 포장ᄒ시ᄂ 은우(恩遇)를 밧ᄌ와 슈의(繡衣)의 금씩(金-)를 씌고, 금부 옥졀(金符玉節)1062)노 부슉졔친(父叔諸親)을 비시(陪侍)ᄒ여 본부의 도라【55】오니, 상하 닉외의 환열ᄒ미 하부의 경시 쳐음인 듯ᄒ더라.

초국공이 졔뎨(諸弟)로 더부러 아ᄌ의 광메(廣袂)를 닛그러 쎨니 일취뎐의 비알ᄒ 니, 뎡국공 부뷔 밧비 동왕의 손을 잡고 등을 두다려 만구칭이(萬口稱愛)ᄒ여, '오문 (吾門)을 흥늉(興隆)홀 쳔니긔린(千里騏驎)'이믈 일ᄏ라 탐혹(耽惑)ᄒ 즈이(慈愛) 도로 혀 존즁ᄒ 쳬위를 일코, 평동왕은 본딕 텬진지회(天眞至孝) 타류의 쒸여나던 바로쎠, 니슬(離膝) 긔년(朞年)의 존안을 득승(得承)ᄒ 깃부미 ᄯ 엇지 헐ᄒ리오. 슈려ᄒ 광미 의 승안화긔 더옥 발양ᄒ여 가월쳔창(佳月天窓)1063)의 언건(偃蹇)ᄒ 픔뉴(風流)와 동 탕(動蕩)ᄒ 신위(身位) 별후경셰(別後經歲)의 더옥 슈앙(秀昻)ᄒ더라.【56】

왕이 존당이며 삼위 ᄌ부인과 졔슉모와 형뎨군종으로 녜필좌뎡의, 추례로 문기존후 (問其尊候)ᄒ여 격셰니회(隔歲離懷)를 고(告)ᄒ미 화풍셩모(和風星眸)의 빗난 우음이 영ᄌ(盈滋)ᄒ니, 츈원(春園)의 일빅화신(一百花神)이 닷호아 웃ᄂ 듯ᄒ지라.

부친 초국공의 단엄홈과 모비 윤부인의 단즁ᄒ므로도 두굿기ᄂ 화긔 안면의 넘ᄯ니, 더옥 뎡국공 부부의 노혼(老昏)ᄒ ᄉ랑을 니를 거시 이시리오. 한갓 손을 잡으며 등을 두다려 ᄌ이 탐혹ᄒ니, 부ᄌ조손의 격셰(隔歲) 단회(團會)의 무흠(無欠)ᄒ 깃부미 무궁ᄒ더라.

셕식(夕食)을 갓치 ᄒ고 상을 믈닌 후, 광실의 쵹을 밝히고 환셩이 녈녈(悅悅)【5 7】ᄒ여 장홰(長話) ᄌ연 지리ᄒ미, 야심ᄒᄂ 쥴 씨닷지 못ᄒ더니, 원촌(遠村)의 문계 셩(聞鷄聲)ᄒ고, 종각(鐘閣) 쳘괴(鐵鼓) 동(動)ᄒ미, 바야흐로 각거쇼(各去所)ᄒ다.

명조의 동왕이 텬궐(天闕)의 슉ᄉ(肅謝)ᄒ고 퇴ᄒ여 본부의 도라오니, 임의 즁시 조 지(詔旨)를 뎡·하 냥부(兩部)의 젼ᄒ고, 익일의 초왕궁과 동왕궁을 각각 본부 겻ᄒ 셰우니, 이 ᄉᄉ녀긔(私私閭家) 아니라.

명관(命官)1064)이 황지를 밧ᄌ와 블과 슈월 만의 동·초 냥왕궁을 필역ᄒ고, 명관이 복명ᄒ온딕, 상이 깃거 모든 명관(命官)과 빅공을 다 상ᄉ(賞賜)를 후히 ᄒ시다.

텬지 시임딕신(時任大臣)을 보닉ᄉ 간검(看檢)ᄒ시니, 두 집 쥬문(朱門)이 굉녀(宏 麗)ᄒ【58】여 비익(比翼)1065)의 비단 날기를 펼친 ᄃ시 바로 반공의 쇼ᄉ시니, 누쳔

1062) 금부옥졀(金符玉節) : 금과 옥으로 만든 부졀(符節). *부졀(符節); 예전에, 돌이나 대나무·옥 따위로 만들어 신표로 삼던 물건. 주로 사신들이 가지고 다녔으며 둘로 갈라서 하나는 조정에 보관하고 하나 는 본인이 가지고 다니면서 신분의 증거로 사용하였다.

1063) 가월텬창(佳月天窓) : 아름다운 눈썹과 눈을 달리 표현한 말. *가월(佳月); 초승달처럼 아름다운 눈 썹. *텬창(天窓) : '눈'을 달리 표현한 말.

1064) 명관(命官) : 임금이 친히 임명한 관원.

1065) 비익(比翼) : 비익조(比翼鳥). 중국 전설에 나오는 눈과 날개가 하나뿐인 상상의 새다. 그러나 암수

간(累千間) 고루걸각(高樓傑閣)의 단쳥치란(丹靑彩欄)이 휘황ᄒᆞ지라. 평초・평동 냥왕이 만심 블열ᄒᆞ나 홀일업더라.

평계왕은 만ᄉᆞ 다 텬의(天意)오, ᄯᅩᄒᆞ 휴휴(休休) 딍장뷔라, ᄌᆞ긔 부ᄌᆡ 다 왕작을 ᄯᅴ여 부귀 인신의 극ᄒᆞ고, 쳥망위덕(淸望威德)이 조야(朝野)의 가득ᄒᆞ며, 먼니 ᄉᆞ이번진(四夷藩鎭)의 진동ᄒᆞ니, 심ᄂᆡ(心內)의 블안ᄒᆞ미 업지 아니ᄒᆞ나, 츠역쳔쉬(此亦天數)라 길흉화복(吉凶禍福)이 텬여블취(天與不取)면 반슈기앙(反受其殃)[1066]이믈 혜아려, 각별 ᄉᆞ식의 낫ᄒᆞ아 우구(憂懼)ᄒᆞ미 업ᄉᆞᄃᆡ, 초국공 하흑셩은 아ᄌᆞ의 긔상을 혜아련지 오릭나 왕작의 존귀【59】홈과 부귀의 셩만ᄒᆞ믈 깃거 아녀, 졔공을 딕ᄒᆞ여 빈미(嚬眉) 탄왈,

"복(僕)은 화가여ᄉᆡᆼ(禍家餘生)이라. 셕년(昔年) 참난(慘難)과 삼형의 원ᄉᆞ(冤死)ᄒᆞ믈 ᄉᆡᆼ각ᄒᆞ면 ᄉᆡᆨᄉᆡᆨ 심골이 경한(驚寒)ᄒᆞ니, 마음 가온ᄃᆡ 혜아리ᄂᆞᆫ 빈 포의(布衣) 갈건(葛巾)이 분(分)의 족ᄒᆞ고, 믹반초식(麥飯草食)이 구미(口味)의 과ᄒᆞ거늘, 엇지 오늘날 부ᄌᆡ(父子) 작녹(爵祿)이 묘복(眇福)의 과(過)ᄒᆞ니, ᄌᆞ고(自古)로 위신지쥬(爲身之主)[1067]와 공기텬하(功蓋天下)ᄂᆞᆫ 조믈(造物)의 ᄭᅥ리ᄂᆞᆫ 바어늘, 복의 여러 형뎨와 가아(家兒) 등의 부ᄌᆡ박덕(不才薄德)으로 셩조(聖朝)의 몽은(蒙恩)ᄒᆞ미 ᄌᆞ못 과도ᄒᆞ고, 쇠문(衰門)을 영현(榮顯)ᄒᆞ미 지극ᄒᆞ거늘, 이졔 ᄯᅩ 돈아(豚兒) 몽셩의 쇼활(疎豁)ᄒᆞᆫ 지조로, 블과 히즁초적(海中草賊)을 진졍ᄒᆞ미 믄득 일면 왕작의 과【60】도ᄒᆞ믈 밧ᄌᆞ오니, 텬은이 엇지 망극지 아니ᄒᆞ며, ᄉᆡᆼ의 부ᄌᆡ의 외람공구(猥濫恐懼)ᄒᆞᆫ 마음이 여림박빙(如臨薄氷)ᄒᆞ믈 면ᄒᆞ리오. 일편촌심(一片寸心)이 ᄌᆞ유(自幼)로 부귀번화(富貴繁華)의 담연(淡然)ᄒᆞ여, 본디 영허(靈虛)의 ᄌᆞ최를 블워ᄒᆞᄃᆡ, 일즉 닙신양명(立身揚名)ᄒᆞᆷ믄 북당ᄡᅡᆼ위(北堂雙位)를 열의(悅意)코져 ᄒᆞ미오, 이졔 발셔 빅구(白駒)의 틈 지나 ᄃᆞᆺᄒᆞᄂᆞᆫ 광음(光陰)으로 조ᄎᆞ, 쳥춘ᄒᆡᆼ낙(靑春行樂)이 ᄭᅮᆷ결갓치 디나치고, 쓸ᄃᆡ업ᄉᆞᆫ 나히 이모지년(二毛之年)[1068]의 당ᄒᆞ니, 금ᄎᆞ시(今此時)ᄒᆞ여ᄂᆞᆫ 인셰명니(人世名利)의 영낙(榮樂)을 다ᄒᆞ엿ᄂᆞᆫ지라. 엇지 농촉(隴蜀)의 무염(無厭)ᄒᆞᆫ 욕심[1069]으로 이 밧글 바라리오. 진실노 작위를 ᄉᆞ양ᄒᆞ고 ᄒᆡ골(骸骨)을 비러 항쥬 고향의【61】도라가, 님쳔(林泉)의 한가ᄒᆞᆫ 빅셩이 되여 전야(田野)의 믹(麥)을 심으며 속(粟)을 거두어 일신이 고요ᄒᆞ며, 화봉인(華封

가 한 쌍이 되어 몸을 합치면 멋지고 아름다운 온전한 새로 변신해 밝은 두 눈과 힘찬 두 날개로 하늘을 날 수 있다.
1066)텬여블취(天與不取)면 반슈기앙(反受其殃) : 하늘이 주는 것을 받지 않으면 도리어 앙화(殃禍)를 입는다.
1067)위신지쥬(爲身之主) : 자기 몸을 위하는 것을 주로 함.
1068)이모지년(二毛之年) : 두 번째 머리털 곧 흰 머리털이 나기 시작하는 나이라는 뜻으로, 32세를 이르는 말.
1069)농촉(隴蜀)의 무염(無厭)ᄒᆞᆫ 욕심 : '농(隴)과 촉(蜀)까지 차지하려는 끝없는 욕심'이라는 뜻으로, '그칠 줄 모르는 욕심'에 대한 비유로 쓰인다. *농촉(隴蜀)은 중국 사천성과 섬서성 사이에 있는 지명으로, 후한(後漢) 광무제(光武帝)가 한중(漢中)을 평정하고도 다시 농촉을 정벌하려는 욕심을 냈던 고사에서 온 말.

人)1070)의 청츅셩인(請祝聖人)을 의방(依倣)ᄒ여, 우리 셩쥬(聖主)의 셩슈만년(聖壽萬年) 무강지슈(無疆之壽)를 외오고져 ᄒ나, 황상이 필연 허치 아니실 듯ᄒ고, 북당의 빵존(雙尊)과 아릭로 졔뎨(諸弟) ᄌ질(子姪)이 다 명니(名利)의 오유(遨遊)ᄒ니, 시러금 홀노 ᄯᅳᆺ을 셰우지 못ᄒᆯ지라. 고인이 유언(有言) 왈, '부귀○[ᄂ] ᄭᅮᆷ 속이오, 공명은 헌 신이라', 닌 실노 부귀를 권연(眷戀)치 아니ᄒ나, 진실노 헌 신 벗기 어려오니, 인셩 쳐셰(處世)의 ᄯᅳᆺ 셰우기 극히 어렵다 ᄒ미 졍히 올코, 소부(巢父) 허유(許由)의 낙낙(落落)ᄒᆫ 쳥졀(淸節)과 ᄉ호삼은(四皓三隱)1071)【62】의 고의쳥심(高義淸心)이 만고의 희한ᄒᆫ 쥴 진실노 ᄭᅢ닷ᄂᆞ니, 싱이 엇지 고인의 붓그럽지 아니리오."

설파의 장탄블열(長歎不悅)ᄒ니, 좌상졔공(座上諸公)이 그 공검ᄒᆫ 셩덕을 불승감탄ᄒ여 위로 ᄒ기를 마지 아니ᄒ고, 윤·뎡 졔공은 더욱 감탄 연셕(憐惜)ᄒ여 직삼 위로 ᄒ더라.

졔딕신(諸大臣)이 예궐(詣闕) 복명(服命)ᄒ고, 초공의 ᄉ어(辭語)로써 알외니, 상이 그 츙직겸숀ᄒᆫ 덕을 더욱 긔특이 너기시고, 그 심ᄉ를 어엿비 너기샤 이후 더욱 초공을 후딕(厚待)ᄒ시더라.

뎐지 다시 하조(下詔)ᄒ샤, 즁ᄉ(中使)와 닉시(內侍)를 뎡·하 냥부의 보닉여 냥왕의 면복직쳡(冕服職牒)과 싀슈(璽綬)와 조·한·화, 뎡·표·상·곽·부 졔부인의 후비(后妃) 직쳡(職牒) 고명(誥命)을 나리오시고, 슈【63】히 입궁(入宮)ᄒ기를 직쵹ᄒ시니, 졔왕과 초공이 마지 못ᄒ여 각각 향안을 빗셜ᄒ여 황지를 밧ᄌᆸ고, 이의 아ᄌ를 명ᄒ여 흠텬관(欽天官)의 퇴일(擇日)ᄒ여 각각 왕궁의 거ᄒᆯ식, 츠년 동 십월 회간(晦間) 갑ᄌ일이라.

이의 초·동 냥왕이 입궁ᄒᆯ식, 션셜(先說) 평초왕이 익일 왕ᄌ(王者)의 위의를 갓초와 본궁의 나아갈식, 궁호(宮號) 왈, 장션궁이라 ᄒ니, 외뎐의는 봉텬당 경일누라 ᄒ여 스스로 거쳐를 삼게 ᄒ고, 닉당의 션덕뎐이라 ᄒ여 원비 조셩녈이 거ᄒ고, 동셔(東西) 치루(彩樓)의는 갈온 일셩뎐 월셩뎐이라 ᄒ여 한·화 냥비 거쳐ᄒ고, 후원의는 십여 쇼당(小堂)을 졍ᄒ여 총힝(寵幸)ᄒ던 【64】 십창(十娼)을 머므르니, 이는 졔왕이 젼일 아ᄌ(兒子)의 호신(豪身)을 ᄭᅥᆨ질너 졔창을 용납지 아냣더니, 도금(到今)ᄒ여는 초왕이 위거쳔승(位居千乘)ᄒ니, 비록 위의 조츤 쳐쳡을 갓초미 셜ᄉ 졔창이 아니라도 업지 못ᄒᆯ 고로, 바야흐로 허ᄒ여 졔녀로써 쇼셩지녈(小星之列)을 갓초와 허ᄒ미러라.

초왕이 입궁ᄒᆫ 후 존당부모를 뫼시고 닌니친쳑(隣里親戚)을 쳥ᄒ여 삼일을 크게 셜

1070)화봉인(華封人) : 중국 요임금이 화(華) 지방을 순시하였을 때 요임금을 위해 세가지 복(福) 곧 수 (壽)·부(富)·다남자(多男子)를 축복하였다는 현인(賢人). 『장자(莊子)』 <외편(外篇)> 천지(天地) 장에 나온다.

1071)사호삼은(四皓三隱) : 사호(四皓)와 삼은(三隱)을 함께 이르는 말. *사호(四皓); 한고조 때 상산(商 山)에 은거한 동원공(東園公), 기리계(綺理季), 하황공(夏黃公), 녹리선생(甪里先生) 등 네 사람을 가리 킴. *삼은(三隱); 송나라의 세 은자(隱者) 석혜원(釋慧遠), 유유민(劉遺民), 도연명(陶淵明)을 가리키기 도 하고, 양나라의 세 은자(隱者) 유우(劉訏), 완효서(阮孝緒), 유효(劉歊)를 가리키기도 한다.

연호여 즐기니, 시일의 텬ᄌ 상방진찬(尙房珍饌)과 어원풍뉴(御苑風流)로써 ᄉ급(賜給)
호샤, 그 열친(悅親)을 도으시며, 이날이 ᄯ 평동왕의 입궁혼 휘(後)라. 동왕은 하노공
환갑슈신일(環甲晬辰日)1072)이 머지 아닌 고로, 겸호여 ᄉ연(賜宴)호려 ᄒᄆ로 ᄎ일
초【65】궁 연셕의 하노공이 제ᄌ제손을 거ᄂ려 참예호고, 윤노공이 ᄯ혼 평진왕곤계
ᄌ질제손 등을 거ᄂ려 참예호니, 이 잔치 범연혼 연셕이 아니라. 평초왕의 흉적(凶賊)
을 토멸(討滅)혼 공뇌로 텬ᄌ 특별이 ᄉ연ᄉ악(賜宴賜樂)혼 별연(別宴)이니, 그 장녀
(壯麗)호믈 어이 다 긔록호리오. 종일 낙극진환(樂極盡歡)호고, 날이 느즈미 파연(罷
宴)호다.

　초왕이 ᄎ후 일삭(一朔)이면 오일(五日)은 션덕뎐의 머믈고, 삼일은 일셩뎐의 머믈
고, 삼일은 월셩뎐의 쳐호며, 십일은 경일누의 쳐호여 제희를 직슉케 호나, 위의 엄즁
호여 거가의 싁싁호미 한갈 갓고, 여일(餘日)은 졔궁의 머므러 부조(父祖)를 시침호며,
【66】빅형과 한 가지로 제데군종으로 광금장침(廣衾長枕)의 힐지항지(頡之頏之)호여
우ᄋ우독(友愛尤篤)호{믈 족히 귀타 못홀지라}○[니], 가즁상히 크게 긔특이 너기고,
졔왕의 단엄호미나 다시 흠홀 거시 업셔, 보면 두굿기는 화긔 이연(怡然)호니, 일노조
ᄎ 가즁이 니비를 존경호미 윤비로 ᄎ등(次等)치 아니호니, 희라! 니비의 박식흉면(薄
色凶面)의[이] 유복(有福)호믄 더옥 타인의 지나더라.

　조상국부인이 도금(到今)호여는 녀아의 적인(敵人)을 ᄢ리지 못호고, 이졔 모든 환
난이 진정호고 녀이 당당혼 초왕의 원비로 휘젹(后籍)의 존귀를 누리고 복녹이 가족
호니, 다시 넘녀홀 거시 업고, 당ᄎ지시(當此之時)호여는 초【67】왕이 ᄯ혼 악모의
과악을 긔회(介懷)치 아니 호고, 반ᄌ(半子)의 녜를 극진이 다ᄒ니, 엄부인 교악(狡惡)
혼 심장이나 다시 긍과(矜誇)홀 거시 업셔, ᄯ혼 전과를 다 바리고 바야흐로 초왕을
귀즁호미 오히려 삼ᄌ의 우희 잇셔, 당일 ᄌ긔 공연이 연무(烟霧) 즁 사ᄅᆷ갓치 원홍
요인의 흉즁(胸中)의 농낙호여, 초왕 갓흔 긔셔(奇壻)를 나모라 호고, 녀아의 옥부방신
(玉膚芳身)을 함지깅참(陷之坑塹)호여 하마면 쇄옥낙화(碎玉落花)홀 경계를 지닉고, ᄌ
긔 가부(家夫)의게 견과(見過)호엿던 줄 후회 막급이러라.

　어시의 하상부의셔 ᄯ혼 평동왕이 입궁홀ᄉ, 궁호 왈 영션궁이라 호고, 정침(正寢)
명광뎐의는 원비 현덕부인 뎡【68】비 쳐호고, 남궁 치화루의는 ᄎ비 표시 쳐호고,
북궁 경희루의는 삼비 상시 머믈고, 동궁 화하루의는 ᄉ비 곽시 쳐호고, 셔궁 계화루
의는 오비 부시 쳐호고, 외뎐 영췌뎐 화계뎐의는 동왕의 거쳐를 삼고, 초공이 바야흐
로 젼일 아즈의 유졍호엿던 미녀를 다 허(許)호여 그 쇼셩지녈(小星之列)을 츙슈(充
數)케 호니, 후원 가온딕 별당을 쇄쇼호여 졔희(諸姬) 침소를 삼다.

　왕이 상부(上府)로 협문을 두어 한집갓치 츌입호여 존당부모의게 일일시봉을 폐치

아니ᄒ며, 쳐쳡을 거ᄂ리미 제가(齊家)의 법되 가죽ᄒ며, 뎡휘 임ᄉ(姙似)의 곳다온 셩덕으로 왕을 닉조ᄒ며 동녈을 【69】화우ᄒ미, 졔희를 ᄉ랑ᄒ믈 셔뎨(庶第) 갓치 ᄒ여, 규문이 ᄆ로기 징슈(澄水)갓더라.

니러구러 일월이 홀과(欻過)ᄒ여 이 ᄒ 진ᄒ고 명년 신졍의 니ᄅ미, 뎡국공 화갑일이 임박ᄒ니, 초공 부ᄌ 곤계 셩연(盛宴)을 ᄀ장ᄒ여 경ᄉ를 치하ᄒ려 ᄒ더라.

ᄎ셜 영션궁의 디연(大宴)을 ᄀ장(開場)하여 하노공 환갑 슈셕(壽席)을 경하ᄒ올ᄉ, 초·동이국(二國)을 기우리고 나라히셔 ᄉ연ᄉ악(賜宴賜樂)ᄒ여 샹방어션(尙方御膳)1073)과 어원풍뉴(御苑風流)1074)를 쥬신 빈니, 그 장녀(壯麗)ᄒ믈 엇지 측냥ᄒ리오.

좌승샹 초국공 하혁셩이 안국공 등 삼뎨와 졔ᄌ졔질을 거ᄂ리고 뎡국공을 뫼셔 쥬벽(主壁)의 좌ᄒ미, 허다(許多) 존빈귀긱(尊賓貴客)을 마ᄌ니, 호람후 【70】윤노공이 진왕형뎨와 모든 ᄌ손을 거ᄂ려 니ᄅ고, 금평후 뎡노공이 졔왕 등 오ᄌ와 졔손을 거ᄂ려 니ᄅ니, 윤·하·뎡 삼문 졔인이 거의 슈빅(數百)이라. 버거 닉외 빈긱이 닉지(來之)ᄒ니, 광실(廣室)이 좁아 엇게 ᄀ야이더라. 닉연(內宴)의 장녀ᄒ미 외연과 일쳬라. 닉외의 니원풍악(梨園風樂)1075)을 졔쥬(齊奏)ᄒ고, 뉵뉼(六律)1076)을 갓초와 즐길시, 날이 느ᄌ미 모든 인친가(姻親家) 졔부인니 장닉(帳內)로 피ᄒ고, 하노공이 졔ᄌ졔손으로 더부러 닉뎐(內殿)의 드러와 조부인으로 병좌(竝坐)ᄒ미, 졔ᄌ졔손이 ᄎ례로 헌작(獻爵)ᄒ여 강능(岡陵)의 슈(壽)1077)를 빌고, 믈러 지비ᄒ기를 맛ᄎ미, 하노공부뷔(女壻)부부의 잔을 밧고 기리 ᄉ왈(謝曰),

"오【71】늘날 노부의 묘복(眇福)으로 효ᄌ현부와 현셔효녀를 슬하의 빵빵이 두어, 노년 영복이 무흠(無欠)ᄒ믄 젼혀 윤형의 긔녀(奇女)와 긔ᄌ(奇子)를 두어 나의 슬하를 빗나게 ᄒ신 덕이라. 그러치 아니면 노뷔 엇지 복녹을 어드며, 녕ᄒᆡ(嶺海)의 슈졸(戍卒) 되기를 면ᄒ리오."

셜파(說罷)의 셕ᄉ를 상감ᄒ여 상연(傷然) 쳬희(涕噫)ᄒ니, 좌위 크게 감동ᄒ고 ᄌ녀뷔(子女婦) 호언으로 관위ᄒ더라. 버거 동왕 형뎨군종 등 부뷔 헌작ᄒ기를 맛ᄎ미, 노공이 디취ᄒ여 졔ᄌ졔손이 뫼셔 외당으로 나아가니, 장닉의 피ᄒ엿던 모든 닉긱이 다시 나아와 빈쥬 쥬비를 날니며 쥬인의 복경을 치하ᄒ여 한담ᄒ여 【72】즐기더라.

니러틋 삼일을 즐겨 파ᄒ미 도라가는 힝치 화려ᄒ미 시로온지라. 윤상국 효문공과

1073)샹방어션(尙方御膳) : 샹방(尙方)에서 만들어 임금에게 올리는 음식. 샹방은 조선 시대에, 임금의 의복과 궁내의 일용품, 보물 따위의 관리를 맡아보던 상의원(尙衣院)의 다른 이름.

1074)어원풍뉴(御苑風流) : 궁중음악(宮中音樂). 궁중에서 연주하는 음악. *풍류(風流); 음악을 예스럽게 이르는 말.

1075)이원풍악(梨園風樂) : 장악원(掌樂院) 악공과 기생들이 펼쳐내는 음악. *이원(梨園); ①조선시대 장악원(掌樂院)을 달리 이르던 말. ②중국 당나라 때, 현종이 몸소 배우(俳優)의 기술을 가르치던 곳.

1076)뉵뉼(六律) : 『음악』 십이율 가운데 양성(陽聲)에 속하는 여섯 가지 소리. 황종, 태주, 고선, 유빈, 이칙, 무역을 이른다. 늑양률(陽律)

1077)강능(岡陵)의 슈(壽) : 산(山)처럼 오래 삶. *강릉(岡陵) : 산. 산등성이.

뎡각노 듁현이 궐하의 슉스ᄒᆞ여 하노공의 슈연 지닉믈 복명ᄒᆞ고, 하노공이 상표(上表)ᄒᆞ여 텬은의 늉셩ᄒᆞ시믈 슉스ᄒᆞ니, 상이 쇼왈,

"짐이 하노공 션싱의 유복ᄒᆞ믈 긔특이 너겨 각별 녜스(禮使)로ᄡᅥ 위비(慰杯)를 쥬고져 ᄒᆞ거늘, 노공이 견집(堅執)ᄒᆞ고 하상뷔 괴로이 스양ᄒᆞ니, 짐의 마음과 심히 갓지 못ᄒᆞ도다."

ᄒᆞ시니,

이 말ᄉᆞᆷ은 상이 쳐음의 녜관(禮官)을 보닉여 하노공부부의게 헌슈ᄒᆞ라 ᄒᆞ신딕, 하공이 알고 셩만(盛滿)ᄒᆞ믈 딕경ᄒᆞ여 상표(上表)ᄒᆞ여, 니러틋 ᄒᆞ시미 묘복(眇福)의 【73】 감당치 못홀 바를 두리와 당년(當年) 참난(慘難)과 목금(目今) 영귀(榮貴)ᄒᆞ미 ᄌᆞ못 과도ᄒᆞ믈 일ᄏᆞ라, 스양ᄒᆞ미 간절ᄒᆞ여 혈셩(血誠)의 비로스니, 텬지 감동ᄒᆞ샤 녜관과 ᄉᆞ쥬(賜酒)를 거두시고, 다만 윤상부와 뎡각노로 ᄒᆞ여금 그 슈연의 참예ᄒᆞ여 복명ᄒᆞ라 ᄒᆞ시미러라.

하승상이 텬은을 감격ᄒᆞ여 계슈빅비(稽首百拜)ᄒᆞ고 돈슈(頓首) ᄉᆞ은 왈,

"신의 부ᄌᆞ형뎨 우둔박덕(愚鈍薄德)ᄒᆞ오므로ᄡᅥ 셩조의 슈은(受恩)ᄒᆞ와 ᄉᆞᄉᆞ(事事)의 셩은이 호텬망극(昊天罔極)ᄒᆞ옵거늘, 엇지 ᄯᅩ 녜스(禮使)를 슈고롭게 ᄒᆞ리잇가? 신뷔(臣父) 슉야의 긍긍업업(兢兢業業)ᄒᆞ여 묘복이 손ᄒᆞ올가 두리옵ᄂᆞ니, 복원 폐하는 몽셩의 왕작이 분의 【74】 과ᄒᆞ옵고, 원상 등이 직렬의 버러 신의 집의 부귀 셩만ᄒᆞᄆᆞᆯ 명찰ᄒᆞ오샤, 신의 벼술을 환슈ᄒᆞ시면 고요히 집의 드러 아뷔 여년을 몸쇼 밧드옵고, 삭망(朔望)으로 조하(朝賀)ᄒᆞ와 텬안을 반기고져 ᄒᆞᄂᆞ이다."

상이 쳥파(聽罷)의 블열(不悅) 왈,

"경이 장년이 쇠(衰)치 아녓고, 가국의 졍시 병든 일이 업거늘 엇지 무고히 퇴스ᄒᆞ려 ᄒᆞᄂᆞ뇨?"

초공이 우쥬(又奏) 왈,

"신이 엇지 폐하의 지우셩은(知遇聖恩)을 아지 못ᄒᆞ리잇고만은, 신의 늙은 부뫼 당년의 남과 갓지 아닌 참쳑(慘慽)을 갓초 격스와 폐간(肺肝)이 다 이우러 《녀금∥디금(只今)》 환갑의 쇠모(衰耗)ᄒᆞ오미 타인의 팔구십의 더ᄒᆞ온지라. 혜아리옵건디, 여 【75】 일(餘日)이 무다(無多)ᄒᆞ올지라. 신이 맛당이 형희(形骸)를 비러 노부모의 여년을 위로코져 ᄒᆞ오미로소이다. 고인 왈, 남지 닙신(立身)ᄒᆞ미 ᄉᆞ군(事君)은 다(多)ᄒᆞ고 ᄉᆞ친(事親)은 쇼야(少也)라 ᄒᆞ오니, 신의 부뫼 쇠년(衰年)이라. 그 ᄉᆞ친(事親)ᄒᆞ미 머지 아니ᄒᆞ올가 신이 불승감회ᄒᆞ믈 춤지 못ᄒᆞ리로소이다. 복원 셩상은 신의 ᄉᆞ졍을 통촉(洞燭)ᄒᆞ쇼셔."

언쥬파의 말ᄉᆞᆷ이 간졀ᄒᆞ고 감뉘(感淚) 여우(如雨)ᄒᆞ여 혈셩(血誠)의 비로스니, 텬지 그 셩효를 감동ᄒᆞ샤 마지 못ᄒᆞ여 허락ᄒᆞ시다. 【76】

윤하뎡삼문취록 권지구십팔

츠시 텬지 그 셩효를 크게 감동ᄒᆞ샤 마지 못ᄒᆞ여 허락ᄒᆞ시고, 시임졍승(時任政丞)을 가라쥬시나, 본직 초국공의 녕틴ᄉᆞ(令太師)를 더으샤, 집의 믈너 노부모를 ᄉᆞ친ᄒᆞ며 삭망조알(朔望朝謁)을 폐치 말나 ᄒᆞ시니, 초공이 텬은을 망극ᄒᆞ여 빅빈 ᄉᆞ례ᄒᆞ고 믈너나다.

상이 익일의 남평빅 동챵후 윤셩닌으로 좌승상(左丞相)을 졔슈ᄒᆞ시니라.

초공이 부즁의 도라와 부모긔 뵈옵고, 셩쥬의 은영(恩榮)과 ᄉᆞ직ᄒᆞ믈 고ᄒᆞ니, 일기 황은을 감츅ᄒᆞ고 하노공이 감뉘(感淚) 여우(如雨)ᄒᆞ여 졔ᄌᆞ졔손을 경계ᄒᆞ여 튱즉진명(忠則盡命)ᄒᆞ라 【1】 ᄒᆞ더라.

초공이 부즁의 쳐ᄒᆞ여 쌍친의 감지(甘旨)를 게얼니 아니ᄒᆞ여 노릭ᄌᆞ(老萊子)의 반의(斑衣)를 효측(效則)ᄒᆞ니, 잇다감 졔손을 가ᄎᆞ(假借)ᄒᆞ여 회희(詼諧)를 챵슈(唱酬)ᄒᆞ며 부모의 우으시믈 녕구(令求)ᄒᆞ니, 죵요로온 거동이 어ᄉᆞ 등이 밋지 못ᄒᆞ니, 노공부뷔 웃는 용화를 쥬릴 젹이 업더라.

삼뎨(三弟) 회쇼(戲笑)ᄒᆞ여 형장이 ᄌᆞ가 등의 ᄉᆞ랑을 앗는다 우으니, 합문(閤門)의 화긔 가득ᄒᆞ여 봄빗치 챤연ᄒᆞ니, 시졀 사름이 셔로 젼ᄒᆞ여 하승상의 셩효는 증ᄌᆞ(曾子) 왕상(王祥)[1078]의 지나니, 인인이 싱ᄌᆞ(生子)의 당여(當如) 하학셩이라 ᄒᆞ더라.

익셜 시표(時表)[1079]의 평진왕 윤상부의 환혁(煥赫)ᄒᆞᆫ 【2】 영광이 날노 ᄉᆡ로온지라. 진왕의 뎨삼녀 긔화쇼져의 ᄌᆞ는 홍운이니, 원비 뎡슉녈의 ᄎᆞ녜라. 이 본딩 닉외(內外) 명문화벌(名門華閥)의 탁셰(托世)ᄒᆞᆫ 바 고문셰덕(高門世德)으로 녕지방향(靈芝芳香)이오, 튱현여믹(忠賢餘脈)이라.

텬되(天道) 젹덕지가(積德之家)의 복덕명응(福德明應)을 쇼쇼히 나리오신 빈니, 계계승승(繼繼承承)ᄒᆞ여 옥슈닌벽(玉樹驎璧)이 엇지 상예지엽(常例枝葉)과 갓흐리오. 윤가 아쇼졔 지복지초(持腹之初)의 그 모비 《뎡슉녈∥뎡슉녈》이 일득신몽(一得神夢)ᄒᆞ니, 텬긔 명낭ᄒᆞ고 일월이 조요ᄒᆞ여 빅쥬(白晝)를 묘시(藐視)ᄒᆞᄂᆞᆫ 가온딩, 동남간으로 조ᄎᆞ 셔긔(瑞氣) 빈분(繽粉)ᄒᆞ고 칙운(彩雲)이 즁즁(重重)ᄒᆞ여 한 쩨 홍일(紅日)을 명에

1078)왕상(王祥) : 184-268. 중국 삼국-서진 시대의 관료. 효자. 자는 휴징(休徵). 서주 낭야국(琅琊國) 임기현(臨沂縣) 사람. 중국 24효자의 한사람. 효성이 지극하여 계모 주씨가 자신을 사랑하지 않음에도 극진히 섬겨, '겨울에 얼음을 깨고 잉어를 구해[叩氷得鯉]' 섬기는 등의 효행담을 남겼다.

1079)시표(時表) : 그 때.

ᄒ여 광ᄎ를 즈긔 실즁(室中)의 흘니더니, 믄【3】득 홍운(紅雲)ᄉ이로 조ᄎ 일지텬홰(一枝天花) 써러지니, 슉녈이 의희(依俙) 창망(悵惘)ᄒ여 두 손으로 바다 보니, ᄭᅩᆺ치 크기 년ᄭᅩᆺ만 못ᄒ고 오ᄎ(五彩) 어리여시니, 슉녈비 스스로 쇼ᄅᆡ나믈 ᄭᅢ닷지 못ᄒ여 칭찬 왈,

"빗나다, 년화여! 진실노 긔홰(奇花)며 보옥(寶玉)이로다."

언미(言未)의 텬홰 믄득 변ᄒ여 일위(一位) 졀염미이(絶艶美兒)되니, 운상무의(雲裳霧衣)의 머리의 일월(日月)을 니고 두ᄉᆞᆫ의 옥을 잡아시니, 졀셰 화안(花顔)이 빙졍쇄락(氷晶灑落)ᄒ더라. 이의 요요졍졍(夭夭貞靜)이 나아와 녜ᄒ고 왈,

"쳡은 셔왕모(西王母)의 뎨 삼녀 요희러니 일명은 긔홰라. 왕모 낭낭이 쳡의 형뎨ᄌᆞ미 구인 가온ᄃᆡ, 쳡은 더옥 월녜(月女)라 ᄒ여 과도히 ᄉᆞ랑ᄒᆞ샤, 년시계【4】ᄎ(年是笄叉)1080)를 당ᄒ연지 오ᄅᆡ나, 비필을 졍치 아냐 계시더니, 옥쳥궁(玉淸宮) 신임 주양진군이 쳡의 좀 ᄌᆡ용을 흠모ᄒ여 혼인을 구ᄒᆞᄃᆡ, 모낭낭(母娘娘)이 진군의 년쇼 호신ᄒᆞ믈 블쾌ᄒ여 블허ᄒ시니, 진군이 노ᄒ여 쳡의 도장을 엿보아 ᄌᆞ로 침노ᄒ니, 모낭낭이 아ᄅᆞ시고 ᄃᆡ로ᄒᆞ여, 상뎨긔 고ᄒᆞ여 주양진군의 호방ᄒᆞᆫ 죄를 다스리시믈 쳥ᄒ니, 옥뎨(玉帝) 본ᄃᆡ 진군을 ᄉᆞ랑ᄒᆞ시는 고로 ᄎᆞ마 하계(下界)의 나리오실 ᄯᅳᆺ이 업스ᄃᆡ, 왕모 낭낭은 옥뎨 친ᄆᆡ(親妹)시라. 옥뎨 비록 진군을 춍ᄋᆡᄒᆞ시나, 동긔(同氣)의 쇼쳥을 미미(洸洸)1081)치 못ᄒᆞ샤, 드듸여 진군을 하계의 칠십오일을 닉치시나, 쳡은 무죄타ᄒ【5】샤 인간의 보닐 ᄯᅳᆺ이 업더니, 주양진군이 옥뎨 춍ᄋᆡ를 밋고 울며 발원(發願)ᄒᆞ여 죽기로써 홀노 하계ᄒᆞ믈 원치 아니ᄒ니, 상뎨(上帝) 그 졍을 어엿비 너기샤 드듸여 쳡을 마ᄌᆞ 인간의 보ᄂᆡ시니, 이졔 진군은 황퇴ᄌᆞ 뎡비긔 의탁ᄒ고 쳡은 왕뫼 ᄉᆞ랑ᄒᆞ시ᄂᆞᆫ 고로 각별 젹덕지문(積德之門)의 보ᄂᆡ시니, 이의 현비긔 의탁ᄒᆞᄂᆞ니 원컨ᄃᆡ 어엿비 너기쇼셔."

《슉녈비∥슉녈비》 쳥파(聽罷)의 이 곳 국모(國母)의 귀ᄒᆞᆫ 상셰(祥瑞)를 깃거 아녀 왈,

"션낭(仙娘)은 상계(上界) 텬황지엽(天皇枝葉)이오. 쳡은 진셰(塵世) 미문녀ᄌᆞ(微門女子)라. 엇지 감히 니 갓흔 텬복(天福)을 감당ᄒᆞ리오. 션낭은 각별 고문셰벌(高門世閥)의 젹덕지가(積德之家)의 강ᄉᆡᆼ(降生)ᄒ시고 미문박덕(微門薄德)ᄒᆞᆫ 곳을 【6】뉴련(留連)치 마ᄅᆞ쇼셔."

션ᄋᆡ(仙娥) 미쇼 왈,

"텬뎨와 우리 모낭낭이 니ᄅᆞ시ᄃᆡ 당셰 숑조(宋朝)의 젹덕지문은 윤쳥문이라 ᄒᆞ시고 쳡을 보ᄂᆡ시니 어ᄃᆡ로 도라가리잇고?"

셜파의 몸을 움즉여 부인 침변(枕邊)을 향ᄒᆞ거ᄂᆞᆯ, 슉녈비 번연(翻然) 경각(驚覺)ᄒᆞ니

1080)년시계ᄎ(年是笄叉) : '나이가 비녀를 ᄭᅩᆺ을 ᄯᅢ가 되었다'는 ᄯᅳᆺ으로, '시집갈 나이가 되었음'을 이르는 말.

1081)미미(洸洸)ᄒ다 : 매매(洸洸)하다. 창피를 줄 정도로 거절하는 태도가 쌀쌀맞다

남가일몽(南柯一夢)1082)이라. 몽시 십분 명빅ᄒ고 몽즁 션아의 옥음낭셩(玉音朗聲)과 셩모화안(聖貌花顔)이 안져(眼底)의 녁녁(歷歷)ᄒ더라.

과연 이달븟터 잉ᄐᆡᄒ여 십삭의 니르니 산실(産室)의 향운셔뮈(香雲瑞霧) 어리고 ᄌᆞ못 신이ᄒᆞᆫ 일이 만ᄒ니, 가즁상히(家中上下) 긔이히 너기고, 왕과 슉녈비 반ᄃᆞ시 이몽(異夢)의 상셰 범연치 아닌 쥴 아더니, 과연 ᄉᆡᆼ녀ᄒᆞᄆᆡ 이 믄득 속셰범【7】ᄋᆡ(俗世凡兒) 아니라. 이 블과 《슈촌∥쳑촌》지믈(尺寸之物)1083)의 강보히ᄋᆡ(襁褓孩兒)로ᄃᆡ 작인ᄒᆞᆫ ᄇᆡ 경ᄌᆞ옥골(瓊姿玉骨)이오 셩덕광홰(聖德光華)라.

니러구러 일칠(一七)이 지나믜 존당상히 모다 보고 신긔히 너기고, 반ᄃᆞ시 자라믜 존귀ᄒᆞᆯ 상인 쥴 지긔(知機)ᄒ더라. 졈졈 ᄌᆞ라믜 더옥 긔특ᄒ니 존당부모의 일편교ᄋᆡ(一偏嬌愛) 비길 곳이 업고, 죠모 조틴비의 이즁ᄒᆞᆫ 졔손의 더으더라. 몽ᄉᆞ를 인ᄒᆞ여 명을 긔홰라 ᄒ고, ᄌᆞ를 홍운이라 ᄒᆞ니라.

쇼졔 졈졈 ᄌᆞ라 슈삼셰(數三歲)의 니르니 셜부화용(雪膚花容)이 날노 ᄉᆡ롭고, 신셩녕오(神性穎悟)ᄒᆞᄆᆡ 날노 긔특ᄒ니, 년보(年步) ᄉᆞ오셰의 능히 가ᄅᆞ치지 아닌 문ᄌᆞ를 통ᄒ여 칠팔셰의 니르러는 능히 【8】문장의 삭시 니러, 붓슬 들ᄆᆡ 영셜회문(詠雪回文)1084)의 비아(卑阿)ᄒᆞᆷ믈 구ᄎᆞ히 너기고, '왕발(王勃)의 등왕각셔(滕王閣序)'1085)의 단명(短命)ᄒᆞᆷ믈 우으니, 다만 필하(筆下)의 쥬옥(珠玉)이 난낙(亂落)ᄒᆞ고 지상(紙上)의 운영(雲影)이 취지(聚之)ᄒ니, 지어문한지유무(至於文翰之有無)1086)는 규즁(閨中)의 니ᄅᆞᆯ ᄇᆡ 아니어니와, 녀공지ᄉᆞ(女工之事)의 모ᄅᆞᆯ 거시 업셔, 빅ᄉᆞ(百事)의 신묘지능(神妙才能)ᄒᆞᄆᆡ 《무블무가∥무가무불가(無可無不可)1087)》ᄒ니, 엇지 족히 셩인(聖人)의 촌

1082)남가일몽(南柯一夢) : 꿈과 같이 헛된 한때의 부귀영화를 이르는 말. 중국 당나라의 순우분(淳于棼)이 술에 취하여 홰나무의 남쪽으로 뻗은 가지 밑에서 잠이 들었는데 괴안국(槐安國)의 부마가 되어 남가군(南柯郡)을 다스리며 20년 동안 영화를 누리는 꿈을 꾸었다는 데서 유래한다.

1083)쳑촌지믈(尺寸之物) : 한 자 한 치밖에 안되는 조그마한 물건이라는 뜻으로, 얼마 되지 않는 조그마한 것을 이르는 말. *쳑촌(尺寸); 한 자 한 치. 늑촌척(寸尺).

1084)영셜회문(詠雪廻文) : =영설지재(詠雪之才). 진(晉)나라의 왕응지(王凝之)의 아내 사도온(謝道韞)이 어려서 눈을 버들가지에 비유해 즉흥으로 묘구(妙句)를 지어낸 고사에서 유래한 말로, 사도온의 숙부 사안(謝安)이 집안의 여러 아이들을 모아 놓고 문장을 강론하면서, "저 분분히 날리는 눈이 무엇을 닮았느냐?"고 묻자, 사도온이 ""버드나무 꽃이 바람에 흩날리는 것 같습니다"라고 답하자, 사안이 그 묘재를 탄복했다 한다. 이후 이 말, 곧 '영설지재(詠雪之才)'는 '여자의 뛰어난 글재주'를 이르는 말로 쓰이고 있다. 『진서(晉書)』 <왕응지처 사씨전 (王凝之妻 謝氏傳)에 전한다.

1085)왕발(王勃)의 등왕각셔(滕王閣序) : 당(唐) 나라 때 왕발(王勃)이 강서성(江西省) 남창시(南昌市)에 있는 정자인 등왕각(滕王閣)의 낙성식에 참석해 지었다는 글. *왕발(王勃); 중국 당나라 초기의 시인(650~676). 자는 자안(子安). 양형(楊炯)·노조린(盧照隣·낙빈왕(駱賓王)과 함께 초당사걸(初唐四傑)의 한 사람으로, 특히 오언 절구에 뛰어났다. 작품에 <등왕각서(滕王閣序)>가 유명하며, 시문집 ≪왕자안집(王子安集)≫ 6권이 있다.

1086)지어문한지유무(至於文翰之有無) : 글을 잘 짓고 못 짓는 일에 대해서는.

1087)무가무불가(無可無不可) : 가(可)함도 불가(不可)함도 없다'는 뜻으로, 사람의 말과 행동이 중용(中庸)을 취하여 지나치거나 모자람이 없음을 이르는 말. 『논어(論語)』<미자(微子)>편에서 공자가 '我則異於是 無可無不可'에서 따온 말..

음(寸陰)을 앗기시던 셩덕(聖德) ᄯ롬이리오.

향년이 십일셰의 밋ᄎ니, 톄형이 졍슉ᄒ여 규덕(閨德)의 낫브미 업고, 쳔연ᄒᆫ 싁덕과 슉연ᄒᆫ 위의(威儀) 엄연이 딕셩인(大聖人)의 규뫼(規模)○[롤] 일윗ᄂᆞᆫ지라.

일즉 년보(年步) 칠셰의 부왕의 명으로 슉쇼롤 졍ᄒ여 유아 시비로 더브【9】러 쳐ᄒᆞᆷ, 다만 부모존당의 신혼셩졍(晨昏省定)을 맛춘 밧 발ᄌ최 쟝각(莊閣)을 쎠나지 아니ᄒ고, 쥬야 셥녑ᄒᄂᆞᆫ 비 녀힝이라. 혹즈 존당의 시립ᄒᄂᆞᆫ 쩌라도 회히언쇼(詼諧言笑)롤 간디로 아니 ᄒ여, 일양(一樣) 보험(輔臉)이 젹뇨(寂廖)ᄒ니 가즁 비비(婢輩) 그 얼골을 ᄌ셔 보지 못ᄒ고, 친쳑이 그 말쇼리롤 듯지 못ᄒ니, 이 진실노 예셩(譽聲)을 요구ᄒ여 지어 ᄒᆞᆷ 아니로딕, 하늘이 각별이 닉신 바 텬강셩녜(天降聖女)어니, 엇지 빅힝규뫼(百行規模) 범연ᄒ리오.

ᄉ시힝언(四時行焉)의 빅믈(百物)이 싱언(生焉)1088)ᄒᄂᆞᆫ 조화롤 윤쇼졔 홀노 타 나미니, 존당이 본젹마다 긔이ᄒ고 군종형뎨 다 긔경(起敬)ᄒ여 쇼쇼 녀ᄌ로 보지 못ᄒ더라.

종종 윤노【10】공이 ᄆᆡ양 그 작셩이긔(作性異氣)롤 신긔히 너겨 향셕(向昔)1089)의 일ᄏ라 왈,

"아롬답다 긔화여! 진짓 긔홰(奇花)로소니, 텬뵈(天寶)며 디뵈(地寶)오, 믈호(物乎)아, 산 영(靈)1090)이라. 셩녀(聖女) 사시(姒氏) 하쥬(河洲)1091)의 계실 젹은 그 엇더ᄒ시던지 모로거니와, 당셰(當世)1092)의 나의 종손녀(從孫女) 갓ᄒ니 ᄯ 다시 이시리오. 션화・월화・옥화 등이 비록 곱고 긔특ᄒ나 결단코 ᄎ아의 탁츌비샹(卓出非常)ᄒᆞᆷ 밋지 못홀 거시오, 슉녈 질부의 긔이ᄒ미나 ᄯ 능히 ᄎ녀롤 바라지 못ᄒ리니, ᄎ아ᄂᆞᆫ 진짓 승어모형(勝於母兄)이니 가히 인가(人家)의 두지 아닐 보빅될가 ᄒ노라."

ᄒ니, 일노조ᄎ 쇼져의 남달니 긔특ᄒᆞᆫ 쥴 더욱 알니러라.

진왕이 계부(季父)의 명【11】견(明見)을 탄복ᄒ여, 도로혀 블안ᄒᆷ믈 니긔지 못ᄒ여 더욱 졔아의 가취롤 밧비 너기ᄂᆞᆫ 비러니, ᄎ역텬의(此亦天意)라. 엇지 인녁의 밋ᄎ리오.

ᄎ년 츈이월의 믄득 나라히셔 틱손비(太孫妃)롤 간션(揀選)ᄒ시ᄂᆞᆫ 조명(詔命)이 쟝안갑졔(長安甲第)의 ᄂᆞ리니, 진왕이 더옥 공구(恐懼)ᄒ더라.

화셜 황틱지 졍궁 곽낭낭이 틱손(太孫)을 탄싱ᄒ여 이쎠 년급십일셰(年及十一歲)니,

1088)ᄉ시힝언(四時行焉)의 빅믈(百物)이 싱언(生焉) : 사시(四時; 봄, 여름, 가을, 겨울)가 운행하며 온갖 사물을 생성케 한다는 뜻. 『논어』<양화(陽貨)>편에 나오는 말.
1089)향셕(向昔) : 전에.
1090)산 영(靈) : 살아있는 영(靈).
1091)하쥬(河洲) : 저구(雎鳩) 새가 있는 강물 모래톱을 뜻하는 말로, 여기서 저구 새는 주(周)나라 문왕(文王)의 비(妃)인 태사(太姒)를 말한다. 문왕과 태사 부부의 사랑을 노래한 『시경』<관저(關雎)>장의 "관관저구 재하지주 요조숙녀 군자호구(關關雎鳩 在河之洲 窈窕淑女 君子好逑)에서 따온 말이다.
1092)당셰(當世) : 지금 세상.

이곳 당당흔 뇽즈봉손(龍子鳳孫)이라. 텬명을 길게 밧즈온 바 만셰지쥬(萬歲之主)니 엇지 범인쇽즈(凡人俗子)와 갓흐시리오. 방면대이(方面大耳)1093)와 뇽미봉안(龍眉鳳眼)이오, 늉쥰일각(隆準日角)1094)이라. 뇽봉즈질(龍鳳資質)의 텬일지푀(天日之表) 긔이흐믄 니룰【12】도 말고, 신셩특달(神性特達)ᄒ시고 총명예쳘(聰明睿哲)ᄒ샤 크게 셩덕지규뫼(聖德之規模) 계시니, 가히 딕송종ᄉ(大宋宗社)의 만셰블멸지복(萬歲不滅之福)이러라.

년급《실일∥십일》(年及十一)의 비(妃)를 퇵(擇)지 아냐 계시더니, 추년 츈의 비로소 조지(詔旨)를 조당(朝堂)의 나리오시민, 쥬문갑졔(朱門甲第)의 삼공뉵경(三公六卿)이며 지상공후(宰相公侯)의 유녀유손즈(有女有孫者)는 다 진경(震驚)ᄒ여 십삼셰 이하로븟터 팔구셰 이상 녀즈들을 다 간션의 드리더니, 추시 윤·하·뎡 삼문의 쇼졔(小姐) 만흐나, 혹 년치(年齒) 부젹(不敵)ᄒ니는 다 ᄲᆞ지오고, 기여(其餘) 여러 쇼졔이시나, 졔뎡과 하상국은 스스로 니르딕,

"다 녀ᄌᆡ(女才) 용상(庸常)ᄒ니 엇지 감히 퇵손비 간션의 참예【13】ᄒ리오."

ᄒ고 윤상국은 필녜(畢女) 어려시므로 단즈(單子)의 ᄲᆞ지오고, 진왕은 유유블낙(儒儒不樂)ᄒ여 녀아(女兒)를 간션단즈(揀選單子)의 드리지 아녓더니, 이ᄸᅦ 만셰황애 퇵낭낭을 뫼셔 황후와 퇵즈부부로 더부러 장츄궁의 포진(鋪陳)을 널니시고 허다 녀즈를 드려보시니, 낭일 간션의 무슈흔 녀즈 부지기쉬(不知其數)로딕, 이 블과 예수 평평흔 염식(艶色)으로, 화장셩식(化粧盛飾)을 찬난이 ᄒ고, 분면화안(粉面花顔)을 치레ᄒ여시나, 일인도 셩심(聖心)의 맛갓지 아닌지라. 셩심이 블쾌(不快)ᄒ시더니, 믄득 ᄭᆡ다라 졔녀의 셩시를 므르시니, 이 ᄯᅩ흔 다 조졍지상의 녀즈로딕 기즁(其中)의 하나토 윤·하【14】·뎡 삼문 녀즈 업ᄂᆞᆫ지라.

상이 졔공의 겸손ᄒᄂᆞᆫ 덕을 아르시나, 셩지(聖旨)를 블응ᄒᄆᆞᆯ 노ᄒ샤 드딕여 간션을 파ᄒ시고, 졔녀를{졔녀를} 각각 진보픿산(珍寶貝珊)으로 상쥬어 도라 보닉시고, 익일 조지를 삼부의 나리와 칙 왈,

"퇵손비(太孫妃)는 국본(國本)의 읏듬이오. 만민의 바라ᄂᆞᆫ 빅라. 짐이 비록 지엄지디(至嚴之地)의 쳐ᄒ여 외간ᄉ(外間事)를 다 아지 못ᄒ나, 일즉 문견(聞見)은 드르미 잇ᄂᆞ니, 당셰의 슉녀명염(淑女名艶)은 다 윤·하·뎡 삼문의 모닷다 ᄒᄆᆞᆯ 드럿거늘, 이졔 황손이 장셩ᄒ여 비를 퇵ᄒᄆᆡ 윤·하·뎡 삼가의 엇지 규쉬 업스리오만은, 경 등이 식녹딕신(食祿大臣)이 되여 국【15】쳑(國戚)을 너모 빗쳑ᄒ여 셩지를 블응ᄒ니, 이 엇지 신즈의 도리리오. 짐이 각별 쳐단(處斷)홀 줄 모로미 아니로딕, 관젼(寬典)을 드리워 용셔ᄒᄂᆞ니, 경등은 님군의 약ᄒᄆᆞᆯ 너모 업슈이 너기지 말나."

1093) 방면대이(方面大耳) : 네모 난 얼굴과 큰 귀.
1094) 늉쥰일각(隆準日角) : '우뚝한 코'와 '이마 한가운데 불거져 있는 뼈'라는 말로, 관상에서 '귀인의 상'을 이른다. *융준(隆準); 우뚝한 코. =융비(隆鼻). *일각(日角); 관상에서, 이마 한가운데 뼈가 불거져 있는 것을 말하는데, 귀인의 상(相)이라 한다.

ᄒᆞ니,

삼문졔공이 불승황공숑뉼(不勝惶恐悚慄)ᄒᆞ여 쳥죄ᄒᆞ고, 마지 못ᄒᆞ여 단ᄌᆞ를 걸고 각각 녀아를 간션의 드릴ᄉᆡ, 뎡상부의셔ᄂᆞᆫ 진국공의 ᄎᆞ녀 긔염쇼져와 쥭명공의 ᄎᆞ녀 교염과 하부의셔ᄂᆞᆫ 하승상 필녜 혜강쇼져와 북후의 쟝녀 텬강쇼져를 다 쟝쇽(裝束)ᄒᆞ여 간퇵의 드릴ᄉᆡ, 뎡쇼져 냥인과 하쇼져 냥인이 다 년긔(年紀) 이륙초츈(二六初春)이라. 기기(個個)【16】히 덕문여엽(德門餘葉)으로 ᄉᆞ덕(四德)이 뎡슌(貞純)ᄒᆞ여 당셰 요조가인(窈窕佳人)이러라.

진궁의셔ᄂᆞᆫ 엄지(嚴旨)를 밧ᄌᆞ오ᄆᆡ 마지 못ᄒᆞ여 긔화쇼져를 간션의 드릴ᄉᆡ, 츠야의 진왕부뷔며 가즁상하인이 다 한가지로 신몽(神夢)을 ᄭᅮᆷᄭᅮ니, 홍운쇼졔 머리의 히를 니고 황뇽을 타며 치운을 멍에ᄒᆞ여 공즁의 오ᄅᆞ거늘, 놀나 ᄭᅢ다ᄅᆞ니 남가일몽(南柯一夢)이라.

일가(一家) 셔로 몽ᄉᆞ를 {셔로} 일너 갓흐믈 이샹이 너기고, 쇼졔 이날 간퇵의 밋쳐 ᄲᅳ지 아녀셔 임의 황손비될 줄 지긔ᄒᆞᄂᆞᆫ지라. 진왕과 슉녈비 비쇼원(非所願)이나 막비텬야명애(莫非天也命也)1095)라. ᄒᆞᆯ 일 업더라. 초일 윤쇼졔 치쟝셩복(彩粧盛服)【17】으로 존당부모긔 하직ᄒᆞ니, 임의 하원(遐遠)ᄒᆞᆫ 귀복(貴福)과 영발(英發)ᄒᆞᆫ 화긔(和氣) 더욱 ᄌᆞ연ᄒᆞ여 쳔ᄐᆡ만염(千態萬艶)이 초일 더욱 비승(倍勝)ᄒᆞᆫ 듯ᄒᆞᆫ지라.

진왕이 녀아의 셤신(纖身)을 나호여 옥슈를 잡고, 션빈(鮮鬢)을 어로만져 쳐연쟝탄(悽然長歎) 왈,

"ᄌᆞ고급금(自古級今)의 셰원인망(世遠人亡)1096)ᄒᆞ여 쇼허(巢許)1097)의 쳥심(淸心)은 두번 잇기 어려오니, 시쇽(時俗)이 무드러 부귀를 읏듬ᄒᆞᄆᆞᆯ, 닉 엇지 홀노 홍진의 ᄌᆞᆷ겨 환욕(宦慾)을 염고(厭苦)ᄒᆞ미리오만은, 닉 박덕으로 진실노 위극인신(位極人臣)ᄒᆞ며 부유쳔승(富有千乘)의 묘복(眇福)이 과(過)의니, 엇지 다시 국쳑권귀(國戚權貴)의 모쳠(冒添)ᄒᆞ믈 즐기리오. ᄒᆞ믈며 닉 아희ᄂᆞᆫ 하늘이 각별 유의ᄒᆞ여 나리【18】오신 바 당셰의 셩인이라. 임○[의] 텬명을 긔리 밧ᄌᆞ오ᄆᆡ 깁흔 줄은 오이 지복지초(持腹之初)1098)의 임의 아랏ᄂᆞ니, 아지못게라! 금일 ᄯᅥ나미 우연ᄒᆞᆫ 일이 아니니, 다시 부녀 모녜 학당의 모다 지ᄌᆞ텬눈(舐子天倫)1099)의 죵요로오믈 펼 날이 업슬가 ᄒᆞ노라."

1095) 막비텬야명애(莫非天也命也) : (매사가) 하늘의 뜻이 아닌 것이 없고 운명이 아닌 것이 없음을 이르는 말.
1096) 셰원인망(世遠人亡) : 세월이 흘러 옛 세상은 멀어졌고, 옛 어진 사람은 다 죽어 있지 않음.
1097) 쇼허(巢許) : 고대 중국의 은자 소부(巢父)와 허유(許由)를 아울러 일컫는 말. *소부(巢父) : 고대 중국의 전설상의 인물. 영수(潁水)에서 소에게 물을 먹이려다, 허유가 왕위를 맡아달라는 요(堯)임금의 말을 듣고 귀가 더러워졌다며 귀를 씻는 것을 보고, 그 귀 씻은 물을 자신의 소에게 먹일 수 없다며, 소고삐를 끌고 기산(箕山)으로 들어가 숨었다고 함. *허유(許由) : 고대 중국의 전설상의 인물. 자는 무중(武仲). 요임금이 왕위를 물려주려 하였으나 받지 않고 도리어 자신의 귀가 더러워졌다고 하여 영수(潁水)에 귀를 씻고 기산(箕山)에 들어가서 숨었다고 함.
1098) 지복지초(持腹之初) ; 처음 아기를 뱃속에 가졌을 때.
1099) 지ᄌᆞ텬눈(舐子天倫) : 어미 소가 송아지를 핥는 것과 같은 사랑이 담긴 부자 사이의 의리.

셜파의 빈미장탄(嚬眉長歎)ᄒ여 화긔 져삭(沮索)ᄒ니, 모비 쏘흔 옥슈ᄅᆞᆯ 잡아 안식이 쳐연ᄒᆞᆫ지라. 쇼졔 부용모안(父容母顔)을 우러러 블승감오(不勝感嗚)ᄒ여, 츄파(秋波)의 쳐식(悽色)이 은연ᄒᆞᆷᄋᆞᆯ 씌닷지 못ᄒ니, 좌위 호언으로 위로ᄒ여 날이 느즈미 감히 지류(遲留)치 못ᄒ여, 이의 좌즁의 하직ᄒ고 삼부 졔쇼졔 화교(華轎)ᄅᆞᆯ 한가지로 ᄒ여 ᄃᆡ니(大內)의 【19】입조ᄒ니, 뎨휘 쏘흔 장츄궁의 계ᄉᆞ 모든 녀ᄌᆞᄅᆞᆯ 다 블너 ᄎᆞ례로 조현(朝見)ᄒ라 ᄒ시니, 장츄궁 층층흔 옥계하(玉階下)의 금슈포진(錦繡鋪陳)이 휘황흔 가온ᄃᆡ, 경궁취ᄃᆡ(瓊宮翠黛)[1100] 무리지어 왕ᄂᆡᄒ고, 분면화안(粉面花顔)의 화장셩식(化粧盛飾)이 나렬ᄒ여 ᄎᆞ례로 드러와 뎨후긔 알현ᄒ니, 긔긔히 침어낙안지ᄐᆡ(沈魚落雁之態)[1101]와 폐월슈화지용(蔽月羞花之容)[1102]이라. 광한뎐(廣寒殿) 너른 ᄯᅳᆯ히 옥쳥군션(玉淸群仙)이 닷호와 조회ᄒᆞᄂᆞᆫ 듯ᄒ더라. 그러나 오히려 홍장분ᄃᆡ(紅粧粉黛)의 예ᄉᆞ 미식이오, 진짓 ᄐᆡ양(太陽)의 광휘ᄅᆞᆯ 보지 못ᄒ리러니, 최후의 쳥의아환(靑衣丫鬟) 십여ᄡᅡᆼ이 향촉을 밧들고 ᄉᆞ오기 미인을 붓드러 옥계하【20】의 드러와, 농뎡(龍庭)의 팔ᄇᆡ고두(八拜叩頭)ᄒ고 산호비무(山呼拜舞)ᄒ니, 옥셩(玉聲)이 쳥아(淸雅)ᄒ여 형산(荊山)의 옥(玉)을 마으ᄂᆞᆫ 듯, 월이(月娥)[1103] 계슈변(桂樹邊)의 노니ᄂᆞᆫ듯 ᄒᆞᆫ지라.

우흐로 삼뎐(三殿)이시며 ᄐᆡ즈부뷔 황홀긔이ᄒ여 밧비 농안을 드러 쳠관(瞻觀)ᄒ시니, 다ᄉᆞᆺ 녀ᄌᆡ 한갈갓치 복식이 화려ᄒ고 신장이 ᄎᆞ등치 아니니, 긔긔히 화안운빈(花顔雲鬢)이로ᄃᆡ, 기즁(其中) 일녀ᄌᆡ(一女子) 더옥 흐억 윤ᄐᆡᆨᄒ고 빙졍쇄락(氷晶灑落)ᄒ여 쳔ᄐᆡ만상(千態萬象)이 긔긔묘묘(奇奇妙妙)ᄒ고 덕셩긔질과 당당흔 귀복을 아올나시니, 덕죵지죵(德宗之宗)이오 식죵지원(色宗之元)이니, 하늘이 유의ᄒ여 ᄂᆡ신 셩녀슉완(聖女淑婉)이라.

뎐상뎐하의 시위 궁인들이 홀【21】홀역식(惚惚易色)ᄒ고 뎨휘 크게 긔이히 너기샤, 밧비 탑하(榻下)의 인견ᄒ샤 셩시ᄅᆞᆯ 므르시니, 이 다ᄅᆞ니 아니라 뎡가 냥녀와 하가 양녀니, 다 아름답고 ᄲᅢᅘᅧ나 금고(今古)의 희한흔 미식이오. 기즁(其中) 특츌흔 일녀ᄌᆞᄂᆞᆫ 곳 평진○[왕]의 삼녀니, 원비 뎡슉녈의 쇼싱야오, 평졔왕 뎡텬흥의 싱이니, 방년이 십일《초슌‖초춘》이니, ᄂᆡ외 문미(門楣) 혁혁ᄒᆞᆷ은 니ᄅᆞ도 말고, 그 아름다오미 셰고(世古)의 무뎍(無敵)이라.

셩심이 ᄃᆡ열(大悅)ᄒ샤 드ᄃᆡ여 파조ᄒ시고, 모든 녀ᄌᆞ와 뎡·하 냥부 ᄉᆞ쇼져ᄅᆞᆯ 다

1100)경궁취ᄃᆡ(瓊宮翠黛) : 눈썹을 그린 궁녀. *경궁(瓊宮); 옥으로 장식한 궁전. *취대(翠黛); 눈썹을 그리는 데에 쓰는 푸른 먹.

1101)침어낙안지태(沈魚落雁之態) : 미인을 보고 물 위에서 놀던 물고기가 부끄러워서 물속 깊이 숨고 하늘 높이 날던 기러기가 부끄러워서 땅으로 떨어질 만큼, 여인의 자태가 매우 아름다움을 비유적으로 이르는 말. 『장자(莊子)』 <제물론(齊物論)>에 나온다.

1102)폐월슈화지용(閉月羞花之容) : 달이 숨고 꽃도 부끄러워할 만큼 여인의 얼굴이 매우 아름답다는 것을 비유적으로 이르는 말.

1103)월이(月娥) : 월궁에 산다는 선녀 항아(姮娥)를 달리 이르는 말.

금쥬픠산(金珠貝珊)으로 상스ᄒ여 도라보닉시고, 윤쇼져는 붓드러 별궁(別宮)으로 보닉시고, 조졍의 하조(下詔)ᄒ샤,

"진【22】왕 윤쳥문의 쇼녀로 황틱손비(皇太孫妃)를 졍ᄒ노라."

ᄒ시고, 흠텬관(欽天官)[1104]의 틱일ᄒ여 초례(醮禮)[1105]를 힝ᄒ라 ᄒ시니, 이쩍 거조(擧朝)의셔 윤쇼져의 셩화(聲華)를 모로리 업는 고로, 국본(國本)의 죵시 창딩홀 바를 뉘 아니 깃거 ᄒ리오. 만죄 일시의 산호만셰(山呼萬歲)ᄒ여 치하ᄒ니, 셩심이 더옥 환흡ᄒ시더라.

뎡·하 스쇼졔 각각 본부로 도라가고, 이 쇼식이 진궁의 니르니, 진왕이 임의 녀아의 비상ᄒ믈 신싱지초(新生之初)로붓터 지긔ᄒ미 이시나, 니러틋 ᄒ여 문호의 셩만ᄒ믈 블안공구(不安恐懼)ᄒ미 여좌침상(如坐針床)ᄒ니, 비록 스양ᄒ여 면치 못홀 빈 줄 아나, ᄯᅩ흔 넘치의 안연치 못【23】ᄒ여 이의 셔너번 상쇼ᄒ여, 한문쇼녜(寒門小女) 박덕블혜(薄德不慧)ᄒ니, 감히 텬손의 비필의 감당치 못홀 바를 스양ᄒ온딕, 상이 우으시고 죵블윤(終不允)ᄒ시니 홀일 업더라.

흠텬관이 틱일ᄒ여 텬졍(天廷)의 알외○[니], 길월냥신(吉月良辰)이 하스월 습슌이러라. 뎨휘 틱손(太孫)의 길긔 슈히 되믈 더옥 깃그샤 혼슈(婚需)를 셩비(盛備)ᄒ니, 이 곳 만승의 부귀라, 그 엇지 비겨 의논ᄒ리오.

광음(光陰)이 쇽쇽(速速)ᄒ여 길긔(吉期) 다ᄃᆞ르니, 이날 틱손이 허다 위의로 별궁(別宮)의 나아가 녜안(禮雁)을 드러 텬딕긔 젼ᄒ고, 뉵녜(六禮) 빅냥(百輛)으로 비를 우귀(于歸)ᄒ여 도라오시민, 금난뎐의셔 독좌(獨坐) 합환(合歡)[1106]ᄒ시고, 허다 시녜 붓드【24】러 단장을 곳치고, 진쥬션(眞珠扇)을 아스민, 폐빅(幣帛)을 밧드러 틱낭낭과 뎨후긔 비알ᄒ고, 틱ᄌᆞ부부긔 조뉼(棗栗)을 밧드러 뵈오니, 삼뎐(三殿)이 긔특ᄒ믈 니긔지 못ᄒ샤 시로이 그 화안옥질(花顔玉質)을 눈쥬어 보시며, 허다 황친 국쳑과 졔왕 공쥬 등이 일시의 만셰를 블너 하례ᄒ온딕, 삼뎐이 희동안식(喜動顔色)ᄒ시고, 틱ᄌᆞ부뷔 만심환열ᄒ시더라.

뎨휘 금화치단(金貨綵緞)으로써 그 시위(侍衛)와 비의 좌우를 상(賞)ᄒ시니 시위지인(侍衛之人)이 다 깃거ᄒ더라. 죵일 진환(盡歡)ᄒ시고 셕양의 파연(罷宴)ᄒ시니, 황친 졔부인과 외조 명뷔 다 퇴조ᄒ다. 틱손비 인ᄒ여 혼졍지녜(昏定之禮)를 파ᄒ고, 물【25】너 궁의 도라오니, 좌우 궁인이 시호(侍護)ᄒ더라.

틱손비 인ᄒ여 궁즁의 머므러 존당삼뎐(尊堂三殿)과 구고냥뎐(舅姑兩殿)을 셤기오민, 동동쵹쵹(洞洞屬屬)ᄒ고, 숙흥야민(夙興夜寐)ᄒ여 신셩(神聖)흔 직덕과 츌텬흔 셩효(誠孝)며 촌음(寸陰)을 앗기는 셩덕이 이시니, 뎨휘 크게 익즁(愛重)ᄒ시고, 틱손이

[1104]흠텬관(欽天官) : 천문역수(天文曆數)의 관측을 맡은 관아인 흠천감(欽天監)의 관리.
[1105]초례(醮禮) : 전통적으로 치르는 혼인례(婚姻禮)를 달리 이르는 말.
[1106]합환(合歡) : =합환례(合歡禮). 합근례(合졸禮). 전통 혼례식에서 신랑 신부가 혼인을 맹세하는 뜻으로 서로 술잔을 주고받아 마시는 의식.

공경즁딕 ᄒ시더라.

진궁의셔는 진왕과 《슉녈비‖슉녈비》 황가년혼(皇家連婚)이 만만비쇼원(萬萬非所願)이오, 녀이 유연약질(柔軟弱質)노 초방계익(椒房桂掖)[1107]의 부귀 존영ᄒ나, 지극히 겸손ᄒᄂ는 마ᄋᆞᆷ이 두리고 져허ᄒ나 임의 흘일이 업거늘, 틱손비 믄득 십일셰 유년(幼年)이로딕, 텬싱 타나온 ᄌᆡ덕이 신셩예덕(神聖睿德)ᄒᆞᄆᆞᆯ 겸ᄒᆞ여, 지엄지【26】디(至嚴之地)의 존영ᄒᆞᄆᆞᆯ 능히 감당ᄒᆞ여, ᄋᆞᆺ다온 예셩(譽聲)이 ᄉᆞ셔(士庶)의 ᄀᆞ득ᄒᆞ며, 샹이 ᄌᆞ로 진왕의 긔녀 두어시믈 포장(褒奬)ᄒᆞ사 권춍(眷寵)이 시로이 늉늉(隆隆)ᄒᆞ시고, 틱손이 ᄌᆞ로 샹방어션(尙方御膳)으로ᄡᅥ 조틱비와 진왕부부의게 보ᄂᆡ시니, 가즁샹히 황은(皇恩)이 ᄎᆞ즁(此重)[1108]ᄒᆞ시믈 감복지 아니리 업고, ᄯᅩᄒᆞᆫ 텬ᄌᆞ의 은영은 황공블승(惶恐不勝)ᄒᆞᆯ지언졍 ᄉᆞ양치 못ᄒᆞ되, 틱손비의 효봉(孝奉)ᄒᆞᄂᆞᆫ딕 다ᄃᆞ라ᄂᆞᆫ 믄득 깃거 아녀 왈,

"군신ᄃᆡ의(君臣大義) 비록 지즁(至重)ᄒᆞ나 부녀텬뉸(父女天倫)이 ᄎᆞ딕(且大)[1109]ᄒᆞ니, 틱손은 비록 나의 님군이나 틱손비는 곳 나의 슬히(膝下)라. 이졔 군신지의ᄅᆞᆯ 붉히고져 흔즉, 부녀텬뉸(父女天倫)이 호란(胡亂)ᄒᆞᄂᆞ니, 님【27】군의 쥬ᄂᆞᆫ 거슬 신히 감히 안ᄌᆞ 바ᄃᆞ미 가ᄒᆞ며, ᄌᆞ식의 보ᄂᆡᆫ 거슬 부뫼 녜로ᄡᅥ 바ᄃᆞ미 가ᄒᆞ냐? 닉 진실노 블안ᄒᆞᄂᆞ니 틱손비 평일 나의 텬픔을 알녀든, 니러틋 원치 아닛ᄂᆞᆫ 은영을 나리오미 올흐리오."

ᄂᆡ시와 궁환이 왕의 깃거 아닛ᄂᆞᆫ ᄉᆞ식(辭色)을 보고 무류히 도라가 이ᄃᆡ로 틱손비긔 알외니, 틱손은 우으시고 비는 부왕의 말ᄉᆞᆷ을 듯고 블승황공ᄒᆞ여 ᄎᆞ후 감히 ᄉᆞᄉᆞ로온 봉효ᄅᆞᆯ 못 ᄒᆞ시더라.

진왕이 원ᄂᆡ 여러부인긔 ᄌᆞ녜 층층ᄒᆞ니 혹 동년(同年)도 여러히오, 히와 달을 니어 년싱(連生)이 만흔지라. 뎨ᄉᆞ비 화시의 ᄎᆞᄌᆞ 냥닌의 ᄌᆞ【28】는 달네니, 작셩이질(作性異質)이 온즁졍딕(穩重正大)ᄒᆞ여 일딕(一代) 군ᄌᆞ옥인(君子玉人)이오. 문쟝혹ᄒᆡᆼ(文章學行)이 초셰(超世)흔지라. 금년 십삼셰니 이 곳 틱손비의게 형남이 되더라.

진왕이 의외의 녀이 간션의 ᄲᅢ히미 마지 못ᄒᆞ여 역혼(逆婚)ᄒᆞ나, 심하의 혼취(婚娶) 역ᄎᆞ(逆次)ᄒᆞᄆᆞᆯ 블안ᄒᆞ여 국혼이 지난 후, 즉시 틱부(澤夫)흘ᄉᆡ 평졔왕의 ᄉᆞ비 경시의 ᄎᆞ녀 필염쇼져와 졍혼ᄒᆞ고 틱일 셩녜ᄒᆞ니, 뎡쇼졔 ᄯᅩᄒᆞᆫ 모부인 교ᄌᆞ쳔염(嬌姿千艶)을 젼습(專襲)ᄒᆞ여 부뷔 샹젹ᄒᆞ고 금슬이 진즁ᄒᆞ니 존당구괴 크게 깃거ᄒᆞ고, ○○○○[뎡부 경비] 윤공쥬의 온즁단아(穩重端雅)ᄒᆞ미 쟝셔(長婿) 셕싱 갓지 아니믈 가쟝 깃거ᄒ

1107)초방계익(椒房桂掖) : 왕비가 거처하는 궁을 이르는 말. *초방(椒房) : 산초나무 열매의 가루를 바른 방이라는 뜻으로, 왕비가 거처하는 방이나 궁전, 또는 왕실 등을 이르는 말. 후추나무는 온기가 있고 열매가 많은 식물로서, 자손이 많이 퍼지라는 뜻에서 왕비의 방 벽에 발랐다. 계익(桂掖) : '왕비(王妃)의 처소'를 이르는 말.

1108)ᄎᆞ즁(此重) : 이에 또는 이토록 즁(重)함.

1109)ᄎᆞ딕(且大) : 또한 큼.

는 가온디나, 더옥 쟝녀 낭【29】염의 신셰를 추셕ᄒᆞ여 이련ᄒᆞ미 《즁니∥심즁(心中)》의 병이 되어시니, 졔왕이 미양 위로 왈,

"셰광이 비록 아직 년쇼호일(年少豪逸)ᄒᆞ고 녀이 잠간 강녈ᄒᆞᆫ 고로, 피ᄎᆞ(彼此) 블화ᄒᆞ여 년쇼부뷔 금슬이 쇼원ᄒᆞᆫ 듯ᄒᆞ나, 낭염은 복녹이 가쟌 아히라, 엇지 맛ᄎᆞᆷᄂᆡ 공규단쟝(空閨斷腸)의 'ᄎᆞ류호박침(且留琥珀枕)'[1110]을 늣기ᄂᆞᆫ 탄이 이시리오. 셰광이 노ᄒᆞ면 텬하함위경박지(天下咸謂輕薄者)[1111]오, 잡으면 일셰인걸쟝뷔(一世人傑丈夫)[1112] 되리니, 만일 기뷔(其父) 용녈(庸劣)ᄒᆞ량이면 다시 바랄 거시 업거니와, 셕공은 당셰 고명(高明)ᄒᆞᆫ 쟝뷔라. 족히 기ᄌᆞ(其子)를 졔어ᄒᆞ여, 부ᄌᆞ의 은의(恩誼)를 일치 아니리니, 녀이 엇지 평싱이 필아와 갓치 못ᄒᆞᆯ가 근심ᄒᆞ리오. 부인【30】은 미리 근심 말나."

경비 쳐연(悽然) 함쳬(含涕)ᄒᆞ여 반신반의(半信半疑)ᄒᆞ더라.

과연 오릭지 아녀 셕셰광이 그 부친의 팔십 쟝칙(杖責)과 일년 너치이ᄂᆞᆫ 엄노(嚴怒)를 만나고, 다시 그 외구(外舅) 윤상국의 일쟝 죵요로온 경계로조ᄎᆞ 크게 씨다ᄅᆞ미 되어, 기과쳔션(改過遷善)ᄒᆞ여 기리 졍도(正道)의 도라가 바야흐로 부젼(父前)의 용납ᄒᆞ믈 어더 텬뉸이 완젼ᄒᆞ고, 뎡쇼져의 현미ᄒᆞᆷ믈 씨다라 금슬이 화합ᄒᆞ며, 시로이 셩니(性理)를 슈련(修練)ᄒᆞ여 십구셰의 바야흐로 급졔ᄒᆞ여[고], 후릭(後來)의 벼슬이 츈경(春卿)의 오유(遨遊)ᄒᆞ여 호부상셔(戶部尙書)의 니ᄅᆞ고, 뎡쇼져로 화락ᄒᆞ여 삼ᄌᆞ이녀를 두어 죵요로온 복녹이 무흠ᄒᆞ니, 평졔왕 부뷔 크게 깃거ᄒᆞ고, 【31】경비 바야흐로 왕의 션견지명(先見之明)을 탄복ᄒᆞ더라.

녕능공부인이 만년(晩年)의야 져기 슈미(愁眉)를 쎨쳐 독ᄌᆞ(獨子)의 죵효(終孝)를 바드니, 호람후부뷔 ᄯᅩᄒᆞᆫ 깃거ᄒᆞ더라.

윤공ᄌᆞ 낭닌이 ᄯᅩᄒᆞᆫ 쇼년 닙신ᄒᆞ여 작위 경상후빅(卿相候伯)ᄒᆞ고 뎡쇼져 필염으로 화락ᄒᆞ여 이ᄌᆞ스녀를 두어 ᄌᆞ손이 계계승승ᄒᆞ니, 이 ᄯᅩᄒᆞᆫ 덕문여엽(德門餘葉)의[이] 가지마다 번셩ᄒᆞ미러라.

이젹의 평진왕의 ᄎᆞ녀 엄실 월화쇼졔 구문의 도라가ᄆᆞ로븟터 엄구 퇴ᄉᆞ공의 근근ᄒᆞᆫ ᄌᆞ이 ᄌᆞ긔 부왕의 나리미 업고, 공ᄌᆞ 공경즁ᄃᆡᄒᆞ니, 가히 편타 니ᄅᆞᆯ 거시로ᄃᆡ, 오직 존고 최부인이 은악양션(隱惡佯善)ᄒᆞ여 평일의 힝ᄒᆞᄂᆞᆫ 비 쳥【32】안(靑眼)의 니검(利劍)을 쟝ᄒᆞ고, 님보(林甫)[1113]의 구밀복검(口蜜腹劍)[1114]을 젼습(專襲)ᄒᆞ여, 본ᄃᆡ 퇴ᄉᆞ

1110) ᄎᆞ류호박침(且留琥珀枕) : '또한 호박(琥珀) 베개를 놓아두겠습니다'라는 뜻으로, 이백(李白)의 〈백두음(白頭吟)〉 "혹유몽래시(或有夢來時; 혹시나 꿈에라도 오실까), 차류호박침(且留琥珀枕; 또한 호박 베개를 놓아두겠습니다)에서 따온 시구(詩句).

1111) 텬하함위경박지(天下咸謂輕薄者) : '천하가 일컫는 경박자'라는 뜻.

1112) 일셰인걸쟝뷔(一世人傑丈夫) : '일세의 뛰어난 대장부'라는 뜻

1113) 님보(林甫) : 이림보(李林甫). 중국 당나라 현종(玄宗) 때의 정치가. 아첨을 잘하여 재상에까지 올랐고, 현종의 유흥을 부추기며, 바른말을 하는 신하는 가차 없이 제거하는 등으로 조정을 탁란(濁亂)하여 간신(奸臣)의 전형으로 꼽힌다. 그가 정적을 제거할 때는 먼저 상대방을 한껏 칭찬하여 방심하게 만들

의 계후ᄒᆞ믈 블쾌ᄒᆞ던ᄎᆞ 망단지여(望斷之餘)의 믄득 영아ᄅᆞᆯ 어드미 되니, 더옥 악악(惡惡)ᄒᆞᆫ 부인의 탐남(貪婪)ᄒᆞᆫ 심졍이 여지업시 도라져, 창을 밧비 졀졔ᄒᆞ고 쇼ᄌᆞ(小子)로ᄡᅥ 엄시 누ᄃᆡ봉ᄉᆞ(累代奉祀)ᄅᆞᆯ 녕(領)ᄒᆞ게1115) ᄒᆞ고, 누만직산(累萬財産)과 슈쳔간(數千間) 금벽《틱ᄉᆞ‖치각》(金壁彩閣)ᄅᆞᆯ[을] 창의게 도라보ᄂᆡᆫ지 말고져 ᄒᆞ엿더니, 밋쳐 위슈(渭水)의 팔십옹(八十翁)1116)을 맛나지 못ᄒᆞ고, 한고(漢高)1117)의 냥평(良平)1118)갓흔 모ᄉᆞ(謀士)ᄅᆞᆯ 치 못 만나셔, 공ᄌᆞᄅᆞᆯ 미쳐 졀졔치 못ᄒᆞ여셔, 그 일인도 졔어키 어려온 바의 식뷔 드러오니, 졍혼지초(定婚之初)로븟터 실노 신부의 현부(賢婦)ᄅᆞᆯ 희망ᄒᆞ미 업셔 부ᄃᆡ 츄용누【33】질 곳 아니면, 일ᄃᆡᆨ 발부(潑婦)ᄅᆞᆯ 일위여 져희 부뷔 금슬이 블합(不合)ᄒᆞ고, ᄎᆞᄎᆞ 쟝간(長間)을 어더 단쳐(短處)ᄅᆞᆯ 비져ᄂᆡ여 공의 츌계(出系)1119)ᄒᆞ기ᄅᆞᆯ 죄오거ᄂᆞᆯ, 의외의 져 윤시 식덕규힝(色德閨行)이 당셰의 희한(稀罕)ᄒᆞ니, 일노조ᄎᆞ 더옥 틱ᄉᆞ의 만금쇼즁(萬金所重)이 젼혀 양ᄌᆞ(養子)부부의게 도라져, 봉인(逢人) 즉 위ᄌᆞ(慰藉)1120) 왈,

"닉 아ᄒᆡᄂᆞᆫ 당셰 군ᄌᆞ긔남(君子奇男)이오, 아부(我婦)ᄂᆞᆫ 만고셩녜(萬古聖女)니 반ᄃᆞ시 오문을 흥늉(興隆)ᄒᆞᆯ ᄌᆞᄂᆞᆫ ᄎᆞ아(此兒) 부뷔라."

ᄒᆞ고, 혹ᄌᆞ 나갓다가 도라와 공ᄌᆞ부부ᄅᆞᆯ 밋쳐 보지 못ᄒᆞᆫ즉, 광미ᄅᆞᆯ 씽긔고 번연(翻然)이 깃거 아녀 좌우로 ᄌᆞ부ᄅᆞᆯ 밧비 ᄎᆞᄌᆞ 면젼의 니른즉, 희동안식(喜動顔色)ᄒᆞ여 웃ᄂᆞᆫ 용화(容華)ᄅᆞᆯ 쥬리지 못ᄒᆞ니, 그【34】친싱 ᄌᆞ녀ᄂᆞᆫ 오히려 이시믈 아지 못ᄒᆞᄂᆞᆫ지라.

최부인이 공의 이ᄃᆡ도록 ᄒᆞᆷ믈 더옥 증한(憎恨)ᄒᆞ여, 일일은 녀아ᄅᆞᆯ 슬하의 안치고 쇼ᄌᆞᄅᆞᆯ 슬상의 언져 교무(交撫)ᄒᆞ다가 틱시 공ᄌᆞ로 더부러 드러오니, 부인이 기리 빅안(白眼)으로 공ᄌᆞᄅᆞᆯ 길게 흘녀 보더니, 틱시 힝혀 긔식을 알가 두려 믄득 작위화식

고 뒤통수를 쳤기 때문에, 당시 사람들이 그를 일러 구밀복검(口蜜腹劍)한 사람이라 하였다
1114)구밀복검(口蜜腹劍) : 입 속에는 꿀을 담고 뱃속에는 칼을 지녔다는 뜻으로, 말로는 친한체하지만 속으로는 은근(慇懃)히 해칠 생각을 품고 있음을 비유하여 이르는 말.
1115)녕(領)ᄒᆞ다 : 제사 따위를 이어 받아 모시다.
1116)위슈(渭水)의 팔십옹(八十翁) : 위수(渭水)에서 낚시 하던 강태공(姜太公)을 말함. *강태공(姜太公): 여상(呂尙). 중국 주나라 무왕(武王) 때의 정치가로 무왕을 도와 은나라를 멸하고 천하를 평정하였다. 여(呂)는 그에게 봉해진 영지(領地)이며, 상(尙)은 그의 이름이고, 성은 강(姜)이다. 강태공(姜太公). 여망(呂望) 태공망(太公望) 등의 다른 이름으로도 불린다. 위수(渭水)에서 10년 동안이나 낚시를 하며 때를 기다려 주 문왕을 만났다는 고사가 전하며, 저서에 ≪육도(六韜)≫가 있다.
1117)한고(漢高) : 한고조(漢高祖). 중국 한(漢)나라의 제1대 황제(B.C.247~B.C.195). 성은 유(劉). 이름은 방(邦). 자는 계(季). 시호는 고황제(高皇帝). 고조는 묘호. 진시황이 죽은 다음해 항우와 합세하여 진(秦)나라를 멸망시켰다. 그 뒤 해하(垓下)의 싸움에서 항우를 대파하여 중국을 통일하고 제위에 올랐다. 재위 기간은 기원전 206~기원전 195년이다.
1118)냥평(良平) : 중국 한(漢)나라 때의 책사(策士) 장량(張良)과 진평(陳平)을 함께 이르는 말.
1119)츌계(出系) : ①대를 이을 아들이 없는 친족의 양자로 들어가서 그 집의 대를 이음. ②대를 잇기 위해 양자(養子)를 들였던 양부(養父)가 양아들을 부자관계를 파기하고 내쫓음. *여기서는 ②의 의미임.
1120)위ᄌᆞ(慰藉) : ①위로하고 도와줌. ②자랑함. *여기서는 ②의 뜻.

(作爲和色)ᄒ고 니러 마ᄌ 좌뎡ᄒ미, 마음의 업시 강잉 쇼왈,

"창아의 인효ᄒ과 신부의 현미ᄒ미 한갓 문호의 경ᄉ(慶事)ᄲᆞᆫ 아니라, 실노 아등의 만년복(晩年福)이라. 인심의 귀즁ᄒ믈 측냥ᄒ리오만은, 오히려 인욕이 무량ᄒ여 쇼녀의 교연(嬌然)ᄒ과 쇼【35】ᄌ의 영발(英發)ᄒ미 심히 어엿브더이다."

틱ᄉᄂᆞ 쇼활ᄒᆫ 장뷔라. 부인의 식ᄉ(飾辭)ᄒ믈 치 아지 못ᄒᄂᆞᆫ 고로, 진짓 말노 알고 희연 잠쇼 왈,

"녀ᄋ 비록 아ᄅᆞᆷ다오나 장셩ᄒ면 취가(娶嫁)ᄒ여 타문의 도라가ᄂᆞ니 오문의 부당ᄒ고, 영ᄋ 비록 치년미ᄋ(稚年迷兒)로 어엿븐 ᄃᆞᆺᄒ나, 어름이 틔업시 ᄆᆞᆰ고 작인이 굿지 못ᄒ니 결비슈골(決非壽骨)이라. 맛ᄎᆞᆷ닉 창아의 귀격달샹(貴格達相)과 하원(遐遠)ᄒᆫ 슈복의 밋지 못ᄒ리니, 친년(齔年)[1121] 유ᄌ(幼子) 한갓 어엿블지언졍 본ᄃᆡ 국가의 원모(遠謨)ᄒᆞᆯ 지목이 못 될 거시오. 오문(吾門)의 무용ᄒ니, ᄯᅩᄒᆞᆫ 유뮈블관(有無不關)토쇼이다."

부인이 쳥미(聽未)의 틱ᄉ의 어언(語言)이 ᄌ녀를 블관이 너기ᄂᆞᆫ 쥴【36】보고, 심하의 ᄃᆡ로ᄒ여 발연이 낫빗치 다ᄅᆞ믈 ᄭᆡ닷지 못ᄒ더니, 틱시 알가 겨허 날호여 미쇼 왈,

"샹공 말ᄉᆞᆷ이 뎡합오심(正合吾心)이로쇼이다. 쳡이 니러므로 창아부부 귀즁ᄒ믈 친ᄉᆡᆼᄌ녀의 더으게 ᄒᄂᆞ이다."

틱시 흔연 졈두(點頭)ᄒ고 공ᄌ와 쇼져ᄂᆞᆫ 더옥 블안ᄒ믈 니긔지 못ᄒ더라.

일노븟터 공ᄌ부부의 신셰 위란ᄒ미 깅가일층(更加一層)이니 이 엇지 한갓 최부인의 어지지 못ᄒᆫ 허믈 ᄲᅮᆫ이리오. 젼혀 공ᄌ부부의 시운이 건체(愆滯)ᄒ미러라.

최부인이 신셕(晨夕)의 공ᄌ부부 믜오미 칼을 숨긴 ᄃᆞᆺᄒ나, 능히 슈이 히치 못ᄒᆷ은, 틱ᄉᄂᆞ 쇼활ᄒᆫ 남지니 속이미 어렵지 아니커니【37】와, 츄밀은 총명ᄒᆫ 군ᄌ오 금장(襟丈)[1122] 범부인은 현슉ᄒᆫ 녀ᄌ라. 일퇵(一宅)의 머므러 셔로 ᄯᅥ나미 업ᄉ니 능히 조각을 여어 히홀 길히 업고, 무고ᄒᆫ 치칙(治責)도 임의로 못ᄒ니, 기리 포장화심(包藏禍心)ᄒ여 미양 ᄌ부를 남업시 디ᄒᆫ즉, 흘긔여 보ᄂᆞᆫ 눈이 ᄌᄆᆞᆺ 평샹치 못ᄒ고, 견집(堅執)ᄒᄂᆞᆫ 칙언이 슌편치 아닌 젹이 만흐니, 공ᄌ와 쇼졔 심히 공구블안(恐懼不安)ᄒ여 몸이 침샹(針上)의 안존 ᄃᆞᆺᄒ더라.

ᄎ년 하ᄉ월의 국가의셔 틱손비(太孫妃)를 드리시고 국지ᄃᆡ경(國之大慶)이라 ᄒ샤, 크게 셜과(設科)ᄒ여 동냥보필지ᄌᆡ(棟梁輔弼之材)를 구ᄒ시니, 틱시 공ᄌ를 명ᄒ여 왈,

"오ᄋ 년급십오셰(年及十五歲)니 닙신【38】현달(立身顯達)ᄒ미 맛당ᄒᆞᆫ지라. 이졔 셩과(盛科)를 춤예ᄒ게 ᄒ라. ᄯᅩᄒᆞᆫ 여뷔 삼년일됴(三年一朝)의 금년이 닉됴ᄎᆞ례(來朝次例)니 츄간(秋間) 즈음은 반ᄃᆞ시 입됴ᄒ리니, 오ᄋ 맛당이 계화(桂花)를 썻거 영화로ᄡᅥ

[1121] 친년(齔年) : 츤년(齔年). 이 갈 나이. 보통 젖니가 빠져 갈기 시작하는 7-8살의 나이를 이르는 말.

[1122] 금장(襟丈) : 동서(同壻). 주로 혼인한 여성이 시아주버니나 시동생 등 남편 형제들의 아내들 이르는 말로 쓰인다.

뵈여 부지 반기게 ᄒᆞ라."

공지 계슈ᄌᆡ비(稽首再拜) 슈명(受命)ᄒᆞ민, 스스로 심시 히옴업시 비황(悲惶)ᄒᆞ여 슈삼월이 젹은덧 지나 부왕의 슈이 입조ᄒᆞ시믈 희망ᄒᆞ니, 이 ᄯᅩᄒᆞᆫ 인심이 지령(至靈)ᄒᆞᆷ이 아니리오. 아지못게라! 오국군이 ᄎᆞ년 입조의 긔리 무양(無恙)ᄒᆞ여 ᄌᆞ녀로 더부러 단취(團聚)의 낙ᄉᆞ(樂事)ᄅᆞᆯ 일운가. ᄎᆞ하 분셕ᄒᆞ라.

어시의 엄공ᄌᆞ 창이 부명을 밧ᄌᆞ와 문방ᄉᆞ우(文房四友)ᄅᆞᆯ 다ᄉᆞ려 과장의 나아가민, 공【39】ᄌᆞ의 텬ᄉᆡᆼ아지(天生雅才)로ᄡᅥ 엇지 계슈(桂樹) 뎨일지(第一枝)ᄅᆞᆯ 타인의게 ᄉᆞ양ᄒᆞ리오. 의의히 장원낭이 되여 텬총의 권유(勸諭)ᄒᆞ시믈 밧ᄌᆞᆸ고, 농누(龍樓)의 어향(御香)을 반취(半醉)ᄒᆞ여 어화쳥삼(御花靑衫)으로 도라오니, 틱ᄉᆞ와 츄밀이 크게 깃거 뎌연을 긔장(開場)ᄒᆞ고 만조빅관이며 인친제봉을 딕회(大會)ᄒᆞ여, 크게 경하ᄒᆞ여 삼일 유과(三日遊街)ᄅᆞᆯ ᄆᆞ츤 후 궐하의 슉ᄉᆞ(肅謝)ᄒᆞ니, 상이 그 옥모영풍(玉貌英風)과 인지츌즁ᄒᆞᆷ을 ᄉᆞ랑ᄒᆞ샤 각별 ᄉᆞ쥬(賜酒)ᄒᆞ시고, 특지(特旨)로 한님편슈(翰林編修) 츈방흑ᄉᆞ(春坊學士)ᄅᆞᆯ ᄒᆞ이시니, 엄ᄉᆡᆼ이 텬은을 슉ᄉᆞᄒᆞ고 직ᄉᆞ의 나아가민, 강명졍직ᄒᆞ고 공검인후(恭儉仁厚)ᄒᆞ여 누ᄉᆞ덕(婁師德)[1123]의 너그러온 덕냥(德量)과 댱구령(張九齡)[1124]의 항항지풍(亢亢之風)[1125]이 가【40】죽ᄒᆞ여 쳥현아망(淸顯雅望)이 일셰ᄅᆞᆯ 진복(鎭服)ᄒᆞ니, 우ᄒᆞ로 상총이 늉셩ᄒᆞ시고 아릭로 거죠(擧朝) 츄앙ᄒᆞ며 동뉴(同類) 긔탄(忌憚)ᄒᆞ여 그 년쇼ᄒᆞᆷ을 씌닷지 못ᄒᆞ더라.

윤소져 월회 이칠쳥츈(二七靑春)의 봉관화리(鳳冠華里)[1126]로 명뷔(命婦) 되니 냥가 부모의 두굿기믄 니ᄅᆞ도 말고 시인(時人)이 불승칭찬(不勝稱讚)ᄒᆞ더라.

윤시독 부인과 승상 남평빅부인이 아의 과경(科慶)을 인ᄒᆞ여 일시의 틱ᄉᆞ부의 나아가, 빅즁(伯仲)부모긔 뵈옵고 군종제인으로 반기며 윤쇼져로 별회ᄅᆞᆯ 니ᄅᆞᆯᄉᆡ, 피ᄎᆞ(彼此) 옥슈ᄅᆞᆯ 잡고 아험(娥臉)의 웃는 빗치 알연(戛然)ᄒᆞ고, 쇄옥(碎玉)이 도도ᄒᆞ여 졍셜(情說)이 슈어만(數於萬)이러라.

최부인이 싀오지심(猜惡之心)이 만복ᄒᆞ【41】나 질녀형뎨ᄅᆞᆯ 딕ᄒᆞ여는 조ᄎᆞ(造次)의

1123)누ᄉᆞ덕(婁師德) : 당(唐)나라 측천무후(則天武后) 때의 정치가. 성품이 온후하고 관대하며 인자하여 아무리 무례한 일을 당해도 조금도 흔들림이 없이 표정이 똑같았다고 한다. 동생에게 '남이 얼굴에 침을 뱉으면 어떻게 해야 하느냐'고 묻고, 동생이 '잠자코 침을 닦으면 된다'고 하자, 그는 '닦을 것도 없이 침이 마를 때까지 기다려야 한다'고 충고하였다고 한다. 즉 처세에는 인내심이 필요한 것을 이른 말로, 이와 관련하여 '타면자건(唾面自乾; 얼굴에 침을 뱉으면 저절로 마를 때까지 기다린다)'이란 고사성어가 전한다.

1124)장구령(張九齡) : 673~740) . 당나라 현종(玄宗) 때의 재상. 광동성(廣東省) 곡강(曲江) 출생. 문재(文才)가 뛰어나고 어진 재상이었으나 사치와 향락에 빠진 국왕에게 간언을 했다가 이임보(李林甫)에게 미움을 받아 좌천당했다. 안녹산(安祿山)이 위험인물임을 간파했다는 일화가 전한다.

1125)항항지풍(亢亢之風) : 굳세고 곧은 풍채.

1126)봉관화리(封冠花里) : 한국 고소설에서 과거에 급제한 관원의 부인이나 공경대부(公卿大夫)의 부인과 같은 외명부(外命婦)가 머리에 쓰는 화려하게 장식한 관모(冠帽) 곧 족두(簇頭里)리를 이르는 말. 이 용어는 한국 고소설에만 나타나는 말로 전통복식 용어에는 나타나지 않는다

블안지식(不安之色)을 간듸로 못ᄒᆞ여, 웃ᄂᆞᆫ 빗치 아연ᄒᆞ여 왈,

"창아의 과경이 한갓 깃블 ᄲᅮᆫ 아니라, 왕숙(王肅)이 오릭지 아녀 입조(入朝)ᄒᆞ실 거시니 창이 영화로ᄡᅥ 뵈오미 엇지 더옥 깃부지 아니리오."

냥부인이 빅모의 셩덕을 스례ᄒᆞ고 인ᄒᆞ여 한담홀시, 시독부인이 믄득 쳑연(慽然)ᄒᆞ여 상국부인을 듸ᄒᆞ여 왈,

"져져와 쇼뎨ᄂᆞᆫ 범연ᄒᆞᆫ 동긔 아니라. 동ᄐᆡᄡᅡᆼ싱(同胎雙生)으로 일시의 싱셰(生世)ᄒᆞ미 희로이락이 반ᄃᆞ시 상칭(相稱)ᄒᆞ염 즉ᄒᆞ듸, 조믈이 니극(已極)ᄒᆞ고 블초ᄃᆡ 시명이 부박ᄒᆞᆫ 고로, ᄐᆡ평셩셰의 홀득일난(忽得一難)ᄒᆞ여 텬【42】눈(天倫)을 실셔(失緒)ᄒᆞ고, 혈혈약신(孑孑弱身)이 인가비비(人家婢輩)의 흑양(慉養)ᄒᆞ믈 바다 싱장ᄒᆞ미 극히 쳔누ᄒᆞᆯ ᄲᅮᆫ 아니라, 단합(團合)의 쇼쇼(疏疏)ᄒᆞ미 심ᄒᆞ여, 싱ᄂᆡ(生來)의 ᄌᆞ젼(慈殿)의 등ᄇᆡ(登拜)ᄒᆞ올 긔약이 묘망(渺茫)ᄒᆞ니, 인싱쳐셰(人生處世)의 이만 슬프미 업ᄂᆞᆫ지라. 져져ᄂᆞᆫ 즁도의 비록 슬하를 상니(相離)ᄒᆞ미 계시나, 유시(幼時)의 부모좌슬(父母坐膝)의 무우환락(無憂歡樂)ᄒᆞ샤 쇼뎨의 비련(悲憐)ᄒᆞᆫ 졍ᄉᆞ의ᄂᆞᆫ 비길 비 아니라. 진실노 우리 구문(舅門) 졔ᄉᆞ금장(娣姒襟丈) 쇼고(小姑) 등의 북당츈훤(北堂椿萱)의 무ᄎᆡ지낙(舞彩之樂)이 완젼ᄒᆞ믈 볼 젹마다, 엇지 슬프고 븗지 아니리오. 연이나, 오릭지 아녀 부왕이 ᄂᆡ조(來朝)ᄒᆞ실 거시니, 슬하의 등비ᄒᆞ오미 오릭지 아닐듯 ᄒᆞ【43】듸, 근ᄂᆡ의 홀연 심ᄉᆞ(心思) 쳑감(慽感)ᄒᆞᆯ 젹이 만코 몽시 년일 블길ᄒᆞ니, 마음의 혜아리건듸, 셰ᄉᆞ를 난측(難測)이니, 슈삼삭지ᄂᆡ(數三朔之內)의 무슴 연괴 잇셔 쇼뎨 죽지 아니면, 별유ᄉᆞ고(別有事故)ᄒᆞ여 부안(父顏)을 반기옵지 못ᄒᆞᆯ듯 시브오니, 엇지 괴이치 아니리오."

셜파의 셩음이 오열ᄒᆞ고 유안(柔顏)이 쳑쳑(慽慽)ᄒᆞ니, 듸엄시 ᄯᅩᄒᆞᆫ 악슈뉴쳬(握手流涕) 왈,

"우형이 ᄯᅩᄒᆞᆫ 근ᄂᆡ의 심ᄉᆞ 블호(不好)ᄒᆞᆯ 젹이 만코, 년야(連夜) 오국궁뎐을 ᄭᅮᆷᄭᅮ어 부안모용(父顏母容)을 반기ᄂᆞᆫ 가온듸, 몽시 모호ᄒᆞ여 블길ᄒᆞ미 ᄌᆞ못 만코 길ᄒᆞ미 젹으니, 아심이 역시 황난(遑亂)ᄒᆞ거ᄂᆞᆯ, 현뎨 ᄯᅩ 엇지 《블기지언∥불길지언(不吉之言)》을 만히 ᄒᆞᄂᆞᆫ다?"【44】

졍언간의 ᄐᆡᄉᆞ와 츄밀이 한님으로 더브러 드러와, 냥인의 비식(悲色)을 보고 괴이히 너겨 연고를 므른듸, 최·범 냥부인이 냥질녀의 문답을 셜파ᄒᆞ니, 한님이 듸경ᄒᆞ여 역시 봉안의 신쳔(辛泉)이 어릭믈 ᄭᆡ닷지 못ᄒᆞ고, ᄐᆡᄉᆞ곤계 경아(驚訝)ᄒᆞ여 냥질녀를 위로 왈,

"이ᄂᆞᆫ 블과 무ᄐᆡ(無他)라. 여등이 텬이이국(天涯異國)의 ᄉᆞ친영모지회(事親永慕之懷) 간측(懇惻)ᄒᆞᆫ 고로, 심번난녀(心繁亂慮)ᄒᆞ여 몽죄(夢兆) 블길ᄒᆞᆯ 젹이 만흐나, 일노ᄡᅥ 족히 넘녀ᄒᆞᆯ 비리오. 빅구광음(白駒光陰)이 과속(過速)ᄒᆞ니, 슈삼월이 언마 지나면, 부녜 단취의 반기미 어려오리오. 질녀 등은 무익지비(無益之悲)를 과히ᄒᆞ여 약장연심(弱腸軟心)을 상히오지 말나."

냥부인이【45】강잉ᄒᆞ여 비회를 진졍ᄒᆞ고 빅부와 즁부의 명괴(明敎) 지당ᄒᆞ시믈

스례ᄒᆞ더라. 엄부인ᄌᆞ미 일즉 친당이 먼니 계시고, 빅즁부모(伯仲父母) 의앙(依仰)ᄒᆞ미 친싱부모갓치 ᄒᆞᄂᆞᆫ지라. 이의 오ᄅᆡ게야 귀령(歸寧)ᄒᆞ미 일망(一望)이나 묵어 도라가려 ᄒᆞᆯᄉᆡ, 군종ᄌᆞ미와 윤쇼져로 더부러 신셕의 닛그러, 슉부모 슬하의 학낭쇼어(謔浪笑語)ᄒᆞ여 아쇠온 졍니의 부모 의앙ᄒᆞᄂᆞᆫ 졍니ᄅᆞᆯ 다ᄒᆞ니, 틱ᄉᆞ의 이련(哀戀) 년이(憐愛)ᄒᆞ믄 비길 곳이 업ᄉᆞ나, 최부인의 은악양션(隱惡佯善)ᄒᆞ믄 시일노 증가ᄒᆞ니, 냥쇼졔 온 후로ᄂᆞᆫ 감히 공ᄌᆞ부부ᄅᆞᆯ 마음 ᄃᆡ로 조로지 못ᄒᆞᄂᆞᆫ지라.

츄밀부뷔 질아 남ᄆᆡ의 졍ᄉᆞᄅᆞᆯ 어엿비 너기고, 【46】최부인 블현(不賢)ᄒᆞᄆᆞᆯ 붉히 알오ᄃᆡ 능히 틱ᄉᆞ 다려 니ᄅᆞ지 못ᄒᆞ고, 심하의 공ᄌᆞ부부의 평싱이 블안ᄒᆞᆯ 바ᄅᆞᆯ 츠셕ᄒᆞ더라. 니러구러 슌일이 지낫더니, 츠시 즁ᄒᆞ망간(仲夏望間)이라.

일긔 훈훈ᄒᆞ고 텬긔 화창ᄒᆞ며 월ᄉᆡᆨ이 여쥬(如晝)ᄒᆞ니, 시야의 한님은 외당의셔 부슉을 시침ᄒᆞ고, 냥 엄시 윤쇼져로 더부러 난간의 비겨 한담ᄒᆞ더니, 냥부인이 슬허 왈,

"피창ᄎᆞ텬(彼蒼此天[1127])의 명월(明月)은 오국 계젼(階前)의 빗최여 우리 부모긔 빗최련만은, 텬이(天涯) 이국(異國)의 ᄒᆡ되(海道) 망망(茫茫)ᄒᆞ고 관산(關山)이 첩첩ᄒᆞ니 산장슈활(山長水濶)은 막원(邈遠)[1128]ᄒᆞ고 안단어침(雁斷魚沈)은 묘망(渺茫)[1129]ᄒᆞ니, 블효ᄎᆞ신ᄌᆞ미(不孝此身姉妹)[1130] 하일하시(何日何時)의 북당 【47】춘훤(北堂椿萱)[1131]의 훤무(萱舞)[1132]ᄅᆞᆯ 임닉ᄒᆞ여 ᄡᅡᆼ봉효ᄉᆞ(雙奉孝事)[1133]ᄒᆞ리오. 진실노 ᄎᆞ싱(此生) 난득(難得)이로다."

셜파의 휘루비읍(揮淚悲泣)ᄒᆞ여 비회ᄅᆞᆯ 졍치 못ᄒᆞ니, 윤쇼졔 역시 감회ᄒᆞ여 냥쇼고(兩小姑)ᄅᆞᆯ 지삼 위로ᄒᆞ더니, 가장 야심후 각각 훗터져 침쇼의 도라왓더니, 냥쇼졔 젼젼블ᄆᆡ(輾轉不寐)ᄒᆞ여 잠을 일우지 못ᄒᆞ더니, 가장 야심ᄒᆞᆫ 후 잠간 가ᄆᆡ(假寐)ᄒᆞ니 ᄉᆞ몽비몽간(似夢非夢間)의 부친 오왕이 젹의보블(赤衣黼黻)[1134]을 갓초고 엄연이 드러오

1127)피창ᄎᆞ텬(彼蒼此天 : 저 하늘과 이 하늘.

1128)산장슈활(山長水濶)은 막원(邈遠) : 산은 길고 바다는 넓어 아득히 멂.

1129)안단어침(雁斷魚沈)은 묘망(渺茫) : 기러기와 잉어는 왕래를 멈춰 소식을 얻을 길 없음. *안단어침(雁斷魚沈): 기러기가 왕래를 그치고 잉어가 물속에 가라앉아 움직이지 않는다는 뜻으로, 편지 왕래가 끊긴 것을 비유적으로 표현한 말.

1130)블효ᄎᆞ신ᄌᆞ미(不孝此身姉妹): 불효한 이 몸 자매. 또는 불효한 우리 자매.

1131)북당춘훤(北堂椿萱) : 부모님. 또는 부모님의 처소. *븍당(北堂): 집안의 북쪽에 있는 당(堂)이란 뜻으로, 집안의 주부가 이곳에 거처하였기 때문에 '어머니'를 지칭하는 말로 쓰였다. 그런데 어머니와 아버지는 한 방에 거처하는 때가 많기 때문에 '부모'를 함께 이르는 경우도 많다. *춘훤(椿萱): 춘당(椿堂: 아버지를 달리 이르는 말)과 훤당(萱堂: 어머니를 달리 이르는 말)을 아울러 이르는 말. 곧 부모를 이르는 말이다

1132)훤무(萱舞) : 중국 초나라의 효자 노래자가 부모님을 기쁘게 해드리기 위해 70세에 색동옷을 입고 어린아이 춤을 추어 부모를 웃게 하였다는 고사를 말함.

1133)ᄡᅡᆼ봉효ᄉᆞ(雙奉孝事) : 쌍친을 효성을 다해 섬김.

1134)젹의보블(赤衣黼黻) : 제후의 붉은 색 예복. *보블(黼黻); 제후의 예복에 놓은 수(繡). 또는 그 수를 놓은 예복. '보'는 흰 색과 검은 색으로 자루가 없는 도끼 모양을 수놓은 것을 말하며, '블'은 검은색과 청색으로 '己'자 두 개를 반대로 하여 수놓은 것을 말함.

니, 냥쇼졔 반기고 깃거 총망이 니러 졀ᄒ고, 일시의 광슈ᄅᆞᆯ 붓드러 고왈,

"야애 금년 입조의 칠월츄간(七月秋間)이면 ᄂᆡ조(來朝)ᄒᆞ시거늘, 엇지 오월의 미리 입조ᄒᆞ시며, ᄯᅩ 엇지 ᄂᆡ조ᄒᆞ【48】시ᄂᆞᆫ 션문(先聞)이 업시 환경ᄒᆞ시ᄂᆞ니잇고? 연고ᄅᆞᆯ 아지 못ᄒᆞ리로쇼이다."

오왕이 쳥미파(聽未罷)의 츄연 왈,

"ᄂᆡ 오늘날은 인셰ᄅᆞᆯ 영결(永訣)ᄒᆞᄂᆞᆫ 고로 텬이 고혼의 슬프믈 머금어 집의 도라와, 너희 형뎨ᄅᆞᆯ 보고져 ᄒᆞ노라."

냥쇼졔 부왕의 말ᄉᆞᆷ을 듯줍고 텬디 망극ᄒᆞ여 부왕을 붓들고 실셩통곡(失性慟哭)ᄒᆞ다가 인ᄒᆞ여 몽압(夢壓)1135)ᄒᆞ여 진진(溱溱)1136)이 늣기니, 좌위 씨오ᄆᆡ 심신(心身)이 썰녀 누쉬여우(淚水如雨)ᄒᆞ더라.

명조의 냥쇼졔 심ᄉᆞᄅᆞᆯ 졍(靜)치 못ᄒᆞ더니, 믄득 오국 ᄉᆞ지 니ᄅᆞ러 오왕의 기셰(棄世) 부음(訃音)을 젼ᄒᆞ니, 쇼져 남ᄆᆡ의 텬붕디통(天崩之痛)은 일을 것 업고, 틴ᄉᆞ곤계의 무이지통(無涯之痛)1137)과 범부인의 어질믄 니ᄅᆞ도 말【49】고 최부인의 간험ᄒᆞᄆᆡ라도 본ᄃᆡ 오왕의 통달관홍(通達寬弘)ᄒᆞᆷ은 항복ᄒᆞ고 거룩히 너기던 고로, 이의 다ᄃᆞ라ᄂᆞᆫ 히옴업시 통곡ᄒᆞᆷ을 씨닷지 못ᄒᆞ니, 기녀(其女)ᄅᆞᆯ 니ᄅᆞ리오. ᄂᆡ외샹하(內外上下)의 이셩(哀聲)이 진긔(振起)ᄒᆞ여 왕의 시쳬를 겻히 노혼 ○[듯]ᄒᆞ더라.

이윽고 틴ᄉᆞ곤계와 쇼져남ᄆᆡ 인ᄉᆞᄅᆞᆯ 져기 슈습ᄒᆞ나, 다만 형뎨슉질이 샹ᄃᆡᄒᆞ여 슬픈 눈물이 오월쟝슈(五月長水)1138) 갓ᄒᆞ니, 셔로 므어시라 위언(慰言)을 일위리오.

이 쇼식이 임의 통졍ᄉᆞ(通政司)의 오ᄅᆞ니, 샹이 오왕의 영셰(永世)ᄒᆞᆷ믈 드ᄅᆞ시ᄆᆡ 크게 ᄋᆡ감(哀感)ᄒᆞ샤 ᄲᆞᆯ니 즁ᄉᆞ(中使)ᄅᆞᆯ 틴ᄉᆞ부의 보ᄂᆡ여 조위(弔慰)ᄒᆞ시고, 조졍문뮈(朝廷文武) 다 오왕의 츙효ᄌᆡ덕(忠孝才德)을 앗기고, 그 단명(短命)ᄒᆞ【50】믈 슬허 아니리 업ᄉᆞ니, 만조 빅관이며 인친고붕(姻親故朋)의 조위ᄒᆞᄂᆞᆫ 슐위박회 이 날 엄부의 메엿더라.

윤상부와 진궁의셔 ᄯᅩ혼 오국군의 참보(慘報)ᄅᆞᆯ 드ᄅᆞᄆᆡ 크게 놀나고, 진왕과 승상이 각각 ᄌᆞ부의 졍ᄉᆞ(情私)ᄅᆞᆯ 이셕ᄒᆞ여 졔ᄌᆞᄅᆞᆯ 거ᄂᆞ려 일시의 틴ᄉᆞ부의 나아가 조위ᄒᆞ고, 각각 식부(息婦)ᄅᆞᆯ 위로ᄒᆞ고 녀셔(女壻)부부ᄅᆞᆯ 관위홀ᄉᆡ, 틴ᄉᆞ와 츄밀이 반빅쟝염(半白長髥)의 슬픈 안쉬 미즐 ᄉᆞ이 업셔 모든 인친졔붕을 ᄃᆡᄒᆞ여 뉴쳬(流涕) 왈,

"ᄌᆞ고(自古)이ᄅᆡ로 인지ᄉᆡᆼ셰(人之生世)의 슈요쟝단(壽夭長短)은 ᄯᅵ 업ᄉᆞ니, 즁니(仲尼)ᄂᆞᆫ 안ᄌᆞ(顔子)ᄅᆞᆯ 우ᄅᆞ시고1139), ᄌᆞ하(子夏)ᄂᆞᆫ ᄌᆞ식을 우러시나1140), 이졔 만ᄉᆡᆼ 등의

1135)몽압(夢壓) : 자다가 가위에 눌림.

1136)진진(溱溱) : ① 많은 모양 ② 성한 모양 ③ 퍼지는 모양 ④ 계속되는 모양

1137)무이지통(無涯之痛) : '한이 없는 슬픔'이란 뜻으로 2촌간인 조부모의 상 또는 형제의 상을 입은 상제를 조문할 때 쓰는 말.

1138)오월쟝슈(五月長水) : 오월 장마로 불어난 큰물.

1139)즁니(仲尼)ᄂᆞᆫ 안ᄌᆞ(顔子)ᄅᆞᆯ 우ᄅᆞ시고 : 공자가 제자 안회(顔回)가 죽자, "회, 천상여 천상여(噫, 天喪予 天喪予; 아아! 하늘이 나를 망케 하는 구나! 하늘이 나를 망케 하는 구나!)라고 탄식하며, 통곡한 일

필뎨(畢弟)를 울문, 텬니인ᄉ(天理人事)의 홀노 조상(早喪)ᄒ【51】민 듯시브니, ᄎ하진(此何眞)이며 몽(夢)이믈 싱각지 못홀ᄲᆞᆫ 아니라, 챵아 남미 삼인의 호텬지통(昊天之痛)이 궁원(穹原)의 미치이믈 보니 참블인견(慘不忍見)이라. 노싱(老生) 등이 몬져 죽지 못ᄒ고 이 갓흔 참잔(慘殘)ᄒᆫ 경식을 목견ᄒᆞ믈 탄ᄒᆞᄂᆞ이다.”

눈물이 하슈(河水)갓고 셩음이 오열(嗚咽)ᄒ여 블셩쳘(不聲撤)ᄒ니 조직(弔者) 감읍(感泣)ᄒ고 견직(見者) 뉴체(流涕)ᄒ여 그 우이를 탄복ᄒᆞ더라.

진왕과 승상이 녀ᄎᆞ(廬次)1141)의 드러가 한님을 보니 일일지간의 형뫼(形貌) 환탈(換奪)ᄒ여 몰나 보게 되엿고, 흐르ᄂᆞᆫ 눈믈은 졈졈이 피를 화ᄒ여시니 경식이 참잔(慘殘)ᄒᆞᆫ지라.

왕의 곤계 위ᄒ여 감읍(感泣)ᄒ고 어로만져 위로 왈,

“신쳬발부(身體髮膚)ᄂᆞᆫ 슈지부뫼(受之父母)니 블감훼상(不敢毁傷)이 효지시애(孝之始也)1142)【52】니, 니러ᄒᆞ미 너모 과도ᄒᆞ믈 지삼 경계ᄒ고, ᄯᅩ 냥쇼져를 블너 보미 냥인이 일일지니의 옥골이 표연(表然)ᄒ고 운환(雲鬟)이 어즈러워 녹빈방텬(綠鬢方天)1143)을 덥헛고, 옥안(玉顔)의 홍뉘(紅淚) 환난(汎亂)ᄒ여 나군(羅裙)의 우셩(雨聲)을 일워시니, 졈졈이 화ᄒ여 혈식이 난만ᄒᆞᆫ지라.

왕과 승상이 ᄌᆞ부의 졍ᄉᆞ를 더욱 이련ᄒ여, 낫빗츨 곳치고 어로만져, 위로 왈,

“ᄌᆞ텬ᄌᆞ지우셔인(自天子至于庶人)1144)히 ᄌᆞ고급금(自古及今)1145)의 뉘 아니 부모를 여히리오. 아부 등의 졍니즉(情理卽) 가히 과도타 못ᄒᆞ려니와, ᄯᅩᄒᆞᆫ 셩인이 경권(經權)을 두시니, 남ᄌᆞ의 ᄉᆞ친지도(事親之道)와 녀ᄌᆞ의 ᄉᆞ친지되(事親之道) 다 한 가지 아니라. 우리 비록 니ᄅᆞ지 아니 ᄒ나 현부 등은 총명달니(聰明達理)ᄒᆫ【53】녀직라. 엇지 인(人)의 쇼지(所知)의 디졀(大節)을 ᄉᆞ못지 못ᄒ리오. 상녜의 과도ᄒᆞᆷ은 셩인도 깃거

을 이르는 말. 『논어(論語)』〈선진(先進)〉편에 나온다. 중니(仲尼)는 공자의 자(字). *공자(孔子); 이름 구(丘). 자(字) 중니(仲尼). 유가(儒家)를 처음 세운 춘추시대(春秋時代)의 사상가. 학자 (B.C.551~B.C.479). 노나라 사람으로 여러 나라를 두루 돌아다니면서 인(仁)을 정치와 윤리의 이상으로 하는 도덕주의를 설파하여 덕치 정치를 강조하였다. 만년에는 교육에 전념하여 3,000여 명의 제자를 길러 내고, ≪시경≫ ≪서경≫ ≪주역≫〈예기〉〈춘추〉등의 중국 고전을 정리하였다. 제자들이 엮은 ≪논어≫에 그의 언행과 사상이 잘 나타나 있다.

1140) ᄌᆞ하(子夏)는 ᄌᆞ식을 우러시나 : 자하(子夏)의 서하지탄(西河之歎)을 이르는 말. 즉 공자(孔子)의 제자인 자하(子夏)가 서하(西河)에 있을 때 자식을 잃고 너무 슬피 운 나머지 소경이 된 일을 말한다.

1141) 녀ᄎᆞ(廬次) : 여막(廬幕). 궤연(几筵) 옆이나 무덤 가까이에 지어 놓고 상제(喪制)가 거처하는 초막.

1142) 신쳬발부(身體髮膚)ᄂᆞᆫ 슈지부뫼(受之父母)니 블감훼상(不敢毁傷)이 효지시애(孝之始也) : :'내 몸과 터럭과 살갗은 다 부모에게서 받은 것이니, 감히 쇠약하게 하거나 상처를 입지 않도록 하는 것이 효도의 시작이다'라는 뜻으로, 부모에게서 물려받은 몸을 소중히 여기는 것이 효도의 시작이라는 말. 『효경(孝經)』〈개종명의(開宗明義) 장에 실린 공자의 가르침.

1143) 녹빈방텬(綠鬢方天) : 윤기 나는 고운 귀밑머리와 네모난 이마. *천(天); 천정(天庭) 곧 얼굴의 '이마'를 뜻한다.

1144) ᄌᆞ텬ᄌᆞ지우셔인(自天子至于庶人) : 천자로부터 일반 백성에 이르기까지의 모든 사람.

1145) ᄌᆞ고급금(自古及今) : 예로부터 오늘에 이르기까지.

아니신 빈니, 현부 등의 니러틋 과도ᄒ미 진실노 디하의 녕션군(令先君)의 뜻이 아니신가 ᄒ노라. 너희 형뎨 진실노 니러틋 ᄒ여 약질이 보젼치 못ᄒ진딕, 오국군이 명명지즁(冥冥之中)의 엇지 블효를 칙지 아니시며, 연ᄉ1146) 만니(萬里)의 외로오신 미망편친(未亡偏親)의 궁텬지통(窮天之痛)가온딕, 블효를 싱각지 아니 ᄒᄂ뇨? 블통ᄒ미 심ᄒ니 우리 평일 밋던 빅 아니로다.”

낭쇼졔 복슈문파(伏首聞罷)의 각각 엄구의 명셩지교(明聖之敎)를 감동ᄒ여, 딕엄시 쳬루만면(涕淚滿面)이 비ᄉ 왈,

“아희 블초쇼【54】암(不肖疏暗)ᄒ와 한갓 지통의 망극홈만 아옵고, 밋쳐 ᄉ쳬(事體)를 싱각지 못ᄒ옵더니, 존구의 명쾌ᄒ신 셩괴(聖敎) ᄌᄌ근근(字字勤勤)ᄒ시니 쳡슈우용(妾雖愚庸)이오나 셩ᄌ(聖慈)를 감은(感恩)ᄒ오미 업ᄉ리잇고? 근슈교의(謹受敎矣)1147)리이다.”

진왕이 더옥 그 온슌비약(溫順卑弱)ᄒ믈 가이(加愛)ᄒ여 지삼 위로ᄒ며, 년이(憐愛)ᄒ미 친녀 윤쇼져와 다ᄅ미 업고, 쇼엄시ᄂ 존구의 경계를 밧ᄌ오미, 옥협향싀(玉頰香顋)의 혈뉘(血淚) 만면ᄒ여 고두읍ᄉ(叩頭泣謝) 왈,

“존구딕인(尊舅大人) 명셩지교(明聖之敎)로써 경계ᄒ시ᄂ 셩ᄌ(聖慈)를 밧ᄌ오니, 쳡슈미렬(妾雖微劣)이오나 엇지 텬니인ᄉ(天理人事)를 싱각지 못ᄒ리잇고만은, 쇼쳡의 직심(在心)ᄒ【55】온 지통은 타인의 더은 빈 잇ᄉᄂ니, 겨오 텬우신조(天佑神助)ᄒ여 부왕의 닉조시(來朝時)의 텬뉸(天倫)을 단취ᄒ오니, 비록 쇼싱지디(所生之地)를 ᄎᄌ 셩시를 분변ᄒ와 인뉸의 죄인되기를 면ᄒ오나, 부야텬회(父也天乎)오 모야디호(母也地乎)1148)시로딕, 쇼쳡은 ᄌ모를 강보(襁褓)의 ᄯ나 모녜(母女) 셔로 안면을 긔지(機知)치 못ᄒ오니, 오히려 텬뉸가온딕 죄인이라. 비록 싱늬의 북당ᄲ존(北堂雙尊)을 시봉(侍奉)ᄒ여 고인의 무치지낙(舞彩之樂)1149)을 효측(效則)지 못ᄒ오나, 부모의 셩슈만년(聖壽萬年)을 긔필ᄒ엿습더니, 이졔 믄득 부왕이 진연(塵緣)을 ᄭᅳᆺᄎ시니, 이(哀)라! 이 엇지 부왕의 츙후직덕(忠厚才德)으로써 명이 단ᄒ【56】시미리잇고? 젼혀 쇼쳡의 명(命)이 박(薄)ᄒ여 부녀단합(父女團合)의 초초(草草)ᄒᆫ 지통이 궁양(穹壤)1150)의 밋치오미○[니], 출하리 일누(一縷)를 밧비 ᄭᅳᆺ쳐 쳔양(泉壤)의 부군을 절ᄒ고, 오국의 몽혼(夢魂)을 비러 ᄌ모를 반기고져 ᄒ오딕, ᄯᅩ 명완(命頑)ᄒ여 합연(溘然)치 못ᄒ오믈 한ᄒ옵더니, 존구딕인의 붉으신 경계 근근ᄌᄌ(勤勤字字)ᄒ샤 쇼쳡의 우혹(愚惑)ᄒᆫ 심폐(心肺)를 붉히시니, 쳡슈블민(妾雖不敏)이오나 엇지 존하(尊下)의 이우(貽憂)를 증(增)

1146) 연ᄉ : 미상. 혹 연사(連槎) 곳 '뗏목'이란 말로 '해외(海外)'를 비유적으로 표현한 말이 아닐까 한다.
1147) 근슈교의(謹受敎矣) : '삼가 가르침을 따르겠습니다.'의 뜻.
1148) 부야텬회(父也天乎) 모야디호(母也地乎) : 아버지는 하늘이고 어머니는 땅임.
1149) 무치지낙(舞彩之樂) : 색동옷 입고 춤을 추어 어버이를 즐겁게 해 드림. 중국 춘추 때 초나라 사람 노래자(老萊子)가 70세에 색동옷을 입고 어린애 장난을 하여 늙은 부모를 즐겁게 해드렸다는 고사에서 유래한 말.
1150) 궁양(穹壤) : 하늘과 땅.

ᄒ리잇가?"

셜파의 셩음이 이원(哀願)ᄒ여 셕목(石木)이 감동홀 듯ᄒ니, 헛흔 운발(雲髮) 가온ᄃᆡ 농슈ᄉ져(龍鬚蛇蹄)1151)와 옥부츄영(玉膚秋影)1152)이 더옥 쇄락(灑落)ᄒ여, 존구의 위로ᄒ시믈 황공감은(惶恐感恩)흔 즁, 남빅【57】과 시독이 다 좌의 이시ᄆᆡ 슈괴난연(羞愧赧然)ᄒ믈 ᄯᅴ여시니, 더옥 션연가려(鮮姸佳麗)ᄒ더라.

왕과 승상이 블승ᄋᆡ셕(不勝哀惜)ᄒ여 ᄌᆡ삼 위로ᄒ고, 녀ᄋᆞᄅᆞᆯ 도라보아 두 그릇 보ᄆᆡᄅᆞᆯ 가져오라 ᄒ여 냥인을 권ᄒ니, 냥부인이 ᄎᆞ마 음식이 목의 넘지 아니ᄒᆞᄂᆞ 존명을 틱만치 못ᄒ여 마지 못ᄒ여 ᄲᅡᆼ슈ᄅᆞᆯ 밧ᄌᆞ와 겨오 쳘음(啜飲)ᄒ고 그릇슬 믈니ᄆᆡ, 냥공이 도라갈ᄉᆡ 식부ᄅᆞᆯ 각각 위로ᄒ며, 진왕은 녀ᄋᆞᄅᆞᆯ 당부ᄒ여 냥쇼져 보호ᄒ기ᄅᆞᆯ 부탁ᄒ니, 윤쇼제 슈명ᄒ더라.

윤쇼제 쏘흔 엄구ᄅᆞᆯ 일틱의 뫼셔 ᄌᆞ부의 도리ᄅᆞᆯ 다 못ᄒ고 신녜(新禮) 슈슌(數旬)의 즉【58】시 상별(相別)ᄒ니, 구식(舅息)의 졍분이 치 깁지 못ᄒ여시나, 텬싱지효(天生之孝)ᄂᆞᆫ 텬진(天眞)의 타나온 바 부모여풍(父母餘風)이오, 총명혜식(聰明慧識)으로ᄡᅥ, 오왕의 지극셩ᄌᆞ(至極聖慈)ᄅᆞᆯ 밧ᄌᆞ와 그 셩덕을 츄모ᄒᄆᆡ 깁헛고, 버거 한님과 냥쇼고의 ᄋᆡ통상비(哀痛傷悲)ᄒᆞᄆᆞᆯ 보ᄆᆡ, 인심의 감동ᄒ며 슬프믈 니긔지 못ᄒ여 상녜(喪禮)의 과상(過傷)ᄒᄆᆡ 냥부인긔 만히 나리지 아니터라.

니러구러 ᄉᆞ오일 후 일가(一家) ᄃᆡ회(大會)ᄒ여 오국을 바라며, 오왕의 녯날 거쳐ᄒ던 슉쇼ᄅᆞᆯ 쇄쇼ᄒ여 허위(虛位)ᄅᆞᆯ 빈셜ᄒ고, 졔젼(祭奠)을 갓초와 셩복(成服)을 맛고 일가상히 복졔(服制)ᄅᆞᆯ 갓초니, 상하의 곡셩이 진동ᄒ여 방【59】인(傍人)을 감동ᄒ니, 쇼져 남ᄆᆡ의 궁텬무ᄋᆡ지통(窮天無涯之痛)이 더옥 비홀 곳이 업셔, ᄋᆡ셩(哀聲)이 ᄌᆞ로 즛쳐지고, 혈뉘(血淚) 최마(衰麻)ᄅᆞᆯ 잠으니, 창텬(蒼天)이 혼흑(昏黑)ᄒ여 한가지로 슬허ᄒᄂᆞᆫ 듯ᄒ더라.

ᄎᆞ시 오국 ᄉᆞ신이 입조(入朝)ᄒ여 옥셔(玉署)1153)의 조알ᄒ고 표문을 올니며, 틱ᄉᆞ부의 니르러 흉문(凶聞)을 알외니, 틱ᄉᆞ곤계와 ᄌᆞ녜 듯ᄂᆞᆫ 말마다 코히 싀고 골졀이 쓸히며 ᄲᅦ 녹ᄂᆞᆫ 듯ᄒ더라.

틱ᄉᆞ와 츄밀이 상표(上表)ᄒ여 반년 말미ᄅᆞᆯ 쳥ᄒ여 오국의 나아가 왕의 초상을 보고, 상구(喪柩)ᄅᆞᆯ 다려 고향의 장(葬)ᄒᆞ오믈 쳥ᄒᆞ온ᄃᆡ, 텬지 역시 감비(感悲)ᄒᄉᆞ 슈조(受弔)1154)로 위로ᄒ시고, 틱ᄉᆞ곤계와 한님의 【60】반년 말미ᄅᆞᆯ 허ᄒ시고, 부례(賻

1151)농슈ᄉ졔(龍鬚蛇蹄) : 용의 수염과 뱀의 발이란 뜻으로, 일반적으로 용이나 뱀을 그릴 때 나타내지 않는 부분들이다. 여기서는 채색을 가하여 그리지 않은 용의 수염과 뱀의 발이란 말로, '화장을 하여 꾸미지 않은 민낯'을 비유적으로 표현한 말.

1152)옥부츄영(玉膚秋影) : 옥처럼 아름다운 피부와 가을 햇살에 비친 그림자라는 뜻으로, 일반적으로 그림을 그릴 때, 이 부분들 곧, 옷 속에 가려진 피부나 가을 경치(景致)의 이면에 존재하는 그림자는 그리지 않는 부분이다. 따라서 이 표현들은, '치장을 하여 꾸미지 않은 외모'를 비유적으로 표현한 말로 볼 수 있다.

1153)옥셔(玉署) : 홍문관(弘文館)을 달리 이르는 말.

禮)를 두터이 ㅎ샤 오국군신과 한가지로 가라 ㅎ시고, 상국 윤성닌과 동궁시독 어스ㅌ
우 윤창닌이 오왕의 녀셰믈 아ᄅ시ᄂ 고로, 이의 텬ᄉ(天使)ᄅ 삼아 몬져 오왕의 녕위
(靈位)의 조상(弔喪)ㅎ고, 버거 뇽포(龍袍)와 졀월(節鉞)을 가져 오셰ᄌᄅ 봉국군(封國
君)ㅎ라 ㅎ시니, 냥텬시(兩天使) ᄉ은(謝恩)ㅎ고 본부의 도라와, 힝장을 다ᄉ려 슈일
치힝(治行)ㅎ여 엄퇴ᄉ곤계 부ᄌ 삼인과 오ᄉ(吳使)로 더부러 한가지로 발힝ㅎ려 할
ᄉ, 진궁과 윤상부의셔 진왕의 오위부부와 상국의 삼부뷔 식부 등의 심ᄉᄅ 익셕ㅎ고,
남빅과 시독의 원힝ㅎ【61】믈 넘녀ㅎ여 가즁의 화긔 ᄉ연ㅎ더라.

진왕은 휴휴(休休) 장뷔(丈夫)라. 쇼쇼호의(小小狐疑) 업스ᄃ, 상국은 신셩통달ㅎ여
여견만니지총(如見萬里之聰)[1155]이 잇ᄂ지라. 일즉 오셰ᄌ 표의 어지지 못ㅎ믈 슷쳐
알오미 잇ᄂ 고로, 질아와 아ᄌ(兒子) 반ᄃ시 금조ᄎ힝(今朝此行)의 블인ᄌ(不仁者)의
작히 업지 아니믈 짐작ㅎ나, 쏘ᄒ 남빅과 시독의 싱이지지(生而知之)ᄒ 셩명지질(聖明
之質)이, 족히 요얼(妖孼)을 졔어ㅎ여 빅지(百災)ᄅ 쇼마(掃魔)ㅎ고 만복을 닛그러, 슈
화(水禍)의 더져도 능히 면화홀 쥴 아ᄂ 고로, 냥인의 임힝의 다만 숀을 잡고 경계
왈,

"여등의 금번 힝도ᄂ 우흐로 군명(君命)을 밧줍고, 아리로 ᄉ힝(使行)을 【62】겸젼
(兼全)ㅎ미어니와, 맛츰ᄂ 셰되 긔험(崎險)ㅎ고 인심이 블가측이니, 혹ᄌ 블의지변이
이시나 삼가 조심 근신ㅎ여, 명철보신(明哲保身)ㅎ여 신여명(身與命)이 구젼(俱全)ㅎ믈
효측ㅎ라."

시독은 다만 빈이슈명(拜而受命)ㅎ고, 남빅은 오셰ᄌ 표의 심슐을 임의 지닉여 보아
거울갓치 아ᄂ 고로, 계부(季父)의 션견지명(先見之明)을 항복ㅎ여 비ᄉ 왈,

"계부(季父)의 셩녜(聖慮) 심원(深遠)ㅎ시니 쇼질이 우암(愚暗)ㅎ오나 근슈교의(謹守
敎意)리이다."

상국이 졈두(點頭)ㅎ니, 진왕은 상국의 호의(狐疑) 만흐믈 밋지 아니 ㅎ더라. 조퇴비
와 윤노공 부뷔며, 뎡·진·남·화·하·장 졔부인 이하로 합문상히(閤門上下) 다 니
별을 《셜【63】연∥셜워》ㅎ여 슈히 도라오믈 일ᄏᄅ니, 냥텬시 각각 존당부모ᄅ 비
ᄉㅎ고, 모든 곤계슈미(昆季嫂妹)와 부인(婦人)으로 작별ㅎ고, 익일 셕양의 엄퇴ᄉ 부
즁의 나아가 졔엄과 흔가지로 밤을 지닉고, 명신(明晨)의 조반 후 니별홀ᄉ, 합문상하
(閤門上下)의 슬허ㅎ미 시롭고, 엄쇼져 냥인은 ᄌ가 등이 좃지 못ㅎ믈 더욱 한ㅎ며 슬
허, 쳥뉘(淸淚) 진진(盡盡)이 쇼진(燒盡)ㅎ여 혈뉘(血淚) 마의(麻衣)ᄅ 젹시고, 경열(硬
咽)ㅎ여 말ᄉᆷ을 일우지 못ㅎ고, 간간(間間)이 피ᄅ 쏨으니 경식(景色)이 춤블인견(慘不
忍見)[1156]이라.

퇴ᄉ곤계 읍쳬여우(泣涕如雨)ㅎ여 춤아 보지 못ㅎ고, 능히 위로ㅎᄂ 말을 일우지 못

1154)슈조(授弔) : 황제가 제후국(諸侯國)의 국상(國喪)에 사신을 보내 조문(弔問)을 하는 일.
1155)여견만니디총(如見萬里之聰) : 만 리 밖의 일을 눈으로 보듯 아는 총명.
1156)춤블인견(慘不忍見) : 참혹하여 차마 눈뜨고는 볼 수 없음.

ᄒ니, 진왕과 승상【64】이 ᄌᆞ질노 더부러 엄틱ᄉᆞ곤계와 ᄌᆞ셔(子壻)를 보닐ᄉᆡ, 냥쇼져
를 위로 경계ᄒᆞ미 《년와∥년이(憐愛)》ᄒᆞ미 친녀 갓ᄒᆞ니, 냥부인이 각각 엄구의 경계
를 위월치 못ᄒᆞ여, 겨오 나슈(羅袖)를 드러 누슈(淚水)를 제어ᄒᆞ고, 쇼리를 삼켜 슬프
믈 진정ᄒᆞ나, 쳔비만통(千悲萬痛)이 구곡(九曲)이 촌단(寸斷)ᄒᆞ니 능히 제어키 어렵더
라.

　틱ᄉᆞ곤계 각각 부인과 졔녀를 당부ᄒᆞ여 가ᄉᆞ(家事)를 션치(善治)ᄒᆞ며 질녀 형뎨를
보호ᄒᆞ여 머므러, ᄌᆞ가형뎨 오국의 나아가 질아를 왕위의 닙(立)ᄒᆞ고 왕의 상장(喪葬)
을 다ᄉᆞ려 고향 션능(先陵)으로 도라와, 장후 환경ᄒᆞ기를 기다려 냥질이 구가로 도라
가게 ᄒᆞ라 ᄒᆞ니,【65】최·범 냥부인이 명을 밧더라.

　츄밀의 냥ᄌᆞ 희와 환이 다 십셰 젼 동몽(童蒙)이니, 인ᄉᆞ(人士) 슉셩(夙成) 영달(英
達)ᄒᆞᆫ 고로, 이의 가즁 외ᄉᆞ를 다ᄉᆞ리라 ᄒᆞ니, 냥공ᄌᆞ 쏘ᄒᆞᆫ 계부의 일즉 망(亡)ᄒᆞ시믈
슬허ᄒᆞ고, ᄌᆞ긔 등이 년유ᄒᆞᆫ 연고로 부슉을 비시(陪侍)ᄒᆞ여 오국의 가지 못ᄒᆞᆷ믈 결연
ᄒᆞ여, 눈믈을 흘녀 슈명ᄒᆞ더라.

　드듸여 일장 니별을 맛ᄎᆞ미 길히 오르니, 이날 만조빅관이며 인친고구(姻親故舊)의
숑별ᄒᆞᄂᆞᆫ 거마(車馬) 남문의 메여 도뢰 분분ᄒᆞ더라. 아지못게라! 금도ᄎᆞ힝(今道此行)의
길흉이 하여오? 오셰ᄌᆞ 엄퇴 능히 부왕의 긔업을 니어 왕위를 기리 보젼ᄒᆞᆫ가?【6
6】원간1157), 더부러 상응ᄒᆞ여 오국 긔업을 업친 바 요인과 흉인ᄌᆞᄂᆞᆫ 하등지인이런
고? 하회를 분셕ᄒᆞ라.

　화셜 션시의 동오왕 엄빅경이 냥형과 ᄌᆞ셔(子壻) 녀부(女婦)를 니별ᄒᆞ고 본국의 도
라가 졍ᄉᆞ를 다ᄉᆞ리더니, ᄆᆡ양 즐겨 아녀 댱후를 듸ᄒᆞ여 탄왈,

　"고어(古語)의 니른 바, '공명은 헌신이오, 부귀ᄂᆞᆫ 믈결 갓다' ᄒᆞ미, 엇지 올치 아니
리오. 과인이 초의 닙신ᄒᆞ미 업던들, 엇지 국가의 공훈을 셰워 만니(萬里)의 봉작을
밧ᄌᆞ와 니국(離國)ᄒᆞ여 동긔지친(同氣至親)과 ᄌᆞ녀를 상니(相離)ᄒᆞᄂᆞᆫ 슬프미 이시리오.
긔화(奇花) 갓흔 냥녀와 닌벽(驎璧) 갓흔 아ᄌᆞ를 텬이(天涯) 이국(異國)의 상별(相別)
ᄒᆞ고, 뇽닌(龍驎)【67】갓흔 긔셔(奇壻)와 화옥 갓흔 며ᄂᆞ리를 어더시나, 슬하의 두
어 장뉴(長留)ᄒᆞᄂᆞᆫ 경ᄉᆞ를 보지 못ᄒᆞ고, 아으라히 우리 부뷔 화조월셕(花朝月夕)의 조
운모우(朝雲暮雨)를 늣기고, 망ᄌᆞ산(望子山)1158) 안기를 바라보아 촉원(囑願)의 이를
삿츠니, 진실노 닙신환달(立身宦達)이 무어시 귀ᄒᆞ리오. 연이나 표이 인효ᄒᆞ미 창아만
ᄒᆞ면 어이ᄒᆞ리오만은, 블초블인(不肖不人)ᄒᆞ미 단쥬(丹朱)1159)의셔 심ᄒᆞ고, 관채(管
蔡)1160)와 갓흐니 반ᄃᆞ시 오국 긔업을 닛기 어렵고, 오문 명풍을 츄락ᄒᆞ미 츠아의게

1157) 원간 : ①원래. ②워낙. 본디부터. ③워낙. 두드러지게 아주.
1158) 망ᄌᆞ산(望子山) : 집 가까이에 있는 동산 따위의 산으로, 어버이가 집나간 자식이 돌아오기를 기다
리는 산.
1159) 단쥬(丹朱) : 중국 요(堯)임금의 아들. 불초(不肖)하여 요임금이 왕위를 그에게 물려주지 않고 순임
금에게 선위(禪位)하였다.

이실가 두려ᄒᆞᄂᆞ이다."

당휘 츄연 탄왈,

"고인이 십삭퇴교(十朔胎敎)의 어질믈 니ᄅᆞ시니, 표아의 블초ᄒᆞᆷ믄 도시 쳡의 퇴교【68】의 블션(不善)ᄒᆞ미라. 슈한슈원(誰恨誰怨)이리잇고? 오직 바라며 밋는 바는 블ᄒᆡᆼ 즁 호현뷔 요ᄒᆡᆼ 슉녀의 풍이 이시니, 혹즈 늬조의 공이 이실가 바라는 비로듸, 표의 블초ᄒᆞ미 더옥 현쳐를 아지 못ᄒᆞ고 박ᄃᆡ 퇴심ᄒᆞ여, 금슬(琴瑟)의 닝낙(冷落)ᄒᆞᆷ믄 니ᄅᆞ도 말고, 지어면목(至於面目)도 듸치 아니ᄒᆞ니, 어듸로 조ᄎᆞ 늬조의 공이 이시며, 농장(弄璋)의 경ᄉᆞ(慶事)들 이시리잇고?"

왕이 더옥 분연 왈,

"표ᄂᆞᆫ 블인무식(不人無識)ᄒᆞ고 호ᄉᆡᆨ방탕(好色放蕩)ᄒᆞ미 슉녀의 덕을 아지 못ᄒᆞ고, 한갓 외모 무염ᄒᆞᆷ믈 염증ᄒᆞ니, 블초의 ᄒᆡᆼᄉᆡ 스스(私私)의 통ᄒᆡ(痛駭)치 아니리오. 우리 부뷔 시명(時命)이 부박(浮薄)ᄒᆞ여 긔특ᄒᆞᆫ ᄌᆞ녀 부셔는 다 텬이(天涯) 이국(異國)【69】의 분슈(分手)ᄒᆞ여 슬하의 두지 못ᄒᆞ고, 블초를 압히 두어 좌왜(坐臥) 젹막(寂寞)ᄒᆞ미 심ᄒᆞ니, 명되 엇지 긔궁(奇窮)치 아니리오."

인ᄒᆞ여 희허(噫嘘)ᄒᆞ믈 마지 아니ᄒᆞ니, 당휘 ᄯᅩ흔 냥셔(兩壻)와 윤쇼져 갓흔 미부(美婦)를 ᄉᆡᆼ늬(生來)의 볼 길히 아득ᄒᆞ믈 슬허 ᄌᆞ탄ᄒᆞᆷ믈 마지 아니ᄒᆞ더라.

셰지 부모의 져를 나모라 ᄒᆞ고, 챵아와 두 미부 기리믈 분앙졀치(憤怏切齒)ᄒᆞ여, 가만이 분심(憤心) 왈,

"늬 당당이 ᄉᆞ라셔 냥윤과 아을 졀졔(切除)ᄒᆞ여 유냥지한(莠良之恨)[1161]을 갑고, 션혜 월혜의 일ᄉᆡᆼ을 맛ᄎᆞ, 부모의 날 염고(厭苦)ᄒᆞ시는 분을 셜(雪)[1162]ᄒᆞ리라."

ᄒᆞ니, 흉픽지인(凶悖之人)의 블초무상(不肖無狀)ᄒᆞ미 이 갓ᄒᆞ며, 부모를 원망ᄒᆞ며 동긔를【70】함ᄒᆡ(陷害)ᄒᆞ여, 골육지친(骨肉之親)을 고ᄌᆞ(顧藉)ᄒᆞᆯ ᄯᅳᆺ이 업ᄉᆞ니, 엇지 텬니(天理) 도상(倒喪)ᄒᆞ며 인뉸(人倫)이 상졀(相絶)ᄒᆞ미 아니리오.

셰지 호빈의 용뫼 무염ᄒᆞᆷ믈 날노 염(厭)ᄒᆞ여 심궁의 드리쳐 한번 무ᄅᆞ미 업고, 부모의 경계(警戒)를 초월(楚越)갓치 너겨, 마지못ᄒᆞ여 부모긔 ᄉᆞ시문안(四時問安)[1163] 밧근 쥬야의 외궁(外宮)의 잠겨 슐을 미란이 취ᄒᆞ고, 미ᄉᆡᆨ을 녑녑히 껴 크게 방탕ᄒᆞ니, 왕의 부뷔 그 강잉ᄒᆞᄂᆞᆫ 가온듸나, 취ᄒᆞᆫ 낫빗과 부졍ᄒᆞᆫ 의관을 엇지 아지 못ᄒᆞ리오. 듸

1160)관치(管蔡) : 중국 주나라 문왕(文王)의 아들이자 무왕(武王)의 동생인 관숙(管叔)과 채숙(蔡淑)을 함께 이르는 말. 무왕(武王)이 죽고 형제 가운데 주공(周公)이 무왕의 어린 아들 성왕(成王)을 도와 섭정을 하자, 주공을 의심하여 반란을 일으켰다가, 관숙은 죽음을 당하고 채숙은 추방당했다

1161)유냥지한(莠良之恨) : 유양지탄(莠良之嘆). '(하늘이) 악한 사람을 내고 또 착한 사람을 낸 것을 한탄한다.'는 뜻으로, 세상에는 선과 악이 공존한다는 것을 말함. *유냥(莠良) : 나쁜 풀(莠)과 좋은 풀(良), 곧 나쁜 사람과 좋은 사람을 비유적으로 이르는 말.

1162)셜(雪)ᄒᆞ다 : 누명이나 치욕을 벗다. 더러움을 씻다.

1163)ᄉᆞ시문안(四時問安) : 하루 네 때, 곧 단(旦; 아침)·주(晝; 낮)·모(暮; 저녁)·야(夜; 밤)에 드리는 문안.

로(大怒)ᄒ여 날노 치칙(治責)이 즈즈니, 셰지 져의 그르믄 아지 못ᄒ고, 다홈 부모를
원망ᄒ여 조금도 뉘읏츨 ᄯᅳᆺ이 업스니, 왕의 부뷔 크게 근심ᄒ고 슬【71】허ᄒ나, 호
빈은 통달ᄒᆫ 녀지라. 조금도 셰주의 박졍ᄒᄆᆯ 한치 아니 ᄒ고, 구고의 셩즈(聖慈)ᄒ시
므로 셰주의 블초ᄒ미 진짓 요슌지지(堯舜之子)1164) 블초홈 갓흐믈 기탄ᄒ여, 도로혀
구고를 위로(慰勞)ᄒ고 좌와(坐臥)의 시봉(侍奉)ᄒᄆᆯ 틔만치 아녀 지효(至孝)로 셤기
니, 왕의 부뷔 더옥 이셕(愛惜)ᄒ여 무이(撫愛)ᄒ미 친ᄉᆡᆼ녀아(親生女兒) 갓더니, 하ᄂᆞᆯ
이 본ᄃᆡ 어진 덕을 보응(報應)ᄒ시믄 바히 미몰치 아닌 고로, 호빈의 슉덕인ᄌ(淑德仁
慈)ᄒᄆ로 엇지 맛ᄎᆷᄂᆡ 삼죵(三從)이 미졀1165)ᄒ리오.

셰지 년일 슐을 취ᄒ고, 우연이 마음이 동(動)ᄒ여 ᄂᆡ궁(內宮) 츌입이 블과 슈삼일
의 호빈이 홀연 잉ᄐᆡᄒ니, 셩녜(成禮) 십여 년이오. 셰ᄌ부뷔 나【72】히 이십오셰러
라.

왕의 부뷔 크게 깃거 상하(相賀) 왈,

"ᄌ고(自古)로 고슈지ᄌ(瞽瞍之子)도 뎨슌(帝舜)이 나시니, 퓌 비록 블초ᄒ나 호현뷔
인ᄌᄒ니 혹ᄌ 어진 틴교로ᄡᅥ ᄒᆡ이(孩兒) 아름다온즉 오국 만민의 복이 젹지 아니리
라."

ᄒ고, 그윽이 농손(弄孫)을 바라더니, 십삭이 츤후 호빈이 동틴(同胎)의 남녀를 ᄡᅡᆼ산
(雙産)ᄒ니, 요힝 모시(母氏)의 박용(薄容)을 픔습(稟襲)지 아냐, 옥슈닌벽(玉樹驎璧)갓
흔 ᄌ녜(子女)라.

왕의 부뷔 딕희(大喜)ᄒ여 식부를 보호ᄒ며, 일칠이 지난 후 ᄡᅡᆼ손(雙孫)을 유아(乳
兒)1166)를 졍ᄒ여 다려다가 보니, 녀이 몬져 나시니 형믜(兄妹)되고 공지 후의 나므로
아이 된지라. 남믜 다 곱고 영오(穎悟)ᄒ여 가장 아름다【73】온 삭시1167) 이시니, 그
ᄌ라미 밋츤즉 녀아는 가히 뇨조슉녜라 홀 거시오, 남ᄌ는 옥인군지(玉人君子)라 홀
거시로ᄃᆡ, 긔상이 쳥고결빅(淸高潔白)ᄒ여, 만일 당뇨시졀(唐堯時節)1168)의 나던들 소
허(巢許)1169)와 일반이니, 산님은ᄉ(隱士)의 죵요로온 긔상이오, 닙신양명(立身揚名)ᄒ

1164)요슌지지(堯舜之子) : 요임금의 아들 단주(丹朱)와 순임금의 아들 상균(商均)을 말함. 둘 다 못나고
어리석어 왕위를 물려받지 못했다.

1165)미졀 : 얄미울 정도로 쌀쌀맞고 인정이 없이 끊음.

1166)유아(乳兒) : 유모(乳母)와 아시비(兒侍婢)를 함께 이르는 말.

1167)삭시 : 싹. 싹수. 어떤 일이나 사람이 앞으로 잘될 것 같은 낌새나 징조.

1168)당뇨시졀(唐堯時節) : 중국 요임금 시절. *당요(唐堯) : 중국의 요임금을 달리 이르는 말. 당(唐)이라
는 곳에서 봉(封)함을 받은 데서 유래한다.

1169)소허(巢許) :중국 요임금 시절의 소부(巢父)와 허유(許由)를 함께 이르는 말. *쇼부(巢父) : 고대 중
국의 전설상의 인물. 영수(穎水)에서 소에게 물을 먹이려다, 허유가 왕위를 맡아달라는 요(堯)임금의
말을 듣고 귀가 더러워졌다며 귀를 씻는 것을 보고, 그 귀 씻은 물을 자신의 소에게 먹일 수 없다며,
소고삐를 끌고 기산(箕山)으로 들어가 숨었다고 한다. *허유(許由) : 고대 중국의 전설상의 인물. 자는
무중(武仲). 요임금이 왕위를 물려주려 하였으나 받지 않고 도리어 자신의 귀가 더러워졌다고 하여 영
수(穎水)에 귀를 씻고 기산(箕山) 에 들어가서 숨었다고 한다.

여 청현(淸賢)을 ᄌ임(自任)ᄒᆞᆯ 긔상도 아니니, 엇지 더옥 남면(南面)1170) 왕작(王爵)의 일면지쥬(一面之主)1171)될 긔상이 이시리오.

왕의 부뷔 농손이 쳐음이니 ᄉᆞ랑ᄒᆞᄂᆞᆫ 가온디나, 왕이 되경 탄왈,

"녀아ᄂᆞᆫ 족히 니ᄅᆞᆯ 거시 업거니와, 남아ᄂᆞᆫ 비록 졔 아뷔 블초광망(不肖狂妄)ᄒᆞ기의 비(胚)ᄒᆞ나1172) 맛ᄎᆞᆷ내 귀복완젼지상(貴福完全之相)이 아니니, 그 타일 ᄌᆞ라미 아뷔 블초ᄒᆞ믈 쎳고, 조션쳥덕(祖先淸德)【74】을 욕지 아닐만 ᄒᆞ거니와, 죵시 일면긔업(一面基業)1173)은 닛기 어려오니 ᄎᆞ셕(嗟惜)ᄒᆞ거니와, ᄎᆞ역텬야명얘(此亦天也命也)라1174). 현마 어이ᄒᆞ리오."

댱휘 왕의 말ᄉᆞᆷ을 듯고 역시 놀나 깁히 넘녀ᄒᆞ나 홀일업고, 그러나 흐ᄅᆞᄂᆞᆫ 셰월노 조ᄎᆞ 쌍ᄋᆞ이(雙兒) 졈졈 ᄌᆞ라 날노 교연(嬌然)ᄒᆞ니, 왕의 부뷔 크게 ᄉᆞ랑ᄒᆞ여 좌와(坐臥)의 ᄯᅥ나지 못ᄒᆞ게 ᄒᆞ고, 왕이 ᄆᆡ양 조회ᄅᆞᆯ 파ᄒᆞᆫ 후ᄂᆞᆫ 내뎐(內殿)의 드러 쌍손을 가촉ᄒᆞ여 시름을 니ᄌᆞ나, 셰ᄌᆞᄂᆞᆫ 더옥 호쥬탐ᄉᆡᆨ(好酒貪色)만 위업(爲業)ᄒᆞ여 다시 발ᄌᆞ최 내궁을 님(臨)치 아니ᄒᆞ고, 니러틋 ᄌᆞ네 아ᄅᆞᆷ다오믈 보나 조금도 ᄉᆞ랑ᄒᆞ미 업ᄉᆞ니, 왕이 가지록 통히ᄒᆞ더라.

이의 손녀의 명을 효임【75】이라 ᄒᆞ고 ᄌᆞᄅᆞᆯ 화옥이라 ᄒᆞ고, 손아의 명을 효졍이라 ᄒᆞ니, 이ᄂᆞᆫ 그 식부(息婦)의 삼죵(三從)이 ᄎᆞ아 등의게 이시믈 아ᄂᆞᆫ 고로, 지극ᄒᆞᆫ 회(孝)라 ᄒᆞ여, 졔명(題名)ᄒᆞ미러라.

셰지 가만이 심복궁환(心腹宮宦)을 동심(同心)ᄒᆞ여 그윽이 졀딕 미아(美兒)ᄅᆞᆯ 광구(廣求)ᄒᆞ더니, 과연 오릭지 아녀 심복궁환 승위 ᄒᆞᆫ 도ᄉᆞᄅᆞᆯ 인ᄒᆞ여 셰ᄌᆡ 뵈니, 그 도인이 안여도화(顏如桃花)오 미여츈산(眉如春山)이며 목여효셩(目如曉星)이며 슌여단ᄉᆞ(脣如丹砂)오 말ᄉᆞᆷ이 민쳡(敏捷)ᄒᆞ며 지족다모(知足多謀)ᄒᆞ고 호풍환우(呼風喚雨)ᄒᆞᄂᆞᆫ 지죄이시니, 스ᄉᆞ로 니ᄅᆞ되 운산도인이로다 ᄒᆞ고, 셩명은 슌위로라 ᄒᆞ더라.【76】

1170)남면(南面) : 임금이 앉던 자리의 방향. 임금은 북쪽에 앉아 남쪽을 향하여 신하와 대면한 데서 유래한다.

1171)일면지쥬(一面之主) ; 한 방면의 임금.

1172)비(胚)ᄒᆞ다 : 배다. 비롯하다. 뱃속에 아이를 가지다.

1173)일면긔업(一面基業) : 한 지역의 왕업.

1174)ᄎᆞ역텬야명얘(此亦天也命也) : 이 또한 하늘의 뜻이요, 운명이다.

윤하뎡삼문취록 권지구십구

추시 셰지 운산도인을 보고 크게 깃거 이의 온 연고를 므른디, 도인이 고두비복(叩頭拜伏) 왈,

"산야비인(山野卑人)이 일즉 스싱의 명을 바다 블원쳔니(不遠千里) 호고 이의 와, 만힝으로 뎐하를 뵈오니 진짓 만셰명군(萬世名君)이시라. 가히 슈명어텬(受命於天)호여 졔셰안민(濟世安民)호실 거시니, 우리 스부의 가른치신 빈 헛되지 아니호고, 비인이 진짓 님즈를 만나온 쥴 깃거호ᄂᆞ이다."

셰지 도인의 즈가를 슈명어텬(受命於天)호여 빅셩을 건지리라 호믈 가장 깃거 되쇼호고, 친히 계의 나려 운산을 붓드러 놉흔 좌(座)의 올녀 상빈(上賓)으로 되졉홀식, 【1】 추를 드려 파호고 한담이 이윽호믜, 도인 왈,

"빈되 한갓 쇼뎐하긔 뵈와 뎐하 되스(大事)만 의논코져 호오미 아니라, 몬져 드르니 쇼뎐히 옥누계뎐(玉樓階前)의 비필이 초오(差誤)호샤 그윽이 문왕의(文王) 관져편(關雎篇)을 스모호시믈 듯고, 빈되 외람이 텬하졀염가인(天下絶艶佳人)을 가져 계익(桂掖)1175)의 승은(承恩)코져 호옵ᄂᆞ니, 뎐하의 존의(尊意) 엇더호니잇고?"

셰지 쳥미파(聽未罷)의 더옥 깃거 쇼왈,

"션싱은 진짓 신인(神人)이로다. 처음으로 이갓치 나의 심폐(心肺)를 스뭇츠니 진짓 지긔상합(志氣相合)흔 군신이로다. 션싱이 만일 쇼허(巢許)의 쳥심(淸心)을 굽혀 고(孤)를 바리지 아니홀진디, 괴(孤) 쏘 한고(漢高)1176)의 냥평(良平)1177)과 당뎨(唐帝)1178)의 위징(魏徵)1179)되졉호는 녜로써 【2】 되호리라. 뭇ᄂᆞ니 미인이 이제 어듸

1175)계익(桂掖) : '후비(后妃)의 처소'를 이르는 말.
1176)한고(漢高) : 한고조(漢高祖). 중국 한(漢)나라의 제1대 황제(B.C.247~B.C.195). 성은 유(劉). 이름은 방(邦). 자는 계(季). 시호는 고황제(高皇帝). 고조는 묘호. 진시황이 죽은 다음해 항우와 합세하여 진(秦)나라를 멸망시켰다. 그 뒤 해하(垓下)의 싸움에서 항우를 대파하여 중국을 통일하고 제위에 올랐다. 재위 기간은 기원전 206~195년이다.
1177)냥평(良平) : 중국 한(漢)나라 때의 책사(策士) 장량(張良)과 진평(陳平)을 함께 이르는 말.
1178)당뎨(唐帝) : 당태종(唐太宗). 중국 당(唐)나라의 2대 황제 이세민(李世民). 삼성 육부와 조용조 따위의 제도를 정비하였고, 외정(外征)을 행하여 나라의 기초를 쌓았다. 재위 기간은 626~649년이다.
1179)위징(魏徵) : 580-643. 중국 당나라 초기의 공신·학자. 자는 현성(玄成). 현무문의 변(變) 이후, 태종을 모시고 간의대부가 되었다. ≪양서≫, ≪진서≫, ≪북제서≫, ≪주서≫, ≪수서≫의 편찬에 관여하였다.

이시며 근본이 하등지인(何等之人)인고? 진실노 그 식(色)이 엇더ᄒᆞ뇨? 과인이 과연
긔이지 아니리니, 졍궁(正宮) 호비 용뫼 극히 무염(無艶)ᄒᆞ므로 괴 결발(結髮) 십여지
(十餘載)의 비록 ᄌᆞ녀를 두어시나 금슬의 소원ᄒᆞᆷ은, 진인과 월쳑 갓흐여 너비 미식을
구ᄒᆞ더니, 이제 션셩의 쳔거ᄒᆞᄂᆞᆫ 바 미인이 근본이 엇더ᄒᆞᆫ지 모로거니와, 만일 진짓
졀식이면 몬져 드려 후궁을 삼앗다가 후의 셰ᄎᆞ(勢次)1180)를 보와가며 맛당이 빙(嬪)
을 폐ᄒᆞ고 미인으로써 졍위(正位)를 봉ᄒᆞ리라.”

운산이 거줏 놀라 겸양 왈,

“ᄎᆞ(此) 미인이 ᄯᅩᄒᆞᆫ 지우하쳔(至愚下賤)이 아니라 경셩(京城) 향환(鄕宦) 샤【3】족
(士族)의 녀지니, 빈되 초의 부뫼 싱시의 황셩(皇城) 쇼쥬인(蘇州人)으로셔 동향(同鄕)
의 거(居)ᄒᆞᆫ 향환 녀긔라 ᄒᆞᄂᆞᆫ 유싱의 녀를 취ᄒᆞ니, 녀싱이 다만 형뎨 냥인이니 본은
딕조 일흠난 지상의 휘라 ᄒᆞ더이다. 형은 녀긔 오, 아ᄂᆞᆫ 녀쉬니 형뎨 다 아들이 업고
다만 ᄯᆞᆯ ᄒᆞ나식 두어시나, 두 녀지 다만 식이 졀식이로딕 녀슈의 ᄯᆞᆯ은 더욱 곱고 총
명ᄒᆞ여 빈도의 취ᄒᆞᆫ 바 녀가지녀의 더ᄒᆞ더이다. 그후의 부뫼 구몰(俱沒)ᄒᆞ거ᄂᆞᆯ, 빈되
스스로 외입방낭(外入放浪)ᄒᆞ더니, 우연이 어진 스싱을 만나 여ᄎᆞ여ᄎᆞ 지조를 다 비호
고, ᄯᅩ 스싱이 여ᄎᆞ여ᄎᆞ 경계ᄒᆞ여 니르딕,

“네 홍진(紅塵)의 인연이 만코 도【4】가의 연분이 업스니 ᄲᆞᆯ니 하산ᄒᆞ여 쳐ᄌᆞ를
다시 ᄎᆞᆺ고, 오국의 진짓 너의 님군이 이시니, 맛당이 ᄎᆞᄌᆞ 텬시를 븟조차 일흠을 쥭빅
(竹帛)의 드리오고 쇠문을 현달ᄒᆞ라 ᄒᆞ고, ᄯᅩ 니르딕 녀슈의 녜 후비될 복이 이시니
이야 진짓 오국군의 텬졍빅위(天定配偶)라. 연이나 텬졍인연(天定因緣)이 각직만니(各
在萬里)ᄒᆞ여 속연(俗緣)을 니을 길히 업스니, 네 맛당이 몬져 오셰ᄌᆞ를 보와 월노(月
老)를 ᄌᆞ임(自任)ᄒᆞ고, 기리 셤겨 만셰의 업을 일우라 ᄒᆞ오믹, 니러므로 빈딕 즉시 스
싱을 하직ᄒᆞ고 고향의 도라가 닉솔가권(乃率家眷)ᄒᆞ고 버거 녀가 형뎨를 다 더브러
한가지로 니르러 뎐긔 뵈ᄂᆞ이다. 뎐히 만【5】일 밋지 아니시거든, 몬져 심복궁비를
신의 햐쳐(下處)의 보닉여 녀녀를 보게 ᄒᆞ쇼셔. 빈되 언변이 셔어(絮語)ᄒᆞ여 녀시의
싱틱(生態)를 다 못 말ᄒᆞᄂᆞ니 ‘월녀(越女)의 쳔하빅(天下伯)’1181)과 비연(飛燕)의 장즁
경(掌中輕)1182)이라도 능히 밋지 못ᄒᆞᆯ너이다.”

셰지 쳥파(聽罷)의 요녀(妖女)를 치 보도 아녀 심혼(心魂)이 니쳬(離體)ᄒᆞ니, 희희히

1180)셰ᄎᆞ(勢次) : 형편. 형세.

1181)월녀(越女) 텬하빅(天下白) : ‘월나라 여자들은 천하에서도 가장 희고 깨끗하다’는 뜻으로, 이백(李
白)의 시 <장유(壯游)>의 “월녀천하백(越女天下白; 월나라 여자들 천하에서도 희고 깨끗한데), 경호오
월량(鏡湖五月凉; 거울 같은 경호 호수는 오월에도 서늘하네)에서 따온 말.

1182)장즁경(掌中輕) : ‘손바닥 위에서 춤을 출 만큼 가볍다’는 말로, 한(漢) 나라 성제(成帝) 때 조비연
(趙飛燕)이 배에서 춤을 추는데, 갑자기 부는 바람에 배가 흔들려 비연이 쓰러지려하자, 성제가 그 발
목을 붙잡아 쓰러지기를 면했는데, 비연은 그 상태에서도 춤추기를 계속하여, ‘비연이 임금의 손바닥
위에서 춤을 추었다(飛燕作掌中舞)’는 말과 함께, 그 만큼 가볍고 날렵했다는 뜻으로 이 말이 생겼다고
한다.

웃고 연망(連忙)이 도인의게 미인 쳔거흔 공을 만만 칭샤하고, 즉시 사고(私庫)를 열고 금쥬옥빅(金珠玉帛) 슈십승(數十升)을 시러 도인의 햐쳐의 보니고, 치교(彩轎)를 보니여 미인을 다려오라 하니, 도인이 쏘흔 사례하고 허다(許多) 금보(金寶)를 바다 양양(揚揚)이 햐쳐의 도라가, 녀가 형뎨와 져의 쳐자를 보아 슈단(手段)을 자랑하고, 【6】오세자와 문답 슈말을 심셰(審細)히 젼하니, 돈견(豚犬)의 무리 크게 깃거 도인의 근고(勤苦)흔 공을 쳔만 사례하고, 즉시 요녀를 단장을 치례하여1183) 궁즁의 드러보니고, 바야흐로 져의 일힝을 안돈(安頓)하여 오국 셩즁(城中)의 딕가(大家)를 일우고 가장즙믈(家藏什物)을 졍졔(整齊)하여 장구히 머믈 도리를 찰히고, 츠츠 딕사를 도모하여 진궁과 윤상부의 사원(私怨)을 필보(必報)홀 뜻이 잇더라.

미인이 오국 궁즁의 드러가니, 셰지 가만이 심복궁비를 분부하여 후원 심슈(深邃)흔 곳의 별당을 쇄쇼(刷掃)하여 화촉(華燭)을 볽히고 포진(鋪陳)을 졍졔하믹, 미인을 블너 보니 홍군취삼의 단장을 치례하고 교자의 나려 셰지【7】를 향하여 팔빅고두(八拜叩頭)하니, 셰지 그 미싁을 과○[이]하나 그 초초(草草)흔 힝싁이 자연 쳔누(賤陋)하니, 안연 졍좌하여 그 녜를 밧더라.

녜파의 명하여 좌를 갓가이 쥬고 셩명 근본을 무르니, 도인의 말과 갓치 딕하고 년치를 므르니 이팔(二八)이로라 하더라. 단슌호치(丹脣皓齒) 사이의 답언이 도도하여 뉴슈를 거후르는 듯하니, 함틱(含態)하여 달긔(妲己) 은쥬(殷紂)를 녹딕(鹿臺)1184)의 즘으고, 포사(褒姒)1185) 쥬왕(周王)1186)을 농낙(籠絡)하미라도 이의셔 더으지 못홀지니, 자고로 명달장부(明達丈夫)라도 요식(妖色)의 혹익(惑溺)하믄 괴이치 아니하거든, 하믈며 오세자의 무식픽려(無識悖戾)하미리오.

드디여 침셕(寢席)의 춍힝(寵幸)하여 일셰 호식탕자(好色蕩子)와 흉음찰녀(凶淫刹女)니러【8】틋 만나믹 공교하니, 일노조차 오국 국본(國本)이 날노 위틱홀 쥴 알니러라.

원간 츠(此) 흉인 요도의 근본시말(根本始末)이 하등지인(何等之人)고? 원닉 녀가 녀슈자와 운산도인자는 다르니 아니라, 젼일 딕조(大朝)의셔 왕법의 망명도쥬(亡命逃走)흔 바 녀방부녀와 녀슉부녀 봉암요도 츠슌위라.

츠셜 녀녀 슈졍과 혜졍은 하늘이 각별 나리오신 바 요형사골(妖形邪骨)노, 윤가의 직앙을 빌니신 빅라. 엇지 텬쥬(天誅)를 범연이 바다 일즉이 죽을 요믈(妖物)이리오.

1183)치례하다 : 무슨 일에 실속 이상으로 꾸미어 드러내다.

1184)녹대(鹿臺) : 중국 은나라의 주왕(紂王)이 재보(財寶)를 모아 두고 비(妃) 달기(妲己)와 환락하던 궁. 주왕이 목야(牧野)에서 주나라 무왕(武王)의 군에 패한 뒤, 이 궁(宮)으로 돌아와 불을 지르고 타 죽었다.

1185)포사(褒姒) : 중국 주(周)나라 유왕의 총희(寵姬)로 웃음이 없었다. 유왕이 그녀를 웃게 하기 위해 거짓 봉화를 올려 제후들을 소집하였다가, 뒤에 외침(外侵)을 받고 봉화를 올렸으나 제후들이 모이지 않아 왕은 죽고 포사는 사로잡혔다고 한다.

1186)쥬왕(周王) : 중국 주(周)나라 유왕(幽王). 총희(寵姬) 포사(褒姒)를 웃게 하기 위해 거짓으로 봉화를 올려 제후들을 불러 모으는 등, 포사의 미색에 미혹되어 난정(亂政)을 일삼았다..

차슌우 흉인은 요되(妖道) 비록 군주의 졍양신긔(正陽神氣) 아릭 도망치 못ᄒᆞ여 잡히미 되여, 젼후 간상(奸狀)을 텬위지하(天威之下)의 슙기지 못ᄒᆞ여시니, 아직 그 명이 진(盡)치 아냣【9】고, ᄯᅩ흔 빈혼 바 직죄 유여(裕餘)ᄒᆞ니, 엇지 힘힘이 힝형(行刑) 칼날을 빗닉리오.

복법시(伏法時)의, 믄득 평싱 직조를 비양(飛揚)ᄒᆞ여 일진음풍(一陣陰風)과 흑무(黑霧)로ᄡᅥ 시상(市上) 도로 힝인의 이목을 현난케 ᄒᆞ고, 한갓 제 몸을 도망홀 ᄲᅮᆫ 아니라, 녀방형뎨 부녀를 다 아ᄉᆞ 도망ᄒᆞ니, 임의 칼 아릭 버셔난 후ᄂᆞᆫ 망망이 그믈의 신 고기와 집 일흔 긔 갓ᄒᆞ니, 가히 어딕로 투싱(偸生)ᄒᆞ여 망명도싱(亡命圖生)ᄒᆞ리오만은, 평싱 요슐이 죡ᄒᆞ니 두리온 거시 업셔, 한 쥼 변용(變容)ᄒᆞᄂᆞᆫ 약을 가져 삼켜 얼골을 변ᄒᆞ고 셩명을 곳쳐 먼니 다ᄅᆞ나니, 비록 황명이 지엄ᄒᆞ여 구쥬(九州)의 힝이(行移)ᄒᆞ여 잡으라 ᄒᆞ시나, 져 관ᄎᆡ(官差)의 무리 범틱육안(凡胎肉眼)으로 【10】 엇지 요형ᄉᆞ골(妖形邪骨)의 간음흔 졍젹을 잘 ᄎᆞ즈리오.

흉인(凶人)의 무리 스스로 직조와 지혜 묘ᄒᆞᄆᆞᆯ 즈득(自得)ᄒᆞ여 언연이 딕국지경을 무인지경(無人之境)갓치 쎠나 먼니 타국으로 가고져 ᄒᆞ더니, 이의 오국지경의 다ᄃᆞ라 보니, 문믈이 화려ᄒᆞ고 의관졔되(衣冠制度) 즁원과 다ᄅᆞ미 업ᄉᆞᄆᆞᆯ 보고, 이의 지명을 므르니 동오국 지경(地境)이오, 국공(國公)은 엄빅경이라 ᄒᆞᄂᆞᆫ지라. 녀방 녀슉이 본딕 미말낭관(微末郎官)으로 져와 연분이 업스나, 한가지 딕조신뇨(大朝臣僚)로 쇼문이 ᄌᆞ못 익거늘, 혜졍요녜 오왕이 남빅의 츠비 엄시의 부친인 쥴 아ᄂᆞᆫ 빅오, 버거 오셰ᄌᆞ의 호식블초(好色不肖)흠과 셰ᄌᆞ빈의 무염지식(無艷之色)으로 부뷔 쇼원흔 쇼문을 잠간 드ᄅᆞ미 잇ᄂᆞᆫ 고【11】로, 믄득 요ᄉᆞ간음(妖邪奸淫)흔 의ᄉᆞ 니러나, 이의 부슉과 슈져(姐) 부쳐를 딕ᄒᆞ여 왈,

"우리 등이 다 시운이 니(利)치 못ᄒᆞ고 운익(運厄)이 긔구ᄒᆞ여 공연이 국가의 지은 죄 업시 망명도쥬ᄒᆞ여, 고원(故園)을 하직ᄒᆞ고 타국의 긔려(羈旅)ᄒᆞ미 임의 뎨도(帝都)를 쎠나시니, 어닉 ᄯᅡ히 가 못 머믈니오. 맛당이 인심이 슌후(醇厚)ᄒᆞ고 녜악문믈(禮樂文物)이 《버화∥번화》흔 곳을 갈히여 머므럼 죽ᄒᆞ니, 젼일 뎨도의 이실 젹 닉이 드ᄅᆞ니 동오ᄂᆞᆫ 국되 너ᄅᆞ고 인믈이 어질며 의관품되 즁원과 다ᄅᆞ미 업고, 더옥 국왕 엄빅경은 본이 경ᄉᆞ인(京師人)이라, 니러므로 오국 치화(治化)와 법되(法度) 더옥 딕조(大朝)와 갓다 ᄒᆞ니, 이졔 맛당이 죵용흔 곳을 어【12】더 안신(安身)ᄒᆞ고, 젼후 ᄉᆞ체(事體)를 보아가며 시말(始末)을 션쳐ᄒᆞ미 엇더ᄒᆞ니잇고?"

녀방형뎨 과연ᄒᆞ여 왈,

"아히 쇼견이 명쾌ᄒᆞ다."

ᄒᆞ고, 이의 슈오일(數五日)을 더 힝ᄒᆞ여 오국 셩 밧긔 니ᄅᆞ러 한 집의 쥬인ᄒᆞ니, 공교ᄒᆞ여 오셰ᄌᆞ의 심복 궁관 승위의 집이러라, 승위 이ᄯᅢ 셰ᄌᆞ의 가만흔 명을 바다 그윽이 미식(美色)을 구ᄒᆞ더니, 이 날 힝인을 만나 제 집 외ᄉᆞ(外舍)의 머므를식, 기즁(其中)의 셰혼 남ᄌᆞ로딕 졈은 두 녀ᄌᆡ 용뫼 탁월ᄒᆞᄆᆞᆯ 보고 딕희ᄒᆞ여 평안이 머므르고,

관곡히 디졉ᄒ며 셩명 근파(根派)를 뭇고, 어드로셔 오는 곡졀을 므른듸, 봉암이 거즛 쇼져 쇼쥬(蘇州)로셔 오노라 ᄒ고, 져는 【13】운산도인이라, 셩명은 슌위로 ᄒ여, 일홈으로써 셩명을 칭ᄒ고, 각각 쳐ᄌ 업고 다만 일녀식 두어시니, 운산은 녀가의 녀셰(女壻)오 녀슉의 녀 혜졍은 아직 규녜니 나히 이팔이라. 젹은 연고로 집을 쩌나 피우(避寓)ᄒ엿더니, 길히셔 도젹을 만나 힝니(行李) 반젼(盤纏)1187)을 다 일코 일힝 오인이 젼젼걸식(轉轉乞食)ᄒ여 이의 니르러, 드르니 오국군의 어지다 ᄒᄆᆡ 요힝 어엿비 너겨 후휼(厚恤)ᄒᆞ믈 어들가 바라고 니르럿노라.

승위 크게 곳이 듯고 미인을 맛난 줄 깃거 왈,

"보텬디히(普天之下) 막비왕퇴(莫非王土)니, 쇼쥬도 님군의 짜히오, 오국도 그 님군의 짜히라. 어ᄂᆡ 곳의 머므지 못ᄒ리오. 진실노 도【14】라갈 곳이 업스면 닉 당당이 국군의 엿ᄌᆞ와 쥬션ᄒ리라."

드듸여 쥬식(酒食)으로 관딕(寬待)ᄒ고 한셜(閑說)이 이윽ᄒᄆᆡ, 승위 우왈,

"이제 크게 아름다온 한 일이 이시니 제형의 ᄠᅳᆺ이 엇더ᄒᆞ뇨? 만일 이 의논을 조츠면 낭ᄌᆞ의 일싱이 한갓 빗날 ᄲᅮᆫ 아니라, 제형이 기리 부귀를 안향(安享)ᄒ리라."

녀방형뎨와 봉암이 깃거 듯기를 쳥ᄒ듸, 승위 드듸여 우으며 좌를 나와, 오국 셰ᄌᆞ 빈이 무염(無厭)ᄒᄆᆡ 금슬이 블화ᄒ여 가만이 졀식(絶色) 구ᄒᆞᄂᆞᆫ ᄠᅳᆺ을 니르고, 우왈,

"우리 쇼뎐히(小殿下) 일국 쳔승지부(千乘之富)를 가져 계시니, 만일 법딕로 조졍의 명을 나리와 미아(美兒)를 구ᄒ시민, 아국(我國)이 비록 슈벽(邃僻)ᄒ나 일【15】면지부(一面之富)를 가져 인믈이 번화ᄒ니, 어느 곳의 한낫 미인이 업스리오만은, 국군이 엄슉ᄒ샤 빈(嬪)을 과도히 편이ᄒ시고, 셰ᄌᆞ를 엄칙ᄒ샤 호방(豪放)을 금ᄒ시니, 셰ᄌᆞ 부명을 두려 감히 미식 구ᄒᆞ믈 임의로 못ᄒ시고, 가만이 날노써 부탁ᄒ샤 명을 맛지신 빈라. 쇼관이 이제 녀낭ᄌᆞ의 아름다온 용모를 보니, 진짓 하늘이 유의ᄒ시민가 ᄒᄂᆞ니, 녀공이 비록 딕조 사름으로 당당ᄒᆞᆫ 향환ᄉ족(鄕宦士族)이로라 ᄒ나, 명도(命途) 궁박ᄒᄆᆡ 여ᄎᆞᄒᆞ니, 녀지 셜ᄉ 비연(飛燕)1188) 셔ᄌᆞ(西子)1189)의 무린들 뉘 능히 구ᄒ여 빈필을 삼고져 ᄒ리오. 모로미 놉흔 가문을 굴ᄒᆞᆯ 셩양치 말고, 우리 쇼뎐하 쇼회를 【16】삼으면, 타일 영귀(榮貴) 어느 곳의 밋츨 줄 알니오."

녀방 녀슉이 쇼원(所願)이 과의(過矣)라. 년망이 빅빅 칭ᄉᄒ여 공공(公公)1190)의 은혜를 일쿳더라.

승위 즉시 입조ᄒ여 봉암을 다려 셰ᄌᆞ를 보고, 인ᄒ여 혜졍을 다려 동궁의 드리니,

1187)반젼(盤纏) : 노자(路資). 먼 길을 떠나 오가는 데 드는 비용.
1188)비연(飛燕) : 중국 전한(前漢) 성제(成帝)의 비(妃) 조비연(趙飛燕). 시호는 효성황후(孝成皇后). 가무(歌舞)에 뛰어났고 빼어난 미모로 성제의 총애를 받아 황후에까지 올랐다.
1189)셔ᄌᆞ(西子) : 중국 춘추시대의 월(越)나라의 미인 서시(西施). 오나라에 패한 월나라 왕 구천이 서시를 부차에게 보내어 부차가 그 용모에 빠져 있는 사이에 오나라를 멸망시켰다.
1190)공공(公公) : ①지극히 공변되고 떳떳함 ②노인을 부르는 경칭 ③조부 ④아버지. ⑤태감(太監).

오셰즈는 호식지인(好色之人)이라. 과연 녀녀의 요식(妖色)을 딕혹ᄒ여 즉시 후궁 깁흔 곳의 감초와 춍ᅙᅵᆼ(寵幸)ᄒ고, 녀긔 녀슈를 블너 보고 친근이 딕졉ᄒ며, 쳔금을 쥬어 가ᄉ를 일우게 ᄒ고, 봉암요도를 스싱으로 딕졉ᄒᄂᆫ지라. 녀방형뎨와 봉암 슈졍이 딕열ᄒ여 인ᄒ여 이 곳의 안신ᄒᄆᆯ 어드니, 일노조ᄎ 오국 졍시 더옥 어즈러오미 되ᄂ니라. 【17】

혜졍이 후당이 깁히 잇셔 날마다 거울만 딕ᄒ여 아미를 다스리고 말ᄉᆷ을 치레ᄒ여, 오셰즈를 슈즁의 잡으니, 희라! 즈고로 셩뎨명왕(聖代明王)과 현인댱지(賢人長者)라도 그릇 녀식의 침몰ᄒ면 셩(性)을 일ᄂ니 만ᄒ니, 지어실기국(至於失其國)ᄒ며 실기가(失其家)ᄒ미[1191] 다 녀식(女色)의 비로스미어늘, 진셰하말(塵世下末)의 용우필부(庸愚匹夫)와 무식ᄒᆫ 픽즈(悖者)를 니르리오. 오관(五官)의 쉬슬고 《녕통‖넘통》의 보믜 슨 엄표를 족히 니르리오. 본딕 픽악ᄒᆫ 인식(人士) 날노 그릇 되여, 혜졍을 만난 후는 호빈을 더옥 증염(憎念)ᄒ미 바로 원슈로 지목ᄒ고, 부왕 모후의게 강작(强作)ᄒ여 일우던 신혼셩졍(晨昏省定)도 ᄶᅵ를 찰히 【18】 지 못ᄒ여 거지(擧止) 더옥 젼일과 다르니, 왕이 셰즈의 ᄒᆡᆼᄉ를 가지록 통히(痛駭)ᄒ여 날노 칙언이 즈즈나, 가만이 일딕(一代) 요녀(妖女)를 감초와 젼춍(專寵)ᄒᄂᆫ 줄은 망연이 아지 못ᄒ더니, 댱휘 아즈의 ᄒᆡᆼᄉ를 크게 의심ᄒ여 좌우다려 므르딕, 다 알니 업더니, 이씨 오왕의 후궁 두 사ᄅᆷ이 이시니, 갈온 동궁 좌슉희(左淑姬) 니시와, 셔궁 우현희(右賢姬) 뉴시라.

냥인이 본딕 오국 냥민의 즈손으로 궁익(宮掖)의 츙슈(充數)ᄒ엿더니, 오왕이 황도의 이실 젹은 번화를 취치 아니 ᄒᄂᆫ 고로, 각별 희쳡이 업더니, 의외의 오국의 봉군ᄒ여 귀국ᄒᆫ 후 【19】 는 위의 조츤 희쳡(姬妾)이 업지 못ᄒᆯ 고로, 마지 못ᄒ여 궁인 즁 냥인을 틱취(擇娶)ᄒ여 동셔 냥궁을 졍ᄒ니, 냥인이 한갓 지용이 초셰(超世)ᄒᆯ ᄲᅮᆫ 아니라, 셩ᄒᆡᆼ이 온슌ᄒ니 왕이 즈못 춍의ᄒ나, 일즉 남녀간 즈식이 업더라.

댱휘 ᄯᅩᆫ 어엿비 너기더라. 니슉희 뉴현희 등이 눈측를 알고 가만이 댱후의게 고ᄒ니, 휘 딕경 왈,

"연즉 오국의 딕환(大患)이 되리로다."

셜니 왕긔 고ᄒ니, 왕이 역시 딕로ᄒ여 셜니 궁노시위를 보ᄂ여 후당의 가 셰즈와 요녀를 잡아오라 ᄒ니, 추시 셰지 후당(後堂) 고루(高壘)의셔 슐을 딕취ᄒ고, 음녀 【20】 로 더부러 병익년비(並翼連臂)[1192]ᄒ여 음쥬즈락(飮酒自樂)ᄒ더니, 블의에 범 갓흔 댱노(臧奴) 궁환(宮宦)이 다라드러 왕명을 젼ᄒ고, 요녀(妖女)를 잡아가니, 셰지 딕경즐퇴(大驚叱退)ᄒ나, 궁환이 임의 왕명을 바닷ᄂ지라. 셰즈의 샹시완포(常時頑暴)ᄒᄆᆯ 두리나, 시러금 홀일업셔 다만 샹명(上命)이 지엄(智儼)ᄒ니 져희 죄 아니라 ᄒ여, 미인과 《하‖한》 가지로 가시믈 쳥ᄒ니, 셰지 슐이 취ᄒ여시나 부왕의 엄위(嚴

1191) 지어실기국(至於失其國)ᄒ며 실기가(失其家)ᄒ미 : '그 나라를 잃기에 이르고, 그 집을 잃게 됨이'의 뜻.

1192) 병익년비(並翼連臂) : 어깨를 나란히 하고 팔을 서로 잡음.

威)는 주못 두리는 고로, 홀일업셔 만일 아니 가면 잡히여 가는 환(患)을 면치 못할지라.

마지 못ᄒᆞ여 계얼니 니러 의뒤를 《슈련∥슈렴(收斂)》ᄒᆞ여 궁환을 조ᄎᆞ 뎐하의 다드라 우러러 보니, 부【21】왕이 안식이 엄슉ᄒᆞ고 노긔 등등ᄒᆞ니, 셰지 일신이 도시 담(都是膽)이나 임의 지은 죄이시니 엇지 두립지 아니리오. 블승황공(不勝惶恐)ᄒᆞ여 감블승당(敢不陞堂)ᄒᆞ고 부복뎐폐(俯伏殿陛)ᄒᆞ여 블감앙시(不敢仰視)러라.

오왕이 보건듸 의관이 부졍ᄒᆞ고 취긔(臭氣) 미란(迷亂)ᄒᆞ여 졍신을 슈련치 못ᄒᆞᄂᆞᆫ 거동이오, 궁뇌 일긔 미인을 넛그러 계하(階下)의 ᄭᅮᆯ니니, 홍상치의(紅裳綵衣)로 단장이 ᄉᆞ려(奢麗)ᄒᆞ고 옥모화티(玉貌花態) ᄌᆞ약경영(自若鶊鴒)¹¹⁹³ᄒᆞ여 져라산(苧羅山)¹¹⁹⁴ 남은 졍긔와, 비연(飛燕)의 교요염ᄉᆡᆨ(嬌容艷色)을 가져 일듸 우믈(尤物)¹¹⁹⁵이라 홀 거시로듸, 미간의 살셩(殺星)이 어리여, 걸(桀)을 농○[락]ᄒᆞ던 미희(妹喜) 아니면, 쥬(紂)를 잠으던 달긔(妲己)라.

왕의 일ᄡᅡᆼ명안(一雙明眼)이 【22】임의 요ᄉᆞ를 분변ᄒᆞᄂᆞᆫ 안녁(眼力)이 ᄉᆞ광(師曠)·니루(離婁)와 방불ᄒᆞ니, 요녀의 본젹(本迹)은 ᄎᆡ 아지 못ᄒᆞ나, 그 블녕(不侫)간음요인(姦淫妖人)인 줄 엇지 아지 못ᄒᆞ리오.

일안의 듸경추악(大驚且愕)ᄒᆞ니 더옥 듸로(大怒)ᄒᆞ여, 이의 뎐하의 ᄭᅮᆯ니고 쇼리를 엄히 ᄒᆞ여 졍셩(正聲) 엄문(嚴問) 왈,

"너 쳔녀는 근본이 엇더ᄒᆞᆫ 쳔인이완듸, 어드로 조ᄎᆞ 인연ᄒᆞ여 궁금의 투입ᄒᆞ미 되엿ᄂᆞ뇨? 쇼거근착(所居根着)을 ᄌᆞ시 알외라."

요녜 반ᄃᆞ시 바로 고ᄒᆞᆫ즉 왕이 용납지 아닐 거동이니, ᄉᆞ긔 요란ᄒᆞ미 여러 가지오. 왕이 ᄯᅩ 녀방 녀슉을 보면 초의 셔로 ᄉᆞ괴오믄 업ᄉᆞ나, 조항간(朝行間)의 면분(面分)은 아마도 업지 아닐ᄃᆞᆺ ᄒᆞ니, 【23】더옥 본젹이 픠루ᄒᆞ기 쉽고, 픠루ᄒᆞᄂᆞᆫ 날이면 듸국의 잡아 보니여 죽기 쉬오니, 창황망극(蒼黃罔極)ᄒᆞ여 홍뉘(紅淚) 옥면(玉面)의 가득ᄒᆞ엿더니, 홀연 한 ᄭᅬ를 싱각ᄒᆞ고 왕의 므ᄅᆞ믈 당ᄒᆞ여 ᄉᆞᆯᆯ니 듸왈,

"쳔쳡네(賤妾女) 혜랑은 본듸 민간녀지라 유하의 부뫼 죽으니 의탁홀듸 업ᄉᆞ와, ᄉᆞ쳐(四處)로 분쥬(奔走)ᄒᆞ옵더니, 맛ᄎᆞᆷ 셰ᄌᆞ(世子) ᄉᆞ례감(司禮監) 승위 동닌(洞隣)의 잇ᄉᆞᆸ더니, 쳔쳡의 무부모(無父母) 고혈(孤孑)ᄒᆞᆷ믈 블상이 너겨 거두어 궁비의 츙슈ᄒᆞ엿ᄉᆞᆸ더니, 쇼뎐히(小殿下) 우연이 블너 보시고 인ᄒᆞ여 편방지녈(偏房之列)¹¹⁹⁶의 용납ᄒᆞ

1193) ᄌᆞ약경영(自若鶊鴒) ; 침착하고 날렵함. *경영(鶊鴒) : 꾀꼬리와 할미새. 또는 그와 같이 날렵한 미인의 몸매를 비유적으로 표현한 말
1194) 져라산(苧羅山) : 중국 절강성(浙江省)에 있는 산 이름으로 전국시대 월(越)나라 미인 서시(西施)가 태어난 곳. 월왕(越王) 구천(句踐)은 이 산에서 나무꾼의 딸인 서시라는 미인을 얻어 원수 사이인 오왕(吳王) 부차(夫差)에게 바쳐, 오왕을 미혹하여 오나라의 국정을 어지럽게 하여, 마침내 부차를 자살케 함으로써, 미인계에 성공, 패왕(霸王)이 되었다.
1195) 우믈(尤物) : ①가장 좋은 물건. ②얼굴이 잘생긴 여자
1196) 편방지녈(偏房之列) : 첩(妾)의 지위.

시니, 쳔쳡이 왕상(王上)의 위엄을 두리오나, 또 능히 쇼뎐하 【24】엄위(嚴威)를 거
역지 못ᄒᆞ여, 인ᄒᆞ여 좌하의 뫼셧 ᄉᆞ오나 엇지 쳔인의 죄리잇고? 복원 뎐하는 호싱지
덕을 드리오셔, 일명을 ᄉᆞ(赦)ᄒᆞ시면 다시 방ᄌᆞ(放恣)치 아니리이다.”

왕이 또 승위를 블너 요녀의 말노쎠 므르니, 승위 또 요녀의 말ᄎᆡ를 무던이 너겨
그ᄃᆡ로 알외니, 왕이 진실노 그런가 비록 간악ᄒᆞᆯ 지언졍 드러난 죄는 업ᄉᆞ니, 즁뉼(重
律)노쎠 더을 바는 업는 고로, 이의 다만 셰ᄌᆞ를 엄칙(嚴飭)ᄒᆞ여 후궁의 깁히 가도와
ᄉᆞ명(赦命)을 나리오지 아닌 젼은 임의로 츌입게 말나 ᄒᆞ고, 그 좌우를 신칙ᄒᆞ여 셰ᄌᆞ
를 만일 노화 츌입게 ᄒᆞᆫ즉, 일죄(一罪)로 하【25】령ᄒᆞ고, 요녀는 아조 궁비의 일홈을
업시ᄒᆞ여 먼니 원방의 귀향 보ᄂᆡ라 ᄒᆞ고, 승위를 ᄃᆡ칙ᄒᆞ여 공교로온 ᄉᆡᆨ(色)을 궁녀의
드린 죄를 ᄃᆡ칙(大責)ᄒᆞ니, 승위 황공 퇴지(退之)러라.

시위인(侍衛人)이 셰ᄌᆞ를 미러 후궁의 가도니, 셰ᄌᆞ 더옥 부왕을 원망ᄒᆞ고 가만히
승위를 블너 의논ᄒᆞ니, 승위 또ᄒᆞᆫ 엄지를 바닷는 고로, 숑연(悚然)ᄒᆞ여 도라가 녀방형
뎨와 봉암을 보고 이 일을 ᄌᆞ시 일너 계규를 므른ᄃᆡ, 녀방형뎨는 본ᄃᆡ 우혹(愚惑)ᄒᆞᆷ
한 돈견(豚犬)으로, 환난이후의 졍신이 더옥 모손(耗損)ᄒᆞ여 남은 거시 업는지라. 츠언
을 듯고 ᄃᆡ경 망극ᄒᆞ여 통곡ᄒᆞ고 아모리【26】ᄒᆞᆯ 쥴 모로거늘, 봉암과 슈졍이 웃고
말녀 왈,

“과려치 마르쇼셔. 오왕 위엄이 아무리 어려워도 결단코 ᄃᆡ조(大朝) 텬위(天威)만
못ᄒᆞ리니, 우리 텬ᄌᆞ의 위엄도 두리지 아녀 능히 계규를 ᄒᆡᆼᄒᆞ여 망명ᄒᆞ여, 목슘이 지
우투싱(至于偸生)ᄒᆞ여 예까지 니르러시니, 엇지 이만 쉬온 일의 우도록 ᄒᆞ리오. 악장
과 존공은 이 봉암이 이시니 두려말나. 각별 묘계로 오왕을 속이고 낭ᄌᆞ의 방신이 무
ᄉᆞ케 ᄒᆞᆯ ᄲᅮᆫ 아니라, 셰ᄌᆞ의 졍비(正妃)되여 부귀영화를 누리게 ᄒᆞ리라.”

녀가 냥츅싱(兩畜生)이 심신이 어득ᄒᆞ니 다만 머리조아 왈,

“그ᄃᆡ의 지혜만 밋ᄂᆞ니 우리 보젼ᄒᆞᆷ믄 다 그ᄃᆡ의 【27】덕이라.”

ᄒᆞ니, 봉암이 지삼 위로ᄒᆞ고 밧긔 나와 승위를 ᄃᆡᄒᆞ여 ᄉᆞ례 왈,

“아등이 타향(他鄕) 뉴걸(流乞)노 이 ᄯᅡ히 니르러 안신(安身)ᄒᆞ고 영화로오미 다 은
인의 ᄃᆡ덕이어늘, 은혜는 갑지 못ᄒᆞ고 도로혀 왕의 노를 만나 니르ᄃᆞᆺ 블안ᄒᆞᆷ믈 ᄭᅵ치
니, 엇지 참괴치 아니리오. 허믈치 아니ᄒᆞ고, 또 다시 쇼뎐하의 권념(眷念)ᄒᆞ는 명을
젼ᄒᆞ니, 엇지 더옥 감ᄉᆞ치 아니리잇고? 졍히 은인의 ᄃᆡ덕을 츠셰의 다 갑기 어렵도
다.”

승위 탄왈,

“지난 말은 일너 무엇ᄒᆞ리오. 다만 목금(目今) 급화(急禍)를 면ᄒᆞᆯ 도리 업ᄉᆞ니, 이
일을 쥬션ᄒᆞ라. 셰ᄌᆞ 니르시ᄃᆡ 운산도인이 신긔ᄒᆞᆫ 직죄 만흐니, 【28】반ᄃᆞ시 미인의
젹거ᄒᆞ는 환를 면케 ᄒᆞ고 쇼뎐하로 인연이 단원(團圓)케 ᄒᆞ라 ᄒᆞ시니, 원컨ᄃᆡ ᄉᆞ부는
이 일을 션쳐(善處)ᄒᆞ라.”

봉암이 쇼왈,

"빈되 임의 묘계(妙計) 잇노라."

ㅎ고, 가만이 귀의 다혀 계규를 니르니, 승위 딕희 칭찬 왈,

"스부는 진짓 신인이로다."

ㅎ고, 도라가 셰즈를 보고 봉암의 쇠를 니르니, 셰진 딕열ㅎ여 가만이 요녀를 다려다가 의구히 즐기며, 부왕이 이곳의 가도와 영영 츌입지 못ㅎ게 ㅎ믈 더옥 무던이 너기더라.

봉암이 완연이 녀아의 얼골이 되여 공치(公差)를 쓸와 젹쇼로 가더니, 반노(半路)의 니르러는 쟝찻 큰 바다히 니르러 【29】비의 올낫더니, 홀연 큰 비 붓드시 와 비를 강즁(江中)의 업쳐 바리니, 므랏 션즁 제인과 관치(官差)와 녀네 다 함몰ㅎ니, 본현이 놀나 이 딕로 계달(啓達)ㅎ니, 이 곳 봉암의 요슐이라.

관치와 션즁 사름 슈십여 인을 몰슈히 믈의 드리치고, 져는 도망ㅎ여 국도로 도라오딕 알니 업더라. 오왕이 현읍(縣邑)의 고장(告狀)을 보고 쏜ㅎ 속으미 되니라.

봉암이 의구히 도라와 녀가 냥츅(兩畜)과 슈졍을 보고 슈말을 니르니, 모다 직조를 칭찬ㅎ더라. 봉암이 쏘 가만이 은신법(隱身法)을 힝ㅎ여 후궁의 드러가 셰즈와 요녀를 뵈니, 혜졍이 심히 깃거ㅎ고, 셰진 스례 왈,

"션싱【30】은 진짓 텬신(天神)이라. 타일 부왕이 연셰(捐世)ㅎ시고 긔업(基業)을 닛는 날인즉, 맛당이 션싱으로 국스(國師)를 삼아 부귀를 한가지로 ㅎ리라."

봉암이 암열(暗悅)ㅎ나 거즛 겸양ㅎ더라.

셰진 즈가의 은밀스(隱密事)를 뉘 아라 부왕긔 젼흔 줄 씨닷지 못ㅎ거늘, 요네 참쇼 왈,

"이 아조 알기 쉬온 일이라. 호낭낭이 춤쇼ㅎ미 아니면, 냥뎐(兩殿)이 엇지 아르시리오."

ㅎ니, 픠 크게 곳이 듯고, 먼니 빈궁을 가르쳐 졀치분미 왈,

"닉 당당이 픽악투부(悖惡妬婦)의 머리를 버혀 피를 졍히 ㅎ리라. 투부를 업시ㅎ는 날이면 맛당이 널노쎠 졍비를 삼으리라."

ㅎ니, 음네 그윽이 암희(暗喜)ㅎ여 이후 더옥 【31】 춤언이 죵힝(從行)ㅎ여 한갓 부부를 니간홀 쑨 아니라, 부즈를 니간ㅎ미 춤혹ㅎ니, 셰진 날노 교언녕식의 줌기이고, 쏘 날마다 미혼쥬(迷魂酒)로 침취(沈醉)ㅎ니, 블초픽광(不肖悖狂)의 마음이 더옥 여지업시 되어, 부모 원망ㅎ믈 조금도 긔탄치 아닌 ㅎ니, 음네 즈득 젼총(專寵)ㅎ는 가온 딕나, 왕이 다시 알면 져의 죄 더옥 즁ㅎ니, 죽고 남지 못홀 쥴 혜아려 가만이 봉암으로 상의ㅎ여 몬져 오왕을 쇼졔(掃除)ㅎ고, 긔업(基業)을 도모ㅎ여 표를 위의 올닌 후, 츳츳 셜계ㅎ여 딕스를 도모ㅎ믈 의논홀식, 밋쳐 요인의 계귀 치 니지 못ㅎ여서, 쇼방 국운이 블힝ㅎ고 오왕의 슈 【32】 명이 거의라, 블기인녁(不羈人力)1197)《이리오‖일

1197)블기인녁(不羈人力) : 사람의 힘에 매인 것이 아님.

러라》.

과연 오릭지 아녀 오왕이 병세 즁ᄒ여 날노 위독ᄒ니, 요인 등은 실노 져히 방슐(方術)의 빌믹가 암희(暗喜)ᄒ딕, 실은 왕의 텬명이 다ᄒ미러라.

오왕이 홀득위질(忽得危疾)ᄒ여 날노 상요(床褥)의 침면(沈眠)ᄒ니, 거죄(擧朝) 황황ᄒ고 댱후와 호빈이며 냥회 등이 딕경망극(大驚罔極)ᄒ여 쳔방빅초(千方白草)로 다스리딕, 빅약(百藥)이 무효(無效)ᄒ니, 침병(沈病) 오륙일의 밋츠미, 왕이 능히 니지 못ᄒᆯ 쥴 알며 국지딕스ᄅᆞᆯ 부탁ᄒᆯ 곳이 업ᄂᆞᆫ지라. 반드시 표의 긔업(基業)을 닛기 어려오믈 아나, 아직 권도(權道)로 부지(父子) 님ᄉᆞ지졔(臨死之際)의 은【33】의(恩誼)ᄅᆞᆯ 너모 박히 못ᄒᆯ 고로, 바야흐로 댱후와 호빈을 블너 아즉 스(赦)ᄒᄂᆞᆫ 뜻을 니르고 블너오라 ᄒ니, 댱휘 왕의 긔운이 엄엄ᄒᆞᆷ을 보고, 망극ᄒ여 눈믈을 먹음고 닉시로 후뎐(後殿) 별궁의 보닉여 스명(赦命)과 왕의 병 즁ᄒᆞᆷ믈 젼ᄒ고 쇼명을 보ᄒ니, 픠 졍히 음녀로 더브러 음쥬즈락(飮酒自樂)ᄒ여 반셩반취(半醒半醉)[1198]ᄒ엿더니, 닉시 궁문 밧긔 와 왕명을 갓초 젼ᄒ니, 픠 앙연(怏然) 닝쇼(冷笑) 왈,

"부왕이 일즉 니ᄅᆞ시딕, 네 안젼의 이시면 닉 죽으리라 ᄒ시던 거시니, 이졔 더옥 병즁의 표ᄅᆞᆯ 블너, 블초ᄒᆫ 얼골을 보아 위질(危疾)이 더ᄒ시면 엇지ᄒ【34】리오."

ᄒ고 가지 아니ᄒ니, 닉시 심하의 가이업시 너겨 도라와 이 딕로 복명ᄒ니, 왕이 일셩장탄(一聲長歎)의 분긔(憤氣) 엄익(奄碍)ᄒ여 혼졀(昏絶)ᄒ니, 댱후와 좌위(左右) 망극ᄒ여 밧비 구호ᄒ니, 냥구(良久)의 졍신을 출혀 댱후ᄅᆞᆯ 도라보아, 츄연 왈,

"과인의 헌신 갓ᄒᆫ 부귀(富貴) 왕낙(王樂)이 더옥 슬프지 아니리오. 빅시와 즁시 모년(暮年)의 블쵸뎨(不肖弟)ᄅᆞᆯ 우르시게 ᄒ고, 냥녀와 창아의 지통을 끼치며, 현후와 【35】현부로 ᄒ여금 가업순 셜우믈 끼치니, 나의 쳬빅(體魄)이 비록 궁양(穹壤)[1199]의 도라가나 엇지 명목(瞑目)ᄒ리오. 표의 블쵸픽광(不肖悖狂)ᄒ미 결연이 오국 긔업(基業)을 닛지 못ᄒ리니, 괴(孤) 임의 텬의ᄅᆞᆯ 혜아려 유표(遺表)와 유셔(遺書)ᄅᆞᆯ 지어 협ᄉᆞ즁(篋笥中)의 장(藏)ᄒ엿ᄂᆞ니, 현휘(賢后) 맛당이 슬프기로써 딕ᄉᆞᄅᆞᆯ 그릇게 말고, 만일 흉문(凶聞)을 딕조(大朝)의 몬져 올녀 냥위 형장이 니르시고, 조졍이 그릇 표ᄅᆞᆯ 봉왕ᄒ시ᄂᆞᆫ 텬ᄉᆡ(天使) 니르거든, 현휘 ᄉᆞ졍의 거리쪄 큰 일을 ○○[그릇]ᄒ지 말고, 나의 유셔(遺書)ᄅᆞᆯ 닉여 몬져 냥위형장긔 젼ᄒ고, 버거 유표ᄅᆞᆯ 텬ᄉᆞ(天使)긔 보닉여, 텬조의 알외여 【36】블쵸즈(不肖子)의 왕위ᄅᆞᆯ 슈양ᄒ고, 폄(貶)ᄒ여 젼야(田野)의 한가ᄒᆫ 빅셩이 되여 여년을 맛게 ᄒ고, 조졍의 직덕이 겸젼ᄒ고 국가의 공이 즁ᄒᆫ 즈ᄅᆞᆯ 갈히여 오국 님즈ᄅᆞᆯ 삼아, 쇼방 빅셩이 도탄의 ᄲᅡ지게 마르쇼셔. 현후ᄂᆞᆫ 호현부와 냥손으로 더브러 나의 녕구(靈柩)ᄅᆞᆯ ᄭᅳᆯ와 고원(故園)의 도라가 여년을 안가(安家)ᄒ쇼셔. 블쵸즈의 거취ᄂᆞᆫ 과인이 역시 졍치 못ᄒᄂᆞ이다. 후ᄉᆞᄂᆞᆫ 냥위형장이 계시니 미리 졍ᄒᆯ

1198) 반셩반취(半醒半醉) : 술에 취하여 깨어 있는지 취해 있는지를 모를 지경임.
1199) 궁양(穹壤) : 하늘과 땅. 천지.

비 아니라. 모로미 기리 보즁ᄒᆞ쇼셔."

댱후와 호빈이 명을 밧고 슬프믈 니긔지 못ᄒᆞ여 눈믈이 오월장슈(五月長水) 갓고, 능히 말을 디치【37】못ᄒᆞ니, 왕이 손을 져어 말뉴(挽留)ᄒᆞ여 ᄂᆡ뎐(內殿)으로 드러가믈 쳥ᄒᆞ고, 이의 조졍ᄃᆡ신을 블너 탁고(託孤)1200) 왈,

"과인이 부지박덕(不才薄德)으로 외람이 남면(南面) 왕위의 거ᄒᆞ여, 경등의 님직 되니, 일즉 즉위 이십년이 거의로ᄃᆡ, 한갓 경 등의 보익(輔翊)ᄒᆞᆫ 공뇌만 힘닙고, 촌호(寸毫)도 갑흐미 업시 이졔 듕도의 니별ᄒᆞ여 신민지통(臣民之痛)을 씨치니, 엇지 가셕(可惜)지 아니리오. 연이나 셰ᄌᆞ 픠 블초픠악(不肖悖惡)ᄒᆞ여 하걸(夏桀)의 창궐(猖獗)홈과 은쥬(殷紂)의 포악ᄒᆞ미 이시니, 결단코 긔업(基業)을 길게 닛지 못홀지라. 과인이 거의 지긔(知機)ᄒᆞ미 잇ᄂᆞᆫ 고로, 텬조의 유표(遺表)를 알외여 경 등의 어진【38】님ᄌᆞ를 갈히여 쥬고져 ᄒᆞᄂᆞ니, 기리 틴평을 누리라."

승샹 호셩은 호빈의 부친이라. 이의 각별 은우(恩遇)를 주어 왈,

"경은 예ᄉᆞ 신뇨(臣僚)와 다른지라. 비록 니르지 아니나 과인의 샹시(常時) 지긔군신(知己君臣)으로 ᄌᆞ별ᄒᆞᆫ 졍의를 알니니, 나의 님죵유탁(臨終遺託)을 쇼루히 듯지 말고, 후ᄉᆞ를 미리 졍치 못ᄒᆞᄂᆞ니, 시ᄉᆞ를 보아가며 션쳐ᄒᆞ라."

호승샹 등 졔ᄃᆡ신(諸大臣)이 빗ᄉᆞ(拜辭)ᄒᆞ여 유교를 밧ᄌᆞ오미, 크게 슬허ᄒᆞ더라.

오왕이 이날 오시(午時) 초의 훙(薨)ᄒᆞ니 시셰 임오 하ᄉᆞ월 회일(晦日)1201)이오, 향년(享年)이 ᄉᆞ십뉵셰오. 삼십의 ᄃᆡ공을 셰워 동오의 봉왕ᄒᆞ니,【39】즉위 십칠년이오, 귀국ᄒᆞ연지 십오년이러라. 일즉 ᄃᆡ조 모든 신뇨(臣僚) 국가의 공훈을 셰워 할토봉왕(割土封王)ᄒᆞᄂᆞ니 만흐나, 다 경ᄉᆞ의 머므러 귀국(歸國)ᄒᆞᄂᆞ니 젹으ᄃᆡ, 동오ᄂᆞᆫ 본ᄃᆡ 싸흘 버혀 봉ᄒᆞᆫ 곳이 아니라. 쳐음의 오왕 님희셰 반역ᄒᆞ다가 오왕의 멸ᄒᆞᆫ 빅 되니, 님희셔의 여당(餘黨)이 만하 이즁의 망명도쥬(亡命逃走)ᄒᆞ니 만흐니 힝혀 블의지변(不意之變)이 이실가 두려, 국도를 뷔오기 어려워 오왕은 즉시 귀국ᄒᆞ미 되엿더라. 오왕이 연셰ᄒᆞ미 국ᄂᆡ 진경(震驚)ᄒᆞ여 신민이 일시의 거익(擧哀)ᄒᆞ고 발상ᄒᆞ니, 일국신민이 왕의 셩덕을 싱각고,【40】빅셩이 져ᄌᆞ를 파ᄒᆞ고 슬허ᄒᆞ니 이셩이 진긔(振起)ᄒᆞ더라.

댱휘 망극ᄒᆞᆫ 가온ᄃᆡ 표의 힝ᄉᆞ를 통히ᄒᆞ여 다시 브르미 업고, ᄋᆡ조(哀弔)를 젼치 아냣더니, 그 심복 ᄂᆡ시 승위 알고 셜니 후궁의 드러가 보ᄒᆞ고, 왕의 님죵유교(臨終遺教)를 낫낫치 아라 젼ᄒᆞ니, 픠 바야흐로 ᄃᆡ경실ᄉᆡᆨ(大驚失色)ᄒᆞ여 셜니 뎐문(殿門) 밧긔 니르러 통곡ᄒᆞ며, 왕의 시쇼(屍所)의 니르니, 오히려 취안(醉眼)이 몽농ᄒᆞ며 다리 브드러오니1202) 거름마다 븨드러1203) 거동이 히연(駭然)ᄒᆞ니, 만조신뇨(滿朝臣僚) 한심차

1200)탁고(託孤) : 임금이 죽기 전에 대신들에게 남기는 유언, 즉 어린 황태자를 부탁하고 국정을 맡기는 일을 말함.
1201)회일(晦日) : 그믐날.
1202)브드러오다 : 부드럽다. 연하다.

악(寒心嗟愕)지 아니리 업고, 댱휘 블승통히(不勝痛駭)ᄒᆞ나 아직 그 허믈을 니ᄅᆞᆯ 씨 아니라. 왕의 유교를 【41】 직희여 뎨도(帝都)의 보(報)ᄒᆞ여 틱스와 츄밀이 니ᄅᆞᆯ 션쳐 ᄒᆞ기ᄅᆞᆯ 혜아리고, 도로혀 목우인(木偶人)ᆽ치 아ᄂᆞᆫ 체 아니터라.

제디신(諸大臣)이 일변 표ᄅᆞᆯ 닷가 텬조의 알외고, 일변 초상을 녜디로 다ᄉᆞ려 입관성복(入棺成服)을 디니니, 댱후의 궁텬무이지통(窮天無涯之痛)은 비길 곳이 업스나, 좌우의 위로ᄒᆞᆯ 즈녜 업스니 더옥 슬프미 간담이 촌졀ᄒᆞ니, 다만 호빈이 니슉희 뉴현희로 더부러 일시ᄅᆞᆯ ᄯᅥ나지 아니코 위로ᄒᆞ니, 댱휘 가업손 지통 즁이나, 니·유 냥희의 졍셩을 감동ᄒᆞ고 식부의 졍ᄉᆞᄅᆞᆯ 이셕(哀惜)ᄒᆞ미 즈연 위회(慰懷)ᄒᆞ미 되여 날을 보니며, 왕【42】의 유표와 유셔ᄅᆞᆯ 깁히 감초와 냥 슉슉과 아ᄌᆞ의 니ᄅᆞ기ᄅᆞᆯ 굴지계일(屈指計日)ᄒᆞ더라.

표ᄂᆞᆫ 부왕의 셩복(成服)을 지니고 직궁(齋宮)을 뫼셔 명덕뎐의 빙쳥(賓廳)을 ᄇᆡ셜(排設)ᄒᆞ미, 마지못ᄒᆞ여 시시 곡읍 밧근 일이 업셔 한가ᄒᆞᆫ지라. 그윽이 모후의 긔식과 조졍 가만ᄒᆞᆫ 공논을 살피미, 왕위ᄅᆞᆯ 결단코 즈가의게 젼치 아니ᄒᆞᆯ 긔식이라. 심즁의 분분디로(紛紛大怒)ᄒᆞ여, 부왕이 업스니 긔탄(忌憚)ᄒᆞᆯ 거시 업ᄂᆞᆫ 고로, 가만이 승위와 봉암으로 상의 왈,

"이졔 부왕이 승하ᄒᆞ시미 당당ᄒᆞᆫ 디업이 고(孤)의게 도라올 거시어늘, 이ᄂᆞᆫ 그러치 아녀 모낭낭 긔식 여ᄎᆞ여【43】ᄎᆞᄒᆞ여, 부왕(父王)의 유교와 유표ᄅᆞᆯ 인증ᄒᆞ여 왕위ᄅᆞᆯ 니게 젼치 아니 ᄒᆞ고, 디조의셔 텬스와 빅부의 니ᄅᆞ시믈 기다려 결(決)ᄒᆞ려 ᄒᆞ신다 ᄒᆞ니, 이ᄂᆞᆫ 반ᄃᆞ시 아이 오면 ᄎᆞ례ᄅᆞᆯ 밧고거나, 그러치 아니면 나의 두 믹부 가온디 젼위(傳位)ᄒᆞ여 당외(唐堯) 우슌(虞舜)의게 젼위ᄒᆞ던 일을 본밧고져 ᄒᆞᄂᆞᆫ가 시브니, 장ᄎᆞᆺ 이 일을 엇지 쳐치ᄒᆞ리오."

봉암 왈,

"연즉(然卽) 젹국(敵國)이 셩하(城下)의 님치 아냐셔 방비ᄒᆞ미 지ᄉᆞ(智士)의 계귀(計揆)라. 이제 낭낭이 션왕의 유교ᄅᆞᆯ 직희여 왕위ᄅᆞᆯ 쇼뎐하(小殿下)긔 젼치 아니시니, 기의(其意)ᄅᆞᆯ 측냥키 어려온지라. 그 눌노쎠 국군을 삼【44】을 줄 알니오. 빈도의 어린 쇼견은 혜아리미 그러치 아니ᄒᆞ니, ᄎᆞ공ᄌᆞᄂᆞᆫ 임의 녕존(令尊) 빅부(伯父)의 계후(繼後)로 엄시의 디종(大宗)이니, 결단코 다시 츌계(出系)[1204]ᄒᆞ여 오국 긔업을 닛게 ᄒᆞᆯ니 업ᄂᆞ니, 빈되 일즉 드ᄅᆞ니 일 부마 남평빅 윤셩닌이 본디 션왕의 긔허(旣許)ᄒᆞ시믈 바닷고, 기부 진왕 윤광텬이 탐남부지(貪婪不慈)ᄒᆞ며 위셰 당당ᄒᆞ여 텬조의 유명ᄒᆞ니, 반ᄃᆞ시 오국 긔업을 도모ᄒᆞᆯ 듯시브니 이 젹지 아닌 근심이로쇼이다."

셰지 디오(大悟) 왈,

"션싱의 의논이 고명(高明)ᄒᆞ니, 암합아심(暗合我心)이라. 윤셩닌이 당초의 부모ᄅᆞᆯ

1203)븨들다 : 비틀거리다.
1204)계(出系) : ①대를 이을 아들이 없는 친족의 양자로 들어가서 그 집의 대를 이음. ②대를 잇기 위해 양자(養子)를 들였던 양부(養父)가 양아들을 부자관계를 파기하고 내쫓음. *여기서는 ②의 의미임.

실니(失離)ᄒ고 쥬류텬하(周流天下)홀 적 여ᄎ여ᄎᄒ여 풍낭【45】의 표류(漂流)ᄒ여 오국의 드러오니, 기시 무셩명지인(無姓名之人)으로 근본(根本) 귀쳔(貴賤)도 아지 못ᄒᄂ 거ᄉᆯ, 부왕(父王)이 그 외모풍신을 과○[이]ᄒ여, '결비쳔이(決非賤兒)라' ᄒ여, 일안(一眼)의 미ᄌ(妹子)로써 필부의 진취(再娶)를 허ᄒ시고, 얼골을 뵈여 밍약(盟約)을 두시고, 그 위질(危疾)을 구호ᄒ여 지믈을 쥬어 도라보ᄂ 계시더니, 그 후의 셩닌이 경ᄉ의 가 부모를 ᄎ즈니, 이 곳 광텬이라 ᄒᄂ지라. 부왕이 그 문미(門楣) 혁혁ᄒ믈 더욱 깃거, 미ᄌ를 다려 환경(還京)ᄒ여 구약(舊約)을 셩젼(成全)ᄒ여 계시더니, 부왕의 유교의 니ᄅ시미 괴이치 아니ᄅ니, 닉 본딕 몬져 셩닌 적츄(賊酋)를 졀졔치 못ᄒ믈 이달나【46】ᄒᆫ들 밋ᄎ랴? 《션싀∥션싱》은 각별 묘계를 가ᄅ치라."

졍언간(停言間)의 심복 쇼환(小宦)이 밧비 드러와 보왈(報曰),

"외읍졔현(外邑諸縣)의 비보(飛報)1205)를 듯ᄌ오니, 텬조 ᄉ신은 동창후 남평빅 윤셩닌이 샹텬ᄉ(上天使)니, 이 곳 오국 일부미(一駙馬)오, 부텬ᄉ(副天使)ᄂ 동궁시독 간의틱우 네부샹셔 윤창닌이니 오국 이부미(二駙馬)라. 샹하(上下) 텬ᄉ 다 동종형뎨(同宗兄弟)오, 션왕의 냥녀셰(兩女壻)라 ᄒ더이다."

퇴 쳥파의 실ᄉᆡᆨ딕경(失色大驚)ᄒ여 돈족딕오(頓足大悟) 왈,

"과연 운산도인은 텬신이로다. 딕홰 박두ᄒ니 쟝ᄎᆺ 엇지 ᄒ리오."

봉암 왈,

"이ᄂ 낭낭이 반ᄃ시 딕국의 ᄉ신을 보닉실졔 션왕의 유표를 보닉여 텬문의 쥬달ᄒᆫ 고로, 텬지 필연【47】윤셩닌으로 봉왕(封王)ᄒ여 보닉시딕, 혹ᄌ 블의지변(不意之變)이 이실가 두려, 거즛 텬ᄉ를 가탁(假託)ᄒᆷ민가 시브고, 더욱 부텬ᄉ(副天使) 윤창닌이라 ᄒ니 이 가장 의심된 일이라. 조졍빅뇨(朝廷百寮) 진렬(宰列)의 사ᄅᆷ이 무슈ᄒ거ᄂᆯ 엇지 굿ᄒ여 윤가 종형뎨(從兄弟)를 보닉리오. ᄒ믈며 본부 틱ᄉ 노야와 츄밀노뻐 녕뎨(令弟) 공ᄌ로 더브러 일시의 온다 ᄒ니, 일마다 의심된 일이라. 밧비 냥칙(良策)을 도모ᄒ여 적이 셩하(城下)의 님치 아녀 졔어(制御)ᄒ미 올흐니 엇지 지완(遲緩)이 ᄒ리오. 텬ᄉ 일ᄒᆡᆼ이 국도(國都)의 오ᄂ 날이면, 반ᄃ시 문무빅관이 먼니 가 마졸 거시니, 원졉ᄉ(遠接使) 나아갈 적이면 ᄯ 쇼뎐【48】하의게 취픔(就稟)치 아니ᄒ리오. 연즉, 쇼뎐히 호상부의게 여ᄎ여ᄎ 계규를 주어 쥬빈간(酒杯間)의 《유가∥윤가》 형뎨를 업시치 못ᄒ시ᄂᆞ니잇고?"

셰지(世子) 요두(搖頭) 왈,

"블가블가(不可不可)ᄒ다. 과인이 호비로 금슬이 블화ᄒᆫ 고로, 호경이 기녀의 박명을 슬허 과인을 한ᄒ미 깁흐니, 엇지 나의 가ᄅ치믈 바드리오. 도로혀 즈레 누셜ᄒ여 딕환(大患)을 지으리라. 다만 나의 ᄉᆡᆼ각ᄂ 바ᄂ ᄉ뷔(師父) 쳔변만화(千變萬化)의 긔특ᄒᆫ 진죄 이시니, 텬ᄉ 온다 ᄒ거든 과인의 몸을 딕(代)ᄒ여 복식을 곳치고 문무신뇨

1205)비보(飛報) : 아주 빨리 보고함. 또는 그런 보고.

(文武臣僚)와 한가지로 셩외(城外)의 나가 냥위 슉부와 텬ᄉᆞ를 영졉ᄒᆞ고, 비쥬간(杯酒間)의 힝계(行計)ᄒᆞ미 올흘가 ᄒᆞ노【49】라.”

봉암이 쳥파의 흔연이 허락ᄒᆞ더라.

이씨 혜졍음녜 남평빅 죵형뎨의 황칙(皇勅)을 밧ᄌᆞ와 오ᄂᆞᆫ 쥴 알고, 졀치ᄒᆞ여 봉암을 쵹ᄒᆞ여 부듸 죽이고져 ᄒᆞ므로, 요되(妖道) 셰ᄌᆞ를 쵹ᄒᆞ여 궁모곡계(窮謀曲計) 궁극(窮極)ᄒᆞ기의 밋ᄎᆞ미러라.

니러구러 계하회간(季夏晦間)[1206]의 니르러 믄득 엄틱ᄉᆞ곤계와 한님 챵이 냥 텬ᄉᆞ로 더부러 황칙이 한가지로 니르ᄂᆞᆫ 션문(先聞)이 오국 국도의 밋ᄎᆞ니, 조졍이 진동ᄒᆞ여 댱후와 셰ᄌᆞ의게 알외니, 댱후ᄂᆞᆫ 냥 슉슉과 ᄌᆞ셔(子壻) 삼인의 한가지로 오믈 드르미, 더옥 반기고 슬허 쳔비만통(千悲萬痛)이 시로이 겸발(兼發)ᄒᆞ나 셰ᄌᆞᄂᆞᆫ 심니(心裏)의 닝쇼ᄒᆞ여 한갓 냥【50】텬ᄉᆞ를 히홀 마음 ᄲᅮᆫ 아니라, 일이 블여의즉(不如意卽) 냥 슉부와 공ᄌᆞ가지 함살(陷殺)홀지언졍, 져의 경영ᄒᆞᆫ 딕ᄉᆞ를 다 일워 이목지쇼욕(耳目之所欲)과 심지지쇼락(心志之所樂)을 다 일우고져 ᄒᆞ니, 엇지 쳔만고(千萬古) 무ᄡᅡᆼ(無雙)ᄒᆞᆫ 불초악역(不肖惡逆)이 아니리오.

텬ᄉᆞ 일힝이 졈졈 갓가이 오ᄂᆞᆫ 션문이 니르니, 국즁이 진동ᄒᆞ고 댱휘 닉조(內詔)[1207]를 나리와 호승샹 등 졔딕신(諸大臣)을 명ᄒᆞ여 빅니장졍(百里長程)의 먼니 나아가 냥슉슉과 텬ᄉᆞ 일힝을 마ᄌᆞ오라 ᄒᆞ니, 졔딕신이 봉명(奉命ᄎᆞ)ᄒᆞ여 동궁의 나아가 셰ᄌᆞ의게 픔(稟)ᄒᆞ니, 셰ᄌᆡ 왈,

“냥위슉뷔 먼니 오시고 냥텬시 황명을 밧ᄌᆞ와 니르며 아이 온다 ᄒᆞ니, 엇지 반갑고 슬프지 아니리【51】오. 괴(孤)[1208] 맛당이 먼니 영졉ᄒᆞ염 죽ᄒᆞ되, 시금 최마즁(衰麻中) 죄인이라, 츌입을 간딕로 못ᄒᆞᄂᆞ니, 경 등이 맛당이 먼니 지영(祇迎)ᄒᆞ여 고의 가득ᄒᆞᆫ 졍셩을 냥위 슉부와 냥텬ᄉᆞ의게 알외라. 고의 좌우신인즁(左右臣人中) ᄯᅩ 일인으로 ᄒᆞ여금 고를 딕신ᄒᆞ여 경등과 한가지로 왕ᄉᆞ를 지영(祇迎)케 ᄒᆞ노라.”

ᄒᆞ고, 봉암과 한가지로 가라 ᄒᆞ니, 졔신이 슈명(受命)ᄒᆞ고 익일 힝ᄒᆞ여, 왕셩(王城)을 ᄯᅥ나 남문의 빅니졍(百里程) 관도(官道) 젹셩부의 가 마줄ᄉᆡ, 틱ᄉᆞ곤계와 엄한님 챵이 임의 일노의 평안이 힝ᄒᆞ여 오국의 니르러, 먼니 왕셩을 바라미 더옥 슬허 통곡ᄒᆞ믈 마지 아니ᄒᆞ니, 냥텬시 빅단 위로ᄒᆞ여 이의 오국 신뇨로 더부【52】러 만나, 관역(館驛)의 드러가 텬ᄉᆞ일힝의 먼니 신고(辛苦)ᄒᆞᆫ 뇌고(勞苦)를 위로홀ᄉᆡ, 봉암이 임의 셰ᄌᆞ의 부탁을 바다 장ᄎᆞᆺ 큰 일을 경영ᄒᆞ려 니르럿ᄂᆞᆫ지라. 말셕(末席)의 츄진비립(趨進排立)ᄒᆞ여 가만이 두로ᄂᆞᆫ 냥안졍치(兩眼睛彩) ᄌᆞ못 호란(胡亂)ᄒᆞ여, 젼혀 냥텬ᄉᆞ 신상의 어릭고, 버거 엄한님과 틱ᄉᆞ곤계의 긔질〇[을] 슬피니, 아지못게라! 요도의 작변이 능히 셩현군ᄌᆞ(聖賢君子)의 셩명을 함히ᄒᆞ고, 져의 쇼원을 일운가 분셕하회(分析下

[1206]계하회간(季夏晦間) : 음력 유월 그믐 경. 곧 6월 30일 경.
[1207]닉조(內詔) : 왕비가 내리는 조명(詔命).
[1208]고(孤) : 예전에, 왕이나 제후가 자기를 낮추어 이르던 일인칭 대명사.

回)ᄒ옵쇼셔.

츠시 봉암이 여러 사름의 긔질을 슬피니, 틱ᄉ와 츄밀은 풍화(豊和)ᄒᆫ 긔상과 하원(遐遠)ᄒᆫ 긔골(氣骨)노 시속의 예스로온 남지로ᄃᆡ, 엄한님은 년긔 최쇼(最少)ᄒ나, 츈풍 갓ᄒᆫ 긔상과 쇄락ᄒᆫ 【53】풍치 일셰의 옥인 긔남지오, 겸ᄒ여 달슈영녹지상(達壽榮祿之相)이 겸젼(兼全)ᄒ니, 비록 만니의 봉후(封侯)ᄒᆯ 격(格)은 아니나, 뎨ᄌ의 ᄉ위 되여 틱각상두의 긴 복은 ᄉ양치 아닐 비니, 엇지 기형(其兄) 표의 블인잔학(不人殘虐)ᄒᆫ 블길영종지상(不吉獰終之相)[1209]의 비기며, 더욱 냥 텬ᄉ는 이 본ᄃᆡ '곤뉸산(崑崙山) 놉흔 가지'[1210]니, 츄텬(秋天) 갓ᄒᆫ 긔상은 츈원(春園)의 만홰(萬花) 방창(方暢)ᄒᆫ 듯, 일인은 셩현유풍(聖賢遺風)과 셩ᄌ긔믹(聖者氣脈)을 젼습(專襲)ᄒ여 쳔츄만ᄃᆡ(千秋萬代)의 희한ᄒᆫ 옥인군지(玉人君子)니, 이 곳 상텬ᄉ 남평빅 윤후셩이오, 일인(一人)은 신위(身威) 늠연ᄒ여 '조둔(趙盾)의 하일지위(夏日之威)와 ○○○[조쇠(趙衰)의] 동일지ᄋ(冬日之愛)[1211] 이시니, 쳑탕(滌蕩)ᄒᆫ 풍뉴(風流)와 신긔로온 골상(骨相)이 비범탁초(非凡卓超)【54】ᄒ여 깁히 시속(時俗) 연화(煙火)의 무드지 아녀시니, 만고쳔ᄃᆡ(萬古千代)의 무빵ᄒᆫ 군ᄌ영걸(君子英傑)이라.

종형뎨 냥인의 한갈 갓ᄒᆫ 귀표달격(貴表達格)[1212]이 냥미(兩眉)의 어릐여시니, 텬디(天地)의 일편된 졍믹(精脈)과 조화(造化)를 홀노 츠(此) 냥인(兩人)이 거두어시니, 당당ᄒᆫ 귀복(貴福)이 겸젼(兼全)ᄒ며 그 좌우의 빅녕(百靈)이 호위ᄒ고 신명(神明)이 한가지로 도으니, 비록 악당요인(惡黨妖人)의 궁모곡계(窮謀曲計) 쳔빅(千百) 가지나 능히 셔의(齟齬)ᄒᆫ 계규(計揆)로 히(害)ᄒ며, ᄯ 엇지 엄한님을 히ᄒ리오.

요인이 미지일쳠(未之一瞻)의 아연(俄然) 딕경(大驚)ᄒ여 간심요장(奸心妖臟)[1213]이 히음업시 국츅(跼縮)ᄒ여 홀홀(忽忽)이 변식(變色)ᄒᆷ믈 ᄭᅢ닷지 못ᄒ니, 의ᄉ(意思) 져삭(沮索)ᄒ여 머리를 슉이고 침ᄉ상냥(沈思商量)ᄒᆯᄉᆡ, 이 【55】의 잔상(盞床)이 오르고 빅작(杯酌)을 젼ᄒᆫᄂ지라.

냥텬ᄉ(兩天使) 우연이 ᄡᅡᆼ셩(雙星)을 흘녀 요인(妖人)의 분분ᄒᆫ 긔식(氣色)을 보고 의심ᄒ여 문왈,

1209)블길영종지상(不吉獰終之相) : 불길하고 흉악하게 죽을 관상.

1210)곤뉸산(崑崙山) 놉흔 가지 : 세속적 인물이 아닌 '신선의 강생(降生)'이라는 말. *곤륜산(崑崙山): 중국 전설상의 높은 산으로, 중국의 서쪽에 있으며, 전국(戰國) 시대 말기부터는 서왕모(西王母)가 살며 불사(不死)의 물이 흐른다고 믿어졌다.

1211)조둔(趙盾)의 하일지위(夏日之威)와 조쇠(趙衰)의 동일지ᄋ(冬日之愛) : 조둔(趙盾)과 조쇠(趙衰)는 중국 춘추시대 진(晉)나라 정치가로, 당시 적(狄)나라 재상 풍서가 진나라에서 적(狄)나라에 도망온 가계(賈季)라는 사람에게 진나라의 두 정치인 조둔과 조쇠 중 누가 더 어진 사람인가를 묻자, 조쇠는 겨울날의 태양이고(冬日之日)이고, 조둔은 여름날의 태양(夏日之日)이라고 대답했는데, 이 말에 대하여 남북조시대 진(晉)나라 학자 두예(杜預)가 겨울 해는 사랑스럽지만(冬日之愛), 여름 해는 위엄[두려움]이 있다(夏日之威)라는 주석(註釋)을 붙여 두 사람의 인품을 나타낸 데서 유래한 말.

1212)귀표달격(貴表達格) : 고귀한 풍채와 통달한 품격.

1213)간심요장(奸心妖臟) : 간사하고 요망한 마음.

"말셕(末席) 참좌즈(參坐者)는 하등지인(何等之人)인고?"

호승상이 허리를 굽혀 공경 디왈,

"이곳 아국 쇼뎐하(小殿下)의 비신(陪臣) 슌위러니 쥬인의 명을 밧즈와 황스(皇使)를 영후(迎候)ᄒᄂ이다."

냥텬시 졈두(點頭)ᄒ고 우왈,

"아등(我等)이 한갓 황명을 밧즈올 ᄲᆫ 아니라, 본딕 션왕(先王)으로 옹셔(翁壻)의 졍이 잇ᄂ지라. 이졔 맛당이 국도(國都)의 드러가 왕후와 셰즈를 보아 문상ᄒ고, 버거 황지(皇旨)를 젼ᄒ고져 ᄒᄂ니, 비록 쇼방이나 국군이 망ᄒ여 님직 업슨 곳의 니ᄅ러, 몬져 딕스를 의논치 아니 ᄒ고 비쥬(杯酒)로【56】써 즐기미 엇지 가ᄒ리오."

엄퇴스곤계 ᄯᅩ 냥텬스의 말을 올히 너겨 졈두ᄒ고, 비반(杯盤)을 믈니치니, 호승상 등이 붓그려 즉시 비반을 셔르져 아스니, 요되(妖道) 밋쳐 힝계(行計)치 못ᄒ고 심니(心裏)의 앙앙(怏怏)ᄒ여 혜오딕,

"냥윤과 엄창이 비록 왕상의 귀복 아녀 데후의 귀복을 가져신들 이곳의 니ᄅ러 독 속의 든 쥐 갓흐니 엇지 나의 독ᄒᆫ 슈단을 면ᄒ리오. 벅벅이 인즁승텬(人衆勝天)[1214]을 긔약ᄒ여 ᄎ인 등을 업시ᄒ고 오셰즈를 도와 부귀를 도모ᄒ리라."

ᄒ더라.

텬스 일힝이 엄퇴스 부즈슉질노 더브러 오국 신뇨와 한가지로 힝ᄒ여 국즁(國中)의 니ᄅ니, 슈문관(守門官)이 마즈 ᄎᄎ【57】젼ᄒ니, 댱후와 셰지 명덕뎐의 모다 쳥ᄒ니, 졔인이 일시의 왕의 녕위(靈位)의 다ᄃ라 통곡홀시, 퇴스와 츄밀은 관을 두다려 아을 블너 유음(幽陰)이 지격(只隔)ᄒ여 알오미 업ᄉ믈 슬허ᄒ민, 누쉬(淚水) 쳔항(千行)이오, 셩음이 경열(硬咽)ᄒ여 ᅀᅵᆫ쳐지믈 즈로 ᄒ고, 한님은 관을 어로만져 부왕을 브르며 궁텬영모(窮天永慕)의 간담이 삭삭히[1215] 여할(如割)ᄒ니, 쇼리로조ᄎ 긔운이 막히이고 눈믈노조ᄎ 피를 화(和)ᄒ니, 초췌ᄒᆫ 긔부(肌膚)와 슈픠(瘦敗)ᄒᆫ 형용이 고고(枯槁)[1216]ᄒ여, 젼일 동탕(動蕩)ᄒ던 신광(身光)이 쳑골환형(瘠骨幻形)ᄒ여 보기의 심히 위틱ᄒᆫ지라.

퇴스와 츄밀이 놀나 슬프믈 진졍ᄒ고 어로만져 위로ᄒ며,【58】냥텬시 왕의 녕하의 지비 통곡ᄒ여 문상ᄒ민, 셩인군즈의 지현지심(至賢之心)으로 왕의 평일 관후인즈(寬厚仁慈)ᄒ던 셩심(聖心)과 어진 사ᄅᆷ이 슈(壽)를 안(安)치 못ᄒ믈 슬허ᄒ고, 버거 옹셔의 친과 반즈(半子)의 녜(禮)[1217]를 다ᄒ민, 슬픈 안쉬(眼水) 가득ᄒ여 광슈(廣袖)를 젹시니, 뎐상뎐하(殿上殿下) 시위인(侍衛人)이 다 슬허ᄒ며, 션왕(先王)의 즈셔삼인

1214) 인즁승텬(人衆勝天) : '여러 사람이 힘을 합치면 하늘도 이길 수 있다'는 뜻으로 '사람의 힘이 큼'을 이르는 말.

1215) 삭삭히 : 종이나 헝겊 따위가 칼이나 가위로 거침없이 베어지는 것처럼.

1216) 고고(枯槁) : 야위어서 파리함.

1217) 반즈(半子)의 녜(禮) : 사위로서 갖추어야 할 예절. *반자(半子) : 사위를 달리 이르는 말.

(子壻三人)의 탁셰(卓世)훈 풍광을 블승칭찬(不勝稱讚)ᄒ고, 냥텬ᄉ의 청츈쇼년으로 작위 놉흐믈 흠찬(欽讚)ᄒ여 블감앙시(不敢仰視)러라.

냥텬시 이윽고 누슈(淚水)를 거두고 엄싱을 ᄌ삼 기유(開諭)ᄒ여 한가지로 뎐의 드러가, 댱후와 셰ᄌ를 볼ᄉ, 슈슉과 모ᄌ 일장을 통곡ᄒ미, 허다비회(許多悲懷)를 일필난기(一筆難記)러【59】라.

우름을 파ᄒ고 한님이 ᄬ슈로 모후의 무릅흘 어로만지며 ᄌ안(慈眼)을 우러러 반기며 슬허 쳔비만통(千悲萬痛)이 구곡(九曲)이 스히ᄂ[1218] 듯ᄒ고, 댱휘 ᄯ흔 아ᄌ를 강보초(襁褓初)의 ᄡ너나, 이제 십오년만의 만나니, 모지 오히려 안면을 긔지(機知)키 어려온지라. 옥슈로 한님의 손을 잡고 등을 어로만져 쳬뤼(涕淚) 만면(滿面)ᄒ여 냥슉슉과 냥텬ᄉ를 디ᄒ여 왈,

"박명(薄命) 죄쳡(罪妾)이 황텬(皇天)이 강할(降割)ᄒ여 만니이국(萬里異國)의 와, 가군(家君)을 영별(永別)ᄒ오나, 가향(家鄉)이 아으라ᄒ고, 이각(涯角)이 참엄(斬嚴)ᄒ니 ᄌ연 흉보(凶報)를 고급(告急)ᄒ오미 더딜 ᄲᆫ 아니라, 무지완쳔(無知頑喘)이 능히 초상(初喪)을 지보(支保)ᄒ여 금일 냥위(兩位) 존슉지젼(尊叔之前)의 뵈옵고, 냥【60】위 텬시 몬져ᄂ 황명을 밧ᄌ왓시나, 둘지ᄂ 옹셔(翁壻)의 ᄉ친(私親)을 《오오라∥으오라》, 먼니 폐디(弊地)[1219]의 님ᄒ시니, 문난(門欄)의 광치 식롭고, 션왕직시(先王在時)의 냥셔(兩壻)를 칭복ᄒ시던 어언(語言)이 오히려 귀가의 머므러시듸, 이제 좌굴관기(坐屈冠蓋)[1220]ᄒ시나 유음(幽陰)[1221]의 괴격(乖隔)ᄒ시미 알음이 업ᄉ믈 싱각건듸, 엇지 슬프지 아니며, 버거 창아를 강보초(襁褓初)의 슉슉의게 츌계(出系)ᄒ와 모지 안면이 오히려 긔약기 어렵습거늘, 이제 장셩ᄒ미 엄연훈 장부의 쳬위를 일워시니, 이ᄂ 존슉슉 늉은혜틱(隆恩惠澤)이라. 박명 쳡이 ᄯᅩ 엇지 슬프며 감격지 아니리잇고?"

틱시 실셩뉴쳬(失性流涕)ᄒ여 겸양 칭소ᄒ고, 냥텬【61】시 공경 듸왈,

"악모의 셩히 위ᄌ(慰藉)ᄒ시믈 쇼싱비 엇지 감당ᄒ리잇고? 셕년왕일(昔年往日)의 쇼싱이 무셩명(無姓名) 걸아(乞兒)로 ᄉ방의 뉴리ᄒ올 적, 우연이 귀국의 니르러 ᄯᅩ 독질(毒疾)을 어더 위악(危惡)ᄒ옵더니, 션악장(先岳丈)의 지인지덕(知人之德)으로 사병(死病)을 회쇼(回蘇)케 ᄒ시고, 슬하의 동상(東床)을 허ᄒ시며, 고국의 도라가 텬뉸을 단원ᄒ옵고 인ᄒ와 닙신현달(立身顯達)ᄒ여 녕녀(令女)로 구약(舊約)을 셩젼(成全)ᄒ오나, 텬이이국(天涯異國)의 도뢰 요원ᄒ오니, 능히 ᄌ로 등비치 못ᄒ옵더니, 의외의 악장이 안가(晏駕)ᄒ시미, 쇼싱 등이 황명으로 이의 니르오나 비환(悲歡)이 상반(相反)

1218)스히다 : 사위다. 다 타버리다. 불이 사그라져서 재가 되다.

1219)폐디(弊地) : 말하는 이가 자기가 살고 있는 땅을 낮추어 이르는 말

1220)좌굴관기(坐屈冠蓋) : 자기가 찾아가야 할 것을 찾아가지 아니하고, 도리어 상대방이 수레를 타고 찾아오게 하는 수고를 끼침. *관개(冠蓋); 높은 벼슬아치가 타고 다니던 수레. 말 네 필에 멍에를 매어 끌게 했다.

1221)유음(幽陰) : =유계(幽界). =저승. 사람이 죽은 뒤에 그 혼이 가서 산다고 하는 세계.

ᄒᆞ여이다."

부텬시 니어 손ᄉᆞ 왈,

"쇼싱은 본【62】ᄃᆡ 경ᄉᆞ인(京師人)이라. 일즉 황구쇼아(黃口小兒)1222)로 발ᄌᆞ최 셩문(城門)을 나지 아냐ᄉᆞ오나, 엇지 텬연이 긔구ᄒᆞ와 녕녜 초년의 실산(失散)ᄒᆞᆫ 연고로, 삼싱슉연(三生宿緣)을 쇼싱의게 니ᄅᆞ미니, 쇼싱이 ᄯᅩᄒᆞᆫ 악부모의 셩덕을 츄모(追慕)ᄒᆞ여 슬하의 한번 등비(登拜)코져 ᄒᆞ오나, 길이 머러 능히 빗현치 못ᄒᆞ옵더니, 이제 악쟝이 연셰(捐世)ᄒᆞ시미 쇼싱 등이 황명을 밧ᄌᆞ와 니ᄅᆞ오니, 쳐셰(處世)의 익락(哀樂)이 상반(相反)ᄒᆞᆷ믈 알니로쇼이다."

휘 상텬ᄉᆞ(上天使)는 젼일 안면이 잇거니와, 츠셔(次壻)는 다만 왕의 젼어로 비상특이(非常特異)ᄒᆞᆷ믈 드ᄅᆞ시나, 보지 못ᄒᆞᆷ믈 미양 우탄(憂嘆)ᄒᆞ던 바로, 금일 ᄃᆡᄒᆞ미 즐겁지 아닌 ᄹᅥ나, 냥셔(兩壻)의 비범탁셰(非凡卓世)【63】ᄒᆞᆫ 긔질이 니ᄅᆞ듯 비상홈과, 아ᄌᆞ의 쟝셩슈미(長成秀美)ᄒᆞ미 막상막하(莫上莫下)ᄒᆞ여 일ᄡᅡᆼ군ᄌᆞ(一雙君子)로 졔명(齊名)ᄒᆞᆷ 죽ᄒᆞ니, 그러나 남빅은 온즁단엄(穩重端嚴)ᄒᆞ여 셩현군ᄌᆞ의 풍이 넉넉ᄒᆞ고, 시독은 쥰열(峻烈) 싁싁ᄒᆞ여 하일지위(夏日之威) 이시니, 진짓 직략(才略)이 ᄡᅡᆼ젼(雙全)ᄒᆞᆫ 군ᄌᆞ영걸(君子英傑)이라. 남빅의 셩현유풍(聖賢遺風)은 윤상셰 밋기 어렵고, 상셔의 영걸지상(英傑之相)은 남빅이 밋지 못ᄒᆞ니, 냥인이 각각 단쳬(短處)이시나 귀복(貴福)이 당당ᄒᆞ여 달슈영녹지상(達壽榮祿之相)이 가족ᄒᆞ니, 쟝휘 시금(時今) 심신이 비만(悲滿)ᄒᆞ여 궁텬지통(窮天之痛) 가온ᄃᆡ나, 냥셔(兩壻)의 이ᄃᆡ도록 비상홈과 아ᄌᆞ의 슈미ᄒᆞᆷ믈 ᄃᆡᄒᆞ니, 슬픈 즁이나 두굿기고 익즁ᄒᆞ여 【64】부뷔 일셕(一席)의 병좌(竝坐)ᄒᆞ여 ᄌᆞ셔(子壻)의 영화로온 ᄌᆞ미를 보지 못ᄒᆞᆷ믈 더옥 슬허, 쳥뉘(淸淚) 진진(溱溱)ᄒᆞ여 마의(麻衣)를 젹시ᄂᆞᆫ지라.

한님이 모후의 ᄡᅡᆼ슈를 밧드러 모ᄌᆞ(母子)의 우ᄂᆞᆫ 눈믈이 하슈(河水)갓ᄒᆞ니, 견ᄌᆡ(見者) 막블감비(莫不感悲)ᄒᆞ고, 냥텬시 ᄯᅩᄒᆞᆫ ᄉᆞ일(斜日)을 잠간 흘녀 댱후를 보니, 비록 최복즁(衰服中) 운환(雲鬢)이 헛흘고 쇼셰(梳洗)를 폐ᄒᆞ여시나, 텬싱 츌셰훈 용안 쇠광은 오히려 머므러시니, 유화(宥和)ᄒᆞᆫ 안모(顔貌)의 셩덕광홰(聖德光華) 어리여 당셰의 슉인셩ᄉᆞ(淑人聖士)니, 냥엄시의 텬싱탁셰(天生卓世)ᄒᆞ미 ᄯᅩᄒᆞᆫ 오왕 갓흔 현부형(賢父兄)과 댱후 갓흔 현ᄌᆞ모(賢慈母)의 싱휵ᄒᆞᆷ믈 바다시니, 그 초츌ᄒᆞᆷ믈 가히 알거시오, 버거 창의 긔이(奇異)ᄒᆞ미 부모녀풍(父母餘風)【65】이 맛당ᄒᆞᆫᄃᆡ, 가셕(可惜)ᄒᆞᆫ 바ᄂᆞᆫ 셰ᄌᆞ의 블인무상(不人無狀)《ᄒᆞᆫ믄∥ᄒᆞ미니》, 요슌지ᄌᆡ(堯舜之子) 블초홈 갓ᄒᆞ니, 원간 조화(造化)1223)의 헌ᄉᆞᄒᆞ미1224) 니러틋 ᄒᆞ더라.

셰ᄌᆞ퇴 ᄯᅩᄒᆞᆫ 참좌(參坐)ᄒᆞ여 아의 슉셩슈미(夙成秀美)ᄒᆞᆷ믈 싀로이 놀나고 싀이(猜

1222) 황구쇼이(黃口小兒) : 젖내 나는 어린아이라는 뜻으로, 철없이 미숙한 사람을 낮잡아 이르는 말.

1223) 조화(造化) : 조화옹(造化翁). 만물을 창조하는 노인이라는 뜻으로, '조물주'를 이르는 말.

1224) 헌ᄉᆞᄒᆞ다 : 야단스럽다. 시끌벅적하다. 호사스럽다. 수다스레 말하다. 수다 떨다. *헌사; 수다. 너스레. 야단스러움. 시끌벅적함.

礙)ᄒᆞ여 거줏 슬허ᄒᆞ며 반기ᄂᆞᆫ 쳬ᄒᆞ나, 그 ᄂᆡ렴(內念)은 싀심(猜心)이 만복ᄒᆞ고, 두 미부의 쳔만셰(千萬世) 무적(無敵)ᄒᆞᆫ 풍신지화(風神才華)ᄅᆞᆯ 보미, 남빅은 젼일 보미 잇거니와 상셔ᄂᆞᆫ 다만 부왕의 젼어로 비상ᄒᆞᆷ을 드러시나, 심하의 밋지 아녀 혜오ᄃᆡ,

"텬디조화(天地造化)의 희극(戲劇)ᄒᆞ미 윤셩닌 ᄒᆞᆫ 사름도 츌셰(出世)ᄒᆞ미 오히려 이상ᄒᆞ거늘, 또 엇지 이시리오. 챵닌 쇼츅(小畜)은 엇던 요믈(妖物)이완ᄃᆡ 부왕(父王)의 져ᄃᆡ도록 과【66】찬(過讚)ᄒᆞ시ᄂᆞᆫ고?"

밋지 아녓더니, 금일 진면(眞面)을 상견ᄒᆞ미 과연 듯던 바의 셰번 더으미 이시니, 엇지 져의 좀 낫치 희고 닙시욹이 붉으미 비기리오. 텬디우쥬간(天地宇宙間)은 앙망(仰望)이나 ᄒᆞ거니와, ᄌᆞ가(自家)의 츄루(麤陋)ᄒᆞᆫ 얼골과 비박(鄙薄)ᄒᆞᆫ 힝ᄉᆞ의 비겨 의논ᄒᆞ리오. 일견의 담이 ᄎᆞ고 골이 져리니, 갓득 블냥ᄒᆞᆫ 목직(目眥) ᄌᆞ로 뒤룩여 능히 좌ᄅᆞᆯ 안졉지 못ᄒᆞᄂᆞᆫ 거동이라. 한님은 형의 긔ᄉᆡᆨ(氣色)을 보미 ᄃᆡ경(大驚) 한심(寒心)ᄒᆞᆷ을 니긔지 못ᄒᆞ고, 냥텬시 심하의 긔괴히 너기나, 민망ᄒᆞ여 조위(弔慰)ᄒᆞᄂᆞᆫ 녜와 친친지졍(親親之情)을 은근이 낫호니, 셰ᄌᆡ(世子) ᄯᅩᄒᆞᆫ 강잉(强仍) 접담(接談)ᄒᆞ나, 심하의 봉암의 힝계 ᄉᆡᆫᄅᆞ지 못ᄒᆞᆷ을 한ᄒᆞ더라.【67】한담이 이윽ᄒᆞ미 임의 날이 졈으럿ᄂᆞᆫ지라. 궁비 등이 셕졔(夕祭)ᄅᆞᆯ 픔ᄒᆞ니, 빈쥬졔인(賓主諸人)이 일시의 참례ᄒᆞ기ᄅᆞᆯ 파ᄒᆞ미, 셰지 봉암을 보와 상의홀 일이 밧바 신긔 블평ᄒᆞᆷ을 일ᄏᆞ라 몬져 믈너나니, 댱휘 바야흐로 좌우ᄅᆞᆯ 먼니ᄒᆞ고, 좌우ᄅᆞᆯ 명ᄒᆞ여 상협(箱篋)을 가져오라 ᄒᆞ여, 일장 유표(遺表)와 일봉 유셔(遺書)ᄅᆞᆯ 알픠 노ᄒᆞ미, 쳥뉘(淸淚) 환난(汍亂)ᄒᆞ여 이의 틱ᄉᆞ와 츄밀을 향ᄒᆞ여 왕의 님종유교(臨終遺敎)ᄅᆞᆯ 상셰히 젼ᄒᆞ고, 유표와 유셔ᄅᆞᆯ 미러 젼ᄒᆞ니, 틱ᄉᆞ 곤계 한님과 냥텬ᄉᆞ로 더부러 한가지로 긔간(開看)ᄒᆞ니, 텬ᄌᆞ의게 올닌 유표의 왈,【68】

"블초(不肖) 명박지신(命薄之臣) 오왕 엄빅경은 셩황셩공(誠惶盛恐)○○[ᄒᆞ여] 고두읍쳬(叩頭泣涕)ᄒᆞ와 만셰일월하(萬世日月下)의 유표(遺表)ᄒᆞᄂᆞ이다. 미신(微臣)이 블초박덕으로 국가의 젹은 공뇌로쎠 외람ᄒᆞᆫ 왕작을 밧ᄌᆞ와 녈토(裂土)의 귀(貴)와 봉강(封疆)의 가음녈미 진실노 묘복(眇福)의 과의(過矣)온지라. 본ᄃᆡ 부ᄌᆡ박덕(不才薄德)의 과부(誇負)[1225]ᄒᆞ미 만ᄒᆞ니 엇지 텬도(天道)의 휴영지니(虧盈之理)[1226]와 인도(人道)의 오영지겸(汚榮之兼)[1227]을 면ᄒᆞ리잇고. 슬프다! 셕ᄌᆞ(昔者)의 즁니(仲尼) ᄃᆡ셩(大聖)이 ᄉᆞᄃᆡ, 안연(顔淵)의 단명(短命)ᄒᆞᆷ을 도모치 못ᄒᆞ시니, 폐하의 신ᄌᆞ ᄉᆞ랑ᄒᆞ시미 ᄯᅩ 엇지 즁니의 안ᄌᆞ ᄉᆞ랑ᄒᆞ심과 갓지 못ᄒᆞ시리잇고만은, 추회(嗟乎)라! 신의 명(命)이 그만ᄒᆞ니 ᄯᅩ 엇지【69】핑조(彭祖)의 슈빅셰(數百歲) 향슈(享壽)ᄅᆞᆯ 바라리잇고? 슬프다! 남면(南面) 왕작(王爵)의 부귀 극ᄒᆞ오나, 텬이이국(天涯異國)의 군안(君顏)을 상별(相別)

1225) 과부(誇負) : 뽐내며 자부함.
1226) 텬도(天道)의 휴영지니(虧盈之理) : 달이 보름달이 되었다가 그믐달이 되고 하는 것처럼, 가득차고 이지러지고 하는 하늘의 이치
1227) 인도(人道)의 오영지겸(汚榮之兼) : 오욕(汚辱)과 영예(榮譽)가 함께 존재하는 인간세상의 이치.

호옵고, 동긔지친(同氣至親)을 샹니(相離)호오니 이곳 신의 유한(遺恨)이로쇼이다. 다만 삼년일조(三年一朝)의 군신이 반기기를 긔약호옵더니, 추지(嗟哉)라! 슈명(壽命)이 거의라. 신의 나히 바야○○[흐로] 장년(壯年)이어늘, 우연 일질(一疾)이 침면슌여(沈湎旬餘)의 장춧 반계의 스명이 급호오니, 님스지졔(臨死之際)의 삼혼(三魂)[1228]이 유유호고 칠빅(七魄)[1229]이 산쳬(散體)[1230]호오나, 겨오 강작(强作)호와 만셰옥탑(萬世玉榻)의 샹표(上表)호느이다. 이곳 군신의 쳔고영결(千古永訣)만 고(告)호오미 아니오라, 비록 쇼방(小邦)이오나 국지듸스(國之大事)【70】를 품달(稟達)호미로쇼이다. 신이 본듸 냥즈(兩子)를 두어 추즈 창은 빅형(伯兄) 빅명이 무즈(無子)호와 강보(襁褓)의 형의 명녕(螟蛉)[1231]으로 츌계(出系)호옵고, 장즈 표는 오국의 다리고 와 셰즈를 삼앗습더니, 푀 즈라미 믄득 셩이 블초(不肖)호고 힝싀 픠악호와 실노 동오 일면을 다스려 국민을 은휼(恩恤)호며 결연(決然)이 긔업(基業)을 닛지 못호올지라. 시고(是故)로 신이 춤아 스졍(私情)으로써 오국 싱민의 도탄(塗炭)을 씨쳐 블인즈(不人子)를 셰오지 못호와, 만셰 옥탑의 번극(煩劇)호온 쇼회를 알외옵느니, 복원 폐하는 맛당이 조졍 만조지렬(滿朝宰列) 가온듸 덕이 넓고 국가의 공훈이 놉흔 【71】 즈를 갈희샤, 오국 님즈를 졍호여 쇼방 신민이 기리 평안케 호시고, 신즈 표로써 믈너 젼야(田野)의 한가흔 빅셩이 되게 호시면, 이 또흔 폐하의 인셩지덕(仁聖之德)이 쳔츄만셰의 밋츨가 호느이다, 블츙명박(不忠命薄) 죄신(罪臣)은 님스(臨死) 유표의 심신이 산비(散飛)호오니, 님표(臨表) 쳬읍(涕泣)호여 영결(永訣) 샹표(上表)호느이다. 모년모일유푀(有表)라.”

호엿고,

또 냥형의게 유셔흔 스연은 왈,

“블초뎨 빅경은 모년월일의 장춧 님스지졔(臨死之際)의 삼혼(三魂)이 영낙(零落)호고 칠빅(七魄)이 니쳬(離體)[1232]호니, 겨오 당황흔 졍신을 거두어 유셔를 닷가 냥위 형장 안하(眼下)의 올 【72】 니느이다. 오회(嗚呼)라! 동긔는 골육이라. 혈육(血肉)이 난호이고 유쳬(遺體)를 밧즈오미 일쳬로듸, 우락(憂樂)의 샹반(相反)흐믄 본듸 갓지 아니흐도다. 아등 형뎨 삼인이 일즉 션고비(先考妣)를 여희온 후의, 다만 비환고락(悲歡苦樂)의 샹보(相保)흐는 빅 동긔삼인이라. 냥위 형장의 블초뎨 스랑호시믄 빅강(伯康)[1233]의 이뎨영아(愛弟嬰兒)[1234]와 다르지 아니시고, 쇼뎨의 냥형장 의앙(依仰)호오

1228) 삼혼(三魂) : 『불교』 대승기신론에 나오는 세 가지 미세한 정신 작용. 업상(業相), 전상(轉相), 현상(現相)이다. 늑삼정(三精).
1229) 칠빅(七魄) : 『불교』 죽은 사람의 몸에 남아 있는 일곱 가지의 정령(精靈). 귀, 눈, 콧구멍이 각기 둘이고 입이 하나임을 가리킨다.
1230) 산쳬(散體) : 몸에서 흩어짐.
1231) 명녕(螟蛉) : ①나비와 나방의 '애벌레'. ②'나나니'('구멍벌'과 속한 곤충)가 '명령(螟蛉)'을 업어 기른다는 데서 온 말로, 양자(養子)를 달리 이르는 말.
1232) 니쳬(離體) : 몸을 떠남.
1233)
1234) 빅강(伯康)의 이뎨영아(愛弟嬰兒) : 백강이 아우 사마광(司馬光)을 사랑하기를 영아(嬰兒; 어린아이)

믄 당돌이 고인의 효우를 본밧고져 ᄒ옵더니, 슬프다! 엇지 부운(浮雲) 갓흔 세상의 헌신 갓흔 부귀를 권연(眷戀)ᄒᆞ여 즁도(中道)의 골육이 상니(相離)ᄒᆞ고 동긔 분슈(分手)ᄒᆞ여 각지텬이(各在天涯)ᄒᆞ며, ᄯᅩ 엇지 블초뎨 장【73】년이 쇠치 아녀셔 몬져 인셰를 바려 냥위형장으로 ᄒᆞ여금 반빅모년(半白暮年)의 블초례를 블너 우릭시게 ᄒᆞᆯ 쥴 알니오. 비록 동긔의 졍이 무한(無恨)ᄒᆞ나 장ᄎᆞᆺ 뒤명(大命)이 거의니, 한갓 《창체∥창텬(蒼天)》를 브ᄅᆞ고 지텬(地阡)1235)을 두다려 쳔호만환(千呼萬喚)1236)이나 히오미 업1237)도쇼이다. 통의ᄎᆞ지(痛矣嗟哉)1238)라! 냥위 형장은 기리 만슈녕강(萬壽寧康)ᄒᆞ쇼셔! 황쳔타일(黃泉他日)의 다시 안항(雁行)을 갈와 즐기스이다. 연(然)이나 쇼뎨(小弟) 표아를 두민, 그 위인과 힝식 가히 니ᄅᆞᆫ 바 인면슈심(人面獸心)이라. 결단코 쇼뎨의 뒤흘 니어 오국인민을 은휼(恩恤)치 못ᄒᆞ오리니, 복원 냥위 형장은 쇼졀(小節)의 구인치 마ᄅᆞ시고, 【74】쇼뎨의 유셔를 보시ᄂᆞᆫ 날, 큰 일을 결단ᄒᆞ샤 지완(遲緩)이 마ᄅᆞ시고, 유표로ᄡᅥ 텬졍의 고픔(告稟)ᄒᆞ샤, 현인군ᄌᆞ(賢人君子)로 갈희여 오국 님ᄌᆞ를 삼아 빅셩이 평안케 ᄒᆞ시며, 표로ᄡᅥ 젼야(田野)의 한가히 맛게 ᄒᆞ시면, 이 곳 문호(門戶)를 욕지 아니시ᄂᆞᆫ 만젼지계(萬全之計) 되리이다. 복원 냥위 형장은 명찰지(明察之)ᄒᆞ샤 뒤ᄉᆞ를 그ᄅᆞ게 마ᄅᆞ쇼셔."

ᄒᆞ엿더라.

지상의 묵젹(墨跡)이 찬난(燦爛)ᄒᆞ여 갓 쓴 듯ᄒᆞ고, ᄉᆞ의(辭意) 근근ᄌᆞᄌᆞ(勤勤字字)ᄒᆞ여 십분명빅(十分明白)ᄒᆞ니, 졔인(諸人)이 간필의 블승흠탄(不勝欽歎) 감동ᄒᆞ여 상연체하(傷然涕下)치 아니리 업고, 틱ᄉᆞ와 츄밀이 글을 【75】어로만져 실셩통읍(失性慟泣) 왈,

"슬프다 오뎨(吾弟)여! 명철ᄒᆞ미 니러틋 ᄒᆞ고 엇지 홀노 슈(壽)를 안(安)치 못ᄒᆞ거뇨? 통의(慟矣)라! 피창(彼蒼)이 ᄯᅩ 엇지 어진 스름 앗기를 니러틋 셜니 ᄒᆞ시뇨? 한갓 문운의 블힝ᄲᅮᆫ 아니라, 오국 신민의 무복(無福)이로다."

블승이도(不勝哀悼) 창감(愴感)ᄒᆞ믈 마지 아니터라.

댱휘 이의 쇼슈(素袖)로 쳥누(淸淚)를 영엄(令掩)ᄒᆞ고 왈,

"고어의 왈, 지ᄌᆞ(知子)는 막여뷔(莫如父)라1239). 선왕의 표를 알오미 족히 그ᄅᆞ지 아니 ᄒᆞ오리니, 복원(伏願) 존슉슉(尊叔叔)은 명찰ᄒᆞ샤, 유셔를 져바리지 마ᄅᆞ쇼셔."

보살피듯 보호하였던 고사(故事)를 말함. 『소학(小學)』〈선행편(善行篇)〉에 나온다. *백강(伯康); 사마단(司馬旦)의 자(字). 중국 북송 때의 정치가 사마광(司馬光)의 형. 사마광 보다 15세 위였는데, 아우를 어린아이 보살피듯 보호하여 형제의 우애가 지극하였다. *이뎨영아(愛弟嬰兒): 동생을 사랑하기를 어린아이 돌보 듯함.

1235)지텬(地阡) ; 무덤길. 길바닥.
1236)쳔호만환(千呼萬喚) : 천만번을 부름. 수없이 많이 부름.
1237)히오미업다 : 히욤업다. 하염없다. 부질없다.
1238)통의ᄎᆞ지(痛矣嗟哉) : 슬프고 슬프다.
1239)지ᄌᆞ(知子)는 막여뷔(莫如父)라 ; 자식을 아는 이는 아버지만한 이가 없다.

틱시 졈두 츄연 왈,

"근슈교의(謹受敎矣)리니 현슈(賢嫂)는 믈녀(勿慮)ᄒ쇼셔. 슈연(雖然)이나 여ᄎᄉ단
(如此事端)은 텬조(天朝)의셔 망연부지(茫然不知)ᄒ고 낭텬시 황칙(皇勅)【76】을 밧
드러 표를 봉왕(封王)ᄒ려 니르러시니, 무단(無端)이 환귀(還歸)치 못ᄒ올지라. ᄉ셰
(事勢) 난쳐(難處)ᄒ이다."

ᄒ더라.

윤하뎡삼문취록 권지일백

ᄎ시 틱시 겸두 왈,

"근슈교의(謹受敎矣)리니 현슈(賢嫂)ᄂᆞᆫ 믈녀(勿慮)ᄒᆞ쇼셔. 슈연(雖然)이나 여ᄎ(如此) ᄉᆞ단(事端)은 텬조(天朝)의셔 망연부지(茫然不知)ᄒᆞ고, 임의 냥텬시 황칙(皇勅)을 밧드러 표ᄅᆞᆯ 봉왕(封王)ᄒᆞ려 니ᄅᆞ러시니, 무단이 환귀(還歸)치 못ᄒᆞ올지라. ᄉᆞ셰(事勢) 난쳐(難處)ᄒᆞ이다."

휘 미급답(未及答)의 츄밀 왈,

"이 ᄯᅩ흔 션쳐ᄒᆞ미 어렵지 아니ᄒᆞ니, 도로 왕환(往還)이 더듸오나 형장과 상텬ᄉᆞᄂᆞᆫ 아직 이의 머므르시면, 쇼뎨 부텬ᄉᆞ로 더부러 유표(遺表)와 유셔(遺書)ᄅᆞᆯ 가져 망쥬야(罔晝夜)ᄒᆞ여 황도(皇都)의 드러가 텬문(天門)의 고달(高達)ᄒᆞ고, 황명을 쳥ᄒᆞ여 셩상의 쳐치ᄅᆞᆯ 기다리미 가ᄒᆞ니【1】이다. 쇼뎨 당당이 황명을 밧ᄌᆞ온 후ᄂᆞᆫ 총총이 션보(先報)ᄒᆞ믈 지완(遲緩)이 아니 ᄒᆞ오리니, 형장과 상텬시 상의ᄒᆞ여 님긔쳐변(臨機處變)을 션쳐(善處)ᄒᆞ시고, 아의 녕구(靈柩)와 현슈(賢嫂)와 질아 등을 거ᄂᆞ려 바로 고향 션산으로 귀지(歸之)ᄒᆞ시면, 쇼뎨 ᄯᅩ한 범ᄉᆞ를 션치ᄒᆞ여 션산의 가 마ᄌᆞ리이다."

틱시 올히 너겨 겸두 응낙ᄒᆞ고, 냥텬ᄉᆞᄂᆞᆫ 반드시 스긔 슌치 아니ᄒᆞᆯ 쥴 짐작ᄒᆞ나 ᄌᆞ긔 등은 외인(外人)이라. 남의 가ᄉᆞᄅᆞᆯ 아른 양ᄒᆞ미 블가ᄒᆞ여, 다만 쇼이칭가(笑而稱可)ᄒᆞ여 공논(公論)이 올타 ᄒᆞ더라.

바야흐로 표의 ᄲᅡᆼ산ᄌᆞ녀(雙産子女)ᄅᆞᆯ 닉여와 좌즁의 뵈니, 냥의 크게 아름다와 비록 타일 크게 영귀ᄒᆞᆯ 긔상【2】은 아니나, 녀ᄌᆞᄂᆞᆫ 가히 슉뇨현미(淑窈賢美)ᄒᆞᆫ 가인(佳人)이 될거시오, 남ᄌᆞᄂᆞᆫ 표일쳥고(飄逸淸高)ᄒᆞ여 진연(塵煙)의 므드지 아녀시니, 가히 상산ᄉᆞ호(商山四皓)1240)의 무리되여 문호(門戶)ᄅᆞᆯ 츄락(墜落)ᄒᆞᆯ 인물은 아니니, 기부(其父)의 블길지상(不吉之相)은 아니라. 틱ᄉᆞ와 츄밀이 블ᄒᆡᆼ즁(不幸中) 깃거ᄒᆞ며, 냥텬시 엄아의 쳥고흔 긔상을 긔특이 너겨 치하 왈,

"ᄎᆞ이(此兒) 족히 존문쳥덕을 보젼ᄒᆞ고 악모의 노경(老境)을 위로ᄒᆞ리로쇼이다."

댱휘 츄연 왈,

1240)상산사호(商山四皓) : 중국 진시황 때에 난리를 피하여 섬서성(陝西省) 상산(商山)에 들어가서 숨은 네 사람. 동원공, 기리계, 하황공, 녹리선생(甪里先生)을 이른다. 호(皓)란 본래 희다는 뜻으로, 이들이 모두 눈썹과 수염이 흰 노인이었다는 데서 유래한다.

"박명인싱(薄命人生)이 스스의 묘복(眇福)흔 일이 만흐니, 엇지 현셔 등의 과장(誇張)ㅎ시믈 감당ㅎ리오."

한님은 질아(姪兒) 남미의 교연ㅎ믈 스랑ㅎ여 형의 블초ㅎ믈 더옥 슬허ㅎ더라.

니러구【3】러 날이 져므니 틱스와 츔밀이 냥텬스로 더부러 별원의 나와 안돈ㅎ고, 한님은 인ㅎ여 모후를 뫼셔 야심토록 별회를 고ㅎ니, 하애(夏夜) 심단(甚短)ㅎ여 밤이 진ㅎ는 쥴 씨닷지 못ㅎ더라.

시야의 텬스 일힝이 별궁의 나와 쉴식, 호상이 동셔 냥누의 정뎐을 쇄쇼ㅎ여 안돈ㅎ니, 동누(東樓) 영향뎐의는 엄틱스곤계 머믈고, 셔루 명일뎐의는 냥텬시 머믈고, 좌우익낭(左右翼廊)1241)의는 군관 하리 머므더라.

냥텬시 셔루(西樓)이[의] 니르니, 버린 거시 정졔ㅎ고, 오국 한님흑스 두 사람이 니르러 스후(伺候)ㅎ니, 갈온 쇼적·허문이라. 녕향뎐 스환은 시강흑스(侍講學士) 최단·최음이【4】니 이 사람은 종형뎨지간(從兄弟之間)이러라.

냥텬시 촉을 붉히고 금노의 명향을 픠오며 야심토록 한담홀시, 쇼적·허문을 믈너가라 ㅎ고 긱관의 잠이 업셔 밤드도록 침셕을 추줄 뜻이 업더니, 홀연 일진 괴풍(怪風)이 니러나 방즁의 스못츠 비단 장(帳)을 들치니, 이 훈풍(薰風)도 아니오 한풍(寒風)도 아니로딕, 풍셩(風聲)이 괴이ㅎ고 살긔 미만(彌滿)흔지라. 냥인이 임의 요변이 이시믈 짐작ㅎ고, 셕상의 관도역(驛)의셔 셰조의 신님사환(信任使宦) 슌우즈를 보아 몬져 지긔(知機)ㅎ미 잇고, 조초 국뇌의 드러가 셰즈 표를 보아 결비현인(決非賢人)이믈 보미, 쾌【5】히 씨다르미 잇는지라.

금야의 변이 이시믈 알오딕, 냥 텬시 본딕 밧그로 긍과(矜誇)ㅎ며 예장(豫章)ㅎ여 직조를 낫하닉미 업스나, 본딕 싱이지지(生而知之)흔 총명이 잇고, 명철보신(明哲保身)ㅎ여 지혜 쥬족(周足)흔지라. 엇지 산간 요인의 좀 슐(術)을 두려 ㅎ리오.

스미 안히 한 괘(卦)를 엇고 심니(心裏)의 실쇼(失笑)ㅎ여 셔로 말을 아니ㅎ고, 촉(燭)을 상하(床下)의 믈니고, 완완(緩緩)이 씌를 글너 침상(寢床)의 나아가고져 ㅎ더니, 믄득 한 쥴 흑긔 미만(彌滿)ㅎ여 방즁의 스못츠며 한풍이 니러나 촉광이 흐리더니, 일위 흉녕(兇獰)흔 호한(豪漢)이 머리 셰히오 나롯시 창딕 갓고, 【6】눈이 여숫시로딕 크기 등잔 만ㅎ여, 번기빗치 니러나고 신장이 십오쳑(十五尺)이나 ㅎ고, 세 큰 닙의 엄니 브르돗고 여숫 손이 쇠시랑 갓흔딕, 손마다 긴 창과 큰 칼을 잡아시니, 면뫼(面貌) 흉녕ㅎ고 거동이 흉악ㅎ여, 담 젹은 사람이 만일 보면 몬져 손을 놀니지 아녀셔 놀나 죽을 듯ㅎ더라.

냥텬시 미지일쳠(未之一瞻)1242)의 불변안식(不變顏色)ㅎ고 정셩(正聲) 문왈,

"삼두흉귀(三頭凶鬼)1243)는 블유블여인(不幽不如人)1244)이라. 연이나 방즈히 군즈지

1241)좌우익낭(左右翼廊) : 대문의 좌우 양편에 이어서 지은 행랑.
1242)미지일쳠(未之一瞻) : 한번 다 보기도 전에.
1243)삼두흉귀(三頭凶鬼) : 머리가 셋인 흉괴(凶怪)한 귀신

젼(君子之前)을 두리지 아녀 침범코져 ᄒᆞᄂᆢᆢ뇨? 만일 믈너가지 아닌즉, 반ᄃᆞ시 흉인(凶人)의 셩명을 보젼치 못홀 쑨 아니라, 【7】 귀령이 ᄯᅩ흔 디옥고초(地獄苦楚)를 바다 기리 쳔만겁(千萬劫) 뉸회(輪回)의 버셔나지 못ᄒᆞ리라."

흉인이 처음은 혜오ᄃᆞᆡ,

"흉두귀면(凶頭鬼面)이 되여 드러가 병잠기1245)로 져히면, 져 냥인은 블과 일기 셔싱(書生)이라. 무인심야(無人深夜)의 흉흔 거슬 보면, 필연 놀나 졍신을 일커든 햐슈(下手)ᄒᆞ리라."

ᄒᆞ엿더니, 넘외(念外)의 져 진셩ᄃᆡ군ᄌᆞ(眞聖大君子) 등이 져의 흉녕(凶獰)흔 거동을 보나, 일호(一毫) 구겁(懼怯)ᄒᆞ미 업셔 안연(晏然)이 문지(問之)ᄒᆞ믈 드르니, 흉인(凶人)의 간심요장(奸心妖臟)이 도로혀 국츅(踢縮)ᄒᆞ거늘, ᄒᆞ믈며 냥위(兩位) 셩인군ᄌᆞ(聖人君子)의 냥안졍긔(兩眼精氣) 바로 튀양 갓ᄒᆞ여 요인의 신상의 둘너시니, 요도의 【8】 긔운이 져상(沮喪)ᄒᆞ여 본형이 픠(敗)홀1246)ᄃᆞᆺ 시븐지라. 연(然)이나 엄표를 ᄃᆡᄒᆞ여 큰 말을 ᄒᆞ고 와시니, 무관이 도라가미 졈즉ᄒᆞ여, 이의 여셧 손으로 칼날을 번득이며 왈,

"나는 본ᄃᆡ 이 ᄯᅡ 오악산녕(五嶽山靈)이러니, 일즉 텬명을 밧ᄌᆞ와 오셰ᄌᆞ 표를 보호ᄒᆞ더니, 이제 여등이 숑뎨(宋帝) 칙명(勅命)을 바다 봉왕(封王)ᄒᆞ라 니르러, 믄득 군명(君命)을 져바리고 어진 사름을 폐(廢)ᄒᆞ려 ᄒᆞ니, 이 곳 신ᄌᆞ(臣子)의 되(道) 아니라. 오국 신민이 탕화(湯火)의 든 줄 아르시고, 텬뎨(天帝) 노(怒)ᄒᆞ샤 날노 ᄒᆞ여곰 너희 머리를 버혀 블녕(不逞)을 징계ᄒᆞ라 ᄒᆞ시니, 텬뎨의 명을 밧ᄌᆞ와 이의 니르럿ᄂᆞ니, 【9】 무명셔싱(無名書生) 윤가 아희들은 신장(神將)의 칼흘 ᄉᆞ양치 말나."

겨오 니리 니르나 어언(語言)이 블셩셜(不成說)ᄒᆞ여 거지 당황ᄒᆞ니, 상텬ᄉᆡ(上天使) 요인(要人)의 가지록 방ᄌᆞ무긔(放恣無忌)1247)ᄒᆞ믈 어히업셔, 봉안(鳳眼)을 규졍(規正)ᄒᆞ고 잠미(蠶眉)를 거스려 녀셩(厲聲) 왈,

"신명(神明)이 지방(在傍)ᄒᆞ고 명쵹(明燭)이 여쥬(如晝)ᄒᆞ거늘, 네 감히 상텬(上天)을 가탁(假託)ᄒᆞᄂᆞᆫ다? 오악신녕(五嶽神靈)은 어ᄃᆡ 잇난ᄃᆡ, 요인(妖人)이 거즛 네 일홈을 비러 작난ᄒᆞᄃᆡ 아지 못ᄒᆞᄂᆢᆫ뇨?"

블언죵시(不言終時)의 금갑신(金甲神)이 손의 쳘퇴(鐵鎚)를 들고 공즁으로 조ᄎᆞ 나려오니, 거동이 ᄌᆞ못 흉악ᄒᆞ더라. 요인이 이의 다ᄃᆞ라는 ᄃᆡ경실식(大驚失色)ᄒᆞ여 급히 한ᄰᆡ 바름을 모라 다라나니, 【10】 금갑신이 비복 왈,

"ᄎᆞ요인(此妖人)은 하늘이 명ᄒᆞ여 각별 텬쥬(天誅)를 밧게 ᄒᆞ신 빈니, 쇼령(小靈) 등이 ᄉᆞᄉᆞ로이 졔어홀 빈 아니로쇼이다. 냥위 션군(仙君)은 놀나지 마ᄅᆞ쇼셔."

1244)블유블여인(不幽不如人) : 유령도 사람도 아님.
1245)병잠기 : 병장기(兵仗器). 예전에, 병사들이 쓰던 온갖 무기.
1246)픠(敗)ᄒᆞ다 : 패(敗)하다. 드러나다.
1247)방ᄌᆞ무긔(放恣無忌) ; 건방지고 거리낌이 없음.

설파의 긔운을 거두어 도라가니, 실즁(室中)이 고요ᄒ고 촉영이 여쥬(如晝)ᄒ며 조금도 어즈러오미 업ᄉ니, 냥인이 그 요황(妖荒)ᄒᄆᆯ 것거 아니코, 심니(心裏)의 오왕의 관인명쳘(寬仁明徹)ᄒ므로써 기ᄌ(其子) 블초(不肖)ᄒᄆᆯ 츠탄(嗟歎)ᄒ나 다시 말을 아니코 춰침ᄒ엿더니, 명조의 졍궁의 드러가 댱후긔 문안ᄒ고, 티ᄉ곤계와 한님을 보나 작야 변을 니르미 업고, 셰ᄌ를 ᄃᆡ하나 긔식이 타연(泰然)ᄒ니, 타인은 알니 업더 【11】 라.

엄픠 거야의 후당의 드러가 봉암을 별원의 보ᄂᆡ여 힝계ᄒ고, 밤이 맛도록 소식을 현망(懸望)ᄒ더니, 하쇠(夏宵) 심단(甚短)ᄒ여 효긔(曉氣) 늉늉(隆隆)ᄒ기의 밋ᄎᄃᆡ 소식이 업ᄉ니, 블녕(不逞)ᄒᆫ 심간이 분분ᄒ여 안ᄌ락 닐낙 어즈러이 방황ᄒ더니, 동방이 희고져 홀 ᄢᅴ의야 비로소 《운신∥운산》도ᄉᆡ(道士) 칼흘 ᄭᅳ을고 호흡이 쳔쵹(喘促)ᄒ여 드러와 젼후슈말(前後首末)을 다 니르ᄃᆡ, 픠 아연실ᄉᆡᆨ(啞然失色)[1248] 왈,

"ᄉ부(師父)의 지조로 져 윤가 축싱을 졔어치 못ᄒ면 장ᄎᆺ 엇지 ᄒ리오. ᄎᆞ인 등이 발셔 ᄉ긔(事機)를 짐작ᄒ미 이시니, 명일 모후와 냥슉뷔 아ᄅ시면 더욱 니(利)치 아니미 블 우ᄒ 기름을 더ᄒ미라."

봉암이 【12】 길게 슙쉬고 왈,

"니러나 져러나 이졔ᄂᆫ 쇼뎐히 더옥 져 냥인과 셰블냥닙(勢不兩立)이니, 붉ᄂᆫ 날 쇼뎐히 ᄉ긔ᄅᆞᆯ 모로ᄂᆫ 쳬ᄒ시고, 모든 긔ᄉᆡᆨ(氣色)을 니ᄅᆞ쇼셔. 빈되 각별 계귀(計揆) 이시리이다."

픠 블낙(不樂) 왈,

"임의 셜계ᄒᆫ 빅 두 번 다 그릇 되어시니, 엇지 다시 득계(得計)ᄒ기 쉬오리오."

봉암이 무류(無聊)ᄒ여 왈,

"비록 두번 픠루(敗漏)ᄒ여시나, 셰번ᄌᆡᄂᆞᆫ 반ᄃ시 닐우미 이시리니, 뎐히 녯글을 아지 못ᄒ시ᄂᆞ냐? 한고죄(漢高祖)[1249] 항우(項羽)로 더부러 텬하ᄅᆞᆯ 닷홀 젹, 젼후 픠ᄒ미 칠십이오, 더욱 형양(滎陽)의 픠(敗)ᄒ며 《져슈∥수슈(雎水)[1250]》의 위틱ᄒ미 거의 셩명(性命)이 보젼치 못ᄒ기의 밋ᄎᄃᆡ, 마ᄋᆷ 【13】 이 변치 아니코 히하(垓下) 일젼(一戰)의 항젹(項籍)[1251]을 오강(烏江)의 잠으고 한조(漢朝) ᄉ빅년 긔업(基業)을 일워

1248)아연실ᄉᆡᆨ(啞然失色) : 뜻밖의 일에 얼굴빛이 변할 정도로 크게 놀람.

1249)한고조(漢高祖) : 중국 한(漢)나라의 제1대 황제(B.C.247~B.C.195). 성은 유(劉). 이름은 방(邦). 자는 계(季). 시호는 고황제(高皇帝). 고조는 묘호. 진시황이 죽은 다음해 항우와 합세하여 진(秦)나라를 멸망시켰다. 그 뒤 해하(垓下)의 싸움에서 항우를 대파하여 중국을 통일하고 제위에 올랐다. 재위 기간은 기원전 206~기원전 195년이다.

1250)수슈(雎水) : 한고조 유방(劉邦)의 군대가 항우(項羽) 군의 공격을 받아 군사들이 전멸을 당했던 곳. 『한서(漢書)』의 기록에 의하면, 이 때 숨진 한나라 병사들의 시신 때문에 수수(雎水)가 흐르지 못할 정도였는데. 마침 폭풍우가 몰아닥쳐 모래가 날려 어두워지는 바람에 유방은 수십 기만 데리고 구사일생으로 살아날 수 있었다고 한다. 《『한서(漢書)』 권(卷) 1 상(上), 고제본기(高帝紀) 상(上)》

1251)항적(項籍) : 자(字)는 우(羽). 기원전 209년에 군사를 일으켜 진(秦)나라를 쳐서 멸한 다음 스스로 서초(西楚)의 패왕(霸王)이라 하였다. 한고조 유방(劉邦)과 천하의 패권(霸權)을 다투다. 해하(垓下)에서

시니, 딕장뷔 엇지 한번 픠흐므로 마음을 프러바려 딕스를 그릇게 ᄒ리오."

세지 셕연돈오(釋然頓悟) 왈,

"낙지(諾哉)라! ᄉ부지언(師父之言)이여! 진짓 냥평(良平)[1252] 제갈(諸葛)[1253]의 일뉘(一類)로다. 나 엄픠 한고조와 쇼렬(昭烈)[1254]의 덕이 업ᄉ디 무슴 복으로 ᄌ방(子房)[1255]・무후(武侯)[1256]갓흔 긔모지ᄉ(奇謀之士)를 두엇ᄂ뇨? 밧그로 ᄉ부 갓흔 모신(謀臣)이 잇고, 안흐로 녀시 갓흔 닉조(內助)를 만나시니, 엇지 조만(早晩)의 쇼방긔업(小邦基業)을 일우지 못ᄒ리오."

하더라.

명조의 픠 뎡뎐의 드러가 모후긔 뵈옵고 좌즁 모든 긔식을 보니, 각별 다른 ᄉ【14】식이 업ᄂ지라. 암희(暗喜)ᄒ여 도라와 봉암을 보고, 스긔를 니르며 우왈(又曰),

"작야(昨夜) 긔미(機微)를 아ᄂ ᄉ식(辭色)은 업ᄉ디, 다만 무삼 일노 빅부와 상텬ᄉᄂ 머믈고 즁부와 부텬ᄉᄂ 슈일닉(數日內) 몬져 환경(還京)ᄒ다 ᄒ니, 이 므슴 연괸(緣故)지 아지 못ᄒ리로다."

봉암이 경왈(驚曰),

"니런 쇼문이 바히 업더니잇가?"

픠 왈,

"얼프시 드르니 션왕의 유표를 모휘(母后) 간ᄉᄒ여 계시더니, 긔즁 무슴 ᄉ단(事端)이 잇셔 일노쎠 텬조의 품달(稟達)ᄒ다 ᄒ니, 그 곡졀을 다 알기 어렵고, 조뎡 졔신다려 므른즉, 다 비밀시(祕密事)니 모로노라 ᄒ니, 반드시 부왕의 유표 즁의 두 녀셔 즁 셰오ᄌ ᄒ엿거나, 아을 승【15】위(昇位)ᄎ ᄒ엿거나 ᄒ미, 모후와 냥슉뷔 ᄉᄉ로이 결단치 못ᄒ여 텬조의 쥬문(奏聞)ᄒᄂ가 시브니, 그 가부(可否)를 의논치 말고, 나의 쇼견은 ᄉ뷔 즁도의 나아가 부텬ᄉ를 죽이고 유표를 아ᄉ 오고, 셜ᄉ 죽이지 못ᄒ여도 유표만 아ᄉ 오면, 그 ᄉ의를 보와 졀졔ᄒ미 올흘가 ᄒ노라."

봉암이 돈슈(頓首) 왈,

패하여 오강(烏江)에서 자결했다.

1252) 냥평(良平) : 중국 한(漢)나라 때의 책사(策士) 장량(張良)과 진평(陳平)을 함께 이르는 말.

1253) 제갈(諸葛) : 제갈량(諸葛亮). 삼국시대 때 촉(蜀)나라 재상.

1254) 쇼렬(昭烈) : 중국 삼국시대 촉한의 제1대 황제 유비(劉備)의 시호. 자는 현덕(玄德). 황건적을 쳐서 공을 세우고, 후에 제갈량의 도움을 받아 오나라의 손권과 함께 조조의 대군을 적벽(赤壁)에서 격파하였다. 후한이 망하자 스스로 제위에 오르고 성도(成都)를 도읍으로 삼았다. 재위 기간은 221~223년이다.

1255) ᄌ방(子房) : 중국 한나라의 정치가 장량(張良)의 자(字). 한고조 유방의 책사로 홍문연에서 유방을 구하고 한신을 천거하는 등, 유방이 한나라를 세우고 천하를 통일할 수 있도록 도왔다. 소하·한신과 함께 한나라 건국 3걸로 불린다.

1256) 무후(武侯) : 중국 삼국 시대 촉한의 정치가 제갈량(諸葛亮)의 봉호(封號). 자(字)는 공명(孔明). 시호는 충무(忠武). 뛰어난 군사 전략가로, 유비를 도와 오(吳)나라와 연합하여 조조(曹操)의 위(魏)나라 군사를 대파하고 파촉(巴蜀)을 얻어 촉한을 세웠다. 유비가 죽은 후에 무향후(武鄕侯)에 봉해져, 남방의 만족(蠻族)을 정벌하고, 위나라 사마의와 대전 중에 병사하였다

"정합오심(正合吾心)이니 이번이야 득계(得計)치 못ᄒᆞ리잇가? 퇴ᄉᆞ노야 이의 머므ᄅᆞ시ᄂᆞᆫ 씨 미혼쥬(迷魂酒)를 시험ᄒᆞ여 그 총명을 앗고, 상텬ᄉᆞ를 졀졔케 ᄒᆞ쇼셔."

밀밀(密密)ᄒᆞᆫ 의논이 긏지 아니코, 또 표의 귀의 다혀 일장 모계(謀計)를 누누히 배프니, 푀 듯고 말마다 흔흔이 【16】 즐겨, 손등을 《타∥쳐》, 묘(妙)ᄒᆞ믈 일ᄏᆞ라, 급히 지믈을 ᄂᆡ여 요도의 ᄒᆡᆼ니(行李)를 출혀, 그윽이 츄밀과 부텬ᄉᆞ의 ᄒᆡᆼᄒᆞᄂᆞᆫ 날을 살피더니, 과연 슈일후 냥인이 션왕녕년(先王靈筵)의 곡비(哭拜)ᄒᆞ고, 퇴ᄉᆞ와 상텬ᄉᆞ를 분슈ᄒᆞ여 후(后)긔 하직ᄒᆞ고 ᄒᆡᆼ편을 두로혀 뎨도(帝都)로 향ᄒᆞ니, 요되 급히 그 뒤흐로 조ᄎᆞ 즁노의 밋쳐 부듸 그 가져가는 유표를 앗고, 냥인을 히ᄒᆞ여 져의 경영 ᄃᆡᄉᆞ를 일우고 인즁승텬(人衆勝天)을 긔약ᄒᆞ니, 역텬지(逆天者) 챵(昌)ᄒᆞ고 슌텬지(順天者) 망(亡)ᄒᆞᆯ가.

ᄎᆞ시 츄밀과 부텬시 오국을 써나 길희 오ᄅᆞᄆᆡ 시셰 계하회간(季夏晦間)이라. 노염(老炎)이 훈열(薰熱)ᄒᆞ고 뇨쉬(潦水)[1257] 지리ᄒᆞ여 만슈쳔산(萬水千山)의 ᄒᆡᆼ뇌(行路) ᄌᆞ연 쉽【17】지 못ᄒᆞ니, 윤상셔ᄂᆞᆫ ᄎᆞᄒᆡᆼ이 결연이 쉽지 아닐 줄 짐작ᄒᆞᄂᆞᆫ 고로, 각별 ᄒᆡᆼ도의 지지ᄒᆞ믈 근심치 아니나, 츄밀은 완완(緩緩)ᄒᆞ믈 민망ᄒᆞ여 퇴ᄉᆞ의 부탁을 져바릴가 초조ᄒᆞ니, 상셰 위로ᄒᆞ여 ᄒᆡᆼᄒᆞ더니, 슌녀(旬餘)의 밋쳐 님위(霖雨)[1258] 지리ᄒᆞ여 쥬야로 십여일을 븟드시 오니, 텬ᄉᆞ일ᄒᆡᆼ이 능히 ᄒᆡᆼ치 못ᄒᆞ고, 오국의 속ᄒᆞᆫ 슈쥐 안쳔부의 햐쳐(下處)ᄒᆞ여 여러 날이 되엿더니, 십여일 후야 비로쇼 긋치니, 바야흐로 최파(摧破)[1259]ᄒᆞᆫ 산쳔(山川)이 명녀(明麗)ᄒᆞ고 골마다 산쉬(山水) 잔완(潺湲)ᄒᆞ니, 《시다∥시당》 츄말(時當秋末)이라. 청풍(淸風)[1260]이 셔릭(徐來)ᄒᆞ고 쇠 달이 희미히 빗최ᄆᆡ, 긱관(客館)의 울읍(鬱悒)던 심ᄉᆡ 져기 쾌챵(快暢)[1261]ᄒᆞᆫ【18】지라.

냥인이 젼젼블ᄆᆡ(輾轉不寐)ᄒᆞ여 뎐즁(殿中)의 산보ᄒᆞ더니, 상셰 홀연 앙쳥텬이향명월(仰靑天而向明月)[1262]ᄒᆞᄆᆡ, 심하(心下)의 되경ᄒᆞ나 츄밀이 놀날가 ᄉᆞ식지 아니코, 또 죵빅(從伯)의 텬ᄉᆡᆼ덕질(天生德質)이 간인의 독슈를 힘힘이 밧지 아닐 줄 혜아리니, 그 처음이 흉ᄒᆞ나 나죵이 관겨치 아닐 거시오, 엄푀 결단코 왕업(王業)을 닛기 어렵고, 위(位)를 ᄃᆡ립(代立)ᄒᆞᆯ 즈는 벅벅이 ᄌᆞ긔 밧 나지 아닐 줄 혜아리ᄆᆡ, 스스로 조화(造化)의 헌ᄉᆞᄒᆞ믈 긔탄(慨嘆)ᄒᆞ고 블평ᄒᆞ믈 니기지 못ᄒᆞ나, 막비텬의(莫非天意)라, ᄎᆞ탄블이(嗟歎不已)러라.

젹은덧 야심ᄒᆞ니 미월(微月)이 임의 창오(蒼梧)[1263]의 도라지고[1264], 듁쳠(竹簷)의

1257)뇨쉬(潦水) : ①큰 비. ②땅에 괴어 있는 빗물.
1258)님위(霖雨) : 장마. 여름철에 여러 날을 계속해서 비가 내리는 현상이나 날씨. 또는 그 비.
1259)최파(摧破) : 무너지고 패이고 함.
1260)쳥풍(淸風) : 부드럽고 맑은 바람.
1261)쾌챵(快暢) : 기분이 상쾌하고 화평함.
1262)앙쳥텬이향명월(仰靑天而向明月) : 우러러 푸른 하늘을 보며 밝은 달을 바라봄
1263)창오(蒼梧) : 창오산(蒼梧山). 중국 광서성(廣西省) 창오현(蒼梧縣)에 있는 산 이름. 순(舜)임금이 죽었다고 전해지는 곳

이슬이 몽몽(濛濛)ᄒ니, 냥인이 야심ᄒ믈 ᄭᆡ다라 실(室)의 도라오【19】니, 상셰 믄득 오왕의 유표ᄅᆞᆯ 가져 가슴의 품고 즈려 ᄒᆞ거늘, 츄밀이 괴이히 너겨 연고ᄅᆞᆯ 므ᄅᆞᆫᄃᆡ, 텬ᄉᆞ 미쇼 왈,

"금야의 필연 요변(妖變)이 이시리니, 반ᄃᆞ시 그 글을 도젹ᄒᆞ여 가리 이실지라. ᄎᆞ고(此故)로 쇼싱이 신변의 간ᄉᆞᄒᆞ미로쇼이다."

츄밀이 익경(益驚) 왈,

"엇던 흉되(凶徒) 감히 긔변(奇變)을 지어 우리 ᄒᆡᆼ도(行途)ᄅᆞᆯ 작난ᄒᆞ리오. 군의 의심이 너모 오원(迂遠)ᄒᆞ도다."

상셰 미쇼 왈,

"합하(閤下)는 의려(疑慮)치 마ᄅᆞ시고 변이 머지 아니리니 괴이히 너기지 마ᄅᆞ쇼셔."

츄밀이 반신반의(半信半疑)ᄒᆞ여 츄연(惆然)이 침의(寢扆)의 비겨시니, 상셰 역시 의ᄃᆡ를 그ᄅᆞ지 아니코 침셕(寢席)의 의지ᄒᆞ여 한담ᄒᆞ더니, 니러구러【20】삼경(三更)의 니ᄅᆞ럿더니, 홀연 비풍(悲風)이 삽삽(颯颯)ᄒᆞ며 일진(一陣) 흑무ᄅᆞᆯ 모라 방즁(房中)의 다라드니, 명낭(明朗)ᄒᆞᆫ 촉광이 흐리며 한줄 살긔(殺氣) 니러ᄂᆞ니, 셔리빗치 늠늠ᄒᆞ여 바로 상셔의게 다라들거늘, 츄밀은 ᄃᆡ경ᄒᆞ여 면ᄉᆡᆨ이 여토(如土)ᄒᆞ나, 상셔는 블변안ᄉᆡᆨ(不變顏色)고 요하(腰下)의 제요검(制妖劍)을 ᄲᅡ혀 셔리빗ᄎᆞᆯ 향ᄒᆞ여 ᄃᆡ젹(對敵)ᄒᆞ니, 보검이 《벅득이는∥번득이는》 가온ᄃᆡ, 믄득 열줄 무지게 빗치 참텬(參天)ᄒᆞ니, 상셔의 검슐은 점점 싁싁ᄒᆞ고, 요인의 검슐은 ᄎᆞᄎᆞ 쇠잔ᄒᆞ여 찬 빗치 스라지니, 상셔의 신무(神武)ᄅᆞᆯ 능히 당치 못ᄒᆞ여 졍히 위급ᄒᆞ더니, 교젼 칠팔합의 믄득 쇠쇼ᄅᆡ 징연(錚然)ᄒᆞ며 요인의 칼이 상셔【21】의 칼ᄒᆡ 마ᄌᆞ ᄊᆞ히 ᄶᅵ러지고, 요인의 좌비(右臂) 마ᄌᆞ 뉴혈이 돌디ᄒᆞ니1265) 요인이 ᄃᆡ픽(大敗)ᄒᆞ여 칼흘 더지고 크게 쇼ᄅᆡ 지ᄅᆞ며 급급히 다라나니, 처음은 흑무(黑霧) 음운(陰雲) 가온ᄃᆡ 사름이며 즘싱이믈 아지 못ᄒᆞ리러니, 요슐이 픠ᄒᆞ여 다라나미 능히 본형을 감초지 못ᄒᆞ니 이 분명 사름이라.

상셰 요인의 본젹이 픠루(敗漏)ᄒᆞ여 다라나믈 보미 블승ᄃᆡ로(不勝大怒)ᄒᆞ여 밧비 칼을 잡고 ᄯᆞ로더니, 요인이 비록 변화 블측ᄒᆞ나 졍인군ᄌᆞ의 졍양지긔(正陽之氣)ᄅᆞᆯ 만히 쏘히미 요슐을 발뵈지 못ᄒᆞ고, 긔운이 져상(沮喪)ᄒᆞ여 황황이 다라나니, 상셔의 《농ᄒᆡᆼ보호∥농ᄒᆡᆼ호보(龍行虎步)1266)》로 엇지 요인을 밋지 못ᄒᆞ리오. 거의 ᄶᆞ【22】라잡게 되엿더니 일흐미 된지라. 블승통완(痛惋)ᄒᆞ나 홀일업셔 바리고 요간낭딕(腰間囊袋)ᄅᆞᆯ 거두어 도라오니, 니러구러 텬ᄉᆞ의 긱실의 ᄌᆞ긱이 드럿ᄂᆞᆫ 줄 알고, 관즁(館中) 사

1264) 도라지다 : ①돌아서다. 생각이나 태도가 다른 쪽으로 바뀌다. ②돌아가다. 원래의 방향에서 다른 곳을 향하여 가다. ③지다. 해나 달이 서쪽으로 넘어가다. *여기서는 ③의 의미임.
1265) 돌디ᄒᆞ다 : 돌돌 솟아나오다. *돌돌 : 물이 좁은 도랑을 따라 흘러가는 모양.
1266) 농ᄒᆡᆼ호보(龍行虎步) : 용이나 호랑이의 행보(行步)라는 뜻으로, 빠르고 위풍당당(堂堂)한 걸음걸이를 이르는 말

름과 조츤 가뎡(家丁)이 놀나 일시의 즈긱을 잡으려 ᄒ나 엇지 밋츠리오.

홀일업셔 일시의 ᄃᆡ하(臺下)의 모다 츄밀과 텬ᄉ의 놀나믈 위안ᄒ고, 관즁의 슌나(巡邏)ᄒ미 히완(懈緩)ᄒ여 즈긱(刺客)의 흉변이 존위ᄅᆞᆯ 간범ᄒ믈 스ᄌᆡᄒ니, 츄밀이 비로쇼 놀난 졍신을 뎡ᄒ여, 텬ᄉ로 더브러 모든 하뵈ᄅᆞᆯ 위로ᄒ여 믈너가라 ᄒ고, 쵹을 도도고 그 즈긱의 요ᄃᆡᄅᆞᆯ 가져 낭즁(囊中)읫 거슬 보니, ᄉ오장 문셰 이시【23】니 이 곳 다른 글이 아니라 오셰즈 표의 필젹으로, 봉암요인의게 문권(文券)1267)을 쥬어 만일 공을 일운즉, 부귀ᄅᆞᆯ 한가지로 누리즈 ᄒᆞᆫ 글이니, ᄃᆡ기 왈,

"모년월일의 셰즈 엄표는 운산도인을 만나미 하날이 각별 표ᄅᆞᆯ 위ᄒ여 나리오신 신인(神人)이라. 괴(孤) 평싱지긔(平生知己)ᄅᆞᆯ 허(許)ᄒ여 임의 션싱의 놉흔 지조ᄅᆞᆯ 아라시니, 이졔 셔로 경영ᄒ여 언약ᄒᆞᆫ ᄃᆡᄉᆞᄅᆞᆯ 어그릇지 말고, 윤셩닌과 챵닌 두 젹츄(賊酋)ᄅᆞᆯ 업시ᄒ고 부왕의 유표ᄅᆞᆯ 아ᅀᅡ와, 고로 ᄒ여곰 일면 왕작을 안향(安享)케 ᄒᆞᆯ진ᄃᆡ, 괴 밍셰코 션싱으로써 국ᄉ(國師)ᄅᆞᆯ 삼아 부귀【24】영낙을 한가지로 누리리라."

ᄒ엿고, 기여 여러 장이 다 갓흔 ᄉ의(辭意)오, ᄯᅩ 요도의 헌칙(獻策)ᄒᆞᆫ ᄉ(辭)의 왈,

"빈되(貧道) 임의 뎐하의 허다ᄒᆞᆫ 은혜ᄅᆞᆯ 바다 ᄉ싱(死生)으로써 잡기ᄅᆞᆯ 긔약ᄒᆞ느니, 엇지 뎐하의 위틱ᄒᆞᆫ 터흘 당ᄒ신 ᄧᅵ, 신즈의 ᄉ군ᄒ는 도리 혈심으로 빗최지 아니리잇고? 초의 션왕이 님ᄉ(臨死)의 유표ᄅᆞᆯ 낭낭긔 ᄭᅵ치시ᄃᆡ, 쇼뎐하ᄅᆞᆯ 쥬지 아니시고 낭낭이 ᄯᅩ 국업(國業)을 쇼뎐하긔 젼ᄒᆞᆯ ᄯᅳᆺ이 업셔, 유표ᄅᆞᆯ 궁극히 간ᄉᄒ여 계시다가, 녕존슉 노야긔 알외여 가만이 텬조의 쥬달ᄒᆞ시는 계귀(計揆) 장ᄎᆞᆺ 무슨 의견이믈 아지 못【25】ᄒ니, 이 엇지 심복ᄃᆡ홰(心腹大禍) 아니리오. 빈도는 드ᄅᆞ니 위텬하즈(爲天下者)는 블고기(不顧家)라 ᄒ니, 이졔 뎐하ᄅᆞᆯ 상희오고져 ᄒ는 즈는 타인이 아니라 동긔골육(同氣骨肉)과 모즈지친간(母子至親間)이니, 임의 근본을 생각ᄒ미 뉸상(倫常)이 상난(喪亂)ᄒ미니, 바라건ᄃᆡ 뎐하는 ᄃᆡᄉᄅᆞᆯ 몬져 ᄒ시고 쇼졀(小節)을 거리ᄭᅵ지 마ᄅᆞ쇼셔."

하엿고, 기하(其下)의 여러가지 흉계ᄅᆞᆯ 헌칙(獻策)ᄒ여 한갓 냥텬ᄉᄅᆞᆯ 히홀 ᄲᅮᆫ 아녀, 츄밀곤계와 한님을 다 히(害)ᄒᆞᆯ ᄌᆞ ᄒ는 흉계 궁흉(窮凶)ᄒ고 의ᄉᆞ 블측ᄒᆞᆫ지라. 상셔는 임의 표ᄅᆞᆯ 보던 날 흉인이믈 짐쟉ᄒᆞ엿거니와, 츄밀은 실시녀외(實是慮外)라. 엇지 표의 이ᄃᆡ【26】도록 ᄒ믈 알니오. 면식(面色)이 여토(如土)ᄒ여 손으로 벽을 쳐, 장탄뉴체(長歎流滯) 왈,

"오뎨(吾弟)의 인현ᄒ므로써 엇지 이 갓치 블인흉완(不人凶頑)ᄒᆞᆫ 픠ᄌᆞᄅᆞᆯ 두거뇨? 아이 표의 픠악ᄒ믈 알아 왕업을 젼치 아니려 ᄒ미니, 인명(仁明)ᄒ미 여ᄎᆞ하ᄃᆡ 홀노 슈(壽)ᄅᆞᆯ 안향치 못ᄒᆞ도다. 아지못게라! 형장의 쳔금 귀쳬와 달문과 질아의 신상이 엇지 위틱치 아니며, ᄯᅩ 젼두(前頭) 쳐치ᄅᆞᆯ 엇지 ᄒ여야 올흐리오."

텬ᄉᆞ 날호여 왈,

1267)문권(文券): 땅이나 집 따위의 소유권이나 그 밖의 권리를 증명하는 문서.

"흉인의 모계(謀計) 비록 블측(不測)ᄒ나 길인(吉人)은 히치 못ᄒ리니 넘녀치 마ᄅ시고, 다만 밧비 경소의 도라가 유표와 흉셔(凶書)ᄅᆯ 아오로 텬문의 올녀, 성상 쳐치ᄅᆯ 보아 젼두ᄅᆯ 결ᄒᆞ미 올【27】ᄒ니이다."

츄밀이 졈두(點頭) 탄식고 표의 블인(不人)ᄒ믈 통히ᄒ나 홀 일 업더라. 일노붓허 더옥 힝편(行便)을 바야 속속(速速)히 뎨도(帝都)의 니ᄅ니, 환조(還朝)ᄒᄂᆫ 션문(先聞)이 가국(家國)의 밋ᄎᆞ미, 황상(皇上)과 만조빅뇨(滿朝百寮)며 각각 친부(親府)의셔 츄밀과 부텬ᄉᆞ의 몬져 도라오믈 의아ᄒᆞ더라.

낭인이 바로 궐하의 나아가 조회ᄒᆞ고, 오왕 유표와 ᄌᆞᆨ긱 일관(一關)1268)을 다 알왼딕, 상이 딕경ᄒᆞ샤 오왕의 표(表)와 흉셔(凶書)ᄅᆯ 보시고, 시로이 오왕의 인명(仁明)ᄒᆞ믈 감탄ᄒᆞ시고, 엄표의 픽악을 히연(駭然)ᄒᆞ샤, 이의 유표 흉셔ᄅᆯ 조졍의 나리와 보라ᄒᆞ시고, 졔신의 쇼견을 므ᄅ시니, 만죄(滿朝) 아니 놀나리 업고, 쥬왈,

"엄【28】표의 블초ᄒᆞᆫ 삭시 한갓 기부(其父)의 유표의 명빅ᄒᆞᆯ ᄲᅮᆫ 아냐, ᄌᆞᆨ긱과 흉셔 일관(一觀)이 더옥 흉완(凶頑)ᄒᆞᆫ지라. 무단이 이심과 달나 발셔 산간 요도(妖道)ᄅᆯ 쳐결ᄒᆞ여 픽악의 삭시 일고, 골육지친을 상살(傷殺)ᄒᆞᆯ 궁흉의ᄉᆞ(窮凶意思) 이시니 여ᄎᆞ 픽악ᄒᆞᆫ 지 무ᄉᆞᆫ 일을 힝치 못ᄒᆞ리잇가? 더옥 기부의 유폐 텬졍의 오ᄅᄂᆞᆫ 긔미ᄅᆯ 아라, 요인을 결납(結納)ᄒᆞ여 모계(謀計)ᄒᆞ니, 황지(皇旨)ᄅᆯ 나리와 의법(依法)히 유덕ᄌᆞ(有德者)ᄅᆯ 셰워 왕(王)ᄒᆞ고 무단이 져ᄅᆯ 폐ᄒᆞᆷ믈 감심치 아니리니, 복원 폐하ᄂᆞᆫ 미리 방비ᄒᆞ샤 각별 지모지ᄉᆞ(智謀之士)ᄅᆯ 갈히여 오국을 졍벌ᄒᆞ여, 표와 요인을 잡아 그 죄ᄅᆯ 졍히 ᄒᆞ쇼【29】셔."

상이 연기언(然其言)ᄒᆞ샤 졍벌(征伐)ᄒᆞ리ᄅᆯ 므ᄅ시니, 졔딕신(諸大臣)이 쥬왈,

"부텬ᄉᆞ 윤창닌이 비록 년쇼ᄒᆞ나 지모지략(智謀大略)이 겸젼(兼全)ᄒᆞ니이다."

상이 올히 너기샤, 익일의 녜부상셔 윤창닌으로 평오딕원슈ᄅᆯ ᄒᆞ이시고, 엄츄밀노 부원슈ᄅᆯ 삼아 쳔원밍장(千員猛將)과 빅만갑ᄉᆞ(百萬甲士)로 쥬야(晝夜) 오국의 나아가 엄표와 요인을 잡아 무도픽악(無道悖惡)ᄒᆞᆫ 죄ᄅᆯ 므ᄅ라 ᄒᆞ시니, 낭인이 ᄉᆞ은 퇴조ᄒᆞ여 본부의 도라오니, ᄎᆞ시 윤상부의셔 오국○[의] 블의지변(不意之變)이 니러나 상셰 다시 츌ᄉᆞ(出仕)ᄒᆞᆷ믈 딕경(大驚)ᄒᆞ여 근심ᄒᆞᆷ믈 마지 아니나, 진왕과 승상은 금도ᄎᆞ힝(今道此行)의 변이 이실 쥴 짐작ᄒᆞᆫ 고로 각별 놀【30】나미 업고, 아ᄌᆞ(兒子)의 달슈하원지상(達壽遐遠之相)을 밋으니, 이졔 엄푀 비록 빅가지로 블인잔학(不仁殘虐)ᄒᆞ나 능히 남빅과 상셔ᄅᆯ 히치 못ᄒᆞᆯ 쥴 혜아려 ○○○○[묵연(默然)ᄒᆞ고], 엄틱ᄉᆞ 부즁의셔는 이 쇼식을 드ᄅ미 가니 진경(震驚)ᄒᆞ미 오왕의 흉문(凶聞)의셔 더으고, 냥 엄쇼졔 오히려 구가의 도라가지 아녓더니 이 긔별을 듯고 딕경ᄒᆞ여, 한갓 쇼텬(所天)의 쳔금즁신(千金重身)을 넘녀ᄒᆞᆯ ᄲᅮᆫ 아니라, 거거(哥哥)의 블인(不仁)ᄒᆞ미 여ᄎᆞᄒᆞ여 부왕의 쳥덕을 츄락ᄒᆞ고, 스스로 션종(善終)치 못ᄒᆞ기의 니ᄅᆯ 바ᄅᆯ 황황비도(惶惶悲悼)ᄒᆞ여, 슉부의 광

1268)일관(一關): 일련의 관련된 모든 것.

메(廣袂)룰 붓들고 실셩뉴체(失性流涕)ᄒ니 결을ᄒ여 모후의 긔거(起居)도 뭇잡지 못
ᄒᄂ지라.

츄밀이 역시 슬프고 이련ᄒ여 냥질(兩姪)의 옥슈(玉手)룰 잡고 【31】운발(雲髮)을
어로만져 오열체하(嗚咽涕下)ᄒ여 기간 슈말을 셰셰히 젼ᄒ고, 이 가온ᄃᆡ 댱휘 능히
ᄃᆡ의(大義)룰 굿게 잡아 왕의 유교(遺敎)룰 직희여 샹즁(喪中)의 몸이 무양(無恙)ᄒ고,
ᄯᅩ 비록 블인무상(不仁無狀)ᄒ나 호시 ᄡᅡᆼ산ᄌᆞ녀(雙産子女)ᄒ여 ᄒᆡ이 다 긔특ᄒ던 쥴
젼ᄒᄃᆡ, 냥쇼졔 블승비열(不勝悲咽)ᄒ여 ᄒᄂ 즁, 모후의 보젼ᄒ시믈 깃거ᄒ고, 부왕의
님죵유언(臨終遺言)을 지삼 뭇ᄌᆞ와 통회여할(痛悔如割)ᄒ믈 ᄭᆡ닷지 못ᄒ니, 옥골이 초
췌(憔悴)ᄒ여 표연이 우화등션(羽化登仙))홀 듯ᄒ더라.

최·범 냥부인이 각각 부ᄌᆞ(夫子)의 즁신(重身)이 블인(不仁)의 곳의 나아가믈 근심
ᄒ나 ᄉᆞ이이의(事而已矣)[1269]라. 이의 ᄒᆡᆼ니(行李)룰 다ᄉᆞ려 츄밀의 츌졍(出征)ᄒ믈 ᄃᆡ
후(待候)ᄒ더니, 니러구러 슈일이 지나 【32】니 평오 냥원슈 교장(敎場)의 나아가 군
마룰 훈련ᄒ여, 일가졔친을 니별ᄒ고 긔치 남으로 두로혀니, 냥원슈의 니회(離懷)와
보ᄂᆡᄂ 사룸의 회푀(懷抱) 한가지로 ᄎ아(嵯峨)ᄒ거늘[1270] 엄부인 ᄌᆞ미의 근심은 시일
(是日)노붓터 더ᄒ더라.

냥원슈 초초히 가국을 ᄯᅥ나 남으로 ᄒᆡᆼᄒᆞᆯᄉᆡ, 한갓 우흐로 황지(皇旨)룰 밧ᄌᆞ올 ᄲᅮᆫ 아
니라, 아ᄅᆡ로 ᄉᆞ심(私心)의 급ᄒ 념녜 방하(放下)치 못ᄒ니, 이ᄂ ᄐᆡ슈와 남빅과 한님
이 져 흉디(凶地)의 이시므로쎄라.

ᄃᆡ군이 월여의 오국도(吳國都)의 니ᄅᆞ니, 닌현(隣縣)이 망풍귀슌(望風歸順)ᄒ여 텬병
을 지영(祗迎)ᄒᄆᆡ, 블의(不意)의 간패(干戈) 니ᄅᆞ믈 ᄃᆡ경ᄒ더라.

오국 셩문의 니ᄅᆞ니 슈문장이 급히 변보룰 조뎡의 알외고, 【33】셩문을 굿이 닷고
갑ᄉᆞ(甲士)룰 조련ᄒ여 셩을 직희거늘, 원슈 격셔룰 보ᄂᆡ여 교유(敎諭) 왈,

"이졔 ᄃᆡ국이 무고히 너희룰 침노(侵擄)ᄒᄆᆡ 아니라 《너의‖너희》 신민이 블ᄒᆡᆼᄒ
여 어진 님군이 죽으믹 셰ᄌᆞ 엄픠 블인픽악(不仁悖惡)ᄒ니, 션왕이 님망(臨亡)의 유표
룰 ᄭᅵ쳐 ᄃᆡ슈룰 졍ᄒᄆᆡ 잇거늘, ᄯᅩ 가지록 완악ᄒ여 부명을 위월(違越)홀 ᄲᅮᆫ 아녀, 산
즁 요인을 쳐결ᄒ여 텬ᄉᆞ룰 히ᄒ려 ᄒ고, 지친골육을 상살(傷殺)ᄒ려 ᄒ니 이 일은 블
효시역지인(不孝弑逆之人)이라. 니러므로 아등이 션왕 유표와 ᄌᆞ긱의 흉셔룰 가져 텬
졍의 쥬달ᄒ고, 황지(皇旨)룰 밧ᄌᆞ외 니ᄅᆞ럿ᄂᆞ니, 너희ᄂ ᄲᆞᆯ니 셩문을 여러 텬병(天兵)
을 마즈 옥셕(玉石)【34】이 구분(俱焚)ᄒᄂ 화(火)룰 밧지 말나."

슈문장이 이 글을 어더 보고 능히 결(決)치 못ᄒ여 호상부(‐相府)의 알외니라.

어시의 봉암 요되 관역(館驛)의셔 요슐이 ᄃᆡ픽ᄒ여 칼흘 아이며 낭ᄃᆡ(囊帶)룰 일코
도라오더니, ᄆᆞᆫ득 보니 길가의 뉴걸(流乞)[1271]이 의복이 《텬슌‖텬션》 빅결(千縷百

1269)ᄉᆞ이이의(事而已矣) : 어쩔 수 없는 일이다.
1270)ᄎ아(嵯峨)ᄒ다 : 아득하다. 막막하다.
1271)뉴걸(流乞) : 떠돌며 빌어먹는 사람.

結)1272)ᄒ여시나, 냥안(兩眼)이 효셩(曉星) 갓고 미목(眉目)이 결쳥(潔淸)ᄒ여 살스(煞邪)ᄒᆫ 긔운과 요음(妖淫)ᄒᆫ 거동이 현져(顯著)ᄒ되, 지긔(才氣) 발월(發越)ᄒ여 얼골의 낫하나고, 동지(動止) 결비쳔인(決非賤人)이어늘, 봉암이 의심ᄒ여 나아가 읍(揖) 왈,

"현ᄉ(賢士)ᄂᆫ 하쳐인(何處人)이완듸 도로의 ᄒᆡᆼ걸(行乞)ᄒ여 구츠ᄒ믈 ᄉ양치 아닛ᄂᆞ뇨? 모로미 쇼회(所懷)를 실진무은(悉陳無隱)ᄒ라. 싱이 【35】 비록 관즁(管仲)1273)의 의긔(義氣) 업스나, 진실노 한낫 지긔(知己)를 맛나면 엇지 관포(管鮑)1274)를 효측(效則)지 못ᄒ리오."

뉴걸이 쳥파의 뉴뉘상죵(類類相從)ᄒᆞᄆᆞᆫ 물화텬니(物華天理)1275)의 샹시(常事)라. 딕희ᄒ여 ᄲᆞᆯ니 답읍(答揖)ᄒ고, 셔로 닛그러 산곡협노(山谷狹路)의 안ᄌ 피ᄎ(彼此) 통셩명(通姓名)ᄒ고 지긔(知己)되믈 언약(言約)ᄒᆞᆯᄉᆡ, 원뇌 츠인의 시죵본말(始終本末)이 시하인야(是何人耶)오?

션셜, 경ᄉ 죄인 원홍이 졔뎡을 음히ᄒ며 조셩녈을 앗고져 ᄒ던 바로, 음모곡계 발각ᄒᆞ미 북도 슈만니 젹긱(謫客)이 되니, 산쳔이 험악ᄒ고 인물이 녕한(零罕)ᄒ여 변시이젹(遍是夷狄)1276)이니 ᄎᆞ마 견듸지 못ᄒᆞᆯ 곳이라.

스스로 무고(無故)ᄒᆞᆫ 원한이 현인군ᄌ 【36】 의게 도라가 브듸 보슈(報讐)ᄒ려 ᄒ더니, 뉵칠년이 헛도이 지나니 풍편(風便)의 드ᄅᆞ미 평싱 원가 뎡의쳥이 임의 츌장입샹ᄒ여 군국(君國)의 딕공을 셰우고 영명화하(英名華夏)1277)ᄒ고 공업(功業)이 쳥ᄉ(靑史)의 가득ᄒ여, 조졍이 발셔 녈토봉왕(裂土封王)ᄒ여 평초왕이 되엿다 ᄒᄂᆞᆫ지라.

원홍이 한번 드ᄅᆞ미 창텬을(蒼天) 블너 원망 왈,

"ᄌᆞ고로 뉴(莠)와 양(良)을 ᄂᆡ신 탄(嘆)1278)이 잇거니와, 졔갈(諸葛)이 비록 쥬유(周瑜)를 이쎠 삼긔(三氣)1279)의 죽게 ᄒ여시나, 오후(吳侯)의 즁히 너기ᄂᆞᆫ 신하로 벼슬이 강동팔십일쥬(江東八十一州) 딕도독(大都督)으로 ᄉᆞ싱냥디(死生兩地)의 환혁(煥赫)ᄒᆫ 영직(永才)를 일치 아냣거늘, 이졔 뎡운긔 【37】 ᄂᆞᆫ 날노 더부러 삼싱(三生)의 무삼

1272)텬션빅결(千繕百結) : 천 번을 깁고 백번을 꿰맴.
1273)듕(管仲) : 중국 춘추 시대 제나라의 재상(?~B.C.645). 이름은 이오(夷吾). 환공(桓公)을 도와 군사력의 강화, 상공업의 육성을 통하여 부국강병을 꾀하였으며, 환공을 중원(中原)의 패자(霸者)로 만들었다. 포숙아와의 우정으로 유명하며, 이들의 우정을 관포지교라고 이른다. 저서에 ≪관자(管子)≫가 있다.
1274)관포(管鮑) : 관포지교(管鮑之交). 관중과 포숙의 사귐이란 뜻으로, 우정이 아주 돈독한 친구 관계를 이르는 말.
1275)물화텬니(物華天理) : 사물세계의 이치.
1276)변시이젹(遍是夷狄) : 모두가 오랑캐임.
1277)영명화하(英名華夏) : 명성이 중국에 뛰어남.
1278)뉴(莠)와 양(良)을 ᄂᆡ신 탄(嘆) : '(하늘이) '악한 사람'(莠)을 내고 또 '착한 사람'(良)을 낸 것을 탄식한다.'는 뜻으로, 세상에는 선과 악이 공존한다는 것을 말함. *유냥(莠良) : 나쁜 풀(莠)과 좋은 풀(良), 곧 나쁜 사람과 좋은 사람을 비유적으로 이르는 말.
1279)삼긔(三氣) : '세 번 화나게 하다'는 뜻으로 <삼국지(三國志)>에서 제갈량(諸葛亮)이 주유(周瑜)를 세 차례나 크게 화를 내게 만들어, 마침내 주유가 화를 참지 못해 상처가 터져 죽게 한 일을 말함.

원가(怨家)완딕, 슈인(讐人)의 연고로 늬 이제 히도슈졸(海島戍卒)이 되고, 져는 위세 환혁ᄒ여 부귀영복이 당셰의 결우리 업ᄉ니 엇지 셔로 비기리오. 나 원홍이 만일 목 숨이 죽으면 홀 일 업거니와 가슴우희 숨이 걸녀신즉 뎡운긔롤 고이 술와 주지 아니 리라. 아모리면 오죽ᄒ랴. 다시 송조(宋朝)의 복ᄉ 칭신(服事稱臣)홀 비 아니니, 출하 리 아모 곳의 니르러 타국의 긔려(羈旅)ᄒ여, 다시 공명부귀롤 도모ᄒ고 국왕의 현우 (賢愚)롤 술펴, 계규(計揆)로써 ᄎᄎ 농낙(籠絡)ᄒ여 딕ᄉ롤 도모ᄒ여, 늬 당당이 일면 디(一面地)1280)롤 웅거(雄據)【38】ᄒ여 문호롤 다시 니르혈 거시오, 한갓 뎡운긔 적 츄(賊酋)롤 죽여 뎡가롤 쥬륙(誅戮)홀 ᄲᆞᆫ 아니라, 윤·하 냥문 졔츄(諸酋)롤 다 멸ᄒ 여, 젼일 날 업슈이 너기던 원을 갑흐리로다.”

혜아려, 가연이 초리(草履)롤 들메고 젼닙(氈笠)을 숙여 모야(暮夜)의 적쇼(謫所)롤 ᄯᅥ나 먼니 도망홀ᄉᆡ, 젼젼걸식(轉轉乞食)ᄒ여 연디(燕地)의 드러가 연졔왕을 보니 왕 은 극히 츙현(忠賢)ᄒ지라. 원홍의 힝지 괴ᄉ(怪邪)ᄒ고 말ᄉᆞᆷ이 민쳡(敏捷)ᄒᄆᆞᆯ 보고 용납지 아니니, 홍이 홀일업셔 ᄇᆞ리고, ᄯᅩ 몽고국(蒙古國)의 가니, 인문졔되(人文制度) 극히 흉악ᄒ고 음식이 츄악ᄒ여 머믈 곳이 아니어늘, 홍이 ᄯᅩ ᄇᆞ리고 오국의 드러가 니, 오왕이 갓 죽【39】고 셰지 복위(復位)치 못ᄒ엿다 ᄒ야늘, 홍이 ᄉᆞ쳐로 걸식ᄒ며 보니 의관문물(衣冠文物)이 풍셩ᄒ여 즁국으로 다르미 업고 심히 번화ᄒ니, 두루 도라 문견을 ᄃᆞᆺ보니, 국인(國人)이 분분이 셔로 귀롤 맛초고 젼ᄒ는 말이 오국(吳國) ᄉ졍 (事情)이라.

홍이 유심ᄒ여 간 곳마다 듯기롤 샹셰히 ᄒᄆᆡ, 딕희ᄒ여 가만이 조각을 빌니시믈 신긔(神祇)의 ᄉᆞ례ᄒ고 졍히 도보(徒步)ᄒ여 오국 셩즁의 드러가고져 ᄒ더니, 믈득 셩 외(城外)의셔 봉암을 만난지라. 냥인이 셔로 만나 말ᄉᆞᆷᄒᄆᆡ 일안(一眼)의 심담(心膽)이 샹조(相照)ᄒ고 일어(一語)의 ᄉᆞ싱의 ᄉᆞ괼 ᄯᅳ지 이시니, 봉암은 니르딕, ‘본(本)이 딕조 (大朝)사룸으【40】로 명니(名利)의 ᄯᅳ지 업셔 산간의 슈도(修道)ᄒ더니, 뎨지(弟子) 그릇 권문의 득죄ᄒ여 왕법으로 죽으니, 그 년좌(連坐) 져의게 밋츠므로 능히 고원의 안쇼(安巢)치 못ᄒ여, 타방의 뉴락ᄒ엿더니, 힝혀 오셰ᄌ롤 셤겨 막빈(幕賓)이 되어시 니, 셰ᄌ의 인현(仁賢)ᄒᄆᆡ 한갓 쇼방 왕업을 니르지 《말나∥말고》, 만승지위(萬乘 之位)라도 감당ᄒ염즉 ᄒ딕, 션왕이 블통고집ᄒ여 셰ᄌ의 어질믈 아지 못ᄒ고, 가만이 쇼ᄌ(小子)롤 셰울 ᄯᅳ지 잇셔, 님죵(臨終)의 가만훈 유표롤 ᄯᅵ쳐 왕후의게 맛진 고로, 휘 ᄯᅳ지 역시 션왕과 일심이라. 유표와 유셔롤 깁히 간ᄉᆞᄒ여 셰ᄌ롤 모로게 ᄒ고, 젼 부롤 조졍의 통ᄒ여 【41】션왕의 냥형 엄퇴ᄉ 곤계며, 왕의 ᄎᆞᄌ와 냥셔(兩壻) 윤셩 닌 윤창닌이 황칙(皇勅)을 밧ᄌ와 텬ᄉᆞ 되여 니르니, 왕휘 바야흐로 션왕의 유교롤 늬 여 몬져 부텬ᄉᆞ와 엄츄밀노 텬조의 쥬문(奏聞)ᄒ고, 오국 왕위의 ᄎᆞ례(次例)롤 밧고고 져 ᄒ는 슈미(首尾)롤 ᄃᆡ강 니르고’, 우왈(又曰),

---

1280)일면디(一面地) : 한 지방.

"우리 뎌군(儲君)[1281]의 명현ᄒ시므로 부왕의 ᄯᅳᆺ이 어긔여 보위(寶位)를 닛지 못ᄒ게 되니, 그 복심 신ᄌ의 마음이야 분울치 아니리오. 졍히 냥ᄎᆨ(良策)을 어더 우리 뎌군의 은우(隱憂)를 덜고, 왕업을 일치 아니시게 ᄒ더니, 의외의 현ᄉ를 만나 일안(一眼)의 결비쳔뉴(決非賤類)로 지략(才略)이 겸젼(兼全)ᄒᆞᆷ믈 알【42】지라. 가히 결(決)ᄒ여 슌우로 형뎨 되고 힘과 지조를 한가지로 ᄒ여 우리 님군을 셤기미 엇더ᄒ뇨?"

홍이 쳥파의 낙낙히 되열(大悅)ᄒ여 연망(連忙)이 졀ᄒ여 왈,

"원간 ᄉᆔ(師父) 봉암진인이로쇼이다. 싱이 젼일 그 놉흔 데ᄌ 쳥션니고로 ᄒ여 ᄉᆞ부의 존호를 우레[1282] ᄀᆞᆺ치 드럿더니, 금셕(今席)이 하셕(何席)이완디 ᄉᆞ부를 만나 교회(敎誨)를 듯줍ᄂᆞ니잇고? 싱의 셩명은 젼임 공부시랑 원홍이니, ᄉᆔ ᄯᅩᆫ 익이 드러 계시리이다."

요되(妖道) 쳥파의 이 곳 젼일 쳥션의 니ᄅ던 원시랑인 쥴 알미 역시 경희ᄒ여, 황망이 븟드러 왈,

"빈되 눈이 이시나 망울이 붉지 못ᄒ여【43】상공 존위를 아지 못ᄒ미라. 연이나 노야의 여ᄎᆞ 좌쳔(左遷)[1283]ᄒ심과 빈도의 하방(遐方) 뉴리(流離)ᄒ미 다 윤·하·뎡 삼가 슈인(讐人)의 연괴라. 하늘이 반ᄃᆞ시 사ᄅᆞᆷ의 원을 조ᄎᆞ 젼젼원슈(前前怨讐)를 갑흘 묘(妙)ᄒᆞᆫ 조각을 빌니셔, 우리 냥인이 신긔히 만나도쇼이다."

봉암이 인ᄒ여 셰ᄌ의 명을 바다 유표 앗고 윤창닌 죽이려 츄종(追從)ᄒ엿다가 셩ᄉᆞ(成事)치 못ᄒ고 픽귀(敗歸)ᄒ는 ᄉᆞ어(辭語)를 일일히 니ᄅ고, 왈,

"빈되 이졔 셩의 드러가 상공을 뎌군(儲君)ᄭᅴ 쳔거ᄒ리니, 상공은 궁문 밧긔셔 기다리쇼셔."

ᄒ고, 샏니 궁으로 드러가니, 츠시 셰ᄌᆡ 봉암을 보ᄂᆡ고 셩ᄉᆞ키를 죄오더니, 붉기의 밋쳐 요되【44】드러오거ᄂᆞᆯ, 셰ᄌᆡ 반겨 급문 왈,

"츠ᄉᆞ 엇지 되엿ᄂᆞ뇨?"

요되 요두(搖頭) 왈,

"윤창닌은 텬싱별물(天生別物)[1284]이라. ᄉᆞ긔(事機)를 발셔 아라 미리 방비ᄒ고, ᄯᅩ 텬시를 알아 슬펴 변쳬(變體) 무궁ᄒ니, 빈되 젹슈(赤手)로 능히 뎌를 졔어치 못ᄒ여 무류히 도라오더니, 노즁(路中)의셔 한 션비를 만나 다려오니, 본이 경ᄉᆞ인이오, 셩명은 원홍이라. ᄯᅩᄒᆞᆫ ᄉᆞ부(士府) 명족(名族)이로ᄃᆡ, 일즉 ᄉᆞ고무친(四顧無親)ᄒ여 텬디(天地)의 무가긱(無家客)이나 얼골이 관옥(冠玉) ᄀᆞᆺ고 지족다모(知足多謀)ᄒ여 ᄌᆞ방(子房)[1285] 진유ᄌᆞ(陳孺子)[1286]의 일뉴(一類)라. 족히 뎌군(儲君)을 셤겨 ᄃᆡᄉᆞ를 일월즉

1281)뎌군(儲君) : '왕세자'. 또는 '황태자'를 달리 이르는 말.

1282)우레 : 천둥.

1283)좌천(左遷) : 낮은 관직이나 지위로 떨어지거나 외직으로 전근됨을 이르는 말. 예전에 중국에서 오른쪽을 숭상하고 왼쪽을 멸시하였던 데서 유래한다.

1284)텬싱별물(天生別物) : 하늘이 낸 특별한 존재.

흔 고로, 쳥ᄒᆞ여 니ᄅᆞ럿ᄂᆞ이다.”

ㅍᆡ 쳥파의 첫 계귀 니지 못ᄒᆞ믈 아연(啞然)ᄒᆞ나 댱냥(張良) 갓흔 【45】모ᄉᆞ(謀士)ᄅᆞᆯ 어더왓다 ᄒᆞ니, 딕희(大喜)ᄒᆞ여 블너 볼ᄉᆡ, 홍이 먼니 계하의 츄챵(趨蹌)1287) 비알(拜謁)ᄒᆞ고 만복을 칭ᄒᆞ여 군신지녜(君臣之禮)로 뵈니, ㅍᆡ 본딕 거오(倨傲) 교만(驕慢)ᄒᆞ지라. 엄연(儼然) 졍좌(正坐)ᄒᆞ여 녜ᄅᆞᆯ 밧고 말셕(末席)의 좌ᄅᆞᆯ 쥬어 셩명을 므ᄅᆞ니, 홍이 본젹은 긔이고 봉암의 말 갓치 딕답ᄒᆞ니 도도흔 니셜(利說)이 댱강현하(長江懸河)갓고 미여관옥(美如冠玉)이니, ㅍᆡ 딕희ᄒᆞ여 칭찬 왈,

“진짓 여옥지모(如玉之貌)1288)오, 직릉다모(才能多謀)ᄒᆞ니 진유ᄌᆞ(陳孺子)의 일뉘라. 괴(孤) 무슴 덕으로 몬져 ᄌᆞ방(子房) 갓흔 운산을 엇고 ᄯᅩ 진평(陳平) 갓흔 모ᄉᆞ(謀士)ᄅᆞᆯ 어드며, ‘형양(滎陽)의 픽(敗)흔 ᄌᆞ최’1289) 촌가의 머믈미 업시{셔} 쳑시(戚氏)1290) 갓흔 미희(美姬)ᄅᆞᆯ 만낫ᄂᆞ뇨?”

ᄒᆞ고, 허심(許心) 관딕(寬待)ᄒᆞ여 삼인이 일【46】심(一心)이 되여 흉ᄉᆞ(凶事)ᄅᆞᆯ 챵슈(唱酬)ᄒᆞ니, 이ᄂᆞᆫ 응시(應時)ᄒᆞ여 삼긴 비라. 셔로 도으미 엇지 범연ᄒᆞ리오.

일반 흉당(凶黨)이 몬져 틱ᄉᆞ부ᄌᆞ와 윤텬ᄉᆞᄅᆞᆯ 쇼졔ᄒᆞ며, 버거 텬의(天意)ᄅᆞᆯ 항형(抗衡)코져 참남외월(僭濫畏越)흔 의ᄉᆞᆷ 여러가지로 니러나니, 이의 상의ᄒᆞ여 장ᄎᆞᆺ 모든 춍명을 가리오고 힝계(行計)ᄒᆞᆯᄉᆡ, 일일(一日)은 혼야(昏夜)의 봉암이 몬져 요슐노 댱후의 웃듬 심복시녀ᄅᆞᆯ 가만이 잡아다가 죽여 산곡의 드리치고, 스스로 그 닉시(內侍) 염쳥의 얼골이 되여 의구히 하비(下輩) 슈인을 거ᄂᆞ리고 별관의 나아가, 거즛 댱후의 명으로 틱ᄉᆞ와 텬ᄉᆞ긔 알외여, 왈,

“우리 댱낭낭이 셕졔(夕祭) 참현(參見) 후의 셔즁(暑症)과 관격(關格)1291)이 일【47】시의 발ᄒᆞ샤 블의 혼도(昏倒)ᄒᆞ시니 셰ᄌᆞ와 빈궁이며 궁희 다모다 구호ᄒᆞ시딕, ᄌᆞ못 위틱ᄒᆞ시니 냥위 노야ᄅᆞᆯ 쳥ᄒᆞ시더이다.”

이ᄯᆡ 윤텬시 역시 셔즁으로 심시 블평ᄒᆞ여 상요(床褥)의 와(臥)ᄒᆞ여시니, 틱시 우려ᄒᆞ여 약음으로 다ᄉᆞ려 구호ᄒᆞ더니, 촌언을 듯고 놀나 왈,

---

1285)ᄌᆞ방(子房) : 장량(張良). BC ?-189. 중국 한나라의 정치가. 건국공신. 자는 자방(子房). 한고조 유방의 책사로 홍문연에서 유방을 구하고 한신을 천거하는 등, 유방이 한나라를 세우고 천하를 통일할 수 있도록 도왔다. 소하·한신과 함께 한나라 건국 3걸로 불린다.
1286)진유ᄌᆞ(陳孺子) : 진평(陳平). ? - BC178. 중국 한(漢)나라 때 정치가. 유자(孺子)는 그의 별명. 한고조 유방(劉邦)를 도와 여섯 번이나 기발한 꾀를 내, 천하를 평정케 하였다.
1287)츄챵(趨蹌) : 예도(禮度)에 맞게 허리를 굽히고 빨리 걸어감.
1288)여옥지모(如玉之貌) : 관(冠)의 앞을 꾸미는 관옥(冠玉)처럼 아름다운 용모를 이르는 말.
1289)형양(滎陽)의 픽(敗)흔 ᄌᆞ최 : 형양성에서 항우의 군대에 패해 도주한 한고조 유방(劉邦)을 말함.
1290)쳑시(戚氏) : 중국 한고조의 후궁인 척희(戚姬)를 말함. 한고조의 사랑을 받아 아들 조왕(趙王)을 두었으나, 고조가 죽은 뒤, 여후(呂后)에게 조왕은 독살당하고, 그녀는 팔다리를 잘리고 눈을 뽑히는 악형을 당하고 ‘인간돼지(人彘)’로 학대를 받으며 측간에 갇혀 지내다 죽었다
1291)관격(關格) : 먹은 음식이 갑자기 체하여 가슴 속이 막히고 위로는 계속 토하며 아래로는 대소변이 통하지 않는 위급한 증상.

"수수(嫂嫂)의 환휘 블의의 여춫ᄒᆞ시나, 달문이 ᄯᅩ흔 신상이 블평ᄒᆞ니 가히 한가지로 못 갈거시니 노뷔 홀노 가리라."

텬시 광미ᄅᆞᆯ 셩긔고 왈,

"악모의 환휘 여춫ᄒᆞ신즉 일시 미양(微恙)은 관겨치 아니ᄒᆞ오니, 슉경의 홀노 우려ᄒᆞ시는 졍ᄉᆞᄅᆞᆯ 도라보지 아니리잇고? 맛당이 【48】합하(閤下)ᄅᆞᆯ 비시(陪侍)ᄒᆞ리이다."

셜파의 완완이 니러나 의관을 슈렴ᄒᆞ고 틱ᄉᆞ와 한가지로 ᄂᆡ환(內宦)을 조ᄎᆞ 궁문의 밋쳐 들고져 ᄒᆞ더니, 믄득 안흐로셔 일인이 나아와 졀ᄒᆞ고 왈,

"낭낭이 즉금은 져기 긔운을 슈습ᄒᆞ시나, 오히려 혼혼(昏昏)ᄒᆞ신지라. 냥위 노야ᄅᆞᆯ 쳥ᄒᆞ시믈 드ᄅᆞ시고 니ᄅᆞ샤ᄃᆡ, '존슉(尊叔)은 비록 존ᄃᆡ(尊大)ᄒᆞ시나 동긔(同氣)의 친(親)이 이시니 병쇼(病所) 누츄ᄒᆞ나 니ᄅᆞ시미 괴이치 아니커니와, 텬ᄉᆞ는 우흐로 황명을 밧ᄌᆞ와 텬조 명관이오, 버거 우리집 입막지빈(入幕之賓)이라. 지극히 존즁ᄒᆞ고 ᄯᅩ ᄉᆞ졍(事情)으로 셜만치 못 홀 거시니 엇지 감히 누츄흔 병 【49】쇼의 존긱(尊客)을 쳥ᄒᆞ리오. 모로미 도라가 편히 쉬라 ᄒᆞ고, 다만 틱ᄉᆞ만 입ᄂᆡᄒᆞ쇼셔' ᄒᆞ더이다."

언필(言畢)의 냥인이 크게 의려(疑慮)ᄒᆞ나, 창졸의 궁극흔 간모(奸謀)ᄅᆞᆯ 엇지 ᄭᆡ다ᄅᆞ리오. 틱시 텬ᄉᆞᄅᆞᆯ 도라보아 왈,

"수수의 명이 이 갓ᄒᆞ시니 달문은 맛당이 몬져 도라가 쉬라. 노뷔 당당이 슈슈긔 빅온 후 즉시 가리라."

텬시 묵연이 응낙고 피ᄎᆞ 거름을 두로혀 틱ᄉᆞ는 안흐로 드러가고 텬ᄉᆞ는 믈너 별관으로 도라올ᄉᆡ, 아지못게라! 냥인의 거취 죵말이 하여오?

틱시 졍히 ᄂᆡ시ᄅᆞᆯ 조ᄎᆞ 궁문의 드더니, 믄득 비풍(悲風)이 ᄉᆞ긔(四起)ᄒᆞ며 운뮈(雲霧) 아득ᄒᆞ더니, 크기 집 【50】 치 만흔 빅악회(白惡虎) 등잔 갓흔 눈을 브릅 쓰고 쥬홍 갓흔 닙을 버리고 다라드니, 틱시 무망심야(無妄深夜)의 이 변(變)을 당ᄒᆞ니 딕경ᄒᆞ여 것구러진디, 딕회 완연이 틱ᄉᆞᄅᆞᆯ 활착(活捉)ᄒᆞ여 다라나니, 그 뫼셔 좃ᄎᆞ더니는 다 요인의 심복이라. 스스로 허여지니 시야(是夜) 변고ᄅᆞᆯ 알니 업더라.

텬ᄉᆞ는 별관으로 도라오더니 슈십보는 힝ᄒᆞ여 믄득 한셰 슌셩군(巡城軍)이 나아오니, 범갓흔 장확가졍(臧獲家丁)이 슈빅이라. 각각 손의 긴 창과 칼을 잡앗고 위슈슌장(位首巡將)이 갑쥬(甲胄)ᄅᆞᆯ 갓초고 딕도(大刀)ᄅᆞᆯ 빗겨시니, 의연(依然)이 사ᄅᆞᆷ을 슈금(囚禁)ᄒᆞ라 오는 형상이오, 슌경군(巡警軍)의 모양이 아니라. ᄒᆡ블 【51】을 드러 빗최며 지져괴여 왈,

"졔 오는 지 엇던 사ᄅᆞᆷ인다?"

므ᄅᆞ니, 텬시 다만 좌우의 조ᄎᆞᆫ 지 슈인(數人)이니, 이는 아시로붓터 동고(同苦)ᄒᆞᄂᆞᆫ 심복츙노(心腹忠奴) 쥰학·녕필이오, 버거 오륙인이 교ᄌᆞ 치ᄅᆞᆯ 메여시니, 이는 다 오궁 궁노 오셰ᄌᆞ의 심복 납뇌(納賂)흔 지라.

텬시 초경을 보미 번연이 흉계ᄅᆞᆯ ᄭᆡ다ᄅᆞ나 블변안ᄉᆡᆨ고 날호여, 쥰학이 엇지 딕답지

아닛느뇨. 냥뇌(兩奴) 녕셩(領聲)ᄒ여 니다라 왈,

"너희는 귀눈이 업느냐? 뒤국 샹텬ᄉ 노얘 별관의 머므시다가 여ᄎ여ᄎ 왕후낭낭긔 문후ᄒ고 져믈게야 도라가시거늘, 너희 감히 뭇느냐?"

이 슌장(巡將)은 원홍이라. 닝쇼【52】왈,

"엇지 니러홀 니 이시리오. 말이 십분 간ᄉ(奸邪)ᄒ고 무거(無據)ᄒ니 너희 말졸(末卒)은 곡직(曲直)을 뭇지 말고 가탁(假託) 텬ᄉᄌ(天使者)와 그 죵ᄌ(從者)를 다 잡아 금포텽(禁捕廳)의 가도왓다가, 명일 별관(別館)의 나아가 진짓 텬ᄉ의 알외여 ᄎ뉴(此類)의 존호를 가탁ᄒᆞ믈 무러 죄를 졍히 ᄒ리라."

셜파의 모든 졸히 ᄎ우(驟雨)갓치 다라드러 텬ᄉ 노쥬(奴主)를 모라가니, 쥰학·녕필이 아모리 ᄡ우지나 엇지 드르리오. 시도록 모라 졍쳐업시 산곡으로 드러가니, 텬ᄉ는 어히업셔 다만 시말을 보려 가는 뒤로 가더라. 임의 팔십여리를 힝ᄒ여 날빗치 거의 시고져 홀 ᄡ의야 비로소 가기를 긋거【53】늘, 텬ᄉ노쥐 바야흐로 눈을 드러보니 아아(峨峨)ᄒ 산벽을 둘너시니 병풍을 두른 듯ᄒ고, 인젹이 업고 심히 은벽(隱僻)ᄒ고 흉험ᄒᆫ지라.

원홍이 텬ᄉ 노쥬를 슌간 초실의 모라너코 밧그로 단단이 잠으고, 셰ᄌ의 심복인으로 ᄒ여곰 착실이 직희라 ᄒ니, 졔뇌(諸奴) 졔셩(齊聲) 응낙고 직희더라. 홍이 여졸을 거ᄂ려 도라가 복명ᄒ니, 봉암이 ᄯᅩᄒᆫ 퇴ᄉ를 므러다가 텬ᄉ와 ᄒᆫ뒤 가도미 되엿더라.

픠 두 요인을 마ᄌ 공 일우믈 깃거 잔잡아 하례ᄒ더라.

이튼날 봉암은 도라가 녀방 녀슉을 쳥ᄒ여 단약(丹藥)을 먹여 녀방은 퇴ᄉ되고, 녀슉은 텬ᄉ되여 의구히【54】별관의 나아가 머무니 알니 업더라.

ᄎ시 텬시 무망(無妄)의 흉변을 만나 모옥(茅屋)의 갓치이믜 도로혀 어히업셔, 냥노로 더부러 초실의 드러가 보니, 더럽고 황낙ᄒ여 비길뒤 업거늘, 쇼당(小堂) ᄒᆫ 구셕의 엄퇴시 완연이 시신(屍身)이 되여 구러졋더라. 쥰학·녕필은 더옥 놀나미 텬시 역경(亦驚)ᄒ여 급히 나아가 붓드러 보니, 비록 놀나 혼미(昏迷)ᄒ나 아조 운졀(殞絶)튼 아냣ᄂᆫ지라.

텬시 오히려 일분 다힝ᄒ여 엄표의 무상ᄒᆞ미 이의 밋ᄎ믈 한심ᄒ나, 홀일업셔 요힝 낭즁(囊中)의 쳥심약(淸心藥)을 ᄂᆡ여 ᄡ려 ᄒ더니, 믄득 공즁의셔 블너 왈,

"북니산 셩황신(城隍神)[1292]이러니【55】상계 귀인이 뒤ᄋᆡᆨ을 만나시니 엇지 보호치 아니리오. 귀인이 이곳의 니르실 쥴 알고 뒤후ᄒ연지 이십여년의, 혹 쇽인의 ᄌᆞ최 님흔즉 반ᄃ시 죽여 용납지 아니터니, 이졔 귀인이 니르시니 쇼령(小靈)이 엇지 퇴만ᄒ리오. 모옥후창(茅屋後窓)밧긔 졍즁의 큰 돌이 이시니, 돌을 들고 보면 ᄒᆫ 쥴기 감쳔(甘泉)이 이시니, 족히 긔아(飢餓)를 면ᄒ고 졍신이 싁싁ᄒ여 인간 화식(火食)의 지날 거시니 족히 보젼ᄒ시리이다."

1292) 셩황신(城隍神) : '서낭신'의 원말. 토지와 마을을 지켜 준다는 신.

텬시 친히 표ᄌ(瓢子)1293)를 들고 나아가 보니 과연 크고 열운1294) 돌이 노혓거늘, 쥰학·녕필노 돌을 밀치고 보민, 적은 시음이 잇거늘, 프고 보니 믈빗치 【56】 옥 갓고 먹으민 졍신이 상쾌ᄒ더라. 이의 ᄡᅥ 도라와 약을 프러 틱ᄉ를 구호ᄒ니, 식경 후 숨을 ᄂᆡ쉬고 눈을 ᄯᅥ 보고 ᄃᆡ경 왈,

"이 곳이 어ᄃᆡ뇨? 노뷔 궁문의셔 여ᄎᆞ여ᄎᆞ 악호를 만나민 놀나 인ᄉ를 바린 후, 기간 곡졀을 아지 못ᄒ노라."

텬시 듯고 일마다 더옥 표를 흉히 너기고, 이의 ᄌᄀᆡ ᄯ오ᄒᆞᆫ 잡혀온 슈말(首末)을 젼ᄒ니, 틱시 왈,

"노뷔 혼용(昏庸)ᄒᆞ여, 이러틋 우리를 작ᄒᆡ(作害)ᄒᆞ미 모인(某人)의 작용이믈 ᄭᆡ닷지 못ᄒ노라."

텬시 쇼왈,

"원간 쇼(疎)ᄒᆫ ᄌ는 친(親)ᄒᆫ ᄌ를 능히 니간(離間)치 못ᄒᆞᆫ다 ᄒᆞ니, 쇼싱은 외인(外人)이라. 블호(不好)ᄒᆫ ᄉ단(事端)을 일너 어ᄌᆞ럽게 ᄒᆞ리잇고만은, ᄃᆡ강 고ᄒᆞᄂᆡ이다."
【57】

드ᄃᆡ여 표의 암ᄒᆡᆼ블초(暗行不肖)ᄒᆞ믈 니ᄅᆞ고 우왈,

"존문 쳥덕과 악부모(岳父母) 싱흑(生慉)으로 엄형이 이러틋 블초ᄒᆞᆫ, 쥬문(周門)의 관ᄎᆡ(管蔡)1295)와 일뉘(一類)라. 일노조ᄎᆞ 존문 쳥덕이 상손(傷損)ᄒᆞᆯ가 ᄒᆞᄂᆡ이다."

틱시 쳥미(聽未)의 ᄃᆡ경ᄃᆡ호(大驚大號) 왈,

"현셰지언(賢壻之言)이 최션(最善)ᄒᆞ니, 나의 우몽(愚蒙)ᄒᆞᆷ으로 쇄연(灑然)이 ᄭᆡ닷괘라. 슬프다! 표이 엇지 이ᄃᆡ도록 블초ᄒᆞ여 멸뉸난상(滅倫亂常)키의 밋츨 쥴 알니오. ᄒᆞ믈며 달문은 군상의 보국지신이오. 존문의 위ᄃᆡᄒᆫ 즁신(重身)이어늘, 이제 흉인의 독ᄒᆡ를 닙으니 아등이 하면목(何面目)으로 존문 졔공을 보리오."

셜파의 휘루비쳬(揮淚悲涕)ᄒᆞ니 텬시 흔연(欣然) 위로 왈,

"ᄎᆞ역(此亦) 텬야명애(天也命也)【58】라. 엇지 ᄒᆞ리잇고? 챵텬이 비록 쳬원(遰遠)ᄒᆞ시나 슬피믄 쇼쇼(昭昭)ᄒᆞ시니, 엇지 무죄ᄒᆫ 합하(閤下)와 싱을 이 오국 북니산 모옥 즁의 긔ᄉ(饑死)ᄒᆞ게 ᄒᆞ리잇고? 산녕(山靈)이 임의 복우(福祐)ᄒᆞ여 여ᄎᆞ여ᄎᆞ(如此如此) 감쳔(甘川)을 나리오이다."

틱시 ᄎᆞ언(此言)을 듯고,

"져기 깃그나, 목금(目今) 형셰(形勢) 그믈의 든 고기 갓ᄒᆞ여 버셔날 길히 업ᄉ니, 엇지ᄒᆞ리오."

흐더라.

날마다 흉인의 여졸(餘卒)이 형극(荊棘) 밧긔 와 스싱(死生)을 탐관(探觀)흐니, 이졔 (夷齊)[1296]의 슈양산(首陽山)[1297]이 아니로딕, 쥬리문[1298] 극(極)흔지라. 비록 하늘이 곰오(感悟)흐샤 가만흔 가온딕 한 쥴기 감쳔(甘泉)을 나리와 급흔 긔아(飢餓)를 면흐 나 맛춤닉 션녹(仙祿)[1299]을 엇지 못흐여시니, 인【59】간 화식지인(火食之人)이 날 포[1300] 절염(絶鹽)[1301]흐믹 엇지 안연(晏然)흐리오. 그러나 텬스는 이의 니른 슌여(旬 餘)의 오히려 졍신이 여젼흐나, 틱스의 노력(老力)은 즈못 위위(危危)흐고, 쥰학 등이 쏘흔 긔아(飢餓)를 니긔지 못흐눈지라.

텬싀 위로 왈,

"너희 날을 조추 쥬류텬하(周流天下)흘 젹 빅두셤 어렵던 여익(餘厄)이 미진(未盡) 흐여 이졔 쏘 이 익(厄)을 만나시니, 추역텬명(此亦天命)이라. 한(恨)치 말나."

흐더라.

니러구러 슈슌(數旬)의 밋츠믹, 요힝 감쳔의 신긔흐므로 긔亽지경(幾死之境)은 면흐 나 졍히 위급흐더니, 이 쩍 졸도(卒徒) 빅여명이 날마다 밧긔와 스싱을 술펴 거의 월 여의 니른도록 하나토 죽지 아니믈 이상이 너겨, 셔로 니로【60】딕,

"텬스와 틱스는 실노 텬신(天神)이로다. 범인이 엇지 절식(絶食) 월여의 능히 보젼 흐리오. 진실노 이상흐니 우리 등이 비록 쇼방(小邦) 우밍(愚氓)이나 역유인심(亦有人 心)이라. 일즉 녯말을 드르니 슌텬즈(順天者)는 창(昌)흐고 역텬즈(逆天者)는 망(亡)이 라 흐니, 텬스 일힝이 절식 월여의 죽지 아니니, 이는 하늘이 도으미라. 우리 져군은 만고 픽악지인(悖惡之人)이니 이졔 텬붕지통(天崩之痛)을 만나 망극(罔極)흐믄 아지 못흐고, 밧그로 요인(妖人)을 쳐결(處決)흐고 안흐로 요쳡(妖妾)을 젼춍(專寵)흐여, 몬 져 부슉(父叔)을 상살지심(傷殺之心)을 두고, 버거 동긔를 히흐여 오상(五常)[1302]을 멸 흐려 흐니, 텬앙이 엇지 두렵지 아니리오. 아등이 우혹(愚惑)흐여 인의【61】셰도(仁 義世道)를 바히 모로지 아니니, 현인(賢人)의 급화(急禍)를 구(救)치 아니리오. 맛당이

1296)이졔(夷齊) : 백이(伯夷)와 숙제(叔齊)를 함께 이르는 말. *빅이슉졔(伯夷叔齊) : 은말(殷末) 주초(周 初)에 고죽국(孤竹國)의 두 왕자. 주(周)나라 무왕(武王)이 은(殷)나라를 치러 나가자 무왕의 말고삐를 잡고 치지 말 것을 간하였으나, 받아들여지지 않자, 수양산(首陽山)에 들어가 고사리를 캐먹다 굶어죽 었다 한다.

1297)슈양산(首陽山) : 중국 감숙성(甘肅省) 농서(隴西)에 위치한 산 이름. 은말(殷末) 주초(周初)에 고죽 국(孤竹國)의 두 왕자 백이(伯夷)와 숙제(叔弟)가 주(周)나라 무왕(武王)에게 은(殷)나라를 치지 말 것 을 간하였으나, 받아들여지지 않자, 이 산에 들어와 고사리를 캐먹다 굶어죽었다 한다..

1298)쥬리다 : 주리다. 굶주리다. 제대로 먹지 못하여 배를 곯다.

1299)션녹(仙祿) : 신선으로 살아갈 복(福)된 삶.

1300)날포 : 하루가 조금 넘는 동안.

1301)절염(絶鹽) : 소금기를 한 음식을 끊음

1302)오상(五常) : =오륜(五倫). 유학에서, 사람이 지켜야 할 다섯 가지 도리. 부자유친, 군신유의, 부부유 별, 장유유서, 붕우유신을 이른다.

여츳여츳 흉당을 속이고 텬스 일힝을 구ᄒ여 타일 옥셕(玉石)이 구분(俱焚)ᄒᄂᆫ 환(患)을 면ᄒ고 아등이 한가지로 텬병(天兵) 오ᄂᆫ 날 귀항(歸降)ᄒ리라.”

ᄒ고, 빅여인이 일시의 먼니 다라가¹³⁰³⁾ 길가의 바리인 시쳬 네흘 어더 도라와, 심야(深夜)의 형극(荊棘)을 헷치고 드러가 텬스 안젼(眼前)의 비복(拜伏) 쳥죄(請罪)ᄒ고, 져의 묘계(妙計)ᄅᆞᆯ 고ᄒ니, 텬시 디회ᄒ여 졔인의 공덕을 포장ᄒ여 후의 즁히 갑기ᄅᆞᆯ 니르고, ᄉᆞ인이 각각 의복을 버서 시쳬ᄅᆞᆯ 닙혀 모옥(茅屋) 즁의 두고, ᄉᆞ인은 졔인을 조ᄎ 형극 밧긔 나오니, 그즁 읏듬 놈은 셰ᄌᆞ궁관 심이라. 의긔 잇【62】셔 셰ᄌᆞ궁 읏듬 궁환으로 집이 호부(豪富)ᄒ더라.

이의 ᄉᆞ인을 졔집 후당(後堂)의 깁히 감초고, 궁의 드러가 셰ᄌᆞ긔 고ᄒ되, 틱ᄉᆞ와 텬스 노쥬(奴主) 과연 긔ᄉᆞ(饑死)ᄒ다 ᄒ니, 흉당이 디회ᄒ여 심이긔ᄅᆞᆯ 금빅(金帛)을 쥬어 모든 시쳬ᄅᆞᆯ 먼니 업시ᄒ라 홀시, 퐈 왈,

“닉 비록 디ᄉᆞ(大事)ᄅᆞᆯ 위ᄒ여 빅부ᄅᆞᆯ 히ᄒ여시나 그 시슈(屍首)ᄅᆞᆯ 바리지 못ᄒ리니, 네 틱ᄉᆞ 노야의 시신(屍身)으란 의금관곽(衣衾棺槨)을 갓초와 후장(厚葬)ᄒ고, 기여(其餘)ᄂᆞᆫ 임의로 바리라.”

ᄒ니, 심이긔 닝쇼(冷笑) 슈명(受命)ᄒ더라.

틱ᄉᆞ와 텬스 노쥬 심이긔 의긔ᄅᆞᆯ 긔특이 너겨 타일 즁히 갑흘 ᄯᅳᆺ이 이시므로, 후당의 머므러 부텬스의 쇼식을 현망(懸望)ᄒ며 한님의 【63】위틱ᄒᆞᆫ 곳의 쳐ᄒᆞᆷ믈 념녀ᄒ더니, 이러틋 심번난녀(心煩亂慮)ᄒᆞᆫ 가온되, 이곳의셔 ᄯᅩᄒᆞᆫ 월여ᄅᆞᆯ 지낫더니, 일일은 심이긔 드러와 텬조(天朝)의셔 바로 발병 문죄ᄒᄂᆫ 군되 니르러시니, 디원슈ᄂᆞᆫ 곳 부텬스 윤공이오, 부원슈ᄂᆞᆫ 엄츄밀이라 ᄒᄂᆫ지라.

엄·윤 냥인이 쳥필의 디회ᄒ나, 일노조ᄎ 쇼방 신민이 도탄(塗炭)ᄒ고 표의 셩명(姓名)이 위틱흘 바ᄅᆞᆯ 가연(可憐)ᄒ더라.

이 젹의 오국 슈문장이 급히 격셔ᄅᆞᆯ 가져 호상부의 알외니, 오국 인민이 블의(不意)의 이 난을 맛낫ᄂᆞᆫ지라. 빅셩이 집을 바리고 곡셩(哭聲)이 진텬(震天)ᄒ니, 호승상이 격셔ᄅᆞᆯ 【64】댱후와 한님긔 쥬흔되, 댱후와 한님이 즉시 별관(別館)의 가 틱ᄉᆞ와 텬스ᄅᆞᆯ 쳥ᄒ여 상의ᄒ고, 밧비 셩문을 여러 디군을 마즈라 ᄒ니, 가틱ᄉᆞ 녀방이며 가텬ᄉᆞ 녀슉이 거즛 의논을 졍ᄒ고 장ᄎᆺ 셩의 나와 디군을 영졉ᄒ려 홀시, 봉암·원홍이 급히 표다려 왈,

“임의 젹군이 셩닉의 들게 되여시니 뎐하의 홰(禍) 급흔지라. 안즈셔 죽으믄 춤아 못흘 거시니, 삼십뉵계(三十六計)의 닷ᄂᆞᆫ 거시 읏듬이라. 뎐히 신등으로 더부러 깁히 숨고, 심복궁환 가온되 뎐하의 젼형(典型)을 비러 여츳여츳 디신ᄒᆞᆷ미 가ᄒ다.”

흔되, 퐈 급히 모든 궁환 즁의 져의 몸을 디신ᄒ기ᄅᆞᆯ 의논ᄒ니, 엇지 죽기ᄅᆞᆯ 달게 너【65】기리오. 일인도 응ᄒ리 업ᄉᆞ니, 퐈 분분디로(紛紛大怒)ᄒ여 칼을 ᄲᅡᅢ혀 응치

1303)다라가다 ; 달려가다.

아닛는 조롤 죽이고져 ᄒ더니, 믄득 심이긔 니다라 왈,

"신이 고인만 못ᄒ오나, 원컨딕 긔장군(紀將軍)1304)의 용안(龍顔)을 딕(代)ᄒᄆᆯ 효측(效則)ᄒ리이다."

셰지 딕회 왈,

"네 날을 딕신ᄒ여 블힝(不幸)ᄒ여도 닉 한고조(漢高祖)의 픽업(霸業)을 도모ᄒᄂᆫ 날이면, 후록(厚祿)으로 갑기롤 등한이 ᄒ리오."

뎡언간(停言間)의 셰작(細作)이 보왈,

"장ᄎᆺ 셩문을 여러 딕군이 셩닉(城內)의 들녀 ᄒᄂᆞ이다."

봉암·원홍이 심이긔롤 단약(丹藥)을 먹이니, 블구(不久)의 심이긔 변ᄒ여 싀험표려(猜險剽戾)ᄒᆫ 엄픠 되니, 모다 묘ᄆᆯ 일컷더라. 쏘 두어 환(丸)을 쥬어 왈,

"님시응변(臨時應變)ᄒ【66】여 화(禍)롤 버셔나, 이 약을 먹어 본형이 되여 도라오딕, 녀방 녀슉과 쇠롤 한가지로 ᄒ여 셔로 《못기롤∥못도록 ᄒ라》."

니르고, 픠 심이긔 의복을 밧고와 봉암·원홍으로 더부러 궁문을 나, 셩문 밧긔 나아와 남쳥ᄉ의 가, 가만이 당뉴(黨類)롤 모호고, ᄉ쥬(寺中) 딕즁을 보닉여 셰작을 삼아 셩즁(城中) ᄉ긔(事機)롤 탐쳥(探聽)ᄒ더라.

가틱ᄉ 녀방과 가텬ᄉ 녀슉이 호승상과 오국 신요(臣僚)롤 거ᄂᆞ려 셩문을 열고 텬병을 마즈, 녀방이 몬져 앙연(仰然) 문왈,

"망뎨(亡弟)의 유표롤 가져 텬조의 알외민 ᄉ에(辭語) 엇더ᄒ관딕, 셩상(聖上)이 다시 ᄉ(使)롤 보닉여 교유(敎諭)치 아니시고 발병(發兵)ᄒᆷ믄 하유ᄉ(何有事)오?"

원슈 미급답(未及答)의 윤【67】원슈 츄슈졍치(秋水晴彩)롤 흘녀 엄틱ᄉ와 종빅(宗伯)을 보민, 희연(駭然)ᄒᆷᆯ 마지 아니나 블변안쇡(不變顔色)고 마상(馬上)의셔, 읍왈(揖曰),

"갑쥬지신(甲胄在身)ᄒ니 녜(禮)롤 폐ᄒᄂᆞ니, 합하ᄂᆫ 괴이히 너기지 마로쇼셔. 션왕의 유표지ᄉ(遺表之事)ᄂᆫ 다만 합하와 싱등이 한가지로 본 빅라. 무ᄅᆺ실 빅 무어시니잇고? 셩텬지(聖天子) 신셩영무(神聖英武)ᄒ샤, 오국군이 망ᄒ고 셰지 블쵸(不肖)ᄒᆷᆯ 인ᄒ여 요얼(妖孼)이 치셩(熾盛)ᄒᆷᆯ 근심 ᄒ샤, 아등으로 텬병을 거ᄂᆞ려 오국의 가옥셕을 갈흰 후, 션인(善人)을 틱ᄒ여 국군(國君)을 삼아 쇼방(小邦)을 졍치(正治)ᄒ라 ᄒ시니, 이의 니르미라. 엇지 별유ᄉ괴(別有事故)리오. 합하ᄂᆫ 왕후와 슉경으로 상의ᄒ여 【68】션왕녕구(先王靈柩)롤 밧드러 션산(先山)으로 몬져 귀지(歸之)ᄒ시면 아등이 황명을 봉승ᄒ여 국ᄉ롤 션쳐(善處)ᄒ리이다."

말숨이 화평ᄒ나 긔상이 싁싁ᄒ여 견지(見者) 블감앙시(不敢仰視)러라.

1304)기장군(紀將軍) : 기신(紀信). 중국 한(漢)나라 고조 때의 장군. 한고조 유방(劉邦)이 형양성(滎陽城)에서 초패왕(楚霸王) 항우(項羽)에게 포위당해 위급해졌을 때에, 그가 유방의 행세를 하여 항우에게 항복을 함으로써 유방이 탈출에 성공할 수 있었다. 속은 것을 안 항우는 그를 불태워 죽였다. 『한서(漢書)』 권(卷)1. '고제본기(高帝本紀) 상(上)'에 나온다.

츳등(此等)이 본딕 참화녀싱(慘禍餘生)으로 셕은 슐즘치라. 요약의 얼골이 밧고이믈 밋으나, 셩인군즈(聖人君子)를 딕흐미 국츅(跼縮)지 아니리오. 심긔 져상(沮喪)ㅎ여 냥구(良久)의 왈,

"쇼방(小邦)이 슈쇼(雖小)나 국지딕스(國之大事)를 쇼리히[1305] 결단치 못ㅎ리니, 원슈는 군을 믈니치고 우리 한가지로 궁즁의 드러가 슈슈(嫂嫂)와 창아 형뎨로 상논(相論)ㅎ리라."

윤원쉬 닝쇼 왈,

"츳시 범연(凡然)흔 듯ㅎ나 국지딕시(國之大事)오. 아등이 황명으로 니르러시니 스졍을 베프지 【69】못홀지라. 엇지 몬져 드러가 엄표를 보와 딕조 위엄을 손(損)ㅎ리오. 합히 표로 더부러 나아와 딕군을 지영(祗迎)ㅎ신 즉, 우리 조츠 드러가리이다."

녀방이 막연(漠然) 무언(無言)이어늘, 녀슉 왈,

"현뎨지언(賢弟之言)이 션(善)ㅎ되, 피츠(彼此) 타인과 달나 지친(至親)의 의(義)이시니, 셔로 호의(狐疑)홀 일이 아닌가 ㅎ노라."

엄원쉬 그러히 너겨 왈,

"달문의 의논이 올흐니 원슈는 고집치 말나."

윤원쉬 졍식 왈,

"싱이 나히 졈어 셰스(世事)를 경녁치 못ㅎ여시나, 인심(人心)은 블가측(不可測)이니 위텬하즈(爲天下者)는 블고기(不顧家)라[1306] ㅎ여○○[시니], 흉인이 무슴 흉계 잇는동 알거시라, 몸을 위디(危地)의 님ㅎ리잇고? 퇴스합히 표와 【70】한 가지로 맛지 아니신즉, 결단코 군을 움즉이지 아닐 거시오, 바로 모라 셩닉(城內)를 즛지르면, 스졍(私情)도 도라보지 못ㅎ리니, 퇴스합하는 셜니 셩의 드러가 표를 쳥ㅎ여 오시고, 종빅(宗伯)은 이의 머므러 계시다가 셰지 나오거든, 한가지로 셩즁의 드러가미 올흐니이다."

엄공이 윤원슈를 긔탄ㅎ여 다시 말이 업고, 녀방 형뎨 욱여 의심을 도도지 못ㅎ여 슉은 딕진(隊陣) 즁의 머믈고, 방이 궁즁의 도라와 후와 한님을 보지 아니코, 셰주 심이긔를 보아 슈말을 니르니, 이긔 임의 퇴스와 텬스로 더브러 상의ㅎ미 잇는 고로 거즛 근심하거【71】늘, 방이 진실노 겁ㅎ민가 ㅎ여 다릭여 왈,

"네 엇지 미리 겁ㅎ리오. 날과 한가지로 가면 우리 힘쎠 구ㅎ리라."

이긔 과연이 너기는 체ㅎ고, 셰주의 복식으로 쇼거빅마(小車白馬)로 나가 원슈 보기를 쳥ㅎ니, 딕진 즁으로 원슈의 가젼(駕前) 교위(校尉) 마혁(馬革)이 다홍슈즈긔(多紅帥字旗)를 들고 나와, 장녕(將令)을 젼ㅎ고 쳥ㅎ거늘, 가셰지(假世子) 장젼(將前)의 다다라 고두(叩頭) 왈,

---

1305)쇼리(率爾)ㅎ다 : 솔이(率爾)하다. ①말이나 행동이 신중하지 못하고 가볍다. ②생각할 겨를도 없이 매우 급하다.
1306)위텬하즈(爲天下者)는 블고기(不顧家)라 : 천하를 위하는 사람은 집을 돌아보지 않는다.

"쇼지(小子) 블초(不肖)ᄒ나 텬조의 득죄ᄒ미 업거늘, 텬병이 니르시니 황츅(惶戚)ᄒ여 욕ᄉ무디(欲死無地)로쇼이다. 복원(伏願) 원슈(元帥)ᄂᆫ ᄉ친(私親)의 졍을 슬피쇼셔."

원슈 청파(聽罷)의 발연디로(勃然大怒)ᄒ여 한번 손을 드러 브르니, 좌우무ᄉᆡ(左右武士) 가셰【72】ᄌ와 가틱ᄉ(假太師) 등 삼인을 일시의 잡아 나리오니, 녀방 형뎨 심혼이 니쳬(離體)ᄒ여 말을 못ᄒ니, 원슈 녀셩 왈,

"간악흔 무리 졍인군ᄌ(正人君子)의 안광(眼光)을 가리오리오. 진짓 셰지 어딘 이시며 틱ᄉ와 텬ᄉ 노야를 어닌 곳의 감초와시며, 져 두 요인(妖人)은 엇던 지다? 샐니 간졍(奸情)을 알외라."

녀방형뎨 ᄎ언을 드르미 져의 신명(神明)을 더욱 놀나고, ᄯᅩ 젼젼죄악(前前罪惡)을 싱각흔즉 쳔살무셕(千殺無惜)이라. 감히 발명(發明)홀 말도 나지 아냐, 낫치 남빗 갓ᄒ여 썰기를 마지 아니니, 그 긔식(氣色)으로 보아도 그 간졍(奸情)을 알니러라.

심이긔 원슈의 므룻믈 당ᄒ여 크게 블너 고왈,

"원슈디【73】야(元帥大爺)ᄂᆫ 이 거슬 보쇼셔?"

ᄒ고. 한 봉(封) 일긔(日記)흔 것과 한 봄 약봉을 올니더라. 【74】

윤하뎡삼문취록 권지일백일

츤시 심이긔 셰즈의 힝스를 낫낫치 일긔ᄒ엿고, ᄯᅩ 슈삼긔(數三個) 환약(丸藥)을 ᄲᅥ고 피봉(皮封)의 외면회단(外面回丹)을 ᄲᅧ시니, 원슈 남필(覽畢)의 긔지(旣知)ᄒᆫ 빈나표의 힝스를 분희(憤駭)ᄒ고, 엄공은 ᄃᆡ경(大驚)ᄒ여 노목(怒目)이 진녈(震裂)ᄒ니,

"밧비 단약(丹藥)을 시험ᄒ여 흉인의 본형을 드러ᄂᆡ여, 머리를 버혀 죄를 졍히 ᄒ라."

ᄒ니,

원슈 본ᄃᆡ 안총(眼聰)이 타인과 다ᄅᆞ니, 엇지 슈고로이 약뉴를 시험ᄒ리오만은, 만목쇼시(萬目所視)의 직덕을 낫ᄒᆞ니지 아니려 ᄒᆞ므로, 좌우를 명ᄒ여 녀가 등의 민 거술 죄오고, 약환(藥丸)을 각각 나오니, 이긔ᄂᆞᆫ 스양치 아니나 냥인은 【1】머리를 숙이고 먹지 아니커ᄂᆞᆯ, 냥 원슈 더옥 노(怒)ᄒ여 군졸을 명ᄒ여 위력으로 퍼 너흐니, 삼인이 일시의 본형이 드러나니, 좌위 놀나고 흉히 너기더라.

녀가 형뎨ᄂᆞᆫ 본형(本形)이 드러나ᄆᆡ 망극ᄒ여 눈물만 흘리고 고기를 드지 못ᄒ니, 이 곳 녀방·녀슉이니, 텬조 망명(亡命) 죄인이라. 냥 원슈와 졔쟝 즁 ᄌᆡ렬(宰列)의셔 면분(面分)이 잇ᄂᆞᆫ 지 만흐니, 아지 못ᄒ리오. 져마다 져 흉인 형뎨 이의 니ᄅᆞᆫ 곡졀을 아지 못ᄒ여 면면 상고(面面相顧)ᄒ고, 냥 원슈 형위(刑威)를 빗셜ᄒ고 국문(鞫問)ᄒᆞᆯᄉᆡ, 이긔ᄂᆞᆫ 직초ᄒᆞ미 분명ᄒ고, 더옥 팀스·텬스의 급화를 구ᄒ여 은혜 잇ᄂᆞᆫ지라. 무를 거시 업ᄂᆞᆫ 고로 말 【2】 셕의 좌를 쥬고, 셜니 사ᄅᆞᆷ을 보ᄂᆡ여 팀스와 텬스를 뫼셔 오라 ᄒ니, 군시 녕을 듯고 심이긔 가정(家丁)과 한가지로 가니라.

냥 원슈 이 쇼식을 호승상 등으로 후(后)와 한님긔 보ᄒ라 ᄒ니, 오국 졔신이 원슈의 신명ᄒᆞᆷ을 아니 놀나리 업셔, 도라가 후긔 젼후ᄉᆞ를 알외니라.

원슈 스졸을 호령ᄒ여 녀방·녀슉을 엄형 츄문(推問)ᄒ니, 방 등이 눈물을 흘녀 왈,

"이 일이 아등의 죄 아니라, 봉암 요도와 불초녀 슈졍·혜졍의 계귀(計揆) 궁극ᄒᆞ미니, 냥 원슈는 위엄을 늣초시면 실초(實招)ᄒ리이다."

드ᄃᆡ여 복초(服招)ᄒ니, 녀방의 초왈(招曰),

"복(僕)이 팔지 무상ᄒ여 아들이 업고, 냥녀를 두【3】어 쟝녀 화졍은 텬하박식(天下薄色)이나, 누의 힘으로 쇼셩의 쳐를 삼앗더니 죽고, ᄎᆞ녀 슈졍은 ᄌᆡ용(才容)이 미려(美麗)ᄒ니 스랑이 과도ᄒ여 녀힝(女行)을 가ᄅᆞ치지 못ᄒ고, 초의 윤어ᄉᆞ의 옥인 영

걸지풍(玉人英桀之風)을 흠모ᄒ여 섬기고져 ᄒ거늘, 말니지 못ᄒ고 쇠를 한가지로 ᄒ
여, 일일은 어시 집문의 지날 졔 위력으로 쳥ᄒ여 드러와 술을 미란케 권ᄒ여 가지
못ᄒ게 ᄒ고, 기야(其夜)의 녀식(女息)으로 밤을 지늬게 ᄒ고 굿게 인연을 바라미러니,
싱각 밧 어시 작야 혼연턴 소식이 업고 썰쳐 도라가니, 바라던 비 쇼삭(消索)ᄒ나 디
계(大計)를 움죽여시미 계규(計揆)를 여ᄎ여ᄎᄒ고, 윤상【4】부의 나아가 구혼ᄒ다가
상국의 엄노(嚴怒)를 니르혀고, 어소의 경칙(警責)을 듯고 도라와, 쳐와 쇼녜(小女) 셜
계ᄒ여 셜왕의 양녜 되어, 소혼(賜婚)으로 어소 실즁의 도라가나, 원비 못되믈 익달와
쳥션을 소괴여 셜부인을 음히ᄒ다가 픠루(敗漏)ᄒ여 영츌(永黜)ᄒᄂᆫ 환을 만나 도라오
니, 거즛 죽은 쳬ᄒ고 여ᄎ여ᄎᄒ여 다시 윤가의 갓다가 간졍이 픠루ᄒ고, 질녀 혜졍
의 악시 한가지로 드러나, 형데 부녀 슉질이 다 왕법(王法)의 업디엿거늘, 봉암 요도
ᄂᆫ 젼일 쳥션의 스싱이오, 녀식과 ᄉ졍이 잇ᄂᆫ 고로, 환슐(幻術)노 졔 몸을 버셔나고,
복(僕)의 부녀를 구ᄒ여 단약【5】으로 얼골을 곳치며 셩명을 밧고와, 이 ᄯᅡ히 니르러
오셰ᄌ의 위인을 알고 봉암으로 모ᄉ(謀事)ᄒ여 여ᄎ(如此) 투신(投身)ᄒ여, 셩명을 감
초와시니 셰지 아지 못ᄒ고, 오왕이 연셰ᄒ미 셰ᄌ를 도와 국군이 된 후, 셜계(設計)
ᄒ여 디역의 ᄯᅳ시 잇고, 텬ᄉ 퇴ᄉ 한님까지 히ᄒ려 ᄒᆫ 봉암 혜졍이 동심(同心)ᄒ미
니 져ᄂᆫ 아지 못ᄒ고, 퇴ᄉ의 고형(固形)을 비르믄 다 셰ᄌ의 가르쳐 시긴 바요, 극악
디계(極惡大計)ᄂᆫ 아지 못ᄒᄂᆫ니, 바라건디 잔명을 요디(饒貸)ᄒ쇼셔."

버거 ○○○[녀슉의] 초ᄉ(招辭) 왈, '디기 녀방의 초ᄉ와 갓고, 녀아 혜졍이 윤텬ᄉ
남빅의 옥면뉴풍(玉面柳風)1307)을 흠모ᄒ여 셤기려 ᄒ므로, 방계곡경(盤溪曲徑)1308)의
난음【6】요ᄉ(亂淫妖邪)ᄒᆫ 졍젹이 불문가지(不問可知)오, 셰ᄌ의 춍희(寵姬) 되여 상
텬ᄉ(上天使)를 죽이고져 ᄒᆫ 젼일(前日) 상ᄉ(相思)를 푸지 못ᄒᆫ 원(怨)을 갑고져 ᄒ
미오, 교악지죄(狡惡之罪)ᄂᆫ 봉암 셰ᄌ의게 밀위엿고, 봉암이 부텬ᄉ의 힝거를 ᄯᆞᆯ와
오왕 유표를 아ᄉ라 갓다가 실계(失計)ᄒ고 도라와, 이졔 한가지로 불궤(不軌)를 도모
ᄒ려 ᄒᆷ믈 베펏고, 져의 명을 인걸ᄒ엿더라.'

냥원슈 디로(大怒)ᄒ여 ᄉ졸(士卒)을 호령ᄒ여 냥흉을 즁형 삼ᄎᄒ고, 함거(檻車)의
엄슈ᄒ라 ᄒ고, 냥젹이 죄 즁ᄒ나 ᄉᄉ로이 쳐치홀 비 아니니, 엄슈(嚴囚)ᄒ여 간젹
(奸賊) 음녀(淫女)를 잡아 한가지로 텬조(天朝)의 쥬(奏)ᄒ여 황상 쳐치를【7】기다려
결ᄒ게 ᄒ다.

슈빅 장졸이 퇴ᄉ와 텬ᄉ를 뫼셔 니르니, 냥 원슈 쏼니 마ᄌ 형뎨 군죵(群從)이 상
히(上下) 만나미, 셔로 반기고 지난 바를 닐너 장셜(長說)이 쳔셔만단(千緖萬端)이라.

원슈 냥공의 말노조ᄎ 심이긔의 의긔(義氣)를 포장ᄒ니, 이긔 쳬읍 왈,

"쇼인이 젹은 의긔로, 노야의 셩명(聖明)《으로‖이》 누쳐(陋處) 즁 월여를 졀곡(絶

1307)옥면뉴풍(玉面柳風) : 옥처럼 하얀 얼굴과 버들처럼 날렵한 풍채.

1308)반계곡경(盤溪曲徑) : 서려 있는 계곡과 구불구불한 길이라는 뜻으로, 일을 순서대로 정당하게 하지
아니하고 그릇된 수단을 써서 억지로 함을 이르는 말.

穀)ᄒᆞ시나 셩쳬(聖體) 안일(安逸)ᄒᆞ시니 신긔ᄒᆞ와, 혜오듸, 신기(神祇) 도으시미 겨신 듯ᄒᆞᆫ지라. 시고(是故)로 텬의(天意)를 슌(順)ᄒᆞ여 현인(賢人)을 구코져 ᄒᆞ미오, 져군(儲君)은 쇼인의 님군이어늘 긔망(欺罔)ᄒᆞ엿ᄉᆞ오니, 엇지 노야의 포장ᄒᆞ시믈 감당ᄒᆞ리잇고? 죽이지 아니시미 호싱지【8】덕(好生之德)이로쇼이다."

말ᄉᆞᆷ이 졀당(切當)ᄒᆞ여 혈셩(血誠)의 비로ᄉᆞ니, 원슈 크게 긔특이 너겨 위로ᄒᆞ여 타일 갑흐려 ᄒᆞ더라.

이 ᄯᅦ 호승샹이 궁늬의 와 후와 한님긔 젼후ᄉᆞ(前後事)를 쥬(奏)ᄒᆞ니, 댱후 모지 딕경(大驚) 딕희(大喜)ᄒᆞᄂᆞᆫ 즁, 후ᄂᆞᆫ 녀슉 등을 딕흔 즄 희연(駭然)ᄒᆞ미, 아ᄌᆞ의 불초픽악(不肖悖惡)을 통완(痛惋)ᄒᆞ고, 한님은 실셩(失性) 장통(長痛)의 슬허ᄒᆞ믈 마지 아니니, ᄌᆞ긔 빅부의 계후(繼後) 아니면 결단코 명니(名利)의 ᄌᆞ최를 ᄯᅳᆯ쳐 산님(山林)의 오유(遨遊)ᄒᆞ미 쇼원(所願)이로듸, 임의치 못ᄒᆞᆯ 줄 혜아리미 구회(舊懷) 츈츈ᄒᆞ여 억졔치 못하더라.

휘(后) 아ᄌᆞ의 심우(心憂)를 슷치고 연셕(憐惜)ᄒᆞ여 경계 왈,

"이ᄂᆞᆫ 여모(汝母)의 박덕으로 틱교【9】를 어지리 못ᄒᆞ미라. 한갓 표의 무상(無狀)흠만 그ᄅᆞ다 ᄒᆞ리오. 너ᄂᆞᆫ 심ᄉᆞ를 상ᄒᆡ(傷害)오지 말고, 빅부(伯父)와 져부(姐夫)의 ᄉᆞ익(死厄)을 지닌 바의, 가히 안연(晏然)치 못ᄒᆞᆯ지라. 너ᄂᆞᆫ 빅부(伯父) 즁부(仲父)를 뵈와 형의 불초를 쳥죄(請罪)ᄒᆞ고, 텬ᄉᆞ와 윤원슈를 보와 형의 불초지죄(不肖之罪)를 쳥ᄒᆞ고, '불초ᄌᆞ(不肖子)를 잡아 죄뉼을 졍히 ᄒᆞ시고 어진 님ᄌᆞ를 셰워 인민을 평안케 ᄒᆞ쇼셔' ᄒᆞ라."

한님이 쳬읍(涕泣) 슈명(受命)ᄒᆞ고, 졍히 쵝예(輜輿)를 슈습ᄒᆞ여 진(陣)으로 가고져 ᄒᆞ더니, 믄득 포셩이 진텬(震天)ᄒᆞ며 금괴(金鼓) 졔명(齊鳴)ᄒᆞ더니, 궁문 직흰 슈문지 황ᄉᆞ(皇使)의 딕진이 궐하의 니ᄅᆞ고, ᄉᆞ위(四位) 귀인이 ᄂᆡ알(來謁)ᄒᆞ믈 보ᄒᆞ니, 휘 쇼두(梳頭)를 【10】헷ᄲᅳᆯ고 최복(衰服)을 졍돈ᄒᆞ여 슉슉(叔叔)과 텬ᄉᆞ며 원슈를 마즐ᄉᆡ, 한님이 나아가 양부(養父)와 양져부(養姐夫)를 마ᄌᆞ, 반갑고 슬프며 형의 픽악을 붓그려 누슈 만면ᄒᆞ고, 구곡(九曲)이 ᄉᆞ히ᄂᆞᆫ 듯 말을 일우지 못ᄒᆞᄂᆞᆫ 거동이라. 틱ᄉᆞ 형뎨와 텬ᄉᆞ 곤계 한님의 형을 위ᄒᆞ여 과도이 상ᄒᆡ(傷害)ᄒᆞᄂᆞᆫ 거동을 익셕(哀惜)ᄒᆞ여 일시의 숀을 닛그러 ᄂᆡ뎐(內殿)의 니ᄅᆞ니, 휘(后) 친히 하당(下堂)ᄒᆞ여 쳬뤼(涕淚) 만면(滿面)ᄒᆞ여 표의 불초를 일ᄏᆞᆺ고, 존슉과 텬ᄉᆞ의 만금 즁신이 위틱홀 번ᄒᆞ던 줄 지삼 쳥죄ᄒᆞ니, 틱ᄉᆞ 등이 츄양(推讓)ᄒᆞ여 승당(陞堂)ᄒᆞ믈 쳥ᄒᆞ니, 휘 마지 못ᄒᆞ여 상당(上堂)ᄒᆞ니, ᄉᆞ인이 바야흐로 승당ᄒᆞ여 【11】젼후ᄉᆞ(前後事)를 니ᄅᆞ니 휘 슬허ᄒᆞ더라.

댱후와 한님이 감히 고당(高堂)의 안거치 못ᄒᆞ여, 냥희(兩姬)와 호빙(嬪)을 거ᄂᆞ려 비실(鄙室)의 셕고딕죄(席藁待罪)ᄒᆞ고, 션왕 장녜(葬禮)○[의] 젼변(戰變)이 급ᄒᆞ믈 더옥 슬허ᄒᆞ더라.

원슈 군즁의 하령ᄒᆞ여 딕조(大朝) 긔치(旗幟)를 셰오고, 궐문 밧긔 진을 굿게 ᄒᆞ고 남쳥ᄉᆞ를 슈험(搜驗)ᄒᆞ여 표의 간당(奸黨)을 잡으려 ᄒᆞ더라.

시(時)의 남쳥수 셰작(細作)이 탐쳥ᄒᆞ여 표의게 고ᄒᆞ니, 픠 디경ᄒᆞ여 봉암과 요녀로 의논ᄒᆞ니, 봉암·원홍이 황망이 도망홀ᄉᆡ 셰ᄌᆞ궁 호위군이 칠쳔여긔(七千餘騎)라. 시야의 솔군(率軍)홀ᄉᆡ, 픠 갈 곳을 졍치 못ᄒᆞ거늘, 슈졍 왈,

"이졔 계궁역진(計窮力盡)ᄒᆞ여 어디로 가【12】리오. 창쥬ᄂᆞᆫ 나의 양부 셜왕의 도읍이라. 왕이 즉위ᄒᆞ연지 오ᄅᆡ고, 미양 윤·하·뎡 삼문이 황친 비쳑ᄒᆞ믈 한ᄒᆞ고, 하 뭉닌으로 ᄉᆞ원(私怨)이 깁허 복슈홀 ᄯᅳ시 이시나, 실노 문견이 고루ᄒᆞ여 지모지ᄉᆞ(智謀之士)를 만나지 못ᄒᆞ여 근심이 깁흐니, 군은 이 말을 셰ᄌᆞ긔 니ᄅᆞ고 뎌 곳의 나아가 투신ᄒᆞ여 디ᄉᆞ를 도모ᄒᆞ미 엇더ᄒᆞ뇨?"

봉암이 올히 너겨 표다려 니ᄅᆞ니, 픠 불열 왈,

"셜왕은 황족이 디ᄉᆞ를 일우나 업을 늬게 ᄉᆞ양치 아닐 거시오, 부왕 지시의 셜왕의 교만ᄒᆞ믈 불복(不服)ᄒᆞ던 거시니 ᄯᅩ 엇지 날을 용납ᄒᆞ리오. 텬히 광디ᄒᆞ니 임의 타국의 도라가【13】미, 어ᄂᆡ ᄯᅡ히 투신치 못ᄒᆞ리오."

봉암과 슈졍이 표의 가고져 아니믈 보고, 믄득 반복지심이 니러나 부쳬 상의 왈,

"표ᄂᆞᆫ 본디 디ᄉᆞ를 일울 긔상이 아니라. 복(福)이 박(薄)ᄒᆞ고 명(命)이 단(短)ᄒᆞ니 엇지 디ᄉᆞ를 쇠ᄒᆞ리오. 이졔 권도로 다려가다가 츄병(追兵)이 ᄯᆞ르거든 바리고, 녀ᄉᆞ만 아ᄉᆞ 도라가 아모 나라히라도 강병마장(強兵馬壯)ᄒᆞᆫ 곳의 니ᄅᆞ거든 녀ᄉᆞ를 드려 공헌(供獻)ᄒᆞ고 투신ᄒᆞ미 맛당치 아니리오."

이의 원홍으로 쇠를 졍ᄒᆞ여 표를 즁도의 바리고 가려 홀ᄉᆡ, 불통무식ᄒᆞᆫ 엄픠 엇지 요인의 눈츼를 알니오. 시야 삼경의 징·북 아오로 거두고 사ᄅᆞᆷ은 함믜(銜枚)[1309]ᄒᆞ【14】고 말은 방울을 ᄯᅦ히고, 남졍수를 ᄯᅥ나 북으로 오십여 리를 힝ᄒᆞ디 오히려 텬ᄉᆡᆨ(天色)이 붉지 아냣더라.

군시 도셩(都城)을 ᄯᅥ나 힝셩곡의 밋쳣더니, 믄득 곡노(谷路) 좌우로 포셩이 디진ᄒᆞ며 크게 웨여 왈,

"너희 등은 오국 빅셩이라. 부모 쳐ᄌᆞ 이 곳의 잇거늘 어디로 가려 ᄒᆞᄂᆞ뇨? 여등이 국가의 젹ᄌᆡ(赤子)어늘, 가향(家鄉)을 바리고 불의를 조ᄎᆞ 만니(萬里) 이역(異域)의 분찬(奔竄)ᄒᆞ다가, 공을 못일우고 팔쳑 장신이 검하경혼(劍下驚魂)이 되고 불츙불회(不忠不孝) 되여 슬어지리니 슬프지 아니랴! 불의를 ᄀᆞ쳐 우리를 조ᄎᆞ와 부모 쳐ᄌᆞ를 위로ᄒᆞ고, 고혼(孤魂)이 되지 말나."

표의 군졸들이 무망지변(無妄之變)을 만나 동【15】긔(同氣) 친쳑(親戚)을 니별치 못ᄒᆞ고 가ᄂᆞᆫ 심시 어ᄌᆞ러워 눈물이 옷 알플 젹시더니, 츠언을 듯고 일시의 창을 바리고 허여지니 픠 디황실ᄉᆡᆨ(大惶失色)ᄒᆞ여 진퇴(進退)를 졍치 못ᄒᆞ거늘, 봉암·원홍이 형셰 급ᄒᆞᆷ믈 보고 후거(後車) 즁의 혜졍·슈졍을 거두쳐 일진음풍(一陣陰風)을 인ᄒᆞ여 창쥬로 다라나니라.

1309)함믜(銜枚) : 군사가 행진할 때에 떠들지 못하도록 군졸들의 입에 나무 막대기를 물리던 일

텬병이 드딕여 셰즈의 진을 헷치고 셰즈를 싱금(生擒)ᄒ여 도라오니, 원슈 형뎨 깃거ᄒ나 요인 등 일흐믈 딕경ᄒ고, 틱ᄉ 형뎨ᄂ 발연딕로(勃然大怒)ᄒ여 표를 셜니 잡아드리라 ᄒ니, 픠 졔 죄를 알고 빅부 줌뷔 보나 용ᄉ치 아닐 거시오, 모후의 강녈ᄒ미 일명(一命)을 요딕(饒貸)치 아닐 쥴 알 【16】 고, 스스로 혀를 무러 죽은지라.

군시 딕경(大驚)ᄒ여 셰즈의 즈살ᄒ믈 알외니, 졔인이 통히ᄒ나 홀일업셔 후(后)긔 보ᄒ니, 휘 듯고 타연(泰然) 왈,

"픠지(悖子) 졔 죄를 알고 죽으니, 이 ᄯ호 문호(門戶)의 욕이 밋게 아니미라."

ᄒ고,

한님은 동긔(同氣) 우이를 펴지 못ᄒ믈 슬허ᄒ고, 틱ᄉ 형뎨 상의ᄒ여 후긔 보ᄒ딕,

"표아ᄂ 션조의 득죄지인이라. 시신을 션영의 드리지 못ᄒ오리니, 슈슈의 존의(尊意) 엇더ᄒ시니잇가?"

휘 튜연 ᄉ례 왈,

"픠즈(悖子)의 형체를 완젼ᄒ미 져의 복이라. 감히 션영하(先塋下)를 바라리오. 존슉슉(尊叔叔)은 쳐결(處決)ᄒ쇼셔."

튜밀이 후의 명쾌ᄒ믈 칭ᄉᄒ고, 표의 상장(喪葬)을 호 【17】 승상으로 다ᄉ려, 죄인의 복식으로 입관(入棺) 셩빙(成殯)[1310]ᄒ여, 오국 셩읍(城邑)을 ᄯ나 별쳐(別處) 복디(卜地)의 안장(安葬)○[케] ᄒ고, 이러구러 오왕의 별셰(別世) 칠삭(七朔)이라.

상장지녜(喪葬之禮)를 다ᄉ려 쇼쥬(蘇州) 션영(先塋)으로 힝상(行喪)ᄒ실ᄉ, 틱ᄉ곤계 졔문 지어 표의 죄악을 가초[1311] 고ᄒ다.

틱ᄉ와 한님은 상구(喪柩)와 후(后)를 뫼셔 냥희와 호시를 거ᄂ려 쇼쥬로 발힝ᄒ고, 윤 · 엄 냥원슈ᄂ 텬ᄉ와 국도(國都)의 머무러 요인(妖人)을 잡으려 ᄒ실ᄉ, 요인 여당(餘黨)이 챵쥬 셜왕의게 간 쥴 알고 군을 두로혀 챵쥬로 나아가니라.

어시의 봉암 · 원홍이 두 요녀를 싯고 도망ᄒ여 챵쥬로 가더니, 즁노의셔 드르니 셜왕이 죽엇다 ᄒᄂᄂ지 【18】 라. 요인 등이 진퇴부득(進退不得)ᄒ여 셔번(西蕃)[1312] 견융(犬戎)[1313]의게 나아가 투신(投身)○○[ᄒ고], 혜졍을 드려 공을 낫토니, 견융이 미식을 보고 딕혹ᄒ여 봉암으로 국ᄉ를 삼고 원홍으로 승상을 삼아, 언지[1314]를 폐ᄒ고 혜졍으로 언지를 삼고, 딕소 국ᄉ를 의논ᄒ실ᄉ, 견융이 두 공쥬를 두엇더니 슈졍의 교미(巧眉)ᄒᄆᆯ 보고 마즈 엇고져 ᄒ여, 봉암 · 원홍으로 부마를 삼고 슈졍을 드려 셔궁 언지를 삼고, 국ᄉ(國事)를 다 봉암 · 원홍을 맛지고, 쥬야 동 · 셔 언지를 총힝(寵幸)ᄒ

1310) 셩빙(成殯) : 셩빈(成殯). 빈소를 차림.
1311) 가초 : 갖추어. 갖추. 고루 있는 대로. *가초다 : 갖추다. 있어야 할 것을 가지거나 차리다.
1312) 셔번(西蕃) : 셔번국(西蕃國). 중국 서쪽에 있는 오랑캐 나라.
1313) 견융(犬戎) : 중국 고대에, 산서셩(陝西省)에 살던 서융(西戎)의 일족. 전국 시대에, 진나라의 압박을 받아 쇠퇴하였다. 늑견이(犬夷).
1314) 언지 : 고소설에서, 번국(蕃國) 곧 오랑캐 나라의 왕비를 이르는 말.

여 닉궁(內宮)의 잠겨시니, 국졍이 요란ᄒ고 오랑키 무리도 지식 잇ᄂᆞ 즈ᄂᆞ 벼슬을 바리고 피ᄒ더라.

혜졍 등이 견융의 병강마장(兵强馬壯)ᄒᄆᆞᆯ 크게 깃【19】거, 견융을 다리여 오셩이 븬 쯰를 타 쳐 앗고, 즁원(中原)을 아ᄉᆞ려 발군(發軍)ᄒᆞᆯ시, 불과 일이삭(一二朔)이러라.

텬병(天兵)이 졍히 창쥐 갓가〇[이] 왓더니, 드르니 셜왕이 죽고 셰지 어리니 국졍이 황황ᄒᆞᆫ 고로, 타국인이 투신(投身)ᄒ니 업다 ᄒ거늘, 원쉬 반ᄉᆞ(班師)코져 ᄒ더니, 토인(土人)이 셔로 젼ᄒ여 왈,

"요ᄉᆞ이 즁국의셔 미녀를 다려와셔 왕긔 납헌(納獻)ᄒ니, 왕이 춍ᄒᆡᆼ(寵幸)ᄒ고 두 사ᄅᆞᆷ은 승상을 삼아 국ᄉᆞ를 맛져 불궤지심(不軌之心)이 잇다 ᄒ거늘, 원쉬 딕경(大驚) 왈,

"요인의 무리 셔번(西蕃)을 도와 불궤를 도모ᄒᆞᄂᆞᆫ가 시브니 우리 졍예군(精銳軍)을 드러 탕멸(蕩滅)ᄒ리라."

ᄒ고, 셔번으로 나아가니, 시셰(時歲) 납월(臘月)[1315]이라. 일긔 엄ᄒᆞᆫ(嚴寒)ᄒ니, 결【20】젼ᄒ기 어려온 쩌라. 견융이 봉암으로 딕도독을 삼고, 원홍으로 부장을 삼아 스스로 후군이 되여 나오고, 슈졍·혜졍이 ᄌᆞ원ᄒ여 후딕(後隊) 되니, 각각 당ᄌᆞ(當自)[1316] 오쳔식 거ᄂᆞ렷더라.

견융의 아오 탈탈·묵홰 울며 간ᄒᆞᄃᆡ 듯지 아니ᄒ다. 혜졍·슈졍이 묵화의 간ᄒᆞᆷ믈 보고 늉왕의 뜻이 변ᄒᆞᆯ가 져허 가만이 쇠ᄒᆞ여 묵화를 죽이고져 ᄒ니, 탈탈은 알고 다라나고 묵화ᄂᆞ 죽이믈 바드니, 호인이 융왕의 아오 죽이ᄂᆞ 양을 보고 민심이 도산(逃散)ᄒ더라.

미쳐 인군(引軍)치 못ᄒ여셔 호국 탐미(探馬)[1317] 보왈,

"텬병이 디경(地境)을 침노ᄒᆞᆫ다."

ᄒ거늘, 견융이 딕로 왈,

"니 몬져 인군(引軍)치 아냣【21】거늘, 엇던 담 큰 도젹이 우리 디경(地境)을 침노ᄒᆞᄂᆞ뇨?"

ᄒ고, 즉시 빅만 융갑(戎甲)을 거ᄂᆞ려 토산 ᄉᆞ면곡의 진치고 냥국이 교젼(交戰)ᄒ엿더니, 일긔 엄ᄒᆞᆫ하고 딕셜(大雪)이 오니 결젼(決戰)치 못ᄒ여 슈십 니를 믈녀 영칙(營寨)를 셰우고, 이 곳의셔 셰졀(歲節)이 밧고이니 인곤마핍(人困馬乏)ᄒ미 측냥 업더라.

이러틋 츈졍월(春正月) 회간(晦間)의 니ᄅᆞ니, 텬긔 화창ᄒ고 봄빗치 도라오니 교젼ᄒ미 슈고롭지 아니터라.

냥군이 교젼ᄒ니 봉암 요도의 변홰 불측ᄒ여 시험 아닌 거시 업ᄉᆞ나, 셩인군ᄌᆞ(聖人君子)의 신츌귀몰(神出鬼沒)ᄒᆞᆯ믈 딕젹(對敵)ᄒ리오. 견융의 빅만병이 편갑(片甲)[1318]도

1315)납월(臘月) : 음력 섣달을 달리 이르는 말. *섣달; 음력 12월.
1316)당ᄌᆞ(當自) : 바로 그 사람 자신. 늑각자(各自).
1317)탐미(探馬) : 졍탐기병(偵探騎兵).

남지 못ᄒᆞ고, 늉왕이 고국의 도라가기【22】를 븟그려 난병(亂兵) 즁의 ᄌᆞ살(自殺)ᄒᆞ니, 윤텬ᄉᆞᄂᆞᆫ 봉암 원홍을 ᄉᆡᆼ금ᄒᆞ고, 엄원슈ᄂᆞᆫ 슈졍 혜졍을 잡아 ᄃᆡ군이 임의 승쳡ᄒᆞ니, 광음(光陰)이 여류(如流)ᄒᆞ여 즁하(中夏)의 밋쳣더라.

ᄃᆡ군(大軍)이 모든 죄인을 함거(檻車)의 싯고 반ᄉᆞ(班師)코져 ᄒᆞ더니, 이 ᄯᆡ 탈탈이 명(命)을 도망ᄒᆞ여 숨엇더니, 형이 죽고 나라히 망ᄒᆞ믈 듯고 나아와 원슈긔 쳥죄(請罪)ᄒᆞ고, 형의 년좌(連坐)를 닙어지라 ᄒᆞ니, 원슈 탈탈이 오랑키나 츙의(忠義) 겸젼(兼全)ᄒᆞ믈 어엿비 너겨 안ᄉᆡᆨ을 허(許)ᄒᆞ고 녜의(禮義) 왕화(王化)로 경계ᄒᆞ고, 인ᄒᆞ여 번왕(藩王)을 삼으니 탈탈이 ᄇᆡᆨᄇᆡ ᄉᆞ례ᄒᆞ고 금옥(金玉)으로 공헌ᄒᆞ니, 원슈 일물도 밧지 아니니 탈탈【23】이 눈물을 흘녀 ᄉᆞ례ᄒᆞ고, 형의 시체를 거두어 가니라.

원슈 오국의 도라와 호경으로 국도를 직희여 ᄃᆡ소 쳐분을 기다리라 ᄒᆞ다.

츄칠월의 ᄃᆡ군이 승젼(勝戰) 귀국ᄒᆞᆯᄉᆡ, ᄉᆞ졸의 귀심(歸心)이 살 갓ᄒᆞ여 쥬야ᄇᆡ도(晝夜倍道)ᄒᆞ야 월여의 본국 디계의 님ᄒᆞ니, 즁ᄉᆡ(中使) 발셔 황명을 밧ᄌᆞ와 나와 셔로 만나니, 황ᄉᆞ(皇使)ᄂᆞᆫ 다ᄅᆞᆫ 니 아니라 진국공 뎡쥭암 장ᄌᆞ 어ᄉᆞᄐᆡ우 유긔니, 피ᄎᆡ 연가(緣家)의 후졍이 ᄎᆞ별하더라. 냥원슈 향안(香案) 알ᄑᆡ 나아가 ᄉᆞᄇᆡᄒᆞ고 조셔를 보니 왈,

"경(卿) 등이 한갓 국명(國命)을 봉승ᄒᆞᆯ ᄲᅮᆫ 아니라, 인친 골육의 변을 만나 엄표의 무식 불통ᄒᆞ【24】미 불과 쇼방지업(小邦之業)을 위ᄒᆞ여 산간요인(山間妖人)과 망명ᄃᆡ역(亡命大逆) 등으로 궁모곡계(窮謀曲計)를 비져 죽은 아뷔를 져바리고, 동긔(同氣) 지친(至親)을 상살(傷殺)코져 ᄒᆞ여 흉역의 삭시잇더라 ᄒᆞ니, 만고ᄃᆡ역(萬古大逆)이라. 만일 ᄉᆞ라신즉 촌참ᄒᆞ여 그 죄를 졍히 아념즉 ᄒᆞ리오만은, 스ᄉᆞ로 죽어시니 그 죄단(罪端)인즉 디즁(地中)의 장(葬)ᄒᆞ미 앗갑지 아니리오만은, 오왕 엄ᄇᆡᆨ경이[의] 당초 융공(戎功)과 왕후의 현덕(賢德)을 아름다이 너겨 혹벌(酷罰)을 더으지 아닛노라. 원슈 창닌이 ᄌᆡ덕(才德)이 가ᄌᆞᆨᄒᆞᆯ ᄲᅮᆫ 아녀, 엄왕의 녀셔로 공뇌 젹지 아니니, 오국 님ᄌᆡ 되미 가ᄒᆞᆯᄉᆡ, 창닌으로 오왕을 삼아 엄모의 위를 닛게 ᄒᆞᄂᆞ【25】니, 경뷔 여러번 고ᄉᆞᄒᆞ나 임의 결ᄒᆞ엿시니 경은 ᄉᆞ양치 말나. 경이 학발(鶴髮) 빵친이 황셩의 이시니 귀국(歸國)지 못ᄒᆞ리니, 인ᄌᆡ를 갈히여 졍승을 삼아 오국을 직희오라."

ᄒᆞ엿더라.

원슈 간필(看畢)의 ᄉᆞ(使)를 ᄃᆡᄒᆞ여 ᄌᆡ덕이 박ᄒᆞ고 공이 미(微)ᄒᆞ므로 늉은(隆恩)이 호셩(豪盛)ᄒᆞ시믈 황공(惶恐)ᄒᆞ니, 뎡어ᄉᆡ 흔연 왈,

"형의 ᄃᆡᄌᆡ(大才)ᄂᆞᆫ 니르도 말고, 귀격달푀(貴格達表) 긔상의 낫하나니, 금일 왕위를 ᄉᆞ양ᄒᆞ리오. 셩지(聖旨) 나리ᄆᆡ 연슉(緣叔)이 고집ᄒᆞ여 듯지 못ᄒᆞ시니, 형은 츄ᄉᆞ(推辭)치 말나."

○[엄]원슈 왈,

1318)편갑(片甲) : '갑옷의 조각'이란 뜻으로, '싸움에 지고 난 군사'를 비유적으로 이르는 말

"뎡 현계(賢契)[1319]의 의논이 고명ᄒᆞ니 달평은 믈녀(勿慮)ᄒᆞ라. 오뎨 불ᄒᆡᆼ 조셰(早世)ᄒᆞ고 픠 불초무상(不肖無狀)ᄒᆞ여 ᄌᆞ망 【26】 기신(自忘其身)ᄒᆞ니 쇼방디업(小邦之業)이 타인의게 갈가 탄셕(嘆惜) ᄒᆞ더니, 황명이 여ᄎᆞᄒᆞ샤 달평으로 오쥬(吳主)를 삼으시니, 달평은 망뎨(亡弟)의 ᄋᆡ모(愛慕)ᄒᆞ던 빅라. 구원(九原) 녕빅(靈魄)이 즐겨ᄒᆞ리니 고ᄉᆞ(固辭)치 말나."

윤원쉬 쳐연(悽然) 딕왈,

"존언(尊言)이 지연(至然)ᄒᆞ시나, 쇼싱이 요슌(堯舜)의 덕이 업손 바로 이졔 만싱이 위군(爲君)ᄒᆞ미, 후인이 기간ᄉᆞ고(其間事故)를 아지 못ᄒᆞ고 시비 이실가 ᄒᆞᄂᆞ이다."

엄공과 뎡어시 왈,

"이럴 니 이시리오."

윤텬시 빈미(嚬眉) 왈,

"인간 셰되(世道) 젹은 일도 운쉬(運數)니, ᄒᆞ물며 왕작(王爵)의 귀ᄒᆞ미냐? 역텬ᄌᆞ(逆天者)ᄂᆞᆫ 망(亡)ᄒᆞ고 슌텬ᄌᆞ(順天者)ᄂᆞᆫ 챵(昌)이라 ᄒᆞ니, 딕인과 계부의 풍녁(風力)[1320]으로 텬의(天意)를 두로혀지 못ᄒᆞ니, 현뎨 ᄉᆞ양 【27】 ᄒᆞᄆᆞ로 밋지 못홀가 ᄒᆞ노라."

원쉬 즁인의 이러틋 ᄒᆞᆷ믈 불쾌ᄒᆞ더라.

여러 달만의 오니 친안의 졀ᄒᆞ미 밧바ᄒᆞ더니, 먼니셔 풍악이 뇨량(嘹喨)ᄒᆞ고 황나우기(黃羅羽蓋)[1321] 븟치이ᄂᆞᆫ 곳의 만셰 황애(萬歲皇爺) 친님ᄒᆞ시ᄂᆞᆫ 쥴 알니러라. 군장ᄉᆞ졸(軍將士卒)이 더옥 승승(乘勝)ᄒᆞ여 젼승곡(戰勝曲)을 울니더라.

화셜, 윤부의셔 진왕 형뎨 아ᄌᆞ의 ᄌᆡ덕을 밋으미 잇스나, 엄표의 불인ᄒᆞ미 어니 곳의 밋츨 쥴 몰나, 의려지망(倚閭之望)[1322]이 간졀ᄒᆞᆫ 즁, 엄틱ᄉᆞ 부즁의셔ᄂᆞᆫ 범부인이 츄밀의 원ᄒᆡᆼ을 넘녀ᄒᆞ여 근심이 미우(眉宇)를 둘너 넘불급타(念不及他)ᄒᆞ나, 최부인은 틱ᄉᆞ 곤계 업스니 쳔ᄌᆡ일시(千載一時)[1323] 듯ᄒᆞ여, 간비(奸婢) 【28】 악당(惡黨)으로 동심합모(同心合謨)ᄒᆞ여 틱ᄉᆞ의 오지 아닌 젼 윤시를 도모ᄒᆞ고, 한님이 오나 젼졍(前程)을 아조 맛고 영아를 닙장(立場)홀 ᄯᅳᆺ이 급ᄒᆞ여, 윤쇼져 조르미 쳔셔만단(千緖萬端)[1324]이니, 범부인이 잔잉하나 홀일업고, 냥엄시 쇼고(小姑)의 신셰 위란ᄒᆞᆷ믈 ᄎᆞ셕(嗟惜)ᄒᆞ고 구가(舅家)의 무안(無顏)홀 바를 가이업서, 일만혐의(一萬嫌疑)를 바리고 빅모긔 실덕을 간ᄒᆞ미 여러 슌(順)이니, 최시 괴로이 너겨 궁모곡계(窮謀曲計) 《깅가일측∥깅가일층(更可一層)》ᄒᆞ여, 변용단(變容丹)과 환슐(幻術)ᄒᆞᄂᆞᆫ 요인으로 합계(合

1319)현계(賢契) : 문인(門人), 제자, 친구 등을 존중해서 이르는 말.
1320)풍녁(風力) : 사람을 감화시키는 힘.
1321)황나우기(黃羅羽蓋) : 황금색 비단과 새의 깃으로 만든 황제가 타는 수레의 덮개.
1322)의려지망(倚閭之望) : 집 나간 자녀가 돌아오기를 초조하게 기다리는 부모의 마음.
1323)쳔ᄌᆡ일시(千載一時) : 천년 만에 한번 만난 절호의 기회.
1324)쳔셔만단(千緖萬端) : 일일이 가려낼 수 없을 만큼 많은 일의 갈피.

計)ㅎ여 공교혼 간첩(簡帖)과 흉참혼 계귀(計揆) 아니 미춘 곳이 업셔, 윤시를 누옥지슈(陋屋之囚)를 삼앗더니, 버거 언노(言路)의 붓긋출 도모ㅎ여 쇼져의 방신(芳身)○[을]【29】만지깅참(挽之坑塹)1325)ㅎ니, 윤시 엇지 발명(發明)ㅎ며 진왕인들 엇지 ㅎ리오.

윤시 히옴업시 누명을 싯고 텬이(天涯)의 젹거(謫去)ㅎ기를 면치 못ㅎ니, 추시 냥엄시 궁텬지통(窮天之痛) 즁 쇼의 신셰 위틱ㅎ믈 보니, 구고(舅姑) 존당(尊堂) 볼 낫치 업고, 조초 한님의 형셰 위란ㅎ미 윤시와 일반이라. 이 젼혀 빅모(伯母)의 젼쥬(專主)ㅎ미 쇼즈(所子) 영을 위ㅎ미 아니리오. 슈미(愁眉)를 펴지 못ㅎ나 홀일업고 임의 간인이 셜계ㅎ믈 궁극히 ㅎ여시니, 쇼고(小姑)의 누명(陋名)이 오조(烏鳥)의 즈웅(雌雄)1326) 갓거놀 엇지 ㅎ리오. 쥬야 탄식분이러라.

황명이 나려 윤시를 엄부의 이이(離異)ㅎ고 졀강 쇼흥부의 젹거(謫去)ㅎ시니, 진왕이 쇼교(小轎)와 추환(叉鬟)【30】을 엄부의 보뉘여 녀아를 다려오미, 임의 죄인의 모양이라. 운환(雲鬟)을 헛흘고 옥용(玉容)이 초췌(憔悴)ㅎ여 누월(累月) 비실(鄙室)의셔 고초를 겻근 쥴 알니러라.

부뫼 불승이셕(不勝愛惜)ㅎ나 시러곰 엇지 ㅎ리오.

뎡슉녈이 어로만져 위로ㅎ여 일시 운익이 긔구ㅎ믈 슬허말고 옥부방신(玉膚芳身)을 보즁ㅎ여 타일 길시를 기다리라 ㅎ고, 남·화 이비(二妃)는 윤부 당초 환난이 진졍 후 입승(入承)ㅎ여 긔구험난(崎嶇險難)을 아지 못ㅎ눈지라. 녀아의 신셰 위란ㅎ믈 위ㅎ여 쳥뉘환난(淸淚汍亂)ㅎ{ㅎ}니, 조틱비 손녀의 옥슈를 잡고 츄연 왈,

"즈고(自古)로 홍안(紅顔)이 박명(薄明)이니, 너의 별츌(別出)ㅎ므로 텬도(天道)의 휴영지니(虧盈之理)1327)와 【31】인도(人道)의 오영지겸(汚榮之兼)1328)을 면치 못ㅎ니, 슈한슈원(誰恨誰怨)이리오."

쇼제 왕모(王母)의 명교(明敎)를 듯즈오미, 옥안(玉顔)의 쳐싴(悽色)을 거두고, 빈스(拜辭) 왈,

"이는 아희 불초ㅎ여 명교의 득죄ㅎ미라. 엇지 구가를 원(怨)ㅎ리잇고?"

조틱비 이셕ㅎ고 뉴부인은 조비 명쾌ㅎ믈 심복(心服)ㅎ고 구연(懼然)ㅎ믈 마지 아니터라. 존당 부모와 슉당(叔堂) 졔친(諸親)이 쇼져를 떠나는 심시 아연(啞然)ㅎ나, 지류(遲留)ㅎ여 면치 못홀지라. 진왕이 졔희(諸姬) 즁 양희 쇼져를 양휵혼 졍이 잇눈지라. 쇼져 약질이 누쳔니 원젹(遠謫)ㅎ믈 슬허ㅎ고, 제 본딕 졀강(浙江)1329) 기녀로 부모

1325)만지깅참(挽之坑塹) : 깊고 길게 파 놓은 구덩이에 끌어넣음.
1326)오조(烏鳥)의 즈웅(雌雄) : '까마귀의 암수를 가리는 일'이란 뜻으로, 잘잘못이나 좋은 것과 나쁜 것 따위를 따져서 분간하기가 어려움을 이르는 말.
1327)텬도(天道)의 휴영지니(虧盈之理) : 달이 보름달이 되었다가 그믐달이 되고 하는 것처럼, 가득차고 이지러지고 하는 하늘의 이치
1328)인도(人道)의 오영지겸(汚榮之兼) : 영광(榮光)과 오욕(汚辱)이 점철되는 인생살이.
1329)졀강(浙江) : 중국 절강성(浙江省)에 있는 전당강(錢塘江) 및 그 상류의 총칭. *절강성(浙江省); 중국

동긔를 닛지 못ᄒ더니, ᄌ원(自願)ᄒ여 쇼져 보호ᄒᄆᆯ 고ᄒ니, 왕이 쾌허ᄒ고 【32】 뎡비 경계 왈,

"너의 슌실(純實)ᄒᆷ 알거니와 녀아를 맛겨 보ᄂᆞ니, 근신(勤愼) 보호(保護)ᄒ여 긔변(奇變) 괴ᄉᆞ(怪事) 잇셔도 션쳐(善處)ᄒ여 타일 모녜 반기게 ᄒ라."

양희 슈명ᄒ고 쇼져를 뫼셔 졀강 젹쇼로 가니라.

○…결락 16ᄌᆞ…○[츠셜 엄부 최부인이 아ᄌ 영을 ᄭ지져 왈,]1330)

"너 쇼이 무어슬 알건 양ᄒ고 창의 역1331)만 드ᄂᆞᆫ다?"

즐퇴ᄒ고, 요인을 결납ᄒ여 한님을 원젹(遠謫)ᄒ니, 틱ᄉᆞᄂᆞᆫ 미혼진(迷魂陣)1332)의 아득ᄒ여 연무(煙霧) 즁 잠겨시니, 부인은 궁모곡계(窮謀曲計) 아니 미친 곳이 업ᄂᆞᆫ 고로, 한님이 ᄉᆞ라 장ᄉ로 가ᄆᆯ 통ᄒ여 ᄌᆞ직을 보ᄂᆡ여 죽이려 ᄒ니, 영이 긔미를 알고 경악ᄒ여 져의 약셕지언(藥石之言)이 ᄌᆞ의(慈意)를 두로혀지 못할 쥴 혜【33】아려, 형의 참화를 벗길 조각이 업ᄂᆞᆫ지라. ᄉᆡ쳐 ᄉᆡᆼ각ᄒᄃᆡ,

"ᄌᆞ직 가기 젼 닉 맛당이 급히 ᄒᆡᆼᄒ여 형장을 구ᄒ리라. 모친긔 고ᄒ면 보ᄂᆡ지 아닐 거시오, 젹쇼로 가ᄂᆞᆫ 쥴 아ᄅᆞ시면 엄명(嚴命)으로 못가게 ᄒ시리니, 비록 부모를 긔망ᄒᄆᆡ 불회나 마지 못ᄒ여 갈 거시오, 틱틱 이리 ᄒ시ᄆᆫ 나 잇ᄂᆞᆫ 빌미니, 잠간 가쥭을 피ᄒ여 ᄌᆞ위(慈闈) 회과(悔過)ᄒ시ᄆᆯ 기다리미 올타."

ᄒ여, 심복 셔동 운학·계학이 형뎨니 십셰·십이셰로ᄃᆡ, 츙근 영니ᄒ며 노셩(老成)ᄒᄆᆡ 어룬 갓ᄒᆞᆫ지라. 공ᄌ로 의합(意合)ᄒ여 졍의 지극ᄒᆞᆫ지라. 셔당의 드러가 심즁ᄉ(心中事)를 니ᄅᆞ니, 냥뇌(兩奴) 쳐음은 【34】놀나다니 공ᄌ의 효우(孝友)를 탄복ᄒ여 의논을 졍ᄒ고, 시야(是夜)의 영이 일봉셔(一封書)를 만지장화(滿紙長話)ᄒ여 모친긔 하직고, 경보(輕寶)를 슈습(收拾)ᄒ여 품고 일필 나귀를 닛그러 날이 ᄉᆡ지 아냐 부즁을 ᄯᅥ나니, 칠셰 쇼동(小童)이 여ᄎᆞᄒᄃᆡ라.

명조의 최시 아ᄌ의 ᄌᆞ최 업ᄉᄆᆯ 의괴ᄒ여 ᄎᆞᄌᆞ나 아ᄌᆞ와 냥 셔동이 간 곳이 업고, 일봉셔를 어드니 피봉의 ᄡᅧ시ᄃᆡ, '불초ᄌ 영은 ᄌᆞ위긔 직비 셔라' ○○○○[ᄒ엿더라].

모다 괴이히 너겨 부인이 경동(驚動) 긔간(開看)ᄒ니, 디기 왈,

"형의 부부의 츌텬ᄃᆡ회(出天大孝) 《종왕‖증왕(曾王)1333)》과 진효부(陳孝婦)1334)

동남부의 동중국해 연안에 있는 성. 고대 월나라의 땅이었으며, 주산군도(舟山群島)에는 불교의 4대 명산 중 하나인 보타산(普陀山)이 있고, 근해에 중국 최대의 어장(漁場)인 심가문(沈家門)이 있다. 성도(省都)는 항주(杭州).

1330)이 곳 결락 16ᄌᆞ는 이 작품의 속편 <엄씨효문청행록> 권19-22 사이의, 윤월화가 존고(尊姑) 최부인에 의해 강상대죄(綱常大罪)에 얽혀 엄부에서 출거를 당하고 절강 소흥부로 귀양가는 대목과 엄창이 또 양모 최부인에 의해 강상대죄에 얽히게 되고 양제(養弟) 엄영이 이러한 형을 구하기 위해 모친 최부인에게 간하는 대목들을 참고하여, 교주자가 임으로 보충한 것이다.

1331)역 : 역성. 옳고 그름에는 관계없이 무조건 한쪽 편을 들어 주는 일.

1332)미혼진(迷魂陣) : 죽어 저승으로 가지 못하고 미로를 헤매고 있는 영혼들이 무리 지어 있는 곳..

1333)증왕(曾王) : 중국의 대표적 효자인 증자(曾子 : BC505-435)와 왕상(王祥 : 184-268)을 함께 이르는 말.

갓흐믈 베풀고, 주위 성덕으로 형의 성효를 모르미 【35】 아니로딕, 실덕흐시믄 불쵸를 혹이(惑愛)흐시미라. 불쵸의 연고로 모친이 셩덕(聖德)을 손상(損傷)흐시니 아희 불효죄인(不孝罪人)이라. 맛당이 죽어 주위 실덕을 씨치온 죄를 쇽(贖)홀 거시로딕, 부모의 상명지통(喪明之痛)1335)을 씨치지 못흐여, 고금이 닉도흐고1336) 형뎨 추례 다르나, 틱빅(太伯)1337) 즁옹(仲雍)1338)의 단발(斷髮) 문신(文身)흐여 형만(荊蠻)1339)의 도라가믈 본밧고져 흐오딕, 여러 가지 넘녀 만하 결치 못흐고 몬져 몸을 쌘혀 먼니 도라가 모친의 넘녀를 좃추시게 흐옵느니, 복원 주정은 명찰흐샤 진실노 모지 산 낫츠로 보고져 흐시거든, 형을 어엿비 너기샤 인뉸이 완 【36】 젼코져 흐느이다. 쇼지 물외(物外)의 오유(遨遊)흐는 줄이나, 형이 은수(恩赦)를 닙어 도라와 평안흐믈 알진딕, 다시 부즁의 도라와 긔망(欺罔)흔 죄를 쇽(贖)흐고 부모 형뎨 한 당의 모다 무치지낙(舞彩之樂)1340)을 긔약흐오려니와, 불연즉(不然卽) 삭발피셰(削髮避世)흐여 인뉸(人倫)의 변(變)을 보지 아니려 흐느니, 모지(母子) 완젼(完全)흐믄 주위(慈闈)게 잇느이다."

흐엿고, 허다 간측지언(懇惻之言)1341)이 누누(屢屢)흐고 칠셰히동(七歲孩童)이 주모유하(慈母乳下)를 권연(眷戀)흐는 빈나, 부득이 슬하(膝下)를 쩌나노라 흐여 수의(謝意) 셕목(石木)이 녹을 듯흐니, 최시 실싴(失色) 뒤경(大驚)흐여 어린 듯흐다가, 실셩통곡(失性慟哭) 왈,

"쳔금 갓흔 늬 아히 이졔 년보칠셰(年甫七歲)오, 【37】 운학 등이 십여셰 히동이라. 져희 부즁을 쩌나 어딕 가 도싱(圖生)흐리오."

1334)진효부(陳孝婦) : 한(漢)나라 때 진현(陳縣)의 효부. 남편이 변방에 수자리 살러 나가 죽자, 남편과의 약속을 지켜 일생 개가(改嫁)하지 않고 시어머니를 성효로 섬겼다. 『소학』 <제6 선행편>에 나온다.

1335)상명지통(喪明之痛) : 눈이 멀 정도로 슬프다는 뜻으로, 아들이 죽은 슬픔을 비유적으로 이르는 말. 옛날 공자의 제자 자하(子夏)가 아들을 잃고 슬피 운 끝에 눈이 멀었다는 데서 유래한 말이다.

1336)닉도흐다 : 다르다. 판이(判異)하다.

1337)틱빅(太伯) : 중국 주(周)나라 태왕(太王) 고공단보(古公亶父)의 세 아들 중 첫째아들. 부왕이 셋째 아우인 계력(季歷; 문왕의 아버지)에게 왕위를 물려주고자 하는 뜻을 알고, 둘째 아우 중옹(仲雍)과 함께 머리를 깎고 몸에 문신을 하여 왕위를 사양하고 형만(荊蠻)으로 옮겨 은거함으로써, 셋째 아우인 계력(季歷)이 왕위를 계승케 하였다. 뒤에 형만족(荊蠻族)의 추대를 받아 오(吳)나라 왕(王)이 되었다.

1338)중옹(仲雍) : 중국 주(周)나라 태왕(太王) 고공단보(古公亶父)의 세 아들 중 둘째아들. 부왕이 셋째 아우인 계력(季歷; 문왕의 아버지)에게 왕위를 물려주고자 하는 뜻을 알고, 백형(伯兄) 태백(太伯)과 함께 머리를 깎고 몸에 문신을 하여 왕위를 사양하고 형만(荊蠻)으로 옮겨 은거함으로써, 아우인 계력(季歷)이 왕위를 계승케 하였다. 뒤에 형인 태백(太伯)이 형만족(荊蠻族)의 추대를 받아 오(吳)나라 왕(王)이 되었는데, 태백이 아들이 없이 죽자, 태백의 뒤를 이어 오(吳)나라 2대 왕이 되었다.

1339)형만(荊蠻) : 예전에, 중국에서 한족의 문명을 아직 받지 못한 민족들이 살던 양자강(揚子江) 이남의 땅을 이르던 말. 중국 고대의 오(吳)·월(越)·초(楚) 등의 나라들이 이 형만에서 일어났다.

1340)무치지낙(舞彩之樂) : 색동옷 입고 춤을 추어 어버이를 즐겁게 해 드림. 중국 춘추 때 초나라 사람 노래자(老萊子)가 70세에 색동옷을 입고 어린애 장난을 하여 늙은 부모를 즐겁게 해드렸다는 고사에서 유래한 말.

1341)간측지언(懇惻之言) : 몹시 간절하고 지성스러운 말.

ᄒ며, 가닉(家內) 진경(震驚)ᄒ여 노복을 ᄉ쳐(四處)의 훗허 심방(尋訪)ᄒ나 엇지 ᄎ
즈리오.

시(時)의 공지 운학 등으로 부즁을 써나 먼니 가지 아니코, 동닌(洞隣)의 숨어 가즁
긔식을 슬펴 심방(尋訪)ᄒᄂ 노복이 드러온 후 쟝ᄉ(長沙)1342)로 힝홀ᄉᆡ, 맛ᄎᆷ 운학의
아뷔 김원강이 엄부 노예 아니라. 냥민(良民)으로 니부(吏部) 빙리(陪吏)를 단여 엄부
시아(侍兒)를 작쳐(作妻)ᄒ여 운학 등이 이시미라. 맛초아 쟝ᄉ 본읍의 나려가는 일이
잇더니, 이러므로 공ᄌ로 동힝(同行)ᄒ여 일노(一路)의 보호ᄒ여 쟝ᄉ의 가 한님을 만
나게 ᄒ니, 한님이 아【38】의 힝ᄉ를 딕경ᄒ여 망녕(妄靈)되믈 칙ᄒ나, 우익(友愛)를
익셕(哀惜)ᄒ며, 영이 ᄯᅩ흔 울며 모친이 회과(悔過)치 아닌 젼은 집의 가지 아니코, 만
일 형쟝이 용납지 아니면 진퇴를 물외(物外)의 븟쳐 텬하의 오유ᄒ거나, 불연즉 명나
(汨羅)1343)의 더져 ᄌ부인(慈夫人) 바라시믈 ᄯᅳᆫ코, 형쟝의 괴로오믈 보지 아니리라 ᄒ
니, 한님이 훌일업셔 위로ᄒ고 슈년을 한가지로 이시나 영이 이시믈 본부의 알게 아
니터니, 이 씨 최시 아즈를 일흔 후ᄂ 념불급타ᄉ(念不及他事)1344)ᄒ니 인병(因病)ᄒ
여 샹요(床褥)의 니지 못ᄒ더니, 영이 나간 후 쇼식이 업ᄉ니 약년(弱年) 쇼ᄋᆞ(小兒)
도로간난(道路艱難)을 만나 죽도다 ᄒ여, 샹심(傷心)ᄒ미 과도(過度)ᄒ니【39】악심
(惡心)이 져삭(沮削)ᄒ고 니별셔(離別書)를 슈즁의 노치 아녀 반기고, 그 간졀흔 ᄉ의
를 감동ᄒ여 회션(回善)ᄒ기의 밋ᄎ니, 한님 부부의 운익(運厄)이 거의 진홀 ᄯᅥ라.

부인의 감동ᄒ미 쉽고 간계를 도모ᄒ던 뉴(類) ᄌ즁(自中)의 난(亂)을 일워 픽루(敗
漏)ᄒ니, 한님 부뷔 누명을 신셜(伸雪)ᄒ고 고퇵의 도라오며, 퇵시 젼일을 씨다라 부
인을 딕칙ᄒ여 심당(深堂)의 슈계(囚繫)ᄒ엿더니, 한님과 영이 도라오니 가ᄉᆡ(家事) 진
졍(鎭靜)ᄒ고 최시를 ᄉ(赦)ᄒ여 고당(高堂)의 거(居)ᄒ니, 이런 셜홰 <엄시쳥힝녹(嚴
氏淸行錄)>1345)의 히비(賅備)ᄒ니라.

이 씨 진왕 부뷔 동오왕이 연셰(捐世)ᄒ고 인옹(姻翁)과 녀셰(女壻) 향니 션산의 가
도라오지 못ᄒ여서, 낙미지익(落眉之厄)1346)이【40】녀아의게 밋쳐 젹쇼로 가니, 가
즁의 화긔 ᄉ연(索然)ᄒ여 울울불낙즁(鬱鬱不樂中)이러니, 이러구러 오국 쳡음(牒音)이
올나 난을 진졍ᄒ고, 셰지 엄쥬(嚴誅)를 두려 ᄌ살ᄒ고, 퇵ᄉ 부ᄌᄂ 오왕비와 가솔을

1342)쟝ᄉ(長沙) : 중국 호남성의 동부 곧 동졍호(洞庭湖) 남쪽 상강(湘江) 동쪽 하류에 있는 도시. 수륙
　　교통의 요충지이며 호남성의 성도(省都)이다.
1343)명나(汨羅) : 멱라수(汨羅水). 예전에, 우리나라에서 중국의 '미수이 강'을 이르던 말. 중국 초나라의
　　굴원이 투신한 강으로 알려져 있다.
1344)념불급타ᄉ(念不及他事) : 생각이 다른 일에 미치지 못함.
1345)<엄시쳥힝녹(嚴氏淸行錄)> : 본 작품의 속편이자, <명주보월빙>연작의 3부작인 <엄씨효문쳥
　　행록(嚴氏孝門淸行錄)>을 말한다. <명주보월빙>연작은 '1부 <명주보월빙> - 2부 <윤하뎡삼문취록> - 3부
　　<엄씨효문청행록>'으로 이루어져 있으며, 1부<명주보월빙>은 100권100책으로 된 '낙선재본'과 36권
　　36책으로 된 '박순호본'이 있고, 2부<윤하뎡삼문취록>은 105권105책으로 된 '낙선재본'이 유일본이다.
　　3부<엄씨효문청행록>은 30권30책으로 된 '낙선재본'과 16권16책으로 된 '고대본'이 있다.
1346)낙미지익(落眉之厄) : '눈썹에 떨어진 액'이란 뜻으로, 눈앞에 닥친 화급한 재앙을 말함.

거나려 션산의 녕구(靈柩)를 반장(返葬)ᄒ믈 알외지라.

상이 표의 불의(不義) 난상(亂常)을 통히(痛駭)ᄒ시나, 임의 죽어시니 홀일업셔 ᄒ시고, 딕원슈 윤창닌의 신무영직(神武英才)를 긔특이 너기ᄉ 평오왕(平吳王)을 비(配)ᄒ시고 녜부시랑 뎡유괴로 ᄉ(使)를 삼아 졀월(節鉞)1347)을 보ᄂ시니, 상국이 딕경ᄒ여 여러번 상표(上表)ᄒ여 미돈(迷豚)이 박덕 부직로 왕작(王爵)이 불ᄉ(不似)ᄒ믈1348) ᄉ양ᄒ나, 셩의(聖意) 불윤(不允)ᄒ시니, 승상이 홀일【41】업셔 부즁의 도라오니, 윤노공 왈,

"창닌이 유시(幼時)로붓허 귀격달상(貴格達相)이 잇ᄂ지라. 노부는 헤아리미 잇ᄂ니 오이 너모 고집ᄒᄂ뇨?"

진왕이 딕쥬(對奏) 왈,

"계부의 명쾨 지당ᄒ시니, 쇼질이 역시 아을 기유ᄒ오나 과도이 근심을 삼으니 도로혀 병통이 아니리오."

승상이 잠쇼 왈,

"고인(古人)이 운(云)ᄒ딕, 공명(功名)이 무셥고 부귀ᄂ 헌 신이라 ᄒ오니, 쇼직 박학용직(薄學庸才)로 외람ᄒ 작위 승고ᄒ니, 슉야(夙夜)의 긍긍 업업(兢兢業業)1349)ᄒ여 여림심연(如臨深淵)1350)ᄒ옵ᄂ 바ᄂ, 힝혀 음양(陰陽)을 니(理)히 못ᄒ고 ᄉ시(四時)를 슌(順)케 못ᄒ여 텬히 실망홀가 두립거늘, 창닌의 년쇼부직(年少不才)로 왕작이 과분ᄒ오니, 묘【42】복(眇福)이 손(損)홀가 두리미로쇼이다."

노공이 쇼왈,

"너ᄂ 명찰ᄒ 체ᄒ나, 남 보기의ᄂ 잔 헴 만코 미거ᄒ 듯ᄒ니, 이졔ᄂ 고체(固滯)를 바리라."

왕이 딕쇼 왈,

"쇼질(小姪)이 이 말ᄉᆷ을 몬져 ᄒ고져 ᄒ나, 제 비록 미거(未擧)ᄒ여도 작위 황각(黃閣) 틱상(太相)이오, ᄌ녀(子女) 숀증(孫曾)이 빵빵ᄒ여 위왓ᄂ딕, 동긔라도 면박ᄒᄂ딕 ᄌ숀이 우을가 못ᄒ더니, 계뷔 ᄒ시니 졍합쇼질지심(正合小姪之心)이로쇼이다."

승상이 웃기를 마지 아니니, 좌우 ᄌ녀부 등이 존당 부슉의 희히(戲諧)를 듯ᄌ오미 머리를 슉여 쇼용(笑容)이 미미(微微)ᄒ더라.

어시의 냥 엄시 쇼고(小姑)의 역경(逆境)으로 인ᄒ여 구문(舅門)의 갈 낫치 업ᄉ나, 홀일업셔 구가의 도라오【43】니, 진왕 부부와 승상 부뷔 각각 ᄌ부를 반기고 ᄉ랑ᄒ

1347) 졀월(節鉞) : 조선 시대에, 관찰사·유수(留守)·병사(兵使)·수사(水使)·대장(大將)·통제사 들이 지방에 부임할 때에 임금이 내어 주던 물건. 절은 수기(手旗)와 같이 만들고 부월은 도끼와 같이 만든 것으로, 군령을 어긴 자에 대한 생살권(生殺權)을 상징하였다.

1348) 불ᄉ(不似)ᄒ다 : '닮지 않다'는 뜻으로, '답지 않다', '같지 않다', '옳지 않다'는 말.

1349) 긍긍업업(兢兢業業) : 항상 조심하여 삼감. 또는 그런 모양.

1350) 여림심연(如臨深淵) ; 깊은 못에 다다른 것처럼 두려워하고 조심함.

여 위로 무이ᄒ미 강보아(襁褓兒) 갓더라. 낭 쇼졔 구고의 혜퇴을 감황(感惶)홀ᄉ록 빅모의 과악을 붓그리고, 쇼고의 젹니고초(謫裏苦楚)를 슬허ᄒ니, 복슈쳥죄(伏首請罪)ᄒ여 고홀 바를 아지 못ᄒ고, 쇼엄시ᄂᆞᆫ 더옥 양희의 은혜와 덕을 싱각ᄒ고, ᄌ긔 집 허물노 쇼괴(小姑) 원젹(遠謫)ᄒ고 양희 조ᄎᆞ가믈 회한(悔恨)ᄒ미 각골(刻骨)ᄒ니, 톄읍(涕泣) ᄉ죄 왈,

"불효 쇼쳡 등이 시운이 불니(不利)ᄒ와 가엄(家嚴)을 여희온 지통(至痛)이 구곡(九曲)의 촌단(寸斷)ᄒ옵거ᄂᆞᆯ, 다시 문운(門運)의 가홰(家禍) 공참(孔慘)ᄒ와 빅형(伯兄)의 불인픽악(不仁悖惡)ᄒ오미 뉸상(倫常)의 득죄ᄒ고, 시역(弑逆)의 일홈이 낫하나 빅숙(伯叔)의 존톄 위틱ᄒ실 번ᄒ고, 【44】군지 불모지디(不毛之地)를 ᄌ임(自任)ᄒ여 격셰(隔歲) 니슬(離膝)ᄒᆞᆷ도 가형(家兄)의 무상(無常)ᄒ미라. 쳡 등 ᄌᆞ미 참치 아니며, 쇼고의 방신이 죄루를 시러 원덕ᄒ미 쳡의 집 가환(家患)이오, 쳡은 양셔모(養庶母)의 흑아디은(慉兒大恩)을 닙ᄉ오미 구로싱아(劬勞生我)1351)의 간격이 업ᄉ거ᄂᆞᆯ, 가즁(家中)을 쩌나 심산벽쳐(深山僻處)의 간고(艱苦)를 겻게 ᄒ오니, 불초(不肖) 쇼쳡이 ᄉᆞᄉ(私私)의 셩문(聖門) 은퇴(恩澤)을 져바리오미 남은 짜히 업ᄂᆞᆫ지라. 비록 존당(尊堂) 슉당(叔堂)과 구고(舅姑)의 홍은(鴻恩)이 산히 갓ᄒᆞᆺ 허물을 니ᄅ지 아니시나, 황공(惶恐) 슈괴(羞愧)ᄒᄆᆞᆯ ᄠᅳᆺ흘 곳이 이시리잇고?"

뒤엄시ᄂᆞᆫ 참슈만면(慚羞滿面)ᄒ고 옥면(玉面)이 홍예(紅霓)ᄒ니, 존당상히(尊堂上下) 이련ᄒ여 연ᄋᆡ지심(戀愛之心)과 반가오미 함긔 동(動)ᄒ니, 밧【45】비 눈을 드러 보니 별ᄂᆡ(別來) 긔연(奇緣)이라. 빅의쇼복(白衣素服) 가온ᄃᆡ 옥골이 슈뷔(瘦膚)ᄒ여 표연이 우화등션(羽化登仙)ᄒ = 듯, 허다 ᄉᆞ괴 ᄌ긔 집 가란의 빌미라, 참슈(慚羞)ᄒᆞᆫ 눈물이 종힝(縱橫)ᄒᄆᆞᆯ 씨닷지 못ᄒ니, 존당 구괴 그 심ᄉ를 어엿비 너겨 조팃비 위로 왈,

"ᄎ역텬의(此亦天意)라. 젹은 일도 운쉬(運數)니 쇼아 등이 져의 명운의 험조(險阻)ᄒ미라. 슈한슈원(誰恨誰怨)이리오. 여가(汝家) 가환(家患)이 도시(都是) 손녀의 익운(厄運)이라. 여등(汝等)의 허물이리오. 셩·창 냥ᄋᆞᆫ은 하ᄂᆞᆯ이 유의ᄒ신 바 국가 《경상∥경상(卿相)》이오, 오가 쳔니귀(千里狗)라. 텬명(天命)의 슈복(壽福)이 하원(遐遠)ᄒ니 넘녜 업고, 오셰ᄌ의 시역(弑逆)ᄒᆞᆫ 스스로 망신지화(亡身之禍)를 일위미니, 조곰도 여등(汝等)의 불안ᄒᆞᆫ 일이 업고, 월화ᄂᆞᆫ 【46】녕뎨(令弟)로 더부러 텬의(天意) 유의ᄒ여 닉신 냥필(良匹)노 슈복(壽福)이 하원(遐遠)ᄒ니, 간인(奸人)이 모히(謀害)ᄒ나 군ᄌ 슉녀의 싱살을 임의로 ᄒ리오. 길시(吉時) 도라오면 간당이 쇼멸ᄒ고 부뷔 복합ᄒ여, 슈호(繡戶)의 구슬이 온젼(穩全)1352)ᄒ고, 파경(破鏡)1353)이 ᄌᆡ합(再合)ᄒ리니

1351) 구로싱아(劬勞生我) : 구로생아지은(劬勞生我之恩). 나를 낳아주시고 길러주신 어버이의 은덕.
1352) 슈호(繡戶)의 구슬이 온젼(穩全)ᄒ다 : '방 안에 구슬이 들어온다'는 뜻으로, '집안에 경사가 있을 것'이란 말. 고사 '함환이보(銜環以報)'에서 따온 말인 듯. *함환이보(銜環以報) : 중국 후한 때 양보(楊寶)라는 소년이 다친 꾀꼬리 한 마리를 잘 치료하여 살려 보낸 일이 있었는데, 후에 이 꾀꼬리가 양보에게 백옥환(白玉環)을 물어다 주어 보은했다는 이야기로, 남북조 시기 양(梁)나라 사람 오균(吳均)이

엇지 근심ᄒ리오."

진왕과 승상이 티비 말솜을 니어 은근 위로ᄒ니, 냥쇼졔 존당 구고의 혜틱을 감황(感惶)ᄒ여 감뉘여우(感淚如雨)ᄒ더라.

어시의 평오딍원슈의 환가(還家) 션셩(先聲)이 니르니, 텬지 난예(鑾輿)를 갓초와 남교(南郊)의 마즈시고, 문무쳔관(文武千官)이 마즐시, 일ᄉᆡᆨ(日色)이 반오(半午)의 진퇴ᄎ텬(塵土遮天)[1354]ᄒ고 승젼악(勝戰樂)이 뇨량(嘹喨)ᄒ니 딍군(大軍)의 도라오믈 알니러라.

냥원슈와 텬ᄉᆡ 연망이 하거(下車)ᄒ여 고두팔ᄇᆡ(叩頭八拜)ᄒ고 산호만셰(山呼萬歲)[1355]ᄒ니, 【47】 상이 크게 반기샤 슈돈(繡墩)을 갓가의 쥬시고 ᄎ례로 어온(御醞)을 반ᄉ(頒賜)ᄒ여 위면(慰面)[1356]ᄒ샤 왈,

"오왕 엄빅경의 튱효인덕(忠孝仁德)으로 기ᄌ(其子)의 불인무상(不仁無狀)ᄒᄆᆞᆫ 요슌지ᄌ(堯舜之子) 불초(不肖)홈과 일쳬(一體)라, 짐이 불승강개(不勝慷慨)ᄒ도다. 왕후 댱시ᄂᆞᆫ 규중녈ᄉᆡ(閨中烈士)라. 기ᄌ(其子)의 불초ᄒᆞ미 기부(其夫)를 승위(承位)치 못홀 쥴 알고, 망부(亡夫)의 유교(遺敎)를 직ᄒᆡ여 쳐분이 명빅ᄒ거늘, 픠 져의 불초픠악(不肖悖惡)을 싱각지 아니코 부(父)의 유교를 빅반ᄒ고 어믜를 원망ᄒ여, 텬붕지통(天崩之痛)[1357]은 아지 못ᄒ고 조고만 긔업(基業)을 위ᄒ여 냥슉과 동긔를 히ᄒ여 멸뉸(滅倫) 난상(亂常)ᄒ고, 버거 텬ᄉ를 시살(弑殺)ᄒ여 황명을 경시ᄒ니, 만고강상(萬古綱常)○[을] 시역(弑逆)○[ᄒ]이라. 당당ᄒ 왕법(王法)을 면ᄒ리오만은, 【48】 역신픠ᄌ(逆臣悖子) 죄를 알고 죽어시니 믈시(勿視)ᄒ엿거니와, 엄·윤 냥경이 능히 젹슈(賊手)를 버셔나미 긔특지 아니리오. 짐이 창닌과 엄빅명을 군쟝(軍將)을 빈ᄒ여 벌오(伐吳)ᄒ나, 딍군이 가지 아냐셔 엄경과 셩닌의 거취를 ᄉ렴(思念)ᄒ더니, 엄·윤 냥경이 기간 독슈(毒手)를 버셔나 무ᄉ히 오고, 창닌이 한갓 오를 진졍홀 ᄲᅮᆫ 아니라, 망명 죄슈를 슈금(囚禁)ᄒ여 오니 긔특지 아니리오. 짐이 창닌의 쇼년딍ᄌ(少年大才)를 아름다이 너길 ᄲᅮᆫ 아냐, 션왕 엄모의 어진 덕으로 죵을 니으 리 업고, 드르니 오왕의 ᄋᆡ셰(愛壻)라 ᄒ니, 창닌으로 오왕을 봉ᄒ엿ᄂᆞ니 윤경은 ᄉ양치 말나."

지은 『속졔기(續齊諧記)』에 실려 있다.
1353) 파경(破鏡): 사이가 나빠서 부부가 헤어지는 것을 비유적으로 이르는 말. 옛날 어느 부부가 이별할 때 거울을 둘로 쪼개어 한 쪽씩 나누어 가지고 뒷날 다시 만날 증표로 삼았으나, 아내가 불의를 저질러 거울의 한쪽이 까치로 변하여 남편에게 날아와 부부의 인연이 끊어졌다는 데에서 유래하며 출전은 ≪태평광기≫이다.
1354) 진퇴ᄎ텬(塵土遮天): 흙먼지가 하늘을 가림.
1355) 산호만셰(山呼萬歲): 나라의 중요 의식에서 신하들이 임금의 만수무강을 축원하여 두 손을 치켜들고 만세를 부르던 일. 중국 한나라 무제가 숭산(嵩山)에서 제사 지낼 때 신민(臣民)들이 만세를 삼창한 데서 유래한다.
1356) 위면(慰面): 직접 얼굴을 보며 위로함.
1357) 천붕지통(天崩之痛): 하늘이 무너지는 것 같은 아픔이라는 뜻으로, 제왕이나 아버지의 죽음을 당한 슬픔을 이르는 말.

ㅎ시고 오직 오국 일긔를 【49】 올나라 ㅎ샤 어람ㅎ시고, 원슈의 신셩영무(神性英武)를 딕찬ㅎ시고, 부원슈 엄츄밀노 본직 츄밀부스(樞密府司)○[의] 동평장스좌각노(同平章事左閣老)를 더으시고, 군장스졸(軍將士卒)을 작상(爵賞)을 후히 ㅎ시고, 윤텬스를 본직 남평빅의 쳥능후 금즈광녹틱우(金紫光祿大夫) 틱즈틱부(太子太傅)를 더으샤 식읍(食邑) 삼만호(三萬戶)를 쥬시고, 원비 쇼시로 남국명녈부인(南國明烈夫人)을 봉ㅎ시고, 평오왕 원비 엄시로 명현왕비(明賢王妃)를 봉ㅎ시고, 츠비 쳘시로 현경부인(賢敬夫人)을 봉ㅎ시고 삼비 구시로 정경부인(貞敬夫人)을 봉ㅎ시고 스비 경시로 또흔 부인(夫人) 직쳡을 나리오샤 은영이 고로 밋게 ㅎ시니, 억만 장졸이 쳔은을 밧즈와 작상(爵賞)이 분의 넘치고, 상은(賞恩)이 영웅의 긔운【50】을 취(醉)케 ㅎ니, 승흥(乘興)흔 예긔(銳氣) 비비(倍倍)ㅎ여 산호만셰(山呼萬歲)ㅎ고 즐기는 쇼릭 진동ㅎ더라.

엄츄밀 남빅 오왕 등이 면관(免冠) 돈슈(頓首)ㅎ여 작치(爵次) 불감(不堪)ㅎ믈 스양ㅎ딕, 셩의(聖意) 불윤ㅎ시니, 홀일업셔 스은ㅎ고 문무 빅관이 한가지로 난가(鸞駕)를 뫼셔 환궁ㅎ시믈 뵈옵고 퇴궐홀식, 윤·하·뎡 삼문 제공이 반녈의 이시나 지쳑쳔안(咫尺天顔)이라 졍을 펴지 못ㅎ더니, 일시의 젹거스마(翟車駟馬)1358)를 모라 올식, 일가졔친(一家諸親)의 호호(浩浩)흔 영광 부귀 이 날 더옥 알니러라.

딕로상(大路上)의 스륜빵곡(四輪雙曲)1359)이 분답(紛沓)ㅎ고 풍악(風樂)과 느려진 벽졔(辟除)1360) 진동(震動)ㅎ니 그 장ㅎ믈 일필난긔(一筆難記)러라.

진왕과 승상이 각각 아즈를 압셰워 본【51】부의 도라오니, 조틱비와 노공 부뷔 광실의 포진(鋪陳)을 널니고 즈숀을 거느려 오왕○[과] 남빅○[의] 오기를 기다리더니, 황혼의 진왕 곤계 각각 아즈를 압셰워 드러오니, 남빅과 오왕이 승당 녜알의 비현(拜見) 존당부모(尊堂父母)홀식 승안화긔(承顏和氣)와 늠늠 쇄락한 풍치(風采) 엄위(嚴威) 쳑탕(滌蕩)ㅎ믄 진승상(陳丞相)1361) 부귀지면(富貴之面)1362)이라.

조틱비와 호람후 부뷔 스랑이 취ㅎ니, 조·뉴 냥틱비 우음을 먹음고 그 졀ㅎ믈 기다리지 못ㅎ여 광슈를 잡고 무익(撫愛) 탐혹(耽惑)ㅎ고, 노공은 두굿겨 웃는 닙을 쥬리지 못ㅎ니, 조비 도로혀 감회(感懷) 왈,

"셕년의 미망노뫼(未亡老母) 녹발(綠髮)이 쇠(衰)치 아녀셔 황텬(皇天)의 혹벌(酷罰)을 밧【52】즈와 션군(先君)이 만니 타국의 몸을 맛츠시니, 당당흔 츙녈(忠烈)은 우쥬

1358)젹거스마(翟車駟馬) : 꿩의 깃으로 꾸민, 네필의 말이 끄는 수레.

1359)스륜빵곡(四輪雙曲) : 네 개의 바퀴를 단 마차와 마차가 지나가는 데 방해받지 않도록 잡인의 통행을 금하는 피리나 나팔 따위의 악기 소리.

1360)벽졔(辟除) : 지위가 높은 사람이 행차할 때, 구종(驅從) 별배(別陪)가 잡인의 통행을 금하던 일. 또는 그러한 소리.

1361)진승상(陳丞相) : 중국 한나라 정치가 진평(陳平; ? - BC178). 가난한 집에서 태어났으나 용모가 뛰어나고 독서를 좋아하였다. 처음 초나라의 항우(項羽)를 섬기다가, 뒤에 한고조(漢高祖) 유방(劉邦)을 섬겼는데 '여섯 번 기발한 꾀를 내'(六出奇計) 천하 통일을 이루었다. 여태후(呂太后)가 죽은 뒤 주발(周勃)과 힘을 합하여 여씨 일족의 반란을 평정하였다.

1362)부귀지면(富貴之面) : 부귀(富貴)를 누릴 관상(觀相).

(宇宙)의 두렷ᄒᆞ나, 우흐로 ᄲᅡᆼ친의 불효ᄂᆞᆫ ○○○[이르도] 말고, 기시(其時)의 노뫼 붕성지통(崩城之痛)[1363]을 무어시 비ᄒᆞ리오만은, 유복(遺腹)으로 너의 형뎨를 두미 가운(家運)이 공참(孔慘)ᄒᆞ여 긔화(奇禍)를 공극(孔隙)히 여러번 지ᄂᆡ고, 모ᄌᆞ고뷔(母子姑婦) 구ᄉᆞ일ᄉᆡᆼ(九死一生)ᄒᆞ여 금일 부귀 현혁(顯林)ᄒᆞ니, 젼혀 션군의 딕졀을 상텬이 묵우(黙佑)ᄒᆞ시미로다."

셜파의 츄연(惆然) 감상(感傷)ᄒᆞ여 ᄉᆡᆨ(色)을 곳치니, 왕의 곤계 관을 슉이고 봉안의 징쉬(澄水) 동ᄒᆞ믈 ᄭᆡ닷지 못ᄒᆞᄂᆞᆫ지라. 노공이 슈슈와 ᄌᆞ질의 츄감 왕ᄉᆞᄒᆞᆷ믈 보고, 션형을 싱각고 창안(蒼顔)의 누쉬 상연(傷然)ᄒᆞᆷ믈 ᄭᆡ닷지 못ᄒᆞ니, 남빅 곤계 이셩(怡聲) 낙ᄉᆡᆨ(樂色【53】)으로 조비긔 위로 쥬왈,

"왕ᄉᆞ(往事)ᄂᆞᆫ 이의(已矣)라. 고어의 왈, 인싱이 비빅셰(非百歲)라. 금의 왕뫼 년급팔슌의 셔산낙조(西山落照) 갓ᄉᆞᆸ거늘, ᄉᆡ로이 비회를 동ᄒᆞ시ᄂᆞ니잇고? 복원 왕모ᄂᆞᆫ 관비ᄒᆞ시믈 바라ᄂᆞ이다. 인직 닙신 양명ᄒᆞᆷ믄 친안의 영효(榮孝)코져 ᄒᆞ미어늘, 금일 왕모와 딕인은 쇼ᄌᆞ의 경ᄉᆞ를 당ᄒᆞ샤 비회를 동ᄒᆞ시니 불회 막심(莫甚)토소이다."

셜파의 완슌(婉順)ᄒᆞᆫ 풍치 어리로와 승열(承悅) 효슌(孝順)ᄒᆞᄂᆞᆫ 낫빗치 증왕(曾王)의 효도를 귀타 못홀지라. 진왕 곤계 슬프믈 강잉ᄒᆞ여 쳐ᄉᆡᆨ(悽色)을 거두고, 만면○[의] 츈풍이 습습(習習)ᄒᆞ더라[1364].

존당이 이의 오국ᄉᆞ(吳國事)를 므르니, ᄂᆞᆼ인이 표의 불초픽악지ᄉᆞ(不肖悖惡之事)와 녀【54】방 부녀 형뎨 요젹(妖賊)으로 더부러 망명(亡命) 반국(叛國)ᄒᆞ여 불인ᄒᆞᆫ 엄표를 도으며, 동심합계(同心合計)ᄒᆞ여 국지딕란(國之大亂)ᄒᆞ던 일을 고ᄒᆞ오며, 오국인물과 댱후의 진인명덕(眞仁明德)과 셰ᄌᆞ비의 슌덕(順德)홈과 ᄲᅡᆼ산(雙産) ᄌᆞ녀의 긔특(奇特)ᄒᆞᆷ믈 고ᄒᆞ더라.

ᄂᆞᆼ인이 엄부 가변(家變)이며 미뎨의 젹니고초(謫裏苦楚)를 놀나, 남빅이 탄식 쥬왈,

"텬이 길인을 도으시미 명명ᄒᆞ온즉 쇼미와 엄싱은 영복(榮福)이 하원(遐遠)ᄒᆞ오니 익(厄)이 진(盡)ᄒᆞ면 만복(萬福)을 닛글니이다."

틱비 남빅의 말ᄉᆞᆷ을 듯고 탄왈,

"여언이 최션ᄒᆞ나 노뫼 붕셩지통(崩城之痛)과 《화라∥화란》여ᄉᆡᆼ(禍亂餘生)으로 남녀졔손(男女諸孫)이 완젼ᄒᆞᆷ믈 엇지 못ᄒᆞ여 비환(悲患)이 여츳ᄒᆞ니, 손녀의 【55】화란은 더져두고 엄시 ᄂᆞᆼ쇼뷔 친당 가환을 붓그려 지통 즁 근심이 깁흐니 잔잉치 아니리오."

남·오 ᄂᆞᆼ인이 왕모의 말ᄉᆞᆷ을 듯고 딕왈,

"왕모ᄂᆞᆫ 물우셩녀(勿憂聖慮)ᄒᆞ쇼셔. 누의 화란이 슈년 후면 도라오리니 못보실가 근심ᄒᆞ리잇고?"

[1363] 붕셩지통(崩城之痛) : 성이 무너질 만큼 큰 슬픔이라는 뜻으로, 남편이 죽은 슬픔을 이르는 말.
[1364] 습습(習習)ᄒᆞ다 : 바람이 산들산들하다.

티비 냥손의 말을 듯고 우어 왈,

"녀주 되오미 가히 어렵도다. 냥쇼뷔 꼿다온 덕힝이 규각(閨閣)의 셩시(聖士)라. 너희 등이 쳐지라 ᄒ여 민박(憫迫)혼 졍ᄉ를 통쵹(洞燭)지 아니ᄒ니 불통치 아니냐?"

뉴부인이 쇼왈,

"져져ᄂᆞᆫ 능활(能猾)혼 숀ᄋᆞ의게 속지 마르쇼셔. 셩·창 냥이 쳐주의 션악을 아되 이리ᄒᄂᆞ이다."

티비 쇼왈,

"뉴져의 말ᄉᆞᆷ이 올타."

ᄒ니, 냥인이 쇼안(笑顔)【56】이 이연(怡然)ᄒ더라.

이러틋 한담(閑談)ᄒ니, 이윽고 금셩(禽聲)[1365]이 악악ᄒ고 쳘괴(鐵鼓)[1366] 늉늉ᄒ니 야심ᄒᄆᆞᆯ ᄭᆡ다라 존당이 취침ᄒ신 후 각귀ᄉ침(各歸私寢)홀ᄉᆡ, 이 씨 쇼부인 삼주와 엄부인 주녀와 오왕 원비 삼주와 쳘부인 냥주 일녀와 구부인 주네 층층(層層)ᄒ여 각각 야야(爺爺)의 광슈(廣袖)를 붓드러 반기더라.

남빅과 오왕이 왕부와 부슉을 시침(侍寢)ᄒ고 군죵으로 동실(同室)ᄒ니, 별후 슈년의 ᄡᅥ낫던 졍이 시롭더라. 명죠(明朝)의 신셩(晨省)ᄒ고 궐하의 나아가 죠회를 파ᄒᄆᆡ, 부즁의 도라오니 하긱이 운집ᄒ여 별ᄂᆡ(別來)를 니르더라.

환경(還京) 슌여일의 밋쳐 비로쇼 각각 ᄉ침을 ᄎᆞ즐ᄉᆡ, 남빅은 쇼부인 침쇼의 나아가 별【57】졍을 펴고 엄부인은 상녜를 어긔오지 아니므로 침각(寢閣)의 머물미 업고, 오왕은 엄비를 보아 위로ᄒ고 지난 바를 닐을지언졍 침뎐(寢殿)의 머물미 업ᄉ니, 군주슉녀의 녜(禮) 잡으미 이 갓더라. 텰·구 냥부인과 경시를 ᄎᆞ즈 니졍(離情)을 니르니, 경시 감히 우흐로 원비의 즁혼 총셰와 두 부인 총이를 바라지 못ᄒ나, 도금은 군주의 홍은(鴻恩)이 흔연ᄒ니 쇼망의 과의(過矣)라. 비록 긔특다 못ᄒ나 다시 《요약∥요악(妖惡)》을 창슈(唱酬)치 못ᄒ고 슌편(順便)혼 위인이 되어시니, 왕의 가ᄉᆡ(家事) 졍(靜)ᄒ엿더라.

이 씨 상이 녀방 녀슉 봉암 등 모든 죄인을 흉이 너기시고, 역텬 모반ᄒᄆᆞᆯ 다시 무를 거시 업다 ᄒ샤, 경죠윤(京兆尹)을 명ᄒ여 본부의 【58】좌긔(坐起)ᄒ여 형장(刑杖) 쥰ᄎᆞ(峻次)[1367]의 뉼(律)을 상고ᄒ여 뉵인을 쳐참(處斬) 효시(梟示)ᄒ여 참두(斬頭) 함양시상(咸陽市上)ᄒ고, 팔황(八荒) 구쥐(九州)의 이쳐(異處)ᄒ여 후셰 반역을 징계ᄒ라 ᄒ시니, 유시(有司) 봉명응죠(奉命應詔)ᄒ여 시상(市上)의 니르러 모든 죄인을 복쥬(伏誅)홀ᄉᆡ, 녀방 녀슉은 탄왈,

"아등 형뎨 오늘날 화를 바드미 싱녀(生女) 잘못혼 죄라."

ᄒ니, 슈졍은 아연 져상ᄒ여 유구 무언이오, 혜졍은 앙텬(仰天) 탄왈,

1365)금셩(禽聲) ; 새 울음 소리. 여기서는 닭 우는 소리를 말함.
1366)쳘괴(鐵鼓) : 철고(鐵鼓.). '쇠북'을 한자로 옮긴 말. *쇠북; 큰 종(鐘).
1367)쥰ᄎᆞ(峻次) ; 매나 형장(刑杖)으로 엄히 침.

"나 혜졍이 지릉(才能) 다모(多謨)ᄒ여 고인만 못ᄒ리오만은, 오늘 윤셩닌과 쇼봉난이 셰상의 잇ᄂ 연괴라."

ᄒ고, 원홍은 고셩(高聲) 왈,

"금일 화ᄂ 《조현슉∥조현슌》이 날을 나모라 ᄉ회 슘지 아닌 연괴라. 죽어 모진 귀신이 되여 원슈【59】를 갑흐리라."

ᄒ더라.

시긱(時刻)이 다ᄃᄅ니 여슷 죄인을 ᄎ례로 버히니 텬긔 화창터라.

죄인 힝형(行刑)ᄒ 디셔 푸른 긔운이 ᄉ방으로 허여지니 시샹인(市上人)이 그 흉악ᄒ믈 더옥 통한ᄒ더라. 후리(後來)의 그 긔운이 ᄉ방의 훗허져 사ᄅᆷ의게 투탁(投托)ᄒ여 일장 변난을 가국(家國)의 짓고 맛춤ᄂ 다시 복쥬(伏誅)ᄒ믈 바드니라.

오왕이 감히 왕작을 ᄉ양치 못ᄒ고 튁일ᄒ여 봉작(封爵) 관면(冠冕)을 밧줍고 ᄉ연(賜宴) ᄉ악(賜樂)ᄒ여 존당 부모를 영친(榮親)ᄒ실ᄉᎥ, 이의 슈조(手詔)를 민ᄃ라 본국의 보ᄂᎥ여 승상 호경으로 다시 졍승을 삼고, 심이긔로 보국농호디장(輔國龍虎大將)을 비ᄒ여 나라흘 직희오니, 호경과 심이긔ᄂ 【60】쇼방(小邦) 튱현지ᄉ(忠賢之士)라. 왕명을 바다 녜의로 국졍을 다ᄉ리고 국군의게 진봉(進封)홈과 조공(朝貢)이 여일(如一)ᄒ니, 왕이 호·심 냥인의 튱의를 긔특이 너겨 국졍의 넘녜 업더라.

시의 텬지 오왕궁을 진궁 겻히 지으니, 임의 공장(工匠)이 이긔(理器)¹³⁶⁸ᄒ고 목셕(木石)이[을] 함국뉵ᄉ(咸國六司)¹³⁶⁹ 간역(看役)ᄒ니 슈고로오미 이시리오. 슈월의 필역(畢役)ᄒ니 오왕의 부슉 곤계 ᄌ질이며 뎡·하 등 모든 친척으로 더부러 궁을 보니, 셩만 ᄉ치ᄒᴖᆯ 깃거 아니코 승상은 더옥 즐겨 아녀 광미(廣眉)를 졍긔여 왈,

"텬하셰인(天下世人)이 쳐어셰(處於世)ᄒ여 유ᄌ손(有子孫)ᄒᴖᆷ, 닙신현달(立身顯達)ᄒ여 부모를 영현(榮顯)ᄒ며, 닉 몸이 영화롭고 《다힝홀∥다힝ᄒᴖᆯ 바랄》 비어늘, 우리 힝혀 조션(祖先) 【61】덕음(德蔭)을 닙ᄉ와 여등(汝等) ᄌ질(子姪)이 디즁물(池中物)¹³⁷⁰이 아니나, 타류(他類)의 범일(汎溢)¹³⁷¹ᄒ 빅 업거늘, 아히 불과 촌젼지공(寸戰之功)¹³⁷²으로써 셩텬ᄌ의 과도ᄒ신 이슈(異數)를 밧ᄌ와 위거왕후(位居王侯)ᄒ고, 집이 광활ᄒ니 묘복(眇福)이 과의(過矣)라. 셩탕(成湯)은 인쥬(人主)로딕 상님(桑林) 젼야(田野)의 비로시미¹³⁷³ 뉵ᄉᄌ칙(六事自責)¹³⁷⁴ᄒ시니, 이 곳 만고셩덕(萬古

---

¹³⁶⁸이긔(理器) : 필요한 기계나 연모를 갖추어 사용함.

¹³⁶⁹함국뉵ᄉ(咸國六司) : 온 나라와 나라의 주요한 일을 맡아보던 여섯 관아. =육부(六部)·육조(六曹).

¹³⁷⁰디즁물(池中物) : '연못 속에 있는 교룡'이라는 뜻으로, 아직 승천하지 못한 용, 곧 '평범한 사람'을 이르는 말. 〈삼국지〉에서 주유(周瑜)가 손권(孫權)의 누이동생과 혼인하여 오(吳)나라에 머물고 있는 유비(劉備)를 빗대어 이른 말로, 만약 유비가 오나라를 떠나 형주로 가게 되면 그는 교룡이 구름과 비를 얻게 되어 더 이상 지중물 곧 연못속의 교룡이 아닌 것이 될 것이라고 한 데서 유래한 말.

¹³⁷¹범일(汎溢) : 큰물이 흘러넘침. 늑범람(汎濫).

¹³⁷²촌젼지공(寸戰之功) : 아주 작은 전공(戰功).

¹³⁷³비로다 : 빌다. 바라는 바를 이루게 하여 달라고 신이나 사람, 사물 따위에 간청하다.

¹³⁷⁴뉵ᄉᄌ칙(六事自責) : =성탕육책(成湯六責)·상림육책(桑林六責). 중국 은나라 탕왕이 나라에 7년 동

性德)이라. 우리 부지 쇽셰 필부로 부귀 셩만을 당ᄒ니 불안치 아니리오. 여등 ᄌ질비(子姪輩) 쇼심익익(小心翼翼)1375)ᄒ고 긍긍업업(兢兢業業)1376)ᄒ여 복을 조심ᄒ고, 힝혀 오만(傲慢) 스치(奢侈)ᄒ여 ᄌ앙을 부르지 말나."

언파의 말ᄉᆞᆷ이 졍ᄃᆡ(正大)ᄒ여 표리일쳥(表裏一淸)1377)ᄒ미 즁니(仲尼)의 지현(至賢)ᄒᆞᆫ심과 안연(顔淵)의 단슉(端肅)ᄒ므로 방불ᄒ니, 좌우의 뫼신 ᄌ질이 슈명(受命)ᄒ며 【62】뎡하(庭下) 졔인이 탄복ᄒ더라.

이 젹의 엄퇴ᄉᆞ 부지 왕후와 호시로 더부러 왕의 녕구(靈柩)를 안장(安葬)ᄒ고 퇴ᄉᆞ는 몬져 환경ᄒᆞ엿더니, 윤시의 추악ᄒᆞᆫ 죄루를 알오미 되여시나 최부인이 감언미셜(甘言美說)노 윤시의 업손 허믈을 창슈(唱酬)ᄒ니, 퇴ᄉᆞ는 쇼탈ᄒᆞᆫ 장뷔라 반신반의(半信半疑)ᄒ나, 츄밀은 범부인 말노조추 최부인의 영을 위ᄒ여 양ᄌ부(養子婦)를 함ᄒᆡ(陷害)ᄒ랴 ᄒᆞᄂᆞᆫ 긔미를 알오ᄃᆡ 말을 못ᄒ더라.

일월이 훌훌ᄒ여 엄왕의 삼긔(三忌) 지나고 죵ᄉᆞ(終祀)를 맛ᄎᆞ니, 퇴ᄉᆞ 곤계 ᄌ질이 하향(下鄕)ᄒ여 슈슉(嫂叔)이 한가지로 죵졔(終祭)를 맛고, 싀로이 망극ᄒ미 비길 ᄃᆡ 업더라. 퇴ᄉᆞ와 츄밀이 댱후를 ᄃᆡᄒ여 왈,

"이졔 삼긔를 죵(終)ᄒ【63】미 창이 입경(入京)ᄒ리니 쉬쉬 벽쳐의 외로이 계실비 아니니 한가지로 고퇴(古宅)의 도라가ᄉᆞ이다."

ᄒ나, 댱휘 이 가온ᄃᆡ 가만ᄒᆞᆫ 긔화(奇花)를 감초와 윤쇼져의 피화ᄒᆞᆫ ᄌ최를 감초아 슬하의 두어 ᄉᆞ랑이 간간ᄒ미 친녀의 감치 아니코, 최시의 악ᄉᆡ 그만ᄒ지 아닐 줄 지긔ᄒ니, 환경ᄒ면 일퇴지샹(一宅之上)의 보지 아니 리 업슬 거시미, 쳐연(悽然) 수왈,

"션왕의 삼샹(三喪)이 덧업시 지ᄂᆞ니 셰샹이 부운 갓ᄒ여 환경홀 의ᄉᆞ 업ᄉᆞ며, 버거 호식뷔 삼샹을 못지ᄂᆡ고 황벽쳐(荒僻處)의 ᄎᆞ마 바리지 못홀 거시니, 슈삼《녀∥년》(數三年)을 더 잇셔 심회를 진졍ᄒᆞᆫ 후의 환경ᄒ미 늣지 아닐가 ᄒᄂᆞ이다."

퇴ᄉᆞ 【64】곤계 우기지 못ᄒ고, 한님이 ᄌ긔 익운이 머러시믈 혜아려, 모비를 권치 못ᄒ니라. 댱휘 수오년 후 가란이 진졍ᄒ고 윤쇼졔 ᄉᆞ(赦)를 닙어 모ᄌ고식(母子姑媳)이 환경ᄒ여 일퇴의 모드며, 낭녀로 샹봉ᄒᆞᆫ 셜홰 <엄시ᄉᆞ젹(嚴氏事蹟)>1378)의 《잇ᄂᆞᆫ지라∥있나니라》.

엄한님이 ᄌ위를 하직ᄒ고 낭부를 뫼셔 환경ᄒ니, 샹이 본직 한님흑ᄉᆞ○[의] 예부

안 가뭄이 들어 민생이 도탄(塗炭)에 빠지자, 상림(桑林)의 들에 나가, 스스로 희생이 되어 기우제를 지내면서, 여섯 가지 잘못이 있었는가를 자책하며 하늘에 용서를 빈 것을 말한다. 그 내용은 ①정부절여(政不節歟; 정치가 절도에 맞지 않았는가) ②민실직여(民失職歟; 백성들이 직업을 잃지는 않았는가) ③궁실숭여(宮室崇歟; 궁실이 화려하였는가) ④여알셩여(女謁盛歟; 여자들이 들끓었는가) ⑤포이행여(苞苴行歟; 뇌물이 성행하였는가) ⑥참부창여(讒夫昌歟; 간신배들이 들끓었는가)이다. 『십팔사략(十八史略)』 1권에 나온다.
1375)쇼심익익(小心翼翼) : 조심하고 겸손함.
1376)긍긍업업(兢兢業業) : 항상 조심하여 삼감. 또는 그런 모양.
1377)표리일쳥(表裏一淸) ; 안팎이 한결같이 맑고 깔끔함.
1378)엄시ᄉᆞ젹(嚴氏事蹟) : 본 작품의 속편인 <엄씨효문쳥행록(嚴氏孝門淸行錄)>을 말함.

시랑을 ○[더] 흐이시니, 텬은을 슉ᄉ(肅謝)흐고 직임의 나아가니, 쳥현(淸顯) 아망(雅望)이 날노 ᄉ롭더라.

남빅 부인과 오왕비 구별지여(久別之餘)의 동긔(同氣) 상면(相面)흐여 부왕의 삼긔(三朞) 홀홀흐믈 슬허흐미, 삼남미의 남의 업슨 지통이 긔록기 어렵더라.

ᄎ시 평오왕이 퇴일흐【65】여 궁의 안돈흘ᄉ, 남빅과 왕이 각각 부인을 위로흐○[니] 부부 은이 ᄉ롭더라.

ᄎ년 츄팔월 죠슌 길일(吉日)의 오왕이 입궁흐니, 남궁 향은뎐은 원비 명현왕비 엄시 쳐흐고, 동궁 치운누는 뎡경부인 구시 쳐흐고, 서궁 녕운누는 졍덕부인 털시 쳐흐고, 봉각은 빈실 경시 쳐흐고, 일곱 별당을 쇄쇼흐여 옥난미 등의 쳐쇼로 흐며, 북궁 광휘루와 풍남뎐은 왕이 스스로 쳐흐{게흐}니, 단쳥의 휘황흠과 치각의 조요흐미 일싁의 바이더라. 겸흐여 ᄉ연ᄉ악(賜宴賜樂)흐여 냥슌의 영화를 고흐고, 강능(岡陵)의 슈(壽)1379를 비러 헌슈흘ᄉ 윤·하·뎡 삼문 닉외인과 황친국쳑(皇親國戚)이며 친붕【66】이 써지니 업시 모드니, 광실이 좁고 엇게 기야이며 쥬옥이 졍광(爭光)흐는지라. 텬지 특별이 상방(尙方) 진슈(珍羞)와 어원풍악(御苑風樂)을 ᄉ급(賜給)흐샤 녜경(禮敬)흐시는 ᄯᅳᆺ을 뵈시니, 호호(浩浩)흔 영광이 비길 ᄃᆡ 업거놀, 진·초 냥국 쇼산이며 텬하 십삼셩(十三省)의 아니 드는 거시 업ᄉ니, 산히지물(山海之物)은 티산의 놉흐미 잇고, 상방(尙方) 일등 빅년쥬는 창히(蒼海)의 넉넉흐미 이시니, 그 장녀흐믈 이로 긔록지 못흘 거시오, 닉외 빈긱이 광실이 터질 듯흐더라.

진왕 형뎨 노공을 밧드러 쥬벽(主壁)의 좌흐니, 남빅 십오 곤계와 오왕 칠 곤계 존당 부슉을 뫼셔 존빈 딕긱을 마즈니, 빅여간 금벽(錦壁)【67】광실의 졔빈이 딕회흐미, 별 갓흔 관(冠)과 달 갓흔 픠옥(佩玉)이 분분(紛紛)흐고, 닉연(內宴)의 셩흐미 외뎐(外殿)과 일쳬라. 뎡·진·남·화 ᄉ비(四妃)와 하·장 냥부인이며, 녕능공 부인과 하승상 부인과 졔왕비 의렬과 조티비 양녀 한승상 부인 우시, 낭낭흔 픠옥을 울녀 쥬셕(主席)의 조티비와 뉴티부인을 뫼시니, 졔부인이 년긔 이모지년(二毛之年)1380이로ᄃᆡ, 상낭(爽朗)흔 격조와 윤염(潤艶)흔 긔뷔 쳥냥(淸亮) 완혜(婉蕙)흐여 쇼년 홍분(紅粉)을 웃거늘, ᄌ녀부 숀즁 쇼년 부인닉와 옥션공쥐 교ᄌ현질(嬌姿賢質)이 텬디졍믹(天地精脈)을 오로지 거두어 막상막하(莫上莫下)어늘, 기즁(其中) 탁츌(卓出)흔 바는 평졔왕 춍부(冢婦) 승상 동졔공 원【68】비 댱시와 ᄎ부 초왕비 조셩녈과 평진왕 춍부 쇼시와 윤승상 춍부 오왕비 엄시와 쇼승상 부인 션화쇼져와 한흑ᄉ 부인 옥화쇼져와 하상국 춍부 평동왕 원비 뎡시 월염과 ᄎ부 혜션공쥬 등의 셩덕 광화는 싁지종(色之宗)이오, 덕지원(德之元)이라.

만당 졔빈의 홍장 분면이 스스로 졔 몸을 도라보아 온 쥴 뉘웃더라.

1379)강능(岡陵)의 슈(壽) : 산(山)처럼 오래 삶. *강릉(岡陵) : 산. 산등성이.
1380)이모지년(二毛之年) : 두 번째 머리털 곧 흰 머리털이 나기 시작하는 나이라는 뜻으로, 32세를 이르는 말.

이러구러 날이 느즈니 잔상(盞床)을 드리고 팔음(八音)을 진쥬(進奏)ᄒ니, 압압히 진 슈미찬(珍羞美饌)을 버리고 뇨료(嘹嘹)○[훈] 악음(樂音)은 구텬의 어리니, 만당(滿堂) 빈긱이 흠탄 왈,

덕문여가(德門餘家)의 복션지니(福善之理) 헛되지 아녀, 츙문공 츙현왕 명텬공의 기세츙녈(蓋世忠烈)노 만니 【69】《호구‖호국(胡國)》의 셩명을 바려, 우쥬의 두렷ᄒᆫ 츙의를 상텬이 감응ᄒ미 아니면, 조틱비 엇지 고고치녀(孤孤穉女)와 혈혈유복(孑孑遺腹)을 보젼ᄒ며, 은(罶)ᄒᆫ 존고와 오(惡)ᄒᆫ 금장의 쳔흉만악(千凶萬惡) 즁 모즈녀 스인이 지우보명(至于保命)ᄒ여 맛춤ᄂᆡ 악인을 감화(感化) 즈복(自服)ᄒ여 금일 오복(五福)을 졈득(占得)ᄒ리오. 젼혀 츙현왕과 조비의 녈의셩덕(烈義聖德)을 텬되(天道) 감응ᄒ샤 복션지니(福善之理) 명명(明明)ᄒ미라. 가만이 일ᄏᆞ기를 마지 아니터라.

일영(日影)이 장반(將半)의 ᄂᆡ외 즈손이 ᄂᆡ뎐(內殿)의 모다 조틱비긔 현슈(獻壽)ᄒ려 ᄒ더니, 힝군(行軍)이 뇨량(嘹喨)ᄒ고 뎡긔폐일(旌旗蔽日)ᄒ고 우기(羽蓋) 븟치이며 부문이 요요(擾擾)ᄒ더니, 동궁(東宮)이 상【70】명을 밧즈와 조틱비긔 헌슈ᄒ라 니ᄅ시니, 윤시 졔인과 만조거경(滿朝巨卿)이 틱지(太子) 친님ᄒ시믈 듯고, 되경ᄒ여 하당영지(下堂迎之)ᄒ여 입문ᄒᆞᆯ시, 틱지 황즈 연왕 졔왕으로 더부러 니ᄅ시니, 삼위 귀인이 년긔 최쇼(最少)ᄒ시나 농종(龍種)[1381] ᄂᆞᆫ지(麟趾)[1382]의 빗난 여름이라.

츈궁(春宮)은 셩명지쥬(聖明之主)시니, 빗난 셩덕이 우탕문무(禹湯文武)[1383]의 일뉴(一類)시니, 무불하즈(無不瑕疵)어니와 연·졔 냥왕이 츈궁을 뫼셔 ᄂᆡ림ᄒ니 좌위 불감앙시라. 틱지 드로오ᄉ 황금교위(黃金交椅)의 좌를 일우시고, 옥음을 여ᄅᆞᆺ 왈,

"과인(寡人)이 황야(皇爺)의 명을 밧즈와 진국 틱부인긔 헌슈(獻壽)ᄒ려 니ᄅ미, 삼공뉵경(三公六卿)은 몬져 와 쥬인【71】이 되엿거늘, 이딕도록 겸손ᄒ리오. 군신부지(君臣父子) 일쳬즉(一體卽) 졔공이 이딕지 겸퇴(謙退)ᄒ여 과인의 심스를 불안케 말고 평신(平身)ᄒ라. 경권(經權)이 잇ᄂᆞ니 일노뼈 군신되의 구이ᄒ미 업술가 ᄒ노라."

좌위 상언(上言)을 듯줍고 황감ᄒ나 마지 못ᄒ여 당의 올나, 군위(君威) 아릭 뫼셧더라. 이의 쥬비를 나와 거후루고 경장(瓊漿)을 밧드러 틱즈와 연·졔 냥왕의게 봉진(奉進)ᄒ여, 군신이 음파(飮罷)의 일영(日影)이 장반(將半)이라.

윤노공이 광의딕딕(廣衣大帶)로 장연(長延)ᄒᆫ 빅염(白髯)을 붓치고, 즈질을 거ᄂᆞ려 셔 느즈믈 일ᄏᆞᆯ미, 진왕 곤계 틱즈를 뫼시고 졔즈 졔질을 명ᄒ여 ᄂᆡ당의 드【72】러오니, 일가 스친(私親) 밧 졔부인ᄂᆡ 다 장ᄂᆡ로 피ᄒ고, 진국 틱비 조시 빅옥교위(白玉交椅)의 좌를 일워시니, 년급팔십의 붕셩지통을 품어 쳡봉긔화(疊逢奇禍)를 즈심이 겻거시나, 쳥슈(青首) 불빅(不白)ᄒ고 스월(斜月) 아황(蛾黃)이 츈산(春山)의 옛 그림ᄌ

1381) 농종(龍種) : 왕족 또는 황족을 이르는 말.
1382) ᄂᆞᆫ지(麟趾) : '기린의 발'이란 말로, 왕 또는 황제의 자손을 달리 이르는 말.
1383) 우탕문무(禹湯文武) : 고대 중국의 성군(聖君)으로 일컬어지는 하(夏)의 우(禹)임금, 은(殷)의 탕(湯)임금과 주나라 문왕(文王)과 그 아들 무왕(武王)을 함께 이르는 말.

를 머무럿고, 옥면홍협(玉面紅頰)의 쥬슌옥치(朱脣玉齒) 슈려(秀麗) 청낭(晴朗)ᄒ여 가히 졀염(絶艶)인 쥴 알거시오, 윤퇴ᄒᆫ 명모(明眸)의 광화(光華)ᄒᆫ 셩덕(聖德)이 어리여, 슉완(淑婉) 셩ᄉᆞ(聖士)의 상우(相偶)ᄒᆞ미 븟그럽지 아니ᄒ니, 이 가히 가부(家夫)의 만니 님ᄉᆞ(任使) 원별지시(遠別之時) 유탁지교(遺託之敎)를 바다, 일만 괴롭고 일쳔 위틱ᄒᆫ 가온딕 은(罷)ᄒᆫ 고모(姑母)와 오(惡)ᄒᆫ 금장(襟丈)의 쳔흉【73】만악지즁(千凶萬惡之中)이나, 쳔ᄉᆞ만싱(千死萬生)ᄒ여 고고치녀와 혈혈유복을 보젼ᄒ여 명쳘보신ᄒ며 신여명(身與命)이 구젼(俱全)ᄒ여 당셰의 희한ᄒᆫ 셩인 슉녀를 알지라. 담담 쇼복 가온딕 졍슉ᄒᆫ 녜뫼 낫하나니, 퇴지 뇽안을 드러 슬피시고 탄복ᄒᆞ시더라. 옥비의 난향(蘭香)을 만작(滿酌)○○[ᄒ여] 헌작ᄒ시니, 퇴비 연망이 쌍슈로 밧ᄌᆞ오미 감뉘(感淚) 여우(如雨)ᄒ여 고두지비 고왈,

"노쳡은 비부(蚍蜉)[1384] 갓흔 인싱이라. 요힝 불쵸 광텬 등이 셩쥬의 슈은(受恩)ᄒ와 쵼젼지공(寸戰之功)이 업시 우리 황상의 불ᄎᆞ(不次)로 즁용(重用)ᄒ시미 외람ᄒᆫ 왕작과 퇴각의 큰 그릇스로, 황은이 ᄌᆡ츠일신(在此一身)ᄒᆫ【74】옵거날, 버거 졔손이 져마다 슈용(收用)ᄒ시믈 닙ᄉᆞ와, 직죄 업시 위극인신(位極人臣)ᄒ고 위고금다(位高金多)ᄒᆞ오니, 텬은이 ᄉᆞᄉᆞ마다 호텬망극(昊天罔極)이라. 비록 노신이 분골 쇄신ᄒ나 우리 폐하의 늉○[은](隆恩)을 갑습지 못홀가 ᄒᆞ옵더니, 금일 츈궁 뎐하의 뇽쳬(龍體) 쳔가(賤家)의 좌굴관기(坐屈冠蓋)[1385]ᄒᆞ샤 하비(下杯)를 나리오시니, 노쳡(老妾)의 묘복(眇福)이 황감(惶感)치 아니리잇고? 복원(伏願) 뎐하ᄂᆞᆫ 일즉 환궁ᄒᆞ샤 쳔신의 불안 황공ᄒᆞ오믈 더으지 마르쇼셔."

쥬파(奏罷)의 긔운이 졍슉ᄒ여 츄텬상노(秋天霜露)의 빅월(白月)이 흐르ᄂᆞᆫ 듯ᄒ니, 퇴지 더옥 칭찬ᄒᆞ샤 공경ᄒ시믈 마지 아니시더라.

퇴【75】지 믈너 외각(外閣)의 나가시니, 장ᄌᆞ 진왕 윤청문이 슈앙(秀昂)ᄒᆫ 풍치의 통텬관(通天冠)의 빅옥 씌로 젹의보불(赤衣黼黻)[1386]을 갓초고, 뎡·진·남·화 ᄉᆞ비로 더부러 옥딕금종(玉臺金鐘)[1387]의 ᄌᆞ익(紫液) 년슈쥬(延壽酒)를 만작(滿酌)ᄒ여 헌슈ᄒ더라.【76】

<hr>

1384) 비부(蚍蜉) : 개미. 하루살이.
1385) 좌굴관기(坐屈冠蓋) : 자기가 찾아가야 할 것을 찾아가지 아니하고, 도리어 상대방이 수레를 타고 찾아오게 하는 수고를 끼침. *관개(冠蓋); 높은 벼슬아치가 타고 다니던 수레. 말 네 필에 멍에를 매어 끌게 했다.
1386) 젹의보블(赤衣黼黻) : 제후의 붉은 색 예복. *보불(黼黻); 제후의 예복에 놓은 수(繡). 또는 그 수를 놓은 예복. '보'는 흰 색과 검은 색으로 자루가 없는 도끼 모양을 수놓은 것을 말하며, '불'은 검은색과 청색으로 '己'자 두 개를 반대로 하여 수놓은 것을 말함.
1387) 옥딕금종(玉臺金鐘) : 옥으로 만든 잔대와 금으로 만든 술잔.

윤하뎡삼문취록 권지일백이

  추시 진왕이 뎡·진·남·화 ᄉ비로 더부러 옥ᄃ]금죵(玉臺金鐘)의 ᄌ익(紫液) 년슈쥬(蓮鬚酒)를 만작(滿酌)ᄒ여 나아오니, 슉녈의 쳥연(淸妍) 쇄락(灑落)홈과 진비의 윤염(潤艶) 쇼쇄(掃灑)홈과, 남비의 단일졍졍(端壹貞靜)홈과 화비의 염염슈이(艶艶秀異)흔 격죄 셔로 ᄲ혀나, ᄉ부인이 년긔 이모(二毛)를 지나 쇼년 홍옥(紅玉)을 하직흔지 오릭딕, 쳥낭완혜(晴朗婉慧)ᄒ여 하나흔 옥퇴(玉兔)1388) 부상(扶桑)1389)의 나린 듯ᄒ고, 하나흔 일죵부게(一種芙蕖)1390) 쳥강(淸江)○[의] ᄂ]우(冷雨)를 ᄲ]쳐시며, 하나흔 슈국(水國)의 난최(蘭草) 한가롭고, 하나흔 혈혈(孑孑) 상풍(商風)1391)의 셰향(細香)이 훈훈(薰薰)흔 듯ᄒ니, 가히 텬의(天意) 유의ᄒ여 쳥문의 실【1】중(室中)을 빗ᄂ]고, 쥬죵(主宗)의[을] 영창(永昌)흘 긔미를 빌ᄂ]시믈 ᄭ]다를지라.
  부부 오인이 헌작(獻酌)ᄒ고 믈너 강능(岡陵)의 슈(壽)를 비니, 왕의 웅건활낭(雄健豁朗)흔 셩음이 쇄락쳥월(灑落淸越)ᄒ여 뇽(龍)이 운즁(雲中)의셔 울고 ᄃ]회(大虎) 심산(深山)의셔 파람ᄒᄂ 듯ᄒ더라.
  승상 효문공이 하·댱 냥부인으로 더부러 옥비(玉杯)○[의] 난향(蘭香)을 만작(滿酌)ᄒ여 나아오니, 승상의 슉연쇄락흔 풍신(風神)1392)과 하부인의 졀셰방용(絶世芳容)이며 댱부인의 상활슈려(爽闊秀麗)흔 용광이 이모(二毛)를 지나시나, 셩모(聖貌) 덕ᄎ](德彩) 쇼년홍옥(少年紅玉)을 묘시(藐視)ᄒ니, 군ᄌᄂ 묵묵ᄒ여 즁니(仲尼)의 바른 쥴믹을 이엇고, 슉녀ᄂ 졍졍(貞靜)ᄒ여 모시(毛詩) 관져(關雎)의 흡흡(洽洽)흔 【2】 슉인 셩ᄉ](淑人聖士)니, 졍히 ᄎ부부(此夫婦)의게 일넘 즉ᄒ더라.
  헌작ᄒ기를 맛ᄎ]미 강능(岡陵)의 슈(壽)1393)와 강하(江河)의 부(富)1394)를 노릭ᄒ니, 쇄락흔 쳥음(淸音)이 구쇼(九宵)의 셧도라 만니장공(萬里長空)의 쳥운이 가기를 줍지ᄒᄂ 듯ᄒ니, 좌긱이 심심(深深) 칭희(稱喜)ᄒ믈 마지아냐, 왈,

---

1388)옥토(玉兔) : ①'옥토끼'. 곧 달 속에 산다는 전설상의 토끼를 이르는 말. ②'달'을 달리 이르는 말.
1389)부상(扶桑) : 해가 뜨는 동쪽 바다.
1390)일죵부게(一種芙蕖) : 한 포기 연꽃. *부거(芙蕖) : 연꽃. 부용(芙蓉).
1391)혈혈상풍(孑孑商風) : 솔솔 부는 가을바람.
1392)풍신(風神) : =풍채(風采). 드러나 보이는 사람의 겉모양.
1393)강능(岡陵)의 슈(壽) : 산(山)처럼 오래 삶. *강릉(岡陵) : 산. 산등성이.
1394)강하(江河)의 부(富) : 큰 강물처럼 많은 부(富).

"당여(當如) 윤쳥문·효문이라 ᄒ더라.

버거 녀셔(女壻)와 제손 부부와 손녀 부뷔 ᄎ례로 헌슈ᄒ미, 틱비 다 각각 두굿기ᄂ 우음이 안면의 넘지더라.

일가 쇼년 아공ᄌ ᄋ쇼져의 니ᄅ히 혜란(蕙蘭)을 도도며 쳥나(靑羅)를 나븟기며 녹의홍상(綠衣紅裳)을 ᄯ이어 어룬의 명ᄒ므로조ᄎ 진졀(眞節)1395)ᄒᆫ 녜슈(禮數)를 다ᄒ여 존당의 헌슈(獻壽)ᄒ【3】니, 계궁(桂宮)의 쇼월(素月)이오, 하학(下壑)1396) 션동(仙童)이라. 요지(瑤池) 금원(禁苑)의 다람홰1397) 일시의 븕엇ᄂ ○[듯]ᄒ니, '텬뵈(天寶)며 디뵈(地寶)며 물호(物乎)아 산 영(靈)이라.'1398) 츙현왕 윤명텬의 츙의 녈졀을 상텬이 감응ᄒ시미 아니면, 엇지 이러틋 ᄒ리오. 제긱이 흠복(欽服) 갈치ᄒ더라.

날이 느즈미 틱지 연·제 냥왕으로 환궁(還宮)ᄒ시고 날을 니어 달난홀시, 윤노공이 닉당의 드러와 잔을 드러 틱비긔 하례ᄒ니, 틱비 불감 승당 ᄉᆞ샤ᄒ고 뉴부인과 녕능공 부인이며 하승상이 위비(慰杯)를 헌ᄒ니, 죠비 금장(襟丈)의 우이를 ᄉᆞ샤(謝辭)ᄒ고, 냥질녀의 졍을 무이ᄒ미 친녀의 감치 아니터라.

상【4】히(上下) 이러틋 즐기ᄂ 가온ᄃᆡ 틱존당 위틱비 ᄌ리 뷔여심과 구파의 업ᄉᆞ믈 감회ᄒ더라. 이러틋 삼일을 즐기고 제긱이 각산(各散)ᄒ니라.

죠틱비 젹션(積善)을 널리고져 여찬(餘饌)을 장노(壯奴) 아역(衙役)을 쥬어 운산 동구(洞口)의 뫼갓치 ᄲᅡᆫ코, 도로 힝인과 유걸ᄌ(流乞者)를 다 먹이니, 츄일 운산의 지나ᄂ 지 함포 고복(含哺鼓腹)지 아니리 업고, 서로 젼ᄒ여 남문의 몌여시니, 기쉬(其數) 불가승긔(不可勝記)러라.

시고(是故)로 시인이 《칭챵‖칭찬》ᄒ고 만셩이 열복ᄒ더라.

화셜 윤쳥문 진왕의 십삼ᄌ 광닌의 ᄌᄂ 달졔니 원비 뎡슉녈의 지오. 십ᄉᄌ 운닌의 ᄌᄂ 달승이니 ᄎ비 진시의 필【5】지오. 십오ᄌ 쳥닌의 ᄌᄂ 달졍이니 ᄉ비 화시의 필지라. 삼공지 동년(同年)이로ᄃᆡ, 싱월이 잇ᄂ 고로 ᄎ례 잇더라. 이 본ᄃᆡ 계츌(繼出) 덕문여엽(德門餘葉)이오, 곤눈산(崑崙山) 놉흔 가지 상예지엽(常例枝葉)과 갓ᄒ리오. 기기(個個)히 옥면뉴풍(玉面柳風)이오, 기셰영걸(蓋世英傑)이라. 존당 부모의 탐혹 귀즁(耽惑貴重)ᄒ미 되고, 윤시 본ᄃᆡ 명텬공 지시의 ᄌ경(子慶)이 이완(弛緩)ᄒ여 형뎨 냥인의게 슈삼(數三) ᄌ녀를 두고, 공이 죠틱비긔 유복(遺腹)을 ᄭᅵ치고 만니호ᄃᆡ(萬里

1395)진졀(眞節) : 예절에 꼭 맞음.
1396)하학(下壑) : 산골짜기에 내림.
1397)다람화 : ①담화(曇華). 우담화(優曇華). 『불교』인도에서, 삼천 년에 한 번 전륜성왕이 나타날 때에 꽃이 핀다고 하는 상상의 식물. 늑우담발라. ②담화(曇華); =홍초(紅草). 칸나과의 여러해살이풀. 높이는 1~2미터이며, 잎은 큰 타원형이고 끝이 뾰족하다. 여름과 가을에 꽃잎 모양의 수술을 가진 꽃이 잎 사이에서 나온 꽃줄기 끝에 총상(總狀) 화서로 피고 열매는 삭과(蒴果)로 10월에 익는다. 관상용이고 말레이시아, 인도차이나가 원산지로 각지에 분포한다.
1398)텬뵈(天寶)며 디뵈(地寶)며 물호(物乎)아 산 영(靈)이라 : 하늘의 보배이며 땅의 보배라, 사물인가? (아니라), 살아있는 영(靈)이로다.

胡地(호지)의 명을 바리니, 조비 긔구험난(崎嶇險難) 가온듸 명철보신(明哲保身)ᄒᆞ여, 일쌍 긔린(一雙騏驎)을 졈득(占得)ᄒᆞ여 붉히 교훈ᄒᆞ미 밍모(孟母)의 삼쳔지교(三遷之敎)1399)를 본바다, 닙신현달(立身顯達)의 부귀 극ᄒᆞ고 지우당시(至于當時)【6】의 허다(許多) 가변(家變)을 진졍(鎭靜)ᄒᆞᆫ 바로, 텬되(天道) 슌환ᄒᆞ여 슉녀(淑女) 현필(賢匹)을 쌍쌍이 비(配)ᄒᆞ여 ᄂᆡ외 ᄌᆞ손이 계계승승ᄒᆞ여 옥동화녀(玉童花女) 각하(閣下)의 층층ᄒᆞᆷ을 보니, 왕모는 만금 쇼이 ᄌᆞ손마다 특별ᄒᆞ니, 이는 한갓 노감쇼치(老感所致)의 비로ᄉᆞᆷ만 아니라, 셕ᄉᆞ(昔事)를 감샹(感傷)ᄒᆞ미 더으미오, 버거 윤노공 부부의 지공무ᄉᆞ(至公無私)ᄒᆞ미 친손(親孫) 종손(從孫)을 간격지 아냐, ᄉᆞ랑이 타별(他別)ᄒᆞ더라.

삼공지 년급십이(年及十二)의 톄형(體形)이 졍슉(整肅)ᄒᆞ여 노셩장부(老成丈夫)의 미진ᄒᆞ미 업ᄉᆞ니, 조비 ᄌᆞ손(子孫)의 가ᄎᆔ(嫁娶)를 밧비 보고져 ᄒᆞᄂᆞᆫ지라. 진왕이 틱부(擇婦)○[의] 념녀 심샹치 못ᄒᆞ더니, 이의 간의틱우(諫議大夫) 니한경이 산동인으로 위인이 공검인후(恭儉仁厚)ᄒᆞ여 장ᄌᆞ(長者)의 풍(風)이 잇더라.【7】

본듸 명문거족으로 문한(文翰)이 유여(裕餘)ᄒᆞ여 쇼년 닙조(入朝)ᄒᆞ여 작위 지렬(宰列)의 잇고, 부인 호시 ᄉᆡᆨ덕(色德)이 뇨조(窈窕)ᄒᆞ여 동쥬(同住) ᄉᆞ십년의 ᄌᆞ녀를 ᄀᆞᆺ초두니, 우흐로 삼남 이녀를 셩혼ᄒᆞ고, 필녀(畢女) 년혜 싱셩ᄒᆞ미 범이 아니라. 빙셜긔부(氷雪肌膚)오, 난ᄌᆞ(蘭姿) 혜질(蕙質)이오, 셩덕규힝(聖德閨行)이 온ᄌᆞ(溫慈)ᄒᆞ여 '지국임시(摯國任氏)의 버금 ᄯᆞᆯ'1400) ᄀᆞᆺᄒᆞ니, 부뫼 만ᄂᆡ(晩來) 필와(畢瓦)1401)로 귀즁ᄒᆞ미 조승지쥬(趙城之珠)1402)의 비길 빈 아니어늘, 공의 일뎨(一弟) 한영이 잇더니 일녀를 두고 부뷔 쌍망ᄒᆞ니, 공과 호부인이 크게 슬허 거두어 교양ᄒᆞ미 ᄉᆞ랑ᄒᆞᆷ믈 친녀의 더으게 ᄒᆞ니, 명은 위혜라. 이 곳 위국 구슬을 비겨 의논ᄒᆞ미라.

위혜 쇼계 년【8】혜 쇼져의 일년 ○[년]해(年下)니 ᄯᅩᄒᆞᆫ 옥모화틱 ᄲᅡ혀나고, 부녀의 졍슉ᄒᆞᆫ 덕힝이 잇ᄂᆞᆫ 고로, 공이 과익(過愛)ᄒᆞᆷ믈 녀아(女兒)와 ᄀᆞᆺ치 ᄒᆞ고, 일쌍 가랑(佳郎)을 어더 냥녀의 평싱을 영화로이 하고져 ᄒᆞ더니, ᄌᆞ고로 난ᄎᆔ(蘭草) 공곡(空谷)의 뭇치이나 암향(暗香)을 감초지 못ᄒᆞ고, 옥이 이토(泥土)의 뭇쳐시나 아름다온 거슨 낫하ᄂᆞᆫ지라. 냥쇼져의 방향이 먼니 들니미, 진왕이 알고 그윽이 유의ᄒᆞ여 냥ᄌᆞ로 결혼코져 ᄒᆞ여, ᄉᆞ도 뎡은긔를 보아 작미(灼媒)ᄒᆞ라 ᄒᆞ니, ᄉᆞ도는 계왕의 지오, 니공은 ᄉᆞ도의 ᄎᆞ비 니시의 ᄌᆡ종형남(再從兄男)이러라. 뎡ᄉᆞ되 쇼왈,

"니가 두 규슈의 아름다오믄 월녀(越女)의 쳔하【9】빅(天下白)1403)과 비연(飛燕)의

1399)밍모(孟母)의 삼쳔지교(三遷之敎) : 맹자의 어머니가 아들을 가르치기 위하여 세 번이나 이사를 하였음을 이르는 말.

1400)지국임시(摯國任氏)의 버금 ᄯᆞᆯ : 중국 주나라 문왕의 어머니 태임(太姙)을 말함. 지(摯)나라 임씨(任氏)의 둘째 딸로 왕계(王季)에게 시집가 문왕(文王)을 낳았다.

1401)필와(畢瓦) : 막내 딸. '와(瓦)'는 실을 감는 '실패'를 뜻하는 것으로 딸을 비유한 말. *딸을 낳은 경사를 말하는 농와지경(弄瓦之慶)의 '와(瓦)'와 같은 뜻임.

1402)조승지쥬(趙城之珠) : 조(趙)나라에 있는 구슬이라는 뜻으로 화씨지벽(和氏之璧)을 이르는 말

1403)월녀(越女)의 텬하빅(天下白) : 세상에서 가장 흰 얼굴을 가졌다는 월나라 미인 서시(西施)를 말함.

장즁경(藏中鏡)1404)이라도 밋지 못홀 거시오, 니공의 스랑은 왕모(王母)의 요희(瑤姬)
엇더흐믈 모르옵느니, 쇼질이 광난 등을 위흐여 혼시 되도록 흐오려니와, 슉뷔 므슨
상으로 즁믹의 공을 갑흐려 ○[흐]시느니잇고?"

진왕이 쇼왈,

"현질이 본딕 니시를 취흐미 졍되 아니라, 스상고질(思相痼疾)을 니루혀 취흐미 종
고금슬(鐘鼓琴瑟)1405)이 예스 부부와 갓지 아닌 고로, 니시 겨리는 다 긔특이 아라,
옥경(玉京) 상ᄋ(嫦娥)1406) 갓치 과도히 기리니 엇지 긔괴치 아니리오. {쇽담의 니른
말을 가히 네게 면치 못흐리로다.} 니한셩의 냥녜 아모리 긔특다 흐나 나의 총부(冢
婦) 쇼・엄 냥식부만 갓지 못【10】흐고, 질부 쇼엄시 눈외(倫外)의 쮜여난 식광덕질
(色光德質)의는 비치 못흐리니, 니가 냥이 예스직용과 봉친경장지도(奉親敬長之道)와
어하가졔(御下家齊)○[롤] 《셩만Ⅱ당(當)》홀 만흐면 웃듬이니, 우슉(愚叔)이 쏘흔 너
의 즁믹의 공을 닛지 아니리라. 슈연이나 네 쏘 지상문미(宰相門楣)의 왕공귀ᄌ(王公
貴子)로 싱어부귀(生於富貴)흐고 장어호치(長於豪侈)흐여, 다시 작치(爵次) 츈경(春卿)
이라, 부귀공명이 무흠(無欠)커늘, 믄득 우슉(愚叔)을 딕흐여 미쳐 되도 아니흔 즁믹
갑슬 징식(徵索)흐여 인식(吝嗇)흐믈 쥬졉드리1407)흐느뇨?"

스되 딕쇼 왈,

"츠혼(此婚)이 셩불셩간(成不成間) 두 혼인(婚姻)이니 즁믹ᄌ(仲媒者)의 슌셜(脣舌)
을 허비흐오미 지리흐오려든, 슉뷔 슈고로온 바는 위로(慰勞)치 아니시고, 말을 막아
쇼【11】년의 단쳐(短處)를 들츄시니 고맙지 아니시니이다만은, 쇼질이 ᄌ당(自當)흐
여 광난 등을 위흐여 월뇌(月老) 되리니, 다른 상은 쥬시지 마르시고 단쳐(短處)나 들
츄지 마르쇼셔."

좌위 딕쇼흐고, 승상이 쇼왈,

"뎡년질(緣姪)이 져의 쇼시 힝스를 들츄어 후싱(後生)이 알가 졀박히 너기니, 형장
은 다시 니르지 마르쇼셔. 어셔 슉녀 미부(美婦)나 쳔거흐라 흐쇼셔."

왕이 졈두 미쇼흐고, 스되 쇼왈,

"년슉(緣叔)이 쇼질의 촌회(寸懷)를 통촉흐시미 셩덕이 감은흔지라. 맛당이 겹겹 인
혼(姻婚)의 슉녀미부○[롤] 쳔거흐여 지우(知遇)를 갑흐리이다."

1404)비연(飛燕)의 장즁경(掌中輕) : '조비연(趙飛燕)이 손바닥 위에서 춤을 출 만큼 가볍다'는 말로, 한
　(漢) 나라 성제(成帝) 때 조비연(趙飛燕)이 배에서 춤을 추는데, 갑자기 부는 바람에 배가 흔들려 비연
　이 쓰러지려하자, 성제가 그 발목을 붙잡아 쓰러지기를 면했는데, 비연은 그 상태에서도 춤추기를 계
　속하여, '비연이 임금의 손바닥 위에서 춤을 추었다(飛燕作掌中舞)'는 말과 함께, 그 만큼 가볍고 날렵
　했다는 뜻으로 이 말이 생겼다고 한다.
1405)종고금슬(鐘鼓琴瑟) : : 종과 북소리, 거문고와 비파소리가 잘 어울리는 것과 같이, 부부가 서로 화
　목하여 즐거워하는 것을 이르는 말
1406)상아(嫦娥) : 달 속에 있다는 전설 속의 선녀.
1407)쥬졉들다 : 주접들다. 궁상(窮狀)맞다. 옷차림이나 몸치레가 초라하고 너절하다.

승상이 쇼슈(小手)로 장염(長髯)을 어로만져 우어 왈,

"계최 【12】슈고로이 작미(作媒) 아니ᄒᆞ나 텬연이 미인 후ᄂᆞᆫ 이역(異域) 텬이(天涯)라도 셩젼(成典)ᄒᆞᄂᆞ니, 년혼인친가(連婚姻親家)의 잇ᄂᆞᆫ 슉녜 어ᄃᆡ 가리라 슈고로이 청ᄒᆞ리오."

셜파의 일좨(一座) 뒤쇼ᄒᆞ고, 익일 ᄉᆞ되 니아(李衙)의 나아가 틱우를 보고 한훤(寒暄) 파의, 쇼왈,

"요ᄉᆞ이 존형이 쇼교(小嬌)를 위ᄒᆞ여 틱셔ᄒᆞᄂᆞᆫ 근심이 발분망식(發憤忘食)기의 밋쳣다 ᄒᆞᆯ시, 쇼뎨 특별이 월뇌(月老) 되어 일빵 낭지(郎材)1408)를 쳔거코져 니ᄅᆞ괘라."

니공이 답쇼 왈,

"계초의 말을 드ᄅᆞ니 후의를 다ᄉᆞᄒᆞ노라. 연이나 나의 ᄂᆞᆼ녀ᄂᆞᆫ 긔보(奇寶) 화벽(和璧)1409)이라. 만뎨(晩弟) 졍히 틱셔지심(擇壻之心)이 갈망키의 미쳣시ᄃᆡ, 인지를 만나지 못하여 우탄(憂嘆)ᄒᆞᄂᆞᆫ 빈○[나], ᄂᆡ 쇼교(小嬌)로 ᄒᆞ여곰 비위(配位) 초오(差誤)【13】ᄒᆞᆯ진ᄃᆡ, 츼양지탄(廁養之嘆)1410)이 이실가《ᄒᆞ더니∥ᄒᆞ나니》, 계초의 쳔거ᄒᆞᄂᆞᆫ 빈 낭지(郎材) 범연치 아니리니, 하쳐(何處)의 엇던 인지(人材) 잇더뇨?"

ᄉᆞ되 기리 우어 왈,

"인지야 작ᄒᆞᆯ가? 빅년구족(百年舊族)이오, 셰ᄃᆡ명문(世代名門)이니 당당ᄒᆞᆫ 쳔승국군지ᄌᆞ(千乘國君之子)로 년긔 이뉵지셰(二六之歲)의 용모ᄂᆞᆫ 하안(何晏)1411) 반악(潘岳) 갓고, 도혹은 공안(孔顔)1412)의 후셕(後席)을 님ᄒᆞᆯ 거시오, 문장은 ᄉᆞ마쳔(司馬遷) 왕희지(王羲之) 일뉴(一類)니, 이만 ᄒᆞ면 형의 가셔(佳壻) 지목이 아니 무던ᄒᆞᆯ가만도, 져 집 쇼망이 과도ᄒᆞ니, 존형의 쇼괴(小嬌) 일분이나 초오(差誤)ᄒᆞ면 쇼뎨 월노(月老) 쇼임ᄒᆞ다가 무류(無聊)를 볼가 ᄌᆞ져(趑趄)ᄒᆞ오니, 형은 싱각ᄒᆞ여 ᄒᆞ고 타일 즁미로 ᄒᆞ여곰 무류케 말나."

니공이 쳥파의 호호 박쇼(拍笑)【14】왈,

"계최 오ᄅᆡ 들고 나지 아니터니 금일 언변을 치례ᄒᆞ여, 엇던 좀먹은 가문의 분 바른 낫츨 보고, 좀 시귀(詩句)○[를] 읍쥬어리믈 보고 져리 황홀이 일ᄏᆞᆺᄂᆞ뇨? 아모커나

1408)낭지(郎材) : 신랑감.

1409)화벽(和璧) : 명옥(名玉)의 일종. 전국시대 초(楚)나라 변화씨(卞和氏)의 옥(玉)으로, '완벽(完璧)', '화씨지벽(和氏之璧)' 등으로 불리기도 한다. 그 후 이 '화벽'은 조(趙)나라 혜문왕(惠文王)의 손에 들어갔으나, 이를 탐내는 진(秦)나라 소양왕(昭襄王)이 진나라 15개의 성(城)과 이 옥을 교환하자고 한 까닭에 '연성지벽(連城之璧)'이라는 이름이 붙기도 하였다.

1410)츼양지탄(廁養之嘆) : 부엌에서 잡역(雜役)을 하는 천한 사람의 탄식. 여기서는 '귀하게 키운 딸이 남편의 사랑을 받지 못하여 천대 받는 부엌데기 신세로 전락한 것을 안타까워 함' 정도의 뜻으로 쓰임. *츼양(廁養); 부엌에서 잡역을 하는 사람을 이르는 말. *츼양살이; 부엌데기로 살아가는 일.

1411)하안(何晏) : 중국 삼국 시대 위(魏)나라의 학자. 자는 평숙(平叔). 벼슬은 시중상서에 이르렀으며, 청담을 즐겨 그것이 유행하는 계기를 만들고 경학을 노장풍(老莊風)으로 해석하였다. 저서에 ≪논어집해≫가 있다. 얼굴에 분을 발라 멋을 부려, 미남자로도 이름이 높았다.

1412)공안(孔顔) : 공자(孔子)와 안자(顔子)를 함께 이르는 말.

근본이나 니ᄅ라. 쳔승국군(千乘國君) 아냐 만승지ᄌ(萬乘之子)라도 근본을 니ᄅ라. 아모 낭ᄌ(郎材)라도 나의 냥기 쇼교의 현미ᄒᄆ 밋지 못ᄒ리라.”

스되 역쇼(亦笑)ᄒ고 날호여 왈,

“쇼뎨 엇지 노형(老兄)을 긔이리오. 낭ᄌᄂ 타인이 아니라 싱의 고모부 평진왕의 ᄌ네 젹셔의 슈십여인(數十餘人)이라. 우흐로 거의 다 셩혼 취가(娶嫁)ᄒ고 아릭로 삼ᄌ(三子) 동년싱(同年生)으로 츙츙이 쟝셩ᄒ니, 필ᄌ 쳥닌은 진왕 ᄉ비 화시 쇼싱인 고로 혐의 업셔 죵미(從妹)와 셩혼ᄒ【15】고, 우흐로 광닌·냥닌의 빈항(配行)을 졈복(占卜)지 못ᄒ엿더니, 진왕 슉뷔 녕녀 냥쇼져의 셩화(聲華)를 듯고 특별이 쇼뎨로 월노를 ᄌ임코져 ᄒ시ᄂ 고로 니ᄅ과이다.”

니공이 쳥미(聽未)의 딕열 왈,

“만뎨(晚弟) 이 ᄠᄃ이 이시ᄃ 감히 한문(寒門) 미질(微質)노 구치 못ᄒᄆ 진국군의 의향을 몰나 유유지지(悠悠遲遲)러니, 진왕이 몬져 구ᄒ니 불감쳥(不敢請)이언졍 고소원애(固所願也)라, ᄉ양ᄒ리오. 계초ᄂ 이 ᄠᄃ을 회보ᄒ라.”

스되 크게 깃거, 일셕(一席)의 옥닌(玉驎) 영쥰(英俊)을 ᄡᅡᆼ득(雙得)ᄒ여 냥녀(兩女)의 슌향(順向)1413)을 졈복(占卜)ᄒᄆ 슬하의 봉황셔(鳳皇壻)를 빗ᄂ여 타일 문난(門欄)의 광치 빈승(倍勝)ᄒᆯ 바를 치하ᄒ니, 니공이 흔연 슈답ᄒ고 은근이 쥬반을 【16】나와 빈쥬 통음ᄒ여 진취ᄒᄆ, 뎡스되 도라올시, 니공이 흔연이 명일 파조 후 진궁으로 못기를 니ᄅ니, 스되 니공이 윤공ᄌ 형뎨 보려ᄒᆯ믈 지긔(知機)○○[ᄒ고], 함쇼(含笑) 응낙고 도라와 진왕의게 희보ᄒ고, 니튀위 오려 ᄒᆯ믈 니ᄅ니 왕이 졈두ᄒ더라.

과연 명조의 니튀위 조당(朝堂)으로셔 진궁의 니ᄅ니, 왕과 승상은 졔ᄌ질노 조당의셔 밋쳐 오지 아냣고, 윤노공이 딕셔헌의셔 졔숀으로 문혹(文學)을 강논ᄒ더니, 좌위 니튀우의 입문(入門)을 알외니, 윤노공이 졔 공ᄌ를 물너가라 아니 ᄒ고 니공을 쳥ᄒ니, 졔공ᄌ 감히 물너나지 못ᄒ고 왕부(王父)를 시립ᄒ엿더니, 니공이 이의 다ᄃ라 노공긔 비례ᄒ고 【17】존후를 뭇ᄌ오ᄆ, 노공이 믄득 졔숀을 명ᄒ여 니공긔 ᄌ질네(子姪禮)로 뵈오라 ᄒ니, 이 ᄶᅵ 광닌 운닌 쳥닌 삼공ᄌ와 승상의 삼ᄌ 상닌 환닌 필닌 등과 남빅이며 평오왕 군종 곤계의 아ᄌ 등도 오셰 이하ᄂ 다 모혀시니, 쇼공ᄌ 십여인이라.

딕쇼 졔공ᄌ 존명을 밧ᄌ와 일시의 쳥ᄉ(靑紗)를 붓치고 혜란을 완이ᄒ여 공슈(拱手) 비례(拜禮)ᄒᄆ, 십여셰 공ᄌ들은 언건(偃蹇) 노숙(老熟)ᄒ여 엄연이 딕장부의 틀이 니러, 네파의 나죽이 물너 안항(雁行)을 일워 좌졍ᄒ니, 기여 칠팔 오륙셰 쇼아들이 큰 아ᄒ 결ᄎ를 찰혀 안ᄌ니, 치봉(彩鳳)이 나릭를 년ᄒᆫ 듯, 기기히 ‘스가(謝家) 옥슈(玉樹)’1414)오 ‘남뎐(藍田) 보벽(寶璧)’1415)이라. 옥모(玉貌) 월【18】풍(月風)이 쳥

1413)슌향(順向) : 짝. 배우자.
1414)사가(謝家) 옥수(玉樹) : 사씨 집안의 뛰어난 인물들. 옥수는 용모가 아름답고 재주가 뛰어난 인물을, 사가는 남제(南齊)의 유명한 문인 사조(謝眺)의 집안을 가리킨다.

스(廳舍)의 조요(照耀)ㅎ니, 창졸의 뉘 아름다오며 뉘 덜ㅎ믈 분간ㅎ리오.

의심컨딕 옥쳥(玉淸)[1416] 군션(群仙)이 하강(下降)ㅎ여 육안(肉眼)을 놀닉는 듯 경홀 (驚惚)ㅎ니, 니공이 좌쳠우시(左瞻右視)의 안목이 현황(炫煌)ㅎ니, 연망(連忙)이 년치다 쇼(年齒多少)와 뉘 ᄌ뎨믈 무러 알고, 우ᄒ로 머리 지은 냥이 진왕ᄌ로 작일 ᄉ도의 구혼ㅎ던 지믈 씨다라 유의ㅎ여 술피니, 냥인이 한갈갓치 츌뉴(出類) 비범(非凡)ㅎ지 라.

광닌은 골격이 호상(豪爽)ㅎ고 《쇄질∥긔질》이 미왕(邁旺)ㅎ여 부친 진왕으로 흡 ᄉ하니, 어리로온[1417] 봉안(鳳眼)의 ᄉᄌ('四'字) 쥬슌(朱脣)이 가초 긔이ㅎ여, ᄒ억흔 풍치 볼스록 싀로온지라. 니공의 고안(高眼)의도 ᄯᆺ의 족ㅎ니, 긔이코 아름다오믈 니 긔기 어렵더니, 【19】믄득 알되(喝道)[1418] 동곡(動谷)ㅎ며 느러진 벽졔(辟除) 진동 (震動)ㅎ며 진왕 곤계 졔ᄌ질노 드러오니, 니티위 연망이 의관을 슈렴ㅎ여 마ᄌ니, 피 치 녜필(禮畢) 좌졍(坐定)의 니공이 몬져 진왕을 향ㅎ여 하셕(下席) 비ᄉ(拜謝) 왈,

"하관(下官)이 노둔(魯鈍)흔 ᄌ덕으로 외람이 딕왕(大王)의 디긔(知己)ㅎ시믈 닙ᄉ 와, 동조(同朝)의 안면(顔面)이 잇ᄉ오나, 감히 나아와 비현(拜見)치 못ㅎ오믄, 비부(鄙 夫)의 욕된 ᄌ취 귀궁(貴宮)을 번거롭게 못ㅎ옵고, 다만 의앙지졍(依仰之情)이 간졀ㅎ 옵더니, 작일의 몬져 뎡계초를 보닉샤 슬하 옥낭(玉郞)으로 한문(寒門) 쇼녀(少女)를 구ㅎ시니, 쇼관의 엇지 못홀 영홰라. 황감 감은치 아니리오. 금일 몸쇼 희ᄉ코져 니ᄅ 오니, 졔공ᄌ의 옥안 【20】영풍을 귀경ㅎ오니 한갓 가셔(佳壻)의 지목이 쾌ㅎ믈 깃 거ㅎ미 아니라, 숑조(宋朝)의 인ᄌ(人才) 셩ㅎ고 존문 복경이 희한ㅎ시믈 다못 치하ㅎ ᄂᆞ이다."

왕이 흔연 답ᄉ(答謝) 왈,

"고(孤)와 명공(明公)이 한가지 숑조 신히니 군신(君臣)의 존비(尊卑) 아니라, 너모 겸손ㅎ샤 오심(吾心)이 불안케 ㅎ시ᄂᆞ니잇고? 소ᄌ(小子) 냥이 한가지로 장셩ㅎ나 십 여셰 히동(孩童)이라. 고인의 유취지년(有娶之年)이 아니니 밧브리잇고만은, 당 우희 존당이 가취(嫁娶)를 밧바ㅎ실ᄉ, 녕아 귀쇼져의 방향이 닌니(隣里)를 풍동(風動)ㅎᄂᆞ 지라. 명공이 옥규(玉閨) 심합(深閤)의 ᄡᅡᆼ미옥녀(雙美玉女)를 두고 틱셔(擇壻)ㅎ미 발 분망식(發憤忘食)[1419] 【21】기의 밋다 ㅎ믈 드르니, 미돈의 용우ㅎ믈 닛고 외람이 구 혼ㅎ엿더니, 현공이 미돈(迷豚)을 나모라 아니시고, 허혼(許婚)ㅎ시니 불승감ᄉ(不勝感

1415)남뎐(藍田) 보벽(寶璧) : 남뎐산(藍田山)에서 난 옥(玉)이란 뜻으로 명문가에서 난 뛰어난 인물을 이 르는 말. 남뎐산은 중국(中國) 섬서성(陝西省)에 있는 산 이름으로 옥의 명산지.

1416)옥쳥(玉淸) : 옥쳥궁(玉淸宮). 도교 삼청궁(三淸宮)의 하나로, 천제(天帝) 살고 있다고 하는 궁.

1417)어리롭다 : 아리땁다. 귀엽다.

1418)알도(喝道) : '갈도(喝道)'의 변음. 조선 시대에, 높은 벼슬아치가 다닐 때 길을 인도하는 하인이 앞 에서 소리를 질러 행인들을 비키게 하던 일. 또는 그 일을 맡은 하인. 늑가금(呵禁)·가도(呵道)·창도 (唱導).

1419)발분망식(發憤忘食) : 끼니까지도 잊을 정도로 어떤 일에 열중하여 노력함.

謝)ᄒ여 갑흘 바를 아지 못ᄒ거늘, 명공이 몬져 닉림ᄒ샤 이러틋 과쟝(誇張)ᄒ시니 복(僕)이 낫 둘 바를 아지 못ᄒ리로쇼이다."

니공이 칭ᄉᄒ고 두 공ᄌ의 옥슈를 나호여 칭ᄋᆡ셔(稱愛婿)ᄒ며 우왈,

"녕윤 등은 하관의 과분ᄒ ᄉ회라. 엇지 쓸의 평싱이 쾌홀 바를 깃거 아니리잇고만은, 더옥 깃거ᄒᄂ 바ᄂ 아의 부뷔 일즉 조셰(早世)ᄒ고, 다만 끼친 비 일 녀식(女息)이라. 아희 ᄌᆡ용(才容)이 별긔이질(別氣異質)¹⁴²⁰이라 니ᄅ지 못ᄒ나【22】약간 ᄌᆡ용이 이시니, 복(僕)이 상희(常-)¹⁴²¹ ᄉ랑ᄒᆞ믈 오히려 친아의 더으게 ᄒ여, 다힝이 무ᄉ 쟝셩ᄒ니 금년 십일셰라. 아녀의 일년 희(下)니 아직 도요방미(桃夭芳梅)¹⁴²²를 의논홀 비 아니로ᄃᆡ, 슉야 우려ᄒᄂ 비 그릇 쇽인필부(俗人匹夫)를 만나 쳥규아미(淸閨蛾眉)¹⁴²³로 ᄒ여곰 싀양지탄(廝養之嘆)이 잇고, 망뎨(亡弟) 부부의 구원망녕(九原亡靈)¹⁴²⁴을 져바릴가 넘녀ᄒ더니, 하힝(何幸)¹⁴²⁵으로 존문 은퇴을 닙ᄉ와 두낫 영걸을 만나, 친녀와 질녀의 일싱이 빗ᄂ리니 깃부지 아니리오."

드듸여 돗 우히셔 퇴일(擇一)ᄒ니, 현훈(玄纁)¹⁴²⁶은 ᄉ월 긔망(幾望)¹⁴²⁷이오, 화쵹디례(華燭大禮)¹⁴²⁸ᄂ 초하념간(初夏念間)¹⁴²⁹이라. 길긔(吉期) 슈이 되믈 더옥 깃【23】거 쥬찬을 나와 빈쥬 통음ᄒ여 날이 져무ᄂ 줄 모르더니, 슐이 딕취(大醉)ᄒᄆᆡ 셕양의 니공이 냥공ᄌ의 옥슈를 잡아 연연ᄒ다가, 도라와 부인과 ᄌ녀다려 윤아 냥인의 비범ᄒ믈 니ᄅ고, 냥녀아의 옥슈를 잡고 흔희ᄒ믈 마지 아니ᄒ며, 망뎨(亡弟)를 싱각고 쳑연(慽然)ᄒ믈 마지 아니니, 위혜쇼졔 아미를 슉여 셩안(星眼)의 믈결이 어리더라.

이의 혼구(婚具)를 셩비(盛備)홀ᄉᆡ 호부인이 질녀와 친녀를 갓치 ᄒ니, 보ᄂ니 셩덕(聖德)을 항복ᄒ더라. 진궁의셔○[도] 혼구를 셩비ᄒ더라.

진국공 듁암공의 뎨삼녀 화염은 삼비 【24】한시의 쟝예(長女)라. 부풍모ᄌ(父風母姿)ᄒ여 텬싱녀질(天生麗質)이 츌어범뉴(出於凡類)ᄒ니 방졍(方正)ᄒ 틱도와 쇼쇄(瀟灑)ᄒ 혜질(惠質)이 아라ᄒ여, 방년(芳年) 십이셰의 어엿븐 틱도를 그림으로 모ᄉ(模

1420)별긔이질(別氣異質) : 특별히 뛰어난 기질(氣質).

1421)상희(常-) : 늘. 항상.

1422)도요방미(桃夭芳梅) : '복숭아꽃이 피고 매화가 향기를 발산하는 때'라는 뜻으로, '처녀가 나이로 보아 시집가기에 알맞은 때'라는 것을 비유적으로 이르는 말..

1423)쳥규아미(淸閨蛾眉) : 정갈한 규방의 아름다운 숙녀.

1424)구원망녕(九原亡靈) : 저승에 있는 죽은 이의 영혼.

1425)하힝(何幸) : ①매우 다행스럽게도. 어찌나 다행스운지. ②매우 다행스러움.

1426)현훈(玄纁) : ①장사 지낼 때에 산신에게 드리는 검은 헝겊과 붉은 헝겊의 두 조각 폐백. 나중에 무덤 속에 묻는다. ②혼인례에서 신랑이 신부 집에 폐백으로 보내는 검은색 비단과 붉은색 비단. 이 때문에 종종 '납폐(納幣)'를 달리 이르는 말로도 쓰인다.

1427)긔망(幾望) : 음력으로 매달 열나흗날 밤. 또는 그날 밤의 달.

1428)화쵹디례(華燭大禮) : =대례(大禮)·혼인례(婚姻禮). 혼인을 치르는 큰 예식.

1429)초하념간(初夏念間) : 음력으로 4월 20일. 또는 그 전후.

寫)키 어려오나, 일단 단쳬(短處) 이시니 위인이 알연(戛然) 낭졍(朗情)ᄒ나 셩되(性度) 경경(硬硬)ᄒ고 교긔(驕氣)ᄒ여 싀움과 투긔ᄂ 업다 못홀지라. 한부인이 녀아의 직용을 어엿비 너기나 교긔(驕氣) 투협(妒狹)ᄒ기의 갓가오믈 미흡ᄒ여, ᄉ랑ᄒᄂ 빗츨 뵈지 아녀 쥬야 녀교(女敎)를 부즈런이 가ᄅ치며 진공은 쇼활(疎豁)혼지라. 녀아의 묘질(妙質)을 ᄉ랑ᄒ고, 미양 부인이 녀훈(女訓)을 구실삼아 가ᄅ치믈 우어 왈,

"ᄌ고로 범의 삿기 긔 되지 아닌다 【25】 ᄒᄂ니, 우리 션조 명풍슉덕(名風宿德)이 계계승승(繼繼承承)ᄒ여 남녀 ᄌ손 업시 디즁물(池中物)1430)이 되지 아니니, 녀의 년쇼 히아(孩兒)로 부귀호치(富貴豪侈)의 싱쟝(生長)ᄒ여 져기 투협ᄒ기의 갓가온 듯ᄒ나, 나히 ᄎ고 혬이 길면 녀교(女敎)의 ᄉ힝(四行)1431)이 온ᄌᄒ리니 념녀 마르쇼셔. 부인이 쳥필의 깃거 아녀 왈,

"공의 말ᄉᆷ이 불통ᄒ시이다. 고인 왈, '텬싱(賤生)을 난ᄌ긔(難自期)라'1432) ᄒ니, 남녀의 작인(作人) 품셩(稟性)이 텬진(天眞)의 타난 후ᄂ 기도(改道)ᄒ기 어려오니, 인인(人人)이 ᄌ식을 교훈ᄒᄆ 어지ᄅ다 ᄒ여 칙망치 아니면, 극ᄒ 난되(亂道)라. 쳡이 조별ᄌ모(早別慈母)ᄒ고 뇩아(蓼莪)의 통(痛)을 품어 비혼 바 업시 ᄌ라시니, 무ᄉ 쥬견이 이시리잇고? 약간 【26】 아ᄂ 바를 베풀니이다. 먼니 니ᄅ지 말고 갓가이 질녀 하시를 보쇼셔. 문양옥쥐 간악혼 궁비의게 본셩을 일코 텬뉸 ᄌ익를 씨닷지 못ᄒ여, 강보유녀(襁褓乳女)를 최형 쳔한(賤漢)의게 바리니, 이 당당혼 《덕과‖덕문》여믹(德門餘脈)이고 황가지엽(皇家枝葉)이로ᄃ, 다시 최한(崔漢)의 팔니이믈 면치 못ᄒ여, 쵀빈이 거두어 도라가 방녀의 흑양(慉養)을 바다, 금지옥엽(金枝玉葉)이 비록 믹상(陌上)의 ᄯ러지고 이젹(夷狄)의 비화시니, 져 방시 쳔인이 무어슬 가ᄅ쳐시리오만은 금옥규힝(金玉閨行)을 완젼ᄒ여, 동왕을 만나 도라와 텬셩이 단합ᄒ고, 동왕의 젹거(嫡居) 부부로 도라가나, ᄯ 다시 년군쥬 슉질이 모진 손씨와 흉 【27】 계로 일쟝 풍파를 지ᄂ나, 금이 굿고 옥이 틔 업슨 녈힝 규법이 엇더ᄒ더니잇고? 이졔 화아(兒)의 옥규심합(玉閨深閤)1433)의 일 업시 싱쟝ᄒ여, 녀힝(女行)의 부족ᄒᄆ 만히[하] 가장 근심된지라. 깁히 경계치 아놈 즉ᄒ리잇고? 상공이 더옥 ᄌ익(慈愛)의 거릿겨 ᄌ식 교훈ᄒᄂ 도리를 젼혀 니ᄌ시니, 쳡이 긔탄(慨歎)ᄒᄂ 바ᄂ, 화이(兒) 이러틋 무힝이 ᄌ라 엇던 문미의 의탁ᄒ여 구문(舅門) 인심을 어들고? 근심ᄒᄂ 비로쇼이다."

공이 쳥파의 희연(喜然) 잠쇼 왈,

1430)디즁물(池中物) : '연못 속에 있는 교룡'이라는 뜻으로, 아직 승천하지 못한 용, 곧 '평범한 사람'을 이르는 말. <삼국지>에서 주유(周瑜)가 '손권(孫權)의 누이동생과 혼인하여 오(吳)나라에 머물고 있는 유비(劉備)'를 빗대어 이른 말로, 만약 유비가 오나라를 떠나 형주로 가게 되면 그는 교룡이 구름과 비를 얻게 되어 더 이상 지중물(池中物) 곧 연못속의 교룡이 아닌 것이 될 것이라고 한 데서 유래한 말.

1431)ᄉ힝(四行) : =사덕(四德). 여자로서 갖추어야 할 네 가지 덕. 마음씨[婦德], 말씨[婦言], 맵시[婦容], 솜씨[婦功]를 이른다.

1432)텬싱(賤生)을 난ᄌ긔(難自期)라 : 하늘로부터 타고난 품성은 스스로 고치기 어렵다.

1433)옥규심합(玉閨深閤) : 티 없이 맑고 깊은 규방(閨房).

"부인지언(夫人之言)이 최션(最善)ᄒ거니와 텬죵지셩(天縱之聖)[1434]이 아닌 후야 허물이 업ᄉ리오. 남녀 ᄒᆡᆼ신(行身)이 크게 픠악지 아니면 쇼쇼(小小) 허물이야 관【28】겨ᄒ리오. ᄒᆞᆯ물며 아ᄒᆡᄂᆞᆫ 총명ᄒ니 진압(鎭壓)ᄒᆞᆯ 군ᄌᆞ를 만난 즉 져의 일싱이 평안ᄒ리이다."

부인이 역쇼(亦笑) 무언(無言)이러라.

화염쇼뎨 모부인 교훈 즁의 ᄌᆞ연 셩이 슉습(熟習)ᄒ고 텬싱(天生)이 츌이(出異)ᄒᆞᆫ고로, 곳다이 쟝셩ᄒ여 십이셰의 밋ᄎ니 '도지요요(桃之夭夭)의 작작기홰(灼灼其華)'[1435] 바야히라. 존당 슉당이 경경(硬硬)ᄒᆞᆯ 미흡ᄒᆞ나 본품(本稟)이 총명졀인(聰明絶人)ᄒᆞᆯ 이즁(愛重)ᄒ여 상젹(相敵)ᄒᆞᆫ 가셔(佳壻)를 구ᄒ민 진왕 필ᄌᆞ 쳥년의 온즁단아(穩重端雅)ᄒᆞᆯ 과이(過愛)ᄒ여 뎡혼ᄒᆞ엿더니, 진왕이 냥ᄌᆞ로 니가의 혼인을 ᄂᆡ뎡(內定)ᄒ고 필ᄌᆞ의 길긔를 지쵹ᄒ니, 진공이 즉시 튁일 회보ᄒ니 길긔 니부와 한날이라.

승상 윤【29】효문의 뉴ᄌᆞ 츈년과 필ᄌᆞ 슉년은 원비 하부인 쇼싱이니, 동ᄐᆡᄬᆡᆼ싱(同胎雙生)이라. 츈년의 ᄌᆞᄂᆞᆫ 달쥰이오 슉년의 ᄌᆞᄂᆞᆫ 달관이니, 싱셩(生成)ᄒᆞ미 잠미봉안(蠶眉鳳眼)이오 월익단슌(月額丹脣)이니 옥안화풍(玉顏和風)이 한 판의 박은 듯, 문쟝학ᄒᆡᆼ이 일셰 옥인 가랑이라. 년광(年光) 십일의 톄형이 뎡슉ᄒ더니, 츄밀부ᄉ 화챵흠은 젼임 상셔 화슉의 지라. 이 곳 진왕비 화시의 뎨남(弟男)이니 츄밀이 ᄯᅩᄒᆞᆫ 금옥군ᄌᆞ(金玉君子)라. 일즉 닙신ᄒ여 벼슬이 츈경(春卿)[1436]의 오유(遨遊)ᄒ여 늠늠ᄒᆞᆫ 긔졀(氣節)이 급쟝유(汲長孺)[1437]의 지나고 쳥현아망(淸賢雅望)이 죠야(朝野)의 낫하나니, 텬지 녜경(禮敬)ᄒ시고 죠얘 긔탄ᄒ더라.

부인 방시 ᄌᆞ용이 무빵ᄒ니 부뷔 샹【30】득(相得)ᄒ여 금슬죵고(琴瑟鐘鼓)의 화명(和明)ᄒ미 당톄지화(棠棣之華)[1438]를 노ᄅᆡᄒ더라. 일즉 삼ᄌᆞ이녀를 두어시니 녀이 빵ᄐᆡ라. 우흐로 쟝셩ᄒ니, 부인이 잉신(孕身) 초의 일득긔몽(一得奇夢)ᄒ니 반공운무간(蟠空雲霧間)의 긔홰(奇花) 암암(暗暗)ᄒ고 ᄎᆡ운(彩雲)이 즁즁(重重)ᄒᆞᆫ 가온ᄃᆡ, 두 송이 쳔엽되(天葉桃)[1439] ᄭᅡ히 ᄯᅥ러지는 양을 보고 잉ᄐᆡᄒ여 빵싱긔녀(雙生奇女)ᄒ니, ᄒᆡ파(海波)의 금가마괴[1440] ᄯᅥ러지고 옥톳기[1441] ᄂᆞ려시니, 두 덩이 보벽(寶璧)이라. 존당

1434)텬죵지셩(天縱之聖) : ①공자의 덕화(德化)를 이르는 말. ②제왕의 셩덕을 칭송하여 이르는 말

1435)도지요요(桃之夭夭) 작작기홰(灼灼其華) : "어여쁘다 복숭꽃, 활짝피어 화사하네" 『시경』<주남(周南)>, '桃夭' 편에 있는 시구.

1436)츈경(春卿) : 예조판서(禮曹判書)를 달리 이르는 말. *춘조(春曹); 예조(禮曹)를 달리 이르는 말.

1437)급쟝유(汲長孺) : 한(漢) 무제(武帝) 때에 황제의 철권통치에 맞서 백성에 대해 선정을 베풀 것을 직언하다 회양 지방 수령으로 좌천되었는데, 그 곳에서 선정을 베풀어 백성들의 존경을 받았다.

1438)당톄지화(棠棣之華) : 산 앵두나무의 활짝 핀 꽃이란 뜻으로, 시집가는 신부의 화려한 행렬을 비유적으로 표현한 말. 『시경(詩經)』<소남(召南)>편 '하피농의(何彼襛矣)' 시의 '何彼襛矣 棠棣之華(하피농의 당톄지화; 어찌 저리도 아름다울까, 산 앵두나무의 활짝 핀 꽃)'에서 따온 말로, 여기서 '산 앵두나무의 활짝 핀 꽃'은 제후에게 시집가는 공주의 화려한 행렬을 비유적으로 표현한 말.

1439)쳔엽되(天葉桃) : =쳔도화(天桃花). 션가(仙家)에서, 천상에 있다고 하는 복숭아나무의 꽃.

1440)금가마괴 : 금까마귀. '해'를 달리 이르는 말. 태양 속에 세 개의 발을 가진 까마귀가 있다는 전설에

부뫼 디경 긔이ᄒᆞ여 몽사를 인ᄒᆞ여 장녀의 명은 텬되(天桃)라 ᄒᆞ고 ᄎᆞ녀의 명은 화되 (花桃)라 ᄒᆞ니, ᄂᆡ이 졈졈 ᄌᆞ라미 별긔이질(別氣異質)이 슈츌탁아(秀出卓雅)ᄒᆞ여, 날노 조셩(早成)○○[ᄒᆞ여] 신오(神奧)ᄒᆞ니, 칠팔셰의 문장이 일고 슈션방젹(繡線紡績)의 【31】 능묘(能妙)치 아닌 곳이 업고, 십지셤슈(十指纖手)의 신션(神仙)의 지죄 이시며, 규측(閨側)의 녀훈(女訓)이 미진ᄒᆞ미 업더니, 년보십이셰(年甫十二歲)의 쳬형의 졍숙 (整肅)홈과 신장의 뇨조(窈窕)ᄒᆞ미 뉵쳑(六尺)을 다ᄒᆞ니, 아담ᄒᆞᆫ 미모와 슈려ᄒᆞᆫ 방용 (芳容)이 날노 쇄락ᄒᆞ여 일빵 긔화(奇花) 명월(明月)이라. 조부 상셔공이 마양 어로만 져 왈,

"ᄎᆞ아 등이 '계ᄎᆞ군ᄌᆞ(笄叉君子)오 결군장뷔(結裙丈夫)라'[1442]. 이 갓흔 긔질노 곤와 (困臥)의 ᄊᆞ러지미 텬도(天道)의 희극(戲劇)ᄒᆞ미 아니리오. 만일 남지런들 오문(吾門) 을 흥늉(興隆)ᄒᆞ고 숑실(宋室)을 보좌(輔佐)ᄒᆞ리랏다."

ᄒᆞ고, 텬도쇼져의 ᄌᆞ를 긔뵈라 ᄒᆞ고 화도쇼져의 ᄌᆞ를 긔홰라 ᄒᆞ여 가셔(佳壻)를 유 의ᄒᆞ미 범연치 아니터니, 화비 질녀의 비상ᄒᆞᄆᆞᆯ 보고 타문 【32】의 보ᄂᆡ기를 앗겨ᄒᆞ 고, 질아의 동틴빵ᄉᆡᆼ(同胎雙生)으로 풍용이 비속(非俗)ᄒᆞ고 ᄯᅩ 질녀 ᄂᆡᆼ아와 동년동월 동시(同年同月同時)의 ᄉᆡᆼ셰(生世)ᄒᆞ미 범연(凡然)치 아닌지라. 텬되 유의ᄒᆞ시믈 ᄶᅵ다라 이의 왕의게 냥가(兩家) 겹겹 인아(姻婭)[1443] 미ᄌᆞ믈 의논ᄒᆞ니, 왕이 ᄯᅩᄒᆞᆫ 화시 냥녀 의 현미ᄒᆞ믈 아는 고로, 승상과 츄밀을 권ᄒᆞ여 쥬진승ᄉᆞ(朱陳勝事)[1444]를 닐우라 ᄒᆞ 니, 승상이며 츄밀이 피ᄎᆞ ᄌᆞ녀(子女)의 아ᄅᆞᆷ다온 쇼젼(所傳)을 드런지 오린지라. 호의 (狐疑)치 아니코 허혼ᄒᆞ여 길긔(吉期)를 보ᄒᆞ니, 광닌 등 혼인과 한 날이라. 진왕과 승 상이 ᄌᆞ질 오인의 길긔 한 날이믈 더옥 깃거, 각각 진보(珍寶) 픽산(貝珊)으로 현훈(玄 纁) 문명(問名)을 일워 보닉고, 진궁과 상 【33】 부의셔 혼슈(婚需)를 셩비(盛備)ᄒᆞᆯ식, 인가(人家)의 가경(嘉慶)을 빌니믄 희ᄉᆡ(喜事) 조쳡(稠疊)ᄒᆞᄂᆞᆫ지라.

하늘이 진왕과 승상의 영친위열지심(迎親慰悅之心)을 ᄉᆞᄉᆞ의 맛치시는 고로, 맛춤 틱ᄌᆞ비 뎡낭낭이 황손을 탄ᄉᆡᆼᄒᆞ시니, 텬ᄌᆡ 딕희ᄒᆞ샤 텬하의 딕ᄉᆞ(大赦)ᄒᆞ시고 별과(別 科)를 베퍼 문무방졍지ᄌᆡ(文武方正之材)를 구ᄒᆞ시니, 이 곳 국가의 딕경(大慶)이라. 텬 하 십삼셩(十三省)의 만방다ᄉᆞ(萬方多士) 불츔ᄒᆞᄂᆞ니 업시 다 보ᄂᆞᆫ지라.

조틱비 진왕 형뎨를 딕ᄒᆞ여,

서 유래한다.

1441)옥툿기 : 옥토끼. '달'을 달리 이르는 말. 달 속에는 계수나무 아래 방아를 찧고 있는 토끼가 살고 있다는 전설에서 유래한다.

1442)계ᄎᆞ군ᄌᆞ(笄叉君子)오 결군장뷔(結裙丈夫)라 : '비녀 꽂은 군자'요, '치마 두른 장부'다

1443)인아(姻婭) : 사위 쪽의 사돈과 사위 상호간. 곧 동서(同壻) 쪽의 사돈을 아울러 이르는 말. '인(姻)' 은 사위의 아버지. '아(婭)'는 사위 상호간을 말함.

1444)쥬진승ᄉᆞ(朱陳勝事) : 주진(朱陳)은 중국 당(唐)나라 때에 주씨와 진씨 두 성씨가 함께 살아오던 마 을 이름인데, 한 마을에 오직 주씨와 진씨만 대대로 살아오면서 서로 혼인을 하였다고 하여, 두 성씨 간의 혼인을 일컬어 '주진승사(朱陳勝事)' 또는 '주진호연(朱陳好緣)'이라 한다.

"《즈긔∥노뫼》 여년(餘年)이 무다(無多)ᄒ니 즈손의 닙신ᄒ믈 보고져 ᄒ노라."

왕의 곤계 즈질의 년쇼ᄒ믈 불안ᄒ나, 친의(親意)를 위월치 못ᄒ여 슌슌 슈명ᄒ고, 오공즈를 명ᄒ여 왈,

"여년(汝年)이 최쇼ᄒ【34】니 닙신양명(立身揚名)의 밧부지 아니나, 존당이 보고져 ᄒ시니 과장의 나아가 구경ᄒ라. 《너의∥너희》 노둔(魯鈍)ᄒ 직학(才學)으로 혹 방말(榜末)의나 참예ᄒ미 이시나, 우리 맛당이 성상 탑ᄒ(榻下)의 진정을 이고ᄒ여 슈삼 년 말미를 어더 문학을 더 익여 직임을 쇼임케 ᄒ리라."

제공지 비스 슈명ᄒ고 물너 과옥(科屋)의 가려 홀시, 과일(科日)이 다드르니 윤공즈 오인과 뎡공즈 삼인이며 하공즈 냥인이 다 참방(參榜)ᄒ니, ○○○○○○[뎡부 삼공지는] 윤의렬 필즈 환긔와 니비의 필즈 윤긔니, 환긔는 션시랑 한유의 녀셰오, 윤긔는 녜부상셔 하원필의 녀셰니, 한·하 냥 쇼졔 다 명문 싱츌(生出)노 용안(容顔)의 미려ᄒ믄 텬퇵(川澤)의 부용(芙蓉)이오, 스덕(四德)의 【35】 슉뇨(淑窈)ᄒ믄 고즈(古者) 셩녀(聖女)로 흡스ᄒ니, 각각 구고의 즈의를 어드며 가부의 즁딕를 바다 평싱이 안한 《혼지라∥ᄒ더라》. ○[쏘] 틱즈쇼부(太子少傅) 쥭명 필홍의 삼즈 초긔는 화비 쇼싱이니 승상 하학셩의 필녀셰(畢女壻)니 하쇼져의 명은 틱강이니 원비 윤부인 초녜라. 하시 젼습모풍(專襲母風)ᄒ여시니 뎡공즈의 화류지풍(花柳之風)과 하쇼져의 용모싴광(容貌色光)이 진짓 상젹(相敵)ᄒ 부뷔러라. 환긔는 십스셰오 윤긔는 십삼이라.

하부의셔는 냥공지 참방ᄒ니 하승상 냥지라. 칠즈 몽벽의 즈는 즈경이니 윤부인 뎨스지니 금년 십오셰라. 옥안(玉顔) 영풍(英風)이 승난즈진(乘鸞子晉)[1445]이오, 문장ᄒ힝(文章學行)이 유유도즈(唯有道者)[1446]의 풍치라. 일즉 【36】 뎡쥭암공의 초녀 희염 쇼져를 취ᄒ여시니, 뎡시의 싴모지예(色貌才藝) 결비ᄒ등(決非下等)이니 부뷔상젹(夫婦相敵)ᄒ더라.

하승상 팔즈 몽의의 즈는 즈환이니 옥모(玉貌) 화풍(和風)이 직셰(再世) 반악(潘岳)이오, 문장도학(文章道學)이 공안(孔顔)의 후셕(後席)을 드디염 즉ᄒ니, 긔긔히 덕문예지(德門裔枝)오, 녜의지문(禮義之門)○[의] 현부모(賢父母) 싱훈(生訓)인 줄 알니러라. 이는 승상 초비 연군쥬의 초지(次子)라. 군쥬의 이즈 일녜 다 모비의 츄루(醜陋) 픽악(悖惡)ᄒ믈 담지 아니코, 젼혀 하시의 여풍(餘風)을 습(襲)ᄒ엿더라. 년급십시(年及十四)니 일즉 취실(娶室) 임시ᄒ니, 다르니 아니라 하어스 부인 임시의 필뎨(畢弟)라.

1445)승난즈진(乘鸞子晉) : 난(鸞)새를 탄 왕자진(王子晋). *왕자진(王子晋); 주(周) 나라 영왕(靈王)의 태자. 중국 하남성(河南省) 언사현(偃師縣) 남쪽에 있는 구씨산 꼭대기에서 7월 7일 흰 학(鶴)[혹은 '난(鸞)'새]을 타고 가족과 작별한 뒤 신선이 되어 날아갔다고 한다. 피리로 봉황 소리를 잘 냈다고 함.

1446)유유도즈(唯有道者) : 천도(天道) 곧 '하늘의 도'를 갖춘 사람. 『노자(老子)』 77장에 나오는 말. 有餘者損之 不足者補之 天之道, 人之道則不然 損不足以奉有餘. 孰能有餘以奉天下 唯有道者.(하늘의 도는 여유가 있는 것을 덜어내어 부족한 것을 보충하는데, 사람의 도는 그렇지 않아서 부족한 데서 덜어 내어 여유가 있는 데에다 바친다. 누가 능히 여유가 있어서 천하를 받들 수 있겠는가? 오직 도(=하늘의 도)를 갖춘 사람일 뿐이다.

임쇼제 운빈(雲鬢) 화안(和顏)이 절셰ᄒ여 벽도(碧桃) 홍잉(紅櫻)이 닷토와 【37】
웃는 듯, 사덕이 겸비ᄒᆫ 슉녜라. 존당 구괴 ᄉᆞ랑ᄒ고 공지 공경 즁딕ᄒ니, 합문의 화
긔 늉늉(融融)ᄒ고 일노조ᄎ 년군쥬의 복되믈 칭찬ᄒ더라.

이 씨 초공은 아ᄌ 등의 과경(科慶)을 깃거 아냐 응과ᄒ믈 니ᄅ지 아니디, 뎡국공이
명ᄒ여 제손의 과거 보기를 졀박히 죄오ᄂ즈라. 제ᄌ를 십여셰 이상은 다 등과(登科)
ᄒ여 우리 싱젼의 영화를 뵈라 ᄒ니, 초공 등이 부모의 참화여싱(慘禍餘生)으로 쇠모
(衰耗)ᄒ미 타류(他類)의 극ᄒ여, 노감(老感) 쇼치(所致)의 비로쇼시믈 감동ᄒ여, 초국
공은 냥ᄌ를 응과ᄒ라 ᄒ나, 학ᄉ 등은 각각 아직 십여셰의 문장이 일운 지 여러히나,
【38】 밋쳐 셩관(成冠) 입장(入丈)치 못ᄒᆫ 고로 응과(應科)ᄒ기를 즁지ᄒ여, 금년의
입장(入丈)ᄒ거던 명츈 알셩(謁聖)이나 관광(觀光)코져 ᄒ미라.

이러구러 과일이 다ᄃ라 윤·하·뎡 삼문 제공지 일시의 뇽문(龍門)의 고등ᄒ니, 장
원은 윤광닌이오 ᄒ이원은 운닌이오 기여는 뎡·하 제공지 구슬 ᄱᅦᆫ듯 참방(參榜)ᄒ니,
이 날 만셰 황애(皇爺) 금난보뎐(金鑾寶殿)[1447]의 옥좌(玉座)를 여ᄅ시고, 만조문뮈 셩
녈(盛列)ᄒ여 쳔만권 시권(試券)○[을] ᄎ례로 쇼노와 일일이 논폄(論貶)ᄒ시고, 밋 탁
방(坼榜)ᄒ미, 윤·하·뎡 삼문 ᄌ손 십인이 우흐로 참방(參榜)ᄒ고, 버거 제시 참녜
(參預)ᄒ여시나 다 평평ᄒᆫ 글귀와 노창(老蒼)ᄒᆫ 장뷔라. 엇지 윤·하·뎡 제쇼년을 앙
망ᄒ리오.

뇽안이 희【39】열ᄒ샤 모든 신뇌(新來)를 불너 어화청삼(御花靑衫)[1448]과 옥픠(玉
珮) 아규(牙圭)를 상ᄉ(賞賜)ᄒ시고, 제인의 유년(幼年) 미질(美質)노 션풍도골(仙風道
骨)이 긔긔히 학상션동(壑上仙童) 갓ᄒ믈 불승이경(不勝愛慶)ᄒ샤 특별이 옥비○[의]
《어향‖어온(御醞)》을 ᄎ례로 ᄉ쥬(賜酒)ᄒ시고, 제진 냥왕과 하승상을 갓가이 브ᄅ
샤 향온(香醞)을 ᄉ(賜)ᄒ시며, 긔ᄌ 두어시믈 일ᄏ라 왈,

"경 등 삼문은 가위 젹덕지기(積德之家)로다. ᄌ손이 계계 승승(繼繼承承)ᄒ여 낫낫
치 인지 츌범ᄒ여시니 긔특지 아니리오. 짐이 경 등 갓흔 동냥(棟樑) 보필(輔弼)을 만
히 두엇시니, 구즁심궐(九重深闕)의 침식이 평안ᄒ여 융호(戎胡)[1449]의 《버린 쯧을‖
비린(鄙吝) 틋글[1450]을》 근심치 아닛노라." ᄒ시니, 제공이 옥계의 복슈(伏首) 계슈
(稽首)ᄒ여 텬【40】어(天語)의 과장(誇張)ᄒ시믈 불감승당(不堪承當)이러라.

군신이 낙극(樂極) 진취(盡醉)ᄒ미, 단셔(壇西)의 파연곡(罷宴曲)을 쥬(奏)ᄒ고 금외
(金烏)[1451] 셔하(西河)의 도라가미 틱음(太陰)[1452]이 동졍(洞庭)[1453]의 빗최고져 ᄒᄂ

1447)금난보뎐(金鑾寶殿) : 금난뎐(金鑾殿). 중국 당대(唐代)의 궁전 이름으로, 천자가 조회를 받는 정전
(正殿)
1448)어화청삼(御花靑衫) : 어사화(御賜花)를 꽂은 오사모(烏紗帽)를 쓰고 푸른 색 도포를 입은 과거 급제
자의 차림. *어사화(御賜花); 조선 시대에, 문무과에 급제한 사람에게 임금이 하사하던 종이꽃.
1449)융호(戎胡) : 오랑캐. 야만민족.
1450)비린(鄙吝) 틋글 : (오랑캐)의 침략으로 전장에서 일어나는 더러운 흙먼지.
1451)금오(金烏) : '해'를 달리 이르는 말. 태양 속에 세 개의 발을 가진 금까마귀가 있다는 전설에서 유

지라.

황애 취괴를 ○○[씌여] 붓들녀 파조(罷朝) 입뇌궁(入內宮)ᄒ시니, 문무쳔관(文武千官)이 일시의 퇴(退)ᄒ여 금텬문 밧글 나니, 명공 거경의 쥬륜(朱輪)이며 문무 신뇌(新來)의 휘듯는 계화와 나붓기는 청삼(靑衫)이, 츈풍의 표표ᄒ고, 일쳔 홰불과 일만 쵹농(燭籠)이 여쥬(如晝)ᄒ여, 오히려 월광의 지나더라. 삼문 제싱이 다 약관(弱冠) 셔싱(書生)으로 일시의 뇽문(龍門)의 비등(飛騰)ᄒ여 단계(丹桂)의 계화(桂花)를 《썻고∥썩고》 봉익(鳳翼)을 츔츄어 도라오니, 각각 효ᄌ 현손【41】의 열친지심(悅親之心)이 그 엇더ᄒ리오. ᄒ믈며 이 한 무리 복녹지인(福祿之人)이 북당(北堂)1454) 츈원(椿園)1455)의 학발존당(鶴髮尊堂)과 부뫼 지상ᄒ고 구경지하(其慶之下)1456)의 형데 번셩커늘 싱어부귀(生於富貴)의 장어호치(長於豪侈)ᄒ 바 후문 공ᄌ의 무리라.

ᄎ시(此時)를 당ᄒ여 옥면셩모(玉面星眸)의 화풍이 이이(怡怡)ᄒ여 양츈(陽春)이 도라온 듯ᄒ더라. 각각 부슉 졔친을 뫼셔 도라와 존당의 비알ᄒ니 노인지심(老人之心)의 두굿기며 ᄉ랑ᄒᄆ 일필난긔(一筆難記)러라. 삼일유과(三日遊街)1457)를 맛고 궐하의 슉ᄉᄒ니, 상이 인견ᄒ샤 졔싱이[의] 쇼년 영풍과 문장 지혹을 이즁ᄒ샤 ᄎ례로 옥당(玉堂) 한원(翰苑)을 몌오시니, 초공의 냥ᄌ 몽벽 몽의, 졔왕 냥【42】ᄌ 환긔 운긔, 쥭명공의 아ᄌ 초긔는 나히 임의 약관지년(弱冠之年)이니 ᄉ군(事君) 찰임(察任)ᄒᄆ 늦지 아닌 고로, 인ᄒ여 직임(職任)의 나아가되, 윤부 졔싱은 불과 십여셰 동치(童穉)라. 비록 언건슉셩(偃蹇夙成)1458)ᄒ나 진왕 등이 힘뼈 ᄉ양ᄒ여 슈년 말미를 어드니라.

졔공ᄌ의 길일이 공교이 《유과∥유가(遊街)》 죵일(終日)이라. 조틱비 윤노공이 더욱 깃거 이 날 진궁과 상부 졔인이 광실을 통긔(通開)ᄒ고 일문친쳑과 인친(姻親) 고구(故舊)며 황친국쳑(皇親國戚)의 뇌외빈긱(內外賓客)이 다토와 모드니, 광실이 좁고 엇게 기야이더라1459). 일ᄉᆡᆨ(日色)이 반오(半午)의 진왕과 승상이 아ᄌ를 압셰워 드러와 일시의 길복(吉服)을 졍졔(整齊)ᄒ고 존당 부【43】모긔 하직고 만조(滿朝) 요긱

래하였다.

1452)틴음(太陰) : '달'을 태양(太陽)에 상대하여 이르는 말.

1453)동졍(洞庭) : =동뎡호(洞庭湖). 중국 호남성(湖南省) 동북부에 있는 중국에서 가장 큰 민물 호수. 샹강(湘江), 자수(資水), 원강(沅江) 따위가 흘러 들며 호수 안에는 악양루(岳陽樓) 따위가 있어 아름다운 경치로 유명하다.

1454)북당(北堂): 어머니. 또는 어머니의 처소. 집안의 북쪽에 있는 당(堂)이란 뜻으로, 집안의 주부가 이곳에 거처하였기 때문에 '어머니' 또는 '어머니의 처소'를 지칭하는 말로 쓰였다.

1455)츈원(椿園) : 아버지. 또는 아버지의 처소. 춘당(椿堂)과 같은 말로 '아버지' 또는 '아버지의 처소'를 달리 이르는 말이다

1456)구경지하(其慶之下) : 부모가 모두 살아 있음. 또는 그런 기쁨 가운데 있음.

1457)삼일유가(三日遊街) : 과거에 급제한 사람이 사흘 동안 풍악을 잡히고 거리를 돌며 시험관과 선배 급제자와 친척을 방문하던 일.

1458)언건슉셩(偃蹇夙成) : 발육이 빨라 어린 나이인데도 허우대가 크고 튼튼함.

1459)기야이다 : 붐비다. 부딪치다.

(繞客)이 위요(圍繞)ᄒᆞ여 부문을 나니 반노(半路)의 다ᄃᆞ라 각각 위의(威儀)를 난화 혼가(婚家)로 향홀ᄉᆡ, 흑ᄉᆞ 광닌과 한님 운닌이 니부로 향ᄒᆞ니, 이 날 니공이 ᄃᆡ연을 기장ᄒᆞ고 합족(闔族)을 ᄃᆡ회(大會)ᄒᆞ여 두 신낭을 마줄ᄉᆡ 니 일낭 동궁시강(東宮侍講) 셩희와 니 이랑 공부원외랑(工部員外郞) 셩강이 각각 고관ᄃᆡᄃᆡ(高冠大帶)로 흑ᄉᆞ 형뎨를 읍양(揖讓)ᄒᆞ여 젼안ᄇᆡ셕(奠雁拜席)의 나아가 텬디긔 젼안지네(奠雁之禮)를 맛ᄎᆞᄆᆡ 좌긱이 두 신낭의 옥안영풍을 불승칭찬ᄒᆞ여 니공긔 쾌셔 어드믈 치ᄉᆞᄒᆞ니, 공이 좌슈우답(左酬右答)의 치ᄉᆞ를 ᄉᆞ양치 아니ᄒᆞ고, 냥인의 옥슈를 어로만져 【44】ᄋᆡ즁ᄒᆞ믈 친셔(親婿) 질셔(姪婿)를 간격지 아니며, 이 갓흔 가셔(佳婿)를 어드나 망뎨 부부의 보지 못ᄒᆞ믈 슬허 영웅의 눈물이 셜셜(屑屑)ᄒᆞ니[1460], 감회ᄒᆞ여 한님의 숀을 잡고 질녀의 평싱을 부탁ᄒᆞ미 ᄌᆞ못 구구(區區)ᄒᆞ니, 한님은 인의군ᄌᆞ(人義君子)라 감동(感動)ᄒᆞ여 슈명ᄒᆞ더라.

이윽고 두 신뷔 쥬취셩장(珠翠盛裝)[1461]으로 화교(華轎)의 오ᄅᆞ니, 두 신낭이 봉교(封轎) 상마(上馬)ᄒᆞ여 도라올ᄉᆡ, 빗난 위의 거록ᄒᆞ더라. 직ᄉᆞ 쳥닌이 ᄯᅩ흔 뎡상부의 니ᄅᆞ러 젼안지네(奠雁之禮)를 맛고 신부의 상교(上轎)를 기다릴ᄉᆡ, 뎡쇼졔 웅장셩식(雄裝盛飾)으로 승교(乘轎)ᄒᆞ니, 직ᄉᆡ 봉교상마(封轎上馬)ᄒᆞ여 도라가니라.

ᄎᆞ시 길ᄉᆞ(吉士) 츈닌과 ᄉᆞ인(舍人) 슉닌 【45】이 위의를 거ᄂᆞ려 화부로 나아가니, 화츄밀이 모든 ᄌᆞ질을 명ᄒᆞ여 두 신낭을 인도ᄒᆞ여 젼안지네를 맛ᄎᆞᄆᆡ, 두 신낭의 옥슈를 잡아 귀즁ᄒᆞ믈 니긔지 못ᄒᆞ더라. 이윽고 화쇼져의 ᄌᆞᄆᆡ 칠보셩장(七寶盛裝)으로 덩의 오ᄅᆞ니, 길ᄉᆞ와 ᄉᆞ인이 봉교상마ᄒᆞ여 운산 곡부의 다ᄃᆞ라ᄂᆞᆫ 다ᄉᆞᆺ 신인의 위의 일시의 맛나니, 인셩이 훤화(喧譁)ᄒᆞ고 위의(威儀) 분답(紛沓)ᄒᆞ며 향취(香臭) 옹비(擁鼻)ᄒᆞ고 싱기(笙歌) 뇨량(寥亮)ᄒᆞ거ᄂᆞᆯ, 빵빵ᄒᆞᆫ 홍슈아환(紅袖丫鬟)과 ᄉᆞ지양낭(事知養娘)이 경군취ᄃᆡ(輕裙翠帶)를 ᄭᅳ어 다ᄉᆞᆺ 금덩을 옹호ᄒᆞ여 ᄎᆞ례로 힝ᄒᆞ여, 진궁과 상부의 니ᄅᆞ러 각각 합환(合歡) 교ᄇᆡ(交拜) 후, 조률(棗栗)을 밧들어 【46】존당 구고긔 진헌ᄒᆞ고, 버거 졔친(諸親)의 녜(禮)를 맛촌 후 즁목(衆目)이 일시의 관쳠(觀瞻)ᄒᆞ니 ᄉᆡᆨ광덕질(色光德質)이 츌어범뉴(出於凡類)ᄒᆞ여 일셰 셩녀슉완(聖女淑婉)이라. 존당구괴 그 각각 ᄇᆡ우의 상젹ᄒᆞ믈 두굿기고 귀즁ᄒᆞ믈 이긔지 못ᄒᆞ더라.

이 젹의 평졔왕 필ᄌᆞ 원긔ᄂᆞᆫ ᄉᆞ비 경시 뎨ᄉᆞᄌᆡ니 ᄌᆞᄂᆞᆫ 홍최라, 부풍모습(父風母襲)ᄒᆞ여 하안(何晏)[1462] 니두(李杜)[1463]의 풍치 문장과 영허(靈虛)의 맑은 긔질이 잇더라. 년급십삼의 진왕의 필녀 녀화쇼져와 셩친ᄒᆞ니 윤쇼져 녀화ᄂᆞᆫ 진왕 삼비 남부인

1460)셜셜(屑屑)ᄒᆞ다 : 자잘하게 굴다, 구구(區區)하다.

1461)쥬취셩장(珠翠盛裝) : 구슬과 비취 등으로 치장하여 잘 차려 입음.

1462)하안(何晏) : 중국 삼국 시대 위(魏)나라의 학자. 자는 평숙(平叔). 벼슬은 시중상서에 이르렀으며, 청담을 즐겨 그것이 유행하는 계기를 만들고 경학을 노장풍(老莊風)으로 해석하였다. 저서에 ≪논어집해≫가 있다. 얼굴에 분을 발라 멋을 부려, 미남자로도 이름이 높았다.

1463)니두(李杜) : 당나라 때 시인 이백(李白: 701-762)과 두보(杜甫: 712~ 770).

쇼싱이라. 텬싱지용(天生才容)이 탁아ᄒ고 운빈화안(雲鬢和顏)이 졀셰(絶世)ᄒ며 녀힝이 졍슉ᄒ여 옥 갓흔 슉녜라. 제【47】・진 냥왕이 일가(一家) 스친(査親)1464) 년인(連姻)의 ᄌ별ᄒ므로, 피ᄎ ᄌ녀의 아름다오미 진짓 상젹ᄒᄆ를 씨ᄃ라 슈고로이 타문의 ᄐ셔(擇壻) ᄐ부(擇婦)치 아니코, 쾌히 셩혼ᄒ니 진짓 식ᄌ와 쳘인의 명감이러라.

일노조ᄎ 뎡원긔 본ᄃ 물욕의 담연(淡然)ᄒ여 명니(名利)의 ᄯᅳᆺ이 업셔 공명을 원치 아니므로, 님쳔(林泉)의 한가ᄒ 쳐ᄉ(處士) 되나, 본ᄃ 왕공의 귀ᄌ(貴子)라. 죵요로온 부귀 만셕군(萬石君)을 불원(不願)ᄒ고 윤시로 관관(款款)ᄒ 화락이 무흠ᄒ여 일남 일녀를 두니, ᄌ녜 비록 션쇼(鮮少)ᄒ나 덕문여엽(德門餘葉)이라. 품슈 긔질이 결비범인(決非凡人)이러라.

존당 부뫼 원긔 부부의 단아(端雅) 유한(有閑)ᄒᄆ를 일ᄏ고 【48】 군종 등이 긔롱(譏弄)ᄒ여 졸부(拙夫) 달ᄉ(達士)라 우으니, 원긔 한가히 우어 왈,

"ᄌ고(自古)로 쳥운(靑雲)과 빅운(白雲)이 길이 다ᄅ믄 각각 지취(志趣) 다ᄅ미라. 당외(唐堯) 지현(至賢)ᄒ시ᄃ 쇼부(巢父) 허위(許由) 이시니, 제형뎨 닙신현양(立身顯陽)ᄒ미 죡히 조션(祖先)을 붓드러 고문셰덕(高門世德)을 일치 아녀시니, 쇼뎨 등 형뎨 군종의 삼ᄉ인이 비록 공명(功名)을 불구(不求)ᄒᆫ들 무어시 유뮈(有無) 관겨ᄒ리오."

ᄒ더라.

경퇴ᄉ 죽운의 필ᄌ 경긔와 윤상의 필녀 쇼화와 졍혼ᄒ고, 윤상국 필ᄌ 상닌과 쇼부 죽명공 녀아로 졍혼ᄒ나, 냥가 ᄌ녜 어려시니 일이년을 등ᄃ(等待)ᄒ더라.

초국공 하학셩의 구ᄌ 몽희ᄂ 원비 필ᄌ오, 십ᄌ 몽계ᄂ 삼【49】비 경부인 삼직라. 냥 공지 다 옥안 영풍이 쥰상(俊爽) 발월(發越)ᄒ여 경님(瓊林)의 옥쉬(玉樹) 휘듯ᄂ 듯ᄒ고, 문장이 츌인ᄒ더라. 진국공 뎡죽암의 ᄉ녀 의염과 오녀 필염은 삼비 한시 쇼싱이라. 냥 쇼졔 지용(才容)이 초셰(超世)ᄒ여 셩홰(聲華) 닌니의 《품동‖풍동》ᄒ니, 뎡・하 냥가의 졉옥 년장(接屋連墻)ᄒ미리오.

하노공과 조퇴부인이 뎡시 등의 방향(芳香)을 듯고 초공ᄃ려 쳥혼ᄒ라 ᄒ니, 초공이 이의 장ᄌ 동왕과 삼뎨 북후로 ᄒ여곰 진국공의게 통혼ᄒ니, 공왈,

"불미(不美)ᄒ 녀이 감당치 못ᄒᆯ가 홀지언졍, 하형의 퇴의(太意)를 져바리리오. 하후와 동왕이 ᄃ희ᄒ여 도라【50】와 노공과 초공긔 보ᄒ니, 부지 역희(亦喜)ᄒ여 길일을 ᄐᄒ여, 현훈(玄纁)을 녜이션숑(禮以善送)ᄒ고 뉵녜(六禮)를 구힝(俱行)ᄒ니, 의빙지녜(依憑之禮)1465)ᄒ여 길월냥신(吉月良辰)의 위의 졔졔(齊齊)ᄒ여, 몽희로ᄡ 뎡시 의염을 취ᄒ고 몽계로 필염쇼져를 마ᄌ 도라오니, 두 신낭 신부의 초츌ᄒ 용광이 텬졍가위(天定佳偶)○[러]라.

존당 부뫼 ᄃ열ᄒ고 좌상 졔인이○○[치희(致賀)] 분분ᄒ니, 뎡국공 부뷔 환희ᄒ여

1464) 스친(査親) : 사돈(査頓). 혼인으로 맺어진 관계. 또는 혼인 관계로 척분(戚分)이 있는 사람.
1465) 의빙지녜(依憑之禮) : 예(禮)에 의거함. 또는 예(禮)를 따라.

신부등의 옥슈를 잡고 좌즁의 ᄌ랑 왈,

"오문(吾門)이 본ᄃᆡ 참화여ᄉᆞᆼ이라. 오늘날 지우보젼(至于保全)ᄒᆞ여 일월의 광명을 다시 보고 신상 참누(慘累)를 신셜ᄒᆞ며, 졔ᄌ졔손이 닙신영【51】{신}현(立身榮顯)ᄒᆞ여 거의 업더져가는 문호를 보젼ᄒᆞ믄, 젼혀 뎡쥭쳥 늉산ᄃᆡ덕(隆山大德)을 힘닙으미라. ᄌ부 손부 항(行)의 모든 뎡시 그 몃몃치 드러왓ᄂᆞ뇨? 기기히 슉완셩ᄉᆞ(淑婉聖士)라 오문을 영챵ᄒᆞ고 쥬종을 흥늉(興隆)ᄒᆞᆯ 장본(張本)이니, 엇지 ᄉᆞᄉᆞ(事事)의 뎡문 은혜 젹다 ᄒᆞ리오."

쥬흥을 ᄯᅴ여 셕ᄉᆞ를 상감(傷感)ᄒᆞ미 셕일ᄉᆞ(昔日事) 목젼의 버럿는 듯, 삼ᄌ의 참ᄉᆞ 홈과 임시의 ᄌᆞ경이ᄉᆞ(自頸而死)ᄒᆞᆷ믈 ᄉᆡᆼ각ᄒᆞ여 슬프믈 니긔지 못ᄒᆞ니, 좌긱이 션탄 감오(感悟)ᄒᆞ고 초국공 ᄉᆞ곤계와 동왕 졔손이 이셩낙ᄉᆡᆨ(怡聲樂色)으로 위로ᄒᆞ여 우으시믈 요구ᄒᆞ니, 하공 부뷔 ᄌᆞ손의 져 갓흔 셩효【52】를 보ᄆᆡ ᄯᅩ흔 감오(感悟)ᄒᆞ여 비회를 진졍ᄒᆞ더라.

이러구러 날이 졈을ᄆᆡ 졔긱이 훗허지고 냥신뷔 인ᄒᆞ여 구가의 머물ᄆᆡ, ᄉᆞ덕(四德) 규ᄒᆡᆼ(閨行)의 흠흘 거시 업셔 금슈(錦繡) 우희 ᄭᅩᆺ 갓흐니, 친구가(親舅家) 부뫼 두굿기고 깃거ᄒᆞ더라.

ᄎᆞ년 츈(春)의 몽희 등이 갑과(甲科)의 고등ᄒᆞ여 옥당(玉堂) 한원(漢苑)의 명필(名筆)을 ᄌᆞ임ᄒᆞ니 상춍이 늉늉ᄒᆞ더라. 몽희는 뎡쇼져 의염으로 더부러 빅슈ᄒᆡ로(白首偕老)ᄒᆞ여 부뷔 빅두죵시(白頭終時)의 그ᄅᆞ미 업고 탑하(榻下)의 언식지(言飾者) 《업고 ∥업시》 삼ᄌ오녀를 두고, 벼슬이 녜부상셔 부츈후(富春侯)의 니ᄅᆞ고, 몽계는 작위 삼ᄐᆡ(三台)1466)의 거ᄒᆞ고 뎡쇼져 필염은【53】일ᄌ를 두엇더라.

이 ᄯᅢ 황ᄐᆡ휘 붕(崩)ᄒᆞ시니 텬ᄌᆡ 이통ᄒᆞ시고 만셩 ᄉᆞ셔(士庶) 다 슬허ᄒᆞ더라. 윤·하·뎡 삼문 졔인이 ᄃᆡ휼(大恤)을 인ᄒᆞ여 이희집상(哀悕執喪)1467)ᄒᆞ미 ᄌᆞ못 과도ᄒᆞ여, 무릇 의복 식치 거쳐 좌와의 지극흔 상인(喪人)의 거동이오, 부인을 보지 아니니 도로혀 군신지의(君臣之義) 부ᄌᆞ의 감ᄒᆞ미 업고, 각각 부인닉 ᄯᅩ흔 가장의 명을 준봉ᄒᆞ여 감히 화복(華服)을 닙지 못ᄒᆞ고, 진찬을 슉핑(熟烹)치 못ᄒᆞ여 담쇼(淡素)흔 빅의(白衣)와 초초(草草)흔 쇼찬(素饌)으로 군ᄌ를 셤기니, 시인(時人)이 칭찬ᄒᆞ여 츙신의 모힌 곳이라 ᄒᆞ더라.

한갈갓치 국상삼년(國喪三年)의 이 갓흐니, 상이 드ᄅᆞ시【54】고 크게 아름다이 너기ᄉᆞ 특별이 녜부를 명ᄒᆞ여 취운산 곡노(谷路) 젼면의 옥비(玉碑)를 셰워 금ᄌ어필(金字御筆)노 삭여 츙현녈의비(忠賢烈義碑)라 ᄒᆞ시고, 그 아ᄅᆡ 윤·하·뎡 삼문 졔공의 ᄒᆡᆼ덕(行德)을 찬(讚)ᄒᆞ여 문을 놉히시고 취운산(聚雲山)을 곳쳐 취셩산(聚聖山)이라 ᄒᆞ

1466)태(三台) : 삼공(三公). 고려 시대에, 태위(太尉)·사도(司徒)·사공(司空)의 세 벼슬을 통틀어 이르던 말. 삼사(三師)와 함께 임금의 고문 구실을 하는 국가 최고의 명예직으로 초기에 두었다가 공민왕 때에 없앴다.

1467)이희집상(哀悕執喪) : 몹시 슬퍼하며 예(禮)를 다해 상장(喪葬)을 치름.

시니, 모들 '취(聚)' 즈(字)의 성인 '셩(聖)' 지니, 셩인(聖人)·군지(君子) 못는 산이라 말이오, 옥비문(玉碑門)을 지나는 즈는 공즈(公子)·왕손(王孫)이라도 하마(下馬)ᄒ여 지나게 ᄒ시니, 일노조츠 셩군의 총우ᄒ시는 이슈(異數)[1468]를 알니러라.

이러구러 《고어한삭∥고어함삭(枯魚銜索)[1469]》의 이쉬(離數) {흔}흔ᄒ니, 광음(光陰)이 빅구(白駒)의 틈 지남 갓흔지라. 국가 디흉 삼년이 적은 덧 지【55】나니, 우흐로 텬즈와 만셩수셔(滿城士庶)의 신민지통(臣民之痛)이 식롭더라.

쏘 슈월이 지나 국가 담스(禫祀)[1470]를 필ᄒ미, 텬하 스셔인(士庶人)이 화복(華服)을 닙고 녜악(禮樂)을 갓초더라. 윤·하·뎡 삼부의셔 국휼(國恤) 삼상(三喪)을 지나미 즈녜 장셩ᄒ니 만흔지라. 밧비 셩혼(成婚) 가취(嫁娶)홀식, 윤상국 효문공의 필즈 상닌과 필녀 쇼화의 장셩ᄒᆞ믈 인ᄒ여, 뎡상부의 통혼ᄒ고 길긔를 지촉ᄒ여 상닌으로 죽명공의 필녀를 맛고, 쇼화로 죽명의 필즈 경긔와 가(嫁)ᄒ니, 진짓 군즈 슉녀를 비(配)ᄒ고 가인(佳人)이 긔남(奇男)을 우(偶)ᄒ미러라. 남풍녀치(男風女采) 찬찬휘휘(燦燦輝輝)ᄒ여 각각 비필이【56】상젹(相敵)ᄒ니, 존당 부뫼 디희ᄒ더라.

시의 직스 윤쳥닌이 뎡쇼져를 취ᄒ연지 하마 오년이라. 본디 단아군지(端雅君子)니 부인의 식을 낫비 너기미 아니로디, 뎡시 너모 경경호란(耿耿胡亂)ᄒ여 투긔의 싱쇼치 아니믈 깁히 불안ᄒ미 업지 아니나, 일즉 스식의 낫하니미 업고 쏘흔 지취 번화를 구홀 쓴은 업스니, 일일은 맛춤 조회를 파ᄒ고 도라오더니 공스 의논홀 일이 잇셔 바로 본부로 오는 길히, 들너 한님 두셥을 츠즈보고 도라오더니, 두한님은 본디 슐을 즐기는 고로 이 날 윤직스를 맛나 지리히 권ᄒ니, 직스【57】슐을 즐기지 아니ᄒ나 친우의 권ᄒ는 잔을 미미치 못ᄒ여 겨유 두어 잔을 먹고 도라올식, 취긔 은은ᄒ여 흐리눅은 봉안이 잠간 푸러져 징징발월(澄澄發越)ᄒ여 영치(靈彩) 동인(動人)ᄒ고, 두스인(杜舍人)의 투귤지풍(投橘之風)의 비길 빈 아니라. 월익(月額)의 스모(紗帽)를 기우리고 봉익(鳳翼)의 홍금포(紅錦布)를 착(著)ᄒ여시며, 일요(逸腰)의 보디(寶帶)를 완이(緩已)ᄒ고 아홀(牙笏)을 잡아 빅셜도화총(白雪桃花驄)[1471]의 금안(金鞍)을 도도 노코, 빅마(白馬) 우희 단졍이 안즈시니, 헌아쇄락(軒雅灑落)ᄒ여 양쥬 노상의 귤을 줍던가 의희(依稀)흔지라. 길이 졍히 창누(娼樓)를 지나는지라. 이 날 졔창이 단장을 셩히 ᄒ고 쥬렴【58】을 놉히 것고 도로 힝인을 구경ᄒ더니, 누하(樓下)로 쇼년 명스의 지나는 냥을 보미 그 옥골션풍(玉骨仙風)을 디 황홀ᄒ여, 일시의 귤을 다토와 더지는지라. 직스

1468)이슈(異數) : 특별한 예우. 또는 보통과 구별되는 특별한 것.

1469)고어함삭(枯魚銜索) : '마른 고기를 매달아 놓은 노끈이 썩는다'는 뜻으로, 사람의 목숨도 썩은 노끈처럼 허망하게 끊어짐을 비유해 이르는 말.

1470)담스(禫祀) : =담제(禫祭). 대상(大祥)을 치른 다음다음 달 하순의 정일(丁日)이나 해일(亥日)에 지내는 제사. 초상(初喪)으로부터 27개월 만에 지내나, 아버지가 생존한 모상(母喪)이나 처상(妻喪)일 때에는 초상으로부터 15개월 만에 지낸다.

1471)빅셜도화총(白雪桃花驄) : 말의 이름. 갈기와 꼬리가 복숭아꽃처럼 불그스름한 빛을 띤 백마(白馬)로서 청총마(靑驄馬)의 일종.

크게 가쇼로이 너겨, 하리로 ᄒᆞ여곰 졔창의 방ᄌᆞ(放恣) 음오(淫娛)ᄒᆞ믈 크게 즐퇴(叱退)ᄒᆞ고, 부즁의 도라오니 미처 부문(府門)을 드지 못ᄒᆞ여 노상 일인이 졀ᄒᆞ고 봉셔를 올니니, 이ᄂᆞᆫ 곳 쇼쥬 ᄌᆞᄉᆞ(刺史)의 글월이라.

직시 쇼쥬 ᄌᆞᄉᆞ 니흡으로 교계(交契) 심후(深厚)ᄒᆞ던 고로, 다만 친친지간(親親之間)의 《졍문∥평문(平文)》인가 바다 ᄉᆞ미의 너코 가인을 분부ᄒᆞ되, 일셰(日勢) 느져시니 명일 답간(答簡)ᄒᆞ여 쥬리니 물너가라 ᄒᆞ고, 【59】입문ᄒᆞ여 셔당의 니르되 못먹는 슐이라 옥면의 ᄎᆔ식이 요란ᄒᆞ니, 존당의 가지 못ᄒᆞ여 졔형뎨다려 왈,

"닉 여ᄎᆞ여ᄎᆞᄒᆞ여 ᄎᆔᄒᆞ여시니 감히 존당의 뵈옵지 못ᄒᆞᆯ지라. 졔형뎨ᄂᆞᆫ 존당의 ᄎᆔᄒᆞ엿더라 말고, 신긔(身氣) 불평ᄒᆞ여 혼졍(昏定)치 못ᄒᆞ고 ᄉᆞ실노 가더라 ᄒᆞ라."

졔인이 모다 응낙거늘, 직시 관복도 벗지 아니코 바로 침쇼로 드러가니, 쇼졔 졍당의셔 밋쳐 도라오지 아냣거늘, 신긔 불평ᄒᆞ여 스스로 웃옷슬 벗고 시녀를 불너 셕상(夕床)을 가져오라 ᄒᆞ여 먹고, 상을 물닌 후 와상(臥床)의 의지ᄒᆞ여 부인의 도라오기를 기다리【60】다가 잠드럿더니, 이윽고 쇼졔 혼졍(昏定)을 맛고 도라오니, 직시 관복을 버셔 거러시되 부졍ᄒᆞ거늘, 쇼졔 곳쳐 걸고져 ᄒᆞ여 옷슬 들믹 문득 일봉 셔간이 ᄯᅥ러지거늘, 쇼졔 의아ᄒᆞ여 경경(耿耿)ᄒᆞᆫ 마음의 ᄯᅥᆯ혀 보니, 이 곳 니ᄌᆞᄉᆞ의 평문(平文)이로되 다른 셜홰 아니오, 몬져 평부(平否)를 뭇고 말단의 왈,

"쇼읍(小邑)은 본딕 부요지디(富饒之地)라. 인믈이 ᄯᅩᆫ 번화ᄒᆞ니, 창녀 월궁난·도화션은 나히 이칠(二七)·십삼(十三)이오, 얼골이 침어낙안지용(沈魚落雁之容)이 이시며, 지졍(才情)이 아름다와 옥슈 금관의 졔일 명창이라. 비록 텬하의 구ᄒᆞ나 무빵ᄒᆞᆫ 명식이니 ᄌᆞ【61】고로 미식은 한고조(漢高祖) 초픽왕(楚覇王)의 영웅으로도 ᄉᆞ(謝)치 아냐시니, ᄒᆞᆯ물며 금셰 풍뉴화시(風流華士)냐? 형이 당당ᄒᆞᆫ 부귀공ᄌᆞ로 다시 작위 옥당(玉堂) 지렬(宰列)이라. 오라지 아냐 츈경(春卿)의 오유(遨遊)ᄒᆞ리니, 엇지 두낫 미인을 싱각지 아니며, ᄯᅩ 엇지 녹녹(碌碌)ᄒᆞᆫ 필뷔 아니리오. ᄎᆞ 냥녀의 아름다온 ᄌᆡ용(才容)을 보믹 문득 형의 쇼년 풍졍(風情)을 돕고져ᄒᆞ여 가인(佳人)을 보ᄂᆡᄂᆞ니, 형은 쇼졔의 다ᄉᆞ(多事)ᄒᆞ믈 웃지 말고, 거두어 장부의 풍뉴를 믜몰케 말나."

ᄒᆞ엿더라.

쇼졔 견필(見畢)의 발연딕로(勃然大怒)ᄒᆞ여 노발이 츙관(衝冠)ᄒᆞ니 엇지 젼두(前頭)를 싱각ᄒᆞ리오. 분【62】연이 셔간을 뮈치고 고장(鼓掌) 분분ᄒᆞ여 ᄭᅮ지져 왈,

"니흡 필부는 인면슈심(人面獸心)이로다. 이러틋 다ᄉᆞ히 미녀셩식(美女聲色)을 가져 단졍ᄒᆞᆫ 군ᄌᆞ를 호려, 요녀 등을 딕ᄉᆞ로이 보ᄂᆡ엿ᄂᆞ뇨? 오슈미약(吾雖微弱)[1472]이나, 윤군이 만일 요녀 등을 갓가이 ᄒᆞᄂᆞᆫ 날이면, 장검(長劍)을 빗닉 다ᄉᆞ려 요녀 등을 쳑시(戚氏)[1473]의 인쳬(人彘)[1474]갓치 ᄒᆞ리라."

1472)오슈미약(吾雖微弱) : '내 비록 미약하지만'의 뜻.
1473)쳑시(戚氏) : 쳑부인(戚夫人). 중국 한 고조의 후궁. 고조의 사랑을 받아 아들 조왕(趙王)을 두었으나, 고조가 죽은 뒤, 여후(呂后)에게 조왕은 독살당하고, 그녀는 팔다리를 잘리고 눈을 뽑히는 악형을

옥셩(玉聲)이 징연ᄒ여 형산(衡山) 옥을 쇠치로 두다리ᄂ 듯ᄒ니, 직ᄉᆡ(直士) 놀나 취안(醉顔)을 ᄶᅥ보니 쇼졔 발연이 노ᄒ여 옥면의 홍식이 난만ᄒ고, 별 갓ᄒᆫ ᄡᅡᆼ셩이 가ᄂᆞ라시니 촉영지하(燭影之下)의 미인의 셩ᄂᆡᄂᆞᆫ 거동이 더옥 승졀(勝絶)【63】ᄒ니, 다졍 군ᄌᆡ의 은ᄋᆡ를 도도ᄂᆞᆫ지라. 잠결의 셩ᄂᆡᆫ 곡졀을 모르고 번연(翻然)이 이러나 광슈로 쇼져의 나슈(羅袖)를 잡아 겻ᄒᆡ 안치려 ᄒ니, 쇼졔 경경이 ᄲᅢ리쳐 니러셔거ᄂᆞᆯ, 직ᄉᆡ 져의 알연(戛然) 낭졍(朗情)ᄒᆞᄆᆞᆯ ᄉᆞ랑ᄒ여 졍이 즁ᄒᆞᆫ지라.

금야(今夜) 표연(表然)ᄒᆞᆫ 노식으로 미몰이 물니치ᄆᆞᆯ 괴이히 너겨, 역시 노ᄒᆞ미 부녀 졀졔ᄒᆞᄂᆞᆫ 풍(風)은 부풍(父風)이 업지 아닌지라. 광미를 빈츅(顰蹙)ᄒ고 원비(猿臂)를 늘히여 쇼져를 다시 붓들어 압ᄒᆡ 안치고, 녀셩(厲聲) 문왈(問曰),

"ᄌᆡ(子) 하등지인(何等之人)이완ᄃᆡ 가부(家夫)를 경시ᄒ니, 이 녀ᄒᆡᆼ(女行)의 가ᄒᆞ며 부덕이라 【64】 ᄒ리오. 피ᄎᆞ 명가 ᄌᆞ녀로 슈신셥ᄒᆡᆼ(修身攝行)ᄒ여 비록 년쇼 부부지간이나 상경상화(相敬相和)ᄒ여 일호(一毫) 미흡(未洽)ᄒᆞ미 업과져 ᄒ거ᄂᆞᆯ, ᄌᆡ 홀연이 노를 발ᄒ여 안하무인(眼下無人)ᄒ고 방약무인(傍若無人)ᄒ니, 시하곡졀(是何曲折)고?[1475] ᄂᆡ 비록 년쇼ᄒ고 식견이 쳔단(淺短)ᄒ나, 그ᄃᆡ 갓ᄒᆞᆫ 녀ᄌᆡ 힝실은 금시초견(今時初見)[1476]이라. 그ᄃᆡ 쇼회(所懷) 이시리니 쾌히 히셕(解釋)ᄒ여 니ᄅᆞ라. 만일 그ᄃᆡ 날을 미흡히 아라 그러ᄒᆞᆫ진ᄃᆡ 족히 거리낄 거시 업시 원을 조ᄎᆞ리라. 어ᄃᆡ 그ᄃᆡ만 ᄒᆞᆫ 녀ᄌᆡ 업스며, 어ᄃᆡ 옥인군ᄌᆡ(玉人君子) 업스리오. 실노 피ᄎᆞ의 두려올 ᄇᆡ 아니로다."

쇼졔 더옥 분노【65】ᄒ여 먼니 몸을 ᄲᅢ리쳐 ᄎᆞ외 안ᄌ 일언을 불기ᄒ나 안식이 미미ᄒ니, ᄉᆡᆼ이 의아ᄒ여 다시 ᄭᅳ드러 안치고 곡졀을 무ᄅᆞ려 ᄒ더니, 셔안 밋ᄒᆡ 구권 조희 잇거ᄂᆞᆯ, ᄌᆞ시 술피니 글시 뮈여진 거시 잇ᄂᆞᆫ지라. 거두어 보니 비록 구긔고 뮈여져시나 니어 볼 만ᄒ더라. 그 ᄉᆞ의(辭意) 미인을 보ᄂᆡ노라 ᄒ엿ᄂᆞᆫ지라. ᄌᆞ긔ᄂᆞᆫ 아지 못ᄒᆞᄂᆞᆫ 거ᄉᆞᆯ 《감싀움∥강싀움[1477]》을 발ᄒᆞᄆᆞᆯ ᄃᆡ로ᄒ여, 역시 봉미(鳳眉)를 거스리고 셩안(星眼)을 놉히 ᄶᅥ 졀칙(切責) 왈,

"ᄉᆡᆼ이 슈졸(雖拙)ᄒ나 이곳 당당ᄒᆞᆫ 팔쳑 ᄃᆡ장뷔라. ᄌᆞ고로 남ᄌᆞ의 여러 쳐쳡은 풍뉴의 졔목(題目)이니, 먼【66】니 옛 사ᄅᆞᆷ과 갓가이 우리 문족 졔친의 여러 부인과 쳡희를 거ᄂᆞ리시ᄆᆞᆫ 니ᄅᆞ도 말고, 그ᄃᆡ 부친이 초의 양부인 갓ᄒᆞᆫ 슉완 셩녀를 두시고, 셩난화 만고 음녀를 일위여 양부인 당초 화익이 하마 셩명을 보젼치 못ᄒᆞᆯ 번 ᄒ시고, ᄌᆞ긔 스스로 위틔ᄒᆞᆯ 번ᄒᆞ며, 나죵 셩가 음녀의 화익이 몃 가죵을 상히올 번ᄒᆞ엿ᄂᆞᆨ?

___

당하고 '인간돼지(人彘)'로 조롱과 학대를 받으며 측간에 갇혀 지내다 죽었다.

1474) 인체(人彘) : '인간돼지'라는 뜻으로 중국 한(漢) 고조(高祖) 비(妃) 여후(呂后)가 고조의 애첩 척부인(戚夫人)을 팔다리를 자르고 눈을 뽑는 혹형을 가한 후, 측간에 처넣고 그녀를 지칭해 부르게 한 이름.

1475) 시하곡절(是何曲折)고? : 이 무슨 까닭인가?

1476) 금시초견(今時初見) : '이제 처음 본다.'는 뜻.

1477) 강싀움 : 강샘. 질투.

그딕 부친이 미식으로 히(害)를 보와시딕, 삼부인(三婦人) 칠희(七姬)를 갓초와시니, 그딕 모르지 아닐지라. 싱이 월궁난 등을 유졍(有情)혼다 일너도, 결단코 졍실 박살(搏殺)ᄒᆞᄂᆞᆫ 무지○[흔] 힝ᄉᆞᄂᆞᆫ 본밧지 아니려 ᄒᆞ더니, ᄒᆞ물며 니공의 셔간【67】을 싱은 무슨 ᄉᆞ연이믈 아지 못ᄒᆞ고 바다 ᄉᆞ미의 너헛거늘, 녀ᄌᆞ의 힝실이 가부의 슈즁을 ᄃᆡ여, 외간 남ᄌᆞ의 필젹을 술펴 가부의 아도 못ᄒᆞᄂᆞᆫ 강시움을 ᄒᆞ여, 무고히 타문 남ᄌᆞ를 즐욕ᄒᆞ며, 장부의 얼골도 모르는 창녀를 인체(人彘)를 민들ᄌᆞ ᄒᆞ니, 싱은 졸ᄉᆞ(卒士)라. 심히 약ᄒᆞ여 사름의 악흔 힝ᄉᆞ와 잔잉흔 말을 춤아 듯고 보지 못ᄒᆞᄆᆞ로, 한녀후(漢呂后)[1478] 흉ᄉᆞ를 보지 못ᄒᆞᄂᆞᆫ 비라. 연(然)이나 녀후(呂后)의 딕악도 한뎨(漢帝) 싱시의ᄂᆞᆫ 발치 못ᄒᆞ엿거늘, 그딕 근본 업슨 투긔ᄂᆞᆫ 싱이 ᄉᆞ라셔 이러틋 흉험ᄒᆞ기의 밋ᄎᆞ니, 녀후의 지나지【68】아니리오. 싱이 심골(心骨)이 경한(驚寒)ᄒᆞᄂᆞ니, 그딕ᄂᆞᆫ 다시 싱을 가뷔(家夫)라 말고 친측의 도라가 거취를 임의로 ᄒᆞ라."

셜파의 외당으로 나가니, 쇼제 싱의 밍널혼 칙(責)을 밧고 부부지졍(夫婦之情)을 ᄭᆞᆺ노라 말을 드르니, 노홉고 분혼 즁 ᄉᆞ미를 떨쳐 나가믈 아연 딕경(大驚)ᄒᆞ고 분긔 북밧쳐 일언도 못ᄒᆞ고 눈물이 방방ᄒᆞ여 화싀(花顋)를 젹시더니, 유아 시녀 등이 쇼져를 위로ᄒᆞᆯᄉᆡ, 유모 향파ᄂᆞᆫ 지식이 잇는 고로 쇼져의 경솔ᄒᆞ믈 긔유(開諭)ᄒᆞ나, 쇼제 일공(一空)[1479]이 막혀시니 슈히 히혹(解惑)ᄒᆞ리오.

종야토록 울며 싱을 한ᄒᆞ고 니ᄌᆞᄉᆞ를 즐욕ᄒᆞ여 방즁 긔완(器玩)을 브딕【69】이져 ᄯᅡ리고, 장념(粧匳)을 바으며, 우러 경야(竟夜)ᄒᆞ니 일야지간(一夜之間)의 지란 갓흔 약질이 슈뷔(瘦膚)ᄒᆞ여시며, 츄픠(秋波) 부어 ᄯᅳ지 못ᄒᆞᄂᆞᆫ지라, 신셩의 칭병 불참ᄒᆞ니, 존당이 경녀(驚慮)ᄒᆞ여 의약으로 치료ᄒᆞ라 ᄒᆞ니, 유뫼 딕단치 아니믈 알외더라.

벽운뎡 시녀 계랑이 작야(昨夜)의 뎡쇼져 침쇼를 지나다가 참쳥(參聽)ᄒᆞ엿는지라. 도라와 진비긔 고ᄒᆞ니, 뎡·진·남·화 ᄉᆞ비 다 알고 아ᄌᆞ의 온즁ᄒᆞ믈 긔특이 너기고, 식부(息婦)의 조협(躁狹)ᄒᆞ믈 미온ᄒᆞ여, 뎡비 화시를 향ᄒᆞ여 칭ᄉᆞ 왈,

"쳥아의 온즁졍딕(穩重正大)ᄒᆞ미 도혹(道學) 진유(眞儒)의 나리미 업ᄉᆞ니, 현져(賢姐)의 어지리 퇴【70】교(胎敎)ᄒᆞ시미라. 질녀의 경도(傾倒) 투협(妒狹)ᄒᆞ미 참괴치 아니리오."

화비 ᄉᆞ왈,

"쳥아의 온즁ᄒᆞᆷ믄 원군(元君)의 교홰 미ᄎᆞ미라. 쳡이 과장ᄒᆞ시믈 감당ᄒᆞ리잇고?. 식부ᄂᆞᆫ 년쇼ᄒᆞᄆᆞ로 져의 부뷔 일시 견과(見過)ᄒᆞ미 이시나, 현비(賢妃) 과도히 근녀(勤慮)ᄒᆞ시리잇고?"

1478)한녀후(漢呂后) : 중국 한고조의 황후. 성은 여(呂). 이름은 치(雉). 고조를 보좌하여 진(秦)나라 말기·한(漢)나라 초기의 국난을 수습하였으나, 고조가 죽은 뒤 실권을 장악하여 고조의 애첩인 척부인(戚夫人)과 척부인 소생 왕자 조왕(趙王)을 죽이는 등 포악을 일삼아, 측천무후(則天武后), 서태후(西太后)와 함께 중국의 3대 악녀로 꼽힌다.
1479)일공(一空) : 온 하늘. 하늘 전체.

ᄒ더라.

뎡쇼져 유질(有疾)ᄒ믈 제ᄉ슉미(娣姒叔妹) 듯고 일시의 문후ᄒ나, 쇼제 금일 낫ᄎᆯ ᄢᅵᆺ 풍한(風寒)의 촉상(觸傷)ᄒ믈 일ᄏᆞᆺ고 낫ᄎᆯ 여지 아니니, 제부인이 괴이히 너기더라.

뎡시 조협(躁狹)ᄒᆞᆫ 심졍의 분노ᄒᆞ미 깁흐니 폐식(廢食) 잠와(潛臥)ᄒᆞ엿ᄂᆞᆫ지라. 유랑(乳娘)이 쥬야 ᄉ리로 기유ᄒᆞ나 쇼제 노분이 쳘텬(徹天)ᄒᆞ여 죽【71】기를 ᄌ분(自憤)ᄒᆞ니, 이러구러 슈삼일의 존당이 ᄌ못 경녀(驚慮)ᄒᆞ나 의약이 부졀업고, 직ᄉ 발노ᄒᆞ여 나간 슈일의 니각의 ᄌ최 업스니, 쇼제 더옥 분노 초조ᄒᆞ여 반ᄃᆞ시 요녀(妖女)를 젼총(專寵)ᄒᆞ미라 ᄒᆞ여, 연고 업시 심장을 살오며 식음을 젼폐ᄒᆞ니, ᄌ연 옥골이 슈쳑(瘦瘠)ᄒᆞ여 오륙일의 밋쳐ᄂᆞᆫ 병이 니러 상요(床褥)의 침면(沈眠)ᄒᆞ엿더라.

이 ᄣᅢ 직ᄉ 쇼져의 조협ᄒᆞ믈 노ᄒᆞ여 셔당의 나오니, 군죵형뎨 ᄉᆡᆼ의 긔식을 보고 놀나 연고를 무ᄅᆞ니, 직ᄉ 실노 고ᄒᆞᆫᄃᆡ 졔형뎨 박장ᄃᆡ쇼(拍掌大笑) 왈,

"달셩이 너모 규방의 쥬졉【72】드더니 외ᄂᆡ긱(畏內客)[1480]은 본ᄃᆡ ᄂᆡ쇼박(內疏薄)[1481]을 면치 못ᄒᆞᄂᆞ니라."

직ᄉ 강잉 쇼왈,

"쇼뎨 비록 달식(達士)라 ○[못]ᄒᆞ나 쳐ᄌ의게ᄂᆞᆫ 간ᄃᆡ로 예스롭지 아닌 위인이니, 뎡시 싱심이나 ᄂᆡ치리오. 쇼뎨 져의 투협ᄒᆞ믈 졀칙(切責)ᄒᆞ고 나오이다."

모다 요슈(搖手) 왈,

"엇지 그럴 니 이시리오. 당상(唐相) 위징(魏徵)[1482]이 위덕이 명만텬하(名滿天下)ᄒᆞ나, 쳐ᄌ의게 타협(打頰)ᄒᆞ믈 면치 못ᄒᆞ엿고, 왕두(王斗)[1483]의 위엄으로도 부인의 호령의 슐위를 것고로 타고 다라나시니, 슈쉬(嫂嫂) 엇지 너를 구쇽(懼悚)ᄒᆞ며 네 뎡슈를 졔어ᄒᆞᆫ다?"

직ᄉ 쇼왈,

"졔형뎨ᄂᆞᆫ 장니를 보쇼셔. 위징·왕두의 용녈ᄒᆞᆫ 무【73】리 되지 아니리이다."

남빅이 우어 경계 왈,

"ᄌ고로 녀ᄌ의 빈계ᄉ신(牝鷄司晨)[1484]은 불상지죄(不祥之兆)라. 뎡가 표미(表妹) 우리 표문지셩(表文之誠)을 니어 덕문여엽(德門餘葉)이어늘 ᄒᆡᆼ식 이 갓흐니 이닯지 아

1480) 외ᄂᆡ긱(畏內客) : 아내를 두려워하는 사람.
1481) ᄂᆡ쇼박(內疏薄) : 아내가 남편을 박대함
1482) 위징(魏徵) : 580-643. 중국 당나라 초기의 공신·학자. 자는 현성(玄成). 현무문의 변(變) 이후, 태종을 모시고 간의대부가 되었다. 《양서》, 《진서》, 《북제서》, 《주서》, 《수서》의 편찬에 관여하였다.
1483) 왕두(王斗) : 중국 전국시대 제(齊)나라 선왕(宣王) 때의 현사(賢士). 호마(好馬)·호견(好犬)·호주(好酒)·호색(好色)에 빠져 있는 선왕에게 호사(好士) 곧 선비를 우대할 것을 간(諫)하고, 다섯 사람의 선비를 추천해 등용케 함으로써 제나라의 정치를 일신(一新)시켰다. 유향(劉向)의 『전국책(戰國策)』 <제책(齊策)>편에 나온다.
1484) 빈계ᄉ신(牝鷄司晨) : 암탉이 새벽을 알리느라고 먼저 운다는 뜻으로, 부인이 남편을 젖혀 놓고 집안일을 마음대로 처리함을 이르는 말.

니리오. 뎡미 본품이 약훈 듯ᄒ나 긔질이 경강(硬强)ᄒ여 찬 옥 갓고 복녹이 완젼ᄒ며 슈복지상(壽福之相)이니, 이제 반ᄃ시 교투지심(驕投之心)을 니긔지 못ᄒ여 인병(因病) 초조(焦燥)ᄒ여 병들기의 밋ᄎ미 여반장(如反掌)이라. 네 부동셩ᄉᆡᆨ(不動聲色)ᄒ고 가지록 장부ᄒᆡᆼ신(丈夫行身)을 광풍졔월(光風霽月)갓치 ᄒ여, 녀ᄌ의 슈이 너기믈 밧지 말고 니공의 보ᄂᆡᆫ 바를 ᄆᆡ몰이 말【74】나. 니공은 지식이 잇ᄂᆞᆫ 쟤니 그 보ᄂᆡᆫ 바 미인이 용상(庸常)ᄒ리오. 초부(樵夫)는 일쳐일쳡이 이시니, 장뷔 두낫 창쳡(娼妾)이 무어시 유히ᄒ리오. 조히 용납ᄒ여 일노뼈 뎡미를 졔어ᄒ여 부인 녀ᄌ의 업슈이 너기믈 밧지 말나."

직시 ᄇᆡᆨ시(伯氏)의 말ᄉᆞᆷ을 듯ᄌ오ᄆᆡ, 향긔로온 미우(眉宇)의 우음을 ᄯᅴ여 슈명(受命)ᄒ더라【75】.

윤하뎡삼문취록 권지일백삼

추시 직시 빅시의 말슴을 듯즈오미 우음을 먹음어 슈명ᄒ더라.

시야(是夜)의 직시 졔형으로 한담ᄒ다가 야심ᄒ믈 씨닷지 못ᄒ더니, 군종 졔인이 밤이 깁흐믈 일큿고 취침홀시 광금장침(廣衾長枕)의 병익년비(並翼連臂)ᄒ여 우익 고인의 형우뎨공(兄友弟恭)을 긔특다 못ᄒ리러라. 직시 홀연 탄왈,

"년쇼지시(年少之時)의 오쇼지락(烏巢之樂)1485)이 가장 조흔가 시브니, 이졔 장셩ᄒ여 취쳐(娶妻) 닙신(立身)ᄒ미 무어시 깃부리오. 몸이 ᄉ환의 얽믹여 친측의 열의(悅意)를 다 못ᄒ고, 취쳐ᄒ미 일기 요조흔 슉녀를 만나지 【1】 못ᄒ고 투악 편협흔 녀즈를 만나 남즈의 ᄒᆡᆼ신이 무류ᄒ니, 슈신 ᄒᆡᆼ도의 괴로오미 심치 아니리오."

졔형뎨 안히를 두리는 졸시(卒士)라 웃더라.

명조(明朝)의 신셩(晨省)홀시 직시 뎡쇼져의 신셩 불참ᄒ믈 미흡ᄒ나, 빅시의 경계ᄒ믈 바닷는 고로 아른 체 아니ᄒ고, 믈너 셔당의 도라와 월궁난·도화션을 브르라 ᄒ니, 냥녜 니르러 현알흔딕, 직시 명ᄒ여 쳥말(廳末)의 좌를 쥬고 봉안을 드러보니, 한갓 ᄉᆡᆨ뫼(色貌) 초셰(超世)홀 ᄯᅮᆫ 아니라 위인이 냥션ᄒ여 일호도 노류(路柳)1486)의 음비(淫鄙)ᄒ미 업ᄂ지라. 직시 본딕 도학이 쳥고ᄒ니 져 【2】 무리 쇼쇼ᄉᆡᆨ염(小小色艶)을 관졍(款情)ᄒ리오만은, 일본 냥션ᄒ믈 가이(可愛)ᄒ여 우음을 먹음고 셩명 년치를 므르니, 냥녜 딕왈,

"쳔쳡 등은 본딕 기녜 아니라. 일즉 상션부모(喪先父母)1487)ᄒ고 의지 업셔 창가(娼家)의 투신ᄒ엿ᄉ오나, 어린 마음의 군즈를 만나지 못ᄒ온즉 속졀업시 산ᄉ야졈(山寺野店)의 비파ᄒᆡᆼ(琵琶行)1488)을 조문(弔問)ᄒᄂᆫ 탄(嘆)이 빅두의 밋츠올가 슬허ᄒᄋᆞ옵더니, 금일 상공의 션풍을 우러러 관유(寬裕)ᄒ시믈 밧즈오니, 일노조ᄎ 딕군즈 좌측의 빅년을 뫼셔 쳔쳡 등의 평ᄉᆡᆼ이 헛되지 아닐 바를 ᄒᆡᆼ(幸)이로쇼이다."

언파의 옥셩이 뇨료(嘹嘹)ᄒ니 월궁난은 십삼셰오 도화션은 십ᄉ 【3】 셰라. 직시 흔

1485)오쇼지락(烏巢之樂) : 까마귀 둥지에 새끼 까마귀들이 엎치락뒤치락하며 재잘거리며 놂.
1486)노류(路柳) : =노류장화(路柳墻花). 아무나 쉽게 꺾을 수 있는 길가의 버들과 담 밑의 꽃이라는 뜻으로, 창녀나 기생을 비유적으로 이르는 말.
1487)상션부모(喪先父母) : 부모를 여읨.
1488)비파ᄒᆡᆼ(琵琶行) : 중국 당나라의 백낙천(白樂天)이 지은, 88구의 칠언 고시(七言古詩). 비파 타는 여인이 영락(零落)하게 된 과정을 읊은 노래이다.

연이 동즈롤 명ᄒ여 츈하당이란 젹은 집을 슈리ᄒ여 냥녀롤 머므르라 ᄒ니, 군죵곤계(群從昆季) 괴롱ᄒ여 웃고, 동졔공과 남빅이 진왕과 승상긔 알외여 쳥닌의 단졍ᄒᆫ 즈품과 뎡쇼져 조협ᄒᆫ 녜긔(銳氣)를 상(詳)히 고ᄒ여, 근본 업ᄉᆫ 투긔를 썩그려ᄒ미오, 직스의 본 ᄯᅳᆺ이 아니라 ᄒ니, 진왕이 아직 존쳡위쳐(尊妾爲妻)ᄒ여 셩졍(性情)을 상(傷)히오지 아닐거시오, 뎡시 ᄯᅩᄒᆫ 조협ᄒᆯ지언졍 명문 계츌(繼出)노 ᄯᅳᆺ이 놉고 조흐니, 일시 투긔 과도ᄒ나 징투(爭鬪)ᄒ지 아닐 쥴 아는 고로, 초부(樵夫)도 일쳐일쳡이 상시(常事)라, 직스의 두낫 미녜 무어시 과ᄒ리오 ᄒ여, 냥녀롤 허ᄒ여 츈쇼【4】당의 머물게 ᄒ니, 직ᄉᆡ 부명을 니어 냥녀롤 용납ᄒ고 니즈스의게 회셔(回書)롤 닷가 후의(厚意)롤 칭ᄉᆞᄒ니라.

직ᄉᆡ 본셩이 온즁(穩重)ᄒᆫ지라. 냥녀롤 박히 아닐지언졍 침셕지간(寢席之間)의 가ᄎ(假差)ᄒ미 업셔, 이불을 안아 셔당의 시침케 ᄒ며 명분을 엄히 ᄒ여, 부인을 셤기미 군신지간(君臣之間) 갓치 ᄒᆯ 바롤 경계ᄒ니, 냥녜 두리고 감격ᄒ여 틱만치 못ᄒ더라. 존당이 ᄯᅩᄒᆫ 허ᄒ여 왕의 졔희와 갓치 무휼ᄒ니, 냥녜 셩덕을 감은ᄒ더라.

뎡쇼졔 알고 틱경틱로(大驚大怒)ᄒ여 가부(家夫)롤 ᄭᅮ짓고 구고의 즈이 업스믈 한ᄒ여, 식음을 젼폐ᄒ고 상요의 바렷더니 이 말이 본부의 밋ᄎ니, 금후 부뷔【5】알고 손녀의 협냥(狹量)을 긔탄ᄒ고, 진공과 한부인이 틱경ᄒ여 부인이 만지장화(滿紙長話)로 녀아롤 틱칙ᄒ며, 곤계 군죵이 니르러 쇼믹롤 보고 투협ᄒ미 부녀의 덕이 아니믈 경계ᄒ니, 쇼졔 졔형을 보미 이달오믈 니긔지 못ᄒ여 눈물을 ᄲᅮ려 왈,

"윤군은 픽악 무식 탕지라. 쇼믹 다시 샹틱ᄒ여 져와 부뷔라 ᄒ리오. 즈분필ᄉ(自憤必死)ᄒ여 음황 탕즈의 욕을 감심치 아니려ᄒ거늘, 즈위ᄂᆞᆫ 필부의 무상흠과 구고의 일편 되시믈 아지 못ᄒ시고 날만 그ᄅᆞ다시니 이닯지 아니리오. 쇼믹 즈분필ᄉᄒ나 졔형 즈믹 여러ᄒ니 틱인과 틱틱 복즈하(卜子夏)의 상명지탄(喪明之嘆)1489)【6】의 밋지 아니시리니 어이ᄒ리잇고?"

졔형이 쳥파의 어히 업셔 말노 히유(解諭)치 못ᄒᆯ 쥴 알고, 도라가 존당 부모긔 쇼믹의 말슴을 고ᄒ니, 좌위 협냥(狹量)을 긔탄ᄒ고 한부인은 녀아의 힝ᄉ롤 이달나, 진공긔 즈긔 틱교(胎敎)의 불민ᄒ믈 ᄉ죄ᄒ고 왈,

"낫 업고 무류ᄒ나 진왕을 보샤 녀아의 귀근(歸覲)을 쳥ᄒ여 다려오믈 쳥ᄒ니, 진공이 ᄯᅩᄒᆫ 녀아의 교식(驕猜)ᄒ믈 어히 업셔 진궁의 나아가 진왕을 보고, 녀아의 불민 투협ᄒ믈 ᄉ죄ᄒ고 왈,

"불초 녀식을 가르치지 못ᄒ고 달환의 온즁ᄒ믈 ᄉ랑ᄒ여 외람이 쥬진(朱陳)1490)을

1489)복즈하(卜子夏)의 상명지탄(喪明之嘆) : 옛날 중국의 자하(子夏)가 아들을 잃고 슬피 운 끝에 눈이 멀었다는 데서 유래한 말. *복자하(卜子夏) : 중국 춘추 시대의 유학자(B.C.507~?B.C.420). 본명은 복상(卜商). 공자의 제자로서 십철(十哲)의 한 사람이다. 위나라 문후(文侯)의 스승으로 시와 예(禮)에 능통하였는데, 특히 예의 객관적 형식을 존중하였다.*상명지탄(喪明之嘆); 눈이 멀 정도로 슬프다는 뜻으로, 아들이 죽은 슬픔을 비유적으로 이르는 말.

밋줏더니, 이제 녀이 불초 무힝ᄒ미 여ᄎ호【7】니 쇼뎨 슈불민(雖不敏)이나 무안(無顔)치 아니리오. 붓그러오물 므릅쓰고 불초녀의 귀령을 쳥ᄒᄂ니 아지못게라! 허ᄒ시리잇가?"

진왕이 잠쇼 왈,

"ᄌ여도 셰월노 조ᄎ 년긔 노셩ᄒ니 그런가 인ᄉ 퍽 느럿도다. 광망 쇼활흔 마음의 어룬 공경홀 줄 아ᄂ가? 인ᄉ 가장 슌실겸공(純實謙恭)ᄒ니 한부인의 가ᄅ치믈 바닷도다."

진공이 ᄃᆡ쇼 왈,

"이 죽암의 힝ᄉ 광풍제월 갓ᄒ니 네 아니 두리던 형을 ᄉᆡ로이 두리리오만은, 눈섭을 낫초와 구구ᄒᆞ믄 불초 녀식으로 ᄒᆞ여 이러ᄒ미러니, 현형이 믄득 ᄌ존(自尊)ᄒᆞ여 쇼뎨를 쳐ᄌ의 ᄉ령(使令)ᄒᄂᆞ 농판으로 밀위시니 엇지 우【8】읍지 아니리오. 슈연(雖然)이나 한셜(閑說)을 날희고 불초녀나 보ᄂᆡ쇼셔. 다려다가 각별 칙계(責戒)ᄒ여 그ᄅ미 업게 ᄒ리라."

진왕이 흔연 쾌허 왈,

"아부는 쳥한흔 녀ᄌ라. 본셩이 총명 ᄌ인ᄒ니 ᄭᆡᆺ닷기를 슈이홀지라. 종용이 기유ᄒ고 경계ᄒ여 션도의 도라가게 ᄒ고, 조협(躁狹)흔 아희로 우분셩질(憂憤成疾)케 말나."

진공이 잠쇼(潛笑) 응ᄃᆡ(應對)ᄒ고 직ᄉ를 도라보니, 봉안(鳳眼)이 시슬(視膝)[1491]ᄒ고 줌미(蠶眉) 졔졔(齊齊)ᄒ여 화풍셩모(華風聖貌)의 일만화긔(一萬和氣) 우희염즉ᄒ고, 부슉 존젼의 경근지녜(敬謹之禮) 가즉ᄒ니 진공이 불승ᄋᆡ지(不勝愛之)ᄒ여 그 손을 잡아 희이쇼지(喜而笑之) 왈,

"늬 진실노 교녀(敎女)를 잘 못ᄒ여시니 현셔(賢婿) 보미 무안(無顔)【9】ᄒ거니와, 드ᄅ니 냥챵(兩娼)을 금ᄎ지녈(金釵之列)[1492]의 두엇다 ᄒ니, ᄃᆡ장부의 풍치 잇ᄂᆞ가 ᄒ엿더니 보건ᄃᆡ 일긔 도학 션싱이 아니면 건국부인(乾國夫人)[1493]이라. 져갓치 진유(眞儒) 갓흔 긔질과 담연 무욕흔 마음으로 엇지 냥챵을 가츅(家畜)ᄒ기의 밋쳣ᄂ뇨?"

직ᄉ 부젼(父前)이라 진공의 희언을 ᄃᆡ(對)ᄒ리오. 또 ᄒ물며 타가와 달나 겹겹 년인가 장지라 불평흔 일이 잇셔도 만홀치 못ᄒ려든, 더옥 진공의 광풍제월(光風霽月) 갓흔 긔상이리오. 직ᄉ 공경ᄒ기를 다ᄒ여 말이 업스니, 진공이 쇼왈,

"녀이 군의게 득죄ᄒ미 만흐니 쳥홀 낫치 업거니와, 녕존의 교명을 어더 녀【10】

1490)쥬딘(朱陳) : 주진(朱陳)은 중국 당(唐)나라 때에 주씨와 진씨 두 성씨가 함께 살아오던 마을 이름인데, 한 마을에 오직 주씨와 진씨만 대대로 살아오면서 서로 혼인을 하였다고 하여, 두 성씨간의 혼인을 일컬어 '주진(朱陳)의 호연(好緣)'이라고 한다.

1491)시슬(視膝) : ①시선이 무릎을 향함. 시선이 무릎을 향하도록 눈을 내려 뜸. ②시선을 단정히 가짐.

1492)금ᄎ지열(金釵之列) : 첩(妾)의 반열. *금ᄎ(金釵) : ①금비녀. ②첩(妾)을 달리 이르는 말. *형차(荊釵); '가시나무로 만든 비녀'란 뜻으로, 자기의 아내를 남에게 낮추어 일컫는 말.

1493)건국부인(乾國夫人) : 부인 같은 남자. *건국(乾國) : 여자가 없이 남자만 사는 나라. 남자를 달리 이른 말.

아롤 다려가고즈 ᄒᆞᄂᆞ니, 현셰 날과 한가지로 녀아의 곳의 가미 엇더ᄒᆞ뇨?"

직시 쳥미(聽未)의 화긔ᄅᆞᆯ 변치 아냐 몸을 니러 진공을 조ᄎᆞ 쳥미당의 니ᄅᆞ니, 추시 쇼졔 여러날 폐식(廢食) 침질(寢疾)ᄒᆞ여 신혼셩뎡(晨昏省定)을 젼폐(全廢)ᄒᆞ니, 옥용이 쵸췌ᄒᆞ여 초슈(楚囚)의 모양이 니러시나, 구고 슉미 다 예스로이 므를 ᄰᆞᆯ름이오, 수위 존고의 지ᄌᆞ(至慈)ᄒᆞ미 돈연(頓然)ᄒᆞ고, ᄂᆡᆼ녀ᄅᆞᆯ 용납ᄒᆞ여 가즁의 의식을 우럴믈 드ᄅᆞ니, 구고의 ᄌᆞ이 업스믈 한ᄒᆞ여 분연 왈,

"ᄂᆡ 상문교아(相門嬌兒)로 ᄌᆡ용이 하등이 아니어ᄂᆞᆯ, 윤군과 피ᄎᆞ 고문셰벌(高門世閥)이 ᄎᆞ등치 아니ᄒᆞ고, 겹겹 년친(連親)의 ᄌᆞ【11】별ᄒᆞ믈 밋으미러니, 이졔 필부의 무의무신(無義無信)ᄒᆞ미 조강 결발을 헌신 갓치 바릴ᄰᆞᆫ 아니라, 구고의 셩덕으로 ᄂᆡ게 ᄒᆞ시미 여ᄎᆞ(如此)ᄒᆞ고, 홍운뎐 존고는 고모의 졍의 ᄌᆞ별ᄒᆞ니 타인과 다ᄅᆞ거ᄂᆞᆯ, 고ᄌᆞ(顧藉)ᄒᆞ미 업스니 노홉지 아니리오."

ᄒᆞ여 죵일 호읍ᄒᆞ여 부모의 박졍ᄒᆞ믈 한ᄒᆞ여, 무고혼 탄식과 눈물이 침변(枕邊)의 어롱지니, 유아 시녀 등이 민망ᄒᆞ나 말뉴치 못ᄒᆞ더니, 믄득 진공이 직ᄉᆞ로 더부러 드러오니, 시녜 밧비 본부 노애 ᄂᆡ림ᄒᆞ시믈 고ᄒᆞ니, 쇼졔 부모의 고렴치 아니시던 쥴 노ᄒᆞ나 반기미 극ᄒᆞ여, 운발(雲髮)을 헷ᄰᆞᆯ고 금금(錦衾)을 물니쳐 니러 안【12】ᄌᆞ니, 진공과 직시 드러와 눈을 들미 쇼졔 녹발이 어ᄌᆞ러워 월익(月額)을 덥허시니, 화용이 격막ᄒᆞ고 쥬야 우러 어엿분 츄픠(秋波) 부어 ᄰᆞ지 못ᄒᆞ게 되여 옥뫼(玉貌) 쵸고(憔枯)ᄒᆞ여시니, 진공이 한번 보미 깃거 아냐 광미(廣眉)ᄅᆞᆯ 찡긔고 화긔ᄅᆞᆯ 거두어시니 ᄉᆡᆨ위(色威) 엄쥰혼지라. 쇼졔 직ᄉᆞᄅᆞᆯ 보고 발연 딕로ᄒᆞ여 옥안 화모의 명졍혼 빗치 어릐여시니, 믜온 날 갓혼지라. 직시 눈을 두ᄅᆞ지 아니나 쇼져의 긔ᄉᆡᆨ을 엇지 모로리오만은, 가옹(家翁)의 눈 어둡고 귀 먹으믈 효측ᄒᆞ여, 져의 긔ᄉᆡᆨ을 아지 못ᄒᆞᄂᆞᆫ 듯 안ᄌᆞ시니, 공이 직ᄉᆞ의 관홍(寬弘)ᄒᆞ믈 감ᄉᆞᄒᆞ고, 녀아의 【13】조협ᄒᆞ믈 이달와 하일(夏日)의 늠늠혼 긔상이 ᄉᆞ름의 골졀을 부ᄂᆞᆫ지라. ᄰᆞᆼ광(雙光)을 흘녀 녀아ᄅᆞᆯ ᄂᆡᆼ구(良久) 예시(睨視)ᄒᆞ니, 쇼졔 비분이 겸발ᄒᆞ여 쇼회ᄅᆞᆯ 다ᄒᆞ고즈 ᄒᆞ더니, 야야의 ᄉᆡᆨ위 엄졍ᄒᆞ시믈 보고 황괴(惶愧)코 이달나, 옥슈로 쳥누ᄅᆞᆯ 빙엄ᄒᆞ고 유유(儒儒) 복슈(伏首)ᄒᆞ여 말을 못ᄒᆞᄂᆞᆫ지라. 공이 ᄂᆡᆼ구슉시(良久熟視)의 일장 빙쇼ᄒᆞ고, 직ᄉᆞ다려 탄왈,

"녀이 ᄌᆞ유(自幼)로 셩졍이 광망ᄒᆞᆷ믄 현셰 모로지 아닐지라. 나의 광망홈과 폐합(弊閤)의 용우ᄒᆞᄆᆞ로 싱흉혼 비 슉녜 되믈 바라리오만은, 조션 젹덕여음(積德餘蔭)을 닙ᄉᆞ와 후ᄉᆡᆼ ᄌᆞ녜 용우ᄒᆞ기나 면홀가 ᄒᆞ엿더니, 불【14】초녜 이터도록 협익(狹隘) 경도(傾倒)ᄒᆞ여 군ᄌᆞ지젼(君子之前)의 득죄홀 쥴 알니오. 실노 현셔 딕홀 안면이 업도다. ᄂᆡᆼ존의 명을 밧ᄌᆞᆸ고 현셔의 허락을 어더시니 이졔 불초녀ᄅᆞᆯ 다려다가 가ᄅᆞ쳐 군의게 ᄉᆞ죄ᄒᆞ리라."

직ᄉᆞᄂᆞᆫ 말이 업고, 쇼져ᄂᆞᆫ 분앙(憤怏)ᄒᆞ믈 니긔지 못ᄒᆞ여 옥셩(玉聲)이 낭낭ᄒᆞ여 왈,

"딕인과 ᄌᆞ위 윤군의 외면가작(外面假作)으로 온즁 졍딕혼 체ᄒᆞ여, 군ᄌᆞ지명(君子之名)을 요구ᄒᆞ믈 곳이 드ᄅᆞ시고, 일편도이 쇼녀만 그ᄅᆞ다 ᄒᆞ시ᄂᆞ니잇가? 쇼녜 비록 식

덕이 업스나 조선여믹(祖先餘脈)으로 결비하등(決非下等)이라. 져 한 무리 송구영신(送舊迎新)ᄒᄂᆞᆫ 뉴(類)만 못ᄒᆞ리오. 윤군이 단정ᄒᆞᆫ 체ᄒᆞ나, 【15】음황픽악(淫荒悖惡)ᄒᆞᆷᆫ 츄호(秋胡)1494)도곤 더ᄒᆞᆫ지라. 쇼네 ᄎᆞ마 셤길 ᄯᅳᆺ이 업스니 쾌히 결부(潔婦)1495)의 죽으믈 효측ᄒᆞ거나, 그러치 아니면 도라가 평싱을 심규의 맛ᄎᆞ 직녀(織女)의 고단을 효측ᄒᆞ고, 져의 쳐지 되믈 원치 아닛ᄂᆞ니, 듸인은 윤부 문명(問名)을 도라보닉여 졀노뼈 동셔로 구ᄒᆞ게 ᄒᆞ쇼셔. 쇼녀는 심규의 종신(終身)ᄒᆞ려 ᄒᆞᄂᆞ이다."

셜파의 노긔 표동(表動)ᄒᆞ니 진공이 어히 업셔 면간의 찬 긔운이 가득ᄒᆞ고 셩음이 엄녈(嚴烈)ᄒᆞ여, 듸칙 왈,

"여뷔 용녈ᄒᆞ여 불초녀를 어지리 교훈치 못ᄒᆞ고, 여뫼(汝母) 쇼암(疏暗)ᄒᆞ여 규측의 녀범으로 가르치지 못ᄒᆞᆫ 고로 【16】픽려(悖戾)ᄒᆞᆷ이 여ᄎᆞᄒᆞ니, 어ᄂᆞ 낫ᄎᆞ로 계윤을 보리오. 네 한갓 교이(驕兒)의[로] 싱장ᄒᆞ여 비혼 비 젹으나, 삼강(三綱)의 부부유별(夫婦有別)ᄒᆞ며 존비(尊卑) 군신(君臣)의 일체라. 님군이 신하를 져바리나 신희 님군을 져바리리오. 어ᄂᆞ 쳐지 가부를 허랑(虛浪)타 바리ᄂᆞᆫ듸 잇더뇨? 난눈(亂倫) 발부(潑婦)의 힝실이오, ᄉᆞ족 부녀의 쳥한(淸閑)ᄒᆞᆫ 힝실이 아니라. 조선 명풍을 츄락ᄒᆞ고 부모를 욕먹이ᄂᆞᆫ 불초녜라. 여뷔 너를 앗겨 다려가미 아니라, 너의 불초 픽악ᄒᆞᆫ 힝ᄉᆞ를 네문 덕가(禮門德家)의 머므러 두믈 붓그려 다려가랴 ᄒᆞ미니, 도라가 심당(深堂)의 슈계(囚繫)ᄒᆞ여 긔심슈덕(改心修德)ᄒᆞ미 업스면 부녀의 【17】눈긔(倫紀)를 씃츠리라."

쇼졔 야야의 인졍 업시 칙ᄒᆞ시믈 드르니 더옥 늣겨 왈,

"히이 비혼 비 업스오나 구가의 드러와 션ᄉᆞ존당(善事尊堂)ᄒᆞ고 돈목친쳑(敦睦親戚)ᄒᆞ며 승슌군ᄌᆞ(承順君子)ᄒᆞ니 무슴 죄 잇ᄂᆞ니잇고만은, 가뷔(家夫) 초기(草介) 갓기 너기고 구괴 불이(不愛)ᄒᆞ시니 삼종(三從)1496)의 무슴 빗나미 잇ᄂᆞ니잇고? 부뫼 쇼녀를 그르게 너기시면 즉긱의 결(決)ᄒᆞ여 친구가(親舅家)의 ᄡᅳᆯ듸 업ᄂᆞᆫ ᄌᆞ식이 되지 아니리이다."

옥셩이 강긔ᄒᆞ고 츄파(秋波)의 진쥬 이슬이 옥셜(玉雪) 무빈(霧鬢)의 ᄯᅥ러지니, 스ᄉᆞ로 셩악을 니긔지 못ᄒᆞ여 ᄌᆞ문필ᄉᆞ(自刎必死)ᄒᆞᆯ 거동이니, 직ᄉᆞ는 어히 업셔 묵연ᄒᆞ고

1494)츄호(秋胡) : 추호자(秋胡子). 중국 춘추시대 노(魯)나라 사람. 열녀 결부(潔婦)의 남편. 결혼한 지 5일 만에 진(陳)나라의 관리가 되어 집을 떠났다가, 5년 뒤 집으로 돌아오던 중, 집 근처 뽕밭에서 뽕을 따는 여인을 비례(非禮)로 유혹한 일이 있는데, 그녀가 바로 자신의 아내인 결부(潔婦)였다. 이로써 결부는 자결하였고, 그는 지금껏 탕자(蕩子)로 비난을 받고 있다.

1495)결부(潔婦) : 중국 춘추시대 노(魯)나라 사람 추호자(秋胡子)의 아내. 추호자는 결부와 결혼한 지 5일 만에 진(陳)나라의 관리가 되어 집을 떠났다, 5년 뒤 집으로 돌아오다가 집 근처 뽕밭에서 뽕을 따는 여인을 비례(非禮)로 유혹한 일이 있는데, 집에 돌아와 아내를 보니 조금 전 자신이 수작한 그 여인이었다. 크게 실망한 결부는 남편의 행동을 꾸짖은 뒤 강물에 몸을 던져 자결하였다. 『열녀전』에 나온다.

1496)삼종(三從) : 삼종지도(三從之道). 예전에 여자가 따라야 할 세 가지 도리를 이르던 말. 결혼하기 전에는 아버지를, 결혼해서는 남편을, 남편이 죽은 후에는 자식을 따라야 하였다. ≪예기≫의 의례(儀禮) <상복전(喪服傳)>; 婦人有三從之義, 無專用道 故未嫁從父, 旣嫁從夫 夫死從子.

져 부녀의 문답과 【18】 거동을 못보는 듯ᄒ더라.

진공이 교부(轎夫)를 ᄃᆡ령(待令)ᄒ엿ᄂᆞᆫ지라. 노ᄉᆡᆨ(怒色)이 등등ᄒ여 유랑시비를 호령ᄒ여, 쇼져를 붓드러 상교(上轎)ᄒ여 ᄲᆞᆯ니 가라 ᄒ니, 쇼제 분긔 엄이(奄碍)ᄒ여 긔절ᄒᆞᆯ 듯ᄒ니 므슨 ᄉᆞ쳬(事體) 경즁을 알니오. 존당 구고긔 하직(下直)도 아니코 교즈의 발연이 올나 도라가니, 진공이 녀아의 ᄒᆡᆼᄉᆞ를 붓그리고 직ᄉᆞ의 ᄉᆞ미를 닛그러 외당의 나오니, 진왕과 승상이 진공의 긔식을 보고 뎡시의 조협ᄒᆞ믈 긔탄ᄒ나, 족슈(足數)ᄒᆞᄂᆞᆫ1497) 빅 아닌 고로 진공을 위로ᄒ며 쇼부를 희유ᄒ여,

"슈히 ᄭᆡ닷게 ᄒ여 져의 부뷔 단취(團聚) 화합게 ᄒ라."

진공 【19】 이 참ᄉᆡᆨ(慙色)○○[으로] ᄉᆞ례ᄒ고 도라가니, 윤노공 왈,

"듁암의 광풍 졔월 갓ᄒᆞᆫ ᄒᆡᆼᄉᆞ와 쇼탈ᄒᆞᆫ 마음으로 기녀의 편협ᄒ믈 붓그려 도라가니, 다ᄉᆞ리미 거죄(擧措) 종용치 못ᄒ리니 협쳔ᄒᆞᆫ 아ᄒᆡ ᄉᆞ쳬를 혜아리리오. ᄉᆞᄉᆡᆼ을 가비야이 너기리니, 고어(古語)의 결ᄌᆞ히지(結者解之)1498)라 ᄒᆞᄂᆞ니, 쳥이 각별 쳐ᄌᆞ를 격노ᄒᆞᆷ믄 아니나, 근본인즉 져의 부부간 투긔로 비로손 빈니, 쳥닌이 아니면 뎡시를 히혹(解惑)지 못ᄒᆞᆯ가 ᄒ노라."

진왕이 ᄃᆡ왈,

"명ᄃᆡ로 ᄒᆞᄉᆞ이다."

ᄒ고, 직ᄉᆞ를 명ᄒ여,

"뎡부의 조왕모ᄅᆡ(朝往暮來)ᄒ여 뎡시를 희유ᄒ라,"

ᄒ니, 승상 왈,

"이졔 가미 불가ᄒ니 슈일 후 나【20】 아가 뎡시를 유셰(誘說)ᄒ고 관속(關束)ᄒ여1499) 그 마음을 항복 바드미 가ᄒ니, 엇지 밧비 보ᄂᆡ여 조비야온 녀ᄌᆞ의 초독(超毒)ᄒᆞᆫ 원이 풀니지 아냐셔 울화(鬱火)를 더으게 ᄒ리잇고?"

왕이 셕연돈오(釋然頓悟)ᄒ여 직ᄉᆞ를 명ᄒ여 슌여일(旬餘日) 후 가라 ᄒ니, 직시 슈명ᄒ고 뎡시 ᄒᆡᆼᄉᆞ를 언두의 일ᄏᆞᆺ지 아니니, 그 쥬견이 어늬 곳의 이시믈 아지 못ᄒ리러라.

부즁 상히(上下) 뎡시 도라가시믈 졍당의 알외니, 조틱비와 ᄉᆞ위 존긔 그 협냥을 긔탄ᄒ고, 뎡슉녈은 참괴ᄒ여 질녀의 ᄒᆡᆼᄉᆞ를 가이 업시 너기고, 쳥닌의 온즁졍ᄃᆡ(穩重正大)ᄒ믈 이즁(愛重)ᄒ더라.

뎡쇼졔 본부의 도라간지 슌여일의 젼언(傳言)으【21】로 조ᄎᆞ 드르니, 진공 부뷔 녀아를 ᄃᆡ칙ᄒ고 ᄉᆞ침(私寢)의 계계(繫繫)1500)ᄒ나, 쇼제 폐식ᄒ여 다함 부모만 원망

1497) 족슈(足數)ᄒ다 : 꾸짖다. 아랑곳하다.

1498) 결ᄌᆞ히지(結者解之) : 맺은 사람이 풀어야 한다는 뜻으로, 일을 저지른 사람이 그 일을 해결해야 한다는 말.

1499) 관속(關束) : 막고 묶고 하여 억누름.

1500) 계계(繫繫) : 죄인을 가두고 묶어 둠.

ᄒᆞ고 절곡아ᄉᆞ(絶穀餓死)ᄒᆞᆯ 뜻이 이시니, 유랑 시녜 보호ᄒᆞ고 모든 주미 관위ᄒᆞ나 쇼졔 종시 기심(改心)치 아니니, 존당 구괴 드를ᄉᆞ록 기탄ᄒᆞ더라.

익일 직시 셕양을 ᄶᅴ여 뎡상부의 니르니 졔뎡이 마ᄌᆞ 한담ᄒᆞ더라.

어시의 진공이 쇼져를 몬져 도라보니고 미조ᄎᆞ 니르니, 뎡쇼졔 본부의 도라오미, 시비를 명ᄒᆞ여 젼어ᄒᆞ되,

"불초녜 칠거(七去)[1501]의 읏듬 경계를 져바리고 구로싱지(劬勞生之)를 욕먹여시니, 이곳 불초녜라. 진왕과 윤낭이 관인후덕ᄒᆞ【22】고 슉녈져져의 안면을 고렴ᄒᆞ여 한갓 환이 업ᄉᆞ나, 불초녜 져기 인심이면 황괴치 아니리오만은, 가지록 방ᄌᆞ(放恣) 포악(暴惡)ᄒᆞ여 픠만흔 언시 만코 난눈발부(亂倫潑婦)의 힝시라. 네 하면목(何面目)으로 부모 동긔를 보고져 ᄒᆞᄂᆞ뇨? 감히 존당 안젼의 뵈오믈 싱각지 말고 ᄉᆞ실의 잇셔 슈졸(守拙)[1502]ᄒᆞ여 기심슈덕(改心修德)ᄒᆞᆫ즉 모로거니와, 불연즉 다시 ᄌᆞ식의 용납지 아니리라."

ᄒᆞ니, 쇼졔 듯고 발연 작식ᄒᆞ여 딩셩으로 니르되,

"니 므슴 죄 잇관디 부뫼 텬눈을 ᄭᅳᆺ쳐 용납지 아니려시ᄂᆞ뇨? 구ᄎᆞ히 투싱(偸生)ᄒᆞ믈 원치 아니ᄒᆞᄂᆞ니 윤가 필부와 요녀 등은 ᄌᆞ득(自得)ᄒᆞ려【23】니와, 디인과 ᄌᆞ위ᄂᆞᆫ 셔하지탄(西河之歎)이 귀릭망ᄉᆞ(歸來望思)[1503]의 미츠나 ᄒᆞᆯ 일 업스리로다."

셜파의 교ᄌᆞ(轎子)의 나려 침쇼 빅화당의 드러와 향벽(向壁) 잠와(潛臥)ᄒᆞ엿더니, 진공이 도라와 시녀로 ᄒᆞ여곰 쇼져를 블너 면젼의 ᄭᅮᆯ니고, 녀힝(女行) 부도(婦道) 모로ᄂᆞᆫ 줄 디칙ᄒᆞ고, 만일 허물을 곳치지 아닌즉 ᄌᆞ녀항(子女行)의 용납지 아닐 줄 니르고, 침쇼의 가돌시 한벌 무식(無色)흔 병장(屛帳)을 두르고, 유랑을 맛져 즁인 공회의 나지 못ᄒᆞ게 ᄒᆞ라 ᄒᆞ니, 위의 북풍(北風) 갓더라.

쇼졔 밋은 비 부뫼러니 이러틋 ᄒᆞ시믈 놀나고 이달나 유ᄉᆞ지심(有死之心)흔지라. 모든 ᄌᆞ미 니르러 온슌【24】흔 녀도를 경계(警戒) 히유(解諭)ᄒᆞ나 우이숑경(牛耳誦經)[1504]이라. 졔쇼졔 ᄒᆞᆯ일업셔 도라가더라.

이러구려 슌여일(旬餘日)의 침식을 젼폐ᄒᆞ고 하로 먹ᄂᆞᆫ 거시 미음 한 종ᄌᆞ(鍾子)와 쳥슈(靑水) 두어 그릇시니, 일양(一樣) 금니(衾裏)의 ᄲᅡ히혀 호흡도 통ᄒᆞ미 업셔, 쳔호만환(千呼萬喚)의 응ᄒᆞ미 업스니, 이 반ᄃᆞ시 아ᄉᆞ(餓死)ᄒᆞᆯ 의시라.

1501) 칠거(七去) : 칠거지악(七去之惡). 예전에, 아내를 내쫓을 수 있는 이유가 되었던 일곱 가지 허물. 시부모에게 불손함, 자식이 없음, 행실이 음탕함, 투기함, 몹쓸 병을 지님, 말이 지나치게 많음, 도둑질을 함 따위이다.

1502) 슈졸(守拙) : 자기 분수를 지켜 조촐히 지냄.

1503) 귀릭망ᄉᆞ(歸來望思) : (망사대에) 돌아와 죽은 자식을 생각함. *망사대(望思臺): 한무제(漢武帝)가 강충(江充)의 무고(巫蠱) 사건에 얽혀 억울한 누명을 쓰고 자살한 여태자(戾太子)를 불쌍히 여겨 사자대(思子臺)와 함께 지은 누대(樓臺).

1504) 우이숑경(牛耳誦經) : =우이독경(牛耳讀經). 쇠귀에 경 읽기라는 뜻으로, 아무리 가르치고 일러 주어도 알아듣지 못함을 이르는 말.

유랑시비 민망ㅎ여 진공과 부인긔 고ㅎ온즉, 진공은 니르딕,

"슈요쟝단(壽夭長短)이 다 명(命)이니, 이제(夷齊)의 슈양○[산](首陽山) 아ᄉ흄도 명이오, 굴원(屈原)의 멱나(汨羅)1505) 익ᄉ(溺死)흄도 명이니, 화이 픽악(悖惡)ㅎ나 슈복이 쟝원ㅎ고 일일 일종(一鍾) 미음과 슈긔(數器) 쳥쥭 쟝위(腸胃)를 눅이리니, ᄉ싱의 넘녜이시리오."

ㅎ【25】고, 부인은 ᄭ지져 왈,

"못쓸 ᄌ식은 업셔 무던ㅎ니 ᄆ어슬 넘녀ㅎ며, 졔 스스로 명박ㅎ믈 ᄌ취ㅎ니 엇지ㅎ리오. 고어의 왈 ᄌ식이 망ㅎ미 쳐음 아니 나흐므로 싱각ㅎ라 ㅎ니, 지극ᄒ 공언(公言)이라."

아른 쳬 아니터라.

시일(是日)의 직ᄉ 셕양을 ᄯᅴ여 뎡부의 니르니, 졔뎡이 마ᄌ 쇼왈,

"요ᄉ이는 군의 발ᄌ최 힝혀 우리집의 님치 아니ㅎ니, 비린지밍(鄙吝之盲)1506)을 니긔지 못ᄒ더니, 금일은 하일(何日)로 하풍(何風)이 쵹신(觸身)1507)ㅎ여 이의 니르뇨?"

직ᄉ 잠쇼 왈,

"녕미 쇼뎨를 나모라 바리고 도라올 졔 문명(問名)을 보닉마 ㅎ여시니, 쇼뎨는 쳐ᄌ의 닉치인 어린 남ᄌ라. 힝혀 악쟝의 관【26】인ᄒ신 셩덕을 의지ㅎ여 문명이 존부의 머므러시나, 쳐ᄌ의게 견과(見過)ᄒ 남ᄌ라. 《붓그러온들∥붓그러온 즁》○○[엇지] 빙가의 발을 드딕리오. 추고(此故)로 존부의 말미암지 못ㅎ미리니, 금일은 의렬 슉모의게 뵈옵고 졔뎡을 반기고져 왓ᄂ니 졔형은 쇼뎨의 용녈ㅎ믈 우으리로다."

언파의 낭연(朗然) 딕쇼(大笑)ㅎ니, 졔뎡이 그 인ᄌ흄믈 ᄉ랑ㅎ여 역쇼(亦笑)ㅎ고 광슈(廣袖)를 샹악(相握)ㅎ여 닉뎐의 니르니, 진퇴부인이 ᄌ부 졔손을 거ᄂ려 한 당의셔 볼ᄉ, 직ᄉ의 온즁졍딕ㅎ믈 ᄉ랑ㅎ고, 화염의 교협ㅎ믈 기탄ㅎ고, 한부인이 녀아의 허믈이 호딕(浩大)ㅎ믈 칭ᄉㅎ며, 셩문 은퇴과 현셔의 관인 혜틱을 【27】힘닙어 츌거(黜去)ㅎᄂ 환(患)을 면ㅎ믈 만만 칭ᄉㅎ니, 직ᄉ 다만 손ᄉ홀 ᄯ롬이라.

인ᄒ여 담화ㅎ미 쵹(燭)을 니으니, 왕이 직ᄉ다려 왈,

"네 아니 가려 ᄒᄂ다? 날이 황혼이라 가기 슬커든 셔당의셔 졔아(諸兒)로 더부러 안쇼(安所)ㅎ라."

직ᄉ 쇼이딕왈(笑而對曰),

"쇼질이 쳐ᄌ의게 닉치인 졸뷔(拙夫)라. 맛당이 발셔 등비ㅎ염 즉ㅎ오딕 실인의 조

1505)멱나(汨羅) : 멱라수(汨羅水). 중국 호남성(湖南省) 상음현(湘陰縣)의 북쪽에 있는 강 이름. 중국 전국시대 초나라 시인 굴원(屈原: BC343-277)이 반대파의 모함을 받아 유배되었다가 울분을 못 이겨 이 강물에 빠져 죽었다.

1506)비린지밍(鄙吝之盲) : 서로 보는 것을 인색하게 하기를 소경처럼 하였다는 뜻으로, 오랫동안 서로 보지 못한 아쉬움을 표현한 말.

1507)쵹신(觸身) : 외물(外物)의 작용을 받아 몸을 움직임.

급흔 협냥(狹量)의 히거(駭擧)를 더옥 니르혀 닉치여 가는 환을 볼가 유유ᄒ더니, 이 제 날포 되여 진졍ᄒ여실 듯ᄒ오니 실인을 보고져 ᄒ옵ᄂᆞ니, 졔형의 슉직을 감심ᄒ여 주리잇고?"

셜파의 좌위 되쇼ᄒ고 한부인이 관인ᄒᄆᆞᆯ 감스ᄒ여, 스례 왈,

"불초녜 【28】현셔긔 죄 어드미 만ᄒ니 엇지 군ᄌᆡ 관인ᄒᄆᆞ 이럴 쥴 알니오. 현셔 의 유신ᄒ믄 감스ᄒ나, 불초녜 죵시 졔 죄를 스ᄒ나 다시 득죄ᄒ미 쉬오니, 여ᄎᆞ(如 此) 즉 군의 쳬위 숀샹홀가 ᄒᄂᆞ이다."

직ᄉᆡ 스왈,

"쇼싱이 악모의 과장ᄒ시믈 감당ᄒ리잇고? 쇼셰(小壻) 용우ᄒ나 장뷔라. 녹녹히 징 힐(爭詰)ᄒ리잇고? 셜ᄉᆞ 불평지ᄉᆡ 잇셔도 죡슈(足數)치 아니리니 악모ᄂᆞᆫ 믈녀(勿慮)ᄒ 쇼셔."

부인이 지삼 칭스ᄒ고 진공이 흔연 왈,

"불쳥긱이 ᄌᆞ릭(自來)ᄒ니 너의 부부의 못거지라. 현셔ᄂᆞᆫ 죵시 관후인덕ᄒ라. 녀ᄋᆡ 교투ᄒ미 흠시나 춍명ᄌᆞ혜(聰明慈惠)ᄒ니 씻닷기 어렵지 아니리라."

ᄒ고, 쇼ᄌᆞ 슉긔를 명ᄒ여 윤싱을 인도ᄒ라 ᄒ【29】니, 직ᄉᆡ 몸을 니러 스실의 니 ᄅᆞ니, 공ᄌᆞᄂᆞᆫ 쇼져의 초강ᄒᄆᆞᆯ 두려 멀니셔 인도ᄒ고 도라가더라.

ᄎᆞ시 졔왕의 장녀 댱부인이 윤직ᄉᆞ 부인 화염이 투긔로 인ᄒ여 스실의 계계(繫繫) ᄒᄆᆞᆯ 알고, 니르러 말ᄉᆞᆷᄒ더니, 직ᄉᆞ의 신 ᄲᅳ으는 쇼릭를 듯고 후창으로 도라가고, 경 학ᄉᆞ 문원의 부인 명염쇼졔 이의 잇더니, 직ᄉᆞ의 오믈 보고 양노(佯怒) 변ᄉᆡᆨ 왈,

"죵뎨ᄂᆞᆫ 너의 과분흔 안ᄒᆡ라. 므ᄉᆞᆷ 연고로 가즁의 요쳡(妖妾)을 일위여 호ᄉᆞ난샹(胡 思亂想)을 비로셧ᄂᆞ뇨? 너의 온즁 단아ᄒᆞᆯ 밋은 빅 아니로다."

직ᄉᆡ 죵져져(從姐姐)의 희언을 듯고 션ᄌᆞ(扇子)를 쳐 간간 되쇼 왈,

"쇼뎨ᄂᆞᆫ 한낫 용우졸ᄉᆡ(庸愚卒士)라 엇【30】지 흔극(釁隙)을 의논홀 거시 이시리 오. 뎡시ᄂᆞᆫ 일긔 협익흔 녀지라 엇지 감히 슉녜라 ᄒ리잇고? 쇼뎨와 뎡시 갓ᄒ니 군 ᄌᆞ 슉녜 되량이면 고금 슉녜 다 붓그려 죽으리로쇼이다. 져졔 옛글을 보지 아녀 계시 니잇가? 만물이 비합ᄒᆞ미 초목군싱(草木群生)이 다 ᄡᅡ이 이시니, 군ᄌᆡ 나ᄆᆡ 슉녜잇고, 직인이 이시ᄆᆡ 가인이 ᄯᆞ르며, 탕ᄌᆡ 잇스ᄆᆡ 음뷔 좃ᄂᆞ니, 쇼뎨 갓흔 필부의 ᄡᅡ이○ [니] 뎡시 ᄯᅩ흔 슉녜 되기 쉬오리잇고? 셔로 단쳐를 의논흔즉 쇼뎨 잠간 뎡시도곤 낫 고, 뎡시 쇼뎨만 못ᄒᆞ니이다."

경부인이 노왈,

"현뎨 우리 죵뎨를 현뎨도곤 낫다 ᄒ면 올커니와, 엇지 너만 【31】이야 못ᄒ랴?"

직ᄉᆡ 되쇼 왈,

"스룸이 스스로 졔일이라 ᄒ여 허물을 아지 못ᄒ면, 금슈와 다르지 아닌지라. 뎡시 쇼뎨만 못흔 줄 다ᄅᆞ미 아니라, 쇼뎨ᄂᆞᆫ 용우ᄒᆞᆷ을 아는 고로 뎡시 협냥이 거의 쇼뎨와 샹젹흔 비필인가 혜아려 그 허물을 씻닷지 못ᄒ거늘, 뎡시ᄂᆞᆫ 쇼뎨를 나모라 ᄇᆞ리고

오니, 춤을셩이 쇼뎨만 못ᄒ니이다. 이 필위 그려도 견박(見薄)ᄒᆫ 쳐ᄌᆞᄅᆞᆯ ᄎᆞᄌᆞ왓시니, 뎡시 더옥 용녈이 너기리이다."

경부인이 잠쇼 왈,

"현뎨 언마 쾌활ᄒᆞ면 안히 나모라 바리리오."

직시 쇼왈,

"쇼뎨 문견이 고루ᄒᆞ여 그러ᄒᆞᆫ지 녀지 가부ᄅᆞᆯ 나모라 문명(問名)을 이송(移送)ᄒᆞᄂᆞᆫ 녜문은 듯도 【32】 못ᄒᆞ여시니, 아마도 쇼견이 아득ᄒᆞ니 슬거온ᄌᆞ다려 뭇고ᄌᆞ 왓ᄂᆞ이다."

부인이 쇼왈,

"죵뎨 바야흐로 식슈ᄅᆞᆯ 젼폐ᄒᆞ니 약질이 위틱ᄒᆞ거늘 보치려 ᄒᆞᄂᆈ?

직시 쇼왈,

"뎡시 므슨 연고로 누ᄅᆞᆯ 위ᄒᆞ여 만고 ᄡᅡᆼ졀(雙絶)을 임ᄂᆡ 닉고ᄌᆞ ᄒᆞᆫ다 ᄒᆞᄂᆞ니잇가? 뎡시 ᄒᆡᆼ시 슉인(淑人)의 곳다온 셩덕을 본밧고져 아니ᄒᆞ고, 근본 업슨 투긔ᄅᆞᆯ 방ᄌᆞ히 ᄒᆞ여 픠악을 브리다가 근본을 실ᄒᆡ(實害)와시니, 이곳 쇼뎨의 방일ᄒᆞ미 아니라 ᄌᆞ가의 조협ᄒᆞ미로ᄃᆡ, 도로혀 ᄉᆞ싱으로 부모와 가부ᄅᆞᆯ 져히니, 쇼뎨ᄂᆞᆫ 남지라 쳐ᄌᆞᄅᆞᆯ 위ᄒᆞ여 슈졀ᄒᆞᆯ 것 아니어니와, 부모 【33】 긔 불회(不孝) 막딕ᄒᆞᆷ믈 싱각지 아니니, 불통 편협지 아니리오. 져져ᄂᆞᆫ 공언(公言)ᄒᆞ쇼셔. 동복(同腹) 형뎬들 허물이야 모로리잇가. 쇼뎨ᄅᆞᆯ 이죵뎨(姨從弟)라 ᄒᆞ샤 너모 협제(脅制)ᄒᆞᆯ 것 아니니이다. 평일 져져의 명쳘ᄌᆞ인(明哲慈仁)ᄒᆞ시던 빅 아닌가 ᄒᆞᄂᆞ이다."

경부인이 말이 막혀 쇼왈,

"현뎨 아니 쇼계ᄌᆞ(蘇季子)[1508]의 후신(後身)인가. 우형이 본ᄃᆡ 말이 셔어(齟齬)ᄒᆞ니 피ᄒᆞ여 가노라."

시녀로 촉을 잡히고 도라가니 직시 니러 보ᄂᆡ고 안ᄌᆞ나, 쇼졔 오히려 금니(衾裏)의 ᄲᅡ히여 모로ᄂᆞᆫ 듯ᄒᆞ고, 유랑 시비 상하(床下)의 시호(侍護)ᄒᆞᄂᆞᆫ지라.

직시 ᄌᆞ긔 왓ᄂᆞᆫ 줄 모로지 아닐 거시로ᄃᆡ, 잠연(潛然) 안와(安臥)ᄒᆞ여시니 더옥 미안ᄒᆞ여 【34】 시녀ᄅᆞᆯ 명ᄒᆞ여 금니ᄅᆞᆯ 포셜ᄒᆞ고 믈너가라 ᄒᆞ니, 유아(乳兒)[1509] 등이 쇼져의 ᄯᅳᆺ을 아지 못ᄒᆞ여 머뭇거리거늘, 쇼졔 비록 ᄌᆞᄂᆞᆫ 듯ᄒᆞ나 직ᄉᆞ의 온쥴 모ᄅᆞ리오. 져의 ᄌᆞ랴 ᄒᆞᆷ믈 보고 참지 못ᄒᆞ여 옥셩을 놉혀 왈,

"어미ᄂᆞᆫ 믈너가지 말나. ᄂᆡ 신긔 불평ᄒᆞ니 엇지 믈너가리오. 상공은 셔당의가 머므러 가시게 ᄒᆞ라."

직시 쳥파의 어히 업셔 묵연ᄒᆞ니, 유아 등이 쥬져ᄒᆞ여 믈너나지 아니니, 직시 노ᄎᆡᆨ

1508)소계ᄌᆞ(蘇季子) : 이름 소진(蘇秦). 자는 계자(季子). 중국 전국시대의 책사(策士)로 종횡가(縱橫家)의 한 사람. 산동 6국인 연(燕), 조(趙), 한(韓), 위(魏), 제(齊), 초(楚)의 합종(合從)을 설득, 진(秦)에 대항했다.
1509)유아(乳兒) : 유모(乳母)와 시아(侍兒)를 함께 이른 말.

(怒責) 왈,

"뎡시 슈존(雖尊)ㅎ나 이곳 필부의 안히라. 뎡시 강ㅎ믈 주랑ㅎ여 가부를 바리고 음도(淫逃) 픽악(悖惡)흔 죄 하나히오, 근본 업슨 투긔(妬忌)를 방종이 ㅎ니 무힝(無行)흔 죄 【35】둘이니, 이 두 죄만 ㅎ여도 칠거(七去)의 웃듬을 범ㅎ엿거늘, 닉 오히려 조강딕의(糟糠大義)를 싱각ㅎ여 허물을 용셔ㅎ고 니르럿거늘, 가지록 한악(悍惡)ㅎ여 날을 박츅(迫逐)고즈 ㅎ니, 닉 용녈ㅎ나 빙가의 즈라 왓다가 쳐즈의게 쫏치여 가는 거조는 아니ㅎ리니 너모 방종치 말나."

언파의 긔위 싁싁ㅎ니 유아 등이 불승 황공ㅎ여 금금을 포셜ㅎ고 장외로 퇴ㅎ니, 딕시 촉을 나호여 노코 스미로 조츠 한 봉(封) 셔권(書卷)을 닉여 마음 업시 술피는지라.

쇼졔 딕스를 보미 식로온 분긔 츙장(充腸)ㅎ나, 부친의 엄노(嚴怒)와 모친 칙교(責敎)를 밧줍고 할단즈익(割斷慈愛)ㅎ여, 언언이 【36】긔심슈덕(改心修德)지 아닌 젼은 즈식힝(子息行)의 용납지 아닐 줄 혜아려, 모즈 즈미 형데 보면 고인의 경계를 일ᄏᆞ르니, 쇼졔 두로 스긔(事機) 니러ㅎ고 사롬이 다 즈가를 그르다 ㅎ고, 딕스의 온즁 졍딕ㅎ믈 칭션ㅎ여, 처음 딕스의 의복을 뒤여 니즈스의 셔간을 보미 규힝(閨行)의 어긋나고 부녀의 쳥한(淸寒)흔 덕이 아니라 ㅎ니, 뎡시 셩딕 조협홀지언졍 본픔인 즉 쳥한흔지라. 총명흔 녀지 엇지 씨닷지 못ㅎ리오.

고요히 스량(思量)컨딕, 즈긔 힝식 올치 못흔지라. 즈괴(自愧)ㅎ고 부뫼 용납지 아니믈 골돌ㅎ고, 딕식 발노(發怒)ㅎ여 나간 후 고문(叩門)ㅎ미 업스니, 조협흔 심졍의 이졔는 아조 부부 【37】지의를 긋쳣도다 ㅎ여 미몰ㅎ믈 한ㅎ고, 즈긔 너모 조급히 구러 쇼텬과 구괴 그릇 너기고 부뫼 용납지 아니ㅎ고, 모든 즈미 다 그르다 ㅎ믈 드릭니, 두로 노홉고 이달오미 병발(並發)ㅎ여 식음을 젼폐ㅎ고 즈분필스(自憤必死)코져 뜻이러니, 이졔 딕식 경부인을 딕ㅎ여 즈가의 허물을 논단(論斷)ㅎ믈 드릭니, 즈긔 스셩을 관즁(寬重)이 너기미 업셔 공격ㅎ는도다 ㅎ여, 분한(憤恨)이 팅즁(撐中)ㅎ더니 곳쳐 싱각ㅎ딕,

"닉 혜아리믈 그릇ㅎ도다, 통한ㅎ므로 폐식ㅎ미 닉 몸이 괴로울 쑨이오, 우분초스(憂憤焦死)ㅎ나 져의 니른바 부모씌 불효를 씨칠 뿐이오, 져의게 《무익 ‖ 무히》ㅎ니 닉 엇지 인병치【38】스(因病致死)ㅎ리오. 명일노 붓허 아스홀 뜻을 곳치고 음식을 먹어 슬기를 구ㅎ여 시종을 보리라."

ㅎ나, 아마도 딕스를 노한(怒恨)ㅎ미 심즁의 얽혀시니 졸연이 히혹(解惑)ㅎ리오. 금금(錦衾)을 머리가지 쓰고, 호흡이 나죽ㅎ여 향벽 잠와ㅎ엿더니, 야심ㅎ미 딕식 칙을 덥고 옷슬 버셔 가상(架上)의 걸고, 쇼져 압히 나아가 거동을 술피니, 쇼졔 아는듯 모로는듯 슘쇼릭도 동(動)치 아니니 딕식 심니(心裏)의 긔탄ㅎ고, 나아가 덥흔 거슬 열고 옥슈를 잡으니, 쇼졔 발연이 썰치고즈 ㅎ나 여러날 굴머 약질이 쇠진(衰盡)ㅎ여시니, 힘이 밋지 못ㅎ여 썰치지 못ㅎ고, 다만 가는 슘쇼릭로 계오 니르딕,

"첩은 군가(君家)의 득죄흔 계【39】집이라 감히 츠즈시믈 바라리오. 군은 윤시의 귀즈(貴子)오, 첩은 뎡시의 녜라. 셔로 니러틋 거리껴 뭇지 마로쇼셔."

말숨을 겨오 니르나 셩음이 오열(嗚咽)ᄒ고 강기흔 눈물이 넌곳츨 잠가시니, 묘질(妙質)이 졀승(絕勝)ᄒ지라. 보안지 슈슌(數旬)의 옥안이 초체ᄒ고 빙골(氷骨)이 표연ᄒ여, 슈졍 갓흔 쎄 은연이 빗최여시니 표연(飄然)이 우화등션(羽化登仙)ᄒ 듯, 반월(半月) 니마의 흑운(黑雲)이 층층흔 머리털은 어즈러이 덥허시니, 이원뇨라(哀怨姚娜)ᄒ여 쳘셕심장(鐵石心腸)이라도 동ᄒᆯ지라. 직시 본딕 졍즁흔 부인으로 엇지 앗기지 아니리오. 그 협냥(狹量)을 이달니 너기나 아즉 미안턴 마음이 츈셜(春雪) 갓고, 화용(花容)이 니쳑(羸瘠)ᄒ믈 이셕(哀惜)【40】ᄒ나 맛춤닉 초강(超強)ᄒ믈 깃거 아녀 번연이 광미ᄅᆞᆯ 씽그고 쇼릭ᄅᆞᆯ 나죽이 ᄒ여 칙왈,

"부인을 경계ᄒ미 우이숑경(牛耳誦經) 갓흐나 구셜(口舌)을 허비ᄒᄂ니, 부인은 모로미 가부(家夫)ᄅᆞᆯ 원치 말고 스스로 허믈을 혜아려 즈시드룻쇼셔. 부인이 계츌명가(繼出名家)ᄒ여 현부형 교훈과 현즈모 의방(儀方)으로 유도ᄒ시믈 밧즈와시며, 먼니 옛스룸을 본바드려 말고 갓가이 윤·뎡 냥문 부인의 셩덕 광화ᄅᆞᆯ 일분○[만] 비화도 녀교(女敎)의 쩌러지지 아니리니, 아지못게라! 무슨 녜문(禮文)의, 부녜 가부의 취흔 쎠의 슈즁(袖中)의 장흔 바 외간 남즈의 셔간을 보아, 가부의 아도 못ᄒᄂᆫ 투긔ᄅᆞᆯ ᄒ여 발연흔 스싴과 초독(超毒)【41】흔 말노 딕악 발부의 임닉ᄅᆞᆯ 닉리오. 어닉 어린 남지 쳐즈의 호령을 감심ᄒ리오. 속어의 부부ᄂᆫ 일일지간의 셔로 마음을 안다 ᄒᄂ니, 싱이 셩졍(性情)이 약ᄒ니 풍뉴협걸(風流俠傑)의 힝싴 넛지 아닌 쥴 거의 알녀든, 부인이 근본 업슨 투긔ᄅᆞᆯ ᄒ니, 투긔ᄂᆫ 칠거의 웃듬이라, ᄒ믈며 뎡·윤 냥가의 여러부인이 금츠(金釵)ᄅᆞᆯ 두지 아냐시리오만은 투악ᄒ믈 듯지 못ᄒ엿거늘, 즈ᄂᆫ 어딕셔 비홧ᄂᆞ뇨? 싱은 졸약(拙弱)ᄒ여 긔회(介懷)치 아니나 부슉 졔형이 엇지 미흡ᄒ여 아니시리오. 이러므로 부인의 투협ᄒ믈 쩟그려 냥녀ᄅᆞᆯ 용납ᄒ미니, 부인이 즈구(自求)ᄒ여 일원 젹국인 쥴 씨닷지【42】못ᄒ고, 인병치ᄉ(因病致死)ᄒ믈 싱각ᄒ니 불통치 아니리오. 싱이 슈고로이 긔유(開諭)ᄒ믄 부부의 졍이 즁ᄒ미라. 부인은 복어인(服於人)이오, 부슌 쳐졍(夫淳妻貞)[1510]ᄒ여 상경상화(相敬相和)ᄒ면 유즈싱녀(有子生女)ᄒ고 빅년동쥬(百年同住)ᄒ며 ᄉ즉동혈(死則同穴)ᄒᄂ니, 빅두죵시(白頭終時)[1511]의 그릇미 업슬 거시오, 냥챵(兩娼)이 노류쳔인(路柳賤人)이라, 일시 유희로 장빅 권연(眷然)ᄒ나 져무리 ᄉ환(使喚) 복첩(僕妾)의 일뉴(一類)라. 엇지 원군(元君)의 혁혁존엄(赫赫尊嚴)흔 영귀(榮貴)ᄅᆞᆯ 우럴니오. 부인은 공연이 투긔로 즈분필ᄉ(自憤必死)ᄒ믈 달게 너기ᄂᆞ뇨? 부인이 이칠쳥츈(二七靑春)의 한원 명ᄉ(翰苑名士)의 원비(元妃)로 영화 부귀ᄅᆞᆯ 마다ᄒ고, 일시 질투ᄅᆞᆯ 못니긔여 몸이 맛기의 밋츠면, 이ᄂᆞ 지혜 쳔단(淺短)ᄒ미라. 그 명

1510)부슌쳐졍(夫淳妻貞) : 남편은 맑고 아내는 곧음.
1511)빅두죵시(白頭終時) : 늙어 죽을 때까지.

이 【43】박흔 줄 뉘 아니 지쇼(指笑)ᄒ리오. 가히 슬프다! 제영(緹縈)1512)과 목난(木蘭)1513)은 엇던 ᄉ름이완딕 예궐(詣闕)ᄒ며 종군(從軍)ᄒ여 츙효를 쳔츄(千秋)의 셰오고, 부인은 엇던 사름이완딕 ᄌ투(自妒) ᄌ악(自惡)ᄒ여 몸을 맛츠 싱아부모(生我父母)의 호텬딕은(昊天大恩)을 니ᄌ려 ᄒᄂ뇨? 싱이 그윽이 취치 아닛노라.”

인ᄒ여 은근셰어(慇懃細語)로 위로ᄒ믈 마지 아니ᄒ고, 분흉(憤胸)과 옥슈(玉手)를 어로만져 ᄌ연흔 은이(恩愛) 진즁(鎭重)ᄒ니, 쇼제 초강(超强)ᄒ나 져의 위곡(委曲)ᄒ믈 보니 연연(軟軟) 옥장(玉腸)이 물 갓흔지라. 감동ᄒ여 싱각ᄒ미, 그릇미 ᄌ긔게 잇고 져의게ᄂ 업ᄂ지라. ᄌ괴지심(自愧之心)이 니러나니, 답홀 말이 업ᄉ나, 제 은근 위곡ᄒᄂ딕 답지 아니믄, 도리의 불가흔지라. 여러날 식음 【44】을 젼폐ᄒ여 졍신이 혼혼(昏昏)ᄒ나, 겨오 슈습ᄒ여 눈물을 머금어 왈,

“쳡이 불민ᄒ여 군ᄌ의 셩덕 교화를 져바리고, 불초ᄒ여 스스로 병을 일위여 장츳 황양하(黃壤下)1514)의 가미 일일(日日) 격(隔)ᄒ엿지라. 엇지 감히 다시 그릇고져 ᄒ리잇고만은, 불민(不敏)ᄒ믈 씌닷지 못ᄒ오니, 제영 목난의 죄인이 되오리니, 뉘웃ᄎ나 밋지 못ᄒ리로쇼이다.”

옥셩이 이원ᄒ니 싱이 이련ᄒ믈 니긔지 못ᄒ여, 광슈를 드러 그 누흔을 씨ᄉ며, 화셩 뉴어로 위로 왈,

“부인이 씌닷기를 슈이ᄒ니 아름답지 아니리오. 허물을 곳치믄 셩인도 허ᄒ신 빅니, 싱이 용셔치 아니리오. 다시 다른 일을 거리끼지 말고 심ᄉ를 상(傷)히 【45】오지 말나. 져 한·화 갓흔 냥창(兩娼)이야 유뮈(有無) 관긴(關緊)ᄒ리오. 부인녀ᄌ 범 갓흔 적국총즁(敵國叢中)1515)의도 ᄉ군치가(事君治家)1516)ᄒ여 가도(家道)를 출히ᄂ니, 져 냥희(兩姬)를 거ᄂ리지 못ᄒ리오.”

쇼제 본셩이 싀투(猜妒) 《교우‖교오(驕傲)》흔 가온딕, 상문교아(相門驕兒)로 직ᄉ 갓흔 군ᄌ를 만나 즁딕ᄒ믈 과도히 ᄒ여 신혼 초일붓허 존당 ᄌ이를 바다, 이칠쳥츈(二七靑春)의 봉관화리(鳳冠華里)1517)로 명부의 직쳡을 쳔ᄌ(擅恣)ᄒ여 인인(人人)이

1512)제영(緹縈) : 중국 한나라 문제(文帝) 때의 효녀. 그녀의 아버지 순우의(淳于意)가 죄가 있어 사형을 당하게 되자, 대궐에 가, 임금에게 상소하여 자신이 관비(官婢)가 되어 아버지 죄를 속(贖)하겠다고 하니, 문제가 그 뜻을 동정하여 사형을 감해 주었다는 고사가 있다.

1513)목란(木蘭) : 중국 양(梁)나라의 효녀. 남자 옷을 입고 아버지를 대신하여 전장에 나가 싸움에 이기고 열두 해만에 돌아왔다.

1514)황양하(黃壤下) : 저승.

1515)적국총즁(敵國叢中) : 한 남자와 혼인관계를 맺고 있는 처첩(妻妾)의 무리 가운데.

1516)ᄉ군치가(事君治家) : 남편을 섬기며 가정을 다스림.

1517)봉관화리(封冠花里) : 한국 고소설에서 과거에 급제한 관원의 부인이나 공경대부(公卿大夫)의 부인과 같은 외명부(外命婦)가 머리에 쓰는 화려하게 장식한 관모(冠帽) 곧 족두(簇頭里)리를 이르는 말이다. 본래 족두리는 고려때 원나라로부터 들어온 왕실여성들이 쓰는 관모(冠帽)인 고고리(古古里)에서 유래한 말로, 고려 이후 여성들이 예복(禮服)을 입을 때 이것을 관모(冠帽)로 머리에 썼다. 겉을 검은 비단으로 싼[封] 여섯 모가 난 모자[冠]로 위가 넓고 아래로 내려갈수록 좁으며 구슬로 화려하게[華] 장식했기 때문에, 이것 곧 족두리(簇頭里)[里]에 '봉관화리(鳳冠華里)'라는 이름을 붙인 것으로 추정된

복되믈 츄앙(推仰) 칭예(稱譽)ᄒ니, 쇼년 녀직 즈연 《교우∥교오(驕傲)》ᄒᆫ 예긔(銳氣) 비비(倍倍)ᄒ여 평싱이 이 갓기를 바라더니, 긔약지 아닌 니즈ᄉ의 다ᄉ(多事)ᄒ미 냥미인을 보너여 단졍ᄒᆫ 군즈의 졍이 셧게 ᄒ믈 골돌ᄒ여, 교투지심(驕妬之心)을 닉엿다【46】가 쇼텬(所天)의게 견과(見過)ᄒ며, 졔인의 치쇼(嗤笑) 근본이 되니 협익(狹隘)ᄒᆫ 쇼견의 한 병이 되여, 인병치ᄉ(因病致死)ᄒ여 분ᄒᆷ믈 닛고즈 ᄒ미 쟝촛 졀곡(絶穀) 슌여일(旬餘日)이러니, 직시 니르러 은근위곡(慇懃委曲)ᄒ믈 보니, 감ᄉᄒ여 뉘웃고 허믈을 즈칙ᄒ니 영오(穎悟) 쇼통(疏通)치 아니리오. 긔동(起動)ᄒ여 감ᄉᄒ믈 ᄉ레코즈 ᄒ나 긔운이 밋지 못ᄒ여 혼혼(昏昏)ᄒ지라.

직시 촉(燭)을 나ᄒ여 노코 옥안(玉顔)을 보며 ᄎ탄 왈,

"가히 협익ᄒᆫ 부인이로다. 나의 용녈ᄒ미 아니면 부인을 진압지 못ᄒᆯ 거시오, 부인의 초강(超强)ᄒ므로 걸호긱(傑豪客)을 만낫던들 단쟝초ᄉ(斷腸焦死)ᄒ믈 면ᄒ리오. 싱을 필뷔라 나모라거니와 싱은 샹합(相合)ᄒᆫ 비원(配偶)가 ᄒ노【47】라."

언파의 유랑다려 일긔(一器) 보미를 나오라 ᄒ니, 유랑이 쟝외의셔 부부의 ᄉ어를 다 듯고 쇼져의 회심(回心)ᄒ믈 딕희ᄒ고, 직ᄉ의 관곡ᄒ믈 감격ᄒ고 두굿겨 즈미로오믈 니긔지 못ᄒ여, 야심토록 냥목(兩目)이 명명ᄒ엿더니, 직ᄉ의 브르믈 응ᄒ여 보미를 나오니, 직시 들고 나아가 권ᄒ니, 쇼졔 져의 관곡(款曲)ᄒ믈 보미 노한(怒恨)이 츈셜(春雪) 갓ᄒ니 슈괴(羞愧)ᄒ여 훈싴(暈色)이 은은ᄒ여 먹지 못ᄒ거늘, 직시 온화히 기유ᄒ며 쇼져를 붓드러 그릇시 뷔도록 마신 후, 쇼졔 여러날 졀식(絶食)ᄒ여 긔식이 엄엄(奄奄)터니, 직ᄉ의 간권(懇勸)ᄒ믈 보고 ᄉ양치 못ᄒ여 다 마시니, 비로쇼 혼미【48】ᄒᆫ 졍신이 요연(瞭然)ᄒ나 참괴(慙愧) 슈란(羞赧)ᄒᆫ 마음이 업지 아녀 침셕(寢席)의 누어 혼혼(昏昏)ᄒ니, 직시 관영(冠纓)을 히탈(解脫)ᄒ고 넌지시 벼기의 나아가 졉면교싀(接面交腮)[1518]ᄒ고 옥비(玉臂)를 연(連)ᄒ여 권이(眷愛)ᄒ믈 니긔지 못ᄒ여 여산약히(如山若海)ᄒ더라.

밤이 맛도록 경계ᄒ믈 마지 아니니, 쇼졔 감동ᄒ여 은우(隱憂)를 쳑탕(滌蕩)ᄒ니 직ᄉ의 은이 싀로이 즁ᄒ더라.

명조의 직시 닉당(內堂)의 하직고 도라가니, 유랑이 작야ᄉ를 존당의 고ᄒ엿ᄂ지라. 합문 샹히 직ᄉ의 관즈인후(寬慈仁厚)ᄒ믈 칭션ᄒ며, 쇼졔 씨닷기를 슈이ᄒ믈 긔특이 너기더라. 진틱부인이 진공을 딕ᄒ여 왈,

"화염은 쳥념(淸廉)ᄒᆫ 아히라. 윤낭의 온즁ᄒ미 조협ᄒᆫ 녀즈를 감화ᄒ미 여ᄎᄒ니, 쇼년 남즈【49】의 밋지 못ᄒᆯ 덕냥(德量)이라. 엇지 아름답지 아니리오. 화이 어진 군즈의 감화ᄒ믈 어더시니, 너의 부부는 그만 ᄉ(赦)ᄒ여[고] 경계(警戒)ᄒ여, 다시 그르미 업게 ᄒ라."

다. '봉관화리(鳳冠華里)'라는 말은 한국 고소설에만 나타나는 말로 전통복식 용어에는 나타나지 않는다.

1518)졉면교싀(接面交腮) : 얼굴을 마주대고 뺨을 비빔.

　진공 부뷔 빈스(拜謝)ᄒ고 모든 숙모와 삼위 ᄌ뫼 빅화당의 니르러 쇼져를 보니, 쇼
제 ᄌ과(自過)를 츄회(追悔)ᄒ여 부모 졔친도 뵈올 낫치 업셔, 쇼두(蕭頭)를 헷쁠고 상
하(床下)의 나려 쳥죄ᄒ고 슈괴(羞愧) 창황(蒼黃)ᄒ니, 모든 숙뫼 그 슈쳑ᄒᄆᆯ 이련ᄒ
여 경계ᄒᄆᆯ 마지 아니코, 한부인이 온식(慍色)을 프러 녀아의 녹발을 거두며 과도이
뉘웃츠믈 이련(哀憐)ᄒ여 《탄왈∥탄(嘆)하며》, 시로이 녀교(女敎)를 경계ᄒ고, ᄯᅩ 츄
연 탄왈,

　"여모(汝母)ᄂᆫ 텬디간 박명 인싱이라. 조상ᄌ모(弔喪慈母)ᄒ고 야야의 ᄌ이를 밧ᄌ
와 혹아지은(憶兒之恩)을 망미(茫昧)ᄒ【50】니 지통(至痛)이 지심(在心)터니, 즁도의
디인이 관ᄉ1519)를 바리시니, ᄉ뎨(舍弟)로 더부러 계모(繼母)긔 부득지(不得志)ᄒ고,
허다 풍상을 비포ᄒᆫ 인싱이 너의 부친 삼실(三室)의 가(可)ᄒᄆᆯ, 우흐로 양부인 갓흔
슉녀 명완이 상두(床頭)의 거ᄒ샤 갈담(葛潭)의 화긔(和氣)를 널니시고, 쇼부인 갓흔
동녈(同列)이 화우돈목(和友敦睦)ᄒ여 규즁ᄉ위(閨中師友)1520) 되니, 일신이 안한(安
閑)ᄒ고 ᄌ녜 가즈니 인인이 칭복ᄒ나, 여모ᄂᆫ 상상(常常)의 감회(感懷)ᄒᆯ 적이 만흔지
라. 슉야(夙夜)의 긍긍업업(兢兢業業)ᄒ여 복이 손홀가 두리거늘, 네 비록 여뫼(汝母)
어지리 가르치지 못ᄒ여시나, 부덕(婦德)을 아지 못ᄒ고 희연망측(駭然罔測)ᄒ 히게(駭
擧) 부모 귀의 도라오니, 여뫼 윤낭을 디홀 낫치 업고, 의렬 져져를 뵈올 안면이 【5
1】업ᄉ니, 네 회과(悔過)ᄒᄆᆯ 업슨즉 싱늬(生來)의 모녀의 졍을 펴지 아니려ᄒ더니,
윤군의 관인후덕(寬仁厚德)ᄒᄆᆯ 아녀ᄌ(兒女子)의 암녈(暗劣) 협익(狹隘)ᄒᄆᆯ 《족과∥
족가(足枷)》 치1521) 아니ᄒ고, 인의로 교화ᄒ여 군ᄌ의 관홍ᄒᆫ 덕이 엇지 아름답지 아
니리오. 윤낭의 어진 덕을 감ᄉᄒ여 너의 죄를 ᄉᄒᄂ니, 츠후ᄂᆫ 부도(婦道)를 닷가
군ᄌ의 문의 득죄치 말나. 양부인이 니어 탄왈,

　"셰간(世間)의 녀ᄌ갓치 구ᄎ니 업ᄉ니, 왕ᄉ(往事)ᄂᆫ 졔긔ᄒ여 후싱의게 들넘 즉
지 아니나, 이달오미 지금 플니지 아니ᄒ니 ᄌ연 발언ᄒᄂ니, 녀아ᄂᆫ 여모 등의 일을
드러보라. 셕년의 상공이 교언녕식(巧言令色)의 실졍(實情)을 일허 날노 악명(惡名) 누
얼(陋孽)을 므릅쓰고 무인심야(無人深夜)의 집【52】검(執劍) 돌입(突入)ᄒ여 사름이
모로ᄂᆫ 가온디 핍박ᄒ여, 한닙 초셕(草席)의 슘 잇ᄂᆫ 시쳬를 민다라 친히 구박ᄒ여 년
지(蓮池)의 드리칠졔, 엇지 다시 부뷔단원(夫婦團圓)ᄒ여 싱ᄌ(生子)ᄒᄂᆫ 경ᄉ 이실 줄
알니오. 윤낭의 온즁 졍디ᄒᆫ 쳐ᄉ와 셕년 상공의 힝ᄉ를 비긴 즉 텬디간 갓흔지라. 부
ᄌ(夫子)의 광탕(狂蕩)ᄒᆫ 힝식 이러ᄒ나 닉몸이 녀진 고로 부부 존비를 군신의 비겨
감히 그 원을 함한(舍恨)치 못ᄒ엿ᄂ니, 녀ᄌᄂᆫ 온슌 비약ᄒᄆᆯ 웃듬이라. 초부도 일쳐
일쳡(一妻一妾)이 잇ᄂ니, 셜ᄉ 윤낭이 호방ᄒ여 요쳡의 혹(惑)ᄒ고 녀아를 모로ᄂᆫ 지

1519) 관ᄉ : 세상. 현세. 이승. *관ᄉ를 바리다 : 세상을 버리다. 죽다.
1520) 규즁ᄉ위(閨中師友) : 부녀자들 세계에서 스승으로 삼을 만한 벗.
1521) 족가(足枷)ᄒ다 : 족가(足枷)하다. 도망치지 못하도록 발에 족가(足枷; 차꼬)나 족쇄(足鎖; 쇠사슬)
　　　따위를 채우다. 아랑곳하다. 참견하다. 다그치다. 탓하다. 따지다.

경이라도, 너의 도리 무위이화(無爲而化)¹⁵²²ᄒᆞ여 감화(感化) ᄌᆞ복(自服)게 ᄒᆞ면 스ᄉᆞ
로 ᄭᆡᄃᆞᄅᆞ미 이시리니, ᄒᆞ믈며 이ᄂᆞᆫ 그러치 아냐 【53】윤낭은 온즁졍뎍ᄒᆞᆫ 군지라.
덕을 항복ᄒᆞ여 빅년을 화락ᄒᆞ면 과연 너의 신상의 만힝(萬幸)이오, 나의 깃부미 이의
지나지 못ᄒᆞ려니와, 너의 셩되 너그럽지 못ᄒᆞ여 작심삼일(作心三日)¹⁵²³이면, ᄂᆡ 엇지
다시 너ᄅᆞᆯ 뒤ᄒᆞ여 셰상의 머물 ᄯᅳᆺ이 이시리오. 비록 슉녀 현부란 말은 못드러도 투긔
(妬忌) 발부(潑婦)란 말을 듯지 아니면, 거의 부모의게 욕이 밋지 아니리니 이거시 녀
힝(女行) ᄉᆞ덕(四德)이오, 부모ᄅᆞᆯ 욕먹이지 아닛ᄂᆞᆫ 마디라. 너의 힝ᄉᆞᄅᆞᆯ 혜아리미 튤거
(黜去)의 당연ᄒᆞ되, 윤부 셩심인덕(聖心仁德)으로 튤화(黜禍)ᄅᆞᆯ 면ᄒᆞ고, 지어 윤낭이
너ᄅᆞᆯ 신근(愼謹)이 ᄎᆞᄌᆞ니 이ᄂᆞᆫ 죽어도 닛지 못할 딕덕(大德)이라. 오아ᄂᆞᆫ 어믜 이런
말을 명심(銘心) 계지(戒志)ᄒᆞ여 다시 【54】그ᄅᆞᆯ 취지 말나. 네 작셩(作性)이 총민
ᄒᆞ니 ᄭᆡᄃᆞᄅᆞ미 쇼연(昭然)ᄒᆞ려니와 오ᄂᆞᆯ날 경계ᄅᆞᆯ 명심ᄒᆞ여 닛지 말나. 져 윤낭의 셩
심 인ᄌᆞᄒᆞ믄 당금의 희한ᄒᆞᆫ 인물이라, 네 팔지 조화 그런 군ᄌᆞᄅᆞᆯ 빅ᄒᆞ미라. 비록 나히
어리나 쳥현명ᄉᆡ(淸賢名士)라. 당당ᄒᆞᆫ 딕장뷔 일쳐로 늙을 비 아니니, 두낫 희쳡이 관
겨ᄒᆞ리라 ᄉᆞ문(士門) 녀ᄌᆡ 노류장화(路柳墻花)ᄅᆞᆯ 심셔(心緖)의 머므러 투긔ᄒᆞᆫ단 말을
드ᄅᆞ리오. 쳥한(淸閑)ᄒᆞᆫ 부녀의 힝실이 아니라. 여ᄆᆡ 녀아ᄅᆞᆯ 위ᄒᆞ여 가연(可然)¹⁵²⁴ ᄒᆞ
노라.”

쇼부인이 역탄(亦嘆) 왈,

“부인은 왕ᄉᆞ(往事)ᄅᆞᆯ 니ᄅᆞ지 마ᄅᆞ쇼셔. 쳡은 심약(心弱)ᄒᆞᆫ 사ᄅᆞᆷ이라, 셕ᄉᆞ(昔事)ᄅᆞᆯ
ᄉᆡᆼ각건딕 심한골경(心寒骨髓)ᄒᆞ여이다. 쳡도 유시(幼時)의 ᄌᆞ모(慈母)ᄅᆞᆯ 조별(早別)ᄒᆞ
고 【55】엄부(嚴父)ᄅᆞᆯ 실니(失離)ᄒᆞ여 혈혈단신(孑孑單身)이 인가 쳔녀(賤女)의 휵양
(慉養)ᄒᆞ믈 닙어 보명(保命)ᄒᆞ여시니, 능히 몸 감초믈 신밀(愼密)이 못ᄒᆞ여 상공의 호
방ᄒᆞᆫ 그물의 걸녀, ᄉᆡᆼ셰지념(生世之念)이 ᄉᆞ연(索然)ᄒᆞᆫ 가온딕, 간인의 흉ᄒᆞᆫ 간뫼(奸
謀) 양부인을 히ᄒᆞ고 남은 죡쉬(足手)¹⁵²⁵ 쳡신(妾身)의 밋쳐, 무인심야의 흉인의 무
리 잡아다가 혹형을 더으니, 상공이 한고죄(漢高祖) 아니오. 쳡이 쳑희(戚姬) 아니로
딕, 인체(人彘) 되믈 면치 못ᄒᆞ여, 명이 슈유(須臾)의 잇더니, 맛춤 상공의 구ᄒᆞ미 아
니런들, 엇지 보젼ᄒᆞ여 텬뉸(天倫)을 단원ᄒᆞ여 금일이 이시리오. 쳡은 초명(初命)이 험
흔(險釁)ᄒᆞ믈 한홀지언졍 부ᄌᆞ(夫子)ᄂᆞᆫ 한홀 일이 업ᄉᆞ니이다.”

각각 부인이 지난 바ᄅᆞᆯ 니ᄅᆞ고 【56】셩난화의 만고일악(萬古一惡)¹⁵²⁶인 줄 일ᄏ

1522)무위이화(無爲而化) : 힘들이지 않아도 저절로 변하여 잘 이루어짐. 출전은 ≪논어≫ <위령공편>이
  다.
1523)작심삼일(作心三日) : 단단히 먹은 마음이 사흘을 가지 못한다는 뜻으로, 결심이 굳지 못함을 이르
  는 말.
1524)가연(可然) : 선뜻. 흔쾌히. 마땅하여 아무 주저 없이.
1525)족쉬(足手) : 수족(手足). 손발. 자기의 손이나 발처럼 마음대로 부리는 사람을 비유적으로 이르는
  말.
1526)만고일악(萬古一惡) : 세상에 비길 데 없이 악한 사람.

라 추탄ᄒᆞ니, 이 가온ᄃᆡ 졔부인의 상ᄒᆡᆼ녈졀(霜行烈節)이 낫하나고, 양부인의 긔구 화란이 목젼(目前) 갓혼지라.

화엽쇼졔 젼일 야야의 불명(不明)ᄒᆞ시던 쥴 놀나고, 젹모(嫡母)의 셩덕광화(聖德光華)로 누얼 줌 쇄옥낙화(碎玉落花)ᄒᆞᆯ 번ᄒᆞ엿던 쥴 골경신ᄒᆡᄒᆞ니, 젹모부인을 위ᄒᆞ여 감회ᄒᆞ고 일노조ᄎᆞ 츄이컨ᄃᆡ, 즈긔 그ᄅᆞ고 직시 그ᄅᆞ미 업ᄂᆞᆫ지라. 허물을 만만 ᄉᆞ죄ᄒᆞ더라.

쇼졔 이날붓허 심ᄉᆞ(心思)ᄅᆞᆯ 널니고 식음을 쩨로 츳즈니, 즈연 오릭지 아녀 가경(可境)의 잇고, 윤싱이 《츄일∥츅일(逐日)》 왕ᄂᆡᄒᆞ여 은근즁딕ᄒᆞ미 범연치 아니니, 불과 슌여일의 쾌ᄎᆞᄒᆞ여, 병장(屛帳)을 【57】 것고 쇼셰(梳洗)ᄅᆞᆯ 나와 존당 부모긔 문안ᄒᆞ고, 불민(不敏)ᄒᆞᆷ믈 쳥죄ᄒᆞ니, 존당 부모와 졔슉 즈ᄆᆡ 쇼져ᄅᆞᆯ 보건ᄃᆡ 옥안 화뫼 돈감ᄒᆞ여시니 묘질이 더욱 졀셰 탁아흔지라 존당 부뫼 이지연지(愛之憐之)ᄒᆞ여 다시곰 부덕을 경계ᄒᆞ더라.

쇼졔 ᄉᆞ실의 퇴ᄒᆞ여 글월을 닷가 존당 구고긔 ᄉᆞ죄ᄒᆞ여시니, 이원(哀願)ᄒᆞᆫ 말ᄉᆞᆷ이 의문(懿文)의 빗나고, 문치 쇄락ᄒᆞ며 즈획이 졍공(精工)ᄒᆞ더라.

시비 봉함(封緘)을 밧드러 진궁의 나아가 졍당의 드리니, 존당 상ᄒᆡ 쇼져의 병셰 가복(可復)ᄒᆞ고 기심슈졸(改心守拙)ᄒᆞ미 쉬오믈 깃거ᄒᆞ고, 글월을 기간ᄒᆞ여 그 덧 ᄉᆞ이나 반기믈 마지 아니터라. 이의 각장(各狀) 회셔(回書)ᄒᆞ여 【58】 슈이 도라오믈 일너 보ᄂᆡᄂᆞ니라.

호람휘 진왕을 명ᄒᆞ여 뎡시의 칙션(責善)ᄒᆞᄂᆞᆫ 덕을 니ᄅᆞ고, 금일이라도 숀아ᄅᆞᆯ 명ᄒᆞ여 권실(眷室)케 ᄒᆞ라 ᄒᆞ니, 진왕 부지 슈명ᄒᆞ고 슈일 후 위의ᄅᆞᆯ 갓초와 뎡쇼져ᄅᆞᆯ 다려오미, 쇼졔 당하(堂下)의 쳥죄ᄒᆞ고 불감승당(不敢昇堂)이라.

존당 구괴 반겨 승당ᄒᆞᆷ믈 명ᄒᆞ고, 금장쇼고(襟丈小姑) 등이 하당ᄒᆞ여 옥슈ᄅᆞᆯ 잡아 승당ᄒᆞ니, 뎡쇼졔 졔위 존하의 ᄎᆞ례로 빗례ᄒᆞ고 불민 용암ᄒᆞ여 불효 ᄭᅵ치믈 ᄉᆞ죄(謝罪)ᄒᆞ니, 옥셩이 나죽ᄒᆞ고 년화냥협(連花兩頰)의 슈식(羞色)이 은연흔지라. 존당 구괴 춍아혜질(聰雅慧質)을 ᄉᆞ랑ᄒᆞ미 졔부(諸婦)의 나리지 아니터라.

쇼졔 죵일 존젼 【59】 의 뫼셧더니, 셕식을 파ᄒᆞ미 혼졍지녜(昏定之禮)ᄅᆞᆯ 맛고, ᄉᆞ실의 도라오니 ᄎᆞ일 직시 묘당(廟堂)의 공시 만하 능히 오지 못ᄒᆞ더니, 길ᄒᆡ서 셕시랑이 슐이 취ᄒᆞ엿더니 직ᄉᆞᄅᆞᆯ 만나 본부의 니ᄅᆞ니, 병부시랑 셕희광은 녕능공 부인 윤시의 쇼싱이라. 직ᄉᆞᄅᆞᆯ 닛그러 오니 녕능휘 직ᄉᆞᄅᆞᆯ 보고 반겨 부인을 불너 말ᄉᆞᆷᄒᆞᆯᄉᆡ, 모든 셕싱이 쥬호(酒壺)ᄅᆞᆯ 가져 괴로이 권ᄒᆞ니, 직시 ᄉᆞ양ᄒᆞ고 《슈빈∥슈빈(數杯)》ᄅᆞᆯ 먹으니 일식이 창오(蒼梧)[1527]의 슙엇ᄂᆞᆫ지라.

하직고 부즁의 도라오니 임의 황혼이라. 옥면의 취긔 은은ᄒᆞ니 존당의 혼졍을 일우

1527)창오(蒼梧) : 창오산(蒼梧山). 중국 광서성(廣西省) 창오현(蒼梧縣)에 있는 산 이름. 순(舜)임금이 죽었다고 전해지는 곳.

지 못ᄒ고 졔형의게 고ᄒ여,

"신긔 불평【60】ᄒ여 혼졍을 불참ᄒᄆᆯ 알외쇼셔."

ᄒ고, 뎡쇼졔 도라오ᄆᆯ 듯고 취ᄒᆫ 거름이 젼도(顚倒)ᄒ여 ᄂᆡ각(內閣)으로 드러가니, 졔형 군종이 쇼왈,

"현뎨 ᄉᆡᆼ각ᄒ면 취ᄒᆫ 거름이 무류(無聊)토1528) 아냐, 모일(某日)의 취긔로 드러가 일을 일위여 ᄂᆡ 쇼박을 마즐 번ᄒ엿더니, 금일 ᄯᅩ 무슨 긔관(奇觀)이 이실고?"

직ᄉᆡ 도라보고 잠쇼 왈,

"쇼뎨ᄂᆞᆫ 졸ᄉᆞ(卒士)라 널위 형장이 아조 농판으로 밀위여 웃지 마로쇼셔. 그려도 장부의 쳬면으로 죵용ᄒᆫ 가온ᄃᆡ 조비야온 녀ᄌᆞᄅᆯ 졔어ᄒᄂᆞ이다. 형장ᄂᆡᄂᆞᆫ 졸ᄉᆞ라 우셔도 악부모ᄂᆞᆫ 관인군ᄌᆡ라 ᄒ더이다."

졔인이 박장ᄃᆡ쇼 왈,

"원ᄂᆡ 빙부 빙모의 ᄋᆡ셰(愛壻)라. 교ᄋᆡ(嬌愛)【61】ᄅᆯ 일치 아니려 뎡슈긔 아쳠ᄒᄆᆡ랏다."

직ᄉᆡ 쇼왈,

"다 듯기 슬ᄒ니 바려두시고 형장ᄂᆡ나 슈신셥ᄒᆡᆼ(修身攝行)ᄒ시고, 용우ᄒᆫ 쇼뎨ᄂᆞᆫ 념녀치 마로쇼셔. 졔 압히야 아니 ᄊᆞ리리잇가?"

셜파의 텬연(天然) ᄃᆡ쇼(大笑)ᄒ고 편편이 산보ᄒ여 쳥미각의 니ᄅᆞ니, 쇼졔 장복을 벗고 금병의 의지ᄒ엿더니, 직ᄉᆡ 만면 취안으로 드러오니 쇼졔 깃거 아니나 셔연(徐然)이 몸을 니러 마즈니, 직ᄉᆡ 취안을 흘녀 쇼져ᄅᆯ 보니 촉영지하(燭映之下)의 더옥 아름다온지라. 취즁은이 진즁ᄒᄆᆯ 모챡(冒着)1529)지 못ᄒ여, 금포옥ᄃᆡ(錦袍玉帶)ᄅᆯ 버셔 후리치고 나아가 부인을 집기슈년기슬(執其手連其膝)1530)ᄒ여 흔연 쇼왈,

"부인이 날마다 연단(煉丹)을 먹【62】어 션풍이질(仙風異質)이 ᄉᆡ로오니, 필부 윤쳥ᄂᆡᆫ 엇지 ᄉᆞ랑치 아니리오."

쇼졔 쳥파의 져의 희언을 불승슈괴(不勝羞愧)ᄒ여 나죽이 옥슈ᄅᆯ ᄲᅢ히고, 좌ᄅᆯ 물녀 봉관(封冠)을 기우리니, 염염(艶艶)ᄒᆫ ᄐᆡ되 졀승ᄒᆫ지라. 직ᄉᆡ 어린 ᄃᆞ시 쳠망(瞻望)ᄒ여 크게 우으며 안침(安寢)의 비겨 이윽이 담화ᄒ더니, 야심ᄒᄆᆯ 일ᄏᆞ라 옥촉(玉燭)을 장외로 ᄂᆡ고, 부인을 권ᄒ여 원앙금니(鴛鴦衾裏)의 나아가니, 은이 산비ᄒᆡ박(山卑海薄)ᄒ더라.

홀연 부인이 복뷔(腹部) 놉고 셤외(纖腰) 잠간 실(實)ᄒᄆᆯ ᄭᆡ다라, 문왈,

"부인이 복경(腹慶)이 잇ᄂᆞ냐?"

쇼졔 크게 슈괴(羞愧)ᄒ여 유유부답(儒儒不答)ᄒ니, 직ᄉᆡ 지삼 힐문(詰問)ᄒ나 ᄃᆡ답을 듯지 못ᄒ여, 이의 우어 왈,

---

1528)무류(無聊)하다 : 부끄럽고 열없다.
1529)모챡(冒着) : 무릅씀. 덮어 씀. 참고 견딤.
1530)집기슈년기슬(執其手連其膝) : 손을 잡고 무릎을 맞댐.

"지 니른 【63】지 아니나 벅벅이 틱경(胎慶)이니, 아희 츌셰(出世)ᄒᄂᆫ 날이면 사름의 어뮈 되리니 기시(其時)의 져 붓그리믈 어이ᄒᆞ리오."

ᄒᆞ더라.

명조의 부뷔 존당의 신셩ᄒᆞ니 시야의 양희와 빅시 등이 쳥미각을 규시ᄒᆞ여 부부의 ᄉᆞ어(私語)를 다 듯고, 뎡쇼져의 틱경을 존당의 고ᄒᆞ엿ᄂᆞᆫ 고로 합문상히(闔門上下) 두굿기며 어엿브믈 니긔지 못ᄒᆞ더라.

직ᄉᆞ는 부슉 졔형뎨로 옥궐의 조회ᄒᆞ라 드러가고, 쇼져는 침쇼로 도라왓더니, 냥챵(兩娼)이 알현ᄒᆞ믈 고ᄒᆞ니, 쇼제 마지 못ᄒᆞ여 난두(欄頭)의 좌졍(坐定)ᄒᆞ고 브르라 ᄒᆞ니, 슈유(須臾)의 냥녜 드러와 계하의셔 ᄉᆞ비(四拜) 복알(伏謁)ᄒᆞ고 고두(叩頭) 왈,
【64】

"쳔쳡 등이 녀군 부인 당하의 비알ᄒᆞ미 늣ᄉᆞ오니 감쳥(敢請) ᄉᆞ죄(死罪)로쇼이다."

말ᄉᆞᆷ이 온공ᄒᆞ고 틱되 아름다와 졀식가인(絶色佳人)이라. 쇼제 쳥말(廳末)의 좌를 쥬고, 쳥아(靑蛾)를 드리워 은휼ᄒᆞ믈 두터이 ᄒᆞ고, 향과(香果)를 샤(賜)ᄒᆞ니, 냥챵이 쏘ᄒᆞᆫ 우러러 셩덕을 감복ᄒᆞ며 그 화용월틱(花容月態)와 난ᄌᆞ봉질(鸞姿鳳質)을 보미 불승칭션(不勝稱善)ᄒᆞ더라. 냥녜 은혜를 ᄉᆞ례ᄒᆞ고 퇴ᄒᆞ다.

뎡쇼제 다시 투악을 ᄉᆡᆼ의(生意)치 못ᄒᆞ고, 냥녀를 거ᄂᆞ리믈 은혜로 ᄒᆞ니, 냥녜 셩덕을 감격ᄒᆞ여 노쥬간 갓치 셤기니, 존당이 아름다이 너기고 직ᄉᆞ 부인의 힝ᄉᆞ를 흠흘거시 업셔, 일삭의 십일은 뎡쇼져 침쇼【65】의 슉쇼ᄒᆞ고, 월궁난·도화션은 《냥일∥냥일》식 시침케 ᄒᆞ고, 여일(餘日)은 부슉을 시침ᄒᆞ여, 졔형뎨 군죵으로 광금장침(廣衾長枕)의 훈지지낙(塤篪之樂)[1531]이 극진ᄒᆞ더라.

이러틋 광음(光陰)이 신속ᄒᆞ여 초동념간(初冬念間)[1532]의 뎡쇼제 슌산 ᄉᆡᆼᄌᆞᄒᆞ니, 이 곳 덕문여엽(德門餘葉)으로 범아(凡兒)와 다른지라. 존당 구괴 깃거 ᄉᆞ랑이 졔손의 나리지 아니터라.

일칠일이 지나니 쇼졔 신긔여상(神氣如常)ᄒᆞ고 희이 졈졈 비상ᄒᆞ고 영형셕디(英形碩大)ᄒᆞ여 외조 진국공(震國公)을 픔슈ᄒᆞ여시니, 직ᄉᆞ 쇼왈,

"아희 긴치 아닌 외조공을 달마시니 ᄌᆞ라미 왕양(汪洋)ᄒᆞ리로다."

조틱비 쇼왈,

"유ᄋᆡ(乳兒) 아뷔 잔망(孱妄)[1533]ᄒᆞ믈 셜치(雪恥)ᄒᆞ여 낫도다."

뉴틱부 【66】인이 잠쇼 왈,

"져져의 셩언(成言)이 졍합(正合) 뎨심(弟心)이로쇼이다. 유ᄋᆡ 승어부(勝於父)ᄒᆞ거니

1531)훈지지낙(塤篪之樂) : =훈지상화(塤篪相和). 곧 형제가 서로 우애하며 사는 즐거움. *훈지상화(塤篪相和); 형이 '훈'이라는 악기를 불면 아우는 '지'라는 악기를 불어 화답한다는 뜻으로, 형제간의 화목함을 비유적으로 이르는 말
1532)초동념간(初冬念間) : 음력 10월 20일 경.
1533)잔망(孱妄) : 얄밉도록 맹랑함. 또는 그런 짓.

와, 잔망흔 아뷔 져 ᄌ식을 훈교ᄒ노라 ᄒ면, 셩도 약간 가시리로다[1534)."

승상이 쇼왈,

"쇽담의 일너시ᄃ 남을 나모라 ᄒ면 ᄌ식이 담는다 ᄒ미 올흔가 시브이다. 형장이 미양 죽암의 광망 불통ᄒᄆ를 나모라 ᄒ시더니, 쳔닌의 잔약ᄒᄆ로 기ᄌ(其子) 외습(外襲)ᄒ미 괴이흔 일이 아니니잇가?"

진왕은 미쇼 왈,

"우형은 쇼탈ᄒ여 이쳐엿 일은 일시 회담(戲談)으로 니졋더니, 현데 치부ᄒ엿다가 이제 우형을 '오금 박으니'[1535) 어이 심치 아니리오."

졍언간(停言間)의 진국공 곤계 ᄌ질을 거ᄂ려 니ᄅ러【67】시믈 고ᄒ니, 뎡쇼졔 유아를 다려 침쇼의 도라와 부슉 졔형을 뵈올ᄉ, 졔뎡이 쇼져를 향ᄒ여 슌산 싱ᄌᄒᄆ믈 치하ᄒ고, 졔인이 신아를 보고 이상이 너겨 면면 쇼지ᄒ고, 죽쳥이 미쇼 왈,

"ᄎ이 삼데를 견습(專襲)ᄒ여시니 현데는 졔손 즁 각별 ᄉ랑ᄒ리로다."

진공이 쇼이ᄃ왈(笑而對曰),

"외조 담긴들 괴이ᄒ리잇가?"

이의 외당의 나와 호람후긔 뵈옵고 진왕 곤계로 담화ᄒᆯᄉ, 진왕이 진공을 도라보아 쇼왈,

"숀이 눌을 달맛더뇨?"

진공이 역쇼 답왈,

"이 용녈흔 외한아뷔를 달마시니 형이 이달나 ᄒ리로쇼이다."

진왕이 ᄃ쇼 왈,

"무러 알비리오."

진공이 쇼왈,

"형【68】이 쇼데를 나모라기로 앙화(殃禍)를 닙엇도다."

왕이 년쇼(軟笑) 왈,

"외모는 홀일업거니와 힝실과 힝ᄉ가 외조 갓ᄒ여 무어시 비기리오. 아모리 ᄒ니 그ᄃ 갓ᄒ랴."

진공이 양노(佯怒) 변ᄉ 왈,

"쇼데 무슨 허물이 호ᄃ(浩大)하관ᄃ 외숀이 달마 못쁘리오. 요쳡 간비의 혹ᄒᆫ 만고 명왕 셩군도 면치 못ᄒ엿ᄂ니, 쇼데를 나모라리오."

진왕 곤계 일시의 쇼왈,

"얼골 담기도 불힝ᄒ거든 힝ᄉ(行事)조ᄎ 져 광부를 달마 무어시 쁘리오."

1534)가시다 : 가시다. 없어지다. 달라지다. 변하다. *가시다; ①어떤 상태가 없어지거나 달라지다. ②물 따위로 깨끗이 씻다.

1535)오금 박다 : 큰소리치며 장담하던 사람이 그와 반대되는 말이나 행동을 할 때에, 장담하던 말을 빌미로 삼아 몹시 논박하다. *오금 : 무릎의 구부러지는 오목한 안쪽 부분.

진공이 고장분분(鼓掌紛紛)ᄒ여 팔홀 쏍닉○[니]1536), 좌우 년쇼빈 우음을 참지 못
ᄒ고, 왕공후빅(王公侯伯)의 희학(戲謔)이 방지(放之)1537)러라.

아이오, 호쥬셩찬(好酒盛饌)을 나와 빈쥐 통음ᄒ고 셕양의 졔왕 곤【69】계 ᄌ질이
환가ᄒ니라.

신이 날노 장셩ᄒ여가니 직시 뎡쇼져로 관관(款款)ᄒ 화락이 빅두종시(白頭終時)의
무흠(無欠)ᄒ고, 션딕 쳥망(淸望)을 니어 작위 공후의 니ᄅ고, 뎡부인이 삼ᄌ이녀룰 싱
ᄒ고 월궁난이 일ᄌ룰 두고 도화션이 일ᄌ일녀룰 두니 기기히 옥슈경치(玉樹瓊枝) 갓
더라. 젹셔 ᄌ녀 팔인이 조션 음덕을 힘닙어 달슈영복(達壽榮福)을 기리 누리니라.

화셜. 평졔궁의셔 금평후와 진틱부인이 년과 칠십여셰오, 시셰(是歲) 갑인 즁츄 망
일은 회혼지일(回婚之日)1538)이라. 비록 비쳔ᄒ 뉘라도 부뷔 빅슈동낙(白首同樂)ᄒ여
회혼지년(回婚之年)을 당ᄒ미 희귀히 너기거늘, ᄒ물며 【70】금평후 부부의 다복ᄒ
믈 니ᄅ리오.

평졔왕 오곤계와 진왕비 슉녈과 하후부인 슉셩비 모다 닉외 ᄌ질노 《붓허∥더부
러》 셩연(盛宴)을 기장(開場)ᄒ여 냥노의 회혼지녜(回婚之禮)룰 일울시, 각쳐 봉읍(封
邑) 쇼산과 ○○○[공물(貢物)이] 각노(各路) 군현으로 조ᄎ 물갓치 흘너드니, 그 부려
(富麗)ᄒ미 불가형언(不可形言)이러라. 임의 날이 다ᄃᄅ니 디연을 기장ᄒ미 닉외 빈
긱이 닷호아 모드니, 그 쉬 불가승긔(不可勝記)러라.

뎡노공이 ᄌ쇼(自少)로 온즁졍딕ᄒ여 겸쇼ᄒ미 한ᄉ(閑事) 갓고 ᄯ 잡으미 빙옥 갓
ᄒ여, 일즉 한낫 희쳡(姬妾)이 업시 부인을 우봉지초(遇逢之初)로붓허 공경화락(恭敬和
樂)ᄒ니, 부인이 셩덕이 뇨조(窈窕)ᄒ여 상경상화(相敬相和)ᄒ고 부슌쳐졍(夫淳妻貞)ᄒ
여, 졍【71】졍(貞靜)ᄒ 슉녀라. 밋 싱산ᄒ미 오ᄌ이녀룰 싱ᄒ니 기기히 초월ᄒ미 결
비범인이라. 남취녀가(男娶女嫁)ᄒ여 현부셩녀(賢婦聖女)와 동상옥눈(東床玉胤)이 모다
슬하룰 빗닉니, 기기히 고문딕가(高門大家)의 싱츌(生出)노 ᄌ녜 ᄱ 가ᄌ며, ᄌ손
이 번셩ᄒ여 빅의 넘고, 손증(孫曾)이 딕룰 니어 옥동화녜(玉童花女) ᄱ 그 슈룰
아지 못ᄒ고, ᄌ셔(子壻)로 붓허 슈다ᄌ손(數多子孫)이 다 닙신현달(立身顯達)ᄒ여 왕
공후빅(王公侯伯)이며 뉵경직렬(六卿宰列)이 《거긔∥거의》 다 뎡노공의 슬히(膝下)
라.

그 다복ᄒ미 곽분양(郭汾陽)1539)과 슌시팔뇽(荀氏八龍)1540)이라도 능히 밋지 못ᄒ지

1536)쏍닉다 : ①뽐내다. 의기가 양양하여 우쭐거리다. 자랑하다. ②뽑아 내두르다. 내젓다.
1537)방지(放之) : 제멋대로 거리낌 없이 놂. 늑방자(放恣).
1538)회혼지일(回婚之日) : 부부가 혼인하여 함께 맞는 예순 돌 되는 날.
1539)곽분양(郭汾陽) : 곽자의(郭子儀). 697~781. 중국 당(唐)나라 중기의 무장(武將). 안녹산 사사명의
　　반란을 평정하고 토번을 쳐 큰 공을 세워 분양왕(汾陽王)에 올랐고 여덟 아들을 두었다. 수(壽)·부
　　(富)·귀(貴)·다남자(多男子)의 인간적 복(福)을 다 누려, 오복(五福)을 두루 누린 사람으로 유명하다.
1540)슌시팔뇽(荀氏八龍) : 중국 후한(後漢) 때 사람 순숙(純淑)이 아들 여덟을 두었는데, 모두 재명(才名)
　　이 높아 당시 세상 사람들이 이들 형제를 순씨팔룡이라 부른 데서 나온 말.

라. 이갓흔 달슈영복으로 한 흠이 업시 빅슈동낙ㅎ여 회혼이 다드르니 엇지 희귀【7
2】치 아니리오. 보고 듯는 지 불승흠탄(不勝欽歎)ㅎ더라.

외연(外宴)의ᄂᆞᆫ 평졔왕 오곤계 금관옥픽(金冠玉佩)를 졍졔ㅎ고 쥬셕(主席)의 금평후
를 뫼시고, 두 녀셔 평진왕 윤쳥문과 북빅후 하후암이 픔복이 졍졔ᄒᆞ엿고, 윤노공이
ᄌᆞ손을 거느려 니르러시니 윤·하·뎡 삼문 ᄌᆞ손이 거의 다 왕후지렬(王侯宰列)이니
그 번셩ᄒᆞ미 당셰의 졔일이러라. 버거 인친(姻親) 졔공(諸公)이 다 모다 광활혼 쳥즁
(廳中)의 녈좌(列坐)ㅎ엿ᄂᆞᆫ듸 압마디 산히미찬(山海美饌)이 아니 가진 거시 업더라.

초일 텬지 금평후 회혼일(回婚日)인 쥴 아르시고 크게 긔특이 너기샤 특별이 ᄉᆞ연
ᄉᆞ악(賜宴賜樂)ㅎ시고 틴ᄌᆞ 부부를 보ᄂᆡ샤 회혼녜(回婚禮)를 구경ᄒᆞ고 틴ᄌᆞ비로 ᄒᆞ여
곰 외조부모긔 【73】헌슈(獻壽)ᄒᆞ여 ᄌᆞ손의 영효를 다 ᄒᆞ라 ᄒᆞ시니, 틴ᄌᆞᄂᆞᆫ 슈명ᄒᆞ
시고 윤현비ᄂᆞᆫ 구별지여(久別之餘)의 ᄉᆞ져의 나아가게 되니, 쳔지일시(千載一時)라. 년
보(年譜) 십셰의 궁금(宮禁)의 드러와 칠팔년이 되니, 비록 초방(椒房)의 부귀영화ᄂᆞᆫ
가업ᄉᆞ나, 화조월셕(花朝月夕)의 ᄉᆞ친지회(思親之懷) 간졀ᄒᆞ니, 이 셩교(聖敎)를 밧ᄌᆞ
오미 엇지 깃부지 아니리오. 이의 삼뎐(三殿)의 빅ᄉᆞ(拜謝)ㅎ시니 상휘(上后) 크게 연
이(憐愛)ᄒᆞ샤 하교(下敎) 왈,

"틴ᄌᆞᄂᆞᆫ 즉시 환궁(還宮)ᄒᆞ려니와 경(卿)은 녀염녀ᄌᆞ(閭閻女子)와 갓치 츌입지 못홀
거시로딘, 짐이 뎡션싱의 뉴복(裕福)ᄒᆞ믈 드르미 특별이 경의 귀령(歸寧)을 허ᄒᆞᄂᆞ니,
두번 츌입지 못홀지라. 삼일셩연(三日盛宴)을 다 참예ᄒᆞ여 부모 ᄉᆞ친을 반기믈 다ᄒᆞ고
입궐【74】ᄒᆞ라."

현비 은명을 더옥 황공ᄒᆞ여 직비 ᄉᆞ은ᄒᆞ고, 물너 침궁의 도라와 틱감 상궁을 명ᄒᆞ
여 위의를 졍졔ᄒᆞ여 봉년(鳳輦)의 오르시니, 틴지 쏘흔 위의를 거느려 취운산의 밋ᄎᆞ
니, 션셩(先聲)이 발셔 졔궁의 니르미, 윤·하·뎡 졔인이 틴ᄌᆞ 부뷔 하림(下臨)ᄒᆞ시믈
듯고 딘경ᄒᆞ고, 만조 공경이 크게 놀나 일노 조ᄎᆞ 졔궁의 상총이 유명ᄒᆞ믈 알니러라.

아이오, 동구 밧긔 졍긔졀월(旌旗節鉞)이 표동(飄動)ᄒᆞ니, 삼문 졔공으로븟허 만조문
뮈 일시의 동구 밧긔 나와 난가(鸞駕)를 영졉홀ᄉᆡ 무슈혼 현군황상(玄裙黃裳)[1541]이
공작션(孔雀扇)을 잡아 윤현비를 옹호ᄒᆞ여 안흐로 드러가고, 틴ᄌᆞᄂᆞᆫ 졔공이 뫼셔 드러
와 좌졍(坐定)의 졔공이 고【75】두복디(叩頭伏地)ᄒᆞ여 감히 좌를 평안이 못ᄒᆞᄂᆞᆫ지라.
틴지 흔연이 돈유(敦諭) 왈,

"과인(寡人)이 셩상 은명을 밧ᄌᆞ와 이의 니르믄 뎡 노션싱의 회혼을 구경ᄒᆞ고 일빈
으로뻐 셩상의 은영을 빗ᄂᆡ고져 ᄒᆞ미어늘, 졔공은 ᄉᆞᄉᆞ(私私) 연셕의 즐길지니, 과인이
니르미 믄득 군신지녜(君臣之禮)로뻐 좌ᄎᆞ(坐次)를 불안ᄒᆞ니, 과인지심이 역(亦) 편치
아니토다. 졔공은 모로미 너모 겸손치 말고 가인(家人) 부ᄌᆞ지녜(父子之禮)로 디ᄒᆞ라.
니르므로 군신분의(君臣分義) 유히(有害)ᄒᆞ미 업술가 ᄒᆞ노라."

1541)현군황상(玄裙黃裳) : 검고 누런 치마차림의 궁녀들.

제공이 복디(伏地) 스은(謝恩) 왈,

"신 등이 하감셩교(何堪聖敎)리잇고?"

틴지 직삼 평신(平身)ᄒᆞ믈 명ᄒᆞ시더라.

금평휘 황은을 감츅(感祝)ᄒᆞ여 빅두(白頭)를 두다려 스은 왈,

"노신 뎡연은 항쥬의 【76】 ○…낙장15자…○ [미쳔ᄒᆞᆫ 포의라"

ᄒᆞ니, 하회를 분셕ᄒᆞ라] 【77】

윤하뎡삼문취록 권지일백스

츠시 금평휘 황은을 감츅ᄒ여 빅두를 두다려 스은 왈,

"노신 뎡연은 항쥬(杭州)의 미쳔ᄒ 포의(布衣)라. 졈어서 외람이 션조의 슈은(受恩)ᄒ와 쳑촌지공(尺寸之功)도 업시 작위 녈후(列侯)ᄒ옵고, 버거 불초ᄒ 즈식과 용우(庸愚)ᄒ 숀즈등이 쳥운(靑雲)의 영양(榮揚)ᄒᄆᆯ 엇스와, 쏘 쇼공노(小功勞)로 할토봉왕(割土封王)ᄒ며 녈토졔후(裂土諸侯)ᄒ여 위고금다(位高金多)ᄒ오니, 부귀 극ᄒ오믈 긍긍업업(兢兢業業)ᄒ와 열운 복이 숀(損)ᄒᆯ가 두리옵거늘, 금일은 쳔신(賤臣)의 회혼지일(回婚之日)이라 ᄒ여, 졔즈(諸子) 위ᄒ여 조고만 연셕을 베프오니, 즈연 인친(姻親) 붕비(朋輩) 모다 도로혀 장관굉녀(壯觀宏麗)ᄒᄆᆯ 믿ᄃ오니, 쳔심(賤心)이 【1】숑뉼(悚慄)ᄒ와 박복의 뉘(累) 되올가 ᄒ옵거늘, 의외의 텬은이 지츠(至此)ᄒ샤 츈궁뎐히(春宮殿下) 친님ᄒ심도 황공ᄒ옵거늘, 쏘 만고의 업스온 법뎐을 쓰샤 동궁(東宮) 현비낭낭(賢妃娘娘)이 쳔가(賤家)의 욕님(辱臨)ᄒ오시니, 노신이 황공진췌(惶恐盡悴)ᄒ와 몸둘 바를 아지 못ᄒ리로쇼이다."

튀지 근시로 ᄒ여곰 노공을 붓드러 올나라 ᄒ시고, 면유(面諭) 왈,

"노션싱은 삼조구신(三祖舊臣)으로 국가의 〇[유]공ᄒ니 휴쳑을 한가지로 ᄒ염 즉ᄒ거늘, 엇지 쇼쇼 작위를 니르리오. ᄒ물며 현비는 션싱의 슬히(膝下)라. 비록 금뎐계익(金殿桂掖)1542)의 님지 되여 조숀(祖孫)의 졍이 막혀시나 당당ᄒ 눈의를 싣츠리오. 만셰 황애 현비의 삼일 귀령(歸寧)을 허ᄒ신 【2】비니, 션싱은 안심 평신ᄒ쇼셔."

금평휘 튀즈의 위교(慰敎)를 밧즈오미 더옥 황공 감은ᄒ여, 이의 빅비고두(百拜叩頭)ᄒ고 북궐을 향ᄒ여 팔비고두(八拜叩頭) 수은 후, 비로쇼 좌의 나아가니, 버거 졔왕 곤계 각각 수은ᄒ고 퇴ᄒ니, 기여(其餘) 면유(免侑) 신진 등은 교위(交椅)를 둘너 튀즈긔 시위(侍衛)ᄒ더라.

윤현비 홍장셩의(紅粧盛衣)로 좌우의 옹위(擁衛)ᄒ여시니, 츠시 닉연의 셩ᄒ미 외연과 일쳬라. 졔왕비 오부인(五夫人)이 머리지어 모든 졔스금장과 냥쇼고 진왕비 슉녈과 하후부인 슉셩비로 더부러 진틱부인을 뫼셔 시립ᄒ고, 모든 연혼가(連婚家) 부인닉를 마즈 졉딕홀식, 진궁 조틱비 뉴틱비 졔부와 녕능후 부인을 거 【3】 ᄂ리고 졔숀녀부를 다려 니르고, 하상부의셔 뎡국공 부인이 졔부와 졔숀부를 거ᄂ려 니르고, 기여 년인가

1542)금뎐계익(金殿桂掖) : '궁궐에 있는 왕비의 처소'를 이르는 말.

(連姻家) 부인니 다 모다시니, 금슈포진(錦繡鋪陳) 우희 봉관(封冠) 월픽(月佩) 셔로 다이져 의의히 요지연회(瑤池宴會) 갓더라.

윤·양·니·경 문양공쥐 졔스금장 쇼고 등과 졔부 형뎨로 더부러, 허다 존빈귀킥을 마즈 츄양(推讓)ᄒᆞ여 뎡셕(定席)의 안좌(安坐)ᄒᆞ고 한휜(寒暄)을 열믹, 말솜이 간냑ᄒᆞ고 의문의 빗나더라.

홀연 부문이 드레며 추환 복쳡이 보보뎐경(步步顚傾)ᄒᆞ여 츈궁뎐하와 현비낭낭이 친님ᄒᆞ시믈 보ᄒᆞ고, 슈빅 궁이 봉거(鳳車)를 시위ᄒᆞ여 드러오니, 상히 진경ᄒᆞ여 하당영지(下堂迎之)ᄒᆞᆯ시, 스【4】지상궁(事知尙宮)이 현비를 뫼셔 금계의 오ᄅᆞ시믹, 졔부인이 시위(侍衛)ᄒᆞ여 승함(昇檻) 취수(就舍)ᄒᆞ니 진틱부인과 윤·양·니·경 등이며 진궁 조틱비와 뉴부인과 진왕비 등이 비록 닉외 조손·모녀·슉질지간이나 가인(家人) 부즈와 달나 군신지분(君臣之分)이 잇ᄂᆞᆫ지라, 감히 지친(至親)의 졍을 낫토리오.

일시의 산호비례(山呼拜禮)ᄒᆞ니, 이쩌 윤현비 구모지여(久慕之餘)의 친안(親顔)을 득승(得承)ᄒᆞ니 반갑고 슬프미 교집(交集)ᄒᆞᆫ 가온딕, 닉외 왕모와 수위 모친 닉외 슉당이 다 즈긔를 공경ᄒᆞ여 군신지녜(君臣之禮)를 다ᄒᆞᆷ믈 보믹, 불안숑늉(不安悚懍)ᄒᆞ미 비길딕 업스나, 즈긔 발셔 텬여일존(天與一尊)[1543]ᄒᆞ니, 엇지 스졍(私情)으로쎠 군〇[신]딕의(君臣大義)를 숀상ᄒᆞ리오.

다만 녜시(禮使) 붓드러 좌즁의 녜를 필【5】ᄒᆞ미, 쥬벽(主壁)의 금교〇[의](金交椅)를 노화 현비의 좌ᄎᆞ(座次)를 뎡ᄒᆞ미, 빈킥 졔부인과 만조 명뷔 비로쇼 우러러 쳠망(瞻望)ᄒᆞ니 윤현비 당시 년이 십칠이라. 션원(仙苑)의 금봉오리[1544] 쾌히 버럿고, 망월(望月)이 두렷ᄒᆞ여 면모의 형형흔 셩덕 광홰 완연ᄒᆞ니, 이 진짓 틱평셩뫼(太平聖母)시라. 존당 슉당과 수위 모비와 즈미 졔친이 흐므시 반기고 두굿기미 그음 업스니, 도ᄎᆞ(到此)의 긔록기 어렵더라.

현비 존당 졔친을 보오믹 비희교집(悲喜交集)ᄒᆞ나 딕의(大義)를 싱각ᄒᆞ여 스졍을 펴지 못ᄒᆞ더라. 틱부인이 현비를 딕ᄒᆞ여 스례왈,

"낭낭은 만민의 【6】어미시라. 엇지 녀염가 가인(家人) 부즈지녜(父子之禮)와 갓치 감히 슬하(膝下) 니졍(離情)을 니ᄅᆞ리잇고? 현비를 유시의 금뎐초방(金殿椒房)의 가(嫁)흔 후 슉야의 션치이질(仙彩異質)을 우러러 닛지 못ᄒᆞ오나, 구즁심궐(九重深闕)이 북극텬문(北極天文)[1545] 갓ᄉᆞ오니 능히 말믹암아 다시 슬하(膝下)의 교무(交撫)ᄒᆞᆯ 길

1543)텬여일존(天與一尊) : 하늘이 혼자에게만 높고 귀한 지위를 부여함.

1544)션원(仙苑)의 금봉오리 : 중국 곤륜산에 있다고 하는 요지선원(瑤池仙苑)에 핀 꽃봉오리.

1545)북극텬문(北極天文) : 북극성과 북두칠성의 두 별자리를 우주의 중심축에 위치시킨 천문도(天文圖). 이 천문도는 하늘을 구천(九天; 중앙과 8방)으로 나누고 그 중앙에 북두성과 북두칠성이 위치한 균천(鈞天)을 두고 있다. 이 균천을 달리 천궁(天宮) 또는 자미궁(紫微宮)이라 하는데 이곳에 천제가 살고 있다고 하며, 이를 구천궁궐(九天宮闕; 아홉 개의 하늘로 둘러싸여 있는 궁궐)이라 한다, 또 황제 또는 왕의 궁궐을 지을 때, 이 천문도를 본떠 각 전각들을 배치함으로써, 황궁이나 왕궁을 달리 구중궁궐(九重宮闕)이라 일컫기도 한다.

히 업수오믈 슬허ᄒᆞ고, 노신(老臣)의 여년(餘年)이 셔산낙일(西山落日) 갓흐니 조손이 상면ᄒᆞᄆᆞᆯ 바라지 못ᄒᆞ고 슉야 우탄ᄒᆞ옵더니, 금일이 하일(何日)이완ᄃᆡ 낭낭 옥쳬 누쳐의 왕굴(枉屈)ᄒᆞ샤 노신을 위로ᄒᆞ실 줄 알니오."

현비 외왕모 셩언(聖言)을 듯ᄌᆞ오ᄆᆡ 황공ᄒᆞ여 슈히 ᄃᆡ치 못ᄒᆞ더니, 이의 츄파(秋波)의 이슬이 잠간 동ᄒᆞ고, 보【7】험(酺臉)1546)의 슈운(愁雲)이 움죽이더니 복슈(伏首)ᄃᆡᄋᆞᆯ,

"불초(不肖) 손녜(孫女) 박덕부ᄌᆡ(薄德不才)로 외람이 초방(椒房)의 님지 되여 일신이 비록 영귀ᄒᆞ오나 화조월셕(花朝月夕)의 어ᄂᆞ 날 혈ᄒᆞ리잇고만은, 능히 말미암아 수졍을 펴올 길히 업ᄉᆞ옵더니, 금일은 만셰 황얘 외왕모(外王母)의 회혼슈셕(回婚壽席)이라 ᄒᆞ샤, 츌귀(出歸)1547)ᄒᆞ믈 하교(下敎)ᄒᆞ시니, 황명으로 이의 니르와 ᄂᆡ외 존당과 지친을 다 상견ᄒᆞ오니 불승영ᄒᆡᆼ(不勝榮幸)이로쇼이다."

진ᄐᆡ부인이 ᄇᆡ샤(拜謝)ᄒᆞ고 물너나니, 조ᄐᆡ비와 뉴부인이 현비의 옥비ᄅᆞᆯ 어로만져 별언(別言)이 다쳡(多疊)ᄒᆞ고, 모비 슉녈은 그 옥슈ᄅᆞᆯ 잡고 션빈(鮮鬢)을 쓰다듬아 별회(別懷) 가득ᄒᆞ나 군신분【8】의(君臣分義) 너모 난잡지 못ᄒᆞ여 다만 유유(悠悠)히 졍을 머금어 능히 말을 발치 못ᄒᆞ더라.

이의 니원풍악(梨園風樂)을 나오고 상방진슈(尙方珍羞)ᄅᆞᆯ 드려 유흥을 도을ᄉᆡ, 좌상 졔ᄀᆡᆨ이 시ᄀᆡᆨ이 느ᄌᆞ믈 일ᄏᆞ라 금평후ᄅᆞᆯ 직쵹ᄒᆞ니, 호람후의[와] 뎡국공이 쇼ᄋᆞᆯ,

"신낭의 마음은 ᄀᆡ(蓋)1548) 쇼년ᄒᆞ엿도다. 붓그러온 양ᄒᆞ여 시ᄀᆡᆨ이 느져시ᄃᆡ 길셕(吉席)의 나아가기를 싱각지 아니ᄒᆞᄂᆞ뇨? 신뷔 괴로오미 극ᄒᆞ실 듯ᄒᆞ니 신낭은 ᄲᆞᆯ니 의복을 곳치라."

금평휘 ᄇᆡᆨ슈쇼안(白鬚笑顔)의 우음이 가득ᄒᆞ여 장염(長髥)을 어로만져 이연(怡然) 쇼ᄋᆞᆯ,

"윤·하 냥형은 웃지 말나. 나의 경계(境界)ᄅᆞᆯ 오ᄅᆡ지 아냐 당ᄒᆞ리라."

뎡국공이 ᄎᆞ【9】언을 듯고 홀연 츄연(惆然) ᄋᆞᆯ,

"뎡형은 다복지인(多福之人)이라 명박ᄒᆞᆫ 쇼뎨 엇지 감히 바라리오. ᄒᆞ믈며 쇼뎨 갓ᄒᆞ니 비록 스라시나 간담은 셕은 지 되어시니, 회혼(回婚)이 비록 슈년이 격(隔)ᄒᆞ여시나 엇지 그ᄶᅥ가지 살기를 바라리오. 근ᄂᆡ 마음이 더옥 금년도 스지 못ᄒᆞᆯ가 시븐지라. 졔형으로 즐길 날인들 언마리오."

셜파의 츄연불낙ᄒᆞ니 좌위 다 져의 당년 참화의 이운 간장이 평싱 유한이 되여시므로 져리 ᄒᆞ다 위로ᄒᆞ고, 뎡·윤 냥공은 그 언참(言讖)의 불길ᄒᆞ믈 깃거 아냐 반ᄃᆞ시 그 양슈(陽壽) 불원(不遠)ᄒᆞ믈 지긔ᄒᆞ고 슬허ᄒᆞ나, 스ᄉᆡᆨ지 아니코 위로ᄒᆞ더라.

임의 날【10】이 느ᄌᆞᄆᆡ 졔왕 곤계 젹의(赤衣) 금관(金冠)과 옥ᄃᆡ(玉帶)ᄅᆞᆯ 밧드러

1546)보험(酺臉) : 보검(酺臉). 뺨. *'臉'의 음은 '검'이다.
1547)츌귀(出歸) : 귀녕(歸寧)을 떠남. *귀녕(歸寧); 시집간 딸이 친정에 가서 부모를 뵘.=근친(覲親).
1548)ᄀᆡ(蓋) : ①대개(大蓋). 모두. ②생각건대. 아마도..

나오니, 금휘 우음을 먹음고 신낭의 복식을 갓초며 빅슈쇼안의 장년(長連)훈 미염(美
髯)이 가슴의 서리고 신위(身威) 언건(偃蹇)ᄒ니 좌상 졔인이 다 우음을 먹음어 유복
ᄒ믈 니ᄅ고, 일반 노지상은 박장딕쇼(拍掌大笑)ᄒ여 긔롱ᄒ믈 마지 아니터라.

제 졔손이 노공을 뫼셔 닉뎐의 드러가니, 틱원뎐의 독좌(獨坐)1549)를 비셜ᄒ고 허
다 녀부(女婦) 졔손(諸孫)이 진틱부인을 밧드러 녜복을 가ᄒ고 교빈석(交拜席)의 나아
가니, 금휘 옥상의 녜안(禮雁)1550)을 젼ᄒ고 도로 녀셕의 나아가 합환교빈(合歡交
拜)1551)를 파ᄒ니, 공은 희희(喜喜)훈 츈풍이 만면의 넘지나1552) 부인은 풍염훈 안
【11】모의 슈식(羞色)이 은영(隱映)ᄒ니, 노공이 봉안을 흘녀 부인을 보고 잠쇼 왈,

"금일지ᄉ 일시 가쇼지ᄉ(可笑之事)어늘 부인은 진짓 신뷘 체ᄒ고 슈습ᄒ미 과도ᄒ
도다."

부인이 역쇼 딕왈,

"군후ᄂ 금일ᄉ를 희귀훈 경ᄉ로 아ᄅ시ᄂ가 시부거니와, 쳡은 진실노 열업셔 슈괴
ᄒ미 아니라, 쇼년의 우음이 될가 민망ᄒ민 ᄌ연 붓그리미로쇼이다."

노공이 미쇼 왈,

"일시 우으나 이 ᄯ또훈 희귀훈 경ᄉ라. 쇼년빈 가히 본바담 즉ᄒ니 뉘 가히 우으리
오."

ᄒ더라.

합환쥬(合歡酒)1553)를 파ᄒ민 공과 부인이 쥬셕의 병좌ᄒ니, ᄉ친가 부인닉ᄂ 장닉
의셔 관광ᄒ더라.

장ᄌ 【12】평제왕이 젹의보불(赤衣黼黻)1554)노 왕ᄌ의 복식을 곳치고, 윤·양·니
·경 ᄉ비와 문양공쥬로 더부러 금빅의 ᄌ하쥬(紫霞酒)를 만작(滿酌)ᄒ여 나아오니,
왕의 틱산암암지풍(泰山巖巖之風)1555)과 딕희양양지용(大海洋洋之容)1556)이 이날 더옥
식롭더라. 다ᄉ 부인이 ᄯ또훈 금셰 슉녜라. 이모지년(二毛之年)을 지닉시딕 옥틱월광

1549)독좌(獨坐) : 독좌례(獨坐禮). 혼인례에서 대례(大禮)를 달리 이른 말. 즉 신랑과 신부가 대례를 행할
  때 각각의 앞에 음식을 차려 놓은 독좌상(獨坐床)을 놓고 교배(交拜)·합근(合巹) 등의 의례를 행하는
  것을 비유하여 쓴 말이다.
1550)녜안(禮雁) : 혼인례의 예물로 신랑이 신부 집에 바치는 기러기. 기러기는 한번 짝을 지으면 죽을
  때까지 짝을 바꾸지 않는다 하여 신랑이 백년해로 하겠다는 서약의 징표로서 신부의 어머니에게 기러
  기를 드린다. 산 기러기를 쓰기도 하나, 대개는 나무로 만든 것을 쓴다.
1551)합환교빈(合歡交拜) : 전통 혼례식에서 신랑 신부가 서로 잔을 바꾸어 마시는 합근례(合巹禮)와 서로
  에게 절을 하고 받는 교배례(交拜禮)를 함께 이르는 말.
1552)넘지다 : 넘치다.
1553)합환쥬(合歡酒) : 전통 혼례식에서 신랑 신부가 서로 잔을 주고받아 마시는 술.
1554)젹의보블(赤衣黼黻) : 제후의 붉은 색 예복. *보불(黼黻); 제후의 예복에 놓은 수(繡). 또는 그 수를
  놓은 예복. '보'는 흰 색과 검은 색으로 자루가 없는 도끼 모양을 수놓은 것을 말하며, '불'은 검은색과
  청색으로 '己'자 두 개를 반대로 하여 수놓은 것을 말함.
1555)틱산암암지풍(泰山巖巖之風) : 태산의 높고 위엄 있는 풍채.
1556)딕희양양지용(大海洋洋之容) : 큰 바다의 한 없이 넓고 위엄 있는 용모.

(玉態月光)이 쳥양완혜(淸良婉慧)ᄒ며 윤염쇄락(潤艶灑落)ᄒ더라. 부부 뉵인이 헌슈ᄌᆡ비이퇴(獻壽再拜而退)ᄒᄆᆡ, 틱스 죽현이 니부인으로 더부러 쟉(酌)을 헌ᄒ니, 공의 쥰일흔 풍치와 부인의 유한흔 긔질이 진짓 상젹흔 비위(配偶)라. 헌슈를 맛고 ᄌᆡ비이퇴ᄒᄆᆡ, 진국공 죽암이 양·쇼·한 삼부인으로 엇게를 갈와 옥비(玉杯)를 밧드러 나아오니, 공【13】의 엄위(嚴威) 쥰미(俊邁)흔 긔상은 니로도 말고, 삼부인의 옥안화틱(玉顔花態)와 유한졍졍(幽閑貞靜)흔 긔질은 볼스록 싀롭더라. 이의 쟉을 헌ᄒᄆᆡ 금휘 양부인 옥슈를 잡고 흔연 무이 왈,

"현부는 당셰의 뇨조슉녜(窈窕淑女)라. 유년의 오문(吾門)의 입승ᄒ여 녀ᄒᆡᆼ부덕(女行婦德)의 가족ᄒᄆᆡ 무흠(無欠)이로ᄃᆡ, 셰아의 무식 불통ᄒᄆ로뼈 다시 음녀(淫女) 요인(妖人)을 만나 하마 져의 몸이 요약(妖藥)의 맛출 번ᄒ고, 현부의 옥부방신(玉膚芳身)이 거의 님ᄉ지졔(臨死之際)의 밋츨 번ᄒ니, 엇지 셰구년심(歲久年深)토록 놀납지 아니리오. 일즉 윤·양 냥현뷔 비고참익(悲苦慘厄)을 지니여시나, 이는 오히려 텬이 총명관인(聰明寬仁)ᄒ여 그 무죄ᄒᄆᆞᆯ 앗것거니와, 지어현【14】부(至於賢婦)ᄒ여는 가뷔 광망무식(狂妄無息)ᄒ여 현쳐(賢妻)의 덕을 아지 못ᄒ고, 슉녀를 맛출 번ᄒ니 엇지 통셕(痛惜)지 아니리오."

양부인이 ᄉ례ᄒ고 ᄉ부뷔 물너나니, 각노 죽쳔이 쥬부인으로 더부러 옥비를 나아와 헌쟉ᄒ고 물너나ᄆᆡ, 틱흑ᄉ 죽운이 두·화 냥부인으로 더부러 헌슈ᄒ고, 버거 냥녀졔손의 ᄎᆞ례라. 졔공이 부왕긔 고왈,

"삼위 슉뫼 헌슈(獻壽)ᄒ신 후 ᄒᆡ아 등이 홀 터이오니, 동궁 뎐하 누쳐의 오ᄅᆡ 계시미 황늠(惶懍)ᄒ온지라. 슉뫼 헌비 후 츈궁뎐하와 현비낭낭이 ᄎᆞ례로 니으시고, 버거 쇼손 등이 헌슈ᄒᆞᆯ스이다."

왕이 올히 너겨 졈두(點頭)ᄒ고 냥미를 도라보와 헌쟉ᄒᆞᄆᆞᆯ 지【15】쵹ᄒ니, 진왕 윤쳥문이 왕ᄌᆞ의 복식을 갓초고 슉녈비와 엇게를 갈와 옥비(玉杯)를 드러 헌ᄒ고 물너나니, 양셔(養壻) 승상 효문공이 부인 하시로 더부러 헌쟉ᄒ고 물너나ᄆᆡ, 북빅후 하공이 슉셩비로 헌쟉ᄒ고 퇴ᄒᄆᆡ, 승상 현긔와 초왕 운긔 ᄎᆞ례로 윤비긔 ᄉ례(謝禮)ᄒ니, 틱ᄌᆡ 윤현비로 헌쟉ᄒ시고 물너 비례ᄒ실ᄉᆡ, 노공과 진부인이 연망(連忙)이 복지(伏地) 왈,

"노신이 묘복(眇福)이 숀(損)ᄒ리로쇼이다. 복원 뎐하와 낭낭은 옥쳬를 존즁ᄒ쇼셔."

틱ᄌᆞ 지삼 겸숀ᄒ시고 현비는 외왕부모(外王父母)의 이갓치 겸숀ᄒ시믈 도로혀 불안ᄒ시더라. 틱ᄌᆞ는 즉시 외헌(外軒)으로 나오시고, 【16】현비는 좌ᄎᆞ를 졍ᄒ시니, 바야흐로 승상 현긔와 초왕 운긔 등 군종 곤계 각각 부인으로 빵빵이 헌슈ᄒ니, 긔긔히 초셰ᄒ여 남ᄌᆞ는 옥쳥군션(玉淸群仙) 갓고 녀ᄌᆞ는 월궁항아(月宮姮娥) 갓흐니, 만당(滿堂) 졔긱이 칙칙(嘖嘖) 탄상(歎賞)ᄒ더라.

일가졔손(一家諸孫) ᄂᆡ외손증(內外孫曾) 슈삼셰 아공ᄌᆞ 아쇼졔 각각 존당의 헌슈ᄒ니, 다 닌아봉츄(驎兒鳳雛)오 졀염슉녀(絶艶淑女)의 ᄌᆞ픔(資禀)이라. 좌상(座上) 졔인이

능히 하어(賀語)를 일우지 못ᄒ더라.

노공 부뷔 슈다(數多) 즈손(子孫)의 헌작을 다 바드미 임의 일모파연(日暮罷宴)ᄒ니, 틱지 환궁ᄒ시다. 노공이 외헌의 나오미 듸취ᄒ엿ᄂ지라. 졔즈손이 뫼셔 안휴(安休)ᄒ시게 ᄒ고, 삼일을 년ᄒ여 즐기고 졔긱이 도라 【17】 가고, 졔뎡이 상표(上表)ᄒ여 황은(皇恩)을 슉ᄉ(肅謝)ᄒ온듸, 상이 틱즈의 쥬ᄉ(奏辭)로조ᄎ 노공의 유복ᄒ믈 드ᄅ시고, 더옥 긔특이 너기샤 상방진미(尙方眞味)와 ᄎ단금보(綵緞金寶)를 나리오샤 은비(恩庇)를 더으시니, 졔뎡이 갈ᄉ록 황은을 감츅ᄒ더라.

윤현비 이의 외왕부모와 표문(表門) 졔친(諸親)을 하직고, 존당과 모비를 뫼셔 진궁의 도라오니, 모든 군종 즈미 졔질 아쇼져들이 현비를 마ᄌ 구별지여(久別之餘)의 반기며 깃브믈 니긔지 못ᄒ니, 현비 ᄯ혼 졔뎨 졔질 등이 별닉 칠팔지의 장셩(長成) 슈미(秀美)ᄒ여 강보희졔(襁褓孩提) 등 뉵칠셰 이상은 다 남혼녀가(男婚女嫁)ᄒ여 어룬이 되어시니, 현비 감탄ᄒ고 크게 【18】 깃거ᄒ더라.

ᄎ야를 지닉고 명일 입궐홀ᄉ 현비 ᄯ나믈 슬허 부왕긔 고왈,

"군신이 비록 즁ᄃᄒ오나 부즈 듸륜이 그 엇더 ᄒ니잇고? 구로싱아지은(劬勞生我之恩)이 호텬망극(昊天罔極)이라. 인즈지도(人子之道)ᄂ 황향(黃香)1557)의 션침(扇枕)과 즈로(子路)의 부미(負米)1558)를 만고(萬古)의 일ᄏ른 빅오, 졔영(緹縈)의 예궐(詣闕)과 목난(木難)의 종군(從軍)이 다 부모를 즁히 너겨 비로ᄉ 빅로듸, 쇼녀ᄂ 무ᄉ 사ᄅᆷ이 완듸 몸이 한번 궁즁의 즙기미, 농즁(籠中)의 식 갓ᄒ여 셰상 쇼식을 듯기 어렵고, 부모를 ᄯ 그리워 이제 겨유 텬명을 밧즈와 슈일(數日) 구별(久別)을 단취(團聚)ᄒ오나, 믄득 ᄉ졍(私情)을 다 못ᄒ고 인즈지도(人子之道)를 펴지 못ᄒ오니 엇지 【19】 슬프지 아니리잇가? 모든 즈미 졔형의 종요로온 즈도(子道)를 보오니, 불워ᄒ오나 밋지 못ᄒ믈 더옥 슬허ᄒᄂᆡ다."

셜파의 일ᄲᅡᆼ셩안(一雙星眼)의 슈운(愁雲)이 녕녕(盈盈)ᄒ니 존당 부뫼 익년ᄒ믈 니긔지 못ᄒ여, 왕이 다만 탄왈,

"ᄎ역텬야명애(此亦天也命也)1559)라. 부즈듸륜(父子大倫)이 비록 인지막ᄃᆡ(人之莫大)ᄒ나 군신존비(君臣尊卑)ᄂ 텬디지분(天地之分)이오, 존비귀쳔(尊卑貴賤)은 금지통의(今之通義)라. 홀노 우리 부녀의게만 당혼 빅 아니니, 현비ᄂ 쇼쇼혼 ᄉ졍으로ᄡᅥ 무익히 상회(傷懷)ᄒ여 ᄋᆨ쳬를 상ᄒᆡ(傷害)오지 마ᄅ시고, 가지록 셩덕을 닷그샤 곳다온 교화(敎化)를 궁즁의 베프시고, 왕화(王化)를 만민(萬民)이 열복(悅服)게 ᄒ신즉, 구로싱

1557) 황향(黃香) : 중국 동한(東漢)의 효자. 편부(偏父)를 지극히 섬겨, 여름에는 아버지의 잠자리에 부채를 부쳐 시원하게 해드렸고 겨울에는 자신의 몸으로 이부자리를 따뜻하게 하여 잠자리를 보살폈으며, 평소 부친의 뜻을 받들어 어기지 않았다.

1558) 자로부미(子路負米) : =백리부미(百里負米). 중국 춘추시대 공자의 제자인 자로(子路)가 쌀을 백리까지 운반하여 그 운임으로 어버이를 봉양한 고사를 이르는 말로, 가난하게 살면서도 지극한 효성으로 부모를 잘 봉양하는 것을 뜻한다. 『공자가어(孔子家語)』에 나온다.

1559) ᄎ역텬야명애(此亦天也命也) : 이 또한 하늘의 뜻이고 운명이다.

디(劬勞生之)【20】룰 욕먹이지 아니미 쏘흔 효되라. 임의 스셰(事勢) 여춫지도(如此之道)의 시로이 상심(傷心)홀 빈 아닌가 흐느이다.”

언파의 조틱비 현비의 옥슈룰 어로만져 탄왈,

“아지못게라! 현비 이번 나오심도 주고의 희한흔 은권(恩眷)이어늘, 이제 입궐흐시미 노모의 여년이 일박셔산(一泊西山)흐니, 하일(何日)의 다시 뵈옵기룰 긔약흐리잇고?”

현비 왕모와 부왕의 말숨을 듯주오민, 더욱 심시 추오(差誤)흐여 말숨이 업스니, 슉녈비 졍식 왈,

“스졍이 비록 유한흐나, 현비 유년의 우리 슬하룰 쩌나시나 셩상과 낭낭 은권을 밧주와시니, 텬디 부모의 무휼(憮恤)흐시는 양츈혜틱(陽春惠澤)이 【21】오히려 구로싱아(劬勞生我)의 지나거늘, 쏘 이제 옥체 녀염(閭閻)의 귀령(歸寧)흐심도 희한흔 은젼이라. 현비 맛당이 셩은을 간폐(肝肺)의 삭이리니, 엇지 녀염 부녀의 용녈흔 무리 친가룰 유렴(留念)흐는 미거(未擧)흠 갓흐여, 궁인비(宮人輩) 이목의 괴이흐믈 일위시느니잇고? 현비 아시로붓허 효슌인주(孝順仁慈)하시니, 이러치 아니실가 흐엿더니, 반두시 삼뎐(三殿) 춍이룰 밧주오민 믄득 임타(任惰)흐미 계시도다. 비록 당돌흐오나, 호슈군신(號雖君臣)이나 실위모녀지졍(實爲母女之情)[1560]의 잇는 고로, 감히 촌심(寸心)을 베프느니, 현비는 주모의 졍이 박(薄)흔가 너기지 마르시고, 구구(區區)흔 스졍(私情)을 졔긔치 마로쇼셔.”

셜파의 【22】화긔여일(和氣如一)흐나, 긔운이 싁싁흐여 츄텬(秋天) 갓흐니 좌위(左右) 불감앙시(不敢仰視)흐고, 현비 주교(慈敎)의 졍딕(正大)흐믈 듯주오민 불승황공(不勝惶恐)흐여, 즉시 옥안(玉顔)의 쳐식(悽色)을 거두고 스죄 왈,

“틱틱(太太)의 지졍명논(至正明論)이 금옥(金玉) 갓흐시니 불초녀 삼가 가르치시믈 밧들니이다.”

슉녈비 역(亦) 스왈(辭曰),

“현비 나의 일어(一語)의 찌다르시니 셩덕(聖德)을 열복(悅服)흐느이다.”

현비 지삼 스례흐시고 감히 다시 비식(悲色)을 낫호지 못흐시더라.

윤노공과 승상이며 졔형뎨 졔쇼져와 상하노쇼(上下老少) 한 당의 모다 야심토록 말숨흐다가 각귀스침(各歸私寢)흐고 명조(明朝)의 딕닉(大內)로셔 동궁(東宮) 허다위의(許多威儀)와 뇽거봉년(龍車鳳輦)을 옹위(擁衛)흐여 상명을 젼【23】흐고 현비의 입궐흐시믈 직촉흐니, 진궁 상히 결연흐믈 니긔지 못흐나, 홀일업셔 분슈(分手)홀식, 현비 시로이 니회(離懷)룰 니긔지 못흐나, 부왕의 졍슉흠과 모교(母敎)의 주주졍딕(字字正大)흐시믈 명심흐엿는 고로, 감히 비식(悲色)을 발뵈지 못흐시고, 단장을 곳쳐 존당

1560)호슈군신(號雖君臣) 실위모녀지졍(實爲母女之情) : 비록 임금과 신하로 일컫지만, 실제로는 어미와 딸의 졍이 가득하다.

부모 슉당의 하직ᄒᆞ니, 모다 옥비(玉臂)를 어로만져 연연ᄒᆞ믈 마지 아니ᄒᆞ고, 졔형이 연연ᄒᆞ믈 니긔지 못ᄒᆞ여 이뤼비비(哀淚霏霏)ᄒᆞ니, 현비 쏘ᄒᆞᆫ 츄연ᄒᆞ샤 면면이 도라보아 분슈(分手)ᄒᆞ시고, 난예(鸞輿)의 오르시니, 슈쳔홍상(數千紅裳)이 시위ᄒᆞ며, 슈빅 쉬위군(守衛軍)이 시위ᄒᆞ여 부문(府門)을 나니, 긔치보둑(旗幟寶纛)1561)과 니원풍악(梨園風樂)이며 경필(警蹕)1562) 쇼【24】리 노량(嘹喨)ᄒᆞ더라.

일가상히(一家上下) 홀연ᄒᆞ며 왕모와 부모 졔형뎨 영광을 두굿기ᄂᆞᆫ 가온ᄃᆡ, 너모 셩만(盛滿)ᄒᆞ믈 근심ᄒᆞ더라.

현비 입궐ᄒᆞᄆᆡ 슈쳔 분ᄃᆡ(粉黛)1563) 일시의 영졉ᄒᆞ여 바로 쟝츈궁의 나아가샤 삼뎐(三殿)의 슈은(賜恩)ᄒᆞ시니, 틱후와 뎨휘 슈일지간이나 그 셩ᄌᆞ화모(盛慈花貌)를 ᄉᆞ모ᄒᆞ시다가 크게 반기샤 밧비 평신ᄒᆞ믈 니르시고, 뎨휘 옥음을 한가지로 나리오샤 왈,

"비록 삼ᄉᆞ일지간(三四日之間)이나 경을 녀염(閭閻)의 ᄂᆡ여보ᄂᆡ고, 짐심(朕心)이 여실슈족(如失手足)ᄒᆞ여 슈일 지나믈 삼츄(三秋) 갓치 너겻ᄂᆞ니, 경은 구별지여(久別之餘)의 귀령(歸寧)ᄒᆞ여 친안(親顔)을 득승(得承)ᄒᆞ니 삼ᄉᆞ일 별졍이 의의ᄒᆞ여 쭘 갓흐리로다."

현비 【25】옥면화협(玉面花頰)의 승안(承顔)ᄒᆞᄂᆞᆫ 화긔(和氣) 가득ᄒᆞ여 봉관(鳳冠)을 슉이고 옥슈로 싸흘 집허 복지 왈,

"폐하와 낭낭이 금고의 희한ᄒᆞᆫ 은혜를 두터이 ᄒᆞ샤 신쳡으로 ᄒᆞ여곰 한미와 어미를 보게 ᄒᆞ시고, ᄌᆞ민를 반기게 ᄒᆞ시니 셩덕이 산히(山海) 갓ᄌᆞ온지라. 삼ᄉᆞ일이 족ᄒᆞ오니 엇지 더 바라오며, 그 ᄉᆞ이 뇽뎐(龍殿)의 시봉(侍奉)을 폐ᄒᆞ오니 하졍(下情)의 결회(結懷)1564)를 엇지 다 알외리잇고. 의외 하괴(下敎) 여ᄎᆞ(如此)ᄒᆞ오시니 신쳡(臣妾)의 셩회(誠孝) 쳔박(淺薄)ᄒᆞ오믈 황숑(惶悚) 젼뉼(戰慄)ᄒᆞᄂᆞ이다."

언쥬파(言奏罷)의 옥음(玉音)이 뇨료(嘹嘹)ᄒᆞ고 셩ᄌᆞ광염(聖姿光艶)이 쇄락긔이(灑落奇異)ᄒᆞ여 볼ᄉᆞ록 싀로온지라. 삼뎐이 싀로이 긔이ᄒᆞ시더라.

ᄎᆞ시 틱손(太孫)이 년보(年譜) 슈【26】셰(數歲)러니, 유모와 보뫼 뫼셔 드러와 현비의게 뵈오니, 틱손이 모비긔 직비ᄒᆞ고 믈너 ᄭᅮ러 슈일 존후를 뭇ᄌᆞ오ᄆᆡ, 경근지녜(敬謹之禮) 슈셰(數歲)로 쇼아 갓지 아냐, 완연이 셩인의 규뫼(規模) 일윗ᄂᆞᆫ지라. 현비 미우(眉宇)의 슈식(羞色)이 은영(隱映)ᄒᆞ여 답지 아니니, 이ᄂᆞᆫ ᄌᆞ긔 년쇼ᄒᆞᆫᄃᆡ 사름의 어미 되믈 과도히 붓그리미라.

뎨휘(帝后)1565) 더옥 여엿비 너기샤 틱손을 나호여 쓰다듬아 ᄌᆞ의 체체(棣棣)ᄒᆞ시니

1561) 긔치보둑(旗幟寶纛) : 군대의 행진에 따르는 여러 깃발들. =기둑(旗纛). *둑(纛) : 소꼬리 또는 꿩의 꽁지로 장식한 큰 기(旗)..

1562) 경필(警蹕) : 임금이 거둥할 때에 경호하기 위하여 통행을 금하던 일. 또는 그 소리.

1563) 분ᄃᆡ(粉黛) : 얼굴에 분을 바르고 먹으로 눈썹을 그려 화장을 한 여인을 이르는 말. 여기서는 '궁녀'를 뜻함.

1564) 결회(結懷) : 마음속에 어떤 생각이 맺혀 떠나지 않음.

1565) 뎨휘(帝后) : 황제와 황후를 함께 이르는 말.

현비 셩은을 감츅ᄒ샤 영모(永慕)ᄒᄂ 회포ᄅ 도로혀 니즈미 만터라.

종일 시립(侍立)ᄒ엿다가 느즌 후 물너 후궁의 도라오시니, 튀지 님어(臨御)ᄒ샤 슈일간 반기시ᄂ 은졍이 환【27】흡ᄒ시니, 현비 가지록 셩덕을 닷가 뎨후ᄅ 셩효로 셤기며 튀ᄌᄅ 니조ᄒ시미, 흡흡히 쥬실(周室)의 풍(風)[1566]이 이시니, 삼뎐 춍이와 튀ᄌ의 즁딕하시미 지ᄎ일신(在此一身)이라. 궁즁 상하의 예셩(譽聲)이 가득ᄒ여 진짓 튀평셩뫼(太平聖母)시라 ᄒ더라.

ᄎ시 평제왕 부즁의셔 회혼슈셕(回婚壽席)을 지닉미 늉늉ᄒ 복경이 더옥 만셩(萬姓)의 《훼즈∥회자(膾炙)》ᄒ여, 문견지 져마다 본밧고져 ᄒ더라.

제왕곤계 고당난실(高堂暖室)의 노년 ᄱ친을 뫼셔 치의(彩衣)의 노름이 북당츈원(北堂椿園)[1567]의 가죽ᄒ니, 만무일흠(萬無一欠)ᄒ고 층층(層層)이 ᄌ라ᄂ 옥동화녀(玉童花女)ᄅ 달을 니으며 히ᄅ 년ᄒ여 남취녀가(男娶女嫁)ᄒ니, 드러오【28】ᄂ ᄌ부녀셰(子婦女壻) 다 잠영계츌(簪纓繼出)[1568]노 지용(才容)이 아름답고 인지(人材) 특츌ᄒ여 각각 ᄱ이 상적(相敵)ᄒ니, 시인(時人)이 칭찬 왈,

"당금 슉녀와 인지ᄂ 다 윤·하·뎡 삼문이니 이ᄂ 하늘이 각별 적덕지문(積德之門)의 복(福)을 우(祐)ᄒ실 ᄲᆫ 아냐, 실노 제공의 지인명감(知人明鑑)이 긔특ᄒ여 현부긔셔(賢婦奇壻)ᄅ 졈득(占得)ᄒ미라."

하더라.

ᄎ셜, 승상 초국공 하학셩이 고당의 ᄱ친을 밧드러 가죽ᄒ 셩회(誠孝), 뉵적(陸績)의 회귤(懷橘)[1569]과 황향(黃香)의 션침(扇枕)[1570]으로 흡ᄉᄒ니, 뎡국공 부뷔 ᄉᄌ일녀의 무흠ᄒ 영효ᄅ 바다 난각화실(煖閣和室)의 나의(羅衣)ᄅ 무거이 너기고, 진미(眞味)ᄅ 염어(厭飫)ᄒ니 긔운이 강장(強壯)타 ᄒᆯ거시오, 슈(壽)ᄅ 향(享)ᄒ【29】다 ᄒᆯ 거시로ᄃᆯ, 이ᄂ 그러치 아닌지라. 하노공의 션심과 조튀부인의 인ᄌ셩덕이 뎡노공 부부만 못ᄒ리오만은, 하공이 본딕 쇼시의 셩졍(性情)이 강항녈직(強項烈直)ᄒ 가온딕, 작ᄎ(爵次) 언관(言官)의 잇셔 쇼인으로 원을 미ᄌ, 초의 가업슨 화앙(禍殃)을 바다 문회(門戶) 거의 졀망ᄒᆯ 번ᄒ고, 옥슈신월(玉樹新月) 갓ᄒ 삼ᄌ와 쇼뷔 목젼의 참ᄉᄒ믈 보고, 여싱(餘生)이 겨오 부월지쥬(斧鉞之誅)[1571]ᄅ 면ᄒ고 촉도(蜀道) 가업슨 녕히(嶺

1566)쥬실(周室)의 풍(風) : 중국 주(周)나라 문왕의 비(妃)인 태사(太姒)의 덕(德) 이르는 말. 태사는 현모양처(賢母良妻)로 문왕을 잘 내조하여 성군(聖君)이 되게 함으로써 후세의 칭송을 받아왔다.

1567)북당츈원(北堂椿園) : 부모의 처소.

1568)잠영계츌(簪纓繼出) : 대대로 높은 벼슬이 끊이지 않은 문벌(門閥)의 자손.

1569)뉵적(陸績)의 회귤(懷橘) : 중국 삼국시대 때 오(吳)나라 효자 육적(陸績)이 여섯 살 때 원술(袁術)의 집에 갔다가, 원술이 먹으라고 내온 귤을 먹지 않고 품속에 넣어 가져다가 어머니께 드렸다는 고사를 이르는 말. *육적(陸績); 188-219. 중국 삼국시대 오(吳)나라의 효자. 남의 집에 갔다가 먹으라고 내온 귤을 먹지 않고 품에 넣어와 어머니를 드렸다는, '육적회귤(陸績懷橘)' 고사의 주인공으로 유명하다.

1570)황향(黃香)의 션침(扇枕) : 중국 동한(東漢) 때의 효자 황향이 편부(偏父)를 지극히 섬겨, 여름에 아버지의 잠자리에 부채를 부쳐 시원하게 해드렸던 고사를 이르는 말.

1571)부월지쥬(斧鉞之誅) : 죄인이 부월(斧鉞) 아래 죽임을 당함. *부월(鈇鉞); 형구로 쓰던 작은 도끼와

海) 슈졸(戍卒)이 되어, 츙신의 심곡이 스라져 지 되엿고, 신상의 참참(慘慘)ᄒᆞᆫ 누얼과 만고의 참히(慘駭)ᄒᆞᆫ 역명(逆名)을 시러, 강한(江漢)의 쳔탁(千濯)1572)ᄒᆞ고 츄양(秋陽)의 만폭(萬暴)1573)ᄒᆞ나 벗기 어렵거늘, 또 구곡(九曲)을 ᄉᆞ회는1574) 셜움이 복ᄌᆞ하(卜子夏)의 눈멀기1575)와 【30】 한ᄌᆞᄉᆞ(韓刺史)의 우름1576)의 지날지라.

비록 딕장부의 쳘쟝웅심(鐵腸雄心)이나 엇지 니긔여 견딕리오만은, 힝혀 텬디신명이 원억ᄒᆞᆷ를 어엿비 너기시고, 효ᄌᆞ효녀의 지통을 씨치지 아니려 신명이 한가지로 보조(輔助)ᄒᆞ여 부부 냥인의 보존ᄒᆞᆷ를 엇고, 다시 삼ᄌᆞ의 진셰(再世)ᄒᆞᆷ를 어더 만늬(晩來)의 슬하(膝下) 죵효(終孝)를 일우나, 임의 남은 간장은 진 되어시니, 여ᄎᆞ 참화여싱(慘禍餘生)이 칠십 안과(安過)는 귀신의 조홰니, 엇지 빅셰 하슈(遐壽)를 바라리오.

조틴부인은 포병지인(抱病之人)1577)이 되어 상요(床褥)의 써날 찍 업더니, 졈졈 고질(痼疾)이 되어 위틱ᄒᆞ니, 제ᄌᆞ 졔뷔 황황망조(遑遑罔措)ᄒᆞ여 쥬야(晝夜) 불탈의딕(不脫衣帶)ᄒᆞ고 시탕(侍蕩)의 초우(焦憂) 【31】 ᄒᆞ여 ᄎᆞ도(差度)를 바라디, 임의 텬명이 다 ᄒᆞᆫ엿는지라, 엇지 촌효를 바라리오. 빅약이 무효ᄒᆞ니 월여의 밋쳐는 부인이 스스로 니지 못홀 쥴 알고, 노공과 ᄉᆞᄌᆞ칠부와 녀아 윤승상 부인과 졔손을 다 불너 유언홀시, 노공을 향ᄒᆞ여 왈,

"쳡이 불혜누질(不慧陋質)노 일즉 존문의 입승(入承)ᄒᆞ여 구고의 ᄌᆞ이와 상공의 즁딕를 바다 평싱이 평안ᄒᆞ오니, 옛날 비회는 ᄌᆞ연 니즈미 되고 싴 즐거오미 완전ᄒᆞ올가 ᄒᆞ옵더니, 쳡의 명이 험흔(險釁)ᄒᆞ여 쇼쟝지환(蘇張之患)1578)이 낙미(落眉)1579)의 니러나, 일야간(一夜間) 뇌졍(雷霆)이 진쳡(震疊)ᄒᆞ니, 유죄무죄간(有罪無罪間) 앗가온 삼ᄌᆞ(三子) 참망(慘亡)ᄒᆞ고, 임쇼뷔 졀의를 셰워 【32】 위포(韋布)1580)의 욕(辱)을 감

─────────

큰 도끼.
1572)강한(江漢) 쳔탁(千濯) : 빨래를 양자강(揚子江)과 한수(漢水)와 같은 큰물에 천 번을 빨아 깨끗이 함.
1573)츄양(秋陽) 만폭(萬暴) : 탕(霉氣)난 책을 가을 햇볕에 만 번을 쬐여 하얗게 바램. *탕; 습한 곳에서 생기는 검푸른 곰팡이. =매기(霉氣). *포쇄(暴曬); 젖거나 축축한 것을 바람에 쬐고 볕에 바램.
1574)ᄉᆞ회다 : 사위다. 삭다. 다 타서 재가 되다.
1575)복ᄌᆞ하(卜子夏)의 눈멀기 : 공자의 제자 자하(子夏)가 서하(西河)에 있을 때 자식을 잃고 너무 슬피 운 나머지 소경이 되었다는 '상명지통(喪明之痛)'의 고사를 이르는 말. *복ᄌᆞ하(卜子夏): 중국 춘추 시대의 유학자(B.C.507~?B.C.420). 성은 복(卜)씨. 이름은 상(商). 자는 자하(子夏). 공자의 제자로서 십철(十哲)의 한 사람이다. 위나라 문후(文侯)의 스승으로 시와 예(禮)에 능통하였는데, 특히 예의 객관적 형식을 존중하였다.
1576)한ᄌᆞᄉᆞ(韓刺史)의 우름 : 조주자사(潮州刺史) 한유(韓愈)의 울음이란 뜻으로, 한유가 조카 한성로(韓成老)가 죽자, <제십이랑문(祭十二朗文)>을 지어 그 죽음을 슬피 애도한 일을 두고 이르는 말. *한유(韓愈); 중국 당나라의 문인·정치가(768~824). 자는 퇴지(退之). 호는 창려(昌黎). 당송 팔대가의 한 사람으로, 변려문을 비판하고 고문(古文)을 주장하였다. 시문집에 ≪창려선생집≫ 따위가 있다.
1577)포병지인(抱病之人) : 몸에 늘 병을 지니고 사는 사람.
1578)쇼쟝지환(蘇張之患) : 중국 전국시대의 세객(說客)인 소진(蘇秦)과 장의(張儀)가 일으킨 환란이란 뜻으로, 남을 헐뜯거나 모함하는 말로 인하여 일어난 환란을 비유적으로 표현한 말.
1579)낙미(落眉) : '눈썹에 떨어졌다'는 뜻으로, 매우 급함을 이르는 말.

심치 아니려 ᄌᆞ경이ᄉᆞ(自剄而死)ᄒᆞ니, 기시(其時)의 망망ᄒᆞᆫ 참ᄉᆡᆨ(慙色)을 어이 측냥ᄒᆞ리오. 힝혀 윤·뎡 냥공의 산은ᄒᆡ덕(山恩海德)으로 뇌졍지위(雷霆之威)를 두로혀 문회(門戶) 멸망지화(滅亡之禍)를 면ᄒᆞ고 참화여ᄉᆡᆼ(慘禍餘生)이 촉도(蜀道) 한 가의 슈졸이 되니, 가히 니ᄅᆞᆫ바 ᄉᆡᆼ불여ᄉᆡ(生不如死)라. 겨오 니운 간장을 ᄡᅳ어 뎨향(帝鄕)의 도라오니 촉쳐(觸處) 감창(感愴)이로ᄃᆡ, 완젼이 부지(扶持)ᄒᆞ여 효ᄌᆞ 현부의 영효를 밧고 부귀영홰 극ᄒᆞ니, 도금(到今)ᄒᆞ여ᄂᆞᆫ 명완ᄒᆞ던 쥴이 다ᄒᆡᆼ치 아니리잇가? 연이나 인간 칠십이 고ᄅᆡ희(古來希)라. 쳡의 간담이 ᄌᆡ 되여시니 지금가지 사라심도 이상ᄒᆞ니, 상공이 역시 여일(餘日)이 부다(不多)ᄒᆞ신지라. 【33】쳡이 몬져 도라가믈 슬허 마로쇼셔. 쳔ᄃᆡ하(泉臺下)의 셔로 ᄎᆞᆺᄉᆞ이다.”

이의 초공과 윤부인을 나아오라 ᄒᆞ여 왈,

“현부ᄂᆞᆫ 당셰의 슉녀라. 녕존ᄃᆡ인의 신의와 현부의 녜절노 위란(危亂)을 굿게 잡아, 녕존공(令尊公)이 발셥도로(跋涉道路)의 규즁약녀를 다려 촉도가지 나려와 구약을 셩젼ᄒᆞ니, 현부의 셩덕ᄌᆞ질과 츌텬셩효ᄂᆞᆫ 진효부(陳孝婦)의 지나거ᄂᆞᆯ, 흉인(凶人)의 요언궤셜(妖言詭說)노 녕존(令尊)의 지우ᄒᆞ신 은혜를 져바릴 번ᄒᆞ나, 부뷔 유ᄌᆞᄉᆡᆼ녀(有子生女)ᄒᆞ여 우리 노부쳐(老夫妻)로 ᄒᆞ여곰 여년을 안향케 ᄒᆞ니, 노뫼 디하(地下)의 우음을 먹음으리로다.”

이의 초공 곤계와 졔부 녀아【34】를 다 불너 유언을 맛고, 평동왕 부부와 부마와 공쥬 등 졔숀을 다 갓가이 불너 면면이 말을 ᄭᅵ치니, ᄌᆞ녀부 졔숀이 명을 밧ᄌᆞ오ᄆᆡ 빵쳬여우(雙涕如雨)ᄒᆞ믈 ᄭᆡ닷지 못ᄒᆞ더라.

부인이 졸(卒)ᄒᆞ니 향년이 칠십일셰오, ᄯᆡ 계츄념간(季秋念間)[1581]이라. 상인(喪人)의 ᄋᆡ통쳐절(哀痛悽絶)ᄒᆞ미 더옥 슈회(愁懷)를 동ᄒᆞᄂᆞᆫ지라. 노공은 각별 슬허아냐 왈,

“우리 부뷔 환난여ᄉᆡᆼ이라. 밧그로 여ᄉᆡᆼ이 인형(人形)이나 마ᄋᆞᆷ은 ᄎᆞᆫᄌᆡ 되연지 오란지라. 칠십일셰를 ᄉᆞ라 셰상 비욕(悲辱)을 무던이 지ᄂᆡ고, 풍상(風霜)을 ᄇᆡ불니 겻거시니, 이의셔 더 ᄉᆞ라 무엇ᄒᆞ리오. ᄂᆡ 또 셰상이 머지 아니리니 여등은 과상(過傷)치 말나.”

ᄌᆞ녀뷔(子女婦)[1582] 명을 감히 거역지 못ᄒᆞ나 【35】능히 지통을 억졔치 못ᄒᆞ니, 조ᄌᆡ(弔者) 감탄ᄒᆞ더라.

뎡·윤 냥공이 문부(聞訃)ᄒᆞ고 불승ᄃᆡ경(不勝大驚)ᄒᆞ여 모다 조위(弔慰)ᄒᆞᆯᄉᆡ, 모든 상인(喪人)의 참참(慘慘)ᄒᆞᆫ ᄋᆡ셩(哀聲)을 드ᄅᆞᄆᆡ, 감뉘(感淚) 나리고 상인을 위로ᄒᆞ미 골육동긔(骨肉同氣)갓더라.

1580)위포(韋布) : =위대포의(韋帶布衣). 장식이 없는 평민용 가죽띠와 베로 만든 옷이라는 뜻으로, 죄를 받고 귀양살이를 하게 되어 사대부의 신분에서 하천민의 신분으로 떨어진 처지를 비유적으로 이르는 말.

1581)계츄념간(季秋念間) : 음력 9월 20일 경.

1582)ᄌᆞ녀뷔(子女婦) : 아들·딸·며느리를 함께 이르는 말.

초공 형데 이통즁(哀痛中) 녜(禮)를 잡아 셩복(盛服)홀ᄉᆡ, 텬ᄌᆡ 녜관을 보ᄂᆡᄉ 조상(弔喪)ᄒᆞ시고 부의(賻儀)를 두터이 ᄒᆞ시니, 초공 등이 이훼(哀毁) 즁이나 황은을 감축ᄒᆞ더라. 뎡국공이 부인의 셩복을 지ᄂᆡᄆᆡ 졔ᄌᆡ의 위위(危危)ᄒᆞᄆᆡ 지보(支保)키 어려온지라.

이의 칙왈,

"여 등이 비록 뉵아지통(蓼莪之痛)[1583]이 간졀ᄒᆞ나, 오히려 노뷔 이시니 인ᄌᆞ(人子)의 도리 가히 슬프믈 간ᄃᆡ로 못홀 거○[시]어ᄂᆞᆯ, ᄒᆞ믈며 노뷔 ᄯᅩ 셰상이 머지 아닐 쥴 일넛거【36】ᄂᆞᆯ, 엇지 노부로뻐 보기 슬흔 경상을 ᄒᆞᄂᆞ뇨? 여 등을 보건ᄃᆡ 늙은 아뷔 이시믈 넘녀치 아니ᄒᆞ니, 이졔 ᄯᅩ 오라지 아냐 텬디합벽(天地闔闢)ᄒᆞᄂᆞᆫ 통(痛)을 만난 즉 훼불멸셩(毁不滅性)[1584]을 반드시 싱각지 아니리니, 이 엇지 놀납고 한심치 아니리오. 만일 거죄(擧措) 죵시 이 지경의 밋츨진ᄃᆡ, 쳔디하(泉臺下)의 용납지 아니리라."

셜파의 노긔(怒氣) 가득ᄒᆞ니, 초공 곤계 불승황공ᄒᆞ여 감히 비ᄉᆡᆨ(悲色)을 낫토지 못ᄒᆞ고, 시식(試食)ᄒᆞ나 능히 목의 나리지 아니ᄒᆞ니, 노공이 모로미 아니로ᄃᆡ 인ᄌᆞ지되(人子之道) 당여시애(當如是也)니 너모 칙망홀 ᄇᆡ 아니라 ᄒᆞ여, 모로ᄂᆞᆫ 듯ᄒᆞ더라.

셩복(成服)을 지닌 후, 슈일(數日)만의 잠간 가ᄆᆡ(假寐)러니, ᄉᆞ몽비몽간(似夢非夢間)의 부인이 운상무【37】의(雲裳霧衣)[1585]로 알픽 나와 웃고 왈,

"쳡이 상공의 뒤흘 뫼셔 한가지로 옥누(玉樓)의 유의(遊依)코ᄌᆞ ᄒᆞᄂᆞ니, 상공이 임의 셰연(世緣)이 진(盡)ᄒᆞ여시니, 더러온 부귀ᄂᆞᆫ 헌신이라. 인간 홍진(紅塵)의 죡히 유렴(留念)홀 ᄇᆡ 아니니, 공은 ᄲᆞᆯ니 도라가ᄉᆞ이다."

공이 경각(驚覺)ᄒᆞ니 남가일몽(南柯一夢)이라. 몽ᄉᆡ 십분 명빅ᄒᆞ니 ᄉᆞ지 못홀 쥴 알고, ᄎᆞ일(遮日)의 디셔헌을 쇄쇼ᄒᆞ고 향탕의 목욕ᄒᆞ고 의관을 졍히 ᄒᆞᆫ 후, 졔ᄌᆞ 졔손을 불너 안젼(眼前)의 두고, ᄂᆡ당 시녀를 명ᄒᆞ여 졔ᄌᆞ(諸子)의 식상을 가져오라 ᄒᆞ여, 압마다 버리고 친히 디기(器蓋)[1586]를 열고 왈,

"노뷔 부인 초상 이후의 비록 슬프믈 아닛노라 ᄒᆞ나, ᄆᆡ양 신긔(神氣) 불평ᄒᆞ여 식【38】반을 ᄯᅥ의 ᄎᆞᆺ지 못ᄒᆞ엿더니, 금일 비로쇼 밥을 싱각ᄒᆞᄂᆞ니 여등이 ᄯᅩ흔 ᄉᆞ양치 말나. 너희 먹지 아닌 즉 노뷔 먹지 아니리라."

초공 곤계 뉵아(蓼莪)의 통(痛)이 간담(肝膽)이 여삭(如削)ᄒᆞ니, 엇지 구연(舊然) 시식(試食)홀 ᄯᅳᆺ이 이시리오만은, 야야의 금일 힝동거지 크게 젼일과 다ᄅᆞ시고, 미간(眉

[1583]뉵아지통(蓼莪之痛): 어버이가 이미 돌아가시어 봉양할 길이 없는 효자의 슬픔. 『시경(詩經)』《소아(小雅)》편 <곡풍(谷風)>장 가운데 있는 '류아(蓼莪)'시에서 온 말.

[1584]훼불멸셩(毁不滅性): 부모의 상사(喪事)를 당하여 몸이 상하도록 슬퍼한 나머지, 자신의 생명이 스러져가는 것도 모름.

[1585]운상무의(雲裳霧衣): 구름치마와 안개저고리. 선녀의 옷.

[1586]디기(器蓋): =반기개(飯器蓋). 밥그릇 뚜껑. *반긔기(飯器蓋)>복디기>복지개(밥그릇뚜껑). 긔기(器蓋)>디기>지개.(그릇뚜껑)

間)의 《슈미달영∥슈우은영(愁憂隱映)》 하고 안정(眼睛)의 허홰(虛華) 빗최여시니, 가히 양셰(陽世)의 오릭지 못하실 줄 아나, 또 엇지 오늘 시킥(時刻)의 위름(危懍)하실 줄이야 알니오.

식반(食飯)을 버리고 권하시는 명을 밧즈오미, 감히 스양치 못하나 능히 먹지 못하는지라. 공이 심하(心下)의 이련(哀憐)하나 스식(辭色)지 아니하고, 졔지 식반을 나오지 아닌 【39】 즉 먹지 아닐 쯧을 니릭니, 초공 등이 엇지 역명(逆命)하리오.

이의 쳘음(啜飮)하니 노공이 또 녀부(女婦)를 권식(勸食)한 후, 상을 물니고 바야흐로 공이 졍셕(定席)의 좌(坐)하고 좌우로 주부 녀셔 졔손을 명하여 각각 물너나지 말나 하고, 홀연 안식이 츄연하여 졔즈를 딕하여 왈,

"인싱 쳐셰(處世)의 '싱(生)은 긔야(寄也)오 스(死)는 귀애(歸也)라'1587). 일싱일스(一生一死)는 인지상시(人之常事)니, 노부의 박덕(薄德) 묘복(眇福)으로뻐 당년 화란 가온딕 보명(保命)하여 지우금(至于今) 영화부귀 극하니, 도라가미 무어시 슬프리오. 여등은 부뫼 일시의 도라가물 과상(過傷)치 말고, 신쳬발부(身體髮膚)는 부모의 씨친 바를 싱각하여 스스로 스랑하고, 나의 도 【40】 라가는 혼빅(魂魄)으로뻐 불안하믈 씨치지 말나."

졔인이 쳬읍하여 감히 답지 못하니 공이 직삼 경계하고, 녀셔 윤승상을 딕하여 왈,

"현셔의 어진 덕힝을 볽이 아느니, 이졔 도라가는 황황한 넉슬 거두어 니를 비 아니나, 노뷔 도라가미 졔이 불통하미 딕의(大義)를 싱각지 못하고 거죄 과도하기의 밋츠나, 현셰(賢壻) 기유(開喩)하여 졔아(諸兒)로 하여곰 삼상(三喪)을 지보(支保)홀 도리를 엇게 하라."

윤상국이 악장의 긔운이 여일(如一)하고 말슴이 명명(明明)하나, 냥안 졍긔 황황하고 미간의 슈위(愁憂) 가득하믈 보니, 그 위틱하미 금일의 이시물 씨다라, 쳑연(慽然) 빅스(拜辭) 왈,

"근슈교의(謹受敎矣)리니 【41】 복원(伏願) 물위과려(勿憂過慮)하쇼셔."

공이 희연(喜然)이 숀스(遜辭)하고, 또 호람후와 금평후를 쳥하여 왈,

"우뎨(愚弟) 일즉 냥형으로 더부러 금난(金蘭)의 교(交)1588)를 미즈, 지긔(志氣) 관슉(慣熟)하여 쳥년(靑蓮)1589)의 '쳥미(靑梅)를 쓰로던 의(誼)'1590) 엇지 범연하리오만

1587) 싱(生)은 긔야(寄也)오 스(死)는 귀애(歸也)라 : 생기사귀(生寄死歸). '사람이 이 세상에 사는 것은 잠시 나그네로 타향에 머무는 것에 지나지 않으며, 죽음은 원래 자기가 있던 본집으로 돌아가는 것임을 이르는 말.

1588) 금난(金蘭)의 교(交) : 금란지교(金蘭之交). 단단하기가 쇠와 같고 향기롭기가 난초(蘭草)와 같은 사귐이라는 뜻으로 친구 사이의 우정이 매우 두터운 것을 이르는 말

1589) 쳥년(靑蓮) : =청련거사(靑蓮居士). 당나라 때 시인 이백(李白)의 호(號).

1590) 쳥미(靑梅)를 쓰로던 의(誼) : '청매죽마(靑梅竹馬)' 즉 '청매를 가지고 소꿉장난하며 놀던 어린 시절의 벗' 또는 '그러한 벗과의 정'을 이르는 말. 이백(李白)의 시 <장간행(長干行)>의 "낭기죽마래(郞騎竹馬來; 낭군은 대나무 말을 타고 와)/ 요상농청매(遶床弄靑梅; 평상을 돌며 푸른 매실을 가지고 놀았네)"에서 유래하였다.

은, 시운(時運)이 부졔(不齊)ᄒᆞ여 명텬형이 즁도의 인셰를 바리니, 어진 사름이 능히 고원(故園)의 안와이스(安臥而死)ᄒᆞᄆᆞᆯ 엇지 못ᄒᆞ고, 만니 타국의셔 셩명을 바리니 비록 곳다온 일홈이 만셰의 민멸치 아니나, 아등으로 ᄒᆞ여곰 지긔(知己)를 일케 ᄒᆞ니 엇지 슬프지 아니리오. ᄯᅩ 다시 쇼뎨 명운이 건둔(蹇屯)[1591]ᄒᆞ여 허다 참난을 겻고, 화란여싱이 고국의 환귀ᄒᆞ여 가업을 닛고, 문호를 【42】 보젼ᄒᆞᄆᆡ 다 냥형의 쥬미라. 뉴・관・장의 도원결의(桃園結義)[1592]홈과 관포(管鮑)의 지긔(知己)[1593]를 허ᄒᆞ여 유죵(有鍾)의 지음(知音)을 ᄯᆞᄅᆞ고져 ᄒᆞ되 실노 쇼뎨의 돈이 용우ᄒᆞ여 오히려 간간이 져바리미 만흐니, 쇼뎨로 ᄒᆞ여곰 냥형을 ᄃᆡᄒᆞᄆᆡ 안면이 둣겁지 아니리오만은, 냥형의 관인딕덕이 능히 셰교(世交)의 두터온 졍을 변치 아냐, 쇼뎨의 묘복으로 금일이 느즈되, 인욕(人欲)이 퇴과ᄒᆞ여 그러ᄒᆞᆫ가, 혼빅이 도라가기를 님ᄒᆞᄆᆡ 믄득 심시 안한치 못ᄒᆞ도다. 냥형은 다복지인(多福之人)이라. 일즉 쇼뎨의 명박궁곤(命薄窮困)ᄒᆞᄆᆞᆯ 지니지 아냐{시니} 긔운이 강건ᄒᆞ고 졍신이 쇠모치 아냐시니, 반ᄃᆞ시 【43】 인셰 향슈(享壽)를 긔필홀지라. 금일 활별(闊別)이 디하타일(地下他日)을 긔약ᄒᆞᄂᆞ니, 냥형은 기리 무양(無恙)ᄒᆞ고 나의 ᄌᆞ손을 위로ᄒᆞ여 삼상(三喪)을 지보케 ᄒᆞᄆᆞᆯ 바라노라."

윤・뎡 냥노공이 뎡국공의 엄엄(奄奄)이 슈진(壽盡)코져 ᄒᆞᄆᆞᆯ ᄃᆡᄒᆞᄆᆡ, 이 본딕 범연ᄒᆞᆫ 붕위 아니라. 아시고구(兒時故舊)로 동창(同窓)의 슈학ᄒᆞᄆᆡ, '니쳥년(李靑蓮)의 죽마(竹馬)를 닛글고 쳥미(靑梅)를 닷토던 졍(情)'[1594]이 잇던 바의, 닙신ᄒᆞᄆᆡ 동방(同榜)의 고등ᄒᆞ여 쳥현(淸顯)을 받ᄌᆞ오미 일쳬라. 이러틋 두터오므로ᄡᅥ 겹겹 인친(姻親)의 졍이 이시니 고인의 지음을 ᄯᆞ로던 바로, 이졔 몬져 도라가기의 밋ᄎᆞᄆᆞᆯ 보니 엇지 창감치 아니리오.

냥공이 하공의 좌우슈【44】를 잡고 영영(盈盈)ᄒᆞᆫ 광미(廣眉)의 쳐챵(悽愴)ᄒᆞᆫ 빗치 가득ᄒᆞ여 위로 왈,

"형이 비록 초(初)의 풍상을 갓초 겻거시나 금ᄎᆞ지시(今此之時)ᄒᆞ여ᄂᆞᆫ ᄌᆞ손의 여러 형뎨 슬하의 버럿고 각하(閣下)의 졔손이 층층이 금동옥녀(金童玉女) ᄡᅡᆼᄡᅡᆼᄒᆞ고 졔ᄌᆞ 졔손이 닙신 현달ᄒᆞ여 위극인신(位極人臣)ᄒᆞ고 위고금다(位高金多)ᄒᆞ니 도금ᄒᆞ여ᄂᆞᆫ 형의 영복이 밋ᄎᆞ리 업ᄂᆞᆫ지라. 우리 삼인이 고인의 동일동ᄉᆞ(同日同死)의 언약을 두지 못ᄒᆞ나, 동조(同朝)의 ᄉᆞ군(事君)ᄒᆞ고 집이 졉옥년쟝(接屋連墻)ᄒᆞ여 한가지로 늙어가

1591)건둔(蹇屯) : 운수가 꽉 막힘.
1592)뉴・관・장의 도원결의(桃園結義) : 중국 삼국시대 유비(劉備)・관우(關羽)・장비(張飛) 세 사람이 복숭아나무 아래서 의형제를 맺고 죽을 때까지 형제의 의리를 지킬 것을 맹서한 고사(故事)를 이르는 말.
1593)관포(管鮑)의 지긔(知己) : 관중(管仲)과 포숙(鮑叔)이 서로 마음이 통하는 친한 친구였음을 이르는 말. *관포지교(管鮑之交); 관중과 포숙의 사귐이란 뜻으로, 우정이 아주 돈독한 친구 관계를 이르는 말.
1594)니쳥년(李靑蓮)의 죽마(竹馬)를 닛글고 쳥미(靑梅)를 닷토던 졍(情) : 이백(李白)의 시 <장간행(長干行)>의 "낭기죽마래(郎騎竹馬來; 낭군은 대나무 말을 타고 와)/ 요상농쳥매(遶床弄靑梅; 평상을 돌며 푸른 매실을 가지고 놀았네)"에서 따온 말. 즉 '죽마를 타고 놀기도 하고, 청매를 가지고 소꿉장난하며 놀던 어린 시절의 벗' 또는 '그러한 벗과의 우정'을 이르는 말..

니, ᄇᆡᆨ셰 향슈를 한가지로 ᄒᆞᆯ가 ᄒᆞ엿더니, 형이 이졔 쇼뎨 등을 바리고 몬져 쳔양(泉壤)의 길흘 바야니, 쇼뎨 등이 비여셕(非如石)이오 비여 【45】 쳘(非如鐵)이라. 심ᄉᆡ 능히 안연(晏然)ᄒᆞ랴.”

하공이 역탄 왈,

“화복이 관슈(關數)ᄒᆞ니 쇼뎨의 묘복으로 명이 그만ᄒᆞ니 엇지 더 바라리오. 슈연이나 금일이 쳔고활별(千古闊別)이니 냥형으로 더부러 ᄉᆞᆯ을 난화 쳔고영결(千古永訣)을 일우리라.”

이의 시녀를 명ᄒᆞ여 ᄉᆞᆯ을 가져오라 ᄒᆞ니, 시녀 호쥬셩찬을 가져 드리니, 하공이 스ᄉᆞ로 한잔을 부어 몬져 잡고, 다시 부어 냥공의게 젼ᄒᆞ니, 냥공이 슬프믈 니긔지 못ᄒᆞ여 츄연 함쳬(含涕)ᄒᆞ고 잔을 바다 슈슌(數順)이 지나ᄆᆡ, 쥬효를 물니치고 하공이 필연(筆硯)을 나와 칠언졀구(七言絶句) 일슈(一首)를 지어 냥공의게 젼ᄒᆞ니, 냥공이 바다보니 시ᄉᆞ(詩思) 쳐완(悽惋)ᄒᆞ고 귀마다 당년 참화를 늣겨시니, 냥공이 【46】 크게 슬허 장탄 왈,

“인ᄉᆡᆼ이 비ᄇᆡᆨ셰(非百歲)라 ᄒᆞ미 아니 올흐냐? 형의 금일을 니ᄅᆞ미로다.”

하공이 ᄉᆞᆫ을 져어 왈,

“쇼뎨 바야흐로 즐기거ᄂᆞᆯ 형등이 엇지 고담(古談)된 말을 니ᄅᆞᄂᆞ뇨?”

냥공이 ᄌᆡ삼 탄식고 ᄯᅩᄒᆞᆫ 븟ᄉᆞᆯ 드러 화답ᄒᆞ니, 아시 고우로 지긔 상합ᄒᆞ던 바와 이졔 쳔고 활별을 일크라시니, 하공이 나호여 두셰번 음영ᄒᆞᄆᆡ 믄득 ᄎᆔᆯ쳬창연(出涕愴然)ᄒᆞ더라.

이러틋 말ᄉᆞᆷᄒᆞ여 날이 느ᄌᆞ니 하공이 졔ᄌᆞ다려 문왈,

“어ᄂᆡ ᄯᅢ 되엿ᄂᆞ뇨?”

졔ᄌᆞᄉᆞᆫ이 망극ᄒᆞ나 감히 비ᄉᆡᆨ을 못ᄒᆞ고 ᄃᆡ왈,

“미말신초(未末申初)1595)로쇼이다.”

공이 그졔야 와상(臥床) 【47】 의 나아가며 졔ᄌᆞ 졔ᄉᆞᆫ과 윤·뎡 냥공을 향ᄒᆞ여 슈어(數語)로 별언(別言)을 맛고, 인ᄒᆞ여 《슈연 ‖ 졸연(猝然)》 《관하 ‖ 하세(下世)》 ᄒᆞ니 시년이 칠십일셰러라. 합ᄉᆞ(闔舍)의 ᄋᆡ셩(哀聲)이 진긔(振起)ᄒᆞ고 ᄌᆞ녀뷔 텬디합벽(天地闔闢)ᄒᆞᄂᆞᆫ 지통을 일시의 당ᄒᆞ니, 효ᄌᆞ 현부와 효녀의 망극무ᄋᆡ지통(罔極無涯之痛)이 한번 우러 세번 긔ᄉᆡᆨ(氣塞)ᄒᆞ니, 각각 ᄌᆞ녀뷔 더옥 망극ᄒᆞ여 븟드러 관위(寬慰)ᄒᆞ믈 마지 아니코, 윤승상이 졔ᄌᆞ로 더부러 집상(執喪)ᄒᆞ여 반ᄌᆞ지녜(半子之禮)를 극진이 ᄒᆞ며, 뎡·윤 냥노공과 그 ᄌᆞ질이 다 상ᄉᆞ를 친집ᄒᆞ여 셰교(世交)·년친지뎡(連親之情)이 골육의 지난 듯ᄒᆞ더라.

텬ᄌᆡ 드ᄅᆞ시고 크게 슬허ᄒᆞ샤 녜관으로 조상(弔喪)ᄒᆞ시며 부의(賻儀)를 두터이 ᄒᆞ시

1595)미말신초(未末申初) : 미시(未時: 오후 1시-3시) 말에서 신시(申時; 오후 3시-5시) 초 사이. 곧 오후 3시 가 약간 못 되었거나 지난 시간.

니, 공의 【48】 ᄉᆞᆼ냥디(死生兩地)의 은영이 호탕ᄒᆞ더라.

이러구러 셩복(成服)을 ᄆᆞᆾ고 부부의 녕연(靈筵)을 한 당의 뫼실ᄉᆡ, 일ᄎᆔ던의 빈쇼(殯所)ᄒᆞ고 조셕증상(朝夕蒸嘗)을 밧들ᄆᆡ, 모든 상인의 ᄉᆞ시곡읍(四時哭泣)의 이통ᄒᆞ미 방인(傍人)을 감동ᄒᆞ고, 이 가온ᄃᆡ 북빅후 등 삼인은 오히려 강잉ᄒᆞ여 죽음(粥飮)을 간간이 나오나, 승상과 윤상국 부인은 능히 지통을 관위(寬慰)치 못ᄒᆞ니, 북후 등은 당초 화란을 보지 못ᄒᆞ여시므로, 기시(其時) 가운이 참담홈과 부모의 과상ᄒᆞ시던 쥴 아지 못ᄒᆞᄂᆞᆫ 고로, 즈연 위회(慰懷)ᄒᆞ미 되나, 승상과 윤부인은 당년 비고풍상(悲苦風霜)을 비포(排布)ᄒᆞ던 바를 싱각홀ᄉᆞ록 코히 싀고 ᄲᅦ 져리니, 진실노 쳔고유한(千古遺恨)이 【49】 라. 닛고져 ᄒᆞ나 닛기 어렵고, 싱각지 말고져 ᄒᆞ나 말기 어려오니, 이갓치 헛된 셰간의 그딕도록 참난(慘難)을 비포(排布)ᄒᆞ엿던고! 진실노 강잉키 어려온지라.

간간이 피를 토ᄒᆞ며 혈뉘(血淚) 상복(喪服)을 젹시니, 조직(弔者) 감읍ᄒᆞ여 당초 하부 ᄉᆞ젹을 아ᄂᆞᆫ 즈ᄂᆞᆫ 인즈졍니(人子情理)의 괴이치 아니믈 니르고, 모로ᄂᆞᆫ 즈ᄂᆞᆫ 상녜(喪禮)의 너모 과도ᄒᆞᆫ가 ᄒᆞ더라.

초상의 위름지경(危懍之境)이 여러 슌이니 동왕 등 졔지 망극ᄒᆞ나, 능히 관위(款慰)치 못ᄒᆞᄂᆞᆫ지라. 윤승상이 즈녀의 젼어로 조ᄎᆞ 알고 심하(心下)의 경녀(驚慮)ᄒᆞ나 녜(禮)를 깁히 아ᄂᆞᆫ 고로 위로치 못ᄒᆞ고, 이의 냥모(兩母) 튀비(太妃)긔 고ᄒᆞ니 조・뉴 냥부인과 호람휘 크게 놀나 노공이 친 【50】 히 하상부의 나아가 식부를 보와 위로 권면ᄒᆞ며, 조・뉴 냥튀부인이 글을 닷가 식부를 위로ᄒᆞ미,

"인지싱셰(人之生世)의 부모를 여회믄 즈텬즈(自天子)로 달어셔인(達於庶人)[1596]히 당ᄒᆞᆫ 일이니, 황향(黃香)의 션침(扇枕)과 즈로(子路)의 부미(負米)라도 부뫼 ᄉᆞ라신 제 효를 일우미오, ᄉᆞ후(死後)의 좃다 ᄒᆞᄂᆞᆫ 회 업ᄉᆞ니, 현뷔 엇지 이를 아지 못ᄒᆞᄂᆞ뇨? 신체발부(身體髮膚)ᄂᆞᆫ 슈지부뫼(受之父母)니 불감훼상(不敢毁傷)이 《녜지시애ǁ효지시애(孝之始也)》라. 현부의 이러틋 ᄒᆞ미 크게 즁도(中道)의 어길 ᄲᅮᆫ 아니라, 녕션당(令先堂) 냥위 밋으신 ᄠᅳᆺ이 아닌가 ᄒᆞᄂᆞ니, 현부의 인효(仁孝)로ᄡᅥ 엇지 싱각지 못ᄒᆞᄂᆞ뇨?"

ᄒᆞ여시니,

부인이 견파(見罷)의 엄구의 늬림ᄒᆞ샤 위로 【51】 ᄒᆞ심과 냥위 존고의 위곡(委曲)ᄒᆞ신 글월을 밧즈와 불승황공(不勝惶恐)ᄒᆞ여 이의 답간을 닷가 불효불민(不孝不敏)ᄒᆞ믈 ᄉᆞ죄ᄒᆞ고 드듸여 심회를 널녀 즈보(自保)홀 도리를 싱각ᄒᆞ더라.

광음이 신쇽ᄒᆞ여 슈삼삭(數三朔)이 얼프시 지나니, 장월(葬月)이 님박ᄒᆞ엿ᄂᆞᆫ지라. 초공 곤계 즈미 셰월이 덧업셔 고비(考妣)를 디즁(地中)의 뫼시믈 통상(痛傷)ᄒᆞ여 오ᄂᆡ(五內) 분붕(分崩)ᄒᆞᄂᆞᆫ 듯ᄒᆞ더라.

이의 퇴일ᄒᆞ여 항쥬(杭州) 션산으로 나릴ᄉᆡ, 윤부인과 임부인과 슉셩비와 진부인과

1596)즈텬즈(自天子) 달어셔인(達於庶人) : 천자로부터 서인에 이르기까지 모두가.

동왕비와 한가지로 하향(下鄉)ᄒ게 ᄒ되, 초공의 ᄎ비 연부인과 삼비 경부인과, 북후 ᄎ비 양위 냥부인은 다 유하(乳下) ᄌ녀를 거ᄂ려 본【52】부의 잇게 ᄒ고, 평동왕 등 군종 곤계 팔셰 이상은 다 힝ᄒᄂᆫ지라. 졔부인은 다 쇼텬의 녕을 쥰봉ᄒ되, 홀노 연부인이 나히 모년(暮年)의 니르도록 초공의 풍치를 과도히 ᄉ랑ᄒ여, 일싱 ᄯ나고져 아니커늘, 근녀 년상(連喪)을 만나 슈월을 보지 못ᄒ니, 공의 엄ᄒᆫ 상녜를 두려 난잡든 못ᄒ나, ᄯᄯ 그리오믈 니긔지 못ᄒ여 최마(衰麻)를 쓰을고 즁당의 어즈러이 왕ᄂᆡᄒ여 녀ᄎ(廬次)를 규시ᄒ며, 초공의 풍화ᄒᆫ 안뫼 초췌(憔悴)ᄒ여 영풍(英風)이 슈고(瘦枯)ᄒ믈 보고, 앗겨 살흘 깍ᄂᆫ 듯○○[ᄒ여], 닙을 비져기고 금방울 갓흔 눈의 눈믈이 비발갓치 흘너, 가로 ᄲ시고 빗ᄲᅵᄉ며[1597] 왈,

"구고ᄂᆫ 년노ᄒ시니 ᄎ【53】례의 거름[1598]이어니와 상공이 져듸도록 쇠픠ᄒ여시니 큰 일이 나리로다. 져를 어이ᄒᆯ고? 나ᄂᆫ 춤아 박명을 감심치 못ᄒ리니, 상공이 만일 엇더ᄒ면 ᄂᆡ 엇지 혼ᄌ ᄉ라 복 업슨 말을 드르리오."

이러툿 즐금거리며[1599] ᄉ모ᄒ믈 니긔지 못ᄒ거늘, 초공이 믄득 명을 나리와, 윤·임·뎡·진 ᄉ부인과 동왕 원비 뎡시만 하향케 ᄒ고, ᄌ긔와 《경위‖경부인은》 졔부인과 한가지로 두고 가려ᄒ믈 드르니, '이졔ᄂᆫ 상공○[의] 고은 풍신을 못 보리로다. ᄂᆡ 춤아 삼년을 그리워 어이 살니오.' ○○[이의],

"나ᄂᆫ 아모려도 ᄯ러지지 못ᄒ리니 상공이 만일 죵시 아니 다려가려 ᄒ면, ᄂᆡ 스스로이 힝니를 출혀【54】후거를 조ᄎ리라."

ᄒ니,

혹ᄉ 몽징 등이며 ᄌ녜 모친의 희거(駭擧)를 민망ᄒ여 빅단 이걸ᄒ여 간ᄒ되, 연부인이 되지 못ᄒᆯ 고집을 발ᄒ여 ᄌ녀를 즐퇴ᄒ고 분분이 힝니를 출히더니, 홀연 연궁으로 조ᄎ 공쥬의 병뵈(病報) 니르니, 부인이 져기 사름의 마음이면 ᄌ모의 병셰 즁ᄒ믈 드르니 엇지 놀납지 아니리오만은, 한낫 인면슈심(人面獸心)이라. 다만 아ᄂᆞᆫ비 초공 ᄲᅮᆫ이어늘, 연궁 비ᄌ 황황이 니르러, '옥쥬 낭낭 환휘 즁ᄒ샤 명지경긱(命在頃刻)이라' ᄒ니, 부인이 묵연냥구(默然良久)의 그려도 줓드른[1600] 말노 의방(依倣)ᄒ여 왈,

"고어의 왈, '녀ᄌ유힝(女子有行)은 원부모형뎨(遠父母兄弟)오, 빅니(百里)의 불분상(不奔喪)이【55】라'[1601] ᄒ니, ᄌ휘(慈候) 비록 여ᄎᄒ시나, ᄂᆡ 신상(身上)의 구고(舅

1597)빗ᄲᅵᄉ다 : 빗기 씻다. 비껴 씻다. 비스듬히 씻다.
1598)거름 : 걸음. ①두 발을 번갈아 옮겨 놓는 동작. ②일이나 기회·활동·결정 따위를 비유적으로 이르는 말.
1599)즐금거리다 : 질금거리다. 질금대다. 눈물이나 액체 따위가 조금씩 자꾸 새어 흐르거나 나왔다 그쳤다 하다.
1600)줓드르다 : 줏듣다. 주워듣다.
1601)녀ᄌ유힝(女子有行)은 원부모형뎨(遠父母兄弟)오, 빅니(百里)의 불분상(不奔喪)이라 : 여자의 행실은 한번 시집가면 친가의 부모형제를 생각지 말 것이며, 부모가 죽어도 백리 밖에서 달려와 조상(弔喪)할 수 없다는 말.

姑)의 최복(衰服)이 잇고 또 장일(葬日)이 불원ᄒ니 졍히 슈묘(守墓) 하향(下鄕)ᄒ랴
ᄒ거놀, 엇지 가리오."

모다 그 위인을 모로지 아니듸 크게 히연(駭然)이 너기고, 윤부인이 녜의와 지효(至
孝)로 기유ᄒ여, 귀령(歸寧)치 아니미 인ᄌ지되(人子之道) 아니오 크게 픽도(悖道)라
ᄒ고, 혹ᄉ 등 ᄌ녜 듸경ᄒ여 급히 귀령ᄒ시미 맛당ᄒ믈 알외니, 부인이 윤부인 말ᄉᆷ
을 ᄉᄉ의 신청ᄒᄂ 고로, 초공 ᄯ나미 즁난ᄒ나 마지 못ᄒ여 쇼거(素車)늘[롤] 갓초
와 도라가며, 윤부인과 ᄌ녀롤 당부ᄒ여 ᄌ휘 만일 가경(可境)의 밋ᄎ신즉 즉시 도라
오리니, 부듸 ᄌ긔 하향홀 긔구롤 출【56】히라 ᄒ고 도라갓더니, 공쥐 ᄯ흔 년노흔
지라, 엇지 싱도롤 어드리오. ᄎ일의 졸ᄒ니 연부인이 ᄯ 모상을 당ᄒ니, 인ᄒ여 초공
을 ᄯ로믈 긋치니라.

공쥬의 셩복(成服)을 지너니, 이날 하노공 부부의 녕귀(靈柩) 부즁을 쩌나ᄂ 날이라.
연부인이 총총이 니르러 녕연(靈輦)이 ᄯ나ᄂ 양만 보고 즉시 연궁으로 도라갈ᄉᆯ, 도
로혀 구고와 ᄌ모상은 셜운 줄 모로고, 초공을 슈년 ᄯ날 바롤 아득ᄒ여 브르지져 슈
업시 우니, 그 거동이 크게 히괴ᄒ더라.

하상부 닉외 진경(盡驚)ᄒ여 졔ᄌ 졔손이 녕연(靈輦)을 뫼셔 션산으로 향홀ᄉᆯ, 윤뎡
냥공이 친히 졔문 지어 졔ᄒ니, 문ᄎ 완곡【57】ᄒ고 ᄉ의 비졀ᄒ더라.

윤승샹 부부와 졔손이 날을 니어 셜쟉(設酌) 치졔(致祭)ᄒ고, 텬ᄌ 녜관으로 치졔(致
祭)ᄒ시고 시호(諡號)를 문츙공(文忠公)이라 ᄒ시다.

시야(是夜)의 두 상귀(喪柩) 발ᄒ니 다ᄉᆺ 상인(喪人)과 슈다 복인(服人)이 빅포쇼듸
(白布素帶)로 지후(在後)ᄒ니, 그 긔구의 장녀(壯麗)ᄒ미 불가형언(不可形言)이러라. 윤
・뎡 냥노공이 먼니 강졍의 ᄌ질을 거느려 나아가 젼별ᄒ미, 지긔롤 우ᄂ 눈믈이 창
히 쇼쇼(昭昭)ᄒ고 상인 등의 형용은 힝뇌(鄕老) 감읍(感泣)ᄒ더라. 윤샹국 효문공은
조졍의 말미롤 어더 졔ᄌ(諸子)로 더부러 상구롤 조ᄎ 양녜(襄禮)[1602] 후 환가ᄒ려 ᄒ
더라. 윤・뎡 냥노공이 ᄌ질노 더부러 강외(江外)의 젼숑ᄒ고 도라오【58】니라.

ᄎ시 윤샹국 부인이 고비(考妣)의 그림지 졈졈 구원(九原)의 망미(茫昧)ᄒ여 녕귀(靈
柩) 마ᄌ ᄯ나시미, 심ᄉ 시로이 촌단ᄒ여 일셩장통(一聲長痛)의 긔운이 졀ᄒ고, 쳬뤼
(涕淚) 졈졈이 피롤 화ᄒᄂ지라. 녀뷔(女婦) 민망ᄒ여 븟드러 위로ᄒ고, 경・양・화 등
이 구고의 셩덕을 츄모ᄒ여 쳬읍힝뉴(涕泣行流)ᄒ며 쇼고(小姑)롤 지삼 위로ᄒ더라.

윤노공이 부즁의 도라와 식부의 과훼(過毁)ᄒ믈 혜아려 즉시 거교(車轎)롤 갓초와
부인을 도라오라ᄒ니, 부인이 집을 마ᄌ ᄯ나믈 통셕(痛惜)ᄒ나 존구의 명을 역지 못
ᄒ여 졔부인 졔쇼져로 분슈ᄒ여 상부(上府)의 도라오니, 냥존고와 호람휘 슬하의 불녀
위【59】로ᄒ믈 강보아(襁褓兒) 갓치 ᄒ고, 졔ᄉ쇼고(娣姒小姑)와 댱부인이 관위ᄒ믈
지극히 ᄒ니, 부인이 구고의 홍은을 감은ᄒ고 졔부인 우이롤 감ᄉᄒ여 비식(悲色)을

1602)양녜(襄禮) : =장례(葬禮). 장사를 지내는 일. 또는 그런 예식.

간딕로 못ᄒ더라.

부인이 풍슈지통(風樹之痛)1603)을 일시의 만난 후, 만시(萬事) 여몽(如夢)ᄒ니, 진실노 싱셰지심(生世之心)이 돈연(頓然)ᄒ나, 우ᄒ로 지극ᄒ신 구고의 ᄌ익와 아릭로 ᄌ녀의 졍ᄉᄅᆯ 이련(愛憐)ᄒ여, 심ᄉᄅᆯ 널녀 구고긔 신혼셩졍(晨昏省定)을 쩌ᄅᆯ 출ᄒ나, 침쇼의 도라온즉 슈회만단(愁懷萬端)이나 ᄒ니, 뎡ㆍ진ㆍ남ㆍ화 ᄉ비와 댱부인이 ᄌ로 니릭러 위로ᄒ고, 《초부∥쇼부(小婦)》 엄ㆍ텰ㆍ구 등○[이] 졔ᄉ쇼고(娣姒小姑)와 층층ᄒᆫ 옥동 화녀ᄅᆯ 거ᄂ려 학낭 쇼어로 【60】부인의 비회(鄙懷)ᄅᆯ 위로ᄒ니, 부인이 비록 심회(心懷) 여할(如割)ᄒ나, 옥슈화월(玉樹花月) 갓흔 손이 슬하의 넘노니, ᄌ연 비회ᄅᆯ 젹이 위로홀 쩌 잇더라.

광음이 훌훌ᄒ여 어닉덧 셰환(世患)ᄒ미 츈졍월의 밋ᄎ니, 부인이 고비(考妣)의 장일(葬日)이 다ᄃ릭미, 임의 디즁(地中)의 안장ᄒᆷᄋᆯ 혜아려 식로온 지통이 여촌여삭(如寸如削)이러니, 오릭지 아녀 상국과 오왕 등 졔직 도라와 존당부모긔 빅알ᄒ고, 슈삭 존후ᄅᆯ 뭇ᄌᆸ고 초공 ᄉ곤계와 졔부인의 슈찰(手札)을 올니니, 부인이 글월을 기간(開看)ᄒ미, 초토즁(草土中)의 지보(支保)홈과 장녜ᄅᆯ 평안이 지닉믈 보미, 망극즁(罔極中)이나 넘녀 져기 노흐나 【61】슬프믈 니긔지 못ᄒ니, 오왕 등이 빅단(百端) 관위(款慰)ᄒ더라.

츠셜 초국공 ᄉ곤계 졔ᄌ질노 더부러 고비 상구ᄅᆯ 밧드러 션산의 나아갈식, 일노의 무ᄉ히 힝ᄒ여 계동(季冬) 초슌의 고향의 도라와 녕연(靈筵)을 고퇵의 뫼시니, 직희엿던 남노녀복이 최복을 쓰을고 먼니 나와 마ᄌ, 통곡ᄒ며 슬허ᄒ미 젹ᄌ(赤子) ᄌ모 녀휨 갓ᄒ니, 공의 부부 셩덕을 일노조ᄎ 알니러라. 윤부인 등이 조셕증상(朝夕蒸嘗)1604)을 밧들미 망극지통(罔極之痛)이 갈수록 더으더라.

장월(葬月)을 퇵ᄒ니 삼월계슌(三月季旬)1605)이라. 본읍 ᄌᄉ와 닌현이 부의○[ᄅᆯ] 두터이 ᄒ고 조지(弔者) 문의 몌엿더라. 쎨니 능묘ᄅᆯ 슈리ᄒ고 【62】셕물을 졍졔ᄒ여 장일(葬日)이 다ᄃ릭미, 녕연(靈輦)을 밧드러 둔셕(窀穸)1606)의 나아가니 ᄌ부 졔손의 지통이 갈수록 여할여삭(如割如削)ᄒ더라.

임의 장녜ᄅᆯ 필ᄒ미 목쥬(木主)ᄅᆯ 뫼셔 도라와 졍젼의 봉안ᄒ고 ᄉ시곡읍(四時哭泣)1607)과 증상(蒸嘗)을 밧들식, 초공이 싀훼골닙(柴毁骨立)1608)ᄒ여 여러 번 위경(危

1603) 풍슈지통(風樹之痛) : =풍수지탄(風樹之嘆). 효도를 다하지 못한 채 어버이를 여읜 자식의 슬픔을 이르는 말. 공자가 당대 주(周)나라의 현인(賢人) 고어(皐魚)와 문답하는 가운데, 고어가 말한 '수욕정이풍부지(樹欲靜而)風不止; 나무는 조용히 있고 싶어 하지만 바람이 그치지 않고), 자욕양이친부대(子欲養而親不待; 자식은 부모를 봉양하고자 하나 부모님은 기다려 주시지 않네)'라는 탄식에서 유래한 말. 중국 한(漢)나라 때, 한영(韓嬰)이 편찬한 『한시외전(韓詩外傳)』 권9.에 나온다.
1604) 조셕증상(朝夕蒸嘗) : =조석상식(朝夕上食). 상(喪)이 나서 궤연(几筵)을 설치한 때로부터 탈상(脫喪)을 하여 궤연을 철거할 때까지 아침저녁으로 망자(亡者)에게 밥을 차려 올리는 제사. *궤연(几筵); 영위(靈位)를 모시어 놓은 자리.
1605) 삼월계슌(三月季旬) : 음력으로 3월 20일부터 30일까지의 동안.
1606) 둔셕(窀穸) : 무덤의 구덩이.

境)을 지닉여시나 윤상국이 딕의(大義)로 기유ᄒᆞ여 지보(支保)ᄒᆞ믈 어드니라.

얼프시 죵졔(終祭)를 필ᄒᆞᄆᆡ 세환(歲換)ᄒᆞ여 신졍(新正) 초슌의 니르러시니, 졔공의 츄원영모지통(追遠永慕之痛)1609)이 시롭고, 윤상부 오부직 신년을 먼니셔 지닉니 비록 슈월간이나 북으로 군친(君親)을 ᄉᆞ렴ᄒᆞ며 귀가지심(歸家之心)이 층졀(層切)ᄒᆞ니, 임의 공【63】의 부부의 장녜를 지닉엿고, 나라히 말믜 긔한이 ᄎᆞᆺᄂᆞᆫ지라. 오릭 머물미 가치 아냐 부ᄌᆞ 오인이 이의 녕연(靈筵)의 곡ᄇᆡ(哭拜) ᄒᆞ직(下直)ᄒᆞ고, 하시 졔인으로 분슈ᄒᆞ여 경ᄉᆞ의 도라와 궐하의 조회ᄒᆞ니, 상이 크게 반기샤 밧비 인견(引見)ᄒᆞ샤 옥ᄇᆡ의 향온(香醞)을 ᄉᆞᄒᆞ시고, 하공의 장녜 지닉믈 무르샤 ᄉᆡ로이 감탄ᄒᆞ시더라.

상국 부ᄌᆡ 이윽고 퇴조ᄒᆞ여 본부로 도라오니라.

이러구러 광음이 훌훌ᄒᆞ여 하노공 부부의 삼긔(三忌)와 담ᄉᆞ(禫祀)1610)를 맛ᄎᆞ니, 하시 졔인이 일졔이 고향의 도라가 삼긔를 지닉고, 초공 곤계 야랑(爺娘)1611)의 음용(音容)이 젹젹히 머럿ᄂᆞᆫ지라. 효ᄌᆞ의 【64】궁원지통(窮遠之痛)1612)이 슬흘 지로며 ᄲᅨ를 ᄭᆞᆨᄂᆞᆫ 듯ᄒᆞ니, 다시 환노(宦路)의 ᄯᅳᆺ이 업셔 여러번 ᄉᆞ조(辭朝)ᄒᆞ여, 삼상거려(三喪居廬)의 병이 만ᄒᆞ니 ᄉᆞ군보국(事君輔國)ᄒᆞᆯ 직략이 쇠모(衰耗)ᄒᆞ믈 알외고, 벼슬을 드리고 님하(林下)의 한가ᄒᆞᆫ ᄇᆡᆨ셩이 되믈 이걸ᄒᆞᄃᆡ, 상이 죵불윤(終不允)ᄒᆞ시니 초공 등이 ᄒᆞᆯ일업셔 졔ᄌᆞ 졔손과 부인으로 더부러 뎨도(帝都)의 도라와, 부인ᄂᆡ ᄒᆡᆼ거는 부즁으로 보닉고 ᄌᆞ긔 곤계 ᄌᆞ손은 교외의 니르니, 허다 문싱(門生) 고리(故吏)와 친쳑(親戚) 붕위(朋友) 문외의 몌엿더라.

한가지로 궐하의 슉ᄉᆞᄒᆞ니, 텬지 크게 반기샤 ᄲᆞᆯ니 인견ᄒᆞ시고, 삼년 죵상ᄒᆞ믈 치위ᄒᆞ실ᄉᆡ, 몬져 옥식이 쳐연ᄒᆞ샤 농누(龍淚)를 먹음으시니, 초공 곤계 황은을 가【65】지록 망극ᄒᆞ여 일시의 감누(感淚)를 나리와, 고두ᄉᆞ은 왈,

"신등이 죄악이 즁ᄒᆞ와 어버이를 일시의 여회와 죵상(終喪)이 덧업시 지닉오니, 뇩아지통(蓼莪之痛)이 구곡(九曲)을 ᄉᆞ희오니, 싱셰지념(生世之心)이 돈무(頓無)ᄒᆞ온지라. 엇지 ᄉᆞ군찰직(事君察職)의 ᄯᅳᆺ이 이시리잇고? 폐히 신등의 쳔효(賤孝)와 박셩(薄誠)을 어엿비 너기샤 쳔신의 남은 히골을 빌니시면, 물너 님하의 업디여 여년을 맛고, 셩쥬의 일월 혜ᄐᆡᆨ을 ᄲᅨ의 삭여 화봉인(華封人)1613)의 쳥츅셩인(請祝聖人)을 의방(義方)ᄒᆞ

1607) ᄉᆞ시곡읍(四時哭泣) : 상례(常禮)의 하나. 상(喪)이 나서 궤연(几筵)을 설치한 때로부터 탈상(脫喪)을 하여 궤연을 철거할 때까지, 매일 하루 중의 네 때, 곧 단(旦; 아침)·주(晝; 낮)·모(暮; 저녁)·야(夜; 밤)에 영위(靈位)에 곡읍(哭泣)하는 것을 이른다.

1608) 싀훼골닙(柴毁骨立) : 몸이 마른 나무처럼 몹시 야위어 뼈만 앙상함.

1609) 츄원영모지통(追遠永慕之痛) : 슬피 옛일을 생각하며 사모하는 마음

1610) 담ᄉᆞ(禫祀) : =담제(禫祭). 대상(大祥)을 치른 다음다음 달 하순의 정일(丁日)이나 해일(亥日)에 지내는 제사. 초상(初喪)으로부터 27개월 만에 지내나, 아버지가 생존한 모상(母喪)이나 처상(妻喪)일 때에는 초상으로부터 15개월 만에 지낸다.

1611) 야랑(爺娘) : =야야낭랑(耶耶娘娘). 부모(父母)를 달리 이르는 말.

1612) 궁원지통(窮遠之痛) : 끝이 없는 슬픔.

1613) 화봉인(華封人) : 중국 요임금이 화(華) 지방을 순시하였을 때 요임금을 위해 세가지 복(福) 곧 수

리이다. 쇼신 원상 원창 원필은 아직 나히 졈어시니 셩쥬 은틱을 져기 갑스오려 ᄒᄂ
이다."

상이 하공 등의 초췌ᄒᆫ 형용과 간졀ᄒᆫ 쥬스를 드르시미 크게 창연 【66】 감동ᄒ시
나, 하시 졔공 밋으시미 스직(社稷)의 틱보(大輔)로 아르시ᄂᆫ지라. 엇지 그 원을 조ᄎ
시리오. 텬안이 블예(不豫)ᄒᄉ 왈,

"블연ᄒ다. 하션싱이 년급 오슌(五旬)의 바야흐로 장년 방강ᄒᆫ 긔운이 오히려 머러
시니, 엇지 졸연이 물너가리오. 지어(至於) 부모상은 인인의 덧덧ᄒᆫ 비라. 즈텬즈(自天
子)로 지어 셔인(至於庶人)ᄒ니, 경등의 홀노 당ᄒᆫ 비 아니라. 상빅 오십지셰의 만타
칭홀진디 고인은 엇지 팔십의 봉후(封侯)ᄒ여시리오. 알괘라, 션싱이 이제 즁도의 짐
을 바리고져 ᄒᆫ, 반ᄃ시 님군이 허물이잇셔 셤기믈 괴로이 너기미로다."

농음(龍音)이 엄슉ᄒ시고 옥식(玉色)이 십분 블예 【67】 ᄒ시니, 졔공이 불승황공진
뉼(不勝惶恐震慄)ᄒ여 면관고두(免冠叩頭)ᄒ고 스죄를 쳥ᄒ온디, 상이 명ᄒ여 평신ᄒ
라 ᄒ시고, 직삼 기유ᄒ시며 옥빅의 향온을 스하샤 은권이 늉늉ᄒ시니, 공 등이 감히
다시 스직ᄒᄂ 말ᄉᆷ을 빗최지 못ᄒ고 죵일 군젼의 뫼셧더니, 셕양의 비로쇼 퇴ᄒ여
부즁의 도라오니, 즈녀부 졔손이 하당 영지ᄒ고, 져져 윤상국 부인이 녀부로 더부러
니르러 형믹즈남(兄妹姊男)이 슈년 별니를 단취ᄒ니, 반기며 슬허ᄒ미 상하치 아니터
라.

초공 곤계 가즁(家中)을 둘너보미 부모의 머무시던 곳을 ᄎᆷ아 보지 못ᄒ여, 슬픈 누
쉬 의금을 젹시ᄂᆫ지라. 졔쇼년 【68】 ○[쇼]녀 부인ᄂ 존당 셩덕을 시로이 츄모ᄒ여
쳥뉘 옷깃슬 젹시더라.

ᄎ시 연부인이 모친 삼긔를 겨오 지닉미, 부친이 졸ᄒ니 아직 초상이라. 초공으로
슈년 별니 그음 업스니 장츳 망부셕(望夫石)이 될 듯ᄒ나, 오히려 사룸의 넘위(廉
隅)1614)라. 부친 초상이 맛지 못ᄒᆫ 고로 능히 도라오지 못ᄒ고, 초공 등의 상경ᄒᆷ을
드르미 이만 틱올 ᄯᆞ룸이라. 하시 졔공이 슈일 쉬여 연궁의 나아가 조상ᄒ니라.

초공 곤계 뎨향(帝鄉)의 도라오니 친쳑 붕우와 윤ㆍ뎡 냥문 졔인이 년일 니르러 별
회를 니르니 문젼이 요요(擾擾)ᄒ더라. 초공 곤계 히룰 니어 즈라ᄂᆫ 즈녜 충충ᄒ니
【69】 초공의 필즈 몽농은 삼비 경시의 쇼싱이라. 년급 십오오, 어스 틱우 원상의 삼
즈 몽관과 스즈 몽슈ᄂ 임부인 ᄥᅡᆼ싱이니 십ᄉ셰오, 북빅후 원창의 스즈 몽균은 원비
뎡슉셩의 뎨삼지니 금년 십삼셰오, 오즈 몽소와 ᄎ녀 슉강은 ᄎ비 양부인 동틱(同胎)
라, 년급 십ᄉ셰오, 뉵즈 몽강은 삼비 위시의 지니 ᄯᅩ흔 십ᄉ셰라. 거의 다 동년이로
디 여러부인이 싱ᄒ 빅니, 싱월일시로 ᄎᆞ례를 분간ᄒ고, 네부 상셔 원필의 장즈 몽녈
이 ᄯᅩ흔 십셰라.

(壽)ㆍ부(富)ㆍ다남자(多男子)를 축복하였다는 현인(賢人). 『장자(莊子)』〈외편(外篇)〉 천지(天地) 장에
나온다.

1614)넘위(廉隅) : 염치(廉恥). 체면을 차릴 줄 알며 부끄러움을 아는 마음.

일가의 여러 ᄌ녜 층층이 ᄌ라나 노공과 틱부인의 삼상을 지니므로, 혼취(婚娶) 니러트시 느졋더라. 제공ᄌ와 쇼【70】제 명문 싱츌노 기기히 남뎐미옥(藍田美玉)1615)이오 녀슈겸금(麗水兼金)1616)이라. 슉강쇼졔 방년(芳年) 이칠(二七)의 '도지요요(桃之夭夭)의 작작기홰(灼灼其華)'1617) 바야히라. 제공과 모든 부인이 각각 ᄌ녜 장셩ᄒ믈 근심ᄒ나, 션노공의 부부 삼상을 갓 지니고 갓 도라와시니 밋쳐 ᄌ녀의 혼ᄉ를 의논치 못홀 거시오. ᄯ 다시 고비(考妣)를 여희온 지통이 구곡을 ᄉ히니, 엇지 ᄌ녀의 가취(嫁娶)의 ᄯᆺ이 이시리오. ᄌ연 쳔연ᄒ미 되엿더라.

어시의 연궁의셔 부마의 장녜를 지니고 연부인이 도라오니, 졔인이 반겨 마ᄌ 초상이 덧업ᄉ물 치위ᄒ니, 연부인이 슬픈 쥴도 아ᄂᆫ 듯 모로ᄂᆫ 듯 다만 굴지계일(屈指計日)ᄒ여 기다리ᄂᆫ 비 【71】초공의 풍광덕질을 반기고져 ᄒ미라. 이의 도라오나 승상의 상녜를 즁히 ᄒᄂᆫ 쥴 알지니, 그 면목을 상딕치 못홀 쥴 알거니, 도로혀 병이 되여 셜워ᄒ미 부모상의셔 더ᄒ니, 망측ᄒ 히게 불가 형언이라.

초공이 져의 힝싴 늙도록 히연(駭然)ᄒ믈 망측히 너기나, 그 인ᄉ를 칙망치 못ᄒ리라 ᄒ여, 그 상녜의 과도ᄒ믈 각별 짓지 아냐, 비록 ᄉ실의 못지 아니나 낫ᄌ 간간이 상딕ᄒ여 위로ᄒ미 만ᄒ니, 연부인이 힝혀 초공이 ᄌ긔 상녜를 과도히 고집ᄒ여 상면치 아닐가 가장 셜워ᄒ더니, 이러틋 슌편ᄒ믈 힝심쳔만(幸甚千萬)ᄒ니, 일노조ᄎ 망측【72】ᄒ 히거(駭擧)를 져기 늣츄미 되니, 가즁이 종용ᄒ더라.

화셜 뎡상부의셔 진국공 쥭암의 뎨ᄉ녀 인염과 필녀 난염은 동틱싱(同胎生)이니, 삼비 한부인 쇼싱이라. 방년 십삼의 작틱(作態) 션빈(鮮鬢)이 이원뇨나(哀願姚娜)ᄒ고 직덕이 겸비ᄒ여, 관져(關雎)의 니른 바 뇨조슉녜(窈窕淑女)라. 하노공 싱시의 뎡약(定約)ᄒ여 하어ᄉ의 동틱ᄌ(同胎子) 몽관 몽슈로 진진(秦晉)의 호연(好緣)을 긔약ᄒ엿더니, 임의 뎡빙(定聘)ᄒᆫ 혼인이라. 냥기 상의ᄒ여 틱일 셩혼ᄒ니, 각각 ᄲᅡᆼ을 일치 아냐 진짓 옥뎨(玉帝) 명ᄒ신 비필이라. 냥가 부뫼 딕열ᄒ고 부뷔 화락ᄒ여 금슬이 교칠(膠漆) 갓더라.

진국공 뎨칠ᄌ 한긔ᄂᆫ 《ᄎ미∥ᄎ비(次妃)》쇼시의 삼ᄌ라. 부형 여풍【73】으로 용뫼 관옥 갓고 문장이 틱ᄉ쳔(太史遷)1618)의 가음열미 잇고, 셩되 온즁졍딕ᄒ여 금옥군ᄌ라. 북빅후 하후암의 녀 슈강쇼져와 뎡혼ᄒ여 셩녜ᄒ니, 부부의 아름다오미 겸금

1615) 남뎐미옥(藍田美玉) : 남진(藍田)에서 나는 아름다운 옥(玉)이라는 말. 남뎐(藍田)은 중국(中國) 섬서성(陝西省)에 있는 산 이름으로 옥의 명산지다.

1616) 녀슈겸금(麗水兼金) : 여수(麗水)에서 나는 겸금(兼金)이라는 말. 여수는 중국 양자강(揚子江) 상류인 운남성(雲南省)의 금사강(金砂江)을 이르는 말로, <천자문> '금생여수(金生麗水)'에서 말한 금(金)의 산지(産地)로 유명하다, 특히 여기서 나는 겸금(兼金)은 품질이 뛰어나 값이 보통 금보다 갑절이나 나간다.

1617)

1618) 태샤쳔(太史遷) : 사마천(司馬遷). BC.145-86. 중국 전한(前漢)의 역사가. 태사(太史)는 태사령(太史令)을 지낸 그의 관직명. 자는 자장(子長). 기원전 104년에 공손경(公孫卿)과 함께 태초력(太初曆)을 제정하여 후세 역법의 기초를 세웠으며, 역사책 ≪사기≫를 완성하였다.

(兼金) 냥옥(良玉) 갓흐니, 냥가 부뫼 두굿기고 스랑ᄒ더라.

ᄯ 초국공의 필ᄌ 몽츄로뼈 간의틴우 부협의 일녀를 취ᄒ고, 몽쇼로뼈 혹ᄉ 화경의 녀를 취ᄒ고, 몽강으로뼈 시어ᄉ 제연의 필녀를 취ᄒ니, 부·화·졔 졔쇼졔 다 덕문싱츌(德門生出)노 한갈 갓치 뇨조현완(窈窕賢婉)이러라. 하상셔의 장ᄌ 몽영은 한님 셜경의 녀를 취ᄒ니, 셜쇼져ᄂᆞᆫ 윤평장 셰린의 쳐질(妻姪)이라. 명가셰츌(名家歲出)노 부덕녀ᄒᆡᆼ(婦德女行)이 졍슌(貞純)ᄒ니 구괴 깃거ᄒ【74】고 부뷔 상화(相和)ᄒ더라.

션시의 윤·하·뎡 삼부의 모든 ᄌ녀등이 ᄒᆡ를 니어 충충이 장셩ᄒ니, 각각 상젹ᄒᆫ 가문의 빈필을 구ᄒᆞ여 ᄡᆞᆼ을 일우니, ᄯᅩ한 각각 상젹ᄒ더라.

원ᄂᆡ 삼부의셔 그 ᄌ녀 쉬(數) 젹지 아니ᄒᄃᆡ, 지어 불관ᄒᆫ 쳔산(賤産)의 가췌ᄒ던 ᄉ젹을 ᄌᄌ히 긔록지 아니믄, 하 지리ᄒᆞᄆᆡ 그 ᄃᆡ기만 긔록ᄒᄂ라. 이 가온ᄃᆡ 졔왕 뎡죽쳥의 《긔실∥쳡실(妾室)》 운남공쥬 《목염∥목운영》○[의] 녀 쵹염과 님셩각의 ᄌ와 셩혼ᄒ고, 진왕 《유쳥문∥윤쳥문》의 셔ᄌ 옥닌이 님셩각의 녀와 혼인ᄒ니, 님셩각은 당시 병마 졀도ᄉ 딘도독이러라. 초의 틴운 진인 화도ᄉ 님병마를 가ᄅ쳐 진왕을 위급지시의 구ᄒᆞ여 드듸여 교계【75】심후(深厚)ᄒ지라. 진왕이 님시 스랑ᄒᆞᄆᆡ 졔부(諸婦)의 나리지 아니ᄒ더라.

호람후 윤노공이 년급칠슌(年及七旬)의 긔력이 졍강(精强)ᄒ고 효ᄌ 현부와 현손의 영효를 바다 고당난실(高堂暖室)의 부귀영녹(富貴榮祿)이 극ᄒ니, 타인의 십ᄌ를 불워 아닐지라. 뉴부인은 칠십삼셰오 공은 칠십ᄉ셰라. 회혼이 슈월이 가려시니, ᄌ녀 졔부 졔손이 크게 깃거ᄒ고, 진왕이 ᄯᅩ한 굴지계일(屈指計日)ᄒᆞ여 계부(季父)와 계모(季母)의 회혼(回婚)을 등ᄃᆡᄒ더라.【76】

윤하뎡삼문취록 권지일백오

츠시 윤 노공(老公) 회혼(回婚)1619)이 슈월이 가려시니 주녀부(子女婦) 졔손이 크게 깃거ᄒ고, 진왕이 ᄯᅩᄒᆫ 굴지계일(屈指計日)1620)ᄒ여 계부모(繼父母)의 회혼을 등뒤ᄒ더니, 본뒤 조물(造物)이 다싀(多猜)라. 묵묵틱공(黙黙太空)1621)이 유모체원(裕謨體元)1622)ᄒ시나 살펴시믄 쇼소(昭昭)ᄒ니, 이 갓흔 영화 복녹을 나리오시믄 호람후의 어진 덕을 갑흐시미라. 엇지 뉴부인의 감당ᄒᆯ 비리오.

효문공의 셩효(誠孝) 뒤셩(大聖)을 상텬이 감동ᄒ샤, 당초 뉴시의 쳔흉만악을 사(赦)ᄒ샤 칠십여 세 영복(榮福)이 지극ᄒ니, 이의 더ᄒᆯ 거시 무어시며, 당셰의 ᄯᅩ 엇지 금평후와 진부인 갓흔 복인(福人)이 희한ᄒ거늘, ᄯᅩ 둘히 【1】 이시리오.

진왕은 계부(季父)의 회혼을 희망ᄒ니[나], 상국(相國)은 신명ᄒᆫ 혜아리미 반드시 주부인(慈夫人)1623)이 인슈(人壽) 팔십을 긔약기 어렵고, 금년 영화를 당치 못ᄒᆯ 쥴 혜아려 심하의 탄식ᄒ더니[라]. 과연 회혼지일(回婚之日)이 슈일을 격(隔)ᄒ여 뉴부인이 홀연 유질ᄒ여 위독지 아니니, 가즁상히(家中上下) 다 불과 풍한(風寒)의 감돈1624)ᄒ므로 알오뒤, 승상은 임의 혜아리미 잇ᄂᆫ 고로, 뒤황초젼(大惶焦煎)1625)ᄒ여 신음지초(呻吟之初)로븟허 불탈의뒤(不脫衣帶)1626)ᄒ고 의양(醫養)1627)을 지셩으로 ᄒ여 잠주믈 폐ᄒ니, 부인이 ᄯᅩᄒᆫ 총오(聰悟)ᄒᆫ지라. 졸연ᄒᆫ 병근을 의심ᄒ나 말을 아니ᄒ고, 다만 뒤단치 아니니 근노치 말나 ᄒ더니, 슌여일(旬餘日)의 미쳐 【2】ᄂᆫ 날노 미류(彌留)ᄒ여 능히 상요(床褥)1628)를 쩌나지 못ᄒ고 빅약이 무효ᄒᆫ지라.

녕능후 부인과 하승상 부인이 주휘(慈候) 침즁(沈重)ᄒ시믈 듯고, 뒤경ᄒ여 일시의

1619)회혼(回婚) : 부부가 혼인하여 함께 맞는 예순 돌 되는 날. 또는 그해.
1620)굴지계일(屈指計日) : 손가락을 꼽아 가며 예정된 날을 기다림.
1621)믁믁틱공(黙黙太空) : 묵묵한 하늘.
1622)유모체원(裕謨體元) : 꾀가 크고 만물의 근본이 됨
1623)주부인(慈夫人) : 자친(慈親). 자당(慈堂). 모부인(母夫人). 남의 어머니를 높여 이르는 말. 여기서는 자신의 어머니에 대한 경칭(敬稱)으로 쓰고 있다.
1624)감돈 : 감기. *감돈ᄒ다; 감기에 걸리다.
1625)뒤황초젼(大惶焦煎) : 몹시 당황하여 근심하며 애를 태움.
1626)불탈의뒤(不脫衣帶) : 띠를 풀지 않고 옷을 벗지 않음.
1627)의양(醫養) : 의약으로 병을 치료함.
1628)상요(床褥) : 침상 위에 깔아놓은 요. *褥; 음은 '욕'이고 훈은 '요'임.

모다 구병(救病)홀시, ᄌ녀뷔(子女婦) 한가지로 불탈의딕ᄒ고 시약(侍藥)1629)의 밋지 아닌 곳이 업ᄉ나, 임의 텬명이 다ᄒᆞᆫ지라, 엇지 촌효(寸效)를 바라리오.

날노 위독ᄒ여 월여의 밋쳐ᄂᆞᆫ 더욱 침즁ᄒ니, 스스로 니지 못홀 쥴 알고 일일은 좌우를 명ᄒ여 향탕(香湯)1630)을 가져오라 ᄒ여 목욕(沐浴) 관세(盥洗)○○[ᄒᆞᆫ 후], 의상을 바로 ᄒ여 침셕을 졍졔ᄒ고 누으ᄆᆡ, 조틱비와 호람후를 쳥ᄒ고, ᄌ녀부, 졔질과 남녀 졔손을 다 모화, 유언을 ᄭᅵ칠시, 조틱비를 향ᄒ여 탄왈,

"쇼뎨 년이 십삼의【3】윤문의 입승(入承)1631)ᄒ여 불미ᄒᆞᆫ 힝시 만커늘, 져졔(姐姐)1632) 윤문 총부(冢婦)1633)로 셩덕인ᄌ(聖德仁慈)ᄒ시니[미], 임강(任姜)1634) 마등(馬鄧)1635)의 아ᄅᆡ 아니오, 슉슉(叔叔)1636)의 효우 관인ᄒ시미 증ᄌ(曾子)1637) 왕샹(王祥)1638)의 지나시며, 가군(家君)의 효졔튱신(孝悌忠信)ᄒ시미 진짓 《셩븐∥셩문》유경(聖門有慶)1639)이로딕, 하ᄂᆞᆯ이 현인을 복우(福祐)1640)치 아니샤, 슉슉이 군국딕임(君國大任)을 밧ᄌ와 만니타국(萬里他國)의 쳔금지구(千金之軀)를 바리시니, 가운이 공참(孔慘)ᄒᆞᆷ은 니ᄅᆞ도 말고, 져져의 홍안박명의 신셰 엇더ᄒ리오. 혈혈(孑孑) 치녀(稚女)와 강보(襁褓) ᄡᅡ아ᄅᆞᆯ 픔어 명박(命薄) 궁곤(窮困)ᄒᆞᆫ 신셰, 엇지 위인심ᄌ(爲人心者)1641)의 가셕(可惜) 참담(慘憺)치 아니리오만은, 쇼뎨의 심장인즉, 금셕이 되여 현져(賢姐)의 박명 신셰 슬프믈 아지 못ᄒ고, 믄【4】득 괴이ᄒᆞᆫ 의ᄉᆡ 니러나 노혼ᄒ신 존고를 격동ᄒ고, 간비(姦婢) 요인(妖人)을 결당ᄒ여 져져 모녀와 질ᄌ 부부를 음히ᄒ며 장ᄎᆞᆺ 참혹ᄒᆞᆫ 지경의 밋게 ᄒ니, 힝혀 져져의 현심과 질아의 효ᄒ미 아니런들 엇지 금

1629)시약(侍藥) : 약 시중을 드는 일.
1630)향탕(香湯) : 향을 넣어 끓인 물. 주로 염습하기 전에 송장을 씻는 데에 쓴다. 여기서는 향을 넣어 데운 '목욕물'을 말함.
1631)입승(入承) : 임금에게 아들이 없을 때 왕족 가운데 한 사람이 임금의 대를 잇던 일. 여기서는 여자가 혼인하여 시집에 온 것을 말함.
1632)져졔(姐姐) : ①남자가 손위 '누님'이나 손아래 '누이'를 달리 이르는 말. ②여자가 손위 '언니'나 손위 '동서'를 이르는 말.
1633)총부(冢婦) : ①종부(宗婦). ②정실(正室) 맏아들의 아내.
1634)임강(任姜) : 중국 주(周) 문왕(文王)의 모친 태임(太姙)과 주(周) 선왕(宣王)의 비(妃) 강후(姜后)를 함께 이르는 말. 모두 어진 덕으로 유명하다.
1635)마등(馬鄧) : 중국 동한(東漢) 명제(明帝)의 후비 마후(馬后)와 동한(東漢) 화제(和帝)의 후비(后妃) 등후(鄧后)를 함께 이르는 말. 둘 다 후궁 가운데 덕이 높았다.
1636)슉슉(叔叔) : 남편의 형제, 특히 '시아주버니'를 문어적으로 이르는 말.
1637)증ᄌ(曾子) : 성명 증삼(曾參). 자는 자여(子輿). 중국 노나라의 유학자. 공자의 덕행과 사상을 조술(祖述)하여 공자의 손자인 자사(子思)에게 전하였다. 후세 사람이 높여 증자(曾子)라고 일컬었으며, 저서에 ≪증자≫, ≪효경≫ 이 있다.
1638)왕샹(王祥) : 184-268. 중국 삼국-서진 때의 효자. 겨울에 계모가 잉어를 먹고 싶다고 하자 강물에 나가 잉어를 구해다가 어머니를 봉양한 효행으로 유명하다.
1639)셩문유경(聖門有慶) : 훌륭한 가문의 기쁜 일.
1640)복우(福祐) : 복을 내려 도움.
1641)위인심ᄌ(爲人心者) : 사람의 마음을 가진 사람.

일이 이시리잇고? 도추(到此)의 취회만단(追悔萬端)이니 회장하급(悔將何及)1642)이리
오. 비록 져져의 셩덕과 주질의 셩효룰 밋어 안여평셕(晏如平席)1643)ㅎ나, 슉야(夙夜)
의 죄룰 혜고 악을 싱각ㅎ미 엇지 주괴(自愧) 뉵니(忸怩)1644)치 아니리잇고? 금일의
니르히 부귀 영화ᄂ 다 져져의 쥬시미라. 젼과(前過)룰 바리고 효우룰 힘쓰미 안항(雁
行)의 즐기믈 빅년을 기리 다홀가 바라더니, 불초 미뎨(微弟)1645) 엇지 몬져 황양(黃
壤)1646)【5】의 길흘 바얄1647) 줄 알니잇고? 복원(伏願) 져져ᄂ 만슈무강(萬壽無疆)ㅎ
샤 남은 복을 다 ᄒ쇼셔."

티비 그 손을 잡고 츄연(惆然) 함쳬(含涕) 왈,

"현뎨야, 이 엇진 말고? 왕ᄉ(往事)ᄂ 이의(已矣)1648)라. 이곳 나의 명되(命途) 궁박
ㅎ미니 엇지 사람을 탓ㅎ리라, 님위지시(臨危之時)의 여ᄎ지언(如此之言)을 ᄒ ᄂ뇨?
주고로 인슈(人壽) 팔십도 엇기 어렵거늘, 우뎨(愚弟) 묘복(眇福)1649)으로 빅년 향슈룰
바라리오. 현뎨ᄂ 무익지셜(無益之說)노 병심을 요동치 말고 조호(調護)ㅎ여 주녀의
심ᄉ룰 위로ᄒ라."

부인이 탄식 부답ᄒ고, 공을 향ᄒ여 허다 유언을 씨쳐 주긔 당년 과악을 식로이 츄
회(追悔)ᄒ고, 진왕과 승상의 손을 잡고 냥녀와 하·댱 냥부와 질부 등을 디ᄒ【6】여
낫낫치 유언을 씨치니, 주질녀부(子姪女婦)1650) 졔손이 직비 슈명ᄒ고 눈물이 창(漲)
히1651) 쇼쇼(昭昭)ᄒ니, 부인이 냥구슉시(良久熟視)의 일영삼탄(一詠三嘆)ᄒ고, 희허
(唏噓) 왈,

"나의 불인(不仁) 박덕(薄德)으로 금일 복 바드미 과ᄒ거늘, 여등(汝等)이 무익지비
(無益之悲)룰 과도히 ᄒᄂ다."

다시 공의게 고왈,

"녜(禮)의 부인이 님ᄉ(臨死)의 장뷔(丈夫)1652)룰 불견(不見)이라. 첩의 디명(大命)이
거의니 군후(君侯)ᄂ 나가실지니이다."

공의 부인의 엄엄(奄奄) 슈진(壽盡)ᄒᄂ 거동을 보니 불승 참연ᄒ나, 부인이 님ᄉ의
장뷔 비불뉘(悲不淚)1653)라. 엇지 영웅의 긔운을 최찰1654)ᄒ리오. 십분 강잉ᄒ여 기리

1642) 회장하급(悔將何及) : 후회가 장차 어디에 미칠 것인가.
1643) 안여평셕(晏如平席) : 편안하기가 평평한 자리에 앉아 있는 것과 같음.
1644) 뉵니(忸怩) : 부끄럽고 창피함.
1645) 미뎨(微弟) : 우제(愚弟). 어리석은 동생라는 뜻으로, 말하는 이가 형으로 대접하는 사람을 상대하여
　　　자기를 낮추어 이르는 일인칭 대명사.
1646) 황양(黃壤) : 저승. 황천(黃泉). 사람이 죽은 뒤에 그 혼이 가서 산다고 하는 세상.
1647) 바야다 : 재촉하다.
1648) 이의(已矣) : 이미 끝나버렸거나 지난 일이어서 어찌할 도리가 없음.
1649) 묘복(眇福) : 복력(福力)이 변변하지 못함. 또는 극히 적은 복.
1650) 주질녀부(子姪女婦) : 아들(子), 조카(姪), 딸(女), 며느리(婦)를 함께 이르는 말.
1651) 창(漲)ᄒ다 : 솟아나다. 넘쳐나다.
1652) 장뷔(丈夫) : 남편. 대장부(大丈夫).

팔을 드러 작별 왈,

"'싱(生)은 긔야(寄也)오 스(死)는 귀애(歸也)니'1655), 인지싱셰(人之生世)의 일싱일스(一生一死)는 상니(常理)라. 부인이 엇【7】지 홀노 면ᄒ며, 복(僕)1656)이 ᄯ 엇지 면ᄒ리오. 장단(長短)이 쩌 잇ᄂ니, 부인은 기리 쳔양의 안거ᄒ라. 인싱 쳐셰(處世)의 낫부미 업스리이다."

셜파의 밧그로 나가니, 부인이 탄식 슈셩(數聲)의 명이 진ᄒ니, 시셰 중동회간(仲冬晦間)이오, 년이 칠십삼셰러라. 일긔 엄ᄒ여 사롬마다 치우믈 닉기지 못ᄒ더라. 조틱비 크게 슬허 통곡ᄒ고, 삼ᄌ녀 발상거이(發喪擧哀)1657)ᄒ니 슬픈 곡셩이 동구롤 흔들고, 효문공이 단지(斷指)1658)ᄒ올 ᄯᆺ이 급ᄒᆫ지라, 진왕이 알고 급히 말니니라.

효문공은 츌텬지효(出天之孝)어늘 뇩아지통(蓼莪之痛)1659)을 당ᄒ니 엇지 싱양(生養)1660)을 분간ᄒ리오. 피발(被髮)1661) 곡용(哭踊)1662)ᄒ여 한 번 울미 셰번 주위(慈闈)롤 불너 엄홀ᄒᆞᆷ믈【8】ᄌ로ᄒ니, 비록 쳔녀 셕·하 냥부인이라도 밋지 못홀 곳이 만ᄒ니, ᄌ녀부 졔손이 챵황(悵怳) 민박(憫迫)ᄒ고, 진왕이 스뎨(舍弟)의 과도ᄒᆞᆷ믈 보미, 본딕 쇼시로븟허 화란을 경녁ᄒᆫ 심ᄒᆫ 약질이어늘, 이러틋ᄒ여ᄂᆫ 초상을 지보키 어려오믈 기유ᄒ고, 호람휘 칙왈,

"노뷔 일즉 너를 강보의 계후ᄒᆞᆷᆫ 형장 지시의 명ᄒᆫ 비라. 부ᄌ의 눈(倫)을 미ᄌᆫ 지 쏘ᄒᆫ 오릭다 홀지라. 노뷔 너를 녯글을 가릇칠 졔 무엇슬 닐넛ᄂ뇨? 닉 아히 싱셰지후(生世之後)의 쳐음 지통을 만나니 심식 가히 슬프다 ᄒ려니와, 오히려 존쉬(尊嫂) 지당ᄒ시고 노뷔 이시니 인ᄌ지되(人子之道)이 갓ᄒ미 가ᄒ냐? 네 몸이 스스로 둔비 아니라, 존슈의 싱휵(生慉)ᄒ【9】신 비라. 엇지 한 어미를 위ᄒ여 신쳬발부(身體髮膚)롤 ᄉ랑치 아니리오. 종시 고집ᄒ여 유쳬(遺體)롤 경히 너길진딕, 이는 노부의

1653)비불뉘(悲不淚) : 슬퍼도 눈물을 흘리지 않음.

1654)최찰 : 최절(摧折). 최좌(摧挫). 마음이나 기운이 꺾임.

1655)생기사귀(生寄死歸) : 사람이 이 세상에 사는 것은 잠시 머무는 것일 뿐이며 죽는 것은 원래 자기가 있던 본집으로 돌아가는 것임을 이르는 말.

1656)복(僕) : 저. '나'의 겸칭.

1657)발상거이(發喪擧哀) : 상례(喪禮)에서, 죽은 사람의 혼을 부르고 나서 상제(喪制)가 머리를 풀고 슬피 울어 초상난 것을 알림.

1658)단지(斷指) : 예전에, 가족의 병이 위중할 때에, 그 병을 낫게 하기 위하여 피를 내어 먹이려고 자기 손가락을 자르거나 깨물던 일.

1659)뇩아지통(蓼莪之痛) : 어버이가 죽어서 봉양하지 못하는 효자의 슬픔을 이르는 말. 중국 전국시대 진(晋)나라 사람 왕부(王裒)가 아버지가 비명(非命)에 죽은 것을 슬퍼하여 일생 묘 앞에 여막(廬幕)을 짓고 살며 추모하였는데, 『시경』<육아편(蓼莪篇)>을 외우며, 그 때마다 아버지를 봉양치 못하는 자신의 처지를 슬퍼하여 눈물을 흘렸다는데서 유래한 말.

1660)싱양(生壤) : 낳아준 것과 길러준 것. 생부모(生父母)와 양부모(養父母). 작중에서 효문공의 생모는 조태비인데, 어려서 숙부모인 호람후 윤수와 유부인의 양자가 되어, 여기서 임종을 맞는 유부인은 양모가 된다.

1661)피발(被髮) : 상례(喪禮)에서, 부모가 돌아갔을 때 머리를 푸는 일.

1662)곡용(哭踊) : 상례(喪禮)에서, 발을 구르며 슬피 울어 애도하는 일.

불엄교즈(不嚴敎子)혼 허물이라. 존슈긔 뵈올 낫치 업고 디하의 하면목(何面目)으로 형장을 뵈오리오. 네 노부의 경계를 듯지 아닌 즉, 노뷔 몬져 즈진(自盡)ㅎ여 구천야 딘(九泉夜臺)1663)의 형장을 뵈와 훈즈(訓子) 못혼 죄를 쳥ㅎ리라."

셜파의 안쇠이 십분 엄슉ㅎ니, 승상이 야야(爺爺)의 엄교를 듯즈오미 불승황공(不勝 惶恐)ㅎ여, 다만 츄파(秋波)1664)의 비뤼여우(悲淚如雨)1665)ㅎ여 고두(叩頭) 슈죄ㅎ고, 십분 억제ㅎ여 지통을 나는 디로 못ㅎ더라. 이의 초상을 녜로 ㅎ여 셩복(成服)1666)홀 시, 비록 상인의 쉬 젹으나 ○○[양직(養子)] 작위 삼공(三公)1667)이오, 질직 진왕이 오, 《진외손‖친외손(親外孫)1668)》이【10】쳔승국군(千乘國君)이니, 타인의 십즈를 불위ㅎ리오. 상이 틱부(太傅)의 지상(在喪)ㅎ믈 드르시고 부의를 두터이 ㅎ시니라.

일월이 유미(流邁)ㅎ여1669) 장월(葬月)이 님박ㅎ니 항쥬(杭州)1670) 션산으로 도라갈 시, 조틱비와 노공이 지당혼 고로 감히 시묘(侍墓)치 못ㅎ고 장녜만 지니고 도로 오려 홀시, 츈이월 계슌(季旬)의 즈질 계숀이 디회(大會)ㅎ여 상구(喪柩)를 발ㅎ니, 조틱비 각별 제문지어 셜제ㅎ니, 스의 관곡ㅎ고 졍이 간졀ㅎ니 견지막불싀비(見者莫不嘶 悲)1671)러라. 호람휘 빅슈를 붓치고 빅포쇼디(白袍素帶)1672)로 즈질 계숀을 거느려 상 구를 발ㅎ여 일노의 무스히 힝ㅎ여 슈슌만의 항쥐 니르러, 다시 틱일ㅎ여 안장(安葬) ㅎ니, 즈질 계숀의 슬픈 곡셩이 쳐초(凄楚)ㅎ고【11】효문공의 궁텬지통(窮天之 痛)1673)은 달어황쳔(達於黃泉)1674)ㅎ여 홀홀이 조출 듯ㅎ더라.

이의 묘젼의 혈누를 쓰려 하직고 목쥬(木主)를 밧드러 경스 본부로 도라오니, 녀부 (女婦) 제질이 계숀을 거느려 목쥬를 마즈 부인 거쳐ㅎ던 침누(寢樓)의 봉안ㅎ고, 싀 로이 슬허 이셩이 진지ㅎ더라. 이러구러 졸곡(卒哭)1675)을 맛츠미 냥녀와 계숀 쇼져 등이 구가로 도라가니라.

츠시 상국이 져져 등이 마즈 구가로 도라가니, 비록 북당(北堂)1676)의 싱모와 양뷔

1663) 구천야딘(九泉夜臺) : 저승에 있는 무덤. 야대(夜臺); '무덤'을 달리 이르는 말.

1664) 츄파(秋波) : 가을 물결처럼 맑은 눈.

1665) 비뤼여우(悲淚如雨) : 슬픈 눈물이 빗물처럼 흘러내림.

1666) 셩복(成服) : 상례에서 초상이 나서 처음으로 상복을 입는 일. 보통 초상난 지 나흘 되는 날부터 입 는다

1667) 삼공(三公) : 삼정승. 조선의 영의정·좌의정·우의정. 중국 주(周)·명(明)·청(淸)의 태사(太師)·태 부(太傅)·태보(太保). 한(漢)·당(唐)·송(宋)의 태위(太尉)·사공(司空)·사도(司徒).

1668) 친외손(親外孫) : 친손과 외손을 함께 이르는 말.

1669) 유미(流邁)ㅎ다 : 흐르다. 흘러가다.

1670) 항쥬(杭州) : 중국 절강성(浙江省) 북부에 있는 도시.

1671) 견지막불싀비(見者莫不嘶悲) : 보는 사람들이 눈물을 흘리며 슬퍼하지 않는 이가 없음.

1672) 빅포쇼디(白袍素帶) : 흰 도포를 입고 흰 띠를 두른 차림.

1673) 궁텬지통(窮天之痛) : 하늘에 사무치는 설움이란 뜻으로, 부모를 여읜 슬픔을 이르는 말.

1674) 달어황쳔(達於黃泉) : 저승에 다다를 듯함.

1675) 졸곡(卒哭) : 상례에서 삼우제를 지낸 뒤에 곡을 끝낸다는 뜻으로 지내는 제사. 사람이 죽은 지 석 달 만에 오는 첫 정일(丁日)이나 해일(亥日)을 택하여 지낸다.

계셔 년노ᄒᆞ시믈 인ᄒᆞ여 지통을 졀억ᄒᆞ고 시묘(侍墓)ᄒᆞ믈 일우지 못ᄒᆞ나 상녜(喪禮)의 삼엄홈과 구곡(九曲)1677)이 ᄉᆞ희ᄂᆞᆫ1678) 지통이야 어이 긋치리오. 종일 녀ᄎᆞ(廬次)1679)ᄅᆞᆯ ᄯᅥ나지 아냐 ᄉᆞ시(四時)1680) 곡읍(哭泣)의 【12】 졀졀ᄉᆞᆨᄉᆞᆨ(切切偲偲)1681)ᄒᆞ미 초상(初喪)과 다ᄅᆞ지 아니ᄒᆞ고, 하·댱 냥부인이 조셕증상(朝夕蒸嘗)1682)을 밧드러 동동쵹쵹(洞洞屬屬)1683)ᄒᆞᆫ 셩회 가죽ᄒᆞ니1684), 이 진실노 효문공의 상격ᄒᆞᆫ 비위러라. 노공이 ᄌᆞ부의 셩효ᄅᆞᆯ 아름다이 너기고, 승상의 싀훼골닙(柴毁骨立)1685)ᄒᆞᆷ믈 본즉, 참연(慘然) 이상(哀傷)ᄒᆞᆷ믈 니긔지 못ᄒᆞ나 ᄉᆞ쉭의 나타니지 아니코, 칙계(責戒)ᄒᆞ여 보호ᄒᆞᆷ믈 강보영아(襁褓嬰兒)갓치 ᄒᆞ니, 승상이 야야의 이러틋 ᄒᆞ신 ᄌᆞ이ᄅᆞᆯ 보오미 감히 비식을 간딕로 못ᄒᆞ여 지보ᄒᆞᆷ믈 어드미 되니라.

일월이 유미(流邁)ᄒᆞ여 부인 삼긔(三忌)ᄅᆞᆯ 맛ᄎᆞ니, ᄌᆞ녀뷔(子女婦) 결복(闋服)1686)ᄒᆞ미, 효ᄌᆞ 효부와 효녀 셩손(姓孫)이 비회 무궁ᄒᆞ여 초상과 다ᄅᆞ미 업더라. 승상이 결복 후 【13】 다시 환노(宦路)의 ᄯᅳᆺ이 업셔, 부공은 날노 쇠ᄒᆞ시니 잠시 니측(離側)이 어려온지라, 표ᄅᆞᆯ 올녀 ᄉᆞ직ᄒᆞ미, 불윤(不允) 왈,

"상부는 짐의 고굉(股肱) 쥬셕(柱石)이라. 삼년 초토(草土)의 거려(居廬)ᄒᆞ여 묘당을 뷔오기도 결연ᄒᆞ던 빅어늘, 종상(終喪) 후 엇지 무고히 ᄉᆞ직ᄒᆞ리오. 아직 쇠로(衰老)ᄒᆞ미 업고 긔력이 강건ᄒᆞ니 믈ᄉᆞ찰직(勿辭察職)1687)ᄒᆞᆷ믈 기다리노라."

ᄒᆞ시니, 승상이 시러곰1688) ᄒᆞᆯ 일 업셔 힝공찰직(行公察職)ᄒᆞ니, 틱직 깃거ᄒᆞ시고 묘당이 슉연ᄒᆞ더라. 승상이 비로쇼 냥부인으로 보미 부부의 슬허ᄒᆞ미 비길ᄃᆡ 업더라.

1676)북당(北堂) : 자당(慈堂). 예전에, 중국에서 집의 북쪽에 있는 당집을 이르던 말. 집안의 주부(主婦)가 거처하는 곳이다.

1677)구곡(九曲) : 구곡간장(九曲肝腸)의 줄임말. 굽이굽이 서린 창자라는 뜻으로, 깊은 마음속 또는 시름이 쌓인 마음속을 비유적으로 이르는 말.

1678)ᄉᆞ희다 : 사위다. 다 타서 재가 되다.

1679)녀ᄎᆞ(廬次) : 여막(廬幕). 궤연(几筵) 옆이나 무덤 가까이에 지어 놓고 상제(喪制)가 거처하는 초막.

1680)ᄉᆞ시(四時) : 하루 중의 네 때. 단(旦; 아침 5-7시) · 주(晝; 낮 11-13시) · 모(暮; 저녁 17-19시) · 야(夜; 밤 23-01시)를 이른다.

1681)졀졀ᄉᆞᆨᄉᆞᆨ(切切偲偲) : 간절하고 자상함. 『논어』 자로(子路)편. 子曰 切切偲偲 怡怡也 可謂士矣(공자께서 이르시기를 간절하고 자상하며 기쁜 얼굴로 대하여야 선비라 할 수 있다)에서 온 말.

1682)조셕증상(朝夕蒸嘗) : 초상이 난 후 졸곡(卒哭) 때까지 죽은 이의 신위 앞에 아침저녁으로 음식을 차려 지내는 제사. *증상(蒸嘗)은 제사 이름. 겨울에 지내는 제사를 '증(蒸)', 여름에 지내는 제사를 '상(嘗)'이라 했다.

1683)동동쵹쵹(洞洞屬屬) : 공경하고 조심함. 부모를 섬기고 공경하는 마음이 지극함. 『예기(禮記)』【제의(祭義)】편의 "洞洞乎屬屬乎如弗勝 如將失之. 其孝敬之心至也與(공경하고 조심하는 태도가 마치 이기지 못하는 것 같고 잃지 않을까 조심하는 것 같아, 그 효경하는 마음이 지극하기 그지없다.)"에서 온 말.

1684)가죽ᄒᆞ다 : 가득하다. 가지런하다.

1685)싀훼골닙(柴毁骨立) : 몸이 매우 야위어 뼈만 앙상함.

1686)결복(闋服) : 상기(喪期)가 다 지나서 상복을 벗음. =제복(除服). =탈복(脫服).

1687)믈ᄉᆞ찰직(勿辭察職) : 사직하지 않고 직무를 수행함.

1688)시러곰 : 능히.

추셜, 진국공 쥭암의 필즈(畢子) 필긔는 원비 양부인의 필지라. 임긔는 추비 쇼시의
【14】 지니 공지 동년으로 금년 십삼셰라. 부슉 여풍(餘風)으로 풍치 동인(同寅)1689)
ᄒ고 문장 지흑이 쮜여나니, 부모의 필즈 이즁ᄒ미 졔즈의 지나는지라. 밧비 봉황의
빵을 일우고져 훌시, 아시 졍혼ᄒᆫ 바ᄂᆞᆫ 다ᄅᆞ니 아니라 북후 하공의 뎨삼녀 영강쇼져
와 임긔로 졍약ᄒᆞ여시니, 하쇼져 영강은 하공의 추비 양시의 녀이라, 부모 여풍으로
운빈화안(雲鬢花顏)이 졀셰ᄒ고, 필긔는 관닉후 엄화의 녀와 졍혼ᄒ니, 엄화는 평오왕
비 엄시의 종남(從男)1690)이니 엄츄밀 빅명의 지러라. 엄쇼졔 쏘ᄒᆞᆫ 계츌명가(系出名
家)1691)ᄒ여 식덕이 초츌ᄒ더라. 진공이 퇵일ᄒ여 냥부를 한날 마ᄌᆞ니, 하쇼져의 침어
낙안지용(沈魚落雁之容)1692)과 【15】 엄쇼져의 폐월슈화지틱(閉月羞花之態)1693) 각각
가부와 빵을 일치 아냐시니, 슉당 졔친과 만당 빈긱이 치하ᄒ고 구괴(舅姑) 만심 환희
ᄒ더라.

진공의 필녀 덕염은 원비 양부인 만닉(晚來) 쇼교(小嬌)라. 방년이 십일셰니 사름
되오미 텬싱 녀질(麗質)이 츌어범인(出於凡人)ᄒ여 모부인 염틱(艶態)를 습(襲)ᄒ여시
니, 아미(蛾眉)ᄂᆞᆫ 봄빗치 작약(綽約)ᄒ여 아미산(蛾眉山)1694) 반뉸월(半輪月)1695)을 향
ᄒ엿고, 셩안냥졍(星眼兩睛)은 ᄉᆞ일졍치(斜日精彩)를 아ᄉᆞ시니, 효셩(曉星)의 무졍ᄒᆞᆷ을
웃고, 두 《빵∥짝》 보험(輔-)1696)은 두 송이 홍년(紅蓮)이 벙을고져1697) ᄒ니, 기형
(其兄) 구한님 부인의 아름다오미라도 덕염의 졀셰방용(絶世芳容)은 불급(不及)홀지라.
슉뇨(淑窈)ᄒᆞᆫ 덕과 상활(爽闊)ᄒᆞᆫ 격죄, 한갓 슉녀 풍치만 아니라, 녈ᄉᆞ지풍(烈士之風)
【16】이 이시니, 부뫼 만닉(晚來)로 교ᄋᆡᄒ고 슉당이 무의ᄒ며 졔형 ᄌᆞ미 경ᄋᆡᄒ여
쇼쇼(小小) 녀ᄌᆞ로 보지 못ᄒ더라.

추시 북후 하후암의 필즈(畢子) 몽텬은 삼비 위부인 추지니, 금년 십이셰의 화풍경
운지상(和風慶雲之相)이 진승상(晉丞相)1698) 여옥지모(如玉之貌)와 초틱우(楚大夫)1699)

1689)동인(同寅) : ①동배(同輩)들 가운데서 특히 뛰어남. ②존경하는 벗. ③예전에 높은 벼슬아치들이 서
　　로 공경하는 동료라는 뜻으로 쓰던 말.
1690)종남(從男) : 사촌 남자 형제.
1691)계츌명가(系出名家) : 이름난 가문 출신. 또는 이름난 가문에서 태어남.
1692)침어낙안지용(沈魚落雁之容) : 미인을 보고 물 위에서 놀던 물고기가 부끄러워서 물속 깊이 숨고 하
　　늘 높이 날던 기러기가 부끄러워서 땅으로 떨어질 만큼, 아름다운 여인의 용모를 비유적으로 이르는
　　말. ≪장자≫ <제물론(齊物論)>에 나온다.
1693)폐월슈화지틱(閉月羞花之態) : 꽃도 부끄러워하고 달도 숨을 만큼 여인의 얼굴과 맵시가 매우 아름
　　답다는 것을 비유적으로 이르는 말.
1694)아미산(蛾眉山) : 중국 사천성(四川省) 서남쪽에 있는 산. 대아(大峨)·중아(中峨)·소아(小峨)의 세
　　봉우리로 이루어져 있으며, 두 봉우리가 마주 보고 있는 것이 아미(蛾眉) 같다고 하여 붙여진 이름이
　　다. 높이는 3,099미터.
1695)반뉸월(半輪月) : 둥근 수레바퀴를 반으로 나눈 것 같은 반원형의 달. 곧 반달.
1696)보험(輔-) : 보협(輔頰). 뺨.
1697)벙을다 : 벙글다. 아직 피지 않은 어린 꽃봉오리가 꽃을 피우기 위해 망울이 생기다.
1698)진승상(晉丞相) : 중국 서진(西晉)의 미남자 반악(潘岳). 자는 안인(安仁). 승상을 지냈고 미남자의 대

츄슈골격(秋水骨格)이며 두샤인(杜舍人)1700)의 헌아지풍(軒雅之風)1701)이라. 광박(廣博)흔 문쟝은 쇼동파(蘇東坡)1702) 한퇴지(韓退之)1703)의 지나고, 쳑탕(滌蕩)흔 풍뉴는 텬보(天寶)1704) 젹 니빅학ᄉ(李白學士)1705)를 방불ᄒ니 젼혀 부형 여믹(餘脈)이라. 냥기 상의ᄒ여 몽현공쥬와 덕염쇼져로 혼인ᄒ여 겹겹 친의(親義)를 믹즈니, 일노조ᄎ 윤·하·뎡 삼문의 졔 공지 입실셩취(立室成娶)1706)ᄒ며 셰셰로 인친(姻親) 졍의 ᄌ별ᄒ더라.

삼문 ᄌ뎨 방졍지과(方正之科)1707)【17】를 응ᄒ여, 과거마다 농누(龍樓)의 단계(丹桂)를 썻그니1708), 윤·하·뎡 삼문의 인지 무슈ᄒ여 계지(桂枝) 썻는 ᄌ는 미양 삼문 졔인이라. 쇼년 쳥망이 날노 싀로와 옥당금마(玉堂金馬)1709)의 인지 몌엿더라.

어시의 진궁의셔 조틱비와 호람휘 년노ᄒ니 졔손을 필혼(畢婚)ᄒ고, 히를 년ᄒ여 증손이 쟝셩ᄒ는지라. 진왕 곤계(昆季) 봉노지하(奉老之下)의 열친을 웃듬ᄒ는 고로, 이의 〇…결락9자…〇[졔손의 혼인을 셔돌싀], 남평빅 좌승샹 셩닌의 쟝ᄌ 빅현의 ᄌ는 농보오, 별호는 셩문이니, 이 곳 윤시의 누듸 봉ᄉ를 녕(領)홀1710) 진국 죵손이라. 남

명사로 쓰인다.

1699)초틱우(楚大夫) : 중국 전국시대 초나라 대부(大夫) 송옥(宋玉). BC290-227. 중국의 대표적인 미남자의 한 사람이며, 사부(辭賦)를 잘하여 <구변(九辯)>, <초혼(招魂)>, <고당부(高唐賦)> 등의 작품을 남겼다. 굴원(屈原)과 함께 굴송(屈宋)으로 불렸으며 난대령(蘭臺令)을 지냈기 때문에 난대공자(蘭臺公子)로 불리기도 했다.

1700)두샤인(杜舍人) : 중국 만당(晩唐)때 시인 두목지(杜牧之). 이름은 두목(杜牧). 중서사인(中書舍人)에 올랐고, 중국의 대표적 미남자로 꼽힌다.

1701)헌아지풍(軒雅之風) : 풍채가 헌걸차고 아름다움.

1702)쇼동파(蘇東坡) : 중국 북송의 문인 소식(蘇軾). 1036~1101. 자는 자첨(子瞻). 호는 동파(東坡). 당송 팔대가의 한 사람으로, 구법파(舊法派)의 대표자이며, 서화에도 능하였다. 작품에 <적벽부>, 저서에 ≪동파전집(東坡全集)≫ 따위가 있다.

1703)한퇴지(韓退之) : 중국 당나라의 문인·정치가 한유(韓愈). 768~824. 자는 퇴지(退之). 호는 창려(昌黎). 당송 팔대가의 한 사람으로, 변려문을 비판하고 고문(古文)을 주장하였다. 시문집에 ≪창려선생집≫ 따위가 있다

1704)텬보(天寶) : 중국 당(唐)나라 현종(玄宗; 712-756 재위)의 연호(742-755).

1705)니빅(李白) : 중국 당나라 때의 시인. 701~762. 자는 태백(太白). 호는 청련거사(靑蓮居士). 칠언 절구에 특히 뛰어났으며, 이별과 자연을 제재로 한 작품을 많이 남겼다. 현종과 양귀비의 모란연(牧丹宴)에서 취중에 <청평조(淸平調)> 3수를 지은 이야기가 유명하다. 시성(詩聖) 두보(杜甫)에 대하여 시선(詩仙)으로 칭하여진다. 시문집에 ≪이태백시집≫ 30권이 있다.

1706)입실셩취(立室成娶) : 아내를 맞아 장가 듦.

1707)방졍지과(方正之科) : 현량방정과(賢良方正科). 중국 한(漢)나라와 조선 중종 때에 일시 실시되었던 과거제도로, 경학에 밝고 덕행이 높은 사람을 천거하여 대책(對策)으로 시험을 보아 뽑던 과거. 여기서는 '문과(文科)'를 일컫는 말로 쓰였다.

1708)썻다 : 꺾다. 물체를 구부려 다시 펴지지 않게 하거나 아주 끊어지게 하다.

1709)옥당금마(玉堂金馬) : 중국 한(漢)나라 대궐의 옥당전(玉堂殿)과 금마문(金馬門)을 함께 이르는 말로, 한림원 또는 황제를 가까이서 받드는 한림원 벼슬아치를 뜻한다. 옥당전은 한림원이 있었던 전각의 이름이며 금마문은 전각의 문으로, 문 앞에 동마(銅馬)가 있어 붙여진 이름이다. 조선에서는 홍문관을 옥당이라 했다.

1710)녕(領)ᄒ다 : 종통 제사 따위를 이어받다.

평빅 원비 뎡녈부인 쇼시의 쇼싱이라.

일즉 비웅(飛熊)의 농닌(龍鱗)을 꿈꾸고, 봉황의 상셔를 응ᄒ여 강셰(降世)ᄒ 빈니, 엇지 범【18】연ᄒ리오. 반악(潘岳)1711)이 직셰(再世)ᄒ고 위기(衛玠)1712) 다시 온 듯, 숑홍(宋弘)1713)의 덕된 긔상과 진평(陳平)1714)의 부귀지면(富貴之面)이라. 《잠비 ‖ 잠미(蠶眉)》 봉안(鳳眼)의 월익(月額) 단슌(丹脣)이니, 슈앙(秀昂)ᄒ 격조와 쇄락ᄒ 풍치 미앙궁(未央宮)1715) 봄버들이 휘듯는1716) 듯, 화무츈숑(花茂春松)1717)이오, 영요츄국(榮耀秋菊)1718)이라. 쳥상(淸爽)ᄒ 긔골은 자진(子晉)1719)〇[이] 승ᄉ(乘槎)1720)로 봉닉(蓬萊)1721)를 향ᄒ는 듯, 호연ᄒ ᄌ품(資稟)은 빅일(白日)이 즁텬의 광치를 흘니는 듯, 츌텬셩효는 증왕(曾王)1722)을 니웃ᄒ 거시오. 호한(浩瀚)ᄒ 문장은 강한(江漢)1723)의 너르미 이시니, 엇지 조ᄌ건(曹子建)1724)의 셩명(性命)을 도모ᄒ던 구츄ᄒ미 이시리오.

이러듯 ᄒ 문장(文章) 직화(才華)로 다시 왕공 귀공지라. 부귀 호홰 당셰의 밋츠리 업고, 문호의 즁망(衆望)을 혼ᄌ 쳔ᄌ(擅恣)ᄒ여시【19】딕, 공직 조곰도 년쇼호협(年

1711)반악(潘岳) : 247~300. 중국 서진(西晉) 때의 문인(文人). 자는 안인(安仁). 승상을 지냈고 미남자의 대명사로 불린다. 망처(亡妻)를 애도한 <도망시(悼亡詩)>가 유명하다..

1712)위기(衛玠) : 중국 진(晉)나라 때의 미남자. 자 숙보(叔寶). 세마(洗馬)벼슬을 하여 위세마(衛洗馬)로 도 일컫는다. 사물에 대한 시비와 판단력이 뛰어났으며, 또 노장(老 莊)에도 매우 밝았다. 악광(樂廣)이 란 사람의 사위가 되었는데, 사람들이 그의 용모를 '옥윤(玉潤)'같다고 칭찬하여 '옥윤(玉潤)'이 사위의 미칭(美稱)이 되었다고 한다. 또 풍채가 준수하여 옥인(玉人)이란 칭찬을 받았는데, 거리에 나가기만 하면 사람들이 그를 보기위해 담장처럼 에워쌌을 정도였다고 한다. 『진서(晉書)』 위개전(衛玠傳).

1713)송홍(宋弘) : 중국 후한(後漢) 광무제(光武帝) 때 사람. 『후한서(後漢書)』<송홍전>에 그가 광무제에 게 한 말 곧, "가난할 때 친하였던 친구는 잊어서는 안 되고(貧賤之交不可忘), 지게미와 쌀겨를 먹으며 고생한 아내는 집에서 내보내서는 안 된다(糟糠之妻不下堂)"는 말이 널리 전해지고 있다.

1714)진평(陳平) : 중국 전한(前漢) 때 정치가. 한 고조 유방(劉邦)를 도와 여섯 번이나 기발한 꾀를 내, 천하를 평정케 하였다.

1715)미앙궁(未央宮) : 중국 한(漢)나라 때에 만든 궁전. 고조 원년(B.C.202)에 승상인 소하(蕭何)가 장안 (長安)의 용수산(龍首山)에 지었다.

1716)휘듯다 : 흔들리다. 휘날리다.

1717)화무츈숑(花茂春松) : 꽃이 무성한 봄 산의 소나무.

1718)영요츄국(榮耀秋菊) : 눈부시게 만발한 가을 국화.

1719)자진(子晉) : 왕자진(王子晉). 중국 주(周)나라 영왕(靈王)의 태자. 이름 교(喬). 생황(笙篁)을 잘 불 었는데 봉황의 소리를 본떠 봉황곡(鳳凰曲)을 지었다. 도인(道人) 부구생(浮丘生)의 인도로 선학(仙學) 을 배워 신선이 되어 갔다고 한다.

1720)승ᄉ(乘槎) : 뗏목을 탐.

1721)봉닉(蓬萊) : 봉래산(蓬萊山). 중국 전설에서 나타나는 가상적 영산(靈山)인 삼신산(三神山) 가운데 하나. 동쪽 바다의 가운데에 있으며, 신선이 살고 불로초와 불사약이 있다고 한다.

1722)증왕(曾王) : 중국의 대표적 효자인 증자(曾子 : BC505-435)와 왕상(王祥 : 184-268)을 함께 이르 는 말.

1723)강한(江漢) : 중국 양자강(揚子江)과 한수(漢水)를 함께 이르는 말. 또는 두 강이 합류하는 곳. 즉 무창(武昌), 한구(漢口), 한양(漢陽) 지방을 이름.

1724)조ᄌ건(曹子建) : 위(魏)나라 조조(曹操)의 아들 조식(曹植 : 192~232). 자건(子建)은 자. 일곱 걸음 만에 시를 지어 죽음을 모면하였다는 칠보시(七步詩)로 유명하다.

少豪俠)ᄒ여 샹문교동(相門驕童)의 《교우∥교오(驕傲)》 ᄌ젼(自專)ᄒᆫ 긔습이 업셔, 고인의 '일반(一飯)의 삼토포(三吐哺)ᄒ고 《일발(一髮)∥일목(一沐)》의 삼악발(三握髮)'1725)ᄒ던 덕이 이시니, 조티비와 호람휘 일편 ᄌ이 측냥업더라. 년급(年及) 십일세의 칠쳑신위(七尺身位) 늠늠ᄒ여 군ᄌ의 쳬격이 ○[이]니 쳔파만민(千婆萬媒)1726) 문의 몌엿더라.

　평오왕 창닌의 장ᄌ 셩현과 ᄎᄌ 명현은 동티빵싱(同胎雙生)이니, 원비 현덕부인 엄비 쇼싱이라. 셩현의 ᄌᄂᆫ 현보오, 명현의 ᄌᄂᆫ 긔보니, 부왕의 텬양경일지풍(天壤傾日之風)1727)과 모비의 텬향염티(天香艶態)를 습(襲)ᄒ여시니, 월익텬졍(月額天庭)1728)과 ○[와]잠봉미(臥蠶鳳眉)1729)ᄂᆫ 텬창(天窓)1730)을 썰쳐시며1731) 년화냥협(蓮花兩頰)의 단슌호치(丹脣皓齒) 찬연ᄒ여 부왕을 젼습ᄒ여시니, 츌【20】텬○[ᄒᆫ] 효셩과 빈빈ᄒᆫ 셩덕이 셩현(聖賢)의 넉넉ᄒ○○○[미 이시]니 티존당 조티비와 호람후의 만금쇼이(萬金所愛)1732) 빅현과 일반이러라.

　년이 십일셰니 빅현과 동년이로ᄃᆡ, 빅현은 봄의 나고 냥(兩) 현은 가을의 나시니 빅현이 달노 맛이라. 북후 하공이 빅현을 유의ᄒ여 구혼ᄒ니, 신부의 특이ᄒᆷ믈 아ᄂᆫ 고로 허혼ᄒ여 셩녜ᄒ니, 하쇼져 이강은 북후 삼비 위시의 일녜라. 덕문명가 긔믹이라 엇지 범연ᄒ리오. 싁덕이 당셰의 슉완(淑婉) 셩식(聖師)라. 존당 구괴 황홀 긔이ᄒ고 공지 즁ᄃᆡᄒ더라. 하쇼졔 인ᄒ여 구가의 머므러 효봉존당ᄒ고 승슌군ᄌᄒ여 화우슉미ᄒ니 곳다온 예셩이 닌니의【21】가득ᄒ더라.

　시의 쳐ᄉ 문계원의 ᄌᄂᆫ 군명이오, 호ᄂᆫ 쳥간션싱이니, 셰ᄃᆡ명문이로ᄃᆡ 쳥간션싱의게 밋쳐ᄂᆫ 뜻이 쳥고ᄒ고 낙낙ᄒ여 그 지취(志趣) 녕허(靈虛)의 도라가니, 일즉 불구문달(不求聞達)ᄒ고[며] 쇼부(巢父)1733) 허유(許由)1734)의 영쳔(潁川)1735)의 귀를 삣

1725)일반삼토포(一飯三吐哺) 일목삼악발(一沐三握髮) : 중국 주(周)나라 주공(周公)이 어진 선비를 얻기 위해 밥 한 끼 먹는 동안 세 번이나 입 안에 든 밥을 뱉고 나와 손님을 맞고, 한 번 목욕하는데 세 번이나 감던 머리를 쥐고 나와 손님을 맞았던 고사.

1726)쳔파만민(千婆萬媒) : 천 명 만 명이나 되는 수많은 매파(媒婆).

1727)텬양경일지풍(天壤傾日之風) : 천지간에 태양을 능가할 만큼 빛나는 풍채.

1728)월익텬졍(月額天庭) : 달처럼 둥글고 아름다운 이마. *천정(天庭)은 관상에서 두 눈썹의 사이 또는 이마의 복판을 이르는 말.

1729)와잠봉미(臥蠶鳳眉) : 누운 누에처럼 도톰하여 윤곽이 분명하고 봉황의 눈썹처럼 영웅의 기상을 간직한 눈썹. 일반적으로 백미(白眉)는 출중함을, 봉미(鳳眉)는 영웅의 기상을, 아미(蛾眉)는 아름다움을 간직한 눈썹으로 표현된다.

1730)텬창(天窓) : '눈'을 달리 표현한 말.

1731)썰치다 : 떨치다. 두드러지게 드러내다.

1732)만금쇼이(萬金所愛) : 만금(萬金)처럼 귀히 여겨 사랑함.

1733)쇼부(巢父) : 고대 중국의 전설상의 인물. 영수(潁水)에서 소에게 물을 먹이려다, 허유가 왕위를 맡아달라는 요(堯)임금의 말을 듣고 귀가 더러워졌다며 귀를 씻는 것을 보고, 그 귀 씻은 물을 자신의 소에게 먹일 수 없다며, 소고삐를 끌고 기산(箕山)으로 들어가 숨었다고 함.

1734)허유(許由) : 고대 중국의 전설상의 인물. 자는 무중(武仲). 요임금이 왕위를 물려주려 하였으나 받지 않고 도리어 자신의 귀가 더러워졌다고 하여 영수(潁水)에 귀를 씻고 기산(箕山) 산에 들어가서 숨

고 쇠 곳비롤 드러 도라오던 쳥심을 긔특다 못ᄒ리러라. 취운산 십니허(十里許)의 쳥운산 빅화촌의 복거ᄒ여시니, 도덕 쳥힝을 일셰의 일ᄏᄂ 빈라. 조야의 낫ᄒᄂ니 텬지 쳥현아망(淸賢雅望)1736)으로 녜쇼(禮召)ᄒ시나, 션싱이 고ᄉᄒ고 나지 아니니, 만승의 위엄이나 불탈필부지심(不奪匹夫之心)이러라.

쳐시 실듕(室中)의 부인 최시 이시니 명문 계【22】츌(繼出)노 ᄌ용(才容)이 겸비ᄒ여 남교(藍橋)1737)의 슉네라. 부부 냥인이 우봉(遇逢) 십오ᄌ(十五載)의 슬하의 난옥(蘭玉)1738)이 션션(詵詵)1739)ᄒ여 삼ᄌ 이녀롤 두어시니, ᄌ녜 다 옥슈신월(玉樹新月) ᄀᆺ고 아린로 삼지오 우흐로 냥녜니 동틴싱(同胎生)이라. 장녀의 명은 홍난이오, ᄎ녀의 명은 옥난이라. 부인이 잉신(孕身) 초의 일몽을 어드니, 신인이 옥봉난(玉鳳鸞) 한 ᄡᅡᆼ을 쥬어 왈,

"텬하의 무가뵈(無價寶)1740)니 잘 길너 호연을 당셰 긔린(麒麟) 셩현과 명현으로 일우라."

ᄒ더니, 그달븟허 잉틴ᄒ여 일ᄡᅡᆼ 긔녀(奇女)롤 싱ᄒ니, 히파(海波)의 금가마괴1741)와 [롤] 두덩이 빅옥으로 삭여시며 긔화(奇花)로 장식홈 ᄀᆺ거늘, 쳐시 활연(豁然)1742)장탄 왈,

"셰원【23】인망(世遠人亡)1743)ᄒ엿거늘, 이 말셰의 엇지 여ᄎ 긔홰(奇花) 이 교와(郊窩)1744)의 쇽ᄒ엿ᄂ뇨?"

귀즁ᄒᄆᆯ 보옥ᄀᆺ치 ᄒ여 일시도 좌우의 ᄯᅥ나지 아니터라. 냥녀 졈졈 ᄌ라 ᄉᆞ오셰의 밋ᄎ미 크게 영오(穎悟) 인혜(仁惠)ᄒ여 셩인(成人) ᄀᆺᄒ니, 일홈을 스스로 니ᄅ던 총명이 이시며, 빅힝이 찬연ᄒᆞ미 규슈의 틱롤 일워시니, 녀공(女工)의 졍공(精工)홈과 문치의 쇄락ᄒᆞ미 비호지 아닌 글 《이ᆡ도》 통치 못ᄒᆞᆯ 거시 업ᄉ니, 임의 일구(日久)○○[ᄒ여] 초츈지년(齠齔之年)1745)의 밋쳐ᄂ 미식 신셩(神性) 특달(特達)ᄒ고 옥안화틴

었다고 함.

1735)영쳔(潁川) : 영수(潁水). 중국 하북성(河北省) 행당현(行唐縣) 서북에 있는 기산(箕山) 남쪽의 강.
1736)쳥현아망(淸賢雅望) : 청현(淸賢)의 훌륭한 인망을 가진 사람.
1737)남교(藍橋) : 중국 섬서성(陝西省) 남전현(藍田縣) 동남쪽에 있는 땅이름으로, 여기에 신선이 사는 동굴이 있다고 한다, 여기서는 '탈속계(脫俗界)' 또는 '선계(仙界)'를 뜻하는 말로 쓰임. 당(唐)나라 때 배항(裵航)이 이곳에서 여선(女仙) 운영(雲英)을 만났다는 이야기가 전한다(『태평광기(太平廣記)』 배항(裵航)條)
1738)난옥(蘭玉) : 남의 '자손(子孫)'을 달리 일컫는 말.
1739)션션(詵詵) : 수가 많은 모양.
1740)무가뵈(無價寶) : 값을 매길 수 없을 만큼 귀중한 보배. 늑무가지보(無價之寶)
1741)금가마괴 : 금오(金烏). '태양'을 달리 이르는 말. 태양 속에 세 개의 발을 가진 까마귀가 있다는 전설에서 유래한다.
1742)할연(豁然) : 활연(豁然). ①환하게 터져 시원한 모양. ②의문을 밝게 깨달은 모양.
1743)셰원인망(世遠人亡) : 시대는 예와 멀어지고 성인은 죽고 다시 나오지 않음.
1744)교와(郊窩) : 시골집. 촌가(村家).
1745)초츈지년(齠齔之年) : 초츤지년(齠齔之年). 다박머리에 앞니를 갈 무렵의 어린나이라는 뜻으로, 일곱

(玉顔花態) 녕녕(盈盈) 쇄락(灑落)ᄒᆞ니, 부뫼 불승이지(不勝愛之)ᄒᆞ고, 쳐시 미양 일코라 왈,

"홍·옥 냥아는 규측(閨側)의 녀범(女範)이니,【24】다만 두리건디 여ᄎᆞ 말셰의 인ᄌᆡ(人材) 업스리니, 니 아히 비필이 쉽지 못ᄒᆞ리로다."

부인이 쇼왈,

"텬디초판(天地肇判) 이리로 초목군싱(草木群生)이 다 ᄧᅡᆼ이 가죽ᄒᆞ니, 하늘이 ᄎᆞ 냥아를 ᄂᆡ시고 엇지 홀노 상젹ᄒᆞᆫ 군ᄌᆞ를 ᄂᆡ지 아냐시리잇고?"

ᄒᆞ더라.

쳐시 일일은 셔호(西湖) 풍경을 관남(觀覽)ᄒᆞ고 오초(吳楚)[1746] 형승지디(形勝之地)의 밋쳣더니, 일위 신인을 만나니 이곳 다르니 아니라 틱허진인(太虛眞人) 화도시라. 쳐시 우연이 긱즁의셔 이인(異人)을 만나니, 그 비상ᄒᆞᆷ믈 공경ᄒᆞ여 근파(根派)를 뭇고, ᄌᆞ녀의 평싱 길흉을 므르니, 도시 쇼왈,

"현공(賢公)은 슈고로이 뭇지 말나. 노되(老道) 몬져 니ᄅᆞ【25】리라. 현공이 비록 상션부모(上鮮父母)[1747]ᄒᆞ고 하션형뎨(下鮮兄弟)[1748]ᄒᆞ여 일신이 영졍(零丁)ᄒᆞ나, 복녹이 완젼ᄒᆞ여 슬하의 반ᄃᆞ시 귀ᄌᆞ와 긔녀(奇女)를 갓초 두어 문호를 영현ᄒᆞ고 쇠문을 현달ᄒᆞ여 부귀영홰 극ᄒᆞ리니 장ᄂᆡ를 므러 무엇 ᄒᆞ리오."

쳐시 직삼 므른디, 도시 웃고, 이의 과거 미릭ᄉᆞ를 숀금 보듯 니ᄅᆞᄂᆞᆫ지라. 쳐시 크게 신긔히 너겨, 다시 절ᄒᆞ고 왈.

"션싱의 니ᄅᆞ시ᄂᆞᆫ 빅 다 과거《시ǁ시》(過去事)오, 다른 길흉은 무를 거시 업ᄂᆞᆫ지라, 이제 우흐로 냥녀 잇셔 장셩ᄒᆞ여 바야흐로 도요시(桃夭詩)[1749]를 읇게 되어시디, 쇼싱이 산님의 기인(棄人)으로 문견이 고루ᄒᆞ여【26】텬하의 옥인군지 이시믈 아지 못ᄒᆞ여, 힝혀 '쇠양(廝養)의 탄(嘆)'[1750]이 이실가 슉야(夙夜) 우려ᄒᆞ더니, 이제 션싱을 만나니 엇지 깃부지 아니리오."

도시 쇼왈,

"머지 아닌 곳의 이시나 군ᄌᆞ 슉녀의 슌양(純陽)[1751]이 쉽지 못ᄒᆞᆫ 고로, 공이 능히

살에서 여덟 살 사이의 어린 때를 이르는 말.

1746)오초(吳楚) : 중국의 오나라와 초나라.

1747)상션부모(上鮮父母) : 위로는 부모가 많지 않음. 곧 부모의 형제들 백부모, 숙부모, 고모, 고모부, 이모 이모부 등이 많지 않음.

1748)하션형뎨(下鮮兄弟) : 아래로는 형제가 많지 않음.

1749)도요시(桃夭詩) : 시경(詩經) <주남(周南)> 편에 있는 시. 시집가는 아가씨의 아름다움과 행복을 노래하고 있다.

1750)쇠양(廝養)의 탄(嘆) : 부엌에서 잡역(雜役)을 하는 천한 사람의 탄식. 여기서는 '귀하게 키운 딸이 남편의 사랑을 받지 못하여 천대 받는 부엌데기 신세로 전락한 것을 안타까워 함' 정도의 뜻으로 쓰임. *시양(廝養); 부엌에서 잡역을 하는 사람을 이르는 말. *시양살이; 부엌데기로 살아가는 일.

1751)슌양(純陽) : ①동정남(童貞男). 숫총각. ②짝. 배우자 ③다른 것이 조금도 섞이지 아니한 순수한 양기(陽氣).

아지 못ᄒ니 문견이 고루ᄒ다 ᄒ미 올토다."

쳐시 경문 왈,

"션싱의 니ᄅ시ᄂ 비 엇던 곳이니잇고?"

도시 왈,

"노되 다ᄅ 사ᄅᆷ을 니ᄅ미 아니라. 당조(當朝) 평오왕 윤창닌의 냥ᄌ 이시되 동퇴싱이라. 오국군 엄 모(某)의 외손이니, 닉외 가셰 혁혁ᄒ고, 윤가의 냥ᄌ 셩시(聖時) 긔린이라. 공이 녀셔ᄅ 퇴ᄒ미 윤가 빵ᄌ를 바리고 어듸 가 구ᄒ리오."【27】

쳐시 되왈,

"조졍의 윤·하·뎡 삼문의 번셩ᄒᄆ 모로리 업고, 평오왕 슉질은 명진ᄒᄂ니(名震海內)ᄒ고[니], 쇼싱이 ᄯᅩᄒ 십니를 격ᄒ여 잇셔 아지 못ᄒ리잇고? 그 집 냥ᄌ 아ᄅᆷ다오믈 션싱이 엇지 아ᄅ시ᄂ니잇고?"

도시 잠쇼 왈.

"노도ᄂ 스히의 무가킥(無家客)[1752]이오, 텬하의 졍쳐 업슨 손이라. 스히팔황(四海八荒)[1753]의 ᄌ최 아니 간 곳이 업스니, 경셩 벌버듯ᄒ 쥬문갑졔(朱門甲第)[1754]의 명공거경(名公巨卿)인들 모로리오. 현공이 만일 노되 망녕된가 아닐진되, 월하옹(月下翁)[1755] 되믈 스양치 아니리라."

쳐시 왈,

"션인(仙人)이 산야(山野) 비인(鄙人)을 보시고, 의긔를 허ᄒ샤 명문 거족의 군ᄌ 옥인을 쳔거ᄒ시니 감격지 아니리잇고? 슈연(雖然)이나, 【28】윤왕은 당셰 인걸이라. 기ᄌ(其子) 범연치 아닐 듯ᄒ니 션싱은 속이지 말고 니ᄅ쇼셔."

도시 쇼왈,

"현공은 념녀 말나. 노되 년급구십(年及九十)의 사ᄅᆷ 속일 쥴 모로ᄂ니, 윤가 냥아(兩兒)ᄂ 텬강지인(天降之人)이오, 디상귀인(地上貴人)이라. 녕아 냥쇼졔 윤가의 텬졍슉연(天定宿緣)을 니ᄅ려 텬되(天道) 유의ᄒ신 비니, 현공은 의심치 말나."

쳐시 노스의 나히 만코, 션골(仙骨)이 쇄연ᄒ며, 창안(蒼顔)[1756]○[의] 학발(鶴髮)이 날니고, 두상의 황난관(黃鸞冠)[1757]이 졔졔(齊齊)ᄒ며, 엇게 우희 도복이 한가ᄒ고, 요하(腰下)의 홍스되(紅紗帶)[1758] 단졍ᄒ되, 발의 비운니(飛雲履)[1759]를 신고, 쳥녀장(靑

[1752] 무가킥(無家客) : 집 없는 나그네.

[1753] 스히팔황(四海八荒) : '사방의 바다와 여덟 방위의 너른 땅'이라는 뜻으로 '온 세상'을 이르는 말

[1754] 쥬문갑졔(朱門甲第) : '붉은 대문을 단 크게 잘 지은 집'이란 뜻으로, 높은 벼슬아치가 사는 집을 이르는 말.

[1755] 월하옹(月下翁) : 월하노인(月下老人). 부부의 인연을 맺어 준다는 전설상의 늙은이. 중국 당나라의 위고(韋固)가 달밤에 어떤 노인을 만나 장래의 아내에 대한 예언을 들었다는 데서 유래한다.

[1756] 창안(蒼顔) : 늙어서 여윈 얼굴. 창백한 얼굴.

[1757] 황난관(黃鸞冠) : =황관(黃冠). 풀로 만든 황색의 둥근 모자. 도사(道士)가 이 모자를 썼기 때문에 '황관(黃冠)'은 도사(道士) 또는 야인(野人)을 뜻하는 말로도 쓰인다.

[1758] 홍스되(紅紗帶) : 예전에 남자의 겉옷인 도포(道袍)에 두르던 붉은 색 술띠.

藜杖)1760)을 집허시니, 청상한아(淸爽閒雅)ㅎ여 표표(飄飄)혼 긔상이 승딕빅운(乘帶白雲)1761)ㅎ여 황졍경(黃庭經)1762)【29】을 노릭ㅎ며, 농난(慵嬾)1763)○[이] 통쇼를 월궁의셔 브러 쟝싱불멸지되(長生不滅之道)1764) 일고져 ㅎ믈 알니러라. 냥인이 언약을 졍녕(丁寧)이 ㅎ고, 노싄 하직 홀식, 후회를 긔약ㅎ고 표연이 운몌(雲袂)1765)를 썰쳐 듁쟝을 더지니, 신션의 ᄌ최 표연ㅎ여 간 바를 모를너라.

문쳐싄 긔이ㅎ믈 칭찬ㅎ고 부즁의 도라와 부인을 딕ㅎ여 도ᄉ의 말을 니른딕, 부인이 역희 왈,

"쳡이 슉모 엄튀ᄉ 부인 진일(辰日)1766)의 슈일 젼 쳥(請)ㅎ믈 인ㅎ여, 나아가 슈셕(壽席)의 참예(參禮)ㅎ엿더니, 오왕비 엄시 ᄌ녀를 거느려 니른러시니, 쳡이 보믹 냥ᄌ 셩현 명현은 불셰(不世)의 긔린이오, 쳔고 긔남ᄌ(奇男子) 셩현(聖賢)【30】이라. 진짓 녀아의 빵이니, 쳡이 유의ㅎ여 그 년치와 졍혼혼 딕를 므른니, 나흔 십일셰오, 윤공 부ᄌ조손이 퇴부(擇婦)의 심샹치 아닌 고로 졍혼혼 딕 업다 ㅎ더이다."

쳐싄 도인의 말을 오히려 의아ㅎ더니 부인의 말을 듯고 딕열 왈,

"이인(異人)의 말을 싱이 의례(疑慮) 만단(萬端)이러니, 부인이 친견혼 빅니 의심ㅎ리오. 즉시 닌니(隣里)의 말 즐ㅎ는 믹파를 불너 오 왕부(王府)의 구혼ㅎ니라."

ᄎ시 도인이 문쳐ᄉ를 니별ㅎ고 듁쟝을 더져 윤부의 니른러 딕셔헌(大書軒)1767)의 밋ᄎ니, 윤 노공(老公)이 ᄌ질 졔손을 거느려 마ᄌ 피ᄎ 반기미 측냥업더라.

노공이 【31】 진인의 손을 잡고 흔연 쇼왈,

"물외긱(物外客)이 하풍(何風)이 취지(吹之)ㅎ여 니른뇨? 반드시 가르치미 잇도다."

도싄 쇼왈,

"과약기언(果若其言)ㅎ니, 쇼뎨 이번 오믄 한갓 고인(故人)이[의] 안면으로 반길ᄲᆞᆫ 아니라, 녕증손(令曾孫) 낭아의 풍신 ᄌ화를 져바리지 아니랴, 슉인셩ᄉ(淑人聖士)를 쳔거코져 니른미니, 현형 부ᄌ 산야비인(山野鄙人)의 문견(聞見)이 고루(固陋)ㅎ믈 의심치 말고, 쾌히 허ㅎ랴?"

1759)비운니(飛雲履) : 신선들이 신는다고 하는 신. 검은 비단으로 바탕을 하고, 사면에는 흰 솜으로 구름 떨기를 만들어 달아, 신을 신고 움직이면 마치 운무(雲霧)가 이는 듯하여 붙인 이름이라 함.
1760)쳥녀쟝(靑藜杖) : 명아줏대로 만든 지팡이.
1761)승딕빅운(乘帶白雲) : 백운에 올라 이를 몸에 두름.
1762)황졍경(黃庭經) : 도가(道家)의 경문. 위 부인(魏夫人)이 전한 황제 내경경(黃帝內景經), 왕희지가 베껴서 거위와 바꾸었다는 황제 외경경(黃帝外景經), 황정 둔갑 연신경(黃庭遁甲緣身經), 황정 옥축경(黃庭玉軸經)의 네 가지가 있다.
1763)농난(慵嬾) : =용라(慵懶). 느릿함. 게으름.
1764)쟝싱불멸지되(長生不滅之道) : 죽지 않고 오래도록 사는 도(道).
1765)운몌(雲袂) : 구름 같은 옷소매.
1766)진일(辰日) : 탄신일(誕辰日). 신일(辰日). 생일(生日).
1767)딕셔헌(大書軒) : 서헌(書軒)은 공부나 독서를 위하여 따로 마련한 '공부방' 또는 '서재'를 이르는 말이나, 일반적으로 사대부가에서 손님 접객을 하는 방을 말한다.

호람휘 쇼왈,

"산즁이되(山中異道) 무슨 문견이 잇노라, 어늬 좀먹은 가문의 좀 미식을 쳔거ᄒᆞᄂᆞ뇨? 아모커나 니ᄅᆞ라. 나의 냥손은 국가의 졍상(鼎相)이오, 오문의 쳔니귀(千里駒)라. 엇던 범연ᄒᆞᆫ 녀진 감당ᄒᆞ리오."

진왕 곤계 빈스 왈,

"년슉(緣叔)【32】이 그릇 쳔거ᄒᆞ실 비 아니니, 혼쳐ᄅᆞᆯ 아라지이다."

도시 우스며 문쳐ᄉᆞ 계원의 ᄯᅡᆼ녜를 니ᄅᆞ고, 우왈,

"녕손 냥아와 문쇼져 ᄌᆞ미ᄂᆞᆫ 텬되 유의ᄒᆞ신 비니, 현형과 녕질 등은 의심치 말나."

드듸여 문가 ᄉᆞ젹을 니ᄅᆞ고,

"명일 구혼ᄒᆞ리니 쾌허ᄒᆞ라."

호람후와 진왕 형뎨 허혼ᄒᆞ믈 니ᄅᆞ더라.

윤공이 졔아ᄅᆞᆯ 불너 진인긔 빈현(拜見)ᄒᆞ라 ᄒᆞ니, 긔긔히 학우션동(鶴羽仙童)[1768]이라. 도인이 칭찬 왈,

"명쳔형이 ᄉᆞ이불ᄉᆞ(死而不死)니 젹덕츙의지문(積德忠義之門)을 하늘이 갑흐시미로다."

아이오, 셕식을 올니니, 도시 아니 먹고 과픔(果品)을 구ᄒᆞ여 맛볼 ᄯᆞᄅᆞᆷ이러라.

시야(是夜)의 진인(眞人)이 윤노공으로 더【33】부러 밤을 지닐시, 공이 졔손의 길흉을 므ᄅᆞ니 목젼지ᄉᆞ(目前之事) 갓치 니ᄅᆞ거늘, 노공이 신긔ᄒᆞ믈 니ᄅᆞ고, 우왈,

"텬하궁민(天下窮民)일시 군진 말ᄒᆞᆷ 즉지 아니토다."

도시 쇼왈,

"진긱(塵客)이 명니(名利)의 구구(區區)ᄒᆞ미 여츳ᄒᆞ도다. 쇼허(巢許)의 니ᄅᆞᆫ 말이 공명은 무겁고 부귀ᄂᆞᆫ 헌신이라, 무거온 공명을 무어시 ᄡᅳ리오. 궁ᄉᆡᆼ(窮生)을 웃지 말나. 형의 부귀ᄅᆞᆯ 이 궁ᄉᆡᆼ은 웃노라."

ᄒᆞ더라.

명일 도시 도라갈시 노공 왈,

"오년이 팔십장근(八十將近)[1769]이라. 후회(後會)ᄅᆞᆯ 두지 못ᄒᆞ노라."

도시 츄연 왈,

"금일 니별이 옥누계쳥(玉樓階廳)의 후회(後會)ᄅᆞᆯ 긔약 ᄒᆞ노라."

셜파의 윤시 졔인으로 분슈ᄒᆞ미, 뉵총(稑-) 비운니(飛雲履)[1770]ᄅᆞᆯ 신고, 죽장을 더

1768)학우션동(鶴羽仙童) : 학(鶴)의 날개옷(羽衣)을 입은 신선과 같은 아이.
1769)팔십장근(八十將近) : '나이 팔십이 머지않다'는 말.
1770)뉵총(稑-) 비운니(飛雲履) : 육총(稑-)으로 신울을 삼은 비운리(飛雲里). *육총(稑-) ; 신 앞쪽의 양편쪽으로 운두를 이루는, 볏짚으로 만든 낱낱의 신울. *운두; 그릇이나 신 따위의 둘레나 높이. *비운리(飛雲履) : 신선들이 신는다고 하는 신. 검은 비단으로 바탕을 하고, 사면에는 흰 솜으로 구름 떨기를 만들어 달아, 신을 신고 움직이면 마치 운무(雲霧)가 이는 듯하여 붙인 이름이라 함.

지니【34】 표홀(飄忽)ᄒᆞ여 불견거체(不見去處)러라.

ᄎᆞ일 과연 미픠(媒婆) 니르러 구혼ᄒᆞ니, 노공과 진왕곤계 쾌허(快許)ᄒᆞ고 퇵일ᄒᆞ여 셩현 형뎨 한날 입장ᄒᆞ니, 냥공ᄌᆞ의 화풍(和風) 긔상(氣像)은 니르도 말고, 냥신뷔 녜를 잡아 존당의 뵈오미 구고와 만좌 일시의 쳠관ᄒᆞ니, 두 숑이 다람홰1771) 옥누(玉樓)의 붉엇ᄂᆞᆫ 듯, 셩덕광화(聖德光華)와 보비로온 긔질이 바라미 황홀긔이(恍惚奇異)ᄒᆞ지라.

빅현쳐 하쇼져로 더부러 항녈을 일우미 세 숑이 긔화(奇花)의 오치상광(五彩祥光)이 비무(飛舞)ᄒᆞ여 하나흔 계궁(桂宮) 항아(姮娥) 갓고, 하나흔 《왕모의 요희∥요지(瑤地)의 왕모(王母)》 갓ᄒᆞ니 셩덕지용(聖德才容)이 당셰의 뇨조슉녜(窈窕淑女)라. 만좌 졔긱의 하셩(賀聲)이 분분ᄒᆞ니 존당구괴 스양치 아니터【35】라.

일모(日暮) 긱산(客散)ᄒᆞ고 냥쇼졔 인ᄒᆞ여 구가의 머므니, 동동쵹쵹(洞洞屬屬)ᄒᆞᆫ 효셩과 하우(夏禹)1772)의 촌음(寸陰)을 앗기시던 셩덕이 잇고, '빅물(百物)이 싱언(生焉)'1773) ᄒᆞᄂᆞᆫ 조홰 이시니, 구괴 긔이(奇愛)ᄒᆞ며 부뷔 상득(相得)ᄒᆞᆫ지라. 문쳐시 부뷔 되희ᄒᆞ더라.

ᄎᆞ시 평졔왕 장손 현관의 ᄌᆞᄂᆞᆫ 빅연이니 동졔공 겸 구셕 좌승상(東齊公兼九錫左丞相) 현긔의 장지오, 원비 댱시의 싱이(生兒)라. 부슉여풍(父叔餘風)으로 관옥지상(冠玉之相)1774)이오, 헌아ᄉᆞ인(軒雅舍人)1775)이라. 셩효(誠孝)ᄂᆞᆫ 증왕(曾王)1776)을 니웃ᄒᆞ고, 문장은 스마쳔(司馬遷)을 병구(竝驅)ᄒᆞᆯ지니, 하늘이 각별 뎡시 종통(宗統)을 빗니려 나리오신 쥴 알니러라.

1771)다람홰 : ①담화(曇華). 우담화(優曇華). 『불교』인도에서, 삼천 년에 한 번 전륜성왕이 나타날 때에 꽃이 핀다고 하는 상상의 식물. 늑우담발라. ②담화(曇華). =홍초(紅草). 칸나과의 여러해살이풀. 높이는 1~2미터이며, 잎은 큰 타원형이고 끝이 뾰족하다. 여름과 가을에 꽃잎 모양의 수술을 가진 꽃이 잎 사이에서 나온 꽃줄기 끝에 총상(總狀) 화서로 피고 열매는 삭과(蒴果)로 10월에 익는다. 관상용이고 말레이시아, 인도차이나가 원산지로 각지에 분포한다.

1772)하우(夏禹) : 중국 하(夏)나라의 창시자 우(禹)임금. 성은 하우씨(夏禹氏)이고, 순(舜)임금 때에 황하(黃河)의 치수(治水)에 공을 세워 순임금으로부터 왕위를 선위(禪位) 받아 하(夏)를 세웠다. 은(殷)의 탕(湯), 주(周)의 문왕, 무왕과 함께 성군으로서 후세에 숭상되고 있다

1773)빅물(百物)이 싱언(生焉) : '만물을 생성케 한다'는 뜻으로, 『논어』<양화(陽貨)>편의 "사시행언(四時行焉)백물생언(百物生焉), 곧 사시(四時; 봄, 여름, 가을, 겨울)가 운행하며 온갖 사물을 생성케 한다는 구(句)에서 따온 말.

1774)관옥승상(冠玉之相) : =관옥승상(冠玉丞相). 관옥(冠玉; 관을 꾸미는 옥)처럼 아름다운 풍채를 지닌 승상(丞相). 곧 중국 진(晉)나라의 미남(美男)인 반악(潘岳)을 말함. *반악(潘岳) : 247~300. 중국 서진(西晉)의 문인(文人). 자는 안인(安仁). 승상을 지냈고 미남자의 대명사로 쓰인다.

1775)헌아샤인(軒雅舍人) : 풍채가 뛰어나게 아름다운 사인 벼슬아치. 곧 중국 당(唐)나라 때 시인 두목지(杜牧之)를 가리킴. *두목지(杜牧之) : 803~852. 이름 두목(杜牧). 자 목지(牧之). 만당(晚唐)때의 시인. 시에 뛰어나 두보(杜甫)와 함께 '이두(二杜)'로 일컬어지며, 중서사인(中書舍人)에 올랐고, 중국의 대표적 미남자로 꼽는다.

1776)증왕(曾王) : 중국의 대표적 효자인 증자(曾子 : BC505-435)와 왕상(王祥 : 184-268)을 함께 이르는 말.

방년 십이셰의 칠쳑신위(七尺身威) 군즈영쥰(君子英俊)의 낫브미 업스니, 졔왕과 동 졔공이 장 【36】 셩 슈미호믈 두굿기나, 뎡노공의 퇵부(擇婦)호미 과도흔 고로, 명문화엽(名門花葉)의 뇨죠슉완(窈窕淑婉)을 만나지 못호여 쳔연(遷延)호더니, 호부샹셔 여담빅 조희빅은 초왕비 조셩녈의 죵남(從男)이라. 삼남일녀를 두어시니 우흐로 삼지 셩취 호고, 녀아 혜빅이 죵슉모(從叔母) 셩녈비 셩즈광염(聖姿光艶)을 습(襲)호여시니, 옥안화틱(玉顔花態) 졀셰호여 만고 독보홀 지용셩덕(才容聖德)이라. 부뫼 과이(過愛)호여 퇵셔(擇婿)호믈 심샹(尋常)이 아니터니, 뎡공즈 현광의 풍신 지화를 스랑호여 드디여 졍혼호고 퇵일 셩녜홀시, 조쇼져를 신영(新迎)호여 도라와 냥신인이 교비(交拜)를 파 호고 조률(棗栗)을 밧드러 존당구고긔 헌호 【37】 고 믈너 팔비(八拜)를 맛촌미, 만목 (萬目)이 일시의 쳠관(瞻觀)호니, 방용묘질(芳容妙質)이 쟉약(綽若)호고 셩덕광홰(聖德光華) 외모의 낫하나니, 졔킥이 하셩(賀聲)이 분분호니, 존당 구괴 희불즈승(喜不自勝)호여 하언(賀言)을 스양치 아니호고, 금평후 부부는 공즈와 신부의 옥슈(玉手)를 잡고 등을 어로만져 쳬쳬(棣棣)흔1777) 스랑이 비길디 업더라.

종일 진환(盡歡)호고 일모파연(日暮罷宴)호미 졔킥이 각산(各散)호고 신부 슉쇼를 화빈각의 졍호여 도라 보니니, 초왕비 셩녈이 니르러 단장을 벗기고 스랑호미 친녀의 감치 아니터라.

이윽고 현광 공지 옥슈의 긔린쵹(麒麟燭1778))을 잡아 니르니, 염젼(簾前) 시이 션보 (先報)호미 공지 날호여 【38】 입실호니, 쇼졔 단의홍군(單衣紅裙)으로 니러 마즈니, 공지 팔 미러 좌졍호고 봉졍(鳳睛)을 더져 살피건디, 쵹영지하(燭映之下)의 옥틱월광 (玉態月光)이 휘휘 찬난(輝輝燦爛)호니, 공지 일견쳠시(一見瞻視)의 쳐궁(妻宮)이 유복 호믈 즈복(自服)호더라.

야심(夜深)호미 공지 만면쇼용(滿面笑容)으로 신부를 권호여 옥상나위(玉床羅幃)의 나아가니, 옥부향신(玉膚香身)의 이향(異香)이 만실(滿室)호믈 이즁(愛重)호나, 즈긔 부 뷔 나히 어리고 조부와 부공의 졍딕호신 교훈을 밧즈왓는 고로, 이셩지합(二姓之合)은 날희나 견권이즁(繾綣愛重)호믈 마지 아니호니, 쇼졔 뉵니딕황(忸怩大惶)호여 침상(針上)의 안즌 듯호더라.

명조(明朝)의 부뷔 신셩(晨省)호니 남풍녀뫼(男風女貌) 참치샹하(參差上下)호여 실벽 (室壁)의 조요(照耀)호니 【39】 존당 부뫼 이지연지(愛之憐之)호더라.

쇼졔 인뉴구가(因留舅家)호야 효봉구고(孝奉舅姑)호고 승슌군즈(承順君子)호며 화우 슉미(和友叔妹)호니, 향당(鄕黨)이 칭복(稱福) 이경(愛敬)호더라.

평초왕 뎡의쳥의 장즈 인광의 즈는 즁연이니 원비 조셩녈의 탄싱애라. 방년 십셰의 체형이 졍슉호며 군즈딕질(君子大質)이 빈빈(彬彬)호고 옥면영풍(玉面英風)이 반악(潘

1777) 쳬쳬(棣棣)호다 : 행동이나 몸가짐이 너절하지 아니하고 깨끗하며 트인 맛이 있다.
1778) 긔린쵹(麒麟燭) : 기린의 목처럼 굽은 막대기에 매단 등쵹(燈燭).

岳)의 고으믈 묘시(藐視)ᄒᆞ고, 냥긔츄파(兩岐秋波)1779)는 졍긔 당당ᄒᆞ고, 월익텬졍(月
額天庭)1780)은 등원슈(등원수)의 텬원디방(天圓地方)1781)을 상(相)ᄒᆞ엿고, 옥안년협(玉
顔蓮頰)은 두 숑이 부용(芙蓉)을 쇠즌 듯 ᄉᆞ즈방슌(四字方脣)1782)은 도솔궁(兜率
宮)1783) 금단(金丹)을 졈친1784) 듯, 문장 흑힝은 유유도ᄌᆞ(唯有道者)1785)의 틀이 이시
니, 분양왕(汾陽王)1786)의 복된 긔상과 진승상(陳丞相)1787)의 부귀지【40】 면(富貴之
面)1788)이라. 존당의 편익ᄒᆞ미 현광 공ᄌᆞ와 한가지라. 초왕과 조셩녈이 만상긔화(萬狀
奇禍) 가온디 ᄎᆞ아를 어든 비니, 비록 용우(庸愚)ᄒᆞ여도 텬뉸ᄌᆞ의(天倫慈愛) 범연치 아
니려든, 이갓치 아롬다오미리오.

존당이 님박셔산(臨迫西山)ᄒᆞ여 입장ᄒᆞᆷᄅᆞᆯ 밧바ᄒᆞ시니, 동셔로 미부를 퇵홀ᄉᆡ.

지셜 녜부상셔 무향후 한희린이 부인 우시긔 여러 ᄌᆞ녀를 싱ᄒᆞ여 다 셩혼ᄒᆞ고, 만
ᄂᆡ(晩來)의 일녀를 어드니 일홈이 명쥬라. 한쇼졔 사ᄅᆞᆷ 되오미 긔이ᄒᆞ여 졈졈 ᄌᆞ라미
쳔교빅미(千嬌百美) 슈츌(秀出)ᄒᆞ여 아니 가즌 거시 업ᄉᆞ니, 부뫼 필와(畢瓦)1789)로 ᄌᆞ
익 타별(他別)ᄒᆞ더라.

방년(芳年) 십셰의 쳬형이 졍슉ᄒᆞ니, 상셰 퇵셔【41】ᄒᆞᆷᄅᆞᆯ 십분 상심(詳審)ᄒᆞ더니,
초왕의 즁ᄌᆞ 닌광의 특이ᄒᆞᆷᄅᆞᆯ 흠이ᄒᆞ여 졍혼ᄒᆞ고 퇵일 셩녜홀ᄉᆡ, 냥기 혼슈를 셩비ᄒᆞ
여 길일의 신낭이 위의를 거ᄂᆞ려 혼가(婚家)의 니ᄅᆞ러 옥상(玉床)의 홍안(鴻雁)을 젼

1779)냥긔츄파(兩岐秋波) : 두 줄기 가을 물결처럼 맑은 눈빛. *냥긔(兩岐) : 두 갈래. 두 줄기.
1780)월익텬졍(月額天庭) : 달처럼 둥글고 아름다운 이마. *천정(天庭)은 관상에서 두 눈썹의 사이 또는 이
　마의 복판을 이르는 말.
1781)텬원디방(天圓地方) : 하늘은 둥글고 땅은 네모남을 이르는 말. 출전 ≪여씨춘추전(呂氏春秋傳)≫.
1782)ᄉᆞ즈방슌(四字方脣) : '四'자(字) 모양의 네모진 입술.
1783)도솔궁(兜率宮) : 도솔천에 있는 궁전. *도솔천(兜率天); 육욕천의 넷째 하늘. 수미산의 꼭대기에서
　12만 유순(由旬) 되는 곳에 있는, 미륵보살이 사는 곳으로, 내외(內外) 두 원(院)이 있는데, 내원은 미
　륵보살의 정토이며, 외원은 천계 대중이 환락하는 장소라고 한다
1784)졈치다 : 점을 치다. 점을 찍다. 연지(臙脂) 따위를 입술이나 뺨에 조금 묻히다.
1785)유유도ᄌᆞ(唯有道者) : 천도(天道) 곧 '하늘의 도'를 갖춘 사람. 『노자(老子)』77장에 나오는 말. 有
　餘者損之 不足者補之 天之道, 人之道則不然 損不足以奉有餘. 孰能有餘以奉天下 唯有道者.(하늘의 도는
　여유가 있는 것을 덜어내어 부족한 것을 보충하는데, 사람의 도는 그렇지 않아서 부족한 데서 덜어 내
　어 여유가 있는 데에다 바친다. 누가 능히 여유가 있어서 천하를 받들 수 있겠는가? 오직 도(=하늘의
　도)를 갖춘 사람일 뿐이다.)
1786)분양왕(汾陽王) : 곽자의(郭子儀). 697~781. 중국 당(唐)나라 중기의 무장(武將). 안녹산 사사명의
　반란을 평정하고 토번을 쳐 큰 공을 세워 분양왕(汾陽王)에 올랐고 여덟 아들을 두었다. 수(壽)·부
　(富)·귀(貴)·다남자(多男子)의 인간적 복(福)을 다 누려, 오복(五福)을 두루 누린 사람으로 유명하다.
1787)진승상(陳丞相) : 중국 한나라 정치가 진평(陳平; ? - BC178). 가난한 집에서 태어났으나 용모가
　뛰어나고 독서를 좋아하였다. 처음 초나라의 항우(項羽)를 섬기다가, 뒤에 한고조(漢高祖) 유방(劉邦)을
　섬겼는데 '여섯 번 기발한 꾀를 내'(六出奇計) 천하 통일을 이루었다. 여태후(呂太后)가 죽은 뒤 주발
　(周勃)과 힘을 합하여 여씨 일족의 반란을 평정하였고, 좌승상(左丞相)에 올랐다.
1788)부귀지면(富貴之面) : 부귀(富貴)를 누릴 관상(觀相).
1789)필와(畢瓦) : 막내 딸. '와(瓦)'는 실을 감는 '실패'를 뜻하는 것으로 딸을 비유한 말. 농와지경(弄瓦
　之慶).

ᄒᆞ고 신부를 상교(上轎)ᄒᆞ여 부듕의 도라와, 합환교ᄇᆡ(合歡交拜)를 파ᄒᆞ고 단장을 곳
쳐 조률(棗栗)을 밧드러 존당 구고긔 헌ᄒᆞ고, 팔ᄇᆡ디례(八拜大禮)를 ᄒᆡᆼ홀ᄉᆡ 진퇴(進退)
ᄒᆡᆼ동이 ᄌᆞ유법도(自有法度)1790)ᄒᆞ니, 만목이 일쳠의 홀홀 변ᄉᆡᆨᄒᆞ고, 존당 구괴 보건ᄃᆡ
현광쳐 조시와 일ᄡᅡᆼ(一雙) 묘완(妙婉)이라.

니ᄅᆞᆫ 바, '익여반월(額如半月)이오 협여도화(頰如桃花)며 미여츈산(眉如春山)이오 부
여응지(膚如凝旨)며 연여츄져(臙如湫渚)오 완약유룡(腕若遊龍)이오 《편‖견》약경홍
(肩若鶊鴻)【42】이라.'1791) 염ᄐᆡ(艶態) 휘요(輝耀)ᄒᆞ고 묘질(妙質)이 ᄌᆞ약(自若)ᄒᆞ여
지국임시(摯國任氏)의 버금 ᄯᅩᆯ1792)이 아니면, 완혜연혜(婉兮孌兮) 계녀(季女)1793) ᄉᆞ
시(姒氏)1794)라.

존당구괴(尊堂舅姑) 디열(大悅)ᄒᆞ고 빈ᄀᆡᆨ의 치하(致賀) 분분ᄒᆞ더라. 금평후 부ᄇᆡ 신
부를 나호여 옥슈를 잡고 션빈(鮮鬢)을 ᄲᅳ다듬아 쳬쳬(棣棣)ᄒᆞᆫ ᄉᆞ랑이 비길ᄃᆡ 업더라.

종일 진환(盡歡)의 일모(日暮) ᄀᆡᆨ산(客散)ᄒᆞ고, 신부 슉쇼를 화하각의 졍ᄒᆞᄆᆡ 시비
등이 쇼져를 붓드러 믈너나더라.

한쇼졔 인ᄒᆞ여 구가의 머므러 총명혜힐(聰明慧逸)ᄒᆞ고 유한졍졍(幽閑貞靜)ᄒᆞ여 녀ᄒᆡᆼ
이 부도의 맛가ᄌᆞ니, 존당 구괴 어린 나ᄒᆡ 믹ᄉᆞ(每事)의 특이ᄒᆞᄆᆞᆯ 더옥 ᄉᆞ랑ᄒᆞ고, 조
·한·화 등○[을] 존괴(尊姑) 친싱 갓치 ᄒᆞ니, 한부의셔 듯고 디【43】열ᄒᆞ더라.

뎡노공 부ᄇᆡ 년과(年過) 팔십여셰의 고당난실(高堂暖室)의 안거ᄒᆞ여 졔ᄌᆞ 졔손의 영
효를 갓초 밧고, 부귀영홰 지ᄎᆞ일신(在此一身)ᄒᆞ고, 가경(家慶)이 쳡쳡ᄒᆞ여 팔복(八
福)1795)이 무흠(無欠)ᄒᆞ니 이의 더 바랄 거시 이시리오.

ᄎᆞ년 츄팔월 망간(望間)의 부부 냥인이 향탕의 목욕ᄒᆞ고, 졔ᄌᆞ부녀손(諸子婦女
孫)1796)을 다 불너, 좌우의 버리고 조곰도 슬픈 빗치 업셔 안ᄉᆡᆨ이 흔연ᄒᆞ여 왈,

"노부의 박덕홈과 부인의 나약ᄒᆞᄆᆞ로써 하ᄂᆞᆯ긔 복을 밧ᄌᆞ오미 과의(過矣)라. 더 바
랄 거시 업ᄉᆞ니 오ᄂᆞᆯ날 부ᄇᆡ 병 업시 도라가미 희귀ᄒᆞᆫ 일이니, ᄉᆞ싱(死生) 냥디(兩地)

1790) ᄌᆞ유법도(自有法度) ; 저절로 법도에 맞음.

1791) 익여반월(額如半月)이오 협여도화(頰如桃花)며 미여츈산(眉如春山)이오 부여응지(膚如凝旨)며 연여츄
져(臙如 湫渚)오 완약유룔(腕若遊龍)이오 견약경홍(肩若鶊鴻)이라 : 이마는 반달처럼 둥글고 두 뺨은
복숭아꽃처럼 붉으며, 눈썹은 봄 산처럼 아름답고, 살결은 응지(凝脂)처럼 부드러우며, 목은 강물[湫水
渚水]처럼 희고 길며, 팔은 물속을 유영(遊泳)하는 용처럼 길고, 어깨는 꾀꼬리·기러기처럼 날렵하다.

1792) 지국임시(摯國任氏)의 버금 ᄯᅩᆯ : 중국 주나라 문왕의 어머니 태임(太姙)을 말함. *태임(太姙); 중국
지(摯)나라 임씨(任氏)의 둘째 딸로 왕계(王季)에게 시집가 문왕(文王)을 낳았다.

1793) 완혜연혜(婉兮孌兮) 계녀(季女) : 순하고 아리따운 어린 딸(또는 막내딸). 『시경』<曹風> 候人편의
"婉兮孌兮 季女斯飢(순하고 아리따운 어린 딸이 굶주리네)"에서 따온 말.

1794) ᄉᆞ시(姒氏) : 사씨(姒氏). 중국 주(周)나라 문왕(文王)의 비(妃) 태사(太姒)의 성씨. 주나라의 창건자
인 무왕(武王)의 어머니로, 정숙한 덕성을 가져 성녀(聖女)로 추앙된다.

1795) 팔복(八福) : 유교에서는 5복(五福)을 말한다. 여기에 귀(貴)·부모구존(父母俱存)·자손중다(子孫衆
多)를 합하면 8복(八福)이라 할 수 있다. *오복(五福) : 유교에서 이르는 다섯 가지의 복. 보통 수(壽),
부(富), 강녕(康寧), 유호덕(攸好德), 고종명(考終命)을 이른다.

1796) 졔ᄌᆞ부녀손(諸子婦女孫) : 여러 아들·며느리·딸·손자를 통틀어 이르는 말.

의 즐거오미 극ᄒ고 슬프미 업ᄂ지라. 여등은 슬허 말【44】나.”

ᄒ고 부부 냥인이 침셕(寢席)을 바로ᄒ고 나아가 운명(殞命)ᄒ니, 희(噫)라! 뎡노공 부뷔 아시결발(兒時結髮)노 여고금슬(如鼓琴瑟)ᄒ여 탑하(榻下)의 타인의 언식(言飾)ᄒ믈 보지 아니코, 상경상화(相敬相和)ᄒ여 죵ᄉ지경(螽斯之慶)[1797]이 션션(詵詵)ᄒ여, 오ᄌ이녀를 두어 비록 ᄌ녀의 간익(艱厄)이 비상(非常)ᄒ나 텬되 맛춤ᄂ 길인을 보호ᄒᄂ 고로, 간당이 ᄌ연 쇼멸ᄒ고 드러오ᄂ ᄌ부ᄂ 기기 셩녀쳘부(聖女哲婦)오, 녀셔(女壻)ᄂ 군ᄌ영쥰(君子英俊)이라.

더옥 윤의렬 갓흔 총뷔(冢婦) 문호를 영창ᄒ고, 긔ᄌ현손(奇子賢孫)이 계계승승ᄒ여 쥬죵(主宗)이 창셩ᄒ거ᄂ, 노공 부뷔 죵고(終考)[1798]의 흠 업시 고당(高堂)의 안와(安臥)ᄒ여 ᄌ손의 영효(榮孝)를 갓초 밧고 회혼(回婚)가지 지닌기도 쳔고【45】의 희한ᄒ거ᄂ, 부뷔 병 업시 도라가니 고릭(古來)의 희한(稀罕)흔 복인(福人)이라. 윤ㆍ하 냥공의 다복(多福)ᄒ미라도 뎡노공긔 밋지 못홀 곳이 만흐니, 당시의 뉘 능히 우럴니오. 빅슈화락(白壽和樂)의 싱즉동쥬(生則同住)ᄒ고 ᄉ즉동혈(死則同穴)이러라.

공의 부뷔 도라가미 졍당의 향운이 니러나고 셔긔 어린 곳의 가ᄂ 풍뉴(風流) 쇼릭 미미ᄒ여, 션악(仙樂)이 은은ᄒ니 녕빅(靈魄)이 옥쳥녕되(玉淸靈臺)의 도라가믈 알니러라.

합기(闔家) 발상거익(發喪擧哀)ᄒ니 익셩(哀聲)이 진지ᄒ여 산쳔이 한가지로 움즉이ᄂ 듯, 일월이 위ᄒ여 빗츨 감ᄒ니 힝인이 발을 멈츄어 추탄ᄒ고, 시인(時人)이 져ᄌ를 파ᄒ고 슬허ᄒ더라.

텬【46】지 드ᄅ시고 상연(傷然)이 감쳬(感涕)ᄒ시고 녜관을 보닉여 조위ᄒ시고 부의를 두터이 ᄒ시니, 싱ᄉ냥디(生死兩地)의 은영이 호탕ᄒ여 일신의 감당치 못홀 곳이 만흐니, 졔왕곤계ᄌ질이 슬픈 가온딕 황은을 더옥 감츅ᄒ여 누슈(淚水)를 드리워 츙즉진명(忠則盡命)홀 ᄯᆞᆺ이 잇더라.

이의 초상(初喪)을 녜로 다ᄉ려 셩복(成服)을 지닉고 장월(葬月)이 다ᄃᄅ미, 졔손이 솔기가권(率其家眷)ᄒ여 녕구(靈柩)를 밧드러 고향 항쥬로 도라가 장녜를 지닉고, 삼년시묘(三年侍墓)홀시 상부와 졔궁ㆍ초궁이 황연이 뷔여, 뎡상국 냥부인 댱ㆍ연 두 부인이 졔ᄉ금장(娣姒襟丈)을 거ᄂ려 가ᄉ를 션치ᄒ나, 고당(高堂)이 젹막ᄒ믈 화조월셕(花朝月夕)의 늣기더라.

어시의 졔왕 곤계 ᄌ【47】손과 윤ㆍ양ㆍ니ㆍ경 문양공쥬 등 졔ᄉ금장이 뎡노공 상구를 밧드러 고향의 도라가니, 두 낫 붉은 명졍(銘旌)과 그림 그린 삽션(翣扇)[1799]

1797)종ᄉ지경(螽斯之慶) : 자손이 번창하는 기쁜 일. 종사류(螽斯類)의 곤충들이 한 번에 많은 알을 낳아 그 종족을 번식는 데서, 부부가 화합하여 자손이 번창한 것을 비유적으로 이르는 말. *종사(螽斯); 메뚜기, 베짱이, 여치를 통틀어 이르는 말.
1798)종고(終考) : =고종(考終). 고종명(考終命). 오복의 하나. 제명대로 살다가 편안히 죽는 것을 이른다.
1799)삽션(翣扇) : =운불삽(雲黻翣)ㆍ운아삽(雲亞翣). 운삽(雲翣)과 불삽(黻翣)[=아삽(亞翣)]을 아울러 이

은 압흘 인도ᄒ고, 슈다(數多) 만장(輓章)은 평싱(平生) 힝의(行誼)를 긔록ᄒ여시며, 두 낫 치예(彩輿)¹⁸⁰⁰는 ᄯᅡᆼ으로 힝ᄒ니, 일쳔(一千) 쵹농(燭籠)과 일만(一萬) 홰불이 조요(照耀)ᄒ고, 졔부인의 쇼거(素車)와 남노녀복(男奴女僕)의 의셩(哀聲)이 쳐쳐(悽悽)ᄒ여 산을 덥흐며 물을 ᄶᅥ시니, 친붕(親朋) 고리(故吏)와 슈쳔(數千) 문긱(門客)의 거ᄆᆡ(車馬) 분분ᄒ니, 도로 관쟤(觀者) 불위 아니리 업더라.

ᄎ시 윤노공의 병이 즁ᄒ니, 진왕이 능히 악부모의 상구(喪柩)를 비힝(陪行)치 못ᄒ고 졔ᄌ졔숀(諸子諸孫)으로 더부러 강두(江頭)의 나와 ᄇᆡ별(拜別)ᄒ니라. 북후 하공이 졔ᄌ로 더브러 비힝ᄒ더라.

졔왕【48】등이 고비(考妣)의 상구(喪柩)를 밧드러 고향의 도라와 명산길디(名山吉地)의 안장ᄒ고 시묘ᄒ니, 효ᄌ 현부의 지셩이 달어상텬(達於上天)ᄒ리러라.

상이 금평후의 시호(諡號)를 졔국ᄐᆡ왕(齊國太王)을 증(贈)ᄒ시고 진부인으로 ᄐᆡ왕비(太王妃)를 증ᄒ시다.

이ᄯᅥ 취운산 윤상부의셔 윤노공이 졸(卒)ᄒ니 시년(是年)이 팔십이라. 일가(一家) 발상거ᄋᆡ(發喪擧哀)ᄒ고 상하의 곡셩이 텬디를 움죽이더라. 승상 부부 삼인과 냥녀 셕·하 냥부인이 호텬벽용(呼天擗踊)¹⁸⁰¹ᄒ여 운졀(殞絶)ᄒᄆᆞᆯ ᄌᄅᆞ로ᄒ니, 참담ᄒᆫ 경식(景色)은 이로 긔록기 어렵더라.

상국(相國)은 뉴부인 초토(草土)¹⁸⁰²의 상ᄒ미 만흔 고로, 계오 셩복(成服)을 지ᄂᆡ며 병이 즁ᄒ니, 오왕 등 졔ᄌ(諸子) 황황초젼(遑遑焦煎)ᄒ고 조ᄐᆡ비 경녀(驚慮)ᄒ여 친【49】히 님(臨)ᄒᄆᆡ 상국의 엄엄(奄奄)ᄒᆫ 경식을 보고, 흉억(胸臆)이 젼요(戰搖)¹⁸⁰³ᄒ나 ᄉᆞ식지 아니코 ᄃᆡ의(大義)로 ᄀᆡ유(開喩) 졀ᄎᆡᆨ(切責)ᄒ니, 승상은 ᄃᆡ회(大孝)라 구십 노모의 심녀ᄒ시믈 보ᄆᆡ ᄌᄀᆡ 불효를 ᄉᆞ죄ᄒ고, 강잉ᄒ여 미쥭(糜粥)을 나와 삼상(三喪)을 지보(支保)ᄒ더라.

진왕이 계부(季父)를 여희오ᄆᆡ 지통이 승상과 간격지 아니나, 모부인의 ○[우]려ᄒ시믈 혜아려 억졔ᄒ고, 본셩이 ᄃᆡ쳬(大體)ᄒᆫ 장뷔라 스스로 강잉ᄒ여 승상을 위로ᄒ더라.

일월이 유ᄆᆡ(流邁)ᄒ여 장월(葬月)이 다ᄃᆞᄅᆞ미 녕구(靈柩)를 밧드러 고향으로 나릴ᄉᆡ 승상이 부공을 여희니 호텬지통(昊天之痛)¹⁸⁰⁴이 ᄶᆡ의 ᄉᆞ못ᄂᆞᆫ 가온ᄃᆡ, 다시 노년

르는 말. *운삽(雲翣); 발인할 때 영구 앞뒤에 세우고 가는 널판으로, 구름무늬를 그린 부채모양의 널판. *불삽(黻翣); 발인 때 상여 앞뒤에 세우고 가는 제구로, '아(亞)'자 형상을 그린 널 조각에 긴 자루가 달려 있다. =아삽(亞翣)
1800)치예(彩輿) : 꽃으로 꾸민 상여(喪輿). 꽃상여(-喪輿)..
1801)호텬벽용(呼天擗踊) : 어버이의 상사(喪事)에 상제가 하늘을 우러러 부르짖으며 가슴을 치고 발을 굴러 몹시 애통함.
1802)초토(草土) : 거적자리와 흙 베개라는 뜻으로, 상중에 있음을 이르는 말. 늑토초(土草).
1803)젼요(戰搖) : 몹시 두려워 벌벌 떪.
1804)호텬지통(昊天之痛) : 하늘처럼 큰 고통.

ᄌ부인(慈夫人)을 상니(相離)ᄒᄂᆫ 심ᄉᆡ 지향치 못ᄒ여 누쉬(淚水) 진진(津津)【50】ᄒ
니, 조틱비 아ᄌᆞ의 심수ᄅᆞᆯ 혜아려 탄아(歎啞) 슈셩(數聲)의 집슈(執手) 위로 왈,

"노뫼 미망여싱(未亡餘生)이 슉슉 싱젼의 몬져 도라가고져 ᄒ엿더,니 완명(頑命)이
무지ᄒ여 슉슉이 션망(先亡)ᄒ시니 나의 명되 괴이치 아니리오. 노뫼 슈년 닉(內)의ᄂᆞ
넘녜 업스리니 오아ᄂᆞ 넘녀 말고[라], 다만 신쳬발부(身體髮膚)ᄂᆞ 슈지부뫼(受之父母)
라 불감훼상(不敢毀傷)이 효지시야(孝之始也)ᄅᆞᆯ 싱각ᄒ라. 노뫼 먼니셔 근심ᄒᄆᆞᆯ 싱각
ᄒᆫ 즉, 노뫼 오아(吾兒)의 도라오믈 기다려 반기리라."

승상이 혈뉘(血淚) 만면(滿面)ᄒ여 직비 슈명ᄒ고 상구ᄅᆞᆯ 발ᄒᆞᆯᄉᆡ, 승상이 하·장 냥
부인과 식부 오왕비 엄·셜·화 삼인을 거ᄂᆞ려 하향ᄒ고 기여 졔부ᄂᆞ 머므러 존당을
시봉케 ᄒ니, 합샤(闔舍)의 【51】비풍(悲風)이 쇼슬ᄒ더라.

텬지 윤노공의 망(亡)ᄒᄆᆞᆯ 드ᄅᆞ시고 부의(賻儀)ᄅᆞᆯ 나리오시며 상부ᄅᆞᆯ 슈조(手詔)로
위로ᄒ시고, 노공의 시호ᄅᆞᆯ 츙뎡공(忠貞公)이라 ᄒ시다.

진왕이 졔ᄌᆞ로 더브러 계부의 장녜(葬禮)만 보고 환경ᄒ니라.

승상이 녕구ᄅᆞᆯ 뫼셔 항쥬로 나려가 장녜ᄅᆞᆯ 지닉고, 속졀업손 지통을 금억(禁抑)ᄒ여
졔뎡으로 반기며, 조모(朝暮)의 상죵(相從)ᄒ여 슬픈 가온딕 셰월을 보닉더라.

시시의 하상부의셔 북당이 뷔여시나 옥슈닌벽(玉樹驎璧)이 장셩ᄒ니, 북후의 팔ᄌᆞ
몽츈과 구ᄌᆞ 몽산과 십ᄌᆞ 몽협과 십일ᄌᆞ 몽쥬와 십이ᄌᆞ 몽필과 필녀 쇼강과, 상셔 원
필의 ᄎᆞᄌᆞ 몽죄 장셩ᄒ니, 상젹ᄒᆫ 【52】문미의 슉녀 현부와 군ᄌᆞ긔셔(君子奇婿)ᄅᆞᆯ
갈희여 마ᄌᆞ니, 몽츈의 쳐 뉴시와 몽산 쳐 구시와 몽협 쳐 등시와 몽쥬 쳐 교시와 몽
필 쳐 홍시와 몽죄의 쳐 뉴시 등이 다 명문슉녀(名門淑女)로 화벌여지(華閥餘枝)라.
ᄌᆡ용(才容)이 관셰(冠世)ᄒ고 녀힝(女行)이 졍슌(貞純)ᄒ니 구괴 딕희ᄒ더라.

쇼강은 조상셔 희셩의 ᄌᆞ뷔 되니, 조싱은 다ᄅᆞ니 아니라 뎡부 평초왕비 조셩녈의
질ᄌᆡ(姪子)라. 풍치(風采) 문장(文章)이 당셰의 옥인군ᄌᆡ(玉人君子)러라.

평동왕 하의계 원비 뎡부인긔 오ᄌᆞ삼녀ᄅᆞᆯ 두어시니, 장ᄌᆞ 응현은 뎡비의 쇼싱야(所
生也)오, 하시 쥬죵(主宗)을 영창(永昌)ᄒ려 나리오신 빅라, 범연ᄒ리오. 년(年)이 십삼
의 군ᄌᆞ딕질(君子大質)이 흡흡ᄒ니, 부모 존당이 너비 슉녀ᄅᆞᆯ 구ᄒᆯᄉᆡ, 왕【53】의 장
녀 셩아ᄂᆞ 망실(亡室) 연시의 녜라. 식용 덕힝이 모친을 담지 아냐 부조여풍(父祖餘
風)이라. 낭ᄌᆡ(郞材)ᄅᆞᆯ 구ᄒᆞᄆᆡ 쇼상셔 장ᄌᆞ 명윤과 셩혼ᄒ니, 부부의 상젹ᄒᆞᄆᆡ 텬졍일
딕(天定一對)[1805]라.

쇼시 허다ᄉᆞ젹(許多事蹟)과 녈토봉왕(裂土封王)ᄒ던 ᄉᆞ젹이 <쇼시가록>의 ᄒᆡ비(賅
備)ᄒ니라. 하공ᄌᆞ 응현이 십삼의 응과ᄒ여 농누(龍樓)의 어향(御香)을 ᄲᅩ이고, 계슈
(桂樹) 뎨일지(第一枝)ᄅᆞᆯ ᄭᅥᆺ거 간의틱우(諫議大夫) 쇼영의 녀셔(女婿) 되니, 남평빅 윤
후셩의 원비 쇼부인 ᄎᆞ형(次兄)이오, 쇼슌의 ᄎᆞ뎨(次弟)니 겹겹 년혼(連婚)이러라.

1805)텬졍일딕(天定一對) : 하늘이 미리 졍하여 탄생케 한 한 쌍.

쇼쇼제 ᄌ덕(才德)이 뇨조(窈窕)ᄒ니 존당 구괴 과ᄋᆡ(過愛)ᄒ고 공ᄌᆞᆨ 즁딕ᄒ더라.

하승상 학셩이 고비(考妣)를 여히온 후 만ᄉᆞ 부운(浮雲) 갓ᄒ니, 날노 공셩신퇴(攻成身退)1806)ᄒ여 젼【54】야(田野)의 한가ᄒᆫ 빅셩이 되믈 원ᄒ나, 텬ᄌᆡ 불윤(不允)ᄒ시니 슉야(夙夜) 젼긍(戰兢)ᄒ여 침불안셕(寢不安席)ᄒ더니, 싱각ᄒᄃᆡ.

"닉 고비(考妣)를 여힌 후로 셰렴(世念)이 쇼연(消然)ᄒ여 환노(宦路)의 ᄯᅳᆺ이 업ᄉᆞ니, 희골(骸骨)1807)을 비러 고향의 도라가고ᄌᆞ ᄒ나, 셩샹이 허치 아니시믄 곡졀이 잇ᄂᆞ니, 닉 ᄉᆞᄌᆞᆨ 하향(下鄕)ᄒᆫ 즉, 제ᄌᆞ질과 제손이 ᄌᆞ연 도로왕반(道路往返)의 ᄉᆞ군찰직(事君察職)이 젼일(專一)치 못ᄒᆞᆯ가 ᄒᆞ시미라. 쇼원을 일우기 어려오니 출하리 진졍(眞情)을 상달(上達)ᄒ여 임ᄉᆞ(臨事)의 괴로오미나 닛고 부ᄌᆞᆼ의 편히 잇셔 우슈울억(憂愁鬱抑)ᄒᆫ 심ᄉᆞ를 위로ᄒ리라."

ᄒ고, 필연을 나와 쇼표(疏表)를 일우니, ᄉᆞ의(辭意) 쳐완(悽惋)ᄒ고 《시ᄉᆞ∥셔ᄉᆞ(書思)》 간졀ᄒ여 한창녀(韓昌黎)의 불골표(佛骨表)1808)와 흡ᄉᆞᄒᆞ더【55】라.

표(表)의 왈,

"미신(微身) 승상 초국공 하원광은 돈슈빅ᄇᆡ(頓首百拜)ᄒ고 셩황셩공(誠惶盛恐)ᄒ여 일월셩쥬(日月聖主)긔 알외ᄂᆞ이다. 신이 부ᄌᆡ(不才)로 외람이 셩조(聖朝)의 슈은(受恩)ᄒ완지 ᄉᆞ십여년이라. 촌젼지공(寸戰之功)이 업시 여러 형뎨와 부ᄌᆞ슉친(父子叔親)이 위극인신(位極人臣)ᄒ고 ᄌᆞ녈공후(宰列公侯)ᄒ여 위고금다(位高金多)의 부귀일신(富貴一身)ᄒ오니 묘복(眇福)이 손(損)ᄒᆞᆯ가 슉야(夙夜) 긍긍업업(兢兢業業)ᄒ와 침식(寢食)이 불안ᄒ온지라. ᄌᆞ고(自古)로 공기텬하(功盖天下)와 명만ᄒᆡᄂᆡ(名滿海內)ᄂᆞᆫ 니극지쇡(已極之猜)1809)라. 시고(是故)로 회음후(淮陰侯) 한신(韓信)이 초야 미쳔ᄒᆫ 필부로 졸연이 부귀를 어더 죡ᄒᆫ 쥴 모로므로, 미앙궁(未央宮) ᄉᆞ화(死禍)1810)를 면치 못ᄒᆞ엿고 ᄌᆞ방(子房)이 벽곡도은(辟穀逃隱)1811)ᄒ고 공셩신퇴(功成身退)ᄒ여 명쳘보【56】신(明哲保身)은 쳘인(哲人)의 경계니, 신이 본ᄃᆡ 참난여싱(慘亂餘生)으로 마음이 찬ᄌᆡ 갓ᄉᆞ거늘, 다시 어버이를 여희오니 스스로 신의 나히 만흐믈 싱각지 못ᄒ옵고, 냥산(養山)1812)의

1806) 공셩신퇴(攻成身退) : 공을 세워서 이룬 뒤에 그 자리에서 물러남.

1807) 희골(骸骨) : 죽은 사람의 살이 썩고 남은 앙상한 뼈를 뜻하는 말로, '사람의 몸'을 비유적으로 이르는 말.

1808) 한창녀(韓昌黎)의 불골표(佛骨表) : 중국 당나라 시인 한유(韓愈; 768-824)가 헌종(唐憲宗) 14년 (819)에 이부시랑(吏部侍郎)으로서, 당시 헌종이 불교에 빠져 불골(佛骨; 석가의 진신사리)을 궁중에 들여오려 하자, 이를 간(諫)하여 올린 글인 <간영불골표(諫迎佛骨表)>를 말함. 이를 <논불골표(論佛骨表)>라고도 한다. 한유는 이 일로 인해 헌종의 노여움을 사, 조주자사(潮州刺史)로 좌천되었다.

1809) 니극지쇡(已極之猜) : 지나치게 심한 시기(猜忌)를 입게 됨.

1810) 회음후(淮陰侯) 한신(韓信)의 미앙궁(未央宮) ᄉᆞ화(死禍) : 중국 한(漢)나라 개국공신 회음후 한신이 여태후(呂太后)·소하(蕭何) 등의 계략에 빠져 입궐하였다가 붙잡혀 미앙궁(未央宮)에서 참살(斬殺)당한 일을 말함. 이 때 자신의 처지를 토사구팽(兔死狗烹)에 비유한 명언을 남기기도 했다.

1811) 벽곡도은(辟穀逃隱) : 속세를 피해 숨어 살면서 곡식을 먹지 않고 솔잎, 대추, 밤 따위를 생으로 조금씩 먹으며 살아감.

1812) 냥산(養山) : 묘지에 나무를 심고 가꿈.

슬프미 야랑(爺娘)1813)을 불너 음용(音容)을 늣기오미, 남은 졍신이 모손(耗損)ᄒᆞᄆᆞᆯ 면
치 못ᄒᆞ엿스오니, 폐하의 맛지신 졍스(政事)ᄅᆞᆯ 교화(敎化)ᄒᆞ여 니음양슌ᄉᆞ시(理陰陽順
四時)1814)ᄅᆞᆯ 능히 못ᄒᆞ올지라. 복원(伏願) 셩상(聖上)은 남은 희골을 빌니시면 연곡하
(輦轂下)의셔 여싱을 맛줍고, 텬디 부모의 셩슈만년(聖壽萬年)을 튝원(祝願)ᄒᆞ리이다.
미신이 호란(胡亂)1815)이 진졍쇼(眞情疏)ᄅᆞᆯ 올녀 텬안을 번거로오시게 ᄒᆞ오니, 감쳥ᄉᆞ
죄(敢請死罪)로쇼이다."

ᄒᆞ엿더라. 【57】

상이 남필(覽畢)의 크게 감동ᄒᆞ샤 슈조로 위로ᄒᆞ시고 벼술을 갈아 쥬시니, 승상이
황은을 감골ᄒᆞ여 감쳬여우(感涕如雨)ᄒᆞ여 텬은을 슉ᄉᆞ(肅謝)ᄒᆞ고 부즁의 도라와 연즁
ᄉᆞ(筵中事)ᄅᆞᆯ 셜파ᄒᆞ니, 졔인이 황은을 감읍지 아니리 업더라.

일노조ᄎᆞ 초공이 셩디(聖代)의 한가ᄒᆞᆫ 빅셩이 되어, 송듁헌의 집히 잇셔 의복찬품지
졀(衣服饌品之節)의 ᄉᆞ치ᄒᆞᄆᆞᆯ 물니치고, 검쇼ᄒᆞᄆᆞᆯ 웃듬ᄒᆞ여 한ᄉᆞ(寒士)의 모양이오, 일
호(一毫) 지상의 풍이 업더라.

초공이 다시 벼술을 싱각지 아니코 고당광실(高堂廣室)의 안거(安居)ᄒᆞ여 모든 형뎨
로 더브러 빅셰ᄅᆞᆯ 누려 션죵(善終)ᄒᆞ고 ᄌᆞᄌᆞ손손(子子孫孫)이 계계승승(繼繼承承)ᄒᆞ여
흥【58】망 셩쇠(興亡盛衰)ᄅᆞᆯ 국가와 한가지로 ᄒᆞ니라.

윤・뎡 냥부의셔 삼상(三喪)을 맛ᄎᆞ미, 텬지 즁스(中使)ᄅᆞᆯ 보ᄂᆡ샤 위문ᄒᆞ시고 상경
ᄒᆞᄆᆞᆯ 지쵹ᄒᆞ시니, 졔인이 셩은을 져바리지 못ᄒᆞ여 환경ᄒᆞ고 옛 벼술의 나아가나, 셕일
고당의셔 남녀 졔인이 ᄎᆡ의(彩衣)ᄅᆞᆯ 붓쳐 노릭ᄌᆞ(老萊子)의 열의(悅意)ᄅᆞᆯ 구ᄒᆞ던 빅
일장츈몽(一場春夢)이 된지라.

윤상국은 조티비 계시니 관위(寬慰)ᄒᆞᄂᆞᆫ 빅 되나, 평졔왕 곤계ᄂᆞᆫ 북당을 보아 영모
지통(永慕之痛)이 지심ᄒᆞ여 외당의셔 곤계 오인이 광금장침(廣衾長枕)의 우이(友愛)
ᄌᆞ별(自別)ᄒᆞ니 졔ᄌᆞ 졔손이 학낭 쇼어로 한번 우으시믈 본즉 여득쳔금(如得千金)ᄒᆞ더
라. 빅현 등 졔손이 【59】 디디로 부귀영홰 졔미(齊美)ᄒᆞ여 옥보금인(玉寶金印)1816)이
《삼ᄌᆞ∥상자(箱子)》의 가득ᄒᆞ고, 명공거경(名公巨卿)의 쥬륜(朱輪)이 몌여시니, 슌시
팔뇽(荀氏八龍)1817)을 긔특다 ᄒᆞ리오. 뎡시 ᄌᆞ손이 당셰의 유명ᄒᆞ고, 각각 부인으로
더부러 빅년동쥬(百年同住)ᄒᆞ니라.

화셜. 진궁의셔 윤승상 효문이 환경 슈년의 기형으로 식로온 우이 지극ᄒᆞ여, 고인

1813)야랑(爺娘) : =야야낭랑(耶耶娘娘). 부모(父母)를 달리 이르는 말.
1814)니음양슌ᄉᆞ시(理陰陽順四時) : 음양(陰陽)을 바르게 하고 사계절(四季節)의 흐름을 순조롭게 함. 즉
　　음양의 도와 자연의 질서에 맞게 정치를 베풂.
1815)호란(胡亂) : 한데 뒤섞여 어수선하고 분간하기 어려움.
1816)옥보금인(玉寶金印) : 국새(國璽)와 황금으로 만든 도장. *옥보(玉寶); 임금의 존호를 새긴 도장. 국
　　새(國璽).
1817)슌시팔뇽(荀氏八龍) : 중국 후한(後漢) 때 사람 순숙(純淑)이 아들 여덟을 두었는데, 모두 재명(才名)
　　이 높아 당시 세상 사람들이 이들 형제를 순씨팔룡이라 부른 데서 나온 말.

(古人)을 밧고지 아니코 조티비를 봉양ᄒᆞ미, 황향(黃香)의 션침(扇枕)1818)과 ᄌᆞ로(子路)의 부미(負米)1819)를 불워 아니ᄒᆞ나, 틱비 년과구십(年過九十)의 년만(年晩)ᄒᆞ시믈 싱각ᄒᆞᆫ 즉, 숙야(夙夜)의 슬허ᄒᆞ여 열친(悅親)으로 요구ᄒᆞ미, 명츈의 빅현ㆍ셩현ㆍ명현 등을 응과(應科)케 ᄒᆞ여 고등(高等)ᄒᆞ니, 조티비 크게 두굿겨 ᄌᆞ손의 경【60】시 처음인 듯 즐기더니, 일일은 졔ᄌᆞ 졔부와 녀아 졔왕비 의렬과 닉외 졔손을 다 불너, 면젼의 니ᄅᆞ미 왈,

"닉 거야의 일몽을 어드니 션군(先君)이 명명이 니ᄅᆞ시딕, '인간부귀 극ᄒᆞ니 그만 가스이다.' ᄒᆞ시기, 씨미 신긔 불평ᄒᆞᆫ지라. 금일은 인셰를 하직ᄒᆞᆯ가 ᄒᆞ노라. 노모의 도라가미 텬슈(天壽)와 명운(命運)이니 여등은 노모의 즐거이 도라가믈 슬허 말나."

언파의 진왕 곤계와 녀부(女婦)1820) 졔손이 황황망극(遑遑罔極)ᄒᆞ여 일언(一言)을 딕치 못ᄒᆞ고 눈물이 창희(滄海)○[의] 쇼쇼(昭昭)ᄒᆞ더라.

틱비 ᄌᆞ녀의 거동을 보고 졍싁 왈,

"노뫼 즐거이 도라가거ᄂᆞᆯ 여등이 보기 슬흔 거동을 ᄒᆞ【61】여 나의 도라가ᄂᆞᆫ 마음을 평안치 못ᄒᆞ게 ᄒᆞᄂᆞᆫ다? 조빈야이 유체(遺體)를 앗기지 아닐진딕 구텬타일(九泉他日)의 셔로 보지 아니리라."

졔인이 황공ᄒᆞ여 비싁(悲色)을 못ᄒᆞ더라.

틱비 초일 오초(午初)1821)의 별셰ᄒᆞ니 시셰 초츄회간(初秋晦間)1822)이라. 일기 발상거이(發喪擧哀)ᄒᆞ니 곡셩이 혼ᄉᆞ(渾舍)1823)를 흔들고 창텬(漲天)이 암담(暗澹)ᄒᆞ여 일월이 광치를 감초고, 원근 산쳔이 한가지로 슬허ᄒᆞᄂᆞᆫ 듯ᄒᆞ더라.

진왕 곤계와 녀부들이며 조티비 양녀 한상셔 부인 우시와 냥질녀 등의 슬허ᄒᆞ미 친쇼(親疏)의 싱양(生養)1824)을 분간치 못ᄒᆞ여[고], 틱비의 유교를 져바리지 못ᄒᆞ여 십분 관억ᄒᆞ고, 초【62】종셩복(初終成服)1825)을 지닉니, 틱지 친님ᄒᆞ사 조위ᄒᆞ시고, 텬지 부의를 두터이 ᄒᆞ샤 진왕 형뎨를 위로ᄒᆞ시미, 텬은을 황공 감은ᄒᆞ더라.

윤현비 왕모의 관셰(捐世)1826)ᄒᆞ시믈 드ᄅᆞ시고 슬허ᄒᆞ시며, 부모 슉당을 문후ᄒᆞ시ᄂᆞᆫ

1818)황향(黃香)의 션침(扇枕) : 중국 동한(東漢) 때의 효자 황향이 편부(偏父)를 지극히 섬겨, 여름에 아버지의 잠자리에 부채를 부쳐 시원하게 해드렸던 고사를 이르는 말.

1819)자로(子路)의 부미(子路負米) : =백리부미(百里負米). 중국 춘추시대 공자의 제자인 자로(子路)가 쌀을 백리까지 운반하여 그 운임으로 어버이를 봉양한 고사를 이르는 말로, 가난하게 살면서도 지극한 효성으로 부모를 잘 봉양하는 것을 뜻한다. 『공자가어(孔子家語)』에 나온다.

1820)녀부(女婦) : 딸과 며느리를 함께 이르는 말.

1821)오초(午初) : 오전 11시 초반.

1822)초츄회간(初秋晦間) : 음력 8월 그믐께.

1823)혼ᄉᆞ(渾舍) : =혼가(渾家). 온 집안.

1824)싱양(生養) : '혈연에 의한 가족관계'와 '의로 맺은 가족관계'를 함께 이르는 말.

1825)초종셩복(初終成服) : =초상성복(初喪成服). 초상이 난 뒤로부터 성복(成服)을 마칠 때까지의 모든 상례절차와 의례.

1826)관세(捐世) : 세상을 버린다는 뜻으로, 웃어른이 돌아가심을 이르는 말. =기세(棄世).

닉시(內侍) 도로의 낙역부졀(絡繹不絶)ᄒ더라. 광음이 슉홀ᄒ여 녜월(禮月)이 다드ᄅ니, 일긔 녕구를 뫼셔 항쥬 션산의 도라가 장녜를 지닉니, 효ᄌ의 지통이 일월이 갈ᄉ록 더ᄒ더라.

삼년 시묘(侍墓)ᄒ올시 경ᄉ 본부의셔는 남평빅 부인 쇼·엄과 오왕비 엄·텰 등이 졔ᄉ금장(娣姒襟丈)을 거느려 가ᄉ를 션치(善治)ᄒ더라.

상이 조팅비를 츙현 진국【63】 팅왕비라 ᄒ시니라.

졔왕 뎡쥭쳥과 한상셔 희린이 상장의 반ᄌ지되(半子之道) 극진ᄒ니 시인이 탄복ᄒ더라.

광음(光陰)이 빅구과극(白駒過隙)1827)ᄒ여 진왕 곤계 지통 가온딕 셰졀(世節)이 뒤이져 삼상을 맛ᄎ니, 진왕과 승상이 션비의 영향(靈響)이 망믹(茫昧)ᄒ오시믈 슬허ᄒ나, 님군의 브ᄅ시는 왕ᄉ(王使) 도로의 니어시니, 군은을 져바리지 못ᄒᆯ지라. 이의 마지못ᄒ여 가권을 거느려 환경ᄒ여 예궐 ᄉ은ᄒ니, 텬지 인견ᄒ샤 삼상(三喪)의 훌훌ᄒ믈 치위ᄒ시며 옥식이 쳐연ᄒ시니, 진왕 곤계 텬은을 황감ᄒ여 갑ᄉ올 바룰 아지 못ᄒ여 ᄒ더라.

이윽고 퇴조ᄒ여 도【64】라오믹, 친붕 고리와 슈쳔 문인이 마ᄌ 본부의 도라오니 못는 손이 문졍이 요요(擾擾)ᄒ더라.

닉각의 니ᄅ러 모부인 거쳐ᄒ시던 당을 바라보아[믹], 거목싱비(擧目生悲)오 촉쳐감창(觸處憾愴)이라. 비뤼(悲淚) 금포(錦袍)를 젹시니 형뎨ᄌ미 셔로 늣겨 위로ᄒᆯ ᄯᆞ름이라.

윤·하·뎡 삼문 졔공이 셰교(世交)의 두터옴과 인친(姻親)의 친을 아올나, 삼문 ᄌ손이 누딕(累代) 동거(同居)ᄒ여 딕딕로 ᄌᆺ지 아니코, 진왕과 승상이 각각 부인으로 빅슈동쥬(白壽同居)ᄒ고 텬년(天年)을 션종(善終)ᄒ니, 문호의 셩쇠흥망이 숑실ᄉ직(宋室社稷)으로 더부러 갓치 되니 진실노 아름다온 일이라.

이 가온딕 금평후 부부의 【65】유복은 셰딕의 희한ᄒ니 후인이 본바담1828) 즉ᄒ지라. 삼문 졔ᄌ졔손의 특츌ᄒ미 만셩(萬姓)의 편힝(遍行)ᄒ니, 시인이 칭찬 왈,

"싱ᄌ의 당여(當如) 윤·하·뎡 삼문 졔공이라."

ᄒ더라.

조팅비 구십여셰 향슈와 뎡노공 부부의 복녹과 하노공 부부의 참난여싱(慘難餘生)으로 부견텬일(復見天日)ᄒ여 ᄉᄌ 일녀의 무궁ᄒ 영효(榮孝)를 바다 션종(善終)ᄒ니, 이 ᄯᅩ흔 사룸의 엇기 어려온 조건이 만코, 삼문 ᄌ녀의 번셩ᄒ며 영귀ᄒ미 쥬문왕(周文王)의 빅ᄌ쳔손(百子千孫)과 곽분양(郭汾陽)의 다복(多福)이며, 슌시팔농(荀氏八龍)의 번화ᄒᆯ믈 귀타 못ᄒᆯ지○[라].

1827)빅구과극(白駒過隙) : 흰 망아지가 빨리 달리는 것을 문틈으로 본다는 뜻으로, 인생이나 세월이 덧없이 짧음을 이르는 말.
1828)본바담 : 본받음. 본받다; 본보기로 하여 그대로 따르다.

시고(是故)로 후인이 삼문 일긔(日記)를 어더 디략을 벗겨 번셔(繁書)【66】 호미 되니, 슈다 ᄌ손의 ᄉ적이 ᄌ연 만흔 고로 젼(傳)이 지리ᄒ니라.

희(噫)라! 윤·하·뎡 삼문 효우덕힝(孝友德行)으로뻐 계감(戒鑑)을 삼아 징계(懲戒)홀지어다.【67】

최 길 용

문학박사
전북대학교 겸임교수
전북대학교 인문학연구소 전임연구원

● 논 문
〈연작형고소설연구〉외 500여편

● 저 서
『조선조연작소설연구』등 14종

교주본 윤하뎡삼문취록 5

초판 인쇄 2015년 4월 5일
초판 발행 2015년 4월 20일

교   주 | 최길용
펴 낸 이 | 하운근
펴 낸 곳 | 學古房

주   소 | 서울시 은평구 대조동 213-5 우편번호 122-843
전   화 | (02)353-9908 편집부(02)356-9903
팩   스 | (02)6959-8234
홈페이지 | http://hakgobang.co.kr/
전자우편 | hakgobang@naver.com, hakgobang@chol.com
등록번호 | 제311-1994-000001호

ISBN   978-89-6071-496-0   94810
       978-89-6071-491-5   (세트)

값 : 250,000원(전5권)

이 도서의 국립중앙도서관 출판시도서목록(CIP)은 서지정보유통지원시스템 홈페이지
(http://seoji.nl.go.kr)와 국가자료공동목록시스템(http://www.nl.go.kr/kolisnet)에서 이용하
실 수 있습니다. (CIP제어번호: CIP2015011709)

■ 파본은 교환해 드립니다.